Ingmar S. Franke
Untersuchungen zum Wahrnehmungsrealismus
von Abbildern und Bildern
– computergrafische Optimierungsansätze
im Spannungsfeld von bildhafter Gestaltung,
virtueller Architektur und visueller Wahrnehmung

**TUD**press

Ingmar S. Franke

Untersuchungen zum

# Wahrnehmungsrealismus
von Abbildern und Bildern

– computergrafische Optimierungsansätze
im Spannungsfeld von bildhafter Gestaltung,
virtueller Architektur und visueller Wahrnehmung

2015

## Impressum / Bibliografische Informationen

Der Text dieses Buches wurde nach den Regeln der neuen deutschen Rechtschreibung verfasst. Zitate, die den alten deutschen Rechtschreibregeln folgen, werden auch in dieser Form wiedergegeben.

Bibliografische Information der Deutschen Nationalbibliothek
Die Deutsche Nationalbibliothek verzeichnet diese Publikation in der Deutschen Nationalbibliografie; detaillierte bibliografische Daten sind im Internet über http://dnb.d-nb.de abrufbar.

Bibliographic information published by the Deutsche Nationalbibliothek
The Deutsche Nationalbibliothek lists this publication in the Deutsche Nationalbibliografie; detailed bibliographic data are available in the Internet at http://dnb.d-nb.de.

ISBN 978-3-95908-018-7

© 2015 TUDpress
Verlag der Wissenschaften GmbH
Bergstr. 70 I D-01069 Dresden
Tel.: 0351/47 96 97 20 I Fax: 0351/47 96 08 19
http://www.tudpress.de

Alle Rechte vorbehalten. All rights reserved.
Gesetzt vom Autor.
Printed in Germany.

Untersuchungen zum
# Wahrnehmungsrealismus

von Abbildern und Bildern –
computergrafische Optimierungsansätze im Spannungsfeld von
bildhafter Gestaltung, virtueller Architektur und visueller Wahrnehmung.

Dissertation

zur Erlangung des akademischen Grades
Doktoringenieur (Dr.-Ing.)

vorgelegt an der
Technischen Universität Dresden
Fakultät Informatik

eingereicht von
Ingmar S. Franke, M. Sc. Computational Visualistics
geboren am 9. Februar 1976 in Magdeburg

Prof. Dr.-Ing. habil. Rainer Groh (1. Gutachter)
Technische Universität Dresden

Prof. Dr. rer. nat. Oliver Deussen (2. Gutachter)
Universität Konstanz

Prof. Dr. Dr. psych. habil. Boris M. Velichkovsky (Fachreferent)
Lomonossow Universität Moskau

Tag der Verteidigung
Dresden, den 18. Mai 2015

Die Arbeit an der Forschungsthematik: „WahrnehmungsRealistische Projektion"
wurde aus Mitteln der Deutschen Forschungsgemeinschaft (DFG) gefördert,
Förderkennzeichen: GR 3417/1-1 und GR 3417/1-2.

Für »S.W.D.«

# Prolog

Mein Forschungsinteresse der letzten Jahre galt der Untersuchung von Bildstrukturen von Abbildern und Bildern sowie entsprechenden Prozessen und Verfahren zu deren Erstellung und ihrer Wirkung auf den Menschen. Ein besonderes Anliegen war es mir, Möglichkeiten zur Optimierung einer virtuellen Architektur in der Virtuellen Realität zu identifizieren. Für mich steht der Begriff der Architektur für die Auseinandersetzung des Menschen mit dem Raum, in dem er lebt und den er verändert, und dem Bild dieses Raumes. Sowohl die geometrische Grundlage abzubildender Gegenstände als auch die Abbildung als Verfahren können optimiert werden. Dementsprechende Konzepte müssen das Spannungsfeld zwischen a) den vorherrschenden Technologien (bedingt bspw. durch die Informatik), b) den gegebenen Methoden der bildhaften Gestaltung und c) der visuellen Wahrnehmung des Menschen berücksichtigen.

Das Abbilden ist nichts Neues. Es ist Teil der menschlichen Kultur und Lebensweise. Gegenwärtig bietet sich mit der Nutzung des Verfahrens der Zentralprojektion ein außerordentliches Potenzial für das Fachgebiet der Computergrafik an. Historische Methoden der Malere, weisen uns Ansätze zur Optimierung der Zentralprojektion. Dies lässt sich unter anderem am Beispiel von linearperspektivischen Bildern aufzeigen. Relevante Teilaspekte lassen sich unter anderem in der Kunst (Malerei, Bildhauerei und Architektur) sowie in humanorientierten Naturwissenschaften (Psychologie, Ergonomie, etc.) finden. Nicht selten partizipieren die beteiligten Disziplinen voneinander. Dazu sei eine erste Referenz erlaubt: Einerseits hält die Architekturtheorie mit CHRISTOPHER ALEXANDERS Werk ‚über' Muster übertragbare Methoden für die Software-Architektur vor (vgl. [Alexander 1977], [Buschmann 1996]). Ein abgeleiteter Fall von Software-Mustern sind Entwurfs-Muster. Entwurfs-Muster sind Muster höherer Ordnung, die häufiger in der objektorientierten Programmierung und in komponentenbasierten Softwaresystemen vorkommen (vgl. [Gamma u. a. 1995], [Brügge und Dutoit 2004]). Andererseits unterstützen Rechner die Kommunikation über und die Verwaltung von immer komplexer werdenden technischen Gebäudeinfrastrukturen. So werden ganze Lebenszyklen von Bauwerken in Datenbanken abgebildet (vgl. [Opic u. a. 2007]).

Architektur heißt Gestaltung von Umwelt und Dingen (vgl. [Knauer 2002], [Knauer 2008]). Der ‚gebaute' Raum repräsentiert ein »Verhältnis von Kunst und von Ingenieurwesen zum Leben«. Der architektonische Prozess als Akt der Kreation ist nicht durch reines Wissen über die Umwelt und Dinge erlernbar, sondern muss erlebt, nachvollzogen und verstanden werden. Der ‚Plan' ist das Ergebnis dieses Prozesses. Architekten, wie auch Maler und Formgestalter, müssen sich imaginär in »Lagen und Situationen« hineinversetzen, vorahnen und erfahren können, um die Auswirkungen ihrer Produkte auf die reale Umwelt antizipieren zu können. Informatik ist – im direkten Vergleich zu anderen Wissenschaften – eine sehr junge, dynamische und im Aufbruch befindliche Disziplin. In ihrem Spannungsfeld von theoretischer, technisch-praktischer und angewandter Informatik tummeln sich nahezu alle anderen Wissenschaften. Die Informatik kann daher als ein originär interdisziplinäres Fachgebiet bezeichnet werden. Mittlerweile ist sie ein nahezu unverzichtbares Arbeitsmittel in allen Fachgebieten. Natur-, Ingenieur-, Geistes-, Kunstwissenschaft und selbst Theologie und Politik stützen sich heutzutage ‚massiv' auf Systeme der Informatik, um immer komplexer werdende Sachverhalte abzubilden, Datenmengen zu halten und in unbekannte Regionen vorzustoßen: „Zeichen, Zahlen und Zufall" ([Nake 1999], vgl. [Nake 1993a]). Zudem fächert die bewusst herbeigeführte Überschneidung von Fachdisziplinen, wie eben in der Informatik, in ihrem Fahrwasser neue Zielgruppen, Märkte und Themen auf. All das »verlangt« nach Interfaces.

## Prolog

Der Informatik kommt in vielen Vertiefungsgebieten anderer Wissenschaften eine Katalysatorfunktion zu. Aus dem Beschriebenen ergibt sich das bereits benannte Spannungsfeld, das viele Fragen und interessante Forschungsfelder aufwirft sowie Forschungsaufträge in sich birgt, die sich bei einer isolierten Betrachtung der jeweiligen Disziplin nie ergeben hätten. Die Architektur als eine in »drei oder mehr Dimensionen« schaffende Baukunst kann durch die Informatik wesentliche Impulse erhalten und umgekehrt. Es ist an die Entwicklung von architektonischen Entwurfsmethoden zu denken, insbesondere vor dem Hintergrund der alltäglichen Verwendung von computerunterstützenden Verfahren, wie dem Computer-Aided-Design, der Crowd-Simulation, der Bauphysik oder der Tragwerkslehre. Andererseits fließen viele Fertigkeiten und Kenntnisse aus der Architektur in die Informatik zurück, wie die Gestaltung dreidimensionaler Welten, interaktive Oberflächen oder die richtige Wahl und Verwendung von Baumaterialien.

Die (visuelle) Wahrnehmung entwickelt sich mit der Evolution des Menschen. Sie ‚korrespondiert' mit der Mode und der Kultur. Die Informatik unterliegt den gleichen Mechanismen, wenngleich sie als sehr junge Disziplin über weit weniger Prägung verfügt und mehr modischen Aspekten unterliegt. Eine ‚Theorie der Informatik' oder gar ‚Kultur der Informatik' wird bisher wenig diskutiert. Aus der gegenwärtigen Sicht ‚erscheint es uns eher lächerlich' in »Informatikepochen« zu denken. Erste ‚Retroapplikationen' gibt es dank der Simulation alter Betriebssysteme, wie von Atari, Commodore oder Schneider zuhauf. Ältere Computerspiele werden so »wiederbelebt«.

Für die Gestaltung mittels der 3D-Computergrafik sind aus meiner Sicht drei Fachdisziplinen relevant: Gestaltung, Psychologie und Informatik. Die Thematik der vorliegenden Arbeit verbindet die erwähnten Disziplinen und lässt diese voneinander partizipieren (vgl. [Sachs-Hombach 2000], [Lipton 2003]). Die folgenden Kapitel über bildgebende Strukturen und entsprechende Gestaltungsmöglichkeiten stellen einen Beitrag innerhalb des Fachgebietes der Bildsprache dar, den ich unter dem Begriffsapparat: „Untersuchungen zum Wahrnehmungsrealismus" proklamiere (siehe Titel). Die Gestaltung von wahrnehmungsrealistischen Bildern ist in der Sache eine Frage der Optimierung (vgl. [Groh 2014]). Insofern grenzt sich meine Niederschrift von Arbeiten meiner Kollegen ab.

Meine Erkenntnisse aus der Arbeit in den Disziplinen Gestaltung, Informatik und Psychologie bilden die Grundlage der vorliegenden Arbeit. Es wird versucht, einen Gesamtzusammenhang herauszustellen. Meine primäre Motivation ist es, bewährte Methoden beziehungsweise bestehende Regeln der genannten Disziplinen am Beispiel von Bildstrukturen für die rechnergestützte Visualisierung für computergrafische Algorithmen offenzulegen. Konkret habe ich dabei Folgendes hinterfragt: Das Verfahren der Zentralprojektion und das Sehen des Menschen scheinen sich auf den ersten Blick zu ähneln. Allerdings sind bei näherer Betrachtung gravierende Differenzen auszumachen. Im Gegensatz zum ‚rein' geometrischen Abbildungsprozess in der Zentralprojektion ist die menschliche visuelle Wahrnehmung wesentlich komplexer. Der Mensch reagiert mit Flexibilität auf seine Umwelt, wie an der folgenden Analogie deutlich werden soll: Maler (unter anderem die der Renaissance) malten, wie sie sahen. Sie stellten ihre Erlebnisse mit der Umwelt und ihre Gedanken darüber dar. Sie erschufen Bilder. Der Fotoapparat stellt hierbei eine Zäsur dar. Fotografien werden am Anfang der Entwicklung nicht komponiert, sondern ‚geschossen'. Genau genommen sind Fotografien im Sinne der Gestaltung keine Bilder, sondern Abbilder, die durch eine Abbildung (einem rein technischen Verfahren) entstanden sind. VILÉM FLUSSER spricht vom ‚Technischen Bild' (vgl. [Flusser 2000]).

Mehr im technologischen Fortschritt und weniger auf menschliche Erfahrungen und Erlebnisse begründet, entwickelten sich durch die Entdeckung der Fotografie (als chemischer Prozess) unter anderem technologische Komponenten. Fotoapparat, Filmkamera und Rendering-Pipeline sind Instrumente des Abbildens. Mit dem Aufkommen von Hard- und Software eröffnet sich aus Sicht der Gestaltung die ‚Kunst des Rechnens' (vgl. [Harel und Feldman 2012]). Die Aspekte der Wahrnehmung des Menschen und das Wissen über gestalterische Grundlagen sind dabei weit ins Hintertreffen geraten. Aktuell ist eine Gegenbewegung auszumachen. Mit der Echtzeit-Visualisierung ergibt sich aus Sicht der Gestaltung nicht nur Bedarf an entsprechenden Korrektiven, sondern es sind vielmehr nicht triviale Darstellungsmöglichkeiten hinzugekommen, die genutzt werden können. Damit sind Darstellungsmöglichkeiten gemeint, die es ohne Computer nicht geben würde. Die vorliegende Arbeit soll einen ‚Kurzschluss/Bypass' bilden, indem Teile der menschlichen Seh- und Bildgewohnheiten verstärkt in computergrafische Algorithmen eingeführt werden.

Der vorliegende Text soll den Leser in die Lage versetzen, sein Bewusstsein über die Zusammenhänge von Natur, Mensch und Technik vor der gesetzten Thematik zu schärfen (vgl. [Aristoteles 1987]). So lässt beispielsweise der Mimesis-Gedanke von ARISTOTELES verlauten, ein ‚Bild' schaffe eine eigene Realität, die »vermittels« eines vorangegangenen Geistesprozesses des Malers selbst durchlebt respektive erfunden wurde (vgl. [Spiteris 1966]). Die vorliegende Arbeit versucht zu zeigen, dass ein eminenter Zusammenhang zwischen Schaffung und Wahrnehmung von Bildern durch den Menschen besteht, insbesondere wenn Bilder als Schnittstelle fungieren. Das Verständnis von Raum und Bild in der Architektur gibt ein Ausgangssystem für computergrafische Systemlösung vor. Die Computergrafik hat das Prinzip des Fotografierens mittlerweile nahezu perfekt umgesetzt. Das ‚Finden' von mathematischen und algorithmischen Prinzipien, die ‚Gestalt' modellieren lassen, ist ein Forschungsschwerpunkt der ‚Computational Aesthetics' (vgl. [Deussen 2010a]). Wie die Fotografie als neues Medium im 19. Jahrhundert (vgl. [Kaufhold 1986]) beschreibt auch die Computergrafik eigene Wege, ihren Platz in der Kunst und der Gestaltung zu finden. Auch der Computergrafik wird wohl eine eigene Kunstgattung vorbehalten sein, wenn diese nicht schon existent ist. Dabei braucht die Computergrafik nicht mit den anderen Künsten zu wetteifern, bindet sie doch eigene Qualitäten, beispielsweise die Interaktivität, die Echtzeitfähigkeit und die Virtualität mit all ihren Freiheiten und Phänomenen (vgl. [Groh 2005]). Vergleichbare Spannungsverhältnisse finden sich in der Vergangenheit zwischen der Fotografie als Vorläufer des Films, als rein mechanisches Reproduktionsverfahren (vgl. [Krauss 1983]).

Obwohl bereits die Maler des Mittelalters nachweislich die Absicht verfolgten, der Wahrnehmung entsprechend realistische Bilder zu schaffen, strukturierten sie ihre Bilder flächig (vgl. [Groh 2005]). Sie verfolgten dieses Ziel auf Basis ihrer visuellen Erfahrungen, theoretischen Reflexionen und ihrer menschlichen Vorstellungskraft. Der Buchdruck war noch nicht erfunden. Maler des Mittelalters und davor malten ihr (subjektives) Bild von der (Um-)Welt. Die Maler dieser Zeit adaptierten vermutlich die Erkenntnisse der Optik in Verbindung mit visuellen Erinnerungen und Erfahrungen. Bilder, die in ihrer Entstehung vor der Entdeckung der Linearperspektive datiert werden können, sind von der Ausführung her subjektiver angelegt und setzen bezüglich ihrer Aussage oft höchst imaginative Ansprüche beim Rezipienten voraus. Die Bilder dieser Epochen verfolgen in erster Instanz ein kommunikatives Ziel und sind Wissensspeicher ihrer Zeit. Für neuzeitliche Bilder trifft in vielen Belangen das Gegenteil zu. Objektivität und Natürlichkeit waren Ziele, beispielsweise der Maler mit Beginn der Renaissance. Ein vorläufiger Endpunkt dieser Bewegung zur Abstraktion lässt sich mit den Werken von WASSILI WASSILJEWITSCH KANDINSKI (genannt:

## Prolog

WASSILY KANDINSKY) und PIETER CORNELIS MONDRIAAN (genannt: PIET MONDRIAN) konstatieren (vgl. [Kandinsky 1973], [Mondrian 2003]). Die Industrialisierung des Kunsthandwerkes, die ‚Verblockung' und die ‚Erstarkung' der Geometrie in fast allen zuvor genannten Disziplinen führte zu einem Verlust an antiker Plastizität (vgl. [Müller 1987]). Die Formierung einer Gegentendenz unterliegt der stetig beschleunigenden Geschwindigkeit des mechanischen wie technologischen Fortschrittes (vgl. [Moore 2006]). Aktuell halten sogenannte ‚Mixed-Reality- und Virtuality-Modelle' in den Entwurfsprozess Einzug (vgl. [Pohl 2009], [Günther u. a. 2014]), ohne dass bereits das wahre Potenzial der ‚reinen' Virtuellen Realität vollends begriffen ist. Die Malerei kann als Orientierungshilfe bei der Entwicklung computergrafischer Algorithmen dienen.

Die Malerei ist die Kunst der Nachahmung von Erscheinungen. Damit grenzt sie sich von der Realität ab (vgl. [Platon 1991] 597b,5-598d,6). Die perspektivische Malerei war und ist Ausdruck eines verstärkten Interesses an „trefflichsten Mittel[n]" (vgl. [Platon 1991]), gemeint sind messbare, zählbare oder berechenbare Sachverhalte, die unter anderem Grundlagen für Objektivität darstellen. Ein mittelalterliches, flächig wirkendes Bild ist dichte Information. Objekte und Bereiche höherer, visueller Dichte binden die Aufmerksamkeit des Menschen (vgl. [Torralba u. a. 2006]). Mit der Entdeckung der Linearperspektive orientiert sich die Malerei weniger an narrativen Inhalten und mehr an Natürlichkeit. Für die Maler bestand seither die Aufgabe der schnellen objektiven Abbildung, der Vereinfachung und Abstraktion der Realität im Augenblick. Die ausgeprägte und komplexe Kommunikation übernahm das Buch, begünstigt durch den Buchdruck. Das Wissen über geometrische Zusammenhänge und das Formulieren von optischen Gesetzmäßigkeiten bereitete die Erfindung des Fotoapparates vor. Die mathematische Formalisierung der Linearperspektive mündete in der Zentralprojektion. Die Zentralprojektion war demnach primärer Ausgangspunkt der Visualisierungen dreidimensionaler Abbildungen am Rechner. Damit sind computergrafische Systeme bisweilen Gefangene der eigenen technologischen Entwicklung. Lösungen deuten sich an, wenn das computergrafische Interface (vgl. [Bederson und Shneiderman 2003]) als eine Form gestalteter Oberfläche verstanden wird (vgl. [Lapczyna u. a. 2009]) und sich an der visuellen Wahrnehmung des Menschen orientiert. „'A picture is worth a thousand words' must first be a good picture' [...] - good pictures as means of furthering human knowledge." (vgl. [Bowman 1968], [Architectural Science 1969, S. 55]).

Soll ein Bild ‚mehr als tausend Worte sagen', muss es ein »Bild für den Menschen« sein.

## Danksagung

In erster Linie möchte ich meinem Betreuer, Herrn Prof. Dr.-Ing. habil. Rainer Groh, für seine fachliche Anleitung und Betreuung der vorliegenden Dissertation danken. Ich danke ihm für seine Unterstützung der letzten Jahre, genauso wie für die Gelegenheit zur Forschung und Lehre an seiner Professur. Meine mit dieser Arbeit vorliegenden Ergebnisse begründen sich nicht unerheblichen Teils auf seinen Vorarbeiten, Gedanken und Diskursen zur Gestaltung in Theorie und Praxis.

Zweitens möchte ich Herrn Prof. Dr. rer. nat. Oliver Deussen für die Betreuung und die Bereitschaft zur Begutachtung dieser Dissertation danken. Insbesondere seine Forschungsarbeiten zu künstlerischen und gestalterischen Fragestellungen aus technologischer Sicht waren mir Motivation und Inspiration.

Drittens möchte ich Herrn Prof. Dr. Dr. psych. habil. Boris M. Velichkovsky und Herrn Prof. Dr. habil. Sebastian Pannasch für die fachlichen Hilfestellungen bei der Anfertigung meiner Arbeit und ihre Unterstützung bei den Studien danken.

Speziellen Dank gilt dem Institut für Software- und Multimediatechnik an der Technischen Universität Dresden unter Leitung von Prof. Dr.-Ing. Klaus Meißner, der als Begründer der Medieninformatik an unserer Fakultät, das Forschungsgebiet der Mediengestaltung ermöglichte. Insbesondere möchte ich mich bei Dr.-Ing. Martin Zavesky, Dr.-Ing. Jan Wojdziak und Dr.-Ing. Dietrich Kammer für die Zusammenarbeit und vor allem bei Sandra Großmann für die administrative und die technische Unterstützung bedanken. Studentische Hilfskräfte waren Martin Zavesky, Judith Schindler und Olga Davydkina. Letztlich gilt aus diesem Umfeld allen Studenten der Fakultät Informatik mein Dank, deren ureigener Beitrag in Form von Seminaren, Komplexpraktika und in Gestalt von Beleg-, Diplom-, Bachelor- und Masterarbeiten mir fruchtbare Keimzellen eigener Inspiration boten. Studentische Beiträge, die von mir betreut wurden und zugleich in einem thematischen Zusammenhang mit der vorliegenden Dissertation stehen, sind an den entsprechenden Stellen im Fließtext sowie im Literaturverzeichnis ausgewiesen. Eigene Beiträge, sowie Publikationen an denen ich beteiligt war, sind im anhängenden Literaturverzeichnis dokumentiert.

Der Arbeitsgruppe „Angewandte Kognitionsforschung" an der Professur Ingenieurpsychologie und Kognitive Ergonomie und besonders Kerstin Kusch danke ich für die intensive freundschaftliche Kooperation und für die Möglichkeit der Nutzung der Labortechnik. Der Arbeitsgruppe zur Thematik „Technische Visualistik" an der Professur Mediengestaltung danke ich, ebenso wie der „GTV - Gesellschaft für Technische Visualistik mbH".

Mein interdisziplinärer Werdegang hat mich in Ausbildung und Beruf über einige Stationen geführt, die ich nicht missen möchte, denn auch von diesen Erfahrungen partizipiert die vorliegende Arbeit. Hiermit sende ich meinen ganz persönlichen Dank in chronologischer Reihenfolge an: Prof. Dr. Götz Grosche (Hochschule Magdeburg-Stendal), Prof. Dr. Thomas Strothotte und Prof. Dr. Stefan Schlechtweg (ehemals Universität Magdeburg) sowie Prof. Dr. Michael Schenk und Dr. Eberhardt Blümel (beide Fraunhofer Gesellschaft). Für die Motivation und den Rückhalt während der Arbeit gebührt ein großer Dank meiner Familie.

Schließlich danke ich der Deutschen Forschungsgemeinschaft und den jeweiligen ‚unbekannten' Gutachtern für die Förderungen der Projekte: „WahrnehmungsRealistische Projektion (WaRP 1 und 2)", vor dessen Hintergrund die vorliegende Arbeit entstanden ist.

## Konventionen

Beim Lesen dieser Arbeit sind folgende Punkte des geschriebenen Textes zu beachten:

Namen von Firmen und/oder Produkten, die in dieser Arbeit genannt werden, sind eingetragene Warenzeichen. Diese werden zum Teil ohne ausdrückliche Berechtigung genutzt beziehungsweise sind nicht durchweg gekennzeichnet.

Alle genannten Fremdleistungen, insbesondere auch Eigenzitate sind mit entsprechenden Autorenangaben und Erscheinungsjahr beziehungsweise Fundstelle dargelegt, wie folgt:

([…], S. …) … Zitate mit NAME(N) und Jahreszahl in eckigen Klammern und Fundstelle,
(nach […]) … Nachbearbeitung, beispielsweise von Grafiken, Illustrationen, etc.,
(vgl. […]) … Inhaltsbezüge beziehungsweise vergleichender Inhalt,
„…" … Ausweis wortwörtliche Zitate, beispielsweise im Fließtext,
‚…' … verbale ‚Überzeichnung', beispielsweise zur besseren Verständlichkeit,
(…) … nähere Ausführung, beispielsweise zur Präzisierung von Aussagen sowie
Auslässe beziehungsweise Einschübe bei Zitaten sind durch […] gekennzeichnet.

Auszüge des Programmiercodes befinden sich im Anhang der Arbeit. Diese sind zeilenweise nummeriert. Bei Einschüben beziehungsweise Beschreibungen des Codes kann es zu Unterbrechungen kommen: (…). Nach einer jeden Unterbrechung wird der Code im weiteren Verlauf in der Zeilennummerierung fortgeführt. Dadurch ist ein zusammenhängender Code zweifelsfrei identifizierbar. Eine Übersicht des referenzierten Codes ist im Anhang zu finden. Zu bemerken ist, dass der anhängende Code das Ergebnis der Zusammenarbeit von verschiedensten Schöpfern, wie Studenten, Hilfskräften, Kollegen, etc., darstellt. Eine eindeutige Zuweisung von Zeile zu Zeile ist nicht möglich. Jedoch finden die entsprechenden Konzepte und Ideen zum Code bei der Vorlage von Leistungen Dritter ihre Referenz beziehungsweise einen Literaturhinweis im Fließtext.

Im Rahmen meiner Lehrtätigkeit wurden eine Vielzahl von Themen an Beleg-, Diplom-, Bachelor- und Masterarbeiten herausgegeben und betreut. Die vorliegende Arbeit profitiert davon. Ferner waren studentische Hilfskräfte tätig. Im Fall eines derartigen Bezuges weist diese Stelle eine entsprechende Referenz oder Erläuterung aus.

## Inhaltsverzeichnis

Prolog .................................................................................................................. I
   Danksagung ..................................................................................................... V
   Konventionen ................................................................................................ VII
   Inhaltsverzeichnis ........................................................................................... IX

**1 Einführung** .................................................................................................... 1
   1.1 Motivation ................................................................................................... 1
   1.2 Zielstellung .................................................................................................. 4
   1.3 Thesen ........................................................................................................ 8
   1.4 Aufbau der Arbeit ....................................................................................... 9

**2 Grundlagen** ................................................................................................. 11
   2.1 Perspektiven .............................................................................................. 12
      2.1.1 Mono-Perspektive - Zentralprojektion ................................................. 14
      2.1.2 Multi-Perspektive ................................................................................ 15
         2.1.2.1 Diskrete Multi-Perspektive ............................................................ 19
         2.1.2.2 Kontinuierliche Multi-Perspektive ................................................. 19
      2.1.3 Binnenperspektive .............................................................................. 19
      2.1.4 Bedeutungsperspektive und umgekehrte Perspektive ......................... 21
      2.1.5 Klassifizierungsansatz ........................................................................ 24
   2.2 Bildwerke .................................................................................................. 27
      2.2.1 Wort und Skizze ................................................................................. 27
         2.2.1.1 Text .............................................................................................. 28
         2.2.1.2 Skizze ........................................................................................... 29
         2.2.1.3 Aneignung und Vermittlung ......................................................... 30
         2.2.1.4 Lautmalerei .................................................................................. 32
      2.2.2 Malerei ............................................................................................... 32
         2.2.2.1 Aggregatraum .............................................................................. 34
         2.2.2.2 Systemraum ................................................................................. 34
         2.2.2.3 Malerfotografie ............................................................................ 41
      2.2.3 Fotografie (auch Mehrfachbelichtung) ............................................... 43
      2.2.4 Relief und Skulptur ............................................................................ 47
      2.2.5 Bühne ................................................................................................. 49
      2.2.6 Computerbilder .................................................................................. 49
   2.3 Abbildungsmechanismen .......................................................................... 52
      2.3.1 Auge ................................................................................................... 52
      2.3.2 Camera obscura ................................................................................. 54
      2.3.3 Fotoapparat ........................................................................................ 55
      2.3.4 Filmkamera ........................................................................................ 57
      2.3.5 Computergrafik .................................................................................. 58
         2.3.5.1 Quantität ...................................................................................... 59
         2.3.5.2 Qualität ........................................................................................ 60
         2.3.5.3 Koordinaten und Systeme ............................................................ 60
         2.3.5.4 Kameramodell .............................................................................. 61
         2.3.5.5 Rendering-Pipeline ....................................................................... 63
         2.3.5.6 Szenengraph ................................................................................ 64

## Inhaltsverzeichnis

2.4 Wahrnehmungsaspekte ........................................................................................... 65
    2.4.1 Sehen ............................................................................................................... 66
        2.4.1.1 Fixation ................................................................................................. 66
        2.4.1.2 Sakkaden .............................................................................................. 67
        2.4.1.3 Veränderungsblindheit – sakkadische Suppressionen ........................... 68
        2.4.1.4 Mikrosakkaden ..................................................................................... 68
        2.4.1.5 Folgebewegung und optokinetischer Nystagmus ................................. 68
    2.4.2 Sehprozess ....................................................................................................... 69
        2.4.2.1 Muster .................................................................................................. 69
        2.4.2.2 Visueller Cortex .................................................................................... 70
        2.4.2.3 Visuelle Kapazität ................................................................................ 70
        2.4.2.4 Vertikalkonstanz .................................................................................. 71
    2.4.3 Sehkultur .......................................................................................................... 72
    2.4.4 Bedeutung ....................................................................................................... 74
    2.4.5 Bewusstheit ..................................................................................................... 76
    2.4.6 Täuschung ....................................................................................................... 76

## 3 Analyse ......................................................................................................................... 79
3.1 Bildsynthese ............................................................................................................. 79
    3.1.1 Strom des visuellen Reizes ............................................................................... 80
    3.1.2 Verarbeitung der Reizinformationen ............................................................... 80
    3.1.3 Form- und Gestaltsynthese .............................................................................. 81
    3.1.4 Technische Evolution der Bildgenerierung ...................................................... 81
    3.1.5 Augenblick und Sehzeit ................................................................................... 83
    3.1.6 Bildherstellungsprozesse ................................................................................. 84
3.2 Bildeindruck ............................................................................................................. 85
    3.2.1 Bezugssysteme ................................................................................................ 86
        3.2.1.1 Auge und Zentrum ............................................................................... 86
        3.2.1.2 Mittelpunkt .......................................................................................... 88
        3.2.1.3 Linie und Kante .................................................................................... 88
        3.2.1.4 Position und Lage ................................................................................. 89
        3.2.1.5 Lot und Schwerkraft ............................................................................. 89
        3.2.1.6 Rahmen und Klammer .......................................................................... 92
        3.2.1.7 Bühnenwelt .......................................................................................... 93
        3.2.1.8 Außenwelt ............................................................................................ 95
        3.2.1.9 Gedächtnis und Kultur ......................................................................... 96
    3.2.2 Bezugsfelder .................................................................................................... 97
        3.2.2.1 Gesichtsfeld (starres Blicken) ............................................................... 98
        3.2.2.2 Blickfeld (bewegtes Blicken) ................................................................ 98
        3.2.2.3 Bildfeld (Bildstruktur) .......................................................................... 98
        3.2.2.4 Bewegungsfeld ..................................................................................... 99
3.3 Bildraum .................................................................................................................. 99
    3.3.1 Punkte ........................................................................................................... 100
        3.3.1.1 Hauptpunkt und optische Bildmitte ................................................... 100
        3.3.1.2 Geometrisches Zentrum ..................................................................... 103
        3.3.1.3 Distanzpunkt ...................................................................................... 103
        3.3.1.4 –Off– .................................................................................................. 104
    3.3.2 Linien ............................................................................................................. 104
        3.3.2.1 Horizontlinie ...................................................................................... 104
        3.3.2.2 Sagittallinie ........................................................................................ 104

      3.3.2.3 Fluchtlinien .................................................................................... 104
   3.3.3 Ebenen ............................................................................................... 104
      3.3.3.1 Lateral-, Sagittal- und Horizontalebene ........................................ 105
      3.3.3.2 Seh- und Distanzkreis .................................................................. 105
   3.3.4 Winkel ................................................................................................ 107
      3.3.4.1 Bildwinkel ..................................................................................... 107
      3.3.4.2 Blickwinkel ................................................................................... 108
   3.3.5 Räume und Körper ............................................................................ 109
      3.3.5.1 Kontinuierliche Bauweise ............................................................ 111
      3.3.5.2 Diskrete Bauweise ....................................................................... 115
   3.3.6 Mensch ............................................................................................... 116
3.4 Bildrealismus ............................................................................................... 118
   3.4.1 Fotorealismus .................................................................................... 118
   3.4.2 Nicht-Fotorealismus .......................................................................... 119
   3.4.3 Wahrnehmungsrealismus ................................................................ 120
      3.4.3.1 Binokularität ................................................................................ 120
      3.4.3.2 Monokularität .............................................................................. 121
   3.4.4 Visualisierungskritik (Zwischenfazit) ................................................ 123
      3.4.4.1 Architektur ................................................................................... 124
      3.4.4.2 Malerei ......................................................................................... 126
      3.4.4.3 Psychologie .................................................................................. 127
3.5 Schlussfolgerung für die Computergrafik .................................................. 130
   3.5.1 Technologie-zentrierte Entwicklung in der Computergrafik ......... 130
   3.5.2 Mensch-zentrierte Entwicklung in der Computergrafik ................ 132

**4 Synthese** .......................................................................................................... 135
4.1 Gestaltung und Computergrafik ................................................................ 135
   4.1.1 Vermittlungen zur Gestaltung ......................................................... 135
   4.1.2 Vermittlungen zur Computergrafik ................................................. 137
4.2 Bildgeometrie und Bildwirkung ................................................................. 143
   4.2.1 Projektion und Perspektive .............................................................. 143
   4.2.2 Blicken versus Sehen ........................................................................ 144
      4.2.2.1 Visuelle Grenzen des starren Auges ........................................... 145
      4.2.2.2 Visuelle Grenzen des dynamischen Auges ................................ 146
      4.2.2.3 Adaptionsfähigkeit des Sehens (Gegenthese) ........................... 151
   4.2.3 Wahrnehmungskonformität und Wahrnehmungsrealismus ........ 153
4.3 Relationen zwischen Mensch und Kamera ............................................... 155
   4.3.1 Mensch-Kamera-Modell ................................................................... 156
   4.3.2 Hauptpunkt als ein Mensch-Kamera-Parameter ............................ 159
   4.3.3 Perspektivkontrast $K_P$ - objektive Komponente ........................... 163
      4.3.3.1 Proportionsanteil $\delta P$ im Perspektivkontrast $K_P$ ........................ 165
      4.3.3.2 Ausrichtungsanteil $\delta A$ im Perspektivkontrast $K_P$ ....................... 166
      4.3.3.3 Perspektivkoeffizient $k_P$ - subjektive Komponente ................. 166
   4.3.4 Perspektivkontrast $K_P$ – Funktion und Funktionswerte ................ 168
      4.3.4.1 Funktion der Verzerrung ............................................................. 168
      4.3.4.2 Funktionsgraph und Verzerrungstafeln ..................................... 169
      4.3.4.3 Ansatz zur Optimierung .............................................................. 173

4.4 Optimierungen der computergrafischen perspektivischen Projektion .................... 178
    4.4.1 Objekt-basierte perspektivische Optimierung (OPO) ........................ 181
    4.4.2 Kamera-basierte perspektivische Optimierung (KPO) ...................... 187
    4.4.3 Abwägung zwischen OPO und KPO ............................................... 195
    4.4.4 Betrachter-basierte perspektivische Optimierung (BPO) .................. 197
    4.4.5 Handlungsrichtlinien für wahrnehmungskonforme Bildstrukturen ..... 199

## 5 Ausblick und Zusammenfassung ................................................................ 203

5.1 Ausblick .................................................................................................. 203
    5.1.1 Blickrichtung und Bildfläche .......................................................... 205
        5.1.1.1 Nah-Distanz-Bild .............................................................. 205
        5.1.1.2 Multitouch-Perspektive ..................................................... 206
        5.1.1.3 Kulisse als Vorbild ............................................................ 209
    5.1.2 Proportion und Ausrichtung .......................................................... 210
        5.1.2.1 Figur und Figuren ............................................................. 211
        5.1.2.2 Figur und Grund ............................................................... 213
        5.1.2.3 Verjüngung und Verdichtung ............................................ 216
        5.1.2.4 Verdeckung und Durchdringung ....................................... 217
        5.1.2.5 Lotrecht ins –Off– ............................................................. 220
        5.1.2.6 Gegenständlichkeit .......................................................... 220
    5.1.3 Verfremdung der Illusion vom Raum ............................................ 222
        5.1.3.1 ‚White-out'-Effekt ............................................................. 222
        5.1.3.2 Der umgelenkte Gang ...................................................... 223
        5.1.3.3 Bezug zum Boden ............................................................ 224
        5.1.3.4 Bezug zur Tiefe ................................................................ 226
    5.1.4 Farbe, Licht und Schatten ............................................................. 227
        5.1.4.1 Farbperspektive der Tiefe ................................................. 228
        5.1.4.2 Farbperspektive der Fläche ............................................... 229
        5.1.4.3 Das Farbpotenzial für die Interaktion ................................ 229
        5.1.4.4 Licht und Schatten ........................................................... 232
    5.1.5 Bidirektionale Schnittstellen für das Auge ..................................... 235
        5.1.5.1 Fixation, ein Potenzial zur Auswahl .................................. 236
        5.1.5.2 Sakkade, ein Potenzial zum Verbergen ............................. 237
        5.1.5.3 Skizze eines Fixationen- und Sakkaden-kontingenten Interfaces ......... 240
        5.1.5.4 Skizze eines disparat binokularen Interfaces .................... 242
        5.1.5.5 Vom Potenzial der visuellen Erfahrung ............................. 243
5.2 Zusammenfassung .................................................................................. 244
5.3 Kernsätze ............................................................................................... 249

## 6 Implementierung als Evaluationsbasis ....................................................... 251

6.1 Allgemeiner Hintergrund ........................................................................ 251
6.2 Realisierbarkeit ....................................................................................... 254
6.3 Optimierung ........................................................................................... 257
    6.3.1 Framework-Implementierung ........................................................ 259
6.4 Modularisierung, BildspracheLiveLab (BiLL) ........................................... 262
    6.4.1 Komponentenbasierte Softwareentwicklung .................................. 263
    6.4.2 Framework-Technologie ................................................................ 264
    6.4.3 Human-Driven-Framework ............................................................ 266

# 7 Evaluation ............................................................................................................ 269
## 7.1 Einführung .................................................................................................... 269
## 7.2 Annahme ....................................................................................................... 271
## 7.3 Experiment 1 - Präferenz ............................................................................. 273
### 7.3.1 Teilnehmer (Probanden) ..................................................................... 273
### 7.3.2 Untersuchungsmaterial (Stimuli) ....................................................... 273
### 7.3.3 Durchführung der Befragung ............................................................. 274
### 7.3.4 Ergebnisse ............................................................................................ 275
### 7.3.5 Diskussion ........................................................................................... 276
## 7.4 Experiment 2 - Blickverhalten ..................................................................... 278
### 7.4.1 Teilnehmer (Probanden) ..................................................................... 278
### 7.4.2 Untersuchungsmaterial (Stimuli) ....................................................... 278
### 7.4.3 Durchführung der Befragung ............................................................. 279
### 7.4.4 Ergebnisse ............................................................................................ 279
### 7.4.5 Diskussion ........................................................................................... 282
## 7.5 Experiment 3 - Perspektivkontrast .............................................................. 284
### 7.5.1 Teilnehmer (Probanden) ..................................................................... 284
### 7.5.2 Untersuchungsmaterial (Stimuli) ....................................................... 285
### 7.5.3 Durchführung der Befragung ............................................................. 286
### 7.5.4 Ergebnisse ............................................................................................ 287
### 7.5.5 Diskussion ........................................................................................... 288

# Anhang A: Projekte .......................................................................................... A-1
## A1 Grundlagenforschung ................................................................................. A-1
### A1.1 WahrnehmungsRealistische Projektion ........................................... A-1
### A1.2 Validierung der .................................................................................. A-2
## A2 Industrieprojekte und -anwendungen ...................................................... A-2
### A2.1 Exterieur im Automobildesign .......................................................... A-2
### A2.2 Interieur im Ergotyping® .................................................................. A-3
### A2.3 Interieur in der Luft- und Raumfahrt ............................................... A-3
### A2.4 Modelle im Design ............................................................................. A-4

# Anhang B: Schnittstellen und Materialien .................................................... B-1
## B1 Benutzeroberflächen und Sourcecodes ..................................................... B-1
### B1.1 OPO-Benutzeroberfläche ................................................................... B-1
### B1.2 OPO-Sourcecode ................................................................................. B-2
### B1.3 KPO-Benutzeroberfläche ................................................................... B-10
### B1.4 KPO-Sourcecode ................................................................................. B-10
## B2 Verzerrungstafel ........................................................................................... B-14
## B3 Fragebogen .................................................................................................... B-15
## B4 Raumplan ...................................................................................................... B-17

# Anhang C: Verzeichnisse .................................................................................. C-1
## C1 Stichwortverzeichnis .................................................................................... C-1
## C2 Abbildungsverzeichnis ................................................................................. C-2
## C3 Tabellenverzeichnis ....................................................................................... C-8
## C4 Formelverzeichnis ......................................................................................... C-8
## C5 Literaturverzeichnis ...................................................................................... C-8
# Epilog .................................................................................................................... XVII

# 1 Einführung

**Fundstück**

Die Auseinandersetzung um die ‚Wahrhaftigkeit' einer Perspektive, die ein Bild zu zeigen vermag, ist mindestens so alt wie die Malerei. Diskurse finden sich bereits in den Dialogen PLATONS, wie: „Sophistes II zur ebenbildnerischen Kunst". In der Antike waren sich die Menschen über den Prozess des Sehens und Gesehenen bewusst (siehe Abbildung 1-1).

| Πλάτων | Platon |
|---|---|
| Σοφιστής ΙΙ | Sophistes II |
| ποὺ –360 | um –360 |
| 235e,6 - 236c,5 | 235e,6 - 236c,5 |

… εἰ γὰρ ἀποδιδοῖεν τὴν τῶν καλῶν ἀληθινὴν συμμετρίαν, οἶσθ᾽ ὅτι σμικρότερα μὲν τοῦ δέοντος τὰ ἄνω, μείζω δὲ τὰ κάτω φαίνοιτ᾽ ἂν διὰ τὸ τὰ μὲν πόρρωθεν, τὰ δ᾽ ἐγγύθεν ὑφ᾽ ἡμῶν ὁρᾶσθαι.

… würden sie [die Maler] die wahren Maße des Schönen wiedergeben, so müssten bekanntlich die oberen Partien zu klein, die unteren zu groß erscheinen, da wir die einen aus größerer, die anderen aus geringerer Entfernung sehen.

- Πάνυ μὲν οὖν.
- Ἆρ᾽ οὖν οὐ χαίρειν τὸ ἀληθὲς ἐάσαντες **οἱ δημιουργοὶ** νῦν οὐ τὰς οὔσας συμμετρίας ἀλλὰ τὰς δοξούσας εἶναι καλὰς τοῖς εἰδώλοις ἐναπεργάζονται;

- Ja, das ist richtig.
- Deshalb lassen ja **die Künstler** die Wahrheit auf sich beruhen und arbeiten in ihren Bildwerken nicht die wirklichen Maßverhältnisse heraus, sondern diejenigen, die nur schön aussehen.

- Παντάπασί γε.
- Τὸ μὲν ἄρα ἕτερον οὐ δίκαιον, εἰκός γε ὄν, **εἰκόνα** καλεῖν;
- Ναί.
- Καὶ τῆς γε μιμητικῆς τὸ ἐπὶ τούτῳ μέρος κλητέον ὅπερ εἴπομεν ἐν τῷ πρόσθεν, **εἰκαστικήν**;

- Allerdings.
- Ist es nicht vernünftig, etwas von der ersten Art, also der Vorlage Ähnliches, ein **«Ebenbild»** zu nennen?
- Einverstanden.
- Ist also der Teil der Nachahmungskunst, der so verfährt, – wie bereits erwähnt – **«ebenbildnerische Kunst»** zu nennen?

- Κλητέον.
- Τί δέ; τὸ φαινόμενον μὲν διὰ τὴν οὐκ ἐκ καλοῦ θέαν ἐοικέναι τῷ καλῷ, δύναμιν δὲ εἴ τις λάβοι τὰ τηλικαῦτα ἱκανῶς ὁρᾶν, μηδ᾽ εἰκὸς ᾧ φησιν ἐοικέναι, τί καλοῦμεν; ἆρ᾽ οὐκ, ἐπείπερ φαίνεται μέν, ἔοικε δὲ οὔ, **φάντασμα**;

- Ja, so ist sie zu nennen.
- Und weiter? Das andere, was dem Schönen – vom falschen Ort aus gesehen – zu gleichen scheint, <u>unverzerrt betrachtet aber nicht mit dem Original übereinstimmt</u>, wie nennen wir das? **«Scheinbild»**, nicht wahr? Es scheint ähnlich, ist es aber nicht.

- Τί μήν;
- Οὐκοῦν πάμπολυ καὶ κατὰ τὴν **ζωγραφίαν** τοῦτο τὸ μέρος ἐστὶ καὶ κατὰ σύμπασαν μιμητικήν;
- Πῶς δ᾽ οὔ;
- Τὴν δὴ φάντασμα ἀλλ᾽ οὐκ εἰκόνα ἀπεργαζομένην **τέχνην** ἆρ᾽ οὐ **φανταστικὴν** ὀρθότατ᾽ ἂν προσαγορεύοιμεν;

- Offenbar ja.
- Gibt es das alles, so wie in der **Malerei**, nicht auch überall in der restlichen Nachahmungskunst?
- Richtig.
- Und diese Kunst, die kein Ebenbild, sondern ein Scheinbild herstellt, sollte sie nicht mit vollem Recht **«scheinbildnerische Kunst»** genannt werden?

- Πολύ γε.
- Τούτω τοίνυν τὼ δύο ἔλεγον εἴδη τῆς εἰδωλοποιικῆς, εἰκαστικὴν καὶ φανταστικήν.

- Gewiss.
- Damit sind also die beiden Arten der Bilderproduktion genannt, die Ebenbildkunst und die Scheinbildkunst.

Abbildung 1-1, Dialog: „Sophistes II zur ebenbildnerischen Kunst" von PLATON ([Platon 1990]), fette Hervorhebung entspricht dem Original. Die Unterstreichung markiert einen themenrelevanten Teil des Dialogs.

# 1 Einführung

## 1.1 Motivation

Die Eingabe, die Verarbeitung und die Ausgabe von Daten und Informationen sind Domänen der Informationstechnologie. Die Informationstechnologie begründet sich im Wesentlichen auf mathematische Methoden der Informatik und auf physikalische Bedingungen des ingenieurtechnischen Apparatebaus. A priori ist der Rechner vor allem ein Gemeinschaftsergebnis des Ingenieurwesens und der Informatik. Der Rechner ist Katalysator für Entwicklungen diverser wissenschaftlicher Fachgebiete. Seine effiziente Verarbeitung von Informationen und die Möglichkeit komplexes Wissen mit ihm zu speichern, eröffnen ungeahnte Möglichkeiten in der Berechnung, in der Vernetzung und in der Kommunikation. Ähnlich revolutionär wie der Buchdruck, der als mechanischer Prozess zur umfangreichen Vervielfältigung von Schrift und Bild diente, lässt sich die Bedeutung des Rechners kaum fassen. Der Rechner bietet mit der Computergrafik unter anderem eine visuelle Schnittstelle für den Menschen. Gegenwärtig ist festzustellen, dass funktionale Interessen oft gestalterische Prinzipien dominieren. Dies kommt einem Verzicht auf eine höhere kommunikative Rationalität gleich, die vordergründig das Ziel hat, einen Konsens zwischen Personen zu finden (vgl. [Habermas 1995]). Damit lässt sich unmittelbar die Aufgabe stellen, computergrafische Interfaces konform der visuellen Kompetenz des Menschen zu gestalten.

*Bedeutung des Rechners*

Die Informatik beruht im Wesentlichen auf der Mathematik und der Geometrie. Dieses impliziert eine Problematik: Im 18. Jahrhundert traten die Formel und das Kalkül vor Argumentation und Anschauung (vgl. [Scriba und Schreiber 2005]). Im 19. Jahrhundert setzte sich dieser Trend fort. Diese Tendenz hält bis heute an. Auch computergrafische Konzepte sind tendenziell von mathematischen Methoden bestimmt. Neben vielen anderen Disziplinen hatte es bis vor Kurzem den Anschein, dass die Zunft der Bildermacher den Anschluss an den technologischen Fortschritt verliert. Die ‚reine' Lehre der Geometrie schien verdrängt, erfährt aber gegenwärtig eine Renaissance mit dem Fachgebiet Computergrafik. Nach Jahren des ‚Wachkomas' der Designer und der Gestalter, entmachtet durch ‚komplexeste' Systeme, schließt sich gegenwärtig eine Epoche der Rekonvaleszenz an. Softwareingenieure geben den Bildschaffenden neue und leicht zu erlernende Werkzeuge an die Hand, wie ein ‚Head-Mounted-Display' oder ein interaktives Visualisierungssystem. Solcherart ausgerüstet, setzt sich die ‚Karawane der Bildschaffenden' in Bewegung und erkundet neue Wege und Räume. Zunehmend kann sich der einzelne Mensch ohne explizit technisches Verständnis der Virtuellen Realität bemächtigen. Es scheint eine neue Welt zu sein. Und, es gibt Aufholbedarf. Es stellen sich viele Fragen, wie die Folgenden: Haben in der Virtuellen Realität die Gestaltgesetze bestand? Wie verarbeitet der Mensch die Virtuelle Realität? Wie verinnerlicht er diese? Wie konditioniert sich der menschliche Körper des Rezipienten in derartigen Räumen? Wird der Leib zum Teil der Virtuellen Realität? Worin begründen sich erhoffte Mehrwerte gegenüber etablierten Verfahren?

*‚Grundfeste' der Bildgebung*

# 1 Einführung

Die Augen sind ein Sinnesorgan. Sie können das Visuelle eines Bildes erblicken. Sind Interaktionstechnologien, wie die Oculus Rift (vgl. [Pohl u. a. 2013]), bereits vollends auf die Augen des Menschen abgestimmt? Die vorliegende Arbeit soll dieser Frage nachgehen und belegen, dass es trotz allen technologischen Fortschrittes weiterhin Forschungsbedarf, insbesondere zur Gestaltung von bildhaften Interfaces gibt. Der Ausgangspunkt der Forschung ist dabei der Mensch, mit seinen Bedürfnissen, Erfahrungen und vor allem mit seinen kognitiven Fähigkeiten, wie seiner visuellen Kompetenz.

*Erfahrung und Verhalten*

Es sei an dieser Stelle eine erste motivierende Interpretation des menschlichen Verhaltens erlaubt: „Ein Künstler bewegt sich ständig", um mit all seinen Sinnen zu rezipieren und so seiner Berufung zur Schaffung von Werken nachzukommen. Dies sind „die Bedingungen, die einer künstlerischen Darstellung zugrunde gelegt werden können" ([Panofsky 1980a, S. 75]). Dabei vollzieht der Künstler nicht nur Augenbewegungen, wie der Betrachter eines Bildschirmes, sondern auch Bewegungen des Kopfes und des ganzen Körpers. Ist das für die Anfertigung eines Bildwerkes nötig? Zudem bilden die Filter der Wahrnehmung und die Erfahrungen sowie die Erkenntnisse den Rahmen der menschlichen Existenz beziehungsweise des ‚Daseins'. Das trifft wohl insbesondere für die visuelle Wahrnehmung des Menschen zu. Folglich kann auch der Leser des vorliegenden Textes die Komplexität der Umwelt nur zu einem Bruchteil in allen ihren Facetten und Nuancen aufnehmen und entsprechend darauf reagieren. Warum ist das so? Lassen sich daraus Vorteile für die Gestaltung interaktiver computergrafischer Systeme ziehen, beispielsweise aus der Tatsache, dass es beim Menschen bestimmte Erwartungshaltungen gegenüber von Bildern gibt? Wie sehen diese konkret aus?

*Abgrenzung von Zweiäugigkeit*

Die folgende Abgrenzung – und damit ist insbesondere eine von stereoskopischen Ansätzen gemeint – der vorliegenden Arbeit ist notwendig. Der Mensch verfügt über zwei Augen. Er blickt zwar binokular, aber die visuellen Reizströme (ausgehend von den beiden Augen) ‚verschmelzen' erst im Gehirn. Physiologisch betrachtet ergibt sich auf der Retina des menschlichen Augapfels ein flächiges Abbild der Umwelt. Lösungen zur Optimierung von Bildstrukturen begründen sich demnach vor allem im (einzelnen) Auge des Betrachters.

*Erwartung an Abbildungssysteme*

Die Erwartung an die Funktion des Auges, der Kamera und der geometrischen Projektion ist in vielen Dingen gleich, so unter anderem hinsichtlich der Schärfe von Abbildungen. Die Prozesse des ‚scharfen' Sehens und der ‚scharfen' Projektion können nicht unterschiedlicher sein. Beim Auge reguliert die Akkommodation (Spannung und Entspannung der Augenlinse) die Schärfe durch Brechung des Lichtes. Das Auge passt die Brechkraft seiner Linse ständig und automatisch an, um das jeweilige Abbild (das heißt, auch von unterschiedlich entfernten Objekten) auf dem Neuronennetzwerk des Augenhintergrundes (Netzhaut) ‚bestmöglich' aufzulösen. Das in die Kamera (Camera obscura) einfallende Licht geht einen anderen Weg. Es fällt über eine punktartige Öffnung in das Innere der Kamera ein und trifft dort auf eine Bildebene. Alle Objekte werden auf der Bildebene (Bildträger) scharf abgebildet. Es bedarf keiner Akkommodation beziehungsweise nachträglichen Bearbeitung. Dennoch erblickt auch der Mensch mit seinen Augen die Umwelt in unterschiedlicher ‚Auslösung', je nach dem Ort des Abbildes auf der Retina. Es ist zwischen dem fovealen und dem peripheren Sehen zu unterscheiden. Diese Funktionsweise der menschlichen visuellen Wahrnehmung ist bei der Berechnung und der Gestaltung von (computergrafischen) Bildern zu beachten.

## 1.1 Motivation

Begünstigt durch das Verständnis der Physiologie des Menschen entwickeln sich ingenieurtechnische Abbildungssysteme stetig. Allerdings wird der technologische Fortschritt von Widersprüchen begleitet, denn es sind qualitative Differenzen zwischen dem Abgebildetem und dem tatsächlich Existierenden in der Welt festzustellen. Ist Blicken gleich Sehen? Für die Informatik sind in jedem Fall die Erkenntnisse aus Gestaltung und Psychologie von zunehmender Bedeutung bei der Konzeption von entsprechenden Visualisierungssystemen. Viele Tendenzen, wie zum Beispiel die räumliche Unschärfe (vgl. [Müller 2012]) oder das ‚Level of Detail' sind keine Ableitungen menschlicher Muster oder Filter, noch sind diese in der Natur begründet, sondern lassen sich auf technische Unzulänglichkeiten oder kulturelle Gründe zurückführen. So unterliegt die Camera obscura beispielsweise der Optik. Andererseits können Abbildungsverfahren durch die menschliche Manipulation eine zusätzliche Dimension erfahren (vgl. [Brugger 1995]). Viele weitere Publikationen proklamieren bezüglich der neuen künstlichen Welt zusätzliche künstlerische oder bildwissenschaftliche Freiheiten (vgl. [Pfennig 1973], [Ötsch 1997], [Sachs-Hombach 2000], [Frank und Lange 2010]).

*Leitbild Physiologie*

Mit der Fähigkeit zur Visualisierung gehen neue wissenschaftliche Fragestellungen einher: Was macht ein möglichst facettenreiches Bild von der Umwelt aus? Wie ist unsere Realität abzubilden, sodass die Abbildungsergebnisse ‚natürlich' auf den Menschen wirken? Sind derartige Abbilder verständlicher für den Menschen? Entsprechende Alleinstellungsmerkmale und vor allem Fragen über den Mehrwert sind zu beantworten (vgl. [Franke u. a. 2010]). Um über derartige Fragestellungen qualitativ kommunizieren zu können, bedarf es außerdem der Nutzung von adäquaten oder neuen Definitionen und Begrifflichkeiten. Wie ist es ansonsten zu erklären, dass entsprechende wissenschaftliche Beiträge der ‚Verneinung' im Sinne des Präfixes ‚Non-' Vorschub verleihen?

*Fassungsvermögen/ Kapazität Bild*

Begriffe, wie das Non-Photorealistic-Rendering (vgl. [Gooch und Gooch 2001], [Strothotte und Schlechtweg 2002], [Geng 2010]) oder das Non-Linear-Rendering (vgl. [Glassner 2000], siehe Abbildung 1-2) ‚verstecken' ihr gestalterisches Leistungsvermögen. Als Beispiel sei an dieser Stelle eine Zusammenfassung von AUGUSTO ROMÁN ET AL. (vgl. [Roman u. a. 2004]) benannt. Die Erforschung und die Entwicklung von neuartigen Visualisierungsmöglichkeiten ist konkreter auszuweisen und voranzutreiben. Gestalterische und psychologische Termini sind zu nutzen, nicht neu zu erfinden (vgl. [Bertin 1974], [Ware 2004]).

*Potenzial Computergrafik*

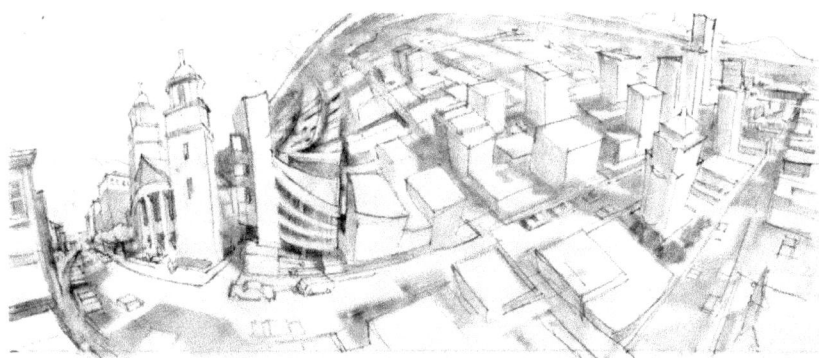

Abbildung 1-2, Illustration: „A non-linear street scene background for animation" von ANDREW S. GLASSNER ([Glassner 2000, S. 2]). Räumlich-verschränkt wirkende Darstellung (vgl. [Wojdziak 2013]), ‚eher' einem optischen Fluss ähnlich (vgl. [Forsyth 2012]).

# 1 Einführung

**Malerei als Leitbild**

Die Malerei, wie die Fotografie und der Film waren allesamt erst Erfindung und dann Handwerk, dann Allgemeingut und in ihrer Vollendung oft ein Werkzeug der Gestaltung und letztlich Kunstform. A priori sind sie Gegenstand der Forschung. Aus der Geschichte über Erfindungen und Entwicklungen im Allgemeinen lassen sich Parallelen für das Fachgebiet der Computergrafik ziehen: Technologische Entwicklungen (wie sie die Computergrafik beinhaltet) unterliegen demzufolge nicht selten einer Trägheit, die sich in äußeren Faktoren begründet. Neue Technologien orientieren sich oft an ihren Vorgängertechnologien. Innovative Technologien ohne eine entsprechende Vorgängertechnologie benötigen vielfach mehr Zeit, um sich am Markt durchzusetzen (vgl. [Wardley 2008], [Verganti 2009]). Das bedeutet, dass innovative Technologien mit einer entsprechenden Vorgängertechnologie weniger Einführungszeit bedürfen, sich dafür aber hinsichtlich ihres Mehrwertes vergleichen und bewerten lassen müssen. Letzter Fall liegt bei computergrafischen Technologien vor, die sich unter anderem am Fotoapparat beziehungsweise an der Filmkamera bemessen lassen muss. Aus Sicht der Gestaltungslehre muss die Computergrafik ‚enthemmt' werden. Ihr gestalterisches Potenzial ist bei Weitem nicht ausgeschöpft.

## 1.2 Zielstellung

**Stand der Technik**

Gegenwärtig sind ‚fotorealistische' Computergrafiken möglich, die von einem Foto nicht mehr zu unterscheiden sind. Es wird von Fotorealismus gesprochen, dem „Fortbestand der Fotografie in virtuellen Bildern" ([Parche 2008, S. 67]). Obgleich von fotografischer Qualität können Computergrafiken unnatürlich wirken (vgl. [Kovalev u. a. 2007], [Owada und Fujiki 2008]). Diese Tatsache begründet sich unter anderem in signifikanten Unterschieden zwischen der visuellen Wahrnehmung des Menschen und den technischen Rahmenbedingungen des Fotoapparates, die es im Rahmen der Thematik aufzuzeigen gilt. Die vorliegende Arbeit soll derartigen Aspekten nachgehen und konkrete Vorschläge zur Optimierung ableiten, insbesondere für computergrafische Bilder.

**Attraktivität und Wirksamkeit**

Die Konzeption und die Entwicklung von technischen Systemen sollten sich nach den Erkenntnissen über die Wahrnehmung des Menschen richten (Human-driven Approach). Dies gilt explizit auch für Verfahren zur Erzeugung von Bildstrukturen, beispielsweise unter Verwendung von computergrafischen Algorithmen. Hier können Informatiker und Ingenieure auf fachliche Erkenntnisse der Gestaltungslehre und der Kognitionswissenschaft zurückgreifen. Es bieten sich Methoden zur Strukturierung und zur Abstraktion von Daten, Informationen und Wissen an (vgl. [Ware 2004]). Aus Sicht des Menschen ist dabei unter anderem auf die Attraktivität und die Wirksamkeit der Visualisierung zu achten (vgl. [Salesin 2002]). Attraktoren wie Distraktoren, also Störungen, können eine Form der Gestaltung zum Zwecke der Optimierung von visuellen Kommunikationsmitteln sein (vgl. [Tipper und Cranston 1985], [Galitz 2007]). In jedem Fall muss die Berücksichtigung der Erwartungshaltung des Menschen innerhalb des Bilderzeugungsprozesses adäquat einfließen. Es sind gestalterische Regeln zu identifizieren und in computergrafische Algorithmen zu überführen. Im Ergebnis ist eine visuelle Beihilfe zu gestalten, die sich gegenüber dem sehenden Menschen in Form eines ‚wohlgeformtes Interface' realisiert.

**Problemraum Perspektive**

Im Sinne der Einführung in die gegenständliche Thematik bietet sich die folgende konkrete Vorschau an. Es wird dargelegt, welchen Ansatz das Fachgebiet der Computergrafik bietet. „Bei der zentralperspektivischen Projektion dreidimensionaler Körper auf eine zweidimensionale Abbildungsebene treten Verzerrungseffekte auf (siehe Abbildung 1-3). […] Der Mensch stellt bei der visuellen Wahrnehmung von Bildern unterschiedliche Ansprüche. Räumliche Verzerrungen wirken […] unnatürlich. Je nach Position im Abbild können runde Objekte elliptisch verzerrt sein, während rechteckige Objekte nach den

## 1.2 Zielstellung

Gesetzen der Linearperspektive geweitet sind. Insbesondere bei großflächigen Präsentationsformen [aus geringer Distanz betrachtet ...] beziehungsweise für exzentrisch positionierte Betrachter sind diese Störungen ein bewusst wahrnehmbarer [visueller] Mangel. [...] Das Bild der Frauenkirche erscheint stark perspektivisch verzerrt. An dieser Stelle eröffnen sich neue Forschungsfelder" (siehe Abbildung 1-3, [Franke u. a. 2006, S. 315]), die erörtert werden können.

„Eingriffe beziehungsweise Erweiterungen in [...] computergrafischen Abbildungsverfahren können die visuelle Darbietung optimieren. Verzerrte Abbilder können vermieden werden (siehe Abbildung 1-4). Derartige Darstellungsoptimierungen unterstützen die Bedeutsamkeit von Objekten für den Betrachter." ([Franke 2005b, S. 21]). Die zuvor aufgeführten Abbildungen zeigen, wie sich gestalterische Differenzen im strukturellen Aufbau des Bildes begründen (siehe Abbildung 1-5). Es stellt sich die Aufgabe, darzulegen, welchen Einfluss geometrische Verzerrungen auf die visuelle Wahrnehmung des Menschen haben und welche Möglichkeiten bestehen, Bildstrukturen zu optimieren.

Forschungsansatz in der Computergrafik

Abbildung 1-3, Computergrafik: Mono-Perspektive aus einer dreidimensionalen Szenengeometrie. Die Szenengeometrie ist einem Hauptpunkt respektive einer geometrischen Mitte untergeordnet ([Franke u. a. 2007, S. 118], [Franke u. a. 2006, S.

Abbildung 1-4, Computergrafik: Multi-Perspektive aus einer dreidimensionalen Szenengeometrie, eine gesonderte Binnenperspektive respektive geometrische Mitte für die Frauenkirche, ein Hauptpunkt respektive geometrische Mitte für die restlichen Szenengeometrien ([Franke u. a. 2007, S. 118], [Fröhlich u. a. 2007, Rundumschlag]).

Abbildung 1-5, Computergrafik: Differenzbild zwischen Mono- und Multi-Perspektive, die rote Markierung stellt die konkrete Differenz der beiden Abbilder dar (vgl. [Franke 2010]).

# 1 Einführung

Abbildung 1-6, Gemälde: „Ansicht von Dresden - Der Neumarkt von der Moritzstraße aus" von CANALETTO (BERNARDO BELLOTTO, 1750). Räumlich wirkendes Abbild einer Stadtansicht, ein Ausschnitt respektive eine Linearperspektive (vgl. [Groh 2005]).

**Forschungsansatz in der Malerei**

„Der Mensch wandert mit seinem Blick über die Objekte und bringt damit selbige in den Mittelpunkt seiner Wahrnehmung" [Franke 2005b, S. 21], vgl. [Arnheim 1983]). Es ist zu klären, wie dies vor dem Hintergrund von Bildstrukturen zu verstehen ist und was es für computergrafische Interfaces bedeutet. Im Gemälde: „Ansicht von Dresden - Der Neumarkt von der Moritzstraße aus" von CANALETTOs Bild begründen sich entsprechende Forschungsansätze (siehe Abbildung 1-6, vgl. [Groh 2005]).

Das benannte Werk erscheint dem Gegenwartsmenschen als ein ‚fehlerfreies' Bild einer Situation, wie sich diese in der Realität zugetragen haben könnte. Bei näherer Betrachtung des genannten Gemäldes zeigt sich allerdings, dass eine bestimmte bildstrukturelle Komposition durch den Maler angelegt wurde. Die vorliegende Arbeit soll diesbezüglich bildwissenschaftliche Feststellungen aufgreifen, computergrafische Lösungen darlegen und einer Evaluation unterziehen.

**Ursache und Adresse**

A priori ist der Mensch Verursacher und Adressat von Bildern. Schließlich ist er es, der zugleich Bilder an seinesgleichen versendet und empfängt. Somit bieten sich kulturelle Techniken und psychologische Erkenntnisse als Ausgangslage für eine wissenschaftliche Betrachtung an. Das sind einerseits die Malerei und die Architektur und andererseits die visuelle Wahrnehmungspsychologie. Thematisch lässt sich somit ein dreieckförmiger Untersuchungsbereich abstecken, der sich auf fundierte Theorien der genannten Disziplinen stützen kann (siehe Abbildung 1-7).

**Lösungsansatz**

Die Malerei/Architektur, die Interfacegestaltung und die Wahrnehmungspsychologie bieten entsprechende Grundrelationen an. Der folgende Leitgedanke ergibt sich: Der Mensch, gleichsam in realen oder in virtuellen Umgebungen, schreitet durch die Welt. Er rezipiert dabei, ebenfalls Schritt um Schritt. Computergrafische Interfaces können dem Menschen bei seiner visuellen Wahrnehmung entgegenkommen, wenn diese unter anderem Prinzipien der Gestaltungslehre systematisch einbetten und psychologische Erkenntnisse beachten. Generell scheinen ‚Interaktions-Drehbücher' für interaktive Bilder ein Mittel der Wahl zu sein.

## 1.2 Zielstellung

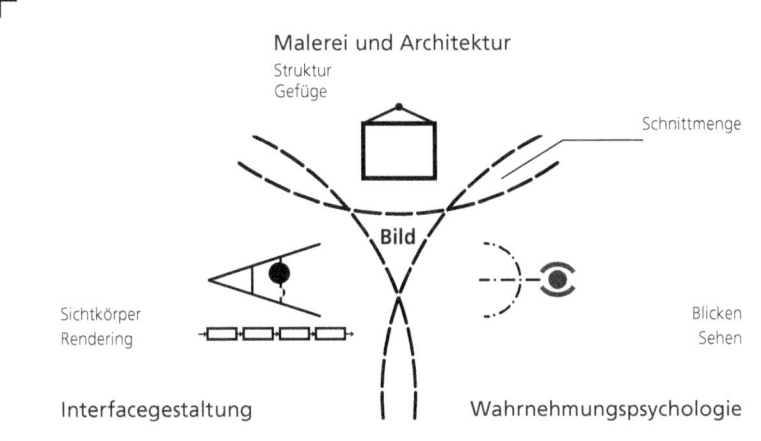

Abbildung 1-7, Illustration: Eingrenzung des Forschungsfeldes in Form eines Spannungsdreieckes von Gestaltung, Informatik und Psychologie.

**Methodik der Arbeit**

Vor dem Hintergrund der vorliegenden Arbeit sind die Malerei und die Architektur als Metaphern zu verstehen. Die Interfacegestaltung und die visuelle Wahrnehmung des Menschen sind zuallererst als Prozesse und Ergebnisse der Auseinandersetzung mit Informationen anzuerkennen. Folglich sind, und das mit einem Blick auf Technologien zur Bilderzeugung, entsprechende Möglichkeiten der gegenseitigen Partizipation darzulegen. „Hierbei liegt die besondere Herausforderung in der Intelligenz eines solchen Visualisierungssystems." ([Franke u. a. 2006, S. 315]).

**Aspekt des Malers**

Sollen computergrafische Renderingverfahren malerische, bildhafte Darstellungen liefern, dann ist zu beachten, dass ein Maler eine Situation unter anderem von diversen Standorten ausgehend und unter der Einnahme von verschiedenen Blickrichtungen erfahren kann, bevor und während der Herstellung eines Bildes. Ein Maler ‚fängt' fortwährend Motive ‚ein', verwirft diese auch wieder, und ist letztlich auf Integration bedacht.

**Debatte zur Thematik**

Letztlich ist es auch ein Ziel, die teils ‚widerstreitende Forschung' und die softwaretechnologischen Umsetzungen konsolidiert aufzubereiten, die sich unter der Arbeitsthematik: „Wahrnehmungsrealismus von Abbildern und Bildern" an der Professur Mediengestaltung, der Fakultät Informatik, der Technischen Universität Dresden subsumieren. Der Autor sieht sich konkret darin verpflichtet, entsprechende Erörterungen und Optimierungsansätze im benannten Spannungsfeld von visueller Wahrnehmung, bildhafter Gestaltung, interaktiver Computergrafik und virtueller Architektur zu vermitteln. Es ist ein Verständnis für die Belange des ‚Wahrnehmungsrealismus' beim Leser auszubilden.

# 1 Einführung

## 1.3 Thesen

Behauptungen und Leitsätze

Es ergeben sich folgende Thesen:

- Ein Maler beabsichtigt in der Regel eine Aussage mit einem Bild zu treffen (Semantik) und bezieht dabei den Menschen mit seinem Leib als Bezugssystem für Bilder ein (Komposition und Montage).
- Der Betrachter ist im Dialog mit einem Bild, wenn es sein Interesse und seine Aufmerksamkeit weckt.
- Die Computergrafik kann das menschliche Sehen besser adaptieren als der Fotoapparat. Die Malerei kann dabei als Vorbild dienen.
- Es sind noch nicht alle Techniken der Malerei verstanden und somit noch nicht vollständig durch die Computergrafik berücksichtigt.
- Ein Bild ist umso wahrnehmungskonformer gestaltet, desto mehr es der visuellen Erwartungshaltung eines Rezipienten entspricht. Der Mensch präferiert unverzerrte Bilder.
- Multi-Perspektiven sind unter bestimmten bildgeometrischen Bedingungen wahrnehmungskonformer und wirken natürlicher als Mono-Perspektiven.
- ‚User von Gemälden' blicken sakkadisch und sukzessive. Sie sehen multi-perspektivisch.
- Menschen ‚sehen' in mehrerlei Hinsicht multi-perspektivisch:
  - indem sie mit zwei Augen blicken,
  - indem sie mit mehreren Blicken die Umwelt rezipieren und
  - indem sie das Erblickte verarbeiten.
- Der Mensch nimmt seine Umwelt optisch als stabil und relativ beständig wahr. Dabei stellt der Mensch geometrische Bezüge zu sich und seiner Umwelt her. Diese Relationen nimmt der Mensch in die Bildwelt mit.
- Die Echtzeit ist kein Grenzwert, den es durch eine Technologie zu erreichen gilt. Der Begriff der Echtzeit ist erweitert zu sehen. Die Echtzeit ist ein Bereich, der sich zwischen dem Akt des Erblickens und der Erkenntnis des Sehens erstreckt.

Im Ergebnis können die Verhaltensweisen des Menschen entsprechende Rahmenbedingungen für die Virtuelle Realität vorgeben.

## 1.4 Aufbau der Arbeit

Die in der Einführung avisierte Thematik: „Wahrnehmungsrealismus, von Abbildern und Bildern" baut auf eine fachgebietsübergreifende Grundlagenbetrachtung in Kapitel 1 auf. Vor dem Hintergrund der Malerei, der Architektur und der visuellen Wahrnehmung des Menschen werden folgende Begriffe betrachtet: Perspektive, Bild, Abbildung und Sehen. In Kapitel 3 erfolgen Analysen über die Begriffe Bildsynthese, Bildeindruck, Bildraum und Bildstruktur. Sich daraus ergebene Schlussfolgerungen für die computergrafischen Visualisierungssysteme werden gezogen.

Kapitel 1 - 3

Aus den gewonnenen Erkenntnissen wird in Kapitel 4 die Synthese eines Mensch-Kamera-Modells vorgestellt. Spezifikationen und Eigenschaften dieses Modells werden dargelegt. Konkret wird der Begriff Perspektivkontrast $K_P$ proklamiert und mögliche Optimierungen mit den Mitteln der Computergrafik (Algorithmen) aufgezeigt. Im Detail werden ein objekt- und ein kamera-basierter Algorithmus vorgestellt. Das Resultat ist eine allgemeingültige Handlungsrichtlinie für die Anlage von Bildstrukturen, wenn diese realistisch auf den wahrnehmenden Menschen wirken sollen. Das Kapitel 4 stellt weiterführende Forschungsfragen, die sich aus gestalterischer Sicht mit der Einführung des zuvor genannten Mensch-Kamera-Modells ergeben. Die folgenden Aspekte finden eine Gegenüberstellung: die Blickrichtung versus die Bildfläche; die Proportion und die Ausrichtung von Objekten; die Raumdimensionen; die Farbe, das Licht und der Schatten; die menschlichen Augen und diesbezügliche Interfacekonzepte.

Kapitel 4 - 5

Die vorgestellte Theorie der Optimierung von Bildstrukturen erfährt eine Realisierung in Kapitel 5 und eine Evaluation in Kapitel 7. Es werden softwaretechnologische Implementierungen beschrieben und notwendige Beweise mittels statistischer Methoden hergeleitet, die belegen, dass der Mensch wahrnehmungsrealistische Bildstrukturen präferiert. Die vorgestellten Verfahren zur Optimierung von Bildstrukturen finden in weiteren Projekten ihre Verwendung. Der Anhang weist verschiedene Arbeiten auf dem Gebiet der Grundlagenforschung und Projekte mit industriellem Bezug aus, die sich unter anderem auf den Ergebnissen der vorliegenden Abhandlung begründen lassen.

Kapitel 6 - 7

Prolog und Epilog rahmen die Arbeit ein.

Prolog/Epilog

1.4 Aufbau der Arbeit

# 2 Grundlagen

Im Kern beschäftigt sich die vorliegende Arbeit mit dem Medium Bild. Ein Bild besitzt Strukturen, die sich der visuellen Wahrnehmung des Menschen anbieten. Realistische Bildstrukturen müssen vor allem die Regeln der Gestaltung befolgen. Die Malerei und die Architektur geben Anhaltspunkte. Über allem schwebt der Begriffsapparat der Perspektive. Viele moderne Fachgebiete bagatellisieren allerdings das Fachgebiet Bildsprache. Folglich werden auch entsprechende Fragen zur Perspektivität von Bildern weniger adressiert. An dieser Stelle sei auf die einschlägige Fachliteratur verwiesen (vgl. [Köller 2004]). Um einen Einstieg in die Thematik Wahrnehmungsrealismus zu schaffen, wird sich zu allererst dem Begriff der Perspektive gewidmet. Im Vorgriff auf die folgende Grundlagenermittlung soll das Spannungsverhältnis zwischen Wahrnehmung und Perspektive mit folgender Abbildung initiiert werden (siehe Abbildung 2-1).

Einleitung

Abbildung 2-1, Grafik:
„Shiva Ram Hanuman Night of Shiva" von SATHYA SAI BABA (2009, [Ratnakaram 2009]).

LEONARDO DA VINCI unterscheidet zwischen der natürlichen Perspektive eines menschlichen Beobachters mit mehreren Blicken und der künstlichen Perspektive einer mathematischen Abbildung der Welt auf einer Bildebene (vgl. [Tyler und Ione 2009], [Edgerton 1975], [Edgerton 2002, S. 85 f.], [Zubov 1962]). Die vorliegende Arbeit geht bei der Bildgenerierung von einer Kamera aus. In der Computergrafik heißt es dazu: „Wo stehe ich, wohin blicke ich?" ([Blinn 1988, Titel]). Andere Beiträge sprechen von einer Erweiterung durch intelligente Kameras (vgl. [Helbing 2004] und [Franke u. a. 2005b]).

Natürliche und künstliche Perspektive

## 2 Grundlagen

### 2.1 Perspektiven

**Perspektive als Leitseil**

„Die Perspektive ist Leitseil und Steuerruder der Malerei" ([da Vinci 1925, S. 204]). ANTONIO AVERLINO, genannt FILARETE, sprach in seinem Architekturtraktat von „dieser Art, den Plan [die Linearperspektive …] zu machen." ([Edgerton 2002, S. 113], [Averl 1966, Fol. 178]). Wie aber kam es so oft zur ‚leonardesken Meistermache', wenn es um die Erfindung der Linearperspektive geht? Schon CENNINO CENNINI gab die Antwort: „si è la trionfal porta del ritrarre dei naturali", was übersetzt so viel heißt wie, „durch die triumphale Pforte, durch das Siegestor des Zeichnens nach der Natur". Der erste Schritt in der Lehre des Zeichnens liegt im Verstehen der Perspektive – nicht aus der Theorie, sondern im Verstehen von den Dingen ([Cennini 1821, S. 21], vgl. [da Vinci 1925]).

**Leitgedanken**

LEONARDO DA VINCI war „eben nicht als Mathematiker, sondern als Naturbeobachter" berühmt. Er definierte für sich drei Arten der Perspektive: „die maßstäbliche Verkleinerung der entfernten Objekte [Verjüngung der Objekte], die zunehmende Unschärfe der Umrisse [atmosphärische Perspektive] und die zunehmende Trübung der Farben [Farbenperspektive]." ([da Vinci 1952, S. 767], vgl. [da Vinci 1925]). Der Mensch ist es auch, der den Spielraum erweitert. Beispielsweise sind die Augen eines Menschen in einem Gebirge und in einem Tal nicht auf gleicher Augenhöhe, wie LEONARDO DA VINCI meinte (vgl. [Brusatin 2003]). Bilder sind dementsprechend zu gestalten.

Andererseits wird Folgendes formuliert: „Perspektive ist nichts anderes als das Sehen einer Ebene hinter einer glatten transparenten Glasscheibe, auf deren Oberfläche sich alle Dinge dem Sehpunkt in Pyramiden nähern. Und diese Pyramiden werden in der Glasebene durchschnitten." ([Gregory 2001, S. 216]). Bei Auseinandersetzungen, in denen es um Perspektive geht, sind mehrere Ausgangspunkte zu berücksichtigen. Zu allererst denkt man an *Malerei*. Aussagen dazu hat beispielsweise LEONARDO DA VINCI mit seinem Traktat von der Malerei verfasst (vgl. [da Vinci 1925], dessen Prinzipien bis heute Gültigkeit besitzen. Eine weitere Reflexion erfährt der Begriff Perspektive in: „Der Ursprung der Perspektive" von HUBERT DAMISCH (vgl. [Damisch 2009]).

„Mittelalterliche Bildstrukturen und die der Renaissance lehren, Dialoge bewusst in einem Bildnis (heute: Grafik) zu platzieren und für einen Betrachter (heute: User) wahrnehmungsergonomisch zu etablieren, zum Beispiel durch Multi-Perspektivität im Bild. Das Bild ist ähnlich einem Text lesbar." ([Franke 2005b, S. 24]). Wie alle anderen Geschöpfe auch kann der Mensch entsprechende Perspektiven ‚einnehmen'. Der Perspektive liegen zahlreiche Faktoren zugrunde (vgl. [Goldstein 2002]).

Der Mensch erblickt mit seinen Augen seine Umwelt. Die visuellen Reize der Augen werden an das Gehirn geleitet und durch Selbiges verarbeitet. Diese Reize werden mit dem visuellen Gedächtnis durch das menschliche Gehirn bewertet, bemustert und letztlich hinsichtlich ihrer Relevanz für ‚Leib und Leben' abgewogen (siehe Abbildung 2-2 und Abbildung 2-3). Das Auge unterliegt dabei optischen Rahmenbedingungen, wie Augpunkt, Blickfeld, Blickrichtung, Fokus, Schärfebereich, Gesichtsfeld, Augenkrankheiten, etc. Dabei spielt auch die Verarbeitung visueller Informationen durch das menschliche Gehirn auf Basis der Erfahrung, der Blindheit durch Konzentration und Aufmerksamkeit (vgl. [Crowe und Narayanan 2000]) und der Einbildung (Korrelation zwischen Erblicken und Erinnerungsvermögen), wie teilweise verzerrte Erinnerungsbilder (vgl. [Tversky 1993]), eine besondere Rolle. Dieses sind die inneren Bedingungen des menschlichen ‚Leibes'.

## 2.1 Perspektiven

Vor dem Hintergrund künstlicher visueller Effekte sei folgende Bemerkung erlaubt: Unschärfe im Sinne der Optik ist keine Eigenschaft der visuellen Umwelt, sondern des menschlichen Wahrnehmungsapparates beziehungsweise seiner Auflösung und anderer körperlicher Fähigkeiten. Äußerliche Faktoren bilden die fachlichen Ausprägungen des Begriffes: Perspektive, wie die Linearperspektive, Farbenperspektive, Luftperspektive und die Mitwirkung von Umweltfaktoren, wie Verdeckung, Licht, Scheinbaren, etc. (vgl. [da Vinci 1925, S. 97 ff.]).

Neben dem Begriff Perspektive steht der der Projektion. Die Projektion ist eine mathematische Abbildungsvorschrift. Eine Projektion ist keine Perspektive. Zentralperspektive und Zentralprojektion sind demnach als Begriff nicht synonym zu verwenden, wie oft in Lexika ausgeführt (vgl. [Zwahr 2006]). Eine Zentralperspektive ist im weitesten Sinne ein Abbild. Eine Zentralprojektion ist ein geometrisches Verfahren.

*Perspektive und Projektion*

Der Begriff Perspektive bedeutet beispielsweise auch etwas ‚an-, respektive ‚einzunehmen', wie einen Standpunkt, eine Meinung, ein Wissensniveau, etc. Der Begriff der Perspektive meint also mehr als eine geometrische, mathematische oder gestalterische Dimension, vielmehr eine Art philosophischer Entität, eine Verortung seiner selbst. Der Terminus eignet sich ohne weitere Einschränkung nicht für fruchtbare Diskussionen. Daher findet die nachfolgende Einschränkung dieses mächtigen Begriffs statt.

Begriffsapparate, wie ‚Linearperspektive, Zentralprojektion, Zentralperspektive, Mono-Perspektive, Multi-Perspektive, Multi-Projektion, Binnenperspektive, Hybridperspektive, Bedeutungsperspektive, perspektivische Projektion', etc. begleiten unser Verständnis. All diese Begriffe haben vor dem transdisziplinären Hintergrund der vorliegenden Arbeit ihre Gültigkeit. Der Eindeutigkeit halber findet im Folgenden eine Klärung der für diese Arbeit relevanten Begriffe der Perspektive statt, im Fall von Redundanzen eine Glättung beziehungsweise eine Konzentration der Begrifflichkeiten. Es werden auch neue Sachverhalte definiert und eingeordnet.

*Arten von Perspektiven*

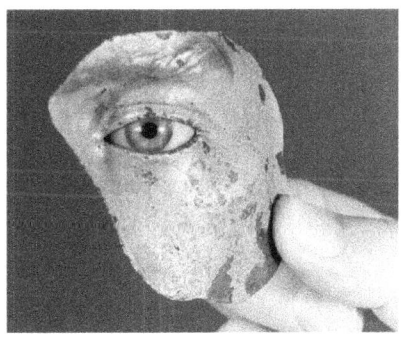

Abbildung 2-2, Gemälde:
„Der Zyklop" von ODILON REDON (1914), links.

Abbildung 2-3, Fotografie:
„Tin Mask" von ARCHIE LANE (1918), oben.

## 2 Grundlagen

### 2.1.1 Mono-Perspektive - Zentralprojektion

**Mono-Perspektive**

Die Mono-Perspektive ist das Ergebnis einer einzigen Projektion, im Sinne des Zitates von RICHARD GREGORY (siehe 2.1). Geometrisch handelt es sich bei diesem Verfahren um eine Zentralprojektion (vgl. [Schmidt 1991]). Optisch gesehen entspricht die Mono-Perspektive beispielsweise dem Abbildungsergebnis der Camera obscura in genau einer Einstellung (vgl. [Hansen 1938]). Alle Objekte, die eine Camera obscura erfasst beziehungsweise die durch eine Zentralprojektion abgebildet werden, unterliegen insofern ein und den gleichen verfahrenstechnischen Bedingungen. Abgebildete Objekte, die Teil einer derartigen Perspektive sind, haben ein und die gleiche Behandlung durch die Camera obscura erfahren. In der computergrafischen perspektivischen Visualisierung ist dies der Normalfall.

**Zentralprojektion**

Die Zentralprojektion beschreibt ein im mathematischen Sinn simples geometrisches Verfahren zur Projektion eines dreidimensionalen Entitätstyps in einen zweidimensionalen Typ. Dieser Begriff ist gleichbedeutend mit dem der Zentralperspektive und firmiert in der Computergrafik unter ‚perspective projection'. Der Begriff Zentralperspektive ist aber ein sehr unscharfer Begriff, der sich zwischen Zentralprojektion und Linearperspektive schwer einordnen lässt. Er wird im Rahmen der vorliegenden Arbeit, gemäß seines ersten Terminus beziehungsweise Wortteils: ‚Zentral-', also von einem Punkt aus gehend, der Zentralprojektion zugeordnet. Dabei wird im Unterschied zum multi-perspektivischen Konstruktionsprinzip der ‚Linearperspektive' in der Malerei lediglich ein Projektionszentrum genutzt (siehe Abbildung 2-2 und Abbildung 2-3). Das Ergebnis ist ein auf geometrischen Prinzipien beruhendes konstruiertes Abbild, eine Mono-Perspektive. Die Zentralprojektion ist aus gestalterischer Sicht ‚rigoros', das heißt, alle abzubildenden Objekte werden gleichbehandelt. Sie sind der gleichen Projektionsvorschrift unterworfen. Bei der Zentralprojektion kann auch von einem ‚eingefrorenen' respektive starren einäugigen Blick gesprochen werden. Die Zentralprojektion ist nach HANNS GEISLER ein reziprokes Gebilde (siehe Formel 2-1, nach [Geisler 1994, S. 14]):

Formel 2-1: Vereinfachte Formulierung der perspektivischen Größe eines abgebildeten Objektes entsprechend einer bestimmten Bildfläche unter Berücksichtigung eines bestimmten Augpunktes (vgl. [Geisler 1994, S. 14]).

$$Perspektivische\ Größe = \frac{wahre\ Größe}{Entfernung\ vom\ Auge}.$$

**Projektionszentrum**

Die Mono-Perspektive basiert auf nur einem Projektionszentrum (Auge) und damit einer Blickrichtung (optische Achse), einem Augenblick (Zeitpunkt) und einem geometrischen Bildzentrum (Hauptpunkt). Bei ihr unterliegen alle abzubildenden Objekte ein und der gleichen Abbildungsvorschrift. Alle parallelen Geraden im Raum sind im Abbild entweder auch parallel zueinander (Spezialfall: Parallelprojektion bei einem Kameraöffnungswinkel von 0° oder bei Abbildungsebenenparallelität der entsprechenden Geraden) oder aber konvergieren in einen gemeinsamen Fluchtpunkt. Dadurch lassen sich die Ausrichtungen von Objekten untereinander erkennen und für den Betrachter eine räumliche Tiefe illusionieren.

**Ein ‚Bruch' mit dem Parallelenaxiom**

Die Zentralprojektion ‚bricht' mit dem Parallelenaxiom. Alle Geraden, die zudem orthogonal zur Abbildungsebene sind, schneiden sich im Hauptpunkt des Abbilds, dem Zentralpunkt. Aus einem zentralprojizierten Abbild lassen sich die Distanzpunkte, mithin der Augpunkt eindeutig rekonstruieren. Grundsätzlich liegt in Abhängigkeit von der optischen Achse ein ‚perspektivischer Kontrast' vor. Jedes projizierte Abbild hat genau einen Augpunkt. Will ein Betrachter die ‚korrekte' Position zum Betrachten des Abbildes einnehmen, so muss er sich mit seinem Auge in das Projektionszentrum begeben und entlang der optischen Achse auf das Abbild gerichtet blicken.

## 2.1 Perspektiven

Eine andere Lage des Betrachters zum Abbild führt zur Konstitution von Verzerrungen. Das Sehen von Verzerrungen ist gleichbedeutend mit einer Verletzung der Formkonstanz. Einer Form, die der menschlichen Erfahrung widerspricht, wird mit Zurückhaltung und in bestimmten Situationen mit Ablehnung begegnet. Das Existieren nur eines Hauptpunktes im Bild (siehe 3.3.1) – ohne weitere Binnenperspektiven (siehe 2.1.3) beschreibt per se eine Mono-Perspektive respektive einen ‚reinen' Systemraum (vgl. [Groh 2005]). Die Literatur spricht bei Verzerrungen auch von einer ‚perspektivischen Verzeichnung' (vgl. [Tyler 2014b]). In diesem Zusammenhang wurde auch von der ‚Robustheit der Perspektive' gesprochen (vgl. [Kubovy 1988]). Eine Kugel wird infolgedessen als Ellipse abgebildet, sofern das Kugelzentrum nicht auf der optischen Achse liegt.

*Verzerrung und Verzeichnung*

Nicht selten werden statt der exakten Verwendung des Begriffes: Zentralprojektion die Bezeichnungen Linearperspektive oder Zentralperspektive verwendet. Wie bereits erwähnt, nutzt beispielsweise die Computergrafik im englischen Sprachraum die Worte ‚perspective projection'. Bei näherer Betrachtung des computergrafischen 3D-Kameramodells (siehe 2.3.5) ist festzustellen, dass es sich bei ‚perspective projection' um eine einzelne Zentralprojektion handelt. Dem entgegen handelt es sich bei einer perspektivischen Malerei in der Regel um multi-perspektivische Bilder. Das sind Bilder, die mehrere Zentralprojektionen in sich vereinen.

*Zentralperspektive und Zentralprojektion*

### 2.1.2 Multi-Perspektive

Eine Multi-Perspektive „ist eine grafische Darstellungsform, die in einem [2D-Bild vom 3D-Raum …] mehrere verschiedene Blickwinkel beziehungsweise Ansichten vereint. Diese Visualisierung ermöglicht, […] Informationen [wahrnehmungskonformer] über ein Objekt sichtbar zu machen, als durch Zentralprojektion möglich ist." ([Franke 2005a, S. 483 ff.]). Die Multi-Perspektive ist das Ergebnis einer Komposition von bestimmten Bildstrukturen, vereinfacht ausgedrückt: eine Mischung aus mehreren Mono-Perspektiven. Gemälde sind in der Regel multi-perspektivisch (vgl. [Klotz 1990]). Schon die Maler der Renaissance ‚komponierten' ihre Werke aus mehreren Augpunkten und Blickwinkeln als bewusste Aufzeichnung der dynamischen Wahrnehmung ihrer Umwelt (vgl. [Franke u. a. 2007]). Ihr Vorgehen in der Anlage von Bildstrukturen reflektierte das Blickverhalten des Menschen (vgl. [Velichkovsky und Hansen 1996], [Palmer 1999]). Dieses ‚geschah' oft unter Zuhilfenahme bildstrukturgebender geometrischer Verfahren, wie der Camera obscura. Eine Einstellung einer Camera obscura ‚macht' genau eine Zentralprojektion. Die Abbilder mehrerer Camerae obscurae wurden in der Malerei in der Regel zu einem Bildgefüge kombiniert. So ist es möglich verschiedene Sichten, Blickwinkel, Zeitpunkte, etc. in ein und dem gleichen Bild zu fassen. Durch diese Form der Kombination können beispielsweise Sinnzusammenhänge besser visualisiert; eine ganz bestimmte Aussage, eine Stimmung oder wichtige Botschaft, die ein derartiges Bild erzählt intendiert werden.

*Multi-Perspektive*

Im geometrischen Sinne beruht die Multi-Perspektive auf einer Multi-Projektion, die unter bestimmten Bedingungen ein wahrnehmungsrealistisches Bild erzeugen kann (vgl. [Franke u. a. 2007]). Mit multi-perspektivischen Mitteln ist es auch möglich, nicht nur zu gestalten, sondern den Informationsgehalt von Bildern zu erhöhen. Hieraus erwachsen diverse Spezialgebiete, unter anderem das der visuellen Ergonomie (vgl. [Franke 2005a]). Einen Gegenstand, seines Zwecks entsprechend geometrisch und farblich einfach zu gestalten und bedienen zu können, ist ergonomisch. Das trifft auf Interfaces, als Bilder verstanden, gleichermaßen zu.

*Multi-Projektion*

## 2 Grundlagen

**Illusion von Raum**

Die neuzeitliche Malerei beruht auf Mitteln der perspektivischen Konstruktion. Unter Verwendung einer geeigneten Bildstruktur kann beim Menschen die Illusion von räumlicher Tiefe in einem Bild erzeugt werden.

**Perspektive als Prinzip**

Perspektive als ein Prinzip, das „meint eine malerische Regel, die [vorwiegend] ab der Renaissance in der abendländischen Malerei Anwendung fand und findet und die psychologische Aspekte des menschlichen Sehens (Wahrnehmung) berücksichtigt. [Die Linearperspektive war eine beliebte bildhafte Darstellungsform in ihrer Zeit. ...] Oft wird sie in ihrem Gebrauch von der Farb- und Luftperspektive begleitet" ([Franke 2005b, S. 23], vgl. [Groh und Franke 2005]). Erste wissenschaftliche Aufzeichnungen liegen mit den Lehrbüchern von ALBRECHT DÜRER und LEONARDO DA VINCI vor ([Dürer 1525], [da Vinci 1925]). Die Perspektive vermag es, Bilder natürlicher erscheinen zu lassen, da mit ihr die Illusion von Raum erzeugt werden kann (siehe 2.2.2).

**Bild des Sehens**

Das ‚Bild des Sehens', jener Formulierung von NORMAN BRYSON, meint etwas wie eine Agora, ein Basar oder Marktplatz zu sein. Dort ist es laut, chaotisch, mit vielerlei Stimmen und Blickzielen. Letztlich wurde durch ihn konstatiert, dass vielmehr Systematik in einem ‚richtigen' Bild zu erkennen ist. Bilder, wie Gemälde, sind durchzogen von klaren Vorschriften und Regeln, für jede Bewegung und von Zeitlichkeit (vgl. [Bryson 2001]). Will ein Maler mit einem Bild all diese Dimensionen fassen, muss die verwendete Abbildungsvorschrift weit über eine mathematische Projektion hinausgehen. In diesem Sinne ergibt sich das Feld der Multi-Perspektive.

**Multi-Perspektiven**

Einen grundlegenden Überblick zur geometrischen Multi-Perspektive bieten YU ET AL. (vgl. [Yu u. a. 2010]). Nicht gemeint sind Multi-Viewer-Verfahren (vgl. [Kitamura u. a. 2001], [Fröhlich u. a. 2005]). Allerdings wird dort nicht nur die grundsätzliche Möglichkeit der multi-perspektivischen Visualisierungen verstanden, ohne Rücksicht auf die menschlichen Sehgewohnheiten, wie es die zuvor genannte Arbeit ausweist, sondern die Perspektive, die mittels multipler Projektionen ein harmonisches Bildgefüge liefert. Denn: „jeder Ort [Standpunkt] gewährt einen besonderen Aspekt der Welt. [...] Einige Standpunkte sind inhaltsvoller und charakteristischer als andere, jeder hinsichtlich seiner Verhältnisse, jedoch existiert keiner von ihnen als absolut [...] Folglich ist der Künstler bemüht, den darzustellenden Gegenstand von verschiedenen Standpunkten aus zu betrachten. Er bereichert seine Wahrnehmung mit neuen Aspekten der Wirklichkeit, indem er ihre mehr oder weniger unterschiedliche Bedeutung anerkennt." ([Panofsky 1980a, S. 73–74]).

**Mehrere Blicke ‚nehmen'**

Eine Perspektive kann mehrere Blicke auf eine bestimmte Situation beziehungsweise ihre entsprechend zeitliche Entwicklung subsumieren: „This means that the 3D scene is altered in order to obtain a good composition in 2D picture space. We are very far from a simulation going unidirectionally from 3D to 2D." ([Durand 2002, S. 116]). Die Bildstruktur ist dabei nur Mittel zum Zweck und darf dabei die visuelle Wahrnehmung des Menschen nicht zusätzlich beanspruchen, wie durch Kurven, die Geraden darstellen sollen. Das Feld der ‚Non-linear Projection' ist demnach mit vorliegender Arbeit nicht adressiert (vgl. [Singh und Balakrishnan 2004], [Sudarsanam u. a. 2008], [Brosz u. a. 2009] etc.).

**Mehrere Blicke ‚zeigen'**

Ein Beispiel einer multi-perspektivischen Darstellung zeigt die folgende Abbildung (siehe Abbildung 2-4). Es ist ein Ausschnitt des Frescos: Dreifaltigkeit des Malers TOMMASO DI SER CASSAI (genannt MASACCIO). Diese Wandmalerei war ihrer Zeit weit voraus, stellt sie doch eine fortgeschrittene Form der perspektivischen Malerei dar.

## 2.1 Perspektiven

Nicht, dass das Meisterwerk im Ganzen bereits von verschiedenen perspektivischen Systemen geprägt ist, weist dieser Ausschnitt der Gewölbemalerei für die damalige Zeit eine Besonderheit aus. Der Ausschnitt zeigt die Madonna im Detail. Die linke Hälfte des Gesichtes präsentiert sich frontal. Die rechte Gesichtshälfte ordnet sich dem potenziellen Augpunkt des Betrachters unter. NORMAN BRYSON spricht von einem Konflikt verschieden-dimensionaler Systeme (vgl. [Bryson 2001]). Die Ausführung ist befremdlich, präsentiert sich das Bild doch im Ergebnis verzerrt, gar ‚unförmig'. Vielmehr entstehen Bezüge dieser Darstellung, die bereits mit dem Jahr 1428 datiert ist, an das Schaffen von PABLO PICASSO, beispielsweise sein Werk: „Frau mit einem Beret", aus dem Jahr 1938 (siehe Abbildung 2-5). Beide Darstellungen zeigen multi-perspektivische ‚Züge', die allerdings nicht den visuellen Gewohnheiten und Erwartungen des Menschen entsprechen. Auf den Menschen wirken diese befremdlich.

Mehrere Blicke ‚zeigen'

Abbildung 2-4, Ausschnitt des Frescos: „Dreifaltigkeit, Trinity in Santa Maria Novella, Florence" von MASACCIO (1428), links.

Abbildung 2-5, Gemälde: „Frau mit einem Beret" von PABLO PICASSO (1938), rechts.

Jedoch gibt es auch ‚wohlgeformte' Darstellungen, das heißt, realistisch wirkende multi-perspektivische Bilder. Ein solches lebhaftes Beispiel stellt das Gemälde: „Un Bar aux Folies-Bergère" von ÉDOUARD MANET dar (siehe Abbildung 2-6). Ein Betrachter-Bild-Dialog könnte sich wie folgt entwickeln: Das Gemälde zeigt eine junge Frau, vermutlich eine Kellnerin, hinter einem Tresen und vor einem leicht eingedrehten Spiegel, der als solcher im Bild nicht zu erkennen ist. Fehlt es dem Spiegel im Bild doch an Rahmung. Durch die dargestellte Spiegelung im Bild sieht der Betrachter den Rücken der Kellnerin. Zugleich sieht der Betrachter des Gemäldes eine männliche Person mit Zylinder, welche anscheinend der Kellnerin gegenübersteht. Der Betrachter erliegt gar dem Gedanken, dass er selbst diese männliche Person mit Zylinder sein könnte. Das würde bedeuten, der Betrachter schaut durch die Augen des Mannes. In Folge dieser bildhaften Konstellation und Spannung wird der Betrachter mehr und mehr verleitet, das Gemälde in seiner Bildstruktur und geometrischen Logik für sich zu erschließen. Wo genau ist der Spiegel? Wie verlaufen die Sichtachsen? Schaue ich wirklich durch die Augen des Mannes? Oder: Ist alles nur eine optische Raffinesse, deren Auflösung sich nach längerer Betrachtung von selbst ergibt? In jedem Fall wirkt dieses Gemälde mehr als magisch auf einen Betrachter. ‚Es fesselt'.

‚Wohlgeformte' Darstellungen

## 2 Grundlagen

Abbildung 2-6, Gemälde: „Un Bar aux Folies-Bergère" von ÉDOUARD MANET (1881-1882), links.

Abbildung 2-7, Fotografie: „Nicht vergessen 30. November 2013, Platz der Unabhängigkeit in Kiew" von ALEXANDER PEREVOZNYK (2013), rechts.

**Mehrere Blicke ‚zeigen'**

Eine vergleichbare Situation zeigt das folgende Foto. Es wird eine mit Spiegeln unterstützte politische Demonstration gezeigt, die die psychologische Verfassung des einzelnen Polizisten ‚angreift'. Der Polizist wird mit seinem eigenen ‚Konterfei' (Spiegelbild) konfrontiert und als Individuum, dass eine Staatsmacht vertritt, zu einer inneren Auseinandersetzung betreffend der gegenwärtigen Situation genötigt. Er sieht sich selbst in den Reihen der Demonstranten (siehe Abbildung 2-7). Kritik und Selbstkritik war in der früheren Sowjetunion (Marxismus-Leninismus) eine Art und Weise des gesellschaftlichen Diskurses. Abgebildet ist eine Demonstration unter Zuhilfenahme von Spiegeln, um ein „Критика и самокритика" bei den Polizeieinheiten hervorzurufen (russisch für: Kritik und Selbstkritik, vgl. [Lenin 2001]).

**Multi-Perspektive und Polyzentrismus**

Es lassen sich folgende Aussagen zusammenfassen: „Multi-Perspektive ist eine grafische Darstellungsform, die in einem [2D-Bild vom 3D-Raum] mehrere verschiedene Blickwinkel beziehungsweise Ansichten vereint. Diese Visualisierung ermöglicht, mehr Informationen über ein Objekt sichtbar zu machen, als durch Zentralprojektion möglich ist." ([Franke 2005a, S. 488]). „Most depiction situations present a mix of 3D and 2D specifications. Acknowledging this richness can result in original techniques that are more relevant to specific contexts." ([Durand 2002, S. 116]). [Florenski und Sikojev 1989] sprechen von einem Polyzentrismus, der sich in Ikonen finden lässt. Dieser Polyzentrismus ist es, der den Bildern Spannung verleiht und damit den Dialog zwischen Bild und Betrachter fördert, die Voraussetzung für Interaktivität.

**Betrachter und Benutzer**

„Multi-Perspektiven sind bisher für den üblichen ‚Software-Benutzer' eine ungebräuchliche Art und Weise, um an Informationen zu gelangen, ganz im Gegensatz zu ‚Gemälde-Benutzern'. Letzteren ist es oftmals gar nicht bewusst vor einer multi-perspektivischen [Darstellung] zu stehen. Hierin begründet sich also ein gewisses Potenzial für computergrafische Visualisierungssysteme. Mit der Zunahme von [räumlich wirkenden] Interfaces ist hier jedoch ein Wandel zu erwarten" ([Franke 2005a, S. 488] Langfassung).

**Ausschnitte der Umwelt**

Bei der Konstruktion eines ‚linearperspektivischen Bildes' ist es nach LEON BATTISTA ALBERTI (1404-1472) und LEONARDO DA VINCI (1452-1519) ausdrücklich möglich, mit dem Mittel Camera obscura, gestalterisch umzugehen, wobei beliebig viele Ausschnitte der Umwelt eingefangen werden können. Eine Multi-Perspektive subsumiert mehrere Blicke. Ein einzelner Blick beschreibt nur einen bestimmten Teil des Funktionsumfanges des menschlichen Auges, den der Fixation. Die Augen vollziehen darüber hinaus eine Bewegung. Die Unterscheidung zwischen Augenblick und Augenbewegung lässt sich auf multi-perspektivischen Darstellungen umbrechen – einerseits als Fügung von diskreten Blicken und andererseits als Aufzeichnung von kontinuierlicher Blickbewegung. Dieses lässt sich differenzierter betrachten, wie in den folgenden beiden Abschnitten dargelegt ist.

## 2.1 Perspektiven

### 2.1.2.1 Diskrete Multi-Perspektive

Ausgangspunkt der Betrachtung ist die Mono-Perspektive, die Verzerrungen aufweisen kann (siehe Abbildung 1-3, Seite 5). Bildstrukturell besteht die Möglichkeit, dass einzelne Objekte aus dem ‚reinen' Systemraum ‚ausbrechen' und einer gesonderten Abbildungsvorschrift zugeführt werden. In derartigen Fällen ist im Ergebnis der Abbildung von einer ‚diskreten Multi-Perspektive' zu sprechen (siehe Abbildung 1-4, Seite 5). Es werden einzelne Objekte der Szene ‚herausgegriffen' und gesondert behandelt. Sinngemäß stellt diese Form der Multi-Perspektive einen ‚objekt-orientierten' Ansatz dar. ‚Objekt-orientiert' meint hier nicht die der objektorientierten Programmierung (vgl. [Brügge und Dutoit 2004]).

*Diskrete Multi-Perspektive*

Vor dem Leitgedanken des Wahrnehmungsrealismus handelt es sich bei einer ‚diskreten Multi-Perspektive' um abzubildende Objekte, die folgende Bedingungen erfüllen müssen: „dialogisch bedeutsam, singulär, sphärisch" ([Groh 2005, S. 49]). Mit anderen Worten umschrieben: Diese bedeutsamen Szenenobjekte erhalten eine eigene Perspektive, eine Binnenperspektive (siehe 2.1.3). Der Begriff Binnenperspektive tritt in der Kunsttheorie auf, wenn eine Figur im Bild nicht der globalen Abbildungsvorschrift unterliegt, sondern eine eigene lokale Perspektive ausbildet. Einige Ansätze zur Optimierung der Perspektive zeigt die vorliegende Arbeit in einem der nachfolgenden Abschnitte (siehe 4.4). Die ‚diskrete Multi-Perspektive' stellt einen Teil der euklidischen Geometrie dar, weil sie den Anspruch der menschlichen Raumerfahrung Gestalt verleiht (vgl. [Euklid 1938]). Die ‚diskrete Multi-Perspektive' stellt eine Bildstruktur dar, die sukzessive Blicke (Fixationen) in einer Struktur simultan zu simulieren vermag (siehe 2.4.1.1). Sie ist dem Menschen vertraut und für ihn anschaulich.

*Leitgedanke Wirklichkeit*

### 2.1.2.2 Kontinuierliche Multi-Perspektive

Die ‚kontinuierliche Multi-Perspektive' unterscheidet sich von der ‚diskreten Multi-Perspektive' durch ihre ‚raum-orientierte' Anwendung. Die gesamte Geometrie der Szene unterliegt den gleichen Projektionsbedingungen. Sie beschreibt einen ‚linien- beziehungsweise punktweisen' Ansatz. Jede abzubildende Raumebene (beispielsweise mittels Streifenkameras) oder jeder abzubildende Raumpunkt (beispielsweise mittels Punktkameras) wird gesondert projiziert. Steifenkameras liefern eine Bildzeile oder -spalte als Abbildungsergebnis. Eine Punktkamera liefert lediglich einen Punkt als Abbildungsergebnis. Dabei können auch Gewichtungen einbezogen werden. Im Ergebnis entstehen Bilder, wie Panoramen, Fischaugen-Projektionen, etc. (siehe Abbildung 2-10, vgl. [Wojdziak u. a. 2011b]).

*Kontinuierliche Multi-Perspektive*

Die ‚kontinuierliche Multi-Perspektive' stellt einen Teil der nichteuklidischen Geometrien dar, da sie nicht den Anspruch hat, die menschliche Raumerfahrung wiederzugeben (vgl. [Euklid 1938]). Sie ist dem Menschen unvertraut. Die ‚kontinuierliche Multi-Perspektive' besitzt vielmehr eine Bildstruktur, die einen Blicksprung des Auges simultan zu simulieren vermag. Allerdings unterliegen die visuellen Informationen bei einem Blicksprung des Auges der sakkadischen Suppression (siehe 2.4.1.2). Dem Menschen erscheint die ‚kontinuierliche Multi-Perspektive' in der Regel befremdlich.

*Nichteuklidisch*

### 2.1.3 Binnenperspektive

Eine in der Malerei schon immer angewandte Methode ist die ‚Binnenperspektive'. Ein multi-perspektivisches Bild vereint mehrere Augpunkte und Blickrichtungen in sich. Die Anordnung und die Ausprägung der Augpunkte beziehungsweise die Blickrichtung können zu einem wahrnehmungsrealistischen Abbildungsergebnis qualifizieren. Wie beschrieben,

*Binnenperspektive*

## 2 Grundlagen

bedient sich die ‚diskrete Multi-Perspektive' mehrerer optischer Achsen. Im Ergebnis lassen sich entsprechend viele Binnenperspektiven finden. Das jeweilige geometrische Zentrum einer Binnenperspektive befindet sich bei linearperspektivischen Gemälden in der Regel auf der Horizontlinie des Bildes. Eine Binnenperspektive ermöglicht proportionsgerechtere Bilder. Die Binnenperspektive ist ein systematisches Verfahren, das beispielsweise örtliche oder zeitliche Konstellationen in einer Bildstruktur situationsbezogen (situativ) arrangieren lässt.

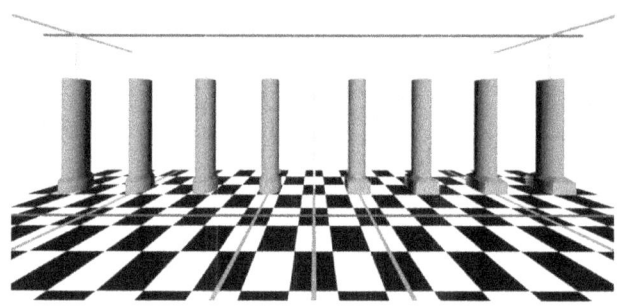

Abbildung 2-8, Computergrafik:
‚Mono-Perspektive', die Säulen als auch der Fußboden unterliegen ein und dem gleichen Projektionszentrum. Es liegt ein ‚reiner' Systemraum vor. Kameraöffnungswinkel: 120 ° ([Münch 2008, Teil. DVD]).

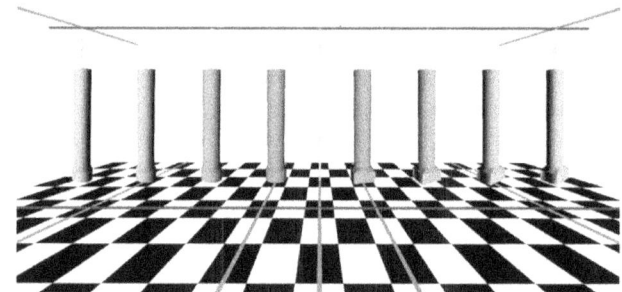

Abbildung 2-9, Computergrafik:
‚Diskrete Multi-Perspektive', die Säulen als auch der Fußboden unterliegen jeweils eigenen geometrischen Zentren. Es liegt ein multi-diskreter Systemraum vor. Kameraöffnungswinkel: 120 ° ([Münch 2008, S. 108]).

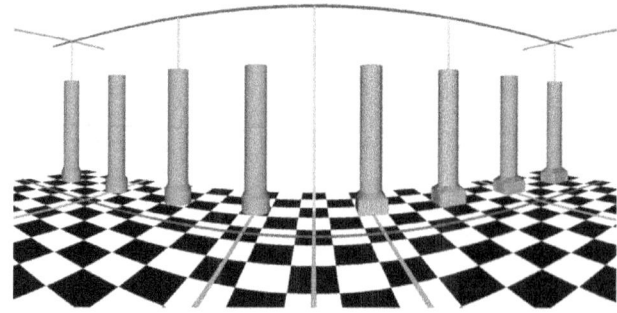

Abbildung 2-10, Computergrafik:
‚Kontinuierliche Multi-Perspektive'. Die Säulen als auch der Fußboden unterliegen keinem konkreten beziehungsweise objektzugeordneten Projektionszentrum. Die hier dargestellte Szene wurde über ‚beliebig' viele Kameras berechnet, mit kreisförmiger Anordnung. Es liegt eine gleichmäßige Abwicklung des Raumes vor. Kameraöffnungswinkel: 120 ° ([Münch 2008, S. 108]).

## 2.1 Perspektiven

Mittels Binnenperspektiven lässt sich ein ‚narrativer Pfad im Bild anlegen', der komplexe Zusammenhänge und Botschaften tragen kann. Obwohl ein Bild eine simultane Präsentationsform darstellt, ist die Binnenperspektive von der Bildgrammatik her ein Mittel der Sukzessivität. Binnenperspektiven werden von einem Betrachter nacheinander rezipiert. In multi-perspektivischen Gemälden lassen sich üblicherweise zahlreiche Binnenperspektiven finden, sodass sich komplexe Geschichten vermitteln lassen, wie mit dem Gemälde: „Ansicht von Dresden - Der Neumarkt von der Moritzstraße aus" von CANALETTO (BERNARDO BELLOTTO) bereits gezeigt wurde (siehe 1.2).

Narrationspotenzial

Das ‚Besondere' begründet sich nicht in der Anlage einer Binnenperspektive selbst, denn diese stellt lediglich eine weitere ganz bestimmte Projektionsvorschrift dar, sondern in ihrer gestalterischen Verwendung als Kompositionsmittel. Die Zentralprojektion ermöglicht keine Binnenperspektive (siehe Abbildung 2-11). Die bildstrukturelle Veranlagung, beispielsweise von Binnenperspektiven zueinander und vor allem vor dem Grundsystem des Bildes, ist Aufgabe des Malers oder Gestalters als Sachverständiger. Binnenstrukturen in einer Bildstruktur begründen in der Regel eine ‚Figur-Grund-Relation'. Ihre Struktur ist nicht offensichtlich, sondern wirkt subtil (siehe Abbildung 2-12). Diese Beziehung bindet gestalterisches Potenzial, das im Rahmen der vorliegenden Arbeit unter der Dualität von Proportion und Ausrichtung abgehandelt wird (siehe 5.1.1). Die Binnenperspektive ermöglicht es, Prioritäten und Dialog-Objekte in einem Bild zu stärken. Die nachfolgenden Abbildungen zeigen einen Vergleich. Der Brunnen erfährt eine perspektivische Optimierung.

Kompositionsmittel

Abbildung 2-11, Computergrafik: Ohne Binnenperspektive ([Schreier 2007, S. 41]), links (Studie siehe 7.3).

Abbildung 2-12, Computergrafik: Mit Binnenperspektive [Schreier 2007, S. 41]), rechts (Studie siehe 7.3).

### 2.1.4 Bedeutungsperspektive und umgekehrte Perspektive

Neben der Binnenperspektive werden in der Kunstwissenschaft zu Gemälden die Begriffe der Bedeutungsperspektive und der umgekehrten Perspektive benannt (vgl. [Rauschenbach 1983]). Der Vollständigkeit halber werden diese Begriffe an dieser Stelle der Arbeit angerissen, allerdings nicht weiter ausgeführt. Dies begründet sich wie folgt: Die Bedeutungsperspektive ist Mittel der flächigen Komposition (siehe Abbildung 2-13).

Bedeutungsperspektive

Die vorliegende Arbeit thematisiert jedoch die wahrnehmungsrealistische Illusion des Raumes durch Abbilder. Allerdings ist der Begriff der Bedeutung auch aus wahrnehmungspsychologischer Sicht zu erklären. Dieser Abschnitt wird dem Leser der vorliegenden Arbeit im Besonderen empfohlen, trägt dieser doch einiges zum Verständnis des Begriffes an sich bei (siehe 2.4.4).

Bedeutungsbegriff

## 2 Grundlagen

Abbildung 2-13, Miniatur: „Das Schachspiel –
Markgraf Otto von Brandenburg", eine manessische in
der Großen Heidelberger Liederhandschrift
([Manesse 1300 - 1340, germ. 848, Blatt 13r.]).

Farbe und Form

„ERWIN PANOFSKY spricht von mittelalterlicher Perspektive als einer Bedeutungsperspektive, das heißt, Bildelemente werden entsprechend ihrer Bedeutsamkeit (wichtig = groß [und wichtig = rot oder blau]) geordnet." ([Franke 2005b, S. 24], vgl. [Panofsky 1980a]). Die umgekehrte Perspektive ist eine besondere Linearperspektive, bei der die Fluchtpunkte nicht hinter den abgebildeten Objekten, sondern ‚in Front gesetzt' sind (siehe Abbildung 2-24), vgl. [Florenski und Sikojev 1989]). Die Bedeutungsperspektive des Mittelalters erscheint dem Menschen der Gegenwart scheinbar befremdlich, ebenso wie die umgekehrte Perspektive (vgl. [Rauschenbach 1983]), folgen diese doch ‚auf den ersten Blick' nicht den optischen Gesetzen, den Prinzipien der Linearperspektive oder der Raumerfahrung des Menschen.

Vergenz und Toleranz

Der Wunsch eines Bildschaffenden ist es, die visuelle dreidimensionale Umwelt in ein zweidimensionales Bild zu überführen (vgl. [Edgerton 2002]). Das Verfahren der Zentralprojektion beinhaltet ein Projektionszentrum. Allerdings ist das menschliche Gehirn zum binokularen Sehen befähigt. Vor dem Hintergrund der Vergenzstellung des rechten und des linken Augapfels ergibt sich eine Querdisparität zwischen den entsprechenden Netzhautabbildern (vgl. [Metzger 2008]). Im Ergebnis kann beim menschlichen Sehen von besonderen, visuellen Wahrnehmungsmöglichkeiten ausgegangen werden. Ein derartiges,

## 2.1 Perspektiven

umgekehrt perspektivisches Bild kann demzufolge nicht im Widerspruch zur Erwartungshaltung des Betrachters stehen. Deutlich wird dieser Fakt bei der Betrachtung von dreidimensionalen Objekten, die kleineren Ausmaßes sind als der Augenabstand. Ein Beispiel: Wenn der Mensch im Nahbereich einen kleinen Würfel betrachtet, dann kann er um diesen teilweise ‚herumsehen'. Die Vorderseite und Seitenflächen des Würfels sind sichtbar, Deck- und Bodenfläche jedoch nicht.

Die beiden Augen des Menschen begründen das Blicken, mit der eine querdisparate Tiefenwahrnehmung einhergeht. Diese Disparität ist auch als Stereopsis bekannt und für das räumliche Sehen verantwortlich (vgl. [Metzger 2008]). Bei konzentriertem, zweiäugigem Blick auf ein kleines Objekt in der Nähe, wie einem in der Hand liegenden Würfel eines Brettspiels, ergibt sich bei genauer Betrachtung also eine ‚umgekehrte Perspektive'. Dem Menschen ist die ‚umgekehrte Perspektive' auch und insbesondere durch seinen visuellen Wahrnehmungsprozess vertraut (vgl. [Rauschenbach 1983]). Diese Erkenntnis lag mit Sicherheit auch den Malern vergangener und frühester Epochen durch das Selbststudium beziehungsweise bewusste Beobachtungen ihrer Umwelt vor und vielleicht übertrugen sie diese Erfahrung auch auf ihrer Darstellungsweise, insbesondere im Mittelalter. SAMUEL Y. EDGERTON führt dazu aus, „daß die Linearperspektive den Künstler nicht beherrschen darf, sondern ihm dienen muß, und daß die visuelle Wahrheit in einem Bild nicht von der korrekten Perspektive als solche abhängt, sondern von den grundsätzlichen moralischen und philosophischen Prioritäten der Kultur." ([Edgerton 2002, S. 59], siehe 2.4.3). Folglich bietet die Form der ‚umgekehrten' Perspektive ein entsprechendes nicht zu unterschätzendes Potenzial für die Gestaltung von interaktiven Visualisierungen, wie unter anderem eine Arbeit von BRIAN ESCHRICH zeigt (vgl. [Rauschenbach 1983], [Eschrich 2011a]). Die ‚umgekehrte Perspektive' bietet sich dem Betrachter mit einer anderen Detailpräsentation an (vgl. [Rauschenbach 1983]), als die Ergebnisse der Zentralprojektion es vermögen (siehe Abbildung 2-14).

Querdisparität

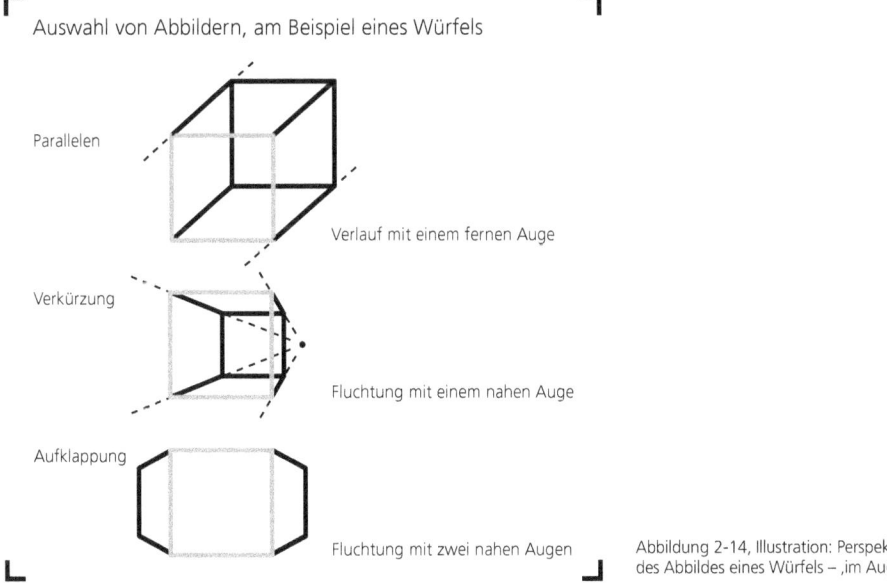

Abbildung 2-14, Illustration: Perspektiven am Beispiel des Abbildes eines Würfels – ‚im Auge des Betrachters'.

## 2 Grundlagen

**Angebot und Appell**

Das Interfacedesign spricht insofern von der Notwendigkeit einer ‚Affordance' (Angebotstauglichkeit, Appellfunktion, etc.), welchem eine ‚umgekehrte Perspektive' auf eigene Art gerecht wird (vgl. [Preim und Dachselt 2010]). Entsprechende Interaktionskonzepte lassen sich aus Abbildungsergebnissen ableiten und erforschen.

**Abgrenzung zur Physiologie**

Vor dem thematischen Hintergrund dieser Arbeit ist das binokulare Blicken jedoch von geringerer Bedeutung, denn die zugrunde liegende Problematik der perspektivischen Verzerrung (vgl. [Glaeser 1999]) ist ursächlich kein Problem der visuellen Wahrnehmung des Menschen, sondern der entsprechenden bildgebenden Projektionsverfahren. Der Aufbau des Auges berücksichtigt optische Gesetzmäßigkeiten. Dieses trifft auch für optische Apparate zu, beispielsweise bei einer Kamera. Allerdings bestehen signifikante Unterschiede zwischen ‚der einen und der anderen' Funktionsweise. Das Auge bewegt sich sukzessive, die Kamera stellt bisweilen einen ‚gleichmacherischen' kontinuierlichen Aufzeichnungsprozess dar (vgl. [Palmer 1999], [Matlin 1992], [Epstein und Rogers 1995]).

**Abgenzung zur Kultur und Geschichte**

Wie der Mensch mit dem Aufkommen der Virtuellen Realität und interaktiver Grafiken in der Zukunft entsprechende Reize visuell und kognitiv verarbeitet, wird in jedem Fall spannend. Genauso befremdlich, wie ägyptische Hieroglyphen, mittelalterliche Ikone und andere vergangene Darstellungsformen auf den modernen Menschen wirken, müssten neuzeitliche Bilder auf Menschen der Antike, des Mittelalters und so weiter wirken, wenn diese Menschen noch leben würden. Leider lässt sich zum gegenwärtigen Zeitpunkt davon nichts erforschen, denn für derartige Forschungen zur kulturellen Prägung stehen keine entsprechenden Menschen, der vergangenen Epochen, als Probanden zur Verfügung (siehe 2.4.3). Lediglich aus den ‚Zeitzeugen' dieser Epochen lassen sich Rückschlüsse ziehen. Insofern orientiert sich die vorliegende Arbeit einerseits an bekannten und erprobten bildgebenden Verfahren ausgehend von der Malerei über die Architektur bis zur Computergrafik. Andererseits fließt entsprechend abgesichertes Wissen über die menschlichen Sehgewohnheiten und kognitiver Zusammenhänge in die vorliegende Erörterung ein (siehe 2.4).

### 2.1.5 Klassifizierungsansatz

**Klassifikation von Multi-Perspektive**

Nachdem unterschiedliche Ansätze von Perspektiven aufgezeigt wurden, die im Rahmen der vorliegenden Arbeit relevant sind, gilt es diese zu klassifizieren. Mit [Franke 2005a] ist eine erste allgemeine Definition beziehungsweise Ordnung zum Begriff der Multi-Perspektive gegeben. Die folgende Definition spannt einen Bogen zwischen der bildsprachlichen Herangehensweise und den mathematisch geometrischen Grundlagen. Multi-Perspektiven lassen sich gemäß der folgenden Abbildung ordnen beziehungsweise klassifizieren (siehe Abbildung 2-15).

## 2.1 Perspektiven

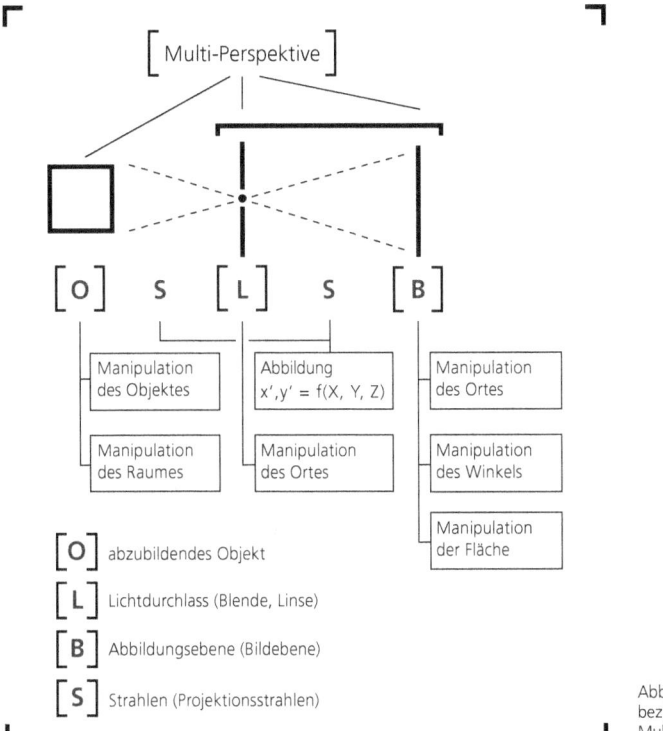

Abbildung 2-15, Illustration: Ordnungssystem beziehungsweise Klassifizierungsansatz bezüglich Multi-Perspektiven (nach [Franke 2005a, S. 492]).

Eine Weiterentwicklung dieses Ansatzes findet sich im Buch: „Ikonografie der Interaktion" von RAINER GROH ([Groh 2014, S. 141]). Im Rahmen dieser Arbeit steht der Begriff Multi-Perspektive für die multiple Anwendung der Zentralprojektion, dem Ziel verpflichtet, ein wahrnehmungskonformeres Bild zu schaffen (vgl. [Zavesky 2007]). Dieser Prozess versteht sich als Teil der Komposition von Bildstrukturen. Insofern ist das Gebiet der krummlinearen Abbildungsvorschriften abzugrenzen (,Non-linear Projection', vgl. [Wojdziak u. a. 2011b]). Zweifelsohne ermöglichen krummlineare Abbildungsvorschriften neuartige Bildstrukturen, jedoch wird bisweilen bezweifelt, dass eine räumliche Gerade in ihrem Abbild als ,grobe/derbe/rabiate' krumme Linie vom Menschen als wahrnehmungsrealistisch akzeptiert wird. Allerdings ergibt sich mit ,subtil' krumm linearen Darstellungen das Feld der optischen Täuschungen, die in der Tat zum Wahrnehmungsrealismus beitragen (siehe 3.3.5.1). Mit ,Nichtlinearen Abbildungssystemen' wird an dieser Stelle ein Forschungsfeld für die Computergrafik aufgemacht, welches sehr spannende Ergebnisse verspricht.

,Ikonografisches'

Blicke des Menschen in die Umwelt sind statisch, konkret, diskret, also trennbar, unterscheidbar und von kurzer Dauer. Blicksprünge des Menschen sind an sich dynamisch, unkonkret, kontinuierlich, das heißt, die Blickbewegung erfolgt ebenfalls über einen gewissen Zeitraum und ist damit, wenn auch äußerst schnell, in jedem Fall aber fortlaufend. Blicksprünge stellen implizit eine geometrische Dynamik dar. Visuelle Reizinformationen verarbeitet der Mensch nicht oder nur in gehemmter Weise (siehe 2.4.1.2).

,Physiologisches'

## 2 Grundlagen

Es lassen sich folgende Prinzipien der Perspektive aufführen (siehe Tabelle 2-1):

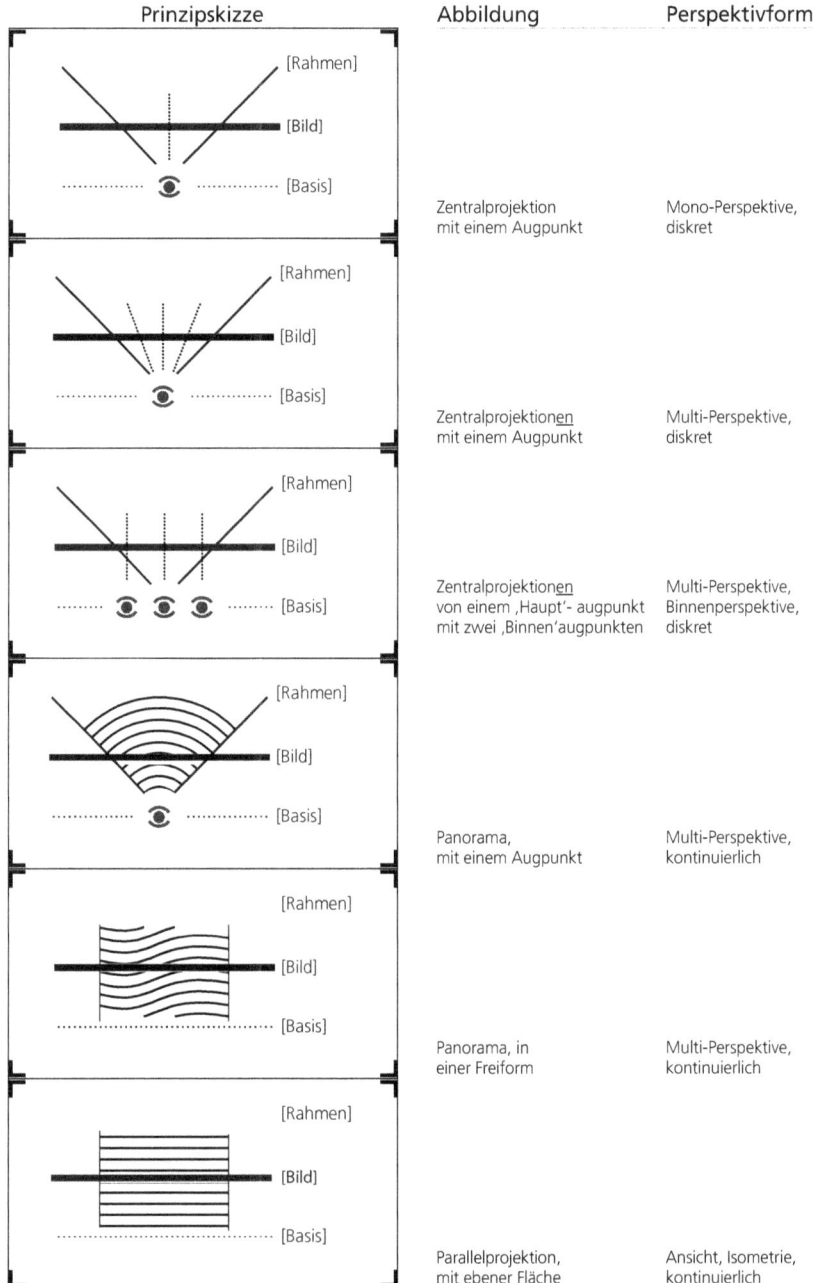

Tabelle 2-1: Klassifikation möglicher Mono- und Multi-Perspektiven von der Zentralprojektion bis zur Parallelprojektion.

## 2.2 Bildwerke

Über die Klassifikation hinaus ist auch die Kombination von mehreren Abbildungsvorschriften beziehungsweise Projektionen zu einer vielfältigeren Multi-Perspektive möglich. Im Fortgang der Arbeit wird sich die Diskussion allerdings zwischen Mono-Perspektive und diskreter Multi-Perspektive bewegen. Der Leser soll mit der vorliegenden Klassifikation einen Überblick erhalten und befähigt werden Perspektivtypen zu explorieren. Vor dem Hintergrund der gestalterischen Terminologie werfen die Begriffe der Mono- und Multi-Perspektive allerdings weitere Fragen auf, die zu klären sind. Was bedeutet es, wenn in dieser Arbeit von einem gestalteten Bild gesprochen wird? Was ist überhaupt ein Bild? Diesen Begrifflichkeiten soll im folgenden Abschnitt nachgegangen werden.

*Zwischenfazit*

### 2.2 Bildwerke

Einführend seien einige Zitate unterschiedlicher Fachdisziplinen zum Wesen und Zwecke von Bildern erlaubt, die den Leser auf den folgenden Abschnitt einstimmen sollen: "Für mich ist die Metamorphose von Höhe, Breite und Tiefe auf eine zweidimensionale Fläche ein magisches Erlebnis, das mir eine Ahnung von der vierten Dimension vermittelt, nach der ich von ganzem Herzen suche. (MAX BECKMANN)" [am Rande seines Vortrages], „Über meine Malerei" (1938), ([Timm 2010, S. 70]). „Ein Bild differiert von dem unmittelbaren Eindruck, den die reale Umwelt vermittelt. Insbesondere im Hinblick auf die Dualität von Fläche und Tiefe. Betrachter stehen im doppelten Sinn vor der Aufgabe des Wahrnehmens einerseits dessen, was es abbildet, beispielsweise eine Szene, und andererseits dessen, was es repräsentiert, dem Kommunikationsziel." ([Schwan 2005, S. 126]). „Bilder sind Mittel der Kommunikation, und Kommunikation ist durch Kognition bestimmt. Jedes Bild hat einen Schöpfer und einen Adressaten. Das Bild ist ein Artefakt, das dessen Urheber mit den ihm zur Verfügung stehenden Mitteln und mit einer bestimmten Intention erschafft. Die Anfertigung eines Bildes geschieht nicht [alleine] durch mechanische Umsetzung und Wiedergabe eines optischen Eindrucks, sondern ist ein komplizierter Prozess, bei dem unterschiedliche Faktoren zusammenspielen." ([Huth 2003, S. 21], vgl. [Messaris 1994]). Dabei sind Details, die vom Kommunikationsziel ablenken, zu vermeiden (vgl. [Krüger und Stahl 1998]). Der Abstraktionsgrad von Grafiken sollte sich dabei am Kommunikationsziel orientieren, möglichst regelbasiert sein (vgl. [Feiner 1985]). Bilder sind Formen des Einfangens respektive Anhaltens von Bewegung und Zeit. Es ist Folgendes festzuhalten: Ein ‚Bild' hat mehr mit ‚Perspektive' gemein als ein ‚Abbild'. A priori werden die folgenden Begriffsfixierungen vorgeschlagen, die im Weiteren der begrifflichen Orientierung dienen sollen: Das Abbild ist das Ergebnis einer Projektion. Ein Bild ist das Ergebnis einer Komposition.

*Ausgangsbasis und ‚a priori'*

### 2.2.1 Wort und Skizze

Beim Sprechen und Lesen geht ein großer Teil der zwischenmenschlichen Kommunikation verloren. Betroffen sind zum Beispiel: Gestik, Mimik, Stimmlage, etc. ganz abzusehen von diesbezüglichen, anderen körperlichen Ausprägungen. Mit dem Text gab sich die Menschheit neben dem Bild einen zusätzlichen außerhalb des Leibes verorteten Wissensspeicher. Text und Bild sind bei geeigneter Wahl von Trägermaterial und Auftragsmaterial dauerhaftere und genauere Informationsträger als die Einzelperson und deren mündliche Überlieferung.

*Wort und Skizze*

## 2 Grundlagen

#### 2.2.1.1 Text

*Sprache und Text*

Mit Sicherheit ist die Begriffsbildung ein relativ später Schritt in der Kulturgeschichte. Begriffe sind ‚untrennbar' mit der Typografie verbunden. Die sichtbare Welt wurde durch den Menschen der Frühzeit vermutlich erst visuell und zeichenhaft strukturiert (vgl. [Frutiger 2004]), bevor er diese später begrifflich erfasste und dann erst sprachlich formulierte. Es ist zu konstatieren: Schrift und Text ‚geben' der Sprache Gestalt (vgl. [Goodman 1978]), beispielsweise dem gesprochenen Wort, Wortgruppen beziehungsweise Wörtern (vgl. [Stankowski und Duschek 1989]). Text bindet eine eigene Dimension. Die Entwicklung der Formalisierung von Text ist längst nicht abgeschlossen. Mit der Multitouch-Interaktion ist eine neue Schnittstelle aufgekommen (vgl. [Schlegel 2013]), die die Eingabe von Text um eine neue Technik erweitert. Eine buchstabengetreue Eingabe mittels Multitouch ist aktuell Forschungsgegenstand über eine neue Tastatur. So kann die Texteingabe insbesondere bei Touch-Interaktion optimiert werden. Denn anders als auf einer Standard-QWERTY/Z-Tastatur vollzieht sich die Eingabe mit nur zwei Daumen (vgl. [Oulasvirta u. a. 2013]). Auch Schnellschreiber tippen auf der Touch-Oberfläche von mobilen Endgeräten nur mit den Daumen. Eine neue Variante eines Layouts, das sich an die Nutzer mobiler Endgeräte richtet, stellt gegenwärtig das KALQ-Layout dar (siehe Abbildung 2-16). Das Konzept lässt sich mit entsprechenden Layouts auf anderen Sprachen übertragen.

*Informatives Addendum*

Text gibt dem Bild eine ‚zusätzliche Dimension' und damit ein informatives Addendum. Bilder wirken ganzheitlich und ihr Inhalt simultan, nebeneinanderstehend. Text lässt sich nur sukzessive erschließen, Wort für Wort. Konkretes eines Bildes steht Abstraktem eines Wortes gegenüber. Es herrscht Gewaltenteilung, bisweilen oft unversöhnlich. Der Text ist linear, das Bild relational. Dem Text haftet eine Leserichtung an, das Bild ist flexibler zu erkunden. „Bildkommunikation ist direkt, weil sie nicht-sprachlich argumentiert." ([Jansen und Scharfe 1999, S. 72]). Die Struktur eines Textes scheint auf den ersten Blick einfach, für die Syntax ist das richtig, für die Semantik trifft es weniger zu. Hingegen ist ein Bild direkt mit seiner bildhaften Struktur klar einzuordnen, insbesondere im Lernprozess (vgl. [Tyler und Likova 2012]). Die Erschließung von Inhalten eines Bildes ähnelt dem Ansatz des ‚Level of Detail' in der Computergrafik. Der Betrachter eines Bildes erfasst in der Regel zu allererst die globale Bildstruktur, bevor er sich der lokalen annimmt (Binnenstrukturen in einem Systemraum).

*Layout und Struktur*

Der Mensch versucht im ersten Schritt einer Betrachtung einen Überblick zu erreichen, bevor er textuelle oder bildhafte Details rezipiert. Dazu gibt es für Texte entsprechende Formate, wie Verzeichnisse oder Layouts. Dem Bild wohnt eine Bildstruktur inne. Das Bild offenbart sich dem Menschen in den Details erst bei längerer Betrachtung. Mit vorhandenem Überblick über ein Bild kann sich der Betrachter freier in den Details bewegen. Umgekehrt bedeutet das, dass das Blickverhalten eines Betrachters umso unvorhersagbarer ist, desto länger die Betrachtung bereits andauert. Die durch die Bildstruktur eines Bildes koordinierten Informationen sind ihm flexibler zugänglich, als sich beispielsweise Details in einem längeren Text erschließen lassen. Ein Bild ist ‚schneller' begreifbar.

Abbildung 2-16, Fotografie: KALQ-Layout für die englische Sprache zur Texteingabe für mobile Touchgeräte, Darstellung nachbearbeitet (nach [Wissenschafts- und Unternehmenskommunikation der Max-Planck-Gesellschaft zur Förderung der Wissenschaft e. V. 2013a]).

## 2.2 Bildwerke

Abbildung 2-17, Illustration:
„Die einfache Methodik des PROGRAMMING, die transparente Entwicklung der Projektinhalte und die Einbindung der Teilnehmer in einen präzise definierten, raschen Projektablauf, schaffen eine Arbeitsatmosphäre, die von Kreativität und sachlicher Projektorientierung geprägt ist. Es entsteht ein Partizipationsschub unter den Teilnehmern, der die PROGRAMMING - Projekte erfolgreich macht." ([Henn 2001, S. 13]).

Bildstrukturen können komplexe Zusammenhänge effektiver kommunizieren als Text, beispielsweise mittels Diagrammen, Graphen, etc. (vgl. [Adolphi 2005]). Eine Theorie zu Diagrammen, Netzen und Karten liefert die grafische Semiologie (vgl. [Bertin 1974]). Praktisches liefert unter anderen (vgl. [Tufte 2001]). Text benötigt hier entweder eine ausführliche Formulierung oder eine Formelschreibweise. Formeln bestehen im gestalterischen Verständnis aus Zeichen und Symbolen. Formeln sind Bilder. Das Medium der Formel ist allerdings höchst abstrakt und nicht zuletzt dadurch nicht weniger interpretativ als ein Bild. Insbesondere die Darstellung von Werten, Ergebnissen, Schlussfolgerungen im wissenschaftlichen Bereich lassen sich gegenüber der Allgemeinheit überhaupt nur bildhaft, oft sogar künstlerisch vermitteln. Eine beispielgebende Ausnahme ist die sogenannte Lautmalerei im Comic, aber auch Kreativtechniken, wie das PROGRAMMING (siehe 2.2.1.2., siehe Abbildung 2-17).

Bildstruktur

### 2.2.1.2 Skizze

Die ‚perzeptivische Skizze' ist die einfachste Form, eine Situation durch bildhafte Andeutung (Skizze) und erklärenden Text bildhaft zu erfassen (vgl. [Otto 1970], [Ebert u. a. 1987]). Die Perzeption ist die Fähigkeit der Empfindung und des Erfassens. Eine Grundvoraussetzung ist das Erkennen (vgl. [Brandstätter 2004]). Eine ‚perzeptivische' Skizze ist eine Beschreibung einer Wahrnehmung, indem der Betrachter das gesehene Bild oder die Umwelt mit seinen eigenen Worten und kleinen skizzenähnlichen Kritzeleien und Textangaben beschreibt (englisch: Scribbel). Der Betrachter wandelt die Umwelt in Worte und Skizzen um. Auch Gruppen von Worten und Sätzen sind möglich. Bei der Beschreibung nehmen die Worte als Stellvertreter den Objektplatz ein, wobei die Größe, die Ausrichtung, die Form und die Farbe der Worte gestaltet werden können. Es werden aber nicht nur Objekte, Gegenstände oder Gestalten eines Bildes oder der Umwelt erfasst, sondern auch Eindrücke, Wirkungen, scheinbare Töne oder Klänge. Mithilfe dieser Technik setzt sich ein Betrachter beziehungsweise Beschreiber intensiver mit seiner Wahrnehmung auseinander. Die Wahrnehmung wird innerlich verarbeitet und gespeichert, das verbessert beispielsweise auch das Erinnerungsvermögen. Es lässt sich leichter erinnern, so wie es eine Mitschrift zu einem Vortrag zu bewirken vermag. Gestalterische Ziele sind das Aufzeichnen und die Strukturieren von Informationen, auch vor dem Hintergrund der Vermittlung von Zusammenhängen über einen komplexen Sachverhalt, beispielsweise an Gruppen von Personen (vgl. [Brünig 2011]).

Perzeptivskizze

Die Technik des PROGRAMMING ist eine spezielle Möglichkeit sich einem Bildwerk oder einer komplexen Situation aus der Umwelt zu nähern, zu erkunden und gegebenenfalls Maßnahmen zu planen. Es liegt mit der Beschreibung eine eigene Kompositionsleistung des Betrachters vor. Die Kreativität der Person ist ein Teil davon, das innere Auge.

‚PROGRAMMING'

## 2 Grundlagen

Eine Erweiterung des ‚perzeptivischen' Skizzierens ist die Materialcollage, indem der Betrachter statt mit Worten das Bild und die Umwelt mithilfe von Materialien beschreibt beziehungsweise das Gesehene in Skizzen und Text umformt (siehe Abbildung 2-17). Mit Kreativtechnik, wie dem PROGRAMMING, lassen sich Projektentwicklungen besser beherrschen (vgl. [Henn 2001]).

**Kreativtechnik**

Es ist das Ziel, eine andere Form der Verarbeitung der Wahrnehmung zu erreichen, die dem Betrachter einen anderen vielmehr detaillierteren Blick in das Bildwerk, die Umwelt oder anderer komplexer Situationen ermöglicht. Er erkennt Zusammenhänge besser und kann eine Planung oder Strategie ableiten. Möglicherweise entdeckt der Betrachter dabei weit mehr Details durch diese Form der Auseinandersetzung, die dann eher inhaltlicher und weniger formaler Natur sind – immer vor dem Hintergrund eines bestimmten kommunikativen Zieles. Das Ziel ist eine bestmögliche Kommunikation unter Gruppen von Menschen oder über eine bestimmte Situation, hier durch Reflexion mittels der perzeptivischen Skizze, durch PROGRAMMING, etc. Darüber hinaus gibt es eine weitere ‚kreative' Möglichkeit sich mit der Entstehung eines Bildes, einer Situation, etc. auseinanderzusetzen. Hierzu wird der Betrachter aufgefordert, sich dem Bild zu nähern oder sich in die konkrete Situation zu begeben, indem er zum Bild oder der Umwelt eine Geschichte schreibt oder eben Karten formuliert. Die Geschichte wird mittels Karten entwickelt. Andere Mittel der Darstellung sind auch zulässig. Die Karten können frei beschrieben und angeordnet werden. Es besteht eine hohe Flexibilität, die die Vergangenheit, die Gegenwart und die Zukunft strukturieren lässt (siehe Abbildung 2-18, vgl. [Henn 2001]).

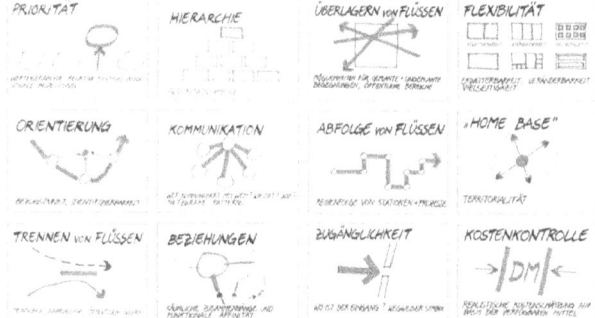

Abbildung 2-18, Illustration: „Beispielkarten", „Für einige immer wiederkehrende konzeptionelle Kartentypen können Sie sich einen ‚Fundus' anlegen. Besonders geeignet sind solche Karten auch zum Üben, um sich eine gewisse Routine und Schnelligkeit beim Zeichnen von Programming-Karten anzueignen." ([Henn 2001, S. 22])

### 2.2.1.3 Aneignung und Vermittlung

**Lernerfolge durch Gestaltung steigern**

JEAN PIAGET und PJOTR J. GALPERIN publizierten Strategien des Lernens und der Wissensvermittlung ‚durch Handlungsvollzug' (vgl. [Piaget u. a. 2003], [Galperin 1980]). Die grundsätzliche Bedeutung der bildgebenden Künste bezüglich der Steigerung von Lernerfolgen und der Wissensvermittlung belegen unter anderen CHRISTOPHER W. TYLER und LORA T. LIKOVA (vgl. [Tyler und Likova 2012]). Ein Beispiel früher wissenschaftlicher Visualisierung sind LEONARDO DA VINCIs Körperwelten. In seinen Darstellungen ist die Komposition verschiedener Techniken zu erkennen. Verschiedene Ansichten wurden zu Bildern gefügt. Dabei wurden Skalierungen, Trennungen (Clipping), Zerlegungen (Exploration), Details (‚Level of Detail's) sowie Simplifikation (Abstraktion) selbst Auflösungen (Transparenz) genutzt (vgl. [Wissenschafts- und Unternehmenskommunikation der Max-Planck-Gesellschaft zur Förderung der Wissenschaft e. V. 2013]). Konkret wird mit den folgenden Manuskriptseiten gezeigt, wie LEONARDO DA VINCI sein Wissen aufbereitet hat (siehe Abbildung 2-19.).

## 2.2 Bildwerke

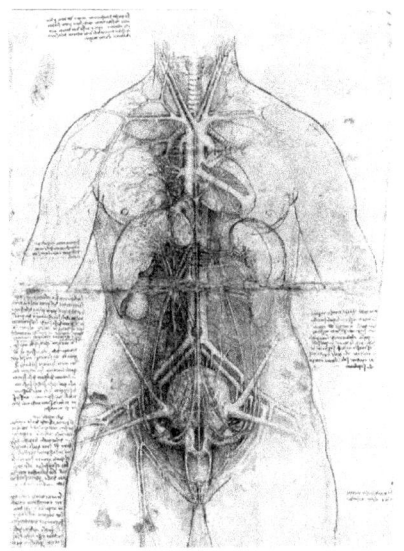 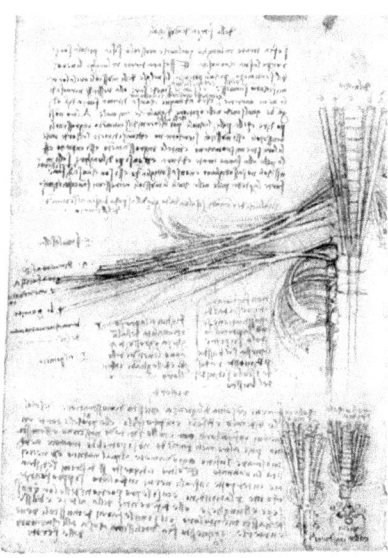

Abbildung 2-19, Illustrationen: ‚Wissenschaftsähnliche Visualisierungen', der weiblichen Organe und Gefäße, ohne den Magen und ohne Gedärme (links) und des menschlichen Armes, ohne Knochen (rechts).

Eine Form der Verwendung von Transparenz, um den Blick auf andere Körperteile freizugeben von LEONHARDO DA VINCI (1509-1510, The Royal Collection, [Wissenschafts- und Unternehmenskommunikation der Max-Planck-Gesellschaft zur Förderung der Wissenschaft e. V. 2013b, S. 70]).

Ein weiteres Beispiel wissenschaftlicher Visualisierung vergangener Zeit zeigt die nachfolgende Darstellung (siehe Abbildung 2-20). Informationen und Zusammenhänge sind oft mit einer einzigen beziehungsweise geometrischen (euklidischen) Abbildungsvorschrift nicht fassbar beziehungsweise abbildbar, trotz räumlicher Existenz (siehe Abbildung 2-21)[1]. Die Visualisierung von in der Realität unsichtbaren Sachverhalten verschiedenster Dimensionen und Ausprägungen stellt somit ein Potenzial insbesondere der computergrafischen Virtuellen Realität dar. Computer sind echtzeitfähig und beherrschen dynamische Sachverhalte. Oft ist die Informationsdichte eines einzelnen Blickes zu gering. Mehrere Blicke über die Zeit hinweg sind notwendig, um sich die Komplexität eines Sachverhaltes einzufangen (siehe 2.4.1). Ebenso hielt es LEONARDO DA VINCI mit seinen anatomischen Aufsätzen, in denen er seine Studien und Erkenntnisse jahrelanger Forschungsarbeit in Form von Text niederschrieb und in einem Bild ‚simultan' illustrierte.

Wissen und Verständnis aufbereiten

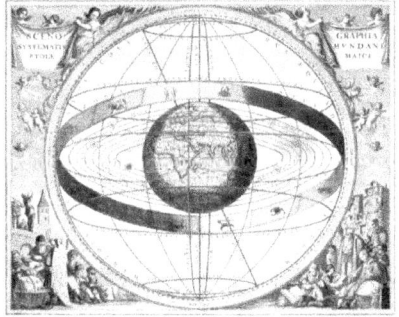 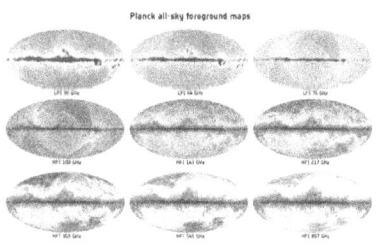

Abbildung 2-20, Illustration: „Scenographia systematis mvndani Ptolemaici (cartographic material)", Weltbild der Vergangenheit ([Cellarius 1660]), links.

Abbildung 2-21, Illustration: „Planck all-sky foreground maps", ein aktuelles Teilbild der Welt.", rechts.

---

[1] Der aufnehmende Satellit ‚Planck' steht im Mittelpunkt der Aufnahme. Die gemessenen Daten mit Aufnahmedatum vom 11. Januar 2011 werden durch örtliche Einfärbungen visualisiert. Die eigentliche Datengrundlage ist eine Aufnahme von ‚Temperatur-Daten' der kosmischen Mikrowellen-Hintergrundstrahlung (2011, [ESA a Planck Collaboration 2011]).

# 2 Grundlagen

### 2.2.1.4 Lautmalerei

**Laute und Töne**

Der Vollständigkeit halber sei hier die Lautmalerei angeführt, bietet diese doch einen zusätzlichen gestalterischen Aspekt. Ein Verwandter der Lautmalerei ist die Klangmalerei, wie es beispielsweise PAUL KLEE mit seinem Werk: „Fuge in Rot" praktizierte. PAUL KLEE war also auch ein Meister des ‚Cross-Medialen'. Mit seinem Werk: „Fuge in Rot" beweist PAUL KLEE, dass es möglich ist, Klänge mittels ‚Schwingungsbilder' zu visualisieren. Konzepte der Malerei versuchten sich schon oft an der Abbildung von Tönen, wie die folgende Abbildung, eine audiovisuelle Perspektive, des Jahres 1921 darstellt (siehe Abbildung 2-22, vgl. [Istace 2012]). Für alternative Konzepte, unter anderem zu persönlichen Notationen zu Musikstücken, empfiehlt es sich, das Sammelband: „Notations" von JOHN CAGE hinzuzuziehen (vgl. [Cage 1969], siehe Abbildung 2-23).

Abbildung 2-22, Gemälde: „Fuge in Rot" von PAUL KLEE (1921), ([Istace 2012]), links.

Abbildung 2-23, Illustration: „Mobile for Shakespeare, Sonets 53&54" von ROMAN HAUBENSTOCK-RAMATI (1958) in: „Notations", ([Cage 1969, S. 126]), r.

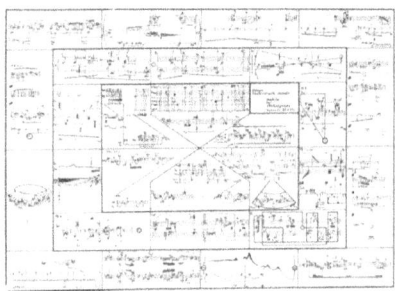

**Vergänglichkeit und Subjektivität**

Es kann davon ausgegangen werden, dass Strukturen der Umwelt ‚mehr' beinhalten, als der Mensch auf den ersten (flüchtigen) Blick einzufangen vermag. Bilder, die die Realität abbilden, halten verschiedene Ebenen der Auseinandersetzung für den Betrachter vor. Die Umwelt ist mehr-dimensional und vergänglich, beispielsweise ein Ton. Das Bild verfügt aber nur über zwei räumliche Dimensionen. Zum einen sind die abzubildenden Objekte beziehungsweise die Szene zu finden. Zum anderen sind es die Beziehungen der Objekte untereinander oder innerhalb eines Gesamtszenarios. Entsprechende Konstellationen zwischen einem Bild und seinem potenziellen Betrachter sind relevant. Welches Zentrum bildet der Betrachter aus? Dimensionen können auf unterschiedliche Art und Weise erfahrbar gemacht werden. Das Ergebnis ist jedoch stets eine ‚subjektive' Interpretation, aus einer entsprechenden ‚Ego-Perspektive' des Betrachters. Dabei ist die Subjektivität keine starre Angelegenheit, sondern ändert sich mit zunehmender Auseinandersetzung.

### 2.2.2 Malerei

**Absicht von Bildern**

Wie in jeder anderen Disziplin steht auch in der Malerei am Anfang ein Initialproblem (vgl. [Bryson 2001]). In der Malerei ist es die Herausforderung, wie eine Botschaft oder eine Geschichte mittels eines Bildes unter Nutzung bestimmter Techniken am wirkungsvollsten zu kommunizieren ist. Es ist die Herausforderung, wie ein Bild in seiner Bildstruktur anzulegen und mit Dialog-Objekten auszugestalten ist, um die Voraussetzungen zu schaffen, dass der Betrachter in einen bestmöglichen und ‚wahrhaften' Dialog eintreten kann (vgl. [Gibson 1954]).

**Schauen und Wandern**

In der Hauptsache wird in der Malerei eine ebene Leinwand bemalt, so das allgemeine Verständnis. Allerdings gibt es auch die Bemalung von Wänden, Decken, Gegenständen und Reliefs, die unebene Oberflächen besitzen. Die weitere Betrachtung beschränkt sich vorerst auf die Ebene, eine zu gestaltende ebene Oberfläche als Trägermaterial. Das ebene Bild stellt alle gemalten Figuren auf einer ‚Höhe' dar. Die dargestellten Figuren haben oft

## 2.2 Bildwerke

nicht den gleichen Abstand zum Betrachter. Der kürzeste Abstand ergibt sich mit dem lotrechten Blick auf die Leinwand. Je mehr der Blick vom Lot abweicht, desto größer wird der Abstand. Der Betrachter nimmt den ‚Blick eines Feldherren' ein. Er schweift mit seinem – mehr oder weniger – freien Blick über das ganze Gemälde, tendenziell vom Hauptpunkt hin zu den Binnenperspektiven (vgl. [Groh 2005]). In der Regel und wenn überhaupt, dann erringt der Rahmen zum Abschluss die Aufmerksamkeit des Betrachters. Der Hauptpunkt ist oft der Hauptfluchtpunkt, auf den die Mehrzahl der Objekte fluchten. Das Bild mit seinen Bildelementen ist simultan präsent. Anfänglich verharrt ein Betrachter ruhig vor dem Bild. In Anhängigkeit von der Bildstruktur, die eine räumliche Spannung aufbauen kann, wird der Betrachter oft zur lateralen Bewegung vor dem Bild ‚genötigt' beziehungsweise gezwungen, will er alle Bildbereiche gleich gut erblicken. Betrachter wandern vor Bildern, intendiert durch die Bildstruktur. Derartige Verhaltensweisen von Betrachtern sind in der Regel in Gemäldegalerien vor großen Bildflächen anzutreffen. Betrachter sind sich dieses eigenen Verhaltens oft nicht bewusst. Die optimale Distanz des Betrachters zu einem Bild ergibt sich aus der Bildstruktur. Bei Computergrafiken und Fotografien ist das das Projektionszentrum der virtuellen Kamera (Point of View). In der Malerei wird von Augpunkt gesprochen. Bewegt sich der Betrachter mit seinem Auge in das Projektionszentrum, erschließt sich ihm das Bild auf ‚vorzügliche' Weise. [Mcgreevy u. a. 1986], [Groh 2005] und viele anderen sprechen in dieser Situation von einer fensterähnlichen Wirkung beziehungsweise von ‚Schaufenster' (vgl. [Mcgreevy u. a. 1986]).

*Aufteilen, Platzieren, Rahmen*

Mit der Komposition erhält jede Figur und jeder Grund in einem Bild einen seiner Bedeutung und der Botschaft entsprechenden Platz. Der Platz wird durch den Maler zugewiesen. Der Begriff Platz steht an dieser Stelle für die Position und die Orientierung im Gefüge der Bildstruktur. Dabei orientiert sich der Maler an der Realität und seiner Erfahrung. Er ordnet und strukturiert nach ihm bekannten Vorbildern, Muster, etc. Nicht aber um jeden Preis nimmt er die realen örtlichen Gegebenheiten an und führt diese einer ‚reinen' mathematischen Abbildungsvorschrift zu, wie einer Zentralprojektion. Ein Mittel in der gestalterischen Praxis ist die Bedeutungsperspektive (siehe 2.1.4), die eine Anreicherung der Form, der Farbe, etc. meint. Dabei kann die Bedeutungsperspektive in den Hintergrund rücken, wie bei den Gemälden der Neuzeit, oder betont kräftig das Bildgefüge ‚bestimmen', wie dies bei mittelalterlichen Gemälden in der Regel vorzufinden ist. In der Neuzeit wurde Wert auf realistisch wirkende Bilder im Sinne einer Momentaufnahme gelegt, im Mittelalter auf die Wichtig- und Mächtigkeit entsprechender Figuren. Im Mittelalter mussten sich die Maler an ‚weltlichen Konkordanzen' (Ranglisten, Rechte, etc.) orientieren. Wichtige und bedeutende Begriffe, Relationen als auch Personen des öffentlichen Lebens und Institutionen der herrschenden Gesellschaft dominieren als Motive in Gemälden dieser Epoche. Mittelalterliche Bildwerke weisen ‚gebetsmühlenartige' Bildstrukturen auf. In beiden Fällen hatte die Malerei zum Ziel, die reale Welt zu versinnbildlichen, bei mittelalterlichen Gemälden als abgeschlossene Komposition und bei neuzeitlichen Bildern als momentartigen Ausschnitt. Einem mittelalterlichen Bild war und ist ‚nichts' hinzuzufügen. Die Bildstrukturen eines neuzeitlichen Bildes strahlen über den Bildrahmen hinaus – sprechen dabei die Imagination des Betrachters an. Die Abgeschlossenheit mittelalterlicher Bilder wirkt beim Betrachter als endgültig, distanziert und ‚gottgegeben'. Ganz anders ermutigt die Offenheit neuzeitlicher Bilder zum individuellen ‚Darübernachdenken'. Obwohl bereits die Menschen der Antike von der Linearperspektive und anderen optischen Prinzipien wussten (siehe 3.3.3.2), malten die Maler des Mittelalters vorwiegend flächenhaft in der Wirkung. An dieser Stelle wird sich der Unterteilung in die Begriffe „Aggregatraum und Systemraum" von Erwin Panofsky angeschlossen ([Panofsky 1980b, S. 269], vgl. [Köller 2004]).

## 2 Grundlagen

### 2.2.2.1 Aggregatraum

**Aggregatraum**

Der Aggregatraum als mittelalterliche Bildstruktur beschreibt ein Gefüge aus flächig wirkenden, aneinandergereihten Elementen in einem Bild. Der Terminus ‚gefügt' ist hierbei nicht nur im geometrischen Sinne zu verstehen, sondern insbesondere im Sinne einer Darbietung und Zurschaustellung einer Geschichte oder Botschaft, die an die Betrachter gerichtet ist. Das Gefüge besitzt einen konkreten Zusammenhang mit dem Ziel, eine Information oder Wissen zu vermitteln. Neben Bildelementen, die ‚rein' flächiger Gestalt sind, zählen hierunter auch die Bildteile in sogenannter umgekehrter Perspektive (siehe 2.1.4, vgl. [Rauschenbach 1983]). In derartigen Bildstrukturen des Mittelalters gibt es Fluchtpunkte besonderer Art. Gemeint sind Fluchtpunkte, die sich bildstrukturell nicht in der Tiefe, sondern vor dem abgebildeten Objekt ergeben. Die einzelnen Bildelemente des Bildes, oft mit Symbolkraft, sind in der Regel nach ihrer gesellschaftlichen Wertigkeit arrangiert. Die Botschaft des Bildes ergibt sich zwischen den flächig arrangierten Elementen (vgl. [Panofsky 1980b]). Gemälde des Mittelalters stellen einen Wissensspeicher der damaligen Gesellschaft dar. Bilder aus dieser Zeit vermitteln uns noch heute das damalige Wissen der Menschheit über die Zusammenhänge der Gesellschaft und Religion, allerdings weniger das über die Umwelt und Natur (siehe Abbildung 2-24).

Abbildung 2-24, Gemälde: „Evangeliar der Äbtissin Ada – Der Evangelist Matthäus" von einem Meister der ADA-Gruppe (um 800), aggregaträumliche Bildstruktur, links.

Abbildung 2-25, Wandbild: „Bühnenbild zum Bühnenstück von Orestes" (200 n. Chr.), nach pompejischer Art, beinhaltet zentralen Fluchtpunkt (mittig) und einer fischgräten-artigen Linienführung (peripher) mit Horizontlinie ([Tyler 2000, Abb. 1]), rechts.

### 2.2.2.2 Systemraum

**Systemraum**

Der Systemraum als Bildstruktur beschreibt ein Gefüge, das auf einer einheitlichen Abbildungsvorschrift abgestimmt ist. Mittels einer solchen Bildstruktur lässt sich die dem Bild zugrunde liegende ursprüngliche Raumgeometrie zumindest in der Theorie vollständig rekonstruieren (vgl. [Groh 2014]). Die Perfektion des Systemraums wurde in Bildern aus der Neuzeit erreicht. Das Handwerk der perspektivischen Malerei war so meisterlich, dass sich eine besondere Qualität daraus entwickelte.

**Vorformen**

Da die perspektivähnliche Malerei nach gegenwärtigen Erkenntnissen bereits in der Antike betrieben wurde, beginnt die nachfolgende Betrachtung bei antiken Wandmalereien. HERMANN SCHÜLING führt aus: „[…] besonders auf Euklid, nehmen die Theoretiker der Perspektive im 15. und 16. Jahrhundert Bezug, ihre Lehren bilden eine Vorstufe der Renaissancetheorien. Obgleich die nach euklidischen antiken und mittelalterlichen Schriften zur Optik bzw. zur ‚Perspektive' im weitesten Sinne die Probleme der physiologischen Optik, der Spiegelung und der Lichtbrechung in den Vordergrund stellen […]." ([Schüling 1973, S. III]). Überlieferte Bilder, die der Antike zugerechnet werden können, sind selten. Oft handelt es sich um rekonstruierte Wandbilder, die Vorformen des Systemraumes aufweisen.

**Antike: Verkürzung und Verkleinerung**

Die Menschen der Antike „kennen zwar noch keine exakte, geometrische Konstruktion der [Linearperspektive], aber doch eine Disposition der auf der Ebene dargestellten Körper nach Gesetzen der Verkürzung und Verkleinerung und mit Angaben über die Verlaufs-richtung von Körpergrenzen" ([Schüling 1973, S. II]). Insofern konnte die antike Welt in

## 2.2 Bildwerke

zweidimensionalen Bildern ‚in Augenschein' genommen werden (vgl. [Tyler 2000]). Es muss schon damals das perspektivische Konstruktionsprinzip in Ansätzen bekannt gewesen sein (vgl. [Büttner 2005]). Es muss das Potenzial einer räumlichen Illusion durch die Malerei der Antike den damalig lebenden Menschen de facto bekannt gewesen sein. Bildhafte Aufzeichnungen wurden bisher nur in Form von römischen Wandmalereien pompejisch-griechischen Stils durch die Archäologie wiederentdeckt, beispielsweise zu Theaterstücken von AISCHYLOS und SOPHOKLES. So steht im PLATONischen Dialog zu „Sophistes II" geschrieben: „[…] würden sie [gemeint sind die Maler] die wahren Maße des Schönen wiedergeben, so müssten bekanntlich die oberen Partien kleiner als in Wirklichkeit, die unteren größer erscheinen, da wir die einen aus größerer, die anderen aus geringerer Entfernung sehen. --- Ja, das ist richtig." (siehe Abbildung 1-1, Platon Sophistes II, um 360, 235e,6 bis 236c,5). LEONARDO DA VINCI wiederholt diese Regeln sinngemäß in seinem Trakt über die Malerei Hunderte von Jahren später, im Zeitalter der Renaissance (vgl. [da Vinci 1925]).

Griechische Mythen prägen das damalige kulturelle Leben. Antike Theaterstücke wurden mit gemalten Bildern auf Wänden und Kulissen ausgestattet. Damit bietet sich bereits die antike Szenografie als Anwendungsgebiet der perspektivischen Malerei an. Einer der ‚Bühnenmaler' war AGATHARCHOS, der eine Abhandlung zur Konvergenz der Perspektive beschrieb und damit viele zeitgenössische griechische Geodäten zur mathematischen Auseinandersetzung inspirierte (vgl. [Platon 1990], [Euklid 1938], [Vitruvius 1964]). Es sind keine perspektivischen Bildwerke des antiken Griechenlands erhalten geblieben, jedoch römische Plagiate in den Ruinen der Stadt Pompeji (siehe Abbildung 2-25). Die schwarzen Linien in der Abbildung markieren die Fluchtlinien, die einen gemeinsamen Fluchtpunkt besitzen. Dieser Fluchtpunkt liegt etwa auf Augenhöhe potenzieller Betrachter beziehungsweise auf der Horizontlinie. Damit liegt eine der Linearperspektive ähnliche Bildstruktur vor. Dementgegen besitzen die anliegenden Bereiche keinen gemeinsamen Fluchtpunkt. Einige dieser Fluchtlinien sind fischgrätenartig und parallel zueinander ausgerichtet. Diese Art der Bildstruktur ähnelt einem Abbild, das durch eine Parallelprojektion zu erzielen ist. Folglich ‚verrät' die geometrische Bildstruktur entweder, dass die geometrischen Prinzipien der Zentralprojektion nicht vollends verstanden (vgl. [Tyler 2000]) oder dass diese absichtlich gestört wurden. Letzteres würde implizieren, dass es die Bühnenmaler des antiken Griechenland verstanden haben, unterschiedliche Abbildungsvorschriften ineinander zu integrieren. Vor dem Hintergrund der vorliegenden Arbeit kann in jedem Fall von einer Multi-Perspektive gesprochen werden. Eins ist unzweifelhaft feststellbar – das römische Wandbild im pompejischen Stil zum Bühnenstück von Orestes (200 n. Chr.) weist eine hohe perspektivische Präzision und visuelle Komplexität auf (siehe Abbildung 2-25). Dabei haben die Römer die griechische Kultur in weiten Teilen lediglich kopiert. Es könnte davon ausgegangen werden, dass die griechischen Originale eine wesentlich höhere geometrische Präzision aufgewiesen haben.

Antike: Fluchtlinien und Bildstruktur

Es gibt aber auch weitere historische Anzeichen der Verwendung von Vorformen des Systemraumes. Bereits CLAUDIUS PTOLEMÄUS VON ALEXANDRIA setzte bei der Erstellung von Landkarten und Bühnenprospekten ähnliche Prinzipien ein. Erhaltene Artefakte lassen darauf hindeuten. Allerdings sind keine Aufzeichnungen zur Theorie beziehungsweise schriftliche Handlungsanweisungen überliefert (vgl. [Edgerton 2002]). Die Renaissance systemräumlicher Bildstrukturen ist zeitlich mit dem Ende des Mittelalters beziehungsweise mit dem Beginn der Neuzeit zu datieren.

Antike: Landkarten und Bühnenbilder

## 2 Grundlagen

**Neuzeit: Spiegelexperiment**

FILIPPO BRUNELLESCHI läutete im Jahr 1425 mit seinem Spiegelexperiment eine neue künstlerische Epoche – die Wiederentdeckung der Linearperspektive – ein. Es war allerdings erst ALBERTI (1404-1472), ein Aristokrat und Humanist, der zehn Jahre später ein Papier darüber verfasste. LEON BATTISTA ALBERTI förderte damit die Verbreitung dieses malerischen Verfahrens. Die ‚klassische Linearperspektive' beschreibt das Prinzip der Konstruktion eines zweidimensionalen Bildgefüges auf einer ebenen Leinwand. Derartige Bildstrukturen sind dem Grunde nach eine bestimmte Form der Multi-Perspektive. Die Bestimmtheit liegt in der Proportion und Lage, ergo an der Figur abgebildeter Gegenstände und Leiber.

**Neuzeit: ALBERTI- Fenster**

Das sogenannte ‚ALBERTI-Fenster' ist ein Verfahren zur Konstruktion eines perspektivischen Bildes auf Basis einer durchsichtigen Fensterfläche (Scheibe). Der Künstler und Maler LEON BATTISTA ALBERTI trug (vermutlich als Erster, zumindest als Verfasser) die Umrisse, der durch ein Fenster sichtbaren Szene (zentral von einem Standpunkt aus) ab (vgl. [Grayson 1960]). Aber auch andere Maler beherrschten bereits vor ALBERTIS Abhandlungen das linearperspektivische Konstruktionsprinzip. Einer von ihnen war MASOLINO DA PANICALE, der im gleichen Jahr wie FILIPPO BRUNELLESCHI seine erste Linearperspektive konstruierte beziehungsweise der Öffentlichkeit präsentierte, allerdings weniger in Schriftform dokumentierte (vgl. [Vasari 2012]).

**Leitgedanke Linearität**

Bilder der Renaissance sind zumeist linearperspektivischer Natur. Alle Elemente sind einer bestimmten Projektionsvorschrift unterworfen, in der Regel ist die Bildstruktur im geometrischen Sinne dennoch ‚gebrochen'. Gemeint ist, dass in einem Gemälde dieser Epoche mehrere Projektionen, anzutreffen' sind. Das bedeutet, ein systemräumliches Bild kann mehrere Augpunkte besitzen. Insbesondere bei Gegenständen von dialogischer Bedeutsamkeit sind solche Brüche im perspektivischen Gefüge zu finden. Diese werden auch Binnenperspektive genannt (siehe 2.1.3). Auch die Zweifluchtpunktperspektive stellt unter Umständen eine Lösung dar. Dazu sind die folgenden Abbildungen beispielhaft angeführt und zu vergleichen (siehe Abbildung 2-26 und Abbildung 2-27).

**Leitgedanke Flucht in die Tiefe**

Alle Geraden bis auf die Bildflächenparallelen fluchten. Abgebildete Objektkanten, die fluchten, erzeugen beim Betrachter eine Illusion von Raum. In ihrer theoretischen Verlängerung schneiden sich Fluchtgeraden einander in Fluchtpunkten, die in einem linearperspektvischen Bild zumeist auf der Horizontlinie liegen. Dies ist die Regel – dennoch sind auch regelhafte Brüche der Maler zu erkennen, insbesondere bei Objekten von dialogischer Bedeutsamkeit (vgl. [Groh 2005]).

Abbildung 2-26, Gemälde: „Dam Square & Town Hall & Nieuwe Kerk, Amsterdam" von VAN DER HEYDEN (1667), ohne Binnenperspektive im Bereich der Kuppel, ‚reine' Projektion, links.

Abbildung 2-27, Gemälde: „Amsterdam's New Town Hall" von VAN DER HEYDEN (1652), mit Zweifluchtpunktperspektive, rechts.

## 2.2 Bildwerke

Mit systemräumlichen Bildstrukturen liegen in der Regel grundsätzlich Fluchtpunkte vor, die sich in der Tiefe des illusionierten Raumes auf der Bildfläche ergeben. Im realen Raum gibt es keine Fluchtpunkte von Parallelen, anders im Systemraum. Systemräumliche Bilder sind vornehmlich Linearperspektiven aber auch Fotos und Filmbilder. Eine räumliche Gerade ist in linearperspektivischen Bildern auch als Gerade wiederzufinden. Die Parallelität hingegen wird unter bestimmten Konstellationen geopfert, im Sinn der Verjüngung von Objekten (siehe 5.1.2.3).

*Tiefeparallelen*

Ausschließlich jene räumlichen Geraden, die der Bildfläche parallel sind, werden auch im Bild parallel dargestellt. Allerdings kommt es hier zu einer Verdichtung (siehe 5.1.2.3). Der Grundsatz der zentralen Projektion ist es, ein Höchstgrad an Natürlichkeit zu erreichen. Der Betrachter wird durch die natürlich wirkende Flucht, der in die Tiefe laufenden Linien, angezogen, sein Blick gelenkt, ins Bildgeschehnis hereingesogen. Das systemräumliche Bild zeigt zumeist einen Ausschnitt respektive einen Moment der Realität. Es scheint, als ob Bilder der Neuzeit den optischen Gesetzen unterliegen. Bilder der Neuzeit spielen auf die leibliche Erfahrung des Menschen an, die er in seiner Umwelt gesammelt hat (siehe Abbildung 2-28).

*Flächenparallelen*

Die Maler ziehen in der Zeit der Renaissance in der Konstruktion von Linearperspektiven den Blick von ‚unten' nach ‚oben' vor. Das Konzept war, das Auge des Betrachters als Maßstab zu nehmen und in den Mittelpunkt der Szene zu setzen. Das Auge der Menschen ist auch Augpunkthöhe beziehungsweise Projektionszentrum, das heißt ‚erdgebunden'. Mithin ergeben sich Lage der Horizontlinie und die Blickrichtungsparallelität entsprechend des Erdbodens, auf dem der Mensch steht und ‚umher wandelt'. Das bedeutet auch, dass in der Regel jeder Fluchtpunkt auf Augenhöhe ist (siehe Abbildung 2-28, vgl. [Brusatin 2003]).

*Leserichtung*

Eine praktizierte Vorgehensweise in der Verwendung der Camera obscura zeigt DAVID HOCKNEY in: „Geheimes Wissen: Verlorene Techniken der alten Meister" (vgl. [Hockney 2001a], siehe 2.2.2). Die Camera obscura stellt den Vorläufer des Fotoapparats dar. Aus der Sicht eines Malers der Neuzeit (zu damaliger Zeit) war die Camera obscura ein ‚HightechWerkzeug', mit dem sich dreidimensionale Objekte ‚leichte einfangen' und in ‚einfacher Weise' in zweidimensionale Bildstrukturen ‚umwandeln' ließen. Somit liefert die Verwendung der Camera obscura einen Ausgangspunkt für die folgende Diskussion.

*Werkzeug Camera obscura*

Abbildung 2-28, Gemälde: „Renaissance interieurs met eters" von BARTEL VAN BASSEN (1618-1620), systemräumliche Bildstruktur.

## 2 Grundlagen

Anamorphose[2]

Maler der Renaissance legten mit diesem optischen Werkzeug die Bildstrukturen ihrer Gemälde fest. Dabei integrierten die Maler oft auch verschiedene Projektionen ineinander, um menschliche Muster und Wahrnehmungsaspekte des Sehens in einem Gemälde abbilden zu können. Sie erschufen eine Perspektive. Andererseits beschreibt die Anamorphose eine Möglichkeit der Umformung (gesetzmäßige verzerrte Darstellung) zwecks Verbergung von Bildteilen (vgl. [Bätzner 2008], [Lordick 2006]). Dem liegen geometrische Prinzipien zugrunde, die bestimmte Anteile oder das gesamte Bild derart stark verändern, dass diese nur unter Einnahme äußerst exzentrisch befindlicher Augpunkte (vgl. [Kenneth 1972]) beziehungsweise Blickwinkel oder durch Zuhilfenahme eines optischen Hilfsmittels, wie spiegelnde Zylinder, Prismen, etc., erkannt werden können (vgl. [Accolti 1625]). Vom geometrischen Grundsatz her handelt es sich bei einer Anamorphose um eine wahrnehmbare Deformation der Bildstruktur und damit der Objekte, beispielsweise durch Kippen der Bildebene, infolgedessen sich der Inhalt des Bildes für den Betrachter ‚verschließt' (siehe Abbildung 2-30, vgl. [Baltrušaitis 1984]). Diese Form der Darstellung bewirkt, dass Bildinformationen auf den ersten Blick nicht als sinnvoll und relevant gehalten werden oder gerade aus diesen Umständen die Aufmerksamkeit des Betrachters erweckten (vgl. [Crowe und Narayanan 2000]). Anamorphosen wurden in der Vergangenheit auch häufig genutzt, um moralisch anstößige, geheime Botschaften oder Ähnliches in einem Bild zu verbergen (siehe Abbildung 2-29, vgl. [Füsslin und Hentze 1999], [Franke und Zavesky 2015]).

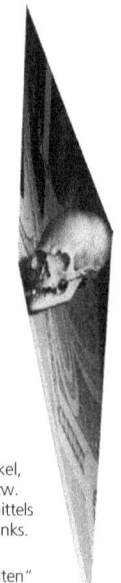

Abbildung 2-29, Gemäldeausschnitt: „Die Gesandten", unter einem Blickwinkel, der der Anamorphose entgegenwirkt bzw. die Verzerrung ‚dekodiert', bearbeitet mittels Rotations- und Scherungsoperationen, links.

Abbildung 2-30, Gemälde: „Die Gesandten" VON HANS HOLBEIN DEM JÜNGEREN (1533). Doppelporträt mit einer Anamorphose, rechts.

---

[2] Die mit dieser Arbeit vorliegenden Ausführungen zur Anamorphose stellen in Auszügen einen Buchbeitrag an anderer Stelle dar. Widererwarten ist das Buch im Nachgang der Tagung: „beyond rendering berlin 2012" noch nicht erschienen. Die Erscheinung ist mit Kalenderjahr 2014 geplant. Der entsprechende Vortrag auf der Tagung „beyond rendering berlin 2012" entspricht im Wesentlichen nicht dem akzeptierten Buchbeitrag. Die Einladung zum Buchbeitrag hing dem Vortrag und einer Diskussion mit einem Fachpublikum an. Es handelt sich bei dem gegenständlichen Abschnitt aus gegenwärtiger Sicht um eine Erstveröffentlichung (vgl. [Franke und Zavesky 2015]).

## 2.2 Bildwerke

Im Unterschied zur Anamorphose gibt es die Form der wahrnehmungsrealistischen Multi-Perspektive (vgl. Abschnitte 2.1.2, 4.2.3, siehe Abbildung 2-31), die sich die gleichen geometrischen Gesetze, wie die der Anamorphose zu eigen macht. Bei perspektivischen Gemälden, die einen großen Öffnungswinkel aufweisen, finden sich weniger starke Verzerrungen als bei vergleichbaren Fotografien oder Computergrafiken. Das liegt darin begründet, dass die Maler mehrere Augpunkte beziehungsweise Blickrichtungen bei der Komposition der Bildstruktur eines Gemäldes verwendet haben. Um unerwünschte Verzerrungen zu vermeiden (vgl. [Glaeser 1999]), wurden unter anderem mehrere Einstellungen der Camera obscura kombiniert (vgl. [Groh 2005]) und so ein mehr an Natürlichkeit in einem Gemälde erreicht (vgl. [Aristoteles 1987]). An dieser Stelle ist der Begriff der Natürlichkeit keinesfalls so streng auszulegen, wie durch EGON VON VIETINGHOFF. Er unterscheidet zwischen den Begriffen ‚naturähnlich‘, als Form transzendenter Erlebnisse mit künstlerischer Fantasie, versus ‚Naturalismus‘, als ‚reine‘ technische Kopierarbeit zur Nachahmung der Natur (vgl. [Vietinghoff 1983], [Egon von Vietinghoff-Stiftung 1997] und [Franke und Zavesky 2015]).

Wahrnehmungs-realistisches

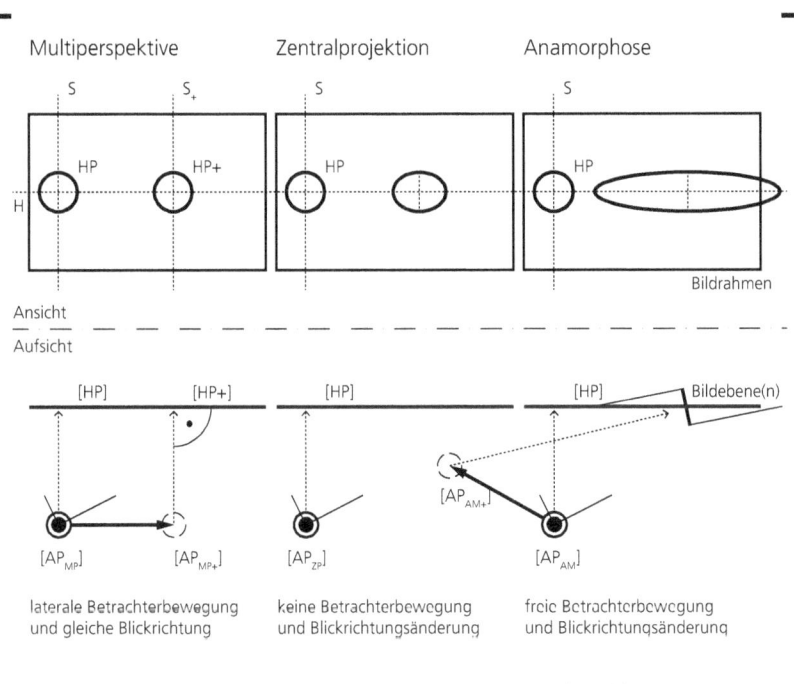

Abbildung 2-31, Illustration. Gegenüberstellung von Multi-Perspektive, Zentralprojektion und Anamorphose (nach [Franke und Zavesky 2015]).

Die Darstellungsform der Anamorphose entwickelte sich vermutlich im Bewusstsein über die optischen Gesetze und im Wissen über die Zusammenhänge der Linearperspektive. Mit der Anamorphose war nicht das Ziel verfolgt, ein wahrnehmungsrealistisches Abbild der Umwelt zu erzeugen, sondern die Verfremdung des Bildinhaltes, um Informationen und Zeichen oder gar ‚geheimes‘ Wissen zu verstecken beziehungsweise zu verschlüsseln. Die Anamorphose stellt insofern eine Nötigung des Betrachters dar, eine bestimmte Betrachterposition ein- oder ein optisches Hilfsmittel zur Hand zunehmen. Der Betrachter eines perspektivischen Gemäldes erschließt sich den Bildinhalt, bedingt durch die Bildstruktur, in

‚Verschlüsselung‘ und ‚Entschlüsselung‘

## 2 Grundlagen

Teilen durch laterale Bewegungen. Dieses visuelle Prinzip fließt in gegenwärtigen Fragestellungen der wissenschaftlichen Auseinandersetzung über visuelle Kommunikation (vgl. [Stankowski und Duschek 1989]) und Interfacedesign (vgl. [Bederson und Shneiderman 2003]) ein. Dieses stellt ein Grundproblem des Interfaces als Form gestalteter Oberfläche dar (vgl. [Lapczyna u. a. 2009], [Franke und Zavesky 2015]). Das Prinzip der Anamorphose wird gegenwärtig unter anderem im Bereich der Straßenmarkierungen verwendet (siehe Abbildung 2-32).

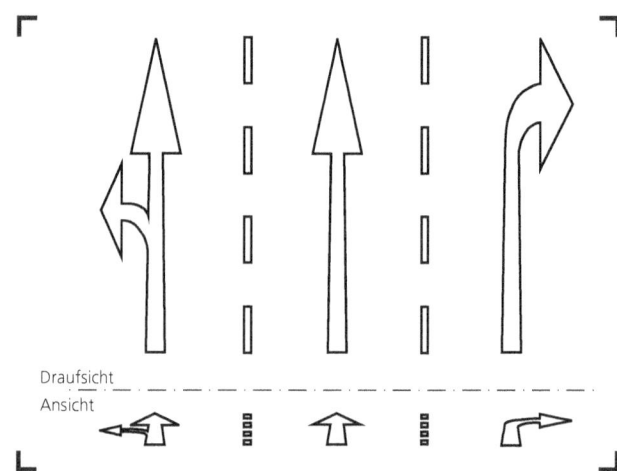

Abbildung 2-32, Illustration: Anwendung der Anamorphose am Beispiel der Straßenmarkierung von Richtungspfeilen, lotrechte Draufsicht (oben), aus der Perspektive eines Fahrers (unten).

**Dimension und Wirkung**

Ausgehend von der Zentralprojektion beziehungsweise der Camera obscura lassen sich in direkter Gegenüberstellung von Anamorphose und Multi-Perspektive folgende bildgestalterische Dimensionen, Prägungen und Eigenschaften benennen. Der Augpunkt des Menschen bildet dabei den Ausgangspunkt der Betrachtung:

Tabelle 2-2: Wahrnehmungsdimensionen beziehungsweise Eigenschaften der Multi-Perspektive und der Anamorphose ([Franke und Zavesky 2015]).

| Dimensionen | Multi-Perspektive | Anamorphose |
|---|---|---|
| Bildstruktur | subtil, verführend | grob, steuernd |
| Bildwahrnehmung | konsonant, simultan | dissonant, sukzessiv |
| Bildeindruck | erwartungskonform, realistisch | geheimnisvoll, trügerisch |
| Nutzer-Bild-Interaktion | passiv | aktiv, steuernd |

**Anamorphose versus Multi-Perspektive**

Ausgangspunkt der weiteren Betrachtung ist das Abbildungsergebnis, das mit der Abbildungsvorschrift der Zentralprojektion vorliegt beziehungsweise zu erreichen ist. Mit der Deformation des Abbildes, die einerseits mit Anamorphosen und andererseits mit Multi-Perspektiven verfolgt werden, kommt die gleiche geometrische Methode zur Anwendung, die in ihrer Wirkung unterschiedliche Gestaltungsziele verfolgt. Insofern ist festzustellen, dass eine Anamorphose und eine Multi-Perspektive vom visuellen Ergebnis gesehen, einen ‚Gegensatz' darstellen. Das Prinzip der Zentralprojektion wird bei beiden Darstellungsarten jeweils in extremen Bereichen realisiert: von starker Verzerrung bis zu wahrnehmungskonformen Abbildern. In diesem Sinne handelt es sich bei einer wahrnehmungsrealistischen Multi-Perspektive um eine ‚Umkehr-Anamorphose'. Insofern stellt ein Abbild mittels Zentralprojektion eine Anamorphose dar, wenn auch nur wahrnehmbar bei großen Blickeinfallwinkeln beziehungsweise einem dem entsprechend angelegten perspektivischem Kontrast (siehe 4.3.3 und 4.3.4).

## 2.2 Bildwerke

### 2.2.2.3 Malerfotografie

Malerfotografie

Der Begriff ‚Malerfotografie' bezeichnet einen interessanten Übergang zwischen Malerei und Fotografie, der sich in Form ‚lebendiger' Bildwerke etabliert. In den Arbeiten des britischen Malers DAVID HOCKNEY spiegelt sich die künstlerische Auseinandersetzung zwischen mathematischer Zentralprojektion und der natürlichen Perspektive wider, die bereits LEONARDO DA VINCI wiederentdeckte und vermutlich EUKLID vorausdachte (vgl. [da Vinci 1925], [Euklid 1938]). Insofern zeigen seine Bilder auch die Entwicklung im Umgang mit der Perspektive, anfänglich noch ordnend und strukturierend (siehe Abbildung 2-33 und Abbildung 2-34), später im Gefüge und ineinandergreifender Struktur (siehe Abbildung 2-35 und Abbildung 2-36). Das visuelle Ergebnis seiner Bilder ist die Aufzeichnung von Blicken in einem Bild (vgl. [Tyler und Ione 2009], [Hockney 1993]). JOHANNES VOCKEROTH ergänzt diese künstlerische Auseinandersetzung um das Medium der dynamischen Filmbilder mittels einer Kopf-Kamera (siehe 4.2.2.2, vgl. [Vockeroth 2007]), und MARTIN ZAVESKY untersuchte bildstrukturelle Auswirkungen einer dynamischen Multi-Perspektive (vgl. [Zavesky 2007]). Insofern stellen die folgenden Bilder einen Übergang zur Fotografie und zum Film dar (siehe 2.2.3).

Abbildung 2-33, Gemälde/Collage: „Noya and Bill Brandt with Self Portrait" von DAVID HOCKNEY (1982).

2 Grundlagen

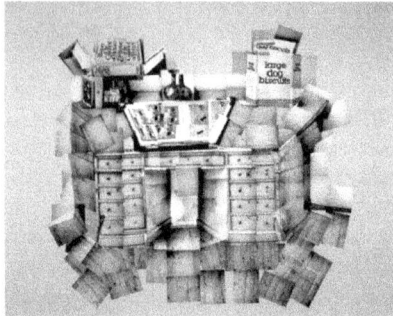

Abbildung 2-34, Gemälde/Collage: „The Desk" von David Hockney (1984), links oben.

Abbildung 2-35, Gemälde/Collage: „Pearblossom Highway" von David Hockney (1986), links mittig.

Abbildung 2-36, Fotografien: „Brooklyn Bridge" und Gemälde/Collage: „Brooklyn Bridge" von David Hockney (1992), künstlerische Auseinandersetzung, rechts.

## 2.2 Bildwerke

### 2.2.3 Fotografie (auch Mehrfachbelichtung)

Die Fotografie soll an dieser Stelle einen thematischen Anriss erfahren, da sie in einem stetigen Wettbewerb mit der Malerei steht. Als rein technisches Verfahren liefert die Fotografie technische Bilder respektive ein Abbild durch eine einzige Zentralprojektion (vgl. [Franke 2005b], siehe Abbildung 2-37). Allerdings liefert die Multishot-Technik auf fotografischem Niveau eine Art der Blickwinkelerweiterung durch die Kombination verschiedener Einzelaufnahmen (vgl. [Gulbins 2008]). Es werden Ergebnisbilder geliefert, die in der Bildstruktur an Panoramen erinnern.

*Fotografie*

Abbildung 2-37, Fotografie: „Optics, Paintings, and Photography" von MAURICE HENRI PIRENNE (1955), aufgenommen mittels weitwinkliger Einlochkamera, auf dem Dach der Kirche von St. Ignatzio in Rom, klassisches Beispiel einer perspektivischen Verzerrung (vgl. [Pirenne 1970]).

Folgende Zitate motivierten zu diesem Abschnitt: „Die Fotografie erscheint als das Plagiat der Natur durch die Optik." ([Michaud 1998]) und „Nicht der Schrift-, sondern der Fotografie-Unkundige wird der Analphabet der Zukunft sein." ([Geimer 2009, S. 9]). Wenn von einer künstlerischen beziehungsweise gestalterischen Fotografie gesprochen werden kann, dann bezieht sich dies auf wenige Qualitäten, wie dem Arrangement der zu fotografierenden Objekte, der Geschichte hinter dem Foto, dem Motiv respektive dem ‚Sujet'. Aber auch die Szene, die durch die Fotografie zu erfassen ist, wird in der Regel durch den Fotografen arrangiert. Schnappschüsse sind im gestalterischen Sinne keine Fotografien und hier nicht gemeint. VILÉM FLUSSER beschreibt die Fotografie als Abstraktion der vier Raum-Zeitdimensionen auf die zwei der Fläche (vgl. [Flusser 1997]).

*Fotozitate*

Kurz nach ihrer Erfindung versuchte die Fotografie gleichwertige Ergebnisse wie die Malerei zu liefern. Insofern sind multi-perspektivische Fotografien aus dieser Zeit nicht verwunderlich. Die vermutlich wohl erste multi-perspektivische Fotografie ist: „Two Ways of Life" aus dem Jahr 1857, von OSCAR GUSTAVE REJLANDER, ein im Entwicklerlabor aus 30 Einzelaufnahmen arrangiertes Bild. OSCAR GUSTAVE REJLANDER wandte sich ausgehend von der Malerei der Fotografie zu. In der Breite blieb die Fotografie aber weit hinter den Möglichkeiten der Malerei (siehe Abbildung 2-38).

*Multi-Belichtung*

## 2 Grundlagen

Abbildung 2-38, Fotografie: „Two Ways of Life" von OSCAR GUSTAVE REJLANDER (1857), eine Fotografie aus 30 Einzelaufnahmen, im Labor ‚komponiert'.

Bildstruktur

Bildstrukturen mit dem Fotoapparat anzulegen, war und ist nur eine Kunst für sich, da der Fotoapparat besonderen Rahmenbedingungen und physikalischen Gesetzen unterliegt, wie der Optik, dem Trägermedium, dem Moment der Aufnahme, etc. Wenn in der Qualität Unterscheidbares zwischen Fotografie und Malerei benannt werden kann, dann ist es die ursprünglich sogenannte ‚Chronofotografie', die wir heute Film nennen. Mit der Aufzeichnung von mehreren Fotos, die in kurzen Abständen hintereinander gemacht werden, ist es möglich, dem menschlichen Auge eine Animation vorzutäuschen – eine geschickte Montage. Damit ermöglichte die Fotografie neue Einblicke in die Umwelt, zum Beispiel den Bewegungsablauf von Pferden. Eine solche Animation ist mit dem Film „The Horse in Motion" von EADWEARD MUYBRIDGE im Jahr 1872 erschienen (vgl. [Chirat und Icart 1984], [Williams 1992]).

Fotografische Mittel

Weitere Aspekte der Gestaltung, die durch die Fotografie möglich wurden, sind die Schärfe, die Lichtführung, der Ausschnitt und Ähnliches. Schärfe oder Unschärfe ist durch die Einstellung der Kameraparameter bedingt. In vergangenen Epochen formierten sich die ‚Piktorialisten' um derartige Themen. Der Piktorialismus, eine kunstfotografische Stilrichtung, entfachte im beginnenden 20. Jahrhundert einen neuen Kunststreit, der seither anhält (vgl. [Brünig 2011]). Die neue Qualität des Fotos ist die Objektivität. Das Foto ist ein im systemräumlichen Sinne ‚reines' Abbild der Umwelt, und es ist wahrhaftig. So zeigt das literarische Werk: „How the other half lives: studies among the tenements of New York" erstmals in einer Art von Dokumentation das Leben der Einwanderer Amerikas, die unter unmenschlichen Wohn- und Arbeitsverhältnissen lediglich existierten (siehe Abbildung 2-39, vgl. [Riis 1890]). Diese Dokumentation war weniger eine gestalterische Leistung, denn mehr eine ‚nackte' „Kritik an der Gesellschaft" ([Baatz 2002, S. 76]). Dennoch verleihen die Einstellungen der Kameraparameter durch den Fotografen den Fotos eine höchst subjektive Dimension, weit davon entfernt die Wirklichkeit objektiv abzubilden (siehe Abbildung 2-39). Durch die stark angestellte Perspektive, die durch einen Weitwinkel erreicht wird, wirkt das Foto in seiner Aussage ‚extremer'. Diese Zuspitzung der Situation wird durch ein Kind im Hauptpunkt stehend erreicht (siehe 3.3.1). Diese örtlich bildstrukturell zentrierte Lage des Kindes in der Abbildung verstärkt die perspektivische Anlage. Damit wird die Dramatik in der Bildaussage gesteigert (siehe Abbildung 2-39). Vor den großen Maschinen wirkt das Kind kleiner und schutzbedürftiger, als es die Wirklichkeit vermuten lässt. Diese Fotografie ist arrangiert. Sie ist gestellt.

## 2.2 Bildwerke

Abbildung 2-39, Fotografie: „A little spinner in the Mollahan Mills/Child Laborer" von LEWIS HINE (1908), (vgl. Abbildung 5-35, S. 232).

Mitte des 20. Jahrhunderts, nach den Weltkriegen, entwickelte sich die Architekturfotografie. Zwei Stellvertreter dieser Zeit waren BERND und HILLA BECHER (vgl. [Becher u. a. 1977]). Beide fotografierten Industrielandschaft und –anlagen, in einer (für die damalige Zeit) neuartigen Art und Weise. Zum Beispiel zeigen ihre Fotos eine leichte Überhöhung des Standortes der Aufnahme (siehe Abbildung 2-40 und Abbildung 2-41). Zudem sind die Hintergründe ihrer Fotografien stets unter ambientem Licht aufgenommen, welches beispielsweise durch stratusförmige Wolken erzeugt wird (metrologisch: einförmige, tief liegende Schichten). Unter derartigen Lichtverhältnissen werfen die Objekte in der Szene keine Kontur störenden Schlagschatten. Schlagschatten sind bildstrukturell relevant, weil diese in unmittelbarer Wechselwirkung mit anderen Bildstrukturen, wie Fluchtlinien, stehen und damit die Aussagekraft eines Fotos beeinflussen können. Insofern sind diese Fotografien objektiver. Ambiente Lichtverhältnisse schaffen Vergleichbarkeit. So abgebildete Gegenstände der Umwelt sind vermeintlich leichter zu erkennen, da vorwiegend die objekteigene Gestalt zur Geltung kommt.

Objektivität der Fotografie

Abbildung 2-40, Fotosammlung/Collage: „Fachwerkhäuser" von BERND BECHER und HILLA BECHER (2000, [Becher und Becher 2000]), links.

Abbildung 2-41, Fotosammlung/Collage: „Gasspeicher" von BERND BECHER und HILLA BECHER (1983-1992, [Becher 1993]), rechts.

Es lässt sich konstatieren, dass die Fotografie keinesfalls ein ‚reines' und objektives Abbildungsmedium ist. Neben den chemisch-physikalischen heute digitalen sowie optischen Prozessen zur Gestaltung sind insbesondere die Fähigkeiten und das Wissen des Fotografen über perspektivische und gestalterische Zusammenhänge und deren Hintergründe und Manipulationsmöglichkeiten von essenzieller Bedeutung für die spätere Wirkung und Aussagekraft einer Fotografie. Allerdings, selbst offensichtlicher Grenzen der Fotografie gibt es nur wenige Kritiker, die den begrenzten Realismusgrad von Fotos konstatieren, wie ROMÁN GUBERN und ROLAND BATHES von Realismus schmälernden Aspekten

Faktor Fotograf

## 2 Grundlagen

sprechen: „Certainly the image is not the reality but at least it is perfect analogon and it is exactly this analogical perfection which, to common sense, defines the photograph." ([Barthes 1990, S. 17]). Konkret lassen sich bei einer Fotografie folgende Aspekte in Bezug zur Wirklichkeit ansprechen: „dritte Dimension, Unendlichkeit durch den Ausschnitt, Kinematik, Größentreue und nicht visuelle Eigenschaften." ([Gubern 1974, S. 50–52]). Eine übertriebene Realismuskritik formulierte OLIVER WENDELL HOLMES mit seinen folgenden Worten: „Give us a few negatives of a thing worth seeing, taken from different points of view, and that is all we want of it. Pull it down or burn it up, if you please. We must, perhaps, sacrifice some luxury in the loss of color; but form and light and shade are the great things, and even color can be added, and perhaps by and by may be got direct from Nature." ([Holmes 1859, S. 738f.]).

**Fotokritik**

Eine weitere Aussage, die in die gleiche Richtung etwas versachlichend wirkt, ließ Milieutheoretiker HIPPOLYTE TAINE verlauten: „Ich will die Objekte so wiedergeben, wie sie sind oder wie sie wären, auch wenn ich nicht existierte." ([Kracauer 1985, S. 28]). Hierzu muss erwähnt werden, dass HIPPOLYTE TAINE ein Verfechter des Gestaltungsmittels des Sekundenstils war. Zum Sekundenstil ist auch die fotografische und die ‚phonographisch' exakte Wiedergabe der Wirklichkeit sowie die Annäherung von der zeitdeckender Erzählungen (Erzählzeit = erzählte Zeit) bis hin zu Zeitlupen (Erzählzeit > erzählte Zeit) zu verzeichnen.

**Fotokreativität**

Anhand dieser Aussagen zeigt sich, wie vehement die Diskussion über die damals aufkommende Fotografie in ihrer Wirkung als Bild geführt wurde. Aus heutiger Sicht, über 150 Jahre später, ist diese Radikalkritik kaum nachvollziehbar und kann in ihrer Bedeutung für die damalige Gesellschaft noch viel weniger eingeschätzt werden. Die ‚Relativisten des 19. Jahrhunderts' vertraten die Ansicht, dass die Fotografie ein chemisch-physikalischer Prozess ist, der nicht des Zutuns des Menschen bedarf. Damit wäre die Fotografie ‚objektive' Realität. Eine andere Position nahmen die ‚Kulturrelativisten' ein, deren Positionen die Fotografie als manipulierbar sowie interpretierbar ansahen und damit ‚subjektiv'. Zu letzterem Sachverhalt sei an dieser Stelle auf den Abschnitt zum Sehen der vorliegenden Arbeit verwiesen (siehe 2.4.1.1). Vielmehr besitzt die Fotografie ihr eigenes gestalterisches Potenzial. Unter anderem geht REBEKKA DROBBE der Bedeutungsperspektive in der Fotografie nach. Sie zeigt Möglichkeiten auf, wie mittels des Fotoapparates eine Bedeutungsperspektive erzeugt werden kann. Es werden konkrete Versuche dargestellt, Fotos aus dem Systemraum ausbrechen zu lassen. Weiterhin wird offengelegt, wie das kommunikative Ziel eines Fotos unter Verwendung fotokameraspezifischer Parameter manipuliert respektive verfälscht werden kann. Für einen vollständigen Überblick wird an dieser Stelle auf ihre Ausführungen verwiesen (vgl. [Drobbe 2005]).

**Einfluß der Fototechnik**

Was bedeutet das Erörterte vor dem Hintergrund der vorliegenden Arbeit? Sind Parallelen zur Gegenwart zu ziehen, dann die Folgenden: Die Menschheit stand mit der Entdeckung der Fotografie vor einem Technologiesprung, von der Malerei zur Fotografie. Parallelen lassen sich zwischen dem Fernsehen und dem Internet ziehen. Interaktive Szenarien in der Virtuellen Realität sind die Spielfilme der Zukunft. Am Rande dieser Diskussion stehen jene, für die sich bisher weder die Kunst noch die Technik erschöpft (vgl. [Stankowski und Duschek 1989]). Mit einem entsprechenden Abstand und Versachlichung lässt sich folgender Grundsatz auch für die Fotografie konstatieren: „Gestaltung optimiert Designobjekte in ihrer Funktion Kommunikationsmittel zu sein." ([Groh 1989, S. 3], vgl. [Groh 2005, S. 202]). Das gilt übergreifend für alle Formen und Arten von Bildern, wie die Gemälde, die Fotografien, die Filme und die Computergrafiken.

## 2.2 Bildwerke

### 2.2.4 Relief und Skulptur

Innerhalb der bildenden Künste stellt das Relief den Übergang von flächiger zum räumlichen ‚Bildmedium' dar. Die Struktur eines Reliefs vermittelt zwischen gestalteter Fläche und gestaltetem Raum. In einem Relief erheben und vertiefen sich die Figuren von der Ebene in die dritte Dimension. Sie lösen sich dennoch nicht gänzlich vom Grund (vgl. [Metzger 2008]). Wichtig zu wissen ist, auch ein Relief verlangt nach bestimmten Blickwinkeln. Bei einer Anamorphose gibt es genau einen Blickwinkel, den der Betrachter einnehmen muss, oder ein Hilfsmittel, das zu verwenden ist, um die Aussage oder Botschaft zu entschlüsseln. Ein Relief erschließt sich dem Betrachter aus beliebig vielen Augpunkten und Blickrichtungen. Dabei muss der Blick nicht orthogonal auf das Medium gerichtet sein. Mit jedem, dem entsprechenden Blick ergeben sich somit neue Einblicke. Die möglichen Blickwinkel sind allerdings stark beschränkt, keinesfalls so umfangreich, wie es sich bei ‚vollwertig' dreidimensionalen Skulpturen der Bildhauerei darstellt. In einem Relief erheben sich die Figuren, beispielsweise in Gestalt von Personen und Gegenständen in die dritte Dimension und lösen sich vom Grund. Die Figuren erheben sich über ihre Umgebung (siehe Abbildung 2-42, vgl. [Metzger 2008]). Sie entspringen dem Hintergrund, wie der Wand. Ähnlichkeiten zur stereoskopischen Visualisierung sind feststellbar (vgl. [Sutherland 1968]), die die Illusion von Raum erzeugen. Weiterhin spielt das Relief mit Licht und Schatten. Reliefs waren nach gegenwärtigem Wissensstand bereits in der Antike reich bemalte farbige Medien (vgl. [Breitling 2003], [Glassman 2008]). Für den Betrachter kann beispielsweise durch ‚wanderndes Sonnenlicht' eine entsprechende Wirkung des Schattens in der Kombination mit der Bemalung entstehen, die an eine Echtzeitanimation der Computergrafik erinnert. Virtuell meint, das aus dem Möglichen Auftauchende und (beinahe) ins Wirkliche Umschlagende (vgl. [Flusser 1993, S. 65–71]).

Reliefs waren nicht selten Bauteile von Gebäuden (siehe Abbildung 2-42 und Abbildung 2-43). An exponierter Lage wurden Reliefs in der Regel optisch in Szene gesetzt, beispielsweise durch eine Hinwendung zum Betrachter (siehe 3.3.5.1) und geometrisch absonderlichen Verformungen. Reliefs wurden auch zum Zweck der Gliederung von Bauwerken gebraucht, sodass aus bestimmten Standpunkten betrachtet ein harmonisches Gesamtgebäude vermittelt wurde (siehe 3.3.5.2). Darüber hinaus nutzen Bildhauer, wie auch MICHELANGELO, perspektivische Verzerrungen, um Reliefs und Skulpturen zu geometrisch korrekt-wirkenden Ansichten zu verhelfen. Das Verhältnis von zu großen Köpfen gegenüber kleineren Leibern und langen Gliedern war gängige Praxis und gestalterisches Mittel zum Zweck einer optimalen visuellen Wahrnehmung (siehe Abbildung 2-44, vgl. [da Vinci 1925]).

Die Kopfgröße relativiert sich mit der Entfernung, wird der Leib aus der Nähe betrachtet. Die Länge der Glieder verkürzt sich mit dem Blickwinkel ebenso. Diese gestalterischen Prinzipien sind allerdings nur für bestimmte Standpunkte gültig, beispielsweise aus der Fußgängerperspektive in einer Kirche hinaufblickend. Aus einer anderen Perspektive würden sich umso stärkere geometrische Verzerrungen ablesen lassen. Hier eröffnet sich eine gestalterische Dimension für computergrafische Visualisierungssysteme, wie dem ‚Head-mounted Display', dem ‚Eye-Tracking-System' und andere wahrnehmungsorientierten Apparaten (vgl. [Weibel 2006]). In Kombination von Tracking und Visualisierung ergibt sich die Möglichkeit von betrachter-abhängigen geometrischen Transformationen der abzubildenden Objekte. Das abzubildende Objekt adaptiert seine Geometrie in Abhängigkeit eines Betrachters in Echtzeit (siehe 4.4). Diese Art der interaktiven Gestaltung einer variablen Geometrie ist in der Realität nahezu unmöglich und stellt insofern nicht nur einen Mehrwert der Computergrafik dar, sondern postuliert einen Eigenwert.

## 2 Grundlagen

Abbildung 2-42, Fotografie: „Relief des Pergamonaltars" von ENRIQUE VIOLA (2007), dargestellt sind Details des Pergamonaltars, Gigantomachie, Nereus, Doris, Okeanos contra Giganten, aus dem 2. Jh. v. Chr.

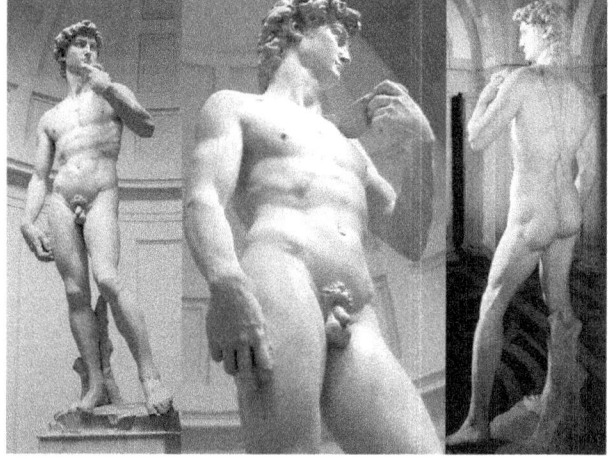

Abbildung 2-43, Fotografie/Collage: „David von MICHELANGELO BUONARROTI DI LODOVICO BUONARROTI SIMONI", aufgenommen vermutlich von RALPH LIEBERMAN (2011), Darstellungen aus drei Richtungen.

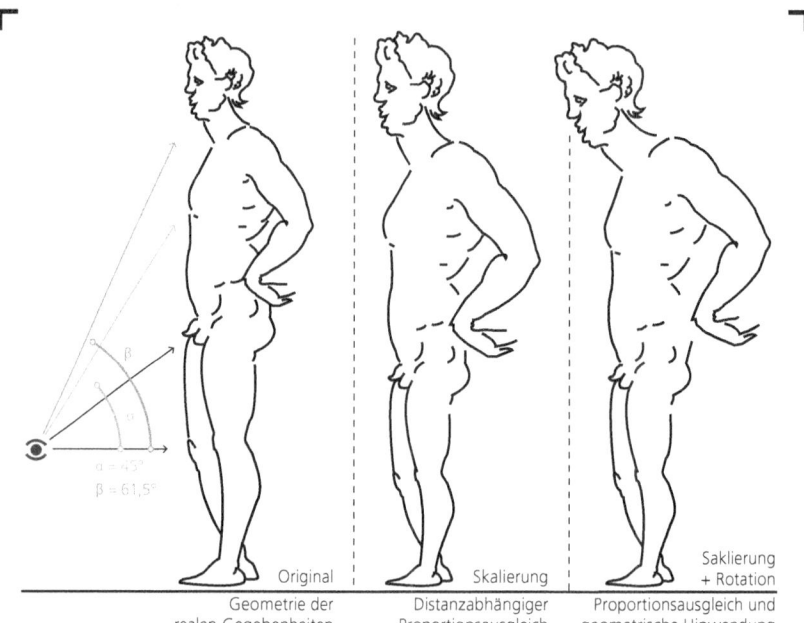

Abbildung 2-44, Illustration: Skizzenhafte Überzeichnung geometrischer Gegebenheiten. Geometrisch-korrekt (links) und wahrnehmungsorientiert (rechts) am Beispiel einer Figur (vergleiche Abbildung 2-43). Proportion und Ausrichtung der Gliedmaßen richten sich nach der ‚idealen Blickposition' (siehe auch Abbildung 5-12, S. 211).

## 2.2 Bildwerke

### 2.2.5 Bühne

Das Bühnenbild ist gestalteter Raum. Ältere Zeugnisse lassen sich unter anderem in der Antike finden (siehe 2.2.2.2). Die Höhepunkte der Bühnenentwicklung stellt allerdings die Epoche der Wirklichkeitssimulation dar. Als „Pionier der Wirklichkeitssimulation" mit seiner Vision eines „panoramischen Autokinesitheaters", in welchem sich nicht nur die Objekte, sondern auch der Betrachter bewegen soll, wird JOHANN ADAM BREYSIG benannt ([Breysig 1993, S. 7]). Seine eigenen Zielvorstellungen gehen weit über die anderer klassischer und insbesondere klassizistischer Bühnenideen hinaus (vgl. [Breysig 1806]), denn nahezu allen anderen Theaterreformen bleibt ein fester Augpunkt und damit ein optimaler Betrachterstandpunkt. In der Bühnenkunst wurde das Prinzip der Linearperspektive vom Grunde her nicht weiterentwickelt: „Man zeichnet auf dem Glas nach, was man hinter der Scheibe sieht" ([Cole 1993, S. 26]) – nichts weniger und nichts mehr in der Bühnenkunst. Es vollzog sich lediglich die ‚Veredelung' des Theaters durch „Entrückung des Hintergrundes", „malerischen ‚atmosphärischen Verschwimmungen' und der Minderung von Disproportionen" ([Cole 1993, S. 26]).

*Gestalteter Raum*

JOHANN ADAM BREYSIG hingegen erforschte mit schräg gestellten Seitenprospekten eine Art von multi-perspektivischem Bühnenbau, womit er versuchte, den Betrachter in den Bühnenraum hineinzuziehen. Sein Steckenpferd war zudem die Theaterbeleuchtung, zum Beispiel die Kombination aus Rampen- und Oberlichtern, wie er dies zum Beispiel an der „Königlich Magdebürgischen Provinzial-Kunstschule" (seinerzeit die „kunstgewerblichen Lehranstalten Preußens der Stadt Magdeburg"), ab dem Jahr 1797 untersuchte und praktizierte. Konkret platzierte er zusätzliche Beleuchtungen „in Form einer Reihe von Leuchtkörpern horizontal" hinter dem Bühnenportal ([Krengel-Strudthoff 1993, S. 43]), um die Ausleuchtung der einzelnen Bühnenmalereien zu optimieren. Später operierte JOHANN ADAM BREYSIG mit weiteren cineastischen Mitteln der Illusion, wie zum Beispiel dem Rundhorizont des Panoramas. Erkenntnisse aus seinen Arbeiten führten im 19. Jahrhundert zu den Wandeldekorationen (vgl. [Hansen 1965]) und zu Drehbühnen und später der Kamerafahrt. Entsprechende Auseinandersetzungen vor allem bezüglich der Bedienkonzepte von Kameras sind auch für die Computergrafik von Relevanz (vgl. [Ware und Osborne 1990]).

*Illusion von Raum*

Es ist aber auch der Mensch mit seinem Verhalten, seinen Fähigkeiten und Toleranzen heranzuziehen. In diesem Zusammenhang propagierte WALTER GROPIUS das rotierende Totaltheater mit sich entrollenden Leinwänden (vgl. [Woll 1984]). Kamerafahrt, -schnitt und -schwenk zählen heute zu den primären Elementen der Filmsprache und ermöglichen ‚Bilder von Raum und Zeit', in die der Zuschauer versinken kann. Diese Überlegungen erinnern an das „Fühlkino" – einem Kino, das ALDOUS HUXLEY im Jahr 1932 mit seinem Roman „Brave New World" beschreibt ([Huxley 1960]) und welches einem Besucher eine simulierte Wirklichkeit als echt empfinden lassen soll. Wie der Theaterbau „Mitträger der Handlung" ist ([Breysig 1993, S. 40]), so ist auch die Kamera als Aufnahmegerät in Spielfilmen ‚Mitspieler' (vgl. [Monaco 1995]).

*Das ‚Totaltheater'*

### 2.2.6 Computerbilder

Computergrafik hat Abbilder zum Ziel. Dabei unterliegen computergrafische Abbilder in der Regel dem Anspruch, fotorealistisch zu sein. Das zweidimensionale Resultat der computergrafischen Projektion wird mittels Display, Monitor, Beamer, etc. dargestellt. Die Erwartungshaltung des Menschen an das Resultat der Projektion beruht dabei auf seiner Erfahrung und Erkenntnis aus der Umwelt.

*Computerbilder*

## 2 Grundlagen

**Zwischen Realitätsanspruch und Kunst**

Die Visualisierung beziehungsweise Darstellung in der Computergrafik wird durch eine regelbasierte Aufbereitung von Daten respektive Informationen zur visuellen Wahrnehmung durch den Menschen erreicht. Das Optimum der Visualisierung ist gleichzusetzen mit LEONARDO DA VINCIS Traum von dem Weg zum intelligenten virtuellen Realitätsprinzip (vgl. [Laplanche und Pontalis 1975]). Als ein beispielgebender Ansatz sei dazu der nachfolgend dargestellte Forschungsgegenstand vom ‚Stroxeln' angeführt, der es erlaubt, Stile der Malerei mit der Fotografie zu verschmelzen.

**‚eDavid'**

‚Stroxel' sind kurze und gerade Striche, mit denen sich eine visuelle Qualität erzeugen lässt – und das mittels eines Roboters, wie dem EDAVID (vgl. [Deussen u. a. 2012]). Durch ihren Einsatz kann das technische Bild der Fotografie (vgl. [Flusser 2000]) eine Anreicherung um Techniken und Bedingungen der Malerei erfahren. In diesem konkreten Fall vollzieht der Roboter eine Arbeit, die in quantitativer Hinsicht durch den Menschen kontrolliert wird. Der Mensch wird beim Malen entlastet. Dabei obliegt die Qualität weiterhin gänzlich der menschlichen Einflussnahme durch die Ausgestaltung respektive die Wahl der entsprechenden Algorithmen. Der Algorithmus ist durch den Versuch, die malerischen Stile abzubilden, gekennzeichnet (vgl. [Durand 2002]). Dem Menschen werden neue Werkzeuge an die Hand gegeben. Ein Bild unterliegt - auch mit dem Roboter als verlängertem Arm - der Hand des Menschen und damit gewissen Unschärfen. Mit dem Rechner lassen sich diese Unschärfen ventilieren und skalieren. Das ist beispielsweise über die Wahl des Pinsels in Spitze und im Haar beziehungsweise der Basis oder dem Fließverhalten der Farbe und so weiter gegeben. Derartige Bilder der Computergrafik sind ‚modaler', das heißt, sie sind durch zusätzliche Verhältnisse bedingt (siehe Abbildung 2-45).

Durch OLIVER DEUSSENS methodisches Vorgehen und unter Nutzung des technologischen Fortschrittes war es ihm möglich, zunehmend weiter zurückliegende Techniken der Malerei im Rahmen seiner Forschungsarbeit aufzugreifen. Im Sinne einer Retrospektive entwickelten sich seine wissenschaftlichen Arbeiten ausgehend von Beiträgen in der klassischen Computergrafik (vgl. [Hagen u. a. 1999]) über die manipulative Fotografie (vgl. [Deussen 2007]) bis zur Kunst der Malerei (vgl. [Deussen 2010b]). Die Erkenntnisse dieses Prozesses fließen in entsprechende Algorithmen, die durch die Computergrafik verarbeitet werden können. Der Malroboter eDavid stellt dabei einen vorläufigen Höhepunkt dar. Welches Potenzial aus gestalterischer Sicht mit einer solchen Technologie vorliegt, ist im Sinne eines vorgegriffenen Ausblickes wie folgt benennbar:

**Mensch und Roboter**

Der Maler handelt sukzessive, der Roboter kontinuierlich. Über das Nachahmen von stilistischen Techniken der Malerei hinaus besteht für Malroboter ein außerordentliches Potenzial. Aquarell- wie Ölfarben aber auch Graphit und Kohle (Radierungen) sind in ihren Eigenschaften flexibler als der Toner oder die Tinte eines Druckers. Ergebnisse liegen vor (vgl. [Deussen 2010b]). Gemälde und Malereien besitzen fast durchweg multi-perspektivische Bildstrukturen. Fotografien sind aufgrund der optischen Gesetze der Mono-Perspektive zuzuordnen. Ein Malroboter, wie EDAVID könnte – mit einer erweiterten Methodik ausgestattet, aus einer mono-perspektivischen Fotografie ein multi-perspektivisches Bildwerk erzeugen.

**Computervision**

Ähnlich wie ein Maler, der sich mit mehreren Blicken in seine Umwelt und auf Basis seiner Erfahrung eine Multi-Perspektive zusammenstellt, könnte ein Malroboter anhand mehrerer Fotografien und mittels der Bilderkennung (Computervision) auf eine räumliche Situation schließen. Im Ergebnis könnten Malroboter eine eigene Komposition entwickeln. Der Roboter ‚fügt' auf regelbasierter Basis (KI) eine dialogorientierte Bildstruktur zusammen.

## 2.2 Bildwerke

Abbildung 2-45, Computergrafik bzw. Gemälde: „Farbversion einer Fotografie mittels ‚stroxel placement'". Die Originalfotografie wird in der oberen rechten Ecke der Abbildung gezeigt (2012, [Deussen u. a. 2012, S. 32]).

Dem Menschen obliegt es an dieser Stelle, die wesentlichen Rahmenbedingungen vorzugeben, wie das Motiv, die Menge der Fotos, die entsprechenden Dialog-Objekte, die Größe und damit das Format des Ergebnisbildes, etc. Der Roboter ordnet und aggregiert diese ‚Eingaben' zu einer bildhaften Gesamtstruktur (hybrider Systemraum). Folglich bestimmt der Mensch weiterhin das kommunikative Ziel respektive die Geschichte, die das Bild vermitteln soll. Der Malroboter errechnet die ideale Komposition und setzt die Dialog-Objekte in Szene. Dabei wählt der Roboter entsprechende Werkzeuge und Mittel, wie Trägermaterial, Pinselbeschaffenheit und Farbbasis selbstständig aus. Rein theoretisch betrachtet wäre es darüber hinaus möglich, dass der Rechner malt, was der Mensch nicht ohne Weiteres sehen kann. Interessante Gedankenbeispiele lassen sich ableiten, denn auch der menschliche Leib eines Malers ist auf die Umwelt im Sinne einer Überlebensstrategie konditioniert. Bei Robotern ist von den menschlichen ‚Zwängen und Nöten' ebenfalls keine Rede (vgl. [Asimov 1950], [Capurro und Nagenborg 2009]). Mit der Konditionierung des menschlichen Leibes auf das Überleben in der Natur ergeben sich innovative Ansätze für die computergrafische Gestaltung (siehe 5.1.5).

**Gestalterische Dimension**

Als eine Teilmenge von der Menge an möglichen computergrafischen Abbildern ist der Vollständigkeit halber an dieser Stelle der Non-Fotorealismus zu benennen (vgl. [Gooch und Gooch 2001], [Strothotte und Schlechtweg 2002], [Geng 2010]). Dieser versteht sich als Sammelbegriff für verschiedene computergrafische Verfahren, die nicht dem Fotorealismus (vgl. [Schirra und Scholz 1998]) zu geordnet werden können. Der Gradmesser der traditionellen Computergrafik war lange Zeit die Fotografie, das Foto. Allerdings ‚haften' der Computergrafik damit alte Maßstäbe an, an die sie sich messen lassen muss und die auf die eigentliche Technologie repressiv und hemmend wirkt (siehe 2.3.4). A priori haben es computergrafische Innovationen dadurch schwer, wie die der Virtuellen Realität. Das ‚Bild als Schnittstelle' wird an dieser Stelle nicht hinterfragt. So ist es zu erklären, dass lediglich die Szenengeometrie, die Kameraspezifikation, die Beleuchtung und Ähnliches bezüglich technologischer Fragestellungen akkreditiert sind. Die visuelle Wahrnehmung des Menschen und seine Potenziale fließen weniger ein. „Insofern die nichtphotorealistische Computergrafik auf der photorealistischen aufbaut, benutzt auch sie (bewusst oder unbewusst) eine ‚Kamerametapher', um zu beschreiben, wo der Betrachter steht und wohin er sieht." ([Helbing 2004, S. 7], vgl. [Blinn 1988]).

**Non-Fotorealismus**

Der Non-Fotorealismus beschreibt nicht ‚Was', sondern ‚Wie' ein ‚Etwas' oder eine ‚Ding' dargestellt wird (vgl.[Helbing 2004]). Ein Ansatz ist ein anderer Maßstab, eine Übersetzung beziehungsweise eine besondere Formulierung des Bildinhaltes. Gemeint ist ‚etwas' was

**Intelligenzanspruch**

## 2 Grundlagen

jenseits menschlicher Maßstäbe oder Ausdrucksweisen liegt; im Raum, in Gestalt, in Bewegung und in Dauer (vgl. [Groh 2005]). Somit stellt das Beispiel des sogenannten „Stroke Placement" einen relevanten Übergang von einem detailgetreuen Kopieren zu einer Gestaltungssynthese auf Basis einer künstlichen Intelligenz dar (vgl. [Barkowsky 2002], [Russell und Norvig 2003]).

### 2.3 Abbildungsmechanismen

*Natur und Technik*

Auge, Kamera und Computergrafik sind unterschiedlicher Natur: Biologie, Optik und Software. Mechanismen der Abbildung beschreibt unter anderem MAURICE HENRI PIRENNE in seinem Buch: „Optics Painting und Photography" (vgl. [Pirenne 1970]). Bei den nachfolgenden Abschnitten wird ein ‚fairer' Vergleich der entsprechenden Abbildungsmechanismen angestrebt. Der Brennpunkt als besonderer Punkt der Optik und der Biologie wird bei den Betrachtungen innerhalb der vorliegenden Arbeit grundsätzlich ausgespart (vgl. [Hecht 2005]). Da das (gesunde) Auge im Bereich des schärfsten Sehens grundsätzlich scharfe Abbilder liefert, ist die Betrachtung beispielsweise der Unschärfe auszuschließen. A priori wird alles Abzubildende als ‚scharf' projiziert angenommen. Die Computergrafik visualisiert unter anderem Unschärfe, also einen Mangel, dem der Mensch im Angesicht seines Augenlichtes teils mit sehr aufwendigen Maßnahmen, wie Brillen, Kontaktlinsen oder dem Lasern von Augen, beizukommen versucht. Wozu muss Software also Unschärfe simulieren? Vor dem Hintergrund der biologisch bedingten Sehschärfe kann die simulierte Unschärfe dennoch rekurriert werden, beispielsweise als Ansatz zum ‚Level of Detail', um computergrafische Kapazitäten zu schonen, ohne bildqualitative Nachteile für den Menschen zu bewirken (vgl. 5.1.5.1). Auge und Bild stehen sich dabei stets gegenüber.

#### 2.3.1 Auge

*Augenmaß*

LEONARDO DA VINCIS übersetzten Notizen ist das Folgende zu entnehmen: „Das Auge führt die Menschen in verschiedene Weltteile. Es ist der Fürst der Mathematik [...] Es hat die Architektur, die Perspektive und die göttliche Malerei geschaffen. [...] Es hat die Navigation entdeckt." (vgl. [da Vinci 1925]). Die menschliche Physiologie gibt mit dem Auge einen Bewertungsmaßstab für die visuelle Gestaltung von Bildwerken vor – ganz im Sinne des Gestaltungsleitsatzes: ‚form follows function' (vgl. [Müller u. a. 2014c]). Die visuelle Gestaltung bedient primär nur einen Sinn des Menschen. Weitere gestalterische Dimensionen (soweit diese gegenwärtig bekannt sind) ergeben sich mit dem Hören, dem Gleichgewicht, dem Fühlen, dem Schmecken und dem Riechen. Die visuelle Wahrnehmung ist dabei dominant. Allerdings ist für die vorliegende Arbeit der Gleichgewichtssinn nicht irrelevant (siehe 2.4.2.4 und 3.2.1.5). Das grafische Interface spricht die visuelle Wahrnehmung des Menschen an. Gleichwohl rekurrieren flächige Elemente, wie bestimmte Bildstrukturen in Form von Fluchtlinien (siehe 3.3.2), Texturen oder Farbkombinationen (siehe 5.1.3) auf die Illusion von Schatten, der Erhebungen und von räumlicher Tiefe. Insofern wird durch bestimmte Elemente im Bild nicht selten auch auf das Fühlen als Sinn angespielt.

*Biomechanismus*

Der Aufbau und die Funktionsweise des Auges kann auch als ein Biomechanismus angesehen werden (vgl. [Ethier u. a. 2004]). Der Begriff, darüber was ein ‚Biomechanismus' ist, wird im Allgemeinen kontrovers diskutiert (vgl. [Hatze 1974]). Die Entwicklung der Camera obscura hat dazu beigetragen, die Funktionsweise des menschlichen Auges ‚ein Stück weit mehr' zu verstehen. Schon LEONARDO DA VINCI stellte fest, dass die Funktionsweise des Gerätes vom Prinzip her beim Auge wiederzufinden ist (vgl. [da Vinci 1925]). Diese Aussage scheint beim ersten Überdenken irritierend zu sein.

## 2.3 Abbildungsmechanismen

Das Auge war vor der Erfindung der Camera obscura vorhanden. Jedoch wird das Auge in seiner Funktion, Bilder der Umwelt zu empfangen und entsprechende Reizinformationen an das Gehirn weiterzuleiten, fortwährend erforscht (vgl. [Goldstein 2002]). Die meisten aktuellen Arbeiten zur visuellen Wahrnehmung des Menschen konzentrieren sich auf die Messung von Blickbewegungen und die Gehirnbereiche, die unter anderem für das Sehen zuständig sind. Wenn allerdings ein Fotoapparat mit dem menschlichen Auge verglichen werden soll, dann kann die Diskussion auch ausgehend vom Auge geführt werden: ‚Nicht der Fotoapparat ‚gleicht' dem Auge, sondern das Auge ähnelt dem Fotoapparat'.

*Funktionsweisen*

Beim Auge fällt das Licht durch die Pupille auf eine Linse, die die Lichtstrahlen aus der Umgebung umlenkt und auf einen Punkt bündelt. Wenn dieser Punkt genau auf der Netzhaut des Auges liegt, nur dann leitet das Auge weitgehend ‚eineindeutige' Reizinformationen der visuellen Wahrnehmung zu. Wenn dieser Punkt vor oder hinter der Netzhaut liegt, dann liegt eine Fehlsichtigkeit vor. Der Mensch erblickt dann ‚unscharf'. Korrekter formuliert findet eine Struktur aus der Umwelt eine mehrfache Abbildung auf der Netzhaut des Auges. Das menschliche Gehirn kann damit auf unterschiedliche Weise umgehen, von Zusammenführung der entsprechend redundanten visuellen Reizinformation, über eine Toleranz bis zur Ausblendung der Fehlsichtigkeit, indem die entsprechenden visuellen Reize einer Repression unterworfen werden. In gleicher Weise ‚sieht' das Gehirn die Reizinformation in einem synästhetischen Zusammenhang mit anderen Reizen anderer Organe, wie zum Beispiel dem Gleichgewichtsorgan, aber auch dem visuellen Gedächtnis. Insofern kann dem folgenden Zitat nur entgegengetreten werden: „Das Auge verschmilzt und legiert unzählige flüchtige Gedächtnisbilder […]." ([Neutra 1980, S. 37]). Diese Aussage ist unvollständig, missverständlich und irreführend. Nicht das Auge verschmilzt, sondern das Gehirn wägt ab.

*Augenlicht*

Das Auge trägt visuelle Reizinformationen und das visuelle Gedächtnis entsprechende Erfahrungen zur Wahrnehmung der Umwelt bei. ‚Abnehmend spekulativ' ist, das unter Umständen ‚konditionierte Erinnerung durch Vererbung' beziehungsweise sogenannter ‚Archetypus' (griechisch für: Urbilder) eine Rolle bei der Abwägung spielen (vgl. [Seifert und Seifert-Helwig 1965]). Hier begründet sich unter anderem das Feld der Epigenetik: „The term 'epigenetics' defines all meiotically and mitotically heritable changes in gene expression that are not coded in the DNA sequence itself." ([Egger u. a. 2004, S. 457], vgl. [Dias und Ressler 2013]). Die 'Verschmelzung und Legierung' stellt also eine Abwägung verschiedener Sinne und entsprechender Prozesse im menschlichen Gehirn dar, nicht aber durch das Auge allein.

*Reizinformation*

Bilder sind für Augen ‚gemacht'. Vor dem Hintergrund wahrnehmungsrealistischer Bilder lässt sich das Abbild im Auge in fovealen und peripheren Abbildungsbereichen getrennt betrachten. Die ‚Fovea centralis' ist dabei der Bereich des schärfsten Sehens im Auge. Darüber hinaus erstreckt sich das periphere Sehen, welches in der Regel als unscharf durch das Gehirn verarbeitet und auch durch den Menschen wahrgenommen wird (vgl. [Hunziker 2006]). Diese Art der Unterscheidung in fovealen und peripheren Bereich gibt es bei der Camera obscura nicht. Hier gilt: Je peripher ein Objekt gelegen ist, (das heißt, je weiter von der optischen Achse der Kamera ausgelenkt,) desto verzerrter ergibt sich das entsprechende Abbild. Die vorliegende Arbeit greift hierfür einen neuen Parameter auf, den Perspektivkontrast (siehe 4.3.3 und 4.3.4), der eine erhebliche Relevanz für die Gestaltung von dreidimensional wirkenden Bildstrukturen besitzt (siehe 7.5).

*Vom Auge zur Kamera*

## 2 Grundlagen

### 2.3.2 Camera obscura

**Camera obscura**

Die Camera obscura hat weder eine Pupille noch eine Linse sondern im Theoretischen ein unendlich kleines Loch, ein Punktloch (vgl. [Hansen 1938]). Durch dieses unendlich kleine Kameraloch wird den optischen Gesetzen nach alles scharf dargestellt. Wenn aber die Maler praktisch mit der Camera obscura arbeiteten, dann müssen sie zwischen Lichteinfall respektive Lochgröße entscheiden. Die Schärfe eines Abbildes hängt vom Durchmesser des Kameraloches ab. Wäre das Loch nur ein Punkt, im geometrischen Sinne ohne eine Flächenausdehnung, dann würden keine Lichtteilchen in das Innere der Camera obscura vorstoßen können. Im Ergebnis kann ein Abbild nur dann entstehen, wenn das Loch eine bestimmte Mindestfläche einnimmt, sodass ein Lichtteilchen einfällt, ein ‚Photon'. Die Fläche des Loches beeinflusst dabei die Schärfe und die Helligkeit des Bildes. Das Abbild, das eine Camera obscura liefert, ist seiner Schärfe nicht von der räumlichen Tiefe der Umwelt abhängig. Die Schärfe wird durch die Fläche des Lichteinfallsloches bestimmt. Alle abgebildeten Objekte, unabhängig von der Tiefe, sind gleichermaßen betroffen. Je kleiner das Loch, desto schärfer aber auch dunkler ist das Abbild – je größer, desto unschärfer und heller. Das Auge und der Fotoapparat müssen dagegen fokussieren, um bestimmte Region der Umwelt scharf abbilden zu können.

**Sehen vs. Camera obscura**

Spätestens mit der folgenden Gegenüberstellung unterscheiden sich die visuelle Wahrnehmung des Menschen und die Camera obscura. Das Auge hat andere Verschlusszeiten als ein Fotoapparat. Ein Fotoapparat macht ein Foto zu einem bestimmten Zeitpunkt (abgesehen von Langzeitbelichtungen). Hingegen nimmt das Auge einen Strom an Informationen in sich auf. Das Auge leitet die mit seiner Netzhaut gesammelten stromartigen Reizinformationen weiter, indem die Zapfen und die Stäbchen das Licht in Reize umwandelt und der Sehnerv diese an das Gehirn weitergibt. Das Gehirn ‚interpretiert' die Reize und macht sich ein Bild von seiner Umwelt. Je nach Erfahrung und Vorwissen mittels Gedächtnis interpretiert das menschliche Gehirn und denkt weiter, denn das Gehirn kann auch Reize filtern – diese in ihrer Relevanz über- oder unterschätzen. Eine derartige Bewertung und Selektion ist der Camera obscura nicht gegeben. Mit der Weiterentwicklung der Camera obscura zum Fotoapparat und später zur Computergrafik eröffnen sich neue Möglichkeiten der Bildgebung, nicht nur für den Augenblick, sondern auch für den Prozess des Sehens. Der Prozess des Sehens und das Sehen selbst sind dabei nicht mit dem technischen Abbildungsvorgang zu verwechseln, wie VILÉM FLUSSER ausführt (vgl. [Flusser 2000]).

**Technische Bilder**

„Das technische Bild ist ein von Apparaten erzeugtes Bild" ([Flusser 1997, S. 13]), also ein Abbild. Dennoch: „Apparate sind Teil einer Kultur [...]." ([Flusser 1997, S. 21]). Apparate sind komplexe Werkzeuge, ohne die der Mensch bestimmte Dinge, allein mit seinen Extremitäten und einfachen Gegenständen (in) der Umwelt nicht realisieren könnte. Der Fotoapparat ist ein optisches Gerät, welches auf physikalischen Bedingungen beruht. Wenn der Fotoapparat keine neuen Symbole erschaffen kann, sondern lediglich Geometrien zuprojizieren vermag, (siehe 2.2.2) ist dann das Fotografieren überhaupt ein schöpferischer Akt? Dieser Frage ist ein eigener Abschnitt gewidmet (siehe 2.2.3). In der Informatik würde es gegenwärtig, wie folgt formuliert werden: Der Fotoapparat ist in Hardware gegossene Software. Die Software meint hierbei die Abbildungsvorschrift der Zentralprojektion. Ähnlichkeiten zur Realisierung von computergrafischen Algorithmen auf der Grafikkarte sind hier ganz bewusst intendiert. Das Potenzial besteht also insofern, dass sich mit einem Rückblick auf das Gebiet der Fotografie unter Umständen entsprechende Entwicklungen für die Computergrafik prognostizieren oder zumindest ableiten lassen.

## 2.3 Abbildungsmechanismen

Die Camera obscura war ein Werkzeug der Malerei der Neuzeit (vgl. [Hansen 1938]). Maler der Renaissance legten mit der Camera obscura skizzenhaft Bildstrukturen an. Hinsichtlich der Definition von Ordnungsprozessen, wie das Montieren und das Komponieren (Komposition und Montage), liefert die Verwendung der Camera obscura einen kulturhistorischen Ausgangspunkt für entsprechende Diskussionen. Darüber schrieben PATRICK A. WALTER: „Die neue Perspektive: eine Kunsttheorie, von der visuellen Wahrnehmung zum Bild der Zukunft" (vgl. [Walter 2000, S. 69]) und RAINER GROH: „Das Interaktions-Bild" ([Groh 2005, S. 73]). Zudem bedient das Abbildungsergebnis der Camera obscura die Erwartungshaltung des Menschen. Nach RUDOLF ARNHEIM speist sich die Erwartungshaltung des Menschen an ein Abbild aus natürlichen „Formen, Farben und Bewegung" ([Arnheim 1983, S. 12]).

*Gestalterische Dimension*

### 2.3.3 Fotoapparat

Beginnen wir diesen Abschnitt mit der folgenden vorgelagerten Fragestellung: Lassen sich mit dem Fotoapparat prinzipiell Perspektiven einfangen? ERWIN PANOFSKY spricht bei der Perspektive von einer symbolischen Form (vgl. [Panofsky 1980b]). Was zeichnet in diesem Sinne einen Fotografen gegenüber einem Maler aus? Dazu sei notwendigerweise ein Blick auf andere komplexe Apparate unserer Zeit erlaubt, bevor einige Ergebnisse der Fotografie erörtert werden. Letztlich wird sich zeigen, dass der Fotoapparat zwar nur einen Moment einfängt, das aber dem Fotografieren der Prozess des Einrichtens einer bestimmen Situation voraus und die Auswahl aus einer bestimmten Menge und die Nachbearbeitung und sogar die Zusammenstellung bestimmter Fotografien bis hin zu Fotocollagen nachgeht. Soviel sei vorweggenommen, mit dem Fotoapparat hat sich der Mensch eine neue Freiheit im Umgang mit der Abbildung von Realität geschaffen (siehe 2.2.3).

*Perspektive und Abbild*

Die Geschichte der Fotografie, hier ist nicht die Erfindung der Camera obscura gemeint, begann vor etwas über 150 Jahren. Seit etwa 100 Jahren ist diese durch diverse Weiterentwicklungen, wie mit dem Rollfilm und in der Verringerung der Gerätegröße, ein ‚gebrauchstaugliches' Medium geworden. Der Begriff Fotografie ist viel jünger als der Fotoapparat selbst. Erstmals vorgeschlagen wurde der Begriff „photo-graphein" frei übersetzt „vom Licht Geschriebenes" von JOHN HERSCHEL an WILLIAM HENRY FOX TALBOT (vgl. [Frizot 1998, S. 27]). Die Menschheit hält mit dem Fotoapparat eine Technologie in den Händen, die es ihr ermöglicht, Schnappschüsse beziehungsweise Augenblicke seines Lebens und seiner Lebensumwelt festzuhalten. Bis dato konnte ein visueller Eindruck in der Regel nur mittels der Malerei reproduziert werden, die im Sinn malerischer Kapazitäten nur in einem begrenzten Umfang abzubildenden Situationen verarbeiten konnte. Die Erfindung der Druck- und Reproduktionstechnik gestattete eine beliebige Vervielfältigung und Skalierung. Die Komposition von Bildstrukturen, wie auch das Setzen von Lettern war weit aufwendiger. Dabei hing die Kunst der Darstellung vom Können des entsprechenden Schöpfers ab, das beim Gemälde vom malerischen Auge ausging und sich mit einer über die ‚Leinwand geführten Hand' abträgt. Dieses erfolgt freilich unter der Nutzung entsprechender Werkzeuge, wie Pinsel und Materialien, wie Farbpigmente. Andererseits wurden Darstellungen mittels des Fotoapparates objektiver. Dies ist eine Aussage, die in jedem Fall weiter diskutiert werden muss (siehe 2.2.3).

*Bedeutung der Fototechnik*

Interessant ist, dass erste Erkenntnisse zur Optik bereits von ARISTOTELES (500 v. Chr.) beschrieben wurden, indem er ausführt, dass durch „punktförmige Löcher die sichelförmige Sonne auf dem Boden" abgebildet wird ([Baatz 2002, S. 11]). Diese Erkenntnis lag demnach schon lange vor, bevor die ersten technischen Geräte konstruiert und in der Malerei genutzt werden konnten, wie die raumgroße Camera obscura. Erst mit der Laterna magica

*Kunst des Fotografierens*

## 2 Grundlagen

drehte der Mensch im 19. Jahrhundert das Prinzip um. Bilder wurden auf einer ‚transparenten Folie' fixiert und an die Wand projiziert. Viele Experimente folgten. Vertreter dieser Forschung und Entwicklung waren WILLIAM HENRI FOX TALBOT und LOUIS JACQUES MANDÉ DAGUERRE, die mit ihren bildgebenden Experimenten und Versuchen dem gesellschaftlichen Bedarf an Bildern nachkommen wollten. Letztgenannter wird selbststehend als Erfinder der eigentlichen Fotografie im technischen Sinne bezeichnet. Er war es, dem als Erster die Fixierung eines derartig erzeugten Bildes gelang. Er nutze eine Verbindung aus Jodsilber und Quecksilbergasen, aufgetragen auf eine Kupferplatte und erzeugte ein seitenverkehrtes ‚Positiv'. Konkurrierend dazu entwickelte WILLIAM HENRI FOX TALBOT das ‚Negativ', indem er Papier belichtete, das zuvor mit Silbernitrat beschichtet wurde. Mit diesem Verfahren fixierte er Schatten von Blättern und Pflanzen. In einer zweiten Stufe, nunmehr unter Verwendung des zuvor erstellten Negativs, erstellte er ein Foto, das beliebig oft reproduziert werden konnte. Im Jahr 1844 erschien das erste Buch: „The pencil of Nature", dem Fotografien beigelegt wurden. Die Erfinder der Fotografie meinten dabei, dass mit ihren Erfindungen kein Künstler mehr nötig wäre, der wie ein Maler, die Umwelt erst transformieren müsse. Darin begründet sich einerseits die Diskussion, ob das Fotografieren eine Kunstform beziehungsweise Tätigkeit sei. Andererseits begibt sich die Malerei auf die Suche nach Alleinstellungsmerkmalen und Abgrenzungsmöglichkeiten (vgl. [Talbot und Harding 2011]). Fotografie umfasst in Gänze ein weites Feld. Ein Standardwerk zur Fotografie liefert (vgl. [Stroebel 1999]).

**Kunst des Handwerkens**

Letztlich legitimierte die Erfindung des Fotoapparates die Maler zu neuen Wegen in Form mutiger Experimente und künstlerischen Auseinandersetzungen. An dieser Stelle sei erwähnt, dass die Malerei anfangs keine Kunst, sondern Handwerk war. Ähnliches ist bezüglich der Architektur im Bauwesen festzustellen (siehe 3.3.3.2). Die Fotografie hat somit ihren ganz eigenen Beitrag zur Entwicklung der Malerei der letzten 150 Jahre geleistet. Wie auch die Camera obscura wurde letztlich auch die Fotografie als Grundlage für das Anlegen einer Bildstruktur in einem Gemälde herangezogen. Als Beispiel kann ein Werk von PAUL HOENINGER: „Im Café Josty in Berlin" aus dem Jahre 1890 benannt werden (siehe Abbildung 2-46, vgl. [Kaufhold 1986]). Damals war die Fotografie der Malerei hinsichtlich bestimmter bildhafter Qualitäten weit unterlegen. Einerseits zeigte sich dies in der Abbildung von Bewegungen oder von Details im Bild. Andererseits konnten Bildinhalte mit Auslegung und Gestaltung von Perspektiven ‚freier' komponiert und in Szene gesetzt werden (siehe 2.1.2). Vielmehr ist feststellbar, dass Fotografie (Abbild) und Malerei (Bild) zu keiner Zeit weder qualitativ noch quantitativ auf gleicher Augenhöhe waren. Es sind ‚viel zu unterschiedliche' Verfahren. Einzig die bildstrukturelle Anlage eines Gemäldes, das unter anderem auf der Camera obscura beziehungsweise der Linearperspektive beruht, zeigen aufgrund der optischen Gesetze entsprechende Ähnlichkeiten auf (siehe 2.2.2).

Abbildung 2-46, Gemälde: „Im Café Josty, in Berlin" von PAUL HOENIGER (1890), auf Basis einer fotografischen Vorlage erstellt ([Kaufhold 1986]).

## 2.3 Abbildungsmechanismen

Das Prinzip der Fotografie ist Anregung für die Komposition und im weitesten Sinne auch für die Montage von Bildstrukturen (vgl. [Groh 2005]). BERTOLT BRECHT sagte einmal: „Der Photographenapparat kann ebenso lügen wie die Setzmaschine." Äußerst bemerkenswert ist die Aussage von MARTIN TIMM: „[...] dass es beim Bildermachen offenbar gar nicht möglich ist, nicht zu lügen" ([Timm 2010, S. 65]). Zwar gibt es in der Fotografie auch Standards, um möglichst genaue geometrische Informationen einzufangen und abzubilden, wie die ‚Dreiseitenansicht bei weichem Licht', jedoch gewährleistet dies unter Umständen auch die Regeln der Architekturfotografie. In der Architekturfotografie sind die Vertikalen der Szene klassisch parallel zur Vertikalen des Fotorandes angelegt. Je nach abzulichtendem Objekt wird der Rahmen gewählt. Bei einem Hochhaus ist das ein Hochformat, bei einem eher breit als hohem Gebäude ein Querformat. Dabei ist durch Beschnitt eines Fotos die Erzeugung von Spannung im Bild möglich. Durch Beschnitt wird der Hauptpunkt eines Bildes aus der Bildmitte gerückt. Somit erlangt eine parallel zu Blickrichtung laufende Tiefenlinie mehr Ausdruck, da dies eben nicht in der Bildmitte fluchtet. Die Spannung begründet sich in der ungleichen Wirkungsrichtung von Bildmitte und Hauptfluchtpunkt des Bildes. Durch diese Betonung, gemeint ist die der Tiefe, erhalten derartige fluchtende, abgebildete Objekte eine gesteigerte Plastizität im Sinne: ‚Meine Wahrheit oder Deine' (vgl. [Timm 2010]).

‚Fotolügen'

Ein Resultat hängt der Erfindung und Verwendung des Fotoapparats in jedem Fall an, das der Mitbestimmung und der Beschleunigung der Evolution der Malerei, ausgehend vom Naturalismus beziehungsweise Impressionismus über den Expressionismus zum Surrealismus. Die Malerei öffnete sich unter der Konkurrenz des Fotoapparates neue gestalterische Spielräume, Andersarten und Freiheiten. In der Entwicklung der Fotografie herrscht andauernder Innovationsdruck (siehe 2.2.2.3). Ähnlichkeiten zwischen dem Fernsehen und dem ‚Surfen im Internet' sind erkennbar. Als ein Stichwort ist der ‚Second Screen' zu nennen (vgl. [van Eimeren und Frees 2012]).

Evolution und Mitbestimmung

### 2.3.4 Filmkamera

Der Zweck der Kamera ist das Abbilden der dreidimensionalen Umwelt. Der Fotoapparat eröffnete eine erste Möglichkeit, mit hoher Genauigkeit zu operieren und räumliche Dimensionen nach den Gesetzen der Optik abzutragen (vgl. [Euklid 1938]). Auf die Filmkamera sei an dieser Stelle kurz eingegangen. Zeitgleich mit der Entwicklung der Filmkamera kam dem Fotoapparat vermehrt eine Rolle in der Kunst zu. Für detaillierte technische Details zur Filmkamera ist auf die Fachliteratur verwiesen (vgl. [Monaco 1995]). Da sich ein Film aus Einzelbildern zusammensetzt, gelten entsprechende Ansätze zur Optimierung von Bildstrukturen auch für das Werkzeug Filmkamera (siehe 4.4).

Filmkamera

Neuen Technologien haften in der Regel alte Maßstäbe an. Der Rahmen für Bewertungen ist dementsprechend vorgezeichnet. A priori sind neue Technologien gehemmt und werden nicht selten unterschätzt. Das gilt auch für die Computergrafik bezüglich des Begriffes: Non-Fotorealismus (siehe 2.2.6). Dazu sei ein weiteres bildhaftes Beispiel erlaubt. Schon die malerischen Darstellungen von Bewegung im Bild waren geschätzte Motive. Ein Bild des spanischen Malers DIEGO RODRÍGUEZ DE SILVA Y VELÁZQUEZ: „Die Spinnerinnen" (um 1657) zeigt Bewegungsunschärfe eines Spinnrades (siehe Abbildung 2-47). Unweigerlich kommt es zur Konfrontation von Anhängern, einerseits derer der bewährten Vorgehensweisen und andererseits derer des unerprobten Neuen. Wozu dient die [Filmkamera und] Fotografie, was die Malerei seit Hunderten von Jahren beherrscht, das war vermutlich nur eine Argumentationsfront zwischen den ‚Relativisten des 19. Jahrhunderts' beziehungsweise den ‚Kulturrelativisten' hinsichtlich der Erfindung des Fotoapparates (siehe 2.2.3).

Fortschrittsdiskussion

2 Grundlagen

Abbildung 2-47, Gemälde:
„Die Spinnerinnen" von Diego Rodríguez de Silva y
Velázquez (1657), Bewegungsunschärfe am Beispiel
eines sich drehenden Spinnrades.

Gestalterische Dimension

„Der Film in der Entwicklung zwischen Foto und Computergrafik ist an die technischen Beschränkungen des Fotoapparates gefesselt. Zumeist existiert im filmischen beziehungsweise fotografischen Bild nur ein Blickpunkt, eine Perspektive. Multi-Perspektive, die Vereinigung mehrerer Blicke in einer Situation, so wie diese in der Malerei Anwendung findet, wird nicht unterstützt. Computergrafisch erzeugtes Bildmaterial ist mono-perspektivisch. Mit der Erfindung des Computers wurden mathematische Modelle (zum Beispiel Zentralprojektion) zur Erzeugung von Bildern implementiert (Rendering-Pipeline). Diese Modelle [rekurieren auf reine, repressive] Abbildungsverfahren und vernachlässigen damit den multi-perspektivischen Blick im menschlichen Wahrnehmungsprozess. Jedoch ist der Computer nicht an die Grenzen des Fotoapparates beziehungsweise der Filmkamera gebunden. Er kann mit malerischem Blick eine virtuelle Szene dynamisch observieren und in ein dialogorientiertes Bild überführen" ([Franke 2007, S. 29]). Die computergrafische Bildgebung ist frei von physikalischen Fesseln und durch die Gesetze der Optik nicht eingeschränkt.

2.3.5 Computergrafik

Input und Interaktiv

Maus und Tastatur sind die klassischen Eingabegeräte für Computersysteme, wenn es um die direkte Eingabe von Daten oder der Interaktion mit dem Rechner geht. Mit zunehmend gesellschaftlicher Durchdringung digitaler Systeme ist auch der Fortschritt in der Entwicklung der Interfaces adressiert (vgl. [Bederson und Shneiderman 2003]). Bildgebende Verfahren finden in der Technologie des ‚SketchPads' von Ivan Sutherland eine ihrer interessantesten Erfindung (vgl. [Sutherland 1963]). Direktheit und Natürlichkeit sind die aktuellen Fragestellungen in der Wissenschaft in diesem Bereich. Anfassen, Bewegen, Schütteln zum Beispiel in Form von Gesten oder mittels Dinghaftem werden ebenso unter dem Begriff ‚Natural User Interfaces' (NUI) zusammengefasst, wie Aktivieren, Skalieren, Rotieren von Objekten. „Ein ‚Natural User Interface' (NUI) beschreibt ein Interface, welches unmittelbar durch einen oder mehrere Sinne des Benutzers bedient wird." ([Bollhoefer u. a. 2009, S. 6]).

Grundlagen der Computergrafik

Die Computergrafik entwickelt und optimiert seit mehreren Jahrzehnten Algorithmen zur Darstellung von geometrischen Daten. Zahlreiche Algorithmen haben sich in diesem Bereich etabliert (vgl.[Rauber 1993], [Foley u. a. 1990], [Angel 1997], [Schumann und Müller 2000], [Bender und Brill 2003], [Orlamünder und Mascolus 2004], [Möller u. a. 2008]).

## 2.3 Abbildungsmechanismen

Aufgrund der Abhängigkeiten von Hardware und anderer Software, wie beispielsweise der Architektur des Betriebssystems, wurde im Fachgebiet der Computergrafik die Effizienz und die Effektivität von geometrischen Algorithmen fortwährend forciert (vgl. [ACM SIGGRAPH 1974], [Kovalev u. a. 2007]). Aus ‚abbildungsmechanischer' Sicht bietet sich die Erörterung von quantitativen und qualitativen Aspekten der Computergrafik an.

### 2.3.5.1 Quantität

Im Hinblick auf das Prinzip und die Funktionsweise der virtuellen Kamera der Computergrafik sind in der Standardliteratur entsprechende Ausführungen zu finden (vgl. [Foley u. a. 1990], [Faugeras 1993, Kap. 3], [Encarnação 1996], [Angel 1997], [Hartley und Zisserman 2003, Kap. 6], [Orlamünder und Mascolus 2004]). Die Informatik beschenkt die Gestaltung und die Kunst durch das Fachgebiet der Computergrafik vor allem mit Interaktivität und Echtzeit-Visualisierung. Dabei besteht nicht selten die Absicht, dass die Dinge der Natur und ihre Phänomene aufgegriffen und nachgeahmt werden (vgl. [Deussen u. a. 2004], [Kovalev u. a. 2007]). Die Adaption der Phrase ‚Als die Bilder laufen lernten' bezüglich der Erfindung des Films könnte gegenwärtig im Zeitalter der Interaktivität und der Vernetzung wie folgt lauten: ‚Als die Bilder zu schauen lernten'. Die Erzeugung statischer als auch dynamischer Bilder in Echtzeit führte zu einer Unmenge an neuartigen gestalterischen Möglichkeiten (vgl. [Bederson und Shneiderman 2003]). Die Echtzeit der Bilder und die Vernetzung der Menschheit stehen in Wechselwirkung zueinander. Sie interferieren und ihre Wirkung auf die Gesellschaft ist gegenwärtig schlicht nicht abzusehen.

*Echtzeit und Vernetzung*

Die Gegenwart ist bestimmt von einer „Flut an Bildern" (vgl. [Nake 1993b, S. 5–8]) und das vor dem Hintergrund des Mangels an „theoretischem Fundament" (vgl. [Groh 2005, S. 9]). Unsere Gesellschaft produziert und publiziert Inhalte, wie Bilder und Texte, am Fließband. Insofern kann teilweise von ‚Bildterror gesprochen werden, beispielsweise durch ‚Popup-Werbung' beim Browser oder durch zunehmende Werbespots vor dem ‚Streamen' des eigentlich im Interesse des Rezipienten stehenden Inhaltes, in Form von Videos oder Filmen. Diese Quantität führt im Idealfall zur „Bildung von Nischenkulturen" ([Taranko 2007, S. 13]). CHRIS ANDERSON erforscht die Implikationen solcher gesellschaftlichen Umbrüche und postuliert seine Erkenntnisse als „The (longer) Long Tail" (vgl. [Anderson 2007], [Anderson 2009]). Er betont dabei insbesondere die betriebswirtschaftlichen Konsequenzen. – Das war bei der Produktion von Bildern nicht immer so! (vgl. [Bernhard 2005]). – Es ist festzustellen, dass die Qualität der Quantität an Bildern unterliegt.

*Gestalterische Dimension*

Bildgestalterische Kompetenz ist für die Bildgenerierung nicht nötig. Dem kann auch nicht mit der ‚Weisheit der Vielen' (in Anspielung auf die Vernetzung durch das weltweite Internet) abgeholfen werden (vgl. [Galton 1907]). Zwar hat die Meinung der Vielen großes Gewicht: ‚Vox populi vox Die' (Latein für: ‚Volkes Stimme [ist] Gottes Stimme'). Dennoch bedarf es der individuellen Vernunft, insbesondere bei der Bildgenerierung. Die Computergrafik kann die Menschheit im Umgang und bei der Erzeugung von Bildern und virtuellen Interfaces mit entsprechenden algorithmischen Vorschriften auf Basis von fundiertem gestalterischen Wissen unterstützen. Bei der Überführung der bildhistorischen respektive bildgestalterischen Kompetenzen sind Experten hinzuzuziehen. Wenn sich ihre Expertise in Regeln fassen lassen würde, dann könnte eine bildhafte Qualität skaliert werden. Allerdings obliegt der Transfer derartiger Regeln in computergrafische Algorithmen in der Breite dem ‚Menschen der Informatik', der in Verallgemeinerung mit seiner Kompetenz der Technologie zuzuordnen ist. In diesem Sinne versucht die vorliegende Arbeit, einen Akt der Vermittlung von Wissen über Bildstrukturen und gestalterischer Praktiken zu vollziehen.

*Kompetenz und Kapazität*

# 2 Grundlagen

### 2.3.5.2 Qualität

*Mathematik und Geometrie*

Die Linearperspektive der Renaissance soll als ‚natürlich wirkendes' Bild durch den Menschen erlebt werden. Wie der Mensch seine reale Umwelt kennt, so soll sich auch die abgebildete Umwelt im technischen Bild zeigen. Im technischen Sinn ist ein ‚Rendering' ursprünglich eine per Hand ausgearbeitete skizzenähnliche Darstellung im Automobildesign. In der Computergrafik ist es mittlerweile ein Prozess zur Berechnung von Abbildungen (vgl. [Kovalev u. a. 2007]).

*Algorithmen und Datenstrukturen*

Dieser Prozess des computergrafischen Rendering basiert auf ‚rein' mathematische Regeln und Vorschriften (vgl. [Watt 1993], [Foley u. a. 1990], [Bender und Brill 2003], usw.). Mit der Computergrafik ist es demzufolge möglich, Bilder mittels Algorithmen ‚wie am Fließband' zu produzieren. Eine algorithmische Lösung beziehungsweise Verfahren ist die Beschreibung einer nachvollziehbaren Folge von Schritten, zum Beispiel zur Erreichung eines definierten Zieles. Dabei lassen sich die Parameter im Schaffungsprozess fast vollständig und ‚frei wählen', insofern es mathematisch beschreibbar ist. Je nach zugrunde liegendem bildgebenden Modell oder Methode zeigen sich Manipulationen beziehungsweise Änderungen an Eingabeparametern ohne zeitlichen Versatz sofort im Bild (vgl. [Schumann und Müller 2000]).

### 2.3.5.3 Koordinaten und Systeme

*Datengrundlage*

Verschiedene Fachgebiete bringen unterschiedliche Sichtweisen ein. Entsprechend ungleiche Bezugssysteme liegen vor. Das Koordinatensystem der Computergrafik und die Sprache über Dimensionalitäten durch die bildenden Künste unterscheiden sich, wie folgt:

Für die Abbildung von Objekten und der Umwelt bietet sich die Verwendung von Modellen zur Abstraktion der Wirklichkeit an. Die Computergrafik thematisiert die Modellierung von komplexen Formen und deren Berechnung zum Zwecke der Bildgenerierung. Sie nutzt dabei geometrische Prinzipien.

*Spezielle Koordinaten*

Einer geometrischen Beschreibung liegen entsprechende Dimensionen und Bezugspunkte zugrunde. In der dreidimensionalen Computergrafik geht die Betrachtung von einem globalen Koordinatenursprung aus, der einen dreidimensionalen Raum aufspannt. Die Dimensionen: X, Y, Z stehen für Breite, Höhe und Tiefe. Im Sinne einer Vermittlung zwischen den Fachgebieten der Computergrafik einerseits und der Malerei andererseits werden im Weiteren die Dimensionen: V, H, T, die für das Vertikale, das Horizontale und die Tiefe stehen, verwendet. Diese leiten sich aus der Bildstruktur ab. Aber auch aus der Haptik oder Vermessung, in Form und Art der Beschreibung von Breite, Höhe und Tiefe hinsichtlich von Gegenständen respektive Räumlichkeiten (siehe Abbildung 2-48).

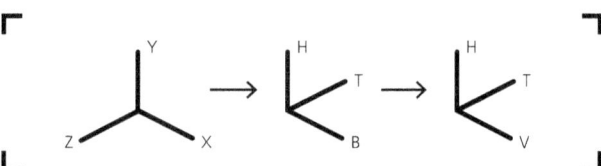

Abbildung 2-48, Illustration: Computergrafisches Koordinatensystem mit den räumlichen Achsen: X, Y, Z (links). Die Dimensionen im Handwerk lauten: B x H x T für Breite, Höhe und Tiefe (mittig) und die in den bildenden Künsten: V x H x T für Vertikal, Horizontal und Tiefe (rechts). Alle Bezeichner dienen der Beschreibung von dreidimensionalen Objekten, Dingen oder räumlichen Relationen.

## 2.3 Abbildungsmechanismen

### 2.3.5.4 Kameramodell

Das computergrafische Kameramodell wird durch entsprechende Kameraparameter beschrieben. „Die Kameraparameter definieren ein pyramidenstumpfförmiges Sichtvolumen, mit dem die Szene räumlich (aus-)geschnitten wird. Das Kameramodell der Computergrafik umfasst dabei ein Projektionszentrum, einen Richtungsvektor und einen horizontalen Öffnungswinkel der Kamera. Der vertikale Öffnungswinkel der virtuellen Kamera wird durch das Seitenverhältnis der Projektionsebene beschrieben. In einigen computergrafischen Anwendungen wird nicht zwischen dem vertikalen und horizontalen Öffnungswinkel der computergrafischen Kamera unterschieden" ([Franke 2007, S. 30]). Dadurch wird bestimmt, welcher Bereich der Szene im Weiteren der Projektion zugeführt wird (siehe Abbildung 2-50). Um nun diesen dreidimensionalen Ausschnitt des Raumes abzubilden, durchläuft die Geometrie die computergrafische Rendering-Pipeline (Verfahren: Normalisierung > Clipping > Projektion > Rasterung). Diese Vorgänge werden durch die Multiplikation von entsprechenden Matrizen, welche die einzelnen Transformationen durchführen, umgesetzt (siehe Abbildung 2-49, vgl. [Franke 2007]). Das ‚Geometric Field of View' (GFOV) ist gleich dem Kameraöffnungswinkel der computergrafischen Kamera (vgl. [Kjelldahl und Prime 1995]). Vielmehr ist festzustellen, dass in der Computergrafik dem Sichtkörper eine Doppelrolle beziehungsweise -funktion zukommt. Er ist Ausschnitt beziehungsweise Eingrenzung des abzubildenden Bereiches und zugleich ein Mittel der Optimierung im computergrafischen Renderingverfahren (vgl. [Scheibe 2005]).

*Computergrafisches Kameramodell*

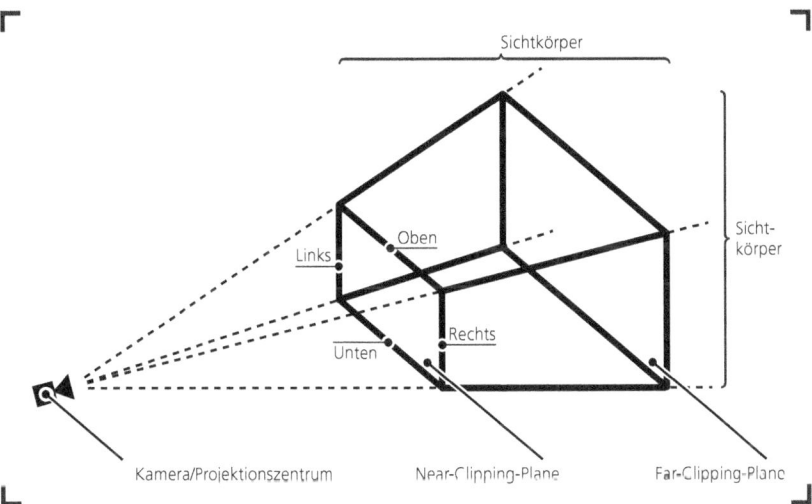

Abbildung 2-49, Illustration: ‚View Frustum' in der Computergrafik.

Folgende Frage ist zu klären: Was wird in der Computergrafik unter dem Begriff perspektivische Projektion verstanden? Eine Klärung dieser Frage ist notwendig, um beim Leser ein Verständnis für die Unterschiede zu anderen darstellenden Disziplinen, wie der Malerei, der Gestaltung oder auch der Architektur zu schaffen (vgl. [Knauer 2008]). Da die nachfolgende Textpassage bereits an anderer Stelle publiziert wurde, handelt es sich um ein zusammenhängendes Eigenzitat ([Franke u. a. 2006, S. 311 ff.]). Zudem entstand eine studentische Arbeit durch ROBERT RIEGER, auf die hiermit verwiesen wird (vgl. [Rieger 2007]).

*Computergrafische Projektion*

## 2 Grundlagen

**Transformation vom Raum auf Fläche**

„Bei der Überführung einer dreidimensionalen Szene in ein zweidimensionales Bild kommt in der Computergrafik ein Kameramodell zum Einsatz [...]. Dabei wird der Augpunkt der virtuellen Kamera durch eine Position im Weltkoordinatensystem der Szene definiert. Eine schematische Darstellung des Kameramodells und eines Ergebnisbildes zeigt die folgende Abbildung (siehe Abbildung 3-15, S. 101). [...] Der Sichtkörper (englisch: View Frustum) in einem Kameramodell beschreibt den Teilraum des dreidimensionalen Raums, der über eine Projektion auf eine zweidimensionale Fläche abgebildet wird. Mathematisch definiert sich dieser Körper über die beiden Ortsvektoren." (siehe Formel 2-2, [Franke u. a. 2006, S. 311 ff.]):

**Formel 2-2:**
Ortsvektoren: $\vec{o}_{min}$ und $\vec{o}_{max}$ des Sichtkörpers des computergrafischen Kameramodells.

$$\vec{o}_{min} = (x_{min}, y_{min}, z_{min})^T \text{ und}$$

$$\vec{o}_{max} = (x_{max}, y_{max}, z_{max})^T.$$

**Sichtkörper, Pyramidenstumpf**

„Diese Vektoren spannen zusammen mit dem Koordinatenursprung als Augpunkt der Kamera einen Sichtkörper der Form eines Pyramidenstumpfes auf. Gleichzeitig definiert sich damit eine 4x4-Projektionsmatrix, die sich für die Zentralprojektion wie folgt darstellen lässt." (siehe Formel 2-3, [Franke u. a. 2006, S. 311 ff.]):

**Formel 2-3:**
4x4-Projektionsmatrix: $Matrix_{Zentralprojektion}$ des computergrafischen Kameramodells.

$$\text{Matrix}_{Zentralprojektion} = \begin{pmatrix} \frac{2z_{min}}{x_{max} - x_{min}} & 0 & \frac{x_{max} + x_{min}}{x_{max} - x_{min}} & 0 \\ 0 & \frac{2z_{min}}{y_{max} - y_{min}} & \frac{y_{max} + y_{min}}{y_{max} - y_{min}} & 0 \\ 0 & 0 & -\frac{z_{max} + z_{min}}{z_{max} - z_{min}} & -\frac{2z_{max} z_{min}}{z_{max} - z_{min}} \\ 0 & 0 & -1 & 0 \end{pmatrix}.$$

**Konkrete Sichtkörperspezifikation**

„Vor dem Hintergrund dieser mathematischen Projektionsvorschrift existiert eine geometrische Mitte [beziehungsweise konstituiert sich ein Hauptpunkt: HP im Abbild]. Diese wird in der [computergrafischen] Fachliteratur jedoch nicht [ausgeführt [...], sondern nur [implizit] über die Spezifikation des Sichtkörpers beschrieben. Der computergrafische Sichtkörper der virtuellen Kamera (siehe Abbildung 2-49) wird beispielsweise in OpenGL, einer [möglichen] Grafikbibliothek (vgl. [Wright 2005]) wie folgt definiert." ([Franke u. a. 2006, S. 311 ff.]):

„glFrustum ($x_{min}$, $x_{max}$, $y_{min}$, $y_{max}$, $z_{min}$, $z_{max}$)[3] ... Note that neither the left ($x_{min}$) and right ($x_{max}$), nor the top ($y_{max}$) and bottom ($y_{min}$), specifications have to be symmetric with respect to the z axis, and the resulting frustum also does not have to be symmetric" ([Angel 1997, S. 190]). "Bei der Zentralprojektion ist es häufig angenehmer, statt der Bildgrenzen ($x_{min}$, $x_{max}$, $y_{min}$ und $y_{max}$) den Öffnungswinkel [...] der Kamera anzugeben [...]. Ist häufig noch das gewünschte Verhältnis bekannt [...] beispielsweise 4:3, dann kann das Bildrechteck [...] daraus berechnet werden" ([Bender und Brill 2003, S. 38f.]).

„Die der Funktion ‚glFrustum' nachstehende Umschreibung beziehungsweise Negierung [...] der geometrischen Mitte lässt vermuten, dass deren bildnerische Bedeutung verkannt

---
[3] Hinweis vor dem Hintergrund der Fachliteratur. Statt richtigerweise: glFrustum ($x_{min}$, $x_{max}$, $y_{min}$, $y_{max}$, $z_{min}$, $z_{max}$) steht geschrieben: glFrustum ($x_{min}$, $x_{max}$, $y_{min}$, $y_{max}$, $x_{min}$, $z_{max}$), ([Angel 1997, S. 190]). In späteren Auflagen wurde dies korrigiert: glFrustum ($x_{min}$, $x_{max}$, $y_{min}$, $y_{max}$, near, far), ([Angel 2003, S. 241]). Im Sinne der Konsistenz in Form von Buchstaben wird in dieser Arbeit die Auszeichnung: x, y, z genutzt.

## 2.3 Abbildungsmechanismen

wird. Somit ist es auch erklärbar, weshalb gegenwärtige Visualisierungs- und Animationsprodukte (exemplarisch kann hier 3D Studio Max genannt werden) keine entsprechenden Werkzeuge anbieten, wie zum Beispiel zur Implementierung des Goldenen Schnittes. Für den Endanwender bedeutet das: Die geometrische Mitte steht als gestalterisches Mittel der Komposition nicht zur Verfügung. Die nachhaltige Bedeutung der geometrischen Mitte wird jedoch ausführlich in: „The power of center" diskutiert und belegt." ([Franke u. a. 2006, S. 311 ff.], vgl. [Arnheim 1998]).

Aus der vorangegangenen Erörterung verbleibt die computergrafische Realisierung, der ein gesonderter Abschnitt gewidmet ist (siehe 5.1.1). Zudem erfolgt eine notwendige bildtheoretische Aufarbeitung (siehe 4.3.1).

### 2.3.5.5 Rendering-Pipeline

Die dreidimensionale Computergrafik befindet sich in einem rasanten Entwicklungsprozess, was nicht zuletzt mit der hohen Akzeptanz und der weiten Verbreitung entsprechender Grafikhardware geschuldet ist. Grafik-APIs (OpenGL, Direct3D, etc.) bilden dabei die Schnittstelle zwischen computergrafischer Hardware und anderen softwaretechnologischen Komponenten (siehe [Angel und Shreiner 2012]). Die Rendering-Pipeline ist eine Beschreibung eines Prozesses, an derem Ende eine Bildsynthese steht. Die Datengrundlage bildet unter anderem Punkte, Flächen, Texturen, etc. Je nach Anforderung gibt es Rendering-Pipelines unterschiedlicher Gestalt. Die Rendering-Pipeline definiert, welche Schritte zum Generieren eines Bildes nötig sind. Mit der ‚klassischen' Rendering-Pipeline war das Rendern ein eher gradliniger Prozess, der Schritt für Schritt ausgeführt werden musste (vgl. [Angel 1997]). Die Schritte waren strickt einzuhalten (siehe Abbildung 2-50).

*Schnittstellen, Prozessbeschreibung*

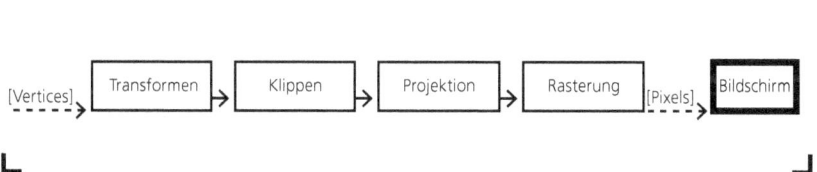

Abbildung 2-50, Illustration: ‚Klassische' Rendering-Pipeline (nach [Angel 1997]).

Gegenwärtige Hardwaretechnik ermöglicht es, viele Schritte parallel anzugehen, insbesondere mit der Einführung von ‚Shadern' (vgl. [Möller u. a. 2008], [Angel und Shreiner 2012]) und insofern der OpenGL Shading Language (vgl. [OpenGL Shading Language 2002]). ‚Shader' sind gesonderte Berechnungseinheiten auf der Grafikhardware, die besondere Fähigkeiten besitzen. Die Fähigkeit, zusätzliche Geometrie während des eigentlichen Renderns der Szene hinzuzufügen, ist eine davon. Die Fähigkeit, der Veränderung einzelner Punkte und geometrischer Teile während des Renderns, ist eine andere. Dadurch wird eine sehr hohe Flexibilität beim Rendering erreicht. Über die letzten Jahre wurden hardwareseitig viele spezialisierte Shader implementiert. Die Vielzahl von grafischen Verfeinerungen und deren hardwaretechnische Überführung durch unterschiedlichste Shader machte letztlich eine technologische Vereinfachung notwendig.

*Hardware und Implementierung*

Die getrennte Betrachtung von Vertex-, Pixel- und Geometrie-Shadern wurde überwand. Es wurden ‚Unified-Shader' eingeführt. Letztlich führte dies auch zu einer effizienteren Ausnutzung der Hardwarekapazitäten. ‚Aktuelle' Grafikchips vereinen die Fähigkeiten aller Shader in ‚Unified'-Shadern, sodass der Grafiktreiber in Abhängigkeit der benötigten Fähigkeiten entscheidet, welche Aufgabe von welcher Shadereinheit übernommen wird

*Implemtierung im Detail*

## 2 Grundlagen

(vgl. [Moya u. a. 2005a], [Moya u. a. 2005b]). Die Kapazitäten der Grafikhardware sind damit in ihrer Ausnutzung optimiert. Darüber hinaus erlaubt es OpenGL Shading Language, entsprechende Teile der Rendering-Pipeline mit eigenen Programmen anzureichern. Insofern sind aufwendige Spezialeffekte in der Computergrafik möglich, die mit der ‚klassischen' Rendering-Pipeline nicht realisierbar sind. Bei der folgenden Illustration handelt es sich um ein sehr einfaches Modell der Grafik-Pipeline. Jeder dieser Schritte in dieser Pipeline kann in sich eine eigene Pipeline sein oder Parallelisierungen in Form von einzelnen Berechnungen beinhalten (siehe Abbildung 2-51), (vgl. [Möller u. a. 2008]).

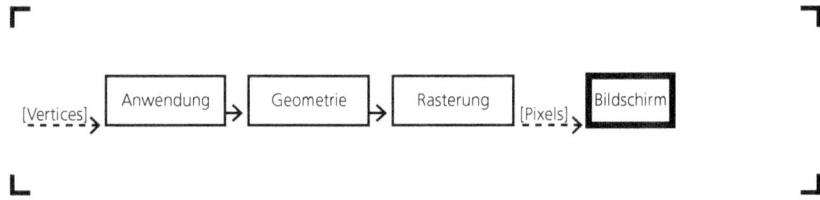

Abbildung 2-51, Illustration: ‚Moderne' Grafik-Pipline (nach [Möller u. a. 2008]).

**Parallelität und Reversibilität**

Ein Teilgebiet der Computergrafik fokussiert auf die Forschung über die Erzeugung von realistisch wirkenden Echtzeit-Grafiken. Nicht wenige Bestandteile der Rendering-Pipeline werden gegenwärtig direkt auf der Hardware realisiert, das heißt, aus Gründen einer effizienten Berechnung auf der Grafikkarte. Die Überführung von gestalterischen Regeln und Wissen muss demnach auch vor dem Hintergrund der hardwaretechnischen Umsetzung geführt werden. Mit modernen computergrafischen Methoden können einzelne Berechnungsschritte in effizienter Weise parallel angestoßen werden. Lineare Werkschritte, beispielsweise beim Herstellen einer gemäldeähnlichen Visualisierung, sind mit computergrafischen Mitteln unter Umständen parallelisierbar. Die Ergebnisse der computergrafischen Einzelberechnungen werden synchron weitergeleitet. Der langsamste Bestandteil bestimmt dabei die Effektivität beziehungsweise die Wirksamkeit der Echtzeit-Grafik. Der Begriff der Echtzeit, so viel sei an dieser Stelle gesagt, wird in entsprechenden Abschnitten dieser Arbeit gesondert behandelt (siehe 2.6: Fazit zur Wahrnehmung und siehe 4.4.6: Mensch-Kamera-Modell). Darüber hinaus ist mit der Computergrafik eine Reversibilität gegeben, die der schaffenden Kunst und Gestaltung nur in Teilbereichen gestattet ist. Die ‚klassische' Rendering-Pipeline, beispielsweise nach EDWARD ANGEL, bietet sich für eine Diskussion an (siehe 2.3.3, vgl. [Angel 1997]). An ihr lassen sich bildsprachliche Aspekte ausgehend von der Malerei über die Fotografie für die Computergrafik identifizieren. Die Rendering-Pipeline orientiert sich an der Kausalität der Malerei, im Sinne des Vorwärtsdenkens eines Malers. Damit bindet die ‚klassische' Rendering-Pipeline einen methodischen Wert im Hinblick auf die Gestaltungspraxis. Diese methodische Implikation ermöglicht es, eine entsprechende „gestalterische Interventionsmöglichkeit" aufzuzeigen (vgl. [Franke u. a. 2005a], [Franke 2006]). Entsprechende Einflussmöglichkeiten werden in einem gesonderten Abschnitt beschrieben (siehe 4.1). Bezüglich des gegenwärtigen Entwicklungsstandes von computergrafischen Technologien sei an dieser Stelle auf die Arbeit von JAN WOJDZIAK verwiesen, die ein „Visualisierungsdesign für 3D-Benutzerschnittstellen unter Verwendung komponierter Darstellungsverfahren" abhandelt (vgl. [Wojdziak 2013]).

### 2.3.5.6 Szenengraph

**Szenengraph**

Es gibt eine Vielzahl von computergrafischen Visualisierungssystemen. Ein in der Praxis der dreidimensionalen Computergrafik häufig genutzter Ansatz setzte sich aus Szenenbeschreibung und Bildgenerierung zusammen. Es liegt eine Trennung zwischen Modellierung und Visualisierung vor.

Ein Szenengraph in der Computergrafik ist eine hierarchische Struktur zur Verwaltung von geometrischen Daten. Der Graph ähnelt einer sich verzweigenden Baumstruktur. Der Ausgangspunkt wird Wurzelknoten (Root Node) genannt. Die Struktur verzweigt sich. Dabei werden übergeordnete Knoten Elternknoten (Parent Node), entsprechende Unterknoten Kindskonten (Child Node) genannt. Knoten können neben Informationen zu Geometrie auch andere Informationen beinhalten, wie Objektmanipulationen (Transformation), Szenenbedingungen (Beleuchtung, etc.). Durch die Verwendung eines Szenengraphen ergeben sich diverse Vorteile hinsichtlich computergrafischer Visualisierungssysteme und deren Algorithmen (vgl. [Rauber 1993], [Foley u. a. 1990], [Angel 1997], [Orlamünder und Mascolus 2004]).

*Baumstruktur*

Alleine durch die Struktur eines Szenengraphen lassen sich Knoten effizient lokalisieren und deren Beziehungen untereinander auslesen. Alle Bedingungen eines Elternknotens gelten auch für die Kindsknoten (Vererbung), sodass nicht jeder Knoten alle Informationen in sich tragen muss. Auch ist es möglich, Knoten innerhalb des Graphen umzuhängen. Zudem können mehrere Instanzen von einer geometrischen Information gesetzt werden (Instanzen), somit mehrfach verwendet werden (Effizienz). Damit wird zum Beispiel Speicherplatz bei der Beschreibung der geometrischen Gesamtszene gespart. In einer Szene sind zum Beispiel die vier Räder eines Autos durch ein und die gleiche geometrische Datengrundlage repräsentiert. Lediglich die Verortungen der Instanzen in der Szene sind unterschiedlich angelegt. Es genügt demnach, ein Rad geometrisch einmal im Speicher des Computers zu hinterlegen, um dieses mehrfach in der Szene zu visualisieren. Wenn das Programm einen Szenengraphen durchläuft, dann wird von Traversierung gesprochen. Dabei werden die geometrischen Daten ausgelesen und dem Rendering zugeführt. Alle Informationen laufen über den Wurzelknoten zusammen. Das Ergebnis ist ein Zustand. Der Wurzelknoten beschreibt den geometrischen Zustand einer Szene zu einem bestimmten Zeitpunkt, nicht aber ein Abbild im Sinne der Visualisierung einer Szene. Letzteres liefert das Rendering (vgl. [Schumann und Müller 2000]).

*Effizienz*

## 2.4 Wahrnehmungsaspekte

Die Wahrnehmung als Thematik beschreibt die Art und die Weise wie Menschen ihre Umwelt und mit ihr verbundene Dinge und Sachverhalte erfassen. Der ‚Radikale Konstruktivismus' (Erkenntnistheorie) propagiert in diesem Zusammenhang höchste Selektivität und Erfahrenheit des Menschen und nennt es Kognition ([von Foerster 1992]).

*Dinge und Umwelt*

In der Wahrnehmungspsychologie wird erforscht, wie der Mensch mittels seines Wahrnehmungssystems relevante Informationen und Erfahrungen aus der Umwelt gewinnt und diese entsprechend verarbeitet. Das darauf basierende Erleben der Umwelt bildet den Grundstein des handelnden Menschen. Dabei werden nicht selten Handlungsmuster ausgebildet. Die einzelnen Wahrnehmungsleistungen, wie beispielsweise die Visuelle, werden durch das Ineinandergreifen vieler Verarbeitungsprozesse im Gesamtorganismus Mensch möglich. Die Betrachtung der einzelnen Wahrnehmungsleistungen ist Gegenstand der Wahrnehmungspsychologie. Entsprechende Unterthemen sind zu benennen: die Beobachtung, die Erfassung, die Interpretation, die Abwägung von Relevanz und anderer Rahmenbedingungen, die Reaktion und das Handeln. Das ‚Erblickte' wird durch entsprechende Prozesse im Gehirn mit Bedeutungen verknüpft. Mit der Bedeutungsbildung über das ‚Erblickte' wird Selbiges zum ‚Gesehenen'. Insofern kann sich eine Reaktion des Menschen anschließen. Dabei erfolgt das bewusste menschliche Handeln wiederum auf Basis der Vernunft (vgl. [Kant 1985]). Zusätzlich sind Erkenntnisse aus der Kognitions-, Entwicklungspsychologie sowie Neurobiologie und -physiologie für das Verständnis der

*Kognition und Kultur*

## 2 Grundlagen

Wahrnehmung wichtig, worunter auch das Gebiet der neuronalen Netzwerke fällt. Die Verhaltensbiologie und die Evolutionslehre ergänzen das Gebiet der Wahrnehmungspsychologie (vgl. [Goldstein 2002, S. XIV]). „Das Rätsel des Stils und die Psychologie" von ERNST HANS GOMBRICH behandelt zudem das Phänomen, dass verschiedene Völker verschiedener Zeiten oder Orte ihre jeweilig sichtbare Welt unterschiedlich dargestellt haben. Wie würden Bilder unserer Zeit auf die Menschen von gestern beziehungsweise morgen wirken (vgl. [Gombrich 1985], [Gombrich 2004])?

*Wahrnehmungspsychologie*

Wie eingeführt dargestellt ergeben sich aus einer Vielzahl an Wissenschaften wichtige Erkenntnisse über das Wahrnehmen, das Gedächtnis, das Denken, die Motivation einerseits und andererseits über die des Nervensystems, der Sinnesorgane, der Sinnesbeschaffenheit, deren Organisation, Funktionsweise und Evolution. Diese Erkenntnisse bilden die Grundlage der Wahrnehmungspsychologie und damit unter anderem der vorliegenden wissenschaftlichen Arbeit. Wesentliche und im Rahmen dieser Arbeit relevante wahrnehmungspsychologische Erkenntnisse werden im Weiteren vorgestellt und im Sinne des Wahrnehmungsrealismus diskutiert. Welche Schlüsse sich für die Thematik des ‚Wahrnehmungsrealismus' von computergrafischen Bildern ziehen lassen, wenn das menschliche Sehen der virtuellen Kamera der Computergrafik gegenübergestellt wird, sollen die folgenden Unterabschnitte vorbereiten.

### 2.4.1 Sehen

*Sehen vs. Blicken*

Was das Sehen im Unterschied zum Blicken ‚zu bieten' hat, steht dem Geist nicht zur Verfügung, sondern ist unentbehrlich für ihn (vgl. [Arnheim 1996]). Das Sehen als Teil des Denkens ist Aufgabe des menschlichen Gehirns. Das Hören vollzieht sich aus psychologischer Sicht anders als das Sehen. Auditive Reizinformationen werden durch das Gehirn differenziert. Das Auge hingegen akkumuliert mit Fixationen die Umgebung. Erst das Gehirn integriert visuelle Reize zu einem mentalen Bild. Illusion und Imagination sind Teil dieser Integration. Dabei gibt es Grenzen. Das menschliche Sehen hat seine Grenzen mit der Seherfahrung (kognitiv), in Sehmustern, im Sehgedächtnis, in der Sehschätzung, etc. Das Gehirn kompensiert mit Heuristiken bei der visuellen Wahrnehmung. Basierend auf der Erfahrung des Gedächtnisses zu visuelle Reizinformationen deutet das Gehirn. Letztlich gewinnt es einen Eindruck, ein ‚mentales' Bild von der Umgebung (vgl. [Itti u. a. 1998]). Diese Arbeitsweise des Gehirns lässt sich in Regeln, durch Muster und in Schritten beschreiben (vgl. [Goldstein 2002], siehe auch 4.2.2).

#### 2.4.1.1 Fixation

*Fixation*

Eine Fixation beschreibt eine relative Ruhe des menschlichen Auges zu einem Objekt. Eine Fixation dauert zwischen 100 ms und 2.000 ms, wobei die meisten Fixationen zwischen 200 ms bis 600 ms gemessen wurden (vgl. [Rayner 1998], [Rayner 2009]). Während einer Fixation wird der überwiegende Teil der visuellen Information aufgenommen (vgl. [Joos u. a. 2003]). Die visuelle Wahrnehmung realisiert sich in den stabilen Phasen des Blicks, das heißt den Fixationen. Das Auge verharrt insofern auf einem Blickziel. Es scheint in Ruhe zu sein (siehe Abbildung 2-52). Allerdings finden während dieser Ruhephasen kleinste Bewegungen statt, die sogenannten Mikrosakkaden (siehe 2.4.1.4). Die Fixationsdauer variiert zwischen 50 ms und 1000 ms, in der Regel zwischen 200 ms und 400 ms (vgl. [Goldstein 2002]). Die Fixation ist von der zu bewältigenden Aufgabe abhängig, beispielsweise beim Textlesen 225ms, bei Suchaufgaben 275 ms und beim Bild ansehen 330 ms (vgl. [Rayner 2009]). Diese Werte sind in Abhängigkeit der genauen Umstände äußert variabel. Bezüglich der fovealen und peripheren Sehschärfe bei Fixationen ist an dieser Stelle der Arbeit auf den entsprechenden Abschnitt verweisen (siehe 4.2.2.2).

## 2.4 Wahrnehmungsaspekte

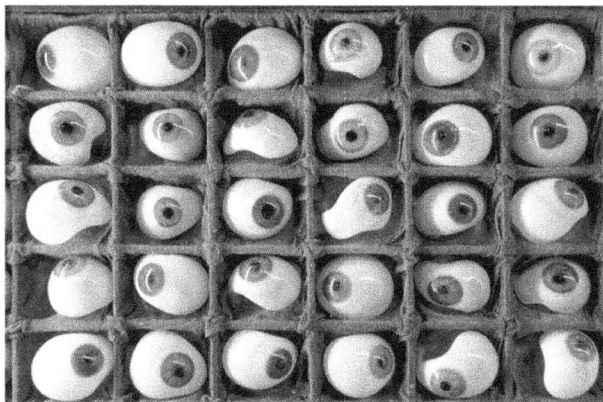

Abbildung 2-52, Fotografie: „Pattern Box for Eye Prostheses, World War I" von MATTHIAS HIEKEL (2009). Die unterschiedlichen Orientierungen der Augenprothesen in der Schachtel ähneln Fixationen.

### 2.4.1.2 Sakkaden

Sakkaden sind Augensprünge. Die Sakkade ist eine Muskelbewegung des Auges. Diese Muskelbewegung ist die schnellste des menschlichen Körpers. Eine Sakkade dauert zwischen 10 ms und 80 ms (vgl. [Goldstein 2002]). Sakkaden zeigen einen ballistischen Bewegungsablauf. Einmal begonnen können diese in ihrer Bewegung nicht mehr unterbrochen werden. In einem Orts-Zeit-Diagramm abgetragen, hat eine Sakkade in ihrem Verlauf eine Charakteristik, die an eine ballistische Kurve erinnert. Anfänglich hat eine Sakkade eine sehr hohe Beschleunigung, die zum Scheitelpunkt hin abnimmt. Danach erfolgt eine Abbremsphase, die längere Zeit in Anspruch nimmt. Die Amplitude der Beschleunigungsphase ist also kleiner als die der Abbremsphase. Alles in allem hat eine Sakkade über die gesamte Zeit gesehen eine sehr hohe Geschwindigkeit. Unterschiede im ballistischen Profil von Sakkaden lassen sich in Abhängigkeit zur Blicksprungweite ausmachen. Kurze Sprünge haben tendenziell ein eher symmetrisches Profil als lange (vgl. [Baloh u. a. 1975]). Nach einer weiten Sakkade kommt es in der Regel zu kurzen Korrektursakkaden, um das Sprungziel exakt zu erreichen. In der Literatur wird eine Sakkade als eine ruckhafte beziehungsweise sprunghafte Bewegung der Augen beschrieben. Das Auge springt dabei von einem Blickpunkt zu einem anderen Blickpunkt. Blickpunkte respektive Blickziele werden als Fixationen bezeichnet (vgl. [Schandry 1989]). Die Begriffe Blickpunkte und Blickziele sind im Rahmen der vorliegenden Arbeit synonym zu verstehen.

Sakkaden sind als Teile der Augenbewegung unwillkürlich und werden zumeist durch äußere Einflussfaktoren ausgelöst. Sie können aber auch indirekt bestimmt werden, indem sich der Mensch Aufgaben vornimmt oder ein bestimmtes anderes Verhältnis zu seiner Umwelt sucht (vgl. [Mickasch und Haack 1986]). Dabei sind Sakkaden die schnellsten Bewegungen, die ein Mensch ausführen kann (vgl. [Joos u. a. 2003]). Es werden Werte bis zu 900 °/s durch das Auge realisiert (vgl. [Goldstein 2002]). Dabei vollzieht die Augenbewegung eine bestimmte Beschleunigung und Abbremsung. Die Länge einer Sakkade lässt sich als Amplitude beschreiben und wird in Grad dimensioniert. Je Sekunde werden vom menschlichen Auge etwa drei Sakkaden ausgeführt. Sakkaden halten durchschnittlich 30 ms an, die mit einer Vor- und Nachlaufzeit zu einer Wahrnehmungseinschränkung von bis zu 120 ms führen. Der Betrag einer Sakkade ist dabei abhängig von den eingangs genannten äußeren und inneren Faktoren. In der Theorie wird angeführt, dass der Durchschnitt der Auslenkung eines Auges für sich das Sichtfeld des betreffenden Menschen beschreibt (vgl. [Joos u. a. 2003]). Andere Untersuchungen haben ergeben, dass es einen

*Sakkaden*

*Gestalterische Dimension*

## 2 Grundlagen

umgekehrt proportionalen Zusammenhang zwischen der Aufgabenkomplexität und dem Sichtfeld gibt: schwere Aufgaben gleich kleines Sichtfeld respektive leichter Aufgabe gleich großes Sichtfeld (vgl. [May u. a. 1990]).

### 2.4.1.3 Veränderungsblindheit – sakkadische Suppressionen

*Veränderungsblindheit*

Während einer sakkadischen Blickbewegung ist die visuelle Wahrnehmung gehemmt beziehungsweise stark eingeschränkt (vgl. [Dodge 1900]). Dieses wird ‚sakkadische Suppression' genannt. RAYMOND DODGE berichtet, dass ein Mensch seine eigenen Augenbewegungen im Spiegel nicht sehen kann. Das bedeutet, dass dem Menschen unterbrochene beziehungsweise gehemmte Reizinformationen nicht sofort bewusst werden beziehungsweise sind (nicht salient). GEORGE W. MCCONKIE und CHRISTOPHER B. CURRIE berichten von der Veränderungsblindheit infolge von sakkadischen Suppressionen (vgl. [McConkie und Rayner 1976], [McConkie und Currie 1996]).

*Sakkadische Suppression*

Die sakkadische Suppression hat im psychologischen Sinne das Ziel, dass die menschliche Wahrnehmung zu jeder Zeit den Eindruck einer stabilen Umgebung bzw. Umwelt hat – obwohl sich das Auge in permanent sprunghafter Bewegung befindet (vgl. [Ross u. a. 2001]). Optische Informationen werden zu einem überwiegenden Teil während der Fixation rezipiert. Während der Sakkade werden die gegenwärtigen optischen Informationen gehemmt. Die Veränderungsblindheit tritt auch bei anderen Formen des Erblickens in Erscheinung, beispielsweise bei Bildfolgen mit Leerbild (vgl. [Rensink u. a. 1997]), bei Aufmerksamkeitsausrichtungen (vgl. [Crowe und Narayanan 2000]), in Abhängigkeit des Ortes eines semantischen Zusammenhanges (vgl. [O'Regan u. a. 2000]) und bei Lidschlägen des Auges (vgl. [Goldstein 2002]).

### 2.4.1.4 Mikrosakkaden

*Mikrosakkaden*

Der Vollständigkeit halber werden an dieser Stelle auch die Mikrosakkaden erörtert. Diese sind aus gegenwärtiger Sicht für die vorliegende Arbeit nicht relevant. Es handelt sich dabei um mikroskopisch kleine Sakkaden, die während einer Fixation vorherrschen, zum funktionalen Zweck des Sammelns von visuellen Reizen. Mikrosakkaden führen Bewegungen mit einer sehr geringen Amplitude aus (vgl. [Bahill u. a. 1975]). Ohne Mikrosakkaden würden die Rezeptoren im Auge während einer Fixation stetig mit ein und den gleichen Lichtverhältnissen konfrontiert. Die Rezeptionsfähigkeit der Zellen würde mit der Zeit abnehmen, der Reizstrom abebben. Die Rezeptoren liefern jedoch nur Signale, wenn diese ‚gereizt' werden. Um dies zu erreichen, lenkt ein sogenannter ‚Drift' das Auge geringfügig vom Blickziel beziehungsweise der Ort der Fixation ab (vgl. [Joos u. a. 2003]). Somit treffen ständig neue Lichtverhältnisse bezogen auf die rezeptierenden Sinneszellen im Auge. Eine Reizinformation ergibt sich bei schwankenden Lichtverhältnissen. Bei gleichbleibenden Lichtverhältnissen nimmt der Reiz ab, demnach sind Mikrosakkaden notwendige Bestandteile.

### 2.4.1.5 Folgebewegung und optokinetischer Nystagmus

*Optokinetische Nystagmus*

Die Augen können ein sich gemächlich bewegendes Objekt fixieren. Eine dementsprechend langsame und gleichmäßige Bewegung der Augen bis zu einer Geschwindigkeit von 80 °/s wird als Folgebewegung benannt (vgl. [Joos u. a. 2003]). Der optokinetische Nystagmus ist eine andere Art und Weise der Augenbewegung. Das menschliche Auge kann sich mit seinem Blickziel an ein Objekt heften, das sich relativ zum Betrachter und kontinuierlich durch die Umwelt bewegt. Bei diesen kontinuierlichen Folgebewegungen kommt es zu sakkadischen Rücksprüngen. Ein Beispiel dafür ist das Schauen aus dem Fenster eines

## 2.4 Wahrnehmungsaspekte

fahrenden Automobils. Objekte am Horizont der Umwelt werden mit einer langsamen Augenbewegung verfolgt. Wenn die Auslenkung des Auges zu groß wird oder das Objekt aus dem Blickfeld verschwindet, dann springt das Auge auf ein neues Blickziel (vgl. [Goldstein 2002]).

### 2.4.2 Sehprozess

Das ‚Sehen' ist vor allem ein Prozess, an dem das menschliche visuelle Gedächtnis beteiligt ist (vgl. [Goldstein 2002, S. XVIII]). Zum Sehen tragen die gelieferten Reizinformationen des Auges weit weniger bei als vermutet. Das Erblicken ist die Aufgabe des Auges – das ‚in Augenschein nehmen'. Das Sehen ist ein kognitiver Prozess. Das Sehen ist nicht nur die Rezeption von Reizinformationen des Auges durch Form, Licht, Farbe und optische Gegebenheiten und insofern nicht nur ein visuelles Feld, sondern „ein in höchstem Maß nuanciertes und kodiertes Milieu" ([Bryson 2001, S. 9]). Vielmehr erblickt der Betrachter ein Bild in einer Galerie oft stumm und geht dann seines Weges. Aber was passiert da eigentlich – dieser Frage gehen unter anderen beispielsweise JAMES J. GIBSON in: „A Theory of pictorial Perception" (vgl. [Gibson 1954]) respektive NORMAN BRYSON in seinem Buch: „Das Sehen und die Malerei" nach (vgl. [Bryson 2001]).

*Prozess des Sehens*

#### 2.4.2.1 Muster

Wie sich der Zusammenhang zwischen (visueller) Wahrnehmung und dem Gedächtnis darstellt, ist bis zum heutigen Tage kontroverser Gegenstand der wissenschaftlichen Diskussion in der Wahrnehmungspsychologie. In diesem Zusammenhang kann unter anderem von der ‚Explikation' gesprochen, dem Vorgang des Nachvollziehens von Wahrnehmung.

*Bildung von Mustern*

Zunächst scheint es plausibel, dass das Wissen über ‚Etwas' oder über ‚Zusammenhänge' und damit die Kenntnis davon, durch die Wahrnehmung erworben wird. Die Wahrnehmung stellt also den ersten Schritt im Ablauf des menschlichen Informationsverarbeitungsprozesses dar. Inhalte werden erst nach der Wahrnehmung im Gedächtnis abgelegt, ab dann wiedererkennbar beziehungsweise identifizierbar. Demgegenüber stehen die Theorien von ULRIC NEISSER und JAMES J. GIBSON. Beide gehen von der Wahrnehmung ohne Gedächtnis aus, das heißt, das Gedächtnis stellt einen Ordnungsrahmen bereit und nutzt aktive Ordnungsstrukturen für die Organisation von Wissen.

Erkundungsvorgänge werden geleitet und aufgenommene Informationen interpretiert. ULRIC NEISSER führt unter anderem aus: „Weil wir nur sehen können, wonach wir zu suchen vermögen, bestimmen diese [gemeint sind Ordnungsstrukturen] was wahrgenommen wird." Ordnungsstruktur, Erkundungsvorgänge und aufgenommene Information bilden dabei einen Kreislauf. Sie sind voneinander abhängig und zusammengeschlossen. Das bedeutet, einzelne Wahrnehmungsvorgänge beziehen sich auf individuelle Sachverhalte, für deren Interpretation bekannte Begriffe oder Muster erforderlich sind. Neuartige Reizinformationen erweitern unter Umständen den Wahrnehmungsprozess durch Bildung neuer Begriffe und Muster im Gedächtnis (vgl. [Neisser 1967]), (vgl. [Neisser 1996]), (vgl. [Gibson 1974]). Komplexe Muster werden in der Wahrnehmungspsychologie auch unter dem Begriff Gegenstandskategorien erforscht. Entsprechende theoretische Modelle und Untersuchungsmethoden beschreiben FIONA NEWELL und HEINRICH BÜLTHOFF (vgl. [Newell und Bülthoff 2002], siehe 3.5.2).

*Bildung von kanonischen Ansichten*

## 2 Grundlagen

### 2.4.2.2 Visueller Cortex

**Visueller Cortex**

Der Sehprozess im Gehirn vollzieht sich im Bereich des visuellen Cortex. Im Auge bildet sich ein Abbild von der Umwelt. Es liefert entsprechende Reize. Die Reize werden im visuellen Cortex verarbeitet. Der visuelle Cortex organisiert sich dabei in die Verarbeitung von drei unterschiedlichen Reizeigenschaften:

- nach dem Ort des Reizes auf der Netzhaut,
- nach der Orientierung des Reizes auf der Netzhaut und
- nach der Reizdisparität zwischen linkem und rechtem Auge.

Diese Reizeigenschaften sind äußerst ähnlich. Der visuelle Cortex weist retinotope Eigenschaft auf. Er ‚hält' bildgetreue Informationen mittels einer neuronalen Karte (vgl. [Itti u. a. 1998]), konkret in Form einer retinaaktiven und Topologie erhaltenden Repräsentation im mehrschichtigen Thalamus. Jeder Punkt der Retina entspricht einem Ort im Cortex. Die Cortexorganisation basiert dabei auf elektronischen Signalen. Diese elektronischen Signale repräsentieren in einer Art Verschlüsselung, zum Beispiel die vom Auge erfassten visuellen Reizinformationen aus der Umwelt. Die Entschlüsselung dieses Codes ist aktueller Gegenstand der Forschung und noch nicht endgültig geklärt. Bei einem visuellen Reizvorkommnis, zum Beispiel einem gesehenen Objekt, wie einem Körper, führt die Abbildung auf der Retina zur Aktivierung eines ‚Codes' aus den oben genannten drei Reizeigenschaften. Diese neuronale Aktivität wird in einer Reihe von kortikalen Bereichen repräsentiert (vgl. [Goldstein 2002]).

### 2.4.2.3 Visuelle Kapazität

**‚Zweck des Übersehens'**

Eine besondere Rolle spielt die gerichtete Aufmerksamkeit. Das impliziert, dass der Mensch auch unverdeckte Änderungen der Umwelt übersehen kann. Dies geschieht, wenn die Aufmerksamkeit des Betrachters auf eine entsprechend andere Stelle gerichtet ist. Eine Situation ist dann aus dem Fokus (vgl. [Mack und Rock 1998]). Das bedeutet indirekt, dass keine bewusste Wahrnehmung ohne Aufmerksamkeit möglich ist. Eine alternative Theorie besagt, dass doch ‚alles' erblickt und auch gesehen wird, aber aufgrund fehlender Relevanz für den Rezipienten umgehend einer Filterung erfolgt und die Information dem Vergessen unterliegt (vgl. [Wolfe 1999]). Es gibt also ein ‚Übersehen', das unter anderem durch eine entsprechende Gestaltung gezielt gefördert oder eben unterdrückt werden kann.

**Abwägung**

Alle Menschen sind bei identischem Blick und identischen Blickbedingungen den gleichen visuellen Reizen ausgesetzt. Sie nehmen die gleichen visuellen Reize durch das Auge auf, das heißt, sie rezipieren die gleichen visuellen Daten. Jedoch werden die visuellen Daten unterschiedlich bewertet beziehungsweise unterschiedlich durch das Gehirn in Abwägung zum visuellen Gedächtnis gewichtet und verarbeitet, informell ausgedrückt. So unterscheidet sich das subjektive Sehen jedes Einzelnen, da die neuronale Selektivität individuell erlernt wird. Die Mustererkennung bei der visuellen Wahrnehmung ist vom Grunde her trainierbar, schlichtweg konditionierbar (vgl. [Logothetis u. a. 1995], [Logothetis u. a. 1994]).

**Relevanz**

Die nachfolgenden Kenndaten machen deutlich, um welche informatorischen Größenordnungen es sich handelt. Damit wird klar, warum das Gehirn mit Musterung reagiert. Das Netzbild eines menschlichen Auges enthält alle optischen Informationen, die das System ‚Auge' einfangen kann. Nach dem heutigen Kenntnisstand werden mehr oder weniger alle Reizinformationen des Auges an das Gehirn durchgereicht und im Gehirn verarbeitet. Das Gedächtnis nimmt vorerst vollumfänglich die Reizinformationen entgegen, beginnt allerdings umgehend mit einer Filterung und Bewertung selbiger. „Das Auge, das vom Gehirn

## 2.4 Wahrnehmungsaspekte

gesteuert, von Erinnerung und Gefühl beeinflusst wird, sieht subjektiv. Das Objektiv, das nach strengen Gesetzen der Optik funktioniert, sieht, wie der Name sagt, objektiv." ([Feininger 2002, S. 90]). Je nach Priorität ist der Mensch befähigt, sich an relevante Dinge leichter zu erinnern als an jene ohne Bedeutung oder Wichtigkeit.

In jeder Sekunde nimmt der Mensch visuelle Informationen im Umfang von etwa $10^8$ bit durch die Augen auf. Durch Filtermechanismen erinnert sich ein Mensch bewusst an $10^1$ bit/sek bis $10^2$ bit/sek (vgl. [Goldstein 2002]). Im Ergebnis sind das die Bilder, an die wir uns im Nachgang des Sehens ‚mit Absicht' erinnern oder diese wiedergeben. Insofern sind dem Menschen perzeptivische Skizzen möglich (siehe 2.2.1). Jede Regel besitzt ihre Ausnahme und somit existieren Menschen, die sogenannten ‚Savants'. Das sind Menschen mit Inselbegabungen, die aus heutiger Sicht durch Störung in ihren Filtermechanismen durch kognitive Höchstleistungen auffallen. Diesen Menschen ist es unter anderem möglich, sich an weit mehr Informationen und Details zu erinnern. Savants sind insofern hochbegabt, wegen oder gerade durch entsprechende Hirnschädigungen. Diese Erscheinungen sind jedoch frei von eigenem Geist beziehungsweise Kreativität und weisen allzu oft sozialer Behinderung auf (vgl. [Treffert 1989]).

*Flut an Reizinformation*

Andererseits ist da der Ausdruck der visuellen Einfachheit, eine Form der Prägnanz und sachlicher Schlichtheit. Jedwedes Ding wird durch den Menschen so gesehen, das es sich möglichst einfach ergibt. Ist ein Objekt erst erkannt, dann wird keine weitere kognitive Leistung für die Bemusterung und Filterung ‚in dieser Hinsicht' verwendet. Insofern liegt bei der menschlichen Wahrnehmung eine Art der Autovervollständigung vor. Hierin begründet sich auch die Tatsache, dass es in der Regel keine ‚ungestalteten' Skizzen gibt, denn Skizzen lassen dem Menschen genügend Freiräume, um seine Vorlieben in diese gedanklich hinzuzuprojizieren. Das ist die Form der Imagination beziehungsweise der Einbildungskraft, die zuweilen auch krankhafte Dimensionen erreichen kann (vgl. [Peters 2007]).

*Prägnanz*

### 2.4.2.4 Vertikalkonstanz

Die räumliche Stabilität ist bei der menschlichen Wahrnehmung für die Orientierung in und Ordnung der Umwelt essenziell. Für die Informationsaufnahme, -weiterverarbeitung und Reaktionen jeglicher Art durch den Menschen wäre eine instabile visuelle Wahrnehmung fatal. Stabilisierende Maßnahmen, wie die visuelle Lotrechte, sind nötig, die auch unter Vertikalkonstanz bei Kopf- und Körperschräglagen bekannt ist. Ein Bild, ausgestattet mit einer solchen Vertikalkonstanz, würde trotz schwankendem oder wippendem, umgebenden (Bilder-)Rahmen einen stabilen Bildinhalt zeigen (auch als Bildstrukturdämpfung zu verstehen).

*Räumliche Stabilität*

Ähnliche Ergebnisse, wie der, durch einen Bildstabilisator korrigierten Bildrahmen, bewirkt das Statolithenorgan (Sacculus) des Vestibularorgans im Innenohr des menschlichen Kopfes. Unter experimentellen Bedingungen wurde die Vertikalkonstanz des Menschen bis zu einem Bereich von 60° Kopfschräglage vom Physiologen Hermann Aubert im Jahr 1861 beschrieben (vgl. [Aubert 2007]). Über die Kopfschräglagen von 60° hinaus haben Norbert Bischof und Eckart Scheerer entsprechende Überlegung und Experimente zu Wechselwirkungen von Statolithenorgan und visuellem System respektive visueller Reizmerkmale angestellt, die ihre Annahmen einer annähernd vollständigen Vertikalkonstanz beim Menschen bestätigten (vgl. [Bischof und Scheerer 1970]). Menschen können also trotz Betrachtung von Ausschnitten der Umwelt und bei Kopfneigung Bilder als aufrecht stehend wahrnehmen, so lange wie Statolithenorgan und visuelles System in direkter Wechselwirkung stehen.

*Bildstabilisation*

## 2 Grundlagen

Die geschilderten Funktionen des vestibularen Wahrnehmungssystems sind beispielsweise für höhere motorische Prozesse, wie das Sitzen, das Aufstehen, das Stehen, das Laufen und insbesondere der Blickstabilisierung, die Grundvoraussetzung (vgl. [Goldstein 2002]).

**Reizbasierte Informationsverarbeitung**

Nach diesen Theorien und Erkenntnissen lässt sich das Folgende für die vorliegende Arbeit resümieren: Die reizbasierte Informationsverarbeitung ist von vielen Faktoren abhängig, hat allgemeinen Charakter und kann individuell unterschiedlich sein. Bilder anzubieten, die die Wahrnehmung erleichtern, optimiert die Leistungen des Gedächtnisses in seiner Funktion, Begriffe zu bilden und Muster abzulegen, um mit der Zeit effizienter und effektiver mit der Umwelt interagieren zu können. Die vorliegende Arbeit möchte dazu einen Beitrag leisten. Dieser Beitrag liegt in der Untersuchung der computergrafischen Projektion für die Komposition von Bildern. Nicht gemeint sind Abbilder. Die computergrafische Kamera kann als erstes Medium überhaupt ein dynamisches Echtzeit-Bild generieren. Der Anspruch begründet sich hierbei in einem weitestgehend der Wirklichkeit entsprechenden Fenster (vgl. [Mcgreevy u. a. 1986]). Es ist ein Fenster mit folgenden Eigenschaften gemeint: ‚Das aus dem Möglichen Auftauchende und beinahe ins Wirkliche Umschlagende' (nach [Flusser 1993, S. 65–71]). Entsprechende wahrnehmungsrealistische Bildstrukturen bilden hierbei eine Grundvoraussetzung. Die notwendigen Bildstrukturen ergeben sich aus den Erkenntnissen der Gestaltpsychologie und dem Wissen über die visuelle Wahrnehmung des Menschen.

### 2.4.3 Sehkultur

**Ausbildung von Relationen**

In Umkehr der Wahrnehmung vollzieht sich das ‚Tun und Handeln' der Menschen. Dabei werden Relationen gezogen, in deren unmittelbare Folge sich gesellschaftliche Standards und Normen begründen. Die Entwicklung des Sehens unterliegt der Evolution. Das gemeinsame Verständnis und Miteinander der Menschen entwickelt sich fortwährend, so unter anderem auch bezüglich des Sehens. Menschliche Gewohnheiten sind nicht nur von der ‚kurzfristigen' Mode beeinflusst oder einer 'mittelfristigen' Epoche unterlegen, sondern werden ‚langfristig' auch durch die Kultur geprägt (vgl. [Gleason 1993], siehe 3.2.1.9). Es ist demnach vorstellbar, dass früher lebende Menschen, entsprechend ihrer Lebensumstände und Lebzeiten geschuldet, zum Beispiel die ägyptische, die antike oder die mittelalterliche Darstellungsweise als Konventionen angesehen und diese damit wahrnehmungsrealistisch angesehen haben. Das Sehen entwickelt sich in evolutionärer Weise.

**Erkenntnis und Scheinbild**

Je weiter eine jeweilige Kultur beziehungsweise Zivilisation in der Vergangenheit liegen, desto unzugänglicher, das heißt, unverständlicher sind oftmals die Bildstrukturen für den gegenwärtigen Menschen. ‚Bedeutungsinhalt' lässt sich umso schwerer erschließen. Jede Kultur hat ihre eigenen ‚Symbolinhalte' in ihren Abbildungen, beispielsweise für die Perspektive. Eine entsprechende ‚Perspektivadaption' ist anhängig, unter anderem in der Mythe von Argos Panoptes, einem ‚vieläugigen Alleseher', dem nichts entging (siehe Abbildung 2-53, vgl. [Engelmann 1886, S. 537–539], [Panofka 1838]).

## 2.4 Wahrnehmungsaspekte

Abbildung 2-53, Abwicklung eines Tonkruges: "Argos Panoptes" von den Meistermalern der Gruppe der AGRIGENTO (ca. 470 - 460 v. Chr.).

Ein dargestellter Gegenstand, den ein Betrachter nicht kennt, ist frei vom Vergleich mit seinem Original. Eine solche Darstellung schuldet keine Wirklichkeitstreue und kann in ihrer Ausführung und ihren Details freier wahrgenommen werden (vgl. [Platon 1990, 1448b, 4 – 1448b, 19]). Hierin begründet sich eine qualitative Dimension der Darstellung. Allerdings ist dieser ‚Weg' schmal, besitzt er doch auch das Potenzial zur Bildlüge. Erklärt wird das unter anderem durch OLIVER DEUSSEN, der sich mit dieser Thematik technologisch als auch anhand von historisch bedeutenden Beispielen auseinandergesetzt hat. Er führt an, dass eine Fotografie beides besitzt: „sowohl eine besondere Erklärungsmöglichkeit als auch größtes Manipulationspotenzial." ([Deussen 2007, S. 32]). Die Manipulation soll bildstrukturell nicht auffallen und dem eigentlichen Zweck dienen, die Wirklichkeit zu verschleiern oder gar zu verdrehen. Der Auffälligkeitsgrad eines Objektes unter anderem in einem Bild ist abhängig von dessen Komplexität (wahrnehmungspsychologisch: Salienz). Ein einzelnes Liniensegment ist weniger auffällig als eine Linienkette. Je unabhängiger und subtiler eine Manipulation in einem Bildgefüge ist, desto ‚weniger' wird diese ‚auffallen'.

Vom Potenzial bis zur ‚Bildlüge'

In der Zeit des ARISTOTELES wurden Bilder hauptsächlich zum Zweck des Weitergebens von Informationen oder als Lehrmedium verwendet. Insoweit ergab sich bereits zu seiner Zeit die Relevanz des Mediums Bild. Ein jedes Bild hat eine Geschichte zu erzählen, die ‚so und genau so' zutrifft. Sah aber ein Betrachter (damals) einen Gegenstand, den er zuvor noch nie erblickt hatte, so ist es nicht das Nachahmende, was ihn begeistert hat, sondern die technische Ausführung, die Details, die Farbgebung oder anderes (vgl. [Aristoteles 1921], Kapitel 4). Bildgebende Verfahren der heutigen Zeit müssen sich daran messen lassen. Werden Bildinhalte dargestellt, zu denen der Betrachter über Vorwissen verfügt und Vergleiche ziehen kann oder aber handelt es sich um gänzlich neue Bildinhalte oder -strukturen. Hierin begründet sich auch der Mehrwert interaktiver, computergrafischer Bilder. In der Konsequenz dieser Überlegungen bedeutet das, dass wahrnehmungs-‚un'realistische Bilder oder Visualisierungen (vgl. [Kovalev u. a. 2007], [Owada und Fujiki 2008]) einer höheren Aufmerksamkeit des Betrachters und einer entsprechenden Augenbewegung (vgl. [Crowe und Narayanan 2000]) unterliegen. Die Aufmerksamkeit ist der Prozess der aktiven Zuwendung aufgrund einer bestimmten Auswahl durch das Gehirn. Es werden Informationen aus der Umwelt aufgenommen, verdichtet und weniger gefiltert. Für das ‚Neue' liegen eben keine Filter und Muster im menschlichen Gedächtnis vor.

Vom Neuen bis zum ‚Unbekannten'

PATRICK ANTOINE WALTER diskutiert die Kultur des Sehens an einem bildhaften Beispiel. Mit der Begründung, dass die Bildebene eine Fläche ist, beschreibt er aus der altägyptischen Sichtweise die Malerei der Renaissance. Er schreibt davon, dass die Darstellungsmethode der Zentralprojektion nicht in der Lage wäre, einer damaligen altägyptisch-menschlichen

Fähigkeit zur Adaption

## 2 Grundlagen

Wahrnehmung zu genügen, denn gesehen wird mit dem Wissen, nicht mit den Augen. Demnach waren ägyptische flächige Bilder für die ägyptische menschliche Wahrnehmung realistisch. Wenn dem Gegenwartsmenschen anscheinende ‚Darstellungsfehler' in ägyptischen Bildern ins Auge fallen, dann wegen seiner fehlenden visuellen Kompetenz. Im Umkehrschluss fallen dem Gegenwartsmenschen die eigenen visuellen Herausforderungen nicht auf, weil er durch seine Umwelt visuell geprägt ist. Die eigenen Unzulänglichkeiten von Darstellungen sind schwerer nachzuweisen, als die vergangener Epochen aufzuzeigen.

*Grenze der Adaption*

Alte Bildwerke werden allzu oft hinsichtlich ihrer Bildstruktur unterschätzt, weil dem Gegenwartsmenschen das entsprechende Hintergrundwissen zur Decodierung vorenthalten ist (siehe 3.3). Genauso, wie die ägyptischen, die mittelalterlichen Maler und die der Renaissance ihre ‚Fehler' nicht sahen oder durch gesellschaftliche Konventionen gehindert wurden, daraus auszubrechen, so sehen wir die der gegenwärtigen Visualisierungstechniken oft nicht. An dieser Stelle kann von einer Perspektivadaption gesprochen werden.

### 2.4.4 Bedeutung

*Bedeutung*

„Die ‚Bedeutung' ist von ‚Sinn' zu unterscheiden. Sinn pointiert Bedeutung in unterschiedlicher Richtung: Es sind immer Gegenstandsbestimmungen, genommen nach einer bestimmten Seite, in konkreten Anforderungs- und Anwendungssituationen. Jede Bedeutung versammelt in sich potentiell unbeschränkt viele Sinnesbezüge." ([Franz 1982, S. 77]). Zur Einführung wird nachfolgend eine Geschichte herangezogen, die die ‚Bedeutung', die eine Linie einnehmen kann, belegt.

*‚Kurzgeschichte'*

„Ein Mann hatte einst den Wunsch, das Haus wiederzusehen, wo er geboren war. Er kehrte an den Ort zurück, wo das Haus gewesen war, konnte aber nichts sehen. Das Haus war verschwunden, und wo es einst gewesen war, lag nun eine grüne Wiese. Lange Zeit verharrte er untröstlich am Rand der Wiese. Ein Bauer kam des Weges und fragte, was er denn suche. – Mein Haus –, antwortete der Mann. Der Bauer überlegte ein wenig, dann bedeutete er dem Mann, ihm zu folgen. Inmitten der Wiese war das Gras an bestimmten Stellen in einem etwas zarteren und helleren Grün gewachsen. Das Haus mit seinen Wänden und Zimmern schien mitten in all dem Grün wiederzuerstehen. Der Mann war überglücklich. Er dankte dem Bauern und kehrte noch oft zurück, um in den Zimmern seines Hauses umherzugehen, das sich in einfachen Linien in einem etwas helleren Grün abzeichnete." ([Brusatin 2003, S. 17]).

*Erkennen*

Die visuelle Wahrnehmung in ihrer Funktion ist vor allem dem Erkennen von Dingen und der Umwelt verpflichtet. Im Ergebnis steht die Einordnung des Erkannten in Bedeutungskategorien. Dabei kommt dem menschlichen Gehirn zu gute, dass die Umwelt für die visuellen Sinne relativ stabil und kontinuierlich ist. (Es gibt wenige Gewitterblitze.) Diese Kontinuität der Umwelt führt zur Musterbildung im Gedächtnis. Blickreize werden auf Basis von Mustern gefiltert. Dieser unbewusste Prozess (nicht-salienter Reize) spart Gehirnkapazitäten, führt aber anderseits auch zur Flüchtigkeit. Die Bedeutung lässt sich auch in Formen pressen, die unter dem Begriff der Bedeutungsperspektive benannt ist (siehe 2.1.4). Die Bedeutung setzt demnach das Erkennen voraus.

*Deutung*

Der Begriff Bedeutung kommt von Deutung. Um etwas zu deuten, bedarf es eines Hintergrundwissens über die Zusammenhänge. Da der Begriff Bedeutungsperspektive aus dem Mittelalter kommt, sind hier Verhältnisse aus dieser Zeit heranzuziehen. Damals in Europa, grob eingeordnet zwischen der Antike und der Neuzeit, wurden die Verhältnisse neu geklärt. Viele Prinzipien und Methoden – unabhängig von ihrer Qualität – infrage

## 2.4 Wahrnehmungsaspekte

gestellt, abgetan und oft vergessen. Nicht nur die Natur war das Vorbild des Mittelalters, sondern die damalige Wirtschaftsform des Feudalismus und die Religion des Christentums. Zusätzlich zur Natur waren plötzlich diese Dinge von Bedeutung und waren auch in Bildern zu deuten. Wichtigkeit und Relevanz, aber auch Macht und Reichtum, wurden über Zeichen, Form und Farbe dargestellt. Unter Bedeutungsperspektive ist zum Beispiel eine bestimmte Farbwahl (rot = wichtig, blau = höchst wichtig), eine bestimmte Größenrelation (klein = unwichtig, groß = wichtig), eine bestimmte Lage (mittig = wichtig, am Rande = unwichtig/beigeordnet) und so weiter zu verstehen. Zur Farbperspektive wird im Rahmen der vorliegenden Arbeit an anderer Stelle Bezug genommen (siehe 5.1.3).

Solange der Mensch allerdings nicht über den entsprechenden Hintergrund oder Schlüsselwissen über das ‚Erblickte' verfügt, ist der folgende Zwiespalt beziehungsweise die folgende Wirkung zu konstatieren: Das Auge und die Empfindung des Menschen streben nach Nähe und Deutlichkeit. Diese Aussage stützt zumindest die frühen Überlegungen von HERMANN FRIEDRICH MÜLLER über PLOTINS: „Enneaden (V, 8, 6)" bezüglich der Deutung der Hieroglyphen als abschließende, rein sinnstiftende Bilder (vgl. [Plotinus 2010]). Mittlerweile ist allerdings bekannt, dass Hieroglyphen vom Charakter her ähnlich einem Alphabet sind, was einer wissenschaftlichen Sensation gleichkam. Insofern bestätigen sich abermals entsprechende Theorien zu Zeichen und Symbolen bezüglich einer Deutungshoheit, um selbige zu verstehen (vgl. [Eco 1991]). *Deutungshoheit*

Theorien zu Zeichen (aber auch Formen und Farben) gibt es zahlreiche. Innerhalb der Semiotik gibt es eine herausragende Theorie von UMBERTO ECO (vgl. [Eco 1991]), die zum Ziel hat, jeder Zeichen-Funktion einer Kategorie zuordnen zu können und dabei System und Prozess betrachtet. CHARLES WILLIAM MORRIS definierte ein Bezugssystem, das unter anderem von drei Elementen ausgeht, die eigenständig zu erforschen sind. Zunächst ist da die Wechselwirkung der Zeichen untereinander: ‚Syntax'. Die ‚Syntax' beschreibt die Beziehung und die Regeln der Zeichen untereinander. Als dann ist die Beziehung des Zeichens zu seinem bezeichneten Objekt zu nennen: ‚Semantik'. Sie beschreibt den Bedeutungsinhalt. Letztlich ist die Verwendung des Zeichens beim Menschen zu verorten: ‚Pragmatik'. Sie setzt sich damit auseinander, wie der Mensch mit dem Zeichen umgeht, es verwendet (vgl. [Nöth 2000]). Zu dieser Theorie gibt es auch angewandte Auseinandersetzungen, im Fall der Semiotik beispielgebend von JACQUES BERTIN. Er reflektiert die Semiotik an grafisch visuellen Dimensionen: die zweidimensionale Fläche als Ebene, die Größe oder der Helligkeitswert (auch für die Illusion von Raum), das Muster beziehungsweise die Textur, die Farbe, die Richtung und die Form. Diese Dimensionen deklarieren eine Visualisierung bezüglich Ähnlichkeit, Ordnung und Proportion. Die Ähnlichkeit ist im Sinne der vorliegenden Arbeit als eine visuelle Qualität beziehungsweise Klassifizierung zu verstehen. *Zeichen*

Eine Kugel in einem Bild muss einem Kreis ähnlich sein, will sie als Kugel durch den Menschen wahrgenommen werden. Insofern gilt: Jeder Gegenstand in der Umwelt ist klassifiziert (vgl. [Tarr und Bülthoff 1998], [Edelman 2008]). Dabei werden Abbildungsverzerrungen von abgebildeten Objekten (vgl. [Glaeser 1999]), wie diese durch eine Zentralprojektion entstehen können, bis zu einem bestimmten Grad von der Wahrnehmung toleriert. Eine entsprechende Studie ist im Rahmen dieser Arbeit erfolgt (siehe 7.5). Für weitere Details sei an dieser Stelle auch an die Literatur verwiesen (vgl. [Bertin 1974]). Forschungsorientierte Arbeiten beschäftigen sich mit einer konkreten Umsetzung dieser grafischen Dimensionen beziehungsweise der Theorie für eine automatisierte Interfacegestaltung (vgl. [Mackinlay 1988]). *Zeichenqualität*

## 2 Grundlagen

**Symbol, Emblem und doch Korrektiv**

Die kritische Schlussfolgerung dieser Aussagen ist, dass eine Abbildungsvorschrift den Gegenstand, der abzubilden ist, um eine Dimension ‚berauben' kann. Es handelt sich dann um einen Projektionsverlust. Der Verlust an einer Dimension kann durch die Bedeutung des Abbildes beziehungsweise dessen Zeichenhaftigkeit kompensiert werden. Kann ein Rezipient nicht von solchem Abbild auf den originären Gegenstand schließen, dann gilt die Kompensation als gescheitert. Dem ‚ungeeigneten' Abbild wohnt folglich das entsprechende Zeichen nicht inne. Anderenfalls würde ein ‚geeignetes' Abbild ein Zeichen, Sinnbild beziehungsweise Derivat darstellen, um auf sein Original beziehungsweise Archetyp hinzuweisen.

**Erkennbarkeit**

Ein bildhaftes Zeichen muss leicht durch den Menschen interpretiert werden können, soll es der visuellen Wahrnehmung des Menschen entsprechen. Hierin begründet sich der Wahrnehmungsrealismus. ERWIN PANOFSKY spricht zum Beispiel bei der Perspektive von einer symbolischen Form (vgl. [Panofsky 1980b]). MANLIO BRUSATIN vertieft dagegen: „[...] doch in Wirklichkeit ist die Perspektive eher ein Emblem, eine Chiffre" ([Brusatin 2003, S. 47]). Symbole respektive Embleme tragen Botschaften, die der Mensch rezipiert und ‚sich seine Gedanken dazu machen kann'. Die bildende Kunst und Malerei liefert an dieser Stelle nicht nur ein schlichtes Abbild, sondern schafft ein Korrektiv der geometrischen Gegebenheit. Ein derartiges Korrektiv kann Rückschlüsse zu seiner Abstammung erlauben.

### 2.4.5 Bewusstheit

**Vernunft und Gedächtnis**

Die Filtermechanismen des Gehirns zeigen ihre Stärke bei relevanter (oft überlebenswichtiger) Informationsverarbeitung. Diese verkehren sich jedoch ins Gegenteil, bei der Gedächtnisleistung. Der bewusste Zugriff auf vom Gedächtnis gespeicherte Erinnerungsbilder unterliegt einem stetigen Verfall und Verzerrungen (vgl. [Tversky 1993]). Hiermit ist keine geometrische Verzerrung gemeint, sondern die ‚im Laufe der Zeit' der verfremdeten Erinnerungsbilder – nicht weil der Mensch diese Erinnerungen löschen, sondern weil die Filter im Verhältnis zur Relevanz der Information an ‚Stärke' gewinnen. Es ist auch belegt, dass der Mensch bei traumatischen Erlebnissen mit entsprechender Verdrängung von Erinnerungen reagiert (Amnesie, vgl. [Baddeley 2009]). Um sich diesem Thema weiter zu nähern, wird auf den Ansatz von PATRICK ANTOINE WALTER verwiesen, der die visuelle Wahrnehmung des Menschen in zwei Bereiche unterteilt: „die unbewusste Wahrnehmung" und „das bewusste Sehen" (vgl. [Walter 2000, S. 14 f., 35 f.]).

**Gleich und doch unterschiedlich**

Betrachter einer beliebigen Szene schauen das Gleiche und sehen doch Unterschiedliches (siehe Abbildung 2-54). Was ist damit gemeint? Und, wie ist dies erklärbar? Nach PATRICK ANTONINE WALTER zeigt sich in Untersuchungen, dass obwohl Betrachter an ein und dem gleichen Ort den gleichen visuellen Reizen ausgesetzt sind, dennoch unterschiedliche Dinge sehen (vgl. [Walter 2000]). Das begründet sich darin, dass der Mensch durch Filtermechanismen, hier die höhere Ebene der kortikalen, visuellen Informationsverarbeitung im Gehirn, seine Umwelt wahrnimmt und entsprechend verarbeitet. In der Wahrnehmungspsychologie wird dies weit differenzierter betrachtet (vgl. [Goldstein 2002, Kap. 4]).

### 2.4.6 Täuschung

**Täuschung**

Lediglich der Vollständigkeit halber sei an dieser Stelle das Phänomen der Täuschung angerissen, da es für den Kern der vorliegenden Arbeit weniger relevant ist. Dennoch wurde dieses Phänomen im Rahmen der Studien beobachtet (siehe Kapitel 1) und findet sich demzufolge auch im Ausblick der Arbeit wieder (siehe 5.1.2.5).

## 2.4 Wahrnehmungsaspekte

Abbildung 2-54, Bildkomposition: „Blüte und Verwesung", Autor ist unbekannt (vermutlich aus dem 19. Jh.), rechts.

Abbildung 2-55, Illustration: Optische Täuschungen, Andeutung von Würfelecken illusionieren beim Betrachter einen Würfel (oben). „Nicht paralleler Geraden" (2004), nach [Gombrich 2004, S. 260]), (unten). Virtuelle, ‚dimensionierte' Objekte, die in der Natur nicht so einfach realisiert werden können, denen eigene gestalterische Gesetze innewohnen, l.

Alles Wahrnehmen basiert auf der Erfahrung und Erwartung des menschlichen Gehirns, gespeichert im Gedächtnis (siehe 3.2.1.9). Das Gehirn stellt Vergleiche an (vgl. [Tversky 1993]). Die Aussicht aus einem Flugzeug auf Häuser, die wie Spielzeuge aussehen, gegenüber einem Blick auf einen Kinderzimmerfußboden unterscheiden sich beispielsweise lediglich durch das Wissen des Betrachters über die wahren Größen und Distanzen der Umwelt. Die Ähnlichkeit dieser beiden ‚Perspektiven' ist nicht überraschend. Nur das Wissen lässt uns diese unterscheiden (vgl. [Gombrich 2004]). Bei Kleinkindern, die diesbezügliche Erfahrungen noch nicht gesammelt haben, wurde beobachtet, wie diese versuchen mit ihren Füßen voran, in Spielzeugautos einzusteigen, genau so, wie es die Erwachsenen durch ihr alltägliches Verhalten bei größeren Autos vormachen (vgl. [Piaget u. a. 2003]). Viele Feststellungen von JEAN PIAGET sind jedoch kritisch zu betrachten. So war seine Probandengruppe doch sehr klein und seine Beobachtungen basierten auf begrenzte klinische Studien, die nicht selten und hauptsächlich auf seine Befragung und seiner Beobachtung der eigenen Kinder beruhten.

Prozess des Vergleichens

Optische Täuschungen sind im engeren Sinne betrachtet Täuschungen der visuellen Wahrnehmung. Getäuscht wird die visuelle Wahrnehmung des Menschen auf Basis optischer Gesetzmäßigkeiten und kognitiven Rahmenbedingungen. Somit sind optische Täuschungen nicht rein optischer Natur, sondern kognitiv begründet (vgl. [Gombrich 2004]). Ein weiteres Beispiel: Parallele Geraden, die durch orthogonal zueinanderstehende Schraffuren faktisch durchkreuzt werden, ‚scheinen' alles andere als parallel zu sein (siehe Abbildung 2-55). Das Verständnis über diese Art von visuellen und kognitiven Zusammenhängen auf dem Gebiet der Wahrnehmungspsychologie beinhaltet gestalterisches Potenzial. Diese Gabe befähigt über das reine Abbilden zum Anlegen und Gestalten von Bildstrukturen, beispielsweise um gezielt Informationen oder Zusammenhänge zu ‚suggerieren', die unter Umständen nicht der geometrischen Wirklichkeit entsprechen.

Optik und Kognition

# 3 Analyse

Im vorangegangenen Kapitel wird eine Zeitwende aufgezeigt. Nach dem die Bilder laufen lernten, bietet sich dem Menschen gegenwärtig die Form der interaktiven Echtzeit-Visualisierung an. Was bedeutet diese Art der Visualisierung vor dem Hintergrund der visuellen Wahrnehmung und insbesondere vor dem der Psychologie des Menschen.

*Einleitung*

„Depiction is not about projecting a scene onto a picture, it is about mapping properties in the scene to properties in the picture. Projection happens to be a very powerful means to obtain relevant mappings, but it is not the only one, and it is not necessarily the best one." ([Durand 2002, S. 114]). Diesem Anspruch soll das nachfolgende Kapitel – wenn auch nur in Teilen – nachgehen. Insofern sind die vorangegangenen Grundlagen einer empirisch analytischen Betrachtung zu unterziehen. Im weiteren Sinne sind psychologische und gestalterische Aspekte hinsichtlich der visuellen Wahrnehmung des Menschen zu betrachten.

Kamera und Auge sind optische Vorrichtungen und erzeugen Abbilder ihrer Umwelt. Zwischen dem Sehen des Menschen und der Abbildung mittels einer Kamera bestehen allerdings gewichtige Unterschiede, die näher betrachtet werden müssen. Dieses sind unter anderem die Eigenschaften des Abbildes, die Weiterverarbeitung der Abbildung und die Entstehung eines Bildes. Dabei ist grundlegend zwischen den Begriffen: ‚Bild' als Ergebnis einer ‚geistigen' Komposition aus mehreren Blicken und ‚Abbild' als Ergebnis einer Projektion zu unterscheiden.

Das vorliegende Kapitel beschreibt die Analyse der Grundlagen unter der Betrachtung verwandter Arbeiten. Nachfolgend werden das ‚Blicken' und das ‚Sehen' des Menschen thematisiert, um beim Leser entsprechende Verständnisse zu den Begriffen: ‚Bild' sowie ‚Abbild' auszubilden. Dazu werden unter anderem die entsprechenden Elemente zur Beschreibung von Bildstrukturen dargelegt und das Begriffsaddendum: ‚-realismus' formuliert. Letztlich wird eine Visualisierungskritik aus Sicht von ausgewählten Fachbereichen Architektur, Malerei und Psychologie geübt sowie entsprechende Schlussfolgerungen für das Fachgebiet Computergrafik gezogen.

## 3.1 Bildsynthese

Die Kamera vollzieht ein optisches Abbildungsverfahren. Ein ‚jedweder' abzubildender Gegenstand wird gleichermaßen projiziert. Das Abbildungsergebnis bestimmt sich neben den abzubildenden Objekten insbesondere durch die Funktionsweise und die Eigenschaften einer Kamera. Dabei benötigt das ‚reine' Verfahren des Abbildens keinen ‚geistigen' Beitrag respektive gestalterische Komposition durch den Menschen. Das Arrangement einer Szene oder die Suche nach einem Motiv ist hierbei ausdrücklich nicht gemeint. Die ‚schöpferische' Leistung eines Fotografen oder Kameramannes begründet sich in seiner subjektiven Wahrnehmung der Umwelt und seiner Auswahl eines geeigneten Aufnahmeverfahrens. Der Mensch bestimmt nach seinem Belieben, was von der Umwelt eingefangen und

*Bildsynthese*

## 3 Analyse

abgebildet werden soll (Selektion). Der Ermessensspielraum des Menschen wird dabei von den technischen Rahmenbedingungen der jeweiligen Kamera eingeschränkt. Die vollständige Abbildung der Umwelt, wie diese von Menschen mit allen seinen Sinnen wahrgenommen wird, ist (noch) nicht möglich.

*Wahrnehmung und interaktive Bilder*

Der Bereich der Wahrnehmungspsychologie gewinnt an Bedeutung (siehe 3.1.1 und 3.1.2), insbesondere für die Konzeption und Entwicklung von interaktiven Echtzeit-Systemen durch die Informatik und angrenzender Gebiete, wie der Gestaltung (siehe 3.1.3). Ausgehend vom vorangegangen Kapitel lässt sich für den Überblick ein Schema entwickeln (siehe 3.1.4). Das Ziel der folgenden Abschnitte ist es, die entsprechenden für das Medium Bild relevanten Zusammenhänge der Vergangenheit und der Gegenwart zu ordnen, um auf etwaige Entwicklungschancen und -potenziale schließen zu können.

### 3.1.1 Strom des visuellen Reizes

*Reizentstehung*

Die Hauptfunktion des Fotoapparates beziehungsweise der Filmkamera endet mit dem Abbildungsprozess. Sie hat keinen weiteren Einfluss auf die weitere Verarbeitung der Abbilddaten. Vielmehr entsteht ohne weiteres Zutun kein gestaltetes Bild. Anders vollzieht es sich beim Auge, dessen Informationen durch das Gehirn weiterverarbeitet werden. Würde das Auge starr stehen, wie eine Kamera auf einem Stativ, was dem Nichtvorhandensein von Mikrosakkaden entspräche (vgl. [Bahill u. a. 1975]), würden keine Reizveränderungen durch die Retina des Auges verzeichnet werden, sodass das Gehirn keine Impulse beziehungsweise Reizinformationen erhält. Der Mensch würde ‚gar nichts' sehen, da das Gehirn keine Reize erhielte (vgl. [Joos u. a. 2003]).

*Auge vs. Kamera*

Ein relevanter Unterschied zwischen Auge und Kamera ist die Lage des Fokus. Durch die biologische Besonderheit des fovealen Sehens muss der Mensch ein Objekt anblicken und visuell abtasten, um dem Gehirn eine möglichst hohe Informationsdichte zur Verfügung stellen zu können (vgl. [Larson und Loschky 2009]) und somit Aufmerksamkeit zu erzeugen (vgl. [Torralba u. a. 2006]). Bei der Kamera gibt es diese sukzessiven Blicke in die Welt nicht, zumindest nicht in Form eines einzelnen Ergebnisbildes. Es ist zu klären, wie die visuelle Wahrnehmung des Menschen vor dem Hintergrund seiner Aufmerksamkeit (Zuneigung und Ablehnung) funktioniert, um entsprechende Potenziale für eine ‚intelligente' Kamera beziehungsweise eine entsprechende ‚Vorschrift zur Perspektive' zu ergründen.

### 3.1.2 Verarbeitung der Reizinformationen

*Reizverarbeitung*

Die Zentralprojektion (als Verfahren) bedient sich der Annahme, der (visuelle) Raum sei a priori linear gliederbar. Es bedarf lediglich eines Zentrums, des Standpunktes des Betrachters. Es offenbart sich jedoch das Problem der Homogenität durch die geometrische Korrektheit im Abbild (vgl. [Tversky 1993]). Ein Teller wird im visuellen Gedächtnis als dreidimensionales rundes Objekt abgespeichert. Das Abbild des Tellers aus einer Zentralprojektion ist zweidimensional und nicht selten elliptisch verzerrt. Der Wahrnehmungspsychologe JAMES J. GIBSON spricht hierbei von dreidimensionalen „depth shapes" und zweidimensionalen „projected shapes", die das Gehirn als nicht gleichwertig einordnet (vgl. [Rogers 1985]).

*Unterschiedliche Reize*

Beim Menschen sendet das Auge entsprechende Informationen in Form von Reizimpulsen, die durch Nervenbahnen an das Gehirn geliefert werden. Das Gehirn steuert das Auge, und zwar auf Basis von zuvor erhaltenen Umweltinformationen auch anderer Sinnesorgane. Das menschliche Gehirn akkumuliert foveale und periphere Reize zu einem Bild von der Umwelt. Dies tut es auch unter Verwendung von anderen Reizen, beispielsweise seitens des

Vestibularorganes (siehe 2.4.2.4). Es gleicht die eingehenden Reize mit seiner Erfahrung über die Umwelt ab. Das Wissen des Gehirns kann sowohl erlernt als auch genetisch veranlagt sein (vgl. [Goldstein 2002]). Findet ein Abgleich - aus welchen Gründen auch immer - zu oberflächlich statt, dann kann es zu ernsthaften Folgen kommen. Dinge der Umwelt können übersehen beziehungsweise ‚fehlerhaft' interpretiert werden. Manch einer hat schon ‚Sachen' gesehen, die objektiv und nachweislich nicht den ‚Tatsachen' entsprachen. Hier ergibt sich das Feld der Einbildung, Täuschung und weiterer Phänomene, die ein eigenes und spezielles Potenzial für interaktive Echtzeit-Visualisierungen bergen.

### 3.1.3 Form- und Gestaltsynthese

Die eindeutige Erkennung von Form und Gestalt als ‚Bedeutungseindruck' von einem Abbild eines Objektes ist an zwei grundlegende Bedingungen geknüpft. Erstens, das betreffende Objekt muss foveal gesehen werden, und zweitens, sollte es mit hoher Wahrscheinlichkeit einen eigenen ‚Cortexcode' besitzen (siehe 2.4.2.1 und 2.4.1.2). Dies bedeutet auch, dass das menschliche Wahrnehmungssystem für Änderungen von Form und Gestalt – zum Beispiel durch ‚Abbildungsfehler' – äußerst sensibel ist. Die retinotope, neuronale Karte im visuellen Cortex behält ihre Ordnung bei, ist allerdings zur Anpassung fähig. Der visuelle Cortex ist lernfähig (vgl. [Goldstein 2002]). Für weiterführende und differenzierte Untersuchungen und deren Ergebnisse sei an dieser Stelle auf Kapitel 4: „Höhere Ebenen der kortikalen visuellen Informationsverarbeitung" im Buch: „Wahrnehmungspsychologie" von E. BRUCE GOLDSTEIN verwiesen. Die dort diskutierten Ergebnisse sind umso interessanter, wenn gedanklich der Zusammenhang zur Sehkultur gezogen wird (siehe 2.4.3).

*Form und Gestalt*

HEINRICH WÖLFFELIN untersuchte kunstgeschichtliche Bilder mit einem anderen Begriffsapparat, der das Anliegen hat, die Form vor dem Hintergrund der gesellschaftlichen Verhältnisse zu ‚decodieren' respektive darüber sprechen zu können. Anhand seiner Formanalyse entwickelte er einen Apparat aus folgenden Gegensatzpaaren: ‚Linear und Malerisch', ‚Fläche und Tiefe', ‚Geschlossen und Offen', ‚Vielheit und Einheit' sowie ‚Klarheit und Unklarheit' (vgl. [Wölfflein 1991]). Die Tatsache der Lernfähigkeit des Menschen, insbesondere von Form- und Gestalterkennung einerseits und deren Synthese andererseits bedeutet, dass das Sehen beeinflusst und geprägt vom Wissensstand einer kulturellen Epoche ist.

*Gegensatzpaare und Lernfähigkeit*

### 3.1.4 Technische Evolution der Bildgenerierung

Welche (mehr oder weniger) technologischen Entwicklungsschritte die Bilderzeugung unternommen hat, wird mit der folgenden Abbildung illustriert. Sich andeutende Potenziale im Hinblick auf kognitive Interfacetechnologien finden ihre Erwähnung (vgl. [Franke und Helmert 2012]). Im Hinblick darauf, dass das Bild als Interface verstanden werden kann (vgl. [Groh 2005]), befindet sich die Menschheit mit der Informationsvernetzung ihrer Welt und entsprechenden interaktiven Visualisierungssystemen mitten in einer Zeitenwende. Es deutet sich ein nächster evolutionärer Schritt in der Gestaltungspraxis an, der Schritt von einem fremd-induzierten zu einem eigen-dedizierten Bild. Der weitere Weg führt über die Inhalte zu völlig neuen Erfindungen und Entwicklungen, noch nie da gewesenen Formen und Möglichkeiten visueller Systeme. Eine treibende Kraft ist der technologische Fortschritt und der freiheitlich und gesellschaftlich bedingte und begünstigende Ideenreichtum. In diesem Sinne zeigt das folgende Schema die sich gegenüberliegenden Felder: a) der Mächtigkeit der Technologien und b) der Herstellungszeit von Bildhaftem (siehe Abbildung 3-1).

*Evolutionsschritt: Echtzeit-Interaktion*

## 3 Analyse

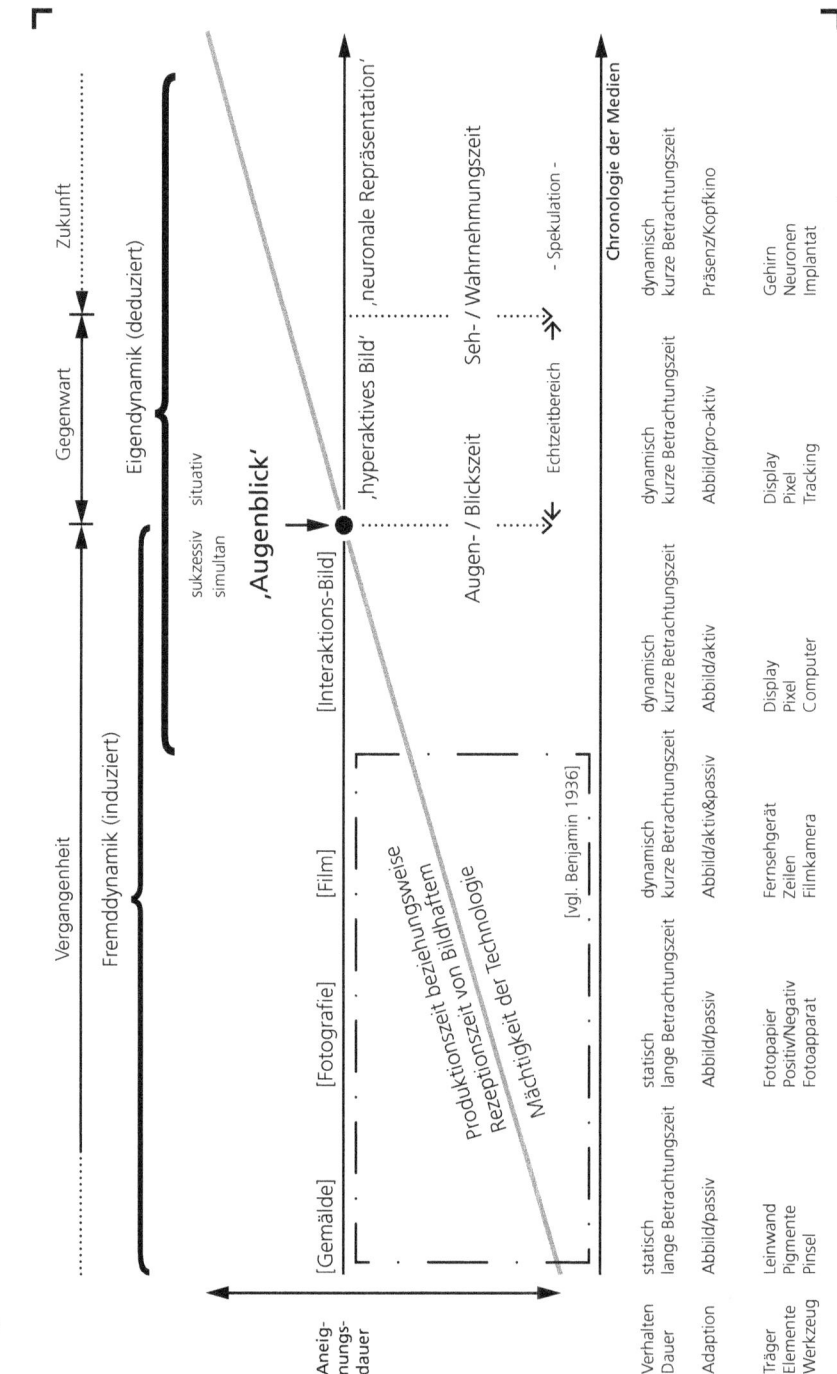

Abbildung 3-1, Illustration: Ordnungsschema der Herstellungsdauer von Bildern versus der Mächtigkeit von bildgebenden Technologien. Die Illustration stellt eine Weiterentwicklung eines Schemas von WALTER BENJAMIN dar (nach [Benjamin 1936]).

## 3.1 Bildsynthese

Gegenwärtig gibt es nahezu unzählbare Möglichkeiten des Abbildens und Projizierens respektive der Nachahmung der Realität. Das Bildformat löst sich mit dem Verlust des Bildrahmes zunehmend auf (Stereoskopie, Head-mounted Display, Augmented-reality Brillen, etc.). Selbst innere Bildstrukturen können einen höchst interaktiven, vielmehr ‚hyperaktiven' Zustand annehmen (im Sinne verstanden, wie Hyperlink, Hyperraum, etc. durch die Verwendung von Tracking-Systemen). Das Ziel ist es, Inhalte zu kommunizieren respektive in einen Dialog zu treten. Dabei ist die Optimierung derartiger Bildstrukturen von Forschungsinteresse. Eine Ausgangslage bildet das vorherige Schema (siehe Abbildung 3-1).

*Prädikatisierung der Computergrafik*

Das aufgeführte Schema offeriert eine technologiegeschichtliche Grundlage zur Bildgenerierung zum Zwecke der Prognose zukünftiger Interfacetechnologien und deren potenzieller Mächtigkeit (siehe Abbildung 3-1). Die horizontale Achse des Schemas kann als zeitliche Achse betrachtet werden. Die entsprechenden Teilabschnitte sind als relativ beziehungsweise skaliert anzusehen. Zweifelsfrei erstreckte sich die Malerei über einen längeren Zeitraum als die der Fotografie, des Films und der Computergrafik (bis dato gesehen) zusammen. Die vertikale Achse des Schemas illustriert das entsprechende Verhältnis der Herstellungsdauer von Bildern versus der Leistungsfähigkeit von bildgebenden Technologien. Feststellbar ist, dass die Generierung von Bildern von einem Bildschaffenden auf den Rezipienten übertragen werden kann. Die Herstellungsdauer kehrt sich im Punkt der Echtzeitwahrnehmung um.

*Prognose zur Bildgenerierung*

Der Begriff der Echtzeit ist erweitert zu sehen. Die Echtzeit erstreckt sich zwischen den Zeitpunkten der Inaugenscheinnahme und des Sehens durch das Gehirn. Das menschliche Gehirn vollzieht dabei einen Abwägungsprozess. Abgewogen wird zwischen Reizen, die das Auge entsendet, und Erinnerungen und Erfahrungen, die das visuelle Gedächtnis vorhält. Das Zeitgefühl respektive der konkrete Augenblick ist demnach unter anderem eine Frage der Erkenntnis. Die Wahrnehmung stellt einen Prozess von bestimmter Dauer dar.

*Echtzeitbegriff*

Da die Wahrnehmungsprozesse im Menschen einer bestimmten Verarbeitungsdauer unterliegen, ergibt sich ein erhebliches Potenzial für das Fachgebiet der Computergrafik: Technische Verfahren zur Feststellung der menschlichen Blickbewegung (Eye-Tracking) sind mittlerweile schneller als die visuelle Wahrnehmung des Menschen. Interaktive Bilder, wie Interfaces, können um eine Eye-Tracking-Schnittstelle erweitert werden. Entsprechende Visualisierungssysteme sind befähigt, sich an der Wahrnehmung zu orientieren und Bildinhalte zu antizipieren (siehe 5.1.5). Die Bilder lernten erst laufen und stehen mittlerweile in ‚Echtzeit und schneller' zur Verfügung: Bilder lernen ‚zuschauen'. Die Verantwortlichkeit wird zum Moment.

*Gestalterische Dimension*

### 3.1.5 Augenblick und Sehzeit

Es gibt verschiedene Zeitbegriffe und entsprechende Definitionen. GÉRARD GENETTE unterscheidet zwischen Erzählzeit und erzählter Zeit (vgl. [Genette 2010]). ESTHER LAPCZYNA trennt zwischen den Begriffen der Naturzeit, der Uhrzeit und der Echtzeit (vgl. [Lapczyna 2009]). Mit dem technischen Fortschritt von interaktiven Echtzeitsystemen der Computergrafik sind insbesondere die Begriffe ‚Augenblick' und ‚Sehzeit' zu erörtern.

*Zeitbegriff*

Im Sinne des vorliegenden Abschnittes erstreckt sich die Betrachtung auf den Zeitraum zwischen dem ‚Augenblick' und der gedanklichen Interpretation. Ohne eine gewisse Dauer der mentalen Vergegenwärtigung beispielsweise, eines bereits verklungenen Tones wäre das Realisieren einer Melodie nicht möglich (vgl. [Wittmann und Pöppel 2000]) und die Weiterentwicklung zu einem Musikstück undenkbar. Parallelen ergeben sich mit der nöti-

*Zeitlichkeit in Wahrnehmung und Bildgenerierung*

gen Zeit, die zwischen dem ‚Augenblick' und der Vergewisserung eines Bewegtbildes durch das menschliche Gehirn liegen. Das Bild gliedert sich in verschiedene Dimensionen: Raum, Fläche, Zeit, Farbe, etc. Bezüglich der Zeitlichkeit steht die Erzählzeit, die ein Betrachter benötigt, um ein Bild zu decodieren, der erzählten Zeit, in der die Geschichte andauert, gegenüber (vgl. [Genette 2010], [Groh 2010a]).

*Unschärfe des Echtzeitbegiffes*

Etwas unscharf an dieser Stelle verbleibt der wenige Sätze zuvor angerissene Begriff der ‚Echtzeit'. Ist die Echtzeit der Zeitpunkt der Bildgenerierung oder die der Bildwahrnehmung. Die Präzision der Zeitlichkeit steht an oder bleibt relativ (vgl. [Lapczyna 2009]). Was ist das Potenzial von interaktiven Bildern? Unter anderem das Tracking und die Vernetzung der Welt lassen das Potenzial der Computergrafik erahnen. Mit getrackter und vernetzter Computergrafik wird selbst der Moment ‚überholt' und der Raum ‚verflüchtigt'. Wichtig dabei ist die Einbeziehung menschlicher Aspekte der visuellen Wahrnehmung und der Imagination, will dieses Potenzial in Gänze gehoben wird.

*Erwartungshaltung an die Computergrafik*

Letztlich stellt sich die spannende Frage, was hätte ein Maler beispielsweise der Renaissance für ein Bild erschaffen, wenn es zu seiner Zeit mit der Geschwindigkeit der Computergrafik hätte generieren können? Bei der gegenwärtigen Bilderflut ist es oft so, dass sich die Betrachter an ganze Filme, die sie vor relativ weniger Zeit gesehen haben, nicht mehr erinnern können, geschweige den an Details. Bei der interaktiven Computergrafik besteht zumindest vorerst die Möglichkeit der Qualifikation zu einem ‚hyperaktiven' Bild (siehe 2.3.5). Mittelalterliche Bildstrukturen und die der Neuzeit beinhalten betrachter-orientierte Dialoge (vgl. [Groh 2005]). Grafiken, Illustrationen und Computergrafiken sind für den ‚User' zu gestalten. Bisweilen ist das das Metier der Designer und Gestalter. Von adaptiven Interfaces wird nicht Weniger aber auch (noch) nicht Mehr erwartet (vgl. [Franke 2005b]). Die erste Etappe wäre es, das computergrafische Bilder, die einen Raum illusionieren, ähnlich einem Text lesbar sind.

3.1.6 Bildherstellungsprozesse

*Malerei und Herstellung*

Ausgangspunkt der schematischen Darstellung (siehe Abbildung 3-1) bildet das Gemälde, welches einem aufwendigen Herstellungsprozess unterlag und von Betrachtern eine längere Zeit betrachtet werden sollte, bis sich das kommunikative Ziel erschließt. In der Malerei erarbeitet sich ein Maler in der Regel eine Bildkomposition. ‚Stück für Stück', das heißt, ‚Blick um Blick' und 'Schicht für Schicht' schreitet der Maler in seinem Tun und Handeln voran. Er stellt Bilder manuell her. Maler und Bild bilden eine kommunizierende Einheit. Das fertige Bild zeigt eine Situation, wie der Maler die Umwelt durch seine Augen und auch vor seinem inneren Geist sieht beziehungsweise gesehen hat. Bildträger, -rahmen, -strukturen sind dabei Mittel der Komposition von Bildinhalt und -botschaft. Ein Gemälde ‚hat' seine Zeit. Das gilt sowohl für dessen Entstehung als auch Betrachtung (siehe 2.2.2).

*Fotografie und Filmproduktion*

Historisch gesehen schloss sich der Malerei die Fotografie, gefolgt vom Film an. Auf den ersten Blick scheinen die Technologien an Mächtigkeit zu gewinnen, da diese jeweils in immer kürzerer Zeit und mit geringerem Aufwand durch den Menschen in der Lage sind, Bilder zu produzieren. „Wenn ein Künstler einen Gedanken entwickelt und sich beeilt, ihn auf die Leinwand zu bringen, wie seufzt er da, das er gezwungen ist, Stück für Stück zu arbeiten, dass er den Gedanken in seinem Kopf nicht mit einem Pinselstrich verwirklichen kann. Es ist der ganze Stolz der Fotografie, dass sie dies eben vermag" ([Newhall 1998, S. 81]). Das bedeutet, dass die Technologien: Fotografieren und Filmen keine Leistung im Sinne einer Komposition oder Montage beinhalten. Hierbei stehen Fotoapparat und Filmkamera unter der Regie der Szene beziehungsweise des Regisseurs. Die Kompositionsleistung liegt vor der Linse. Die Motivwahl ist ein kompositorischer Akt. Die Apparate lichten ‚lediglich' ab. Technologisch betrachtet ist der Abbildungsprozess effizienter. Der Gesamtaufwand zur Erstellung einer ‚sinnstiftenden' Szene hängt von vielen Faktoren ab: Welche Einstellungen zur Abbildung sind gewünscht? Welchem Zweck dient das Abbild beziehungsweise welche Botschaft soll mit dem Foto oder dem Film transportiert werden? Insofern relativierte sich die Effizienz der Fotografie/des Kameramannes durch ‚Tun und Handeln' bei der Vorbereitung/der Einrichtung der abzubildenden Situation oder Szene.

Mit der Computergrafik ist die Erzeugung von Bildern in ‚Echtzeit' möglich. Allerdings ist auch hier die geometrische Vorbereitung von Daten einer entsprechenden Szene mit erheblichen Arbeitsaufwänden verbunden, mehr noch als bei Fotografie und Film. Es gibt in der Virtuellen Realität erstmal ein großes ‚Nichts und Leere' (siehe 3.2.1.6). Jedes Objekt, sei es auch noch so unbedeutend, muss formuliert beziehungsweise geometrisch beschrieben werden. Die Beschreibungen von Animationen, der Beleuchtung und vielem anderen sind inkludiert. Der Abbildungsprozess selbst erfolgt teils in ‚Echtzeit'. Die Herstellungszeit ist von den zur Verfügung stehenden Berechnungskapazitäten der Technologie abhängig. Wie geht die Entwicklung weiter? *Computergrafik und Virtuelle Realität*

Mithilfe des Verständnisses über die visuellen Wahrnehmungsfähigkeiten des Menschen lassen sich Bildstrukturen in Abhängigkeit von der Blickbewegung präparieren. ‚Hyperaktive Bildstrukturen' können mit ‚Fixationen- und Sakkaden-kontingenten' Visualisierungssystemen (siehe 5.1.5), realisiert werden. An dieser Stelle muss mit den Überlegungen nicht Schluss sein. Mit der Computergrafik besteht die Möglichkeit des Eingreifens in dynamische Bildstrukturen durch die Manipulation an der Szenengeometrie. Die Bildstruktur ist mittlerweile nicht mehr als statisch anzusehen, sondern kann dynamisch angepasst werden. An dieser Stelle kann lediglich die Vermutung geäußert werden, dass, wenn die Technologie weiterhin an Mächtigkeit gewinnt, die Komposition eines mentalen Bildes mit entsprechenden Optimierungsverfahren auf einer kognitiv-psychologischen Ebene mit demgemäßen Schnittstellen zwangsläufig eintritt (siehe Abbildung 3-1.) In diesem Sinne ist ein detaillierter Blick auf die Physiologie und Psychologie des Menschen zu richten, dem der nachfolgende Abschnitt vor dem Hintergrund des Begriffes: Bildeindruck nachgeht. *Echtzeitperspektive*

## 3.2 Bildeindruck

Um die visuelle Wahrnehmung des Menschen, die Synthese und die computergrafischen Ansätze zu einer perspektivischen Optimierung (siehe Kapitel 4) als auch die Studienergebnisse im Rahmen der vorliegenden Arbeit zu verstehen (siehe Kapitel 1), werden mit diesem Abschnitt korrelierende Begriffe und Wissen über psychologische Zusammenhänge, Methoden und Ergebnisse aus anderen Studien zusammengezogen. Darüber hinaus ergeben sich diverse Ansätze für interaktive Systeme, die die kognitiven Fähigkeiten des Menschen nicht nur berücksichtigen, sondern aktiv einbinden (siehe 5.1). *Methodischer Ansatz*

Mittels seiner Konditionierung auf die Umwelt kann der Mensch relativ leicht relevante Informationen über die Eigenschaften der Umwelt wahrnehmen, Entscheidungsprozesse herbeiführen oder einen Eindruck gewinnen. Die kognitive Leistungskraft des Menschen ist insofern flexibel, das heißt ausgehend von der Physiologie abhängig von äußeren und aber auch körperlichen Umständen. Eine Aufgabe der Kognition ist das ‚in Erfahrung bringen' des optimalen Weges (in der Regel energiesparend) oder entsprechenden Mitteln zum Erreichen von (oft lebens-) relevanten Zielen. Die für die Prozesse benötigte Zeit ist dabei von besonderer Relevanz. Welche physiologischen Aspekte sind für die visuelle Wahrnehmung in Bezug auf interaktive Echtzeit-Visualisierung von Relevanz? *Optimierung als Überlebensstrategie*

## 3 Analyse

**Physiologie und Freiheitsgrade**

Das Wahrnehmungssystem des Menschen kann sich für eine optimierte Wahrnehmung einer Vielzahl von Sensoren, Netzwerken und Speichern bedienen, wodurch unter anderem die Freiheitsgrade: Sehen, Hören, Tasten, Schmecken, Riechen sowie Lernen, Denken, Fantasieren möglich sind. Auf dieser Basis ist es dem Menschen möglich, mit seiner Umwelt – wie selbst verständlich – zu interagieren, zu manipulieren und Zukünftiges zu projizieren, neugierig und bedürftig zu sein. Es besteht hier aus gestalterischer Sicht das Potenzial der Desinformation und der Distraktion. Diese bezeichnet die bewusste Angabe von inkorrekten respektive ablenkenden Informationen mit bestimmter Absicht, zum Beispiel zwecks Werbung oder im Sinn der vorliegenden Arbeit zu Optimierungszwecken der visuellen Kommunikation.

**Wahrnehmung und Gestaltungserfolg**

Die Wahrnehmung und entsprechende Prozesse zu verstehen, ist ein nicht zu unterschätzender Baustein, um erfolgreich in Gestaltung, in Design und in Architektur zu sein (vgl. [Goldstein 2002, S. 3]). Mit dem dementsprechenden Wissen über die Wahrnehmung begründet sich der mögliche Grad an wahrnehmungsrealistischen Bildern. Diese Prozesse werden bestimmt durch die Gesetze der Gestaltpsychologie, auf die aber an dieser Stelle nicht weiter eingegangen werden soll, da hinlänglich bekannt. Zum Nachlesen wird auf diverse Veröffentlichungen einer Gruppe von Psychologen aus den 1920er Jahren, der unter anderem MAX WERTHEIMER (1880-1943) als Mitbegründer der Gestaltpsychologie angehörte, verwiesen (vgl. [Wertheimer 1922], [Wertheimer 1923]). Des Weiteren werden die folgenden relevanten Teilaspekte herausgegriffen und diskutiert, die in Bezug zur Thematik der vorliegenden Arbeit stehen.

### 3.2.1 Bezugssysteme

**Bezüge und Relationen**

Der Mensch stellt Bezüge her. Dabei nutzt und entwickelt er fortwährend Bezugssysteme, um sich orientieren und navigieren zu können. Aus Sicht der Gestaltung von Bildern sind unter anderem der Augpunkt, der Mittelpunkt und der Rahmen von besonderem Interesse und begründen eine objektive Ausgangsbasis für entsprechende Untersuchungen.

#### 3.2.1.1 Auge und Zentrum

**Bildstruktur und ‚Bildhängung'**

LEON BATTISTA ALBERTI gab sinngemäß die Regel vor, den Augpunkt in seiner Lage bei Konstruktion und Hängung des Bildes zu berücksichtigen. Das Bild ist dem betrachtenden Auge nach aufzuhängen, in der Regel auf Augenhöhe der dargestellten Menschenfiguren (vgl. [Alberti 2002]). Konkret soll „der Punkt […] sich in der Höhe des Auges eines Mannes von gewöhnlicher Größe befinden" ([da Vinci 1925, S. 208]). Da die Position des Auges einerseits und die der Kamera andererseits bereits von Bedeutung geprägt sein können, ist ein grundlegendes Bezugssystem von besonderer Wichtigkeit. Besondere psychologische Aspekte des Augpunktes bezüglich abgebildeter virtueller Räume klärt ein Aufsatz von HAROLD A. SEDGWICK (vgl. [Sedgwick 1993]). Dieser setzt sich insbesondere mit der korrekten Position des Auges vor einem Abbild einer abgebildeten dreidimensionalen Szene auseinander. ‚Falsch' positionierte Augpunkte führen zu Verzerrungen (vgl. [Glaeser 1999]).

**Konzept und Methode Linearperspektive**

Für linearperspektivische Gemälde lässt sich auf geometrische Weise eine perspektivische Konstruktion, also eine Bildstruktur aus einem beliebigen Augpunkt und einer Bildebene anlegen. Diese malerische Konstruktionstechnik stellt unter anderen neben ALBERT DÜRER ([Dürer 1525]) auch SEBASTIANO SERLIO mit seiner Unterrichtung „Il secondo libro dell' architectura, Paris 1545" vor (siehe Abbildung 3-2). Durch diese Methoden lässt sich der Distanzpunkt bildstrukturell anlegen (siehe Abbildung 3-2, oben) und auslesen (siehe Abbildung 3-2, unten). Letztere Methode ist als sogenannte „Pavimento-Methode" bekannt ([Kammer 2006, S. 53]).

## 3.2 Bildeindruck

Eine Weiterentwicklung erfolgt unter anderem in der Illustration: „Schema für die perspektivische Konstruktion mit Distanzpunkt" ([Damisch 2009, S. 389]). In umgekehrter Weise lässt sich mit der ‚Pavimento-Methode' aus jedem linearperspektivischen Bild mit ‚Pavimento' der Distanzpunkt ermitteln, wie in Text und Bild von LEON BATTISTA ALBERTI formuliert (vgl. [Alberti 2002]). Ein ‚Pavimento' meint eine quadratisch mosaikartige Fußbodenstruktur, ähnlich einem Schachbrett. Dabei muss das ‚Pavimento' eine besondere Lage im Raum beziehungsweise im Abbild des Raumes besitzen. Es muss „mit einer Kante parallel zum vorderen unteren Bildrand" ausgerichtet sein ([Scriba und Schreiber 2005, S. 276]), um den Augpunkt zu rekonstruieren, von dem aus das entsprechende Gemälde idealgeometrisch zu betrachten ist. Dabei kann das Auge eine ideale Position mit in der Regel lotrechter Blickrichtung zur Bildebenen einnehmen. Der Mehrwert des Begriffes: Lage versus Position beinhaltet die Blickrichtung und den ‚Aufrechtvektor' des Auges (siehe 3.2.1.4 und 3.2.1.5).

Pavimento-Methode

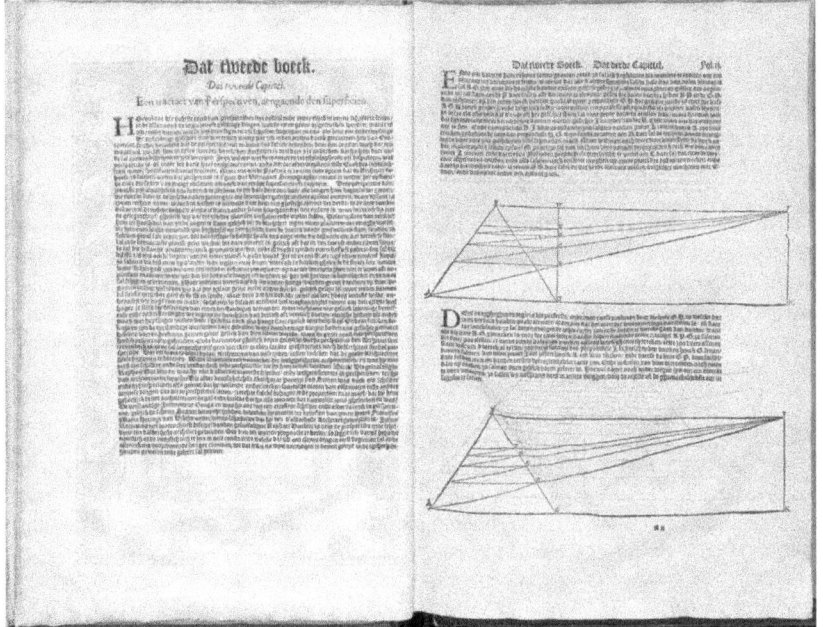

Abbildung 3-2, Auszug aus einer niederländischen Übersetzung des Buches: „Den tweeden boeck van architecturen", SEBASTIANO SERILO, Paris, 1545 ([Serlio 1606, S. 2–3]).

In einem Bezugssystem legen der Augpunkt und die Bildebene in Verbindung mit einem Rahmen bereits bildstrukturelle Regionen fest (siehe 3.2.1.6), die sich im Weiteren zu Bedeutungsräumen entwickeln können (siehe 2.4.4). Die Bedeutungsräume können mit Dialog-Objekten angereichert werden. An einem praktischen Beispiel sei dies verdeutlicht. Ein Objekt hinter dem Auge des Menschen kann nicht erblickt und folglich visuell nicht gesehen werden. Eine entsprechende Bedeutung, die das Objekt ohne Zweifel besitzen kann, ist aber in dieser Konstellation zumindest visuell nicht zu vermitteln (siehe 2.4.4). Gleiches gilt im Standardfall auch für die Kamera respektive Zentralprojektion. Ein Bezugssystem muss festgelegt werden, durch Festlegung von Variablen oder Gegebenheiten. Alle Elemente unterliegen dem Bezugssystem, das Maßstab festlegt und Orientierung ermöglicht. „Wie beim menschlichen Körper aus Ellenbogen, Fuß, Hand, Finger und den übrigen Körperteilen die Eigenschaft der Eurythmie symmetrisch ist, so ist es auch bei der Ausführung von Bauwerken", wie Bühnen ([Vitruvius 1964, S. 39]). Das Folgende kann festgehalten werden:

Bildstrukturelle Regionen

# 3 Analyse

*Bildhafte Grundlage der Rezeption*

Die geometrische Konstellation des Objektes in Bezug zur Kamera ergibt ein bestimmtes Abbild. Die optische Konstellation des Auges des Menschen in Bezug zum Bild ermöglicht eine bestimmte Rezeption. Wenn beide Bedingungen: die geometrische und die optische Konstellation, optimal aufeinander abgestimmt sind, dann liegen minimale Anforderungen für ein wahrnehmungsrealistische Bild vor. Das Modell der computergrafischen Kamera muss um Regeln zur Generierung von verzerrungsfreien Abbildern erweitert werden. Das starre Auge muss ins Zentrum der Projektion platziert werden, dann wirkt auch das Abbild realistisch.

### 3.2.1.2 Mittelpunkt

*Mittelpunkt*

Der Mittelpunkt ist ‚unsichtbar'! Mittelpunkte werden in linearperspektivischen Gemälden in der Regel nicht dargestellt. Sei es der Mittelpunkt eines Blattes oder eines Gegenstandes, immer ist es nur eine theoretisch, geometrische Gegebenheit. Dennoch ist der Mittelpunkt ein nicht zu unterschätzender gestalterischer Stützpunkt respektive Anker. Gleich eines magnetischen Fangpunktes in einem modernen Computerprogramm zur Erstellung oder Bearbeitung von Illustrationen wirkt der Mittelpunkt als Anker im Bild. Am Mittelpunkt lässt es sich ausrichten oder orientieren. Physikalisch hat ein Punkt keine Fläche, eben auch nicht der Mittelpunkt eines Bildes – er ist dimensionslos. „Er ist ‚induziert', so wie elektrischer Strom durch einen anderen induziert werden kann" (vgl. [Arnheim 2000, S. 14]). Aber auch unvollständige Bildstrukturen, die eben zum Teil erblickt werden, verwandeln sich beim Sehen in eine gewisse Vollständigkeit, gemeint sind hier Aspekte der Gestaltgesetze. Das impliziert auch eine Spannung. Beispiele dafür sind: ein nicht vollständig gezeichneter Kreis oder ein nicht ausgeführter Fluchtpunkt oder perspektivische Bilder, deren geometrische Mitte nicht der Bildmitte entspricht, wie es bei einem Foto der Fall sein kann. Entlädt sich die so induzierte Spannung, wird diese zur Dynamik im Bild. Somit lässt sich in einem statischen Bild – ‚wider des Stillstandes' respektive der Momentaufnahme – Bewegung induzieren.

### 3.2.1.3 Linie und Kante

*Linien und Kanten*

In der Gestaltungstheorie wird gelehrt, dass kubische Körper gegenüber sphärischen Körpern in ihrer Lage und Orientierung leichter durch den Menschen beurteilt werden können und daher gesonderter Aufmerksamkeit im Entwurfsprozess bedürfen (vgl. [Itten 1978]). In der Entwurfsargumentation der Architektur spricht man von der ‚Stringenz der Linie'. Die Ursache hierfür begründet sich aus psychologischer Sicht im primären, visuellen Cortex. Der primäre, visuelle Cortex ist ein Areal im Hirnhauptlappen und Teil der visuellen Wahrnehmung im menschlichen Gehirn. Einige Experimente von DAVID H. HUBEL und TORSTEN N. WIESEL zeigen, das sich die Cortexneuronen des visuellen Cortex im Gehirn am stärksten durch linienartige Segmente, wie einer Kante oder Geraden, reizen lassen (vgl. [Hubel und Wiesel 1962], vgl. [Hubel und Wiesel 1965], vgl. [Mitchell und Timney 1984]).

*Raumkante*

Mit der Alinierung erfahren Objekte eine gemeinsame Bezugslinie. Die Orientierung an Kanten und Geraden ist zum Beispiel ein gestalterisches Leitbild beziehungsweise Entwurfsansatz im Bereich der Stadtplanung und Architektur (vgl. [Knauer 2002]), aber auch ein Mittel der Typografie, der Produktgestaltung oder im Industriedesign.

Wahrnehmungspsychologische Untersuchungen von DAVID H. HUBEL und TORSTEN N. WIESEL belegen die Wirkung von Alinierungen auf den Menschen. Beim Menschen sind auf Ebene der Zelltypen entsprechende Merkmalsverantwortlichkeiten zu konstatieren, beispielsweise für Punktflächen, Streifen mit bestimmten Orientierungen, Streifen mit bestimmten Bewegungsrichtungen, Ecken und Winkel, Streifenlängen, etc. (vgl. [Goldstein 2002, S. 68 ff.]).

## 3.2 Bildeindruck

### 3.2.1.4 Position und Lage

Der Mehrwert von ‚Position' zur ‚Lage' in der Angabe zu einer Örtlichkeit im Raum oder in der Fläche ist die Manövrierfähigkeit der betreffenden Objekte. Objektdrehungen an Ort und Stelle sind ohne Änderung der Position möglich. Der Mehrwert der ‚Lage' beinhaltet die ‚Position' und Orientierung. Insbesondere in interaktiven Visualisierungen kann ein Objekt sich hinsichtlich seiner ‚Lage' ändern, ohne den aktuellen Standort zu verlassen. Das Navigieren zu einem anderen Standort ist eine ‚höhere Kunst' der Intelligenz, als das ‚reine' Orientieren. Vielmehr enthalten bestimmte Formen orientierungsgebende Anteile zur Interpretation in der Umwelt bereit (vgl. [Mittelstaedt 1993]). Ein kubisches Objekt wirft neben seiner Lage über seine Kanten und Linien ‚visuelle Anker' in die Umgebung, es kann sich positionieren, was eine Kugel nicht vermag.

*Positionen und Lagen*

### 3.2.1.5 Lot und Schwerkraft

Der Mensch bewegt sich zielgerichtet durch die Umgebung. In allen Fällen räumlicher Interaktion muss er seine eigene Position und Lage (siehe 3.2.1.4) relativ zur Umgebung einordnen können. Dabei ist der vestibuläre Cortex des Menschen - neben der Haptik (Berührung von Objekten) - eine wichtige Basis für die räumliche Lageorientierung. Die Wahrnehmung des Menschen muss an der wahren räumlichen Ordnung orientiert beziehungsweise ausgerichtet sein. Auf dieser Verortung basieren höhere Fähigkeiten und Tätigkeiten des Menschen. Der Mensch besitzt eine Art von ‚innerem Koordinatensystem', das stabile und dynamische Eigenschaften aufweist.

*Lot und Schwerkraft*

Die räumlichen Dimensionen aus der Perspektive des Menschen sind ‚Oben' und ‚Unten', ‚Rechts' und ‚Links" sowie ‚Vorne' und ‚Hinten' (siehe 3.2.1.8). Diese Dimensionen werden von anderen menschlichen Leistungen begleitet: Gleichgewichtssinn respektive Wahrnehmung der Schwerkraft als sensumotorische Eigenschaft (siehe 2.4.2.4). Aufbau und Funktionsweise des vestibularen Systems werden an dieser Stelle nicht weiter diskutiert, da sie vordergründig nicht wesentlich für die gestalterischen und informatikrelevanten Aspekte dieser Arbeit sind. Auch für die Wahrnehmung von Schiefenrelationen, insbesondere vor dem Hintergrund der Projektion, ist der Mensch gerüstet (vgl. [Rosenberg und Barfield 1995]).

*Räumliche Relationen*

Die folgenden Fotografien sollen das bisher vermittelte Grundlagenwissen bildhaft vor Augen führen. Der Fotoapparat erzeugt basierend auf den optischen Gesetzen fotografische Abbilder, die unter bestimmten Bedingungen dem menschlichen Wissen respektive Mustern entgegenlaufen. Als Erstes sei der Innenraum einer Kirche in zwei Perspektiven dargestellt. Das linke Bild zeigt den Innenraum einer Kirche, wie diese dem Menschen über Parallelität entspricht. Der Mensch nimmt parallele Raumkanten und parallele Linien im Bild als parallel wahr. Dementgegen zeigt die rechte Fotografie den gleichen Innenraum, wie es der Fotoapparat ohne eine entsprechende perspektivische Korrektur aufgenommen hat (siehe Abbildung 3-3).

*Parallelitäten und Bildaussage*

## 3 Analyse

Abbildung 3-3, Fotografien: „Innenraum der St. Eustache, Paris", unbekannter Fotograf ([Brünig 2011, Kap. 5, S. 3]), Innenraum mit zwei unterschiedlichen Blickrichtungen, bei ‚gleichem' Augpunkt.

Sinne für Gleichgewicht und Ausrichtung

An dieser Stelle ist zu konstatieren, dass es sich freilich um zwei Fotografien handelt, die beide den gleichen Bedingungen während des Auslösens unterlagen. Beide sind ‚technisch' objektiv. Jedoch unterliegen diese bei der Wahrnehmung durch den Menschen einer subjektiven Beurteilung. Aus der Erfahrung des visuellen Lots sind Wände in der Regel nicht ‚schräg/schief'. Der Gleichgewichtssinn stellt vor dem Hintergrund gebauter Architektur ein besonderes Spannungsverhältnis dar. Dabei spielt die Vertikalkonstanz der Wahrnehmung eine entscheidende Rolle. Die Vertikalkonstanz befähigt den Menschen in allen Lagen, eine Beziehung zum Aufrechten beziehungsweise dem realen ‚Oben' herzustellen. Folglich: Das Modell der computergrafischen Kamera muss um Regeln zur Parallelität von abzubildenden parallelen Kanten erweitert werden.

Abbildung 3-4, Fotografien: ‚Haus, das im Bezug zum Bildausschnitt schiefstehend ' (l.o.) versus ‚lotrecht stehend erscheint' (l.u.), in der Filbert Street, San Francisco, Vereinigte Staaten von Amerika, von PATRIK GRYCHTOL und MARIA WINGENS (2010, [Grychtol und Wingens 2010]).

Abbildung 3-5, Fotografien: Ampelanlage, die vermutlich durch einen Unfall ‚schief gestellt' ist (r.o.) versus vor scheinbar ‚steil ansteigendem' Grund (r.u.), an der Kreuzung von Petscher Str. und Petscher Weg, Osterfeld, Deutschland (12. Oktober 2014).

Die vorangegangenen beiden Bildpaare zeigen besondere (unbeabsichtigte) Situationen, die auf zwei ‚mehr oder weniger' räumliche Gegebenheiten beruhen. Das Geländeprofil unter dem Haus ist auf natürliche Weise gewachsen, und der Ampelanlage wurde vermutlich durch einen Unfall eine neue Ausrichtung gegeben (siehe und vergleiche Abbildung 3-4 und Abbildung 3-5).

## 3.2 Bildeindruck

Abbildung 3-6, Fotografie: „Tanzendes Haus, Prag" von FRANK O. GEHRY (1995), links.

Abbildung 3-7, Fotografie: „Kirchturm St. Clemens" der Stadt Mayen, in der Vulkaneifel (Wiederaufbau 1970, [Schwichtenberg 2012]), rechts.

Anders verhält sich dies folgende, dargestellte Architektur. Das „Tanzende Gebäude" ist ohne Zwang ‚schräg/schief'. Diese Gebäude kann sich anscheinend ‚gerade noch so' halten (siehe Abbildung 3-6). Durch diese ungewöhnliche Art und Weise der Konstruktion bindet es die Aufmerksamkeit der Betrachter, entsprechende Augenbewegungen folgen (vgl. [Crowe und Narayanan 2000]).

Zuweilen geben auch Bauwerke entsprechenden Anlass zur kritischen Auseinandersetzung, beispielsweise zur ‚Dynamik einer architektonischen Form' (vgl. [Arnheim 1980]), die zu heftigen kontroversen Debatten in der Fachwelt führen (siehe Abbildung 3-6 und Abbildung 3-7). Selbst ein ‚Modulor' als Maßwerkzeug hat hieran ‚schwer zu heben', gar sich zu bewegen (vgl. [LeCorbusier 1998], [LeCorbusier 1990]). Erscheinen uns die Abbildungen lediglich als schnelllebige, modische Form oder eröffnet sich vor unseren Augen eine neue Epoche - eine Zeitenwende? Gegen die Mode spricht, dass Abbildung 3-7 gegenüber Abbildung 3-6 einen rund 1.000 Jahre älteren Gebäudeteil zeigt. Eine Epoche als solche wäre es dann wohl nicht. Bemerkung: Die Kirche St. Clemens wurde in mehreren Teilen über mehrere Jahrhunderte errichtet beziehungsweise nach dem Zweiten Weltkrieg rekonstruiert, wobei der eingedrehte Kirchturm letztlich eingekürzt wurde. Er stellte sich im Originalbauwerk in seiner Eindrehung wesentlich ‚überspitzter' dar (vgl. [Schüller und Lechtape 2000]).

Gestalterische Dimension

Aus Handlung und Erfahrung des Menschen mit seiner Umwelt ist ihm bekannt, dass senkrechte, zum Boden stehende Gegenstände der Umwelt, aus welchem Blickwinkel auch immer er diese betrachten mag, ‚selten' als gekippt vorkommen. Demnach ist ein wahrnehmungsrealistisches Abbild eines derartig ausgerichteten Objektes auch parallel zu den Seiten des Bildrahmens zu strukturieren, anzulagern oder zu bevorzugen. Anderenfalls würde die Abbildung störend auf den Betrachter wirken, da das über das Bild illusionierte Raumgefüge unrealistisch wirkt.

Leitbild Umweltbedingung

# 3 Analyse

### 3.2.1.6 Rahmen und Klammer

**Rahmen und Klammer**

Mit der Frage nach einem Rahmen ergibt sich unter anderem die spannende Diskussion nach dem Gefüge der Virtuellen Realität, die vom Start weg oft im ‚Nichts' beginnt. Anders in der Realität, die das ‚Nichts' nicht kennt (vgl. [Lesch 2010b]). Allerdings nimmt der Mensch der Gegenwart sein Bezugssystem aus dem Realen mit ins Virtuelle. Insofern ist stets ein Bezugssystem im Menschen vorhanden, in welcher Umgebung er sich auch immer befindet, im Virtuellen wie in der Realität. Der Mensch ist Geprägter seiner Lebensumstände (siehe 2.4.3). Ein ‚Nichts', und nicht mehr als das, stellt keine Ausgangslage für die Gestaltung dar, da der Mensch a priori sein Bezugssystem einbringt.

**Rahmen eines Bildes**

Warum ein zweidimensionales Bild einen Rahmen braucht, das beantwortete unter anderen RUDOLF ARNHEIM sinngemäß, wie folgt: Dinge, die im Zusammenhang gezeigt werden sollen, bedürfen einer Begrenzung, vielmehr eines Rahmens, eines Bezugssystems (vgl. [Arnheim 1983]). Der Rahmen und der Betrachter eines Bildes gehen stets eine Beziehung ein. Das eröffnet unmittelbar die Frage, wie es um reale Gegenstände steht, die nicht projiziert oder abgebildet werden? Objekte in der Realität erfahren einen Rahmen durch ihre Umgebung. Dieser Rahmen kann ein begrenzender Raum, aber auch ein offenes Feld sein. Außer rein künstlerischen Objekten, denen eine in sich ruhende Immanenz innewohnen kann, stellt der Mensch alle realen Objekte in einem Bezug zu sich oder zu anderen Objekten.

**Rahmen in der Umwelt**

Eine Plastik findet ihren Rahmen in der sie umgebenen Architektur. Wie es sich auswirkt, wenn der Mensch sich bei der Wahrnehmung von Raum aus seinem visuellen Ego-Zentrum in ein Exo-Zentrum verlagert oder verlagert wird, zeigen entsprechende Arbeiten (vgl. [Howard 1993], [Heckmann 1993]). IAN P. HOWARD klassifiziert konkret folgende Bezugszentren des Menschen: „station-point frame", „retinocentric frame", „bodycentric frame" sowie „exocentric frame." ([Howard 1993]). Die psychologischen Auswirkungen durch visuelle Verzerrungen bei der Raumwahrnehmung weisen andere Arbeiten aus (vgl. [Dolezal 1982], [Glaeser 1999]). ‚Wie auch immer', der Mensch und seine Umgebung sind ineinandergefügt.

**Rahmen als Teil der Bildstruktur**

Die nachfolgenden Bilder geben eine weitere visuelle Motivation für diese ‚theoretische' Problemstellung an einem praktischen bildhaften Beispiel (vergleiche Abbildung 3-8 mit Abbildung 3-9). Die Ausdrücke ‚aus-/ungerichtet' in Bildunterschriften meinen, dass die Bildstruktur (siehe 2.1.1 bis 2.1.3) die menschlichen Sehgewohnheiten berücksichtigt oder nicht (siehe 2.4.3). Insbesondere vor dem Hintergrund einer perspektivischen Optimierung von Bileindstrukturen ergeben sich gestalterische Lösungsansätze. Im Sinne der Gestaltung von Bilderstrukturen liegt ein ‚Akt des Komponierens' vor (siehe Abbildung 3-10). In erster Annäherung findet eine ‚Bemächtigung des Virtuellen' durch den Menschen auf Grundlage seiner Erfahrungen mit der Realität statt. Der Mensch nimmt sein Bezugssystem und die Maßstäblichkeit der Realität mit ins Virtuelle. Vor diesen Aspekten begründet sich die Bildstruktur eines wahrnehmungsgerechten Bildes. Liegt ein wahrnehmungsgerechtes Bild vor, dann kann sich der User auf das eigentliche kommunikative Ziel beziehungsweise die eigentliche Interaktionsaufgabe konzentrieren.

## 3.2 Bildeindruck

Abbildung 3-8, Computergrafik: „Ungerichteter Blick und ungestaltetes Abbild", links ([Schreier 2007, S. 22]).

Abbildung 3-9, Computergrafik: „Ausgerichteter Blick und komponierte Bildstrukturen", rechts ([Schreier 2007, S. 22]).

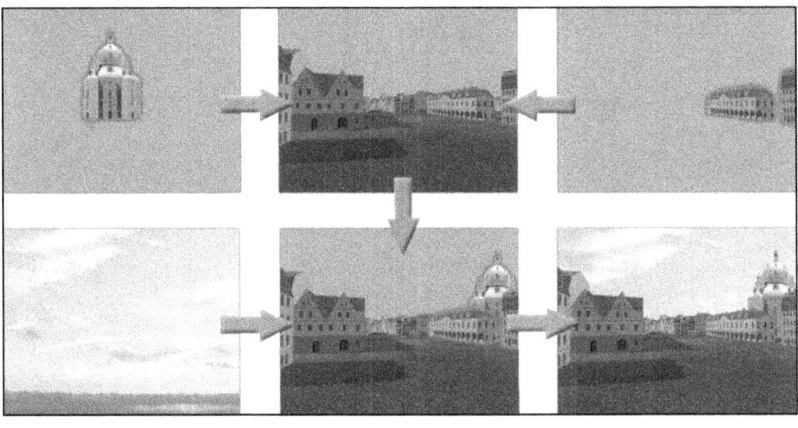

Abbildung 3-10, Illustration: Arbeitsschritte/ Komposition einer Multi-Perspektive ([Schreier 2007, S. 22]).

Nun sind Bilder im allgemeinen Verständnis keine mentalen Repräsentationen, sondern flächiger Natur. Daher stellt sich die Frage nach vergleichbaren räumlichen Strukturen. Eine räumliche Komposition ist ein Bühnenbild. Der folgende Abschnitt widmet sich daher dem Bezugssystem Bühne.

### 3.2.1.7 Bühnenwelt

Ein beispielhaftes Vorbild für eine ‚gelungene' Bühne ist der Bühnenbau, der einen Ort für ein Schauspiel schafft. Das Werk: „Egozentrische Raumlineatur" von OSKAR SCHLEMMER zeigt den Menschen als Figur in Bewegung vor und in einem ‚pulsierenden' Raum, der keine Tiefe zeigt (siehe Abbildung 3-11). Dieser Raum bezeichnet einen „imaginären Raum" ([Müller 2004, S. 41]). Kreise, die von der Herzgegend der Figur ausgehen, lassen auf das Pulsieren deuten. Der illustrierte Raum stellt eine extreme Reduktion einer Raumbühne dar. Mithilfe der Sezierung von Bildelementen kann Folgendes bestätigt werden (siehe Abbildung 3-11, rechts). Die Illusion von Räumlichkeit rekurriert auf das Zusammenspiel von Figur und Grund. Die Bühne gibt der Figur ein Bezugssystem: Die Figur steht mittig, aufrecht, in der Wirkung etwas tiefer. Die Figur wirkt nach hinten versetzt, obwohl das Bild nur eine flächige Dimensionalität ausweist. Die ausstrahlenden Kurvenlinien deuten auf die Bewegung des Schaustellers auf der Bühne. Die sich ‚bewegende Gestalt' spielt mit den ‚bodenständigen Brettern". Figur und Grund sind im Einklang miteinander – in Konjunktion. Für eine weiterführende kunstwissenschaftliche Auseinandersetzung wird an dieser Stelle auf geeignete Fachliteratur verwiesen (vgl. [Müller 2004]).

‚Flächiges' Bühenbildnis

## 3 Analyse

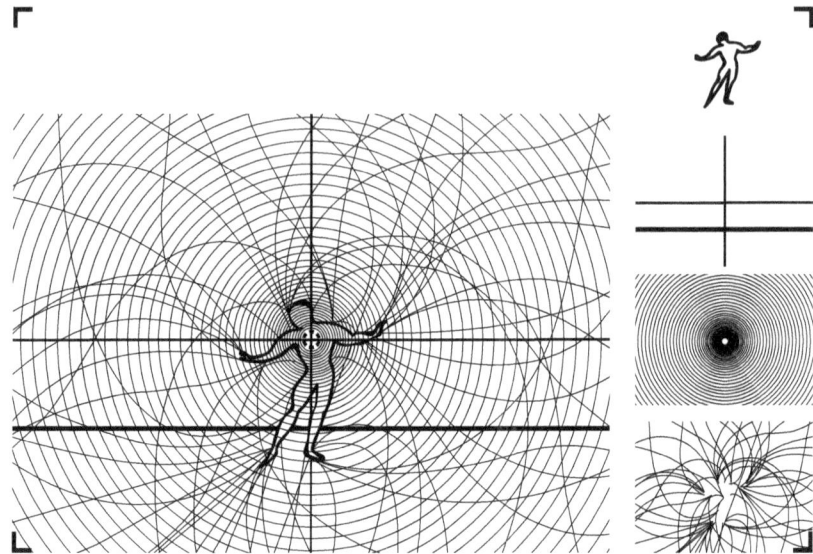

Abbildung 3-11, Illustration: „Pause von ‚Egozentrische Raumlineatur'" nach OSKAR SCHLEMMER (1924), mit Sezierung der Bildstrukturen.

‚Räumliches' Bühnenbildnis

In der folgenden Abbildung zeigt OSKAR SCHLEMMER eine andere Form der Abstraktion der gleichen Situation (siehe Abbildung 3-12). Die Bühne ist illustrativ ein ‚wahrer' dreidimensionaler Raum. Die Dreidimensionalität etabliert sich bereits ohne Figur. Diese Studie zu den Raumlineaturen ist eher in den drei Dimensionen des Raumes an sich orientiert. Auch dieses Werk wurde im Rahmen der vorliegenden Arbeit seziert (siehe Abbildung 3-12, rechts).

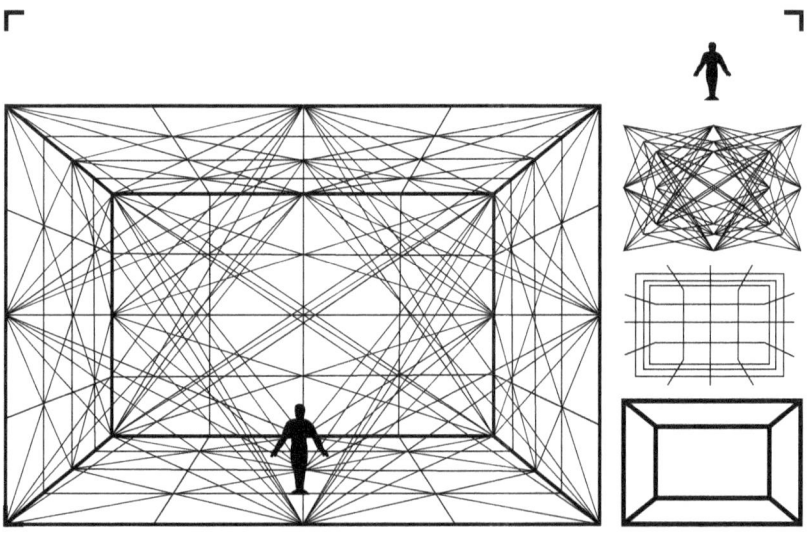

Abbildung 3-12, Illustration: „Pause von ‚Mensch und Kunstfigur'" nach OSKAR SCHLEMMER (1924), mit Sezierung der Bildstrukturen.

Gestalterische Dimension

Hiermit ist Folgendes zu konstatieren: Die Bildstruktur ist weniger natürlich, harmonisch, mehr mathematisch, geometrisch, insistent. Der Raum ist sich selbst genügsam und würde auch ohne Figur als Raum wahrgenommen. In dieser Studie dominiert der Raum über die Gestalt – er wirkt erdrückend, einschüchternd. Auch findet sich kein ‚Puls des Leibes'.

## 3.2 Bildeindruck

Dennoch bietet der Raum aufgrund seiner Größe ausreichend Platz – Vergleiche zur Virtuellen Realität kommen auf. Die Figur muss sich anstrengen, will sie ‚gesehen' werden. Der Raum ruht in sich. Verharrt die Figur vor diesem Grund, dann ist sie ‚ausgeliefert'. „[...] das würde heißen, zu resignieren, unweigerlich der Folter und Zerstörung ausgesetzt zu sein." ([Leyk 2010, S. 61]). Die Chance des Schauspielers auf der Bühne liegt in der Behauptung gegenüber der Spannung, der Richtung und der Proportion dieses Bezugssystems – Interaktivität im virtuellen Raum ist indiziert (vgl. [Leyk 2010]). Weitere Bezugssysteme über den architektonischen Bewegungsraum sind in der Literatur zu finden. Eine Zusammenfassung in Form einer Studie zeigt Manja Leyk in ihrem Buch: „Von mir aus [...] Bewegter Leib - Flüchtiger Raum" (vgl. [Leyk 2010]), auf welches der Leser verwiesen wird, will er sich umfassender informieren.

*Architektonische Dimension*

### 3.2.1.8 Außenwelt

Der Mensch ist selbst ein Teil des Bezugssystems. Die Bezugsrelationen, so wie sie der Mensch in der Wirklichkeit erfährt (vgl. [Kant 1985]), lässt sich wie folgt gliedern: Das ‚Rechts' und das ‚Links' lässt sich durch die Sagittalebene voneinander trennen, das ‚Oben' und das ‚Unten' scheidet die Horizontalebene. Das ‚Vorn' und das ‚Hinten' ist uneindeutig, da sich die Ausdrücke ‚Hinten' reaktiv auf einen Ort hinter einer Person (lat. posterior) oder auf einen Ort in weit entfernter Frontale beziehen kann. Beim Menschen ist dieses Bezugssystem im Gegensatz zur virtuellen Wirklichkeit, wie dies bei Bildern respektive der Virtuellen Realität vorliegt (vgl. [Hagen 1980], [Willemsen und Gooch 2002]), an den eigenen ‚Leib' als Bezugskörper (Ego-Zentrum) gebunden (siehe Abbildung 3-13. S. 99).

*Zentrum und Umgebung des ‚Egos'*

Eines der Sinnesorgane zur Orientierung und Verortung des umgebenden Raumes stellte das Vestibularorgan im Innenohr des Menschen dar. Dieses bemisst die Schwerkraft als eine „physikalische Konstante unseres Lebensraumes" und reichert somit die visuelle Wahrnehmung an ([Goldstein 2002, S. 3], vgl. [Groh 2005]). Nahezu alle Sinnesreize im Menschen sind ohne die Reizinformationen, die das Vestibularorgan beisteuert, nur schwer zu verarbeiten. Einerseits ist die visuelle Wahrnehmung des Menschen ein Teil des Gleichgewichtssinns. Andererseits bindet die vestibuläre Wahrnehmung über das Erwähnte hinaus keine eigene Qualität des Erlebens. Die Reizinformationen des Vestibularorgans sind hintergründig, allgegenwärtig und wirken ordnend, insbesondere hinsichtlich der visuellen Wahrnehmung. Störungen dieses ‚Hintergrunddienstes' äußern sich in Form von Gleichgewichtsschwankungen und Orientierungslosigkeit. Die Schwerkraft stellt insofern eine Erdung des Leibes als Teil des Bezugssystems zum umgebenden Raum dar. Die Bezugsrelationen von ‚Oben' bis ‚Hinten' sind in der Regel unabhängig von der Lage des Leibes im umgebenden Raum durch den Menschen verortbar.

*Visuelle Schwerkraft*

Interessant ist, dass der Bildrahmen bei der Rezeption von Bildinhalten durch den Menschen mit der Schwerkraft der Umwelt gleichgesetzt wird. Dies ist insbesondere beim Betrachten von ‚schief hängenden' Bildern an Wänden zu erkennen. ‚Schief Hängendes' fällt dem Menschen relativ leicht auf (vgl. [Wallach 1987]). Aber auch schiefe Bildinhalte haben eine ähnliche Wirkung. Entsprechende Beispiele finden an anderer Stelle der vorliegenden Arbeit eine Erörterung und ihre Darstellungen (siehe 3.2.1.5). Mit Blick auf die Virtuelle Realität als ein Ergebnis der computergrafischen Visualisierung mittels eines Kameramodells ergibt sich die Notwendigkeit einer ‚Erdung' im Sinne einer computergrafischen Schwerkraft. Das Modell der computergrafischen Kamera muss um einen Vestibular-Vektor erweitert werden, soll das Ergebnis ein wahrnehmungsrealistisches Bild sein. Andere Disziplinen haben entsprechende Regeln dazu definiert, so hat sich im Bereich der Fotografie das Spezialgebiet der Architekturfotografie entwickelt (vgl. [Schulz 2008], [Timm 2010]).

*Visuelle Erdung*

## 3 Analyse

**Gedächtnislandkarten und Imagination**

Weitere relevante räumliche Relationen sind durch den Menschen zu lösen, damit sich dieser in der Umwelt orientieren kann. Die Wahrnehmung der Entfernung, der Richtung, von Gegenständen, von Ereignissen und vom bereits beschriebenen, eigenen Bezugssystem. Auf Basis dieser Informationen legt das Gehirn entsprechende mentale Repräsentationen im Gedächtnis an – interessante Aspekte auch für die Informatik (vgl. [Barkowsky 2002]). ‚Relationen und Muster' werden hinterlegt (vgl. [Metzger 2008]). Solche Aufgaben sind hochkomplex für den Menschen, jedoch alltäglich und selbstverständlich. Der Mensch kann sich ‚Etwas' über die Realität hinaus im Geiste vorstellen, sich beispielsweise zeitlich versetzt oder in einer fremden Umwelt zu befinden. Das wird die Befähigung zu Imagination genannt. Die Vorstellungskraft des Menschen kann völlig freibleibend oder durch äußere Einwirkung, auf Basis von Bildern, Tönen, Gerüchen, etc., unterstützt oder erst initiiert werden. „Die Macht der inneren Bilder." Stellt vor dem Hintergrund kognitiver Interfacetechnologien eines der wohl spannendsten Themen der Forschung in der Zukunft dar (vgl. [Hüther 2004]). Bisweilen fehlen zur Erforschung die entsprechenden Schnittstellen.

### 3.2.1.9 Gedächtnis und Kultur

**Gedächtnis und Kultur**

Wenn neue oder häufig gleiche, unbekannte Reize einströmen, werden diese als neues Muster im Gedächtnis abgelegt. Wenn diese Muster häufig durch Reize bespielt werden, oft wiederkehren oder von besonderer Relevanz für den Organismus Mensch sind, dann findet eine Prägung statt. Dieses begründet unter anderem das Fachgebiet der Mnemonik (vgl. [Yates 2001]). Besonders interessant ist die Tatsache, dass gegenüber den einströmenden neuen Reizen bereits vorhandene Erfahrungen mit vergangenen alten Reizen im Gedächtnis gespeichert durch das Gehirn gegeneinander abgewogen werden. Stetig und systematisch wird versucht, Bezüge herzustellen. Es kann auch sein, dass Erinnerungen von alten Reizen nicht mehr so präsent oder gegenwärtig sind, weil diese schon zu lange in der Zeit zurückliegen oder eine Erkrankung des Gehirns vorliegt. In jedem Fall kommt dem Gedächtnis während der Wahrnehmung eine entscheidende Rolle zu. Andersherum helfen die Reize dem Gehirn in der Vervollständigung und Aktualisierung der mentalen Repräsentation. Das Sammeln von relevanten Erfahrungen und logischen Zusammenhängen führt nach und nach zur Ausbildung der mentalen Repräsentation. Die mentale Repräsentation ist dabei keine konkrete Form, sondern stellt eine Prägung von Gehirnarealen dar. Für weiterführende Erörterungen und Konzepte wird an dieser Stelle auf die einschlägige Fachliteratur verwiesen, insoweit sind unterschiedliche Modelle zur Funktionsweise des Gehirns anhängig (vgl. [Gregory 2001], [Goldstein 2002], [Sternberg 2009]).

**Handlungsangebote und Bedürfnisse**

Umwelt und Dinge bieten dem Menschen Handlungsangebote. Aufgabe des Menschen ist es, dieses Angebot wahrzunehmen, zu beurteilen und darauf zu reagieren. Dabei ändert sich das Angebot in Abhängigkeit vom Zeitpunkt beziehungsweise der Zeitdauer. Der Mensch steht zusätzlich zur momentanen Wahrnehmungsaufgabe vor der Herausforderung einer zeitlichen Befristung des Handlungsangebotes. Die sich ständig ändernden und wechselnden Informationen müssen schnellst möglich geordnet und in Bezug zur eignen Person gesetzt werden. Die Motivation zum zeitlich schnellen Handeln soll (ja) nicht in Enttäuschung, sondern Belohnung oder Zufriedenheit münden. Die Erwartungen sind zu befriedigen. Diese Leistungen werden durch E. Bruce Goldstein auf die Fragen reduziert: „Wo?, Was? und Wie?". In dieser Art und Weise bildet das Gehirn im Gedächtnis Anlagen für „Begriffe und Muster" (vgl. [Goldstein 2002, S. 3–5]). In der Skalierung der Zufriedenheit – infolge von Präferenz, Bedürfnis, Verlangen und Erfüllung – entstehen bestimmte gesellschaftliche Dimensionen, die unter den Begriffen, wie Mode, Epoche und Kultur verstanden werden (siehe 2.4.3). Diese zeitlichen Dimensionen verleihen der folgenden Aussage eine besondere Sichtweise beziehungsweise Gewicht.

## 3.2 Bildeindruck

JOHANN CARL LOTH (auch genannt: CARL LOTTI respektive CARLOTTI) soll einmal gesagt haben: „Schönheit ist die Summe der Teile, bei deren Anordnung die Notwendigkeit entfällt etwas hinzu zu fügen, zu entfernen oder zu ändern." (CARLOTTI, italienischer Maler des 17. Jahrhunderts, vgl. [Ewald 1965]).

Da die Menschen ‚mehr oder weniger' unterschiedliche Erfahrungen sammeln, gibt es individuelle Meinungen und Prägungen. Das heißt, dass selbst bei identischen visuellen Reizen respektive gleichem Blick unterschiedliche Dinge und Sachverhalte gesehen werden können. Über die Zeit können sich unter anderem aus diesem visuellen Schlagabtausch grundlegende Gemeinsamkeiten in kollektiver und kultureller Hinsicht entwickeln. Diese Intersubjektivität prägt sich kurzfristig als Mode aus. Bei längerem Anhalten stellen wir (stets im Nachhinein) eine Epoche fest. Noch grundsätzlicher und abstrakter betrachtet bildet sich parallel und fortwährend ein allgemeingültiges generationsübergreifendes Gerechtigkeitsempfinden aus. In bildstruktureller Hinsicht treten an dieser Stelle die visuellen Standards und die Gestaltgesetze auf den Plan, die dem Menschen letztlich als Handlungsanweisung für eine ‚gute Gestaltung' gereicht oder schlicht als Bezugssystem dient.

*Visuelle Gegebenheiten*

Bei dieser Abwägung zwischen Bezugssystem und Rezeption zeigt das menschliche Gehirn Fähigkeiten zur Effektivität und Effizienz, denn die mentale Repräsentation ist nicht nur ‚reiner' Speicher, sondern auch Mittel zur Referenz und lernfähig. Bei häufig gleichartigen Reizen, also wiederkehrenden Mustern, verlässt sich das Gehirn auf seine Erfahrung, wohl im Sinne der Energiesparung und/oder des geringeren kognitiven Widerstandes (vgl. [Maupertuis 1751], [Hamilton 1834]). Eine vollständige Verarbeitung der Reize ist dann nicht immer nötig. Der Prozess der Wahrnehmung mündet in einer kurzschlussartigen Interpretation – eine befriedigende Antwort, die keine weiteren Fragen für das Gehirn aufwirft. Es übt sich in Zufriedenheit.

*Visuelle Zufriedenheit*

Eine weitere Fähigkeit stellt dabei die der Toleranz dar. In der Abwägung der Reize und der Erfahrungen werden auch Ähnlichkeiten durch das Gehirn zügig in Übereinstimmung ‚gesehen'. Es werden erblickte Verzerrungen (vgl. [Glaeser 1999]) und Lücken bis zu einem bestimmten Grad oder Größe als korrekt respektive geschlossen erachtet. Der Mensch kann beispielsweise von einer Kontur auf einen ganzen Gegenstand deuten, von einer kurzen Tonfolge auf eine ganze Sinfonie. Hierin begründet sich das eigentliche Potenzial für kognitive Interfacetechnologien, die die Stärken aber auch die Schwächen der menschlichen Wahrnehmung nutzen können. Die Eigenart der Veränderungsblindheit ist beispielsweise zur Optimierung der perspektivischen Korrektur, wie diese im Rahmen der vorliegenden Arbeit vorgestellt ist, geeignet (siehe Abschnitt, vgl. [Bridgeman u. a. 1975], [Simons und Ambinder 2005] und [Irwin 1996]).

*Visuelle Toleranz*

### 3.2.2 Bezugsfelder

Bei der visuellen Wahrnehmung des Menschen ist zwischen dem Blickfeld und dem Gesichtsfeld zu unterscheiden. Bei Bildern ergibt sich mit der Abbildungsvorschrift der Zentralprojektion ein Bildfeld. Aus gestalterischer Sicht ergeben sich entsprechende Implikationen, die nachfolgend einer Erörterung aus Sicht der Psychologie unterzogen und mit entsprechenden Studien belegt werden.

*Bezugsfelder*

# 3 Analyse

### 3.2.2.1 Gesichtsfeld (starres Blicken)

*Gesichtsfeld*

Jedes Auge hat ein Gesichtsfeld. Das Gesichtsfeld meint den Bereich, den ein Mensch mit seinem jeweiligen Auge visuell wahrnehmen kann, ohne seinen Kopf noch sein Auge dabei zu bewegen. A priori werden der Kopf und das Auge als bewegungslos und starr angenommen. Verschiedene Arbeiten haben die Bedeutung des Gesichtsfeldes bei einer weitwinkligen Visualisierung belegt. So haben Studien unter anderem gezeigt, dass ein geschmälertes Gesichtsfeld zu einer Beeinträchtigung der menschlichen Fähigkeiten in der Navigation und Orientierung führt (vgl. [Hassan u. a. 2007], [Jansen u. a. 2008]). Weiterhin führt ein eingeschränktes Gesichtsfeld zu einer Vielzahl von motorischen, visuellen Problemen, die sich auf die menschliche Kompetenz bei der Lösung von Aufgaben auswirken (vgl. [Alfano und Michel 1990]), [Creem-Regehr u. a. 2005]).

### 3.2.2.2 Blickfeld (bewegtes Blicken)

*Blickfeld*

Das Blickfeld meint den Blickbereich, den ein Mensch mit seinen Augenbewegungen abdecken kann, ohne seinen Kopf dabei zu bewegen. A priori wird der Kopf als starr angenommen, die Augen nicht. Mit der Exkursionsfähigkeit des Auges ergibt sich nach RIK WARREN und ALEXANDER H. WERTHEIM ein theoretischer Öffnungswinkel respektive visueller Wahrnehmungsbereich von etwa 200° (vgl. [Warren und Wertheim 1990]). Im Alltag führt das menschliche Auge sehr viele und davon weniger lange Sakkaden aus. Die Exkursionsfreude des Auges ist geringer als ‚seine Fähigkeiten'. Das durch das Auge durchschnittlich gebräuchliche Blickfeld beträgt etwa nur 100° (vgl. [Schandry 1989]). Zudem weist das menschliche Blicken Grenzen auf: Blickrichtung, Blicktiefe, Blicköffnungswinkel, Blickschärfe in fovealen und peripheren Bereich (vgl. [Hunziker 2006]). In Ergänzung sei erwähnt, dass der Umblickwinkel der Winkel des maximalen Sehens mit Kopfdrehung ist.

*Blickbewegung*

Die Blickbewegung kann vermessen werden. Weil das Prinzip des Eye-Tracking bei Informatikern nicht gänzlich vorausgesetzt werden kann, erfolgt nachfolgend eine kurze Einführung. Zur Anwendung von Blickbewegungsmessungen mittels Eye-Tracking-System existieren diverse Abhandlungen (vgl. [Duchowski 2007], [Holmqvist 2011]). Viele Untersuchungen bezüglich des Blickverhaltens von Menschen ergeben ähnliche Verhaltensmuster und Abläufe. Die Menschen schauten relativ gleich, das heißt, die aufgezeichneten Blickpfade ähneln sich. An dieser Stelle sei insbesondere auf eine von MARKUS JOOS ET AL. erarbeitete Zusammenstellung verwiesen (vgl. [Joos u. a. 2003]), die sich neben der Technik der Blickbewegung auch mit Methoden und innovativen Anwendungen auseinander setzt. Weitere Theorien und praktische Arbeiten publizierten ANDREW T. DUCHOWSKI beziehungsweise KENNETH HOLMQVIST (vgl. [Duchowski 2007], [Holmqvist 2011]).

### 3.2.2.3 Bildfeld (Bildstruktur)

*Bildfeld*

In der Psychologie wird bei Bildern mit einem Rahmen auch von dem Bildfeld gesprochen. Folgende psychologische Erkenntnisse auf dem Gebiet der Bildfeldforschung sind für die Gestaltungspraxis von Relevanz. Einerseits führen geringere Kameraöffnungswinkel bei Visualisierungen durch die Virtuelle Realität zu Beeinträchtigungen bei der Suche und der Raumwahrnehmung (vgl. [Hagen u. a. 1978], [Arthur 1996]). Andererseits begünstigen größere Kameraöffnungswinkel das, bei der Betrachtung von Bildern bei der visuellen Wahrnehmung (vgl. [Seay u. a. 2002]). Große Öffnungswinkel bei linearperspektivischen Bildern verbessern zudem die Tiefenwahrnehmung von Objekten durch den Menschen (vgl. [Saunders und Backus 2006]).

## 3.3 Bildraum

### 3.2.2.4 Bewegungsfeld

Warum nimmt der Mensch seine Umgebung vornehmlich als unbewegt dar, obwohl sich viele Dinge in selbiger bewegen? HANS WALLACH begegnet dieser Frage mit der Aussage, dass das Wahrnehmungssystem solche Relativbewegungen kompensieren kann. Er führt in seiner Arbeit folgerichtig seine eigene Erfahrung als Argumentation an und schildert Experimente zur Messung wahrgenommener Stabilität. Er stellt beispielsweise fest, dass es Toleranzen bei der menschlichen Wahrnehmung von Stabilität gibt (siehe 5.1.3). Durch entsprechende Übungen ist es unter anderem möglich, diese Toleranzen zu trainieren (siehe 5.1.3.2). Für konkrete Ergebnisse sei an dieser Stelle an seine Anpassungsexperimente verwiesen (vgl. [Wallach 1987]).

*Bewegungsfeld*

Letztlich stellt er darin fest, dass Augenbewegungs- und Feldbewegungsanpassungen, die durch den Menschen kompensiert werden, zur alltäglichen Wahrnehmung gehören. Durch sogenannte Kompensationsprozesse nimmt der Mensch die Welt bis zu einem bestimmten Grade als ruhend wahr. Von den Prozessen, die dafür verantwortlich sind, bemerkt der Mensch nichts, solange diese nicht gestört werden. Denn werden Menschen über Gebühr in ihrer Wahrnehmung gestört, kann dies von Übelkeit bis zu Wahrnehmungsstörungen führen (vgl. [Seay u. a. 2002]). So nimmt die Geschwindigkeit einer wahrgenommenen Eigenrotation mit der Größe der Abbildung beziehungsweise des Blickfeldes zu (vgl. [Allison u. a. 1999]). Allein die Vorstellung daran kann beim Menschen zur Verstimmung führen.

*Kompensationen*

### 3.3 Bildraum

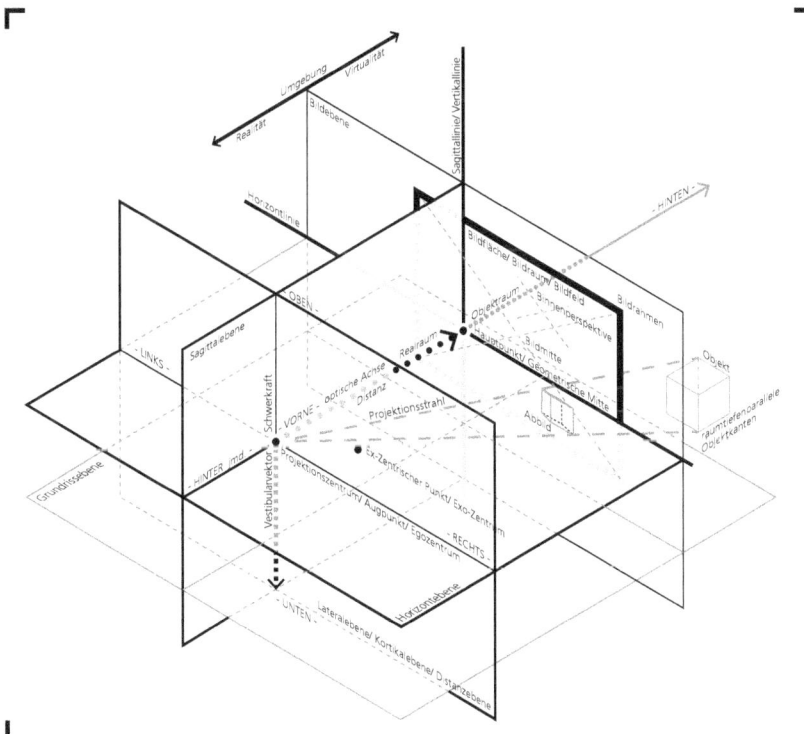

Abbildung 3-13, Illustration: „Kontinuum zwischen Realität und Virtualität – Schnittstelle Bild" von INGMAR FRANKE und FRANZISKA HANNß (2014).

# 3 Analyse

**Gestalterische Dimension: Interpretation und Dichtung**

Zum Bildkontinuum wird nicht nur das Bildwerk gerechnet, sondern auch der Beobachter und nicht zuletzt die äußeren Umstände der Bildumgebung (siehe Abbildung 3-13. S. 99). Um einen sinnstiftenden Eindruck zu erlangen, ist oft auch ein Schlüssel oder eine Decodierungsvorschrift nötig (siehe 2.2.2). Es ist folgende Parallelität zu konstatieren: Wie der Maler dem Bild ‚Etwas' wegnehmen oder zutun kann, vermag das Auge zu erblicken und das Gehirn ‚Erblicktes' zu filtern und ‚Nichterblicktes' hinzuzudichten (siehe 2.4.5 und 3.1.2, vgl. [Franke und Obendorf 2007]). Hierin begründen sich die Gestaltgesetze, beispielsweise das Gesetz der Abgeschlossenheit (vgl. [Groh 2010b]). Gestaltungstheoretische Ansätze lassen sich beispielsweise zu Diagrammen, Netzen und im Umgang mit Flächen finden (vgl. [Bertin 1974], [Mondrian 1993], [Tufte 2001]).

### 3.3.1 Punkte

**Punkte**

Ein Bild, wie ein Gemälde, lässt gegenüber einem ‚reinen' Abbild weitere perspektivische Binnenstrukturen zu, sodass sich besondere Punkte und bildhafte Zentren ergeben (siehe Abbildung 3-13. S. 99). Mehrere um die Gunst des Auges konkurrierende ‚punktartige Bildstrukturen' verleiten das Auge zu Blicksprüngen (über) und den Leib zu lateralen Bewegungen vor dem Bild. Diese Tatsachen sind in Gemäldegalerien bei Besuchern zu beobachten, denn in der Regel bieten Gemälde einen ‚visuellen Widerstand', der bei Linearperspektiven insbesondere durch ‚Wanderung' überwunden werden kann.

#### 3.3.1.1 Hauptpunkt und optische Bildmitte

**Hauptpunkt versus optische Bildmitte**

Ein in der Malerei allgemein praktiziertes Potenzial ist die bewusste Platzierung des Hauptpunktes. Die ‚Hauptsache' begründet sich darin, wenn die Mehrzahl der abzubildenden Objekte einer bestimmten Abbildungsvorschrift unterworfen ist. Der Hauptpunkt ist ein elementar bedeutender Punkt bei der Komposition von Bildstrukturen. Er bildet in der Regel den Ausgangspunkt der Bildbetrachtung. Der Hauptpunkt und die Bildmitte sind bildstrukturelle Zentren, die einen ‚Spannungsbogen aufziehen' können. Der Spannungsboden etabliert sich zwischen Hauptpunkt und Bildmitte. Eine zusätzliche Entwicklung des Spannungsbogens ist durch die Wahl des Bildausschnittes gegeben. Besonders starke Spannungen lassen sich etablieren, wenn der Hauptpunkt außerhalb des Bildfeldes liegt (siehe Abbildung 3-14, vgl. [Seidel 2006]).

Abbildung 3-14, Gemälde: „Stillleben mit Schachbrett" von LUBIN BAUGIN (1630 bis 1640).

## 3.3 Bildraum

Beim Betrachten des zuvor gezeigten Stilllebens wird der Blick des Menschen durch den im -Off- liegendem Hauptpunkt angezogen. Der Hauptpunkt und der Bildrahmen wirken konträr. „Unter dem Begriff [Hauptpunkt ...] ist der Punkt eines zentralperspektivischen Abbildes einer dreidimensionalen Szene zu verstehen, in welchem alle orthogonal zur Bildebene verlaufenden Objektgeraden sich in ihrer Verlängerung in einem Punkt schneiden. Dieser Punkt ist der Schnittpunkt der optischen Achse und der Abbildungsebene. Er markiert den Schnittpunkt der Horizont- und Sagittallinie des Bildes. Dabei kann die geometrische Mitte auch ein Fluchtpunkt sein (siehe Abbildung 3-13. S. 99). Umgekehrt ist aber nicht jeder Fluchtpunkt in einem Bild ein [Hauptpunkt ...]. Weiterhin ist [der Hauptpunkt ...] dabei auch nicht mit der [Bildmitte noch mit der ...] optischen Mitte zu verwechseln." (vgl. [Franke u. a. 2006]).

*Relative Grenzen des Hauptpunktes*

Im Hauptpunkt eines Bildes laufen alle orthogonal zur Bildebene in die Tiefe verlaufenden Kanten in ihrer Verlängerung zusammen. Er markiert zu gleich den Schnittpunkt von Horizont- und Sagittallinie (siehe Abbildung 3-13. S. 99). Nicht zu verwechseln ist der Hauptpunkt mit „der optischen Mitte" [Hickethier 1996, S. 42–155], [Arnheim 2000, S. 440]). Die optische Mitte beziehungsweise die optische Bildmitte ist die ‚gefühlte' Mitte eines Bildes. Die optische Mitte eines Bildes ist nach Sascha Kersken etwa zehn Prozent der halben Bildhöhe über der geometrischen Mitte angesiedelt (vgl. [Kersken 2003]).

*Hauptpunkt als Zentrum*

Filippo Brunelleschis Beobachtungen waren es, „daß die scheinbare Konvergenz, der in Wirklichkeit bodenparallelen Gegenstandsränder, immer auf Augenhöhe des Betrachters liegenden Punkt stattfindet" ([Edgerton 2002, S. 29–32]). Von einem derartigen Hauptpunkt einer Bildstruktur wird in computergrafischen Visualisierungssystemen aber auch in den Kunstwissenschaften – wenn überhaupt – nur indirekt gesprochen. Es wird vom zentralen Fluchtpunkt (im Englischen: principal vanishing point) beziehungsweise in den Kunstwissenschaften unter anderem vom Zentralpunkt gesprochen (vgl. [Büttner 2006]).

*Konvergenz*

In der Malerei ist bekannt, dass der Hauptpunkt eines Bildes eine Affinität auf den Betrachter ausübt. Der Hauptpunkt, beispielsweise einer computergrafischen Visualisierung, wirkt auf den Betrachter. Der Betrachter wendet sich diesem unwillkürlich zu. Der Hauptpunkt eines Bildes stellt eine Ambivalenz zwischen der Syntax und der Semantik dar.

*Affinität*

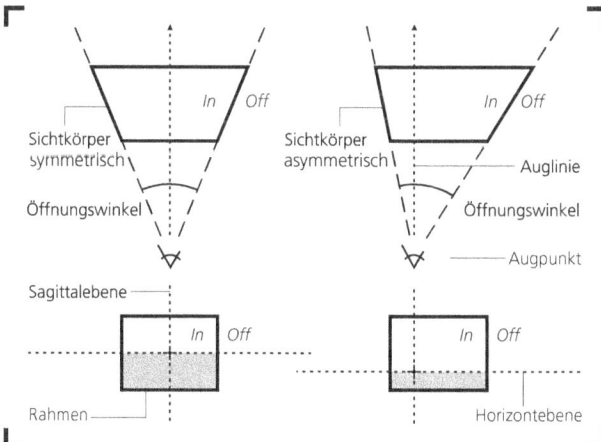

Abbildung 3-15, Illustration: Kameramodell und Ergebnisbild mit der computergrafisch üblichen Spezifikation eines symmetrischen Sichtkörpers (links), (nach [Franke u. a. 2006, S. 311]).

Abbildung 3-16, Illustration: Schematische Darstellung eines Kameramodells und Ergebnisbildes mit asymmetrischer Spezifikation, das heißt, einem asymmetrischen Sichtkörper (rechts), (nach [Franke u. a. 2006, S. 312]).

## 3 Analyse

**Spannung durch Bildstruktur**

„Um die bildnerischen Potenziale durch eine Lagemanipulation der geometrischen Mitte [beziehungsweise des Hauptpunktes eines Bildes] zu veranschaulichen, bedarf es der nochmaligen Betrachtung des Kameramodells. Dieses Modell findet eine erweiterte Betrachtung in der Darstellung (siehe Abbildung 3-16 und Abbildung 6-5, S. 255). Die Abstraktion zeigt ein Bild mit Rahmen und dessen Umgebung. Die innere Bildstruktur wird hierbei als der Bereich des *-In-* und die Bildumgebung als Bereich des *-Off-* definiert. Beide Bereiche *-In-* und *-Off-* werden durch den Rahmen (Bildrahmen) voneinander getrennt. Der Bildinhalt wird durch den Rahmen ‚gefasst', kann aber über diesen hinaus ins *-Off-* wirken" ([Franke u. a. 2006]).

**Hauptpunkt als Teil der Bildstruktur**

Es ist wie folgt zu differenzieren. „[...] PANOFSKY unterscheidet in seinem Aufsatz zwischen flächigen und räumlichen Bildern (vgl. [Panofsky 1980b]). Bei flächigen Bildern wird der Bildrahmen zu einer Klammer, die den Bildinhalt zusammenhält. Darum haben mittelalterliche Gemälde meist[ens] wuchtige und ausgeprägte Rahmen. Das *-In-* wird gebunden und die Bildinhalte wirken flächenhaft nebeneinander. Dem hingegen ist die Einfassung bei Bildern der Renaissance eher unscheinbar und in farblicher Ausführung zurücknehmend, sodass das perspektivisch angelegte *-In-* des Bildes unbeeinflusst ins *-Off-* wirken kann. Der Rahmen wird so zum Sucher im Raum, das Bild zum Fenster ins Virtuelle (vgl. [Groh 2005]). Im Kontext dieses Beitrages ist der letzte der genannten Bildtypen relevant. Nur in diesem existiert die geometrische Mitte. Diese liegt nämlich im Punkt der abgebildeten Schnittgerade von Sagittal- und Horizontalebene. [...] „Die Lage der geometrischen Mitte kann entlang der abgebildeten Sagittal- beziehungsweise Horizontebene durchgespielt werden. Die vorherige Tabelle ordnet alle möglichen Konstellationen der geometrischen Mitte und zeigt die unmittelbare Auswirkung auf den Bildraum (siehe Tabelle 3-1) [und auf das Abbild entsprechender Objekte", [Franke u. a. 2006], siehe Abbildung 3-17).

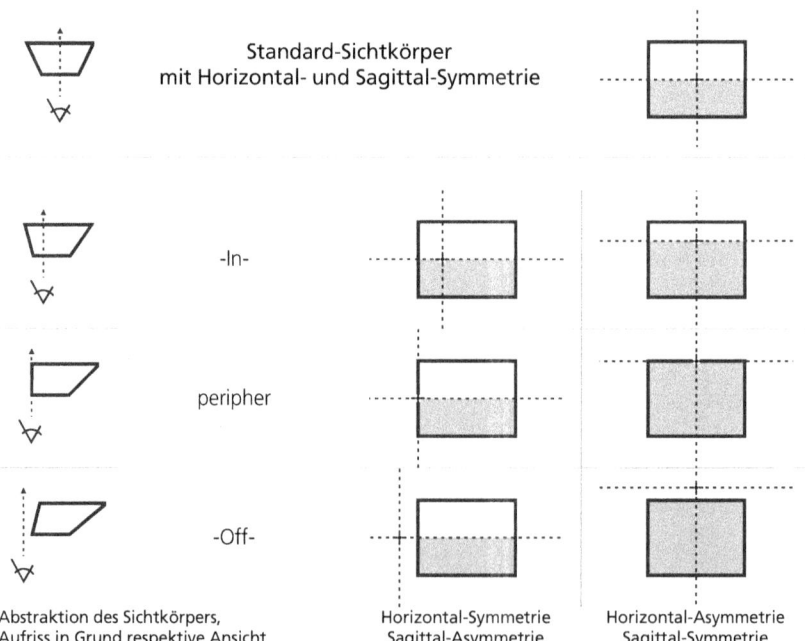

Tabelle 3-1: Verzeichnis möglicher Sichtkörper mit jeweiligen Ergebnisbildern (a)symmetrischer Spezifikation ([Franke u. a. 2006, S. 313]).

## 3.3 Bildraum

„Ein Gemälde aus der Zeit der Renaissance ist im computergrafischen Sinne ein nicht-dynamisches Gefüge. Ein solcher Bildraum ist statisch und unveränderbar, wie auch die Abbildungen in der Tabelle (siehe Tabelle 3-1). Mit der Animationsfähigkeit der Computergrafik ist es jedoch möglich, den Bildraum und damit den Bildinhalt, zum Beispiel mit einer Kamerafahrt durch eine dreidimensionale Szene zu dynamisieren. Das hat zur Konsequenz, dass in einer späteren Analyse zu Auswirkungen auf den Bildraum, zwischen Kamerabewegung und der Position der geometrischen Mitte zu unterscheiden ist." ([Franke u. a. 2006]). Nach dieser analytischen Betrachtung wird diese Diskussion im Sinne einer Synthese an anderer Stelle der vorliegenden Arbeit fortgesetzt (siehe 4.3.1).

Dynamik des Hauptpunktes

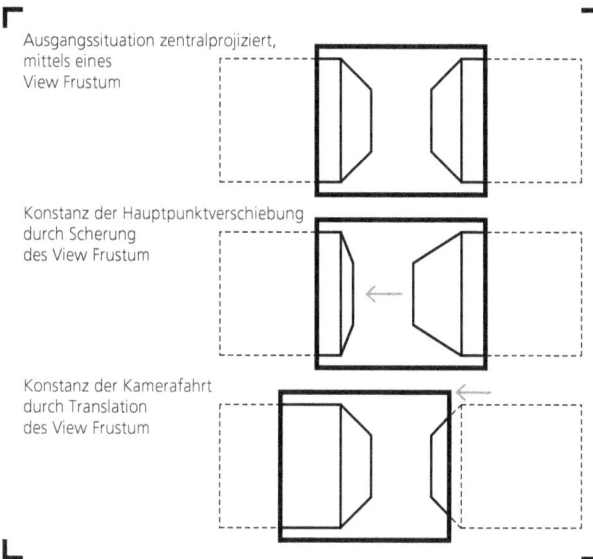

Ausgangssituation zentralprojiziert, mittels eines View Frustum

Konstanz der Hauptpunktverschiebung durch Scherung des View Frustum

Konstanz der Kamerafahrt durch Translation des View Frustum

Abbildung 3-17, Illustration: Verlagerung des Hauptpunktes als „essenzielles Mittel der Bildgestaltung" (nach [Groh u. a. 2009 Tafel 8]).

### 3.3.1.2 Geometrisches Zentrum

Der Hauptpunkt ist bildstrukturell das geometrische Zentrum des Bildes. Allerdings besitzt eine Binnenperspektive ihrem gestalterischem Anliegen nach ein eigenes geometrisches Zentrum (siehe 2.1.3). Je näher sich ein Abbild eines Objektes an dem ihm zuzurechnenden geometrischen Zentrum befindet, desto weniger Verzerrung haften ihm an. Bestenfalls ist der Mittelpunkt eines Objektabbildes gleich dem geometrischen Zentrum.

Geometrisches Zentrum

### 3.3.1.3 Distanzpunkt

Distanzpunkte sind die Punkte auf der Horizontlinie, deren Abstand zum Hauptpunkt dem Abstand zum Augpunkt entspricht. Die zwei Distanzpunkte sind die Fluchtpunkte aller sich parallel zur Horizontalebene verlaufenden Geraden, die die Bildebene im Winkel von 45° durchstoßen. Die Pavimento-Methode beschreibt das konkrete Verfahren, welches unter anderem in: „Den tweeden boeck van architecturen" von SEBASTIANO SERILO nachgelesen werden kann (siehe Abbildung 3-2, Seite 87). Alle Punkte, die sich auf dem Distanzkreis (siehe 3.3.3.2) abzeichnen, sind Distanzpunkte. Der Distanzkreis ist demnach die Summe aller Distanzpunkte (siehe Abbildung 3-20, Seite 107). WILLI A. BÄRTSCHI schränkt diese Menge ein, auf die relevanten „beiden horizontalen Distanzpunkte H $DP_1$ und H $DP_2$ ([Bärtschi 1981, S. 26]), mit denen sich in Kombination mit dem Hauptpunkt eines Bildes auf den Augpunkt schließen lässt.

Distanzpunkt

# 3 Analyse

### 3.3.1.4 –Off–

-Off-

Das ‚Off' ist der nicht visuell sichtbare Teil des Bildes. Die ‚Stimme aus dem Off' ist eine Aktion außerhalb, beispielsweise Stimmen von Personen oder Sprecher zum Film, der Ursprung im Bild ist nicht dargestellt (vgl. [Monaco 1995], [Hickethier 1996]). Auch Bildstrukturen ist es gegeben ins ‚Off' hinein zu ‚ragen' oder mit dem ‚Off' bildhaftes Spannungsverhältnis zu besitzen. Der Wirkung von Bildelementen im ‚Off' wird sich häufig im Comic bedient (vgl. [McCloud 1994]).

Comic

Ein Comic realisiert sich durch „sequentiel art" (englisch für: Sequenzbilder, vgl. [Chelsea 1997]). ‚Off camera' ist hier bildstrukturell zu verstehen – ‚Off projection'. Im bildhaften Sinne ist es in der Regel ein Punkt oder ein Bereich, auf den Fluchtlinien konvergieren. Ebenso können andere Bildstrukturen über den Rahmen hinaus wirken und zu optischen Täuschungen beitragen (siehe 5.1.2.5).

### 3.3.2 Linien

### 3.3.2.1 Horizontlinie

Horizontlinie

Die Horizontlinie in der Natur ist die Linie, die sich in der Umwelt zwischen Himmel und Erde ergibt. Die Horizontlinie in einer Bildstruktur ist dagegen die Linie, die sich aus dem Hauptpunkt ableiten lässt. Diese Horizontlinie schneidet sich mit der Sagittallinie in einem bestimmten Punkt. Dieser Schnittpunkt definiert den Hauptpunkt eines Bildes.

### 3.3.2.2 Sagittallinie

Sagittallinie

Die Sagittallinie ist die senkrechte durch den Hauptpunkt geführte Gerade. Die Sagittallinie verläuft lotrecht zur Horizontallinie im Bild. Diese wird auch kopfteilende Linie genannt. Von einem Betrachter; hergesehen ist es die Kopfteilende. Die Sagittallinie wird nach LEON BATTISTA ALBERTI auch Zentrallinie genannt (vgl. [Alberti 2002]).

### 3.3.2.3 Fluchtlinien

Fluchtlinie

Fluchtlinien sind die Linien, die sich in einer Bildstruktur in einem Fluchtpunkt treffen. Zumeist sind diese Ursprunges ein und des gleichen Körpers, Gefüges oder Raumes, der abgebildet wurde.

### 3.3.3 Ebenen

Ebenen

Im kunsthistorischen Sinne wird die Bildfläche doppeldeutig verwendet. Einerseits ist die Bildebene die fensterartige, transparente Schnittebene, eine Ebene zwischen dem Maler und dem Gegenstand der Darstellung. Andererseits wird die Bildebene oft mit der Bild-(ober)fläche gleichgesetzt.

Aber auch vor dem Bild gibt es aus Sicht der Bildstruktur entsprechende Flächen. Gemeint sind Flächen, die vom Betrachter ausgehen. Der Betrachter muss seinen ‚Leib' in geometrischen Übereinklang mit der Bildstruktur bringen, will er beispielsweise ein Gemälde wahrnehmungsgerecht betrachten.

## 3.3 Bildraum

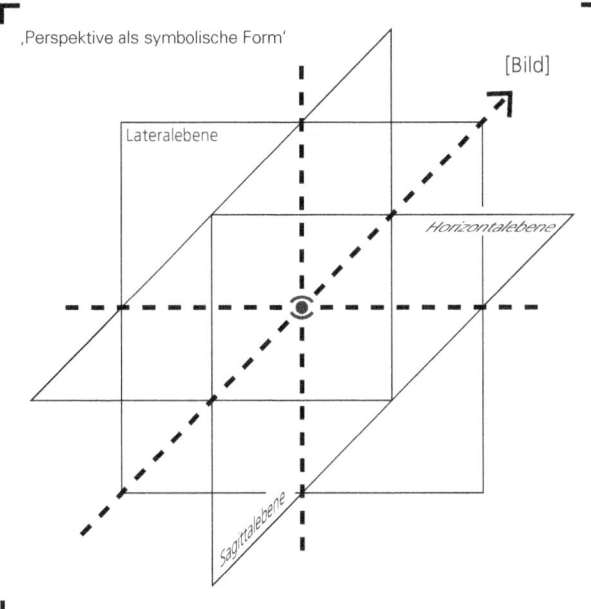

Abbildung 3-18, Illustration: Ebenenbezeichnung vom Standpunkt des Betrachters, lotrecht auf eine Bildfläche geschaut. „Perspektive als symbolische Form", hier bivalent zwischen flächiger und räumlicher Wirkung (vgl. [Panofsky 1980b]).

### 3.3.3.1 Lateral-, Sagittal- und Horizontalebene

Für eine Bildanalyse sind, ausgehend von einem Betrachter beziehungsweise einem Augpunkt, die folgenden bildstrukturgebenden Ebenen von Relevanz:

Lateral-, Sagittal-, Horizontalebene

Ein Aspekt ist, dass sich der Betrachter mit seinem Auge in das Zentrum der Projektion begibt (siehe 3.2.1.1.). Ein weiterer Aspekt ist, dass er orthogonal auf die Bildfläche schaut. Letztlich sollte der Gleichgewichtssinn des Betrachters mit der Ausrichtung des Bildrahmens ‚übereinstimmen' (siehe 2.4.2.4). In Summe impliziert das, dass die Horizontebene des Betrachters mit der Horizontebene der Bildstruktur ‚gleichgesetzt' ist. Darüber hinaus kann sich der Betrachter lateral zum Bildwerk bewegen (siehe Abbildung 3-18). Er kann dabei nach den Binnenperspektiven des Bildes orientierend voranschreiten (siehe 2.1.3). Die geometrischen Zentren von Binnenperspektiven befinden sich in der Regel auf der Horizontlinie des Bildes.

### 3.3.3.2 Seh- und Distanzkreis

Ist es das Ziel, eine ‚reine' Zentralprojektion als Mittel der Form und Gestaltgebung zu nutzen, dann müssen weitestgehend verzerrungsfreie Abbilder der Objekte projiziert werden. Es bietet sich ein weiteres Modell an, das des Sehkegels (siehe Abbildung 3-20, vgl. [Glaeser 1999]). Um den Effekt der perspektivischen Verzerrung zu fassen, ist das Folgende zu wissen. Der in der Illustration abgesteckte Sehkreis umfasst den Bereich, den ein in sich ruhendes Auge erblicken kann (siehe 3.2.2.1). Dieser Bereich beträgt nach FRITZ REHBOCK etwa 45° ([Rehbock 1980, S. 10 ff.], vgl. [Jenny 1997]).

Seh- und Distanzkreis

Ein Objekt, welches sich im Sehkreis eines Auges abbildet, ist in seiner Gestalt Teil des visuellen Gedächtnisses (siehe 2.4.2). Die visuelle Wahrnehmung ist insofern ergonomisch, da etwaig ‚Erblicktes' mit der Erfahrung des Menschen übereinstimmt. Wie in Experimenten nachgewiesen, ist dem Menschen die ‚Regression' bis zu einem bestimmten Grad möglich

Gestalterische Relevanz

## 3 Analyse

(vgl. [Thouless 1931], vgl. [Thouless 1933], vgl. [Gombrich 2005]). Die Regression meint das Schließen, von zweidimensionalen Abbildern auf dreidimensionale reale Gegenstände. Wird dem Modell des Sehkreises gefolgt, dann kann eine solche Gestaltung der menschlichen Wahrnehmung besser entsprechen und einer perspektivischen Verzerrung vorbeugen. Wenn Objekte nicht über den Sehkreis hinaus abgebildet werden, dann toleriert der Mensch die Verzerrungen (siehe Abbildung 3-19 und Abbildung 3-20). Detaillierte Untersuchungen zur Eingrenzung eines Perspektiv-Kontrastes wurden im Rahmen der Arbeit nachgegangen (siehe 7.5). Der Sehkreis stellt eine weitere Orientierung zu einer perspektivischen Optimierung dar.

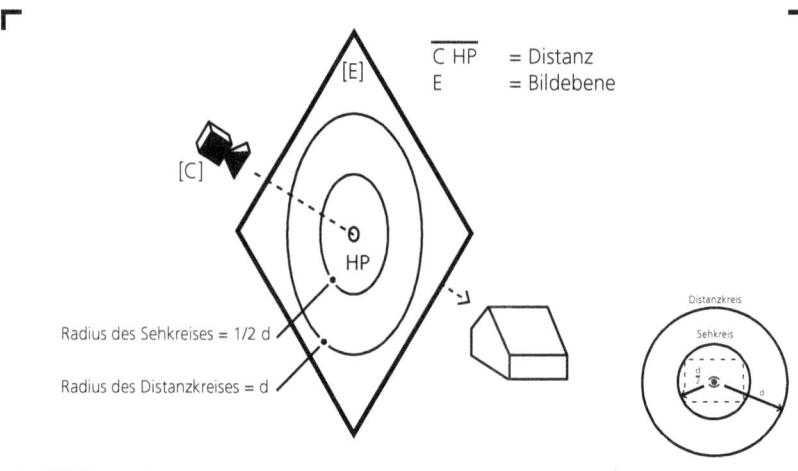

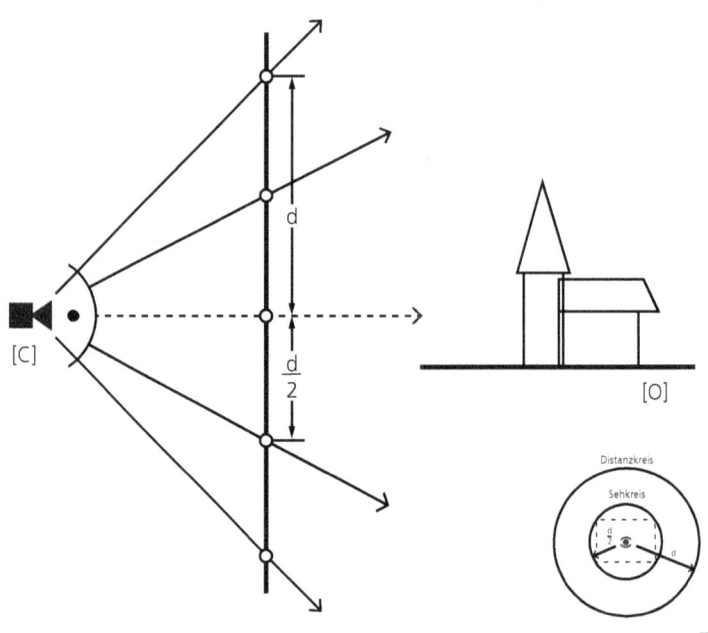

Abbildung 3-19, Illustration: Projektionsstrahlen bezüglich der Grenzen des Sehkreises beziehungsweise des Distanzkreises (nach [Rehbock 1980]).

## 3.3 Bildraum

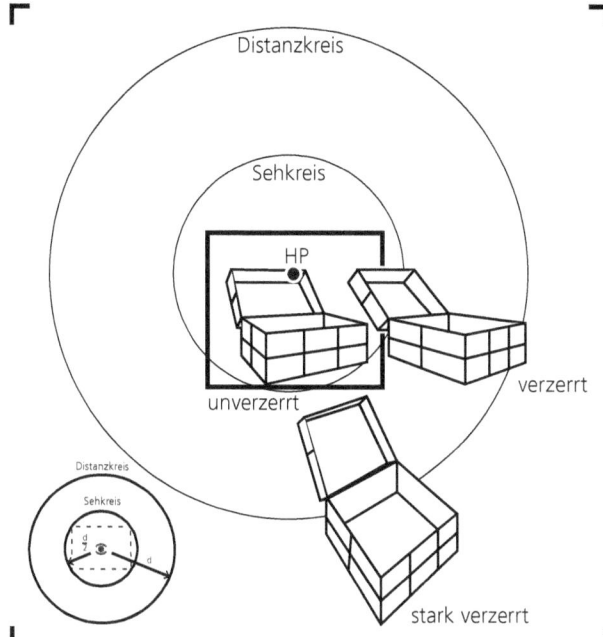

Abbildung 3-20, Illustration: Abbildungsergebnis mit Markierung bezüglich des Sehkreises und des Distanzkreises. Entsprechend der Lage der abgebildeten Objekte ergeben sich perspektivische Verzerrungen (nach [Rehbock 1980]).

### 3.3.4 Winkel

Bei der Betrachtung von bildhaften Darstellungen sind verschiedene Winkelbeziehungen von Relevanz. Einerseits gibt es den Bildwinkel respektive den Kameraöffnungswinkel, andererseits den Blickwinkel des betrachtenden Auges gegenüber einer Bildebene. Beide haben einen Einfluss auf die visuelle Wahrnehmung von Bildern durch den Menschen.

Winkel

#### 3.3.4.1 Bildwinkel

Der wahrnehmungspsychologische Begriff Bildwinkel eines Bildes entspricht bei der Kamera dem Kameraöffnungswinkel. Der Bildwinkel definiert die Grenzen des Bildfeldes. ‚Nicht selten' besteht eine Disparität zwischen Bild und Auge, beispielsweise indem die Konvergenz der abgebildeten Fluchtlinien vom Betrachter als unnatürlich oder störend durch den Menschen empfunden wird (vgl. [Mcgreevy u. a. 1986], [Bautsch 2014]). Dies ist auch bei computergrafischen Abbildern festzustellen (vgl. [Steinicke u. a. 2009]). Es gibt zwei mögliche Konstellationen dieser bildstrukturellen Disparität. In beiden Fällen befindet sich das Auge des Betrachters nicht im Augpunkt des Bildes:

Bildwinkel

- Die Konvergenz der Fluchtlinien ist zu gering (siehe Abbildung 3-21, links).
- Die Konvergenz der Fluchtlinien ist zu stark (siehe Abbildung 3-21, rechts).

Bei einem wahrnehmungskonformen Visualisierungssystem ist unter anderem der Bildwinkel (siehe 3.2.2.3) auf das Gesichtsfeld (siehe 3.2.2.1) abzugleichen. Das Modell der computergrafischen Kamera muss sich bei der Abbildung von Fluchtlinien, am Gesichtsfeld des Menschen orientieren.

# 3 Analyse

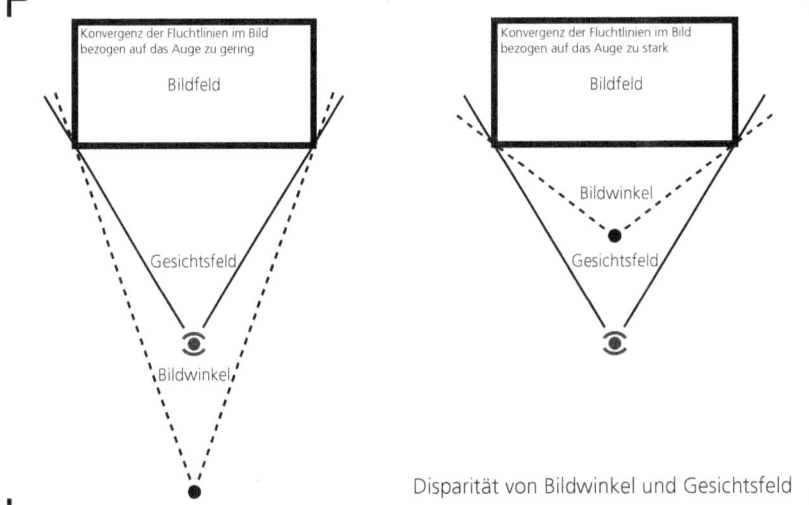

Abbildung 3-21, Illustration: Bildwinkel (Kameraöffnungswinkel) versus Gesichtsfeld (ruhendes Auge). Der wahrnehmungspsychologische Bildwinkel entspricht dem computergrafischen ‚Field of View' (siehe 2.3.5.4).

### 3.3.4.2 Blickwinkel

**Blickwinkel**

Der Blickwinkel ist der Winkel, den das menschliche Auge gegenüber einer Darstellung einnimmt (vgl. [Cutting 1987]). Bei Linearperspektiven sind die Bildstrukturen derart durch den Maler angelegt, dass der Blickwinkel des Auges gegenüber dem Bild in der Regel lotrecht zu sein hat, will der Betrachter geometrisch ‚korrekte' Proportionen und Relationen erblicken (siehe 2.2.2.2). Forschungsergebnisse zeigen, dass die visuelle Wahrnehmung von Konturen bei nicht-lotrechtem Blick des Auges gegenüber einer Linearperspektive beeinträchtigt sein kann (siehe Abbildung 3-22, vgl. [Gombrich 2005]), wie unter anderem mit der Anamorphose beabsichtigt (siehe 2.2.2.2). Der ‚Schiefegrad' einer Zentralprojektion lässt sich am Einfallswinkel der optischen Achse der Kamera beim Durchstoßen der Abbildungsebene bemessen (vgl. [Vishwanath u. a. 2005]). Diese Effekte werden auch als Konstanzproblem respektive Regressionsphänomen der Form beschrieben, denn der Mensch zeigt in dieser Hinsicht eine gewisse Wahrnehmungstoleranz (vgl. [Thouless 1931]). ERNST H. GOMBRICH spricht in seiner Lehre von der Proportion von einem psychologischen Prozess bei der visuellen Wahrnehmung von realen Gegenständen und vor allem von entsprechenden Abbildern (vgl. [Gombrich 2005]). Das Modell der computergrafischen Kamera muss die Lotrechte zwischen optischer Achse und Bildebene berücksichtigen.

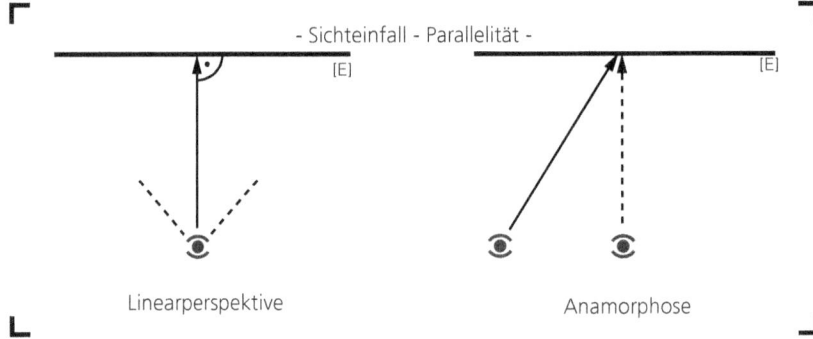

Abbildung 3-22, Illustration: Blickwinkel auf eine Bildebene, lotrecht (links), nicht-lotrecht (rechts).

## 3.3 Bildraum

### 3.3.5 Räume und Körper

Der mit vorliegender Arbeit betrachtete Raum ist dreidimensional. Im Folgenden wird auf eine Auswahl von Meisterwerken im Fachgebiet der Architektur rekurriert. Schon die antikisch ‚dreidimensionale Architektur' offenbart bei näherer Betrachtung Indizien, die die Kenntnis perspektivischer Gesetze vermuten lassen.

*Architektur*

Athen war zur Zeit der Antike ein Labor der Naturwissenschaften, ein Atelier, der in voller Entfaltung begriffenen Künste. Die Antike war im Höhepunkt dem Ideal der Anmutung verpflichtet. Dieses Ideal manifestierte sich unter anderem in Gestalt von Bauten, wie Tempeln (vgl. [Glassman 2008]). So weisen berühmte Bauwerke der Antike, wie die griechischen Tempel, bauliche Besonderheiten beziehungsweise Prinzipien auf, die ohne jeden Zweifel für eine ‚Scheinperspektive' sprechen (siehe Abbildung 1-1).

*Antike*

Berühmte griechische Beispiele sind der Apollontempel von Korinth (6. Jahrhundert v. Chr.) und der Parthenon auf der Athener Akropolis (5. Jahrhunderts v. Chr., beide mit dorischer Säulenordnung) aber auch die römische Celsus-Bibliothek von Ephesos (2. Jahrhundert n. Chr., mit korinthischer Säulenordnung).

Es ist keine originale, antike Schrift über Art und Weise der Errichtung von Tempeln überliefert. Die Prinzipien und die Techniken der damaligen Baumeister sind verloren gegangen, sodass lediglich die ‚Formsprache beziehungsweise Bildsprache' der antiken ‚Hochkultur' erhalten ist. In der Regel ist bei der Fassadengestaltung von antiken Tempeln das Folgende festzustellen:

*Formsprache*

„Die Bauglieder (Säulen, Kapitelle, Gebälk) der Randzonen von Tempeln sind ‚kleiner' dimensioniert als die der Mitte." Das lässt darauf schließen, dass der Rand des Gebäudes bewusst entfernter und damit sphärischer wirken soll (siehe Abbildung 3-23). „Wie beim griechischen Tempel[bau] sind auch beim römischen [... Bibliotheksbauwerk] die horizontalen Fugen ‚kontinuierlich' gekrümmt (Kurvatur), [...]." (Zitat von einer Tafel entnommen, siehe Abbildung 3-24, vgl. [Hueber und Strocka 1975], siehe 3.3.5.1).

*Gliederung und Ausgestaltung*

Abbildung 3-23, Fotografie: Bibliothek des Celsus, einem antiken Bibliotheksgebäude, in Ephesos, in der Nähe von Selçuk, in der Türkei (16. September 2006).

# 3 Analyse

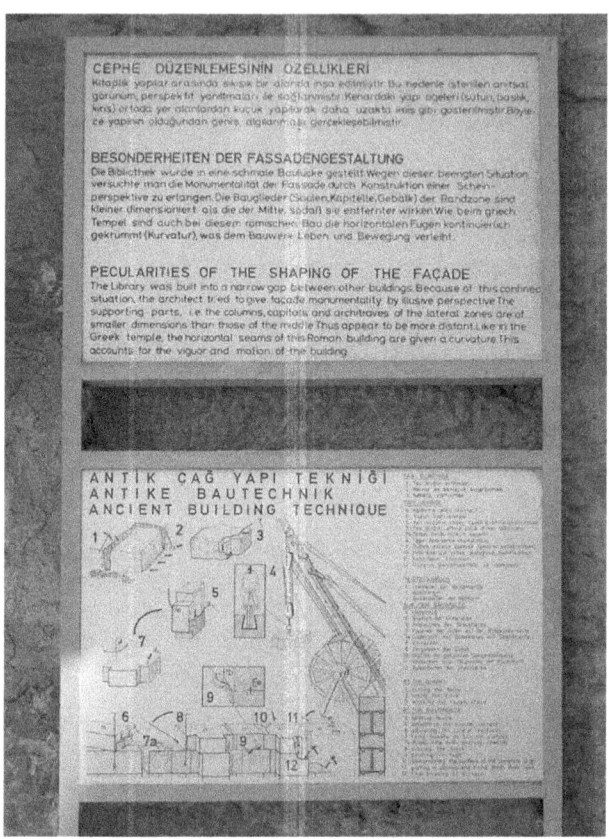

Abbildung 3-24, Fotografie: Beschreibung über Besonderheiten in der Konstruktion und zur Bautechnik der Bibliothek des Celsus, einem antiken Bibliotheksgebäude, in Ephesos, in der Nähe von Selçuk, in der Türkei (16. September 2006).

Kurvatur | Die Kurvatur ist in der Formsprache der Architektur eine leichte Wölbung (2 bis 20 Zentimeter je nach Ausmaß und Umfang eines Bauwerkes), einer an sich geraden Gebäudekante beziehungsweise eines geradlinigen Fassadenrasters (vgl. [Williams Symposium on Classical Architecture 1999]). Es handelt sich dabei um eine bewusst konzeptionelle perspektivische ‚Störung', die dem Gesamtbauwerk seine orthogonale Strenge gibt. Die visuelle Wahrnehmung der baulichen Gesamtkomposition erscheint harmonischer, insbesondere durch die Stringenz einer gerade wirkenden ‚ungeraden' Linie.

Akkuratesse | Bei Tempelbauten, wie dem Parthenon, ist innerhalb der Konstruktion kein Bauteil geometrisch identisch. Augenscheinlich könnte ein Baukastenprinzip vorliegen, dem aber nicht so ist. Die Teile sind nicht austauschbar. Das haben Archäologen bei der Rekonstruktion der Parthenon nachweisen können. Das Gebäude ist in der Tat als eine Skulptur zu verstehen. Die Baustelle des Parthenon musste damals aus heutiger Sicht eher einer Bildhauerwerkstatt von Marmorsteinmetzen geglichen haben, als einer Baustelle nach gegenwärtigem Verständnis (vgl. [Glassman 2008]). Das Bauwerk besitzt eine gestalterische Flexibilität, einerseits durch die Wahl der verwendeten Materialien und andererseits durch die ausformulierte Geometrie. Die Geometrie des Bauwerkes lässt sich als in eine ‚kontinuierliche' Gesamtkonstruktion mit einer ‚diskreten' Anordnung von einzelnen Bauteilen unterteilt betrachten. Diese ‚kontinuierlichen' und ‚diskreten' Ausformulierungen unterstützen eine Unterteilung der Multi-Perspektive (siehe 2.1.2).

## 3.3 Bildraum

### 3.3.5.1 Kontinuierliche Bauweise

Die Stufen des Stylobat des Parthenons sind an den Stirnseiten des Gebäudes in der Mitte nach oben gewölbt, eben nicht gerade beziehungsweise horizontal. In der Regel ist am Bau des Parthenons keine gerade Kante zu finden. Das Parthenon weist in seiner Konstruktion durchgehend feine Krümmungen auf, die auf einen potenziellen Betrachter lediglich subtil wirken. Dies ist eine besonders subtile Art und Weise der Konstruktion, die den ganzen Bau durchzieht (siehe Abbildung 3-25). An dieser Stelle lassen sich Vergleiche zu computergrafischen Abbildern anstellen, die aus nichtlinearen Projektionsverfahren resultieren (,Nonlinear Projection'). Die bauliche Ausführung von antiken Tempeln stellt somit eine mögliche Vorlage bei der Generierung von wahrnehmungsrealistischen Abbildern dar, beispielsweise einer ,kontinuierlichen Multi-Perspektive' (siehe 2.1.2.2).

Kontinuierliche Bauweise

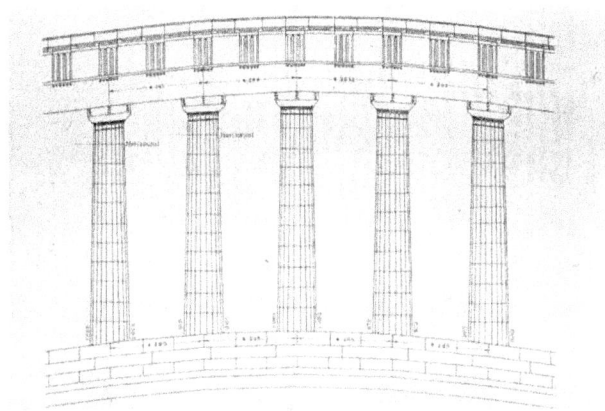

Abbildung 3-25, Zeichnung: Ansicht, ,überzeichnete' Kurvaturen, optische Korrekturen eines Tempels ([Breitling 2003], vgl. [Williams Symposium on Classical Architecture und Haselberger 1999]).

In der gesamten Struktur des Bauwerkes gibt es keine Gerade und keinen rechten Winkel, nicht weil es die Baumeister dieser Zeit nicht vermochten, sondern ganz im Gegenteil, weil die baulichen Strukturen den optischen Erfahrungen des Sehens folgten (siehe Abbildung 3-26). Der Unterbau des Tempels ist konvex. Darüber sind die Säulen aufgestellt, die geometrisch gesehen, als Gruppe einen Pyramidenstumpf darstellen, denn die Säulen sind leicht nach innen geneigt, sodass sich diese – rein theoretisch – in einer Höhe von ungefähr fünf Kilometern in einem Punkt schneiden. Man spricht auch von einer baulichen Inklination – eine ,Einwärtsstellung'– der Säulen des Tempels (vgl. [Bankel 1999], [Bankel 2009]), welches einer optischen Verfeinerung entspricht. Auch die Cellawände folgen in ihrem Aufbau der Inklination. MARCUS VITRUVIUS POLLIO (kurz: VITRUV) empfiehlt Inklination und Kurvatur „nicht nach der Wasserwaage" unter anderem aus Gründen der Gefälligkeit des Auges auszuführen ([Vitruvius 1964, S. 161]). Aber auch praktische Gründe an den Ecken des Tempels sprechen für die Absenkung des Stylobats, beispielsweise zum Zwecke des Ablaufens von Regenwasser. Letztlich stellt die Inklination der Säulen aus statischen Gründen auch eine Stabilisierung des Gesamtbauwerkes dar. Allein die Wölbung der Säulen, die Entasis, scheint rein aus optischen Gründen der „Illusionen" beziehungsweise „Subtilität" angelegt zu sein ([Browne 1927, S. 296 ff.], [Robertson 1969, S. 117]). Dies scheint von besonderer Wichtigkeit zu sein, weil diese Art der Ausführung über eine lange Zeit praktiziert wurde. Denn „was im dritten Buch über die ionischen Säulen geschrieben ist, […] werde auch auf diese [dorische] Säule übertragen" ([Vitruvius 1964, S. 187]).

Subtilität und Verfeinerung

## 3 Analyse

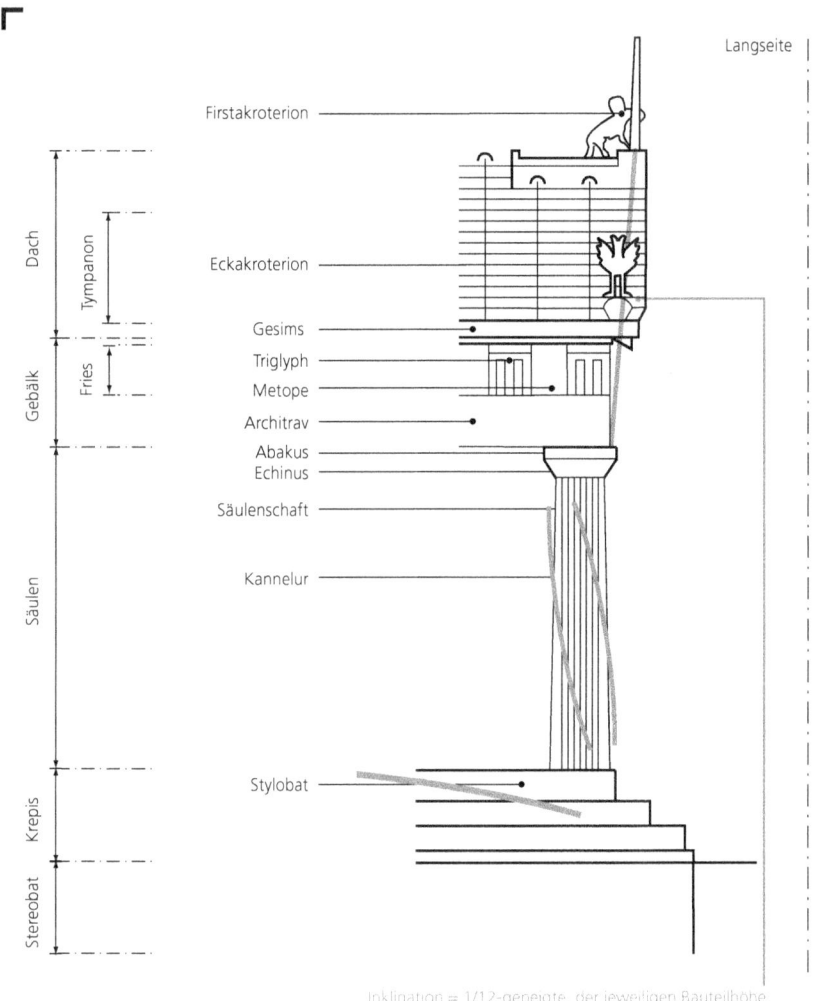

Abbildung 3-26, Illustration: Dorischer Tempel mit ‚Auszeichnung' von Kurvaturen. Es ist nur ein wesentlicher Teil aller bekannten Kurvaturen dargestellt (zweiseitige Illustration).

Feinheit am Beispiel

Selbst die Architrave, die die Säulen an der Oberseite miteinander verbinden, und das darüberliegende Gebälk sind konvex. Vielmehr noch als beispielsweise die Säulen, die sich von einem in der Nähe des Tempels stehenden Betrachter optisch wegkippen, wenden sich die reichhaltig vielfigurigen Elemente des Gebälks und des Tympanon dem Betrachter zu. „Alle Bauglieder oberhalb der Säulenkapitelle, d. h. Architrave, Friese, Gesimse, Giebelfelder, Giebelschrägen und Akroterion sollen an der Vorderseite um 1/12 [ein Zwölftel] seiner Höhe nach vorn geneigt sein […] dann werden sie beim Anblick senkrecht und nach dem Winkelmaß [orthogonal für den sehenden Menschen] zu stehen scheinen ([Vitruvius 1964, S. 164–165]).

3.3 Bildraum

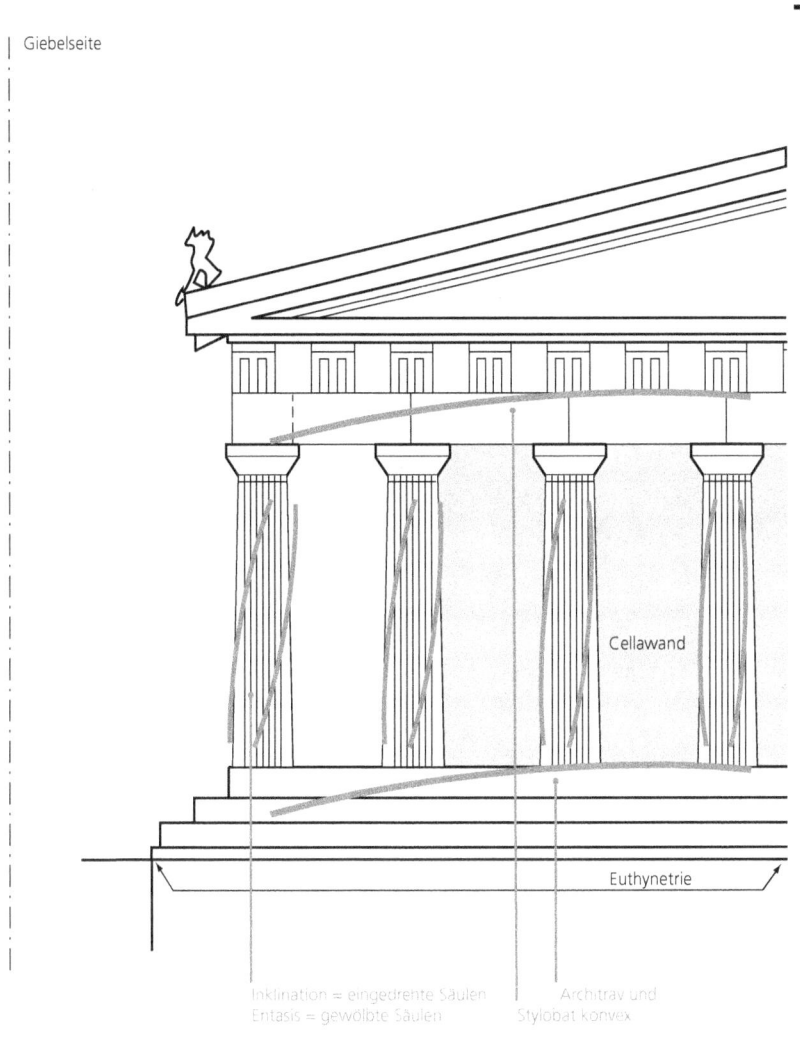

- siehe links -

Das gleiche Prinzip findet sich beim Piazza San Pietro (Petersplatz) in Rom wieder. Allerdings ist hier nicht die Fassade, sondern der Platz selbst geometrisch manipuliert. „Die [dortige] Anlage unterliegt einer leichten Steigung zum Kirchengebäude. Die Flügelbauten gleichen sie nicht aus, sondern sind in derselben Neigung angelegt. [...] Die ungewöhnliche Form des Trapezes von Vorplatz und Treppe als auch die Steigung der Flügelbauten sind Kunstgriffe [...]" des Baumeisters GIOVANNI LORENZO BERNINIS ([Jung u. a. 2008]). Insofern liegt eine perspektivische Täuschung vor, die die Peterskirche schmaler und höher erscheinen lässt, wenn ein Betrachter diese vom Haupteingang der Anlage aus ‚in Augenschein nimmt' (siehe Abbildung 3-27, vgl. [Hansmann 1978], [Borsi 1983], [Grundmann 1997]).

Allgemeingültigkeit

## 3 Analyse

Abbildung 3-27, Radierung: „Petersplatz", in Rom von SIMON DITTRICH (1997).

**Einfluss der optischen Täuschung**

Der Parthenon ist in der Architektur kein Einzelfall, sondern ein berühmter Stellvertreter für viele Tempelanlagen einer Epoche (vgl. [Glassman 2008]). Weshalb auf gerade Linien und rechte Winkel verzichtet wurde, begründet sich vermutlich in dem Wissen der Griechen über die optischen Gesetze, so MARGARET LIVINGSTONE (vgl. [Livingstone und Hubel 1988]). Sie vertritt die These, dass es nicht die Aufgabe des Auges ist, ein Bild an das Gehirn zu senden, sondern das menschliche Gehirn vom Auge lediglich Informationen bezüglich der Umgebung erwartet, aus denen es sich ein Bild macht. Vielmehr ist die Interpretation respektive Deutung der visuellen Informationen durch das Gehirn scheinbar. Hierin begründen sich die optischen Phänomene und Täuschungen. Dazu dient ein Beispiel, wie eine optische Täuschung das Durchhängen einer Geraden illusioniert (siehe Abbildung 3-28 bis Abbildung 3-30, nach [Glassman 2008]).

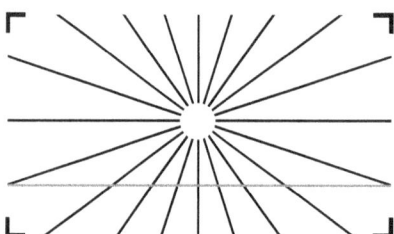 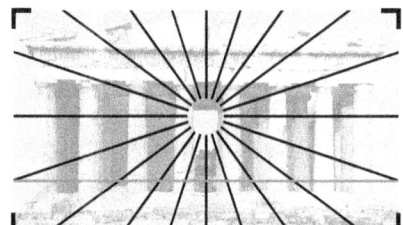

Abbildung 3-28, Illustration: Optische Täuschung einer ‚durchhängenden' Geraden durch das Fluchten von anderen horizontalen Bildstrukturen, links oben.

Abbildung 3-29, Illustration: Kompensation der optischen Täuschung durch Verwendung von krummlinigen Gebäudekanten, rechts oben.

Abbildung 3-30, Fotografie: Orthogonal wirkender Tempelbau am Beispiel der krummlinigen Konstruktion des Parthenon, unten (alle nach [Glassman 2008]).

## 3.3 Bildraum

Diese optische Täuschung tritt auch eintreten, wenn ein Tempel aus lauter Geraden bestände. Der optischen Täuschung durch Flucht der Horizontalen in die Tiefe kann mit gekrümmten Gebäudekanten, wie beim Tempelbau des Parthenon, entgegengewirkt werden (siehe Abbildung 3-29).

### 3.3.5.2 Diskrete Bauweise

Nachdem in den vorangegangenen Absätzen eine ‚kontinuierlich' wirkende, perspektivische Optimierung in der baulichen Ausführung des dorischen Tempels dargelegt wurde, folgt am gleichen Beispiel eine Lösung, die der ‚diskreten Multi-Perspektive ' zuzuordnen ist. Eines der konstruktiven Probleme beim Tempelbau ist die ‚diskrete' Ausformulierung der Eckpartien. Berühmt ist diese Problematik unter anderem unter dem Begriff des dorischen Eckkonfliktes (vgl. [Breitling 2003]). Alle, bis auf die Abstände der äußeren Säulen, stehen gleich weit auseinander. Dazu seien an dieser Stelle die beiden Abbildungen zu vergleichen (siehe Abbildung 3-30 und Abbildung 3-32).

*Diskrete Bauweise*

Die griechischen Baumeister (re)agierten mit ‚diskreten' geometrischen Lösungen, wie beim dorischen Eckkonflikt (siehe Abbildung 3-32). Die üblicherweise mittig über der Säule auf dem Architrav befindlichen Triglyphen markieren die Lage der Deckenbalken. An den Ecken des Tempels ergibt sich bei näherer Betrachtung ein Konflikt, sodass sich die Friese in den Ecken nicht fügen beziehungsweise unharmonisch wirken würden. Diesem räumlichen Konflikt kann durch verschiedene Lösungen abgeholfen werden, beispielsweise mit der ‚klassischen Variante', die eine optische Harmonie herstellt (siehe Abbildung 3-32). Die griechischen Baumeister ‚machten aus der Not eine Tugend'. „Gelöst von praktischen Zwecken, verwirklicht [sich] die Vorstellung der Griechen von Maß, Ordnung und sakraler Repräsentation in einer Ideal-Architektur" ([Breitling 2003, S. 155]), in Form und Gestalt eines multi-perspektivisch, plastischen Gliederbauwerkes.

*Dorischer Eckkonflikt*

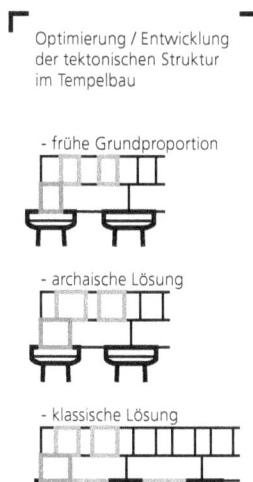

Abbildung 3-31, Fotografie: Akropolis mit Blick auf Parthenon aus Richtung des Berges Philopappo von ALEXANDER SAVIN (2013), nachbearbeitet, oben.

Abbildung 3-32, Illustration: Tektonische Struktur im Bereich einer Ecke eines dorischen Tempels. Darstellung der Lösung des ‚dorischen Eckkonfliktes' ([Müller 1987, S. 154]), links.

# 3 Analyse

**Parthenon, ein Zeichen und ein Symbol**

Ein kommunikatives Ziel des Parthenon ist es, die Sichtbarkeit der Vollkommenheit des Bauwerkes herzustellen (siehe Abbildung 3-30). Das Parthenon war und ist ein Symbol der griechischen Zivilisation, Hochkultur und Demokratie. Der Standort des Parthenon wurde bewusst ausgewählt, um unter anderem eine Botschaft in die Welt zu senden. Dazu ist zu wissen, dass die Athener Akropolis auf einer natürlichen, geologischen Erhebung in unmittelbarer Nähe zum Mittelmeer errichtet wurde. Es konnten die Betrachter des Parthenon, die Leistungsfähigkeit des menschlichen Geistes und die Leistungen der griechischen Gesellschaft, wahrnehmen. Das Parthenon thront innerhalb der Athener Akropolis (siehe Abbildung 3-31). Diese städtebauliche Situation sollte insbesondere für die Besatzung an- und auslaufender Schiffe und Besucher Athens zu tiefst beeindruckend gewesen sein. Von einer entsprechenden Auseinandersetzung bezüglich der Stadtplanung der griechischen Gelehrten und Baumeister ist auszugehen.

**Gestalterische Dimension**

Im Ergebnis ist das Folgende festzuhalten: Das Modell der computergrafischen Kamera muss sich bei der Generierung von Bildstrukturen an den Kompositionsprinzipien der Malerei und auch an den Methoden der Architektur orientieren.

### 3.3.6 Mensch

**Maßstab Mensch**

Die alten Griechen erlangten ihr Wissen über die Welt vermutlich alleine aus unmittelbaren Beobachtungen. Sich damit ergebende Überlegungen führten unter anderem zu Konstruktionsprinzipien und der ‚Feinform' betreffenden Schlussfolgerungen. Im Ergebnis hielt zum Beispiel das Parthenon erschütternden Erdbeben ohne Risse zu zeigen stand. Zugleich ‚trotz' das Bauwerk mittels subtilen Verfeinerungen den optischen Gesetzen. Dies realisiert sich vor dem Hintergrund einer teils Zehntelmillimeter genauen Präzision, bei zugleich archaisch (frühantik) wirkenden Maßstäben, wie die Steintafel von Salamis belegt.

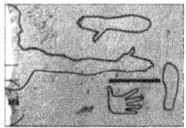
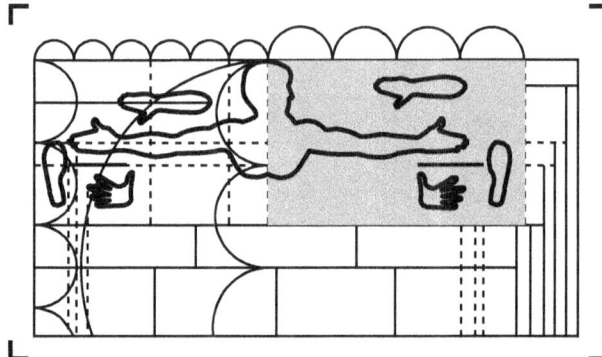

Abbildung 3-33, Illustration: Teil der ‚Steintafel vom Salamis', unbekannter Bildhauer (etwa 300 v. Chr.), mit Maßstäben der antiken griechischen Zivilisation, oben.

Abbildung 3-34, Illustration: Extrapolation der Maßstäbe nach Abbildung 3-33 in Anlehnung an andere Menschmodelle, wie dem „Vitruvianischen Menschen", rechts. (Beide Abb. nach [Glassman 2008]).

Diese Steintafel von Salamis zeigt die Sichtweise der alten Griechen, Maßstäbe vom Menschen abzuleiten, dabei Proportionen zu gewinnen und damit an anderer Stelle, wie bei Bauwerken, eine Harmonie zu schaffen. Erstaunlich ist, dass die Tafel, als ein praktisches Werkzeug der Bautätigkeit, mit der Gebäudelehre in Übereinstimmung gebracht werden kann (vgl. [Glassman 2008]). Architektur war damals nicht mehr und nicht weniger als ein Handwerk. Ähnlichkeiten zum Maßstabmodell: „Vitruvianischer Menschen" von LEONARDO DA VINCI sind erkennbar (vgl. [da Vinci 1925]). Mit großer Sicherheit leiteten auch CHARLES-ÉDOUARD JEANNERET-GRIS (bekannt unter: LE CORBUSIER) beziehungsweise ERNST NEUFERT ihre jeweiligen Modelle vom Menschen davon ab.

## 3.3 Bildraum

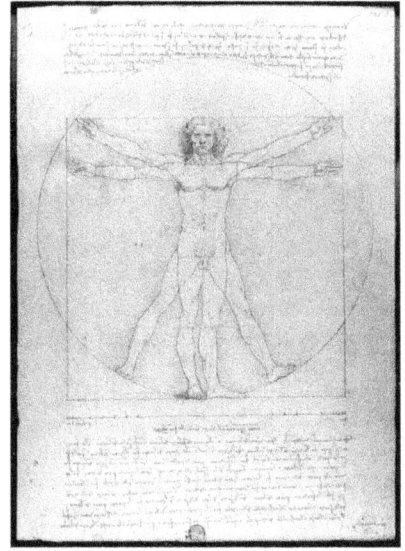
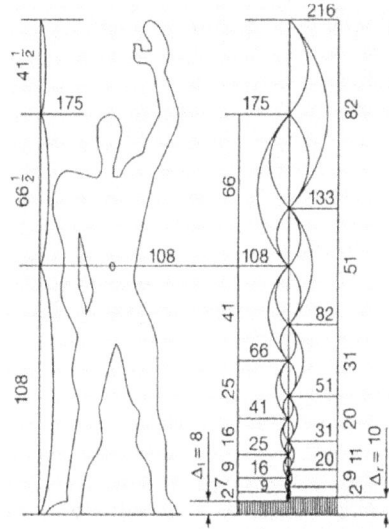
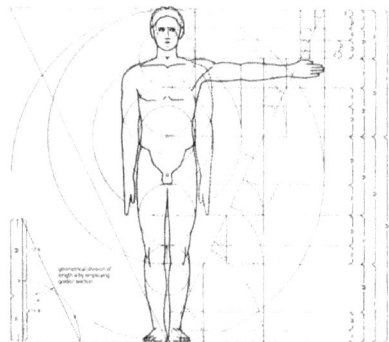

Abbildung 3-35, Illustration: „Vitruvianischer Mensch" von LEONARDO DA VINCI (um 1490, vgl. [da Vinci 1952]), links o.

Abbildung 3-36, Illustration: „Modulor" names „Gitterrost der Proportion" von LE CORBUSIER (1942-1955, vgl. [LeCorbusier 1990], [LeCorbusier 1998]), auf der Zahlenkette 2/7/9 beruhend, rechts oben.

Abbildung 3-37, Illustration: „Big Man" von ERNST NEUFERT (1936, vgl. [Neufert u. a. 2012]), aus Überlegungen zu Maßen vom Menschen bezüglich der Architektur, links.

Die perspektivische Wahrnehmung war demnach schon damals Gegenstand der gestalterischen Auseinandersetzung. VITRUV stellt einen konkreten Zusammenhang im Tempelbau „zwischen Säulenzwischenräumen und der Dicke selbst her, und zwar im Hinblick auf optische und wahrnehmungspsychologische Gründe:" ([Fischer 2009, S. 43]) „weil die Luft infolge der Breite der Säulenzwischenräume für das Auge die Dicke der Säulenschafte verzehrt und vermindert " ([Vitruvius 1996, S. 151]). Damit ordnet sich die Bauweise der Anmutung des Auges aus optischen Gründen unter. Die Geometrie der Bauelemente und der Gebäude im Ganzen wurde mit dieser Absicht korrigiert, beispielsweise „Verstärkung von Ecksäulen, Verjüngung und Neigung der Säulen, mittlere Überhöhung der Stylobate und der Epistyle, Vorneigung aller Bauteile oberhalb der Kapitele um ein Zwölftel, etc." ([Fischer 2009, S. 43]).

Perspektivische Wahrnehmung

Die Maler, die Bildhauer und die Architekten entwickelten ihre eigenen, fachlich orientierten Menschmodelle. Mit der Entwicklung von menschlichen Bedürfnisse ist auch eine Verfeinerung der Modelle festzustellen (siehe Abbildung 3-34 bis Abbildung 3-37). Für weiterführende Erkenntnisse wird an dieser Stelle auf Fachliteratur der Architektur verwiesen, soll doch im Rahmen der vorliegenden Arbeit lediglich für die perspektivische Optimierung auch von realen Gebäuden hinsichtlich der visuellen Wahrnehmung durch den

Entwicklung von Menschmodellen

## 3 Analyse

Menschen sensibilisiert werden (vgl. [Glassman 2008], [da Vinci 1952], [LeCorbusier 1998], [Neufert u. a. 2012]). Mit den diversen Menschmodellen bezüglich der realen Umgebung leitet sich zwangsläufig die Frage nach einem ‚eigenen' Menschmodell für virtuelle Umgebungen ab. Das Modell der computergrafischen Kamera muss menschliche Maßstäbe einschließen (anthropologische Konstanten). Unter anderem begründet sich durch die Möglichkeit der Nutzung von immersiven und kognitiv-invasiven Schnittstellen ein interessantes Forschungsfeld (siehe 4.3.1, vgl. [Dzaack 2008]).

### 3.4 Bildrealismus

*Verzerrung der Wirklichkeit*

„Berechnen und physisch Darstellen ist die Sache der Technik. Die Techniker [die Maler, die Fotografen], die Computergrafiker simulieren das Sehen." ([Alsleben 2001, S. 479]). Ziel ist ein: "image that is perceptually indistinguishable from actual scene." ([Greenberg 1999, S. 51], vgl. [Greenberg u. a. 1997]). Im Buch „Bildmanipulation - Wie Computer unsere Wirklichkeit verzerren" von OLIVER DEUSSEN ist eindrucksvoll beschrieben, wie Bilder täuschen können (vgl. [Deussen 2007]). Gemeint ist nicht das Täuschen durch optische Phänomene, sondern durch ‚raffinierte' Manipulation von Computergrafiken. Der Bildschaffende kann durch geschickte Komposition und Montage bestimmte Dinge verstecken, andere betonen oder schlicht stören, also Tendenzen intendieren und Stimmungen implementieren (vgl. [Groh 2005]). Bildern wie Fotos immer zu trauen ist daher zumindest ‚fahrlässig' (vgl. [Deussen 2007]).

#### 3.4.1 Fotorealismus

*Fotorealismus*

In der Literatur wird bezüglich des Fotorealismus als Richtung der Computergrafik schlicht von einem „Fortbestand der Fotografie in virtuellen Bildern" gesprochen ([Parche 2008, S. 67]). Allgemein wird an anderer Stelle ausgeführt, dass das Modell der virtuellen Kamera nicht hinreichend über eine Analogie zur optischen Kamera hinausgehend verwendet wird (vgl. [Helbing 2004]). Das Ziel des Fotorealismus hat die dreidimensionale Computergrafik nahezu erreicht (vgl. [Kovalev u. a. 2007]). Theoretische Diskurse zum Fotorealismus sind in der Fachliteratur zahlreich zu finden – oft mit subjektiv unterschiedlichen Verständnissen darüber, was diesen ausmacht (vgl. [Schirra und Scholz 1998]). Objektiv gesehen, „spricht man vom Fotorealismus, wenn die Ergebnisse nicht mehr vom Foto zu unterscheiden sind" ([Deussen 2007, S. 80]).

Abbildung 3-38, Computergrafik:
Eine der ersten fotorealistischen Visualisierungen von Landschaft mit Vegetation von OLIVER DEUSSEN (1999).

3.4 Bildrealismus

### 3.4.2 Nicht-Fotorealismus

DAVID SALESIN im Vorwort zu: „Non Photorealistic Computer Graphics: Modeling, Rendering and Animation" führt dazu aus: „[...] with this ability to simulate scenes of ever-increasing realism comes a new problem: depicting and visualizing these complex scenes in a way that communicates as effectively as possible. Thus, over the past decade, a new type of quest has emerged [... It] has more to do with creating imagery that is useful [...]. To this end, we can no longer turn to the physical sciences. Instead, we must look to the cognitive sciences, as well to the field of art, graphic design, and traditional illustration, where the challenges of structuring and abstracting information so that it can be communicated most effectively – and attractively – have been most carefully studied." ([Salesin 2002]).

*Nicht-Fotorealismus*

Einer der ersten Fürsprecher für die nicht-fotorealistische Bilderzeugung in der Computergrafik (NPR) sagte bereits in den frühen 1980er Jahren: „If the ultimate goal of a picture is to convey information, then a picture that is free of the complications of shadow und reflections may well be more successsful than a ‚tour de force' of photographic realism" vgl. [Foley u. a. 1990]). Die Entwicklung in dieser Spezialisierung der Computergrafik erlebte ihren ersten Höhepunkt Ende der 1990er Jahre, beispielsweise mit der Eurographics'99 und der SIGGRAPH'98 (siehe Abbildung 3-39).

*Entwicklung eines Fachgebietes*

In der Computergrafik wurde die Community der NPR begründet und geprägt, unter anderem durch Beiträge von TAKAFUMI SAITO und TOKIICHIRO TAKAHASHI (1990), DEBRA DOOLEY und MICHAEL F . COHEN (1990), THOMAS STROTHOTTE (1994), JOHN LANSDOWN und SIMON SCHOFIELD (1995), OLIVER DEUSSEN (1999), MARIANNNE SHEELAGH THERESE CARPENDALE (1999). Viele Beiträge folgten (vgl. [Gooch und Gooch 2001], [Strothotte und Schlechtweg 2002], [Geng 2010]).

Abbildung 3-39, Computergrafik: Nicht-fotorealistische Visualisierung eines Baumes von OLIVER DEUSSEN (2000).

# 3 Analyse

### 3.4.3 Wahrnehmungsrealismus

*Wahrnehmungs-realismus*

Es gibt in der Fachwelt unterschiedliche Verständnisse darüber, was Realismus ausmacht oder ist. Die Computergrafik lässt sich aus gestalterischer Sicht grob in zwei Richtungen unterteilen: in die fotorealistische und die nicht-fotorealistische Visualisierung. Grundsätzlich sollten sich alle Stile oder Erscheinungsformen von Bildern an der menschlichen, visuellen Wahrnehmung orientieren. Der Wahrnehmungsrealismus ist kein bestimmter Stil, sondern eine Sammlung von Kriterien und beispielsweise bildstrukturellen Qualitäten.

#### 3.4.3.1 Binokularität

*Binokularität*

Das vorherrschende linearperspektivische Abbild, dass mittels Zentralprojektion erzeugt wird, zeigt in der Regel weniger Oberflächenanteile eines Körpers, als es eine klassische Ansicht liefert. Der Begriff der ‚Ansicht' ist unter anderem in der Lehre über die Darstellungsgeometrie definiert. Auf Basis der Dreidimensionalität des Raumes ergeben sich mit der Dreitafelprojektion genau sechs planare ‚Ansichten'. Dabei handelt es sich um die Draufsicht (DS), die Vordersicht (VS), die Hintersicht (HS), die Seitensichten links (SL) und rechts (SR) sowie die Ansicht von Unten (AU), (vgl. [Leopold 2012]). Eine ‚Abwicklung' hingegen kann mehr Oberflächenanteile als eine planare Ansicht zeigen, beispielsweise die ‚Umgekehrte Perspektive' (siehe 2.1.4, vgl. [Rauschenbach 1983]). Das bedeutet, dass der geometrische Daten- beziehungsweise Informationsgehalt eines zentralprojizierten Objektes in Abhängigkeit von der konkreten Abbildungsvorschrift kleiner oder größer sein kann. Nach gegenwärtigem Wissen über die Zentralprojektion ist das nichts Neues. Wird die Betrachtung auf die Parallelprojektion (Teleobjektiv ähnlich) und darüber hinaus auf die ‚Umgekehrte Perspektive' erweitert, dann ergeben sich zusätzliche Erkenntnisse:

*Abbild, Ansicht, Abwicklung*

‚Die planare Ansicht' eines Objektes zu visualisieren, obliegt der Parallelprojektion. Bei genauer Betrachtung der entsprechenden Darstellungsformen variiert die Informationsdichte im Bild, wie folgt:

*Formel 3-1: Abbild < Ansicht < Abwicklung (Definition).*

$$\text{Abbild}_{\text{Zentralprojektion}} < \text{Ansicht}_{\text{Parallelprojektion}} < \text{Abwicklung}_{\text{Umgekehrte Perspektive}}$$

Zur Illustration dieses Sachverhaltes ist die Abbildung zum Vergleich von Abbild, Ansicht und Abwicklung zu betrachten (siehe Abbildung 3-40). Der visuellen Wahrnehmung des Menschen werden demnach unterschiedliche geometrische Daten und Informationen des betreffenden, abzubildenden Objektes zugeführt. Von Belang ist, dass die ‚Umgekehrte Perspektive' einen de facto natürlichen Aspekt des menschlichen Blickens impliziert. Mit dem zweiäugigen Menschen ergibt sich die geometrische Situation, dass der menschliche Blick stets ein Mehr an Objektbeschaffenheit rezipiert, als eine Zentralprojektion mittels eines Abbildes in der Lage zu liefern ist. Die Disparität, der zwei Augen, liefert der visuellen Wahrnehmung des Menschen zusätzliche Tiefenhinweise. Hierin begründet sich unter anderem die Stereoskopie, auch die der Computergrafik. Es ist Forschungsbedarf angezeigt, inwieweit sich das zweiäugige Blicken des Menschen in einem flächigen computergrafischen Bild (also kein stereoskopisches Bild) bildstrukturell implementieren lässt. Im Rahmen der vorliegenden Arbeit wird sich im Weiteren auf das einäugige Blicken konzentriert, um einen Anschluss zur Zentralprojektion und flächigen Bildstrukturen herzustellen. Dabei ist es legitim, dass Bildstrukturen auf der Fläche abgetragen, eine Illusion von Raum erzeugen, wie dies beispielsweise durch Fluchtlinien gegeben ist.

## 3.4 Bildrealismus

Projektionsverfahren ~ Blickerfahrung vs. Objekterfassung

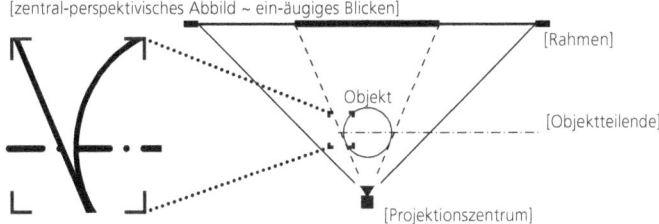

[zentral-perspektivisches Abbild ~ ein-äugiges Blicken]

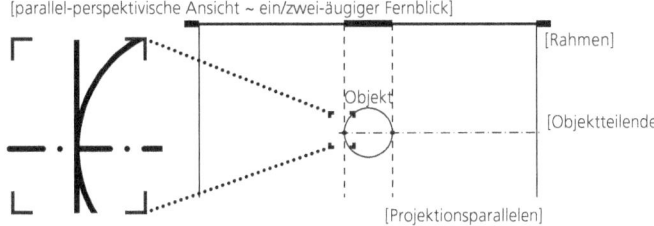

[parallel-perspektivische Ansicht ~ ein/zwei-äugiger Fernblick]

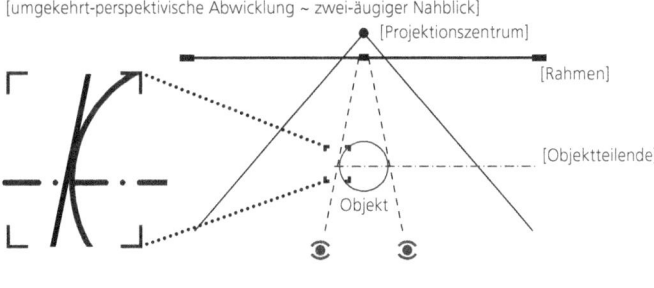

[umgekehrt-perspektivische Abwicklung ~ zwei-äugiger Nahblick]

Abbildung 3-40, Illustration: Gegenüberstellung von ‚Abbild' (Zentralprojektion) und ‚Ansicht' (Parallelprojektion) und ‚Abwicklung' (Umgekehrte Perspektive).

### 3.4.3.2 Monokularität

Wenige Arbeiten stellten das Prinzip der Zentralprojektion unter bildsprachlichen Aspekten in den Mittelpunkt der Untersuchung (vgl. [Groh 2005]). Abstraktion, Unschärfe, Illustrationen, Annotationen, etc. waren Gegenstände der Auseinandersetzung - schlicht der Erscheinung nach und von der Hand gemacht (vgl. [Salesin 2002]). Weitestgehend unbearbeitet blieb in der Computergrafik die Kompositionsleistung des Anlegens von Bildstrukturen, wie dies beispielsweise in der Malerei vollzogen wurde (siehe 2.2.2).

In der Computergrafik wurden multi-perspektivische Bildstrukturen erzeugt, oft allerdings nicht mit der Absicht der Gestaltsynthese, sondern eher nach den Regeln der Gestaltrekonstruktion. Als Ausgangspunkt für Arbeiten zu computergrafischen und fotografischen Multi-Perspektiven stehen unter anderem die Veröffentlichungen um Maneesh Agrawala,

Monokularität

Monokulare Multi-Perspektive

# 3 Analyse

**Monokulare Multi-Perspektive**

DENIS ZORIN und ALAN H. BARR (vgl. [Agrawala u. a. 2000], vgl. [Zorin und Barr 1995]). In der Erzeugung von multi-perspektivischen Fotografien wird zum Beispiel eine bildbasierte Methode angewendet, die im Fachgebiet der Darstellenden Geometrie unter der ‚Pavimento-Methode' bekannt ist. Diese wird zur Bestimmung des Bildhauptpunktes herangezogen (siehe 3.2.1.1, vgl. [Scriba und Schreiber 2005]). Mit diesen wissenschaftlichen Beiträgen aus Forschung und Entwicklung erhalten die Anwender neue Werkzeuge. Mit Anwendern sind bildschaffende Designer, Maler, Künstler und Ähnliche gemeint. Die Computergrafik bietet der Gestaltung neues Potenzial. „Neue Untiefen sind zu beherrschen." ([Alsleben 2001, S. 480]). RAINER GROH konstatiert: „Die Komposition ist besondere Form bildnerischer Tätigkeit, die die Gestalt in die Qualität des Raumes transformiert" ([Groh 2005, S. 74], siehe Abbildung 3-41 und Abbildung 3-42).

Abbildung 3-41, Gemälde: „Ruine Eldena" von CASPER DAVID FRIEDRICH (1825).

Abbildung 3-42, Fotografie: „Klosterruine in Eldena, in Greifswald" von THOMAS GRUNDNER (2003).

**Gemälde versus Fotografie**

Die Darstellungen zur Klosterruine in Eldena zeigen einen Vergleich zwischen Fotografie und Gemälde. Das Foto ist ein Schnappschuss. Gezeigt wird eine Momentaufnahme (siehe Abbildung 3-42). Die Ruinen sind die Reste eines ehemaligen Zisterzienserklosters. Ort des Klosters ist der heutige Greifswalder Ortsteil Eldena. Zum Gemälde wird ausgeführt „In schwindelerregende Höhe streben Teile des ehemaligen Hauptschiffs der Klosterkirche, umwuchert von dichtem Gestrüpp und knorrigen Baumriesen. [...] In saftigstem Grün erstrahlt das Gras auf dem ehemaligen Kirchenboden, [...] auch die Natur hat sich neben und selbst auf den alten Mauern breitgemacht. Es liegt eine harmonische, beinahe behagliche Stimmung über dem so ungleichen Ensemble." ([Bauer 2013]).

## 3.4 Bildrealismus

Das Gemälde: „Ruine Eldena" erzeugt durch seine Komposition eine stimmungsvollere und harmonischere Botschaft, als es das Foto vermag. Es ist mehr als das Ergebnis eines Abbildungsverfahrens (siehe Abbildung 3-41 und Abbildung 3-42). Eine endogene Interpretationshilfe des Bildes zur Verbesserung seiner Lesbarkeit ist möglich. Endogen meint aus dem Bildmaterial beziehungsweise der Bildstruktur selbst heraus und an der Wahrnehmung des Menschen orientiert. Dazu eignen sich Störungen. Störungen sind hier als positive, gestalterische Momente respektive Dimension zu verstehen.

*Gestalterische Dimension*

### 3.4.4 Visualisierungskritik (Zwischenfazit)

Wie andere Disziplinen ist auch das Fachgebiet der Visualisierung entsprechender Kritik ausgesetzt. Kritik meint nicht Verurteilung, sondern Beurteilung. A priori ist Kritik nichts Negatives, sondern liefert entscheidende Beiträge zur Weiterentwicklung eines bestimmten Gegenstandes oder Sachverhaltes. Abweichungen vom ‚Standard/Gegenstand' beziehungsweise ‚Ausbrüche aus dem Gewohnten' führen allerdings zu ‚Widerständen', wie nachfolgend verdeutlicht wird:

*Visualisierungskritik*

Bereits die ägyptische Kultur zeigt - interessanterweise - einen Ausbruch aus der starren, auch religiös festgelegten Darstellung. In der Zeit des Pharaos Echnaton und seiner Frau Nofrotete entstanden Bauwerke, Reliefs mit perspektivischen Darstellungen und Wandmalereien (vgl. [Hornung 2005]). Es erblühte die sogenannte Amarnakunst, die sich durch die Entwicklung der Naturabbildung auszeichnet (vgl. [Farsen 2010]). Dieser Ausbruch wird nach dem Ableben des Pharaos durch ‚Traditionalisten' beendet. Die Naturabbildung wurde für Jahrhunderte unterdrückt. Gleichfalls legt das byzantinische Verständnis von Bildern zwei Hauptausrichtungen vor. Einerseits lässt sich der antike Gedankenansatz der Mimesis finden. Andererseits lässt sich der ‚hieratische' Ansatz benennen, der historisch gesehen in zeitgeschichtlicher Nähe der Hieroglyphen angesiedelt wurde (vgl. [Spiteris 1966]). Letztes ist eher der Kommunikationsform einer Geistlichkeit, im bildstrukturellen Sinne den Mitteln der ‚Unwirklichkeit' zuzuordnen. Hierin kann sich auch der Ikonoklasmus (Bildersturm) begründen, der in den Religionen kulturhistorisch immer wieder anzutreffen ist (vgl. [Gamboni 1997]). Letztlich zeigen ‚wirklichkeitsliebende' Bilder auch eine gewisse hellenistische Resistenz (vgl. [Pollitt 1986]). Das Schaffen nach den Prinzipien des Hellenismus reicht bis weit über den eigenen politischen Niedergang dieser Epoche hinaus (vgl. [Schmitt und Vogt 2005], [Makarewicz 2008]). Religiöse Ikonen wurden hingegen bei einem politischen Wechsel und aus sozialen Hintergründen oft entfernt, wenn nicht sogar zerstört (vgl. [Bredekamp 1975]).

*Politische Dimension von Aggregat- und Systemraum*

Bilder sind Kommunikationsmittel und dienten in der Geschichte der Menschheit nicht selten der Glorifikation wie der Verteufelung. Dabei unterliegen die Strukturen der Fläche häufig ‚Revolutionen'. Flächig wirkende Bildstrukturen werden in der Literatur aggregaträumlich benannt (vgl. [Panofsky 1980a]). Räumlich wirkende Bildstrukturen werden als systemräumlich bezeichnet (vgl. [Panofsky 1980b]). Der Aggregatraum wird aus gestalterischer Sicht ständig umkämpft. Der Systemraum hingegen ist aus folgenden Gründen schwer zu greifen: Bildstrukturen beziehungsweise Abbildungsvorschriften, die, eine Räumlichkeit zu illusionieren zum Ziel haben, besitzen teilweise eine kulturelle Resistenz. Ein zeitgenössisches Beispiel ist die computergrafische Rendering-Pipeline (vgl. [Angel und Shreiner 2012]), die in ihrem Prinzip auf denen der Camera obscura beruht (vgl. [Hansen 1938]). Optische Gesetze bilden die Grundlage, teilweise schon im Zeitalter des Hellenismus formuliert und erkannt.

*Bilder sind Kommunikationsmittel*

123

## 3 Analyse

### 3.4.4.1 Architektur

**Prinzipien der Architektur**

MARCUS VITRUVIUS POLLIO (kurz: VITRUV) führt in seinen „Zehn Büchern über Architektur" eine Kategorie, die der „Decor proportionis" ein (vgl. [Vitruvius 1964]). Mit dieser konstatiert er, dass es sich von selbst versteht, dass es „nicht auf die geometrische richtige Bewegung der Linien, Winkel und Proportionen ankommt" (vgl. [Fischer 2009, S. 161], sondern auf die Wirkung selbiger beziehungsweise des Gebäudes an sich. Diese Praxis findet sich insbesondere auch in der Architektur der Renaissance und des Barocks wieder. So wurden beispielsweise Längen und Neigungen von Figuren respektive bildhauerischen Arbeiten auf Kirchen- und Palastdächern unter Berücksichtigung des Blickwinkels (Auge) des Betrachters (heraus) gehauen (vgl. [da Vinci 1925], [Cutting 1987]). Ziel des Bildhauers ist die Umwandlung einer ‚Daseinsform' in eine ‚Wirkungsform'. Dieses Thema ist ausführlicher Gegenstand der Diskussion in: „Das Problem der Form in der bildenden Kunst" von ADOLF VON HILDEBRAND. Der Architekt beziehungsweise Bildhauer hält die ‚Daseinsform' fest, indem er diese realisiert, wie ein Maler die ‚Wirkungsform'. Letzteres ist mittlerweile eben auch die Domäne von Computergrafikern. Mithin „kommt die reale Bedeutung der Zeichnung zur Geltung als künstlerische Absicht." ([von Hildebrand 1893, S. 135]). Dies finden wir auch bei einem der bedeutendsten Architekten des letzten Jahrhunderts, bei MIES VAN DER ROHES. Sein Bauwerk für die Berliner Nationalgalerie zeigt in eleganter Weise ein schwebendes Dach (siehe Abbildung 3-43, Seite 125). Hier können VITRUVS Argumente herangezogen werden: Denn eine leichte, zwölf Zentimeter große Überhöhung bewirkt ein ‚wahrnehmungsrealistisches Sichterlebnis' und es erfolgt ihre ‚optische Versöhnung' mit der alten Nationalgalerie (siehe Abbildung 3-44).

**Auswirkungen der Industrialisierung**

Mit dem Einzug des industriellen Bauens bis zum heutigen computerbasierten Planungs- und Entwurfsprozess verschwinden diese Überlegungen zunehmend. Das Wissen um die Wirkmechanismen der Optik in der architektonischen Qualität nimmt ab, insbesondere durch fehlende Vermittlung in der Lehre und durch berufspolitische Rahmenbedingungen (vgl. [Schaible 2010]). Mithin finden die notwenigen Korrekturwerkzeuge zu optischen Täuschungen ‚schwer' in das ‚Computer Aided Design'. ‚Gute' Entwürfe sind gegenwärtig zweckmäßig. Ein ‚Gestalter in Ausbildung' soll „[…] sich nicht verleiten lassen, selbst zu komponieren, sondern fleißig, treu mit Geschmack nachahmen." ([Petsch 1850, S. VI]). BEUTH und SCHINKEL warnen ab 1821 in ihrem gemeinsamen Sammelwerk „Vorbilder für Fabrikanten und Handwerker" vor dem eigenen Entwurf, wie vor der Sünde, wenn beispielsweise keine entsprechende Ausbildung zugrunde liegt. Auch GOTTFRIED SEMPER rief bereits ab Anfang der 1860er Jahre zur Formfindung auf Basis von Zweck, Material und Technik auf. Er setzte damit einen der Ausgangspunkte für die Diskussionen der Reformbewegung um 1900, des Werkbundes und der Bauhausbewegung (vgl. [Eisold 2011, S. 21]). Die Diskussionen halten bis heute an. Parallelen zeigen sich in neuen Impulsen, von der Film- und der Computerindustrie kommend.

Gegenwärtig orientiert sich die Gestaltung oft an der Technologie. Entsprechende architektonische Entwürfe ergeben sich. Die Baulösung richtet sich seither nach Funktion und Zweck, jedoch weniger nach dem Wissen über die visuelle Ergonomie. ‚Sterilität und Kälte' sind durch fehlende Komponenten der Software als gängige Planungswerkzeuge quasi vorprogrammiert, „tote" Fassaden und Interfaces sind die Folge ([Fischer 2009, S. 162]).

## 3.4 Bildrealismus

Abbildung 3-43, Fotografie: „Neue Nationalgalerie" in Berlin, bei Nacht (unbekannter Fotograf, 2013), oben.

Abbildung 3-44, Fotografie: „Alte Nationalgalerie" in Berlin, bei Nacht (unbekannt Fotograf, 2013), links.

Realisierte Gegenwartsarchitektur stellt nicht selten ein Objekt des ‚Aufbegehrens' gegenüber klassischen Standards dar. Fehlende visuelle Erfahrungen und Gewohnheit führen zur Störung und Verwirrung gegenüber dem Gesehenen und nicht selten zur Ablehnung. Fehlende Sachkenntnis über die Situation oder die Gegebenheit rufen nicht selten Faszination, Erstaunen, Lähmung bis hin zu Befürchtungen und Ängste bei potenziellen Betrachtern hervor. Hierin begründen sich nicht selten erfolgreiche ‚Wirkungsformen' (vgl. [Rau 2008]) von einigen zeitgenössischen Architekten, deren Bauwerke hinsichtlich bauphysikalischer oder anderer Qualitäten deswegen ‚nicht schlechter' ausgeführt sind.

*Architektur der Gegenwart*

An ausgewählten ‚herausragenden' und ‚skurilen' Beispielen sollen surreal wirkende Architekturen, Gegebenheiten sowie Landschaften vorgestellt werden (siehe Abbildung 3-45 bis Abbildung 3-48, vgl. [Roman u. a. 2004]).

*Surreal wirkende Konstellationen*

## 3 Analyse

Abbildung 3-45, Fotografie: „Dresden, Pieschener Hafenbrücke, 8:40 Uhr, 5. Juni 2013" von Andreas Stahl (2013), links oben.

Abbildung 3-46, Fotografie: „Das krumme Häuschen (polnisch: Krzywy Domek)" von ‚Szotyński & Zaleski Architekten' nach Zeichnungen Jan Marcin Szancer und Per Dahlenberg (Urheber der Fotografie unbekannt), r.o.

Abbildung 3-47, Fotografie: ‚Kirchturm in Vinschgau, im Reschensee, in Südtirol ' von Alexander Pichler (2012), links mittig.

Abbildung 3-48, Fotografie: „God's Architect: Antoni Gaudi's glorious vision/He's someone who reinvented the language of architecture." von Amar Toor (2013, vgl. [Toor 2013]), Innenraumdecke der Sagrada Familia, in Barcelona, rechts mittig.

‚Meisterhaft' Verstoß gegen die Gewohnheiten, jedoch nicht zu ‚aggressiv', führt zu wohlformulierten funktionsorientierten Fassaden- und Gebäudestrukturen von Le Corbusier, Frank Lloyd Wright, John Lautner, Buckminster Fuller, die ihrer Zeit weit voraus waren oder zeitgenössischer Kollegen, wie Sir Norman Foster, Frank O. Gehry, Meinhard v. Gerkan, Richard Rogers, Günter Behnisch, Werner Sobek, Zaha Hadid, David Chipperfield, Renzo Piano, Oscar Niemeyer und weitere. Im Nachfolgenden soll aber nicht auf Bauwerke, der zuvor genannten ‚Stararchitekten', rekurriert, sondern ihre Namensnennung sollen dem Leser zur weiteren Recherche dienen. An dieser Stelle sei an die einschlägige Literatur verwiesen (vgl. [Jodidio 2001], [Cattermole 2007]).

### 3.4.4.2 Malerei

**Malerei der Vergangenheit**

Neben Giotto di Bondone (siehe Abbildung 3-49) und anderen Malern, wie Cimabue (Cenni di Pepo) und die Lorenzetti Brüder: Ambrogio und Peitro, ist eine systematische Untersuchung und Niederschrift zur Linearperspektive vermutlich vor allem Filippo Brunelleschi zuzuschreiben, da dieser nachweislich als Erster im Jahr 1425 optische Experimente zur Abbildung des Doms von Florenz durchführte. Er setzte damit einen Meilenstein in der Geschichte der darstellenden Kunst. Es ist schwer zu sagen, ob Platon oder Aristoteles nicht bereits mit ihren jeweiligen Auffassungen die Kompositionsaspekte und damit die Darstellungsmethode der Linearperspektive ‚durchdacht' und mittels ihrer Dialoge ‚durchgesprochen' haben (vgl. [Brusatin 2003]).

**Kunsttheorien**

Die Zeitenwende oder ‚eben' die Renaissance der Sehstrahlen wird nicht zuletzt durch Leon Battista Albertis in: „De pictura" (1435) mit seiner Theorie über das Bild als Fenster in eine Außenwelt schriftlich fixiert (siehe 2.2.2.2). Leonardo da Vinci präzisiert das Thema der Linearperspektive mit seinem umfangreichen Konvolut zu kunsttheoretischen Reflexionen, dem „Codex Urbinas". Er führte nach Ernst H. Gombrich an: „Perspektive ist nichts anderes als der Anblick eines Raumes durch eine durchsichtige Glasscheibe, auf deren Oberfläche dann die Konturen der Gegenstände, die hinter der Scheibe sind, nachzuziehen sind." ([Gombrich 2004, S. 253], vgl. [da Vinci 1925]).

## 3.4 Bildrealismus

Abbildung 3-49, Gemälde: „Jesus vor dem Rat/Hohen Priester/Caïf" von GIOTTO DI BONDONE (1305, links) und Illustration: ‚Fluchtlinien' von CHRISTOPHER W. TYLOR (2000, rechts, vgl. [Tyler 2000], [Tyler 2011]).

Gleiches gilt für die weit späteren Anweisungen von ALBRECHT DÜRER (vgl. [Dürer 1525]). Seither bewegte sich die europäische Malerei in der Richtung, es dem menschlichen Auge nachzumachen.

Die Vorgehensweise in der Malerei der Renaissance unterscheidet sich in einem Punkt substanziell von dem der Computergrafik. In der Renaissance gab es statt der zwei Stufen der Bilderzeugung ein „integriertes Modell", das der Komposition mittels Linearperspektive (siehe 2.2.2, [Groh 2005, S. 11]). „Die meisten Menschen, die seit der Renaissance [...] aufgewachsen sind, sind sich darin einig, daß die Linearperspektive ein Mehr an ‚Realismus' hervorbringt. Die nicht-zentralisierte Darstellung [... unter anderem des mittelalterlichen Gemäldes] scheint demgegenüber kindlich oder ‚naiv' zu sein [...] Tatsächlich neigen heute viele Wissenschaftshistoriker dazu, im Aufkommen der Linearperspektive etwas ähnliches zu sehen, wie die Entdeckung Amerikas durch Kolumbus oder die des heliozentrischen Systems durch Kopernikus: einen endgültigen Sieg über die Beschränktheit und den Aberglauben des Mittelalters. [...] Andererseits haben die Phänomene der modernen Kunst die heutigen Kunsthistoriker davon überzeugt, dass der Künstler [...] wohl doch nicht ‚naiv' war. War er nicht im hochkultivierten Zeitalter DANTES, PETRARCAS und GIOTTOS aufgewachsen? [...] Stattdessen glaubte er, er könne, was er vom Auge hatte, überzeugend wiedergeben, wenn er jenes Gefühl darstellte, das man hat, wenn man im Umhergehen auf geradezu taktile Weise die Gebäude von vielen Seiten erlebt." ([Edgerton 2002, S. 14], vgl. [Edgerton 1975]).

Realismusanspruch

### 3.4.4.3 Psychologie

Bereits bei der reinen Anwendung der Lehre von LEONARDO DA VINCI sind auch die allseits bekannten Effekte der perspektivischen Verzerrungen und Größendiskrepanzen bekannt (vgl. [da Vinci 1925]). Psychologische Mechanismen wirken diesen Effekten bei der menschlichen, visuellen Wahrnehmung entgegen. ERNST H. GOMBRICH führt dazu aus: „[...] wenn wir uns die Sache recht überlegen, werden wir finden, dass diese Identifikation ganz und gar nicht zu Recht besteht. Denn, während es zweifelsohne richtig ist, dass die Projektion eines fernen Hauses auf der Glasscheibe nur ein ganz kleiner Fleck ist, so ist es nachweislich ‚falsch', zu glauben, dass wir deshalb ein fernes Haus ‚in Wirklichkeit' auch nur als kleinen Fleck ‚sehen'." (vgl. [Gombrich 2004, S. 254]). HERBERT READ vertieft diese Aussage in seinem Buch: „Art now" (Die heutige Situation der Kunst) durch die Beschreibung eines Experiments von ROBERT H. THOULESS, das den Beweis führt, dass Menschen Dinge anders sehen als ein Abbild durch Projektion. Die Unterteilung in ‚Daseinsform' und ‚Wirkungs-

Daseins- und Wirkungsform

## 3 Analyse

form' begründen den Bildrealismus (siehe 3.4). Diese Effekte werden auch als Konstanzproblem respektive Regressionsphänomen der Form ‚tituliert' (vgl. [Thouless 1931]), [Gombrich 2005]). Es wird die Gestaltkonstanz begründet, hier der Anteil der Proportion (siehe 5.1.1). Hieraus haben sich bis zum heutigen wissenschaftlichen Stand die Wahrnehmungsgesetze zur Farbkonstanz, Größenkonstanz und so weiter ableiten lassen. Für die vorliegende Arbeit ist interessant, dass ROBERT H. THOULESS auch über ein Phänomen der perspektivischen Projektion berichtet. Er schreibt sinngemäß, ein Kreis, geneigt um einen Winkel zum Beobachter, wird von diesem nicht als die Ellipse wahrgenommen, die die Projektion auf die Retina im Auge abzeichnet, sondern runder. Begründet im Wissen um die Psychologie des Menschen behauptet er weiterhin, dass die visuelle Wahrnehmung des Menschen einen ‚Kompromiss' zwischen den Stimulusflächen (Abbildungsfläche im Auge) und dem Wissen über die reale Gestalt des Objektes (visuelles Gedächtnis) eingeht (vgl.[Thouless 1931], vgl. [Thouless 1933]). 75 Jahre später ist Wissenschaft der Psychologie im Verständnis um dieses Phänomen wenig präziser:

*Theorie von der Kompensation*

„Ein [sogenannter] Kompensationsmechanismus im Gehirn sorgt dafür, dass uns die Form eines Objektes auch bei Betrachtung aus verschiedenen Blickwinkeln unverändert erscheint." ([Gegenfurtner 2006, S. 115]). Eine detaillierte statistische Erhebung zum Ausmaß der verschiedenen Regressionstoleranzen ist bisher unvollständig beschrieben (vgl. [Cutting 1987]). Die Bestimmung eines Verzerrungsfaktors thematisiert die vorliegende Arbeit in Herleitung und Untersuchung des perspektivischen Kontrastes (siehe 7.4 und 7.5).

*Theorien zur Perspektive*

ERNST H. GOMBRICH erörtert Texte von LEONARDO DA VINCI und „das Phänomen der perspektivischen Verzerrung" ([Gombrich 2004, S. 255]), an eigenen Beispielen, einer Kugel beziehungsweise einer Kupfermünze, die nach den Gesetzen der Geometrie und Optik elliptisch und eben nicht rund zu malen sei. LEONARDO DA VINCI hält es dagegen in seinem Traktat didaktisch, wie folgt: „Eine Malerei muss von einem einzigen Fenster [Augenposition] aus betrachtet werden; dies fällt bei der Gelegenheit des Körpers ins Auge, die man so darstellt: […] Willst Du in einer Höhe eine runde Kugel darstellen, so musst du sie länglich malen […] und deinen Standpunkt so weit rückwärts verlegen, dass sie, sich verkürzend, rund erscheint." ([da Vinci 1925, S. 98]). DA VINCI spricht nicht von Verzerrungen durch konkave oder konvexe Bildflächen, wie beispielsweise bei MICHELANGELO BUONARROTIS Deckenmalereien in der Sixtinische Kapelle im Vatikan, sondern von der Handhabung der ursprünglichen Linearperspektive. Wichtig ist, dass Objekte in der Form abzubilden sind, wie diese foveal erblickt (siehe 2.3.1), wahrgenommen werden, menschengerecht von der Erfahrung her beziehungsweise aus dem Vorwissen (siehe 3.2.1.9) und vom Ort (siehe 3.2.1.4). Diese Überlegungen untermauern jene von ROGER FRY, der in seinem Buch: „Reflections on British Painting" beschreibt, das unser Sehen vom Wissen beeinflusst wird (vgl. [Roger 1934]). Ausführlicher formuliert es ein psychophysikalischer Beitrag von MAURICE H. PIRENNE in: „Vision and the Eye", aus dem Englischen, wie folgt: „Das perspektivische Gemälde einer Szene oder einer Gruppe von Objekten ist keine Replik des Netzhautbildes, das im Auge des Künstlers von den Objekten verursacht wird. Vielmehr ist es eine Stellvertretung des wirklichen Objektes, die so konstruiert ist, daß sie eine Lichtanordnung an das Auge sendet, die der ähnlich ist, die die wirklichen Objekte verursacht haben; mit dem Ergebnis, daß das Gemälde für jedes gegebene Auge ein Netzhautbild verursacht, das in Form und Dimension dem ähnlich ist, das die wirklichen Objekte im Auge verursacht hätten" ([Pirenne 1948, S. 15]). Das visuelle Wahrnehmungssystem des Menschen scheint also eine gewisse Toleranz gegenüber perspektivischen beziehungsweise bildinhaltlichen Verzerrungen zu besitzen (vgl. [Tversky 1993]).

## 3.4 Bildrealismus

Ein Zeugnis, der fortwährenden Auseinandersetzung mit perspektivischen Verzerrungen (vgl. [Glaeser 1999]) durch das Prinzip der Zentralprojektion, liefert auch der Zeitungsartikel von ROBERT WARE aus dem Jahre 1878 (vgl. [Ware 1878]). WILLIAM ROBERT WARE war im Stande eines Professors und Führungspersönlichkeit an der „[…] first US School of Architecture at the Massachusetts Institute of Technology (1865) and later (1881) set up the School at Columbia, NYC, based on Beaux-Arts principles" ([Curl 2006, S. 834, Ware & van Brunt]). Wie die Überschrift seines Beitrages: „Distortion und Correction" es schon verlauten lässt, beschäftigte er sich mit Verzerrungen in perspektivischen Bildern und zeigt Wege der Korrektur auf. Dabei unterscheidet auch er zwischen sphärischen und kubischen abgebildeten Objekten (siehe Abbildung 3-50). Im Teilbild, Figure 59a-c, wird dargestellt, wie zu verfahren ist. Selbst komplexe Objekte finden ihre Betrachtung. So zeigt Figure 59a gegenüber Figure 59c auf, wie die kegelförmige Abdeckung des linken Pfeilers gegenüber dem der pyramidenförmigen Abdeckung des rechten Pfeilers korrigiert wird.

*Theorien zur Perspektive*

Später formuliert ROBERT WARE: „[…] in order to keep this distortion within reasonable limits, not to extend the picture more then 60 °, i. e., not to make it much wider than its distance from the eye." ([Ware 1900, S. 30], siehe 7.5). Weitere Ausführungen und Illustrationen sind seinem Buch: „Modern Perspective - a treatise upon the principles and practice of plane and cylindrical perspective" insbesondere im Kapitel: „Kapitel XI – The Perspective of Circles" zu entnehmen (vgl. [Ware 1900]). Detaillierte Ergänzungen zur ‚Gestalt', ‚Bewegung' und ‚Farbe' auf dem Fachgebiet der Gestaltung sind in der Literatur zu finden. Unter anderen liefern die Ausführungen von JÜRGEN WEBER entsprechende Erläuterungen mit Veranschaulichungen (vgl. [Weber 1978]).

*Studien zur Perspektive*

Im weiteren Verlauf der Arbeit werden die perspektivische Verzerrung und ihre Wirkung auf den Menschen näher betrachtet und durch eine Studie mit drei Experimenten detailliert untersucht und ausführlich diskutiert (siehe Kapitel 1).

Abbildung 3-50, Illustration: „Distortion and Corrections" von WILLIAM ROBERT WARE (1878, vgl. [Ware 1878]).

# 3 Analyse

## 3.5 Schlussfolgerung für die Computergrafik

**Technische Bilder**

Der Computer und der Fotoapparat liefern als Ergebnis ein technisches Bild. VILÉM FLUSSER bezeichnet technische Bilder als von Apparaten erzeugte Bilder. Das bedeutet, der Mensch trägt nicht mehr und nicht weniger Anteil an derartigen Bildern durch die Konstruktion des Apparates. Das technische Bild ist eine ‚blindlinks konkretisierte Möglichkeit sichtbar gewordenen Unsichtbares' (vgl. [Flusser 2000]), das heißt, unabhängig vom Menschen. In diesem Sinne ergeben sich im Übergang zwischen Fotografie und Computergrafik gestalterische Freiräume.

**‚Uneindeutigkeit'**

Nicht immer gibt es eine eindeutige visuelle Lösung für jede gestalterische Problematik. Für die Einordnung der jeweiligen Lösung ergeben sich entsprechende Entwicklungen und Potenziale. Die Alten Meister der Renaissance bedienten sich pragmatisch der Camera obscura zum Zwecke der Abbildung. Allerdings begründet sich der kulturelle Erfolg der Camera obscura gegenüber dem menschlichen Auge in der Tatsache, dass „die Camera obscura mit ihrer monokularen Öffnung [...] zum vollkommeneren Begriff für eine Sehpyramide [wurde,] als der komplizierte binokulare Körper des menschlichen Subjekts." ([Crary 1996, S. 63]).

**Mannigfaltigkeit**

Bei einer jeden bildstrukturellen Grundanlage, die eine perspektivische Visualisierung zum Ziel hat, gelten die Regeln der Linearperspektive. Wurden diese Regeln in der Malerei als geometrisches Konstruktionsverfahren mannigfaltig eingesetzt, diese mithin multiple kombiniert (vgl. [Edgerton 1975]), um den beschriebenen Verzerrungseffekten (vgl. [Glaeser 1999]) in Bildern malerisch entgegenzuwirken, so verzichtet doch in unterschätzender Weise die Computergrafik bisweilen darauf, insbesondere in der Visualisierung von virtuellen, dreidimensionalen Welten (vgl. [Kovalev u. a. 2007]). Es obliegt dem Fachgebiet der Computergrafik, malerische Techniken in computergestützte, gestalterische Werkzeuge umzusetzen. Viele dieser alten Techniken, beispielsweise aus der italienischen Malerei bekannt, sind bodenständiges Malerwissen, weniger menschliche Intuition.

### 3.5.1 Technologie-zentrierte Entwicklung in der Computergrafik

**Triebkraft Technologie**

Einen Beleg der fortwährenden Auseinandersetzung über Manipulationen von Abbildungsvorschriften liefert das folgende Beispiel bei Verwendung von Mitteln der Computergrafik. Einige Entwicklungen in der Computergrafik nehmen besondere Parameter der Kamera unter die Lupe, beispielsweise den Pfad des Weges einer Kamera anstelle der Sichtachse. Ein derartig generiertes, von den Bildstrukturen als eher ‚unrealistisch' einzustufendes Abbild findet sich in der Arbeit von VOICU POPESCU ET AL. (siehe Abbildung 3-51, vgl. [Popescu u. a. 2009]). Bei Berücksichtigung wahrnehmungsrealistischer Aspekte scheint es hier ein erhebliches Potenzial für einen Diskurs zur Gestaltung zu geben. Eine quietschbunte Szene trügt über fehlende anthropomorphe Konstanten und visuelle Standards hinweg.

**Daten und Visualisierung**

Die computergrafische Visualisierung unterscheidet zwischen zwei Stufen in der Bilderzeugung. Als erste Stufe wird eine Datenbasis (3D-Modell) erarbeitet, die in der zweiten Stufe einem ‚Rendering' zugeführt wird. In der Computergrafik bedeutet der Begriff Transformation geometrische Beschreibung zur Manipulation von Objekten in einer Szene. Transformationen sind Teil der Datenbasis. Ihr Ziel ist es, Zustandsänderungen zu erreichen, wie Bewegung (Translation), Größenveränderung (Skalierung), Formveränderung (Scherung) oder die Änderung der räumlichen Dimensionalität (Projektion).

## 3.5 Schlussfolgerung für die Computergrafik

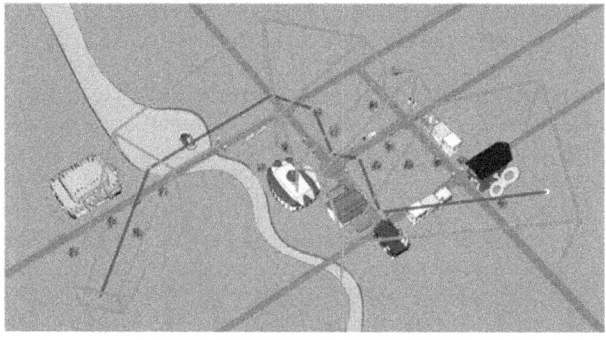

Abbildung 3-51, Illustration: ‚Flexibles Kameramodell' mithilfe eines flexiblen ‚View Frustrums' (unten) von Voicu Popescu et al. (2009). Es wird ein Abbild (oben links) erzeugt, wie es mit einer normalen Zentralprojektion (oben rechts) nicht möglich wäre (vgl. [Popescu u. a. 2009, S. 158:6]).

In der Computergrafik werden Transformationen mithilfe von Matrizen beschrieben (vgl. [Foley u. a. 1990], [Bender und Brill 2003]). Das Ergebnis der Projektion ist ein Abbild (2D-Grafik). Das 3D-Modell beruht je nach Renderingverfahren auf einen bestimmten Datentyp, mit dem zumeist dreidimensionale, geometrische Entitäten beschrieben werden können, zum Beispiel 3D-Polygone, Voxel, etc. mit der Ergänzung um 2D-Texturen, etc. Diese Entitäten sind zudem mit Metadaten, wie Eigenschaften zur Oberfläche, Beleuchtungsverhalten, etc. ausgestattet. Mit den Mitteln der Computergrafik ist es möglich, derartige Daten zu ‚projizieren' beziehungsweise zu transformieren. Diese ‚neue Instanz' der Darstellung ist von einem bestimmten Datentyp in der Regel niederer Dimensionalität, zum Beispiel 2D-Polygone, Pixel, etc.

*Potenzial der Transformation*

Die softwaretechnologische Implementierung der computergrafischen Abbildungsvorschrift ist zudem echtzeitfähig. Das heißt, vom Menschen initiierte Manipulationen am 3D-Modell oder am Renderingverfahren selbst haben unmittelbar Auswirkungen auf das Abbildungsergebnis. Computergrafische Renderingverfahren sind formulierte Regeln, wie mit Daten umzugehen ist, damit sich auf einem Display ein Abbild realisiert. Eine computergrafische Projektion ist kein optisches Verfahren, sondern ein bestimmtes Berechnungsverfahren, das auf hard- und softwaregestützte Technologie basiert. Die benötige Zeit für die Berechnung von Abbildern ist unter Umständen derart gering, dass beim Menschen der Eindruck von Echtzeit-Visualisierung entsteht (vgl. [Schirra 2005, S. 268 f.]). Diese Aussage ruft geradezu nach ‚Interaktion'.

*Potenzial der Implementierung*

Es ist eine Interaktion zwischen dem Menschen und dem Computer gemeint, die nicht durch Endgeräte, wie der Maus, der Tastatur oder Ähnlichem, sondern direkt durch ein Bild hindurch funktioniert. Der Mensch und der Computer sind aktiv in Interaktion über und durch ein Bild. Der Computer beziehungsweise der Rechner muss als wahrnehmungskonforme Maschine betrachtet werden (siehe 4.2.3) und insofern fungieren, um die Aktionen des Menschen interpretieren und entsprechend darauf reagieren zu können.

*Potenzial der Interaktion*

# 3 Analyse

## 3.5.2 Mensch-zentrierte Entwicklung in der Computergrafik

**Triebkraft Mensch**

Linearperspektiven wurden in der Malerei anfänglich auch ‚Kettenplan' genannt, denn das Charakteristische war insbesondere an städtebaulichen Strukturen zusehen. Auf diese Weise abgebildete, fluchtende Häuser einer Stadt ähnelten den aufgefädelten Perlen einer Kette. In der gegenwärtigen Ausdrucksweise würde von einem ‚perspektivischen Fluss' gesprochen werden. Der ‚perspektivische Fluss' wäre in diesem Sinne in der visuellen Wahrnehmung eine Folge von Mustern, die den Menschen bei der Blickbewegung leitet. Dies kann beispielsweise durch entsprechende Blickstrukturen erreicht werden (siehe 3.2.1.2).

**Fähigkeit zur Kombination**

Die Verkettung von Bildstrukturen ermöglicht, Fluchten zu definieren. Begriffe, wie Fluchtpunkte oder Fluchtlinie und auch die der Zentralprojektion, zogen erst weit nach der Entdeckung der Linearperspektive in den allgemeinen Sprachgebrauch ein. Dabei bieten Visualisierungen zwei Verschiedenheiten. Ist es das Ziel, eine Landkarte herzustellen, dann muss diese gemäß Ihres Maßstabes ‚alles' enthalten, „denn was der User sucht, kann der Visualisierer nicht wissen". Eine Aussage macht der Visualisierer, indem er „Link oder Pfad in Allem" zeigt ([Alsleben 2001, S. 440 f.]). In diesem Sinne weist das Wissen über malerische Komposition von dialogorientierten Bildstrukturen einen Weg, wie wahrnehmungsrealistische Computergrafiken zu realisieren sind. In der Psychologie wird bezüglich bestimmter Muster (siehe 2.4.2.1) auch von Gegenstandskategorien gesprochen. Im Sinne der Computergrafik ist Geometrie nicht gleich Geometrie, wenn es um Daten zu Gegenständen geht. Vorgaben des menschlichen Blickes könnten gegebenenfalls durch geometrische Knoten in einem computergrafischen Szenengraphen etabliert werden.

**Fähigkeit zu Kanonischen Ansichten**

Blickvorgaben des Menschen werden unter anderem in der Wahrnehmungspsychologie als „kanonische Ansichten" bezeichnet ([Goldstein 2002, S. 216]). Der psychologische Begriff ‚kanonisches Sichtvolumen' entspricht in der Sache nicht der computergrafischen Region des ‚View Frustums' (vgl. [Angel 2003]). Weil in der Psychologie das Phänomen der Kanonischen Sichten festgestellt ist, kann angenommen werden, dass dieses eine bedeutende Rolle in der Wahrnehmung spielt und somit auch eine besondere Repräsentanz im Gedächtnis haben muss. Kanonische Sichten sind für das bessere Erkennen und Verstehen der Umwelt von Vorteil (vgl. [Tarr und Bülthoff 1998], [Edelman 2008]). Dies bedeutet weiterhin, dass jene Dinge, die der Mensch aus der Wirklichkeit her kennt, und für die er entsprechende Reizmuster im Gedächtnis vorhält, diese auch in anderen Umgebungen, beispielsweise in der Virtuellen Realität, erkennen sollte, wenn diese bei ihm die gleichen oder zumindest ähnliche Reizmuster erzeugen. Unter Berücksichtigung gleichwertiger Reizmuster konnte eine erhebliche Verkürzung der Erkennungszeit von Objekten verzeichnet werden (vgl. [Blanz u. a. 1999]). Die Untersuchungen zu den kanonischen Sichten lassen vermuten, dass im menschlichen Gedächtnis eine Repräsentanz von mehreren Sichten für ein Objekt gespeichert ist (vgl. [Tversky 1993]). Welche Entität diese Repräsentanz besitzt und wie sich diese genau konstituiert, sind Gegenstände der aktuellen Forschung. Konkret werden die Grenzen zwischen den Gegenstandskategorien in der Wahrnehmungspsychologie erforscht. Die Untersuchungen in diesem Gebiet sind zum gegenwärtigen Zeitpunkt noch unzureichend und weisen weite Lücken auf. Ein Beispiel zu entsprechenden Untersuchungsmethoden beschreiben FIONA NEWELL und HEINRICH BÜLTHOFF (vgl. [Newell und Bülthoff 2002]).

**Fähigkeit zu vernunftvollen Ansichten**

Die Theorie des Erkennens von dreidimensionalen Objekten anhand deren Orientierung, elementaren Teilkörpern und bestimmten Merkmalen liefert eine Erklärung nicht nur für die Wahrnehmungspsychologie, sondern insbesondere auch für die Gestaltungslehre (vgl. [Itten 1978]) und damit für die Informationsvisualisierung (vgl. [Ware 2004]). Eine wesentliche

## 3.5 Schlussfolgerung für die Computergrafik

Herausforderung für die zukünftige Forschungsarbeit liegt in der Erweiterung des Verständnisses über die Repräsentanz von Objekten im menschlichen, visuellen Cortex (siehe 2.4.2.2). Es ist hierbei auch an die ‚Superposition' von visuellen Merkmalen mit anderen Eigenschaften beziehungsweise Empfindungen zu denken, wie ‚Vergleichbarkeit', ‚Offenheit', ‚Geschlossenheit', ‚Endlichkeit', ‚Individualität', ‚Statik', ‚Dynamik', ‚Ruhe', ‚Abhängigkeit', ‚Harmonie', ‚Intuition', ‚Orientierung', etc. (vgl. [Thissen 2001]). „Wie könnte also ein Fotograf eine derart allsinnliche Demonstration illustrieren?" ([Neutra 1980, S. 30]), und vor allem im Sinne der menschlichen Vernunft (vgl. [Kant 1985]), die es letztlich vermag, Wirklichkeit und Wahrhaftigkeit der Aussage eines Bildes zuzuordnen. Dabei verlässt sich der Mensch auch auf seine Intuition. Was heißt das? Intuition ist das unbewusste, aber dennoch richtige Entscheiden basierend auf Erfahrungen, die das Gedächtnis hat (siehe 2.4.5). Dem gegenüber steht der Begriff ‚subtil', also das ‚Zarte', ‚Feine' respektive ‚Unterschwellige'. Intuition und Subtilität bilden einen Kanon der Gestaltung. Dieser Maßstab ist schwer mit konkreten Inhalten und Richtlinien auszustatten. Bisweilen ist die Gestaltungslehre auf die menschlichen Erfahrungen, empirischen Erkenntnisse und theoretischen Grundlagen beschränkt (vgl. [Kandinsky 1973], [Itten 1978], [Klee und Klee 1990], [Jenny 1991], [Jenny 1996]). Die Gestaltungslehre könnte sich aber mit Messwerkzeugen der Psychologie erforschen und somit entwickeln lassen. Diesbezüglich sind beispielsweise Eye-Tracking-gestützte Studien möglich. Konkrete Szenarien sind im Rahmen dieser Arbeit an anderer Stelle formuliert (siehe 5.1.5.1, 5.1.5.2 und 5.1.5.3).

In der Wissenschaft über die Geometrie werden Szenen durch Körper, Körper durch Linien, Linien wiederum durch Punkte und Punkte letztlich durch Koordinaten beschrieben. Die Koordinate findet ihren Wert per Definition im Nullpunkt respektive ‚Ursprungspunkt' der Welt. Nach LEONARDO DA VINCI ist der Punkt im Raum die erste Existenz – er ist Anfang (vgl. [da Vinci 1925]).

*Fähigkeit zur Abstraktion*

Die Wissenschaft der Visualisierung ist in folgende gestalterische Prinzipien teilbar: ‚datengeometrische' und ‚visuell-perspektivische' Beschreibungen. Das erste Prinzip beschreibt die Figurierung jeglicher Substanzen materieller Art. Das Zweite ist das von Licht (und Farbe), welches immateriell ist. Das letzte Prinzip ist unkörperlich, wie die Wahrnehmung von ‚Narrativem' und ‚Semantischem'. Vorerst verbleibt an dieser Stelle die Verschränkung von Aspekten der Wahrnehmung, der Gestaltung, und der ‚Computergrafik' hervorzuheben. Beim visuellen Wahrnehmen von dinghaften Objekten hat das menschliche Wahrnehmungssystem mehrere Probleme zu bewältigen. Die Umwelt bietet Unmengen von Reizinformationen, wie Oberfläche, Kanten, Reflexionen, Farben, usw. Die genannten Reizinformationen müssen erkannt und damit in Bezug zur Erfahrung gesetzt werden können. Wenn keine Gedächtnisinhalte vorliegen, dann ist dem Menschen das Gesehene ‚unbekannt und neu'.

*Fähigkeit zur Wahrnehmung*

Die Erwartung des Menschen ist durch die visuelle Wahrnehmung geprägt (siehe 2.4.3). Die visuelle Wahrnehmung der konkreten Gestalt findet vor allem im Bereich des fovealen Sehens und ergibt sich in der Folge von zumeist mehreren Fixationen (siehe 2.4.2). Im Bereich des fovealen Sehens werden die Objekte der Umwelt ‚scharf' erblickt (siehe 2.4.1). Im peripheren Sehen erkennt der Mensch nur schemenhaft, keine sinnlich erfahrbare, anschauliche, wirkliche oder gegenständliche Form im Sinne einer konkreten Gestalt.

*Fähigkeit Erwartungen zu ‚hegen'*

Objekte im peripheren Gesichtsfeld (siehe 3.2.2.1) werden durch das Auge nicht ‚scharf' erfasst (siehe 4.2.2.1), ihr Reizcode ist ‚schwammig', ‚kontrastarm' oder ‚formverzerrt'. Je nach Lage im peripheren Bereich bedürfte es zusätzlicher unzähliger Reizcodes, um ein dort

*Fähigkeit zur Interpretation*

## 3 Analyse

befindliches und entsprechend im Auge abgebildetes Objekt geometrisch eindeutig identifizieren zu können. Das Gedächtnis verfügt also über keine eindeutigen Reizcodes für periphere, abgebildete Objekte. Um Objekte eindeutig zu erkennen, bedarf es des direkten Blickes auf diese Objekte. Das Auge wendet sich ihm zu. Ergänzend gibt es eine gewisse Toleranz, denn: „Jedes Reizmuster wird so gesehen, dass die resultierende Struktur so einfach wie möglich ist" ([Goldstein 2002, S. 192]). Damit sind auch Ergänzungen von fehlenden Objektteilen oder Verzerrungen von Erinnerungen zu erklären (vgl. [Tversky 1993]), die beispielsweise eine wesentliche Darstellungsmethode im Entwurfsprozess sind. Linien und Kanten werden nur angedeutet beziehungsweise gar nicht gezeichnet, sondern vom Gehirn weitergedacht. Der Grund dafür liegt darin: Objektwahrnehmung ist ein sehr komplexer Prozess und beinhaltet (möglicherweise) mehrere multiple Mechanismen, zum Beispiel die des Zerlegens von Objekten in Elementarmerkmale ([Biederman 1987]) und die Sicherung der Objektwahrnehmung (vgl. [Ramachandran 1990]).

**Fähigkeit zu ergänzen → ‚Weißraumluxus'**

Werden diese Ansätze weiter durchdacht, dass sich fehlende Elementarmerkmale auch sicht- beziehungsweise aufmerksamkeitsunabhängig erleben beziehungsweise erfahren lassen, gemäß der Merkmalsintegrationstheorie von ANN TREISMAN (vgl. [Treisman und Gelade 1980]), so erklärt sich das Gesetz der Geschlossenheit (Gestaltpsychologie). Anders begründet sich die Gestaltung mit Freiflächen bei der Komposition von Bildelementen. In der Gestaltung wird auch vom ‚Luxus durch Raum und Platz in einer Darstellung' gesprochen. Luxus ist ‚das Mehr als das Notwendige', um ein Bedürfnis zu befriedigen. Das Bedürfnis ist ein Mangelgefühl beziehungsweise ein Verlangen. Eine entscheidende Rolle spielt hier das Gehirn basierend auf Erfahrung und Gedächtnis. Insbesondere bei einem skizzenartigen Entwurf kann ein Rezipient im Ergebnis einen für ihn informativeren, ansprechenden Entwurf sehen. Er sieht diesen Entwurf so, weil er fehlende oder angedeutete Elemente auf Basis seiner Erfahrungen ergänzen kann, ja zwangsläufig ergänzt. Das ist die Natur der visuellen Wahrnehmung. Das Gehirn wählt dabei den einfachsten Weg der Ergänzung, um die Objekte möglichst schnell zu sichten und das Wahrnehmungssystem nicht weiter mit der Objekterkennung zu belasten. Geschickte ‚Entwerfer und Gestalter' nutzen diesen Mechanismus zur Objektergänzung und deren Sicherung für das Wahrnehmungssystem sehr bewusst aus, um möglichst wenig Widerstand gegenüber ihren Werken aufkommen zu lassen. Geschickte Entwürfe fordern die menschliche Fantasie, ohne den Geist zu verwirren.

**Fähigkeit zu erfahren und zu erschaffen**

Menschen erfahren täglich, dass Objekte nicht aus jeder beliebigen Position und Lage gleich gut erkannt werden können (siehe 3.2.1.3). Im Umgang damit muss sich der beobachtende Mensch in eine geeignetere ‚Lage' begeben oder das sich präsentierende ‚Etwas' muss eine ‚Seite' zeigen, will es in Dialog treten. Ecken und Kanten treten weniger in einen Dialog. Ecken und Kanten sind ‚abstoßend, sie stellen keine Seiten dar. Das heißt, nicht jeder beliebige Sichteinfall auf ein Objekt kann einen ‚andauernden' Dialog etablieren. Ansichten schaffen Dialogflächen – ähnlich wie es CANALETTO (BERNARDO BELLOTTO) mit der Frauenkirche in seinem Gemälde hielt (siehe Abbildung 1-6). Er gab der Frauenkirche eine Binnenperspektive, im computergrafischen Sinne durch eine Translation- und eine Rotationsoperation. Das Bild hält damit die Frauenkirche in einer Seitenansicht sowie frei von projektionsbedingten Verzerrungen vor (vgl. [Groh 2005]). Im Ergebnis zeigt das Bild nicht die realen räumlichen Verhältnisse, sondern Symbole und Verhältnisse, mit denen ein Betrachter bemächtigt wird, auf die Realität zu schließen.

# 4 Synthese

Störung ist Potenzial! Die ‚Störung' ist im Fachgebiet der Gestaltung ein legitimes Mittel. Eine Störung meint in der vorliegenden Arbeit ein bewusstes Eingreifen durch Anlage von Bildstrukturen. Gestaltung zielt unter anderem auf Optimierung von Gegenständen als Kommunikationsmittel. Interfaces und Bilder sind solche Kommunikationsmittel. Die Basis eines jeden Bildes ist unter anderem seine Bildstruktur.

*Einleitung*

Dieses Kapitel synthetisiert Möglichkeiten der Gestaltung computergrafischer, dreidimensionaler Visualisierungen, denn je wahrnehmungsrealistischer beziehungsweise erwartungskonformer eine Bildstruktur ist, desto zugänglicher sind Bildinhalte, wie durch Studien im Rahmen der vorliegenden Arbeit bewiesen wurde (siehe Kapitel 7, S. 269).

## 4.1 Gestaltung und Computergrafik

Die Computergrafik ist von Beginn ihrer Entwicklung an eine Technologie zur Erzeugung von Visualisierungen. Was heute mit der Computergrafik möglich ist, das „war vor 30 Jahren noch ein Wunschtraum" ([Bender und Brill 2003, S. 1]). Vor dem Hintergrund dieser Dynamik eröffnen sich auch immer neue Möglichkeiten der Vermittlung von Aspekten zwischen den Fachgebieten Gestaltung und Computergrafik.

*Zweck der Computergrafik*

### 4.1.1 Vermittlungen zur Gestaltung

Aus der Geschichte lassen sich auf den Arbeitsebenen von Computergrafik und Malerei entsprechende Gemeinsamkeiten finden. Begriffe, die für Computergrafiker selbstverständlich sind, sollen an dieser Stelle den Malern und anderen Gestaltern näher gebracht werden. Mit diesem Wissen ausgestattet soll der vorliegende Abschnitt einen Beitrag zur gegenseitigen Verständigung leisten (siehe Abbildung 4-1).

*Vermittlung*

Bilder beziehungsweise Abbilder lassen sich ausgehend von Erwin Panofsky in ‚Aggregatraum' und ‚Systemraum' klassifizieren. Aggregaträumliche Bilder sind von einer flächig wirkenden Bildstruktur durchzogen. Systemräumliche Bilder sind durch eine Bildstruktur gekennzeichnet, die beim Betrachter eine Illusion von Räumlichkeit erzeugt (vgl. [Panofsky 1980a], [Groh 2005]). Danach lassen sich auch mittelalterliche Bilder und die der Renaissance unterteilen. Diese entsprechen der 2D-Desktopmetapher und jene der dreidimensionalen Virtuellen Realität. Die Computergrafik bietet entsprechende Algorithmen für die Fläche und den Raum. Die computergestützte Grafikhardware unterscheidet gegenwärtig in der Regel zwischen 2D- und 3D-Funktionen.

*Bildtypen, in der Wirkung 2D und 3D*

4 Synthese

| Konditionierung | Fläche | Raum |
|---|---|---|
| Annahme der Dimension | Zweidimensional | Dreidimensional |
| Vorurteil bezüglich Bildinhalt | Subjektiv | Objektiv |
| Blick des Menschen | schweifend | geführt |
| Sehen des Menschen | Sukzessiv | Simultan |
| Wirkung auf den Menschen | Indirekt/Imagination | Direkt/Illussion |
| Eindruck des Menschen | Emersion | Immersion |
| Ursprünglichkeit des Systems | Kultur | Natur |
| Kognitive Verarbeitung durch den Menschen | Imagination und Integration | Illussion und Addition |
| Begrenzung für den Menschen | abgeschlossen | offen |
| Anschauung durch den Menschen | Nebeneinander | Ineinander |
| Handlung und konkrete Auseinandersetzung | Operieren Lesen/Deuten | Orientieren Schauen/Erkennen |
| Einfassung/Leitung | Im Rahmen (X, Y) | In Bahnen (Z) |
| Bindungs- und Bildungsprinzip | Komposition | Konstruktion |
| Kultiviertheit für den Menschen | Moralisch | Vulgär |
| Eigengesetzlichkeit | Zwang | Frei |
| Darstellungsweise | Kollektiv | Individuell |
| Aneignungsstrategie | Assoziativ | Dissoziativ |

Tabelle 4-1: ‚Konditionierung' des Menschen in seinem Verhältnis zur Fläche und zum Raum.

Konditionierung

Dem Aggregatraum steht die 2D-Computergrafik gegenüber (siehe 2.2.2.1). Diese Ebene beschreibt im ‚Großen und Ganzen' die Desktop-Metapher (DTM). Hierfür liegen zahlreiche Methoden und Werkzeuge vor. Das Feld ist ‚weit bespielt'. Weiterhin lässt sich der Systemraum pointieren (siehe 2.2.2.2). Dieser bildet zusammen mit der 3D-Computergrafik einen weiteren Berührungspunkt (siehe Abbildung 4-1). Allerdings fehlt es hierbei weitreichend an Metaphern und interdisziplinären Konzepten.

## 4.1 Gestaltung und Computergrafik

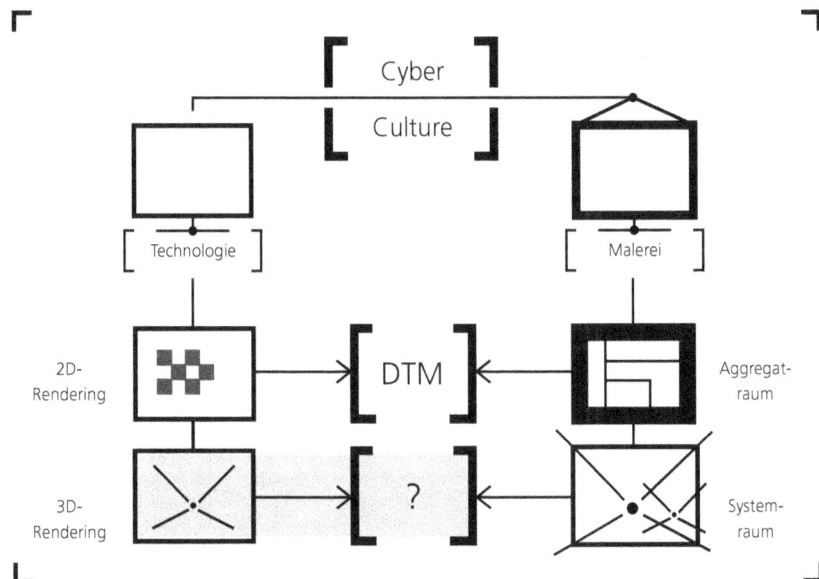

Abbildung 4-1, Illustration: ‚Spannungsfeld zwischen Computergrafik und der Malerei' ([Franke 2006, S. 37], vgl. [Franke u. a. 2005a]).

„Unsere Wahrnehmung wechselt ständig zwischen räumlicher und flächiger Deutung." ([Weber 1978, S. 23]). Dahinter verbergen sich unter anderem gestalterische Dimensionen. Das Fachgebiet der Gestaltung bildet entsprechende Ausgangspunkte für computergrafische Algorithmen. Die Gestaltung hält unter anderem entsprechende Assoziationen bezüglich zwei- und dreidimensional wirkenden Bildstrukturen vor. Der Menschen mit seinen gesammelten Erfahrungen und geschlussfolgerten Erkenntnissen ist kulturell geprägt und konditioniert (siehe 2.4.3). Die ‚Konditionierung' des Menschen in seinem Verhältnis zur Fläche und zum Raum lässt sich wie folgt konkretisieren (siehe Tabelle 4-1).

Kulturelle Einflüsse

### 4.1.2 Vermittlungen zur Computergrafik

Gestalter nutzen gegenwärtig zweifelsohne dreidimensionale computergrafische Interfaces. Dabei sind die Gestalter auf die Werkzeuge angewiesen, die implementiert sind. Eine Möglichkeit zur Manipulation an den Werkzeugen selbst ist aufgrund des technologischen Wissensniveaus oft nicht gegeben. Die technologischen Hintergründe und die mathematischen Grundlagen der Computertechnik erscheinen einem Gestalter oft als schwer zu überwindende Hürde.

Werkzeug Interface

Die Möglichkeit eines freien Gestaltens mithilfe von Computern ist ‚scheinbar häufig' nicht gegeben, weshalb unter anderem Computergrafik vielfach nur in Teamarbeit realisierbar ist. Es kommt zu Reibungsverlusten, da zwischen kreativer und technologischer Arbeit vermittelt werden muss. Eine Gegenbewegung begründet Simplifizierungen, wie beispielsweise durch die Arduino-Plattform, die Programmierung mit Processing oder die visuelle Programmierung mittels Grasshopper für Rhinoceros® (vgl. [Odendahl u. a. 2009], [Bohnacker u. a. 2009], [Lordick 2013]).

Komplexität Interface

Unterstützungen findet diese Bewegung durch neuartige Qualifikations- und Studienmöglichkeiten, wie die der Computervisualistik, der Medieninformatik oder alternativ der Entwicklung von postgradualen Bildungsangeboten, wie es das Projekt: „Framing Art,

Interfaces sind Gegenstände

## 4 Synthese

Science and Technology[4] (F-A-S-T)" zum Ziel hatte. Als Herausforderung lässt sich dabei die Vereinbarkeit von komplexen Technologien und einem kreativen Schaffensprozess konstatieren. Konkrete Beiträge zur beiderseitigen Simplifizierung sind nötig.

*Gestaltung und Computergrafik ‚vereinen'*

Nun ergibt sich aus der Thematik der vorliegenden Arbeit das Bedürfnis der Vereinbarkeit von Gestaltung und Computergrafik. Nachfolgend ist ein möglicher Ansatz zu einem Verständnis formuliert. Dazu sei nochmals auf den Abschnitt zur Computergrafik verwiesen (siehe 2.3.5), der die ‚klassische' Rendering-Pipeline darlegt. Das Modell der Rendering-Pipeline ist, geschuldet der rasanten Entwicklung im Bereich der Computergrafik, bereits als ‚klassisch' einzustufen (siehe 2.3.5). Weiterführende Methoden und Modelle wurden abgeleitet (vgl. [Möller u. a. 2008]).

*Potenziale der Rendering-Pipeline*

Die ‚klassische' Rendering-Pipeline gilt als fundiertes Verfahren. Im methodischen Sinne und für das Verständnis zwischen den beteiligten Disziplinen ist die ‚klassische Rendering-Pipeline' für die weitere Erörterung adäquater Ausgangspunkt. Diese wird nunmehr herangezogen, um gestalterische Eingriffsmöglichkeiten zu illustrieren und zu erörtern (siehe Abbildung 4-2), gefolgt von einer Gegenüberstellung von computergrafischen Termen und gestalterischen Aspekten (siehe Tabelle 4-2):

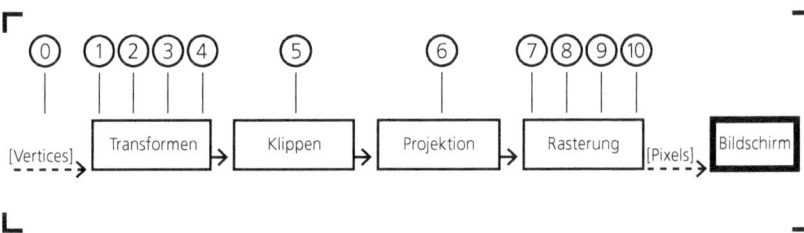

Abbildung 4-2, Illustration: Interventionsmöglichkeiten bei der klassischen Rendering-Pipeline (vgl. [Franke u. a. 2005a], [Franke 2006]).

| Nr. | Technologie | Gestaltung |
| --- | --- | --- |
| 0 | Normale | Sichtbarkeit, Präsenz |
| 1 | Translation | Ort, Platz |
| 2 | Rotation | Orientierung, Drehung |
| 3 | Skalierung | Größe, Format |
| 4 | Scherung | Verzerrung, Walgen |
| 5 | Clipping | Rahmen, Stanzen |
| 6 | Projektion | Überführung, Umformung |
| 7 | Farbe | Kolorit, Pigmente |
| 8 | Textur | Oberflächenstruktur |
| 9 | Unschärfe, Transparenz | Licht, Schatten |
| 10 | Beleuchtung | Kontrast, Durchsicht |

Tabelle 4-2: Legende zur vorherigen Abbildung.

---

[4] Framing Art, Science and Technology (F-A-S-T) ist ein Projekt, dass unter Leitung und mit Unterstützung durch Prof. Rainer Groh formuliert wurde. F-A-S-T- erfährt gegenwärtig eine Förderung durch Mittel aus dem ESF und vom Freistaat Sachsen.

F-A-S-T ist eine Kooperation der Hochschule für Bildende Künste Dresden, der Hochschule für Technik und Wirtschaft Dresden und der Technischen Universität Dresden hinsichtlich der Entwicklung „eines gemeinsamen postgradualen Studienangebote, das seinen Teilnehmern künstlerische und technische Werkzeuge und Methoden vermittelt. [Aufgrund des besonderen Risikos wird, wie folgt verfahren.] In der Konzeptphase werden zahlreiche Bildungsangebote ausprobiert, um das geplante Angebot zu testen und zu evaluieren." (siehe [F-A-S-T 2014]).

## 4.1 Gestaltung und Computergrafik

Der Begriff Rendern bedeutet in der Computergrafik die Transformation von geometrischen Daten. Es werden dreidimensionale Daten zu zweidimensionalen Abbildern transformiert. Dazu werden computergrafische Algorithmen genutzt. Die Schritte der ‚klassischen' Rendering-Pipeline sind aus Sicht der Malerei und Gestaltung dezidiert zu betrachten. Die Erörterung der Pipeline erfolgt schrittweise. Es wurden zehn Eingriffsmöglichkeiten herausgearbeitet, die sich in fünf Klassen ordnen lassen: Vertex (**V**), Transformation (**T**), Clipping (**C**), Projection (**P**) und Rasterung (**R**):

Eingriffsmöglichkeit

(**V: 0**) Grundlage der Visualisierung mittels der Rendering-Pipeline sind geometrische Daten, wie Punkte, Linie, Fläche, Körper, Texturen, etc. Die Konvention lässt geometrische Eigenschaften beschreiben. Beispielsweise wird mit der Verlaufsrichtung eines Polygonzuges beziehungsweise mit der Orientierung einer Flächennormalen die Sichtbarkeit der betreffenden Fläche bestimmt. Flächennormalen werden auch für die Beleuchtungsberechnung eines betreffenden Objektes herangezogen. In der Computergrafik wird die resultierende Normale einer Fläche für deren weitere Sichtbarkeit in einer Szene herangezogen. Die Normale einer Fläche und die Blickrichtung einer Kamera bestimmen letztlich die visuelle Ausformung der Fläche. Entsprechende computergrafische Algorithmen beschreibt die Literatur (vgl. [Angel 2003]).

Vertices

Es ergibt sich gestalterisches Potenzial durch die Auslegung respektive Modifikation der Normalen. Beispielsweise könnte das ‚back-face-removal' gewichtet und durch entsprechende gestalterische Mittel angereichert werden (Transparenz, Farbe, etc.). Dialogisch bedeutende Objekte könnten trotz ähnlicher geometrischer Konstellation allerdings unter kommunikativen Gesichtspunkten länger angezeigt, unwichtige früher ausgeblendet werden, etc.

(**T: 1-4**) Transformationen sind geometrische Operationen, wie eine Bewegung, eine Skalierung, eine Scherung oder eine Rotation. Alle Transformationen sind über entsprechende Transformationsmatrizen durchzuführen. Die Bewegung eines Objektes in der Szene beziehungsweise vor der Kamera bestimmt je nach Kameraspezifikation die Größe, die Lage und letztlich wiederum die Sichtbarkeit des Objektes – ‚Links', ‚Rechts', ‚Oben', ‚Unten', ‚Hinten', ‚Vorne', ‚Verdeckt', etc.

Transformation

Neben der geometrischen Beschreibung beziehungsweise entsprechenden Transformationen können auch Regeln für dialogische Aspekte vorgesehen werden. Beispielsweise reagiert die Kamera auf die Transformation eines Objektes, um es im Blick zu behalten. Andererseits kann ein Objekt mit bestimmten Eigenschaften/Regeln ausgestattet werden, sodass es sich ‚biegen und brechen' kann, um vor der Kamera immer im ‚rechten Licht zu stehen' oder sich von der ‚besten Seite' zu zeigen (‚Schokoladenseite', ‚fotogen', etc.). Beispielsweise hielt es Canaletto (Bernardo Bellotto) bei seinem Gemälde nicht so genau mit der Lagebeziehung von Frauenkirche und anderen Gebäuden auf dem Neumarkt beziehungsweise hinter den Gebäudezeilen (vgl. [Groh 2005]). Im Sinne der Ausdrücke der Computergrafik ‚skalierte', ‚rotierte', ‚translierte' und ‚scherte' er insofern die grundlegende Bildstruktur seines Gemäldes zu einem Gefüge. Dieser schöpferische Akt war schon immer gängige Praxis der Maler, wie auch der Architektur (siehe 3.3.4).

Das gestalterische Potenzial in der Computergrafik ist es, diese Regel der Malerei in ihre dynamische Umgebung zu überführen. Zusätzlich können diese Regeln auch überzogen und für ‚Auszeichnungen und Markierungen' herangezogen werden. Damit ist gemeint, dass ein Objekt im Sinne eines ‚Highlighting' oder ‚Hervorhebens' abseits einer farblichen

## 4 Synthese

Markierung und Einrahmung allein durch subtil wirkende geometrische Transformationen aufmerksamkeitsfördernd visualisiert werden kann. Kleine leicht geometrische Abnormalitäten, ähnlich einer Formatierung von Text, sind auch dazu geeignet. Ähnliche Ansätze gibt es auch in der Fotografie (siehe 2.2.3). Die Objekte in einer Szene sollen durch die Bildstruktur ähnlich einem geordneten Text sukzessiv erfahrbar beziehungsweise lesbar sein. Aber, die eigentliche kommunikative Bedeutung wie auch Dramaturgie der Szene ist gleichsam unangetastet zu belassen.

**Clipping**

**(C: 5)** Das ‚Clipping' der dreidimensionalen Szene ist ein weiterer Prozessschritt innerhalb der Rendering-Pipeline. Damit werden große Datenmengen auf das notwendige Maß reduziert. Geometrie, die letztlich nicht abgebildet wird, wird von weiteren Berechnungen ausgeschlossen. Grundsätzlich werden alle geometrischen Objekte einer Szene durch das Clipping geometrisch ‚gleichbehandelt'. Es wird geschnitten und verworfen, ohne Rücksicht auf semantische oder narrative Inhalte.

Wenn ein gestalterisches Interesse vorliegt, dann kann dieser geometrischen Gleichbehandlung wie folgt abgeholfen werden. Es können zusätzlich semantische Clipping-Ebenen eingeführt werden, in Art und Weise ähnlich der semantischen Tiefe (vgl. [Kosara u. a. 2001]). In Abhängigkeit von der dialogischen Bedeutsamkeit der Objekte werden diese entsprechend durch die Rendering-Pipeline behandelt. Ein mehrfach geschacheltes ‚View Frustum' stellt eine solche Erweiterung dar. So können Objekte ihrer Bedeutung nach früher und später beschnitten oder ganz und gar in Sichtkörper gefangen genommen werden. Ein persönlicher Assistent oder ein entsprechendes Werkzeug in einer virtuellen Szene kann ‚nicht mehr' verloren gehen. Derartige Objekte werden an einem ‚magnetischen Lasso' an der virtuellen Kamera stets mitgezogen, ähnlich den Fangpunkten und Hilfslinien in vektorbasierten Programmen, die der Erzeugung von Illustrationen oder Bildbearbeitung dienen.

**Projektion**

**(P: 6)** Die Projektion ist der eigentliche Kern der Rendering-Pipeline. In diesem Schritt wird die dreidimensionale Datengrundlage in ein zweidimensionales Abbild überführt. Aus der Mächtigkeit dieses Prozessschrittes ergibt sich ein erhebliches gestalterisches Potenzial. Zahlreiche Arten der Projektion sind vorhanden (vgl. [Wojdziak 2013]). An dieser Stelle ist die Zentralprojektion als eine der mit am meisten in der Computergrafik praktizierten Verfahren zu benennen. Entsprechend viele Abbildungsvorschriften lassen sich ableiten. Aber auch für die Computergrafik unübliche Verfahren sind denkbar, die in der Malerei wiederum etabliert sind, wie die ‚umgekehrte' Perspektive, die Linearperspektive, die Bedeutungsperspektive, etc. (siehe Abschnitt 2.1.2, vgl. [Rauschenbach 1983]).

## 4.1 Gestaltung und Computergrafik

(R: 7-9) Farben, Texturen und Beleuchtung sind nach der Bestimmung der geometrischen Gegebenheit der Szene weitere Aspekte im Verfahren der computergrafischen Bildgenerierung. Einem Betrachter erscheinen warme Farben näher als kalte, insbesondere in räumlich wirkenden Bildstrukturen. Ein diesbezüglicher Nachweis wurde im Rahmen der vorliegenden Arbeit geführt (vgl. [Franke u. a. 2008a]). Das Bildmedium (ob Gemälde, Fotografie oder Computergrafik) hat dabei keine Auswirkung auf die visuelle Wahrnehmung von illusionierter Tiefe.

Rasterung

Es ergibt sich gestalterisches Potenzial (siehe 5.1.4). Das gestalterische Potenzial der Textur findet sich impliziert in der perspektivischen Optimierung wieder, wie den entsprechenden Abschnitten zu entnehmen ist (siehe Abschnitt: 4.4 und Abschnitt: 5.1.1). Farben, Texturen und Beleuchtung sind im kommunikativen Sinne entscheidende Faktoren für die Vermittlung von konkreten Botschaften aber auch für die Etablierung einer bestimmten Atmosphäre oder Stimmung einer Szene.

(R: 10) Als letzter Punkt ist das Mittel der Unschärfe zu nennen (stellvertretend für viele Spezialeffekte, wie Partikelvisualisierung, Transparenz, etc.). Unschärfe kennt das gesunde Auge des Menschen nicht. Ebenso sind Partikel und kursorische (flüchtige) Elemente nicht von fester Gestalt. In der dreidimensionalen Realität sind derartige Kompositionen oft nicht realisiert beziehungsweise handhabbar (siehe 2.4.6, S. 76).

Es zeigt sich in diesen Zuständen besonderes gestalterisches Potenzial, weil es für den Menschen in seiner natürlichen Umgebung in der Regel schwer ist, damit zu arbeiten. Mit der Computergrafik beziehungsweise der Virtuellen Realität lassen sich flüchtige Stoffe und Dinge beherrschen und untersuchen. Virtuelle frei fliegende Partikel sind nicht flüchtig. Der Wind kann ‚eingefangen' werden (Non-Photorealistic-Rendering, siehe 3.4.2). Dinge von ‚scheinbarem' Gewicht unterliegen nicht der Schwerkraft (siehe 3.2.1.5). Komplementär dazu wirken sich Gestaltungsgesetze aus, wie das zusammenhängende Sehen, etc.

Derartige gestalterische Möglichkeiten bilden die eigentliche computergrafische Innovation und sind insbesondere in der dreidimensionalen Virtuellen Realität nicht zu unterschätzen (siehe Abbildung 2-55, S. 77). Viele gestalterische Sachverhalte dieser Art sind bekannt, lassen sich jedoch in der Natur mit ihren physikalischen Gesetzen nicht ohne Weiteres realisieren. Hingegen eignen sie sich unter Umständen für ‚Auszeichnungen' und ‚Markierungen' innerhalb einer komplexen Szene. Der Gegenstand der realen Umwelt unterliegt natürlichen Gegebenheiten. Er ist von fester Gestalt. Objekte der Virtuellen Realität sind ‚frei' von derartigen Konventionen. Es lässt sich beispielsweise ‚morphen' oder ‚an die Luft hängen'.

–

Die zuvor dargestellten ‚abstrakten' Einflussmöglichkeiten ((V), (T), (C), (P) und (R)) und gestalterischen Potenziale bezüglich der computergrafischen, ‚klassischen' Rendering-Pipeline sind in der nachfolgenden Tabelle zu einem Überblick zusammengefasst. Studentische Arbeiten, die die vorliegende Arbeit an dieser Stelle begleitet haben, sind als Referenz benannt (siehe Tabelle 4-3).

Überblick

# 4 Synthese

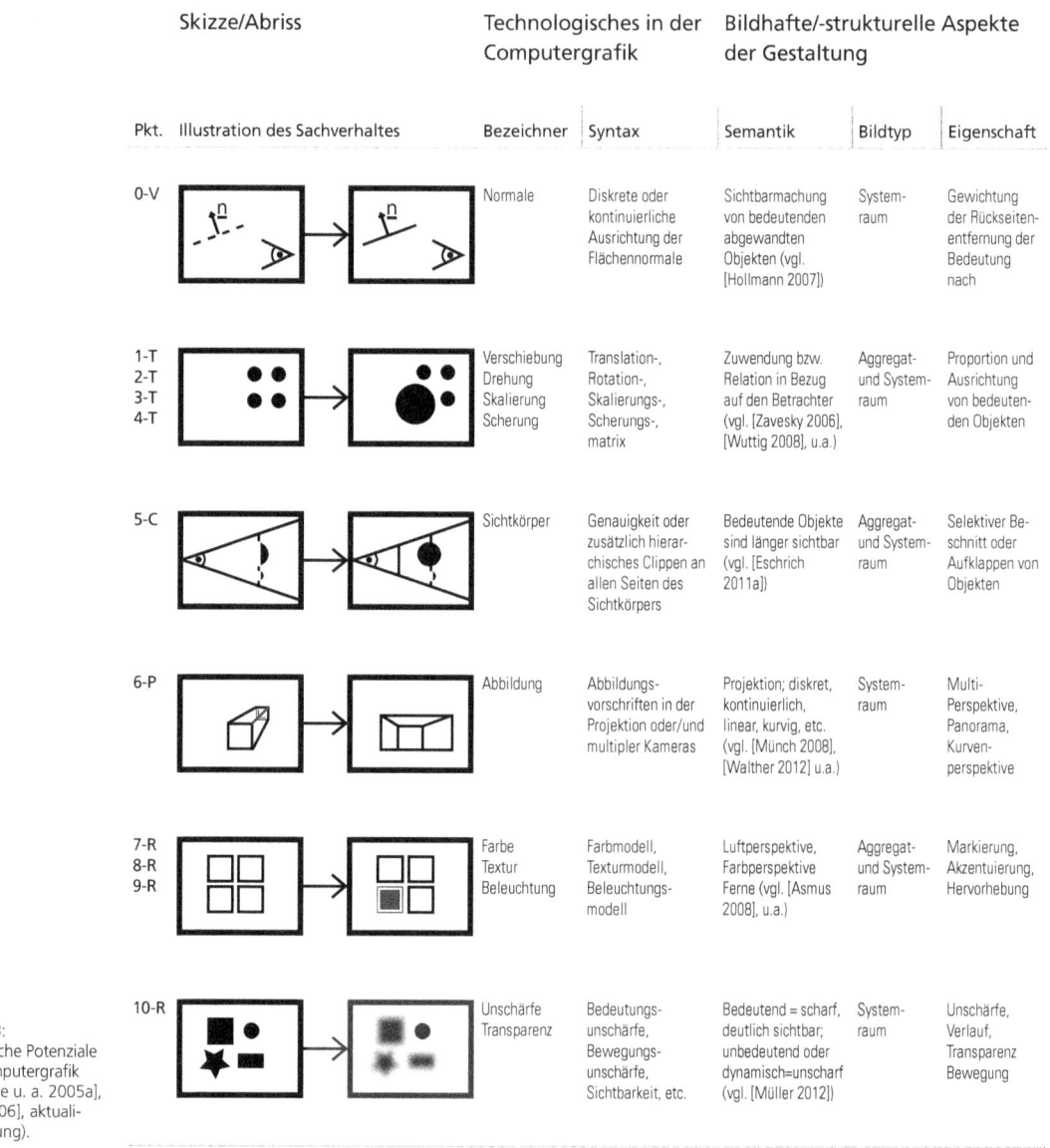

Tabelle 4-3: Gestalterische Potenziale in der Computergrafik (vgl. [Franke u. a. 2005a], [Franke 2006], aktualisierte Fassung).

‚Atomares Potenzial'  Die angeführten Erörterungen zum Potential computergrafischer Abbildungsverfahren, wie der Rendering-Pipeline, und die Tabelle zeigen, welches Potenzial die Computergrafik für das bildhafte Gestalten auf ‚atomarer Basis' darstellt (siehe Abbildung 4-2). Dinge können gestaltet werden, für die es in der Realität keine ‚Mittel und Wege' gibt. Dabei ist jeglich gerendertes Ergebnis zugleich reversibel und ohne Zeitverlust in mannigfaltigen Instanzen skalierbar. Das visuelle Objekt in der Virtuellen Realität ist vollständig beherrschbar – ganz im Gegensatz zur Gegenständlichkeit der Realität.

## 4.2 Bildgeometrie und Bildwirkung

Was ist das Wesen von Bildgeometrie und worin begründet sich der Eindruck, den ein Mensch von einem Bild erlangen kann? In den folgenden Abschnitten werden diesen Fragestellungen an den etablierten Begriffen: ‚Projektion und Perspektive' sowie ‚Blicken und Sehen' nachgegangen. Im Ergebnis werden Rahmenbedingungen an bildgebende Visualisierungssysteme formuliert, unter denen eine wahrnehmungsrealistische Wirkung entfaltet werden kann.

*Bildgeometrie*

### 4.2.1 Projektion und Perspektive

Das Sehen des Menschen unterliegt dem kulturellen Wandel. Die Perspektive ist keine objektive Konstruktion und sie stellt kein Dogma dar. Sie ist subjektiv. Bereits ALBRECHT DÜRER verwehrt sich dagegen, dass die Perspektive ein (Proportions-)System ist. Er mahnt an, dass „ein jeglich Ding allweg zu messen"[…] „nicht allweg not" sei ([Lange und Fuhse 1893, S. 351]) und die exakte Messung dem Grunde nach dem Zweck eines „guten Augenmaßes" dient ([Lange und Fuhse 1893, S. 230]). Anders stellt es sich bei der Zentralprojektion dar. Sie ist ein geometrisches Verfahren und besitzt Konventionen. Die Zentralprojektion war eine Entdeckung ihrer Zeit, keine Erfindung (vgl. [Lange und Fuhse 1893, S. 351]). Die Zentralprojektion überführt dreidimensionale Objekte in ein zweidimensionales Abbild. Sie unterliegt den Gesetzen der Optik. Dabei nutzt die Zentralprojektion unter anderem das Parallelenaxiom (Fünftes Postulat von Euklid), denn parallele Geraden aus der dritten in die zweite Dimension projiziert, schneiden sich. Das entspricht nicht den realen Gegebenheiten. Parallele Geraden schneiden sich theoretisch im Unendlichen und nicht in einem ‚sichtbaren' Punkt. Dieser Bereich geht über das durch die euklidische Geometrie Erfassbare hinaus (vgl. [Priess-Crampe 1983], [Lüneburg 1999]) und führt letztlich zu nichteuklidischen Beschreibungslösungen. Ob und inwieweit die nichteuklidische Geometrie die wahre Natur des Raumes abzubilden vermag, wird in zahlreichen Diskursen erörtert (vgl. [Aristoteles 1987]). Oft als rein philosophische Auseinandersetzungen abgetan, haben diese mittlerweile eine ernstzunehmende Berechtigung erlangt. Beispielsweise erfolgt in der theoretischen Physik die Beschreibung der Realität zunehmend durch Formen der nichteuklidischen Geometrie. Es lassen sich Größen beschreiben, die ansonsten in ihrer Dimension für den Menschen – zumindest euklidisch gesehen – nicht fassbar respektive wahrnehmbar wären. Beispiele hierfür sind Strukturen von kleinsten ‚Strukturen' aber auch größte räumliche ‚Ausdehnungen', wie die Beschreibung des Aufbaus eines Atoms oder die des Weltalls. Darüber hinaus sind bestimmte naturgegebene Zusammenhänge noch unvollständig erforscht, die aber dennoch mit den Mitteln einer bildhaften Visualisierung dargestellt werden sollen. Für weiterführende Literatur sei an dieser Stelle auf zahlreiche grundlegende Arbeiten verwiesen. Einen grundlegenden Einstieg in diese Thematik bildet der Abschnitt: „Das Ringen um das ‚Parallelenproblem'" im Buch: „5000 Jahre Geometrie" ab (vgl. [Scriba und Schreiber 2005, S. 363]).

*Perspektive versus Projektion*

Der ‚Wahrheitsgehalt einer Perspektive' liegt in der Mitte zwischen Geometrie und Wirkung (Wirklichkeit), denn bereits in der Antike wurden entsprechend ‚subtil' krummlineare Gebäude angelegt, damit sich im Auge des Betrachters gerade Linien ergeben (siehe 3.3.5.1). Im Ergebnis lässt sich festhalten: Viele räumliche Gegebenheiten lassen sich allein durch die euklidische Geometrie nicht beschreiben, geschweige in einem Abbild wiedergeben. Nachfolgend wird aus diesem Grund eine kunsthistorisch bedeutende Debatte herangezogen, die ihren Anfang zu Beginn des letzten Jahrhunderts nahm (vgl. [Edgerton 1975, S. 140 ff.]) und bis dato andauert, beispielsweise in der Forschung an krummlinearen Formen der Projektion (vgl. [Wojdziak u. a. 2011b]).

*Wahrheitsgehalt einer Perspektive*

# 4 Synthese

## 4.2.2 Blicken versus Sehen

*Blicken versus Sehen*

Inspiriert durch EUKILD und MARCUS VITRUVIUS POLLIO (kurz: VITRUV) führte der Kunsthistoriker ERWIN PANOFSKY in seinem Essay „Die Perspektive als ‚symbolische Form'" aus, dass die Linearperspektive allein als Konstruktionsweise der Renaissance kein befriedigendes Ergebnis zur Abbildung der visuellen Realität liefert (vgl. [Panofsky 1980b]). Diese Aussagen, die erstmals mit Vorträgen in der Bibliothek Warburg, 1924/25 geäußert wurden, führten zu langjährigen und lebhaften kunsttheoretischen Diskursen. Unterstützer seiner Theorie über das gekrümmte Sehen von Geraden, verursacht durch die Feststellung, dass die Netzhaut des Auges gekrümmt ist (vgl. [Ings 2008]), sind: RUDOLF ARNHEIM, GYORGY KEPES und NELSON GOODMANN (vgl. [Arnheim 2000], [Kepes 2012], [Goodman 1995]). Gegenargumente liefern die Arbeiten von ERNST H. GOMBRICH, JAMES J. GIBSON, G. TEN DOESSCHATE, MAURICE. H. L. PIRENNE und weitere (vgl. [Gombrich 2004], [Pirenne 1952], [Doesschate 1964], [Gibson 1971], [Gioseffi 1957]).

*Wahrnehmungs-psychologie*

Wahrnehmungspsychologische Überlegungen und Erkenntnisse zur Anmutung von Bildern gibt es zahlreiche (siehe 2.4). LEON BATTISTA ALBERTI war überzeugt, dass die „künstlerische Schönheit" einem moralischen und spirituellen Gleichgewicht im Menschen entspricht ([Grayson 1960, S. 158]). Die Präferenz zu Dingen oder bestimmten Strukturen hat ihre wahrnehmungspsychologische Ursache im visuellen Gedächtnis des menschlichen Gehirns, der Art, möglichst abstrakte, einfache Reizmerkmale in der visuellen Welt zu finden beziehungsweise, wenn diese unvollständig vorliegen, sich ‚einzubilden' (siehe 2.4.5).

Weitere Synthesen aus den Überlegungen zur Physiologie des Auges (vgl. [Joos u. a. 2003]) und zum Interaktions-Bild (vgl. [Groh 2005]) ergeben algorithmisches Potenzial, insbesondere hinsichtlich interaktiven Echtzeit-Visualisierungen. Blickbewegungen lassen sich aufnehmen und verarbeiten. Noch bevor eine Sakkade, also ein Blicksprung beendet ist (siehe 2.4.1.2), ist es technischen Systemen möglich, dies festzustellen und zu berücksichtigen. Durch Eye-Tracking erfasst ein technisches System schneller einen Blicksprung, als der Mensch in der Lage ist, das Blickziel mit seinem Auge zu erreichen. Selbst wenn das Blickziel erreicht ist, benötigt die kognitive Verarbeitung der visuellen Reize eine bestimmte Zeitdauer. Noch bevor der Mensch das Zuerblickende fixieren kann, können technische Systeme zur Bildgenerierung das Blickziel antizipieren beziehungsweise schätzen. Dieser ‚Vorsprung durch Technik' kann mit entsprechend fundiert-gestalterischen Regeln zu einer neuen Form der interaktiven Visualisierung führen. ‚Das Bild schaut dem Menschen beim Blicken zu'. Entsprechende Bildinhalte werden passfähig dargeboten.

*Aspekt der Interaktion vor der Wahrnehmung*

Der menschliche Blick lässt sich nicht mehr nur als direktes Mittel des Interaktionsprozesses einbinden (vgl. [Stellmach 2013]), sondern in einer subtilen, dem Betrachter unbewussten, Art und Weise (siehe 2.4.5). Damit sind Bild und Betrachter auf ‚Augenhöhe'. Das Szenario einer visuellen Schnittstelle zwischen Mensch und Computer ergibt sich, wie folgt: Der Mensch wägt die computergrafischen Informationen ab. Zeitgleich wägt das technische Visualisierungssystem das Verhalten des Betrachters ab, gestützt beispielsweise durch getrackte Bewegungsinformationen. Das Visualisierungssystem besitzt Adaptivität.

Die nachfolgenden Ansätze fokussieren ebenfalls kein bewusstes Interagieren mittels der Augen, sondern zeigen lediglich das Potenzial zur Anreicherung des Interaktionsprozesses auf (vgl. [Weibel 2006]) – wobei die Interaktion ursächlich Drittes verfolgt, von dem Eye-Tracking unabhängige Aufgaben und Ziele, wie das eigentliche Kommunikationsziel respektive die Vermittlung einer bestimmten Botschaft. Es ist eine subtile, unbewusst wahrnehmbare Optimierung von Interfaces gemeint:

## 4.2 Bildgeometrie und Bildwirkung

- Ausnutzung des schärfsten Sehens (fovealer Bereich):
  Eye-Tracking bildet die Grundlage zur Berechnung des schärfsten Sehens des Menschen. Mithin müssten Bereiche des peripheren Sehens nicht scharf visualisiert werden. Dies eröffnet die Möglichkeit von Optimierungsansätzen, wie beispielsweise beim ‚Level of Details (siehe 5.1.5.1).
- Antizipation von Bewegungen (Motion):
  Blickbewegungen des Auges eilen oft der Kopfbewegung voraus. Damit indizieren die Augen eine sich anschließende Kopfbewegung. Unter technischen Gesichtspunkten gesehen, kann ein Eye-Tracking also das Kopf-Tracking mit einer gewissen Wahrscheinlichkeit ‚voranzeigen'. Weitergedacht gilt dies auch für Multitouch-Interaktion. Mit dem Wissen über biologische und kognitionspsychologische Mechanismen (vgl. [Franklin und Wolpert 2011]) ist eine Vorhersage möglich, ausgehend von einer Kopf-, über eine Hand- bis hin zur Fingerbewegung. Erste Konzepte liegen mit dem „visuellen Feed-Forward" vor (vgl. [Bau und Mackay 2008], [Kammer 2014, S. 65]).
- Störung des Gleichgewichtes (Gravitation):
  Mit dem Wissen des Menschen über seinen Gleichgewichtssinn beziehungsweise der Erfahrung mit der natürlichen Schwerkraft lässt sich auf eine ‚subtile' Art und Weise gestalten (siehe 5.1.1). Hiermit sind beispielsweise bewegliche Plattformen gemeint, wie diese bei Fahrsimulatoren Verwendung finden.

Die Ausnutzung des schärfsten Sehens wird im Folgenden weiter betrachtet.

### 4.2.2.1 Visuelle Grenzen des starren Auges

Bei der Fixation des Auges als Blick (siehe 2.4.1.1) ist zwischen fovealer und peripherer Sehschärfe zu unterscheiden. Dazu folgt ein illustrativer Versuch. Dieser Versuch ist im Zusammenhang mit der vorliegenden Problematik der Arbeit bedeutsam, einfach gehalten und nachvollziehbar. Die Fragen, die es zu beantworten gilt, lauten: Wie scharf sieht der Mensch im peripheren Bereich? Und, welche Relevanz hat die Antwort auf dieser Frage in Bezug auf die Verzerrung von Abbildern (siehe 2.1.1, vgl. [Glaeser 1999]), die durch das Verfahren der Zentralprojektion verursacht werden (siehe 4.3.3 und 4.3.4)? Das nachfolgende kleine Experiment, das der Leser an sich selbst durchführen kann, unterstützt die vorliegenden Ergebnisse der Studien (siehe 7.5).

*Visuelle Grenze des starren Auges*

Der Versuch beweist die Überlegenheit des fovealen gegenüber dem peripheren Sehen insbesondere bezüglich der Sehschärfe. Damit wird auch die Frage beantwortet, ob ein Rezipient Verzerrungen durch Projektion (vgl. [Glaeser 1999]) – wie diese auch im Auge vorkommt – scharf sieht. Denn, wenn das Auge im peripheren Bereich ‚scharfe' Informationen liefert, dann kennt der Mensch geometrisch verzerrte Zustände. Das visuelle Gedächtnis würde dafür Muster beziehungsweise Gegenstandskategorien (siehe 2.4.2.1 und 2.4.1.2) bereithalten. Verzerrte Abbilder (vgl. [Tversky 1993]) wären eine vielfach getätigte Erfahrung. Wenn dem jedoch nicht so ist, dann wäre das folgende Experiment ein Indiz dafür, dass der Mensch mit verzerrt abgebildeten Objekten unter Umständen einer unnötigen, kognitiven Belastung ausgesetzt ist (siehe 2.4.2.3).

*Selbstversuch*

Experiment: Bei der Fixierung des rechten außenstehenden Buchstaben X ist zu zählen, wie viele Buchstaben zur Linken zu erkennen sind (nach [Goldstein 2002, S. 68], siehe Abbildung 4-3):

4 Synthese

⌐                                                                                                    ¬

D I H C N R L A Z I F W N S M Q P Z D K **X**

∟                                                                                                    ⌐

Abbildung 4-3, Illustration: Experiment zur visuellen Erkennbarkeit von exzentrisch gelegenen Stimuli.

**Erkenntnis**

Dem Leser ist es in der Regel möglich, festzustellen, dass nur ein paar Buchstaben lesbar sind. Der Grund liegt in der geringen Sehschärfe der Stäbchen des Neuronalen Netzwerkes der Retina im hinteren Augenbereich, die für das periphere Sehen verantwortlich sind (vgl. [Metzger 2008]). Das periphere Sehen liefert dem Gehirn nur Informationen über die Existenz von Objekten, jedoch nicht über deren genaue Form und Gestalt. Das ist das Entscheidende.

**Alles-oder-Nichts-Gesetz**

Um die Form oder Gestalt von im peripheren Sichtbereich befindlichen Objekten zu erkennen, bedarf es einer Blickbewegung mit anschließender Fokussierung des betreffenden Gegenstands. Es ist also eine Neuorientierung beziehungsweise Ausrichtung des dynamisch beweglichen Auges nötig. Die Blickrichtung ändert sich – mithin ergibt sich ein neues Abbild im Auge und das Gehirn setzt sich sein Bild von der Umwelt aus diesen einzelnen Blicken zusammen. Dabei ist interessant, dass bei Nervenzellen eine Besonderheit vorliegt. Diese ist in der Fachwelt unter dem Begriff Alles-oder-Nichts-Gesetz formuliert (vgl. [Kleinert u. a. 2005]). Eine Nervenzelle reagiert, das heißt, feuert oder nicht unabhängig von der Intensität der Reizung, sondern abhängig von der Frequenz des Impulses. Beim Sehen wird dies durch die Mikrosakkade realisiert (siehe 2.4.1.4).

4.2.2.2 Visuelle Grenzen des dynamischen Auges

**Visuelle Grenze des dynamischen Auges**

Kopf-Kameras sind stationäre, am menschlichen Kopf angebrachte, Kameras. Zu meist sind dies ‚starr' fixierte Apparate (siehe Abbildung 4-4). Durch die menschlichen Kopfbewegungen wird die Kamera in der Umwelt orientiert. Folglich ist die Kopf-Kamera wie ein starres Auge anzusehen.

SCHNEIDER ET AL. beschreiben, wie ein technisches System konstruiert ist, dass eine Kopf-Kamera um eine Augen-Kamera erweitert (vgl. [Schneider u. a. 2005]). Eine Augen-Kamera ist eine Kamera, die die Augenbewegungen des Trägers simuliert und dabei die Blickrichtung des Auges einnimmt. Damit ist es möglich, die visuellen Informationen des Auges, in Form dynamischer Abbilder aufzuzeichnen (Serienbilder). Wie die Ergebnisse eines solchen Systems aussehen und welche bildsprachlichen Implikationen sich ergeben, darüber klärt der nachfolgende Abschnitt auf. Daraus ergeben sich neuartige Bildkonzepte und Denkweisen bei der Konzeption von gestalteten Interfacetechnologien.

Weiterführend stellt sich die Frage, warum nicht eine ‚isolierte' Augen-Kamera verwendet wird? Dies ist leicht zu erklären. Eine Augen-Kamera imitiert die Blickbewegung des Auges. Das Kamerasystem basiert technisch gesehen auf einem Eye-Tracking-System und einer beweglichen Augen-Kamera. Die Augen-Kamera ist mit Servomotoren ausgestattet. Die Servomotoren werden auf Basis von Blickbewegungsmessungen direkt angesteuert.

**Augen-Kamera**

Die Berechnung der Ansteuerung unterscheidet nicht zwischen Fixationen (siehe 2.4.1.1) und Sakkaden (siehe 2.4.1.2) des menschlichen Auges (vgl. [Joos u. a. 2003]). Das menschliche Auge bewegt sich schnell zwischen den Ruhephasen. Damit kommt es allerdings zu einem Problem. Zwar lässt sich der Fluss der visuellen Informationen während einer Fixation durch die Augen-Kamera einfangen, da das Auge mehr oder weniger ruht.

## 4.2 Bildgeometrie und Bildwirkung

Allerdings liefert die Augen-Kamera weniger nachvollziehbare Videoaufzeichnungen während einer Sakkade. Bedingt durch die schnelle Bewegung der Augen-Kamera verwischt das Video. Ein Betrachter der entsprechenden Videoaufzeichnung kann den Blicksprung des Trägers der Augen-Kamera nicht nachvollziehen. Zur Zeit einer Sakkade liefert die Kamera ruckartige und verschwommene Bilder, die in keinem erkennbaren bildstrukturellen Zusammenhang für einen Dritten stehen. Ferner zittert das Auge des Menschen fortwährend, bedingt durch Mikrosakkaden (vgl. [Bahill u. a. 1975]). Diese kleinsten Bewegungen des Auges lassen sich durch Glättungsalgorithmen hinsichtlich der Auslenkung beziehungsweise der Ansteuerung der Kameramotorik kompensieren.

Insbesondere bei längeren Sakkaden ist für einen dritten Betrachter, aus der reinen Aufnahme der Augenkamera, sehr schlecht zu erkennen, wohin und wie weit sich das Ziel des Auges in der Umwelt bewegt hat. Aus dem Videomaterial einer derartigen Augen-Kamera lässt sich kein Bild generieren, wie es das menschliche Gehirn vermag. Dem Gehirn liegen nämlich über die reinen visuellen Informationen weitere Sinnesreize vor. Zudem kommen die Signale zur Augenbewegung vom menschlichen Gehirn. Eine fremde Person, die die Aufnahmen der Augen-Kamera betrachtet, hat oft keine Möglichkeit, auf die tatsächliche Umgebung zu schließen. A priori liegt für die sich ergebenden Reizinformationen ein entsprechendes Vorwissen vor, dass weder durch das Tracking der Augen-Kamera noch durch Videomaterial abgedeckt wird.

Sich ‚rein' auf der Basis der visuellen Reizaufnahme eines ‚Dritten' ein Bild von der betreffenden Umgebung ‚zumachen', ist schwer, bisweilen Fiktion. Alleine durch die Aufnahme der Augen-Kamera lässt sich bisweilen nicht auf das Gefüge von Umwelt und Dingen schließen. Es fehlen entscheidende Informationen, die der Träger der Augen-Kamera implizit durch seinen Körper beziehungsweise Organismus besitzt. Da sind beispielsweise zusätzliche Informationen durch die Bewegung der Augenmuskulatur, die Relativbewegung des Kopfes, die des Gleichgewichtsorgans und weiterer Sinnesorgane. Es ergibt sich unter anderem das Forschungsfeld der Synästhesie (vgl. [Sonderforschungsbereich Kulturen des Performativen 2008]).

Blicke eines Dritten

Die Lösung des soeben formulierten Problems ist recht einfacher Natur. Die Aufnahmeabbilder der Augen-Kamera müssen – unter Zuhilfenahme eines Bezugssystems durch eine Bildstruktur – dargestellt werden (siehe 3.2.1). Das bedeutet, die Abbilder, die die Augen-Kamera liefert, sind in einem Bildgefüge zu verorten. Ein Bezugssystem stellt beispielsweise ein weitwinkliges Gesamtabbild der Umwelt dar. Zusätzlich muss ein Bezugssystem in Form eines Bildes eine visuell stabile Struktur liefern, eine Art von Layer (vgl. [Adolphi 2005]). Ein Blatt Papier, das in der Gestaltung liniert oder kariert vorgezeichnet ist und auf dem ein Stift ‚hin- und hergeschwenkt' wird, stellt ein derartiges Bezugssystem dar. Im Nachhinein lässt sich mittels der Bezugslinien beziehungsweise Hilfslinien der Weg des Stiftes über das Blatt verfolgen. Dabei können die Hilfslinien oder ein Raster schwach ausgeprägt sein, bestenfalls subtil wahrnehmbar. Der geschilderte Fall der Führung des Stiftes auf dem Blatt ist einfach und statisch. Im Fall der Augen-Kamera handelt es sich allerdings um eine komplexere Angelegenheit. Sie bewegt sich frei durch die Umwelt. Sie vollzieht einerseits sakkadische Bewegungen, ist dann aber auch wieder fixiert. Die natürliche Umwelt hat keinen Rahmen, wie ein mit Mustern, Hilfslinien oder Raster versehenes Blatt Papier (siehe 3.2.1.6).

## 4 Synthese

**Blicke eines Dritten, mit Bezug visualisieren**

Ein Bezugssystem für die Aufnahmeergebnisse einer Augen-Kamera muss also selbst dynamisch sein und sollte nur wenige andere Informationen aus der Umwelt verdecken. Im optimalen Fall hält die Umwelt implizit ein Bezugssystem vor. Bestenfalls ist das Bezugssystem selbst dynamisch und in der Umwelt verortet. Das Ziel des menschlichen Auges, der Fokus bewegt sich durch die Augenbewegungen durch den dreidimensionalen Raum. Um das Ziel des Auges einzufangen und sichtbar zu machen, bedarf es der Auswertung der Eye-Tracking-Ergebnisse und eine geeignete Visualisierung. Ein solch relatives, stabiles Bezugssystem ermöglicht eine Aneignung (siehe 2.2.1.3), beispielsweise wie ein Layer. Ein derartiger Layer wird mit dem Abbild der Umwelt durch die Kopf-Kamera geliefert. Die Herausforderung ist, wie sich das Abbildungsergebnis der Augen-Kamera mit dem Abbildungsergebnis der Kopf-Kamera kombinieren lässt (siehe Abbildung 4-5, vgl. [Vockeroth 2007]).

Abbildung 4-4, Fotografie: Historische Kopf-Kamera zu Studien im Bereich von „Design und Marketing" (1959), ([Shackel 1960, S. 764]), links.

Abbildung 4-5, Fotografie: „Apparatur eines Augen-Kopf-Kamerasystems" mit mehreren Kameras und Eye-Tracking (2007, vgl. [Vockeroth 2007]), Fotograf unbekannt, rechts.

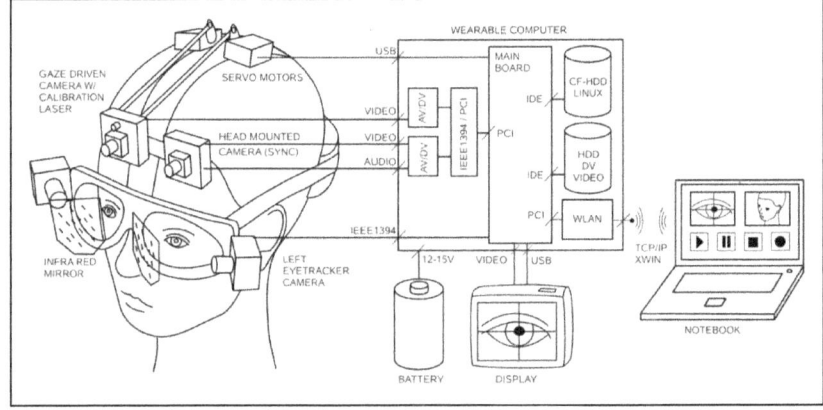

Abbildung 4-6, Illustration: Technischer Aufbau eines hybriden Augen-Kopf-Kamerasystems (2007, [Vockeroth 2007, S. 25]).

**Kameraspezifikation**

Durch die beiden Kameras, der Augen- und der Kopf-Kamera, liegen zwei ‚perspektivische' Projektionen vor. Die Kameraachsen beider Kameras sind dabei ‚in der Praxis' vorwiegend unterschiedlich orientiert. Die Kameras sind verschieden ausgerichtet und haben unterschiedliche Positionen. Zwar gibt es eine ‚theoretische' Möglichkeit, dass beide Kameraachsen in die gleiche Richtung orientiert sind. Allerdings wird sich mit der gegenwärtigen Technik aufgrund der unterschiedlichen Position der Kameras kein identisches Abbildungs-

## 4.2 Bildgeometrie und Bildwirkung

ergebnis ergeben (siehe Abbildung 4-5). Selbst wenn die Kameras eine gleiche Position einnehmen würden, dann würde eine gleiche Orientierung der Kameras in der Welt nur in sehr seltenen Fällen eintreten und zeitlich für exakt eine Fixation anhalten. Dieser Fall kann also vernachlässigt werden. Aufgrund des derzeitigen technischen konstruktiven Aufbaus des Augen-Kopf-Kamerasystems kommt dieser Fall nicht vor (siehe Abbildung 4-5 und Abbildung 4-6).

Aus der vorangegangenen Erörterung hat sich die Aufgabe ergeben, eine technische Lösung zu finden, die es erlaubt die Abbildungsergebnisse von Augen-Kamera und Kopf-Kamera zu kombinieren. Wie sieht ein derartiges Bildgefüge aus? JOHANNES VOCKEROTH geht in seiner Auseinandersetzung zu einer Bildmontage von blickgesteuerter und kopffester Kamera verschiedenen Konzepten nach (vgl. [Vockeroth 2007]). Eine konkrete Lösung ist, die Bild-in-Bild-Technologie aufzugreifen, eine Art der Fotomontage (siehe 2.2.3). Dabei ist festzustellen, dass das Konzept der Bild-in-Bild-Technologie letztlich auf die Malerei zurückzuführen ist. In der Bildsprache wird dafür der Begriff der Binnenperspektive äquivalent genutzt (siehe 2.1.3). Die folgenden Abbildungen zeigen rudimentäre Umsetzungen (siehe Abbildung 4-7 bis Abbildung 4-9).

*Augen-Kopf-Kamera-Visualisierungssystem*

Das Abbild der Kopf-Kamera ist weitwinklig und liefert damit ein Bezugssystem. Dritte Betrachter, also jene, die sich die Aufzeichnungen der Augen-Kamera ansehen, erfahren mit dem Kopf-Kamera-Abbild, wo sich der Träger des Gesamtsystems in der Umwelt grundsätzlich befindet (siehe Abbildung 4-7). In der Mitte ist das Abbild der Augen-Kamera das das Umweltabbild überlagert. Das Abbild ist dabei in der Größe skaliert. JOHANNES VOCKEROTH nennt diesen Bereich den „Blickspot" (vgl. [Vockeroth 2007, S. 54 ff.]). Dabei kann der Blickspot im Sinne einer Denotation verschiedene Skalierungen, Formate, Formen beziehungsweise gestalterische Dimensionen erfahren, wie das Weichzeichnen (siehe Abbildung 4-7f.). Aus konnotativer Sicht sind Formen und Mittel der Farbe, der Transparenz oder weitere gestalterische Auszeichnungen und Markierungen möglich. Im Fall einer Markierung liefert die Augen-Kamera an der betreffenden Stelle im Abbild der Kopf-Kamera lediglich die Bildkoordinaten für eine entsprechende Manipulation (Pivot-Punkt, vgl. Abbildung 4-10). Markierungen, wie ein Fadenkreuz, stellen jedoch eine Überlagerung der eigentlichen Bildinhalte dar. Über mögliche Beeinträchtigungen dieser und anderer gestalterischer Lösungen liegen keine weiteren Untersuchungsergebnisse vor. Jedoch ist die Verwendung einer Markierung augenscheinlich weniger sinnvoll und begrenzt, weil in derartigen Fällen wesentliche Bildinformationen verdeckt beziehungsweise überlagert werden. Inwieweit hier der Zweck die entsprechenden Mittel heiligt, muss weiter erörtert werden. In jedem Fall begründen sich Inhalte für konkrete fachliche Auseinandersetzungen. Weitere Studien sind angezeigt.

*Konstellation und Rahmenbedingung*

Eine wesentliche Feststellung wurde noch nicht benannt. Zwei Abbilder zeigen eine bestimmte Situation, die im Rahmen dieser Arbeit als perspektivischer Kontrast eingeführt wird (siehe 4.3.3 und 4.3.4). Dieser stellt sich im Vergleich der Abbilder wie folgt dar: Der Träger des Augen-Kopf-Kamerasystems fokussiert den Kanaldeckel innerhalb der Straßensituation (siehe Abbildung 4-9). Das Abbild zeigt also, wie sich der Kanaldeckel in den Augen auf der Augenhinterwand (Retina) des Menschen im Bereich des schärfsten Sehens strukturell abbildet. Der Kanaldeckel ist zwar nicht rund, dafür aber horizontal elliptisch. Der Mensch ist befähigt mit diesen visuellen Reizinformationen auf einen Kreis zu schließen (vgl. [Thouless 1931], [Thouless 1933]). Andererseits zeigt das Abbildungsergebnis der Kopf-Kamera eine gänzlich anders verzerrte Struktur des Kanaldeckels (siehe Abbildung 4-8).

*Perspektivischer Kontrast*

## 4 Synthese

Abbildung 4-7, Videoeinzelbild: Aufzeichnung eines menschlichen Blickes mittels eines Augen-Kopf-Kamerasystems. Abbild der Kopf-Kamera = Bezugssystem, Abbild der Augen-Kamera = Fokus, Blickspot mit Auszeichnung von ‚Wireframes', links (2007, [Vockeroth 2007, DVD]).

Abbildung 4-8, Videoeinzelbild: Aufzeichnung eines menschlichen Blickes mittels eines Augen-Kopf-Kamerasystems. Abbild der Kopf-Kamera = Bezugssystem, Abbild der Augen-Kamera = Fokus, Blickspot ohne Auszeichnung von ‚Wireframes', rechts oben (2007, [Vockeroth 2007, DVD]).

Abbildung 4-9, Videoeinzelbild: Aufzeichnung eines menschlichen Blickes mittels eines Augen-Kopf-Kamerasystems. Abbild der Kopf-Kamera = Bezugssystem, Abbild der Augen-Kamera = Fokusbild ohne ‚Wireframes', rechts mittig (2007, [Vockeroth 2007, DVD]).

Abbildung 4-10, Videoeinzelbild: Aufzeichnung eines menschlichen Blickes mittels eines Augen-Kopf-Kamerasystems. Abbild der Kopf-Kamera = Bezugssystem, Abbild der Augen-Kamera = Radialer Weichzeichner anstelle eines Blickspots, rechts unten (2007, [Vockeroth 2007, S. 44]).

## 4.2 Bildgeometrie und Bildwirkung

Dem Menschen werden derartig verzerrte Strukturen bewusst (Studie, siehe 7.5), insbesondere wenn sich diese im Bereich des ‚schärfsten' Sehens im Auge abtragen (siehe 2.3.1). Das heißt, er kann den Kanaldeckel in dieser Art und Weise lediglich unscharf, unbunt und somit nicht im Detail wahrnehmen (siehe 2.4.1.1). Folglich kennt er vom natürlichen Sehen her das Muster nicht (siehe 2.4.2.1). Dem Menschen sind Verzerrungen von Natur aus eher fremd.

*Verzerrungen durch Projektion*

Bildstrukturen und Bildinhalte sind lediglich kursorische Merkmale, im Sinne des Begriffes selbst vielleicht nicht einmal das. ‚Merkwürdiger' sind befremdlich wirkende oder selten auftretende Reize eines Abbildes beim Menschen nicht bekannter Objekte. Diese werden mit längerer Aufmerksamkeit betrachtet. Verzerrungen fallen dem Menschen sehr schnell auf und führen zur Ablehnung (vgl. [Franke u. a. 2008a], [Yankova und Franke 2008], [Kunze 2008]). ‚Anscheinend' wird die systemräumliche Bildstruktur weniger detailliert wahrgenommen, zumindest jedoch weniger im Gedächtnis hinterlegt. Sich an räumliche Beziehungen zu erinnern beziehungsweise wiederzugeben, ist eine besondere kognitive Herausforderung. In Bezug auf das Erinnerungsvermögen werden oft und schnell Orientierungsschwierigkeiten und minderes Detailwissen konstatiert (vgl. [McConkie und Currie 1996]). Werden dem Menschen allerdings markante Erinnerungsstützen gereicht oder stabile Bezugspunkte zuteil, dann fällt es ihm zu.

*Unbekanntes bindet Aufmerksamkeit*

Im Sinne eines Dialoges sind die konkreten Objektinformationen weit wichtiger. In der Psychologie gibt es zahlreiche Untersuchungsergebnisse und Theorien zu diesem Thema, die unter dem Begriff der mentalen Repräsentation subsumiert sind (vgl. [Goldstein 2002]). Zu konstatieren ist, dass keine unnötigen (irrelevanten) Strukturen durch den Menschen rezipiert werden. Der Mensch kann mit seinem Auge zwar Objekte mit einer gleichmäßigen Augenbewegung verfolgen (Augenfolgebewegung, siehe 2.4.1.5). Als Hirnstammreflex ist der Vestibulookuläre Reflex dafür verantwortlich, dass das Auge auch bei Kopfbewegungen einzelne Dinge der Umwelt im Fokus behalten kann (vgl. [de Nó 1933]). Dem Menschen ist es aber nicht gegeben, den Fokus des Auges gleichsam kontinuierlich (nicht rückhaft) beispielsweise an einer Kante entlang laufen zu lassen. Ein anderes Beispiel stellt das Lesen von Texten und Worten dar.

*Irrelevantes wird verworfen*

Im Ergebnis dieser Diskussion stehen die folgenden Aussagen: Blicksprünge des Auges stehen im Widerspruch zum Systemraum. (Die Bildstrukur des Systemraumes ist um ein Zentrum angelegt. Der Hauptpunkt konkurriert mit anderen Objekten im Bild um die Gunst des betrachtenden Auges). Ständige Blickbewegungen führen zu ‚ständig neuen' visuellen Reizen im Auge. Die aggregaträumliche Bildstruktur ist der Fixation des Auges ‚zuträglich'. Damit wird die Aufmerksamkeit des Betrachters ‚begünstigt und gleichsam dezentralisiert' (vgl. [Crowe und Narayanan 2000]). Ferner lässt sich aus dem Aufbau und der Funktionsweise des Auges ableiten, dass der Mensch ein begrenztes Repertoire vorhält, um von einem bestimmten zweidimensionalen Abbild auf ein dementsprechend dreidimensionales Objekt zu schließen. Insofern ist der perspektivische Kontrast, der durch die mathematische Projektion bedingt ist, für das Auge zu optimieren (siehe 4.3.3 und 4.3.4).

*Blicke ‚beeinflussen'*

### 4.2.2.3 Adaptionsfähigkeit des Sehens (Gegenthese)

Mit dem Wissen über a) der visuellen Adaptionsfähigkeit des Menschen (siehe 2.4.3) und b) der visuellen Grenzen des dynamischen Auges (siehe 4.2.2.2) lässt sich auch eine <u>Antithese</u> aufstellen: Durch die Anpassungsfähigkeit des Menschen an neue visuelle beziehungsweise optische Gegebenheiten ist die Notwendigkeit der Gestaltung von verzerrungsfreien Bildstrukturen <u>nicht</u> gegeben.

*Antithese*

# 4 Synthese

**Entwicklung der Kultur**

Das Sehen des Menschen unterliegt den kulturellen Gegebenheiten der jeweiligen Gesellschaft (siehe 2.4.3). Die Kultur ist zeitkonkret. Mit der gegenwärtigen Vernetzung der Welt werden Raum und Zeit aufgelöst – denn wo sich ein ‚Gegenüber' örtlich befindet und welche ‚Stunde dort schlägt', ist eine nicht lebensnotwendige Information. Im Zweifel der Verfügbarkeit sind a-synchrone Medien, wie Kurznachrichten, E-Mails, Tubes oder Ähnliches nutzbar. Diese entsprechenden kulturellen Möglichkeiten und Leistungen sind den Ansprüchen, der jeweilig lebenden Menschen, geschuldet und mehr oder weniger von Vorteil. Jede Kultur manifestiert sich durch ihre eigene Umgangssprache, Ausdrucksformen, Symbole, Zeichen-, Bildsprache und so weiter in der Technik, der Kunst und in geistigen Disziplinen (vgl. [Yuki u. a. 2007], [The Unicode Consortium 2014]).

**Evolution der Wahrnehmung**

Eine ‚wahrnehmungsrealistische' Perspektive erfüllt eine bestimmte Erwartung, die sich insbesondere durch den kulturellen Rahmen des entsprechenden Betrachters ergibt. So verstehen sich auch die Linearperspektive als ‚symbolische Form' (vgl. [Panofsky 1980b]) und die Bedeutungsperspektive als eine andere, ihrer Epoche geschuldeten, zeitgemäßen Darstellungsweise (siehe 2.1.4). Die Perspektive ist per se kein Dogma, eher eine kulturelle Assiduität, die sich jeder geborene Mensch durch Erlernen des Sehens erst erschließen muss. Der Mensch ist beim Erlernen neuer Symbole und Sehgewohnheiten sehr anpassungsfähig. HUBERT DOLEZAL stellt seine dementsprechenden Forschungsergebnisse zur menschlichen Befähigung einer ‚Perspektivadaption' in: „Living in a World Transformed" vor. Insofern bedienen sich seine Experimente aus psychologischer Sicht der Manipulation des Menschen durch entsprechende optische Apparate, bestehend aus Prismen und Spiegeln. Eine visuelle Anpassungsfähigkeit des Menschen ist belegt. Die Ausführungen zeigen, wie das visuelle System motorgesteuert manipulierte, optische Informationen, also verfälschte Positionen beziehungsweise Orte oder Verzerrungen von Gegenständen, Personen oder Ereignissen zu kompensieren vermag (vgl. [Dolezal 1982]). Ähnliche Untersuchungen unter Betrachtung von konkreten leiblichen Bezugssystemen, wie Auge, Kopf, Körper und ‚Umwelt', wurden von IAN P. HOWARD durchgeführt. Entsprechende Ergebnisse wurden ermittelt (vgl. [Howard 1993], [Heckmann 1993]). Besonders relevant für die Motivation der vorliegenden Arbeit sind die Ergebnisse von HUBERT DOLEZAL. Er weist nach, dass beim Menschen ein größerer Öffnungswinkel des Gesichtsfeldes zur Steigerung der Bildungsfähigkeit bezüglich einer mentalen Repräsentation (cognitive map) unbekannter virtueller Räume beiträgt (vgl. [Dolezal 1982], [Barkowsky 2002], [Steinicke u. a. 2009]). Folglich und aus der Abwägung des vom Auge (siehe 2.3.1) und der Camera obscura (siehe 2.3.2) aufgenommenen Lichtes ist zu konstatieren: Es ist zwischen dem mathematischen Abbild und dem gestalteten Bild, als kulturelle Konvention, zu unterscheiden. Ein ‚wahrnehmungsrealistisches' Bild unterliegt insbesondere den entsprechenden kulturellen Gegebenheiten.

**Beschaffenheit der Gestalt**

Im Ergebnis der Versuche (siehe 4.2.2.1 und 4.2.2.2) ist festzustellen, dass das foveale Sehen des Menschen die Formkonstanz mitbestimmt. Weitere Untersuchungen sind angezeigt (siehe 5.1.1). Damit begründet sich im Wesentlichen auch die gestalterische Problematik, die mit der Verwendung der Zentralprojektion als Abbildungsverfahren der Umwelt einhergeht. Gegenstände, die nicht im unmittelbaren Bereich oder auf der optischen Achse des Auges liegen, können durch den Menschen in der konkreten Form und Gestaltbeschaffenheit nicht vollständig gesehen werden. Und, dieses indiziert, dass der Mensch mit verzerrt abgebildeten Objekten einer zusätzlich kognitiven Belastung ausgesetzt ist.

## 4.2 Bildgeometrie und Bildwirkung

Es lässt sich vermuten, dass die Ergebnisse der Studien zur Präferenz des Menschen gegenüber verzerrungsfreien Abbildern zum Teil diesem Umstand geschuldet sind (siehe 7.3 und 7.4, vgl. [Franke u. a. 2008a]). Insofern begründet sich der Perspektivkontrast als neuer Begriff, der einzuführen wäre (siehe 4.3.3). Der Grad der Verzerrung ist ein Maß bei der Bewertung von wahrnehmungsrealistischen Abbildern (siehe 4.3.4 und Tabelle 4-5, S. 169).

### 4.2.3 Wahrnehmungskonformität und Wahrnehmungsrealismus

Nach IMMANUEL KANT gilt es, abzubilden, wie der Mensch es sieht und hält. Ferner ist alles zu sehen, ‚was' für die Menschheit seither von besonderer Relevanz ist. Vieles ist immer wiederkehrender Gegenstand im Prozess der Selbsterkenntnis, insofern der Wahrheit und der Wirklichkeit entsprechend (vgl. [Kant 1985]).

*Konformität und Realismus*

Die Virtuelle Realität, mittels eines Displays dargestellt, ‚zeigt sich' in Form von bildhaften Strukturen, die den Bildinhalt repräsentieren (vgl. [Groh 2010b]). „Wie auf der besungenen Seite einer Schallplatte gleitet die Schärfe einer klaren visuellen Wahrnehmung über die Oberflächen des Bildes. An allen seinen unterschiedlichen Tiefen entlang – und an einer jeden von ihnen werden beim Betrachter die entsprechenden Erschütterungen hervorgerufen. Die Auslösung dieser Erschütterungen aber bildet das eigentliche Ziel des künstlerischen Schaffens. […] Moskau 1920" ([Florenski und Sikojev 1989, S. 79]).

Die Form ist visuelle Gestalt von Objekten. ‚Aus der Form gehen' und ‚nicht in Form sein', das sind verbal-sinnbildliche Ausdrücke bezüglich der Wirkung einer Figur. Form ist (also) ein geistiges, kein geometrisches Konstrukt, ein Muster und im weitesten Sinne eine Gegenstandskategorie (siehe 2.4.2.1). Auch gibt es keine wissenschaftlich eindeutige Definition für den Begriff ‚Gestalt'. Synonyme für Gestalt sind: Form, Umriss, Kontur, Silhouette, Figur, Wuchs, Erscheinung aber auch: Habitus, Charakter, Person und so weiter. In den Ingenieurwissenschaften wird der Begriff unter anderen im Bauwesen zwischen Architekten und Ingenieuren unterschiedlich verstanden. Vor diesem Begriffskanon ergeben sich für die visuelle Wahrnehmung durch den Menschen entsprechende Aspekte, die wie folgt unter den Begriffen: Wahrnehmungskonformität und Wahrnehmungsrealismus subsumiert werden. Der Begriff Wahrnehmungskonformität bezieht sich auf das entsprechend technische Abbildungsverfahren beziehungsweise die zugrunde liegende Abbildungsvorschrift (vgl. [Zavesky 2007]).

*Form ist visuelle Gestalt*

Der Begriff Wahrnehmungsrealismus bezeichnet qualitative Momente der Bildstrukturen. Bildstrukturen, die die visuelle Erfahrung und damit die Erwartung des Menschen bedienen, sind in ihrer Wirkung wahrnehmungsgerecht. Das Sehen unterliegt neben der Physiologie des Menschen insbesondere den Konventionen der Kultur (siehe 2.4.3). Dialogische Irritationen durch Bilder begründen sich oft in der Verkennung der Bedeutung des Erblickten (siehe 2.4.4) und damit einer unzureichend ausgebildeten Wissensbasis (Psychologie).

*Wahrnehmungs-realismus*

In erster Linie bilden physiologische und psychologische Gegebenheiten die Grundlage für die Bemessung wahrnehmungsrealistischer Darstellungen. Die visuelle Wahrnehmung ist damit ein komplexer Prozess, unter anderem zweier Gegenspieler: dem Auge (siehe 2.3.1) und dem Gedächtnis (siehe 2.4.2). Beide konkurrieren. Der Mensch ‚hegt gewisse' Erwartungen an Bildstrukturen, die er an der Realität misst.

# 4 Synthese

**Bewusstheit zu geometrischen Verhältnissen**

Da sich das Auge des Menschen sukzessive bewegt, gemeint sind die Sakkaden und nicht die Mikrosakkaden (vgl. [Bahill u. a. 1975]), ändert sich die Abbildung der Umwelt auf der Retina fortwährend. Dennoch hat das menschliche Gehirn einen stabilen Eindruck von seiner Umgebung (siehe 2.4.3). Der menschliche Organismus verarbeitet, wägt ab und kompensiert die unterschiedlichen Reize. An dieser Stelle wird die Vermutung angestellt, dass das menschliche Gehirn die geometrischen Strukturen der Umwelt nur zu einem geringen Anteil rezipiert, zumindest bewusst verarbeitet (siehe 2.4.5). Darüber hinaus antizipiert er, indem er a priori die Umwelt als relative Konstante annimmt (siehe 3.1.2). Die Ortsangabe ‚Oben' ist immer ‚Oben', Unten' immer ‚Unten' und der eigene Leib bewegt sich in der Regel auf- und lotrecht durch die Welt (siehe 3.2.1.5).

**Gleichgewicht der Verhältnisse**

Der menschliche Organismus sucht das Gleichgewicht. Fährt der menschliche Geist beispielsweise in einen ‚virtuellen Avatar', dann kommt es unter anderem bedingt durch fehlende oder ‚falsch' zugelieferte Reizinformationen zu Konflikten in der Wahrnehmung. Im Ergebnis werden visualisierte Sachverhalte durch den Menschen als uneindeutig, unscharf oder unrealistisch bewertet. Dabei steigt allerdings die kognitive Belastung. Nicht selten kommt es infolge von widersprüchlichen Reizen zu Ermüdungserscheinungen, Kopfschmerzen oder Übelkeit. Mit entsprechendem Trainingsaufwand oder nach einer bestimmten Gewöhnungszeit kommt der Organismus des Menschen mit solchen kontrastierenden Reizinformationen unter Umständen zurecht. Entsprechende Eye-Tracking gestützte Studien zum Blickverhalten gegenüber verzerrten Abbildern deuten darauf hin (siehe 7.4).

**Potenzial des perspektivischen Kontrasts**

Der perspektivische Kontrast liegt im Spannungsverhältnis des fovealen und des peripheren Sehens. Sich schnell ändernden Strukturen eines Abbildes auf der Netzhaut wird durch Hemmung der visuellen Reizinformationen im Rahmen der visuellen Verarbeitung durch das menschliche Gehirn entgegengewirkt (siehe 3.1.2). Die genauen biologischen Mechanismen und kognitiven Zusammenhänge werden noch erforscht, sind aber in der Psychologie unter anderem unter dem Begriff der sakkadischen Suppression bekannt (vgl. [Matin 1974], [Campbell und Wurtz 1978], [Rayner und Pollatsek 1983]). Viele weitere Erkenntnisse und Studien liegen vor (vgl. [Goldstein 2002]). Bemerkenswert ist, dass die unterschiedlichen Abbildungsergebnisse im Auge infolge der Blicksprünge überhaupt durch das menschliche Gehirn verarbeitet werden können. Vor dem Hintergrund der sich widersprechenden Reize von Auge und Innenohr ist es umso erstaunlicher und ‚schlicht phänomenal', dass der menschliche Organismus den eigenen Leib nicht ins Wanken geraten lässt oder sich mit jedem ‚Augenblick' keine entsprechende Orientierungslosigkeit einstellt. Dies lässt im Sinne der visuellen Wahrnehmung nur einen Schluss zu, der für die Gestaltung interaktiver, dreidimensionaler Bildstrukturen von Relevanz ist: Dominant für die Wahrnehmung sind Details der Objekte im Raum. Vom Raum selbst werden durch den Menschen nur die visuellen Anker respektive Anknüpfungspunkte genutzt. An diese Anknüpfungspunkte heftet der Mensch die ihn umgebenden Dinge. Beispielsweise stehen üblicherweise die Tasse auf dem Tisch und der Stuhl auf dem Fußboden. Aber, wo genau eine Tasse auf dem Tisch und der Stuhl auf dem Fußboden stehen, das muss das menschliche Gehirn im Sinne einer geometrisch exakten Information nicht im Detail abspeichern. Dafür hält es entsprechende Erfahrung bereit. Somit kann der Mensch weitere, umfangreichere Blicke über die Gesamtsituation nehmen und die relevante Information mit seinem Kurzzeitgedächtnis verarbeiten. Für die Visualisierung ist das sehr interessant, denn die systemräumlichen Strukturen, die ein Bild liefern kann, sind damit für den Augenblick gemacht. Bildstrukturen bieten sich dem Menschen zum Zwecke der Orientierung und der Navigation an.

Der Wahrnehmungsrealismus eines Bildes begründet sich in den Eigenschaften seiner Bildstrukturen – Rahmen, Figur und Grund. Figuren sind lotrecht, aufrecht und erdgebunden zu gestalten. Der Rahmen bildet eine Klammer, einen Ausschnitt und gibt ein Format vor. Sollen Objekte in der Virtuellen Realität für den Menschen visuell habhaft- und handhabbar sein, dann müssen sich die Gestalt und die Funktion an ihren realen Vorbildern orientieren. Die Dinge der Natur sind in der Regel stabil und von fester Gestalt. Abgebildete Objekte präsentieren sich in ihrer Form gemäß der Proportionslehre, beispielsweise repräsentiert sich die Gestalt einer Kugel in Form eines Kreises auf der Bildfläche und eine gerade Raumkante wird als gerade Linie auf der Fläche abgebildet. So ist es einer Kugelgestalt gegeben, aus allen Richtungen betrachtet, in der Fläche stets die Form eines Kreises zu zeigen. Hingegen lässt sich die Gestalt eines Würfels in unterschiedlichen Formen flächig repräsentieren. Unter wahrnehmungsrealistischen Rahmenbedingungen führen die unterschiedlichen Formen (Abbilder) des Würfels dennoch zur Konklusion seiner wahren Gestalt, eines Würfels. Jeder dreidimensionalen Gestalt wohnt dabei eine Konstanz inne, die als Formkonstanz definiert ist. Formkonstanz bedeutet, das die wahrgenommene Form, bedingt durch die konkrete Ausprägung der Abbildungsvorschrift, insoweit visuell stabil ist, dass bezüglich der ursprünglichen Gestalt auf einen festen Habitus geschlossen wird. Sich in der Form oder Gestalt allzuschnell ändernde Objekte sind als unrealistisch einzustufen und laufen insofern der Erwartung und Erfahrung des Menschen zu wider.

*Basis des Wahrnehmungsrealismus*

## 4.3 Relationen zwischen Mensch und Kamera

Bei der Einführung der Computertechnik wurde nicht davon gesprochen, dass der Rechner ein Werkzeug zur Realisierung jedermanns Sache ist (vgl. [Dege 1971]). „Problematisch wird es [unter anderem] bei der Kommunikation und Interaktion zwischen zwei so unterschiedlichen Partnern wie dem Mensch[en] und dem Computer. Sie denken nicht auf die gleiche Art, verwenden unterschiedliche Kommunikationskanäle, haben unterschiedliche Verarbeitungsgeschwindigkeiten, können nicht wirklich teilhaben." ([Adolphi 2005, S. 100]). Schnittstellen und Übersetzungen sind nötig, auf dass sich Mensch und Computer verstehen, austauschen und voneinander partizipieren können.

*Mensch und Technik*

Der Großrechner war und ist ein Expertenwerkzeug. Daran trägt der Computer ‚noch heute schwer'. Mensch und Rechner beggnen sich nicht ‚auf gleicher Augenhöhe'. Interfaces kommt eine Vermittlerrolle zu. Dementsprechend lassen sich Interaktionskonzepte gestalten. Der Mensch handelt mehr oder weniger eigenständig, der Rechner nicht. Er spult sein Programm ab, er dient dem Menschen. Weder hat er ein eigenes Bewusstsein noch ist er motiviert (vgl. [Adolphi 2005]). Die Gestalter entsprechender Schnittstellen zwischen Mensch und Rechner müssen dies berücksichtigen. Bei entsprechenden Modellen ist der wahrnehmende Mensch das Leitbild. Der Mensch praktiziert die Wahrnehmung der Umgebung mit seinen leibgegebenen Möglichkeiten. Letztlich ist es ihm freigestellt, ob er dazu Hilfsmittel, wie Ferngläser, Lupen oder anderes nutzt. Ohnehin zählt hierunter weniger das ‚Schalten und Walten' von Peripheriegeräten, wie Tastatur, Maus, etc. als mehr die soziale Interaktion, durch Geschehnisse zwischen Menschen respektive zwischenmenschlicher Interaktion und anderen Kompetenzen. Die Gedanken an die „Mensch-Maschine-Kommunikation", das „Interaktions-Bild" die „(Be-) Greifbare Interaktion" und so weiter können hierbei als Gedankenansätze und Theorien verstanden werden (vgl. [Paul 2014], [Groh 2005], [Geelhaar 2012]). „Gestaltung optimiert ‚Gegenstände' in deren Funktion, Kommunikationsmittel zu sein", gilt insbesondere für die ‚gestalteten und funktionalen Schnittstellen' zwischen dem Menschen und dem Rechner ([Groh 2005, S. 202]). Der Leib des Menschen und die visuellen Schnittstellen des Rechners, also die Oberflächen der beiden Kommunikations- beziehungsweise Interaktionspartner, bilden die jeweiligen

*Interfaces ‚als Anwälte' der Interaktion*

## 4 Synthese

Zustände und Bedürfnisse ab. An einem einfachen Aspekt sei diese abschließend verdeutlicht. Das Auge eines Betrachters kann ebenso einen Zustand über den betreffenden Menschen liefern, wie das Display einen über den Rechner. Die Beschaffenheit und die Gestaltung dieser Kommunikationskanäle bildet dabei das Potenzial.

*Optimierung der perspektivischen Projektion*

Der vorliegende Abschnitt beschäftigt sich mit der Möglichkeit einer optimierten, perspektivischen Darstellung von ‚technischen Bildern'. Der grundlegende Gedanke ist es, ein Bild so in seiner geometrischen Struktur aufzubereiten, dass der Bildinhalt ‚leichter' durch einen Betrachter wahrgenommen werden kann. Der Begriff ‚Leichter' meint, dass entsprechende Bildstrukturen und -inhalte eine geringe ‚kognitive Last' beim Rezipienten verursachen. ESTHER LAPCZYNA spricht hierbei von einem Aspekt des Wahrnehmungsrealismus (vgl. [Lapczyna u. a. 2009]). Der Betrachter eines Bildes versteht sich als ‚User eines Interfaces'. Das Bild ist Interface zwischen Betrachter und Virtuellem. Nach Worten von TIMO JOKLA ET AL. sollte ein Interface dem Betrachter effektiv und zugleich effizient räumliche Informationen bereitstellen (vgl. [Jokela u. a. 2003]). Die Camera obscura bietet sich hier – ob Objektivität oder technologischen Einfachheit – als erster Leitgedanke der Computergrafik an (siehe 2.3.2). Die Prinzipien von Fotoapparat und von Computergrafik bauen auf ihr auf. Die Eigenschaften der Camera obscura stellen die Grundlagen, weisen der Fotografie aber auch die technologischen Grenzen auf. Das gegenwärtige Potenzial der Computergrafik begründet sich unter anderem im Wissen über die Funktionsweise der visuellen Wahrnehmung des Menschen. Dieses Wissen ist für die Computergrafik heranzuziehen.

*Regeln und Muster im Sinn der Erkennbarkeit*

RICHARD HARTLEY und ANDREW ZISSERMAN führen in ihrem Buch: „Multiple View Geometry" aus: „We are familiar with projective transformations. When we look at a picture, we see squares that are not squares or circles that are not circles. [...] So what properties of geometry are preserved by projective transformations? Certainly, shape is not, since a circle may appear as an ellipse." ([Hartley und Zisserman 2003, S. 1]). Vor dem Hintergrund des maschinellen Blickens kann dieser Aussage gefolgt werden. Geht die Betrachtung jedoch vom Menschen aus, dann stehen dem Gehirn auch keine anderen Blickinformationen als die vom Auge gelieferten Reize zur Verfügung. Worin liegt also der Unterschied? Die Antwort ist vielschichtig: Der Mensch erfährt mehr als visuelle Reize. Der Mensch lernt durch die gemachten Erfahrungen (siehe 2.4.2.1 und 2.4.1.2). Auch das maschinelle Sehen bedarf einer Musterdatenbank visueller Merkmale (vgl. [Alexander 1977]). Entsprechende Wissensbasen sind auf die Vernunft zu gründen, der Wirklichkeit, der Wahrheit und frei von Täuschungen (vgl. [Kant 1985]). Eine Alternative respektive Vermittlung zeigt unter anderem die Semiologie auf (vgl. [Bertin 1974]) sowie die Informationsvisualisierung, am Beispiel von Aufzeichnungen und Ausführungen von EDWARD TUFTE (vgl. [Tufte 2001]). Ein menschengerechtes virtuelles Kameramodell sollte nicht nur physikalische Gesetze aufgreifen, sondern auch über das Leistungsspektrum eines Gedächtnisses verfügen. Damit sind mindestens Regeln und Muster zur Erkennung von Objekten und bestenfalls die Fähigkeit zur Erschließung von Sinnzusammenhängen gemeint (vgl. [Rucker 2009]). Im gestalterischen Sinn bieten unter anderem die Gedächtniskunst, das Mathematikverständnis und die bildenden Künste entsprechende geometrische Methoden und Anknüpfungspunkte (vgl. [Yates 2001], [Wolfram 2003]).

### 4.3.1 Mensch-Kamera-Modell

*Mensch-Kamera-Modell*

Mit den vorangegangenen Überlegungen lassen sich die Erkenntnisse in ein Schema fassen, das ein Mensch-Kamera-Modell beschreibt. Hierin sind die zuvor erörterten Begriffe verortet. Dabei beansprucht die Abwicklung keinen Anspruch auf Vollständigkeit.

## 4.3 Relationen zwischen Mensch und Kamera

Ein Mensch-Kamera-Modell lässt sich wie folgt beschreiben: Der Mensch ist der Ausgangspunkt der Betrachtung (vgl. [Kenneth 1972]). Er sieht sich als Teil der Realität und steht der Virtuellen Realität gegenüber. Ihm obliegt es, ein Bild beziehungsweise Interface anzublicken, zu sehen und in einen Dialog mit selbigem einzutreten. Dabei ist das Auge ein Teil des Leibes. Wichtig an dieser Stelle ist, dass sich der Mensch mit seinem Auge eine bestimmte Sicht erschließen kann. Es wird dabei unter Blickfeld des starren Auges und Sichtfeld des sich bewegenden Auges unterschieden (siehe 3.2.2). Das Auge blickt in die Umgebung (zu dem eben auch ein Bild gehören kann) und sendet visuelle Reize an das Gehirn. Das Gehirn interpretiert diese Reize und macht sich einen Eindruck. Sei es drum, das Sehen realisiert sich auf Basis von Erfahrung und visuellen Reizen im Gehirn. In dessen Ergebnis steht die Interpretation.

*Spezifikation Mensch-Kamera-Modell*

Das menschliche Verhalten begründet sich oft im Ergebnis einer Interpretation. In Folge dieser kann der Mensch mit seinen Extremitäten in seinen Handlungsraum hineinwirken. Und, neuerdings kann der Mensch auch mit seinen Augen bewusst oder unterbewusst verstärkt Aktionen einleiten (siehe 5.1.5). Mit dem Eye-Tracking besteht ein mächtiges Interaktionspotenzial, und auch durch andere wahrnehmungsorientierte Apparate (vgl. [Weibel 2006]). Augen sind mit Unterstützung von neuartigen Technologien befähigt, in Echtzeit und mit der Umgebung zu interagieren.

*Menschliches Handeln und Verhaltensweise*

Die Augenmuskulatur ist sehr reaktionsschnell. Sie kann das Auge stark beschleunigen und abbremsen (vgl. [Goldstein 2002]). Mit einem Eye-Tracking-System ist es möglich, Blickbewegungen in einer entsprechenden, zeitlichen Auflösung zu messen (vgl. [Joos u. a. 2003], [Joos und Weber 2009]). Diesbezügliche Interaktionskonzepte sind technologisch umsetzbar. Schnittstellen, die auf die Augen ‚abzielen', ermöglichen neuartige ‚interaktive' Systeme (vgl. [Stellmach 2013]). Darüber hinaus könnte von ‚hyperaktiven' Systemen gesprochen werden. Das sind Systeme, die die nächsten Aktionen des Menschen unter anderem aufgrund seiner Augenbewegung antizipieren. Neuartige Systeme können dem menschlichen Sehen ‚vorauseilen', beispielsweise mit dem Ziel, einem Betrachter von Interfaces, stets optimale Bildstrukturen anzubieten (siehe 3.1.4 und 5.1.5).

*Kognitive Interfacetechnologien*

Durch die Sicht in seine Umgebung nimmt der Mensch eine bestimmte Perspektive ‚ein' (siehe Abbildung 4-11). Er nimmt in Augenschein. Der Mensch kann unter anderem ein bestimmtes Verfahren und dessen Ergebnis beobachten, wie dies beispielsweise ein dynamisches Interface mit seinen Bildstrukturen darstellt. Es sind ikonografische Bildstrukturen im Sinne der Bildsprache gemeint (vgl. [Groh 2014]). Bildstrukturen ergeben sich aus der Komposition und der Montage einer Szene mitsamt ihren Objekten respektive der Virtuellen Realität. Die Bildstrukturen können dabei über den Rahmen hinaus wirken. Zum Beispiel kann die Illusion einer Tiefe auf einer Abbildungsebene durch die Zentralprojektion und sich ergebende Fluchtlinien erreicht werden.

*Komposition und Montage*

Die Zentralprojektion als Kamera-Modell erzeugt aus einer dreidimensionalen Geometrie ein zweidimensionales Abbild, eine Illusion von Räumlichkeit. Illusion meint nicht mehr und nicht weniger, als dass das Abbild in den Handlungsraum wirkt (siehe 3.3), also sich zu Aktionen des Menschen anbietet beziehungsweise entgegenstreckt. Insofern können bestimmte Bildstrukturen, wie zum Beispiel die Fluchtlinien visuelle Anker auswerfen, die über den Bildrahmen hinaus ins sogenannte -Off- wirken (siehe 3.3.1.4). Das algorithmische Verfahren der Visualisierung wirkt sich unmittelbar auf das Verhalten des Menschen aus und andersherum. Zwischen dem Betrachter und dem Betrachteten etabliert sich ein Dialog (siehe Abbildung 4-11).

*Handlungs- und Wirkungsraum*

## 4 Synthese

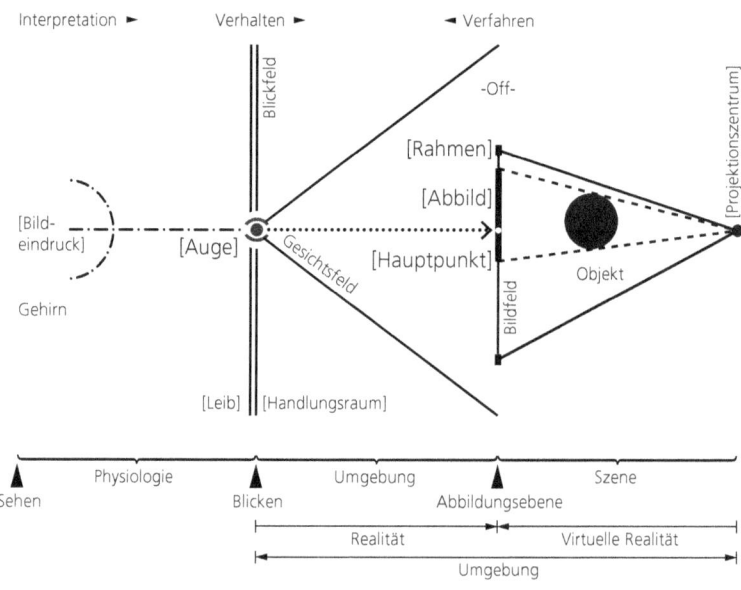

Abbildung 4-11, Illustration: Mensch-Kamera-Modell in verschiedenen Dimensionen betrachtet.

**Treffpunkt der Interaktion**

Es ist nachvollziehbar, dass es für linearperspektivische Gemälde in einer Galerie in der Regel eine bestimmte geometrisch begründete Hängung/Platzierung gibt. Im Optimum stehen für die Besucher alle Ausstellungsgegenstände im Mittelpunkt einer Ausstellung. Allerdings begründet dieses einen Kompromiss, denn jedes Artefakt bedingt einen eigenen Betrachterstandort. Bei linearperspektivischen Gemälden ist das, das Projektionszentrum in dem sich das Auge des Betrachters befinden muss, soll es eine geometrisch korrekte Perspektive erblicken. Die Konzeption einer Ausstellung – also die Kurvatur – ist eine professionelle Handhabung.

**Kompetenzen in der Interaktionsgestaltung**

Für die Softwareentwicklung (vgl. [Brügge und Dutoit 2004]) bedeutet dies, dass die Strukturen und die Komposition eines Interfaces stets einem fachlich versierten Gestalter obliegen sollten. Eine Ausnahme ist auch hier gegeben, wenn der Mensch beziehungsweise das Auge in seiner Lage (Ort und Blickrichtung) getrackt wird. In visueller Hinsicht wird in diesem Fall das Auge zum Zentrum der Visualisierung. Auf das Schema des Mensch-Kamera-Modells umgebrochen bedeutet dies ein Umklappen respektive Umkippen, die virtuelle Szene wird zur real wirkenden Umgebung (siehe Abbildung 4-11). Im Ergebnis steht eine Eye-Tracking basierte perspektivische Projektion. Die Lage des Auges ist von zentraler Bedeutung und befindet sich in Abhängigkeit vom Hauptpunkt.

## 4.3 Relationen zwischen Mensch und Kamera

### 4.3.2 Hauptpunkt[5] als ein Mensch-Kamera-Parameter

Die Bedeutung des Hauptpunktes (veraltet: geometrische Mitte) ist in ARNHEIMS Kompositionslehre belegt (vgl. [Arnheim 1983]). Ein Augpunkt und eine Bildfläche beschreiben genau eine Kameraeinstellung (vgl. [Kenneth 1972]). Damit entspricht das Lot des Augpunktes auf die Bildebene implizit der Blickrichtung.

*Hauptpunkt als ein Interaktionsanker*

Eine Ermüdung des Betrachters ist im Allgemeinen nicht das Ziel einer Visualisierung. Betrachter eines Interfaces sollen sich gewöhnlich auf das Wesentliche der Visualisierung konzentrieren (vgl. [Bederson und Shneiderman 2003]), um beispielsweise Aufgaben zu lösen oder Botschaften zu empfangen. Wenn es um systemräumliche Darstellungen geht, dann ist die Zielperson der Visualisierung mit ihren Augen stets ins Zentrum der Projektion zu setzen beziehungsweise zu ziehen. Ein Herausbewegen eines Betrachters aus diesem Zentrum, beispielsweise entlang der optischen Achse, wie das Herantreten an beziehungsweise das Entfernen von einem Bild, führt direkt zu einer Skalierung des Abbilds auf der Netzhaut. Der Betrachter sieht mehr oder weniger Details. Skalierte Bilder führen insofern bei Probanden schneller zu Ermüdungserscheinungen als unskalierte (vgl. [Draper u. a. 2001]). Gleiches kann bei lateralen Bewegungen vor dem Bild vermutet werden. Insbesondere bei ‚getrackten' Personen, die sich ‚in' virtuellen Umgebungen befinden, führt demnach eine geometrisch nicht korrekt angepasste Visualisierung zu derartigen Auffälligkeiten (Salienz). Dies bedeutet eine Erhöhung der kognitiven Mehrbelastungen, weil die Adaptivität des Menschen angesprochen wird (Toleranz und Flexibilität).

*Interaktionzentrum*

Es gibt Grenzen der visuellen ‚Zumutbarkeit' und kognitiven Leistungsfähigkeit des Menschen, wenn es beispielsweise um Verzerrungen und Skalierungen geht (siehe 7.3, 7.4 und 7.5). Dennoch werden gerade in der Malerei derartige Störungen als profane Mittel der Gestaltung genutzt, um beispielsweise punktuelle Auszeichnungen vorzunehmen – Akzente setzen (vgl. [Kandinsky 1973], [Itten 1978], [Klee und Klee 1990], [Jenny 1991], [Jenny 1996]). Nur sollte dies eine Ausnahme bleiben und die ‚gestalterische Störung' zwar regelhaft sein, aber nicht zur Regel werden. Das gestalterische Mittel der Skalierung ist ein Mittel der Bedeutungsperspektive, die entsprechend bei wichtigen und unwichtigen Abbildern zielgerichtet eingesetzt werden kann. Ein gestalterisches Mittel der Verzerrung gibt es auch (Anamorphose, siehe 2.2.2.2), allerdings um Botschaften zu verstecken oder besondere Aufmerksamkeit beim Betrachter zu erwecken. Werden ein und die gleichen Störungen als Mittel der gestalterischen Praxis übertrieben angewendet, dann verliert das ‚Mittel der Wahl an Kraft'. Eine bestimmte Wichtigkeit von Bildinhalten kann dann mittels dieser Art von Markierung nicht mehr ‚herausgestellt' werden. Gestaltung hat unsichtbar respektive subtil zu sein (vgl. [Burckhardt 2012]). Ein narrativer Mittelpunkt im Bildgeschehen ist der Hauptpunkt eines Bildes (siehe 3.3.1.1). Zusammen mit dem -Off- (siehe 3.3.1.4) bildet der Hauptpunkt eine magische bildstrukturelle Beziehung – eine Spannung. Spannungen in Bildern bergen erhebliches gestalterisches Potenzial (Abbildung 4-12). Die Wirkung des Hauptpunktes auf den Betrachter eines Bildwerkes wurde bereits durch Analysen zu Tafelbildern empirisch belegt (vgl. [Groh 2005]).

*Störung und Spannung als Gestaltungsmittel*

---

[5] Die Orientierung des Auges mit Augpunkt und Blickrichtung relativ zur Bildebene ergibt das Potenzial, dass unter dem Begriff des Hauptpunktes subsumiert ist. Der Hauptpunkt ist der Begriff, der in unserer Forschungsgruppe an der Professur Mediengestaltung der Technischen Universität Dresden -neuerdings- an Stelle des Begriffes: geometrische Mitte verwendet wird. Dieser Abschnitt wurde ferner an anderer Stelle veröffentlicht und stellt insofern ein Zitat dar (vgl. [Franke u. a. 2006]). Der Begriff der geometrischen Mitte wird an dieser Stelle explizit nicht durch den des Hauptpunktes ersetzt.

## 4 Synthese

Abbildung 4-12, Gemälde: „Il Campo di Rialto" von CANALETTO (GIOVANNI ANTONIO CANAL, 1758-63), oben.

Abbildung 4-13, Illustration: „Sinnbild auf Basis einer Aufmerksamkeitslandschaft" (nach [Katranouschkova 2007, DVD] mit Markierung des Hauptpunktes, der Horizont- und der Sagittallinie) zum Gemälde: „Il Campo di Rialto" von CANALETTO (GIOVANNI ANTONIO CANAL, 1758-63). Bereiche der visuellen Aufmerksamkeit von Betrachtern ergeben sich um den Hauptpunkt, unten (vgl. [Franke u. a. 2008a]).

'Wettstreit' um den Hauptpunkt

Es ist festzustellen, dass Dialog-Objekte in linearperspektivischen Gemälden durch die Maler in der Regel um den Hauptpunkt gruppiert sind (siehe 3.3.1.1, vgl. [Groh 2014]). Damit wird der Versuch unternommen, die Aufmerksamkeit von Betrachtern auf bestimmte Bildregionen zu ziehen (siehe Abbildung 4-13, siehe 7.4). Die Blickbewegung des menschlichen Auges steht unter dem Einfluss von Bildstrukturen.

'User' von Gemälden

„Bildwissenschaftlich betrachtet, ist die geometrische Mitte einer der relevanten visuellen Zugänge zum Inhalt eines Bildes. Der *User von Gemälden* wird visuell stets zur geometrischen Mitte gedrängt. Die Blickachse des Malers/Betrachters wird zum Zugang. Bei der Betrachtung eines Filmes befindet sich der stabilste Punkt, also die geometrische Mitte der Projektion, immer in der Mitte des Bildes. Dies ist der Optik der Filmkamera geschuldet. Damit lässt sich begründen, warum es so schwer fällt, einen Film im Kino aus der ersten Reihe oder vom Rand aus zu verfolgen (vgl. [Cutting 1987]). Das Auge des Zuschauers muss [... in diesem Fall und sollte in der Regel] eine möglichst bildzentrale und orthogonale Position zur Bildebene einnehmen. Jegliche Abweichung von diesem Optimum wirkt sich negativ-störend aus. Insbesondere Bilder der Computergrafik leiden dadurch in ihrer Authentizität und ihrem Realismus. Es stellt sich die Aufgabe, das positive Potenzial dieser Art von Störung methodisch aufzuarbeiten und für den [Rechner] zu erschließen." ([Franke u. a. 2006, S. 310ff.]).

## 4.3 Relationen zwischen Mensch und Kamera

„Seit Beginn der Renaissance beruhen ‚alle' Bilder auf einer zum Erdboden senkrechten Bildebene. Erst in der Moderne wird mit dieser Tradition gebrochen. Der Maler schaut also immer in den natürlichen Horizont hinein. Meist ist die Bildebene sogar parallel zu einer *dominanten Objektfläche* angeordnet (siehe Abbildung 4-12 und Abbildung 3-14). Es entsteht damit ein *visueller Standard* - eine Bühne für das Wirken der kommunikativen Objekte." ([Franke u. a. 2006, S. 310ff.]).

Visuelle Standards

„Unter dem Begriff der geometrischen Mitte ist der Bereich respektive Punkt eines zentralperspektivischen Abbildes einer dreidimensionalen Szene zu verstehen, in welchem alle orthogonal zur Bildebene verlaufenden Objektgeraden sich in ihrer Verlängerung in einem Punkt schneiden. Dieser Schnittpunkt liegt immer auf der Horizontlinie. Dabei kann die geometrische Mitte auch ein Fluchtpunkt sein. Umgekehrt ist aber nicht jeder Fluchtpunkt in einem Bild eine geometrische Mitte. Weiterhin ist die geometrische Mitte [...] nicht mit der optischen Mitte zu verwechseln. Letztere ist nach SASCHA KERSKEN etwa zehn Prozent der halben Bildhöhe über der geometrischen Mitte angesiedelt (vgl. [Kersken 2003]). [...] Die Lage der geometrischen Mitte war bei den alten *Meistern*, insbesondere den Malern der Renaissance, von besonderer Relevanz für die Gliederung und die Ordnung in einem Bild. Die Lage der geometrischen Mitte prägt das Motiv (vgl. [Hockney 2001b]). [...] Durch die moderneren Technologien, wie Fotoapparat und Filmkamera, wird die geometrische Mitte de facto in der Bildmitte gefangen. Ein Freiheitsgrad des Gemäldes verschwindet, denn: Die Beschaffenheit einer realen Kamera findet ihre Grenze in der technischen Konstruktion, sodass die geometrische Mitte zwangsläufig immer im Zentrum des Gesamtbildes liegt. Lediglich durch einen nachträglichen Beschnitt des Bildmaterials, zum Beispiel in einem Postprozess wie der Fotocollage [(siehe 2.2.3)], könnte die geometrische Mitte eines derartig entstandenen Bildes verlagert werden. Der Computergrafik obliegen - vergleichbar der Malerei der Renaissance - Mittel und Methoden, die geometrische Mitte im Bild zu qualifizieren, um sie wieder zu dynamisieren." ([Franke u. a. 2006, S. 310ff.]).

Qualifikation Bild

An dieser Stelle wird darauf hingewiesen, dass das Gemälde: „Stillleben mit Schachbrett" von LUBIN BAUGIN im Rahmen einer Arbeit von MARCEL SEIDEL detailliert untersucht wurde. Er rekonstruierte die reale Szene anhand des Gemäldes und modellierte ein datengeometrisches Modell. Die Besonderheit dieses Gemäldes ist es, dass sich der Hauptpunkt im -Off-, das heißt, jenseits des Bildrahmens befindet. Die Bildinhalte unterliegen damit einer ‚extremen Spannung', die durch die Bildstruktur bestimmt ist (siehe Abbildung 3-14, S. 100). Auf dieser Basis wurden weiterführende Untersuchungen zwischen den Abbildungsergebnissen mittels Fotoapparat und Computergrafik angestellt. Über die reinen Abbildungsergebnisse und diversen kulturhistorischen Interpretationen zum Bildinhalt hinaus ist keine wissenschaftliche Auseinandersetzung in Form einer Studie oder einer Evaluierung konkret zu diesem Gemälde bekannt (vgl. [Seidel 2006]).

Wirkung aus dem -Off-

Eine computergrafische Realisierung der Verschiebung des Hauptpunktes ist in der Computergrafik durch Definition des ‚View Frustum' möglich (vgl. [Foley u. a. 1990]). Durch Implementierung sind folgende Abbildungen entstanden (siehe Tabelle 4-4 und Kapitel 1). Mit der Verschiebung des Hauptpunktes (siehe 3.3.1.1) zeichnet sich auch eine geometrische ‚Verzeichnung' ab (vgl. [Tyler 2014b], siehe 2.2.1), die im Rahmen der vorliegenden Arbeit unter dem Begriff Perspektivkontrast qualifiziert ist (siehe 4.3.3 und 4.3.4).

4 Synthese

| Zeitpunkt | Visualisierung von räumlich wirkenden Bildstrukturen | Benutzeroberfläche zur Manipulation von Bildstrukturen |
|---|---|---|
| Frame 1 | | |
| Frame 2 | | |
| Frame 3 | | |
| Frame 4 | | |

Tabelle 4-4: Visualisierungsergebnisse hinsichtlich der Bildstruktur durch die Manipulation des Hauptpunktes – zentrisch, exzentrisch, auf dem linken Rand, über den linken Rand hinaus (von oben nach unten), ([Ebner 2007, S. 96]).

## 4.3 Relationen zwischen Mensch und Kamera

### 4.3.3 Perspektivkontrast $K_P$ - objektive Komponente[6]

Perspektivkontrast $K_P$

Bezüglich der Beziehung zwischen Netzhaut- und Cortexareal beschreiben DAVID H. HUBEL und TORSTEN N. WIESEL, dass dem peripheren Netzhautbereich zum fovealen Bereich verhältnismäßig weniger Cortexareal im Gehirn gegenübersteht (vgl. [Hubel und Wiesel 1974]). [Der foveale Bereich besitzt daher eine höhere visuelle Auflösung. Zudem unterliegen die im fovealen Bereich abgebildeten Objekte gemäß der Optik einer geringeren perspektivischen Verzerrung. Außerdem greifen bei der visuellen Wahrnehmung von perspektivisch verzerrten Objekten entsprechende Kompensationen, sodass eine Toleranz $\omega$ bei der Form- beziehungsweise Gestalterkennung durch den Menschen zu berücksichtigen ist (vgl. [Vishwanath u. a. 2005]). ...] Je peripherer ein Objekt bei gleichbleibender Bildschärfe gelegen ist, desto unnatürlicher wirkt es auf den Betrachter. Dies führt beim Betrachter zur Abneigung gegenüber dem gesehenen Abbild (siehe 7.3, vgl. [Franke u. a. 2008a]). [...] Diese Gegebenheit fordert nach einem qualitativen Maß, dem Perspektivkontrast $K_P$.

Der Wert des Perspektivkontrastes $K_P$ ist abhängig von bestimmten geometrischen Rahmenbedingungen der Projektion. Je weiter das Abbild eines Objektes vom Hauptpunkt des entsprechenden Bildes entfernt ist (siehe 3.3.1.1), desto stärker zeichnen sich Verzerrungen ab (siehe Tabelle 4-4). Im bildsprachlichen Terminus formuliert, nimmt mit zunehmender Abweichung vom Hauptpunkt des Bildes auch der Perspektivkontrast zu. Das menschliche Wahrnehmungssystem toleriert perspektivische Verzerrungen je nach Objekthabitus und zugrunde liegender Gestalt (siehe 7.5). Allerdings lässt sich der Perspektivkontrast mit einer Binnenperspektive kompensieren (siehe 2.1.3). Dialog-Objekte, also kommunikativ bedeutende Objekte, können unter bestimmten Bedingungen (vgl. [Groh 2005]) [durch eine Binnenperspektive ...] ein eigenes geometrisches Zentrum erhalten (siehe 3.3.1.2).

Kompensation des Perspektivkontrastes

Dem Ansatz folgend, dass die Multi-Perspektive und die Anamorphose durch ähnliche geometrische Methoden erreicht werden können (siehe 2.2.2.2), stellt sich an dieser Stelle die Frage nach den [möglichen] gemeinsamen Faktoren oder Dimensionen, die einen solchen perspektivischen Unterschied [definieren helfen ...] lassen. Im Weiteren lassen sich anhand von konstruierten Beispielen konkrete Bildvariablen herleiten, die letztlich in eine Bildformalisierung münden.

Formalisierungsansatz

In den folgenden Abbildungen werden zwei Szenarien gewählt (siehe Abbildung 4-14a und b), die jeweils der Zentralprojektion unterzogen wurden, an deren äußeren Rändern visuelle Störungen zu erkennen sind (siehe Abbildung 4-14c und d).

---

[6] Der Inhalt des Abschnittes 4.3.3 mit den entsprechenden Unterabschnitten 4.3.3.1, 4.3.3.2 und 4.3.3.3 wurde bereits einem Fachpublikum im Rahmen eines Vortrages auf der „beyond rendering berlin 2012" zur Diskussion gestellt (vgl. [Franke 2012]). Im Ergebnis dessen wurde ein Buchkapitel verfasst, dass sich zur Veröffentlichung ansteht (vgl. [Franke und Zavesky 2015, S. 48–63]).

## 4 Synthese

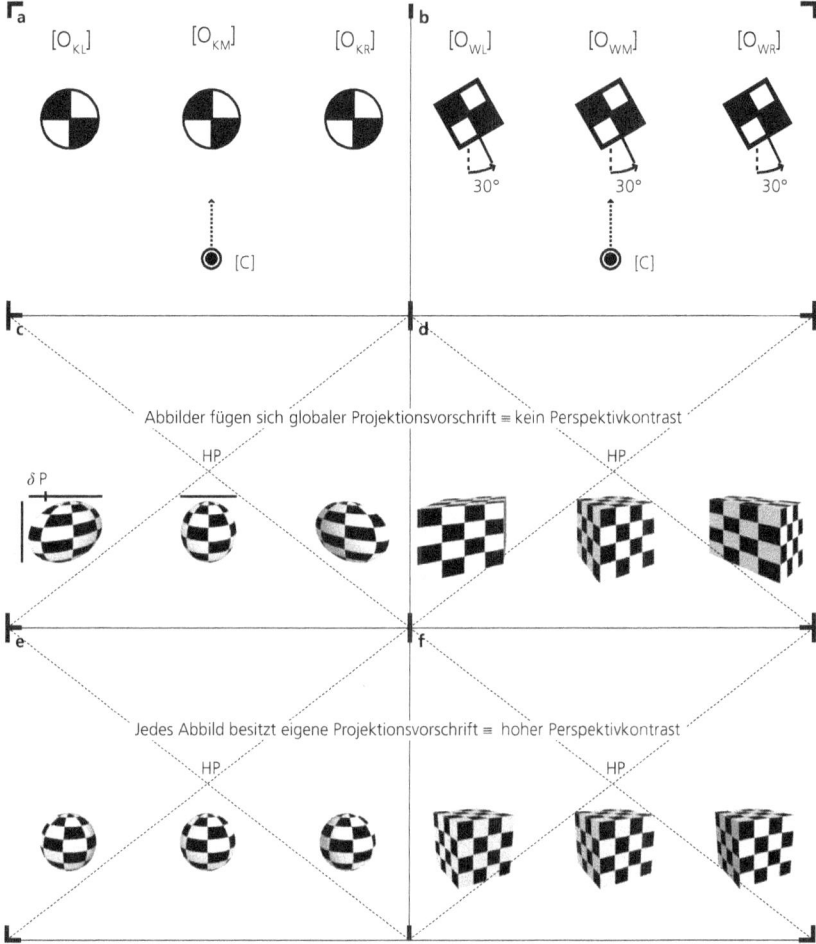

Abbildung 4-14, Illustration, Aufsicht von zwei Szenen: Formation von Kugeln (a), Formation von Würfeln, 30° eingedreht (b), Vergleich bezüglich der Proportion zentralprojizierter Kugeln (c) und bezüglich der Ausrichtung zentralprojizierter Würfel (d) und deren jeweilige Optimierung (e) und (f). Die Abbilder (c bis f) ergeben sich unter Verwendung eines symmetrischen Kamera-Öffnungswinkel von 100° (vgl. [Franke und Zavesky 2015]).

Intentionen
Die Zentralprojektion beinhaltet sowohl wahrnehmungskonforme Bereiche (Objekte $O$ nahe des Hauptpunktes $HP$) als auch anamorphe Anteile (Objekte $O$ fern des Hauptpunktes $HP$). Hierbei ist gemeint, dass eine Entschlüsselung des Bildinhaltes dem Betrachter oft nur dann möglich ist, wenn sich dieser in den Augpunkt $AP$ begibt (vergleiche Abbildung 2-31 mit Abbildung 4-14). Die Zentralprojektion intendiert jedoch im Gegensatz zur Anamorphose beziehungsweise der Multi-Perspektive [...] nicht eine notwendige Änderung des Betrachterstandortes. Aus dem Grund, dass die Multi-Perspektive der Erwartungshaltung des Menschen ‚gerechter' wird, kann sie als Lösung hinsichtlich der wahrnehmungskonformen Darstellung betrachtet werden – im Gegensatz zur Anamorphose, die bildnerische Geheimnisse tragen kann.

Eingrenzung
Bei näherer Betrachtung der dargestellten Objekte sind grundsätzlich zwei ‚Gestalt-Probleme' auszumachen (siehe Abbildung 4-14c und d). Das Abbild der Kugel $O_K$ thematisiert die Proportion, das des Würfels $O_W$ die Ausrichtung. Damit sind für Darstellungen räumlicher Szenen auf zweidimensionalen Ausgabemedien wesentliche Forschungsfragen

## 4.3 Relationen zwischen Mensch und Kamera

benannt. Offensichtlich steht das rein mathematisch-technisch geprägte Abbildungsverfahren der Zentralprojektion im Widerspruch zur menschlichen [Erwartung gegenüber ...] zweidimensional abgebildeten dreidimensionalen Szenen. Die ‚reine' Zentralprojektion berücksichtigt die menschliche Wahrnehmung nur zum Teil (vgl. [Franke u. a. 2008a], [Yankova und Franke 2008]), nämlich die eines monokularen (einäugigen) und starren Betrachters. Im ungünstigen Fall ist die Szenenwahrnehmung für das dynamische (springende) Auge gestört. Obwohl die Bildberechnung mithilfe mathematisch korrekter Abbildungsalgorithmen vollzogen wird, entspricht das Abbild nur bedingt der Erwartungshaltung des Menschen an das Bild als Medium. Nachfolgend werden die Problemstellungen der menschlichen Wahrnehmung bei der Proportion und der Ausrichtung formalisiert.

### 4.3.3.1 Proportionsanteil $\delta P$ im Perspektivkontrast $K_P$

Bei der Betrachtung des Abbildes einer Kugel [unter Beachtung ...] der Lehre von den Proportionen [da Vinci 1925] ist festzustellen, dass die Zentralprojektion im Ergebnis zu einem visuell wahrnehmbaren ‚Defizit' führt ([Franke u. a. 2008a]). Die abgebildete Kugel ist verzerrt. Die Proportion einiger Kugeln im Bild wirkt befremdlich.

*Proportionsanteil $\delta P$*

[Die Abweichung beziehungsweise die Verzerrung von ...] der Proportion $\delta P$ des Objektes $O$ bei Vergleich zwischen seinem zentralprojizierten Abbild $B$ im Hauptpunkt $HP$ und seinem Abbild $B$ an einem beliebigen anderen Punkt in der Bildebene lässt sich mit folgender Formel beschreiben (vergleiche auch Markierungen bezüglich der Proportionen in Abbildung 4-14c und d):

$$\delta P = f(\overline{\|HP\ B\|}, \overline{\|HP\ C\|}) = \omega \frac{\sqrt[2]{\|HP\ B\|^2 + \|HP\ C\|^2}}{\|HP\ C\|}$$

$$= \omega \frac{1}{\cos\left(\arctan \frac{\|HP\ B\|}{\|HP\ C\|}\right)}$$

Legende:
$\overline{\|HP\ B\|}$ – Distanz vom Hauptpunkt zum Objektabbild (siehe 3.3.1.1)
$\overline{\|HP\ C\|}$ – Distanz vom Hauptpunkt zum Projektionszentrum
$\omega$ – Toleranz bei der menschlichen Erkennung von Form und Gestalt

Formel 4-1: Änderung der Proportion des Abbildes eines Objektes in Abhängigkeit zum Hauptpunkt beziehungsweise der geometrischen Mitte des Bildes bei der Verwendung der Zentralprojektion als Abbildungsvorschrift.

Die Wirkungsrichtung der Änderung der Proportion $\delta P$ entspricht der Richtung des Vektors $\overrightarrow{HP\ B}$. Dazu ein Vergleich: Die „optische Mitte eines Bildes" wird in der Regel immer leicht über der geometrischen Bildmitte durch den Menschen wahrgenommen (siehe 3.3.1, [Hickethier 1996, S. 42–155], [Arnheim 2000, S. 440], vgl. [Kersken 2003]). Er spricht in diesem Zusammenhang von Kraftlinien. Ein ähnlicher Effekt tritt bei der Wahrnehmung von Proportionen auf, sodass abgebildete Objekte in ihrer Gestalt durch den Menschen oft über- beziehungsweise unterschätzt werden, zum Beispiel ‚strebt die innere Bewegung eines Quadrates auf die Seiten zu'. [Die Toleranz des Menschen $\omega$ bei der Gestalterkennung von Objekten ist zu berücksichtigen.]

*Wirkungsrichtung*

Die perspektivische Beeinflussung der Abbilder von Objekten durch das geometrische Verfahren der Zentralprojektion gilt für alle Objekte einer Szene in gleichem Maße. Aus gestalterischer Sicht (hinsichtlich Wahrnehmungskonformität (vgl. [Zavesky 2007]) ist die perspektivische Beeinflussung aber nur für eine spezielle Kategorie von Objekten relevant. Die entsprechenden Abbildungen veranschaulichen dies (siehe Abbildung 4-14 c bis f). Die

*Perspektivische Beeinflussung*

## 4 Synthese

bildstrukturellen Verzerrungen hinsichtlich Proportion und Ausrichtung werden folglich nicht bei allen Objekten gleichermaßen als störend empfunden (siehe 7.3). Nach RAINER GROH bedürfen insbesondere Objekte mit einer sphärischen Ummantelung, einer singulären Bildposition sowie einer dialogischen Bedeutung einer Korrektur zum Erhalt ihrer natürlichen Objektproportionen (vgl. [Groh 2005]). Im Weiteren wird in diesem Zusammenhang von Dialog-Objekten gesprochen. [Die Toleranz des Menschen $\omega$ gegenüber Abbildern von kubischen Objekten ist differenziert zu betrachten. So ist festzustellen, dass die Toleranzschwelle bezüglich Verzerrungen im Vergleich zur Ausrichtung von abgebildeten kubischen Objekten höher liegt ...].

Abbilder von kubischen Objekten werden hinsichtlich proportionaler Verzerrungen toleranter vom Menschen behandelt als deren Ausrichtung.

### 4.3.3.2 Ausrichtungsanteil $\delta A$ im Perspektivkontrast $K_P$

*Ausrichtungsanteil $\delta A$*

Bei Anwendung der Zentralprojektion ist bezüglich der Objektabbilder eine Beeinflussung der Ausrichtungswahrnehmung festzustellen. Die bestätigt unter anderem auch ein Beitrag von HORST MITTELSTAEDT: Interaktion von Form und Orientierung (vgl. [Mittelstaedt 1993]). Es existiert eine Diskrepanz zwischen den Ausrichtungen, die durch die jeweilige Bildstruktur dargestellt werden (Abbildung 4-14d und f). Das Projektionsergebnis in Abbildung 4-14d entspricht nicht der Erwartungshaltung des Menschen an die geometrische Anordnung gemäß Abbildung 4-14b. Die Änderung der Ausrichtung $\delta A$ ist – wie bei der zuvor erörterten Proportionsproblematik – abhängig von Lage und Position des Objektes [zur ...] Kamera sowie der objektspezifischen Ausrichtung des Objektes in der virtuellen Szene (vgl. [Franke u. a. 2007], [Zavesky 2011]). Diese Beeinflussung erschwert die Bewertung der Szene hinsichtlich des Vergleiches der Objektabbilder untereinander. Mithin ist festzustellen, dass auch kein korrekter Rückschluss vom Abbild auf die ursprüngliche Lage möglich ist. Die zentralprojizierten Abbilder der Würfel sind in ihrer Ausrichtung in der Szene also nicht zweifelsfrei. Wie gezeigt, handelt es sich um eine Anordnung von drei Würfeln (siehe Abbildung 4-14b, d und f). Im Sinne der Wahrnehmung von Bildstruktur und Komposition vermittelt Abbildungsteil ‚d' eine freie Anordnung der Würfel (siehe Abbildung 4-14d). Dagegen zeigen ‚b' und ‚f' eine vergleichbare Ausrichtung und erwecken eine szenisch identische Konstellation (Abbildung 4-14b und f). Hingegen zeigt ‚d' nicht gleich ausgerichtete Würfel (siehe Abbildung 4-14d).

Diese Überlegungen sind für die Abbildungsvorschrift einer Anamorphose von weniger Relevanz, da diese eine andere Verhaltensänderung des Betrachters zum Ziel hat – nämlich nicht das simultane, sondern das sukzessive Erschließen des Bildes.

### 4.3.3.3 Perspektivkoeffizient $k_P$ - subjektive Komponente

*Perspektivkoeffizient $k_P$*

Aus der vorangegangenen Betrachtung ergibt sich der Perspektivkoeffizient $k_P$, der sich aus zwei Änderungskomponenten der Proportion $\delta P$ und der Ausrichtung $\delta A$ zusammensetzt:

$$k_P = Koeffizient_{Perspektive} = (\delta P, \delta A)$$

*Formel 4-2: Perspektivkoeffizient in Abhängigkeit von der Proportion und der Ausrichtung eines abzubildenden Objektes.*

Legende:
$\delta P$ – Änderung der Proportion
$\delta A$ – Änderung der Ausrichtung

## 4.3 Relationen zwischen Mensch und Kamera

Insofern bestimmt sich der Perspektivkontrast $K_P$ als Differenz von zentralprojizierten und wahrnehmungskonformen Abbild $B$ ein und des gleichen Objektes $A$. Mit der folgenden Formulierung findet der Perspektivkontrast $K_P$ eine qualitativ-bildgestalterisch mathematische Dimension:

$$K_P = Kontrast_{Perspektive} = k_P^{-1} B - B$$

Legende:
$B$ – Abbild des Objektes
$k_P$ – Perspektivkoeffizient

Formel 4-3: Perspektivkontrast, die Differenz zwischen einem zentralprojizierten und einem wahrnehmungskonformen Abbild.

Diese Formalisierung lässt sich im Weiteren konzeptionell in einem Interface berücksichtigen. […]

Ein bildhaftes Interface dieser Art kann als wahrnehmungskonformes Interaktions-Bild $IB_{wahrnehmungskonform}$ angesehen beispielsweise eine Echtzeitdynamik besitzen. Der Perspektivkoeffizient $k_P$ wirkt an dieser Stelle der Verzerrung der Proportion $\delta P$ und der Ausrichtung $\delta A$ entgegen:

Bildhaftes Interface

$$IB_{wahrnehmungskonform} \triangleq B_0 + k_{P1}^{-1} B_1 + k_{P2}^{-1} B_2 + \ldots + k_{Pn}^{-1} B_n$$
$$= B_0 + \sum_{i=1}^{n} k_{Pi}^{-1} B_i$$

Legende:
$B_0$ – globales Abbild der Szene
$B_{1, 2, \ldots, n}$ – Objektabbild 1, 2, … , n der Szenengeometrie
$k_{P1, P2, \ldots, Pn}$ – objektspezifischer Perspektivkoeffizient $k_P$
$n$ – Anzahl optimierungsbedürftiger Abbilder (von Objekten)

Formel 4-4: Vorschrift zur Annäherung an ein wahrnehmungskonformes Bild.

Daraus lässt sich schließlich der nachführende Merksatz aufstellen: Eine wahrnehmungsrealistische Multi-Perspektive [entspricht der …] Summe aller der Erwartungshaltung des Menschen [basierend auf seinen Seherfahrungen …], korrekt dargestellten objektspezifischen, proportionalen und die Ausrichtung betreffenden Verhältnisse.

Ähnlich den gängigen Bildkriterien: Helligkeit, Kontrast, Sättigung, etc. ist es möglich, dass bei computergrafischen Echtzeit-Visualisierungen neben den Parametern: Öffnungswinkel, Augpunkt, etc. auch die Optimierung der Proportion und die der Ausrichtung von Objekten als zusätzliche Kameraparameter einfließen. Insofern sind entsprechende Wertebereiche hinsichtlich der Qualität von Bildstrukturen durch die weitere Forschungsarbeit zu untersetzen. Die hier vorgestellte Formalisierung kann für das Design und die Gestaltung von interaktiven Interfaces herhalten. […] Der Mensch rezipiert die Welt mitsamt enthaltenen Objekten und richtet durch die Augenbewegung die optische Achse ständig auf Blickziele aus.

Qualitäten von Bildstruktur

# 4 Synthese

### 4.3.4 Perspektivkontrast $K_P$ – Funktion und Funktionswerte

**Perspektivkontrast $K_P$**

Der Perspektivkontrast $K_P$ begründet sich auf der Geometrie der Zentralprojektion. Folglich lässt sich ein konkretes Verhältnis ableiten. Mit einer Verzerrungsfunktion ergeben sich Definitions- und Wertebereich sowie Ansätze zur Optimierung (siehe 4.3.4.1 bis 4.3.4.3).

#### 4.3.4.1 Funktion der Verzerrung

**Funktion und Verzerrung**

Die Illustration zeigt die Verzerrung entsprechend der Länge eines bestimmten Sekantenabschnittes im rechtwinkligen Dreieck an (siehe Abbildung 4-15). Die Verzerrung von abgebildeten Objekten wird in Abhängigkeit von der Auslenkung zur optischen Achse der Kamera bestimmt. Die Strecke vom Zentrum der Projektion zum Hauptpunkt des Bildes ($\overline{CHp}$) kennzeichnet dies und ist dem Verzerrungswert äquivalent.

Die Lage eines Objektes in Bezug zur optischen Achse beschreibt ein trigonometrisches Verhältnis, den Sekans von -90° bis +90°, aus dem sich der Perspektivkontrast als Faktor berechnen lässt. Der Sekans beschreibt dieses Verhältnis, das der Hypotenuse zur Ankathete in einem rechtwinkligen Dreieck. Es ist zugleich die Kehrwertfunktion der Kosinusfunktion. Konkret entspricht die Länge des Abschnittes der Sekante $\overline{CO'}$ dem Verzerrungsfaktor eines entsprechenden Abbildes.

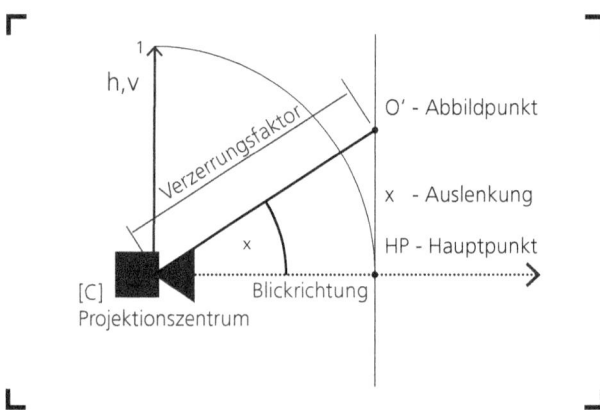

Abbildung 4-15, Illustration: Teil des Einheitskreises, zwecks Darstellung des Betrages des Verzerrungsfaktors.

Bei einem Auslenkungswinkel von 0°, das heißt, wenn ein Objekt mit seinem Pivot-Punkt exakt auf der optischen Achse einer Kamera liegt, ergibt sich demzufolge ein Verzerrungsfaktor von 1,0. Das Abbild des Objektes unterliegt folglich keiner perspektivischen Verzerrung. Es wird unverzerrt abgebildet. Verändert sich die Lage des Objektes in Bezug zur optischen Achse, dann wird die Abbildung des Objektes verzerrt. Zum Beispiel ergibt sich bei einem Auslenkungswinkel von 45° zur optischen Achse ein Verzerrungsfaktor von $\sqrt{2}$.

## 4.3 Relationen zwischen Mensch und Kamera

### 4.3.4.2 Funktionsgraph und Verzerrungstafeln

Die folgende Funktion beschreibt das Verhältnis von Auslenkungswinkel und Verzerrungswert, welches bei Verwendung der Zentralprojektion vorliegt. Es lassen sich entsprechende ‚Verzerrungstafeln' herleiten: in tabellarischer Form, als abgetragener Funktionsgraph und in Form einer Referenzkarte.

Funktion → Tafel
→ Funktionsgraph

Funktion: $f(x) = \sec(x)$

Definitionsbereich: $-\frac{\pi}{2} < x \text{ (Auslenkung)} < \frac{\pi}{2}; x \in \mathbb{R}$

Wertebereich: $1 \leq f(x) < \infty$

Formel 4-5: Funktion zur Berechnung des Verzerrungswertes, der sich bei der Verwendung der Zentralprojektion als Abbildungsverfahren ergibt ≙ dem Abschnitt der Funktion des Sekans.

Daraus ergibt sich die folgende Wertetabelle (siehe Tabelle 4-5):

| Auslenkungswinkel (Grad) | Auslenkungsmaß (rad) | Verzerrungsfaktor (1/100%) |
|---|---|---|
| 0 | 0 | 1 |
| 30 | $\frac{\pi}{6}$ | ≙ 1,1547 |
| 35,5 | $0,619 \approx \varphi - 1$ ≙ $\varphi$ = Goldene Zahl | 1,22 ≙ schön |
| 45 | $\frac{\pi}{4}$ | $\sqrt{2} = 1,4142$ |
| 57 | $1,0$ ≙ ein Bogenmaß | 1,83 ≙ destruktiv |
| 60 | $\frac{\pi}{3}$ | 2 |
| 90 | $\frac{\pi}{2}$ | ∞ |

Tabelle 4-5: Kurzfassung der Verzerrungstabelle (für eine detailliertere Fassung siehe Anhang B2, S. B-14).

Die nachfolgende Abbildung zeigt einen Graphen, der die entsprechenden Verzerrungsfaktoren in Abhängigkeit zum Auslenkungswinkel darstellt. Die farblichen Hervorhebungen zeigen die entsprechende Wirkung auf den Menschen (siehe Abbildung 4-16).

# 4 Synthese

**Abbildung 4-16,** Illustration: Abtrag der geometrischen Verzerrung und Wirkung auf den Menschen, als eingefärbter Graph

**Wahrnehmungsschwellen** (bzgl. Auslenkungs-/ Kameraöffnungswinkel)

| | | | |
|---|---|---|---|
| [S] | unverzerrt | 22,5 Grad / 45,0 Grad | Sehwinkel (vgl. [Rehbock 1980]) |
| [G] | verzerrt | 30,0 Grad / 60,0 Grad | Gestaltungswinkel (nach [Ware 1900]) |
| [D] | stark verzerrt | 45,0 Grad / 90,0 Grad | Distanzkreis (vgl. [Rehbock 1980]) |

**Wahrnehmungsbereiche** (vgl. [Yankova und Franke 2008])
- unbewusst wahrnehmbar
- bewusst wahrnehmbar
- störend

## 4.3 Relationen zwischen Mensch und Kamera

Die folgende Abbildung zeigt eine Referenzkarte von nachfolgend näher spezifizierten Abbildungsergebnissen (siehe Abbildung 4-17). Als Abbildungsvorschrift liegt hierbei eine Zentralprojektion zugrunde. Abgebildet wurde eine Kugel. In Abhängigkeit von der Position der Kugel zur Lage der Kamera im Raum trägt sich ein mehr oder weniger verzerrter Kreis als Abbild ab. Im geometrischen Sinne handelt es sich nicht um einen Kreis, sondern um eine Ellipse. Eine Ausnahme besteht, wenn die Kugel direkt auf der optischen Achse der Kamera liegt, dann ergibt sich in der Tat ein geometrisch perfekter Kreis.

Referenzkarte

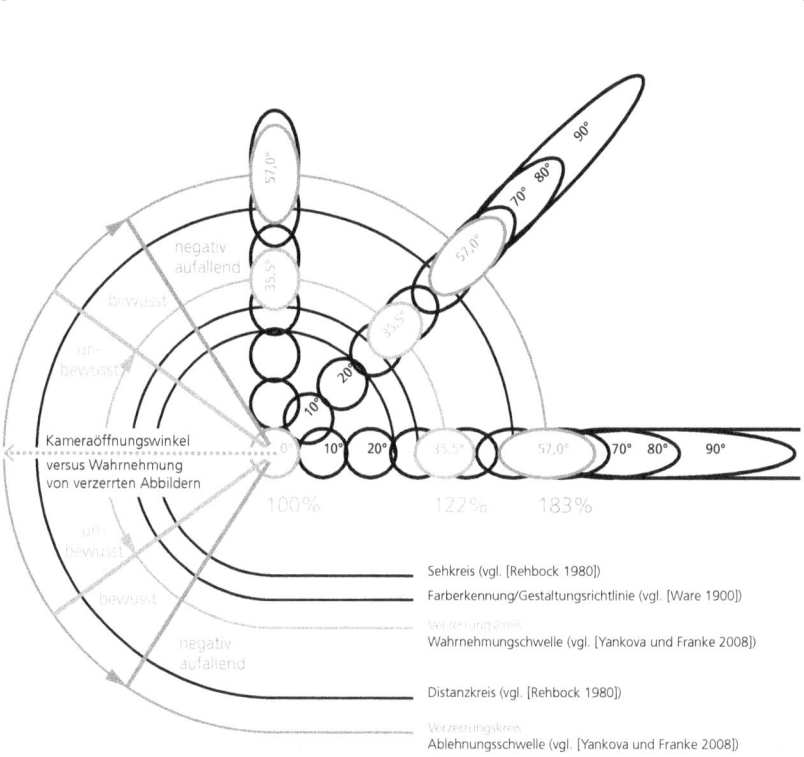

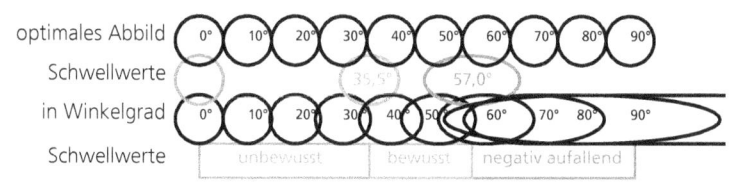

Abbildung 4-17, Illustration: Referenzkarte von Abbildungsergebnissen von Kugeln. Als Abbildungsvorschrift liegt eine Zentralprojektion zugrunde. In Abhängigkeit von der Position der Kugel zur räumlichen Lage der Kamera zeichnen sich die dargestellten Verzerrungen im Abbild der Kugel ab.

# 4 Synthese

**Farbe und ‚räumliche' Auflösung**

In der Darstellung sind entsprechende Markierungen zur visuellen Wahrnehmung abgetragen, die schematisch in etwa die entsprechenden Erkenntnisse verschiedener Studien zu Verzerrungen ergeben haben (siehe Abbildung 4-17). Bei der Markierung zum Farbsehen ist zu argumentieren, dass in der Literatur diverse und oft widersprüchliche Aussagen zu finden sind. Neuere Erkenntnisse belegen, dass die Farbwahrnehmung des Auges eine Frage der ‚räumlichen' Auflösung ist. Ist ein Objekt im entsprechend peripheren exzentrischen Blickbereich flächenmäßig groß genug, dann nimmt der Mensch auch dort Farbe wahr (vgl.[Roorda und Williams 1999], [Gegenfurtner und Rieger 2000]).

**Verzerrungskreis**

Der Verzerrungskreis ist die Markierung (siehe Abbildung 4-17), ab der der Mensch unter den entsprechenden Bedingungen abgebildete Objekte als verzerrt wahrnimmt (siehe 7.5, vgl. [Yankova und Franke 2008]). Der Sehkreis ist die Markierung, die die Literatur als ‚leicht verzerrt' angibt (siehe 3.3.3.2, vgl. [Rehbock 1980]). Dieser entspricht der halben Distanz zwischen Augpunkt und Bildfläche oder alternativ formuliert: dem Projektionszentrum und dem Schnittpunkt von Abbildungsebene und optischer Achse der Kamera.

**Grenzwert der Verzerrung**

Ab einem Verzerrungsfaktor von $\sqrt{2}$, also 45° Auslenkung, beispielsweise bei einem symmetrischen Kameraöffnungswinkel von 90° spricht FRITZ REHBOCK vom Distanzkreis (siehe 3.3.3.2). Objekte, die außerhalb dieses Kreises liegen, werden als ‚verzerrt abgebildet' definiert (siehe Abbildung 3-20, S. 107, vgl. [Rehbock 1980]). Die vorliegende Arbeit untersucht diesen Wert im Weiteren, insbesondere unter dem Gesichtspunkt der visuellen Wahrnehmung und Wirkung auf den Menschen. Das Ergebnis ist, dass bei entsprechenden Abbildern, also wenigstens ab einem Kameraöffnungswinkel von 71°, ergo 35,5° Auslenkung von der optischen Achse, eine durch den Menschen bewusst wahrnehmbare Verzerrung vorliegt (siehe Abbildung 7-16, siehe 7.5).

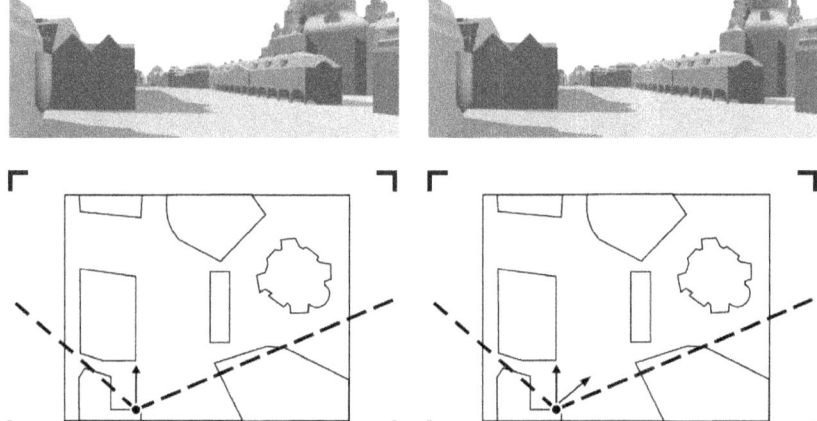

Abbildung 4-18, Illustrationen: Gegenüberstellung von Mono-Perspektive (links oben und unten) und Multi-Perspektive (r. ebenda), nebst entsprechenden Grundrissen. Die Frauenkirche weist in beiden Darstellungen einen Auslenkungswinkel in Höhe von 45° auf.

## 4.3 Relationen zwischen Mensch und Kamera

Vorangehend ist eine Abbildung aufgeführt, die den Perspektivkontrast an einem konkreten Beispiel illustriert. Nach dem Gemälde: „Ansicht von Dresden - Der Neumarkt von der Moritzstraße aus" von CANALETTO (BERNARDO BELLOTTO) ergibt sich folgende geometrische Situation (siehe Abbildung 4-18). Die Frauenkirche weist in beiden Darstellungen einen Auslenkungswinkel zur optischen Achse der Kamera von etwa 45 ° auf. Der sich ergebende Verzerrungsfaktor in der mono-perspektivischen Darstellung beträgt damit: 1,41 (siehe Abbildung 4-18, links oben und unten). Durch die Verwendung einer Binnenperspektive innerhalb der multi-perspektivischen Darstellung stellt sich dort keine Verzerrung dar (siehe Abbildung 4-18, rechts ebenda).

*Geometrische Situation an einem Beispiel*

### 4.3.4.3 Ansatz zur Optimierung

Mit dem Wissen über die Verhältnismäßigkeit zwischen Verzerrungsfaktor und Abbildungsvorschrift lassen sich Lösungen zur Optimierung der Gestalt herleiten. Es liegen entsprechende pixelbasierte Ansätze vor (vgl. [Carroll u. a. 2009], [Carroll u. a. 2010]), wie auch Ansätze zur Manipulation an vektorbasierten Illustrationen (vgl. [Martín u. a. 2000]). Ein weiterer Ansatz wird mit diesem Abschnitt eingeführt und im nächsten auf einen 3D-Ansatz erweitert (siehe 4.4).

*Einfacher Ansatz zur persp. Optimierung*

Oft ist es in der gestalterischen Praxis so, dass dem Gestalter diverse grafische Unterlagen zur weiteren Bearbeitung vorgelegt werden. Das sind beispielsweise Renderings oder zweidimensionale pixel- oder vektor-basierte Daten, die sich unter anderem aus einer Projektion von dreidimensionalen CAD-Daten ergeben. Diese bedürfen aus gestalterischer Sicht oft der Bearbeitung, so zum Beispiel der Korrektur geometrischer Verzerrungen. Die gestalterische Aufgabe ist es, aus diesen Materialien ein ansprechendes ‚Bild' herzustellen – eine oft mühsame Fleißarbeit. Dazu muss in der Regel dem Gestalter die Information vorliegen, welche Gestalt die entsprechenden Vektorpartien darstellen sollen. Bei einer Ellipse, die eine Kugel zeigen soll, ist eine Korrektur relativ einfach. Eine Ellipse kann beispielsweise durch einen Kreis ersetzt werden oder entsprechend nach dem Auge und dem Empfinden des Gestalters skaliert beziehungsweise entzerrt werden. Der Gestalter nutzt zur Bewältigung dieser Aufgaben üblicherweise entsprechende Software, wie Adobe® Illustrator® für Vektorgrafiken und Illustrationen.

*Gestalterische Dimension*

Bei einem komplexeren Abbild, wie der gezeigten Frauenkirche ist ein einfacher Austausch durch eine unverzerrte Bildstruktur nicht so einfach möglich, wie zuvor am Beispiel der Kugel beschrieben. Entsprechend unverzerrte Abbilder oder 3D-Daten liegen oft nicht vor (siehe Abbildung 4-18, links). Betreffende Vektorgrafiken können allerdings mithilfe der genannten vektorbasierten Software Werkzeuge geometrisch manipuliert werden. In einer 2D-Umgebung ist es unter der umgekehrten Anwendung des Verzerrungsfaktors respektive Perspektivkontrastes $K_P$ möglich (siehe 4.3.3 und 4.3.4). Gemeint ist eine unter konkreten Parametern eingegebene Entzerrung (siehe Abbildung 4-19).

*Ansatz für 2D-Vektorgrafiken*

## 4 Synthese

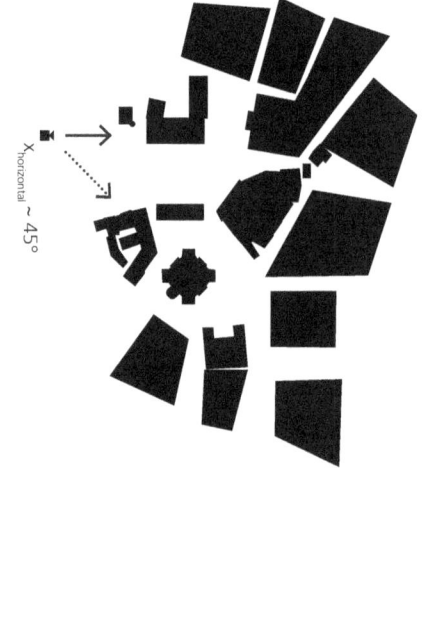

## 4.3 Relationen zwischen Mensch und Kamera

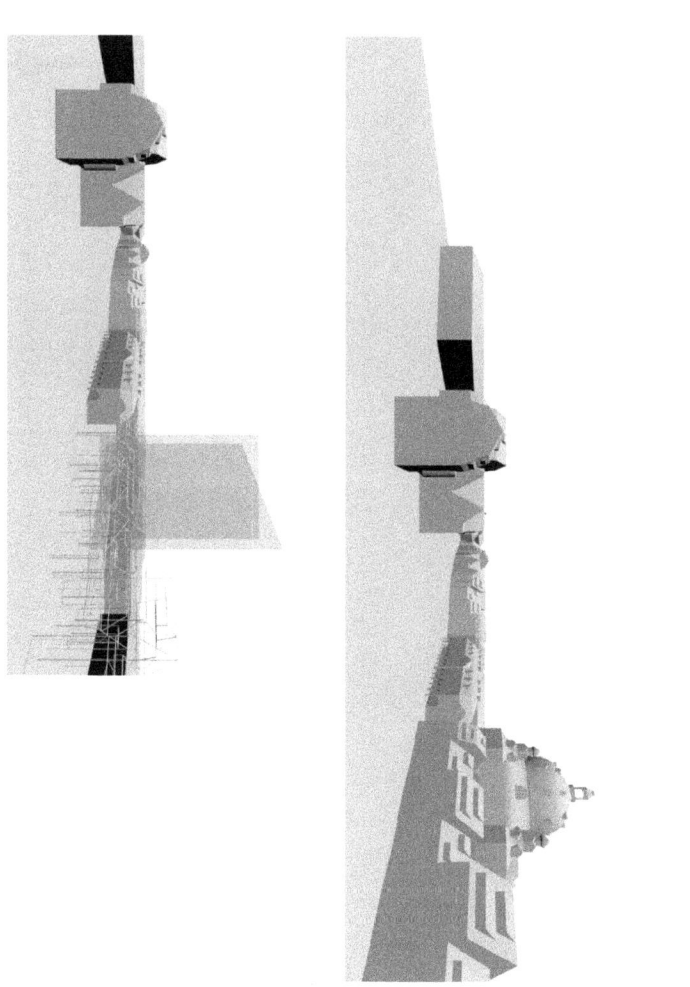

Abbildung 4-19.1, Illustration: Möglicher Arbeitsablauf einer perspektivischen Optimierung in 2D-vektorbasierter Umgebung, wie Adobe® Illustrator® für Vektorgrafiken und Illustrationen.

## 4 Synthese

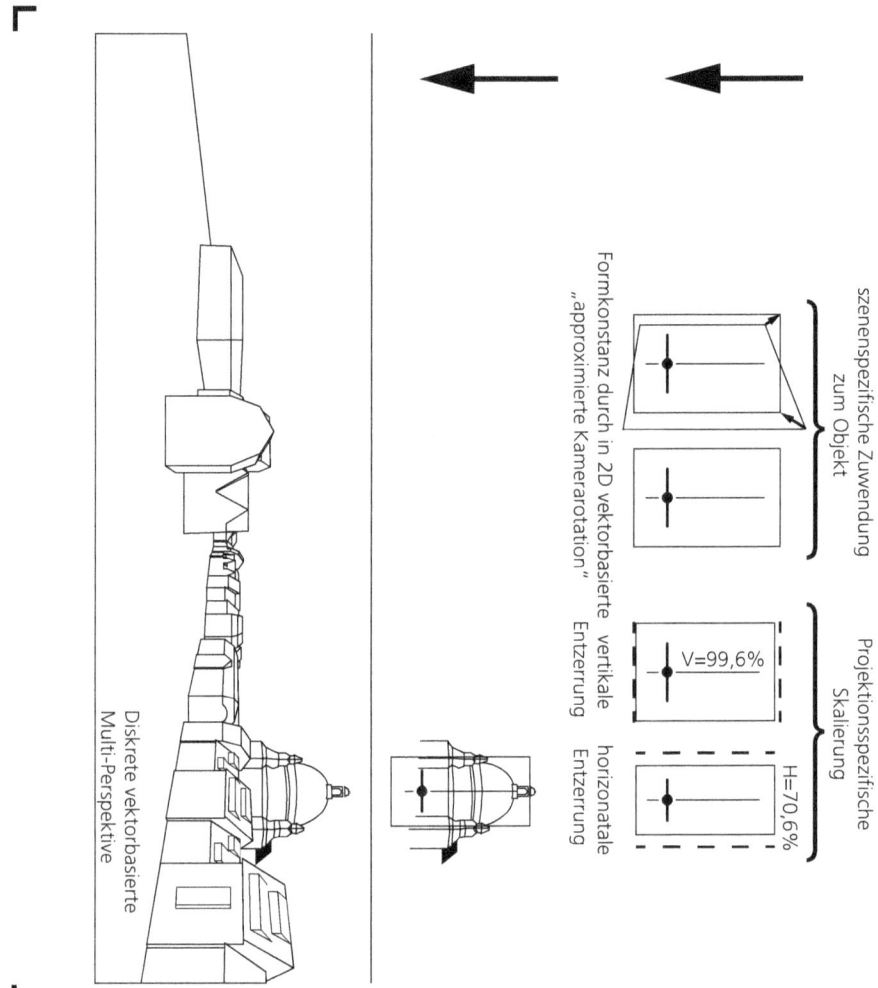

4.3 Relationen zwischen Mensch und Kamera

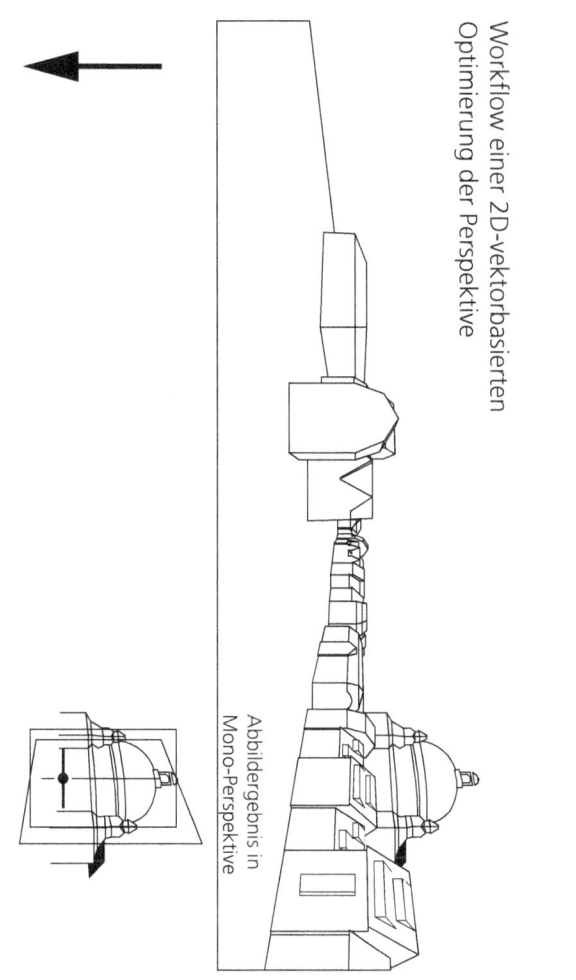

Abbildung 4-19.2, Illustration: Möglicher Arbeitsablauf einer perspektivischen Optimierung in 2D-vektorbasierter Umgebung, wie Adobe® Illustrator® für Vektorgrafiken und Illustrationen.

# 4 Synthese

## 4.4 Optimierungen der computergrafischen perspektivischen Projektion

*Persp. Korrektur ≙ Persp. Optimierung*

Die perspektivische Korrektur – im Sinne der vorliegenden Arbeit – ist ein Optimierungsverfahren, das als Teil des Abbildungsverfahrens die Wahrnehmung des Menschen berücksichtigt. Die perspektivische Korrektur hat das Ziel, ein wahrnehmungsrealistisches Bild zu erzeugen. Konkret können projektionsbedingte Verzerrungen in zweidimensionalen Abbildern dreidimensionaler Objekte reduziert werden.

*Natürlichkeit und Intuition*

„Die Annahme, dass Dreidimensionalität ein Mehr an Natürlichkeit und Intuition in Wahrnehmungsprozessen erzeugt, forciert die Anstrengungen zur Optimierung von computergrafischen Rendering-Algorithmen. Insbesondere die computergrafische Architekturvisualisierung als Teilmenge der technischen Bilder leidet an einer mathematischen und konsistenten Projektion, die damit prinzipiell Natürlichkeit verhindert. Der starre Blick ist hierbei a priori Kern des Problems. Eine 3D-Szene wird durch die virtuelle Kamera zum Bild. Das Abbildungsverfahren scheint in der Tradition der perspektivischen Malerei seit Beginn der Renaissance zu stehen. Während die Computergrafik beim eindeutig determinierten Bild aufhört, begann schon die Malerei der Renaissance mit einer perspektivischen Grundstruktur, wobei es zu regelhaften Störungen kam (siehe 2.2.2). Computergrafik reproduziert die Camera obscura und verharrt damit im bildstrukturellen Sinn beim Fotorealismus, fern dem Ziel wirklichkeits- beziehungsweise wahrnehmungskonforme Bilder zu erzeugen. Die Maler der Renaissance nutzten die Technologie der Camera obscura weit über das reine und singuläre Abbilden hinaus. Sie kombinierten verschiedene Kameraeinstellungen respektive Blicke und ‚komponierten' Bilder bewusst als Aufzeichnung dynamischer Wahrnehmung ihrer Umwelt" ([Franke 2007, S. 29]).

*Multi-Projektion → Multi-Perspektive*

„Computergrafische Renderingverfahren basieren [oft] auf nur einem unveränderlichen Projektionszentrum. Das Projektionszentrum computergrafischer Abbilder ist stets in der Bildmitte angesiedelt. Daraus ergeben sich folgende Fragen: Wie würde ein Bild wirken, dessen Kamera-Projektionszentrum relativ zum Abbild wandert? Würde dieses Prinzip einem wandernden menschlichen Blick ähneln? Lassen sich mehrere Kamera-Projektionszentren in einem Bild integrieren? Wie würde ein solches, entfesseltes Bild aussehen und wirken? Zur Klärung dieser Fragen sollen die folgenden Abschnitte dienen. Ein Eingriff beziehungsweise eine Erweiterung im computergrafisch perspektivischen Abbildungsverfahren (Rendering-Pipeline) kann verzerrte Abbilder vermeiden. Eine Möglichkeit stellt die Verwendung mehrerer Projektionszentren dar (Multi-Perspektive). Dadurch wird das Bild strukturierbar (siehe 2.1.2). Unter architektonischen Gesichtspunkten […] wenden sich Objekte (hier die Frauenkirche in Dresden) dem Betrachter zu." ([Franke 2007, S. 30]). Dem steht folgende Aussage gegenüber: „It is impossible to construct a viewing transformation such that the images of all lines are straight and the images of all spheres are exact circles." (vgl. [Zorin und Barr 1995, S. 257]). Wohl aber ist es möglich, zwischen Figur und Grund auf Basis der geometrischen Datengrundlage zu unterscheiden. Im Ergebnis einer solchen Unterscheidung kann in der Konsequenz unterschiedlich transformiert werden. Eine Kombination aus mehreren Projektionen ergibt ein perspektivisches Abbild, indem ein 2D-Abbild alle 3D-Geraden als 2D-Geraden gerade und alle 3D-Kugeln als 2D-Kreise abbildet. Lediglich bei Körpern, die sowohl kubische als auch sphärische Anteile beinhalten, ist ein Kompromiss zu finden. Eine Vermittlung vorzunehmen, ist möglich. Es ist zwischen bestimmten Transformationsvorschriften zu entscheiden. Letztlich obliegt diese Entscheidung dem Menschen (vgl. [Coleman und Singh 2004]). In diesem Sinne hat die Aussage von Denis Zorin und Alan H. Barr weiterhin Gültigkeit, dass es nicht nur die eine Transformationsvorschrift gibt.

## 4.4 Optimierungen der computergrafischen perspektivischen Projektion

Lösungen begründen sich in der Kombination von computergrafischen Transformationen, ganz im Sinne der malerischen Praxis. Die folgenden Bilder in Serie zeigen, was unter der perspektivischen Optimierung im Rahmen der vorliegenden Arbeit konkret zu verstehen ist (siehe Tabelle 4-6). Die dargestellte Szene lehnt sich inhaltlich an das zu Beginn der vorliegenden Arbeit vorgestellte Gemälde: „Ansicht von Dresden - Der Neumarkt von der Moritzstraße aus" von CANALETTO (BERNARDO BELLOTTO, siehe 1.1, ab Seite 11). Auf dieser Grundlage wurde ein dreidimensionales Modell erzeugt und einer computergrafischen Visualisierung unterworfen (siehe 2.3.5). Das Resultat lässt sich wie folgt darstellen:

Transformationen für Optimierung nutzen

|  | Mono-Perspektive | Multi-Perspektive |
|---|---|---|
| Frame 1 | 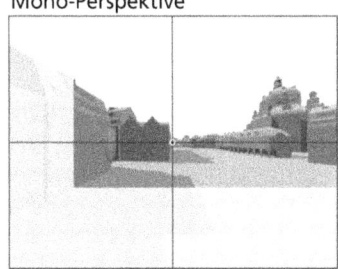 | 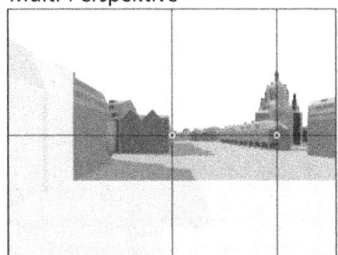 |
| Frame 2 |  |  |
| Frame 3 | 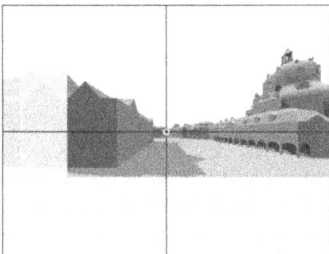 |  |
| Frame 4 | 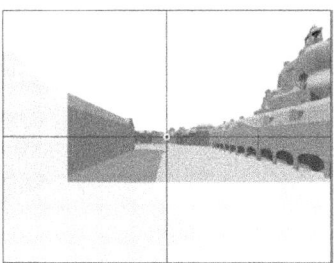 |  |

Tabelle 4-6: Illustrationen: Zwei Serien einer computergrafisch visualisierten Szene. Zentralprojektion (links) und Multi-Perspektive (rechts). Für die Multi-Perspektive wurden zwei Augpunkte respektive zwei Hauptpunkte angelegt ([Franke 2007, S. 30–31]).

# 4 Synthese

**Verwendung zusätzlicher Augpunkte**

Links ist eine Serie von Abbildern durch Zentralprojektion zu sehen. Rechts ist eine Serie von Abbildern zu sehen, die perspektivisch unter Verwendung eines zusätzlichen geometrischen Zentrums optimiert wurden. Es liegt ein weiterer Augpunkt respektive Hauptpunkt im Abbild vor (siehe 3.3.1.1). Dieser zusätzliche Augpunkt verhält sich flexibel in Abhängigkeit von der Kamerafahrt über das Bild. Der zusätzliche Augpunkt als Teil der Bildstruktur wandert. Er ist dynamisch und auf die Gestaltbildung der Frauenkirche festgelegt. Der transparente Bereich der Abbilder zeigt einen Ausschnitt, wie dieser bei einem beschnittenen Foto vorliegen würde, wenn der Szenenausschnitt einen ähnlichen Bereich zeigen soll, wie es das Gemälde von CANALETTO aufweist.

**Hypothese zur Netzhaut**

PETER VANGORP ET AL. stellen zwei treffende Hypothesen auf. Sie argumentieren mit der Szenen-Hypothese (scene hypothesis) und der Hypothese über die Netzhaut (retinal hypothesis), (vgl. [Vangorp u. a. 2013]). Diese Begriffspaare meinen das Folgende. Einerseits: Die Szenen-Hypothese besagt, dass ein Betrachter in der Lage ist, seine inkorrekte Sichtposition, also die Einnahme eines ‚falschen' Augpunktes, zu kompensieren (vgl. [Todorovic 2008], [Vishwanath u. a. 2005]). Die Deutung des gesehenen 2D-Abbildes liegt demzufolge viel näher an der tatsächlichen 3D-Geometrie, als sich diese tatsächlich auf der Retina im Auge abzeichnet.

Es sei nochmals daran erinnert, dass sich der Mensch mit seinem Auge aufgrund der Projektionsbedingungen in das Projektionszentrum begeben muss, um aus einem 2D-Abbild eine eine 3D-Geometrie rekonstruieren zu können. Andererseits besagt die Netzhaut-Hypothese, dass es sich nicht so verhält. Der Betrachter ist demzufolge nicht zu einer Kompensation der ‚falschen' Augenposition fähig, sondern die Wahrnehmung wird durch das verzerrte Netzhautabbild beeinträchtigt (vgl. [Yang und Kubovy 1999]). Beide Hypothesen haben ihre Gültigkeit, wenn auch unter bestimmten Bedingungen (vgl. [Vangorp u. a. 2013]).

**Zwei Ansätze zur persp. Optimierung**

Aus den vorangegangenen Überlegungen lassen sich zwei Ansätze zur Optimierung einer perspektivischen Visualisierung ableiten. Am Beispiel der folgenden Abbildung ist ein Vergleich zwischen Ist- beziehungsweise Sollzustand bezüglich eines Abbildungsergebnisses zu sehen (siehe Abbildung 4-20). Einerseits kann ein Abbild auf Basis einer Manipulation an seiner dreidimensionalen Szenen-Geometrie optimiert werden (siehe 4.4.1). Andererseits lässt sich durch eine Manipulation an der Abbildungsebene ein ähnliches Ergebnis erreichen (siehe 4.4.2, vgl. [Wuttig 2008], [Wojdziak u. a. 2011c], [Zavesky u. a. 2011a]).

Mono-Perspektive      Multi-Perspektive

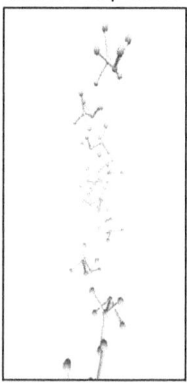 

Abbildung 4-20, Computergrafiken:
Mono- beziehungsweise Multi-Perspektive bezüglich des Abbildungsergebnisses eines Moleküls (links bzw. rechts, [Wuttig 2008, S. 38]), jeweils mit vertikalen Kameraöffnungswinkeln von 120°.

## 4.4 Optimierungen der computergrafischen perspektivischen Projektion

Es ist zu berücksichtigen, dass sich die Algorithmen der Computergrafik in drei Dimensionen auf dementsprechende, geometrische Daten auswirken. Die einzelnen Transformationen der folgenden Abschnitte werden aber in homogene 4x4-Matrizen beschrieben, deren Verwendung verschiedene Vorteile bietet. An dieser Stelle sei auf die Standardliteratur zur Computergrafik verwiesen (vgl. [Orlamünder und Mascolus 2004]).

*Grundlage der persp. Optimierungen*

### 4.4.1 Objekt-basierte perspektivische Optimierung (OPO)

Der folgende Abschnitt greift die Praxis der Bildhauerei beziehungsweise die Wirkungsweise von Reliefs auf. Die perspektivische Optimierung findet auf Basis einer objekt-basierten Deformation im Folgenden ihre Vorstellung. Diese perspektivische Optimierung verfolgt einen geometrischen Ansatz, der sich direkt auf ein Objekt der Szene auswirkt. Die Proportion des Abbildes eines Körpers ist adressiert. Dieser Ansatz wird im Rahmen der vorliegenden Arbeit objekt-basierte perspektivische Optimierung genannt (OPO). Die OPO befolgt einen Lehrsatz von LEONARDO DA VINCI, sinngemäß aus dem Lateinischen übersetzt: „Willst du in einer Höhe eine runde Kugel darstellen, so musst du sie länglich machen, [...] und deinen Standpunkt so weit rückwärts verlegen, daß sie, sich verkürzend, rund erscheint." ([da Vinci 1925, S. 98, Nr. 198]). Ein dazu alternativer, kamera-basierter Ansatz wird im Anschluss an diesen Abschnitt vorgestellt (siehe 4.4.2).

*Objekt-basierte persp. Optimierung*

Die OPO ist im Verständnis der computergrafischen Standardliteratur eine Deformation durch Transformationen. Sie stellt eine „affine Abbildung" dar ([Orlamünder und Mascolus 2004, S. 188]). Konkret besteht die Deformation aus: Scherungs- und Rotationsanteilen in Relation zu den Kameraparametern: Projektionszentrum, Blickrichtung und Bildebene. Die Optimierung besteht darin, dass das Objekt in Abhängigkeit von der Kamera deformiert wird, sodass sich ein wahrnehmungsgerechtes Abbild ergibt. Eine dreidimensionale Kugel ist im Sinne des Wahrnehmungsrealismus in zwei Dimensionen als Kreis abzubilden. Nicht gemeint sind Deformationen, die weniger Rücksicht auf die menschlichen Wahrnehmung nehmen (vgl. [Bayarri 1995], [Singh 2002], [Singh und Balakrishnan 2004], [Vallance und Calder 2006], [Angelidis und Singh 2006], [Mashio u. a. 2010] usw.). Auch nicht gemeint sind dem Rendering nachgelagerte automatische bildbearbeitende Prozesse (vgl. [Carroll u. a. 2009], [Carroll u. a. 2010]), die zwar künstlerische Aspekte bedienen, aber nicht vornehmlich Gestaltung unter Berücksichtigung der menschlichen Erfahrung und visuellen Wahrnehmung betrachten. Eine Legitimation für diese interessanten Ansätze ergibt sich freilich durch andere Domänen, wie zum Beispiel der Interpretationsunterstützung oder Verdeutlichung von medizinischen Daten (vgl. [Sudarsanam u. a. 2008], [Hsu u. a. 2011]). Aktuelle Untersuchungen zur visuellen Wahrnehmung und subtiler computergrafischer Manipulation sind eher selten anzutreffen, wie die Forschungsgruppen, um RAINER GROH (vgl. [Groh und Lordick 2010], um CHRISTOPHER W. TYLER (vgl. [Tyler 2014a]) und um FRANK STEINICKE (vgl. [Steinicke u. a. 2010b]). Insofern beschreibt die OPO eine bestimmte Kamera-Objekt-Relation, die zu einer Deformation des dreidimensionalen Objektes führt. Im Sinne der Kunstwissenschaften handelt es sich um eine umgekehrte Anamorphose (siehe 2.2.2.2). Die OPO wurde im Rahmen der forschungsbegleitenden Lehre durch diverse studentische Implementierungsarbeiten ventiliert (vgl. [Schreiber 2005], [König 2005], [Scheibe 2005], [Schreiber 2006], [Zavesky 2006], [Zavesky 2007], [Wojdziak 2007], [Barth 2009], [Zimmer 2011]). Letztlich zeichnet sich somit die folgende algorithmische Lösung ab, die bereits einem fachlichen Publikum konsolidiert vorgestellt wurde (vgl. [Franke u. a. 2007]).

*Deformation durch Transformationen*

4 Synthese

**Scherung und Rotation**

Die OPO basiert auf den Transformationen: Scherung und Rotation in Abhängigkeit von der Position des betreffenden Objektes und der Lage der Kamera. Position meint an dieser Stelle, den Ort durch konkrete Koordinaten zu beschreiben. Die Ausrichtung des Objektes ist dabei vorerst nicht von Interesse. Insofern trifft der Begriff der Position noch zu. Die Lage meint mehr als nur die Position zur Kamera. Bei der Kamera ist es von Relevanz, wie diese in der Szene ausgerichtet ist (Blickrichtung). Aus der Position des Objektes und der Lage der Kamera zur Szene ergibt sich die konkrete Optimierung. Die Optimierung basiert auf den Tranformationen: abbildungsebenenparallele Scherung und blickorientierte Rotation, wie schon erwähnt. Vor dem Hintergrund der ‚perspektivischen Projektion' (Zentralprojektion) in der Computergrafik lassen sich somit Verzerrungen von abgebildeten Objekten vermeiden (siehe Abbildung 4-21).

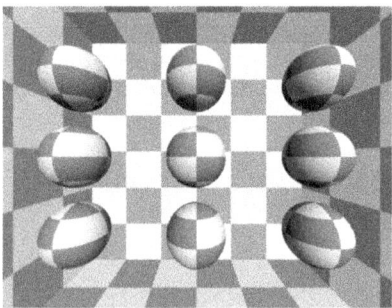 

Abbildung 4-21, Computergrafik: Mono-Perspektive, unter Verwendung eines Kameraöffnungswinkels von 100 ° abgebildet, l.

Abbildung 4-22, Computergrafik: Multi-Perspektive, unter Verwendung eines Kameraöffnungswinkels von 100 ° abgebildet, r.

Die dreidimensionalen Kugeln werden perspektivisch optimiert, als zweidimensionaler Kreis auf der Abbildungsfläche abgetragen, gleich welcher sie sich im Bild verortet (siehe Abbildung 4-22). Bei der nicht optimierten Projektion würde die Verzerrung mit zunehmender exzentrischer Position des abzubildenden Objektes zunehmen. Die perspektivische Optimierung ‚ahmt' den Blick des Menschen nach und hält die Fixationen des Auges in einer Bildstruktur fest.

**Wahrnehmungsrealistische Perspektive**

Insoweit handelt es sich bei der obigen Abbildung um ein mono-perspektivisches Bild, ähnlich wie es sich in einem menschlichen Auge ergibt (siehe Abbildung 4-21). Dies entspricht jedoch nicht der Erwartung des Menschen an das Abbild einer Kugel. Bei der nachfolgend genannten Abbildung handelt es sich im Sinne des Wahrnehmungsrealismus um ein multi-perspektivisches Bild (siehe Abbildung 4-22). Dieses Bild subsumiert mehrere direkte Blicke in die Szene, wie es der visuellen Wahrnehmung des Menschen entspricht. Das Vermeiden von negativ störenden Verzerrungen wirkt im Ergebnis realistischer auf den Menschen als es eine entsprechende Zentralprojektion – angewendet über die gesamte geometrische Szene – liefern kann.

**OPO-Algorithmus, Struktogramm**

Die OPO basiert auf einen bestimmten Algorithmus, der im folgenden Struktogramm dargelegt ist (siehe Abbildung 4-23).

## 4.4 Optimierungen der computergrafischen perspektivischen Projektion

```
Auf dialogische Objekte (nach [Groh 2005, S. 50])
führe eine Deformation aus, dazu tue:

    ┌─────────────────────────────────────────┐
    │ Bestimmung der Position des Objektes    │
    │ in Relation zur Lage der Kamera.        │
    └─────────────────────────────────────────┘

    ┌─────────────────────────────────────────┐
    │ Ermittlung des Transformationsanteiles der │
    │ Rotation zur perspektivischen Optimierung. │
    └─────────────────────────────────────────┘

    ┌─────────────────────────────────────────┐
    │ Ermittlung des Transformationsanteiles der │
    │ Scherung zur perspektivischen Optimierung. │
    └─────────────────────────────────────────┘

    ┌─────────────────────────────────────────┐
    │ Rotation des Objektes um seinen Pivotpunkt │
    │ auf Basis der Ermittlung.               │
    └─────────────────────────────────────────┘

    ┌─────────────────────────────────────────┐
    │ Scherung des Objektes um seinen Pivotpunkt │
    │ auf Basis der Ermittlung.               │
    └─────────────────────────────────────────┘
```

Abbildung 4-23, Struktogramm:
Schritte der perspektivischen Optimierung
auf Basis des Objektansatzes (OPO).

Eine genaue computergrafische Formulierung dieses Ansatzes kann mit Matrixmultiplikationen beschrieben werden. Der Vorteil ist, dass die Manipulation direkt auf ein dreidimensionales Objekt ausgeführt wird und damit standardisierte Verfahren für die Generierung eines multi-perspektivischen Bildes nutzbar sind.

Der Algorithmus ist mit folgenden Schritten beschrieben, wobei die Indizes für: h = horizontal, v = vertikal und t = tief im Sinn der Bildsprache synonym für x, y, z Verwendung finden (vgl. [Franke u. a. 2007]):

OPO-Algorithmus, Schritt für Schritt

1. Berechnung des Objektvektors $\vec{O}$, aufgespannt zwischen Objektposition $O$ (Zentrum des Objektes ≙ Pivot-Punkt) und Kameraposition $C_P$ (Zentrum der Projektion ≙ lokaler Koordinatenursprung der Kamera).

2. Berechnung der Rotationswinkel $r_h$ und $r_v$, Objekt relativ zur Kameralage (Blickrichtung ≙ optische Achse der Kamera), mit:

   $$r_h = arctan2(\delta v, \delta t) \text{ und } r_v = -arctan2(\delta h, \delta t).$$

   Formel 4-6:
   Berechnung der
   Rotationswinkel (OPO).

3. Berechnung der Scherfaktoren $s_h$ und $s_v$, Objekt relativ zur Kameralage (Bildebene ≙ h-v–Abbildungsebene der Kamera), mit:

   $$s_{h(t)} = \frac{\delta h}{\delta t} \text{ und } s_{v(t)} = \frac{\delta v}{\delta t}.$$

   Formel 4-7:
   Berechnung der
   Scherfaktoren (OPO).

   (Anmerkung: Rechtssystem ≙ rechtshändiges Koordinatensystem.)

## 4 Synthese

4. Rotation des Objektes um die eigene $h$–Achse und die eigene $v$–Achse (im lokalen Koordinatensystem des Objektes), mit $[R_h]$ beziehungsweise $[R_v]$ mittels $r_h$ beziehungsweise $r_v$, wie folgt:

$$[R_h] = \begin{bmatrix} 1 & 0 & 0 & 0 \\ 0 & \cos(r_h) & -\sin(r_h) & 0 \\ 0 & \sin(r_h) & \cos(r_h) & 0 \\ 0 & 0 & 0 & 1 \end{bmatrix} \text{ und } [R_v] = \begin{bmatrix} \cos(r_v) & \sin(r_v) & 0 & 0 \\ 0 & 1 & 0 & 0 \\ -\sin(r_v) & \cos(r_v) & 1 & 0 \\ 0 & 0 & 0 & 1 \end{bmatrix}.$$

Formel 4-8: Matrizen zur Rotation des Objektes (OPO).

(Anmerkung: Die Ausführung der Rotation des Objektes erfolgt im lokalen Koordinatensystem des Objektes. Eine entsprechende Umsetzung erfolgt in der anschließenden Zusammenfassung, mit dem Ziel einer computergrafischen Berechnungsvorschrift.)

5. Scherung des Objektes (parallel zur Bildebene $\triangleq h$-$v$–Abbildungsebene der Kamera), mit: $[S_h]$ und $[S_v]$ mittels $s_{h(t)}$ und $s_{v(t)}$, wie folgt:

$$[S_{h/v}] = \begin{bmatrix} 1 & 0 & s_{h(t)} & 0 \\ 0 & 1 & s_{v(t)} & 0 \\ 0 & 0 & 1 & 0 \\ 0 & 0 & 0 & 1 \end{bmatrix}.$$

Formel 4-9: Matrix zur Scherung des Objektes (OPO).

(Anmerkung: Die Ausführung der Scherung des Objektes erfolgt im lokalen Koordinatensystem des Objektes, jedoch bezogen auf die Orientierung des lokalen Koordinatensystems der Kamera. Eine entsprechende Umsetzung erfolgt in der anschließenden Zusammenfassung, mit dem Ziel einer computergrafischen Berechnungsvorschrift.)

OPO-Algorithmus, Prinzipskizze

Zum besseren Verständnis werden die Berechnungsschritte nochmals in folgender Abbildung illustriert (siehe Abbildung 4-24).

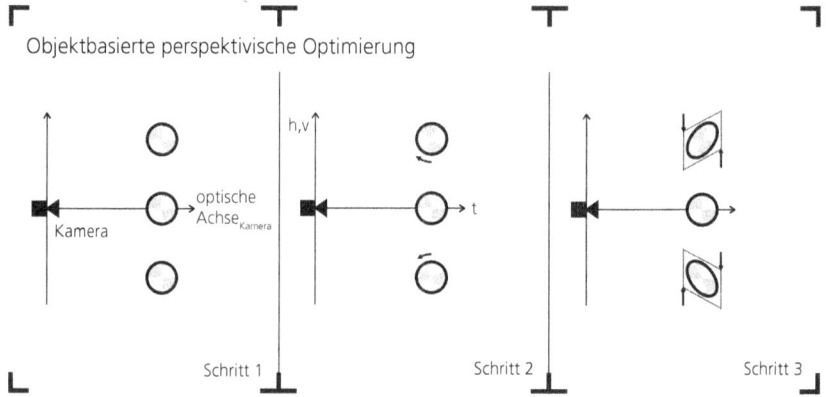

Abbildung 4-24, Illustrationen: Schritte zur objekt-basierten perspektivischen Optimierung (OPO) - Ermittlung der Szenenparameter. Rotation und Scherung des abzubildenden Dialog-Objektes (nach [Franke u. a. 2007]).

Die zuvor im Detail aufgeführten Bestandteile der objekt-orientierten perspektivischen Optimierung (OPO) lassen sich mit computergrafischen Mitteln in entsprechende Transformationsmatrizen zusammenfassen. Dabei sind entsprechende mathematische Vorschriften und Gesetze der Matrizenmultiplikation zu beachten.

## 4.4 Optimierungen der computergrafischen perspektivischen Projektion

Es ergibt sich unter anderem folgende Beschreibung (vgl. [Franke u. a. 2007]). Zuerst ist dazu das Objekt, das zu optimieren ist, zu betrachten, mit:

*Ausführliche Fassung der OPO-Optimierung*

Objektvektor: $\vec{O}$,
($\triangleq$ der Position eines Punktes eines zu optimierenden Objektes),

Objektvektor, optimierter: $\vec{O'}$,
($\triangleq$ der Position eines Punktes eines optimierten Objektes),

Objekt-Transformationsmatrix: $[O]$ und

Objekt-Transformationsmatrix, entsprechende Hilfsmatrix: $[O']$
($\triangleq$ insofern der folgenden konkreten Umsetzung).

Die objekt-basierte perspektivische Optimierung setzt sich, wie oben gezeigt, aus Rotations- und Scherungsanteilen zusammen. An dieser Stelle wird die vereinte Rotationsmatrix durch eine Einheitsmatrix (3x3) überformt, wie nachfolgend dargestellt. Das bedeutet, die Position des Objektes wird in der weiteren Berechnungsvorschrift ‚gehalten'. Dies entspricht einem ‚Zwischenspeichern' der Position des Objektes in Relation zur Kamera. Angewendete Scherungen und Rotationen auf das Objekt erfolgen um den Pivot-Punkt, also im lokalen Ursprung des Objektes $\triangleq$ eigener $h$–Achse und die eigene $v$–Achse (vgl. [Franke u. a. 2007]), wie folgt mit:

$$[O_{h/v}] = \begin{bmatrix} r_1 & rs_1 & rs_2 & h \\ rs_3 & r_2 & rs_4 & v \\ rs_5 & rs_6 & r_3 & t \\ 0 & 0 & 0 & 1 \end{bmatrix} \rightarrow [{O'}_{h/v}] = \begin{bmatrix} 1 & 0 & 0 & h \\ 0 & 1 & 0 & v \\ 0 & 0 & 1 & t \\ 0 & 0 & 0 & 1 \end{bmatrix}.$$

Formel 4-10: Vorgehen zum ‚Halten' der Objektposition.

Weiterhin ist die Kamera zu betrachten, mit:

Kamera-Transformationsmatrix: $[K]$,

Kamera-Transformationsmatrix, entsprechende Hilfsmatrix: $[K']$
($\triangleq$ der folgenden konkreten Umsetzung).

Die objekt-basierte perspektivische Optimierung besteht, wie soeben beschrieben, aus einer Relation zwischen Objekt und Kamera. An dieser Stelle wird der Anteil der Translation der Kamera auf Null gesetzt. Das bedeutet, es wird nur die Rotation der Kamera für die Optimierung herangezogen. Der Positionsvektor der Kamera wird ‚verworfen'. Dies entspricht der Berücksichtigung der Eigenrotation des Objektes bei gleichzeitiger Scherung und Rotation entsprechend der Kameralage (Orientierung beziehungsweise Lage ohne Position). Die Berechnung erfolgt somit bildebenenparallel $\triangleq h$-$v$–Abbildungsebene der Kamera, wie folgt mit:

$$[K_{h/v}] = \begin{bmatrix} r_1 & rs_1 & rs_2 & h \\ rs_3 & r_2 & rs_4 & v \\ rs_5 & rs_6 & r_3 & t \\ 0 & 0 & 0 & 1 \end{bmatrix} \rightarrow [{K'}_{h/v}] = \begin{bmatrix} r_1 & rs_1 & rs_2 & 0 \\ rs_3 & r_2 & rs_4 & 0 \\ rs_5 & rs_6 & r_3 & 0 \\ 0 & 0 & 0 & 1 \end{bmatrix}.$$

Formel 4-11: Vorgehen zur ‚Berücksichtigung' der Objektausrichtung.

# 4 Synthese

*Kurzfassung der OPO-Optimierung*

Im Ergebnis ergibt sich folgende Berechnungsvorschrift für die objekt-basierte perspektivische Optimierung (OPO):

*Formel 4-12: Berechnungsvorschrift der objekt-basierten perspektivischen Optimierung (OPO).*

$$\vec{O'} = [O'_{h/v}] * [K'_{h/v}] * [S_v] * [S_h] * [R_v] * [R_h] * [K'_{h/v}]^{-1} * [O'_{h/v}]^{-1} * \vec{O}.$$

Die Berechnung der perspektivisch optimierten Objektvektoren bedeutet hier eine Anwendung auf ein Objekt als dialogisch bedeutsamer Körper in einer Szene (vgl. [Groh 2005]). Das Abbild des Körpers wird in seiner Proportion und Ausrichtung hinsichtlich der visuellen Wahrnehmung des Menschen optimiert. Dies geschieht, wie dezidert dargestellt mittels einer Deformation der betreffenden dreidimensionalen Geometrie. Für weiterführende Gedanken zum gestalterischen Umgang mit computergrafischen Mitteln schließt sich nach dem folgenden Abschnitt eine Abwägung zwischen OPO und KPO an (siehe 4.4.3).

*Zwischenkritik, zur OPO-Optimierung*

Wie die Beleuchtungsberechnung ist auch die des Schattens vor dem Hintergrund einer Manipulation der geometrischen Grundlage als besonders kritisch anzusehen. Die lokalen Verfahren zur Berechnung ziehen Konsequenzen nach sich. Zum Beispiel greift das ‚gouraud shading' (vgl. [Gouraud 1971]) und das ‚phong shading' (vgl. [Phong 1975]) auf die Objektgeometrie zurück, um die Farbwerte der entsprechenden Pixel zu berechnen, die ein Objekt bildhaft ausmachen. Durch die geometrische Manipulation der Objekte beziehungsweise durch die Optimierung der Perspektive ergeben sich Implikationen. Die Datengrundlage für Licht- und Schattenberechnung ändert sich beispielsweise. In der Computergrafik wird von Beleuchtungsverfahren gesprochen. Was sich gut für die Gestalt, die Facette beziehungsweise den Umriss eines abgebildeten Objektes zeigt, verkehrt sich ins Negative hinsichtlich einer computergrafischen Licht- und Schattenberechnung. Es ist eine Möglichkeit der Kompensation der Lichtberechnung gegeben, indem die Flächennormalen der Objekte ebenfalls manipuliert werden. Die Flächennormalen des geometrisch manipulierten Objektes müssen den gleichen Winkel zum Lichteinfall einnehmen, wie die des original unmanipulierten Objektes. Insofern ist es von Vorteil, dass die lokalen Berechnungsverfahren die Entfernung der Lichtquelle nicht zur Berechnung heranziehen. Durch die geometrische Deformation ergibt sich im Ergebnis auch eine Änderung der Distanz zwischen Lichtquelle und den entsprechend beleuchteten Objektbereichen. Eine Alternative zu dieser Lösung ist die Berechnung der Beleuchtung auf Basis der originalen unmanipulierten Geometrie. Das Ergebnis der Berechnung sind Farb- und Intensitätswerte, die dann in Form einer Beleuchtungstextur abgespeichert werden können. Diese Beleuchtungstextur kann auf die entsprechenden Bereiche der manipulierten Objekte übertragen, das heißt, ‚gemappt' werden. Ansätze zu einer „lightmap" formuliert ROBERT SCHEIBE ([Scheibe 2005, S. 45]).

Für eine weiterführende Betrachtung sei an dieser Stelle auf den Ausblick der vorliegenden Arbeit verwiesen (siehe 5.1.4). Die computergrafische Implementierung ist unter dem entsprechenden Abschnitt aufgeführt, unterteilt in ‚Benutzerschnittstelle' (siehe Anhang B1.1, S. B-1) und ‚Sourcecode' (siehe Anhang B1.2, S. B-2).

## 4.4 Optimierungen der computergrafischen perspektivischen Projektion

4.4.2 Kamera-basierte perspektivische Optimierung (KPO)

Der folgende Abschnitt bezieht die Praxis der perspektivischen Malerei und die zur Ausführung von Fresken in die Untersuchung mit ein.

*Kamera-basierte persp. Optimierung*

Die Umkehrfunktion einer Kamera ist der Projektor. Diese lässt sich durch die Verwendung von mehreren Kameras an einem praktischen Beispiel, in dem viele Projektoren benutzt werden, verdeutlichen. Die nachfolgend genannte Abbildung zeigt die Verwendung von 15 Projektoren, die vom hardwaretechnischen Ansatz jeweils ein eigenes Projektionszentrum besitzen (siehe Abbildung 4-25). Hiermit wurden Layerdarstellungen in Form einer Kombination aus entsprechenden Projektionen durch verschiedene Projektoren realisiert. Es wurden flächige Abbilder von Daten eines Geoinformationssystems ‚ineinander-projiziert'. Dieses Beispiel stellt das Potenzial von Multilayerdarstellungen in der Visualisierung von Daten und Informationen dar (siehe 3.3.3, vgl. [Schikore u. a. 2000], [Adolphi 2005]). Viele weitere Multiprojektor-Systeme sind in der Literatur zu finden (vgl. [Bresnahan u. a. 2003], [Raskar 2000], [Ruigang u. a. 2001]).

*Projektor vs. Kamera*

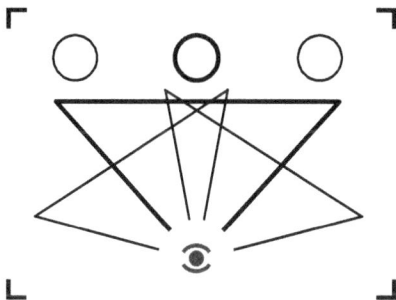

Abbildung 4-25, Fotografien: Konferenzraum mit einer Rück-Projektionsvorrichtung [Schikore u. a. 2000]), bestehend aus 15 Projektoren á 1.280 x 1024 Bildpunkten, oben links und rechts.

Abbildung 4-26, Illustration: Prinzipskizze des kamerabasierten Ansatzes zur Optimierung der Perspektive (KPO). Für jedes Objekt wird eine Kamera initialisiert. Die optische Achse der jeweiligen Kamera ist dabei direkt auf das entsprechende, abzubildende Objekt gerichtet, ähnlich der Funktionsweise des menschlichen Auges, das nach einer Sakkade eine Fixation vollzieht (siehe 2.4.1.1), links.

Der kamera-basierte Ansatz der perspektivischen Optimierung (KPO) fand im Rahmen der vorliegenden Arbeit eine erste Unterstützung durch die Mitwirkung von STEN SCHREIBER, in Form einer studentischen Belegarbeit (vgl. [Schreiber 2006]). Neben einer Hauptkamera wurden in seiner Arbeit beliebig viele Nebenkameras mittels der Skriptsprache Maya Mal Skript realisiert (vgl. [Maya API 2013]). Dennoch bot die Umgebung von Alias Wavefront damals nicht die Möglichkeit, die Einzelbilder der entsprechenden Kameras in einem Gesamtbild zu vereinen. Die Einzelbilder wurden nach dem Rendering zusammengefügt. Die grundsätzliche Machbarkeit des Ansatzes wurde mit dieser ersten Auseinandersetzung dennoch dargelegt. Eine Realisierung dieses Ansatzes im Framework BildspracheLiveLab (BiLL) findet sich in der Arbeit von DANIEL WUTTIG (vgl. [Wuttig 2008]) und in theoretischer Reflexion an einem Anwendungsbeispiel bei MARTIN ZAVESKY ET AL. (vgl. [Zavesky u. a. 2011b]). In diesem Ansatz wird nicht die Geometrie des Objektes manipuliert. Es werden beliebig viele Kameraeinstellungen genutzt.

*Multi-Abbild*

# 4 Synthese

**Eine Kamera, ein Abbild (Master/Slave)**

Jede Kamera liefert ein Abbild. Die Menge an Abbildern ist in einem Bild ‚zusammenzuführen' (siehe Abbildung 4-26). Dieses Prinzip folgt der Verwendung der Camera obscura durch die Maler (vgl. [Hansen 1938], siehe 2.3.2). Mit der Camera obscura wurde nicht nur abgebildet, sie wurde gesetzt, bewegt und ihre Abbilder als Skizzen zu einer grundlegenden Bildstruktur zusammengefügt.

**KPO-Algorithmus, Struktogramm**

Dabei kann im vorliegenden computergrafischen Ansatz eine Kamera zur Master-Kamera bestimmt werden, die eine grundlegend strukturelle Anlage des Bildes definiert. Jede Kamera besitzt genau einen Augpunkt, eine Blickrichtung, einen Aufrechtvektor und einen Kameraöffnungswinkel. In der Computergrafik werden diese Parameter durch einen Sichtkörper implizit zusammengefasst. Der Sichtkörper ist ein elementarer Bestandteil des Kameramodells (siehe 2.3.5.4). Wenn eine Master-Kamera die grundlegende Struktur im Bild ablegt, dann verbleibt es mittels der anderen Kameras (Slave-Kameras) entsprechende Binnenabbilder zu generieren. Das Vorgehen ist im folgenden Struktogramm dargelegt (siehe Abbildung 4-27).

```
Für dialogische Objekte (nach [Groh 2005, S. 50])
setze eine Slave-Kamera, dazu tue:

    Bestimmung der Position des Objektes
    in Relation zur Lage der Master-Kamera.

    Ermittlung des Transformationsanteiles der
    Rotation zur perspektivischen Optimierung (z.p.O.).

    Ermittlung des Transformationsanteiles der
    Skalierung alternativ der Translation z.p.O.

    Rotation der Slave-Kamera mit direktem Objekt-
    blick auf Basis der Ermittlung (a.B.d.E.).

    Skalierung des Objektes alternativ Abstandsver-
    ringerung zw. Objekt und Slave-Kamera a.B.d.E.
```

Abbildung 4-27, Struktogramm: Schritte der perspektivischen Optimierung auf Basis des Kameraansatzes (KPO).

**Wahrnehmungsrealistische Perspektive**

Im Ergebnis werden ‚Binnenabbilder' generiert. Diese Binnenabbilder sind in geeigneter Weise in die strukturelle Komposition des Bildes zu fügen. Im Sinne wahrnehmungsrealistischer Abbildungsergebnisse von einzelnen Objekten ist es durch die Verwendung von Slave-Kameras möglich, die abzubildenden Objekte einem direkten Blick zu unterziehen. Das bedeutet, die Slave-Kamera wird in ihrer Blickrichtung direkt auf das geometrische Zentrum eines Objektes ausgerichtet. Im Ergebnis ist das Abbild des Objektes verzerrungsfrei. Ähnlich wie im objekt-basierten Ansatz der Perspektivoptimierung liegt bei dieser Rotation einer Slave-Kamera mit direktem Blick auf das Objekt eine Nachahmung des menschlichen Auges bei der Fixierung von realen Dingen in der Umwelt vor (siehe Abbildung 4-26).

## 4.4 Optimierungen der computergrafischen perspektivischen Projektion

Eine genaue computergrafische Formulierung dieses Ansatzes kann mit Matrixmultiplikationen beschrieben werden. Der Vorteil ist auch hier, dass die Manipulation direkt auf beziehungsweise an einem dreidimensionalen Objekt ausgeführt wird. Bei diesem Ansatz wird die Kamera manipuliert. Der Algorithmus ist mit folgenden Schritten beschrieben, wobei wiederum die Indizes für: h = horizontal, v = vertikal und t = tief im Sinn der Bildsprache synonym für x, y, z Verwendung finden:

*KPO-Algorithmus, Schritt für Schritt*

1. Berechnung des Objektvektors $\vec{O}$, aufgespannt zwischen Objektposition $O$ (Zentrum des Objektes ≙ Pivot-Punkt) und Master-Kameraposition $C_P$ (Zentrum der Projektion ≙ lokaler Koordinatenursprung der Master-Kamera).

2. Berechnung der Rotationswinkel $r_h$ und $r_v$, Objekt relativ zur Master-Kameralage (Blickrichtung ≙ optische Achse der Kamera), mit:

   $$r_h = arctan2(\delta v, \delta t) \text{ und } r_v = -arctan2(\delta h, \delta t).$$

   *Formel 4-13: Berechnung der Rotationswinkel (KPO).*

3. Berechnung des Verschiebungsvektors $t_{diff}$ der Slave-Kamera auf Basis der Auslenkung des Objektes von der optischen Achse der Master-Kamera. Die Slave-Kamera wendet sich in der späteren Berechnung dem Objekt zu. Dabei muss der Abstand zwischen Objekt und Kamera gewahrt werden. Die Translation der Slave-Kamera erfolgt im lokalen Koordinatensystem der Slave-Kamera, entlang ihrer Tiefenachse auf das Objekt zu, mit:

   $$t_{diff.(v/h)} = t_{Slave} - t_{Master} = sec2(\delta v, \delta h) - t_{Master} = \begin{pmatrix} 0 \\ 0 \\ t_{diff.(v/h)} \\ 1 \end{pmatrix}.$$

   *Formel 4-14: Berechnung des Verschiebungsvektors (KPO).*

4. Rotation der Slave-Kamera um die eigene $h$–Achse und die eigene $v$–Achse (im lokalen Koordinatensystem der Slave-Kamera), mit:

   $[R_h]$ beziehungsweise $[R_v]$ mittels $r_h$ beziehungsweise $r_v$, wie folgt:

   $$[R_h] = \begin{bmatrix} 1 & 0 & 0 & 0 \\ 0 & \cos(r_h) & -\sin(r_h) & 0 \\ 0 & \sin(r_h) & \cos(r_h) & 0 \\ 0 & 0 & 0 & 1 \end{bmatrix} \text{ und } [R_v] = \begin{bmatrix} \cos(r_v) & \sin(r_v) & 0 & 0 \\ 0 & 1 & 0 & 0 \\ -\sin(r_v) & \cos(r_v) & 1 & 0 \\ 0 & 0 & 0 & 1 \end{bmatrix}.$$

   *Formel 4-15: Matrizen zur Rotation der Slave-Kamera (KPO).*

   (Anmerkung: Die Ausführung der Rotation der Slave-Kamera erfolgt im lokalen Koordinatensystem der Kamera. Eine entsprechende Umsetzung erfolgt in der anschließenden Zusammenfassung, mit dem Ziel einer computergrafischen Berechnungsvorschrift.)

5. Translation der Slave-Kamera (entlang ihrer optischen Achse ≙ t–Achse der Slave-Kamera), mit: $[T_{diff}]$ mittels $t_{diff.(v/h)}$, wie folgt:

   $$[T_{diff}] = \begin{bmatrix} 1 & 0 & 0 & 0 \\ 0 & 1 & 0 & 0 \\ 0 & 0 & 1 & t_{diff.(v/h)} \\ 0 & 0 & 0 & 1 \end{bmatrix}.$$

   *Formel 4-16: Matrix zur Translation der Slave-Kamera (KPO).*

## 4 Synthese

(Anmerkung: Die Ausführung der Translation der Slave-Kamera erfolgt im lokalen Koordinatensystem der Slave-Kamera und somit entsprechend ihrer Orientierung. Eine entsprechende algorithmische Umsetzung erfolgt in der anschließenden Zusammenfassung, mit dem Ziel einer computergrafischen Berechnungsvorschrift.)

**KPO-Algorithmus, Prinzipskizze**

Zum besseren Verständnis werden die Berechnungsschritte nochmals in folgender Abbildung illustriert (siehe Abbildung 4-28).

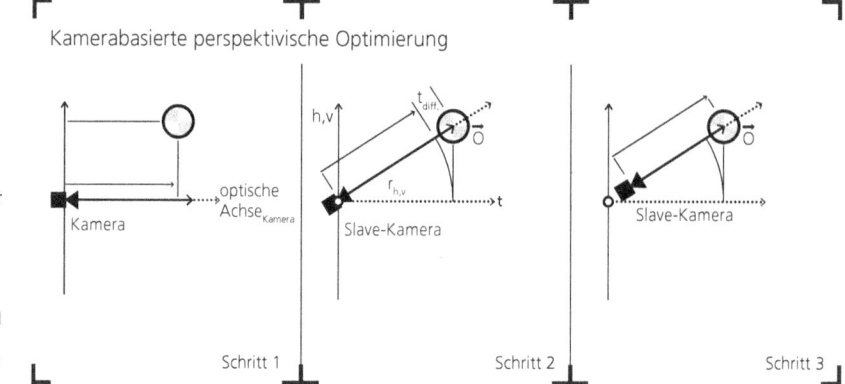

**Abbildung 4-28,** Illustration: Schritte zur kamera-basierten perspektivischen Optimierung (KPO) - Rotation der Kamera mit Blick direkt auf das Dialog-Objekt. Mit der Rotation nimmt die relative Größe des Abbildes des Objektes ab. Der optische Abstand nimmt zu. Eine Transformation der Slave-Kamera ist angezeigt.

**Ausführliche Fassung der KPO-Optimierung**

Die zuvor im Detail aufgeführten Bestandteile der kamera-orientierten perspektivischen Optimierung lassen sich mit computergrafischen Mitteln in entsprechende Transformationsmatrizen zusammenfassen. Dabei sind entsprechende mathematische Vorschriften und Gesetze der Matrizenmultiplikation zu beachten. Es ergibt sich folgende Beschreibung. Zuerst ist dazu das Objekt, das zu optimieren ist, zu betrachten, mit:

Objektvektor: $\vec{O}$,
($\triangleq$ der Position eines Punktes eines zu optimierenden Objektes).

Die kamera-basierte perspektivische Optimierung setzt sich, wie oben gezeigt, aus Anteilen von Rotation und Translation zusammen. Diese Transformationsschritte wirken auf die Kameras. Insofern werden mehrere Kameras in einem System instanziiert. Die Szenenkamera wird Master-Kamera genannt:

Master-Kamera-Transformationsmatrix: $[K_{Master}]$.

Dialogisch bedeutsamen Objekten wird jeweils eine Slave-Kamera zugeordnet:

Slave-Kamera-Transformationsmatrix: $[K_{Slave}]$.

Die Manipulation an einer Slave-Kamera erfolgt also unabhängig von der restlichen Szenenkonstellation. Im Ergebnis ergibt sich analog zu dem vorangegangenen Abschnitt folgende Berechnungsvorschrift für die kamera-basierte perspektivische Optimierung (siehe 4.4.1):

**Formel 4-17:** Berechnungsvorschrift der kamera-basierten perspektivischen Optimierung (KPO).

$$[K_{Slave}] = [T_{diff}] * [R_v] * [R_h] * [K_{Master}].$$

## 4.4 Optimierungen der computergrafischen perspektivischen Projektion

Die Berechnung der perspektivisch optimierten Kameratransformation bedeutet hier eine Manipulation der Kamera selbst. Die Kamera ist Medium, um bedeutende dreidimensionale Objekte in ein entsprechendes zweidimensionales Abbild zu überführen. Die einzelnen Abbilder der Kameras sind nach der geometrischen Tiefe der entsprechenden Objekte in einem Bild auszugeben. Vor dem Hintergrund dessen, dass sich die Objektabbilder durch die Manipulation der Slave-Kamera an einer anderen Stelle abzeichnen, ergibt sich eine Disparität der Abbilder der verschiedenen Kameras. Dieser Disparität kann wie folgt abgeholfen werden:

*Kamera, ein gestalterisches Medium*

Ausgehend von der Berechnung eines Pixels für die Darstellung auf einen Bildschirmraster mittels homogener Clip-Koordinaten durch perspektivische Division hin zu normierten und letztlich den tatsächlichen Gerätekoordinaten (vgl. [Orlamünder und Mascolus 2004]), gestaltet sich die Überwindung der Disparität einfach. Die konkreten Bildschirmkoordinaten des Bildschirmrasters geben implizit die Position des Pivot-Punktes des Objektes zur restlichen Szene wieder. Das trifft für die Slave-Kamera wie für die Master-Kamera zu. Insofern lassen sich die abgebildeten Pivot-Punkte des Objektes, also den einen durch die Master- und den anderen durch die Slave-Kamera, heranziehen. Der abgebildete Pivot-Punkt des Objektes, der durch die Slave-Kamera erzeugt wird, befindet sich gemäß des Ansatzes exakt in der Mitte des Abbildes. Die Slave-Kamera ist mit ihrer optischen Achse direkt auf den Pivot-Punkt des Objektes ausgerichtet. Der Punkt liegt auf der optischen Achse und damit in der Mitte des gerenderten Abbildes. Damit vereinfacht sich die Betrachtung an dieser Stelle. Der abgebildete Pivot-Punkt des Objektes, der implizit durch die Spezifikation der Master-Kamera zu erhalten ist, stellt die andere Komponente eines Verschiebungsvektors zur Überwindung der Disparität dar. Insofern kann das auf Basis der Slave-Kamera erreichte Abbild verschoben werden. Das Ziel der Verschiebung ist die Position, die das Abbild auf dem Bildschirmraster ohne Verwendung einer Slave-Kamera einnehmen würde. Eine konkrete Umsetzung dieses Ansatzes liefert die Arbeit von DANIEL WUTTIG (vgl. [Wuttig 2008]). Der benannte Vektor beschreibt eine Translation in $h$-$v$ – Ebene. Das entspricht einer Verschiebung des Abbildungsergebnisses der Slave-Kamera relativ zu dem der Master-Kamera. Die ursprüngliche Position einzunehmen ist also, durch eine ‚rein' ebenenparallele Verschiebung der Abbilder der Slave-Kamera in Rückgriff auf die Spezifikation der Master-Kamera, möglich (siehe Abbildung 4-29).

*Überwindung der Disparität*

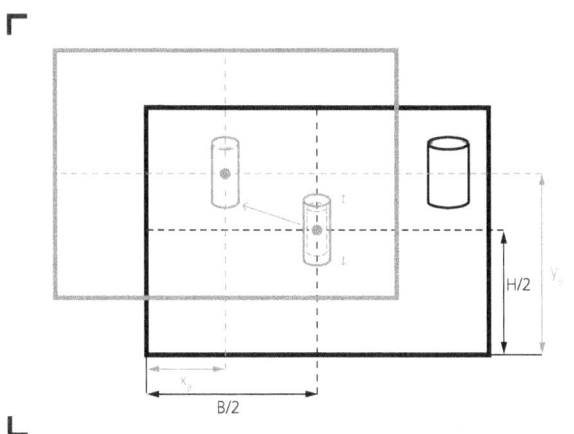

Abbildung 4-29, Illustration: Indirekte zweidimensionale Skalierung des Abbildes des Objektes durch Translation der Slave-Kamera im dreidimensionalen, virtuellen Raum. Die Kamera wird im Raum auf das abzubildende Objekt zubewegt. Anschließend erfolgen eine Translation des Abbildes der Slave-Kamera zur korrekten Positionierung der Bildstrukturen aller Kameras und das Zusammensetzen zu einem Gesamtbild (siehe Abbildung 4-31).

## 4 Synthese

**Fügung der Einzelabbilder**

Nach Rotation und Translation der Slave-Kamera und der Translation des Abbildes stellt sich ein letzter Schritt dar. Die verschiedenen Abbilder sind in der Tiefe zu fügen. Konkret ist zu benennen, wie sich die Reihung der Abbilder gestaltet. Diese Anordnung erfolgt auf Basis der Z-Werte der dreidimensionalen Szenengeometrie. Jeder Punkt im Raum besteht aus drei Koordinaten. Hier ist die der Tiefe von Relevanz. Die Tiefenwerte der Geometrie können im Z-Buffer zwischengespeichert, im Nachgang der Projektion für die Ausgabe über den ‚Viewport' auf dem Bildschirmraster genutzt werden (siehe Abbildung 4-30).

Der Punkt, der in der Z-Koordinate (Z-Wert) den geringsten Abstand zur Kamera aufweist, wird abgetragen. Im Resultat werden die Projektionsergebnisse aus Master- und Slave-Kameras in einem Bild zusammengefügt (siehe Abbildung 4-31). Die räumlichen Relationen der Objekte in der Szene haben ein bestimmtes Arrangement. Eine Manipulation an einer Kamera, wie der Slave-Kamera darf diese Relation nicht ‚überformen, verfremden oder gar aufkündigen'.

Abbildung 4-30, Computergrafik:
Visualisierung der Z-Werte einer computergrafischen dreidimensionalen Szene, am Beispiel der Frauenkirche zu Dresden ([Hollmann 2007, S. 73]), rechts.

Abbildung 4-31, Illustration:
Prinzip der Zusammenführung von den einzelnen Abbildungsergebnissen der Slave-Kameras und der Master-Kamera zu einem Bild, unten.

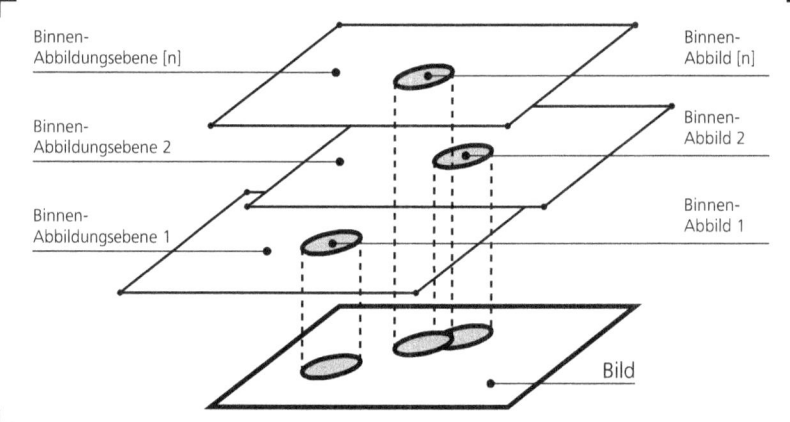

**Komposition durch Kameraverwendung**

Das ‚Arrangement' der dreidimensionalen Szenengeometrie wird in eine Komposition von zweidimensionaler Bildstruktur überführt. Folglich sind an dieser Stelle die Grundsätze der Wahrnehmung und Gestaltung zu beachten. Dialogisch bedeutsame Objekte werden entsprechend behandelt (vgl. [Groh 2005]). Die Kamera wird bei der Abbildung der Proportion und der Ausrichtung von Objekten in der Szene hinsichtlich der visuellen Wahrnehmung des Menschen optimiert. Die Optimierung geschieht, wie im Detail dargestellt, durch eine Manipulation der Kameratransformationsmatrix. Für weiterführende Gedanken zum gestalterischen Umgang mit computergrafischen Mitteln schließt sich nach dem folgenden Abschnitt eine Abwägung zwischen OPO und KPO an.

## 4.4 Optimierungen der computergrafischen perspektivischen Projektion

Es ergibt sich ein Ausrichtungs- beziehungsweise Durchdringungsproblem (siehe Abschnitte 7.2.4 und 7.2.8). Es kommt zu einem relativen Größenproblem der Abbildungsergebnisse, wie die folgende Illustration zeigt (siehe Abbildung 4-32). Dazu gibt es verschiedene Lösungsmöglichkeiten. Nachfolgend werden eine Lösung im Objektraum und eine im Bildraum vorgestellt.

*Zwischenkritik, zur KPO-Optimierung*

Im Objektraum gibt es die Möglichkeit, die Distanz zwischen Objekt und Kamera vor der Projektion zu verkürzen, indem entweder das Objekt an die Kamera oder die Kamera an das Objekt herangeführt wird. Letzteres ist illustriert (siehe Abbildung 4-28). Im Anschluss erfolgt die Projektion. Im Bildraum hingegen gibt es die Möglichkeit, das Abbildungsergebnis nach der Projektion entsprechend zu skalieren. Ob im Objekt- oder im Bildraum, die Abbildungsergebnisse sind in geeigneter Weise so zu fügen, dass algorithmische Prozesse der Computergrafik keine Wirkung auf die eigentliche Botschaft, die ein Bild im Sinne seines Schöpfers vermitteln will, entfaltet.

‚Bei allen Nachteilen', die eine Zusammenführung von mehreren Abbildungsergebnissen von verschiedenen Kameraeinstellungen zutage fördert (Tiefen-, Beleuchtung-, Schattenberechnung, etc.), gibt es doch diverse Potenziale, die an dieser Stelle zu nennen sind. Der kamera-basierte Ansatz der perspektivischen Optimierung beinhaltet die Problematik, dass die Einzelabbilder der verschiedenen Kameras in einem Bild zu vereinen sind, dies nicht nur algorithmisch, sondern auch bei der menschlichen Wahrnehmung (vgl. [Tory 2003]). ‚Ungeschickte' bildhafte Strukturen bieten dem Menschen deshalb oft keine zufriedenstellende Grundlage, mitnichten einen Dialog. Es kommt zu Problemen, die aber entsprechende Potenziale besitzen. Die Potenziale begründen sich unter anderem vom gedanklichen Ansatz her in der sogenannten Multi-Layer-Darstellung (vgl. [Adolphi 2005]). CHRISTIAN ADOLPHI geht in seiner Arbeit den Potenzialen von Multi-Layern nach. Im Sinne des kamerabasierten Optimierungsansatzes bezüglich der Perspektive lassen sich Querbezüge ziehen. Abbilder sind Layern ähnlich beziehungsweise entsprechend handhab-, strukturier- und fügbar. Der einfachste Umgang mit mehreren Abbildern ist es, diese aufeinanderzustapeln. Layer sind nach ihrem Inhalten zu unterscheiden. Ein strategisches Prinzip ist: ‚Teile und Herrsche'. In diesem Sinne können Abbilder in kleine Gruppen zerlegt oder geordnet, leichter verarbeitet werden, beispielsweise in Form von Rechtecken (vgl. [Bederson u. a. 2002]) oder Voronoi-Zellen (vgl. [Balzer u. a. 2005]).

Eine weitere Möglichkeit, die sich ergibt, sind multiple koordinierte Sichten, die ein und die gleiche Situation von verschiedenen Standpunkten betrachten und verfolgen lässt (vgl. [Franke u. a. 2013]). Die interaktive und vor allem gesten-orientierte Organisation und Abhängigkeit der verschiedenen Kameraparameter untereinander stellt die Mächtigkeit dieses Ansatzes dar.

Trotz der geometrisch gesehenen Gleichwertigkeit aller Abbilder lassen sich diese doch aufgrund ihres abgebildeten Inhaltes werten. Dennoch ist für die Organisation von mehreren kamera-basierten Abbildern die Gleichberechtigung der Ausgangspunkt der Betrachtung. Es besteht vom Grund her kein Unterschied und keine Organisationsstruktur zwischen den Abbildern. Die Abbilder tragen keine vererbten Merkmale oder unterliegen gar einer Hierarchie oder Abhängigkeiten. Lediglich aus der geometrischen Grundlage der Szene lässt sich ein Ordnungsprinzip für die Abbilder herleiten - muss aber nicht praktiziert werden. So kann zum Beispiel die Tiefe der abgebildeten Objekte innerhalb der Szene für die Stapelreihenfolge der einzelnen Abbilder herangezogen werden. Andererseits ist es aber auch möglich, die Abbilder nach der Bedeutung der abgebildeten Inhalte zu stapeln –

## 4 Synthese

‚vielleicht', weil das in der Tiefe liegende Szenenobjekt weit wichtiger für den Betrachter ist. Hier begründet sich eine neue Art der Bedeutungsperspektive auf Basis der kamera-basierten perspektivischen Optimierung. Nicht mehr die umgekehrte Flucht, wie die in der Nähe, sondern die bedeutungsorientierte Stapelweise der Abbilder ist das Kriterium.

Kein kamera-basiertes Einzelabbild ist wie das andere – oder mit den Worten von ARTHUR SCHOPENHAUER (1788-1860): „Bei gleicher Umgebung lebt doch jeder in einer anderen Welt.". Die abgebildeten Inhalte der verschiedenen kamera-basierten Abbilder können sehr unterschiedlich sein. Jedes Abbild trägt seine eigene Botschaft, mag diese auch noch so klein sein. Damit hat ein Abbild ein individuelles Aussehen. Darin liegt das Potenzial. Denn mit der Stapelung der verschiedenen Abbilder ergibt sich ein übergeordneter Sinneszusammenhang, nicht nur eine Botschaft, sondern eine Geschichte. Es ergibt sich ein Bild.

Der Grad der Verdeckung oder die Durchsichtigkeit von übereinanderliegenden Abbildern gestatten gestalterische Möglichkeiten. Die Abbilder liegen nicht nebeneinander aber auch nicht richtig übereinander. Diese Art der Darstellung führt zu einer direkten Addition respektive analogen Akkumulation des Erblickens durch den Menschen. Der Betrachter kann Zusammenhänge oder Unterschiede leicht erkennen. Einzelne Abbilder für sich sind in ihrer kommunikativen Möglichkeit begrenzt. Die geschickte Kopplung respektive Komposition von einzelnen Abbildern zu einem Bildstruktur-Gefüge macht die Botschaft respektive Geschichte, die zu erzählen ist, erst kommunikativ und dialogisch ‚stark'. Das bedeutet, es kann zu einer Interaktion der Abbilder untereinander kommen, denn ‚das Bild ist mehr als die Summe seiner Teile'. Durch diese ‚syntaktische Interaktion' der Bildelemente wird ein Betrachter in seiner Wahrnehmung zu einem redundanten Blickverhalten angehalten. In der Regel wird durch viele Blicke der Versuch unternommen, schlüssige Bezüge unter den einzelnen Bildinhalten herzustellen. Der Betrachter ist erst von ‚Glück und Zufriedenheit durchflutet', wenn er den Eindruck erlangt hat, das Bild vollends verstanden zu haben. Anderenfalls versucht er es später nochmals – auch auf anderen Wegen, beispielsweise mithilfe von Literatur oder Dialog mit anderen Menschen über das Bild, ‚wie zu sehen' oder ‚was zu verstehen' ist.

Der kamera-basierte Ansatz kann auch dahin gehend ausformuliert werden, dass eine Kamera lediglich Objekte mit bestimmten Eigenschaften abbildet. Eine Kamera erfasst demnach Objekte mit bestimmten Eigenschaften, bei gleicher geometrischer Grundlage. Damit wirkt eine derartige ‚Eigenschaftenkamera' als Sieb respektive Filter an dem etwas hängen bleibt. Inhaltlich gesehen herrscht in einem solchen Abbild eine sehr starke Homogenität, weil keine anderen abgebildeten Objekte mit anderen Eigenschaften als die priorisierte vorhanden sind. Dabei ist vor allem interessant, dass die Position der abzubildenden Objekte in der dreidimensionalen Szene weit weniger von Bedeutung ist als die Eigenschaft der Objekte. Ein solches Abbild besteht folglich auf einem identitätsstiftenden Merkmal. Alle anderen fälschlicherweise abgebildeten Objekte würden dem betrachtenden Menschen umgehend auffallen (Salienz), weil diese aus der homogenen Masse herausstechen. Eine ‚Gefahr' besteht, die damit einhergeht, dass ein derartiges homogenes Abbild umständlich in Beziehung zu anderen homogenen Abbildern zu bringen ist. Die Einzelabbilder stehen frei, und unter Umständen sind diese nicht mehr in einen Gesamtzusammenhang zu bringen. Es ergibt sich die Möglichkeit einer vollständigen Unabhängigkeit der kamera-basierten Abbilder – wenn dies vom Szenario der Anwendung her gewünscht ist. Es eröffnet sich das Feld der technischen Bilder (vgl. [Flusser 2000], [Groh u. a. 2007]). Der entscheidende Vorteil dieser Unabhängigkeit ist, dass sich ein Ein-, Ausblenden, Schieben oder Skalieren derartiger Abbilder nicht auf die anderen auswirkt.

## 4.4 Optimierungen der computergrafischen perspektivischen Projektion

Bedingung ist, dass es seine Eigenständigkeit und das Mindestmaß an Inhalt und Plausibilität auch ohne die anderen vorhält. Eine computergrafische Implementierung ist unter dem entsprechenden Abschnitt aufgeführt, unterteilt in ‚Benutzerschnittstelle' (siehe Anhang B1.3, S. B-10) und ‚Sourcecode' (siehe Anhang B1.4, S. B-10).

### 4.4.3 Abwägung zwischen OPO und KPO

Matrizenmultiplikationen sind im mathematischen Sinne nicht kommutativ, weshalb die einzelnen Schritte in ihrer Reihenfolge gemäß Berechnungsvorschrift einzuhalten sind. Die Berechnungsvorschrift lässt sich weiter zusammenfassen, was allerdings an dieser Stelle der Arbeit kein weiteres Verständnis für das Anliegen der Arbeit vermitteln würde. Für das Fachgebiet der Gestaltung ist von Bedeutung, dass sich einzelne Bestandteile – hier der Scherung, der Rotation respektive der Translation, in der vertikalen beziehungsweise der horizontalen Anwendung – beliebig skalieren lassen. Bei einer Komposition von mehreren Objekten untereinander oder innerhalb einer Szene sind aus geometrischer Sicht, den ‚kreativen Freiheiten' keine Grenzen gesetzt. Jedoch sei daran erinnert, das mit vorliegender Arbeit ein Optimum der Perspektive (der direkte Anblick) angestrebt ist. Der Mensch, der die Dinge seiner Umwelt in visuelle Hinsicht durch die direkte Inaugenscheinnahme erblickt, ist der Maßstab, an dem sich das Ergebnis einer Visualisierung messen lassen muss (siehe 3.3.6).

<small>Abwägung zw. OPO- und KPO-Optimierung</small>

Von der menschlichen Physiologie (Natur) her betrachtet, scheint die kamera-basierte Optimierung der Perspektive (KPO) das einfachere und konsistentere Verfahren zu sein (siehe 4.4.2). Dies begründet sich in dem Ansatz selbst. Die Kamera wird dem Auge gleichgesetzt. Das Auge macht Bewegungen vor und nimmt einen Blick. Dies ‚ahmt' die kamera-basierte Optimierung in Form von Bewegungen und Ausrichtung der Kamera nach. Weiterhin hat die Kamera keinen Einfluss auf die Beschaffenheit der Objektgeometrie, wie das Auge auch keine auf Gegenstände der Realität hat. Augen bewegen nichts, außer sich selbst. Damit ist die Szene unbeeinflusst von der Betrachtung.

<small>Spannungsfeld von Natur und Kultur</small>

Von der Virtuellen Realität (Kultur) her betrachtet, scheint die objekt-basierte Optimierung der Perspektive (KPO) eine interessante Lösung zu sein (siehe 4.4.1). Das Objekt wird befähigt, sich dem Betrachter anzubieten und sich nach ihm aus- und einzurichten (siehe Abbildung 4-32). Im Unterschied zur direkten Betrachtung von Gegenständen erscheint ein virtuelles Objekt mittelbar über die Abbildungsfläche. Das ist ein zusätzlicher Schritt, und die Abbildungsfläche besitzt ‚gestalterische Eigenheiten'. Um diese Eigenheiten zu meistern, kann das virtuelle Objekt mit betrachter-orientierten Regeln ausgestattet werden. Das virtuelle Objekt ist kein vollkommener ‚Gegenstand'. Viele Eigenschaften realer Gegenstände sind schwer abbildbar, beispielsweise die Haptik oder der Geruch. Virtuelle Objekte bieten hauptsächlich einen ‚visuellen Widerstand'. Mit den virtuellen Phänomenen, die die Virtuelle Realität besitzt, können virtuelle Objekte unter eigenen intelligenten Regeln behandelt und betrachtet werden.

4 Synthese

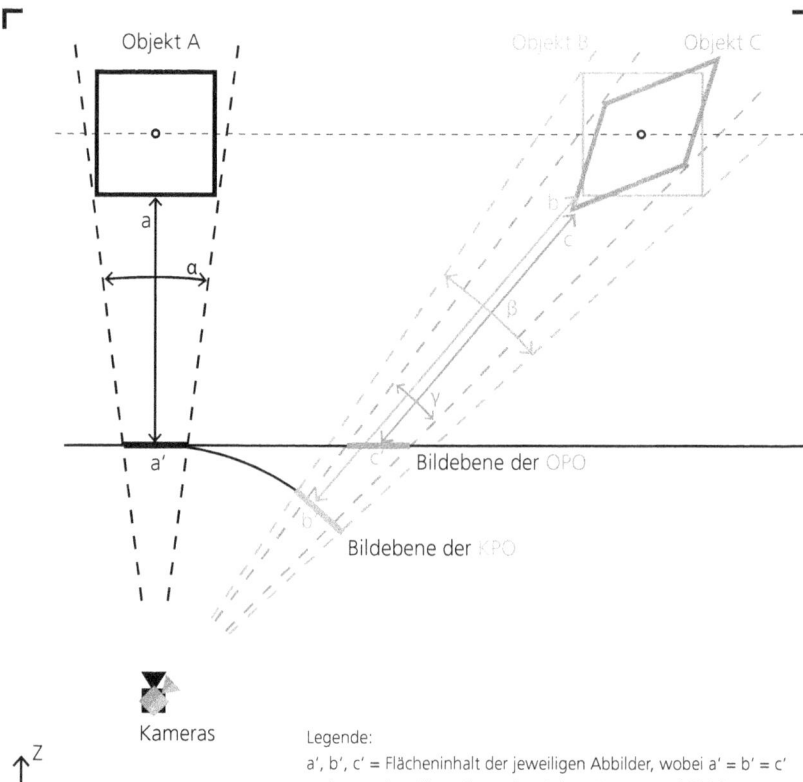

Abbildung 4-32, Illustration: Differenz zwischen objekt-basierter perspektivischer Optimierung (OPO) und kamera-basierter perspektivischer Optimierung (KPO).

Legende:
a', b', c' = Flächeninhalt der jeweiligen Abbilder, wobei a' = b' = c'
a, b, c = jeweiliger Abstand zwischen Kamera und Objekt
α, β, γ = Kameraöffnungswinkel der jeweiligen Kamera

**Weiterführende Überlegungen**

Eine ‚intelligente' Betrachteranpassung der Geometrie kann auf rein geometrischer Grundlage erfolgen. Damit ist das Objekt unabhängig vom Abbildungsverfahren, wie dies die objekt-basierte Optimierung der Perspektive realisiert. Egal wie die Kameraparameter eingestellt werden, kann sich das Objekt dem Betrachter ‚hingeben', ‚anbieten' respektive von der ‚besten Seite zeigen'. Derartig ‚intelligente' Regeln lassen sich gegebenenfalls in der Datenstruktur repräsentieren, beispielsweise als Knoten im Szenengraph. Damit wird die Regel zu einer Eigenschaft, zu einem Verhalten, das dem Objekt innewohnt. Für das Objekt selbst ist ‚lediglich relevant', ob ein Betrachter in ‚Sichtweite' ist. Dieser intelligente Freiheitsgrad für Objekte birgt allerdings auch die Problematik von Verdeckung und das Phänomen der gegenseitigen Durchdringung. Die Objekte ‚drängeln' sich. Die ‚unintelligenten' Objekte „leisten sich keinen Widerstand", einem lang gehegten Traum von Spezialeffekten der Bühnentechniker ([Flückiger 2008, S. 124]).

In der Realität ‚schadet' die Verdeckung nicht, aber die Durchdringung wirkt ‚zerstörerisch'. Nicht so ‚katastrophal' wirkt sich ein ‚Drängeln' in der Virtuellen Realität aus, denn hierin können sich virtuelle Geometrien zerstörungsfrei durchdringen, oder es könnte eine Kollisionsdetektion als physikalische, computergrafische Modelle von der Szene implementiert werden.

## 4.4 Optimierungen der computergrafischen perspektivischen Projektion

Grundsätzlich weist die objekt-basierte Optimierung (OPO) vorerst keinen gestalterischen Nachteil auf, denn alles das, was auf Basis einer geometrischen Transformation manipuliert wird, lässt sich durch andere Transformationen egalisieren, sofern es sich nicht um eine Projektion handelt. Im einfachsten Fall ist mit einer inversen Transformation die Ausgangssituation wieder herstellbar, das heißt, die Verformung ist vollständig reversibel: $AA^{-1} = E$. Zudem sind alle Zwischenergebnisse speicherbar und können in Form einer Historie festgehalten und wiederhergestellt werden. Die objekt-basierte Optimierung der Perspektive ähnelt der modernen geradlinigen Arbeitsweise der Gesellschaft. Mithilfe von Versionsmanagement oder Historien lassen sich alle Zwischenergebnisse festhalten, dahin zurückspringen, Entscheidungen korrigieren. Es besteht kaum die Gefahr des Totalverlustes. Diese Reversibilität ist nach JEAN PIGAT ein Merkmal der Intelligenz (vgl. [Piaget u. a. 2003]).

*Weiterführende Abwägungen zur OPO*

Hingegen sind die projizierten Einzelabbilder als Zwischenergebnis der kamera-basierten Optimierung der Perspektive anders auszulegen (siehe Abbildung 4-32). Aus zweidimensionalen Kameraabbildern lässt sich nur begrenzt die ursprüngliche dreidimensionale Geometrie rekonstruieren. Die kamera-basierte Optimierung (KPO) der Perspektive ist ‚eher' der Bildhauerei zuzuordnen. Eines Bildhauers Tätigkeit ist irreversibel – womit sich auch das studienhafte Vorgehen in seiner Arbeitsweise erklärt - Reversibilität: Das Feigenblatt in der Denkmalpflege (vgl. [Krieg 1992]). Schließlich hält es auch ein Maler so, der oft mehrere Skizzen anfertigt, bevor er die Situation in Ölfarben fixiert und damit ‚verewigt'.

*Weiterführende Abwägungen zur KPO*

Beide Ansätze zur Optimierung der Perspektive, ob auf objekt- oder kamera-basierter Grundlage zeigen Vor- und Nachteile. Ihr Einsatz und Verwendung richtet sich nach Art und Weise des Problemraumes, der zu lösen ist.

### 4.4.4 Betrachter-basierte perspektivische Optimierung (BPO)

Mit folgender Illustration zeigt sich eine Lücke in der praktischen Auseinandersetzung der Optimierung der Perspektive (siehe 4.4.1 und 4.4.2). Diese wurde im Rahmen der theoretischen Herleitung der objektiven Aspekte bereits thematisiert (siehe 4.3.3). Das Auge des Betrachters wird in beiden Fällen mit dem Kamerazentrum gleichgesetzt. Damit wurde der Betrachter im Rahmen der vorliegenden praktischen Optimierungsansätze der Perspektive faktisch herausgekürzt. Folgerichtig muss an dieser Stelle die ‚Gleichung' konkretisiert beziehungsweise erweitert werden.

*Betrachter-basierte persp. Optimierung*

Die objekt- und kamera-basierte Optimierung der Perspektive ist durch einen dritten Aspekt zu erweitern, den einer betrachter-basierten Optimierung. Darin enthalten und darunter versteht sich nicht nur das bewegende Auge, sondern insbesondere die sichtbaren Bewegungs- und Handlungsabläufe und anthropologischen Muster und Regeln des Menschen als auch seine kognitiven Fähigkeiten und mithin Kompetenzen. Vor dem Hintergrund dieser theoretischen Reflexion ist eine ‚Fixationen- respektive Sakkadenkontingente' Bildgenerierung, eine hochgradig benutzer-basierte Optimierung der computergrafischen Visualisierung (siehe 5.1.5).

*Anthropologische Muster und Regeln*

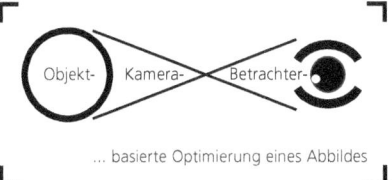

Abbildung 4-33,
Illustration: Betrachter-basiertes Moment (BPO) in Ergänzung zu den Ansätzen objekt-basierte und kamera-basierte perspektivische Optimierung (OPO, KPO).

Abbildung 4-34,
Fotografie: Inszenierung der Orientierung von Schauspielern in einem Theaterstück an der Freien Waldorfschule Dachsberg, von THOMAS BUCHTER (2014).

## 4 Synthese

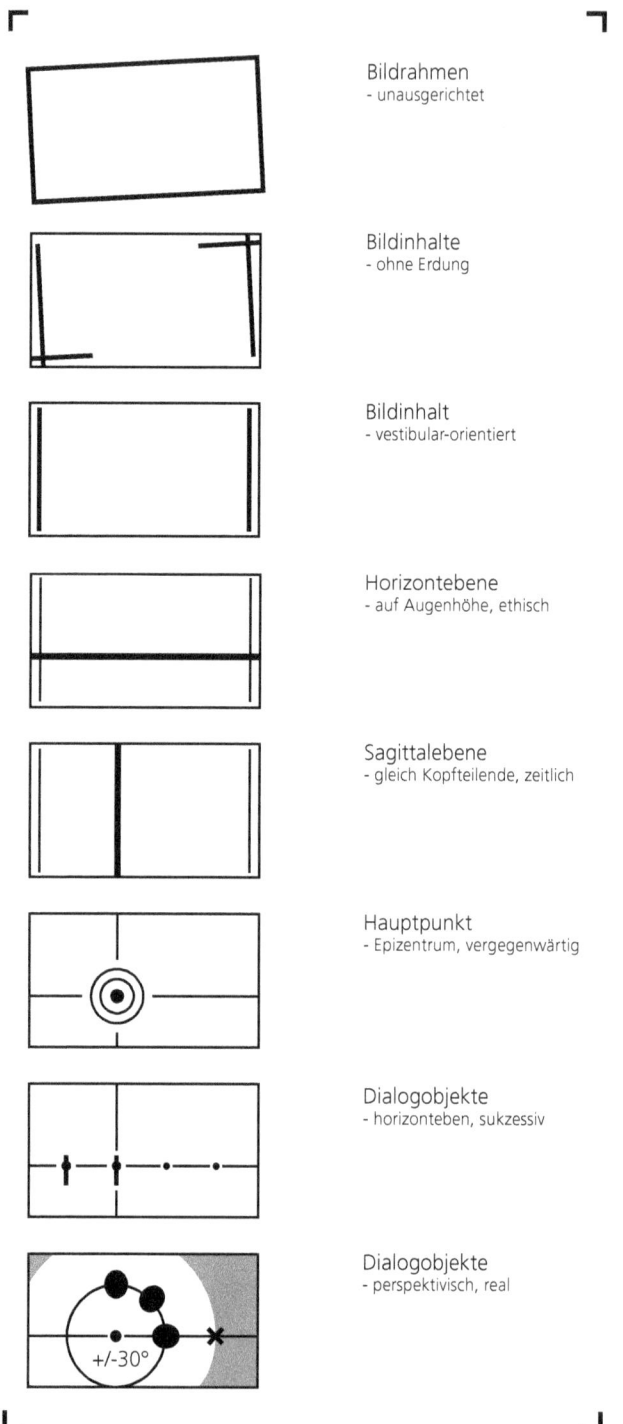

Abbildung 4-35, Illustration: Schritte einer möglichen Handlungsrichtlinie für die Erzeugung von wahrnehmungskonformen Bildstrukturen.

## 4.4 Optimierungen der computergrafischen perspektivischen Projektion

In der Konsequenz führt diese Überlegung zu Fragestellungen nach betrachterabhängigen Optimierungsmöglichkeiten. Die computergrafische Berechnung von Bildern auf Grundlage der geometrischen Daten und einer konkreten Kameraspezifikation ist ausführlich dargelegt. Wenn allerdings der Betrachter, nicht nur als getrackte Person, sondern mit seiner ‚menschlichen Spezifikation' in die Rendering-Pipeline eingerechnet werden soll, offenbart sich ein erhebliches Potenzial neuartiger Visualisierungskonzepte. An dieser Stelle kann vermutet werden, dass je wahrnehmungskonformer, das heißt, anpassungsfähiger ein Visualisierungssystem auf den menschlichen Organismus und Leib als Ganzes ist, desto höher ist der Grad zur Dialogbereitschaft ausgehend von einer bildhaften Darstellung. Ein Ausblick in dieser Richtung gibt der Abschnitt zur Diversifikation der vorliegenden Erkenntnisse im Besonderen zu Augenschnittstellen (siehe 5.1.5).

*Eingabegröße menschlicher ‚Leib'*

Objekt, Kamera und Betrachter stellen das Gesamtsystem dar. Jeder dieser Teile sollte Regeln befolgen: Wenn ein Objekt durch intelligente Regeln ausgestattet, beispielsweise die Anwesenheit eines Betrachters mitbekommt und zugleich über eine ungünstige ‚Einstellung' seitens der Kamera weiß, dann könnte das Objekt sich seinerseits günstig ‚in Szene setzen'. Ähnlich tun es Akteure auf einer Bühne, die beispielsweise ein gemeinsames Gespräch führend darstellen und sich dabei aus szenastischen Gründen leicht dem Auditorium zuwenden. Die Schauspieler in ihrem Dialog ‚richten' sich zum Publikum aus. Sie sind ‚eingedreht', damit der Zuschauer unter anderem zum jeweiligen Dialog auch die entsprechende Mimik der Schauspieler leicht erblicken kann (siehe Abbildung 4-34). Das soll heißen, neben der Intelligenz eines Betrachters (von dem im Allgemeinen ausgegangen wird) und neben einer intelligenten Kamera (vgl. [Helbing 2004], [Franke u. a. 2005b]) muss auch ein abzubildendes Dialog-Objekt einer Szene mit einer bestimmten Intelligenz ‚ausgerüstet' sein, wenn das Ziel ein wahrnehmungskonformes Gesamtsystem ist. Alle drei Teile: das abzubildene Objekt, die abbildende Kamera und der das Abbild betrachtende Mensch können damit regelbasiert aufeinander zugehen und im ‚Einklang' eine Perspektive erzeugen. Sie müssen zur Interaktion untereinander befähigt sein (siehe 5.1.1).

*‚Verbund' aus Objekt, Kamera und Betrachter*

### 4.4.5 Handlungsrichtlinien für wahrnehmungskonforme Bildstrukturen

Für eine Verwendung von Abbildungsvorschriften bei der Projektion in computergrafischen Visualisierungen von dreidimensionalen Objekten mit dem Ziel einer wahrnehmungsrealistischen Wirkung der Komposition von Bildstrukturen sind folgende Richtlinien empfohlen (siehe Abbildung 4-35). Dazu ist in erster Linie der Bildrahmen lotrecht auszurichten. Der Bildinhalt hat sich am Rahmen zu orientieren, das heißt, der Bildinhalt ist parallel zum Bildrahmen anzulegen. Insofern sind Mehr-Benutzer-Szenarien gefordert. Für Einzelbenutzer-Szenarien gilt darüber hinaus: Die Horizontebene ist auf Augenhöhe zu halten. In gleicher Weise ist die Sagittalebene als Kopfteilende zu beachten. Die bisher genannten Strukturen gelten in dieser Form für statische Visualisierungssysteme, die nicht über eine Tracking-Schnittstelle zum Betrachter verfügen. Abzubildende Dialog-Objekte sollten in der Regel eine Binnenperspektive besitzen. Die Abbildungsvorschrift, beispielsweise die Zentralprojektion, hat die geometrische Mitte der Dialog-Objekte zu berücksichtigen. Auf der Fläche beziehungsweise im Rahmen befinden sich Figuren oder Formen, die üblicherweise immer aufrecht, das heißt, parallel zu den Seiten des Rahmens angeordnet und ausgerichtet sind. Lediglich im Falle der Implementierung von außerordentlich gestalterischer ‚Störungsnotwendigkeit' oder zum Zwecke der erhöhten Auffälligkeit (wahrnehmungspsychologisch: Salienz) - ergo der Attraktion - sollte von diesen Handlungsrichtlinien und auch nur im Einzelfall abgewichen werden. Die Abweichung legt der Gestalter bewusst fest. Bildstrukturelle Inkonsistenzen sind also vom Gestalter anzulegen, denn diese sind Mittel der Gestaltung.

*Handlungsrichtlinien für Bildstrukturen*

## 4 Synthese

**Bewusste Gestaltungssynthese, Gewogenheit**

‚Gestaltete Interfaces' zeigen eine bemerkenswerte Ähnlichkeit und oft symmetrische Eigenschaften – eine spiegelbildliche Verdopplung der Formen erreicht Ausgewogenheit. Grundsätzlich sollte eine bewusste Angleichung angestrebt werden. Beziehungen zur dreidimensionalen Typografie (Druck/Print) oder Architektur (Bauwesen) sind zu nutzen. Die Vereinfachung durch Abstraktion und Reduktion auf solide geometrische Formen ist bei der Gestaltung evident. Interfacegestaltung sollte eine lagernd oder stehend ruhige und abgeschlossene Fläche oder Volumen zum Ziel haben (vgl. [Bederson und Shneiderman 2003]).

**Menschen-orientierte Ansätze erforschen**

Folgende Fragen ergebene sich: „Was sind ‚memorative' Visualisierungsformen? Wann spricht man von ‚Raumtypographie'? Wozu dient die Arbeitsteilung von Auge und Hand bei der ‚Gesteninteraktion'? Welche Visualisierungskonzepte und Interaktionsstrukturen existieren im 3D-Datenraum? Wie können Mensch und Technologie besser verbunden werden?" von RAINER GROH formuliert (2011, [Groh 2011]).

Abbildung 4-36, Fotografie: ‚Historische' Bildstrukturen eines Wandbildes, am Beispiel eines Bühnenstückes von Orestes (200 n. Chr., [Tyler 2000, Abb. 1]), o.

Abbildung 4-37, Videobild: ‚Gegenwärtige' Bildstrukturen, am Beispiel eines Spezialeffektes im Film: „The Matrix" (1999, [Wachowski und Wachowski 1999]), u.

## 4.4 Optimierungen der computergrafischen perspektivischen Projektion

Die Architektur lehrt, dass selbst bei weitläufigen, großflächigen beziehungsweise gebäudeartigen Interfaces, wie diese zum Beispiel bei der Visualisierung der Virtuellen Realität in einer ‚Cave Automatic Virtual Environment' (CAVE) auftreten kann (vgl. [Cruz-Neira u. a. 1992], [Bornschein 2010]), stets vertikale und horizontale Abschlüsse zu definieren sind (siehe 3.3.5, 3.3.6 und Abbildung 4-36). Insbesondere in dynamischen Umgebungen sind Betonungen vorzunehmen (siehe Abbildung 4-37), um die ‚Appellfunktion' eines Interfaces (Affordance/Angebotscharakter) auch aus der Bewegung heraus erkennen zu können (Angebotscharakter). Ähnlich dem ‚Durchschreiten' eines Raumes mit Fenstern können in einem räumlichen Interface helle (Fenster-ähnliche) und dunkle (Wand-ähnliche) Zonen zur Strukturierung verwendet werden und zu einem Erlebnis (Immersion) beitragen. Die Wirkung eines virtuellen Interfaces sollte primär auf großen, ungebrochenen Flächen beruhen, beispielsweise durch die Verwendung von Silhouetten.

*Der kulturvolle Mensch und seine Architektur*

Die grobe Gliederung in der Fläche und Tiefe obliegt den Körpern beziehungsweise virtuellen Wänden (Vertikal-, Horizontal-, Fluchtlinien). Selbst bei einer ruhenden Kamera zeigen derartige Strukturen durch ihre Plastizität Konturen dynamischer Züge. Fluchtlinien ziehen den Betrachter beispielsweise in die Tiefe. Insofern werden reine, ungebrochene Strukturen im virtuellen Raum beherrschend. Durch den weiteren Verzicht auf plastische Gliederung und durch Abstraktion wie Reduktion ergibt sich Fläche für funktionsgeladene Silhouetten (siehe Abbildung 4-37). Die Klarheit einer Silhouette bringt selbige zur Geltung respektive kommuniziert deren Bedeutung und Funktion. In der Ausnahme sind besonders markante Figuren im virtuellen Raum zulässig. Ähnlich einer Landmarke, eines Fahnenmastes oder eines Funkturms können besondere strukturelle Änderungen bereits von Weitem angezeigt werden – in der Wirkung einem Symbol ähnlich: Hier ist ein Durchgang oder liegt eine besondere Botschaft zu erkunden vor, etc.

*Prinzipien und Methoden der Kultur*

# 5 Ausblick und Zusammenfassung

Die Computergrafik kann eine Weiterentwicklung um Aspekte der Malerei erfahren. Das Ergebnis einer derartig angereicherten Computergrafik können ‚malerische' Interfaces sein. Bei den vorgestellten Ansätzen zur Gestaltung von Bildstrukturen ergeben sich weiterführende und neue Fragen, die mit dem folgenden Ausblick konkretisiert werden. Nach dem Ausblick erfolgt die Zusammenfassung der vorliegenden Arbeit.

*Einleitung*

## 5.1 Ausblick

Es eröffnen sich neue Forschungsfelder. Forschungen, wie die an der Professur Mediengestaltung an der Technischen Universität Dresden durchgeführten, formieren sich unter Arbeitsbereichen, wie ‚Technische Visualistik', ‚Begreifbare Interaktion', ‚Ikonografie der Interaktion', etc. Vom Grundsatz her führen alle Diskussionen in diesen Bereichen den Nachweis, dass ein Bild als Wissensspeicher gleichwertig neben Wort und Zahl steht. Neben der Tatsache, dass ein Bild zu begreifen ist, ‚erhebt' sich die Bildfläche zur Interaktionsschnittstelle (Multitouch). Das Bild wird greifbar. Methoden zu derartigen Bildern sind unter anderem Forschungsgegenstand der ‚Technischen Visualistik'. Dabei steht der Begriff der Technischen Visualistik mehr für den praktischen Einsatz von technologischen Verfahren. Vor dem Hintergrund der Theorien zur Gestaltung von interaktiven Systemen zählen hierunter auch die ‚Montage' und die ‚Komposition' von bildhaften digitalen Inhalten (vgl. [Groh 2005]). Die grundsätzliche Aufgabe lautet, die Kommunikationsfähigkeit respektive Dialogbereitschaft von Interfaces zu optimieren. Es liegen zahlreiche Anknüpfungspunkte vor (vgl. [Stankowski und Duschek 1989], [Bederson und Shneiderman 2003], [Groh 2014]).

*Technische Visualistik*

Dazu ein Vergleich: MARTIN KOBE zeigt in einem seiner Bilder einen aktuellen Stand im Umgang mit perspektivischen Mitteln in der Kunst und Gestaltung von Gemälden unserer Gegenwart (vgl. [Wagner 2007], siehe Abbildung 5-1). Der Begriff Perspektivität befindet sich in einer andauernden fachübergreifenden Diskussion. Im Rahmen dieser Auseinandersetzungen versteht sich die vorliegende Arbeit als ein Beitrag. Es wird in ihr versucht, eine Verbindung zwischen Malerei, Architektur, Psychologie, Wahrnehmung, Computergrafik, Visualisierung und Tracking herzustellen. Die Geschichte des Films und des computerbasierten Bildes zeigt deutlich, dass nicht mehr die menschliche Physiologie die Grundlagenwissenschaft eines Kinos der Zukunft ist, sondern die Neuro- und Kognitionswissenschaften (vgl. [Franke und Helmert 2012]). Die Mathematik und die „Automatentheorie" ([Weibel 2006, S. 26]) können entsprechende Beiträge leisten, beispielgebend sind Forschungsergebnisse von ALAN TURING, ROSS ASHBY, NORBERT WIENER, ARTURO ROSENBLUETH, WARREN MC CULLOCH, WALTER PITTS, DONALD MACKAY, ASTRID LINDENMAYER, JOHN MCCARTHY und vielen weiteren (vgl. [Turing 1937], [Ashby 1960], [Rosenblueth u. a. 1943], [McCulloch und Pitts 1943], [MacKay 2003a], [MacKay 2003b], [Lindenmayer 1971], [McCarthy 1960]). Vertiefende Forschungen finden sich in der Literatur (vgl. [Russell und Canny 2004], [Russell und Cohn 2012]).

*Perspektivität*

## 5 Ausblick und Zusammenfassung

Abbildung 5-1, Gemälde: ‚ohne Titel' von MARTIN KOBE (2008/09). Gezeigt werden „perspektivische Verschiebungen und widersprüchliche Verschachtelungen, [...] es führen alogische Verschränkungen zur Verunsicherung der Wahrnehmung durch den Betrachter". Die gezeigte Perspektive steht in einer „Opposition" zur Projektion ([Wagner 2007]).

**Perspektive in Opposition zur Projektion**

„TO SEE OR NOT TO SEE – The Need for Attention to Perceive Chances in Scenes" ist ein Beitrag von RENSINK ET AL. (vgl. [Rensink u. a. 1997]). Mit der Kernaussage, dass ein Beobachter einer Szene nicht nur deren Inhalt, sondern insbesondere die Bildstruktur in Details und deren Änderungen weniger leicht wahrnimmt. Wie ein visueller Eindruck im Mensch entsteht, ist schwer zu fassen (siehe 3.2). Dass der Mensch viele Details der Umwelt nicht bewusst sieht, begründet sich in unterschiedlichen Ursachen. Nach wissenschaftlichen Erkenntnissen bildet der Mensch im Gehirn nie eine vollständig detaillierte, mentale Repräsentation seiner Umgebung ab (vgl. [Barkowsky 2002]). Der Mensch reagiert vielmehr mit Erfahrung. Die visuelle Wahrnehmung des Menschen reagiert mit Flexibilität und Ergänzungen, um von teils unvollständigen, visuellen Reizinformationen auf Fakten und Zusammenhänge zu schließen. Dabei ist die visuelle Wahrnehmung ein komplexer Prozess, der durch diverse Optimierungen untersetzt ist. Der Prozess beginnt mit dem Lichteinfall in das Auge und setzt sich bis ins Gehirn, das die Reizinformationen verarbeitet, fort. Hierin begründet sich der mehr oder weniger große Unterschied zwischen der subjektiven Wahrnehmung von Einzelnen und den objektiven Tatsachen der Umgebung. Ein einfach zu beschreibender Fakt ist die Veränderungsblindheit.

**Potenzial menschliche visuelle Wahrnehmung**

Mit der Veränderungsblindheit des Menschen ergeben sich jedoch reichhaltige Potenziale, die zahlreiche Anwendungsszenarien für die Informatik bergen (vgl. [Barkowsky 2002]). Die Veränderungsblindheit beschreibt den Umstand, dass der Mensch Veränderungen in seiner Umwelt gehemmt bis nicht bewusst wahrnimmt. Die visuelle Wahrnehmung kann zum Zeitpunkt der Veränderung ‚unterbrochen' werden, zum Beispiel durch eine Sakkade, einen Lidschlag aber auch durch längere Unterbrechungen der Sichtbarkeit von Dingen (vgl. [Gur und Hilgard 1975], [Rayner und Pollatsek 1983], [Simons und Levin 1997], [Rensink 2002], [Simons und Ambinder 2005]). Diese Lücken im Informationsfluss der visuellen Reize bilden ein Potenzial für interaktive und darüber hinaus ‚hyperaktive' Visualisierungssysteme. ‚Hyperaktiv' meint eine Form der Antizipation des menschlichen Verhaltens durch das Visualisierungssystem (siehe 3.1.4 und 4.3.1). Die gemessenen Informationen über Blickbewegungssprünge und die damit verbundene menschliche Veränderungsblindheit gegenüber Bildstrukturen und -zusammensetzungen (vgl. [Ma u. a. 2013]) kann ausgenutzt werden, um ungewollte visuelle Störungen vor dem Nutzer und in Echtzeit zu verbergen.

## 5.1 Ausblick

### 5.1.1 Blickrichtung und Bildfläche

Der Nutzer sitzt in der Regel vor einem relativ kleinflächigen Bildschirm. Mit der Einführung von Multitouch-fähigen Endgeräten durch Apple®, Microsoft©, Dell© und weiteren stellt sich vor dem Hintergrund der Arbeit die Frage, nach deren Relevanz für interaktive Oberflächen. Grundsätzlich beantwortet die Frage sich bereits selbst, denn die interaktiven Elemente werden auf einer Fläche visualisiert.

Blick und Bild

#### 5.1.1.1 Nah-Distanz-Bild

Aus den Experimenten zur Untersuchung zur Relevanz des Blickwinkels auf ein Bild ergeben sich folgende Überlegungen und mit großflächigen Multitouch-Anwendungen ein konkreter Anwendungsbezug (vgl. [Cutting 1987]). Das Potenzial von Multitouch wird aktuell an vielen Stellen in Theorie und Praxis erforscht (vgl. [Kammer u. a. 2010], [Dachselt 2012]). Vor dem Hintergrund der vorliegenden Arbeit sind insbesondere Auseinandersetzungen im Bereich Multitouch-fähiger dreidimensionaler Anwendungen von Interesse (vgl. [Steinicke u. a. 2011a]). Das Multitouch-fähige Interface stellt in der Regel ein Nah-Distanz-Bild der Gegenwart dar, wie auch Gemälde in vergangenen Epochen zur Informations- und Wissensvermittlung genutzt wurden. Interaktive Bilder, wie Multitouch-Bilder, fordern zum Handeln auf, denn mit Multitouch ist eine bi-direktionale Schnittstelle gegeben (vgl. [Groh u. a. 2010], vgl. [Franke u. a. 2010]). Insofern existiert ein Spannungsverhältnis zwischen Nah- und Fern-Distanz-Bildern und der perspektivischen Visualisierung (siehe Abbildung 5-2).

Nah-Distanz-Bild

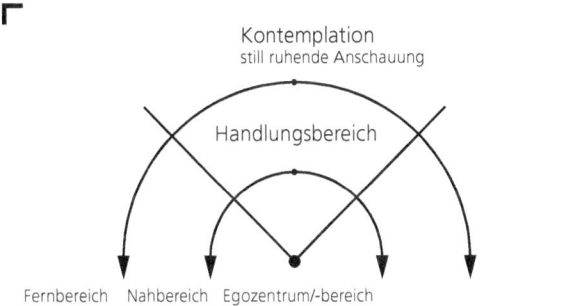

Abbildung 5-2, Illustration: Schematische Darstellung des Einzugsgebietes des Menschen.

Bildberührung erfolgt in maximaler Reichweite der Arme und minimaler Nähe der Finger. Die Berührung mit den Fingern erzeugt eine direkte und sofortige Aktion im Arrangement eines Bildes beziehungsweise einer Bildstruktur. Die Daten des Rechners werden durch ein Bild an das Auge geliefert, worauf die Hand eine Reaktion (wiederum durch das Bild hindurch) an den Rechner ‚aushändigt'. Der Rechner passt das Bild wiederum an des Nutzers Handlung an. Rechner und Nutzer stehen in einem direkten Dialog durch denselben Kommunikationskanal beziehungsweise Medium. Die Hand wird zum Bildanteil und das Bild wird handhabbar. Dabei stellen die Möglichkeiten der Hand – in ihren Bewegungsabläufen und Stellungsmöglichkeiten – das Potenzial dieser Technologie dar. Andererseits muss die Visualisierung der Erwartungshaltung des Menschen gerecht werden, insbesondere die Visualisierung dreidimensionaler Szenarien auf Multitouch-fähigen Oberflächen.

Berührung von Bildern

# 5 Ausblick und Zusammenfassung

### 5.1.1.2 Multitouch-Perspektive

**Multitouch-Perspektive**

Die folgende Darstellung skizziert die Auswirkung zweier unterschiedlich orientierter Bildebenen auf das Abbildungsergebnis (siehe Abbildung 5-3). Die Bildflächen sind unterschiedlich orientiert (vergleiche 3.3.1). Die Projektionsstrahlen durchstoßen die Bildebenen und punktieren jeweils einen unterschiedlichen Aufriss ein und desselben Körpers. Damit ergeben sich zwei verschiedene Abbilder, wie diese beispielsweise für eine großflächige Multitouch-fähige Wand von bildstruktureller Relevanz sind (siehe Abbildung 5-5 und Abbildung 5-7).

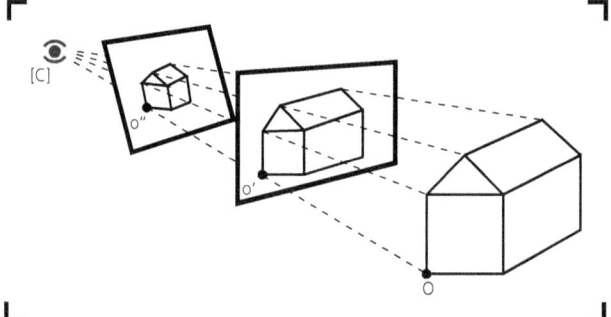

Abbildung 5-3, Illustration: Projektionsstrahlen mit Projektionszentrum und zwei Bildebenen (nach [Hartley und Zisserman 2003, S. 203]).

**Bewegungsraum der menschlichen Hand**

Die Hand des Menschen hat einen Bewegungsraum. Dieser Raum gibt die Grenzen hinsichtlich einer handgerechten Visualisierung vor. Die Hand als Teil des Gliedmaßes Arm bestimmt die konkreten Maße. Entsprechende Menschmodelle sind ein weitverbreitetes Hilfsmittel in der Gestaltungspraxis (siehe 3.3.6). Der Visualisierungsraum ist gleich dem Bewegungsraum, zumindest hinsichtlich der haptischen Interaktion ohne zusätzliche Werkzeuge. Das Auge im Vergleich zur Hand verfügt über einen größeren Einzugsraum. Die Hand fühlt Gegenstände unmittelbar. Es fängt visuelle Informationen ein, die auch entfernteren Ursprungs sein können. Aus diesen Rahmenbedingungen ergeben sich entsprechend unterschiedliche Aufenthalts- und Interaktionsräume für das Auge und für die Hand. Interfaces sind auf dieser Grundannahme zu gestalten. Beim Auge handelt es sich im Konkreten um das Gesichts- beziehungsweise Blickfeld (siehe 3.2.2.1 und 3.2.2.2). Bei einem Multitouch-fähigen Interface sind Bildstrukturen ausgehend vom Bewegungsspielraum der Hand in Kombination mit dem Auge auszulegen.

**Bilder als unmittelbare Schnittstellen**

Multitouch-fähige Oberflächen fungieren als unmittelbare Schnittstelle zwischen der realen und der virtuellen Welt (vgl. [Kammer 2014]). Die haptische Visualisierung unterliegt der besonderen Aufmerksamkeit durch den handelnden Nutzer, was an der Augenbewegung messbar ist (vgl. [Crowe und Narayanan 2000]). Perspektivische Verzerrungen und interaktive Handlungen treffen hier im extremen Maße aufeinander, in der Fläche (siehe Abbildung 5-5) und im Raum (siehe Abbildung 5-7). Im Bereich der ‚Personal Interaction' ergeben sich für den Betrachter ähnliche Perspektivsituationen beziehungsweise Verzerrungen, wie bei der Darstellungsform der Anamorphose (siehe Abbildung 5-8).

## 5.1 Ausblick

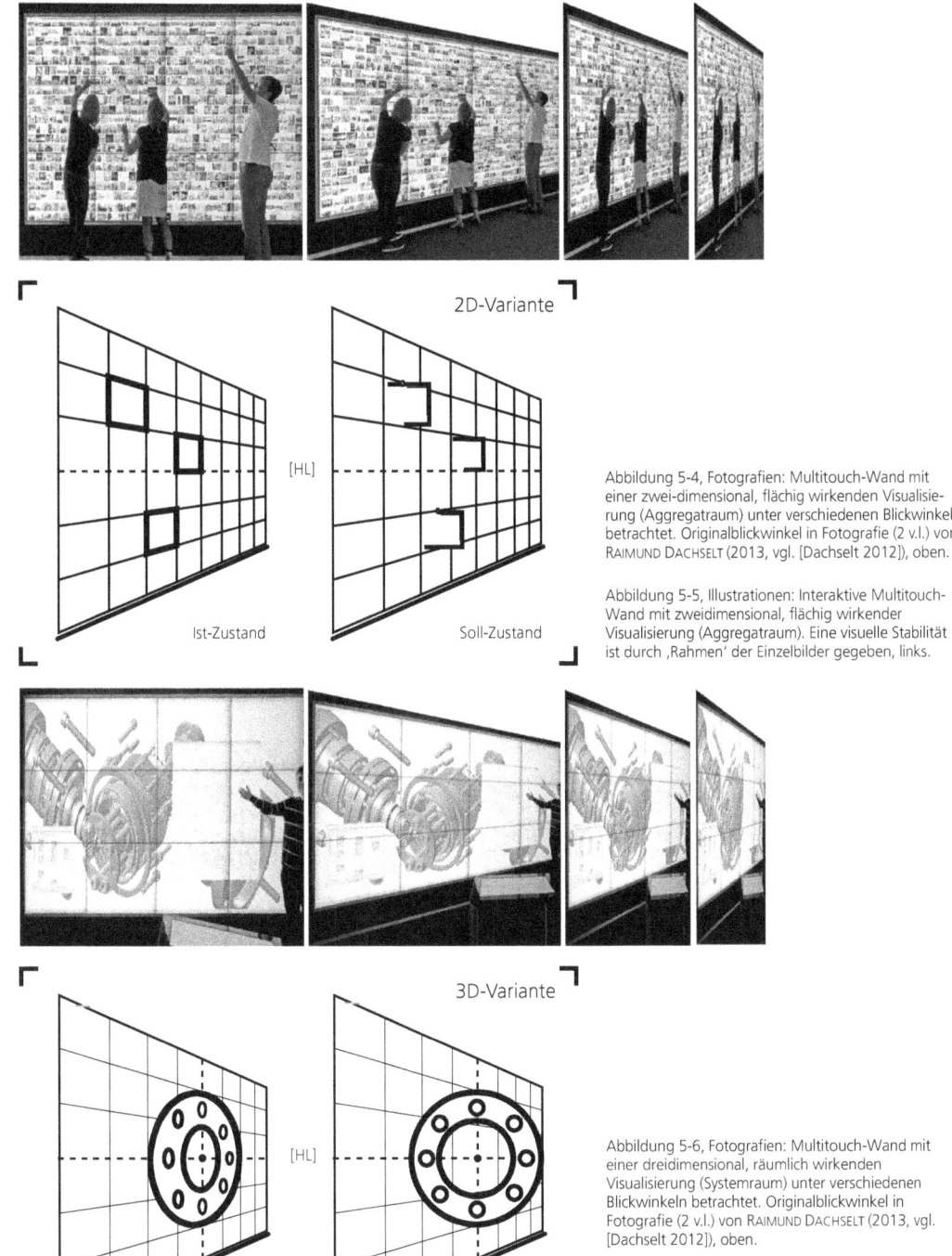

Abbildung 5-4, Fotografien: Multitouch-Wand mit einer zwei-dimensional, flächig wirkenden Visualisierung (Aggregatraum) unter verschiedenen Blickwinkeln betrachtet. Originalblickwinkel in Fotografie (2 v.l.) von RAIMUND DACHSELT (2013, vgl. [Dachselt 2012]), oben.

Abbildung 5-5, Illustrationen: Interaktive Multitouch-Wand mit zweidimensional, flächig wirkender Visualisierung (Aggregatraum). Eine visuelle Stabilität ist durch ‚Rahmen' der Einzelbilder gegeben, links.

Abbildung 5-6, Fotografien: Multitouch-Wand mit einer dreidimensional, räumlich wirkenden Visualisierung (Systemraum) unter verschiedenen Blickwinkeln betrachtet. Originalblickwinkel in Fotografie (2 v.l.) von RAIMUND DACHSELT (2013, vgl. [Dachselt 2012]), oben.

Abbildung 5-7, Illustrationen: Interaktive Multitouch-Wand mit dreidimensional, räumlich wirkender Visualisierung (Systemraum). Eine visuelle Stabilität ist durch die systemräumliche Bildstruktur gegeben, links.

# 5 Ausblick und Zusammenfassung

**Hand ‚direkt im Bild'**

Mit Einführung des Computers war der Nutzer lediglich Betrachter, ohne ‚mit seiner Hand direkt im Bild' agieren zu können. Das Auge erblickt und die Hand agiert, aber beide bisweilen oft nicht über die gleiche Schnittstelle. Die Frage der perspektivischen Optimierung (vgl. [Franke u. a. 2007]) von dreidimensionalen Abbildern auf Multitouch-fähigen Geräten ist damit von aktueller Forschungsrelevanz. Ein ‚Interaktions-Bild' muss die uneingeschränkte Möglichkeit der Zusammenarbeit von Auge und Hand ermöglichen (vgl. [Groh 2005], [Groh 2010a]).

**‚Handgerechte' Bildformate**

Das ‚gerechte' Bildformat vor dem Hintergrund von Auge und Hand stellt einen besonderen Forschungsaspekt dar. In der Computergrafik wird schon seit einiger Zeit an der Visualisierung mittels großflächiger Displays geforscht (vgl. [Deussen u. a. 2010]). Gegenwärtig trifft diese Entwicklung auf die der Multitouch-Fähigkeit (vgl. [Dachselt 2012], [Kammer 2014]). Vor dem Menschen, als Zielperson der Interaktion, ergeben sich spannende Fragestellungen, wie die Aufgabenkomplexität versus die Größe des betrachteten Bildschirms? Psychologen haben festgestellt, dass sich bei zunehmender Aufgabenkomplexität das Blickfeld des Menschen einschränkt (vgl. [McConkie und Currie 1996]), was einer großflächigen Visualisierung entgegensteht. Daher sind auf großflächigen Bildschirmen, die zusätzlich die Dimension der Interaktion direkt durch das Bild gestatten, einfache Szenarien am geeignetsten, wenn von einer ‚Single-User'-Anwendung beabsichtigt ist. Alternative ist die Einteilung in Layer möglich, die nebeneinanderstehen. Nach dem Prinzip ‚Divide et impera' (lateinisch für: ‚Teile und Herrsche') deuten sich mächtige Interaktionskonzepte an, die es zu erforschen gilt.

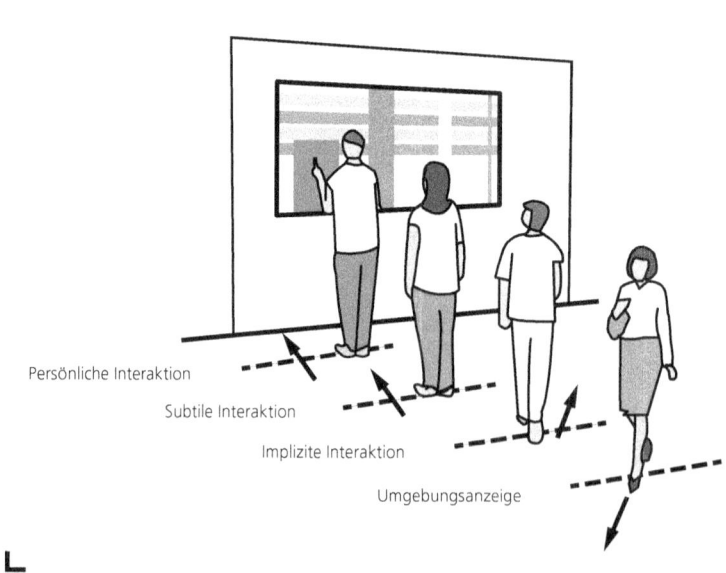

Abbildung 5-8, Illustration: Interaktionszonen und -distanzen vs. Blickfeld bezüglich des Interface (siehe 3.2.2). Relationen eines Nutzers vor einer Multitouch-fähigen Wand (nach [Vogel und Balakrishnan 2004, S. 139]).

## 5.1 Ausblick

### 5.1.1.3 Kulisse als Vorbild

Dieser Abschnitt stellt einen Lösungsansatz hinsichtlich perspektivischer Verzerrungen nach dem Prinzip der Kulisse im Bühnenbau vor (siehe 2.2.5). Wie im Rahmen der vorliegenden Arbeit dargestellt, ist die Ursache für die Verzerrung von abgebildeten Objekten in der Natur der Zentralprojektion versteckt. Objekt-, Kamera- oder Betrachter-basierte Optimierung sind drei Ansätze, die die vorliegende Arbeit absteckt (siehe 4.4.4). Allerdings sind im Rahmen der Auseinandersetzung weitere Ideen und Erkenntnisse entstanden. Eine davon scheint auf das zuvor skizzierte Problem hinzuweisen beziehungsweise eine Richtung vorzugeben, die in weiteren Forschungen untersucht werden kann. Das kamera-orientierte Planarskalieren oder auch räumliches Billboarding stellt einen möglichen Lösungsansatz dar (siehe Abbildung 5-9, vgl. [Zavesky 2007]).

*Bühnenbau als Methode für Interfaces*

Abbildung 5-9, Illustrationen: Kulissen als Mittel der Optimierung der Perspektive; verzerrt (links), Prinzip (mittig), optimiert (rechts). ([Zavesky 2007, S. 103]).

Dieser wurde nicht tiefer gehend untersucht, soll dem Leser aber gerade vor dem zuvor aufgezeigtem Problem nicht vorenthalten werden. Es ist festzustellen, dass bei Reduzierung der Tiefendimension von dreidimensionalen Objekten auch die Verzerrungen in deren Abbildern abnehmen. Die dargestellte Abbildung zeigt eine ‚normale', computergrafische Visualisierung, mit den benannten Verzerrungen (siehe Abbildung 5-9, links). Der rechte Teil der Abbildung zeigt verzerrungsfreie Abbilder (siehe ebenda, rechts). Interessant ist, dass die geometrische Grundlage der Berechnung der letzten Abbildung sogenannte Billboards sind. Es sind keine dreidimensionalen Körper. Billboards sind zweidimensionale Objekte, sich drehende ebene Flächen, die sich normalerweise nach der virtuellen Kamera beziehungsweise dem Projektionszentrum ausrichten. Somit steht die optische Achse der virtuellen Kamera stets orthogonal zur Billboardebene. Ergo bewegen sich diese zweidimensionalen, ebenen Flächen durch den dreidimensionalen Raum und zeigen sich stets von der gleichen, der ‚besten' Seite. Folglich kann sich aus dieser geometrischen Konstellation auch keine Änderung im Abbild, wie Verzerrungen ergeben. Vielmehr ist die Textur der Objekte das Ergebnis einer Parallelprojektion des Körpers selbst. Die Textur wird also zur Laufzeit der Visualisierung für jede Computergrafik neu berechnet. In der Tat handelt es sich somit um eine geschickte Kombination aus Parallel- und Zentralprojektion. Die Parallelprojektion liefert die Textur, die Zentralprojektion die Proportion, das heißt, einen Aufriss des Körpers.

*Reduzierung der Tiefendimension*

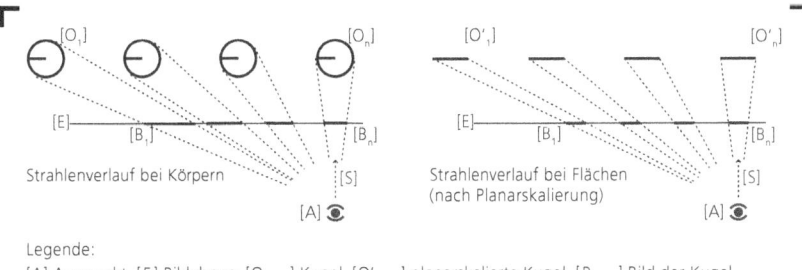

Abbildung 5-10, Illustration: Strahlenverläufe bei der Projektion von Kugeln versus denen von Billboards (nach [Zavesky 2007]). Das Abbild eines Köpers nimmt mehr Fläche auf der Bildebene ein, als sein entsprechendes Billboard.

# 5 Ausblick und Zusammenfassung

**Ausgerichtete Billboards**

Allerdings ist es bemerkenswert, dass es sich bei den hier verwendeten Billboards, um zur Abbildungsebene stets parallel ausgerichtete Billboards handelt (siehe Abbildung 5-10). Ein Billboard hat eine bestimmte konkrete Textur. Wenn ein solches Billboard in seiner Anmutung einen dreidimensionalen Körper illusionieren will, dann muss die Textur dynamisch erzeugt werden. Dafür kann eine dreidimensionale Datengrundlage genutzt werden, aus der sich die zweidimensionale Textur je nach Position der Kamera errechnen lässt. Insofern lässt sich mit dem Verwerfen der Tiefendimension eines dreidimensionalen Körpers eine dynamische planare Ansicht erreichen. Diese Ansicht dient als Textur für das Billboard. Das bedeutet, die Billboards sind zwar untereinander parallel ausgerichtet, die Texturinformation ist jedoch dynamisch. Die Textur ist in Abhängigkeit der Lage der Kamera relativ zur Lage des Körpers (siehe Abbildung 5-11).

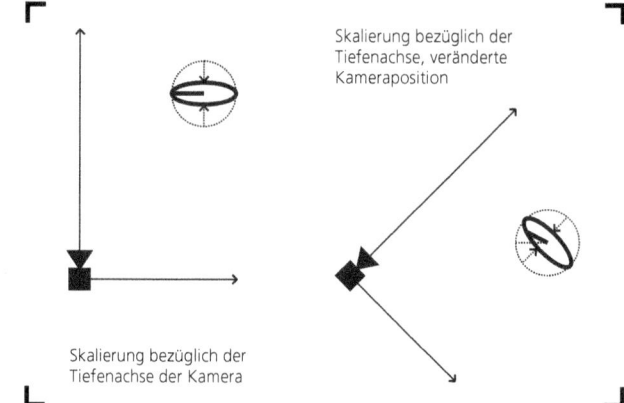

Abbildung 5-11, Illustration: ‚Kamera-orientierte Planarskalierung' (nach [Zavesky 2007]), das heißt, Parallelprojektion des Körpers durch ‚Kollabieren' der Tiefen, im lokalen Koordinatensystem des Körpers selbst. Der Körper ist auf eine ebene Fläche reduziert. Das zentralprojizierte Abbild einer orthogonal zur Kamera ausgerichteten Fläche ist frei von projektionsbedingten Verzerrungen.

Mit diesem Beitrag fällt auf, dass zweidimensionale Abbilder dreidimensionaler Objekte mit geringer Tiefendimension weniger starken Verzerrungen durch eine Zentralprojektion unterworfen sind. Es ist weiterer Forschungsbedarf, beispielsweise hinsichtlich der Eigenschaften und der Kombinationsmöglichkeiten von Parallel- und Zentralprojektionen angezeigt, insbesondere vor dem Hintergrund großflächiger Multitouch-Wände und ähnlich dimensionierten Visualisierungssystemen.

### 5.1.2 Proportion und Ausrichtung

**Proportion und Ausrichtung**

Die vorgestellten Ansätze zur Optimierung der Ausrichtungs- und der Proportionsdarstellung mithilfe von multi-perspektivischen Abbildungsvorschriften ‚wirken in Richtung' des Wahrnehmungsrealismus und regen zur weiteren Forschung und Ideen an. Ist es möglich, wahrnehmungsrealistische Qualitäten zu bemessen? Sind daraus neuartige Parameter ableitbar, beispielsweise für ein computergrafisches Kameramodell? Wie sieht das Resultat einer Multi-Perspektive bei sich bewegenden Objekten aus? Zur zuletzt genannter Fragestellung sei auf die Arbeit eines meiner ehemaligen Studenten und gegenwärtigem Kollegen, MARTIN ZAVESKY, verwiesen, die sich mit der Wahrnehmung von dynamischen Multi-Perspektiven beschäftigt (siehe [Zavesky 2007]). Aus den vorliegenden Ausführungen zur Ausrichtungsänderung $\delta A$ (siehe 4.3.3 und 4.3.4) kann eine weitere Forschungsaufgabe abgeleitet werden – die Bestimmung der Ausrichtungsänderung. Es ist insbesondere zu klären, wie groß der Unterschied zwischen wahrgenommener Ausrichtung in der Darstellung durch Zentralprojektion und durch Multi-Perspektive bezüglich der in der Szenengeometrie vorhandenen Ausrichtung ist. Hierfür sind grundlegende Studien aus wahrnehmungspsychologischer Sicht notwendig, um eine entsprechende Abhängigkeit nachzuwei-

## 5.1 Ausblick

sen und infolgedessen Berechnungsvorschriften synthetisieren zu können. Das Bild, das mit der perspektivischen Optimierung (siehe 4.4) vorgestellt wird, zeigt weiteren Forschungsbedarf an. Die folgenden Unterabschnitte skizzieren den konkreten Bedarf.

### 5.1.2.1 Figur und Figuren

In der vorliegenden Arbeit werden zwei Ansätze der perspektivischen Optimierung vorgestellt. Diese bestehen aus unterschiedlichen Anteilen, der Rotation und der Scherung (siehe 4.4). Bei dynamischen Multi-Perspektiven kommt es zu wahrnehmbaren Objektrotationen innerhalb einer Szene, die in ersten Befragungen als störend wahrgenommen wurden (vgl. [Franke u. a. 2011]). Es ist festzustellen, dass es bei der perspektivischen Korrektur zu wahrnehmungsrelevanten Parametern kommt. Damit lassen sich Proportion und Lage des Objektes einordnen. Lage eines Objektes beschreibt eine Position mit einer bestimmten Ausrichtung. Die Lage ist Teil der Komposition und damit relevant für das Bildgefüge. Nicht weniger relevant ist die Proportion eines abgebildeten Objektes. Lässt sich vom flächigen Abbild auf das dreidimensionale Objekt schließen?

*Figur und Figuren*

Die Lage und die Proportion binden Eigenschaften, die der Betrachter als konstant und stabil annimmt. Es ist für einen Betrachter von Relevanz, von welcher ‚Standhaftigkeit' und von welcher ‚Festigkeit' im Sinne eines Bildgefüges ein abgebildetes Objekt ist. Die Architekturfotografie begegnet dieser Problematik mit speziellen Techniken und Werkzeugen, wie der Fachkamera oder der nachträglichen Bearbeitung von Fotos, etc. (vgl. [Schulz 2008], [Timm 2010]). Die Bildhauerei kompensiert dies durch bestimmte geometrische Manipulationen an den Figuren. In der Regel wendet beziehungsweise beugt sich eine Figur dem Betrachter entgegen. Der potenziellen Verjüngung einer Figur wird durch Vergrößern entfernterer Figurteile entgegengewirkt (siehe Abbildung 5-12).

*Potenziale der Lage und der Proportion*

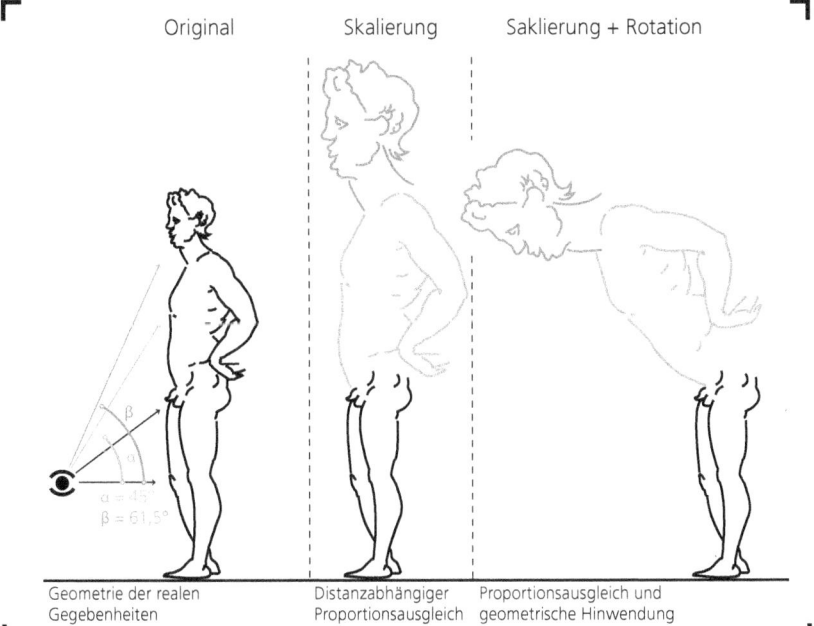

Abbildung 5-12, Illustration: ‚Starke Überzeichnung' einer geometrischen Manipulation an einer Skulptur/ Plastik in Abhängigkeit des Betrachterstandortes (siehe auch Abbildung 2-44, S. 48).

## 5 Ausblick und Zusammenfassung

**Weiterführende Optimierungsansätze**

Eine algorithmische, perspektivische Optimierung muss neben der Vermeidung von geometrischen Verzerrungen mittels computergrafischen Transformationen, wie Scherung und Rotation weitere Operationen, wie Translation und Skalierung enthalten. Diese Forschungsaussage ist mit dem Perspektivkoeffizienten als Teil dieser Arbeit benannt. Es gilt Näheres zu untersuchen (siehe 4.3.3.3). Wie die folgende Abbildung zeigt, sind auch bei den perspektivischen Ansätzen zur Optimierung, die diese Arbeit vorstellt, aus gestalterischer Sicht weiterführende Untersuchungen angezeigt. Zwar ist die Bildstruktur mit der gegenständlichen perspektivischen Optimierung bereits wahrnehmungsrealistisch, spiegelt aber nicht die geometrischen Verhältnisse und damit die tatsächlichen Gegebenheiten der zugrunde liegenden Szene wieder. Das Bildgefüge, sprich die Komposition gibt nicht die geometrischen Dimensionen respektive Abmaße der Realität wieder. So erscheint in der folgenden Abbildung die Kugel kleiner als der Würfel, obwohl beide Objekte im Maximum ihrer geometrischen Ausdehnung die gleichen räumlichen Dimensionen aufweisen. Der Unterschied der beiden Objekte besteht in ihrem Habitus, eine Kugel oder ein Würfel zu sein.

**Räumliche Ausdehnung**

Zur prinzipiellen Vergleichbarkeit wurde ein Modell angefertigt, das eine Kugel in einem Würfel steckend beschreibt, ähnlich dem Verfahren einer Boundingbox. Dieses geometrische Prüfmodell wurde in einer Reihe ausgerichtet und wie folgt abgebildet. Kugel und Würfel haben ähnliche, räumliche Ausdehnungen. Identisch sind ihre Breite, die Höhe, die Tiefe und ihr computergrafischer ‚Pivot-Punkt'. Die jeweilige Kugel und der entsprechend umgebende Würfel berühren sich aufgrund ihrer geoemetrischen Gegebenheit in genau sechs Punkten (siehe Abbildung 5-13).

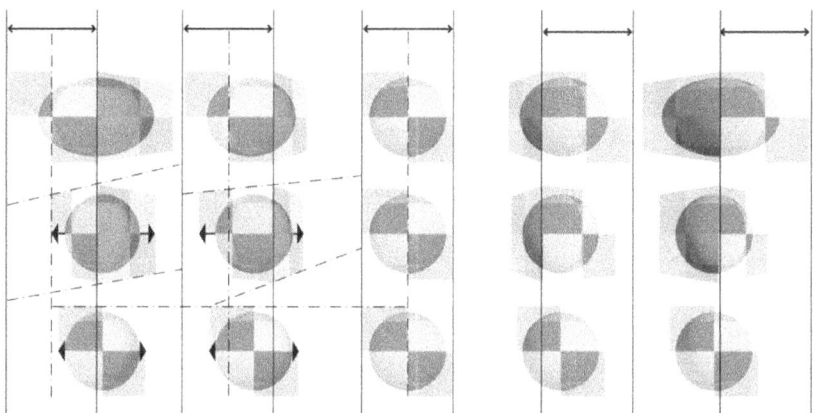

Abbildung 5-13, Illustration: Gegenüberstellung von Ausrichtung und Proportion. Es ergeben sich verschiedene Abbildungsergebnisse: Mono-Perspektive (oben), Multi-Perspektive von einem Augpunkt aus (mittig), Multi-Perspektive von mehreren Augpunkten aus (unten).

Zu erkennen ist, dass die Abbilder der einzelnen Kugeln beziehungsweise Würfel unterschiedliche Bereiche auf der Bildfläche einnehmen. Die flächenmäßig größte Ausdehnung zeigt die Mono-Perspektive, die in der oberen Reihe von Kugeln und Würfeln dargestellt ist. Diese Reihe zeigt verzerrte Abbilder von Kugeln und Würfeln. Zur Erinnerung sei erwähnt, die Objekte sind in der Reihe parallel, auf einer Linie ausgerichtet. Diese Tatsache ist der oberen Reihe gut zu entnehmen (siehe Abbildung 5-13, oben).

**Möglichkeiten der persp. Optimierung**

Die mittige Abbildung zeigt eine mögliche Form der perspektivischen Optimierung. Die Abbilder illusionieren mehr als die obere Reihe unterschiedliche ‚Gestalten' von Kugeln beziehungsweise Würfel beim Betrachter. Kugeln und Würfel sind eingedreht und zeigen sich von unterschiedlichen Seiten. Dabei ist festzustellen, dass die Abbilder der Kugeln einen kleineren Anteil der Bildfläche einnehmen, als die Würfel. Das ist beim ‚ersten Betrachten' der oberen Reihe nicht so stark aufgefallen, weil diese Problematik durch die Verzerrung der Abbilder visuell überlagert ist. Verzerrungen in der Proportion stören nicht nur die Wahrnehmung einer Gestalt, sondern behindern den inneren Vergleich von Gestalten, gemeint sind ‚Verbundobjekte' (siehe Abbildung 5-13, mittig).

Dass die Kugeln in der mittleren Reihe eine kleinere Bildfläche einnehmen als die Würfel, wirft ein weiteres visuelles Problem auf, dass der Vergleichbarkeit. Vor allem vor dem Hintergrund der gleichen Dimensionierung in der Breite, der Höhe und der Tiefe von Kugeln und Würfeln ist das besonders bemerkenswert. Ein objektübergreifender Vergleich der Größenrelation ist über weite Teile nicht gegeben. Relationen werden verfremdet (siehe Abbildung 5-13). (Bemerkung: Eine Lösung wäre die Abbildungsvorschrift der Parallelprojektion. Allerdings bindet diese Vorschrift gänzlich eigene Fragestellungen, die an dieser Stelle nicht weiter verfolgt werden. Der Unterschied, der sich ergebenen Bildflächengrößen, begründet sich in der Verjüngung der abgetragenen Breiten und der Höhen der jeweiligen Objekte. Dies ist das Prinzip der Zentralprojektion. Gleiches gilt für die untere Reihe.)

Problematik der ‚wahren' Ausrichtung

Die untere Reihe stellt eine weitere Form der perspektivischen Optimierung dar. Die abgebildeten Kugeln und Würfel scheinen an einer Linie im Raum ausgerichtet zu sein. Das entspricht in der Tat der konkret vorliegenden geometrischen Grundlage. Allerdings sind auch hier die Kugeln kleiner als die Würfel abgebildet. Dennoch sind mit diesen Abbildern die räumlichen Dimensionen der Kugeln und Würfel untereinander besser vergleichbar. Freilich verliert das Bildgefüge an räumlicher Wirkung, da die Fluchtlinien der Würfel fehlen. Das Bildgefüge erweckt jedoch anders als die mittlere Reihe den Eindruck, dass die Abbilder von unterschiedlichen Augpunkten anzusehen sind. Derart wird ein Betrachter vor einem großflächigen Bild, wie dies in einer Gemäldegalerie anzutreffen ist, zu einer lateralen Bewegung vor dem Bild animiert. Hingegen weist die mittlere Reihe auf einen Augpunkt hin. Der Betrachter vor einem derartigen Bild wird zum Verharren in einem Augpunkt respektive Standpunkt gedrängt (siehe Abbildung 5-13, unten).

Orientiert an der Blickrichtung

Mittlere und untere Reihen stellen also zwei ‚mehr oder weniger richtige' perspektivische Optimierungen dar. Sie entsprechen beide einer eigenen geometrischen ‚Wahrheit'. Je nach kommunikativem Ziel kann ein Gestalter auswählen, welche Optimierung zu nutzen ist, um ein bestimmtes Verhalten oder gewünschten Eindruck beim Betrachter zu provozieren beziehungsweise zu bewirken. Allerdings verbleibt bei der vorgestellten algorithmischen Lösung (siehe 4.4) das ‚Größenproblem' durch die unterschiedlichen Abbildflächen, die sich aus der Abbildungsvorschrift der Zentralprojektion ergeben. Hierbei ist weiterer Forschungsbedarf angezeigt.

Orientiert an der Szenengeometrie

5.1.2.2 Figur und Grund

Relevante Arbeiten zur Figur-Grund-Wahrnehmung finden sich bei den Untersuchungen von EDGAR J. RUBIN (vgl. [Rubin 1915]) beziehungsweise werden in vielen Standardwerken zur Wahrnehmungspsychologie vorgestellt (vgl. [Goldstein 2002]) oder Gestaltpsychologie (vgl. [Mach 1886], [Wertheimer 1922], [Wertheimer 1923]). Allerdings wird die Figur-Grund-Beziehung in der Computergrafik weit weniger thematisiert. FRANK STEINICKE ET AL. beschäftigen sich zum Beispiel in verschiedenen Untersuchungen mit der Wahrnehmung von störenden Verzerrungen durch die Zentralprojektion. Dabei unterscheiden die Autoren vom Ansatz her zwischen virtuellen Objekten und virtueller Umgebung. Sie kommen zu dem Ergebnis, das perspektivische Projektionen von virtuellen Objekten realistisch wahrgenommen werden, wenn der Öffnungswinkel der computergrafischen Kamera dem Öffnungswinkel des Auges für den jeweilig entsprechend abgedeckten Bildschirmbereich

Figur und Grund

# 5 Ausblick und Zusammenfassung

entspricht. Ihre Studien untersuchten abgebildete virtuelle Figuren mit Schatten ‚vor neutralem Grund'. Die Figuren und der Grund werden differenziert – aber nicht in Relation zueinander – betrachtet (vgl. [Steinicke u. a. 2010b], [Steinicke u. a. 2011b]).

Figur-Grund-Relation  In der Computergrafik gibt es zur Figur-Grund-Relation kaum Arbeiten. Es ist festzustellen, dass zudem computergrafische Kameraöffnungswinkel genutzt werden, die stark vom Öffnungswinkel des Auges abweichen (vgl. [Steinicke u. a. 2009]). Das bedeutet, auch wenn sich der Betrachter mit seinem Auge in das Projektionszentrum begibt sowie lotrecht auf die Abbildungsfläche schaut, er dann doch keine wahrnehmungsrealistische Computergrafik erblickt. Es besteht eine geometrische Disparität zwischen dem ‚Bildwinkel' (vgl. [Bautsch 2014]) und dem projektionsbedingten Kameraöffnungswinkel (siehe 3.3.4). Um eine fensterähnliche Wirkung zu erreichen und damit eine natürlich wirkende Figur-Grund-Relation zu erzeugen, ist der ‚Bildwinkel' gleich dem Kameraöffnungswinkel zu setzen (vgl. [Mcgreevy u. a. 1986]).

Bildwinkel  Des Weiteren stellen FRANK STEINICKE ET AL. fest, dass, wenn der computergrafische Kameraöffnungswinkel ‚mehr oder weniger' als 60 Prozent (+/-60 %) vom ‚Bildwinkel' abweicht, Betrachter entsprechend projizierte Abbilder als verzerrt ansehen. Hierbei sind allerdings weitere Studien nötig, da den vorliegenden Publikationen keine weiteren und konkreten Angaben zu entnehmen sind, die über die prozentuale Angabe hinausgehen (siehe Abbildung 5-14, vgl. [Steinicke u. a. 2010b]).

Abbildung 5-14,
Computergrafiken: Perspektivische Verzerrung des ‚Utah-Teapots', unter Verwendung des Dolly-Zoom-Prinzips, unter verschiedenen Kameraöffnungswinkeln, Angaben in Grad ([Steinicke u. a. 2010b]).

Charakteristika eines Dialog-Objektes  Im klassischen, gestalterischen Sinne bilden Figur und Grund jedoch eine Beziehung. Vielmehr treten Gestalten aus dem Grund hervor und werden zum dialogisch bedeutsamen Objekt. Nach RAINER GROH unterliegt der linearperspektivische Grund systemräumlichen Gegebenheiten. Damit ist mit der folgenden Eingrenzung jedem Dialog-Objekt seine eigene Binnenperspektive gegeben (siehe 2.1.3). In der Gestaltung hat eine Figur die Eigenschaften abgeschlossen, sphärisch, konkret, fest zu sein und eben auch hervorzutreten.

Trennung von Figur und Grund  In der Literatur finden sich auch Begriffe wie „Singularität" und „Isoliertheit" (vgl. [Groh 2005, S. 49]). Die Komposition aus Figuren und Grund bildet dabei eine Einheit – eine Geschichte respektive Botschaft. Eine nicht eindeutige Abtrennung von Figur und Grund ist dabei zu vermeiden, denn diese würde als störend durch den Menschen empfunden werden. Wenn aber die Binnenperspektive einer Figur eine zweideutige Räumlichkeit illusioniert und verursacht, wirkt dies für eine Botschaft störend.

## 5.1 Ausblick

Die Bilder von MAURITS CORNELIS ESHER versuchen weniger eine Geschichte zu erzählen, als mehr die visuelle Wahrnehmung des Menschen herauszufordern (siehe Abbildung 5-15). Dies gelingt mit der Gestaltung von Bildstrukturen, die beim Betrachter zwar eine virtuelle Räumlichkeit illusionieren (vgl. [Ernst 2002], [de Smit und Lenstra Jr. 2003], [Owada und Fujiki 2008], [Schattschneider 2010]), die sich aber gegen die Erfahrung und Sehgewohnheiten des Menschen richten (vgl. [Franke u. a. 2008a], [Steinicke u. a. 2011b]). Die Bilder wirken verstörend, da dem Menschen keine geometrische Entschlüsselung der räumlichen Situation gelingt. Weiterführende Untersuchungen finden sich in der Standardliteratur (vgl. [Goldstein 2002]).

*Geometrische Täuschung*

Sowohl Figuren als auch der Grund besitzen Proportionen und vermitteln eine Ausrichtung. Im Sinne der Etablierung einer bildhaften Kommunikation sollten sich Figur und Grund ergänzen (vgl. [Walther 2012], [Zavesky u. a. 2011a]). Insbesondere bei systemräumlichen Figur-Grund-Situationen gibt es nach derzeitigem Kenntnisstand und unter gestalterischen Gesichtspunkten im zweidimensionalen Abbild keine harmonische Gesamtlösung, wenn ein Dialog-Objekt mit seiner Binnenperspektive auf den Systemraum als grundlegende Bildstruktur trifft. Maler versuchen bis heute, in diesem Konflikt zu vermitteln. Letztlich verbleibt es dem gestaltenden Maler, Fotografen, Architekten oder Computergrafiker in seiner Darstellung auf der ebenen Fläche zwischen Figuren und Grund zu balancieren. Ein geometrischer Konflikt ist durch eine ‚geschickte Komposition der Elemente auf der Bildfläche' zu vermeiden respektive zu verbergen.

*Figur und Grund ergänzen sich*

Das sogenannte ‚Figur-Grund-Problem' in einem Gemälde gibt es nicht, denn der Maler verarbeitet dies in seinem Schaffensakt. Er weiß die Relation von Figur und Grund im Sinne der Gestaltung zu nutzen. Wenn es aus gestalterischen Belangen notwendig ist, dann werden derartige Konflikte in der Bildstruktur zwischen den jeweiligen Elementen vermittelt, ‚schlicht verdeckt' oder gänzlich ‚ausgespart'. Beispielsweise gibt es den Hauptfluchtpunkt eines neuzeitlichen Gemäldes bildhaft nie als Grund und schon gar nicht als ‚Flucht-Figur': „Der Mittelpunkt ist unsichtbar" (siehe 3.2.1.2). Oft werden an dieser Stelle andere Figuren: Menschen, Tiere, Gegenstände platziert oder Aussparungen vorgenommen: Türen, Tor, Fenster, etc., die je nach Konstellation oder Inhalt in der Regel zukünftige Entwicklungen beherbergen. Ist der Blick durch die zuvor genannten Objekte verschlossen oder freigegeben, so ist die Zukunft düster und verborgen respektive hell und hoffnungsvoll, in jedem Fall geheimnisvoll. Das ‚Figur-Grund-Problem' stellt also eine ‚rein platonische/philosophische' Konstruktion' dar. Welche Relation zwischen Figur und Grund vorliegt und wie diese im Bild darzustellen sei, ist eine konkrete Gestaltungsaufgabe!

*Figur-Grund-Problem*

Geeignete grafische Elemente sind durch den Gestalter zu wählen. Letztlich ist anzumerken, dass die Relation von Figur und Grund – und mag das Bild eine noch so flächige Struktur besitzen – in der Regel einen ersten, leichten Tiefeneindruck beim Betrachter bewirkt. Die ‚Figur liegt vor dem Grund', bedeutet im Sinne der Wahrnehmung für den Betrachter, dass die Figur vorne erscheint und der Grund sich dahinter erstreckt. Die Unterscheidung zwischen Figur und Grund ist lediglich einer der vielen gestalterischen Schritte bei der Anlage einer Bildstruktur, die sich an vielen anderen gestalterischen Herausforderungen in ähnlicher Weise und mit gleicher Schlussfolgerung ziehen lassen kann.

*Gestaltung ist ein schöpferischer Akt*

# 5 Ausblick und Zusammenfassung

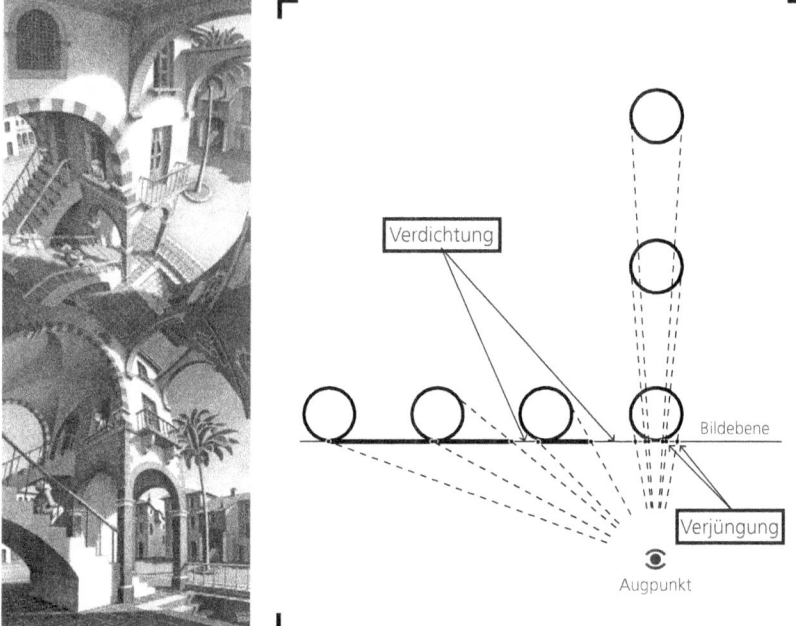

Abbildung 5-15, Grafik: „High and Low" von MAURITS CORNELIS ESCHER (1947), links

Abbildung 5-16, Illustration: Verengung und Verjüngung durch Zentralprojektion, rechts (vgl. Abbildung 5-10).

### 5.1.2.3 Verjüngung und Verdichtung

**Verjüngung und Verdichtung**

Mit der Verwendung der Zentralprojektion als Abbildungsvorschrift ist ein Mehr an Natürlichkeit des Abbildes von dreidimensionalen Objekten auf zweidimensionalen Bildflächen verbunden. Ein gestalterisches Ziel ist es, die Tiefe des Raumes auf die Fläche zu projizieren. Zur Theorie der mehrfachen Tiefenkriterien sei an dieser Stelle auf die Fachliteratur verwiesen (vgl. [Goldstein 2002]). Der Betrachter erfährt demzufolge unter zahlreichen anderen Hinweisen und Kriterien die Tiefe der Natur durch die optische Verkleinerung von Gegenständen. Je weiter ein Objekt vom Betrachter entfernt ist, desto kleiner gibt es sich optisch gesehen, so auch im Abbild durch die Zentralprojektion (siehe Abbildung 5-6). Dieses Prinzip wird Verjüngung im Abbild genannt.

**Bildfläche und Kameraöffnungswinkel**

Allerdings, und das wird mit zunehmender Bildfläche beziehungsweise Kameraöffnungswinkel relevant, stellt sich bei der Verwendung der Zentralprojektion als Abbildungsvorschrift auch eine ‚Verdichtung' im Abbild ein. Die Verjüngung ist ursächlich der Projektion der Tiefe geschuldet, ergo der Distanz des abzubildenden Objektes relativ zum Projektionszentrum. Die Verdichtung der Zwischenräume im Bildgefüge von aneinanderliegenden Objekten ist der Lateralität relative zum Projektionszentrum geschuldet (siehe Abbildung 5-16). Damit stellt das Abbild durch Zentralprojektion ‚verfälschte', räumliche Relationen dar. Die geometrische Grundlage weist einen gleichgroßen Abstand zwischen den Objekten auf. Das Abbild zeigt eine Verdichtung. Die Abstände zentralprojiziert abgebildeter Objekte lassen sich objektiv gesehen nicht vergleichen. Die geometrische Datengrundlage wird verfälscht dargestellt. Die mit dieser Arbeit vorgestellten Ansätze zur perspektivischen Optimierung wirken der Verdichtung entgegen, ohne das Wesen der Zentralprojektion, beispielsweise die Verjüngung von in der Tiefe liegenden Objekten zu opfern. Sowohl der objekt- als auch der kamera-basierte Algorithmus zur perspektivischen Optimierung beherrschen dies (siehe 4.4f).

## 5.1 Ausblick

### 5.1.2.4 Verdeckung und Durchdringung

Ein anderer Aspekt ist die mit den Verfahren gegebene Möglichkeit, multi-perspektivische, künstlerische Darstellungen (zum Beispiel in Gemälden) mit den Mitteln der Computergrafik strukturell zu beschreiben und daraus Regeln für eine an den Menschen angepasste Darstellung zeitgenössischer, computergrafischer Visualisierungen abzuleiten. Am Beispiel des Freskos „Der Zinsgroschen" wird durch JAN WOJDZIAK ET AL. die spezielle, projektive Ausgestaltung einzelner Bildelemente in Verdeckung und Durchdringung aufgezeigt. Mithilfe der kamera- und objekt-basierten Optimierung wird die Bildgestaltung und deren Parameter nachvollzogen (vgl. [Wojdziak u. a. 2011c]).

*Verdeckung und Durchdringung*

Durch die perspektivische Optimierung wird die Geometrie der abzubildenden Objekte verändert (siehe 4.4). Bei der Zentralprojektion zeigen sich abgebildete Objekte mit zunehmendem Öffnungswinkel verzerrter. Im Bildgefüge äußert sich dies als Aufweitung der Form. Neben der Verletzung der Formkonstanz kommt es durch Zentralprojektion zu einer weiteren visuellen Beeinträchtigung. Durch die Aufweitung wird mehr Fläche auf der Bildebene von ein und demselben abzubildenden Objekt benötigt. Dahinterliegende Objekte werden verdeckt. Die potenzielle Verdeckung von anderen Objekten im Hintergrund oder die Verdeckung des Grundes nimmt mit dem Abbildungswinkel zu. Die folgende Abbildung verdeutlicht dies (siehe Abbildung 5-16). Eine mögliche Lösung stellt hierbei die perspektivische Korrektur dar (siehe 4.4). Entweder erfolgt diese ‚pointierte' Optimierung auf Basis einer objekt-geometrischen Deformation oder einer kamera-basierten Manipulation (siehe 4.4.1 und 4.4.2).

*Verdeckung*

Die Durchdringungsproblematik in einer Szene meint, dass durch die objekt-basierte, perspektivische Optimierung manipulierte Objekte in Teilen ineinander eindringen beziehungsweise sich durchstoßen (siehe Abbildung 5-17), am Beispiel des Abbildes eines Verbandes von Kugeln und Würfeln. Die Kugeln sind perspektivisch optimiert, die Würfel nicht. In Abhängigkeit unterschiedlicher, computergrafischer Transformationen ergeben sich ‚Verfälschungen' der räumlichen Relationen, die die Datengeometrie manipulieren und folglich im entsprechenden Abbild ‚niederschlagen'. ‚Zerstörungsfreie Durchdringungen' sind in der Virtuellen Realität im Gegensatz zur Realität möglich, zumindest in der ‚klassischen' Physik (vgl. [Trixler 2013]). Durchdringungen sind für den Menschen unnatürlich. Natürlich ist für ihn, dass sich fest abgeschlossene Gegenstände also selbstständige Körper in seiner Umwelt visuell nicht durchdringen. Die zerstörungsfreie Durchdringung von virtuellen Objekten ist ein gestalterisches Potenzial, das allerdings dem Wahrnehmungsrealismus entgegensteht.

*Durchdringung*

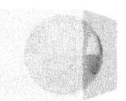

Abbildung 5-17, Computergrafik: Durchdringung durch perspektivische Optimierung.

Die Durchdringung bedingt sich aus einem Transformationsanteil der perspektivischen Optimierung, die im Vorfeld der Abbildung auf die entsprechenden Objekte angewandt wird. Andere Objekte erfahren entweder eine eigene perspektivische Korrektur oder erfahren keine dementsprechende Behandlung (siehe Abbildung 5-17 und Abbildung 5-18). Nach der Optimierung werden alle Objekte der gleichen Abbildungsvorschrift unterworfen. Durch diese ungleichen geometrischen Gegebenheiten kommt es zu Durchdringungen im Objektraum. Die abgebildeten Objekte weisen im Bildraum entsprechende Überlagerungen auf. In der Kunstgeschichte, insbesondere bezüglich der Linearperspektive stellt dies ein gestalterisches Problem dar: Das ‚perfekte Abbild' einer Säule auf einem

*‚Ungleiche' geometrische Gegebenheiten*

## 5 Ausblick und Zusammenfassung

Mosaikfußboden ist bisweilen ‚ungelöst'. RAINER GROH versucht das Problem mit den folgenden gestalterischen Regeln zu umgehen. Objekte dürfen nur unter ganz bestimmten und engen Grenzen optimiert werden. Bei der Abbildungsvorschrift für dreidimensional, geometrische Objekte auf eine zweidimensionale Abbildungsebene ist dann mit einem gestalterischen Eingriff zu reagieren (siehe 4.1.2), wenn folgende drei bildsprachliche Aspekte hinreichend vorliegen: a) das betreffende Objekt eine durchgehende „Ummantelung durch geschlossene gekrümmte Flächen" besitzt, wie dies für zylindrische, säulenartige Formen, für antropomorphe Menschenleiber bis hin zu kugelähnlichen Gestalten gilt; b) das betreffende Objekt eine „Singularität und Isoliertheit" von seiner Umgebung vorhält und c) das betreffende Objekt eine „dialogische Bedeutsamkeit" für den Betrachter besitzt ([Groh 2005, S. 49]).

*Orientierung, Reduktion, Vermittlung*

Aber auch bei der Aneinanderreihung von einfachen Dialog-Objekten, die perspektivisch optimiert wurden, kommt es zu Durchdringungen (siehe Abbildung 5-9). Die Anwendung einer perspektivischen Optimierung ist hier auf geometrischer Basis zwar möglich, allerdings wirkt das Abbild des Objektes auf den Rezipienten unrealistisch, weil wiederum Verzerrungen auftreten (vgl. [Franke u. a. 2008a]). Entsprechende Maßnahmen können ergriffen werden: a) Anpassung der Orientierung des betreffenden Objektes oder Teilobjektes im Raum, b) Reduktion des Scherungsanteils als Teil der perspektivischen Optimierung und c) Vermittlung zwischen sphärischen und systemräumlichen Objektanteilen respektive zwischen Dialog-Objekt und systemräumlichen Verband.

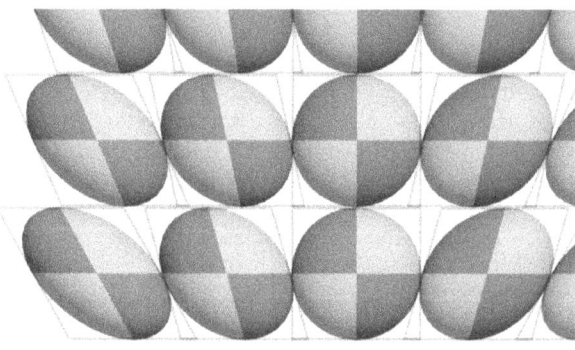

Abbildung 5-18, Computergrafik: Durchdringungsproblematik am Beispiel des Abbildes eines Verbandes von Kugeln (Ellipsoide) und deren Scherkörper (Parallelepiped). Die Ellipsoide illusionieren in der Perspektive (siehe Abbildung 5-17) Kugeln. In Abhängigkeit der computergrafischen Transformationen ergeben sich Änderungen der räumlichen Relationen. Die Parallelepipede zeigen Überschneidungen. Die räumliche Überlagerung wirkt sich auch auf das Abbild aus.

Abbildung 5-19, Computergrafik: Detailillustration zur Durchdringungsproblematik am Beispiel des Abbildes eines Verbandes von Kugeln (Ellipsoide) und Würfeln (Quader). Die Ellipsoide illusionieren in der Perspektive (siehe Abbildung 5-17) kreisrunde Kugeln. Die Würfel zeigen den umgebenden Raum als dreidimensionales Raster an. In Abhängigkeit der computergrafischen Transformationen auf die entsprechenden Ellipsoiden als Dialog-Objekte ergeben sich Änderungen der räumlichen Relationen. Die Ellipsoide durchbrechen das räumliche Raster. Es entsteht ein ‚Durchdringungsproblem', dem mit zusätzlichen Annahmen, wie ‚Constraints', abgeholfen werden kann (vgl. [Carroll u. a. 2010]).

*Forschungsbedarf beim OPO-Algorithmus*

Die perspektivische Optimierung (siehe 4.4) erreicht allerdings keine wahrnehmungsrealistische Lösung für Verbundobjekte. Ein Verbundobjekt meint ein Objekt, das sich einerseits dem Systemraum unterordnen lässt (siehe 2.2.2.2) und das andererseits nach einer Binnenperspektive verlangt (siehe 2.1.3). Ein Beispiel für ein derartiges Verbundobjekt

## 5.1 Ausblick

stellt ein eckiger Grundkörper mit einem rundlichen Oberbau dar, wie bei einem Gebäude bestehend aus Mauerwerk als Grundkörper mit sich darüber erstreckendem Kuppelgewölbe. Wird die perspektivische Optimierung nur zu Teilen auf das Objekt angewendet, dann kommt es zu geometrischen Durchdringungen. Ein Maler vermittelt hier durch eine geschickte Komposition. Die geometrischen Spannungen werden verdeckt beziehungsweise vor den Augen des Rezipienten verborgen (vgl. [Barth 2009], [Zimmer 2011]). Eine gestalterische Lösung ist nicht das Ergebnis von beliebigen geometrischen Transformationen, sondern einer ‚intelligenten' Anwendung selbiger.

In flächig wirkenden Darstellungen stellt sich ein Verbund leichter dar, als in räumlich wirkenden. Einen flächigen Verbund stellen beispielsweise auch individuell gestaltete Baluster einer Balustrade dar (siehe Abbildung 5-20). Das BildspracheLiveLab (BiLL) stellt unter anderem hierfür ein Werkzeug zur Verfügung (siehe Abbildung 5-21). Dieses ermöglicht eine differenzierte Betrachtung des objekt-basierten Ansatzes zur Optimierung perspektivischer Ansichten, da sich die einzelnen Bestandteile des Algorithmus gezielt und dosiert ausführen lassen. Die gezeigte Benutzeroberfläche ermöglicht dem Nutzer die Manipulation am Kameraöffnungswinkel und die gewichtete Ausführung einzelner Transformationsschritte des Algorithmus. Besonders zu erwähnen ist, dass die Reihenfolge der Transformationsschritte in ihrer Reihung frei angeordnet werden kann. Somit sind zahlreiche Facetten von bildhaften Wirkungen durch objekt-basierte Deformation möglich.

Bei zwei Dialog-Objekten, die jeweils einer perspektivischen Optimierung unterliegen sollen, ist das Zusammenlegen der betreffenden Pivot-Punkte auf ein und den gleichen geometrischen Bezugspunkt möglich. Die Optimierungen verschränken sich. Diese Verschränkung stellt einen geometrischen Kompromiss dar, da die Objekte mit ihren Geometrien aufeinander abgestimmt werden. Die Geometrien werden lediglich anteilig optimiert.

Geometrischer Kompromiss

Abbildung 5-20, Illustration: Varianten von Baluster (nach [Clason 1904, S. 807]), links.

Abbildung 5-21, Computergrafik: Benutzeroberfläche des OPO-Plug-ins für das BildspracheLiveLab (BiLL), ([Wojdziak 2007, S. 65]) der objekt-basierten perspektivischen Optimierung (vgl. [Franke u. a. 2007]), rechts.

Eine andere Möglichkeit der Verhinderung von Durchdringungen ist die Ergänzung der perspektivischen Optimierung um einen Tiefenalgorithmus. Dieser Ansatz begründet sich in einer regelbasierten Verwendung des Z-Buffers. Vorstellbar ist, dass Dialog-Objekte, die eine Manipulation erfahren haben, in einem bestimmten Tiefenbereich gegenüber anderen systemräumlichen Objekten dominieren. Eine bekannte Umsetzung für die Verdeckungs-

Kompromiss bei der Abbildungsvorschrift

## 5 Ausblick und Zusammenfassung

problematik ist der ‚painter's algorithm' beziehungsweise ‚priority fill' (vgl. [Newell u. a. 1972], [Foley u. a. 1990]). Allerdings stellen diese Möglichkeiten immer nur Kompromisse dar. Das dabei erzielte Abbildungsergebnis wirkt sich eher beeinträchtigend auf die visuelle Wahrnehmung aus, wenn auch in abgeschwächter Form und Wirkung. Studien bezüglich der Wahrnehmung von perspektivisch optimierten Verbundobjekten stehen noch aus. Es ist zu erwarten, dass Probanden diesbezüglich mit Ablehnung reagieren (vgl. [Franke u. a. 2008a], [Steinicke u. a. 2010b]).

### 5.1.2.5 Lotrecht ins –Off–

‚Lotrechte'

Mit den folgenden zwei Abbildungen soll die Wirkung der Bildstruktur über das -Off- hinaus thematisiert werden. Die folgende Abbildungsserie zeigt zwei Bilder. Innerhalb der Serie wird das Bildfeld der Bilder skaliert (siehe 3.2.2.3). Die Bilder rücken dabei zusammen, das heißt, der Abstand zwischen den Bildrahmen verringert sich. Der konkrete Bildinhalt der jeweiligen Bilder wurde durch die Skalierung nicht geändert. Das Augenmerk ist auf die Wechselwirkung der beiden Bildstrukturen der Bilder zu legen. In der ersten Zeile wirken die Bilder scheinbar identisch. Mit zunehmender Skalierung zeigt sich insbesondere, dass die Bildstrukturen sich in einer Nuance unterscheiden. Die abgebildeten Kirchen sind unterschiedlich geneigt, wie insbesondere die untere Zeile der folgenden Abbildung ‚zu zeigen scheint' (siehe Abbildung 5-22).

### 5.1.2.6 Gegenständlichkeit

Gegenständlichkeit und Vorstellungskraft

Folgende Erkenntnis zur Gegenständlichkeit von virtuellen Objekten lässt sich ziehen. Bildhafte Muster, Strukturen und Flächen zueinander können eine Gestalt und Szene etablieren, wie mit den vorangegangenen Abschnitten gezeigt. Eine Gestalt bindet Proportion – und eine bestimmte Gestalt eines Objektes induziert beim Betrachter das Vorhandensein einer bestimmten entsprechenden Ausrichtung.

Verzerrungen oder Scherungen der Proportion (vgl. [Owada und Fujiki 2008]) werden vor dem Hintergrund der Bildung von Gegenstandskategorie (vgl. [Newell und Bülthoff 2002], siehe 2.4.2.1) vom Menschen als störend empfunden. Verdeckungen sind hingegen natürlich. Verzerrungen und Verdeckungen laufen aber der Gestaltwahrnehmung entgegen. Der Mensch reagiert mit Imagination. Im Sinne der Gestaltung oder der Abbildung unserer Umwelt zeigen Bilder bestimmte Gegenstände in einem Gefüge aus Oberflächen. Dies wird durch die Vorstellungskraft des Menschen komplettiert.

Gegenstands und Widerstandsbegriff

Der folgende Themenkomplex ist beim Umgang des Menschen mit der Virtuellen Realität relevant: Was bedeutet der Begriff Gegenstand innerhalb der Perspektivlehre? Ein Gegenstand im Wortsinn setzt sich aus Gegen- und -stand zusammen. Objekte stellen mit ihren Flächen und Kanten eine ‚Sichtbeeinträchtigung' dar. Flächen und Kanten können eine Gegenständlichkeit bilden. Gegenständlichkeit bedeutet einem Menschen gegenüber ‚Etwas mit einem festen Stand und von fester Form'. Ein Gegenstand bietet also einen visuellen Widerstand. Ergo binden Perspektiven bestimmte Widerstände, beispielsweise zwischen einem Betrachter und einem Gegenstand. Die Interpretation der Relationen der Gegenstände untereinander obliegt dem Menschen. Diese Relationen können abgebildet werden. Ohne Gegenstand also keine Perspektive.

## 5.1 Ausblick

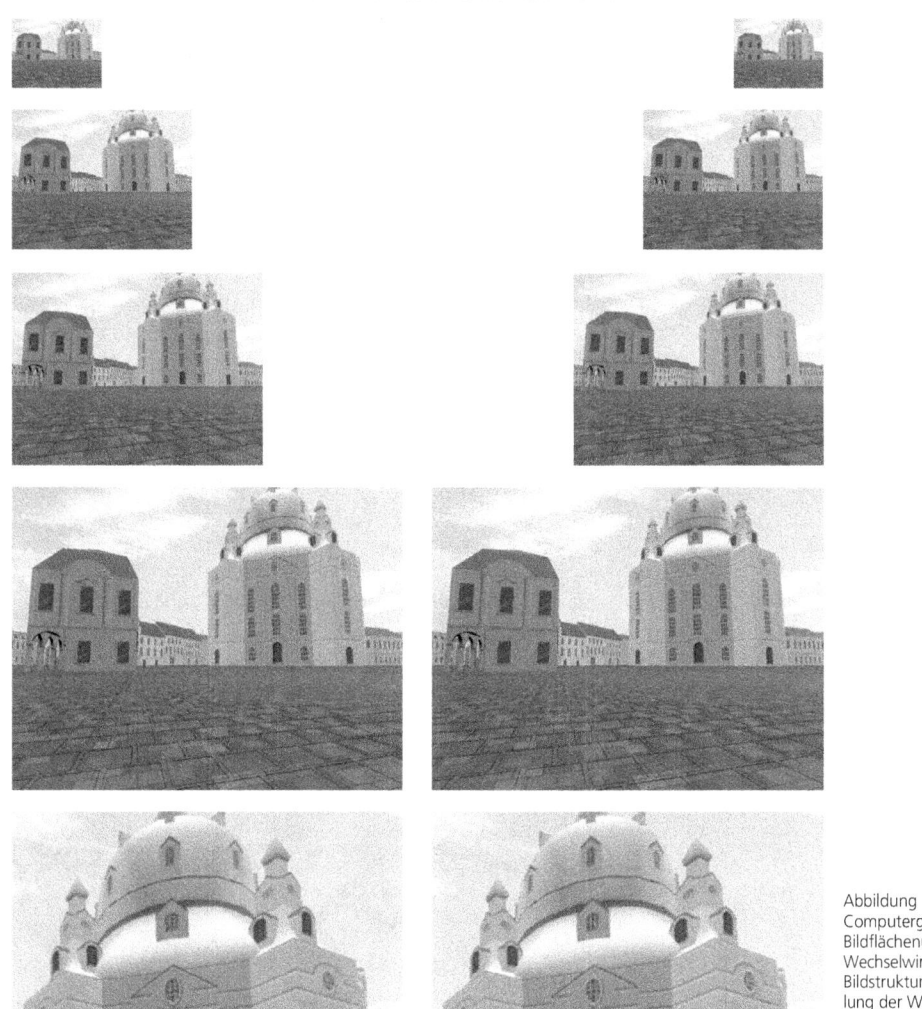

Abbildung 5-22, Computergrafiken: Bildflächenübergreifende Wechselwirkung von Bildstrukturen. Entwicklung der Wirkung zwischen jeweils linkem und rechtem Bild. ‚Auf welchem Bild ist die Kirche stärker geneigt?' (nach [Schreier 2007, S. 61]). Alle Bilder sind in der ‚inneren' Bildstruktur identisch, darüber treten diese in eine bildstrukturelle Koinzidenz.

Umso bedeutender ist es, dass die abgebildeten Gegenstände einen ‚korrekten' visuellen ‚Widerstand' etablieren. ‚Korrekt' meint, so wie der Mensch einen Gegenstand mit seinen entsprechenden vielfältigen Ausprägungen in Ausrichtung und Proportion kennt (Gestalt) – Perspektive meint eine bestimmte symbolische Form (vgl. [Panofsky 1980b]).

## 5 Ausblick und Zusammenfassung

### 5.1.3 Verfremdung der Illusion vom Raum

**Verfremdung der Illusion vom Raum**

Mit der Stimulation einzelner Sinneszellen auf der Retina des Auges kann das visuelle Wahrnehmungssystem des Menschen in der Regel noch nicht auf räumliche Tiefe schließen. Erst wenn sich unter anderem bestimmte Tiefenmerkmale ergeben und dementsprechende, visuelle Reizinformationen vorliegen, dann kann das menschliche Gehirn auf das Vorhandensein einer räumlichen Tiefe schließen. Diese Reizmerkmale sind aufgrund ihrer monokularen Eigenschaften als gestalterisches Mittel - insbesondere als Tiefenstruktur gebendes Element - bei der zweidimensionalen Visualisierung von dreidimensionalen Daten bevorzugt zu verwenden, um eine räumliche Tiefe zu illusionieren.

Mit dem Wissen und dem Verständnis über die Zusammenhänge von Tiefenmerkmalen und neuronalem Cortex lassen sich bestimmte Wahrnehmungsphänomene provozieren (vgl. [Perkins 1994]). Ein konkretes Beispiel aus der Filmkunst für die Manipulation beziehungsweise dem Spiel mit unserem Wahrnehmungssystem offeriert die Methode mit dem Effekt des Dolly Zooms beziehungsweise des ‚Vertigo'-Effekts von ALFRED HITCHCOCK (vgl. [Truffaut und Hitchcock 1999], [Monaco 1995]).

#### 5.1.3.1 ‚White-out'-Effekt

**‚White-out'-Effekt**

Das ‚White-out' ist eine extreme, realexistierende Situation und eine interessante Perspektive aus computergrafischer Sicht. Aufgrund von bestimmten Wetterbedingungen kommt es zu diffusen Reflexionen und Kontrastabfall. Das gesamte Blickfeld (siehe 3.2.2.2) ist von weißähnlicher Farbe erfüllt. Es sind kaum noch Orientierungspunkte oder Linien zu sehen. Boden und Himmel gehen ineinander über. Ein Horizont existiert nicht. Somit kann sich der Mensch nicht mehr orientieren. Es kommt in der Regel zum Verlust des Raumgefühls, oft zu Übelkeit (vgl. [Catchpole und Moodie 1971], siehe Abbildung 5-23).

Abbildung 5-23, Fotografie: „A Royal Navy Sea King Mk4 helicopter from 845 Naval Air Squadronis pictured landing […]" von PO(PHOT) MEZ MERRILL (Royal Navy, Nördliches Norwegen, 5. März 2013), links.

Abbildung 5-24, Fotografie: „[…] Two, fly their MH-60S Knighthawk helicopter in white out conditions […]" von M. JEREMIE YODER (U.S. Navy, Sumatra, Indonesien, 7. Januar 2005), r.

**‚Nichts'**
→ ganz rahmenlos

Die Virtuelle Realität beginnt auch oft mit einem ‚Nichts', ganz rahmenlos (siehe 3.2.1.6). Das menschliche Augenpaar kann keine Dreidimensionalität in einem zweidimensionalen Abbild erblicken. Lediglich mit dem Wissen über das menschliche Sehen kann der visuellen Wahrnehmung eine räumliche Tiefe vorgetäuscht werden (siehe 2.4.6). Referenzen, wie Maßstäbe oder Bezugsgrößen, können hier unterstützend wirken. Man denke an Fluchtlinien in einem Bild oder an stereoskopische Bildpaare, die in Wirklichkeit keine eigene Tiefe respektive dritte Raumdimension besitzen. Die Überprüfung des Vorhandenseins der ‚wahren Beschaffenheit' der drei raumbildenden Dimensionen obliegt dem Tastsinn.

## 5.1 Ausblick

Räumliche Tiefe im zweidimensionalen Bild meint hier eine Illusion von Tiefe durch bestimmte Merkmale oder durch die bestimmte Anordnung von Bildelementen. Dazu steht dem Gestalter von Bildern ein Repertoire beziehungsweise eine Fülle an Struktur gebenden Elementen zur Verfügung: Verdeckung, Fluchtlinien, Parallelenkonvergenz (bekannt auch als Texturgradient), relative Größe(-nkonstanz), relative Höhenlage, Farbverlauf, etc. Diese können zur Codierung der Tiefe in einem zweidimensionalen Bild genutzt werden. Die Parallelenkonvergenz meint Abstände von parallel angeordneten sich verjüngenden Linien. Die Codierung sollte dabei so gewählt sein, dass das menschliche Gehirn auf der Basis bekannter Merkmale auf Tiefe schließen kann. Diese zu extrahierenden Informationen nennt man auch Tiefenkriterien. Monokulare Tiefenkriterien sind strukturelle Regelmäßigkeiten, die mit zunehmender Entfernung von Auge oder Kamera respektive Projektionszentrum kovariieren, das heißt, einhergehen. Auch bewegungsindizierende Informationen für räumlich, wirkende flächige Bildstrukturen sind möglich, wie die Bewegungsparallaxe. Eine differenzierte Betrachtung und Abhandlung zu diesen Elementen gibt E. BRUCE GOLDSTEIN in seinem Buch: „Wahrnehmungspsychologie" (vgl. [Goldstein 2002]).

*Element in der Tiefengestaltung*

Welches Potenzial sich mit dem ‚White-out' ergibt, das sollte erforscht werden. Unter Umständen lassen sich mittels der Virtuellen Realität und des virtuellen Trainings (vgl. [Blümel u. a. 2003]) entsprechende Gefahrensituationen beherrschen lernen (siehe Abbildung 5-24). Mit entsprechenden Strategien könnten realen, ernsthafte Konsequenzen vorgebeugt werden, wie beispielsweise Unfällen mit Luftfahrzeugen (vgl. [Rokohl u. a. 2009]).

### 5.1.3.2 Der umgelenkte Gang

FRANK STEINICKE ET AL. erforschten im Projekt: „Benutzerschnittstellen für ‚omni-direktionale' Lokomotion in immersiven, virtuellen Umgebungen basierend auf ‚Redirected Walking' (LOCUI)", wie sich Menschen in virtuellen Umgebungen real bewegen. Ziel war es, die Tiefe zu verfremden. Das Gehen eines Menschen wurde mit einer Echtzeit-Visualisierung verknüpft. Damit wurde ein Teil des natürlichen menschlichen Bewegungsapparates zum Zwecke der Steigerung der Immersion genutzt. Problematisch war hierbei, dass die virtuelle Umgebung eine weit größere Fläche einnahm, als es die realen technischen Bedingungen zur Visualisierung erlaubten. Eine Eins-zu-Eins-Abbildung der virtuellen Räumlichkeiten auf die reale Gegebenheit ist oft nicht möglich. Eine Lösung besteht in dem Mittel des ‚Redirected Walking'. Probanden werden hier indirekt geführt. In seinem Eindruck von der Umgebung getäuscht und durch das Bezugssystem überlistet, realisiert der Mensch diese Abweichungen nicht (siehe 3.2.1 und 4.3.1). Er zeigt sich überraschend tolerant. Die Visualisierung des Virtuellen ist beim ‚Redirect Walking' in zuvor definierten Punkten mit der realen räumlichen Gegebenheit disparat. Beispielsweise wurden in Untersuchungen in der Virtuellen Realität den voranschreitenden Personen manipulierte Visualisierungen präsentiert. Die Bewegungen des realen Leibes wurden hinsichtlich der Virtuellen Realität skaliert oder anderweitig transformiert (vgl. [Steinicke u. a. 2010a]) oder die visuelle Präsentation eines scheinbaren Geradeausschreitens hält den Probanden in der Realität zu einem kurvenförmigen Laufen an (vgl. [Neth u. a. 2011]). Die Forschungsaufgabe lag in der Erfassung und der Analyse der Empfindungen des Menschen beim Erfahren des Prozederes des ‚Redirect Walking'. Im Ergebnis ist festzuhalten, dass die Wahrnehmungsphysiologie des Menschen derart ausgestaltet ist, dass sich offensichtliche respektive objektiv messbare Abweichungen zwischen visuellen Reizen und motorischem Feedback vereinen lassen. Das heißt: Bis zu einem gewissen Grad kann der Mensch abweichende Reizinformationen verarbeiten, beispielsweise haptische und visuelle.

*‚Umgelenkter' Gang*

# 5 Ausblick und Zusammenfassung

**Wahrnehmung von Räumlichkeit**

Es liegen weitere Arbeiten zur visuellen Wahrnehmung von Raumdimensionen vor, die von Unterschätzungen virtueller Tiefe berichten (vgl. [Witmer und Kline 1998], [Gooch und Willemsen 2002], [Knapp und Loomis 2004], [Messing und Durgin 2005]). Weiterhin wird von relevanten Verschätzungen bei Azimut und Höhenwinkel (Azimuth and Elevation angles) berichtet, wobei Letztere gravierender ausfällt (vgl. [Hendrix und Barfield 1994]). Besonderes erwähnenswert ist, dass HMD-Technologien wohl einen entscheidenden Faktor bei der verzerrten Wahrnehmung von räumlicher Tiefe bewirken. Andere Forschungsbeiträge berichten von der Unterschätzung des Menschen bei der Betrachtung der realen Welt via Livebild durch ein HMD (vgl. [Messing und Durgin 2005]). Eine interessante Forschungsfrage ergibt sich an dieser Stelle. Es ist bekannt, dass die Wahrnehmung des Menschen einer Prägung durch die Erfahrung unterliegt (siehe 2.4.3 und 5.1.5.5). Lässt sich mittels Langzeitaufenthalten in der Virtuellen Realität eine andersartige Prägung des Menschen erreichen? Bisher liegen Langzeitstudien zur Wahrnehmung virtueller Realität nur spärlich vor. Experimente zu ‚Überprägung' von Verhaltensmustern stellen zudem ‚Experimente am Mensch' dar, die natürlich aus Sicht der Forschungsethik zu hinterfragen sind (vgl. [Stoecker u. a. 2011]).

### 5.1.3.3 Bezug zum Boden

**Bezug zum Boden**

Von wesentlichem Interesse für die Konzipierung von Visualisierungssystemen ist, dass die visuelle Wahrnehmung (wozu auch die Wahrnehmung der Schwerkraft fällt, siehe 3.2.1.5) und Motorik des Menschen in enger Wechselwirkung stehen. Die Latenzzeiten zwischen diesen Wechselwirkungen können unter anderem zu den bekannten Symptomen: Übelkeit und Schwindelgefühlen führen (vgl.[Stanney und Kennedy 1997], [Seay u. a. 2002]), insbesondere vor dem Hintergrund von hochskalierten kleinen Sichtbereichen (vgl. [Hassan u. a. 2007]). Gemeint ist hier, dass sich der Betrachter nicht nur außerhalb des Zentrums der Projektion befindet, also lateral zur Bildebene, sondern insbesondere mit entfernterer, größerer Distanz zur Bildebene, als es das Projektionszentrum vorgibt. Damit haftet dem menschlichen Lagesinn (der über keine eigene Erlebnisqualität gegenüber anderen Sinnen verfügt, wie dem Sehen, dem Hören, dem Riechen, dem Schmecken und dem Tasten) ein wesentlicher Unterschied an. Der Lagesinn ist per se ein Sinn, der erst mit der modernen Physiologie als solcher anerkannt wurde, wie der Temperatursinn, das Schmerzempfinden und das Körperempfinden. Der durch die Schwerkraft geerdete Lagesinn des Menschen (vestibulärer Sinn) bietet ein grundlegendes Bezugssystem für andere Anliegen, zum Beispiel der Lageorientierung, welche die Voraussetzung für alle anderen Wahrnehmungsleistungen ist, beispielsweise der Tiefenwahrnehmung im Raum, etc.

**Interaktion über Statolithenorgan**

Ohne Lageorientierung ist dementsprechend auch das Bildwahrnehmen respektive Bildverstehen nur stark erschwert möglich. Wesentliche Erkenntnis aus dieser Diskussion ist, dass Bilder in ihrer Funktion als Kommunikationsmittel an die menschliche Lageorientierung anzulehnen sind, um den Lagesinn als Basisdienst für höhere Sinne eine optimale Verortung zu garantieren. Die virtuelle Kamera benötigt einen Vestibular-Vektor (siehe 3.2.1.8).

Aus dieser Erkenntnis lässt sich eine sehr spannende Forschungsfrage für zukünftige wissenschaftliche Arbeiten bezüglich der Virtuellen Realität formulieren: Welche Ergebnisse und Resultate würde ein computergrafisches Echtzeit-Visualisierungssystem produzieren, das anstelle des menschlichen visuellen Systems mit dem Statolithenorgan (Sacculus) des Vestibularorgans im Innenohr in direkter Wechselwirkung steht? Welche visuellen Eigenschaften und Bilder würde es bieten?

## 5.1 Ausblick

Da der Mensch mit seinem Leib in der Regel in einem irdischen Bezugssystem existiert, muss sich eine Bildstruktur unter anderem an der natürlichen Schwerkraft orientieren, wenn die Bildinhalte wahrnehmungsgerecht vermittelt werden sollen. Mit der Virtuellen Realität erweitert der Mensch seine Umgebung. Er kann eine virtuelle Existenz erleben, in der er sich allerdings gleichermaßen orientieren muss. Der Mensch nimmt sein natürliches Bezugssystem in die virtuelle Welt mit. Der lotrechte Gang des Menschen bildet dabei einen Eckpfeiler für die Komposition wahrnehmungsrealistischer Bildstrukturen[7]. Bilder können Befindlichkeitsstörung erzeugen, unter anderem Nausea (vgl. [Jordan u. a. 2007]). Für die bildhafte Induzierung derartiger Störungen eignen sich semantische Bildinhalte aber auch geometrische Bildstrukturen, wie ein sich scheinbar bewegender Horizont (siehe Abbildung 5-27 und Abbildung 5-26).

Schwerkraft ist ein Faktor (in) der Realität

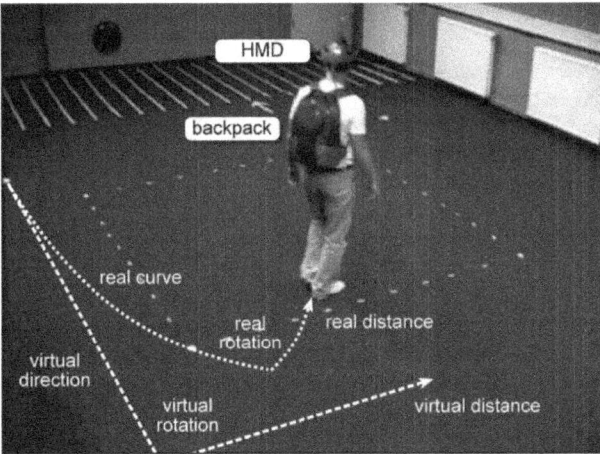

Abbildung 5-25, Illustration:
„Redirect Walking" ([Steinicke u. a. 2010a, S. 18]), l. o.

Abbildung 5-26, Gemäldeausschnitt:
„Miracolo di Marco Spagnolo, Quadroni di San Carlo" von GIORGIO BONOLA (1681), rechts oben.

Abbildung 5-27, Fotografie:
„Arbeiten in schwerer See" von MARCELO AREVALO (2009), Hochseegebiet: Ostpazifische Tiefseerücken, u.

---

[7] Zweifelsfrei ist das Sehen unter ‚schwerer See' oder unter Schwerelosigkeit möglich. Die fehlende ‚Erdgebundenheit' führt allerdings nicht selten zu Wahrnehmungsstörungen, die sich unter anderem in Form von anhaltender Übelkeit zeigen. Diese körperliche Reaktion ist unter dem Begriff Nausea bekannt. Unter anderem erkärt sich hiermit die Simulatorkrankheit, konkret durch den zeitlichen Versatz von visuellen und vestibulären Reizen (vgl. [Jordan u. a. 2007]).

# 5 Ausblick und Zusammenfassung

### 5.1.3.4 Bezug zur Tiefe

**Bezug zur Tiefe**

In der Natur gibt es keine geometrisch perfekte, ebene Fläche. Die Fläche ist eine kulturelle Errungenschaft des Menschen (siehe 2.4.3). Der Mensch nimmt seine Umgebung mit mehreren Sinnen wahr. Bezüglich der räumlichen, visuellen Wahrnehmung stehen uns drei Dimensionen zur Verfügung: die Breite, die Höhe und die Tiefe. Dennoch kommt der Fläche, als zweidimensionales Medium, ein hoher Stellenwert in der Vermittlung von Wissen über die dreidimensionale räumliche Welt zu. So lassen sich die drei Dimensionen des Raumes in der Fläche aufklappen. Interaktive Szenarien zeigt BRIAN ESCHRICH, der die Distanz zwischen Nutzer und Visualisierungen als Parameter (vgl. [Vogel und Balakrishnan 2004]), beispielsweise für das Aufklappen von abgebildeten dreidimensionalen Objekten nutzt (vgl. [Eschrich 2011a]). In der Gestaltung spricht man auch von Abwicklung respektive der Darstellungsform Abriss. Gegentendenzen markieren ‚Bilder', die scheinbar den realen Raum ‚erobern', die jenseits ihrer eigentlichen Abbildungsebene wirken (siehe Abbildung 5-28 und Abbildung 5-29). Die Abbildungen zeigen die Illusion von Raum, wie es unter anderem flächige Straßenmalereien vermögen. Die optimale Wirkung wird unter Einnahme eines bestimmten Blickwinkels beziehungsweise Augpunktes erreicht. Weitere Vertreter sind die Stereoskopie, die Holografie oder die, die mittels lebendiger Figuren operieren, á la tableaux vivant (französisch für: lebendiges Bild, vgl. [Winter u. a. 2009]).

Abbildung 5-28, Straßenmalerei: „Fishing in Old Shanghai" von KURT WENNER (2007), l.

Abbildung 5-29, Straßenmalerei: „Lava Burst" von EDGAR MÜLLER (2008), rechts.

**Flächen in der Umwelt**

Flächen in der Umwelt kommen als Oberflächen vor. Natürliche Gegenstände haben zumeist eine abgeschlossene Oberfläche. In der Natur gibt es allerdings keine geometrisch perfekte Ebene oder Glattheit (vgl. [Barredo u. a. 2008]). Die Computergrafik ermöglicht es, mit virtuellen, flüchtigen Stoffen zu interagieren oder diese zur Anreicherung von Tiefenmerkmalen in der Virtuellen Realität zu nutzen (vgl. [Müller u. a. 2014a]). Die Trägerbeschaffenheit des Materials bei der Rezeption von Zeichen, Symbolen, Schrift oder Bild spielt keine Rolle (vgl. [Adolphi 2005]). Vielmehr ist der Träger beziehungsweise die Bildebene nicht einmal Teil der menschlichen mentalen Repräsentation noch die der Computergrafik, denn im Modell der computergrafischen Kamera gibt es keine Bildebene (vgl. [Franke 2005a]). Die Bildfläche ist kein Mittel der Kommunikation, sie ist Medium (vgl. [Müller u. a. 2014b]). Einige Arbeiten zeigen, dass die Wahrnehmung von Konturen auf unebenen oder schiefen Flächen als Bildträger insbesondere vom Augpunkt des Betrachters abhängig ist (vgl. [Ballendat u. a. 2010], [Eschrich 2011b]). Hier findet sich unter anderem das Prinzip der Anamorphose wieder (siehe 2.2.2.2) oder das der Augmented Reality (vgl. [Bimber und Raskar 2006], [Bichlmeier u. a. 2007], [Furht 2011]). Das Forschungspotenzial zeigt sich bei ersten interaktiven gekrümmten Anwendungsschnittstellen (vgl. [Raskar und Low 2001], [Bimber und Raskar 2006], [Khalilbeigi u. a. 2011]), die die OLED-Technologie nutzen oder andere elastische Displays abrunden (vgl. [Peschke u. a. 2012]). Flexible Oberflächen kommen gegenwärtig dazu (siehe Abbildung 5-30 bis Abbildung 5-32).

## 5.1 Ausblick

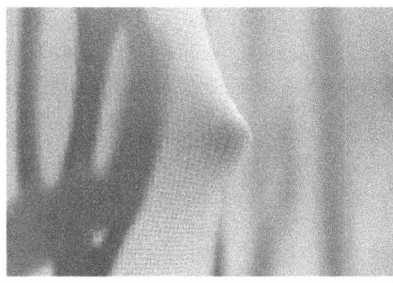

Abbildung 5-30, Fotografie: Die ‚Flexi-Wall' bietet ein biegsames Interface zwischen Realität und Virtualität ([Franke u. a. 2014, S. 416]), l.o.

Abbildung 5-31, Fotografie: Das ‚Flexi-Desk' bietet u .a. eine ‚Interaktion auf Zug' von Mathias Müller (2014), rechts oben.

Abbildung 5-32, Fotografie: Der ‚Depth-Touch' bietet u. a. die Tiefeninteraktion in Kombination mit realen Gegenständen (vgl. [Peschke u. a. 2012, S. 770]).

Das Medium Bild kann insbesondere hierbei als ein Interface zwischen der Realität und der Virtualität verstanden werden. Die Flexi-Wall bietet ein biegsames Interface, sodass die starre Ebene üblicher Interfaces aufgebrochen ist (siehe Abbildung 5-30, vgl. [Franke u. a. 2014], [Müller u. a. 2014a]). Die üblicherweise zweidimensionale Bildfläche als Interface zwischen den Welten wird um eine dritte Dimension angereichert. Die Welten interagieren miteinander, in der Form, dass auf der biegsamen Oberfläche ein interaktives Bild projiziert wird, das zugleich ‚getrackt' wird. Durch das Tracking realisiert das Visualisierungssystem die ‚Eingriffe' des Menschen. Die Visualisierung passt sich entsprechend an (siehe Abbildung 5-31). Wie die virtuelle Welt auf ihrer Seite der Visualisierung mit Objekten angereichert ist, kann auch die Seite der Realität mit Gegenständen ausgestattet werden (siehe Abbildung 5-32). Die Gegenstände unterliegen ebenfalls einem Tracking. Sie sind Teil des Interaktionsszenarios. Dennoch fehlt es gegenwärtig an Interaktionskonzeption, die zu erforschen wären. Krumme Displays gibt es bereits im Segment der Smartphones auf dem Endverbrauchermarkt (vgl. [Dolcourt 2013]). Biegsame Displays sind für das Jahr 2015/16 angekündigt (vgl. [Rogerson 2013]).

> Bild ist Schnittstelle zwischen Realitäten

### 5.1.4 Farbe, Licht und Schatten

„If one says 'Red' (the name of a color) and there are 50 people listening, it can be expected that there will be 50 reds in their minds. And one can be sure that all these reds will be very different." ([Albers 1970, S. 3]). Die Farbe ist ein Element der Perspektive. Farbe ist Gestaltungsmittel. In jeder kunsthistorischen Epoche stellt die Farbe einen gewichtigen Anteil dar. Neuere Forschungserkenntnisse zeigen, dass die Farbe schon immer eine verfahrenstechnische Herausforderung darstellte, beispielsweise in der italienischen Malerei, die die ‚Stärkung der Leuchtkraft' von Pigmenten mittels ‚Glassplitterbeimengungen' realisierte (vgl. [Berrie 2012]). Glas fungiert hierbei als lichtdurchlässiges Medium und Trocknungsbeschleuniger, wie im Gemälde: „Christus am See Tiberias" von IACOPO ROBUSTI (TINTORETTO). Es lassen sich vor historischen und theoretischen Hintergründen innovative Methodiken sowie Werkzeuge für eine navigationsförderliche Farbgebung und -verwen-

> Farbe, Licht und Schatten

## 5 Ausblick und Zusammenfassung

dung aufzeigen, insbesondere für die Interfaceentwicklung. Viele gestalterische Praktiken der vergangenen künstlerischen Epochen werden gegenwärtig mithilfe der Materialwissenschaften und mittels Laboruntersuchungen wiederentdeckt. Wie in vielen Gemälden zusehen ist, kann auch in Interfaces ein lebendiges Zusammenspiel durch Farbe realisiert werden. Dabei unterliegt die Farbgebung keinesfalls einer subjektiven Gestaltungswillkür (vgl. [Groh und Franke 2005]).

**Farbe folgt Geometrie/ Geometrie folgt Farbe?**

Vom Grundsatz her gibt es in der Verwendung von Farbe zwischen der Malerei und der Computergrafik einen essenziellen (und kontroversen) Unterschied. In der Computergrafik folgt die Farbe grundsätzlich der Geometrie, das heißt, zuerst wird die Form definiert beziehungsweise angelegt und danach eingefärbt oder mit einer Textur versehen, letztlich beleuchtet. Anders verhält es sich in der Malerei. Abgesehen von einer nötigen Vorskizze wird unter anderem folgendes Vorgehen praktiziert. Der Maler mischt die Pigmente auf der Mischpalette. Er sucht den Farbton seiner visuellen Wahrnehmung oder bewussten Absicht bezüglich der Darstellung. Erst nachdem die Farbe angemischt ist, konkretisiert er sukzessive eine Form beziehungsweise eine Gestalt auf dem Papier. In der Regel mischt er die Pigmente auf der Bildfläche weiter. Die Kombination mehrerer Farben zu einer finalen Form ist Teil seiner kreativen Ausdrucksweise beziehungsweise seines Repertoires. Dies ist eine Entwurfstradition in der Malerei. Nicht zu verwechseln ist dies mit dem Anlegen einer skizzenhaften Grundstruktur im Bild, dem Bestimmen von Blattformat, Horizont, Hauptpunkt (siehe 3.3.1.1), etc. sowie der der Positionierung und der Orientierung von dialogisch bedeutsamen Objekten.

**Perspektive und Farbordnung**

Farbperspektive und Farbordnung im Kontext von Navigation und Orientierung durch virtuelle Welten im zwei- und dreidimensionalen Raum stellt eine transdisziplinäre Schnittmenge mehrerer Fachgebiete dar (vgl. [Itten 2003], vgl. [Groh und Franke 2005], [Kammer u. a. 2013]). Das Ziel der Verwendung von Farbe ist die Optimierung der Kommunikation. Damit kann der Interaktionsprozess unterstützt werden, wenn eine geeignete Wahl der Farbe erfolgt. Ein Ansatz ist es, wie bei der Geometrie der Bildstruktur, von der Illusion auszugehen. Illusioniert die Bildstruktur eine Fläche oder einen Raum? Diese Frage ist von entscheidender Bedeutung, lässt sich doch mit der Farbe ebenso Fläche und Raum illusionieren. Die Farbperspektive ist in eine Farbperspektive der Tiefe und eine der Fläche zu unterscheiden.

Die folgenden Abschnitte zur Farbe (siehe 5.1.4.1 bis 5.1.4.3) wurden im Rahmen einer Veröffentlichung an anderer Stelle bereits thematisiert und Stellen im Rahmen der Diversifikation also dem Forschungsausblick ein Addendum dar (vgl. [Groh und Franke 2005]). Die Gestaltung von Bildern beinhaltet auch die Farbe als Dimension. So stellt Farbe eine ganz eigene Wertigkeit dar. Die Wirkung von Farblichkeit wird einerseits über die Fläche und andererseits durch den Raum realisiert. Somit stehen zwei Wirkungsrichtungen von Farbe zur Diskussion.

### 5.1.4.1 Farbperspektive der Tiefe

**Farbperspektive der Tiefe**

Die Farbperspektive der Tiefe meint eine bestimmte Farbwahl, die eine räumliche Tiefe illusioniert. „Konkret erkannte man [unter anderem] in der Renaissance die Tiefenwirkungen durch Verblauung, Trübung, Aufhellung und Unschärfe. In der Verwendung von Farben heißt Verblauung von warm nach kalt, Trübung von leuchtend nach trüb und Aufhellung von dunkel nach hell. Eine Luftperspektive kann diese Wirkungen unterstützen, indem die Genauigkeit, der in einem Bild befindlichen Objekte, mit der räumlichen Tiefe abnimmt; d. h. von scharf zu unscharf. Dass diese Prinzipien der Farb- und der Luftperspektive auch heute noch Gültigkeit besitzen bzw. angewendet werden, belegt KONRAD LISCHKA in seinem Buch: Spielplatz Computer" ([Groh und Franke 2005, S. 57], vgl. [Lischka 2002]). Die Renaissance als gut durch Gemälde und Lehrbücher dokumentierte Epoche zeigt und lehrt uns, wie Farben als Mittel fließender beziehungsweise dynamischer Übergänge zu nutzen sind. Bilder dieser Zeit wirken auf den modernen, gegenwärtigen Menschen ‚natürlich' - diese zeigen Bewegung, sie sind wahrnehmungsrealistischer als mittelalterliche Gemälde (vgl. [Groh und Franke 2005]).

5.1.4.2 Farbperspektive der Fläche

ERWIN PANOFKSY spricht von mittelalterlicher Perspektive als einer Bedeutungsperspektive (siehe 2.1.4), das heißt, Bildelemente werden entsprechend ihrer Bedeutsamkeit geordnet. Wichtigeres ist in der Fläche größer dargestellt als Unwichtigeres (vgl. [Panofsky 1980a]). Die Verwendung der Farbe als Mittel unterstützt vornehmlich die flächige Wirkung. In den Augen der moderneren, gegenwärtigen Menschen wirken Bilder dieser Zeit als ‚bunt'. Bunt ist ungestaltet farbig. Die Werke des Mittelalters scheinen ‚koloristisch' und erinnern an Webereien, Teppiche, etc. Farben, wie Blau und Rot stehen nebeneinander. Die Farbe Rot ist nicht vor der Farbe Blau, wie in der Farbperspektive der Tiefe. Die mittelalterliche Farbgebung zeigt und lehrt Farbbeziehungen in der Fläche zu sehen. Die Farbe im mittelalterlichen Bild ist Teil der Perspektive und wie ein Text zu lesen (vgl. [Groh und Franke 2005]).

<small>Farbperspektive der Fläche</small>

5.1.4.3 Das Farbpotenzial für die Interaktion

Mit den Erkenntnissen der Farbwissenschaft über die psychologische Wirkung auf den Menschen etablierten sich entsprechende Gestaltungsgesetze. Es wurden unter anderem Relationsgesetze formuliert, wie Simultan- und Sukzessivkontraste, Kalt-Warm- und reine Farbkontraste sowie farbige Schatten (vgl. [Albers 1970]). Verschiedene Farbmodelle und Systematiken liegen vor. Eins der komplexeren Modelle ist das des KÜPPERsche Rhomboeder-Farbenraums (vgl. [Küppers 2012]), das zur Darstellung sämtlicher Farbnuancen auf eine dreidimensionale Abstraktion zurückgreift.

<small>Das Farbpotenzial der Interaktion</small>

Alle gegenwärtig Farben sind systematisiert ‚abgebildet beziehungsweise verortet' (siehe [Bendin 2010]). Die Bezeichnung der Farben ist damit gelöst, nicht aber der Umgang mit den Farben. Insbesondere vor dem Hintergrund der Perspektive, der Navigation, der Orientierung, der Abwägung, dem Vergleich und so weiter, fehlt es dem Anwender computergrafischer Systeme an entsprechenden Hilfestellungen. Die nachfolgende Erörterung ist bereits mit dem Beitrag: Farbperspektive im Kontext von Navigation durch virtuelle Welten - Artikel zu den theoretischen Grundlagen der Interfacegestaltung dargelegt und hat weiterhin ihre Gültigkeit (vgl. [Groh und Franke 2005]).

<small>Farbsystematik</small>

In der folgenden Abbildung sind der Nachvollziehbarkeit ‚reine' Grundfarben: Orangerot (R(O)), Yellow (Y), Grün (G), Cyan (C), Violettblau (B(V)) und Magenta (M) dargestellt (siehe Abbildung 5-33). Aus der Sicht über die wahrnehmungsergonomischen Hintergründe zur Farbe und ihrer Wirkung auf den Menschen lassen sich zusätzlich ihre Qualität und Quantität abtragen. Nachbarschaftliche, fließende Übergänge sind die Quantität der Tiefen. Kontrastierende, gegensätzliche Farben (wie Komplementäre) bilden die Qualität der Flächen ab (vgl. [Groh und Franke 2005]).

<small>Farbbeispiel</small>

## 5 Ausblick und Zusammenfassung

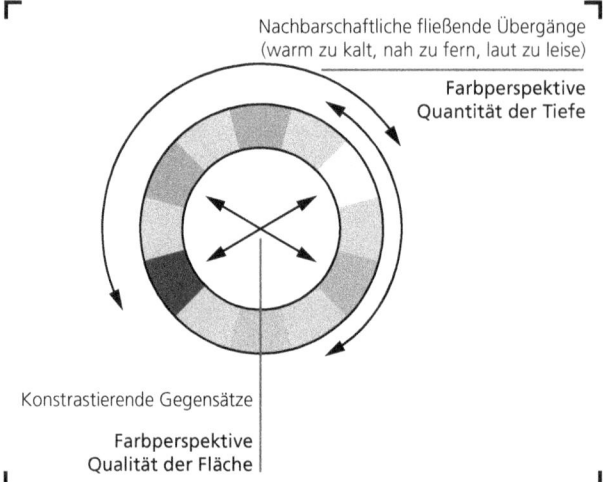

Abbildung 5-33, Illustration: „Fusion von Farbring und syntaktischen Feldern; qualitativ und quantitativ" ([Groh und Franke 2005, S. 60]).

Handlungsaufruf durch Farbwahl

Es lassen sich hinsichtlich der Interaktion in virtuellen Welten bestimmte alltägliche Handlungen des Menschen in Beziehung zu entsprechenden Bildstrukturen beziehungsweise bildhaften Syntagmen bringen. Die Interaktions-Potenziale eines Bildes sind: das Suchen im Raum (Offenheit), das Wählen einer Gestalt (Endlichkeit), das Handeln in der Bewegung (Gegenwärtigkeit) und das Ordnen ‚in der' Dauer (vgl. [Groh 2005, S. 154f.]). Die Verwendung von Farbe als Komposition lässt sich, wie in der folgenden Abbildung gezeigt, mit den Interaktions-Potenzialen verknüpfen (siehe Abbildung 5-34).

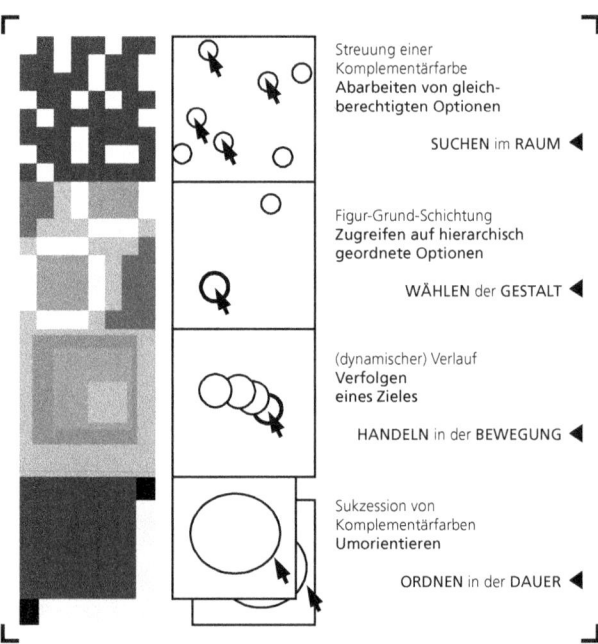

Abbildung 5-34, Illustration: „Interaktions-Potenzial flächiger und räumlicher Art durch den entsprechenden Einsatz von Farben" ([Groh und Franke 2005, S. 61]).

## 5.1 Ausblick

Der Vollständigkeit halber sei auch die Perspektivbildung durch die Eigenschaften der ‚erdgebundenen' Atmosphäre und Luft genannt. Die Atmosphäre ist durch ihre elementare Zusammensetzung und physikalischen Eigenschaften ebenso eine Dimension für die Tiefenwahrnehmung. Ihre Wirkung wird genutzt durch die Verwendung einer tiefenillusionistisch wirkenden Farbverschiebung im Bild, vom Rötlichen zum Bläulichen. Sie war bereits in der Antike bekannt und unabhängig von der Entwicklung der Linearperspektive. Weiterführende Überlegungen dazu finden im Rahmen dieser Arbeit nicht statt (vgl. [Groh und Franke 2005]). Diese Überlegungen fußen auf gestalterischen Erkenntnissen über und Erfahrungen in der Verwendung von Farbe in Bildern, wie Gemälden oder Illustrationen. Für entsprechende Farbstudien hält das BildspracheLiveLab (BiLL) ein Plug-in vor (vgl. [Asmus 2008], [Kammer u. a. 2013]).

*Atmosphäre/Luft*

Aus den zuvor dargelegten Überlegungen und der Implementierung einer entsprechenden softwaretechnologischen Komponente ergibt sich die Möglichkeit zur Erforschung der subtilen Verwendung von Farbe in virtuellen Welten – flächiger sowie räumlicher Art (siehe Abbildung 5-34). Jedoch ist eine Farbwahl beziehungsweise -zusammenstellung stets auch ‚modischen und kulturellen Einflüssen' unterworfen. Allerdings binden ganz bestimmte Farbzusammenstellungen beziehungsweise Kompositionen eine entsprechende Qualität oder Quantität, die unabhängig von der Kultur und Mode rein wahrnehmungspsychologischen Gesetzmäßigkeiten unterliegen (siehe 2.4.3). Damit ist davon auszugehen, dass eine interaktionsförderliche Farbgebung von Bestand ist, da ihr eine eigene Interaktionslogik zugrunde liegt (vgl. [Groh und Franke 2005]). Eine Computergrafik kann dynamisch auf den Nutzer reagieren, anders als ein Gemälde oder eine Fotografie, selbst ein Film kann nur abgespult werden.

*Mode und Kultur, Qualität und Quantität*

Eine dynamische Farbgebung ermöglicht beispielsweise die Beeinflussung der menschlichen Wahrnehmung von Geschwindigkeiten, Beschleunigungen, Verzögerungen. Insofern kann der optische Fluss als rein geometrische Dimension durch die Wirkung der Farbe gehebelt werden. Dazu seien einige akademische Beispiele angeführt, die sich innerhalb einer dynamischen Szene ergeben können. Die Überlegungen gehen von einem Avatar in einem Auto in der virtuellen, dreidimensionalen Realität aus:

*Statik und Dynamik*

- Beim Bremsen eines Fahrzeuges, aus der Ego-Perspektive betrachtet, kann mittels einer ‚Verrötung' des Horizontes die Entfernung optisch verkürzt werden, sodass der Eindruck der Geschwindigkeitsreduktion verstärkt wird.
- Eine Verblauung des Horizontes kann in Kombination mit der Beschleunigung des Fahrzeuges zu einer optischen Verlängerung der Raumtiefe führen.
- Es ist in Kurvenfahrten vorstellbar, dass die Visualisierung in entsprechenden Bildbereichen, das heißt, im linken beziehungsweise rechten Bereich des Hauptpunktes unterschiedlich eingefärbt wird. Konkret ist ein Rot-zu-Blau-Verlauf angezeigt, wenn eine Kurvenfahrt in ihrer optischen Wirkung auf den Betrachter verstärkt oder abgemildert werden soll. Eine Kurve wirkt enger, wenn die ‚Fliehkraft-Farb-Kopplung' gleichgerichtet wirkt.

Bei allen angeführten Beispielen sind auch ‚entgegengesetzte' Konstellationen möglich, womit ein ‚Eigenwert' der Virtuellen Realität entsteht. Gemeint ist, dass die physikalischen Gesetze nicht nachzubilden sind und bewusst gegen die Erfahrung des Menschen (hinsichtlich der Wahrnehmung von Geschwindigkeiten gerichtet) visualisiert werden kann. Das ist allerdings nicht wahrnehmungskonform.

*Eigenwert der Virtuellen Realität*

# 5 Ausblick und Zusammenfassung

**Unschärfe und Kurzlebigkeit**

Die theoretischen und praktischen Auseinandersetzungen zur Farbgebung in Bildern, unter anderem von JOSEF ALBERS (vgl. [Albers 1970]), motivieren zu einem Ausblick ganz anderer Dimension. Die Farbnomenklatur ist relativ und spärlich. Welche Farbnuance genau mit einer Aussage assoziiert wird, ist ‚unscharf' und zudem ‚kurzlebig'. Experimente zum Farbgedächtnis verdeutlichen dies in anschaulicher Weise. Entsprechende Videos und Bücher wurden unter anderem durch RICHARD WISEMAN veröffentlicht (vgl. [Wiseman 2010]). Insbesondere vor dem Hintergrund von Eye-Tracking-gestützten Echtzeit-Visualisierungen ergibt sich außerordentlicher Raum für weitere Untersuchungen.

### 5.1.4.4 Licht und Schatten

**Licht und Schatten**

Die Beleuchtung einer Szene ist wesentlich für die Wirkung von Gegenständen. Licht und Schatten konnten lange Zeit in der Computergrafik aufgrund fehlender hardwareseitiger Kapazitäten nicht ausreichend behandelt werden, insbesondere nicht bei Echtzeit-Visualisierungen. Gerade in den ersten Jahren der Computergrafik war das zutiefst tragisch. Daher wurde anfänglich die Computergrafik von der Gestaltung als Spielerei abgetan, da Schatten nicht von Beginn an realisierbar waren. DIETRICH KAMMER führt an: „Ebenso wie den Künstlern aus der Renaissance fiel dieses Problem in der Computergrafik sehr früh auf. Das Streben zum perfekten, fotorealistischen Bildnis bestimmte damals wie heute die Entwicklung. Während in der Renaissance bestimmte malerische Techniken zur Weichzeichnung der Konturen des Schattens entwickelt wurden, entstanden in der relativ kurzen Geschichte der Computergrafik effektive Algorithmen zur Berechnung von Schattenwürfen." ([Kammer 2007a, S. 1]).

**Wirkung auf den Menschen**

Vielmehr sind die Wirkungen von Licht und Schatten zuhöchst relevant für die Wahrnehmung der Umwelt mit all ihren Facetten und kunsthistorischen sowie gesellschaftlichen Implikationen, abgehandelt unter anderen von VICTOR IERONIM STOICHITÁ (vgl.[Stoichitá 1999]). Sobald es zu Absonderheiten oder Abweichungen im Licht oder beim Schatten kommt, wirkt dieses als Störung. Störungen sind in der Gestaltung jedoch ebenfalls ein Mittel der Kommunikation, allerdings ein subtil zu verwendendes, da es erhebliche Aufmerksamkeit binden respektive Auffälligkeit erzeugen kann (Salienz, vgl. [Crowe und Narayanan 2000]). Insbesondere die Objekterkennung durch den Menschen ist hiervon betroffen. Der Mensch ist gegenüber Schatten äußerst ‚affin und empathisch'. Allein die Vorstellung, dass sich der Schatten vom Gegenstand oder von einer Person lösen könnte, lässt in der Regel ein Gefühl von Grusel und Horror im Menschen aufkommen (siehe Abbildung 5-37).

Abbildung 5-35, Grafik: „Baumschatten" von TAMARA KOKIC (2009), langer Schatten eines Kindes, der sich zu einer baumartigen Struktur entwickelt, links (siehe auch Abbildung 2-39).

Abbildung 5-36, Videobild: „Nosferatu: A Symphony of Horror" von FRIEDRICH WILHELM MURNAU (1922), ein sich von einer Person gelöster Schatten, der scheinbar eine Treppe hinauf läuft (vgl. [Murnau 1922]), l.

## 5.1 Ausblick

Licht und Schatten binden eigene Wertigkeiten. Für die Optimierung der Perspektive wäre ein Verfahren denkbar, das die multiplen Wirkungen von Licht und Schatten in einer Szene in der Ausleuchtung vorhält. Die Ausleuchtung ist dem Grunde nach das Verhältnis von Licht und Schatten. In diesem Verhältnis steckt Potenzial für die Gestaltung von Bühnenwelten (siehe 2.2.5). Wie die folgenden Computergrafiken es in ihrer Wirkung vermögen, zeigt sich das Empfinden des Menschen gegenüber einem fehlendem Schattenriss eines Gegenstandes ‚toleranter', als bei ein ‚eigentümlicher ' Schattenwurf (siehe Abbildung 5-37).

*Wertigkeit und menschliche Deutung*

Abbildung 5-37, Computergrafiken: Abgebildeter Hocker ohne Schatten (links). Der Barhocker steht scheinbar auf dem Fliesenfußboden, könnte aber auch im Raum schweben. Das Abbild ist nicht eindeutig. Versus: Hocker mit Schatten (rechts). Der Barhocker fliegt scheinbar über dem Fliesenfußboden ([Haines u. a. 2001, S. 5]).

Für die Optimierung der Perspektive weisen die Darstellungen des Barhockers auf eine Möglichkeit der weiterführenden Verfeinerung des Ansatzes hin (siehe Abbildung 5-39 und Abbildung 5-38). Ausgehend von einer interaktiven Bühne, wie dies die virtuelle Welt darstellt, lassen sich Interfaces durch Anwendung von Licht und Schatten anreichern. Licht und Schatten können die Plastizität von Objekten verstärken. Schatten in seiner Wirkung kann Objekte scheinbar schweben lassen. In der Computergrafik wird bei der Erzeugung von Licht und Schatten in der Regel eine rein geometrische Berechnung von Strahlungsverläufen und Helligkeitswerten durchgeführt. Licht und Schatten bieten allerdings eine ‚szeneastische' Wirkung auf den Betrachter, die eine computergrafische Dimension entfaltet.

Aus gestalterischer Sicht ist der Schatten nicht nur ein Anhängsel, sondern Mittel der Kommunikation. Er sollte daher nicht unabhängig, also rein syntaktisch in eine computergrafische Berechnung einfließen, sondern semantisch eingebunden werden. DIETRICH KAMMER formuliert es im Sinne einer Dialektik: „Schatten ist Andersheit", und „Spiegelung ist Identität" in seinem Ausblick über multi-perspektivische Schatten ([Kammer 2007b, S. 19]).

*Schatten ist Andersheit*

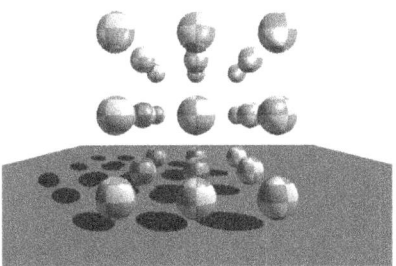 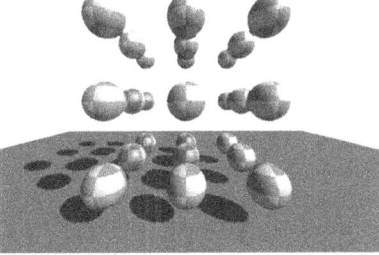

Abbildung 5-38, Computergrafik: Schattenwurf perspektivisch optimierter Kugeln (OPO, siehe 4.4.1), Kugeln unverzerrt, Schatten verzerrt. Implikationen für computergrafische Lichtberechnung, links.

Abbildung 5-39, Computergrafik: Schattenwurf nicht perspektivisch optimierter Kugeln, Kugeln sind verzerrt, Schatten der Kugeln zeigen sich unverzerrt. Keine Implikation für computergrafische Lichtberechnung, rechts (beide nach [Kammer 2007b, S. 43]).

## 5 Ausblick und Zusammenfassung

**Schatten als Faktor (in) der Realität**

Für die in dieser Arbeit vorgestellten objekt-basierten Optimierung der Perspektive kommt es zu einem Problem bei der Licht- und Schattenberechnung. Zwar erscheinen die abgebildeten Objekte in ihrer Form realistisch. Allerdings wirken die sich aus den geometrisch manipulierten Objekten ergebenen Schatten verzerrt (siehe Abbildung 5-39). Die Ursache begründet sich in der Deformation der Kugeln zu Ellipsoiden (Scherungsanteil, siehe 4.4.1), die sich aus Sicht der Lichtquelle verzerrt darstellen, sodass der Schattenwurf sich ebenfalls verzerrt auf dem Boden abzeichnet. Für dieses Problem gibt es zwei recht einfache Lösungsvorschläge. Eine Lösung ist es, die Schattenberechnung auf Basis der Kugel (also vor der Scherung) zu vollziehen. Das heißt, der Schritt der Schattenberechnung wird innerhalb der Rendering-Pipeline vorgezogen. Eine alternative Lösung ist das Vorberechnen der Schatten und die Repräsentation in Form von Shadow-Volumes, wie es bereits FRANKLIN C. CROW vorgestellt hat (vgl. [Crow 1977]). Die Schatten wären dann eigenständige geometrische Polygone. Diesen Schatten-Polygonen könnten eigene Regeln und Eigenschaften im Szenengraph anhaften, sodass sich für die Optimierung der Perspektive neben der Ausrichtung der Dialog-Objekte auch deren Schatten entsprechend gruppieren lassen. Eine einfachere Lösung, da robusterer Ansatz, beschreibt LANCE WILLIAMS mit dem Konzept der Shadow-Maps (vgl. [Williams 1978]). Dieser Ansatz ist effizient und damit echtzeitfähig. Die Grundidee ist es, Schatten vorzuberechnen und direkt als Textur auf die vom Schatten betroffenen Bereiche aufzutragen. Beide Algorithmen führen zu ähnlich guten Lösungen in qualitativer und quantitativer Hinsicht. DIETRICH KAMMER spricht insofern von „Normalisierung des Schattens" ([Kammer 2007a, S. 45]). Diverse Weiterentwicklungen liegen vor, sodass auch für Licht und Schatten bei der perspektivischen Optimierung eine wahrnehmungsrealistische Komponente zur Verfügung steht.

**Interaktionspotenzial Licht und Schatten**

Licht und Schatten könnten in der weiterführenden Forschung als eigenständige Schnittstelle oder Medium untersucht werden. Licht und Schatten bilden einen eigen intrinsischen Ausgangspunkt für die Konzeption innovativer, perspektivischer Interfaces. Die Wahrnehmung von Licht und Schatten unterliegt eigenen Gesetzmäßigkeiten und Empfindungen des Menschen. Dem Licht haftet die Helligkeit und Erlösung an, dem Schatten die Dunkelheit und Untergang. Licht ist ‚konkret und gut', Schatten ‚flüchtig und böse'. Beide sind substanzlos. Im Mittelalter wurde von Licht und Schatten – wenn in Gemälden überhaupt vorhanden – in einem religiösen Zusammenhang gesprochen. Nach den gegenwärtigen Begriffsmaßstäben sind helle und dunkle Bereiche gemeint, weniger Licht- und Schattenseiten. In Gemälden der Neuzeit war Licht und Schatten ein Mittel der Malerei, um eine realistische Anmutung zu erzeugen. Die gestalterische Selbstverständlichkeit beim Umgang mit Licht und Schatten erreicht mit der zeitgenössischen Malerei ihren vorläufigen Höhepunkt. Was in der Malerei oder im Film grundsätzlich als künstlerisches oder gestalterisches Ausdrucksmittel genutzt werden konnte, vermag innerhalb der Virtuellen Realität zu einem Werkzeug mit eigenem Wert heranwachsen. Anders formuliert: Der Schatten könnte mit der Computergrafik seiner ‚Passivität vollends entfesselt' werden. Eine der ersten Arbeiten stellt der illustrative Schatten von FELIX RITTER ET AL. dar (vgl. [Ritter u. a. 2003]). Einen Eigenwert könnten das Licht und der Schatten - als autokinetische Objekte verstanden, mit ihren eigenen Schnittstellen erhalten (vgl. [Pellacini u. a. 2002]). Gedanklich ist es von illustrativen zu einem interaktiven Schatten nicht weit. Auch Licht und Schatten können einen interaktiven Zugang bieten - beide sind Mittel in der Gestaltung. Das Licht und der Schatten werden derart zu Figuren, die zur Interaktivität mit dem Benutzer fähig sind (vgl. [Herndon u. a. 1992]). Freilich gehen diese Überlegungen weit über die Optimierung der Perspektive hinaus, stellen sie doch einen gänzlich eigenen, neuen unkonventionellen Ausblick in die Forschung dar.

## 5.1 Ausblick

### 5.1.5 Bidirektionale Schnittstellen für das Auge

Ein Forschungsfeld in der Psychologie ist die kognitive Ergonomie. Diese beinhaltet unter anderem die Erforschung des menschlichen Blick- und Sehverhaltens. Eine fundierte Zusammenfassung insbesondere bezüglich der Usability findet sich in der Literatur (vgl. [Duchowski 2007]). Es motivieren beispielsweise Forschungserkenntnisse der folgenden Bereiche zu einer weiteren Auseinandersetzung: das Marketing [Lohse 1997], die Ergonomie (vgl. [Hammer 1992], die Arbeitssicherheit (vgl. [Anders 2001] und die Mensch-Maschine-Interaktion (vgl. [Jacob und Karn 2003, S. 573–603], [Poole und Ball 2006]). Bei den genannten Arbeiten handelt es sich vom Grunde her um analytische Auseinandersetzungen bezüglich unveränderlich gleichbleibender Bildstrukturen (vgl. [Heinsen 2003]). Die Erkenntnisse aus der Blickbewegungsmessung können aber auch verwandt werden, um innovative Interaktionskonzepte und -apparate anderer Art zu realisieren (vgl. [Weibel 2006]). Blicke können von einem Eye-Tracking-System erfasst und direkt in Form verschiedener „örtlicher und zeitlicher" Parameter der Augenbewegung ausgewertet ([Joos u. a. 2003, S. 142–168]) und interaktiven Systemen zugeführt werden. Denkt man an Menschen mit Behinderungen, dann werden Assistenzsysteme schon seit längerer Zeit entwickelt und genutzt, um Einschränkungen durch Behinderungen mittels sogenannter Unterstützungs- oder Rehabilitationstechnologien zu kompensieren (vgl. [Revermann und Gerlinger 2009]). Derartige Interfaces werden in der Literatur auch als ‚Noncommand-User-Interfaces' bezeichnet (vgl. [Nielsen 1993]).

*Bidirektionale Augenschnittstelle*

Wie wirkt sich die Multi-Perspektive hinsichtlich immersiver Effekte auf den Menschen aus? Sollte eine wahrnehmungsgerechte Multi-Perspektive zur Steigerung der Immersion führen, wäre dies insbesondere für die virtuelle, computergrafische Umgebung von höchster Relevanz, beispielsweise für Computerspiele, Lernumgebungen, etc. Spielspaßeffekte und Leichtlernerfolge sollten gezielten Blickstudien zugeführt werden. Insbesondere mit Blick auf dynamische Anpassungen eines Bildes sind jedoch Systeme niedrigster Latenz in der Informationsverarbeitung von Nöten (vgl. [Velichkovsky und Hansen 1996]). Das ‚Motto' könnte lauten: ‚Blickbewegung ins Bild'. Wie die Eye-Tracking-Technologie der Zukunft aus heutiger Sicht aussehen könnte, zeigt die folgende Abbildung. Welches gestalterische Potenzial sich damit ergibt, erläutern die nachfolgenden Abschnitte.

*Wahrnehmungsrealismus und Immersion*

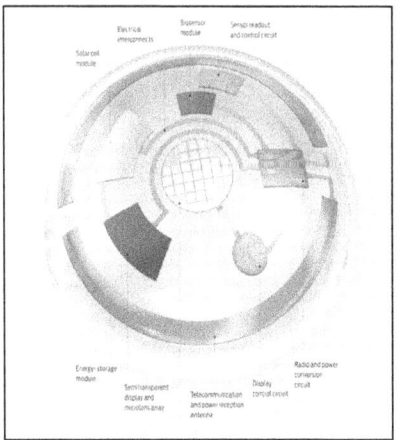 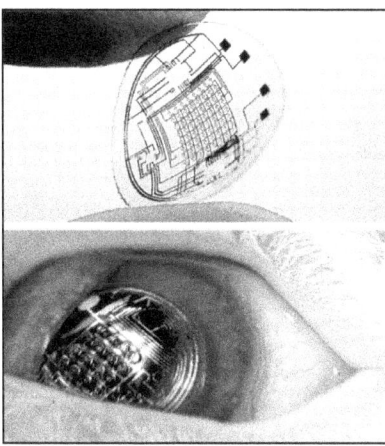

Abbildung 5-40, Illustration: „A Twinkle in the Eye" von EMILY COOPER (2009), Kontaktlinse als Schnittstelle, l. (vgl. [Parviz und Lingley 2009], [Parviz 2014]).

Abbildung 5-41, Fotografie: „Illumination & Displays" von BABAK PARVIZ und ANDREW LINGLEY (2009, [Parviz und Lingley 2009], vgl. [Parviz 2014]).

# 5 Ausblick und Zusammenfassung

### 5.1.5.1 Fixation, ein Potenzial zur Auswahl

*Fixation, ein Potenzial für interaktive Systeme*

Bei der Visualisierung von virtuellen Welten mittels kopfgestützter stereoskopischer Brillen (HMD) kommt es zu diversen wahrnehmungspsychologischen Implikationen. Zum Beispiel beschäftigt sich der Beitrag von HOFFMAN und anderen mit der Beeinträchtigung der visuellen Leistung beziehungsweise der Müdigkeit, die durch eine Disparität von Fokussierung und Ausrichtung der Augen entsteht (vgl. [Hoffman u. a. 2008]). Dies ist nicht Thema der vorliegenden Arbeit, die sich mit bildstruktur-gebenden Elementen auseinandersetzt. Auch die bidirektionale Brille als Augenschnittstelle ist bereits in der Erforschung (vgl. [Bockholt u. a. 2011]).

*Fixationen-kontingentes Interface*

Ein Fixationen-kontingentes Visualisierungssystem scheint auf den ersten Blick bezüglich des Simultan-Bildes einen Beitrag liefern zu können. Beispielsweise dem ‚Level of Detail' bei der Visualisierung von Geometrie (vgl. [Murphy und Duchowski 2001], [Duchowski und Çöltekin 2007], siehe Abbildung 5-42).

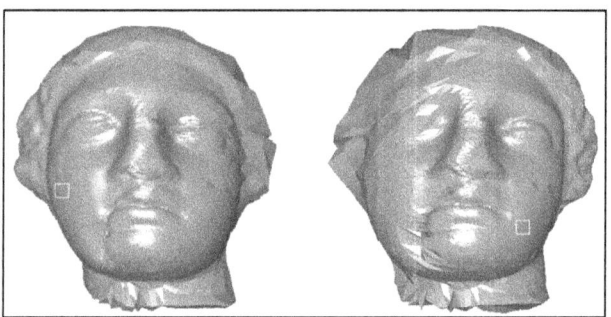

Abbildung 5-42, Computergrafiken: „Two frames during gaze-contingent viewing […]" von MURPHY HUNTER und ANDREW T. DUCHOWSKI (2001), lokale Bildauflösung abhängig vom Blick (vgl. [Murphy und Duchowski 2001]), links.

Abbildung 5-43, Computergrafik: „Dasher" von DAVID J. C. MACKAY (vgl. [MacKay 2003a]), rechts.

Ein konkretes Beispiel, das auf ein bildhaftes Schema basiert, ist das Texteingabesystem DASHER (siehe 2.2.1.1). Es ermöglicht Buchstaben, Worte, Sätze oder ganze Textteile mit den Augen einzugeben (vgl. [MacKay 2003a]). Nach einer sehr kurzen Eingewöhnung kann die Eingabe sehr effektiv erfolgen (vgl. [Ward und MacKay 2002]). Hierbei handelt es sich bildstrukturell um ein aggregaträumliches 2D-Interface in Echtzeit, das bewusst durch den Menschen gesteuert werden kann (siehe Abbildung 5-43). Anderseits lernt das System vom Nutzer, indem es seine häufigsten Buchstabenkombinationen protokolliert. Mittels probabilistischer Aussage modelliert und schlägt das System dem Nutzer während der Laufzeit zunehmend Textteile vor. Das System ist also anfangs recht leicht mit dem Auge zu bedienen, nimmt jedoch mit zunehmendem Gebrauch an Komplexität zu. Damit wird die Schnittstelle zur Laufzeit immer effizienter und der Benutzer erhält den Eindruck, das System immer besser zu beherrschen. Mit zunehmendem Gebrauch steigt die Komplexität der Anwendung, indem Nutzer und Interface miteinander effizienter zu kommunizieren lernen.

*‚Dasher'*

Solche innovativen Technologien können Menschen generell unterstützen. Im vorliegenden Beispiel von DASHER wird anschaulich gezeigt, wie ein interaktives System mittels Blickbewegungsmessung im aggregaträumlichen 2D-Interface funktioniert. Infolgedessen stellt sich die Frage, wie ein systemräumliches 3D-Interface aussehen könnte? Hierbei wäre insbesondere die Dimension Tiefe zu beleuchten. Wie gestaltet sich der Aufmerksamkeitsverlauf beziehungsweise die ‚Blickbewegung in der Tiefe' des Menschen. Die Umstände des Bewegungsablaufes der menschlichen Augen bei der Betrachtung unterschiedlich entfernter Objekte erforscht beispielsweise SASCHA WEBER (vgl. [Weber u. a. 2013]).

## 5.1 Ausblick

Ziel ist es, Methoden zu einer dezidierten Bestimmung dreidimensionaler Blickbewegungen und der räumlichen Verteilung der visuellen Aufmerksamkeit des Menschen zu erforschen (vgl. [Weber u. a. 2013]). Welche Regeln für die Gestaltung von Interfaces lassen sich daraus ableiten? Ein Anwendungsszenario könnte es sein, die Blickbewegung in allen Dimensionen zu erfassen (auch in der Tiefe) und auf die entsprechende Aufmerksamkeit eines Betrachters zu schließen. Diesbezügliche Echtzeit-Visualisierungssysteme bieten ein entsprechendes Interaktionspotenzial, das es letztlich zu gestalten gilt. Es ergeben sich weitreichende und vielfältige Möglichkeiten für die Forschung um die Eye-Tracking unterstützte Computergrafik. Wie muss beispielsweise ein visuelles Interaktionssystem konzipiert sein, das den visuellen Wahrnehmungsprozess des Menschen nicht nur berücksichtigt, sondern im Sinne einer Antizipation darauf eingeht? Hier sind spannende Interaktionsprozesse zwischen Nutzer und Rechner mit dem Bild als Schnittstelle zu erwarten. Welche Verhaltensmuster zeigt ein Mensch, wenn sein Blick durch ein System vorausprojiziert wird (ein ‚mundgerechtes' Sehen)?

*Interaktionssysteme mit 3D-Eye-Tracking*

### 5.1.5.2 Sakkade, ein Potenzial zum Verbergen

„So empfahl Henry Peach Robinson den Gebrauch jeglicher Art von ‚Kniff, Trick und Kunstgriff', damit sich die bildliche Schönheit aus einer "Mischung des Realen mit dem Künstlichen" ergebe" ([Dörfler 2000], vgl. [Newhall 1949, S. 75]). Das menschliche Auge kennt sakkadenbedingt keine Abbildungsverzerrung (vgl. [Glaeser 1999]), weil es sich fortwährend der Aufmerksamkeit in seiner Umgebung orientiert (vgl. [Crowe und Narayanan 2000]). Die einfache Kamera verfügt über keine sakkadenähnliche Technik. Demzufolge liefert die Kamera ein ‚technisches Bild', bestenfalls einen kontinuierlichen Bildstrom, wobei sie alle abzubildenden Objekte ‚gleichbehandelt'. Erste Arbeiten zu visuellen ‚Vorwärtsmodellen' in der Robotertechnik sind hier explizit nicht gemeint (vgl. [Karniel 2002], [Saegusa u. a. 2009], [Miall und Wolpert 1996]).

*Sakkade, ein Potenzial für interaktive Systeme*

Der Ansatz in diesem Ausblick ist, die Sakkade des menschlichen Auges in einer (virtuellen) computergrafischen Kamera zu realisieren, um die durch die perspektivische Optimierung bedingte Eigenrotation (siehe 4.4.1) vor dem menschlichen Auge zu verbergen. Diese Eigenrotation wurde erstmals in der Auseinandersetzung zwischen FRANKE und KÖNIG beschrieben (vgl. [König 2005, S. 39]).

Ziel ist es, den Rotationsanteil der perspektivischen Optimierung (wie 4.4.1) in einer sakkadischen Suppression zu verbergen (vgl. [Matin 1974], [Campbell und Wurtz 1978], [Rayner und Pollatsek 1983]). Erste Ansätze stellen die Arbeiten von FELIX ILBRING, MARC MOSCH, TOBIAS GÜNTHER und weiteren Kollegen dar (vgl. [Ilbring 2009], [Ilbring 2010], [Mosch 2010], [Günther 2013]). Diese Arbeiten zeigen Umsetzungen von Sakkaden-Erkennungssystemen in Echtzeit, wie beispielsweise auch von MANU KUMAR vorgestellt (vgl. [Kumar u. a. 2008]), mit teils latenteren Verfahren (vgl. [Wyatt 1998], [Behrens u. a. 2010]). Dabei ist die für die Erkennung einer Sakkade notwendige Zeit auf ein Minimum zu reduzieren. Dazu wird das gesamte System vom Eye-Tracker bis zur Echtzeit-Visualisierung untersucht. Ziel der Verknüpfung von Blickbewegung und Bildgebung ist es, auffällige Änderungen in der Bildstruktur vor der Wahrnehmung durch den Menschen zu verbergen. Dazu kann das Phänomen der Veränderungsblindheit genutzt werden (siehe 2.4.1.3). ‚Gestaltete Störungen' im Bildgefüge können vor dem menschlichen Auge versteckt werden, um den Grad der Wahrnehmungskonformität zu erhöhen.

*Verbergung von ‚negativen' Störungen*

## 5 Ausblick und Zusammenfassung

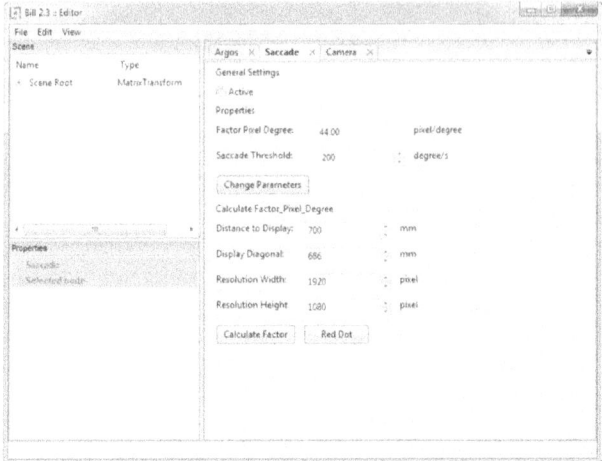

Abbildung 5-44, Computergrafik: ‚Benutzeroberfläche des Sakkaden-Plug-ins des BildspracheLiveLabs' von TOBIAS GÜNTHER (2013, [Günther 2013, S. 67]).

**Optimierungsansatz für OPO-Algorithmus**

Es gibt einen konkreten Bedarf einer solchen Verbergung. Bei der Anwendung von Algorithmen zur perspektivischen Optimierung könnte es zu Änderungen in der Bildstruktur kommen. Konkret treten bei der objekt-basierten geometrischen Manipulation, bedingt durch die Ausrichtung der korrigierten Objekte zur Kamera, augenscheinlich Eigenrotationen auf. Dies tritt insbesondere auf, wenn sich die Lage zwischen Objekt und Kamera ändert. Im dynamischen Abbild der Szene dreht sich das korrigierte Objekt. Die ist insbesondere in der Konstellation eines nicht korrigierten Hintergrundes oder anderer Objekte im Abbild sehr auffällig. Es wird die Illusion einer relativen Eigenbewegung erweckt. Diese Auffälligkeit zeigt sich mit jeder relativen Veränderung der Lagen zwischen Kamera und Objekt (wahrnehmungspsychologisch: Salienz). Mit jeder Änderung der Lage ergibt sich ein entsprechender Optimierungsbedarf, dem durch den vorliegenden algorithmischen Ansatz begegnet wird.

**Eigenrotation verbergen**

Ein Ansatz ist, die optimierungsbedingte Eigenrotation auszusparen. Die Augenbewegung des Menschen setzt sich unter anderem aus einem ständigen Wechsel zwischen Fixation und Sakkade zusammen. Mit dem Wissen über die Veränderungsblindheit des Menschen von einer Fixation zur anderen Fixation (siehe 2.4.1.3) ergibt sich ein gestalterisches Potenzial, dass nur mithilfe computergrafischer Systeme ‚gehoben' werden kann. Untersuchungen bezüglich der Veränderungsblindheit zeigen, dass die Merkfähigkeit hinsichtlich visueller Details erheblich beschränkt ist (vgl. [Simons und Ambinder 2005]). Sakkaden und Lidschlägen hängt an, dass in ihrer Folge auch visuelle Hinweisreize unterdrückt werden.

Die gehemmte Erkennung von Veränderungen unterscheidet sich bei Sakkaden und Lidschlägen nicht signifikant (vgl. [Dornhöfer u. a. 2002], [Velichkovsky u. a. 2002]). Durch diese Hemmung kann der Mensch auch keine Bewegungssignale erblicken. Ähnlich verhält es sich bei Lidschlägen des Auges. Es ergeben sich für die Wahrnehmung des Menschen in dieser Zeit keine neuen aufmerksamkeitserzeugenden Ereignisse. Der Mensch kann während einer Sakkade oder eines Lidschlags schlicht nichts erblicken. Weitere Blicke des Menschen werden nicht adressiert (vgl. [Rensink u. a. 1997], [Crowe und Narayanan 2000]). Allerdings kann eine zuvor induzierte Aufmerksamkeit unter anderem zu einem Blickwechsel führen.

## 5.1 Ausblick

Die ‚Sakkadische Suppression' ist eine besondere Art der Veränderungsblindheit (vgl. [Irwin 1996]). Während einer Sakkade kommt es zu einer Unterbrechung der visuellen Wahrnehmung. Das Auge gibt im Zeitraum der Sakkade keine Blickinformationen an das Gehirn weiter. Die visuelle Wahrnehmung wird innerhalb von 50 ms bis 80 ms ab- und wieder aufgebaut. Das Gehirn kompensiert den Ausfall der visuellen Reize beziehungsweise das Abbrechen des visuellen Stroms, sodass es dem Menschen nicht bewusst auffällt (vgl. [Bridgeman u. a. 1975], [Grimes 1996]).

*Sakkadische Suppression als Potenzial*

Für die Optimierung eines Bildes ergibt sich gestalterisches Potenzial. Bei der objektbasierten geometrischen Optimierung stellt sich diese wie folgt dar:

*‚Sakkaden-kontingente' Optimierung der OPO*

Eine ‚Sakkaden-kontingente' Optimierung der Perspektive meint, dass der Scherungsanteil simultan (ohne Rücksicht auf die Sakkade) und der Rotationsanteil sukzessive (mit Rücksicht auf die Sakkade) angewendet wird. Insofern findet eine unsichtbare Maskierung der Visualisierung statt. Die sakkadische Suppression bezeichnet eine notwendige Optimierung der visuellen Wahrnehmung des Menschen (siehe 2.4.1.3). ‚Sie' bietet ein außerordentliches Potenzial für die Konzeption und Gestaltung von interaktiven, computergrafischen Echtzeitanwendungen. Im konkreten Fall des Vorliegens einer Sakkade wird die ‚störende' Eigenrotation ruckartig nachgeholt. Da der Mensch während einer Sakkade visuelle Reize nur gehemmt verarbeitet, lässt sich die Eigenrotation vor der visuellen Wahrnehmung durch den Menschen nahezu vollständig verbergen, so die Theorie (siehe Abbildung 5-45).

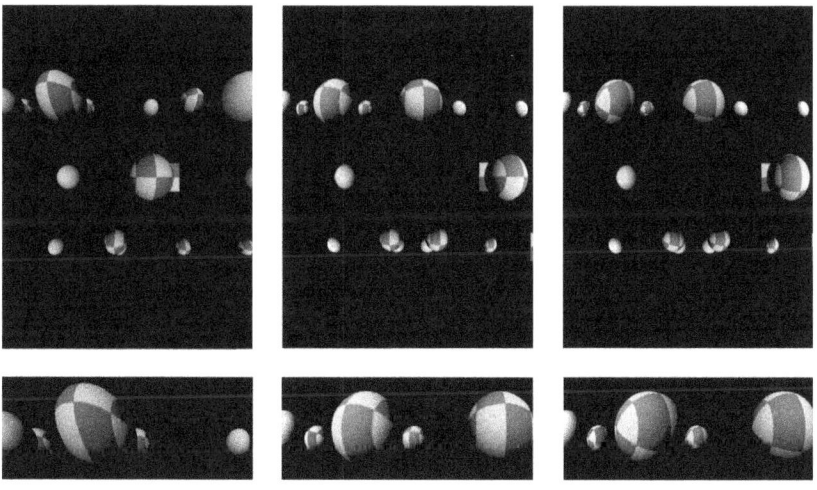

Abbildung 5-45, Computergrafiken: Ausschnitte eines Bildschirmes einer Szene mit Objekten, dokumentationsbedingter, vertikaler Kameraöffnungswinkel: 120 °, Abbild einer Szene (o.l.), perspektivisch optimiertes Abbild (o.m.), sakkaden-abhängiges, optimiertes Abbild (o.r.), entsprechende Detailvergrößerung (jeweils unten), (nach [Mosch 2010, S. 72]).

In diesem Sinne wurden im Rahmen dieser Arbeiten entsprechende Schnittstellen für das BildspracheLiveLab (BiLL, siehe 6.4) realisiert. Mit den (studentischen) Arbeiten von Felix ILBRING und MARC MOSCH wurde der Ansatz des AUTORS, die geometrische Manipulation an dreidimensionalen Objekten in einer virtuellen Szene an die Blickbewegung des Auges gekoppelt. Das Ergebnis ist eine blickbewegungsoptimierte Visualisierung. Es liegt eine besondere, subtile Gestaltung der Visualisierung vor. Dreidimensionale, computergrafische Visualisierungen werden von auffällig wirkenden, ungewollten Verzerrungen befreit (vgl. [Franke u. a. 2008a], [Yankova und Franke 2008]). Dabei werden die Rotationsanteile der perspektivischen Optimierung vor der visuellen Wahrnehmung versteckt.

# 5 Ausblick und Zusammenfassung

**Sakkade als gestalterisches Element**

Das letzte Abbild vor einer Sakkade des Auges wird länger durch das menschliche Gehirn ‚festgehalten' (vgl. [Campbell und Wurtz 1978]). Die ruckartige und schnelle Bewegung des Auges führt also nicht zur Destabilisierung der visuellen Wahrnehmung, vielmehr ist die Suppression ein Beitrag zur Stabilisierung. Die perspektivische Optimierung beinhaltet das Problem der auffälligen Eigenrotation bei dynamischen Bewegungen in Relation zwischen Kamera und abzubildenden Objekt (siehe 4.4.1). Dieser Nebeneffekt der perspektivischen Optimierung lässt sich innerhalb einer Suppressionsphase, also innerhalb einer Sakkade des menschlichen Auges, vor der Wahrnehmung verstecken. An dieser Stelle wird nun vermutet, dass die für das menschliche Auge störenden Anteile der perspektivischen Optimierung nicht mehr wahrgenommen werden können. Damit wird die perspektivische Korrektur nicht mehr vollständig kontinuierlich, sondern teilweise blickabhängig auf abzubildende Objekte angewendet. Erste psychologische Studien zeigen vielversprechende Ergebnisse (vgl. [Helmert u. a. 2010], [Kusch u. a. 2010]). Die Blickbewegungen des Betrachters werden konkret durch ein Eye-Tracking-System erfasst und als Eingabedaten dem Visualisierungssystem übergeben. Auf Basis dieser Daten erfolgt eine Auswertung, wann eine Sakkade stattfindet; und wenn eine Sakkade angezeigt ist, dann wird der für die menschliche Wahrnehmung störende Teil der perspektivischen Optimierung ‚nachgezogen'. Durch die sakkadische Suppression und die Veränderungsblindheit des menschlichen Gehirns (vgl. [Irwin 1996]) bleibt die Anwendung der vollständigen perspektivischen Optimierung für die visuelle Wahrnehmung des Menschen im Verborgenen. Erste Untersuchungen in dieser Richtung deuten dies an (vgl. [Mosch 2010]). Belastbare Studien sind im Sinne dieses Ausblicks angezeigt.

Nachdem das Potenzial der Fixationen- beziehungsweise der ‚Sakkaden-kontingenten' Visualisierung erörtert und an konkreten Beispielen dargelegt wurde, verbleibt der Ausblick auf ein System, das beide Arten der Augenbewegung ineinander integriert. Dazu sei im Anschluss ein Konzept einer Visualisierung angerissen.

### 5.1.5.3 Skizze eines Fixationen- und Sakkaden-kontingenten Interfaces

**Fixationen&Sakkaden-kontingentes Interface**

Die Fixation und die Sakkade sind Begriffe der Wahrnehmungspsychologie (siehe 2.4.1). Es gibt zahlreiche Konzepte zu neuartigen Interfaces, die entweder nur die Fixation oder nur die Sakkade als gestalterisches Element aufgreifen (siehe 5.1.5.1 und 5.1.5.2). Weit mächtiger könnte ein Interface in seiner Funktion und Wirkung sein (vgl. [Crowe und Narayanan 2000]), das mit seinem Interfacekonzept auf Fixationen als auch Sakkaden der Menschen abgestimmt ist. Die Kombination von Aufmerksamkeitsbindung und Veränderungsblindheit bildet zusammen ein entsprechendes Doppelpotenzial. Vor dem Hintergrund eines aggregaträumlichen Simultan-Bildes und eines systemräumlichen Sukzessiv-Bildes ergibt sich ein weites Forschungsfeld für ‚Fixationen- und zugleich Sakkaden-kontingente' Interfaces. Nachfolgend ist ein konstruierter, rein fiktiver Fall dargelegt. Ziel ist es, weniger an Rauschen von Daten auf einem Display zu ermöglichen. Es ist auch nicht die Absicht, eine ‚künstliche' Augenbewegung zu propagieren, die speziell für die Benutzung von Software erlernt werden muss (vgl. [Jacob und Karn 2003]). Eher noch ist es die Motivation, das ‚Midas Touch Problem' aufzugreifen und in seiner Wirkung als gestalterisches Potenzial aufzufassen und entsprechend zu nutzen (vgl. [Jacob 1995], [Ward 2001]).

**Informatives Rauschen**

Wie lässt sich ‚informatives Rauschen' minimieren und Relevantes herauskristallieren, sodass der kognitive Balast vermieden wird. ‚Informatives Rauschen' ist wie die ‚Bilderflut' unerwünscht. Dem Menschen stehen lediglich eine endliche Zeit und begrenzte kognitive Kapazitäten bei der visuellen Wahrnehmung zur Verfügung (siehe 2.4.2 und 3.1.5).

## 5.1 Ausblick

Rainer Groh betrachtet das ‚Interaktions-Bild' unter einem Zusammenspiel von Datenbild und Navigationsbild (vgl. [Groh 2005]). Für den vorliegenden Fall gilt: Das Datenbild ist durch keine andere visuelle Auszeichnung angereichert als die Darbietung der Dateninhalte selbst. Das Navigationsbild stellt lediglich eine durch Fixation und Sakkade gesteuerte Logik dar, also eine Art von subtiler Interfacegestaltung in Echtzeit. Anders ausgedrückt: Die Interfacedarstellung wird im Allgemeinen nicht durch den Rechner gesteuert, sondern durch den Wahrnehmungsprozess des Menschen intendiert beziehungsweise initialisiert.

Ein ‚Fixationen-', und zugleich ‚Sakkaden-kontingentes' Visualisierungssystem stellt einen interessanten Ausgangspunkt für diese Diskussion dar. Dazu folgt ein konkretes Beispiel:

*Fixationen&Sakkaden-Interfacekonzept*

Ein Betrachter - nennen wir ihn Dispatcher - sitzt vor einem Kontrollbildschirm. Dieser Bildschirm zeigt ein Diagramm mit vielen gleichmäßig verteilten Zahlen. Diese Zahlen stehen beispielsweise für verschiedene Temperaturen an verschiedenen Orten. Ab einem bestimmten Schwellwert sind die angezeigten Temperaturen von einer bestimmten Relevanz für den Betrachter. In vorliegendem Fall nehmen wir für diese Relevanz einen Grenzwert von +50 ° Celsius an.

Nun ist es so, dass die Temperaturen auf dem Interface ständig und sehr stark auf und ab schwanken. Durch die sich ständig ändernden Temperaturangaben wirkt eine große Anzahl von aufmerksamkeitsbindenden Attraktoren auf den Dispatcher. Das Interface wirkt wie eine flackernde Wand. Jedes Temperaturfeld ringt gleichermaßen mit konkreter Temperaturänderung um die Aufmerksamkeit des Betrachters. Die Augenbewegung korreliert mit der Aufmerksamkeit (vgl. [Crowe und Narayanan 2000]). Der Betrachter muss sich stark konzentrieren, um die relevanten Temperaturfelder im Interface zu finden, die einen Wert von über +50 ° Celsius angeben. Das Interaktionskonzept ist es, dass die visuelle ruckartige Darbietung der Temperaturänderungen unterhalb von +50 ° Celsius innerhalb einer Sakkade versteckt wird. Die Darbietung der Temperaturänderungen ab +50 ° Celsius erfolgt jedoch ausschließlich während einer Fixation. Der Neuwert ist, dass der Dispatcher an dieser Stelle die relevanten Temperaturänderungen ab +50 ° Celsius nicht mehr übersehen kann und auch nicht durch irrelevante Darstellungen von Temperaturangaben unterhalb von +50 ° Celsius beeinträchtigt wird. Die Frage der Zeitlichkeit, da die Temperaturänderungen zeitlich verzögert dargeboten werden, ist aufgrund der Schnelligkeit der menschlichen Blickbewegungen zu vernachlässigen. Die zeitliche Latenz in der Präsentation der Temperaturangaben ist unwesentlich für die vorliegende akademische Konstruktion.

Ein solcher ‚Mechanismus' stellt eine Kombination aus implizitem und explizitem Verhalten von Blicksoftware dar (vgl. [Stellmach 2013]). Zudem sei erwähnt, dass hinter diesem Fall die Frage steht: Wie kognitiv-belastend das vorgestellte Interface für den Menschen ist, und ob es eine Optimierung im Sinne der Arbeitsergonomie des Betrachtes darstellt?

*Implizites und explizites Interagieren*

Wesentlich ist die Fragestellung, ob ein derartiges, angereichertes Interface, dass die konkrete Blickbewegung des Menschen in Echtzeit berücksichtigt, weniger zur Ermüdung beziehungsweise Beeinträchtigung der Aufmerksamkeitsfähigkeit des Betrachters führen kann und er somit weniger Pausen und Erholung benötigt? Hiermit ist das Gebiet der Ingenieurpsychologie und Arbeitsergonomie adressiert. Die Konzeption von ‚Fixationen- und Sakkaden-kontigenten' systemräumlichen Visualisierungen bieten weite Spielräume für antizipatorische Systeme, das heißt, für ‚hyperaktive Interaktionskonzepte' (3.1.4).

# 5 Ausblick und Zusammenfassung

### 5.1.5.4 Skizze eines disparat binokularen Interfaces

**Disparat binokulares Interface**

Ein weiterer interessanter Forschungsansatz lässt sich aufgrund des zwei-äugigen Blickes und vor dem Hintergrund des Bilingualismus konstruieren (siehe 3.4.3.1). Die Zunahme von Menschen, die mehrere Sprachen sprechen, ist ein Phänomen in der gegenwärtigen Gesellschaft. Bezüglich der Kommunikationsfähigkeit ist dies unzweifelhaft von großem Vorteil, insbesondere im Zeitalter der globalen Vernetzung. Bezüglich der Entwicklung des Wortschatzes einer betreffenden Sprache gibt es allerdings eine rege Diskussion in der Fachwelt. Es zeigen sich unter Abhängigkeit vom Wortschatz auch unterschiedliche Persönlichkeitsprofile und Kompetenzen im Zusammenhang der verwendeten Sprache bei betreffenden Menschen (vgl. [Komorowska 2011]). Grundsätzlich bräuchte die Menschheit zum Zwecke der Kommunikation nur eine Sprache.

**Dual-Applikation-System**

Gegenwärtig werden in der Arbeitswelt oft zwei oder mehrere Displays genutzt. Beispielsweise zeigt ein Display die Oberfläche einer Schreibsoftware und ein anderes die einer Tabellenkalkulation. Der Mensch bewegt seinen Blick auch bei CAD-Anwendungen zwischen diesen Displays oder zwischen den virtuellen Fenstern ('Windows') hin und her. Wie auch immer der Mensch dieses praktiziert, er vollzieht Blicke sukzessive. Dabei gehen durch die Veränderungsblindheit (siehe 2.4.1.3) viele, visuelle Informationen 'verloren' (siehe 2.4.2). Ähnlich der Wirkung bei Nutzung mehrerer Sprachen können dabei unter Umständen relevante Details 'abhandenkommen'. Ein Kompensationsmechanismus lässt sich wie folgt konstruieren: Dem Menschen ist es mit einem stereoskopischem 'Head-mounted Display' rein theoretisch möglich, zwei unterschiedliche Abbildungen simultan zu erblicken. Den menschlichen Augen werden subtil unterschiedliche Abbilder offeriert. Vorstellbar ist ein solches Szenario eben in einer bürotypischen Situation. Der Mensch erblickt durch seine zwei Augen simultan zwei 'unterschiedlich angereicherte' Abbilder. Diese Art und Weise kann als disparat binokulare Visualisierung verstanden werden.

**Multiples Erblicken und Sehen**

Durch die Erforschung des Krankheitsbilds des Strabismus (Schielen) ist bekannt, dass sich das menschliche Sehen in der frühen Kindheit ausbildet (vgl. [Kaufmann und Decker 2004]). Das Sehen wird also erlernt und ist nicht angeboren. Insofern ist es vorstellbar, dass sich auch eine disparat binokulare Visualisierung erlernen lassen sollte. Aussagen zu einem disparat binokularen Blicken und Sehen ist mit Sicherheit nicht ohne weitere Forschung und Studien möglich. Beim Menschen kommt dieses in der Regel[8] nicht vor. Allerdings ist die Aufgabenteilung auf mehrere Augen in der Tierwelt nichts Außergewöhnliches (vgl. [Bonati und Csermely 2011], [Wallace u. a. 2013]).

**Wissenschaftsethik**

Aus Sicht der Informationsvisualisierung wäre ein disparat binokulares Blicken und damit Sehen im Sinne einer bi-visuellen Wahrnehmung eine spannende Forschungsfrage, würde sich doch damit die Bandbreite der visuellen Wahrnehmung des Menschen rein theoretisch verdoppeln. Ob sich nach dem Erlernen eines derartigen Sehens eher Vor- oder Nachteile gegenüber einer natürlichen binokularen Visualisierung ergeben, wäre mit Langzeitstudien zu erforschen. Die praktische Erforschung unter Langzeitbedingungen ist allerdings auch eine Frage der Wissenschaftsethik, da es mit zunehmender Probandennähe um Versuche am Menschen ginge (vgl. [Hammer 1983], [Stoecker u. a. 2011]).

---

[8] Mit dem Befund von Strabismus ist einhergend, dass das menschliche Gehirn unter anderem die Reizinformationen des krankhaften Auges unterdrückt. Die Anlagen im menschlichen Gehirn werden entsprechend ausgebildet oder eben nicht. Diagnose und Therapie liegen beim Neurologen (vgl. [Berlit u. a. 2005]).

## 5.1 Ausblick

### 5.1.5.5 Vom Potenzial der visuellen Erfahrung

Bedingt durch die vorhandene Prägung und visuelle Erfahrung, kommt es auch vor, dass Menschen Dinge gesehen haben, obwohl sie diese zuvor mit keinem Auge erblickten (siehe 2.4.5 und 2.4.6). Die Glaubhaftigkeit einer einzelnen Zeugenaussage ist daher immer eine kritische Stelle in der forensisch-psychologischen Begutachtung (vgl. [Greuel 1998]). Vielleicht liegt hierin auch der Grund, warum junge Menschen sehr gute Eigenschaft im Erlernen von neuen Interfacetechnologien aufweisen, hingehen ältere Menschen längere Zeit für ungewohnte Bildstrukturen benötigen. Dies begründet sich vielleicht in ihrer dann ausgeprägteren, visuellen Wahrnehmung. Ältere Menschen bedienen sich in effizienter Art und Weise des bereits Erlernten und nutzen Muster und Regeln, über die ein jüngerer Mensch unter Umständen noch nicht verfügt. Menschen nutzen unbewusst ihr Wissen und ihre Erfahrungen bei der Wahrnehmung ihrer Umgebung. Unerfahrene haben hier eine ‚gewisse Unbescholtenheit und Freiheit'. Sie könnten damit weniger geprägt und damit relativ gesehen ergebnisoffener eingestellt sein, auch bei der Erledigung von bestimmten visuellen Aufgaben. Allerdings laufen sie dadurch auch öfters Gefahr, zu scheitern.

*Potenzial der visuellen Erfahrung*

Abbildung 5-46, Illustration: „Netzwerke der Nervenbahnen im Gehirn" von BRAM STIELTJES (2011), verfremdet.

In der Pubertät unterliegt das Nervenzell-Netzwerk des menschlichen Gehirns einem besonderen Reifungsprozess (siehe Abbildung 5-46). Nervenzellen nehmen ab, Verbindungsbahnen kommen hinzu, Rezeptoreigenschaften verändern sich. Es entwickelt sich das Selbstbewusstsein (vgl. [Steinberg 2008]). Dies wirkt sich grundsätzlich auf das Verhalten und das Empfinden des Menschen aus, wovon auch die visuelle Wahrnehmung betroffen sein dürfte.

Die visuelle Wahrnehmung entwickelt sich fortwährend und ein Leben lang. Dabei ‚konkurriert' das visuelle Gedächtnis mit den visuellen Reizen des Auges. Hier begründet sich ein sehr interessanter Ansatz für weitere, durch Eye-Tracking-gestützte Studien. Das Ziel ist es, entsprechende Prinzipien für eine erweiterte Interfacetheorie zu erforschen und Gestaltungsregeln abzuleiten. Die Grundlage bildet eine zur Antizipation fähige Technologie, die zwischen den visuellen Vorlieben von ‚Jung und Alt', ‚visuell erfahrenen und unerfahrenen' sowie ‚normalsichtigen Menschen und jenen, die eine Fehlsichtigkeit aufweisen, unterscheiden kann. Vorlieben, Unerfahrenheit und Behinderungen beeinflussen nicht zuletzt den Eindruck des Menschen, den er über Bilder gewinnen kann.

*Visuelle Reize versus visuelles Gedächtnis*

# 5 Ausblick und Zusammenfassung

## 5.2 Zusammenfassung

**Kapitel 1**

Ein Maler bewegt sich bei der Erstellung seines Werkes, um mit allen seinen Sinnen die Umwelt einzufangen und diese im Ergebnis seiner Arbeit abzubilden. Er sammelt Informationen. Dazu nimmt er beliebig viele Standpunkte ein, um verschiedene ‚Blicke nehmen' zu können. Durch seine visuelle Wahrnehmung und kognitiven Fähigkeiten ‚sieht' der Maler. Dazu ist er befähigt, wie jeder andere Mensch auch. Darüber hinaus verarbeitet der Maler die ihm vorliegenden Informationen und Erkenntnisse zu einem Bild. Währenddessen ist er sich über bestimmte Zusammenhänge der Umwelt aus seiner Erfahrung bewusst, wie die Optik, die Physik, die Zeit oder andere Rahmenbedingungen sowohl Gegebenheiten. Dieses Wissen über die Umwelt lässt der Maler in sein Bild wie selbstverständlich einfließen. Zur Erleichterung seiner Tätigkeit nutzt er unter anderem bestimmte Techniken oder Technologien, wie einen beliebigen Umgang mit der Camera obscura. Mit der Camera obscura lassen sich Abbilder skizzenhaft strukturieren. Der Maler kann verschiedene Strukturen ineinander verschachteln. Er kann mit unterschiedlichen gestalterischen Mitteln beliebige Bildstrukturen anlegen und ein Bild komponieren. Es gilt, bewährte Vorgehensweisen der Malerei für moderne Abbildungsverfahren zu gewinnen. Die Malerei, historisch gesehen insbesondere die der Renaissance, geht einen Schritt darüber hinaus. Gemälde der Neuzeit sind Kompositionen, oft unter der mehrfachen Verwendung der Camera obscura in einer Bildstruktur (vgl. [Hansen 1938]). Das Ziel sind wahrnehmungsrealistische Bilder. Die wahrnehmungsrealistische Bearbeitungs- und Verformungstechniken der Kunst-, der Geistes-, und der Kulturwissenschaften sind folglich für Fachgebiete, wie die Computergrafik relevant und gegebenenfalls zu implementieren. Ein bewährtes Prinzip in der Malerei ist das der Linearperspektive, die in der Regel eine Multi-Perspektive ist. Das vorherrschende Verfahren beim Erstellen von sogenannten „technischen Bildern" ([Flusser 2000]) ist hingegen die Zentralprojektion, die als Ergebnis eine Mono-Perspektive erzeugt. Eine nähere Betrachtung der Malerei aus Sicht der Computergrafik ist somit motiviert. Es ist ein ‚vertiefendes' Verständnis für die Zusammenhänge und Unterschiede von Perspektive und Abbildung zu schaffen. Ein Ausgangspunkt der Betrachtung stellt das Spannungsdreieck aus Informatik, Gestaltung und Psychologie dar. Entsprechende Thesen lassen sich ableiten (siehe Kapitel 1, S. 1).

**Kapitel 2**

Die folgenden grundlegenden Aspekte sind dabei von Relevanz. Es gibt verschiedene Arten von Perspektiven. Für die vorliegende Thematik ist zwischen der Mono- und der Multi-Perspektive zu differenzieren. Die Multi-Perspektive kann zwischen einer ‚diskreten' und ‚kontinuierlichen' Ausprägung unterschieden werden. Multi-Perspektiven können Formen der Binnen- und der Bedeutungsperspektive sowie die umgekehrte Perspektive enthalten. Entsprechende Teilaspekte sind zu betrachten. Im Ergebnis dessen stellt die vorliegende Arbeit unterschiedliche Ausprägungen von Multi-Perspektiven und einen entsprechenden Klassifizierungsansatz vor (siehe 2.1.5).

Bilder oder bildähnliche Werke lassen sich entsprechend ihrer Art und Weise untersuchen. Die Arbeit betrachtet dabei den Text, die Skizze und andere Formen der bildhaften Vermittlung. Ein Bildwerk kann auch hinsichtlich seiner Bildstruktur betrachtet werden. Im Fachgebiet der Bildsprache wird hierbei zwischen zwei grundlegenden Formen unterschieden: Aggregat- und Systemraum. Die Malerei geht einen Schritt über das ‚reine Verfahren' der Zentralprojektion hinaus. Gemälde sind Kompositionen aus mehreren Zentralprojektionen. Damit sind Gemälde a priori der Multi-Perspektive zuzuordnen. In der Fotografie gibt es besondere Formen, die multi-perspektivische Bildstrukturen erzeugen, beispielsweise die Mehrfachbelichtung. Die Medien: Relief, Skulptur und Bühnenbild liefern weitere Ansätze für das Fachgebiet Computergrafik (siehe 2.2, S. 27).

## 5.2 Zusammenfassung

Aus Sicht eines Abbildungsmechanismus bietet es sich an, die Betrachtung von Aufbau und Funktionsweise des Auges, der Camera obscura, des Fotoapparates, der Filmkamera und das Verfahren der Computergrafik zu untersuchen. Insbesondere das Verfahren der Computergrafik ist vor dem thematischen Hintergrund der vorliegenden Arbeit von besonderem Interesse (siehe 2.3, S. 52). Um entsprechende Optimierungsansätze für computergrafische Verfahren abzuleiten, sind wahrnehmungspsychologische Erkenntnisse über den Menschen zu berücksichtigen. Bei der visuellen Verarbeitung des Menschen sind biologische Funktionsweisen, beispielsweise die Fixation und die Sakkade des Auges sowie deren Implikationen für die Gestaltung von Bildstrukturen relevant. Das eigentliche Sehen findet im menschlichen Gehirn statt. Das Auge blickt – und das heißt: Das Auge blickt sukzessive (sakkadisch) und erschließt dem Menschen die Umwelt auf der Basis von zuvor gesammelten (visuellen) Erfahrungen. Dabei greift der Mensch in der Regel auf sein Vorwissen zurück, das im Gedächtnis (visueller Cortex) abgelegt ist. Im Ergebnis steht das ‚Sehen'. Das ‚Sehen' wird implizit von der Kultur beeinflusst. Der Mensch erlernt das Sehen über eine bestimmte Zeit und wird dabei von entsprechenden Stimuli geprägt. Dieser Prozess ist unter anderem die Voraussetzung für das Ziehen von Schlussfolgerungen über das Gesehene. Sachverhalte, wie die Bedeutung, die Bewusstheit aber auch die Täuschung leiten sich ab (siehe 2.4, S. 65).

Im Rahmen der Analyse sind folgende Punkte zu betrachten: die Bildsynthesephase, der Bildeindruck, das Bildkontinuum (Bild-Raum) und der Bildrealismus. Entsprechende kritische Überlegungen über die ‚Visualisierung' als Kommunikationsmittel werden formuliert sowie entsprechende Schlussfolgerungen für das Fachgebiet Computergrafik gezogen.

Kapitel 3

Folgende Aspekte fallen unter die Bildsynthesephasen: der Strom des visuellen Reizes bei der visuellen Wahrnehmung durch den Menschen, die Verarbeitung entsprechender Reizinformationen, die Form- und die Gestaltsynthese, die Entwicklung entsprechender Visualisierungstechnologien und ihre Implikationen auf den Menschen. Bereits an dieser Stelle lassen sich neue Forschungsbereiche aufzeigen, beispielsweise der Zusammenhang von ‚Zeitlichkeit und Interaktion'. Es ist zwischen dem Augenblick und der Sehzeit zu unterscheiden, wie auch der eigentliche Bildherstellungsprozess von Relevanz für den Menschen bei der visuellen Wahrnehmung von Bildinhalten ist (siehe 3.1, S. 79).

Mit der Betrachtung eines Bildes ergibt sich einerseits der Bildeindruck, den ein Mensch im Ergebnis der visuellen Verarbeitung im menschlichen Gehirn gewinnen kann. Der Eindruck kann empirisch-analytisch an Bezugssysteme oder an Bezugsfelder festgemacht werden. Dafür können folgende Ausgangspunkte benannt werden: ein Augpunkt beziehungsweise ein Projektionszentrum, ein Mittelpunkt, eine reale Linie oder eine Kante in der Umwelt, eine Position und eine Lage, ein genommenes Lot oder die Schwerkraft sowie ein (Bild-)Rahmen oder eine (Bild-)Klammer. Überdies geben die Bühnenwelt, die Außenwelt sowie das menschliche Gedächtnis aber auch Mode und Kultur verschiedene Ordnungsmodelle für entsprechende Bezugssysteme vor. Unter Bezugsfeldern lassen sich subsumieren: das menschliche Gesichtsfeld (also der starre Blick), das menschliche Blickfeld (also der bewegte Blick), das gestaltete Bildfeld (mit seinen Bildstrukturen) und die (relativ tolerante beziehungsweise flexible) visuelle Wahrnehmung von (Eigen-)Bewegungen durch den Menschen (siehe 3.2, S. 85).

## 5 Ausblick und Zusammenfassung

Andererseits lässt sich dieses Untersuchungsgebiet ausgehend vom ‚Bildkontinuum' her beleuchten. Es bieten sich folgende Bildelemente an: Punkte, Linien, Flächen, Winkel, Räume und Körper. Selbst der Mensch steht Modell im Bildkontinuum. Bildstrukturell relevante Punkte sind: der Hauptpunkt respektive die geometrische Mitte, das geometrische Zentrum, der Distanzpunkt und das ‚unsichtbare, aber dennoch machtvolle' -Off-. Bildstrukturell relevante Linien sind: die Horizont-, die Sagittal- und weitere Fluchtlinien als auch die optische Achse. Von flächiger Wirkung sind: die Lateral-, die Sagittal- und die Horizontalebene sowie der Seh- und der Distanzkreis. Gestalterisch relevante Winkel sind: der Bild- und der Blickwinkel. Komplexere bildstrukturelle Einheiten lassen sich als Körper oder über den Raum definieren, wobei sich diese (begrifflich ähnlich beim Systemraum) in ‚kontinuierliche' und ‚diskrete Bauweisen' einteilen lassen. Solche ‚Bauwerke' lassen mit dem menschlichen ‚Leib' (mit seinen messbaren Gliedmaßen) durchschreiten und erleben (siehe 3.3, S. 99).

Die Bildsynthese, der Bildeindruck und das Bildkontinuum beziehungsweise die Bildstrukturen entfalten unter entsprechend ‚geschickter' Gestaltung beziehungsweise Beachtung entsprechender ‚Gesetze der Gestaltung' ihre Wirkungen. Bilder lassen sich zum Beispiel in fotorealistisch oder nicht-fotorealistisch (non-photorealistic) einteilen. Mit Blick auf den Menschen als Rezipienten von Bildern führt die vorliegende Arbeit eine neue Qualität ein. Ein Bild muss sich an der Wahrnehmung des Menschen messen lassen. Dies begründet den Ausdruck: ‚Wahrnehmungsrealismus', der sich am Aufbau und der Funktionsweise des menschlichen Auges und insbesondere an der visuellen Wahrnehmungsergonomie festmachen lässt. Die Architektur, die Malerei und auch psychologische Erkenntnisse bieten hierbei reichhaltige Ansätze für eine kritische Auseinandersetzung zum Wahrnehmungsrealismus. Im Ergebnis dessen lassen sich wiederum entsprechende Schlussfolgerungen für das Fachgebiet Computergrafik ableiten, beispielsweise anhand von computergenerierten Visualisierungen, die als nicht-wahrnehmungsrealistisch bezeichnet werden können. Diese Gegenbeispiele lassen sich ‚leicht' erörtern und ebenso kritisch betrachten. Entsprechende computergrafische Relevanz ergibt sich in deren Umkehr. Somit lassen sich Potenziale für die Computergrafik identifizieren. Wahrnehmungsrealismus bedeutet in diesem Zusammenhang, den Menschen mit seinen kognitiven Fähigkeiten und seiner Suffizienz, in das Zentrum von Visualisierungen' zu setzen. Damit steht der Mensch auch zukünftig im Mittelpunkt des Forschungsgebietes interaktiver Visualisierungssysteme (siehe 3.4, S. 118).

**Kapitel 4**

Die Verwendung wahrnehmungskonformer Bildstrukturen stellt ein computergrafisches Potenzial dar, denn eine derartige Gestaltung ist effizienter durch die visuelle Wahrnehmung des Menschen zu konsumieren. Gleich welcher Leistungsfähigkeit ein computergrafisches Visualisierungssystem ist, ist das Bild im Ergebnis doch stets für den Menschen gemacht. Die kognitiven Fähigkeiten des Menschen bilden daher auch zukünftige Ausgangspunkte der Überlegung beziehungsweise der Entwicklung von visuellen Systemen. Der Fotoapparat unterliegt der Hermetik der Optik - die virtuelle Kamera ist hingegen frei von physikalischen Gesetzen. In Verbindung mit der Echtzeitfähigkeit des Rechners können computergrafische Visualisierungen wahrnehmungsrealistische Bilder generieren. Dabei steht der Aggregatraum der Malerei der zweidimensionalen Computergrafik gegenüber. Hier lässt sich die ‚Desktop-Metapher' benennen. Eine entsprechende Metapher, die den Systemraum der Malerei mit der dreidimensionalen Computergrafik verbindet, ist seitens der Forschung ‚angezeigt'. Es gibt zahlreiche interdisziplinäre Konzepte und Umsetzungsmöglichkeiten, beispielsweise das ‚Eingreifen' in die Rendering-Pipeline (siehe 4.1, S. 135).

## 5.2 Zusammenfassung

Es ist zu beachten, dass es einen wesentlichen Unterschied zwischen den Begriffen Projektion und Perspektive gibt. Eine Zentralperspektive (Abbild/Bild) ist nicht mit einer Zentralprojektion (Verfahren/Abbildung) zu verwechseln. Weiterhin ist zwischen dem Blicken (Optik) und dem Sehen (Prozess) des Menschen zu unterscheiden. Einen Blick kann der Mensch einnehmen. Das Sehen ist das Ergebnis der visuellen Wahrnehmung im Menschen und setzt somit eine Erkenntnis voraus. Dabei kommt es zu dem ‚Effekt', dass sich der Mensch beim Sehen flexibel gegenüber den visuellen Reizen versus den eigenen, bereits gesammelten visuellen Erfahrungen zeigt. Das Sehen ist zur Adaption fähig, beispielsweise gegenüber modischen Entwicklungen, kulturellen Einflüssen, etc. Der Eindruck, den ein Mensch von einem Bild gewinnen kann, geht zwangsläufig ‚mit der Zeit'. Entsprechende Ansprüche an wahrnehmungskonforme Visualisierungssysteme und wahrnehmungsrealistische Bilder lassen sich aufzeigen (siehe 4.2, S. 142).

Aus den Überlegungen zu einem technischen System, das die Erzeugung von wahrnehmungsrealistischen Visualisierungen zum Ziel hat, können die Relationen zwischen dem Menschen und der Kamera abgeleitet werden. Entsprechende Modelle und Methoden lassen sich synthetisieren sowie Faktoren und Parameter benennen. Konkret wird mit der vorliegenden Arbeit ein Mensch-Kamera-Modell eingeführt. Im Sinne einer fokussierten Synthese wird am Beispiel des (Bildstruktur-)Elementes Hauptpunkt das Potenzial für computergrafische Visualisierungen hergeleitet. Mit geometrischer Abweichung vom Hauptpunkt eines Bildes ergeben sich im zweidimensionalen Abbild von dreidimensionalen Objekten unter bestimmten Umständen unrealistisch wirkende Verzerrungen. Dies kann unter anderem bei der Verwendung von großen Kameraöffnungswinkeln beobachtet werden. An dieser Stelle wird der neue Begriff ‚Perspektivkontrast' eingeführt. Die geometrischen Verzerrungen lassen sich bei näherer Betrachtung in zwei Faktoren zerlegen. Der Perspektivkontrast bedingt sich einerseits in einem Proportions- und andererseits in einem Ausrichtungsanteil. Es ergeben sich Perspektivkoeffizienten. Weiterhin lassen sich geometrische Beziehungen in Form einer mathematischen Funktion nebst Wertetabelle und Verzerrungstafel darstellen. Somit wird ein Weg der Optimierung aufgezeigt (siehe 4.3, S. 155).

Der Ansatz zur Optimierung beziehungsweise die Reduzierung von Verzerrungen lässt sich auf computergrafische Verfahren zur Erzeugung von perspektivischen Projektionen umlegen. Entsprechende Algorithmen, die im Ansatz der Bildhauerei beziehungsweise der Malerei angelehnt werden können, sind detailliert aufgeführt. Die vorliegende Arbeit proklamiert eine objekt- sowie eine kamera-basierte Lösung für die computergrafische Projektion (OPO und KPO). Diese Optimierungsvorschläge werden verglichen und untereinander abgewogen. Entsprechende Vor- und Nachteile finden ihre Erörterungen. Darüber hinaus wird eine betrachter-basierte Optimierungslösung postuliert. Diese Erkenntnisse führen zur Formulierung einer Handlungsrichtlinie beziehungsweise Gestaltungsvorschrift zur Erzeugung computergrafischer Bildstrukturen, die eine wahrnehmungsrealistische Wirkung durch eine entsprechende Komposition versprechen sollen. Bildstrukturen sind im Bewusstsein über ihre Wirkung auf den Menschen anzulegen – diese Tätigkeit ist ein essenzieller Teil der Gestaltungsleistung (siehe 4.4, S. 178).

Das zuvor erwähnte Mensch-Kamera-Modell führte am Beispiel des Hauptpunktes zur Einführung des ‚Perspektivkontrastes' und der Vorstellung von entsprechenden Optimierungsverfahren (OPO und KPO). Eine Grundlage dieser Ergebnisse war die vorangegangene Synthese von Eingriffsmöglichkeiten in die Rendering-Pipeline. Diese Eingriffsmöglichkeiten lassen weitere Ansätze für die Forschung aufzeigen und Begrifflichkeiten erörtern, wie: a) Wechselwirkungen von Blickrichtung und Bildfläche (Begriffe: Distanz, Touch, Kulisse, etc.);

## 5 Ausblick und Zusammenfassung

b) Aspekte zur Proportion und zur Ausrichtung von Objekten und deren Abbilder (Begriffe: Figur, Grund, Verjüngung, Verdeckung, Lot, Gegenstand, etc.); c) Fragestellungen zur Illusion von Räumlichkeit (Begriffe: Flucht, ‚Vertigo', ‚White-out', Umlenkung, Erdung und Tiefe); d) Wirkungsweise von Farbe, Licht und Schatten (Begriffe: Farbperspektive, Farbinteraktion, Beleuchtung, etc.) und e) Untersuchungen zu betrachter-basierten Optimierungsansätzen (BPO), (Begriffe: Fixation, Sakkade, Mono-/Binokularität, Prägung, Täuschung, etc.); (siehe Kapitel 5, S. 203).

**Kapitel 6**
Nach der Theorie folgen zahlreiche Nachweise über die technische Umsetzbarkeit der vorgestellten Lösungen zur Optimierung von Visualisierungsverfahren. Dazu sei erwähnt, dass einer algorithmisch technischen Umsetzung und einer Integration weiterer gestalterischer Konzepte nachgegangen wird. Die Echtzeitfähigkeit von computergrafischen Visualisierungssystemen eröffnet dabei ein erhebliches Potenzial an neuen theoretischen Erkenntnissen und eine Vielzahl von praktischen Einsatzmöglichkeiten. Über diese Fähigkeit lediglich von einem Mehrwert durch die Computergrafik zu sprechen, ist bescheiden, denn die Virtuelle Realität hat zweifelsohne ihre ganz eigenen Möglichkeiten. Es gilt, ihren ‚Eigenwert' zu benennen und zu erforschen (siehe Kapitel 1, S. 251).

**Kapitel 7**
Als letzter Teil der vorliegenden Arbeit schließt sich die Beschreibung der Evaluation in Form von drei Studien (Hörsaal- und Laborstudien) an. Diese Studien belegen die Präferenz der Probanden gegenüber multi-perspektivischen Darstellungen. Es wurde die Wirkung von mono- und multi-perspektivischen Bildstrukturen auf den Menschen untersucht: Gemälde, Fotografien und Computergrafiken. Die Probanden zeigten eine Vorliebe (Präferenz) für multi-perspektivische Bildstrukturen. Kontrollbildpaare (Bildpaare mit zwei identischen Bildstrukturen) sichern das Untersuchungsergebnis ab. Motiviert durch diese ersten Untersuchungsergebnisse wurden weitere Experimente durchgeführt und unter anderem das Blickverhalten der Probanden aufgezeichnet. Insbesondere die durch das Eye-Tracking gewonnenen Messdaten: höhere Anzahl von Fixationen und die längere Verweildauer bei derartigen Bildstrukturen unterstützen die ersten Ergebnisse. Weiterhin sind signifikante Unterschiede in der Anzahl und der Dauer der Fixationen festzustellen. Mithin sind diese Ergebnisse eben ‚weniger' auf die Bildinhalte sondern auf höhere Faktoren oder Bildstrukturen zurückzuführen, wie diese mit einer wahrnehmungskonformen Komposition beziehungsweise Gestaltung begründet werden. Interessant ist die Feststellung der höheren Fixationshäufigkeit und der längeren Verweildauer bei multi-perspektivischen Bildstrukturen in Relation zur Dynamik der visuellen Aufmerksamkeit. Die Studie zeigt des Weiteren, dass multi-perspektivische Bilder nicht nur subjektiv anders wahrgenommen werden, sondern ebenfalls die Blickverhaltensweise des Menschen beeinflussen. ‚Bekanntermaßen' ist die visuelle Aufmerksamkeit des Menschen ein sehr komplexer Prozess, der durch verschiedene Ebenen der psychologischen ‚Mechanismen' bestimmt ist. Auf der untersten Ebene konstituiert das menschliche Wahrnehmungssystem ein ‚mentales' Bild von der räumlichen Umwelt. Objekte und Bereiche höherer, visueller Dichte binden mehr Aufmerksamkeit, mithin ‚schwellen' die Häufigkeit und die Dauer von Fixationen ‚an'. In diesem Punkt sind die Messergebnisse von mono- und multi-perspektivischen Bildstrukturen miteinander vergleichbar, da jedes Testbildpaar in sich ähnliche Bildinhalte aufweisen. Daher ist es ‚ratsam', computergrafische Verfahren um multi-perspektivische Freiheitsgrade zu erweitern (siehe Kapitel 7, S. 269).

**Anhänge A - C**
Angewandte Projekte und andere Materialien, die sich unter anderem aus der vorliegenden Forschungsthematik und dem entsprechenden Ergebnissen eingestellt haben, sind in den Anhängen der vorliegenden Arbeit aufgeführt (siehe Anhang, S. A-1 ff.).

## 5.3 Kernsätze

Kapitel: Einleitung

1. Historische Methoden der Malerei weisen uns Ansätze zur Optimierung der Zentralprojektion. Dies lässt sich unter anderem am Beispiel von linearperspektivischen Bildern aufzeigen. — I
2. Architektur heißt Gestaltung von Umwelt und Dingen. Der ‚gebaute' Raum repräsentiert ein ‚Verhältnis von Kunst und von Ingenieurwesen zum Leben'. — I
3. Im Gegensatz zum ‚rein' geometrischen Abbildungsprozess in der Zentralprojektion ist die menschliche visuelle Wahrnehmung wesentlich komplexer. — II
4. Soll ein Bild ‚mehr als tausend Worte sagen', muss es ein Bild für den Menschen sein. — IV

Kapitel: Analyse

1. Die Bilder lernten erst laufen und stehen mittlerweile in ‚Echtzeit und schneller' zur Verfügung. Bilder lernen ‚zuschauen'. Die Verantwortlichkeit wird zum Moment. — 83
2. Mittelalterliche Bildstrukturen und die der Neuzeit beinhalten betrachterorientierte Dialoge. — 84
3. Das Modell der computergrafischen Kamera muss um Regeln zur Generierung von verzerrungsfreien Abbildern erweitert werden. — 88
4. Das Modell der computergrafischen Kamera muss um Regeln zur Parallelität von abzubildenden parallelen Kanten erweitert werden. — 90
5. Das Modell der computergrafischen Kamera muss um einen Vestibular-Vektor erweitert werden. — 95
6. Das Modell der computergrafischen Kamera muss sich bei der Abbildung von Fluchtlinien, am Gesichtsfeld des Menschen orientieren. — 107
7. Das Modell der computergrafischen Kamera muss die Lotrechte zwischen optischer Achse und Bildebene berücksichtigen. — 108
8. Das Modell der computergrafischen Kamera muss menschliche Maßstäbe einschließen (anthropologische Konstanten). — 118

Kapitel: Synthese

1. Die Perspektive ist keine objektive Konstruktion und sie stellt kein Dogma dar. Sie ist subjektiv. — 143
2. Der ‚Wahrheitsgehalt einer Perspektive' liegt in der Mitte zwischen Geometrie und Wirkung (Wirklichkeit), denn bereits in der Antike wurden entsprechend ‚subtil' krummlineare Gebäude angelegt, damit sich im Auge des Betrachters gerade Linien ergeben. — 143
3. Der menschliche Blick lässt sich nicht mehr nur als direktes Mittel des Interaktionsprozesses einbinden, sondern in einer subtilen, dem Betrachter unbewussten, Art und Weise. — 144
4. Eine ‚wahrnehmungsrealistische' Perspektive erfüllt eine bestimmte Erwartung, die sich insbesondere durch den kulturellen Rahmen des entsprechenden Betrachters ergibt. — 152
5. Der Begriff Wahrnehmungsrealismus bezeichnet qualitative Momente der Bildstrukturen. Bildstrukturen, die die visuelle Erfahrung und damit die Erwartung des Menschen bedienen, sind in ihrer Wirkung wahrnehmungsgerecht. — 153
6. Mensch und Rechner begegnen sich nicht ‚auf gleicher Augenhöhe'. Interfaces kommt eine Vermittlerrolle zu. Dementsprechend gestaltet sich die Interaktion. — 155
7. Neuartige Systeme können dem menschlichen Sehen ‚vorauseilen', beispielsweise mit dem Ziel, einem Betrachter von Interfaces, stets optimale Bildstrukturen anzubieten. — 157
8. Lösungen begründen sich in der Kombination von computergrafischen Transformationen, ganz im Sinne der malerischen Praxis. — 179

5 Ausblick und Zusammenfassung

# 6 Implementierung als Evaluationsbasis

Dieses Kapitel beschäftigt sich auf Grundlage der vorangegangenen Synthese mit konkreten softwaretechnologischen Umsetzungen. Das vorliegende Kapitel begründet die weitere Diversifikation der zugrunde liegenden Forschungsthematik.

*Einleitung*

## 6.1 Allgemeiner Hintergrund

Neben der gegenständlichen Thematik der vorliegenden Arbeit gibt es zahlreiche bildsprachliche Aspekte und Erkenntnisse beziehungsweise malerische Praktiken, die hinsichtlich einer computergrafischen Echtzeit-Visualisierung betrachtet werden müssen (vgl. [Groh 2004a]). Die Arbeitsgruppe der Technischen Visualistik von Rainer Groh (vgl. [Groh 2003]) beschäftigt sich unter anderem mit der Entwicklung verschiedenster Werkzeuge für empirische Untersuchungen, aber auch für Studien unter Laborbedingungen. Letztere unterstützten vornehmlich Boris Velichkovsky und Sebastian Pannasch (vgl. [Velichkovsky 2007], [Pannasch 2013]). Die Entwicklung der Softwarewerkzeuge ist dabei stets von den fachlichen Fragestellungen der Bildsprache getrieben. Die vorliegende Arbeit wurde von vielen studentischen Arbeiten begleitet. So wurden Prototypen von Werkzeugen verschiedenster Form realisiert (vgl. [König 2005], [Scheibe 2005], [Zavesky 2006], [Zavesky 2007], [Wojdziak 2007], [Wojdziak u. a. 2011a] und so weiter. Erkenntnisse und Innovationen sind in viele Projekte eingegangen, unter anderem in ein durch die Deutsche Forschungsgemeinschaft (DFG) gefördertes Projekt von Rainer Groh. Ab dem Jahr 2008 erhielt das Grundlagenforschungsprojekt „Wahrnehmungsrealistische Projektion" (kurz: WaRP) eine Förderung (vgl. [Groh 2008]), das in erster Instanz bildwissenschaftlichen und in zweiter algorithmischen Fragestellungen zur gegenständlichen Thematik nachgeht (siehe Anhang A1.1).

*Hintergrund*

Um die Erkenntnisse solcher der Grundlagenforschung in der Praxis zu prüfen, wurden im Rahmen der vorliegenden Forschungsarbeit Ausschreibungen zu diversen studentischen Arbeiten und zur Entwicklung einer entsprechenden softwaretechnologischen Umgebung initiiert. Dieses Framework erhielt – eben durch die Studentenschaft um Thomas Ebner, Jan Wojdziak und Tobias Münch – die Bezeichnung: BildspracheLiveLab (kurz: BiLL). BiLL versteht sich als ‚Gebäude der Technischen Visualistik', an dem auch viele weitere Kollegen gearbeitet haben und in dem beständig geforscht wird (vgl. [Kammer u. a. 2012]). Hierzu seien einige passende Sätze von Christopher Alexander angeführt: „There is one timeless way of building. It is a thousand years old, and the same today as it has ever been. The great traditional buildings of the past, the villages and tents and temples in which man feels at home, have always been made by people who were very close to the center of this way. It is not possible to make great buildings, or great towns, beautiful places, places where you feel yourself, places where you feel alive, except by following this way. And, as you will see, this way will lead anyone who looks for it to buildings which are themselves as ancient in their form, as the trees and hills, and as our faces are." ([Alexander 1980, S. 19]).

*BildspracheLivelab*

## 6 Implementierung als Evaluationsbasis

Die Ergebnisse, die mit dem Framework BiLL produziert werden konnten, führten in Anerkennung der Forschungsleistung durch das Bundesministerium für Bildung und Forschung (BMBF) zu einer weiteren Förderung. Mit der Förderung ist das Ziel der Validierung des erreichten Innovationspotenzials wissenschaftlicher Forschung verknüpft. Der Projektname lautet: Validierung der Leistungsfähigkeit und der Anwendungsbereiche des Demonstrators BildspracheLiveLab (kurz: VaLABi). Benanntes Projekt wurde durch den Förderer: Bundesministerium für Bildung und Forschung mit seinem Projektträger: VDI/VDE Innovation+Technik GmbH und dem Innovationsmentor: Frank Schönefeld von der T-Systems Multimedia Solutions GmbH beziehungsweise der Hochschule für Technik und Wirtschaft Dresden (kurz: HTW Dresden) unterstützt (siehe Anhang A1.2, S. A-2). Zahlreiche Industrie- und Anwendungsprojekte ergaben sich (siehe Anhänge A2.1 bis A2.4).

*Machbarkeit, Optimierung, Modularisierung*

Es liegen bereits umfangreiche softwaretechnologische Arbeiten auf dem Gebiet der Bildsprache vor. Die Initiative ging von der Optimierung perspektivischer Bildstrukturen aus (siehe 4.4). Das Framework BiLL umfasst mittlerweile über 20 Plug-ins, die für das Ziel der Erforschung bildsprachlicher Fragestellungen bereitstehen. Bei der folgenden Schilderung werden die entsprechenden softwaretechnologischen Meilensteine: ‚Realisierbarkeit, Optimierung und Modularisierung' fokussiert (siehe 6.2, 6.3 und 6.4). Das Vorgehen der Entwicklung der Forschung im Rahmen der vorliegenden Arbeit ähnelt dabei dem Spiralmodell von Barry W. Boehm (vgl. [Boehm 1988], [Boehm und Rombach 2005]). Das folgende Schema stellt die Entwicklung der perspektivischen Optimierung dar. Im Ergebnis ist ein Framework entstanden, das für eine Vielzahl von Forschungsanliegen bereitsteht (siehe Abbildung 6-1).

Das BildspracheLiveLab (BiLL) durchlief mehrere Entwicklungszyklen (siehe Abbildung 6-1). Dabei stellte sich die Frage, welche 3D-Technologien verwendet werden können. Es werden in den nachfolgenden Abschnitten entsprechende fachliche Vor- und Nachteile dargelegt.

*Grafiksoftware*

Die Visualisierung in der Computergrafik besteht aus verschiedenen Komponenten, die in Form einer Rendering-Pipeline vom Rechner abgearbeitet werden. Die Rendering-Pipeline beinhaltet unter anderen diverse Transformationsschritte, auf Modell-, Kamera- und Darstellungsebene (siehe 2.3.5). Darunter zählen zum Beispiel Operationen, wie Translation, Rotation, Skalierung, Clipping, Projektion, Rasterung, aber auch Schatten-, Beleuchtungsberechnung, etc. Gerade bei Letztgenannten ist zwischen globalen und lokalen Berechnungsmethoden zu unterscheiden (vgl. [Angel 2003]), die entsprechende Auswirkungen nach sich ziehen (siehe 5.1.4). Die Entscheidung zwischen globalen und lokalen Verfahren ist möglich, beispielsweise wie bei der Berechnung von virtuellem Licht respektive computergrafischen Beleuchtungen. Globale Berechnungsverfahren betrachten hierbei die Gesamtheit einer Szene, insbesondere auch die Beeinflussung der Objekte untereinander, beispielsweise durch Spiegelungen, Reflexionen, Brechungen oder Transparenz. Etablierte Verfahren sind das Raytracing und das Radiosity (vgl. [Angel 2003]). Bei lokalen Beleuchtungsverfahren wird die direkte Wirkung eines Lichtes auf das Objekt betrachtet. Auch hier liegen mehrere Konzepte vor. Die wohl Bekanntesten sind: die konstante Beleuchtung (Flat-Shading), das Verfahren nach Henri Gouraud respektive das nach Bui Tuong Phong (vgl. [Gouraud 1971], [Phong 1975]).

## 6.1 Allgemeiner Hintergrund

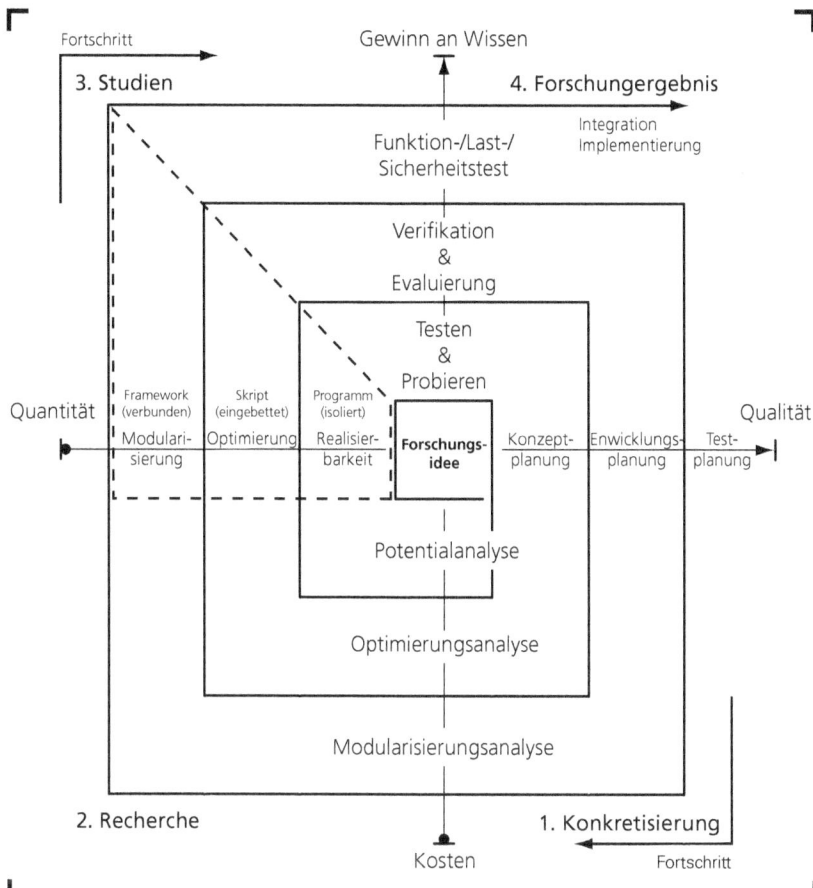

Abbildung 6-1, Illustration: ‚Methodik zur Softwareentwicklung mit Forschungsbezug', am Beispiel des BildspracheLiveLabs (BiLL).

Die Wahl der Grafikhardware ist ein wichtiger Punkt Damit einher geht die Anbindung an ein Betriebssystem. Letztlich bestimmen diese beiden Aspekte die Mächtigkeit und Möglichkeiten des Visualisierungssystems. Aufgrund der immer noch vorherrschenden Kapazitätsprobleme bei Rechnern ist zurzeit eine Entscheidung zwischen der grafischen Qualität an den Bildinhalten (Fotorealismus) und der Quantität an Bildern (Echtzeitfähigkeit) zu treffen. Darüber entscheidet sich letztlich, wie echtzeitfähig ein System ist. Zu globalen Beleuchtungsverfahren kann angemerkt werden, dass diese grundsätzlich einen höheren Berechnungsaufwand begründen und daher aus Gründen der Effizienz besonders kritisch vor dem Hintergrund des Eye-Trackings zu werten sind. Dies ist eine aktuelle Einschätzung, die sich allein an der stetigen Entwicklung der Hard- und Software-Technologien unter Umständen in der Zukunft egalisiert. Allerdings zeigt die Erfahrung der letzten Jahrzehnte, dass die Anforderungen an die Computergrafik stetig wachsen und sich somit Soft- und Hardware in einem fortwährenden Wettlauf befinden. Zu den konkreten Technologien nehmen die nachfolgenden Abschnitte entsprechend der Zielstellung der Implementierung konkreten Bezug. Im Rahmen einer Auseinandersetzung wird im Nachgang zwischen der Realisierbarkeit, der Optimierung und der Modularisierung unterschieden. Dabei ist insbesondere die Kombination von verschiedenen bildsprachlichen Forschungsfragen in einem Framework mittels entsprechender Plug-ins für objekt-räumliche, bild-flächige, farbliche, zeitliche oder andere Dimensionen gegeben.

Grafikhardware

## 6 Implementierung als Evaluationsbasis

### 6.2 Realisierbarkeit

Realisierbarkeit

Am Anfang der Erforschung zu bildsprachlichen Fragestellungen standen Theorie und Methodik (vgl. [Groh 2005]). Schnell fanden entsprechende Erkenntnisse ihre Anwendung in der dynamischen Visualisierung. Die studentische Arbeit von NICO KÖNIG beschäftigte sich mit dem Thema: „Gestalterisch geordnete Computergrafik – Transformationsprinzip in OpenGL" ([König 2005]). Bei der Betreuung dieser Arbeit wurde sich intensiv mit dem Thema der Zentralprojektion auseinandergesetzt und erörtert, welchen Bedingungen diese Projektionsvorschrift unterworfen ist. Bei einer tafelgeometrischen Skizzierung wurde von MIR bemerkt, dass es durch Zentralprojektion zu Verzerrungen kommt, die geometrischen Transformationen ähneln. Implizit liegen Scherung (verantwortlich für die Verzerrung) und Rotation (verantwortlich für die Ausrichtung) der Objekte beziehungsweise bei deren Abbildern vor. Im Fortgang der Auseinandersetzung zwischen NICO KÖNIG und MIR wird vorgestellt, wie sich die Verzerrungen bei Abbildern durch Zentralprojektion mittels einfachen geometrischen Transformationen ausgleichen lassen. Erstmals war es möglich, eine dialogorientierte Multi-Perspektive zu erzeugen (vgl. [Franke u. a. 2007]). Im Rahmen der Arbeit von NICO KÖNIG wurde eine computergrafische Implementierung dieser Erkenntnisse realisiert (vgl. [König 2005, S. 38]). In gleicher Weise und nahezu zeitgleich erfolgte die Bearbeitung einer weiteren Untersuchung durch den Studenten ROBERT SCHEIBE, der den geometrischen Ansatz mit ähnlichen Implementierungsergebnissen verifizieren konnte (vgl. [Scheibe 2005]).

OpenGL und 3DS Max

Die Implementierung von Nico König erfolgte in Delphi in Verbindung mit Open Graphics Library (OpenGL). OpenGL ist eine Spezifikation für eine plattform- sowie programmiersprachen-unabhängige Schnittstelle (vgl. [OpenGL Architecture Review Board 1993]). Es handelt sich um eine offene Grafikbibliothek, die zur Entwicklung von 2D- und 3D-Computergrafiken dient. Dabei ist OpenGL insbesondere für die Verwendung in computergrafischen Echtzeitsystemen geeignet, da viele Hersteller von Grafikkarten eigene proprietäre Erweiterungen eingebunden haben, die zu einer erheblichen Leistungssteigerung unter Verwendung der Grafikhardware führte (vgl. [Angel 1997], [Orlamünder und Mascolus 2004]).

Konkret wurden mehrere Prototypen von Nico König zur Veranschaulichung der Erkenntnisse aus der Diskussion implementiert. Ausgehend von der gestalterischen Problematik verzerrter Abbilder von Objekten wurde ein erster Prototyp unter Verwendung der oben genannten Software-Technologien realisiert. Dieser ermöglichte die Visualisierung einer einfachen grafischen Ausgabe. Es wurden diverse geometrische Objekte visualisiert, die sich anhand eines Schiebreglers lateral verschieben, rotieren und scheren lassen. Damit konnten die Verzerrungen des Abbildes der entsprechenden Objekte (vgl. [Glaeser 1999]) in Abhängigkeit ihrer Lage in der Szene geometrisch und visuell nachvollzogen werden. Je weitwinkliger die Visualisierung der Szene war, desto verzerrter waren die Abbilder von Objekten, „insbesondere wenn diese in den Randbereichen lagen" ([König 2005, S. 38]).

Die Entwicklung der Programme wurde dahin ausgelegt, erste empirisch perspektivische Untersuchungen – im Sinne computergrafischer, perspektivischer Verzerrungen – in einer Echtzeit-Visualisierungs-Umgebung vornehmen zu können. Die folgende Abbildung zeigt eine Bedienoberfläche und ein Visualisierungsergebnis des ersten Prototypen zur Überprüfung der perspektivischen Verzerrungen (siehe Abbildung 6-2). Neben den möglichen Darstellungsobjekten: Kugel, Zylinder, Quader und Teekanne (Utah Teapot aus der GLUT-Bibliothek) lassen sich folgende Projektionsbedingungen beeinflussen: Öffnungswinkel der Kamera, Maschendichte der Objektpolygone (Tesselierung), Beleuchtung der

## 6.2 Realisierbarkeit

Szene sowie Manipulationen an der Szenengeometrie: Verschiebung (Translation), Drehung (Rotation) und Scherung. Mithilfe dieser Einstellungsmöglichkeiten kann das Abbild eines Objektes unter verschiedenen Projektionsbedingungen studiert werden. In einer späteren Erweiterung durch MARTIN ZAVESKY war es möglich, die Kamera unabhängig vom globalen Koordinatenursprung durch die Szenen zu bewegen (siehe 2.3.5, vgl. [Zavesky 2006]).

Das Programm wurde daraufhin weiterentwickelt, sodass mehrere Objekte gleichzeitig untersucht werden können. Hinzu kam eine Funktion zur Regulierung des Hintergrundes. Dies ermöglichte es, verschiedene Hintergründe zu laden, um die perspektivische Korrektur auch vor dem Hintergrund der bekannten Figur-Grund-Problematik zu veranschaulichen.

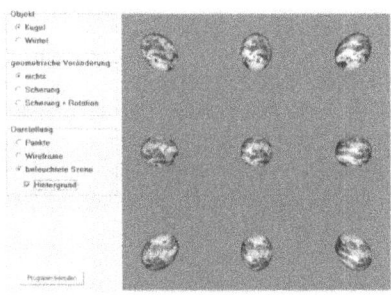
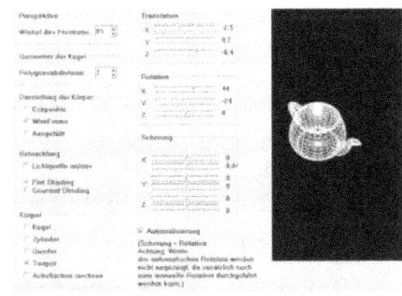

Abbildung 6-2, Computergrafik: ‚Benutzeroberfläche des Prototyps (1.1)' (2005, [König 2005, S. 41]), zur Visualisierung perspektivischer Manipulationen an dreidimensionalen Objektgeometrien, links oben.

Abbildung 6-3, Computergrafik: ‚Benutzeroberfläche des Prototyps (1.2)' (2005, [König 2005, S. 42]), zur Visualisierung perspektivischer Manipulationen an einfachen geometrischen Szenen, rechts oben.

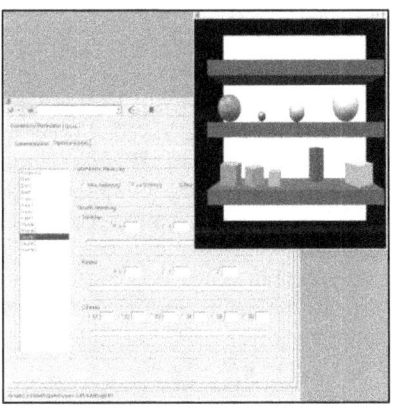
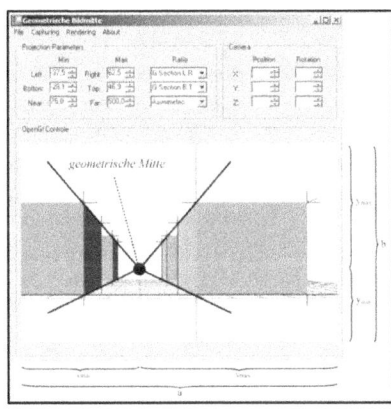

Abbildung 6-4, Computergrafik: ‚Benutzeroberfläche des Prototyps (1.3)' (2005, [König 2005, S. 42]), zur Überprüfung perspektivischer Verzerrungen an komplexeren geometrischen Szenen, links unten.

Abbildung 6-5, Illustration: ‚Benutzeroberfläche eines Prototypen' (2006, [Franke u. a. 2006]), zur Manipulation der Lage der geometrischen Mitte, Verhältnis der Sichtkorperparameter ($x_{min} : x_{max}$, $y_{min} : y_{max}$) beispielsweise am Goldenen Schnitt abgetragen (a /b = Φ), rechts unten.

Letztlich wurde in der ersten Umsetzung eine dritte Erweiterung des Prototyps realisiert (siehe Abbildung 6-4). Mit diesem ist es möglich, komplexe Szenen zu laden, die in externen Anwendungen erstellt werden können (Format: *.3DS). Erstmals ist hier die Bedienoberfläche zur Manipulation bezüglich der perspektivischen Korrektur in einem eigenen Fenster untergebracht. So lässt sich das Visualisierungsfenster über das gesamte Display ausdehnen, sodass bei eingehender Betrachtung der geometrischen Szenen die Elemente für den Benutzer (‚User Interface Elemente' (UI)) ein- beziehungsweise ausgeblendet werden können. Die Bedienoberfläche ist nach Manipulationen an der Kamera, Szene, etc. und Manipulationen an den konkreten Szenenobjekten, in Form von Translation, Rotation und Scherung, getrennt. Neben einer kontinuierlichen Manipulation mittels Schieberegler ist hier auch die Eingabe von diskreten Werten möglich.

## 6 Implementierung als Evaluationsbasis

Nach der Manipulation an der Objektgeometrie stellt sich die Frage nach der Manipulation an der Kameraspezifikation, konkret dem ‚View Frustum' (siehe 2.3.5). Insofern wird der Hauptpunkt eines Bildes beziehungsweise „[…] Bilder in Bezug auf die Kamerabewegung und die geometrische Mitte zu untersuchen [sein]. Dabei kann zwischen einer ruhenden beziehungsweise bewegten Kamera und einer statischen beziehungsweise dynamischen geometrischen Mitte unterschieden werden. Somit integrieren sich die Fallbeispiele in vier Klassen: ruhend-statisch, ruhend-dynamisch, bewegt-statisch und bewegt-dynamisch. Die Realisierung unterstützt die Generierung von Fallbeispielen aller Klassen […]. Darüber hinaus ermöglicht sie durch die freie Positionierung der geometrischen Mitte die Verwendung des ‚Goldenen Schnittes' in der Visualisierung. Das bedeutet: Computergrafische Bilder, Animationen und auch Echtzeit-Visualisierungen können [über der Bildstruktur] im Goldenen Schnitt angelegt werden." ([Franke u. a. 2006, S. 314]).

Auf Basis der Programmiersprache C# unter Verwendung der Grafikbibliothek *OpenGL* (vgl. [Wright 2005]) wurde ein Programm entwickelt. Unter Rückgriff auf die vorgestellte Projektionsmatrix (siehe 2.3.5) lässt sich eine Projektion berechnen, die die Manipulation an der Lage der geometrischen Mitte einschließt. Zusätzlich kann die virtuelle Kamera durch eine beliebige dreidimensionale Szene bewegt, positioniert und ausgerichtet werden. Das folgende Bild zeigt das grafische Benutzerinterface (GUI) des Programms. Die Parameter der Projektionsmatrix zur Abbildung der dreidimensionalen Szene sind im Goldenen Schnitt angelegt (siehe Formel 6-1, siehe Abbildung 6-5):

Formel 6-1: Goldener Schnitt.

$$\Phi = \frac{a+b}{a} = \frac{a}{b} = 1{,}618 \ldots .$$

Maya

Nachdem die Manipulation des Hauptpunktes in einer Echtzeit-Visualisierung als realisiert galt, stellt sich die Frage nach einem kamera-basierten Ansatz, der zu ähnlichen Ergebnissen führt, wie der objekt-basierten Optimierung (siehe 4.4.1). Insofern beschäftigte sich STEN SCHREIBER konzeptionell und prototypisch mit dieser Aufgabenstellung (vgl. [Schreiber 2005]). Der Prototyp dazu ist durch ein erstes Skript in Maya Embedded Language (MEL) für Autodesk Maya realisiert (vgl. [Maya API 2013]). Auf die besonderen Problematiken bei einem kamera-basierten Optimierungsansatz gehen die entsprechenden Ausführungen ein (siehe 4.4.2). DANIEL WUTTIG realisierte später ein Plug-in für das BildspracheLiveLab (BiLL, siehe 6.3.1, vgl. [Wuttig 2008]), welches auch die Echtzeittauglichkeit des kamera-basierten perspektivischen Optimierungsansatzes belegt.

Abbildung 6-6, Illustration: ‚Zusammenfügen von Teilbildern' (2005, [Schreiber 2005, S. 63]), des kamera-basierten perspektivischen Optimierungsansatzes (KPO, siehe 4.4.2).

Die mithin konzeptionellen Ergebnisse des vorliegenden Abschnittes flossen im Weiteren in den Abschnitt zur Entwicklung eines Frameworks ein (siehe 6.3.1). Die ersten Ergebnisse dieser Auseinandersetzung führten zu einer Studie, die die Präferenz von ‚bestimmten Perspektiven' durch den Betrachter nachweisen (vgl. [Franke u. a. 2008a]). Der Ausdruck ‚Bestimmte Perspektive' meint eine manipulierte Objektgeometrie oder Abbildungsvorschrift, die in ihrer Wirkung auf den Menschen untersucht wurde (siehe 7.3). Die vorliegenden Erkenntnisse werden im folgenden Abschnitt weiterverfolgt. Es bedarf in aller erster Linie einer weiteren Auseinandersetzung bezüglich der verwendeten Algorithmen. Vor dem Hintergrund bestehender Computer Aided Design Systeme sind bereits umfangreiche Werkzeuge zur geometrischen und farblichen Manipulation vorhanden, denen es aber hinsichtlich der Optimierung von Bildstrukturen an unmittelbaren Eingabemöglichkeiten fehlt.

## 6.3 Optimierung

Nachdem im vorangegangenen Abschnitt die Machbarkeit der perspektivischen Korrektur vom Grundsatz her nachgegangen wurde, schloss sich die Notwendigkeit einer Optimierung an. In diesem Abschnitt werden die Ergebnisse der Implementierung in Autodesk 3D Studio Max vorgestellt, die im Rahmen einer studentische Zuarbeit von MARTIN ZAVESKY erfolgte (vgl. [Zavesky 2006]). Ähnliche Skripte zur perspektivischen Optimierung wurden in Maya realisiert (vgl. [Schreiber 2005]). Eine Abwägung zwischen der sich späterhin abgezeichneten objekt- und der kamera-basierten Optimierung zeigen andere studentische Arbeiten auf (vgl. [Wojdziak u. a. 2011c], [Zimmer 2011]).

Optimierung

Die gegenständliche Realisierung erfolgt in der Skriptsprache MAXScript, die innerhalb von Autodesk 3D Studio Max zur Verfügung gestellt wird, um automatische iterative Aufgaben mit vorhandenen Funktionalitäten zu verknüpfen. Dadurch ist es möglich, neuartige Werkzeuge und zusätzliche Bedienoberfläche innerhalb Autodesk 3D Studio Max zu erzeugen. Ein Nutzer ist bei seiner Arbeit nicht auf den Support des Herstellers angewiesen. Eine ähnliche Möglichkeit bietet Maya Embedded Language (MEL) von Autodesk Maya. Darüber hinaus besteht für beide Systeme auch die Möglichkeit mittels eines SDKs beziehungsweise eines API entsprechend systemnahe Plug-ins zu realisieren (vgl. [3ds Max SDK 2013], [Maya API 2013]). Die Vorteile zur Nutzung von 3ds Max von Autodesk sind die Folgenden: Bei diesem Produkt handelt es sich um ein ausgereiftes System mit marktüblichen Wartungsintervallen und Serviceangeboten. Das Produkt ist technisch und benutzerorientiert dokumentiert. Eigene Algorithmen lassen sich leicht implementieren und einbinden. Die weite Verbreitung der verkauften Lizenzen von 3ds Max ist ein weiterer Vorteil, sodass in dieser Umgebung entwickelte Skripte oder Plug-in einer breiten Schicht an Interessenten zur Verfügung gestellt werden können. Insbesondere für algorithmische Lösungen interessierte Personenkreise, die weniger technisch beziehungsweise entwicklungsversiert sind, ist dies eine Möglichkeit an aktuellen Ergebnissen zu partizipieren.

Technologiediskussion und -entscheidung

Ein gravierender Nachteil ist, dass das System lediglich eine ungenügende Visualisierung in Echtzeit zulässt. Primär ist das System Autodesk 3ds Max für die Modellierung von dreidimensionaler Geometrie ausgelegt und weniger für eine Echtzeit-Visualisierung. Die Visualisierung kann je nach Komplexität der Szene oder Dauer der Animation entsprechende Kapazitäten seitens der Hardware fordern respektive Zeit zur Berechnung benötigen. Ein weiterer, nicht zu unterschätzender Nachteil ist, dass ein Produkt, wie 3ds Max einer fortlaufenden Entwicklung durch den Hersteller unterliegt. Davon ist der Nutzer abhängig, wie bei Technologieschwenks, etc. Einerseits ist das hinsichtlich der Pflege und Wartung vorteilhaft, dennoch besteht hinsichtlich der Funktionstüchtigkeit etwaiger Plug-ins eine

Echtzeitproblematik

## 6 Implementierung als Evaluationsbasis

Abhängigkeit. Diese Abhängigkeit begründet sich in der Nachrangigkeit eines Skriptes oder eines Plug-ins gegenüber der Kernanwendung. Derartige Erweiterungen sind nicht systemrelevant. Der Hersteller ist stets daran gehalten, sein Produkt in einem einwandfreien und sicheren Zustand zuhalten. Insofern kann es bei kritischen oder strategischen Anliegen, wie neu bekannt gewordene Sicherheitslücken der Software oder nötigen Anpassungen an neue hardwareseitige Vorgaben, zu Änderungen der systemseitigen Skript- oder Plug-in-Spezifikationen kommen. De facto bedeutet das, dass Skripte und Plug-ins ebenfalls zu warten und zu pflegen sind. Zumindest ist deren Funktionstüchtigkeit nach jedem Update der Basisanwendung auf Kompatibilität zu prüfen. Gerade bei Forschungsarbeiten ist das eine Abhängigkeit, der oft nicht abgeholfen werden kann, da auch die Wissenschaft entsprechend projektgetrieben ist. Der Aufwand Skripte und Plug-ins in ihrer Funktion aufrecht zu halten, kann durch die wissenschaftlichen Mitarbeiter nicht abgedeckt werden. Daher wurde auf einer anderen softwaretechnologischen Basis weitergearbeitet, wie der nachfolgende Abschnitt beschreibt (siehe 6.3.1).

*Einfache Implementierung*

Der Grund dennoch an dieser Stelle auf 3ds Max zu setzen, liegt darin, hier schnellere und attraktivere Ergebnisse der Visualisierungen zu erreichen, die auch nötige gestalterische Ansprüche berücksichtigen. Basisanwendungen, wie die gegenständlich Intendierten, sind voll mit Spezialeffekten und aufwendigen Algorithmen, wie zur Berechnung von Raytracing, Radiosity, Partikelsysteme, Modelle zur Oberflächenbeschaffenheit, Animationen oder anderer Beschaffenheit oder Belange. Insofern ist das Arbeiten mit Skripten eine geeignete Möglichkeit zum Forschen und Experimentieren, um zügig zu Ergebnissen zu kommen, den Algorithmus zu prüfen, zu verfeinern oder Visionen Gestalt zu verleihen.

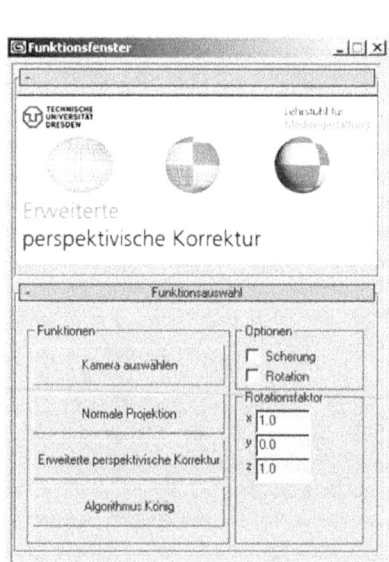
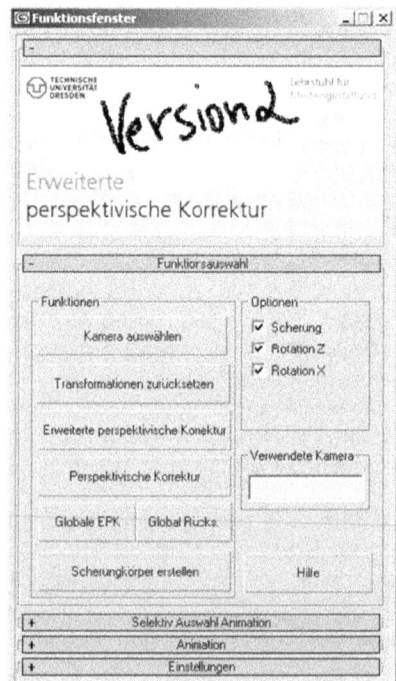

Abbildung 6-7, Computergrafik: ‚Benutzeroberfläche der EPK-Plug-ins' von MARTIN ZAVESKY (2006, [Zavesky 2006, S. 73]).

Abbildung 6-8, Computergrafik: ‚Benutzeroberfläche des EPK-Plug-ins' von MARTIN ZAVESKY (2007, [Zavesky 2007, S. 76]).

## 6.3 Optimierung

Die Ergebnisse der Experimente mit diesem Skript führten zu vielen weiteren Forschungsarbeiten, sodass weiterführende Überlegungen zügig ausprobiert und visualisiert werden konnten. Für die vorliegende Arbeit wurde der Ansatz zur objekt-basierten perspektivischen Optimierung ausformuliert (siehe 4.4.1). Weiterhin wurde auf dieser Basis schnell ersichtlich, dass notwenigerweise ein geeignetes computergrafisches Framework erforderlich ist, dass eine Visualisierung in Echtzeit ermöglicht und zugleich die gestalterischen Werkzeuge vorhält, wie diese von Adobe, Autodesk oder anderen namhaften Herstellern geliefert werden. Es wurde mit der Arbeit an einem solchen Framework begonnen. Der nachfolgende Abschnitt fasst das weitere Vorgehen gemäß des beschriebenen Vorgehensmodells ab (siehe Abbildung 6-1). Ein ausformulierter Ansatz zur objekt-basierten perspektivischen Optimierung wurde mit einem der ersten Plug-ins in diesem Framework realisiert (vgl. [Wojdziak 2007]).

*Zeitnahe Ergebnisse*

### 6.3.1 Framework-Implementierung

Bei der Konzeption und der Implementierung des BildspracheLiveLabs (BiLL) gibt vor allem das Forschungsgebiet der visuellen Analytik entscheidende Rahmenbedingungen vor (vgl. [Wojdziak u. a. 2011a]). Die visuelle Analytik bringt verschiedene Fachgebiete aus Wissenschaft und Technik zusammen, wie Informatik, Visualisierung, Kognitions- und Wahrnehmungspsychologie, Gestaltung, Design aber auch Kunst, Sozialwissenschaften und weitere (vgl. [Pak Chung Wong und Thomas 2004]). Dennoch, neben der gegenständlichen Thematik ist das Framework für angrenzende Forschungsfelder offen, wie beispielsweise dem Bereich Multitouch (vgl. [Han 2006], [Buxton 2012], [Kammer 2014]).

*Framework-Implementierung*

BiLL präsentiert sich dem Nutzer über eine Benutzeroberfläche in Form eines Zwei-Fenster-Systems. Das System bietet ein BiLL::Editor-Fenster und ein BiLL::Viewer-Fenster (siehe Abbildung 6-9, Abbildung 6-10 und Abbildung 6-11).

Das BiLL::Editor-Fenster zeigt linkerhand eine Abstraktion der Datengeometrie. Die Abstraktionsform ist ein Szenengraph, der als Baumstruktur die geometrischen Daten ordnet. Rechter Hand werden dem Nutzer diverse Möglichkeiten zur Szenenmanipulation angeboten (siehe Abbildung 6-9). Der Nutzer erhält Informationen über die Zusammensetzung der Szene einschließlich der konkreten computergrafischen Kameraparameter. Die Parameter der Kamera und des Szenengraphen können interaktiv verändert werden, womit der Nutzer mittelbar das Visualisierungsergebnis im BiLL::Viewer-Fenster beeinflussen kann. Er beeinflusst mithin den Visualisierungsprozess. Das Fenster stellt somit die Klasse eines ‚mittelbaren Interfaces' dar, wenn die datengeometrische Grundlage als Realität verstanden wird ([Groh 2005, S. 129]). Insofern erfolgt die Optimierung der Gestalt auf Basis einer Manipulation der realen Datenstruktur des Szenengraphen, wie dies zum Beispiel bei der Optimierung der Perspektive (siehe 4.4, vgl. [Franke u. a. 2007]) vorliegt. ‚Konstituiert' wird dies in Form eines zusätzlichen Knotens im Szenengraphen mit entsprechenden Vorschriften zu einer Transformation (vgl. [Wojdziak 2007]). Die Manipulation der Objektgeometrie realisiert sich beim Abarbeiten des Transformationsknotens, das heißt, bei der Traversierung des Szenengraphen selbst (siehe Abbildung 6-9 und Abbildung 6-10).

*BiLL::Editor-Fenster*

## 6 Implementierung als Evaluationsbasis

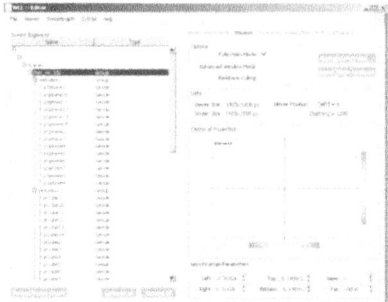
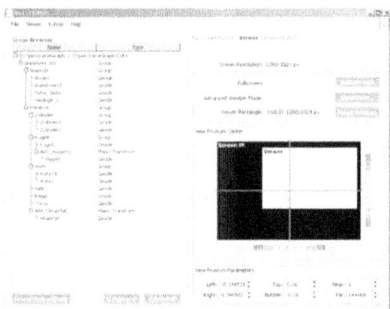

Abbildung 6-9, Computergrafik: ‚Benutzeroberfläche des Editor-Fensters des BildspracheLiveLabs' von DIETRICH KAMMER (2009, [Kammer 2009, S. 2]), links oben.

Abbildung 6-10, Computergrafik: ‚Benutzeroberfläche des Editor-Fensters des BildspracheLiveLabs' von JAN WOJDZIAK (2007, [Wojdziak 2007, S. 30]), rechts oben.

Abbildung 6-11, Computergrafik: ‚Benutzeroberfläche des BiLL::Viewer-Fensters' von DIETRICH KAMMER (2009, [Kammer 2009, S. 3]). Es wird das Abbild einer dreidimensionalen Szene gezeigt, unten.

BiLL::Viewer-Fenster    Das BiLL::Viewer-Fenster zeigt das zweidimensionale Abbild einer dreidimensionalen Datengeometrie (siehe Abbildung 6-11). Es stellt im direkten Vergleich zum BiLL::Editor-Fenster die Klasse eines direkten, das heißt, ‚unmittelbaren Interfaces' dar ([Groh 2005, S. 129]). Auch in diesem Zusammenhang versteht sich die Datengeometrie als Gegenstand der Betrachtung. Bei diesem Interface handelt sich um eine Visualisierung, die zur Interaktion fähig ist. Dem Nutzer ist es gegeben, die Kameraparameter direkt über das Abbild zu beeinflussen. Der Nutzer kann beispielsweise die Kamera durch die virtuelle Szene navigieren und auch abgebildete Objekte selektieren.

Ebenen-Architektur    Die konkrete Architektur des BiLL-Frameworks besteht aus verschiedenen Komponenten, wie dies im Diagramm dargestellt ist (siehe Abbildung 6-12). In der Architektur von BiLL gibt es drei Ebenen, die entsprechend der Funktionen und Abhängigkeiten der Komponenten gegliedert sind. Die Basis-Ebene gewährleistet die Einbindung von Fast, Light Toolkit (FLTK) und OpenSceneGraph (OSG). Die Service-Ebene stellt Kernfunktionalitäten des Frameworks: Bildsprache LiveLab (BiLL) anderen Komponenten zur Verfügung. Auf dieser Ebene wird unter anderem das BiLL::Editor-Fenster erzeugt (siehe Abbildung 6-9). Mit dem Framework: BiLL wird auch ein Plug-in-Konzept verfolgt, das die dritte Ebene darstellt. Plug-ins sind ergänzende Komponenten. An dieser Stelle sei erwähnt, dass in der Softwareentwicklung die Begriffe Plug-in, Komponente und ‚Bundle' oft synonym verwendet werden. In BiLL stellt ein Plug-in eine leichte und dynamische Erweiterbarkeit des Frameworks um bildsprachlich-operative Funktionalitäten dar. Plug-ins binden Funktionen, ohne dass ein Entwickler softwaretechnologische Grundfunktionen ständig neu zusammenstellen muss. Folglich können sich die Nutzer eines Frameworks auf ihre eigentlichen Forschungsziele konzentrieren, die BiLL zu klären anbietet, zum Beispiel Fragestellungen der Nutzer zur

## 6.3 Optimierung

visuellen Analytik beziehungsweise Technischen Visualistik nachzugehen. Je nach Bedarf bieten einzelne Komponenten integrierte Services an, die eine Kommunikation etablieren. Durch diese Kommunikation sind die Komponenten befähigt, ihre Funktionalitäten untereinander zur Verfügung zu stellen. Somit lassen sich Plug-ins in ihrer Funktion kombinieren.

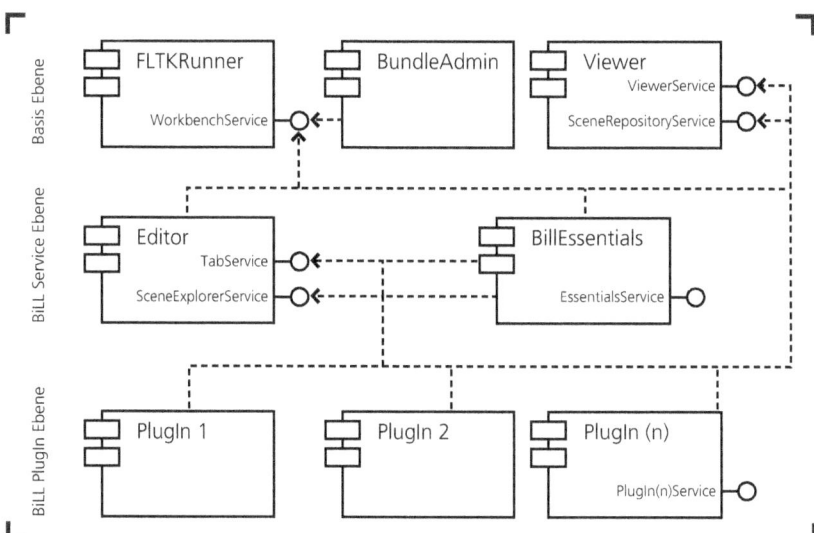

Abbildung 6-12, Illustration: ‚Ebenen-Architektur des Frameworks: BildspracheLive-Lab (BiLL) als Komponentendiagramm' von JAN WOJDZIAK ET AL. (2011, nach [Wojdziak u. a. 2011a]).

Aktuell hält das Framework BiLL über zwanzig Plug-ins vor, also Erweiterungen, die für die Erforschung bildsprachlich-operativer Aspekte zur Verfügung stehen beziehungsweise die eine stetige Weiterentwicklung erfahren. Die Konzepte in [Franke 2005a], [Franke 2005b] und [Franke u. a. 2005b] begründen entsprechende geometrische Ansätze zur Optimierung der perspektivischen Visualisierung. Möglichkeiten der farblichen Gestaltungen sind mit [Groh und Franke 2005], [Franke und Groh 2007] eingeführt. Die aufgeführten Beiträge zum Framework BiLL stellen eine Referenz dar. An dieser Stelle wird sich auf die Angabe von akademischen Abschlussarbeiten beschränkt, da ansonsten die Menge anderer BiLL-relevanten Arbeiten aus Lehrveranstaltungen der Professur Mediengestaltung (Technischen Universität Dresden) zu einer Unübersichtlichkeit führen würde (siehe Tabelle 6-1).

Mächtigkeit von BiLL

Die aufgeführten bildsprachlichen Konzepte, Studien und Erweiterungen im Framework BiLL stellen den belastbaren Forschungs- und Entwicklungsstand des Frameworks; BiLL Ende des Jahres 2014 dar. Belastbar meint, dass hierzu im Ergebnis diverse fachliche Publikationen in Form von Befragungen, Untersuchungen oder Studien unter Laborbedingungen vorliegen. Aktuell befindet sich das Framework in einer Phase der Validierung, das heißt, es befindet sich weiterhin in einer Art von evolutionärer Entwicklung (siehe 6.1). Informationen und Hintergründiges zu softwaretechnologischen Entwicklungen werden gegenwärtig durch die Arbeiten von JAN WOJDZIAK, DIETRICH KAMMER und ANDREAS STAHL an der Professur Mediengestaltung der Technischen Universität Dresden thematisiert (vgl. [Groh 2003]). Entsprechende Studien werden durch SEBASTIAN PANNASCH und ROMY MÜLLER von der Professur Ingenieurpsychologie abgesichert (vgl. [Pannasch 2013]). Letztlich sei erwähnt, für das Framework BiLL liegt eine automatisch generierte Dokumentation mit integrierten Lernhilfen (Tutorial) vor, die auch in einer Projektmanagement-Web-Anwendung eingebunden ist.

Laborieren mit BiLL

# 6 Implementierung als Evaluationsbasis

| Ergebnis | Beschreibung | Referenzen |
|---|---|---|
| ‚Objektgeometrie'-basierte Bildoptimierung | Optimierung von Proportion und Ausrichtung durch Transformationen Scherung und Rotation | [König 2005] [Scheibe 2005] [Zavesky 2007] [Wojdziak 2007] [Walther 2012] |
| ‚Kameraebenen'-basierte Bildoptimierung | Optimierung von Proportion und Ausrichtung durch Nutzung mehrerer skalierter Projektionen | [Schreiber 2006] [Vockeroth 2007] [Münch 2008] [Schmidt 2009] |
| Optimierung zu Übergängen Figur-Figur, Figur-Grund oder bezüglich Bildrahmen | Vermittlung zwischen der Objekt-Geometrie-basierten perspektivischen Korrektur untereinander beziehungsweise vor dem Hintergrund des Bildes | [Kunze 2008] [Kim 2008] [Barth 2009] [Zimmer 2011] |
| Farbe als gestalterisches Mittel im flächigen/räumlichen Bild | Farbe als Mittel zur Kontrastierung oder des Verlaufes, in 2D- und 3D-Szenarien | [Asmus 2008] |
| Mensch-Kamera-Modell | ‚Unmittelbare' Anbindung der Menschen an das Framework BiLL, Sakkaden-kontingente Optimierung der Bildstruktur | [Vockeroth 2007] [Mosch 2010] [Ilbring 2010] [Günther 2013] [Wojdziak u. a. 2014] |

Tabelle 6-1: Übersicht über die im Bildsprache-LiveLab realisierten Plug-ins (Stand: 1. Juli 2014).

## 6.4 Modularisierung, BildspracheLiveLab (BiLL)

**Modularisierung, BildspracheLiveLab**

Insbesondere bei komplexen Softwaresystemen bietet sich eine Modularisierung an. DAVID L. PARNAS hat als einer der Ersten seiner Zeit die Modularisierung von verschiedenen Gesichtspunkten her betrachtet, wie die der Flexibilität und der Verständlichkeit (vgl. [Parnas 1972]). Er formulierte Kriterien, die es zu beachten gilt, um zu einer Beschleunigung der Realisierung von Software zu kommen. Eine Antwort darauf ist die komponentenbasierte Softwareentwicklung. Nach Implementierung der verschiedensten bildgestalterischen Lösungen, in Form von diversen isolierten Prototypen, war eine softwaretechnologische Weiterentwicklung notwendig. Durch die Arbeitsgemeinschaft für Technische Visualistik der Professur Mediengestaltung an der Technischen Universität Dresden erfolgte eine Modularisierung. Es wurde ein Framework unter Nutzung entsprechender softwaretechnologischer Paradigmen entwickelt, das eine komponentenbasierte Software möglich macht. Ein auf dieser Technologie basierendes Framework macht es unter anderem möglich, einmal implementierte Funktionalitäten wiederzuverwenden beziehungsweise diese effizient weiterzuentwickeln. Es ist durch die Softwareentwicklung von Entwurfsmustern geprägt, in Anlehnung an die Ausführungen von CHRISTOPHER ALEXANDER (vgl. [Alexander 1977]). Die vorangegangenen beiden Abschnitte weisen die Machbarkeit und die Optimierung der perspektivischen Korrektur auf Basis von Einzellösungen nach.

**Grund- und Analysefunktionen von BiLL**

Das mit diesem Abschnitt vorgestellte Framework BildspracheLiveLab (BiLL) hatte vor allem das Ziel, darzulegen, wie die Interaktion des Betrachters in Echtzeit während der Bildgenerierung herangezogen werden kann (vgl. [Kammer u. a. 2011], [Wojdziak u. a. 2011a]). Durch das Framework BiLL werden Aspekte der Software-Technologie, Anwendungsentwicklung, Konstruktion, Komposition, Gestaltung, Kommunikation abgebildet und somit implizit die Interaktion zwischen Mensch und Maschine begründet. Der Schwerpunkt ist eine benutzer-orientierte, also dialogorientierte Visualisierung. Gesucht war ein interaktives System, das adaptierbar und jederzeit um zusätzliche Funktionalitäten erweiterbar ist. Das Gebiet der Bildsprache bringt folgende Anforderungen mit, die in BiLL abgebildet sind.

## 6.4 Modularisierung, BildspracheLiveLab (BiLL)

Grundfunktionen:

- Laden von geometrischen Daten,
- Anzeigen von Abbildern von geometrischen Daten,
- Erkundung von geometrischen Daten durch deren Abbilder,
- Funktionserweiterung zur Laufzeit des Frameworks mit komponentenbasierten Service.

Analysefunktionen:

- Objektmanipulationen (geometrische und farbliche Transformationen aller Art),
- Kameramanipulation (Projektionsvorschrift, etc.),
- Szenenmanipulation (Beleuchtung, Schärfe, etc.).

Zur Abbildung einer dreidimensionalen geometrischen Szene in Echtzeit ist es möglich und im Sinne der gegenständlichen Thematik angebracht, auf Methoden und Werkzeuge der Computergrafik zu rekurrieren (siehe 2.3.5). Lediglich zu den Aspekten der angewandten Bildsprache und des Bildverstehens gab es eine überschaubare wissenschaftliche Auseinandersetzung (vgl. [Groh 2005], [Sachs-Hombach 2009]). An dieser Stelle kann nur vermutet werden, dass die technischen Systeme für Gestalter und Designer eine hohe Hürde darstellen. Folglich fanden Diskurse zum computergrafischen Design und den angewandten Bildwissenschaften weniger statt. An dieser Stelle sei nochmals daran erinnert, dass BiLL ein Framework zur Untersuchung und Analyse von Bildstrukturen respektive der Bildsprache ist und nicht dem Anspruch unterliegt, anderen computergrafischen Belangen nachzugehen. *[Präzisierung von BiLL als Expertenwerkzeug]*

Da sich die vorliegende Arbeit unter anderen an Nichtinformatiker richtet, wird nachfolgend kurz in die komponentenbasierte Softwareentwicklung eingeführt. Für die objektorientierte Programmierung, die die Grundlage der komponentenbasierten Programmierung darstellt, sei auf die entsprechende Fachliteratur verwiesen (vgl. [Brügge und Dutoit 2004]).

### 6.4.1 Komponentenbasierte Softwareentwicklung

Dieser Abschnitt soll dem Leser einen Hintergrund vermitteln, der zum weiteren Verständnis der softwaretechnologischen Konzeption und Implementierung des BildspracheLiveLabs (BiLL) notwendig ist. Aus den vorangegangenen Abschnitten, der Realisierbarkeit (siehe 6.2) und der Optimierung (siehe 6.3) der verbesserten Bildstruktur ergeben sich für die weitere Entwicklung der Software-Technologie folgende Fragestellungen: Welche Forschungsziele liegen als Nächstes an? Welche Programmiersprache ist hinsichtlich der weiteren Forschungsziele am geeignetsten, C++ oder Java? Auf welche Frameworks beziehungsweise Bausteine und Bibliotheken lässt sich aufbauen? *[Komponentenbasierte Softwareentwicklung]*

Software darf nicht nur benutzer-, sondern soll auch entwickler-freundlich sein. Hierbei gibt es Anregungen zur Entwicklung einer Mustersprache von Christopher Alexander (vgl. [Alexander 1977]). Ein moderner Ansatz in der Informatik ist die komponentenbasierte Softwareentwicklung. Nach Clemens Szyperski sollten Softwarekomponenten weitestgehend als unabhängige Einheiten arbeiten. Das Zusammenspiel der Hard- und Software ist von entscheidender Bedeutung für den Programmieraufwand sowie die Erweiterbarkeit und die spätere Effizienz als auch Effektivität des Gesamtsystems (vgl. [Szyperski u. a. 2002]). *[Entwickler-Freundlichkeit]*

## 6 Implementierung als Evaluationsbasis

Zahlreiche komponentenorientierte Standardisierungen existieren bereits, beispielsweise Toolbox (vgl. [Slama 1999], OSGi (vgl.[Condry u. a. 1999]) oder auch CORBA (vgl. [Jong und Klint 2003]). An dieser Stelle seien auf die richtungsweisenden Arbeiten von DIRK BÄUMER ET AL. zu Role-Object-Pattern (vgl. [Bäumer u. a. 1997]) verwiesen. Andere, beispielsweise YANNIS SMARAGDAKIS und DON BATORY mit Mixin-Layers [Smaragdakis und Batory 2002] fokussieren sich auf die Variabilität im Zeitabschnitt der Kompilierung. Aus diesen beiden Ansätzen ergibt sich nach DIETRICH KAMMER ein sehr breites Spektrum. Entsprechende konzeptionelle Schlussfolgerungen begründen die nachfolgende Beschreibung der Software-Architektur des BildspracheLiveLabs (BiLL 2.0, vgl. [Kammer 2009]).

*Fachlich getriebene Softwareentwicklung*

Die Entwicklung von Software orientiert sich auch an den Erkenntnissen anderer Fachgebiete, insbesondere den Ingenieurwissenschaften. Es werden verschiedene Sichtweisen abgeleitet. CLEMENS SZYPERSKI definiert Komponenten als klar gegenüber einer Umgebung abgegrenzte Einheiten. Diese sind selbstständig und einsatzbereit. Komponenten können Objekte beherbergen. Objekte können Zustände, Verhältnisse, Beschreibungen oder anderes beinhalten. Dabei können Komponenten im Wechselspiel mit anderen Komponenten Objekte anfordert oder liefern, stehen also in einem Komponentensystem untereinander über Objekte in Verbindung. Objekte können von außerhalb des Komponentensystems abgefragt werden. Komponenten kommunizieren also mit ihren Objekten auch über das Komponentensystem hinaus (vgl. [Szyperski u. a. 2002]). Eine gegenständlichere Beschreibung liefert UWE ASSMANN, indem er bei Komponenten von Softwareartefakten spricht, die beliebig untereinander verbunden sind. Relevant für das Komponentensystem ist, dass ein Komponentenmodell existiert, eine Kompositionstechnik genutzt und eine Komponentensprache vereinbart wird (vgl. [Assmann 2003]).

*Standardisierung und Komponenten*

Im Fazit der Betrachtung zur komponentenbasierten Softwareentwicklung ist das Folgende festzustellen: Das Leitmotiv der komponentenbasierten Softwareentwicklung ist es, Standards zu definieren und Software entsprechend aus einzelnen Komponenten zusammenzusetzen und ihre störungsfreie Kommunikation abzusichern. Anregung dafür sind die Konzeption, Entwicklung und Herstellung von Maschinen, Gebäuden, etc. sowie deren Organisation und Durchführung von Wartung und Pflege. Im Optimum sind ohne größeren Aufwand ältere gegen neue Komponenten oder Teile austauschbar. Um dies zu ermöglichen, sind bereits in der Konzeptionsphase etwaige Standards zu berücksichtigen oder neu zu definieren und letztlich vor allem durchzusetzen. Nur auf Integrität und Stabilität ausgelegte Komponentensysteme bieten dynamische Spielräume, Flexibilität, Erweiterbarkeit und Anschlussfähigkeit.

### 6.4.2 Framework-Technologie

*Technologiediskussion und -entscheidung*

Die Initiative zu einem Framework, das bildsprachlichen Forschungsfragen ermöglichen soll, ging vom AUTOR der vorliegenden Arbeit aus. Mit der Arbeit von THOMAS EBNER wurde die erste Version des Frameworks konzipiert und realisiert (vgl. [Ebner 2007]). DIETRICH KAMMER steht mit seiner Arbeit für die Modernisierung des Frameworks (vgl. [Kammer 2009]). Aktuell wird das Framework im Rahmen eines Forschungsprojektes einer Validierung hinsichtlich seines Innovationspotenzials für die wissenschaftliche Forschung unterzogen (siehe 6.1).

*BiLL ‚als Marke'*

Der Name der Arbeitsumgebung: BildspracheLiveLab (BiLL) entstand im Rahmen studentischer Diskussionen. Im Fokus des Frameworks BiLL steht die Benutzereingabe sowie die Reaktion des Visualisierungssystems, wobei entsprechende Paradigmen der Software-Technologie berücksichtigt werden (vgl. [Wojdziak u. a. 2011a]). Insofern erfolgt die nachführende Betrachtung des Frameworks, und die Technologieentscheidung wird dargestellt.

## 6.4 Modularisierung, BildspracheLiveLab (BiLL)

BiLL nutzt die in der Computergrafik übliche Technologie des Szenengraphen zur effektiven Organisation von geometrischen Daten und Verhältnissen (vgl. [Bethel u. a. 1999]). Szenengraphen bilden eine Szene mittels eines Graphen ab. Dabei kann ein Szenengraph neben der Szene auch deren Konstellation zu bestimmten Zeitpunkten beinhalten, womit beispielsweise Animationen von Objekten oder deren Verformung möglich sind. Ein Szenengraph bindet in seiner Verwendung bereits viele Funktionalitäten ein. Ein Programmierer muss somit nicht ständig wiederkehrende Funktionalitäten neu programmieren. Vielmehr entlastet ein Szenengraph den Computergrafiker, da dieser nicht ständig die Szenen über einen Programmiercode zusammenstellen muss. Einerseits kann sich ein Computergrafiker somit auf geometrische oder visuelle Belange der Computergrafik konzentrieren. Andererseits ist ein Szenengraph auf die systemseitige Grafikhardware abgestimmt, womit Echtzeit-Visualisierungen erst möglich werden. Dabei steht wiederum Effizienz des Programmablaufes an erster Stelle. Mittlerweile haben sich Standards etabliert, die auch in BiLL zum Einsatz kommen. BiLL bindet OpenGL ein (vgl. [OpenGL Architecture Review Board 1993], [Angel 1997], [Orlamünder und Mascolus 2004]), wie auch der erste prototypische Implementierungsversuch zur Optimierung der Perspektive (siehe 4.4). Hinsichtlich der Spezifikation des Szenengraphen gibt es gegenwärtig eine Vielzahl von Abstraktionen respektive Methoden. Zwei konkurrierende Abstraktionsmodelle sind für BiLL von Relevanz. Die Hauptkriterien, die sich stellen, sind: quelloffene Software und Marktdurchdringung. In die engere Auswahl sind OpenSceneGraph (kurz: OSG, vgl. [Burns und Osfield 2004] und OpenSG (vgl. [Reiners u. a. 2000], [Reiners u. a. 2002]) gekommen. Beide sind in der Sprache C++ programmiert. Aufgrund der breiten Unterstützung (von Entwicklern und Nutzern im Internet) wurde OSG für die Entwicklung des Frameworks BiLL ‚auserkoren'.

*Szenenrepräsentation und Graphikbibliothek*

Ein anderer Aspekt an die Software-Technologie ist, das sie die Programmierung einer Benutzeroberfläche ermöglicht. Auch dazu stehen einem Entwickler verschiedene Bibliotheken und Werkzeuge zur Verfügung. Die Benutzeroberfläche wird in der Informatik als ‚Graphical User Interface' bezeichnet (GUI, vgl. [Olsen 1998]). Es gibt für C++ kein standardisiertes Framework für Benutzeroberflächen, jedoch eine Liste diverser Werkzeuge, die als sogenannte Toolkits bezeichnet werden. BJARNE STROUSTRUP, der Erfinder der Programmiersprache C++, zählt 25 verfügbare Toolkits auf (vgl. [Stroustrup 2007]). Unter Berücksichtigung des von BiLL genutzten Betriebssystems Microsoft® Windows® sind bekannte Vertreter: Juce (vgl. [Raw Material Software 2013]), Fast, Light Toolkit (FLTK, vgl. [Spitzak 2013]), Fox Toolkit (vgl. [van der Zijp 2013]), Microsoft Foundation Class Library (MFC, vgl. [Shepherd und Wingo 1996]), Qt (vgl. [Blanchette 2006], TnFox (vgl. [Surhone u. a. 2010]), Ultimate++ (U++, vgl. [Fídler u. a. 2013]), Windows Template Library (WTL, vgl. [Russell und Cohn 2012]), WxWidgets (vgl. [Smart 2005]). FLTK, als freie Software, genießt unter den Entwicklern das Ansehen, ein sehr leichtes softwaretechnologisches Design zu besitzen respektive ein GUI-konzentrierten Funktionsumfang vorzuhalten. Damit ist die Einarbeitungszeit für weniger versierte Entwickler geringer. Belastbare Nachweise zur letztgenannten Aussage zum Beispiel in Form einer Studie gibt es freilich nicht. Dennoch wird in der Entwicklergemeinschaft Derartiges argumentiert. Aus diesen Gründen hat THOMAS EBNER im Rahmen seiner Arbeit die Nutzung von FTLK für BiLL vorgeschlagen (vgl. [Ebner 2007]).

*Graphical User Interface*

Hinsichtlich der weiteren Standardisierung folgt BiLL den Spezifikationen von Open Services Gateway initiative (OSGi , vgl. [Condry u. a. 1999]). Das OSGi-Framework setzt aktuell auf Java™ Virtual Machine (JVM, vgl. [Oracle 2013]). Die Programmiersprache Java (vgl. [Helaihel und Olukotun 1997]) bietet hinsichtlich der OSGi-Spezifikation einige Merkmale

*Softwareplattform und Programmiersprache*

## 6 Implementierung als Evaluationsbasis

und Aspekte, welche in C++ prekär sind. Insofern gestaltet sich zum Beispiel die Programmierung für einen Entwickler mit Java leichter. Obwohl die OSGi-Spezifikation oft in Java implementiert wurde, hat sich das Entwicklerteam um BiLL für die Umsetzung der Kernfunktionen in C++ entschieden. Der Hauptbeweggrund war der Forschungshintergrund. Die Programmiersprache C++ (vgl. [Stroustrup 2007]) bietet hierfür die besseren performancetechnischen Grundlagen als Java (vgl. [Flores u. a. 1999], [Sangappa u. a. 2002]). Ein Teil der OSGi-Spezifikation ist im Service Oriented Framework (SOF, vgl. [Grosam 2008]) implementiert beziehungsweise wird durch Open Service Platform (OSP, vgl. [Obiltschnig 2007]) abgebildet. Letzteres ist ein kommerziell geringumfängliches Produkt (insbesondere für den Rahmen einer wissenschaftlichen Nutzung), das zum Zeitpunkt der softwaretechnologischen Konzeption von BiLL im Jahr 2009 die meisten umgesetzten OSGi-Spezifikationen vorhielt und daher für die Verwendung von BiLL ausgewählt wurde. Es basiert auf Open Source POCO C++ Bibliotheken (vgl. [Obiltschnig 2004]), einer Kollektion ähnlich dem Konzept von Java, .Net (vgl. [Platt 2001]) oder Cocoa (vgl. [Apple Computer, Inc 2001]). POCO C++ Bibliotheken fokussieren moderne Anwendungen. OSP kann unter Nutzung von POCO C++ in jede andere C++ Anwendung eingebunden werden. Folglich überbrückt OSP den standardisierten Ansatz von Java mit einer sehr engen Anbindung an die Hardware durch C++, insofern OpenGL.

*Software-Technologien*

BildspracheLiveLab (BiLL) nutzt im Ergebnis die folgenden Software-Technologien:

- Szenenrepräsentation: OpenSceneGraph/OpenGL,
- Benutzerschnittstelle: Fast, Light Toolkit (FTLK),
- Serviceplattform: POCO Open Service Platform (OSP),
- Programmiersprache: C++.

Da sich BiLL in einem stetigen Prozess der Entwicklung befindet, ist an dieser Stelle der letzte konsolidierte Entwicklungsstand des Jahres 2012 wiedergegeben.

### 6.4.3 Human-Driven-Framework

*Human-Driven-Framework*

Grundsätzlich ist jedes Framework verbesserungsfähig. Im Abschluss dieses Abschnittes erfährt deshalb die Ebenen-Architektur (siehe Abbildung 6-12) eine konzeptionelle Weiterentwicklung. Vom Grundsatz her findet der Mensch in Komponentensystemen weniger Berücksichtigung. Deshalb schließt der Abschnitt mit einer entsprechenden konzeptionellen Berücksichtigung ab (siehe Abbildung 6-13).

*Wahrnehmungs-Ebene*

Besonderes Augenmerk ist auf die Einführung der ‚Wahrnehmungs-Ebene' zu legen. Eine Trennung zwischen Technologie und Bildsprache ist nicht ohne Weiteres möglich und auch nicht gewünscht. Vielmehr soll die Technologie selbst zum Bild respektive Interface werden. Das Bild kann dabei Fläche oder Raum darstellen. Zahlreiche Bildtheorien (vgl. [Mitchell 1995], [Groh 2005] [Sachs-Hombach 2009]) und Visualisierungsansätze liegen vor (vgl. [Preim und Dachselt 2010], [Schlegel 2013], [Institut für immersive Medien (ifm) 2012], [Groh und Zavesky 2011]).

## 6.4 Modularisierung, BildspracheLiveLab (BiLL)

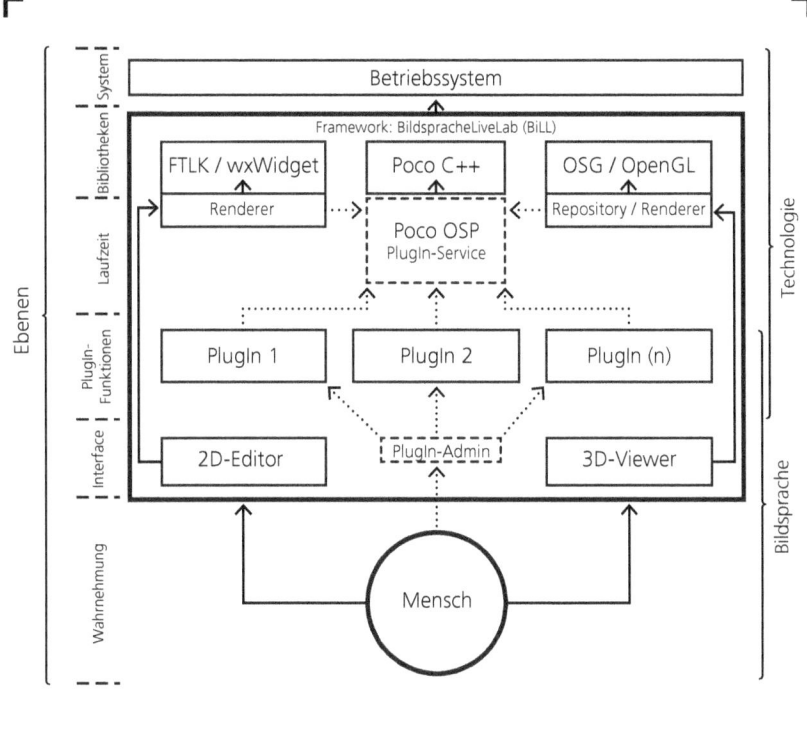

Abbildung 6-13, Illustration: ‚Konzeption einer Mensch-Software-Architektur', am Beispiel des Frameworks BildspracheLiveLab (BiLL).

‚Mustersprache' in der Softwareentwicklung

Dem Menschen als ‚User' ein ‚alles integrierende' Bild respektive Interface anzubieten, sollte das Anliegen einer jeden Softwareentwicklung sein. In dem Sinne ist auch die Softwareentwicklung von Entwurfsmustern geprägt (vgl. [Alexander 1977]). Allerdings ist es mit dreidimensionalen Interfacekonzepten (noch) nicht möglich die gesamte Komplexität softwaretechnologischer Bestandteile und Zusammenhänge zu visualisieren. Bisweilen bedarf es eines Zwei-Fenster-Systems: 2D-Editor und 3D-Viewer.

Alle nötigen Komponenten sind in einem Interface, das als ein gestaltetes Bild anzusehen ist, zusammenzuführen. Die vorliegende Arbeit versteht sich als ein Beitrag zur Vermittlung dieser Gestaltungsabsicht und zum Erreichen dieses Zieles.

# 7 Evaluation

In diesem Kapitel erfolgt die Evaluierung der Bilder, die mit den vorgestellten Ansätzen zur perspektivischen Optimierung zu erzielen sind. Die Algorithmik zur perspektivischen Optimierung wird an anderer Stelle der vorliegenden Arbeit vorgestellt (siehe 4.4).

Einleitung

## 7.1 Einführung

Die Projektionsvorschrift der Zentralprojektion ist seit der Camera obscura ein etabliertes Mittel der Abbildung vom Dreidimensionalen ins Zweidimensionale (vgl. [Hansen 1938]). Im Rahmen der vorliegenden Arbeit sind die geometrischen Einschränkungen der Mono-Perspektive beschrieben (siehe 2.1.1). Die folgenden Ergebnisse dieser Kapitel sind aus Studien hervorgegangen und legen den Einfluss beziehungsweise die Wirkung auf die visuelle Wahrnehmung und das Verhalten des Menschen dar (vgl. [Franke u. a. 2008a], [Yankova und Franke 2008]). Es werden mono-perspektivische und multi-perspektivische Bilder gegenübergestellt. Soviel sei vorweggenommen, eine signifikante, nachweisbare Menge der Probanden neigt zu multi-perspektivischen Bildern.

Einführung

Menschliches Wahrnehmen ist vereinfacht auf dreidimensionales Sehen durch zweidimensionales Blicken des Auges ausgelegt. In der Tat ist das einzelne Auge ein biologisches ‚Gerät', das mit der Retina vereinfacht formuliert über eine zweidimensionale Sensorfläche verfügt. Nicht gemeint ist hierbei die Imagination der Räumlichkeit durch Beleuchtung, durch relative Größe, durch perspektivische Verjüngung oder das räumliche Sehen, das sich durch die Zweiäugigkeit des Menschen ergibt. Wenn also im Rahmen des folgenden dargestellten Experiments über die grafische Präsentation von Raum gesprochen wird, dann sind Computergrafiken, Fotografien und Gemälde beziehungsweise zweidimensionale Raster- oder Druckausgaben in der Fläche gemeint, welche als zweidimensionales Medium einen Blick auf einen virtuellen Raum beziehungsweise dreidimensionale Objekte und Szenen vermittelnd beschreiben.

Dreidimensionales Sehen

Die vorliegende empirische Studie untersucht die visuelle Wirkung und das Verhalten des Menschen gegenüber bestimmten Bildern. Gegenstand der Untersuchung sind Abbildungen dreidimensionaler Objekte beziehungsweise Szenen, die auf einer zweidimensionalen Bildebene dargestellt sind. Obgleich unterschiedlicher Bildmedien – Computergrafik, Fotografie und Gemälde - liegt doch allen die gleiche Projektionsvorschrift zugrunde, die Zentralprojektion (vgl. [Lange und Fuhse 1893]). Moderne und historische Bildgebungsverfahren sind offensichtlich und damit durch die Probanden leicht unterscheidbar. Jedoch sind Fotografien und Computergrafiken im Allgemeinen technisch bedingt mono-perspektivisch erstellt. Gemälde hingegen sind durch den Maler (im Sinne der vorliegenden Arbeit) als multi-perspektivisch angelegt zu benennen. Um die unterschiedlichen Bildmedien strukturell vergleichbar zu gestalten und somit gleichzustellen, wurden entsprechende Testbildpaare erstellt.

Empirischer Ansatz

## 7 Evaluation

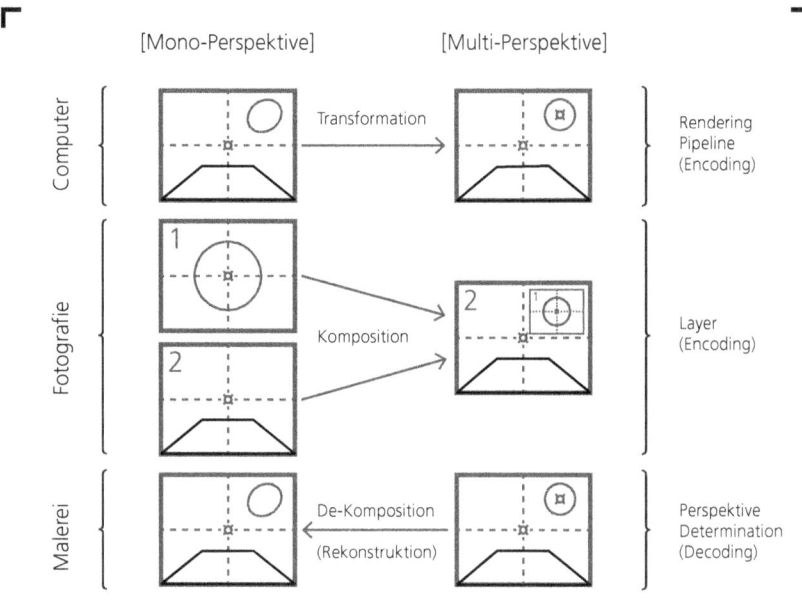

Abbildung 7-1, Illustration: ‚Erstellung der Testbildpaare' (2014, nach [Franke u. a. 2008a]), von monoperspektivischen Gemälden beziehungsweise von multi-perspektivischen Computergrafiken und Fotografien).

**Methode der Erzeugung von Testmaterial**

Für die Erstellung der computergrafischen Multi-Perspektiven der entsprechenden Testbildpaare wurde auf den objekt-basierten geometrischen Ansatz zur Optimierung der Perspektive zurückgegriffen (siehe 4.4, siehe Abbildung 7-1, oben). Für die Erstellung der multi-perspektivischen Testbildpaare der Fotografien wurde ein Ansatz in Anlehnung der von DENIS ZORIN und ALAN H. BARR vorgestellten Korrektur von geometrischen Verzerrungen in Bildern verwendet (siehe Abbildung 7-1, mittig, vgl. [Zorin und Barr 1995]). Die Illustration zeigt die generelle Vorgehensweise der Erstellung (siehe Abbildung 7-1).

Weit aufwendiger - da manuell - war die Erstellung von mono-perspektivischen Gemälden. Außerdem fehlt hierbei oft die geometrische Grundlage im Gemälde, das Pavimento (siehe 3.2.1). Über den umgekehrten Weg der linearperspektivischen Konstruktion kann die geometrische Mitte rekonstruiert werden, beispielsweise aus einem schachbrettartig gemusterten Fußboden (oder stellvertretend aus den Basen beziehungsweise den Sockeln von Säulen, da ebenfalls quadratisch). Diese Vorgehensweise ist unter dem Begriff der „Pavimento-Methode" bekannt ([Scriba und Schreiber 2005, S. 279], siehe 3.2.1.1). Mithilfe dieser simplen Methode sind geometrische Parameter des Bildes, wie der Horizont, der Augpunkt und schließlich der Öffnungswinkel, bestimmbar. Auf dieser Grundlage wurden die multi-perspektivischen Bildstrukturen identifiziert und aufgelöst, so als wären die Testbildpaare der Gemälde mono-perspektivisch angelegt (siehe Abbildung 7-1, unten).

**Vergleich von Mono- und Multi-Perpektive**

Die Studie hatte zum Ziel, mono- mit multi-perspektivischen Bildstrukturen über die genannten unterschiedlichen Bildmedien hinweg systematisch zu analysieren und ihre Wirkung nachvollziehbar darzulegen. Die Begriffe Mono- und Multi-Perspektive finden ihre entsprechende Erläuterung an anderer Stelle der vorliegenden Arbeit (siehe 2.1). Es wurde die subjektive Wahrnehmung von Probanden erfasst. Dazu wurde einerseits die subjektive Beurteilung durch Befragung ermittelt und andererseits das objektive Blickverhalten gemessen (vgl. [Holmqvist 2011]). Die subjektive Entscheidung zur Präferenz und die Interpretation des Blickverhaltens liefern Grundlagen dafür, wie Bildstrukturen beispielsweise die eines perspektivischen Interfaces für das menschliche Sehen optimiert werden können.

Die nachfolgenden Untersuchungen, die der wesentlichen Beweisführung innerhalb der vorliegenden Arbeit dienen, fanden ihre Unterstützung in der Durchführung der statistischen Analyse durch eine Kooperation mit der Professur Ingenieurpsychologie und Kognitive Ergonomie, unter der Leitung von BORIS VELICHKOVSKY. Dank gilt seiner Arbeitsgruppe Angewandte Kognitionsforschung, insbesondere SEBASTIAN PANNASCH, die am Institut für Psychologie III, Fakultät für Mathematik und Naturwissenschaften, Fachrichtung Psychologie, der Technischen Universität Dresden angesiedelt sind. Es wurde das Verfahren des Chiquadrat-Tests (auch Chi-Quadrat-Test, $\chi^2$-Test) genutzt. Der Chiquadrat-Test ist ein Assoziations- respektive Signifikanztest aus der Statistik. Dieser dient zur Überprüfung von Hypothesen, das heißt, ob zwei Merkmale unabhängig voneinander sind. Beispielsweise können damit bei Nominaldaten, wie Häufigkeiten, Verteilungen miteinander verglichen werden.

*Kooperation mit Ingenieurpsychologie*

## 7.2 Annahme

Das menschliche Sehen ist darauf ausgelegt, räumliche Dimensionen visuell wahrzunehmen. Nicht nur durch das zweiäugige, binokulare Blicken, sondern insbesondere durch visuelle Merkmale interpretiert der Mensch Eigenschaften des Raumes. Es ist mit der Kenntnis über den biologischen Aufbau des menschlichen Auges bekannt, dass die drei Raumdimensionen auf eine zweidimensional beschaffende Retina abgebildet werden. Der Mensch blickt mit dem einzelnen Auge zweidimensional, sieht aber räumlich. Visuelle Muster, um die Dreidimensionalität zu erfahren, liefern Licht- und Schattenwurf, die relative Objektgröße, perspektivische Eigenschaften oder das binokulare Sehen. Bildstrukturelle Merkmale, wie die Flucht, die Verjüngung, die Verblauung, die Atmosphäre, der Schattenwurf, etc., beeinflussen viele relevante Fachgebiete, wie das Design, die Architektur, die Gestaltung bis hin zur Psychologie (vgl. [da Vinci 1925], [Wertheimer 1923], [Kopfermann 1930], [Kandinsky 1973], [Itten 1978], [Klee und Klee 1990], [Jenny 1991], [Jenny 1996], [Weber 1978], [Metzger 2008], [Goldstein 2002]). Wenn über die bildhafte Repräsentation von Raum oder Umgebung gesprochen wird (vgl. [Barkowsky 2002], [Bederson und Shneiderman 2003]), dann sind vor allem Gemälde, Fotografien, Druck-Erzeugnisse und Computerbilder gemeint, welche in ihrem originären Zustand zweidimensional sind. Insoweit kann ein Bildbetrachter nur das erblicken, was der Bilderschaffer aufgemalt, fotografiert, gedruckt oder gerendert hat. Unberührt davon kann er auf Basis seiner kognitiven Fähigkeiten, Erfahrungen und mithilfe seines visuellen Gedächtnisses mehr als nur erblicken – jeder (gesunde) Mensch kann sehen. Das meint, der Mensch blickt sukzessive, dabei werden (Dialog-)Objekt und (System-)Raum respektive Figur und Grund (vgl. [Rubin 1915], [Goldstein 2002] getrennt in Augenschein genommen. Zudem wertet der Mensch das Erblickte, indem er auf Basis seiner Erfahrungen und seines visuellen Gedächtnisses das Erblickte reflektiert respektive interpretiert (vgl. [Tversky 1993]). Andererseits bleibt dem Betrachter die eigentliche Datengrundlage (die abgebildete Realität) der Bildgenerierung verschlossen. Mithin ist es Ziel des (Bild-)Schaffenden (bisweilen des Künstlers) räumliche Informationen möglichst effektiv, effizient, detailgetreu und authentisch wiederzugeben (vgl. [Jokela u. a. 2003]), aber auch grafisch abstrahiert (vgl. [Bertin 1974], [Tufte 2001]).

*Annahme*

## 7 Evaluation

Ein Bild hat ein Kommunikationsziel. Einen objektiven und einfachen Ansatz bietet das Modell der Camera obscura (siehe 2.3.2, vgl. [Hansen 1938]). Das Modell der Camera obscura bildet das menschliche Blicken und Sehen jedoch nur zu einem geringen Teil ab. Drei Dimensionen werden zu zweidimensionalen Abbildern projiziert, wie es auch ein starrer Blick des Auges tut. Im direkten Vergleich zu den Malern der Renaissance, die das gestalterische Potenzial mehrerer Augpunkte in einem Bild nutzen, zieht NELSON GOODMANN einen entscheidenden Schluss. Er trifft die Aussage: das fixierte Auge [gemeint ist der Fotoapparat, mithin auch die Filmkamera und die der virtuellen Realität …] sei „fast so blind wie das unschuldige" ([Goodman 1995, S. 24]). Das menschliche Blicken sei auch dynamisch, zum Beispiel sakkadisch (siehe 2.4.1.2).

Durch eine sukzessive Approximation (schrittweise Annäherung) durch eine Menge von starren Blicken (Sakkaden) in Verbindung mit einer massiven Filterung des Gesehenen auf Basis von eigenen kognitiven Erfahrungen im (visuellen) Gedächtnis ‚erarbeitet' das menschliche Gehirn eine räumliche Umgebenheit. Das Auge blickt. Es ‚erblickt' (sich quasi) die Gesamtsituation des ihn umgebenen Raumes. Das bedeutet: Das Modell der Camera obscura und alle nicht darüber hinaus gehenden Apparaturen beziehungsweise algorithmischen Verfahren weisen technisch bedingte Beschränkungen auf, in deren Ergebnis eine unvollständige das heißt unwirkliche Abbildung der Umwelt generiert respektive erzeugt wird. Wie sich im Weiteren zeigen wird, ist hierbei zwischen der Orientierung und der Proportion des Abgebildeten zu unterscheiden (siehe 5.1.1).

Ein technisch bedingter Ausgangspunkt dieser Betrachtung ist die optische Achse des Kameramodells, denn das Modell der perspektivischen Projektion führt zu bildstrukturellen Problemen. Soviel sei vorweggenommen: Je größer der räumliche Auslenkungswinkel, der sich ausgehend vom Augpunkt zwischen der optischen Achse der Kamera und der Blickrichtung des Objektes ergibt, desto stärker sind Verzerrungen in der Orientierung und der Proportion von Objekten (vgl. [Glaeser 1999]). Inwieweit diese von einem Betrachter bewusst oder auch unterbewusst wahrgenommen werden (siehe 2.4.5), kann beispielsweise mit Eye-Tracking-unterstützten Studien untersucht werden. Die folgende Abbildung zeigt den Blickpfad eines Menschen bei der Bildwahrnehmung auf (siehe Abbildung 7-2).

Abbildung 7-2,
Illustration: Visualisierung einer aufgezeichneten Blickbewegung über ein Gemälde (siehe auch Abbildung 1-6, S. 6).

## 7.3 Experiment 1 - Präferenz

Die folgenden Abschnitte widmen sich solchen Fragestellungen. An dieser Stelle sei auf die Abschnitte zur visuellen Wahrnehmung verwiesen (siehe 2.4), insbesondere bezüglich des menschlichen Sehens (siehe 2.4.1).

### 7.3 Experiment 1 - Präferenz

Das Ziel dieses ersten Experimentes[9] war, die Erhebung der subjektiven Beurteilung bei der simultanen Gegenüberstellung von mono- und multi-perspektivischen Bildstrukturen. Die Probanden waren aufgefordert, ihre Präferenz in einem Fragebogen zu dokumentieren (siehe Anhang B3, S. B-15). Die Bildstrukturen wiesen den gleichen Bildinhalt (im szeneastischen Sinne) auf.

Experiment 1 Präferenz

#### 7.3.1 Teilnehmer (Probanden)

An diesem Experiment haben 451 Probanden teilgenommen. 306 davon waren männlichen Geschlechtes. 145 Probanden waren weiblich. Das Alter der Probanden lag zwischen 17 und 39 Jahre, im Mittel bei 20,7 Jahre. Die Standardabweichung (SD) bezüglich des Alters der Probanden beträgt damit 2,1. Alle Personen waren Studenten an der Technischen Universität Dresden. 80 Prozent von ihnen waren im Grundstudium der Informatik beziehungsweise Medieninformatik. 20 Prozent kamen aus anderen Fachgebieten, wie der Psychologie, der Elektrotechnik, dem Maschinenwesen und den Verkehrswissenschaften. Alle Teilnehmer waren mit Blick auf die Hintergründe der Untersuchung unbefangen, das bedeutet, sie waren nicht über das eigentliche Untersuchungsziel und -gegenstand aufgeklärt.

Probanden

#### 7.3.2 Untersuchungsmaterial (Stimuli)

Siebzehn Teststimuli wurden präsentiert. Jeder Stimulus bestand aus einem Testbildpaar, das heißt, bestehend aus einer mono- und einer multi-perspektivischen Bildstruktur. Die Stimuli hatten unterschiedliche Auflösungen. Der Bereich der Bildauflösung erstreckte sich von 460 x 290 Bildpunkten bis 468 x 719 Bildpunkten.

Stimuli

Die Testbildpaare setzten sich wie folgt zusammen: Drei Testbildpaare waren gerenderte Computergrafiken. Vier Testbildpaare waren reale Fotografien. Sieben Testbildpaare waren Gemälde. Die nachfolgend genannte Abbildung zeigt abstrahierte Testbildpaare eines jeden Bildmediums (siehe Abbildung 7-1), mit: Computergrafik (links, oben), Fotografien (links, mittig) und Gemälde (rechts, unten). Das linke Bild eines jeden hier dargestellten Testbildpaares besitzt eine mono-perspektivische Bildstruktur, während das rechte Bild eines jeden Testbildpaares eine multi-perspektivische Bildstruktur aufweist. Anders als in dieser schematischen Abbildung dargestellt, variierte die Lage der Bildstruktur während der Stimulation der Probanden zufällig. Zudem wurden zur Laufzeit der Untersuchung sogenannte ‚catch trials' zur Identifikation von bestimmten Reaktionsneigungen eingestreut. Das heißt, es wurden den Probanden vorgeblich Testbildpaare präsentiert, die aber vollkommen identisch waren und keine bildstrukturellen Unterschiede aufwiesen. Für jedes Bildmedium gab es genau ein solches Kontrollbildpaar.

---
[9] Dieses Experiment wurde von den Studenten: NIA KATRANUSCHKOVA, CLAUDIA GEITNER und JAN SCHREIER im Rahmen ihrer Abschlussarbeiten begleitet. Sie erstellten die Stimulusmaterialien (vgl. [Katranouschkova 2007], [Geitner 2007], [Schreier 2007]). Konzeption, Durchführung und Auswertung der Befragung wurden unter einer Autorengemeinschaft veröffentlicht (vgl. [Franke u. a. 2008a]).

# 7 Evaluation

### 7.3.3 Durchführung der Befragung

**Durchführung**

Nach einer kurzen Einführung, in der über die ‚Absicht' einer Befragung informiert und die Frage- beziehungsweise Antwortbögen ausgeteilt wurden (siehe Anhang B3, S. B-15), nahmen die Probanden in einem Hörsaal platz (Raumbezeichnung: HSZ 004), an der Technischen Universität Dresden, im Hörsaalzentrum mit den Abmessungen von 35,5 Metern mal 12 Metern Platz (siehe Anhang B4, S. B-17). Unter Berücksichtigung möglicher Einflüsse durch die Blickrichtungen der Probanden mussten selbige ihrer Sitzpositionen in Beziehung zur Leinwand notieren. Dazu wurde der Hörsaal in eine 3x3 Matrixfeld eingeteilt (Distanz zur Präsentation: nah, mittig, fern und Auslenkung: links, mittig, rechts). Damit wurde die Exzentrizität (der Sitzposition zur optischen Achse) eines jeden Probanden ‚grob' festgehalten (siehe Abbildung B-7, S. B-17).

**Technik/Präsentation**

Das Stimulimaterial wurde durch einen handelsüblichen Projektor, der Marke Epson®, Modell EMP 8300 mit einer nativen Auflösung von 1024 mal 768 Bildpunkten visualisiert. Die Projektionsfläche, eine selbstreflektierende Leinwand, hatte eine Flächenausdehnung in der Breite von 5,6 Metern und in der Höhe von 4,2 Metern. Jedes präsentierte Stimuli (Testbildpaar beziehungsweise Kontrollbildpaar) wurde durch mündliche Ansage eingeleitet. Dabei wurde die Akustik durch eine Audioanlage im gesamten Hörsaal verstärkt, um einerseits eine gute Hörbarkeit zu gewährleisten und andererseits die Probanden auf den nächstfolgenden Stimulus vorzubereiten. Die Fragealternativen[10] lauten: Welches Bild gefällt Ihnen besser? (Computergrafik, Fotografie) beziehungsweise: Welches Bild würden Sie lieber in Ihre Wohnung hängen? (Gemälde, Fotografie). Unmittelbar nach einer jeden Frage wurde das entsprechende Bildpaar präsentiert. Der Anordnung der mono- versus multi-perspektivischen Bildstrukturen - ob links oder rechts in einem Testbildpaar gelegen - wurden zufällig ermittelt. Die Präsentation war wie folgt ausgeglichen: Jeweils sieben Testbildpaare enthielten die multi-perspektivische Bildstruktur links- beziehungsweise rechts-seitig. In Summe gab es 14 Testbildpaare. Zudem wurden 3 Kontrollbildpaare, das heißt, Bildpaare mit identischen Bildstrukturen eingestreut.

**Erhebung**

Erhoben wurde die Auswahl der Probanden eines der beiden dargestellten Bilder. Dazu ist zu bemerken, dass das eigentliche Untersuchungsziel die Erhebung der Präferenz der Probanden hinsichtlich der unterschiedlichen Bildstrukturen, von Mono- und Multi-Perspektive war. Enthaltungen waren nicht zugelassen, es sollte beziehungsweise musste eine Entscheidung zwischen dem linken oder rechten Bild getroffen werden. Eine Enthaltung war nicht möglich.

**Frage-Antwortbogen**

Die Entscheidungen waren im Frage-Antwortbogen durch die Probanden zu dokumentieren. Dazu musste die Entscheidung durch das Setzen eines Kreuzes festgehalten werden. Jedes Bildpaar konnte durch eine fortlaufende Bildpaarnummer zu jeder Zeit der Untersuchung durch die Probanden auf der Leinwand und auch auf dem Antwort- und Fragebogen identifiziert werden. Die Bildpaare wurden exakt 10 Sekunden visualisiert, woraufhin weitere 10 Sekunden Zeit für das Setzen eines Kreuzes im Frage-Antwortbogen gewährt wurde. Während des letztgenannten Zeitraumes fand keine Visualisierung statt

---

[10] Die Formulierung der entsprechenden Fragen (wie der gesamte Aufbau und Ablauf des Experimentes) wurde in enger Abstimmung mit der Arbeitsgruppe „Angewandte Kognitionsforschung" an der Professur Ingenieurpsychologie und Kognitive Ergonomie der Technischen Universität Dresden vorgenommen. Die Unvoreingenommenheit der Probanden gegenüber der Fragestellung und des Versuchsaufbaues wurden weitestgehend berücksichtigt, können aber nach dem Hawthorne-Effekt nie vollständig gewährleistet werden. Dieser Effekt wurde von ELTON MAYO in einer Reihe von Studien beschrieben und besagt, dass die Ergebnisse einer Studie durch die Studie selbst verfälscht oder erst durch diese hervorgerufen werden (vgl. [Mayo 2003]).

## 7.3 Experiment 1 - Präferenz

(Schwarzbild). Die Hintergrundfarbe der Visualisierung wurde generell in der Farbe schwarz gehalten. Dieser Ablauf wiederholte sich in gleicher Art und Weise so lange, bis alle Bildpaare durchlaufen waren. Die Gesamtlaufzeit der Studie, inklusive der Einführung und des Einsammelns der Frage-Antwortbögen betrug etwa 20 Minuten.

### 7.3.4 Ergebnisse

Alle Daten der Erhebung wurden unter Nutzung der Analysesoftware SPSS in Version 14 von SPSS Inc., einer Softwarefirma im Bereich von Statistik- und Analysesoftware, ausgewertet. Daten, die mehr als eine, keine oder keine klare Antwort entsprechend eines Bildpaares aufweisen, wurden von der weiteren Verarbeitung und somit der Analyse ausgeschlossen. 91,5 Prozent der Antworten waren gültig beziehungsweise verblieben nach dieser Bereinigung im Datensatz. Auf die einzelnen Bildpaare herunter gebrochen lagen die gültigen Antworten in einer Spanne von 446 bis (zur vollständigen Teilnehmerzahl, in Höhe von) 451 Entscheidungen.

Die Ergebnisse aller gültigen Entscheidungen zu jedem Testbildpaar beziehungsweise Kontrollbildpaar sind durch ein Diagramm dargestellt (siehe Abbildung 7-3).

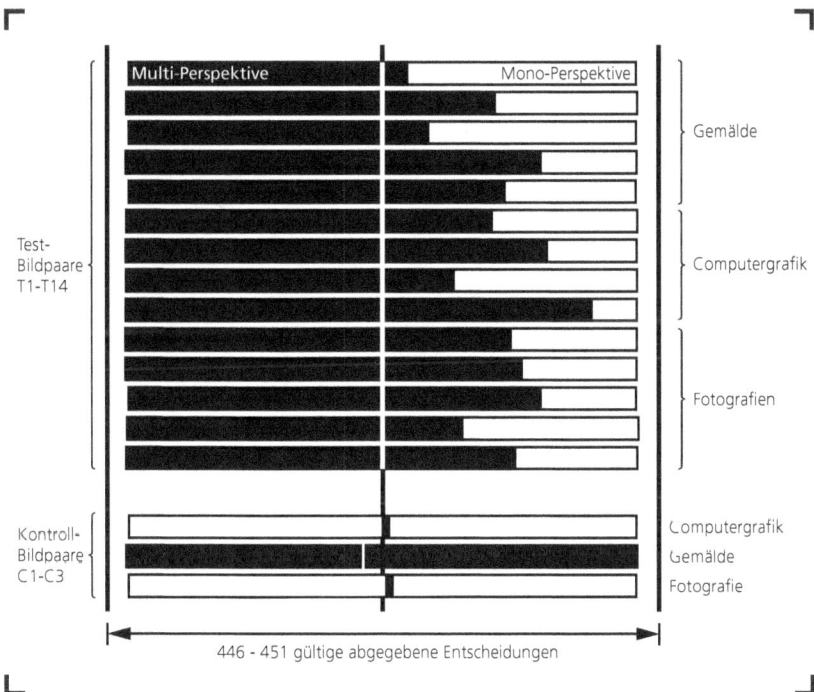

Abbildung 7-3, Illustration: ‚Gültige Antworten und Verhältnisse der Probandenpräferenz von perspektivischen Bildstrukturen' (2014, nach [Franke u. a. 2008a]), wobei Stimuli Testbildpaare (T1-114) mit einer Entscheidung von mono-perspektivischer Bildstruktur (Single) zu multi-perspektivischer Bildstruktur (Multi). Stimuli der Kontrollbildpaare (C1-C3) sind identisch.

Die Ergebnisse sind wie folgt differenzierbar: Die Präferenz der Betrachter von mono- beziehungsweise multi-perspektivischen Bildstrukturen ist mithilfe einer Legende ermittelbar. Bei den Ergebnissen der Kontrollbildpaare, deren linkes und rechtes Bild keine bildstrukturellen Unterschiede aufwies, indiziert ein Teiler die Präferenz vom linken und rechten Bild. Der linke Teil des Diagrammbalkens zeigt die Zustimmung zur Multi-Perspektive, der rechte zur Mono-Perspektive.

Differenzierung der Ergebnisse

## 7 Evaluation

Für jedes Bildpaar wurden die Antworthäufigkeiten mittels $\chi^2$-Test (Chi-Quadrat-Test) verglichen (vgl. [Eckstein 2003, S. 320]). Das Quantil der zulässigen Irrtumswahrscheinlichkeit (p) ist mit einem Signifikanzniveau ($\alpha$) in Höhe von fünf Prozent festgelegt. Wenn die errechnete Irrtumswahrscheinlichkeit kleiner oder gleich dem Signifikanzniveau ($p \leq \alpha$), dann ist das Ergebnis signifikant für die Stichprobe. In dieser Arbeit wird der Bereich der Irrtumswahrscheinlichkeit weiter differenziert: $p \leq 0{,}05$ = signifikant, $p \leq 0{,}01$ hoch signifikant, $p \leq 0{,}001$ = höchst signifikant. Die gültige Antwortanzahl wird mit (n) angegeben. Eine Antwort ist gültig, wenn diese eindeutig, nicht widersprüchlich und nachvollziehbar durch den Probanden im Frage-Antwortbogen notiert wurde.

Obwohl die Zustimmungen zu multi-perspektivischen Bildstrukturen in der Anzahl (n) zwischen 245 und 410 (bei maximal 451 gültigen) abgegebenen Stimmen variierten, ergab die statistische Analyse eine eindeutige Präferenz. Multi-perspektivische Bildstrukturen wurden durch die Probanden bevorzugt ausgewählt. Die Bevorzugung multi-perspektivischer Bildstrukturen ist unabhängig vom Bildmedium (Computergrafik, Fotografie beziehungsweise Gemälde) festzustellen. Bei den Testbildpaaren ist das Ergebnis[11]: $\chi^2(1, n \geq 446) \geq 3{,}94; p < 0{,}05$, mithin signifikant. Der Signifikanztest bei den Kontrollbildpaaren ergab (erwartungsgemäß) keine Präferenz: $\chi^2(1, n \geq 446) \leq 2{,}58; p > 0{,}05$.

Ein weiterer $\chi^2$-Test (Chi-Quadrat-Test) wurde zwecks Untersuchung eines möglichen Einflusses der Sitzposition durchgeführt. Die Sitzpositionen der Probanden wurden, wie in der Durchführung zum Experiment beschrieben, vor der Präsentation des Untersuchungsmaterials, erhoben. Die Probanden saßen in den neun zuvor definierten Bereichen (3 x 3 Matrix) des Hörsaales relativ gleich verteilt. Die Anzahl (n) der Probanden über alle möglichen Sitzbereiche lag zwischen 37 und 63. Für den überwiegenden Teil des Untersuchungsmaterials (11 Testbildpaare, 1 Kontrollbildpaar) ist keine Signifikanz, das bedeutet, keine Abhängigkeit von der Sitzposition, festzustellen: $\chi^2(1, n \geq 445) \leq 14{,}55; p > 0{,}05$. Allerdings liegt bei den Verbleibenden (3 Testbildpaare, 2 Kontrollbildpaare) nachweislich eine Abhängigkeit von der Sitzposition der Probanden vor: $\chi^2(1, n \geq 444) \geq 16{,}36; p < 0{,}05$. Mit Blick auf diese Abweichung wurden die Daten näher betrachtet. Diese Abhängigkeit begründet sich in der Sitzposition der Probanden relativ zur optischen Achse der Präsentationstechnik, dem Projektor. Diese Erkenntnis könnte Gegenstand weiterführender Untersuchungen sein, die aber nicht im unmittelbaren Fokus der vorliegenden Arbeit stehen. Von Relevanz beziehungsweise gestalttheoretischem Interesse wäre die Weiterführung der Untersuchung in diesem Punkt zum Beispiel für Eye-Tracking-gestützte Interfaces beziehungsweise Applikationen (siehe 5.1.5).

### 7.3.5 Diskussion

*Diskussion*

Das Ergebnis der Untersuchung ist die eindeutige Präferenz der Probanden für multi-perspektivische Bilder, einer Auswahl aus ‚reinem' Empfinden über das Gesehene. Das Bildmedium hat dabei keinen Einfluss. Die gewonnenen Erkenntnisse stehen auch im Einklang mit dem psychologischen Wissen über die virtuellen Wahrnehmungsgrenzen des Menschen. Obwohl das foveale Sehen (scharf und bunt) auf einen sehr schmalen Bereich (rund 2 Winkelgrad) und in der Verweildauer (Fixationszeit) beschränkt ist, reicht es dem Menschen beziehungsweise Gehirn aus, um den Inhalt eines Bildes zu verarbeiten beziehungsweise zu bewerten (vgl. [Findlay und Gilchrist 2003]). Vor dem Hintergrund der vorlie-

---

[11] Das Stimulimaterial wurde einzeln ausgewertet. Damit ergeben sich umfangreiche Mengen an Ergebnissen. Aus einer jeden Menge ist das Minimum isoliert. Die Minima geben das in einer jeden analysierten Stichprobe schlechteste Ergebnis an. Diese Minima sind in der Schreibweise: $\chi^2(1, n \geq \ldots) \ldots$ dargestellt.

genden Arbeit bedeutet das in Begriffen der Computergrafik, eine Änderung der Kameraorientierung. Dabei variiert die Ausrichtung der Kamera (look at), wohingegen ihre Position (center of projection) verharrt. Auf ähnliche Weise, mit verschiedenen Blicken in die Umwelt, komponierten die Maler der Renaissance ihre Gemälde. Auch Positionsänderungen zum Zwecke der Bildanlage waren legitim (siehe 2.2.2).

Die Ergebnisse der Untersuchung wären nicht haltbar, wenn sich das Untersuchungsmaterial auf Gemälde der Renaissance beschränkt hätte. Denn ein - wie zuvor beschriebenes - um seine bildstrukturelle Komposition gebrachtes Gemälde läuft Gefahr, ungleich unharmonischer zu sein. ‚Gedächtnis und Hand' kennen keine Unstimmigkeiten beziehungsweise geometrisch bedingte Bildstörungen beziehungsweise -verzerrungen der Gestalt. Wie auch immer, die Ergebnisse über alle drei Bildmedien: Computergrafik, Fotografie und Gemälde hinweg weisen ähnliche Tendenzen auf. Multi-perspektivische Bildstrukturen werden durch die Probanden bevorzugt. Mithin lässt sich feststellen, dass das Abstimmungsverhalten der Probanden direkt von der Bildstruktur abhing, unabhängig vom Bildmedium. Die Analyse des Blickwinkels auf ein Bild (vgl. [Cutting 1987]) – bedingt durch die Sitzposition – ergab einen Ansatz für eine weiterführende Erörterung, die über die perspektivische Wahrnehmung von Anamorphosen und entsprechenden Regressionen (siehe 2.2.2.2, vgl. [Thouless 1931], [Thouless 1933], [Gombrich 2005]).

Bei drei von 14 Testbildpaaren und bei zwei von drei Kontrollbildpaaren konnte eine Abhängigkeit von der Sitzposition im Hörsaal verzeichnet werden. Dafür konnten die folgenden Einflüsse identifiziert werden: Die Sitzposition der entsprechenden Probanden war ‚sehr' nah zur Leinwand und ‚extrem' exzentrisch (linker oder rechter Hand) zur optischen Achse des Projektors. Infolgedessen hatten die Probanden einen ‚ungewöhnlichen' Blickwinkel auf das Stimulusmaterial (vgl. [Cutting 1987]). Eine derartige Sitzposition beeinflusst die Präferenz insoweit, dass das Bild, welches unter geringerem Blickwinkel zu sehen war, bevorzugt wurde. Beispielsweise wählten Probanden, die vorne links saßen, vorzugsweise das linke Bild eines Bildpaares, unabhängig davon, ob es sich um ein Testbildpaar und ein Kontrollbildpaar handelte. Eine weitere Betrachtung der Daten ergab keine weiteren Einflussgrößen, die dieses Abstimmungsverhalten erklären könnten. Daraus ist zu schließen, dass solche Blickwinkel auf Bilder, die visuelle Wahrnehmung von Bildstrukturen beeinflussen (vgl. [Cutting 1987]).

Für den überwiegenden Teil der Probanden beziehungsweise des Untersuchungsergebnisses spielte die Sitzposition keine Rolle. Diese Erkenntnis findet zudem ihre Unterstützung in der Psychologie durch KOENDERINKS und VAN DOONS Forschungsergebnisse (vgl. [Koenderink und van Doorn 2003]). Die Übertreibung bei der Rückführung vom Zweidimensionalen ins Dreidimensionale, auch als Phänomen der Regression bei der Objektwahrnehmung bekannt (vgl. [Thouless 1931], [Thouless 1933]), lässt sich durch diese Untersuchung zwar bestätigen, aber nicht näher eingrenzen. Es stand auch nicht im Fokus, ist aber aus dieser Untersuchung heraus eine sehr interessante Frage. Zur Wirkung einer Bildstruktur auf den Menschen gibt es zahlreiche Arbeiten (vgl. [Kopfermann 1930], [Arnheim 1983], [Arnheim 1998], [Franke u. a. 2007]). An dieser Stelle wird eine Frage aufgeworfen: Wie tolerant ist die visuelle Wahrnehmung des Menschen gegenüber der Regression von Abbildungen dreidimensionaler Objekte? Können die Ergebnisse unter Laborbedingungen reproduziert werden? Welche Rolle spielt die Sehgewohnheiten und die kulturelle Prägung (siehe 2.4.3)? Zu Beantwortung einiger dieser Fragen wurde eine weitere Untersuchung durchgeführt, die auf den vorliegenden Ergebnissen aufbaut und zudem das Blickverhalten während der Befragung der Probanden aufzeichnen soll.

# 7 Evaluation

## 7.4 Experiment 2 - Blickverhalten

Experiment 2
Blickverhalten

Das folgende Experiment motivierte sich durch die Ergebnisse aus dem vorangegangenen Experiment (siehe 7.3). Dementsprechende Ergebnisse sind unter Laborbedingungen zu verifizieren, wobei während der Präsentation des Stimulimaterials zusätzlich eine Augenmessung vorgenommen wurde. Diese bildet die Grundlage[12] zur Bewertung und Analyse des Blickverhaltens der Probanden. Dazu wurden neben der Verifizierung des Präferenzverhaltens bei diesem Experiment auch die Parameter der Fixationshäufigkeit, relative Verweildauer und der Fixationszeit der Augen der Probanden erhoben.

### 7.4.1 Teilnehmer (Probanden)

Probanden

An diesem Experiment haben 20 Probanden teilgenommen. Sechs Probanden waren männlichen Geschlechtes. 14 Probanden waren weiblich. Das Alter der Probanden lag zwischen 20 und 41 Jahren, im Mittel bei 28,8 Jahren. Die Standardabweichung (SD) im Alter der Probanden beträgt 0,4. Bei allen Personen lag eine Normalsichtigkeit vor, teilweise durch Sichtkorrekturen (Refraktive Chirurgie). Alle Teilnehmer waren mit Blick auf die Hintergründe der Untersuchung unbefangen, das bedeutet, nicht über das wirkliche Untersuchungsziel aufgeklärt.

### 7.4.2 Untersuchungsmaterial (Stimuli)

Stimuli

Es wurden die gleichen Bildpaare (Test- und Kontrollbildpaare) wie im vorangegangenen Experiment präsentiert (siehe 7.3). Zur Präsentation wurde ein 19 Zoll LCD Bildschirm genutzt. Die Distanz der Augen der Probanden zum Bildschirm betrug jeweils etwa 60 Zentimeter. Damit ergab sich ein Blickwinkel von horizontal etwa 35 ° und vertikal etwa 29 °. Als Aufzeichnungsgerät wurde ein Eyegaze-Eye-Follower verwendet. Für die Auswertung kam die Software NYAN zum Einsatz (siehe Abbildung 7-4, vgl. [Velichkovsky u. a. 1996]). Die zeitliche Auflösung der Augenmessung ist mit 120 Bildern je Sekunde (Hz) angegeben.

Abbildung 7-4, Fotografie: „EyeFollower™" von LC TECHNOLOGIES, Inc. ([LC Technologies 2009] mit Anwendung „NYAN" VON INTERACTIVE MINDS DRESDEN (vgl. [Joos und Weber 2009]).

---

[12] Die Messergebnisse des Blickverhaltens etwaiger Probanden werden aufgezeichnet und erst im Nachhinein mithilfe statistischer Verfahren analysiert. Analysen zur Untersuchungszeit sind lediglich eingeschränkt möglich, da eine entsprechende Software nur ‚rudimentär' zur Verfügung steht. Hier ergäbe sich ein neues Forschungsfeld, das von der Echtzeitanalyse von Blickbewegungsdaten, beispielsweise ein erweitertes ‚Onlineparsing' mit Echtzeitdiagrammen.

## 7.4 Experiment 2 - Blickverhalten

### 7.4.3 Durchführung der Befragung

Alle Probanden wurden in einem Labor an der Technischen Universität Dresden, Fakultät für Mathematik und Naturwissenschaften, Institut für Psychologie III, Fachrichtung Psychologie, Professur Ingenieurpsychologie und Kognitive Ergonomie untersucht (vgl. [Velichkovsky 2007]). Das Labor war abgedunkelt. Die Probanden wurden sukzessive in Einzelsitzungen befragt und dabei in ihrem Blickverhalten durch das Tracking-System erfasst. Nach Erhebung der demografischen Daten zu den Personen erfolgte eine Instruktion, denn die Probanden hatten die Möglichkeit zur Interaktion mit dem System. Zwecks Beantwortung der folgenden Fragen über das präsentierte Bildmaterial konnte zwischen den Tasten ‚a' und ‚l' auf einer Tastatur die Präferenz angegeben werden. Nach dieser Instruktion wurde der entsprechende Proband an das System angeschlossen. Es folgte eine Kalibrierung des Eye-Tracking-Systems (vgl. [Bates u. a. 2005]).

*Durchführung*

Vor Beginn der Präsentation wurde ein Testlauf durchgeführt, damit sich die Probanden mit dem Ablauf vertraut machen konnten. Alle Anweisungen wurden auf dem Bildschirm nochmals zum Nachlesen eingeblendet. Im darauf folgenden Schritt wurden die gleichen Bildpaare (siehe 7.3.2) präsentiert respektive abgefragt. Jedes Bildpaar wurde mit einer der folgenden Fragen eingeleitet. Die alternativen Fragen lauteten: Welches Bild gefällt Dir besser? Und: Welches Bild würdest Du lieber in Deine Wohnung hängen? Danach wurde das Bild für exakt 10 Sekunden eingeblendet. Im Anschluss wurde das Bild ausgeblendet, und es bestand für weitere 10 Sekunden die Möglichkeit, dass sich der Proband für eines der beiden Bilder entscheiden konnte. Dieser Schritt wiederholte sich im Verlauf des Experimentes, bis alle 17 Bildpaare (14 Testbildpaare, 3 Kontrollbildpaare) gezeigt waren. Die Gesamtdauer des Experimentes, inklusive Einführung, Kalibrierung, Testlauf und Befragung betrug je Proband etwa 15 Minuten.

*Technik/Präsentation, Erhebung*

### 7.4.4 Ergebnisse

Diese Studie prüft, ob sich die Ergebnisse aus dem vorangegangenen Experiment (siehe 7.3) bestätigen lassen, insbesondere vor dem Hintergrund einer wesentlich kleinen Probandenanzahl und unter Laborbedingungen. Unter der gleichen analytischen Herangehensweise, wie der zuvor genannten, wurden die Präferenzen der Probanden bezüglich mono- und multi-perspektivischen Bildstrukturen ausgewertet.

*Ergebnisse*

Auch hier kam der $\chi^2$-Test (Chi-Quadrat-Test) zur Anwendung, mit dem Ziel, die „Verteilungseigenschaft der Ergebnisse in ihrer statistischen Gesamtheit" zu bestimmen (vgl. [Eckstein 2003, S. 320], siehe 7.3). In der Abbildung 7-7, unter dem Teilbild (A), ist zu erkennen, dass die Perspektivität durch mehrere geometrische Mitten einen höchst signifikanten Einfluss auf die Entscheidung der Probanden hatte: $\chi^2$ (1, n = 280) = 93,73; p < 0,001. Bei den Kontrollbildpaaren ist (erwartungsgemäß) das Vorliegen einer Präferenz: $\chi^2$ (1, n = 60) = 0,60; p > 0,5 nicht feststellbar (siehe Abbildung 7-7 (A)). Ein differenzierter $\chi^2$-Test über die einzelnen Stimuli hinweg bestätigt den Grad der Signifikanz auch im Detail, konkret in 9 von 14 Testbildpaaren. Damit ist eine eindeutige Präferenz zu multi-perspektivischen Bildstrukturen festgestellt (siehe Abbildung 7-5).

## 7 Evaluation

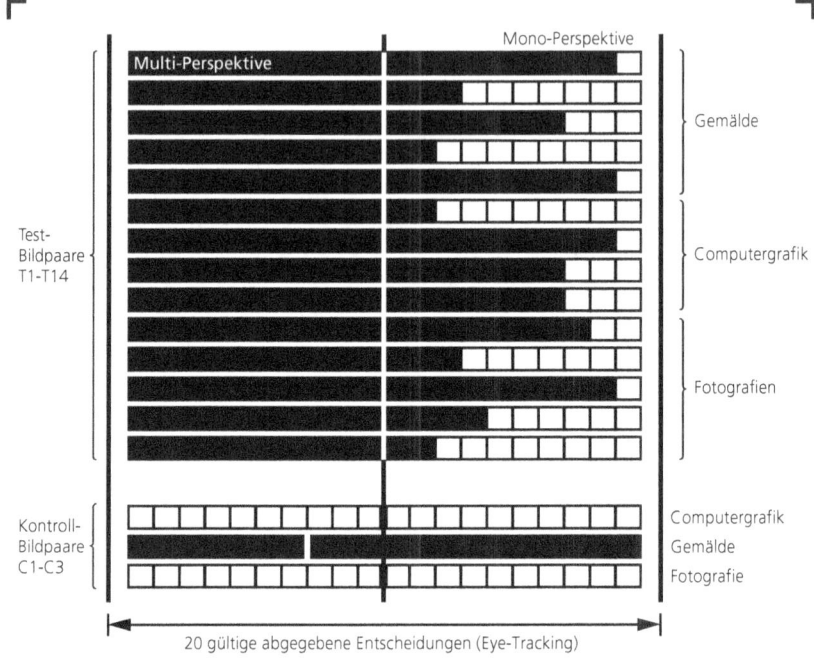

Abbildung 7-5, Illustration: ‚Gültige Antworten (20 Entscheidungen)', Stimuli der Testbildpaare (T1-T14), dabei Entscheidungsverhältnis mono-perspektivische Bildstruktur (Single) zu multi-perspektivischer Bildstruktur (Multi), Stimuli der Kontrollbildpaare (C1-C3) sind identisch.

**Differenzierung der Ergebnisse**

Im Ergebnis der Blickbewegungsmessung wurden die folgenden Daten der Probanden erhoben: Fixationshäufigkeit (B), relative Verweildauer (C) und Fixationsdauer (D). Diese Daten wurden im Nachhinein analysiert (siehe Abbildung 7-7). Die erste Aussage, die getroffen werden kann: Multi-perspektivische Bildstrukturen wurden häufiger als mono-perspektivische durch die Probanden fixiert (Fixationshäufigkeit). Diese Beobachtungen sind statistisch ebenfalls höchst signifikant: $\chi^2\,(1,\,n = 11072) = 71{,}54;\ p < 0{,}001$. Während sich die Ergebnisse aus den Kontrollbildpaaren nicht signifikant voneinander unterscheiden: $\chi^2\,(1,\,n = 2442) = 1{,}67;\ p > 0{,}05$ (siehe Abbildung 7-7 (B)). Auch hier zeigt der differenzierte $\chi^2$-Test über die einzelnen Stimuli hinweg eine größere Fixationshäufigkeit. Konkret liegt in 8 von 14 Testbildpaaren eine Signifikanz vor: $\chi^2\,(1,\,n \geq 763) \geq 4{,}50;\ p < 0{,}05$ versus Kontrollbildpaare: $\chi^2\,(1,\,n \geq 787) \leq 2{,}14;\ p > 0{,}5$.

In der weiteren Analyse wurde die relative Verweildauer (in Sekunden) aus der Summe der entsprechenden Fixationsdauern (in Millisekunden) von mono- respektive multi-perspektivischen Bildstrukturen aller Probanden akkumuliert und wie folgt gemittelt betrachtet: Die Daten wurden in eine 14 × 2 ANOVA[13] eingebracht. Hierbei ist festzustellen, dass der Faktor der Testbildpaare im schlechtesten Ergebniswert eine Effektgröße von: $F\,(13,\,247) = 2{,}25,\ p < 0.01,\ \eta^2 = 0{,}106$ indiziert, was auf einen relativ schwachen Effekt hinweist.

---

[13] ANOVA steht für analysis of variance, eine univariate Varianzanalyse. Mit diesem statistischen Verfahren kann der Einfluss von verschiedenen Faktoren beziehungsweise deren Abhängigkeit (Interaktion), hier am Beispiel der Verweildauer) bestimmt werden. Insoweit ergeben sich mit den vorliegenden 14 Teststimuli und 20 Probanden statistisch $(14 - 1) = 13$ gekreuzt mit $(20 - 1) * (14 - 1) = 247$ Varianzen. Wie in der Auswertung zum Experiment 1 - Präferenz, Seite 67 ergeben sich auch hier umfangreiche Mengen an Ergebnissen. Die isolierten Minima geben das in einer jeden analysierten Stichprobe schlechteste Ergebnis an. Diese Minima sind in der Schreibweise: $F(\ldots,\ldots) = \ldots, p \ldots$ dargestellt.

## 7.4 Experiment 2 - Blickverhalten

Somit ist festzustellen, dass die relativen Verweildauern der Bildstrukturen nicht über die Testbildpaare hinweg vergleichbar sind. Mit anderen Worten, jedes Testbildpaar ist entsprechend in sich geschlossen zu betrachten. Ein ‚Kreuzvergleich' über alle Testbildpaare hinweg ergäbe kein verwertbares Ergebnis. Die Signifikanz der Perspektivität eines Bildmediums hingegen zeigt[14] selbst im schlechtesten Ergebniswert einen wesentlich stärkeren Effekt an: $F(1,19) = 11{,}93$, $p < 0.01$, $\eta^2 = 0{,}386$. Damit erklärt sich das Ergebnis, das die Verweildauer (M) bezüglich einer multi-perspektivischen Bildstruktur länger als bei mono-perspektivischen ist: $M = 4{,}72$ versus $4.04$ Sekunden (siehe Abbildung 7-7 (C)).

Darüber hinaus konnte ein interessanter Zusammenhang zwischen den beiden Faktoren identifiziert werden: $F(13, 247) = 1{,}82$, $p < 0.05$, $\eta^2 = 0{,}087$, das heißt: Es ist eine Entwicklung in der Verweildauer mit Fortgang der Untersuchung zu erkennen. Es war zu beobachten, dass sich die Verweildauern der Probanden im Verlauf der Untersuchung änderten. So waren die Verweildauern zu Beginn zwischen mono- und multi-perspektivischen Bildstrukturen gleich. Diese verschob sich aber im Verlauf der Untersuchung zugunsten der Multi-Perspektive (siehe 1.3, S. 8, Thesen).

Am Ende wurden bei allen Probanden nachweislich längere Verweildauern bei multi-perspektivischen Bildstrukturen gemessen (siehe Abbildung 7-6). Dies deutet unter Umständen auf die Entwicklung eines Verhaltens beziehungsweise einer visuellen Musterbildung bei den Probanden hin. Weitere Untersuchungen wären an dieser Stelle zwingend angebracht.

Abbildung 7-6, Illustrationen: ‚Aufmerksamkeitskarte eines Bildpaares', das (linke), multi-perspektivische Bild weist im Bereich des abgebildeten Globus höhere Aufmerksamkeitsbindung auf als der gleiche Bildbereich im (rechten) mono-perspektivischen Bild.

---

[14] Der erste Faktor steht für die zwei unterschiedlichen Bildstrukturen, mono- und multi-perspektivisch, mit einem Freiheitsgrad: $(2 - 1) = 1$. Der zweite Faktor beschreibt die Anzahl der Probanden: $(20 - 1) = 19$. Diese faktorielle Schreibweise gilt im Weiteren für alle Varianzanalysen.

# 7 Evaluation

Bei den Kontrollbildpaaren wurde ebenfalls eine ANOVA[13] durchgeführt. Dazu wurden die Daten in eine 3 × 2 Matrix überführt. Im Ergebnis konnten keine statistisch relevanten Effekte ermittelt werden, weder hinsichtlich der Bildstruktur: $F(2, 38) = 1{,}70$, $p > 0.05$ noch der Verweildauer $F < 1$ (siehe Abbildung 7-7 (C)). Auch wurde kein Indiz für eine Abhängigkeit untereinander gefunden: $F(2, 38) = 1{,}16$, $p > 0{,}05$.

Letztlich wurde auch die Fixationsdauer mittels einer ANOVA-Varianzanalyse: 2 × 2 Matrix analysiert, einerseits die (Fixationsdauer) von Test- versus Kontrollbildpaaren, andererseits die (Fixationsdauer) von mono- versus multi-perspektivischen Bildstrukturen. Hierbei konnten keine Differenzen bezüglich der Test- versus Kontrollbildpaare: $F < 1$ noch bei der Bildstruktur: $F(1, 19) = 1{,}28$, $p > 0.05$ und auch nicht hinsichtlich einer Abhängigkeit voneinander: $F < 1$ festgestellt werden (siehe Abbildung 7-7 (D)).

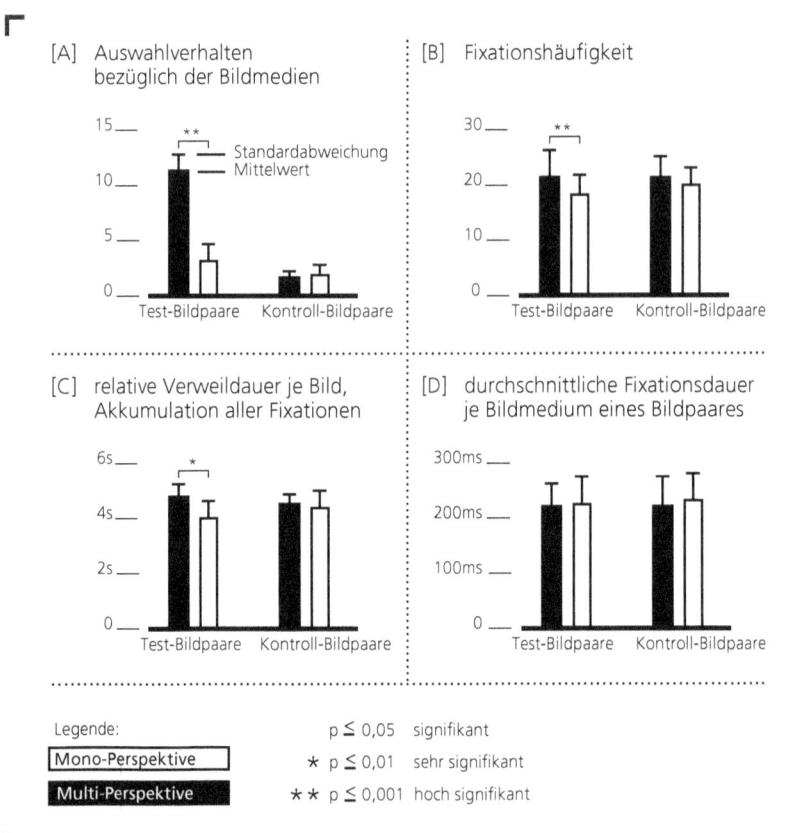

Abbildung 7-7, Illustration: Gemitteltes Antwortverhalten der Probanden (über alle 20 Bildpaare, davon 17 Testbildpaare (mono- und muti-perspektivische Bildstruktur), weiterhin 3 Kontrollbildpaare (mit identischen Bildstrukturen) und das entsprechende Blickverhalten über die gesamte Untersuchung hinweg; Angabe von absoluten Präferenzen [A], Angabe über die Fixationshäufigkeit [B], Angabe über die relative Verweildauer, Akkumulation der jeweiligen Fixationen eines Bildes in Sekunden [C], Angabe über die Fixationsdauer in ms [D], Anzeigedauer je Bildpaar: 10 Sekunden.

## 7.4.5 Diskussion

Diskussion

Als erstes Ergebnis dieses Experimentes ist festzustellen, dass sich die Ergebnisse des Experimentes zur Präferenz bestätigen lassen (siehe 7.3): Multi-perspektivische Bilder werden bevorzugt. Diese generelle Feststellung wird durch eine umfassende Analyse des Blickverhaltens gestützt. Hierbei wurden die Fixationen und die Verweildauern der Probanden detailliert betrachtet. Die Analyse der Ergebnisse (siehe 7.4.4) bezüglich der Bildstruktur über alle Bildpaare (Test- und Kontrollbildpaare) hinweg ergab, dass sich bei

## 7.4 Experiment 2 - Blickverhalten

den Antworten auf die Fragen sowie dem Blickverhalten gegenüber dem Untersuchungsmaterial bei allen Probanden ähnliches Verhalten feststellen lässt. Zudem konnte eine Entwicklung des Blickverhaltens - in der Verweildauer hin zu multi-perspektivischen Bildstrukturen - attestiert werden. Eine weiterführende Untersuchung ist an dieser Stelle nötig. Die Ergebnisse der Testbildpaare zeigen zwar eine eindeutige Präferenz. Zwischen diesen sind aber auch qualitative Ausprägungen feststellbar. Multi-perspektivische Bildstrukturen werden unterschiedlich stark von den Probanden präferiert, was auf weitere Abhängigkeiten deutet, die noch identifiziert werden sollen (siehe 7.5). Ein solches Kriterium bedingt sich `mutmaßlich` in der Semantik des Bildinhaltes oder der Struktur einer Bildanlage. An dieser Stelle ist zu konstatieren, dass unterschiedliche Bildinhalte auch kognitiv unterschiedlich visuell verarbeitet und durch den Menschen wahrgenommen werden (siehe 5.1.4). Bei der vorliegenden Untersuchung lag das Augenmerk nicht explizit auf semantische Bildparameter, somit lässt sich auch ein derartiger Effekt nicht identifizieren, der auf die Fixationsdauer bezüglich einzelner Bildelemente Einfluss haben könnte. Dies war auch nicht originärer Gegenstand der Untersuchung, könnte aber die unterschiedlichen Qualitäten hinsichtlich Präferenz beantworten. Mithin lässt sich feststellen, dass gleich welches Bildmedium (Computergrafik, Fotografie oder Gemälde) vorliegt, der Mensch eine multi-perspektivische Bildstruktur bevorzugt. Ob und welchen Einfluss der szeneastische Bildinhalt (Semantik) hierbei hat, war nicht Gegenstand der Untersuchung. Dieser Faktor könnte Gegenstand weiterer Auseinandersetzungen sein.

Bei diesem zweiten Experiment wurde der Einfluss der Sitzposition, welcher das Verhalten der Probanden beeinträchtigen können hätte, ausgeschlossen. Alle Probanden saßen in dieser Untersuchung zentrisch vor dem Bildschirm. Im ersten Experiment hatten die Probanden noch unterschiedliche Blickwinkel zur Projektionsleinwand (vgl. [Cutting 1987]). Bei der Rückführung vom Zweidimensionalen ins Dreidimensionale scheinen noch weitere Kriterien, die Teil der Projektionsvorschrift sein müssen, einen besonderen Einfluss auf die visuelle menschliche Wahrnehmung zu haben. Über die Messergebnisse aus dem Eye-Tracking deuten sich an, dass die Projektionsvorschrift selbst einen Faktor beinhaltet. Zur Wirkung einer Bildstruktur auf den Menschen gibt es zahlreiche Arbeiten (vgl. [Kopfermann 1930], [Arnheim 1983], [Arnheim 1998], [Franke u. a. 2007]). Aus diesen Arbeiten heraus wird eine Frage immer wieder aufgeworfen: Wie tolerant ist die visuelle Wahrnehmung des Menschen gegenüber dem Öffnungswinkel einer Kamera? Diese Frage kann auch anders gestellt werden: Ab welchem Grad der Verzerrung ist eine perspektivische Korrektur (als Optimierung) eines Bildes notwendig, um seiner ‚Funktion als Kommunikationsmittel' gerecht zu werden (vgl. [Groh 2005, S. 18 f.])? Lassen sich Wahrnehmungsschwellen differenzieren? Ab welchem Grad der Verzerrung werden selbige unbewusst wahrgenommen (nicht-saliente Reize) beziehungsweise bewusst als störend empfunden? Dieser Frage wird im Experiment 3 - Perspektivkontrast nachgegangen (siehe 7.5).

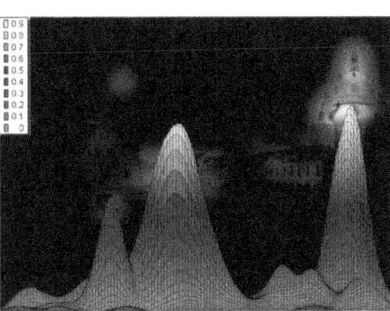

Abbildung 7-8, Illustration: Aufmerksamkeitslandschaft als ‚Heatmap', Abtrag der Fixationsdauer, links.

Abbildung 7-9, Illustration: Aufmerksamkeitslandschaft mittels Überlagerung von ‚Graf und Sichtbarkeit', Abtrag der Fixationsdauer, r.

# 7 Evaluation

## 7.5 Experiment 3 - Perspektivkontrast

*Experiment 3 Perspektivkontrast*

Der Gegenstand dieses Experimentes begründet sich in den vorangegangenen Experimenten (siehe 7.3 und 7.4). Bei den multi-perspektivischen Bildstrukturen wurden Objekte nach RAINER GROH: „sphärisch, singulär, bedeutsam" in ihrer Geometrie stetig manipuliert, sodass sich ihr Abbild im direkten Blick des Beobachters liegend gestaltet ([Groh 2005, S. 49]). Der perspektivischen Verzerrung wurde ‚vollständig' entgegengewirkt. Mithin motiviert sich die folgende Untersuchung, wie folgt: ROBERT H. THOULESS spricht in seiner Terminologie von einem Phänomen der perspektivischen Rückführbarkeit (Phaenomonologie of Regression). Er schreibt sinngemäß: Ein Kreis, geneigt um einen Winkel zum Beobachter, wird von diesem nicht als die Ellipse wahrgenommen, die die Projektion auf die Retina im Auge abzeichnet, sondern runder. Begründet im damaligen Wissen um die Psychologie des Menschen behauptet er weiterhin, dass die visuelle Wahrnehmung des Menschen einen ‚Kompromiss' zwischen Stimulusflächen (Abbildungsfläche im Auge) und dem Wissen über reale Gestalten von Objekten (visuelles Gedächtnis) eingeht (vgl. [Thouless 1931], [Thouless 1933]). Eine detaillierte statistische Erhebung zum Ausmaß der Regression ist durch ihn nicht beschrieben beziehungsweise literarisch nicht überliefert. Dieser Effekte wurde später von ERNST H. GOMBRICH als ‚Konstanzprobleme der Form' beschrieben. Es wird von Kompromissen im psychologischen Prozess zwischen realem Gegenstand und realer Projektion gesprochen (vgl. [Gombrich 2005]).

Die Notwendigkeit einer perspektivischen Korrektur, wie aus den zuvor genannten Experimenten ist aufgrund dieser psychologischen Erkenntnisse anfechtbar, zumindest diskutierbar. Wie tolerant ist die menschliche Wahrnehmung bei der Identifikation von abgebildeten Objekten? Vor dem Hintergrund der vorliegenden Arbeit ist hierbei die ‚Stärke' einer perspektivischen Verzerrung von besonderem Interesse. Wo liegen die Grenzen des Sehens und Erkennens von Objekten, die der perspektivischen Verzerrung unterworfen sind? Gibt es Wahrnehmungsschwellen, die sich in Winkelgraden ausdrücken lassen? Je nach Ergebnis des folgenden Experimentes ist ein solcher Parameter zu benennen, oder es sind entsprechende Bereiche zu definieren.

### 7.5.1 Teilnehmer (Probanden)

*Probanden*

An diesem Experiment haben 29 Probanden teilgenommen. 19 davon waren männlichen Geschlechtes. 10 Probanden waren weiblich. Das Alter der Probanden lag zwischen 21 und 30 Jahre, im Mittel 24,0 Jahre. Die Standardabweichung (SD) bezüglich des Alters der Probanden beträgt 1,8. Alle Personen waren Studenten an der Technischen Universität Dresden. Alle waren im Hauptstudium der Medieninformatik. Bei den Probanden lagen mit 75,9 Prozent eine Neigung zum Malen und Zeichnen und mit 41,4 Prozent gute bis sehr gute Kenntnisse in der Computergrafik vor. Alle Teilnehmer waren im Hinblick auf die konkreten Forschungsfragen unbefangen, das bedeutet nicht über das wirkliche Untersuchungsziel aufgeklärt. Alle Probanden kannten zwar perspektivische Verzerrungen durch Zentralprojektion, nicht aber die detaillierten Hintergründe der Stimuli. Keiner der Teilnehmer war farbenblind, und keiner hatte anderweitige Sehschwächen oder visuelle Einschränkungen beziehungsweise Sichtkorrekturhilfen.

## 7.5 Experiment 3 - Perspektivkontrast

### 7.5.2 Untersuchungsmaterial (Stimuli)

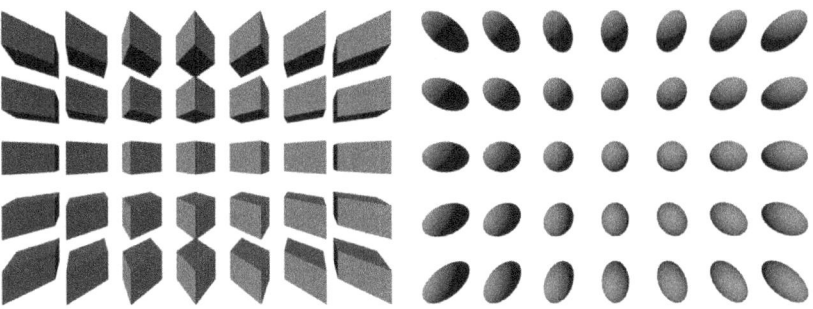

Abbildung 7-10, Computergrafik: Perspektivische Verzerrungen bei einer Zentralprojektion von Würfelfeld (2014), links.

Abbildung 7-11, Computergrafik: Perspektivische Verzerrungen bei einer Zentralprojektion von Kugelfeld (2014) rechts, jeweils Kameraöffnungswinkel von 148°. Beide Abb. nach [Yankova 2007, S. 32]).

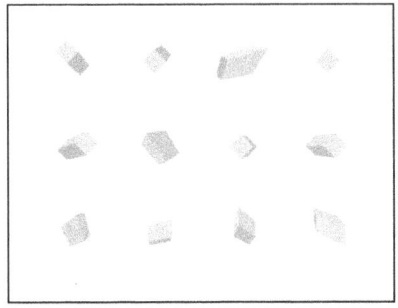

Abbildung 7-12, Computergrafik: Auswahl von Stimulivarianten von unterschiedlich projizierten Würfeln (2014), links.

Abbildung 7-13, Computergrafik: Auswahl von Stimulivarianten von unterschiedlich projizierten Kugeln (2014), rechts. Beide Abb. n. [Yankova 2007, S. XXIV]).

Abbildung 7-14, Fotografie: ‚Personengruppe' mit einem Kameraöffnungswinkel 85°, Brennweite 16 mm, links.

Abbildung 7-15, Illustration: Stimulusvarianten verzerrte Gesichter, rechts. (Beide Abb. [Yankova 2007, S. 37]).

**Stimuli**

Siebzehn Untersuchungsmaterialien wurden präsentiert. Jedes Untersuchungsmaterial bestand aus einer bestimmten Menge an projizierten Figuren, das heißt perspektivischen Abbildungen (siehe Abbildung 7-10 und Abbildung 7-11). Diese wurden in gleicher Weise wie bei den vorangegangenen Experimenten erstellt (siehe 7.3 und 7.4). Das Bildmedium Gemälde ist in der Manipulation seiner Bildstruktur am aufwendigsten. Aufgrund des zuvor festgestellten Untersuchungsergebnisses, das ein Bildmedium keinen Einfluss hat, gestattet es sich, auf den weiteren Einsatz von Gemälden zu verzichten (siehe Abbildung 7-1, S 270). Computergrafiken und Fotografien sind a priori Bilder technischer Verfahren. Die Struktur des Bildes (Geometrie) sowie die Parameter des Abbildungsprozesses (Kamera) sind definiert beziehungsweise genau extrahierbar.

Von 17 Stimulimaterialien waren zwölf computergrafischer, abstrakter Art (Kugeln beziehungsweise Würfel) und fünf fotografischer, naturalistischer Form (menschliche Köpfe). Darüber hinaus waren die Probanden im Unwissen über die Erstellungsweise des Stimulimaterials. Mit dem wahrnehmungspsychologischen Wissen über die Figur-Grund-Trennung

# 7 Evaluation

(vgl. [Rubin 1915]) wurden die Figuren auch vor unterschiedlichen[15] Hintergründen visualisiert: schwarzer Hintergrund, symmetrisch bzw. a-symmetrisch strukturierter Bildhintergrund: Zwecks Beantwortung der Fragen wurden die Figuren mittels Nummern annotiert. Die nachfolgend genannten Abbildungen stellen zusammenfassende Beispiele dar (siehe Abbildung 7-10 bis Abbildung 7-15).

### 7.5.3 Durchführung der Befragung

**Durchführung**  Nach einer kurzen Einführung, in der über die Absicht einer Befragung informiert und die Frage- beziehungsweise Antwortbögen ausgeteilt wurden, nahmen die Probanden in einem Labor (Raumbezeichnung: INF 2058) platz, an der Technischen Universität Dresden, an der Fakultät Informatik; Institut Software- und Multimediatechnik.

**Technik**  Das Bildmaterial wurde durch zwei unterschiedliche handelsübliche Projektoren, der Marke Panasonic®, Modell PT-LC76E und Modell PT-AX100E sowie einem LCD-Bildschirm, der Marke Toshiba®, Modell REGZA 42C3030D, mit der jeweiligen nativen Auflösung visualisiert. Durch die Projektoren wurde auf eine weiße Wand projiziert. Die Stimuli konnten schrittweise und durch die Probanden beliebig lange angesehen und beurteilt werden.

**Präsentation**  Die Befragung der Probanden wurde isoliert und einzeln durchgeführt. Die Probanden wurden zentrisch direkt vor der Präsentation des Stimulusmaterials positioniert. Für die zeitgleiche Befragung mehrerer Probanden wurden drei Testumgebungen mit den oben genannten Geräten installiert. Zu jedem computergrafischen Stimulus wurde den Probanden die folgende Frage gestellt: Bitte geben Sie zu jeder Positionsnummer auf dem Bild an, ob es sich auf dieser Position um eine Kugel handelt! Analog stellte sich die Frage nach einem Würfel. Bei jedem naturalistischen Stimulus wurde die Frage gestellt: Welcher Kopf befindet sich an der richtigen Stelle?

**Erhebung**  Erhoben wurde die Zustimmung zu den präsentierten Figuren beziehungsweise Gestalten. Seine Beurteilungen hatte jeder Proband über einen eigens zuvor ausgehändigten Frage- und Antwortbogen festzuhalten. Dazu musste jede Entscheidung durch das Setzen eines Kreuzes festgehalten werden. Die Antwortmöglichkeiten hinsichtlich der Rückführbarkeit respektive der Erkennung der Objekte waren: ja, nein beziehungsweise unsicher. Jeder Stimulus war annotiert. Die Probanden konnten dadurch die Stimuli zur gesamten Visualisierungszeit (auf der Leinwand oder dem Bildschirm) eindeutig identifizieren. Die Antworten waren gleichzeitig, das heißt zur Stimulizeit, in den Frage- beziehungsweise Antwortbogen einzutragen. Eine Mehrfachauswahl beziehungsweise Benennung war ausdrücklich möglich.

Dieser Ablauf wiederholte sich in gleicher Art und Weise, bis alle 17 Stimuli durchlaufen waren. Die Probanden konnten sich die Fragen und die Stimuli selbstständig und fortlaufend einblenden lassen. Die Untersuchungsdauer, inklusive Einführung, betrug je nach Teilnehmer zwischen 20 und 25 Minuten. Die Antwort- und Fragebögen wurden nach der Untersuchung durch einen Untersuchungsverantwortlichen eingesammelt.

---

[15] Diese Untersuchung wurde von AGLIKA YANKOVA begleitet. Sie zeichnet sich mit Teilen ihrer Semester- und Abschlussarbeiten für die Erstellung der Stimulusmaterialien und die Durchführung der Befragung verantwortlich (vgl. [Yankova 2007], [Yankova 2008]).

## 7.5 Experiment 3 - Perspektivkontrast

### 7.5.4 Ergebnisse

Wie in den vorangegangenen Experimenten kam für die statistische Auswertung ein $\chi^2$-Test (Chi-Quadrat-Test) zur Anwendung (vgl. [Eckstein 2003, S. 320]). Für das Signifikanzniveau und die Irrtumswahrscheinlichkeit sei an dieser Stelle auf die detaillierte Beschreibung im vorangegangenen Experiment verwiesen (siehe 7.4.4). Auf Basis einer Kreuztabelle kann somit eine Abhängigkeit oder Unabhängigkeit stochastisch nachgewiesen werden. Im Folgenden sind der errechnete Chi-Quadrat-Wert ($\chi^2$) mit einem zuvor über das Signifikanzniveau bestimmten kritischen Chi-Quadrat-Wert ($\chi^2_c$) gegenübergestellt. Wenn dabei der errechnete kleiner oder gleich dem kritischen Chi-Quadrat-Wert ist ($\chi^2 > \chi^2_c$), dann ist eine zuvor formulierte Nullhypothese bezüglich einer Abhängigkeit zu verwerfen. Mithin ist die Hypothese zu einer Abhängigkeit nachgewiesen (vgl. [Eckstein 2003], [Greenwood und Nikulin 1996]).

*Ergebnisse*

In der vorliegenden Untersuchung wurde die Wahrnehmung der perspektivischen Verzerrung in Abhängigkeit zum Öffnungswinkel der Kamera analysiert. Durch Verwendung einer 3 x 11 Kreuztabelle[16] konnte zuallererst festgestellt werden, dass die visuelle Wahrnehmung von perspektivischen Verzerrungen durch eine Zentralprojektion abhängig vom Öffnungswinkel einer Kamera ist: ($\chi^2 = 1438,7 > \chi^2_c = 31,4$). Diese Abhängigkeit ist höchst signifikant: $p < 0,01$. Unter Verwendung von multi-perspektivischen Bildstrukturen konnte statistisch keine Abhängigkeit vom Öffnungswinkel der Kamera nachgewiesen werden: $p > 0.5$ (vgl. [Franke u. a. 2007]).

*Differenzierung der Ergebnisse*

Mithin ist das visuelle Wahrnehmungssystem des Menschen gegenüber perspektivischen Verzerrungen bei abgebildeten Objekten tolerant. Ein exakter Schwellwert beziehungsweise Öffnungswinkel ist aus den vorliegenden Resultaten für einen Bereich eingrenzbar. Dabei wird im Weiteren zwischen horizontalem und vertikalem Öffnungswinkel unterschieden. Der Toleranzbereich bezüglich des horizontalen Öffnungswinkels erstreckt sich von 75,8° bis 98,8°. Beim vertikalen Öffnungswinkel ist dieser zwischen 42,5° und 71,2° zu benennen. Objekte, die jenseits dieser Bereiche eine Abbildung durch Zentralprojektion erfahren, weisen eine derart ‚starke' Verzerrung auf, dass diese von der überwiegenden Mehrheit (2/3) der Probanden nicht mehr erkannt beziehungsweise toleriert wurden. Die Figurwahrnehmung ist dabei unabhängig vom Bildhintergrund (vgl. [Yankova und Franke 2008]).

Aus den persönlichen Angaben der Probanden zu Fähigkeiten und Neigungen ist Folgendes abzuleiten. Die Wahrnehmung von perspektivischen Verzerrungen ist unabhängig von einer Vorliebe zum Fotografieren: ($\chi^2 = 8,9 < \chi^2_c = 9,5$), zu Computerspielen: ($\chi^2 = 6,5 < \chi^2_c = 9,5$) sowie Kenntnissen über die Computergrafik: ($\chi^2 = 12,5 < \chi^2_c = 12,6$). Eine Abhängigkeit liegt jedoch bei Vorhandensein einer Vorliebe zum Malen und Zeichnen vor: ($\chi^2 = 8,1 > \chi^2_c = 6,0$).

Bei differenzierter Betrachtung der Ergebnisse ist festzustellen, dass sich die Ergebnisse zwischen abstrakten und naturalistischen Abbildungen unterscheiden lassen. Insbesondere perspektivische Verzerrungen bei menschlichen Gesichtern werden durch den Menschen weit empfindlicher wahrgenommen.

---

[16] Die Probanden konnten bei der Stimulation von 11 unterschiedlichen horizontalen Öffnungswinkeln: 0°, 42.5°, 71.2°, 75.8°, 98.8°, 102.2°, 108.1°, 114.6°, 127.8°, 133.6° und 136.0° sowie sieben unterschiedlichen vertikalen Öffnungswinkeln: 0°, 42.5°, 71.2°, 75.8°, 102.2°, 108.1° und 114.6° zwischen drei möglichen Antworten: *ja*, *nein* beziehungsweise *unsicher* entscheiden.

# 7 Evaluation

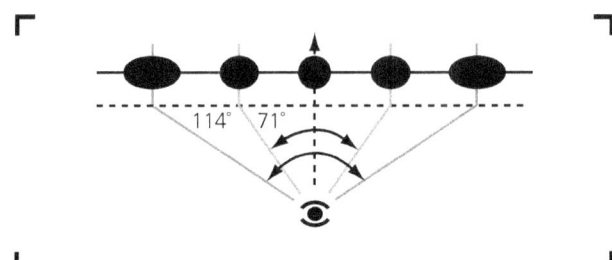

Abbildung 7-16, Illustration: ‚Salienz durch bestimmte Kameraöffnungswinkel' (2014, nach [Yankova 2007]), bis 71 ° (cyan) tolerant gegenüber perspektivischer Verzerrung, Übergangsbereich von 71 ° bis 114 ° (zwischen cyan und magenta), ab 114 ° intolerant gegenüber perspektivischer Verzerrung.

### 7.5.5 Diskussion

Diskussion

Die allgemein bekannte Figur-Grund-Relation, die erstmals durch EDGAR J. RUBIN beschrieben wurde und später in die sogenannten Gestaltgesetze einfloss, gilt in gleicher Weise auch für perspektivisch verzerrte Abbildungen (vgl. [Rubin 1915]). Es kann von einer Invarianz bei der Gestaltwahrnehmung gegenüber der Wahrnehmung vom Hintergrund gesprochen werden. Der Mensch ordnet optische Sinneseindrücke in die Kategorien Figur und Grund (vgl. [Rubin 1915]) – selbst wenn das abgebildete Objekt Teil eines räumlichen Verbundes ist, wird bei Nichtbeachtung der „Dualität" des Systemraumes ([Groh 2005, S. 50] eine perspektivische Verzerrung (vgl. [Glaeser 1999]) als störend wahrgenommen, wie dies durch die Daten des vorliegenden Experiments eindeutig Bestätigung findet (vgl. [Yankova und Franke 2008]). Dieses Problem wird in der Kunstwissenschaft auch als ‚Säulen-auf-Mosaik-fußboden-Problematik' benannt. Die Säule löst sich vom Hintergrund und verlangt nach eigener Ansicht, nach Multi-Perspektive. Die Fliese muss sich dem ‚Grunde nach' einem Verbund fügen, wirkt aber mit zunehmendem Projektionswinkel bei ‚bewusst' isolierter Betrachtung ebenso ‚fremd'.

Das Ergebnis der Untersuchung ist ein weiterer Nachweis über den Einfluss der perspektivischen Verzerrung (vgl. [Glaeser 1999]) bei der visuellen Wahrnehmung des Menschen. Ein einzelner Schwell- beziehungsweise Grenzwert des Öffnungswinkels konnte nicht festgemacht werden, was auch nicht Anspruch der Untersuchung war. Vielmehr wurden Toleranzbereiche eingegrenzt. Es ist dargelegt, bis zu welchem horizontalen beziehungsweise vertikalen Kameraöffnungswinkel perspektivische Verzerrungen durch den Menschen toleriert werden. Objekte, die jenseits dieser Toleranzbereiche abgebildet werden, werden von der überwiegenden Mehrheit (2/3) der Probanden nicht mehr toleriert. Das lässt Folgendes vermuten: Die retinalen Reize standen für das menschliche Gehirn nicht in visueller Übereinstimmung mit der vorgegebenen[17] kognitiven Repräsentation. Informell ausgedrückt: Die Probanden konnten die zweidimensionalen Abbildungen den vordiktierten dreidimensionalen Objekten nicht zuordnen. Die entsprechenden visuellen Erfahrungen perspektivisch verzerrter Abbildungen liegen im visuellen Gedächtnis nur im begrenzten Rahmen vor. Abgebildete Kugeln wurden nicht mehr als Kugeln und Würfel als Würfel erkannt.

Grundsätzlich ist die visuelle Wahrnehmung abhängig von den Projektionsparametern, wie dem Öffnungswinkel. Der Toleranzbereich beim Öffnungswinkel erstreckt sich im Bereich von 42,5 ° bis 98,8 °. Differenziert betrachtet toleriert der Mensch horizontale Öffnungswinkel eher - eben aus den Augenwinkeln heraus betrachtet. Hat die biologisch bedingte horizontale Augenstellung des Menschen vielleicht einen gesonderten Einfluss?

---

[17] A priori wurden den Probanden eine Kugel beziehungsweise ein Würfel als zu erkennendes Objekt vorgegeben.

## 7.5 Experiment 3 - Perspektivkontrast

Visuelle Reize, die gegen die Erfahrung gerichtet sind, wirken der vorhandenen kognitiven Leistungsfähigkeit entgegen (vgl. [Christakis u. a. 2012]) - Reizüberflutung versus Gedächtniskunst (vgl. [Yates 2001]). Ordnung und Strukturen in Bildern können einen entsprechenden Beitrag leisten. Für einen eindeutigen Befund wären an dieser Stelle unbedingt weitere Untersuchungen notwendig.

Bedingt, durch die Vorüberlegungen durch THOULESS, REHBOCK und anderen, wurde bei der Konzeption dieser Untersuchung davon ausgegangen, dass perspektivische Verzerrungen durch den Menschen erst bei einem relativ großen Kameraöffnungswinkel wahrgenommen werden beziehungsweise störend wirken (vgl. [Thouless 1931], [Thouless 1933], [Rehbock 1980], [Jenny 1997]). Daher wurden die Untersuchungsobjekte unter nachfolgend aufgeführten Winkeln abgebildet und insbesondere der Bereich zwischen 71,2° und 136,0° stärker aufgelöst beziehungsweise detaillierter analysiert. Die Auflösung der horizontalen Kameraöffnungswinkel betrugen: 0°, 42,5°, 71,2°, 75,8°, 98,8°, 102,2°, 108,1°, 114,6°, 127,8°, 133,6°, 136,0°, die der vertikalen: 0°, 42,5°, 71,2°, 75,8°, 102,2°, 108,1°, 114,6°. Auf Basis der mit diesem Experiment vorliegenden Ergebnisse werden perspektivische Verzerrungen hinsichtlich menschlicher Gesichter bereits mit sehr viel geringeren Winkeln als unnatürlich angesehen, als es sich dies bei abstrakten Objekten darstellt (vgl. [Yankova und Franke 2008]). Bei differenzierter Betrachtung der Ergebnisse hat sich herausgestellt, dass die visuelle Wahrnehmung des Menschen äußerst sensibel für menschliche Gesichter ist. Bedeutet das, dass mit zunehmendem Realitätsgrad der Abbildungen die Toleranzbereiche noch niedriger angesiedelt sind? Je ‚fotorealistischer' ein Abbild ist, desto intoleranter ist die visuelle Wahrnehmung gegenüber perspektivischen Verzerrungen? Im Hinblick auf den computergrafischen Leitgedanken des Fotorealismus ist die Beantwortung dieser Fragen von Relevanz.

Eine alternative Erklärung liefert die Psychologie mit den Arbeiten von CHARLES G. GROSS und EDMUND T. ROLLS. Beide vertreten eine Theorie über die Gesichtsdetektoren im intertemporalen Cortex (vgl. [Gross u. a. 1972], [Rolls u. a. 1992]), die den Menschen sehr sensibel für visuelle Muster seines gleichen machen. Eine abschließende Beurteilung kann nicht gegeben werden, da weitere Untersuchungen notwendig sind. Die Ergebnisse aus der Untersuchung ergeben eine überraschend ‚starke' Sensibilität der Probanden für perspektivische Verzerrungen, insbesondere bei ‚naturalistischen' Abbildern, wie menschlichen Gesichtern. Es wird vorgeschlagen, diese Ergebnisse mit weiteren Experimenten in höherer Winkelauflösung und zudem bei kleinen Öffnungswinkeln zu wiederholen.

Mithin ist festgestellt, dass im Bereich von 42,5° und 98,8° die Wahrnehmungsschwelle für perspektivische Verzerrungen liegen muss. Die durch AGLIKA YANKOVA und dem AUTOR publizierten 71° sind vor diesem Hintergrund ein erster Eingrenzungsversuch (vgl. [Yankova und Franke 2008], da das Stimulmaterial keine detailliertere Winkelauflösung in diesem Bereich beinhaltet hat. Der angegebene Wert von 71° ist unzureichend abgesichert, da eine zu geringe Auflösung der Öffnungswinkel der Kamera vorlag. Genauere Untersuchungen sind angezeigt. Zudem muss bei weiteren Betrachtungen strikt zwischen vertikalen und horizontalen Öffnungswinkel sowie zwischen naturalistischen und abstrakten Abbildungen unterschieden werden. Mit den vorliegenden Daten deuten sich je nachdem unterschiedliche Toleranzbereiche für perspektivische Verzerrungen an, die eine noch wesentlich höhere Sensibilität der visuellen Wahrnehmung in sich birgt. Im Fazit bedeutet dies, dass schon bei Öffnungswinkeln im Bereich des Sehkreises (vgl. [Rehbock 1980], siehe 4.3.1) perspektivische Verzerrungen durch den Menschen als störend wahrgenommen werden, was die Notwendigkeit einer perspektivischen Korrektur stützt.

# 7 Evaluation

Diese Erkenntnis ist insbesondere vor dem Hintergrund der Angaben über persönliche Vorlieben und Neigungen der Probanden von Überraschung. Beim Antwortverhalten der der Malerei zugeneigten Teilnehmer konnte eine signifikante Abhängigkeit festgestellt werden. Je vertrauter ein Proband mit der Malerei war beziehungsweise sogar selbst malte, desto weniger tolerant zeigte sich dieser gegenüber perspektivischen Verzerrungen. Die Aussage klingt auf den ersten Blick überraschend, begründet sich aber mit dem Wissen über das Lernvermögen des menschlichen Gehirns beziehungsweise der Prägung visueller Filter und Muster. Das visuelle Wahrnehmen des Menschen unterliegt in seiner Kultur des Sehens einem ständigen Prozess der Weiterentwicklung. Die Malerei lehrt uns die Perspektive als Mittel der Illusion von räumlicher Tiefe in Bildern zu nutzen (vgl. [Franke 2005b]). Weitere Forschung ist an dieser Stelle insbesondere hinsichtlich interaktiver, virtueller Welten notwendig.

Bei dieser Untersuchung handelt es sich um eine erste Erhebung zur Bestimmung eines Toleranzbereiches gegenüber perspektivischen Verzerrungen von abgebildeten Objekten (vgl. [Glaeser 1999]). Über die Figuren abgebildeter Kugeln, Würfel und menschlichen Gesichtern sowie der Orientierung der Objekte zum Bildrahmen hinweg wurde eine breite Untersuchung ausgeführt. An dieser Stelle muss detailliert betrachtet werden, inwieweit die Ausrichtung eines Objektes einen Einfluss auf die Wirkung seiner diversen zweidimensionalen Darstellungen als körperliches Gebilde hat (vgl. [Kopfermann 1930]). Bei einem sphärischen Körper kann davon ausgegangen werden, dass sich diese aufgrund seiner zweidimensionalen ‚Figur' von allen Seiten – sofern beispielsweise bei einer Kugel von Seiten gesprochen werden kann - ähnlich ‚zeigt'. Im gestalterischen Sinne liegt eine in sich ruhende Wirkung vor. Kubische Körper hingegen verorten sich. Sie ‚werfen' im gestalterischen Sinne Anker in die Szene und lassen sich ausrichten. So besitzt ein Würfel je nach Orientierung mannigfach variante Ansichten: ein-, zwei-, dreiflächig unter verschiedensten Winkeln (vgl. [Kopfermann 1930, S. 298], [Groh 2004b, Fol. 4]). Die Auswirkung solcher Gestaltvarianz respektive Figuralfaktoren müsste im Rahmen weiterer Untersuchungen berücksichtigt werden. Ansätze in dieser Richtung stellen die psychologischen Arbeiten von HEINRICH H. BÜLTHOFF und MICHAEL J. TARR dar (siehe 2.4.4, vgl. [Tarr und Bülthoff 1998]), denn die vorliegenden Ergebnisse weisen an dieser Stelle unerschöpflich viel gestalterischen Spielraum auf. Eine weitere Dimension der Gestaltung von Bildern bietet die Unschärfe. MAX WERTHEIMER führt sinngemäß hierzu aus: „Eine gute Figur setzt sich gegenüber schlechteren dann evtl. nicht durch, wenn sie als Rest der Figur sehr schlecht bedingt." ([Wertheimer 1923, Abs. über „Reste" respektive „Restfaktor"]). Seine wegweisenden Beiträge mit der Veröffentlichung unter: „Untersuchung zur Lehre der Gestalt und Untersuchung zur Lehre der Gestalt II" diskutieren in ausführlicher Weise weitere Arbeiten zu dieser Thematik (vgl. [Wertheimer 1922], [Wertheimer 1923]). Aber auch die Stilrichtung des Minimalismus, der die Verwendung von gerade so vielen Elementen im Bild wie nötig erlaubt, um eine bestimmte Illusion zu erzeugen oder Zweck zu erfüllen (vgl. [Franke und Obendorf 2007]), könnte in diesem Zusammenhang Gegenstand einer weiteren Untersuchung sein. In jedem Fall sind an dieser Stelle Folgeexperimente zur Konkretisierung perspektivischer Toleranzen gegenüber der Gestalt von Figuren notwendig. Dennoch reichen die Ergebnisse der Untersuchung aus, um den oben genannten Toleranzbereich menschlicher Wahrnehmung bei perspektivischen Verzerrungen zu bestimmen.

## 7.5 Experiment 3 - Perspektivkontrast

Nicht zuletzt vor dem Hintergrund von interaktiven Echtzeit-Visualisierungen bieten sich auch dynamische[18] multi-perspektivische Bildstrukturen für weitere Untersuchungen an (vgl. [Zavesky 2007]). Eine Frage, die sich ableiten lässt: Welche Wechselwirkung haben die geschwindigkeitsbedingte Bewegungsunschärfe und die Wahrnehmung von perspektivischen Verzerrungen (vgl. [Yankova 2008])? Insbesondere Eye-Tracking-gestützte[19] interaktive Interfaces weisen dynamische Elemente auf, die neues Forschungspotenzial im Spannungsfeld zwischen Psychologie und Technologie eröffnen (siehe 5.1.5). Ist die Figur-Grund-Relation auch bei solchen dynamischen Relationen gültig (vgl. [Rubin 1915])? Wenn ja: Inwieweit ist dabei zu differenzieren?

---

[18] Erste Auseinandersetzungen bezüglich der Erstellung dynamischer, perspektivischer Korrekturen wurden durch MARTIN ZAVESKY und JAN WOJDZIAK realisiert (vgl. [Zavesky 2007], [Wojdziak 2007]). Eine Befragung zur Präferenz erfolgt durch AGLIKA YANKOVA (vgl. [Yankova 2008]).

[19] Zu diesem Zweck wird in Kooperation zwischen der Professur Mediengestaltung, Institut Software- und Multimediatechnik und der Professur Ingenieurpsychologie und Kognitive Ergonomie, Institut für Psychologie III beide angesiedelt an der Technischen Universität Dresden, eine Nachwuchsforschergruppe unter dem Arbeitstitel: Cognitive Interface Technologies (kurz: CogITo) eingerichtet, die sich der Erforschung und der Entwicklung kognitiver Interfacetechnologien widmen möchte.

# Anhang A: Projekte

In diesem Abschnitt werden jene Ergebnisse aufgeführt oder beschrieben, die sich aus der Kooperation mit externen ‚Stakeholdern' (vgl. [Pohl und Rupp 2009]) ergeben haben respektive realisiert wurden. Die internen ‚Stakeholder' sind gemäß der Umsetzungsbeispiele beziehungsweise den Ausführungen hinsichtlich der Implementierung in den entsprechend anderen Abschnitten benannt.

## A1 Grundlagenforschung in Projekten

Die vorliegende Arbeit begründet verschiedene Grundlagenprojekte, die nachfolgend erwähnt werden.

### A1.1 WahrnehmungsRealistische Projektion (WaRP @ DFG)

Hiermit wird die Beschreibung zum Projekt: „WahrnehmungsRealistische Projektion (WaRP)" angeführt:

„Grafische Nutzerschnittstellen vermitteln die Kommunikation des Menschen mit Datenstrukturen. Sind diese dreidimensionaler Natur, beruht die visuelle Repräsentation auf den mathematischen Projektionsvorschriften der virtuellen Kamera. Im Projekt wird die computergrafische Definition dieser Kamera unter Berücksichtigung wahrnehmungspsychologischer und ikonografischer Erkenntnisse analysiert (vgl. [Groh 2014]) und ein erweitertes virtuelles Kameramodell entwickelt mit dem Ziel eine wahrnehmungsrealistische Projektion (WaRP) zu erreichen. Dafür werden, analog zur menschlichen Wahrnehmung, Objekte im Aufmerksamkeitsfokus als Einheiten erfasst und die WaRP-Kamera stellt die jeweilige objektzentrierte Hinwendung der Sichtrichtung dar.

Bislang ist die WaRP-Kamera für eine statische Präsentation dreidimensionaler Szenen optimiert. Das WaRP-Konzept der virtuellen Kamera wird nun für dynamische Abbildungen erweitert. Es wird die Interdependenz von sprunghaften Blickbewegungen (Sakkaden) und Bewegungen virtueller Szenen untersucht. Dabei soll insbesondere ermittelt werden, ob und unter welchen Bedingungen Korrekturalgorithmen zur Optimierung der Wahrnehmungsgerechtheit in den Momenten der ‚Blindheit durch Sakkaden' stattfinden können. Forschungsziel ist ein Konzept blickabhängiger interaktiver Nutzerschnittstellen. Die dafür notwendigen echtzeitfähigen Algorithmen für die Computergrafik werden in C++ mit der Grafikschnittstelle OpenGL, OpenSceneGraph und FLTK als Komponenten der Visualisierungsumgebung BildspracheLivelab (BiLL) [dem entsprechend] implementiert.

Die Evaluation dieses Konzeptes erfolgt durch experimentelle Blickbewegungsstudien zur visuellen Informationsverarbeitung. Dabei werden die Auswirkungen blickgesteuerter Manipulationen der Szenenstruktur, verschiedener Darstellungsmedien und Aufgaben auf die Wahrnehmung und Aufmerksamkeit des Nutzers untersucht." ([Franke und Groh 2014]).

Förderer:
Deutsche Forschungsgemeinschaft (DFG).

Projekt: Wahrnehmungsrealistische Projekt
Förderkennzeichen: GR 3417/1-1 und GR 3417/1-2.

## Anhang A: Projekte

### A1.2 Validierung der Anwendungsbereiche des Demonstrators Bildsprache (VALABI @ BMBF)

Hiermit wird die Beschreibung zum Projekt: „Validierung der Leistungsfähigkeit und Anwendungsbereiche des Demonstrators BildspracheLiveLab (VALABI)" angeführt:

„Computer-Präsentationen von dreidimensionalen (3D) virtuellen Welten sind heute weitverbreitet. Die Erwartungen der Nutzer an die Qualität der mathematischen Modelle und die realistische Darstellung der Objekte ist dabei stark gestiegen. [...] Die bislang existierende Erstellungssoftware für solche Präsentationen ist jedoch nicht universell verwendbar, sondern auf die Bedürfnisse der jeweiligen Anwender zugeschnitten. Systeme, die technische Objekte darstellen, bieten eine sehr gute Modellierung, verzichten aber auf eine hochwertige Visualisierung. Bei Werkzeugen für die Produktion von Computerspielen und Filmen wird dagegen sehr großer Wert auf die realistische Darstellung gelegt, die gewünschte interaktive Modellierung der 3D-Welten wird jedoch kaum unterstützt. [...]

Mit dem System ‚BildspracheLiveLab (BiLL)' hat die Professur Mediengestaltung für die eigene Forschung eine Software geschaffen, die erstmals in Echtzeit sowohl eine flexible Modellierung als auch eine hochwertige Visualisierung von interaktiven 3D-Welten ermöglicht. An der Schnittstelle von Wahrnehmungspsychologie und Informatik sollen im Projekt VALABI Visualisierungen an die menschlichen Sehgewohnheiten angepasst werden. Dabei wird insbesondere geprüft, ob das System in den Anwendungsbereichen Produktdesign, Architektur- und Medien-Industrie zuverlässig nutzbar ist. [...] Im Erfolgsfall kann BiLL in diesen wie in vielen anderen Anwendungsbereichen kommerzialisiert werden, die auf die Entwicklung von 3D-Darstellungen angewiesen sind. Dazu ist im Anschluss an das Validierungsprojekt eine Kooperation mit Partnern aus der Wirtschaft angedacht. Alternativ kann die wirtschaftliche Verwertung über eine Ausgründung erfolgen."
([Lambeck und Groh 2014]).

Förderer:
Bundesministerium für Bildung und Forschung (BMBF).

Projektträger: VDI/VDE-IT Innovation + Technik, einer GmbH des Vereines Deutscher Ingenieure und des Verbandes der Elektrotechnik Elektronik, Förderkennzeichen: 03V0027.

### A2 Industrieprojekte und -anwendungen

Die vorliegende Arbeit begründet verschiedene Industrieprojekte, die nachfolgend erwähnt werden.

In diesem Abschnitt wird versucht, die theoretischen Überlegungen und die Erkenntnisse der vorliegenden Arbeit in der Praxis anzuwenden und in ihr zu verifizieren. In den nachfolgend gewählten Einsatzgebieten werden unkorrigierte und korrigierte Visualisierungen gegenübergestellt, um die Auswirkung der perspektivischen Optimierung hinsichtlich ergonomischer Potenziale zu zeigen (vgl. [Franke 2005a]).

#### A2.1 Exterieur im Automobildesign (showcase + python @ Audi AG)

Designer werden auch als Anwälte der Kunden bezeichnet (vgl. [Drews 2014]). Im Bereich der Visualisierung von Produktentwürfen kommen in zunehmendem Maße großflächige Abbilder zum Einsatz, zum Beispiel auf Powerwalls. Besonders diese Visualisierungsergebnisse sind von Verzerrungen betroffen (siehe 1.1). Dies lässt sich mit einem Fallbeispiel aus der Automobil-Industrie darlegen.

Die nachfolgend genannte Abbildung zeigt die perspektivische Präsentation von drei geometrisch identischen Fahrzeugmodellen (siehe Abbildung A-1). Das mono-perspektivische Fahrzeug ist starken projektionsbedingten Proportionsveränderungen unterworfen, sodass ein Vergleich der Fahrzeuge untereinander und eine resultierende Bewertung der Produktgestaltung erschwert wird (siehe Abbildung A-1, links). Demgegenüber können in der multi-perspektivischen Darstellung die Proportionen der Objekte entsprechend der Seherfahrung des Menschen abgebildet werden, das heißt, erhalten bleiben (siehe Abbildung A-1, rechts).

## A2 Industrieprojekte und -anwendungen

Abbildung A-1, Illustration: Gegenüberstellung von Exterieurvisualisierungen im Automobildesign (2014, nach [Franke u. a. 2008b], [Groh u. a. 2009]), Zentralprojektion (links) und bezüglich der visuellen Erwartungshaltung des Menschen optimierte Zentralprojektion beziehungsweise Multi-Perspektive (rechts).

### A2.2 Interieur im Ergotyping®, am Bsp. digitaler Menschmodelle in Verknüpfung mit Ergonomietools

Führerstand (Interieur): Ein weiteres Fallbeispiel kommt aus dem Bereich der Ergonomie und Arbeitswissenschaft (vgl. [Groh und Zavesky 2008], [Zavesky u. a. 2010]). Dort wird unter anderem mithilfe von Menschmodellen das Sichtfeld eines Menschen in seine Umgebung simuliert (vgl. [Wojdziak u. a. 2011c]). Dies dient beispielsweise der Prüfung von Sichtbarkeiten und Verdeckungen von Steuerelementen (siehe Abbildung A-2). Auch an dieser Stelle kommen die mit vorliegender Arbeit beschriebenen bildgestalterischen Fragestellungen zur Proportion und Ausrichtung von Objekten zum Tragen (siehe Kapitel 2, S. 11). In Gegenüberstellung zeigt sich, dass vor allem für die Steuerelemente im rechten Bildbereich eine multi-perspektivische Korrektur hinsichtlich der proportionalen Übertragung der Objektform lohnenswert ist, da dadurch die Form entsprechend der Erwartungshaltung des Menschen dargestellt wird.

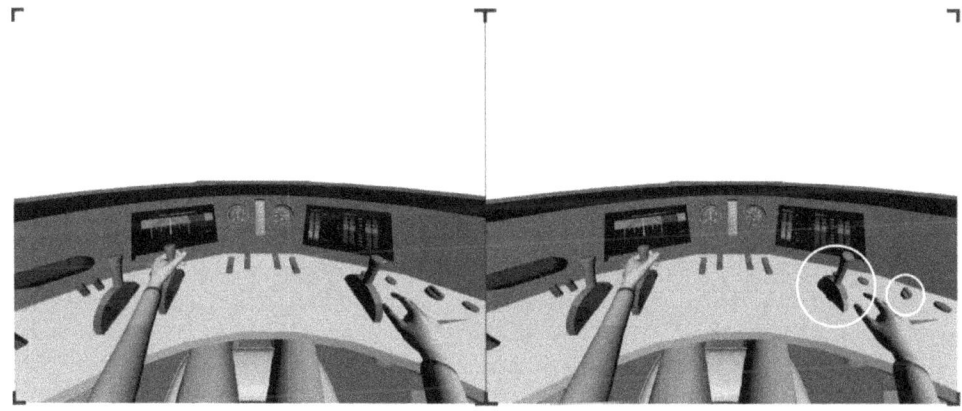

Abbildung A-2, Illustration: ‚Gegenüberstellung von Interieur-Visualisierungen im Rahmen von wahrnehmungsrealistischen virtuellen Trainingsszenarien', mit einer Mono-Perspektive (links) und einer Multi-Perspektive (rechts), (nach [Zavesky u. a. 2010]).

### A2.3 Interieur in der Luft- und Raumfahrt, am Beispiel von Instrumententafeln

Eine Forschergruppe um MICHAEL MCGREEVEY ET AL. begannen mit der Untersuchung von mit computergrafischen Mitteln generierten Szenarien, die sich mit der Abbildung des dreidimensionalen Raumes auf eine zweidimensionale Abbildungsebene auseinandersetzte (vgl. [Mcgreevy u. a. 1986], [Ellis u. a. 1987]). Dabei wiesen sie auf die Problematik der Perspektive hin. Ihr Ziel war es, Instrument beziehungsweise Instrumententafeln zu konzipieren, die für neuartige Luftfahrzeuge und Raumschiffe eingesetzt werden können. Insbesondere mit der Erschließung des Luftraumes durch den Menschen ist die dritte Dimension, in diesem Fall also die Höhe, im Instrumentendesign für die Navigation und Orientierung durch Raum (und Zeit) abzubilden (vgl. [Barfield u. a. 1990]). Kommunikation in virtuellen und realen Umgebungen an sich steht vor etlichen Herausforderungen, die durch bildhafte Interfaces gefasst werden können (vgl. [Ellis u. a. 1993]).

Anhang A: Projekte

Gegenwärtig sind weitestgehend zweidimensionale Schnitte zur Luftraumüberwachung und Fahrzeugführung im Einsatz. Gerade vor dem Hintergrund von schnellen Bewegungsabläufen durch große Räume sind Echtzeit-fähige Instrumente von besonderem Interesse. Die Aufgabe ist es, ein Interface für räumliche Informationen zu gestalten, das der Menschen zu lesen und interpretieren vermag. Nach McGreevey et al. ist es ein Problem, dass das Auge des Betrachters nicht an der geometrisch korrekten Position der Visualisierung ist ([Mcgreevy u. a. 1986, S. 29.2]), wodurch es zu Fehlinterpretationen beispielsweise der Raumwinkel kommt. Diese geometrische Gegebenheit führt voraussagbar zu ‚fehlerhaften' Interpretationen des Menschen bezüglich der wirklichen räumlichen Situation.

Teils ist es sogar nötig, dass die Instrumente zeitlich, sukzessive Situationen simultan abbilden müssen, damit der Mensch insbesondere aufgrund der schnellen Bewegungsabläufe weitreichend voraussehen kann, um etwaigen Konflikten oder Gefahrensituationen vorzubeugen (vgl. [Muthard 2005]). Eine reine Projektion des dreidimensionalen Raumes auf eine zweidimensionale Fläche führt zu sehr begrenzten Ergebnissen, die auch hinsichtlich einer Abschätzung oder einer Deutung unzureichend informativ sind. So lassen sich zum Beispiel nur Teile des Raumes abbilden. Unter der zeitlichen Dimension gesehen, wird das Problem noch komplexer. Oft ist jedoch eine komplette Überwachung des Raumes zu bestimmten Zeitpunkten (Vergangenheit, Gegenwart und Zukunft) nötig. Es gibt auch gesundheitliche Risiken für den Menschen, die in derartigen Systemen berücksichtigt werden müssen, beispielsweise Beschleunigung, Strahlung, Partikel, etc. (vgl. [Cucinotta u. a. 2013]). Gefahren für den menschlichen Organismus sind bedeutend und müssen neben der automatischen Verarbeitung unter anderem auch dargestellt werden. Hier bekommt der Begriff der Bedeutungsperspektive beziehungsweise Binnenperspektive ein ganz neues Gewicht. Im Zuge dessen sind Optimierungen der Perspektive von sehr hohem Interesse, zum Beispiel die Kombination von Parallel- und Zentralprojektion (vgl. [Poelman und Kanade 1997], [Zokai u. a. 2003]) oder 3D-Benutzerschnittstellen mittels komponierter Darstellungsverfahren (vgl. [Wojdziak 2013]). Ein interpretierbareres Interface als Leitgedanke stellt hier ein Lösungsformat dar.

A2.4 Modelle im Design, beispielsweise ‚Utah-Teapot'

Als weiteres Beispiel wird nachfolgend eines der ‚Standardmodelle' der Computergrafik herangezogen. Die jeweiligen Rahmenbedingungen der Gegenüberstellung der Bilder sind den Bildunterschriften zu entnehmen (siehe Abbildung A-3).

Abbildung A-3, Computergrafiken: ‚Abbilder von jeweils drei Utah-Teekannen', bei jeweils einem Kameraöffnungswinkel von 120 °
– ‚Abbild durch Zentralprojektion von drei Utah-Teekannen'. Die ‚rein' zentralprojizierten Objekte, welche sich im Randbereich des Bildes befinden, sind starken Verzerrungen unterworfen. Obwohl es sich bei allen drei Teekannen um das gleiche Modell handelt, ist ein Objektvergleich als Arbeitsschritt im Designentwurfsprozess durch diese Verzerrungen nicht möglich (oben).
– ‚Perspektivisch optimiertes Bild von drei Utah-Teekannen'. Die Objekte, welche sich im Randbereich des Bildes befinden, bleiben in ihren Proportionen authentisch. Ein Objektvergleich als Arbeitsschritt im Designentwurfsprozess ist möglich (mittig).
– ‚Perspektivisch optimiertes Abbild von drei Utah-Teekannen'. Die Objekte, welche sich im Randbereich des Bildes befinden, bleiben in ihren Proportionen authentisch und sind zusätzlich in ihrer Orientierung gleichgerichtet. Ein Objektvergleich als Arbeitsschritt im Designentwurfsprozess ist möglich (unten).

B1 Benutzeroberflächen und Sourcecodes

# Anhang B: Schnittstellen und Materialien

## B1 Benutzeroberflächen und Sourcecodes

### B1.1 OPO-Benutzeroberfläche als Plug-in für BiLL

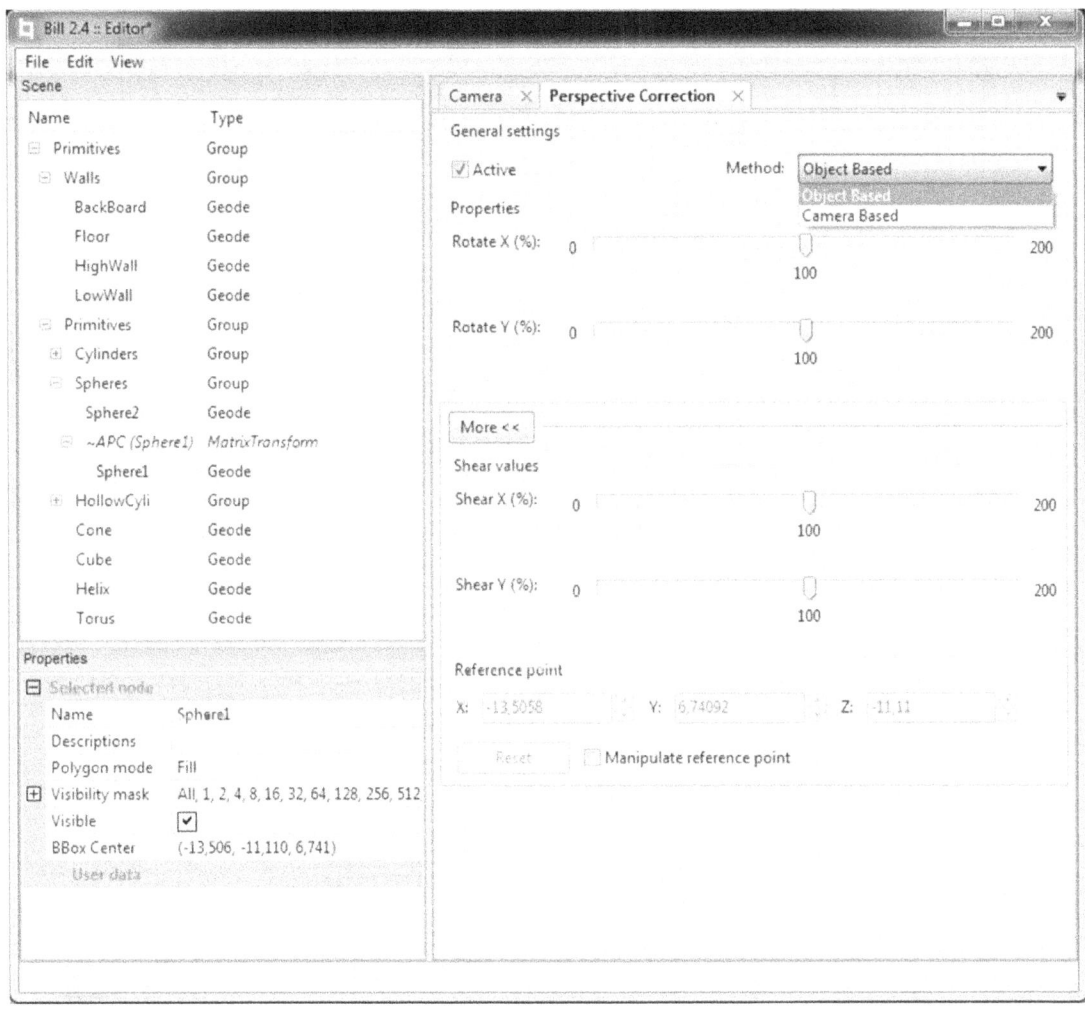

Abbildung B-1, Computergrafik: Benutzeroberfläche des servicebasierten Plug-ins zur objekt-basierten perspektivischen Optimierung (OPO) des BildspracheLiveLabs (BiLL) an der Professur Mediengestaltung an der Technische Universität Dresden (2013, vgl. [Groh 2003]).

# Anhang B: Schnittstellen und Materialien

## B1.2 OPO-Sourcecode als Plug-in für BiLL

| Zeile | ObjectBasedNodeCallback.cpp |
|---|---|
| 1 | // |
| 2 | //Copyright (c) 2009-2012 |
| 3 | //Technische Universität Dresden |
| 4 | //Fakultät Informatik, Professur für Mediengestaltung |
| 5 | //All rights reserved. |
| 6 | // |
| 7 | //The contents of this file may not be disclosed to third parties, |
| 8 | //copied or duplicated in any form, in whole or in part, |
| 9 | // |
| 10 |  |
| 11 | #include "ObjectBasedNodeCallback.h" |
| 12 |  |
| 13 | #include "osg/BoundingBox" |
| 14 | #include "osg/BoundingSphere" |
| 15 | #include "osg/Group" |
| 16 | #include "osg/Geode" |
| 17 | #include "osg/ShapeDrawable" |
| 18 | #include "osg/Texture2D" |
| 19 | #include "osg/PositionAttitudeTransform" |
| 20 | #include "osg/MatrixTransform" |
| 21 | #include "osg/Geometry" |
| 22 | #include "osg/Node" |
| 23 | #include "osg/MatrixTransform" |
| 24 | #include "osg/AutoTransform" |
| 25 |  |
| 26 | #include "osg/PolygonMode" |
| 27 | #include "osg/MatrixTransform" |
| 28 | #include "osg/AutoTransform" |
| 29 | #include "osgDB/ReadFile" |
| 30 | #include "osgSim/SphereSegment" |
| 31 | #include "osgSim/OverlayNode" |
| 32 | #include "osgSim/DOFTransform" |
| 33 | #include "osgText/Text" |
| 34 | #include "osgUtil/SmoothingVisitor" |
| 35 | #include "osgViewer/CompositeViewer" |
| 36 | #include "osgViewer/View" |
| 37 |  |
| 38 | #include "Poco/NumberFormatter.h" |
| 39 |  |
| 40 | #include "SearchNameNodeVisitor.h" |
| 41 | #include "PerspectiveCorrectionEvent.h" |
| 42 | #include "PerspectiveCorrection.h" |
| 43 |  |
| 44 |  |
| 45 | namespace BiLL { |
| 46 | namespace PerspectiveCorrection { |
| 47 | namespace ObjectBased { |
| 48 |  |
| 49 |  |
| 50 | const int ObjectBasedNodeCallback::INV_OBJECT_TRANSFORMATION = 1; |
| 51 | const int ObjectBasedNodeCallback::INV_CAMERA_ORIENTATION = 2; |
| 52 | const int ObjectBasedNodeCallback::ROTATE_X_TRANSFORMATION = 3; |
| 53 | const int ObjectBasedNodeCallback::ROTATE_Y_TRANSFORMATION = 4; |
| 54 | const int ObjectBasedNodeCallback::SHEAR_TRANSFORMATION = 5; |
| 55 | const int ObjectBasedNodeCallback::CAMERA_ORIENTATION = 6; |
| 56 | const int ObjectBasedNodeCallback::OBJECT_TRANSFORMATION = 7; |
| 57 |  |
| 58 | const int ObjectBasedNodeCallback::DEACTIVATE_MASK = 100; |
| 59 |  |
| 60 | const int ObjectBasedNodeCallback::INV_OBJECT_TRANSFORMATION_OFF = INV_OBJECT_TRANSFORMATION + DEACTIVATE_MASK; |
| 61 | const int ObjectBasedNodeCallback::INV_CAMERA_ORIENTATION_OFF = INV_CAMERA_ORIENTATION + DEACTIVATE_MASK; |
| 62 | const int ObjectBasedNodeCallback::ROTATE_X_TRANSFORMATION_OFF = ROTATE_X_TRANSFORMATION + DEACTIVATE_MASK; |
| 63 | const int ObjectBasedNodeCallback::ROTATE_Y_TRANSFORMATION_OFF = ROTATE_Y_TRANSFORMATION + DEACTIVATE_MASK; |
| 64 | const int ObjectBasedNodeCallback::SHEAR_TRANSFORMATION_OFF = SHEAR_TRANSFORMATION + DEACTIVATE_MASK; |
| 65 | const int ObjectBasedNodeCallback::CAMERA_ORIENTATION_OFF = CAMERA_ORIENTATION + DEACTIVATE_MASK; |
| 66 | const int ObjectBasedNodeCallback::OBJECT_TRANSFORMATION_OFF = OBJECT_TRANSFORMATION + DEACTIVATE_MASK; |
| 67 |  |
| 68 | ObjectBasedNodeCallback::ObjectBasedNodeCallback(osg::ref_ptr<osg::Node> groupnode, osg::ref_ptr<osg::Node> node, osg::ref_ptr<osg::Camera> cam, osg::ref_ptr<RepositoryUserData> epkInfo) |
| 69 | { |
| 70 |     transformNode = groupnode; |
| 71 |     geode = node; |
| 72 |     camera = cam; |
| 73 |     //seqList = sequenceList; |
| 74 |     os1 << "-APC ("<<geode->getName()<<")"; |
| 75 |     _string1 = os1.str(); |
| 76 |     SearchNameNodeVisitor findNode(_string1); |
| 77 |  |
| 78 |     transformNode->accept(findNode); |
| 79 |  |
| 80 |     osg::NodePathList allParents = geode->getParentalNodePaths(); |
| 81 |     osg::Vec3 center = geode->getBound().center(); |
| 82 |  |
| 83 |     for(osg::NodePathList::iterator paths = allParents.begin(); paths != allParents.end(); paths++) |
| 84 |     { |
| 85 |         for(osg::NodePath::reverse_iterator path = paths->rbegin(); path != paths->rend(); path++) |
| 86 |         { |
| 87 |             osg::MatrixTransform* transform = dynamic_cast<osg::MatrixTransform*>(*path); |
| 88 |  |
| 89 |             if((transform != 0) && (transform != transformNode)) |
| 90 |             { |
| 91 |                 osg::Matrix mat = transform->getMatrix(); |
| 92 |                 center = center * mat; |
| 93 |             } |
| 94 |         } |
| 95 |     } |
| 96 |  |
| 97 |     worldCoordObjTmp = center; |
| 98 |     defaultPivot = center; |
| 99 |  |
| 100 |     //osg::BoundingSphere bb = transformNode->getBound(); |
| 101 |     //worldCoordObjTmp = bb.center(); |
| 102 |     //defaultPivot = bb.center(); |
| 103 |  |
| 104 |     shearXPercent = 100; |
| 105 |     shearYPercent = 100; |
| 106 |     rotateXPercent = 100; |
| 107 |     rotateYPercent = 100; |
| 108 |     shearXSlider = 100; |
| 109 |     shearYSlider = 100; |
| 110 |     rotateXSlider = 100; |
| 111 |     rotateYSlider = 100; |

```cpp
                PivotSize = 0;

                pivotButton = false;
                pivotTransform = 0;
                pivotPoint = 0;

                matrixTransform = dynamic_cast<osg::MatrixTransform*>(findNode.getFirst());
                //epcData = new RepositoryUserData();
                epcData = epkInfo;
                //epcData->setName("EPK_Save");
                //epcData = epkInfo;

                _sequenceList.push_back(INV_OBJECT_TRANSFORMATION);
                _sequenceList.push_back(INV_CAMERA_ORIENTATION);
                _sequenceList.push_back(ROTATE_Y_TRANSFORMATION);
                _sequenceList.push_back(ROTATE_X_TRANSFORMATION);
                _sequenceList.push_back(SHEAR_TRANSFORMATION);
                _sequenceList.push_back(CAMERA_ORIENTATION);
                _sequenceList.push_back(OBJECT_TRANSFORMATION);

                transformNode->setUserData(epkInfo);
    }

    void ObjectBasedNodeCallback::operator ()(osg::Node* node, osg::NodeVisitor* nv)
    {
        //osg::ref_ptr<RepositoryUserData> epcData = dynamic_cast<RepositoryUserData*>(node->getUserData());

        updateEPK();

        traverse(node, nv);
    }
    void ObjectBasedNodeCallback::updateEPK()
    {
                double shearXFull;
                double shearYFull;
                double rotateXFull;
                double rotateYFull;

                osg::Matrixd EPK_matrix;
                osg::Matrixd O_matrix;
                osg::Matrixd O_matrixInvert;
                osg::Matrixd S_matrix;
                osg::Matrixd K_matrix;
                osg::Matrixd K_matrixInvert;
                osg::Matrixd Rx_matrix;
                osg::Matrixd Ry_matrix;
                osg::Matrixd tmpViewMatrix;
                osg::Matrixd K_matrixTrans;

                osg::Matrixd tmpMatrix1;
                osg::Matrixd tmpMatrix2;
                osg::Matrixd tmpMatrix3;

                osg::NodePathList allParents = geode->getParentalNodePaths();
                osg::Vec3 center = geode->getBound().center();

                for(osg::NodePathList::iterator paths = allParents.begin(); paths != allParents.end(); paths++)
                {
                                for(osg::NodePath::reverse_iterator path = paths->rbegin(); path != paths->rend(); path++)
                                {
                                                osg::MatrixTransform* transform = dynamic_cast<osg::MatrixTransform*>(*path);

                                                if((transform != 0) && (transform != transformNode))
                                                {
                                                                osg::Matrix mat = transform->getMatrix();
                                                                center = center * mat;
                                                }
                                }
                }

                osg::Matrix transen;

                transen.set(1,0,0,0,
                            0,1,0,0,
                            0,0,1,0,
                            0,0,0,1);

                for(osg::NodePathList::iterator paths = allParents.begin(); paths != allParents.end(); paths++)
                {
                                for(osg::NodePath::reverse_iterator path = paths->rbegin(); path != paths->rend(); path++)
                                {
                                                osg::MatrixTransform* transform = dynamic_cast<osg::MatrixTransform*>(*path);

                                                if((transform != 0) && (transform != transformNode))
                                                {
                                                                osg::Matrix mat = transform->getMatrix();
                                                                transen = transen * mat;
                                                }
                                }
                }

                //osg::Node::ParentList parents = geode->getParents();
                //osg::Vec3 center = geode->getBound().center();

                //for(osg::Node::ParentList::iterator it = parents.begin(); it != parents.end(); it++)
                //{
                //              osg::MatrixTransform* transform = dynamic_cast<osg::MatrixTransform*>(*it);

                //              if((transform != 0) && (transform != transformNode))
                //              {
                //                              center = center * transform->getMatrix();
                //              }
                //}

                //osg::Vec3 center = geode->getParent(0)->getParent(0)->getBound().center();
                //osg::MatrixList worldMatrices = geode->getParent(0)->getParent(0)->getWorldMatrices();
                //for(osg::MatrixList::iterator it = worldMatrices.begin();
                //              it != worldMatrices.end();
                //              ++it)
                //{
                //              osg::Matrix& matrix = *it;
                //              center = center * matrix;
                //              //std::cout<<"Node: "<<geode->getName()<<" center = "<<center<<" worldMatrix = "<<matrix;
                //}
```

# Anhang B: Schnittstellen und Materialien

```cpp
            worldCoordObjTmp = center;
            defaultPivot = center;

            //get camera in eye coordinates
            const osg::Matrix matrixProd = camera->getViewMatrix();
            tmpViewMatrix.set(matrixProd);

            //take the eye coordinates of the camera into world coordinates
            K_matrix = osg::Matrix::inverse(osg::Matrix(matrixProd));

            //transform the camera matrix for preparing jdc
            K_matrixTrans.set( tmpViewMatrix(0,0),tmpViewMatrix(1,0),tmpViewMatrix(2,0),tmpViewMatrix(3,0),
                                                                    tmpViewMatrix(0,2),tmpViewMatrix(1,2),tmpViewMatrix(2,2),tmpViewMatrix(3,2),
                                                                    tmpViewMatrix(0,1),tmpViewMatrix(1,1),tmpViewMatrix(2,1),tmpViewMatrix(3,1),
                                                                    tmpViewMatrix(0,3),tmpViewMatrix(1,3),tmpViewMatrix(2,3),tmpViewMatrix(3,3));

            worldCoordObj.set(worldCoordObjTmp[0],worldCoordObjTmp[1],worldCoordObjTmp[2],1);

            //get coordinates of the object in camera coordinates
            camCoordObj = K_matrixTrans * worldCoordObj;
            camCoordObj[1] = camCoordObj[1]*(-1);

            //modify camera matrix
            K_matrix(3,0) = 0.0;
            K_matrix(3,1) = 0.0;
            K_matrix(3,2) = 0.0;
            K_matrix(3,3) = 1.0;

            //invert camera matrix
            K_matrixInvert.invert_4x4(K_matrix);

            //set local object matrix
            osg::Matrix O_localMatrix;
            O_localMatrix.set( 1,0,0,0,
                               0,1,0,0,
                               0,0,1,0,
                               geode->getBound().center().x(),geode->getBound().center().y(),geode->getBound().center().z(),1);

            //set object matrix
            O_matrix.set(   1,0,0,0,
                                                                    0,1,0,0,
                                                                    0,0,1,0,
                                                                    worldCoordObj[0],worldCoordObj[1],worldCoordObj[2],1);

            //invert object matrix
            O_matrixInvert.invert_4x4(O_matrix);

            if(camCoordObj[1] > 0)
            {

                            //get coefficient of shear
                            shearXFull = (camCoordObj[0]/camCoordObj[1]);
                            shearXPercent = -(shearXFull * shearXSlider)/100;

                            shearYFull = (camCoordObj[2]/camCoordObj[1]);
                            shearYPercent = -(shearYFull * shearYSlider)/100;

                            //set shear matrix
                            S_matrix.set(1,0,0,0,
                                                                    0,1,0,0,
                                                                    shearXPercent,shearYPercent,1,0,
                                                                    0,0,0,1);

                            //get coefficients of rotation
                            rotateXFull = (atan(camCoordObj[2]/camCoordObj[1]));
                            rotateXPercent = -(rotateXFull * rotateXSlider)/100;

                            rotateYFull = (atan(camCoordObj[0]/camCoordObj[1]));
                            rotateYPercent = -(rotateYFull * rotateYSlider)/100;

                            //set matrix of Rotation around X-axis
                            Rx_matrix.set(  1,0,0,0,
                                                                    0,cos(rotateXPercent),sin(rotateXPercent),0,
                                                                    0,-sin(rotateXPercent),cos(rotateXPercent),0,
                                                                    0,0,0,1);

                            //set matrix of Rotation around Y-axis
                            Ry_matrix.set(  cos(rotateYPercent),0,sin(rotateYPercent),0,
                                                                    0,1,0,0,
                                                                    -sin(rotateYPercent),0,cos(rotateYPercent),0,
                                                                    0,0,0,1);

                matrixList.clear();

                //matrix.invert_4x4(trangen);
                //matrixList.push_back(hansen);

                //involve only selected parts of jdc calculation
                {
                                Poco::Mutex::ScopedLock lock(_sequenceListMutex);
                                for (std::list<int>::iterator it = _sequenceList.begin(); it != _sequenceList.end(); it++)
                                {
                                                int element = (*it);

                                                if (element == ObjectBasedNodeCallback::INV_OBJECT_TRANSFORMATION)
                                                {
                                                                O_localMatrix.invert_4x4(O_localMatrix);
                                                                matrixList.push_back(O_localMatrix);
                                                                //matrixList.push_back(O_matrixInvert);
                                                }
                                                else if (element == ObjectBasedNodeCallback::INV_CAMERA_ORIENTATION)
                                                {
                                                                matrixList.push_back(K_matrixInvert);
                                                }
                                                else
                                                if (element == ObjectBasedNodeCallback::ROTATE_Y_TRANSFORMATION)
                                                {
                                                                matrixList.push_back(Ry_matrix);
                                                }
                                                else
                                                if (element == ObjectBasedNodeCallback::ROTATE_X_TRANSFORMATION)
                                                {
                                                                matrixList.push_back(Rx_matrix);
                                                }
                                                else if (element == ObjectBasedNodeCallback::SHEAR_TRANSFORMATION)
```

```cpp
                                    {
                                        matrixList.push_back(S_matrix);
                                    }
                                    else if (element == ObjectBasedNodeCallback::CAMERA_ORIENTATION)
                                    {
                                        matrixList.push_back(K_matrix);
                                    }
                                    else
                                    if (element == ObjectBasedNodeCallback::OBJECT_TRANSFORMATION)
                                    {
                                        O_localMatrix.invert_4x4(O_localMatrix);
                                        matrixList.push_back(O_localMatrix);
                                        //matrixList.push_back(O_matrix);
                                    }
                                }
                            }
                            EPK_matrix.set(   1,0,0,0,
                                              0,1,0,0,
                                              0,0,1,0,
                                              0,0,0,1);

                            //compute matrix to transform object
                            for (matrixIterator = matrixList.begin(); matrixIterator != matrixList.end(); matrixIterator++)
                            {
                                EPK_matrix.set(EPK_matrix * (*matrixIterator));
                            }

                            //EPK_matrix.set(O_matrix.invert * K_matrix.invert * Ry_matrix * Rx_matrix * S_matrix * K_matrix * O_matrix);
                            matrixTransform->setMatrix(EPK_matrix);
                        }
                        else
                        {
                            //set matrix to transform node
                            matrixTransform->setMatrix(tmpMatrix1);
                        }

            std::string strg = Poco::NumberFormatter::format(this->getXCoord());
            apcData->set("xCoordinate", strg);
            //apcData->yCoordinate = getYCoord();
            strg = Poco::NumberFormatter::format(this->getYCoord());
            apcData->set("yCoordinate", strg);
            //apcData->zCoordinate = getZCoord();
            strg = Poco::NumberFormatter::format(this->getZCoord());
            apcData->set("zCoordinate", strg);
            //apcData->pivotSize = getPivotSize();
            strg = Poco::NumberFormatter::format(this->getPivotButton());
            apcData->set("pivotButton", strg);

            transformNode->setUserData(apcData);
}

void ObjectBasedNodeCallback::setShearXSlider(double shearX)
{
            shearXSlider = shearX;

            std::string strg = Poco::NumberFormatter::format(this->shearXSlider);
            apcData->set("shearXSlider", strg);

            PerspectiveCorrectionEvent propertiesChanged(geode, PerspectiveCorrectionEvent::EVENT_ADVANCED_PROPERTIES_CHANGED);
            PerspectiveCorrection::getInstance()->events.notify(this, propertiesChanged);
}

void ObjectBasedNodeCallback::setShearYSlider(double shearY)
{
            shearYSlider = shearY;

            std::string strg = Poco::NumberFormatter::format(this->shearYSlider);
            apcData->set("shearYSlider", strg);

            PerspectiveCorrectionEvent propertiesChanged(geode, PerspectiveCorrectionEvent::EVENT_ADVANCED_PROPERTIES_CHANGED);
            PerspectiveCorrection::getInstance()->events.notify(this, propertiesChanged);
}

void ObjectBasedNodeCallback::setRotateXSlider(double rotateX)
{
            rotateXSlider = rotateX;

            std::string strg = Poco::NumberFormatter::format(this->rotateXSlider);
            apcData->set("rotateXSlider", strg);
}

void ObjectBasedNodeCallback::setRotateYSlider(double rotateY)
{
            rotateYSlider = rotateY;

            std::string strg = Poco::NumberFormatter::format(this->rotateYSlider);
            apcData->set("rotateYSlider", strg);
}

double ObjectBasedNodeCallback::getShearXSlider()
{
            return shearXSlider;
}

double ObjectBasedNodeCallback::getShearYSlider()
{
            return shearYSlider;
}

double ObjectBasedNodeCallback::getRotateXSlider()
{
            return rotateXSlider;
}

double ObjectBasedNodeCallback::getRotateYSlider()
{
            return rotateYSlider;
}

osg::ref_ptr<osg::Node> ObjectBasedNodeCallback::getGeode(){
            return geode;
}

osg::ref_ptr<osg::Node> ObjectBasedNodeCallback::getTransformNode()
```

# Anhang B: Schnittstellen und Materialien

```cpp
460     {
461             return transformNode;
462     }
463
464     void ObjectBasedNodeCallback::setXCoord(double pivotX)
465     {
466             worldCoordObjTmp[0] = pivotX;
467
468             if(pivotTransform != 0)
469             {
470                     osg::BoundingSphere bb = transformNode->getBound();
471                     osg::Vec3 coordinates;
472                     bb._center = coordinates;
473                     coordinates.set(getXCoord(), getZCoord(), getYCoord());
474                     pivotTransform->setPosition(coordinates);
475             }
476
477             PerspectiveCorrectionEvent propertiesChanged(geode, PerspectiveCorrectionEvent::EVENT_ADVANCED_PROPERTIES_CHANGED);
478             PerspectiveCorrection::getInstance()->events.notify(this, propertiesChanged);
479     }
480
481     void ObjectBasedNodeCallback::setYCoord(double pivotY)
482     {
483             worldCoordObjTmp[2] = pivotY;
484
485             if(pivotTransform != 0)
486             {
487                     osg::BoundingSphere bb = transformNode->getBound();
488                     osg::Vec3 coordinates;
489                     bb._center = coordinates;
490                     coordinates.set(getXCoord(), getZCoord(), getYCoord());
491                     pivotTransform->setPosition(coordinates);
492             }
493
494             PerspectiveCorrectionEvent propertiesChanged(geode, PerspectiveCorrectionEvent::EVENT_ADVANCED_PROPERTIES_CHANGED);
495             PerspectiveCorrection::getInstance()->events.notify(this, propertiesChanged);
496     }
497
498     void ObjectBasedNodeCallback::setZCoord(double pivotZ)
499     {
500             worldCoordObjTmp[1] = pivotZ;
501
502             if(pivotTransform != 0)
503             {
504                     osg::BoundingSphere bb = transformNode->getBound();
505                     osg::Vec3 coordinates;
506                     bb._center = coordinates;
507                     coordinates.set(getXCoord(), getZCoord(), getYCoord());
508                     pivotTransform->setPosition(coordinates);
509             }
510
511             PerspectiveCorrectionEvent propertiesChanged(geode, PerspectiveCorrectionEvent::EVENT_ADVANCED_PROPERTIES_CHANGED);
512             PerspectiveCorrection::getInstance()->events.notify(this, propertiesChanged);
513     }
514
515     double ObjectBasedNodeCallback::getXCoord()
516     {
517             return worldCoordObjTmp[0];
518     }
519
520     double ObjectBasedNodeCallback::getYCoord()
521     {
522             return worldCoordObjTmp[2];
523     }
524
525     double ObjectBasedNodeCallback::getZCoord()
526     {
527             return worldCoordObjTmp[1];
528     }
529
530     void ObjectBasedNodeCallback::setPivotSize(float size)
531     {
532             PivotSize = size;
533     }
534
535     float ObjectBasedNodeCallback::getPivotSize()
536     {
537             return PivotSize;
538     }
539
540     void ObjectBasedNodeCallback::setPivotButton(int value)
541     {
542             if(value == 1)
543             {
544                     pivotButton = true;
545
546                     if(pivotTransform == 0)
547                     {
548                             osg::StateSet* stateset = geode->getOrCreateStateSet();
549
550                             osg::PolygonMode* polyMode = new osg::PolygonMode(osg::PolygonMode::FRONT_AND_BACK, osg::PolygonMode::LINE);
551                             stateset->setAttributeAndModes(polyMode);
552
553                             osg::BoundingSphere bb = transformNode->getBound();
554                             osg::Vec3 coordinates;
555                             coordinates[0] = getXCoord();
556                             coordinates[1] = getZCoord();
557                             coordinates[2] = getYCoord();
558
559                             float size = bb.radius();
560                             setPivotSize(size);
561
562                             osg::Geometry* referenceSystem = new osg::Geometry;
563                             referenceSystem->setUseDisplayList(false);
564                             referenceSystem->setUseVertexBufferObjects(true);
565
566                             osg::Vec3Array* referenceVerts = new osg::Vec3Array(6);
567                             (*referenceVerts)[0] = osg::Vec3(0, 0, 0);
568                             (*referenceVerts)[1] = osg::Vec3(size, 0, 0);
569                             (*referenceVerts)[2] = osg::Vec3(0, 0, 0);
570                             (*referenceVerts)[3] = osg::Vec3(0, 0, size);
571                             (*referenceVerts)[4] = osg::Vec3(0, 0, 0);
572                             (*referenceVerts)[5] = osg::Vec3(0, size, 0);
573
574                             referenceSystem->setVertexArray(referenceVerts);
575
```

```cpp
576                             osg::DrawElementsUInt* referenceBase = new osg::DrawElementsUInt(osg::PrimitiveSet::LINES, 0);
577                             referenceBase->push_back(0);
578                             referenceBase->push_back(1);
579                             referenceBase->push_back(2);
580                             referenceBase->push_back(3);
581                             referenceBase->push_back(4);
582                             referenceBase->push_back(5);
583                             referenceSystem->addPrimitiveSet(referenceBase);
584
585                             osg::Vec4Array* colors = new osg::Vec4Array;
586                             colors->push_back(osg::Vec4(1.0f, 0.0f, 0.0f, 1.0f) ); //index 0 red
587                             colors->push_back(osg::Vec4(1.0f, 0.0f, 0.0f, 1.0f) ); //index 0 red
588                             colors->push_back(osg::Vec4(0.0f, 1.0f, 0.0f, 1.0f) ); //index 1 green
589                             colors->push_back(osg::Vec4(0.0f, 1.0f, 0.0f, 1.0f) ); //index 1 green
590                             colors->push_back(osg::Vec4(0.0f, 0.0f, 1.0f, 1.0f) ); //index 2 blue
591                             colors->push_back(osg::Vec4(0.0f, 0.0f, 1.0f, 1.0f) ); //index 2 blue
592
593                             referenceSystem->setColorArray(colors);
594                             referenceSystem->setColorBinding(osg::Geometry::BIND_PER_VERTEX);
595
596                             pivotTransform = new osg::PositionAttitudeTransform();
597                             pivotTransform->setName("Reference Position");
598                             pivotTransform->setPosition(coordinates);
599                             pivotPoint = new osg::Geode();
600                             pivotPoint->setName("Reference Point");
601                             transformNode->asGroup()->addChild(pivotTransform);
602                             pivotTransform->addChild(pivotPoint);
603                             pivotPoint->addDrawable(referenceSystem);
604                     }
605             }
606             else
607             {
608                     if(pivotTransform != 0)
609                     {
610                             osg::StateSet* stateset = geode->getOrCreateStateSet();
611                             osg::PolygonMode* polyMode = new osg::PolygonMode(osg::PolygonMode::FRONT_AND_BACK, osg::PolygonMode::FILL);
612                             stateset->setAttributeAndModes(polyMode);
613
614                             transformNode->asGroup()->removeChild(pivotTransform);
615                             pivotTransform = 0;
616                             pivotPoint = 0;
617                     }
618
619                     pivotButton = false;
620             }
621
622             PerspectiveCorrectionEvent propertiesChanged(geode, PerspectiveCorrectionEvent::EVENT_ADVANCED_PROPERTIES_CHANGED);
623             PerspectiveCorrection::getInstance()->events.notify(this, propertiesChanged);
624 }
625
626 bool ObjectBasedNodeCallback::getPivotButton()
627 {
628     return pivotButton;
629 }
630
631 osg::Vec3f ObjectBasedNodeCallback::getDefaultPivot()
632 {
633     return this->defaultPivot;
634 }
635
636 std::list<int> ObjectBasedNodeCallback::getSequenceList()
637 {
638     Poco::Mutex::ScopedLock lock(_sequenceListMutex);
639     return _sequenceList;
640 }
641
642 void ObjectBasedNodeCallback::setSequenceList(std::list<int> sequenceList)
643 {
644     Poco::Mutex::ScopedLock lock(_sequenceListMutex);
645     _sequenceList = sequenceList;
646 }
647
648 ObjectBasedNodeCallback::~ObjectBasedNodeCallback()
649 {
650
651 }
652
653 } } } //namespace
```

| Zeile | ObjectBasedPerspectiveCorrectionService.cpp |
|---|---|

```cpp
1   //Copyright (c) 2009-2012
2   //Technische Universität Dresden
3   //Fakultät Informatik, Professur für Medienaestaltung
4   //All rights reserved
5   //
6   //The contents of this file may not be disclosed to third parties,
7   //copied or duplicated in any form, in whole or in part,
8   //
9
10
11  #include "osg/DisplaySettings"
12  #include "osg/MatrixTransform"
13
14  #include "ObjectBasedPerspectiveCorrectionService.h"
15  #include "ObjectBasedNodeCallback.h"
16  #include "PerspectiveCorrection.h"
17  #include "PerspectiveCorrectionEvent.h"
18  #include "PerspectiveCorrectionBundle.h"
19  #include "ObjectBasedAdvancedProperties.h"
20
21
22  namespace Bill {
23  namespace PerspectiveCorrection {
24  namespace ObjectBased {
25
26
27  ObjectBasedPerspectiveCorrectionService::ObjectBasedPerspectiveCorrectionService()
28  {
29      setName("Object Based");
30  }
31
32  ObjectBasedPerspectiveCorrectionService::~ObjectBasedPerspectiveCorrectionService()
33  {
34      //geode_propertiesSection
```

# Anhang B: Schnittstellen und Materialien

```cpp
}

bool ObjectBasedPerspectiveCorrectionService::canEnable(SceneRepository::Ptr sceneRepository, Viewer::Ptr viewer, osg::ref_ptr<osg::Node> node)
{
    bool result = false;

    //if the selected node is a geode node
    if((node != 0) && (((std::string)node->className() == "Geode") && (node->getName() != "Reference Point")))
    {
        std::string apcNodeName = createAPCNodeName(node);

        if ((node->getNumParents() > 0) && (apcNodeName != node->getParent(0)->getName()))
        {
            result = true;
        }
    }

    return result;
}

bool ObjectBasedPerspectiveCorrectionService::canDisable(SceneRepository::Ptr sceneRepository, Viewer::Ptr viewer, osg::ref_ptr<osg::Node> node)
{
    return isEnabled(sceneRepository, viewer, node);
}

bool ObjectBasedPerspectiveCorrectionService::isEnabled(SceneRepository::Ptr sceneRepository, Viewer::Ptr viewer, osg::ref_ptr<osg::Node> node)
{
    bool result = false;

    if((node != 0) && (((std::string)node->className() == "Geode") && (node->getName() != "Reference Point")))
    {
        std::string apcNodeName = createAPCNodeName(node);

        if ((node->getNumParents() > 0) && (apcNodeName == node->getParent(0)->getName()))
        {
            result = true;
        }
    }

    return result;
}

void ObjectBasedPerspectiveCorrectionService::enable(SceneRepository::Ptr sceneRepository, Viewer::Ptr viewer, osg::ref_ptr<osg::Node> selectedNode)
{
    if(canEnable(sceneRepository, viewer, selectedNode))
    {
        osg::ref_ptr<osg::MatrixTransform> apcTransform = getCorrectionTransformNode(selectedNode);

        if(apcTransform.get() == 0)
        {
            //create individual name for every osg::MatrixTransform node
            std::string _string = createAPCNodeName(selectedNode);

            //create MatrixTransform node for the selected item
            apcTransform = new osg::MatrixTransform();
            apcTransform->setName(_string);

            _transformNodes[selectedNode] = apcTransform;

            //get parent node of the selected node
            osg::Group* group = selectedNode->getParent(0);
            sceneRepository->insertNode(group, apcTransform);
            sceneRepository->moveNode(apcTransform, selectedNode);

            //create nodeCallback for current node
            ObjectBasedNodeCallback* nodeCallback = new ObjectBasedNodeCallback(apcTransform, selectedNode, viewer->getCamera(), sceneRepository->getRepositoryUserDataForNode(apcTransform));
            apcTransform->setUpdateCallback(nodeCallback);
            _nodeCallbacks[selectedNode] = nodeCallback;
        }
        else
        {
            throw Poco::Exception("Perspective correction cannot be activated on an invalid node.",1);
        }
    }
}

void ObjectBasedPerspectiveCorrectionService::disable(SceneRepository::Ptr sceneRepository, Viewer::Ptr viewer, osg::ref_ptr<osg::Node> selectedNode)
{
    if((selectedNode != 0) &&
       (((std::string)selectedNode->className() == "Geode") &&
       (selectedNode->getName() != "Reference Point") &&
       (canDisable(sceneRepository, viewer, selectedNode))))
    {
        std::string apcNodeName = createAPCNodeName(selectedNode);

        if (apcNodeName == selectedNode->getParent(0)->getName())
        {
            _nodeCallbacks[selectedNode]->setPivotButton(0);

            _nodeCallbacks.erase(selectedNode);

            //get all involved nodes of the scenegraph to cancel apc for this node
            selectedNode->setUpdateCallback(NULL);
            osg::MatrixTransform* apcNode = dynamic_cast<osg::MatrixTransform*>(selectedNode->getParent(0));
            osg::Group* group = apcNode->getParent(0);

            //take the selected node directly under group node and delete apc MatrixTransform node
            sceneRepository->moveNode(group, selectedNode);
            sceneRepository->removeNode(apcNode);
        }
    }
    else
    {
        throw Poco::Exception("Perspective correction cannot be deactivated on an invalid node.",1);
    }
}

std::string ObjectBasedPerspectiveCorrectionService::createAPCNodeName(osg::ref_ptr<osg::Node> node)
{
    std::string result = "";

    if (node != 0)
    {
        result = "-APC-(" + node->getName() + ")";
    }
```

# B1 Benutzeroberflächen und Sourcecodes

```cpp
151                 return result;
152     }
153
154     ObjectBasedNodeCallback::Ptr ObjectBasedPerspectiveCorrectionService::getNodeCallback(osg::ref_ptr<osg::Node> node)
155     {
156                 ObjectBasedNodeCallback::Ptr result = 0;
157
158                 result = _nodeCallbacks[node];
159
160                 //In the event we are working on saved APC nodes in the scene
161                 //recreate the node callback .
162                 if(result == 0)
163                 {
164                     osg::Node* apcTransform = node->getParent(0);
165
166                     if(apcTransform->getName() == createAPCNodeName(node))
167                     {
168                         ObjectBasedNodeCallback* nodeCallback = new ObjectBasedNodeCallback(apcTransform, node, PerspectiveCorrectionBundle::getInstance()->billService->getCurrentViewer()->getCamera(),
169     PerspectiveCorrectionBundle::getInstance()->billService->getCurrentRepository()->getRepositoryUserDataForNode(apcTransform));
170                         apcTransform->setUpdateCallback(nodeCallback);
171                         _nodeCallbacks[node] = nodeCallback;
172
173                         result = nodeCallback;
174                     }
175                 }
176
177                 poco_check_ptr(result);
178
179                 return result;
180     }
181
182     osg::ref_ptr<osg::MatrixTransform> ObjectBasedPerspectiveCorrectionService::getCorrectionTransformNode(osg::ref_ptr<osg::Node> node)
183     {
184                 osg::ref_ptr<osg::MatrixTransform> result = 0;
185
186                 result = _transformNodes[node];
187
188                 return result;
189     }
190
191     void ObjectBasedPerspectiveCorrectionService::setRotationX(osg::ref_ptr<osg::Node> node, int value)
192     {
193                 getNodeCallback(node)->setRotateXSlider(value);
194
195                 PerspectiveCorrectionEvent rotationXChanged(node, PerspectiveCorrectionEvent::EVENT_ROTATION_X_CHANGED);
196                 PerspectiveCorrection::getInstance()->events.notify(this, rotationXChanged);
197     }
198
199     void ObjectBasedPerspectiveCorrectionService::setRotationY(osg::ref_ptr<osg::Node> node, int value)
200     {
201                 getNodeCallback(node)->setRotateYSlider(value);
202
203                 PerspectiveCorrectionEvent rotationYChanged(node, PerspectiveCorrectionEvent::EVENT_ROTATION_Y_CHANGED);
204                 PerspectiveCorrection::getInstance()->events.notify(this, rotationYChanged);
205     }
206
207     int ObjectBasedPerspectiveCorrectionService::getRotationX( osg::ref_ptr<osg::Node> node )
208     {
209                 return getNodeCallback(node)->getRotateXSlider();
210     }
211
212     int ObjectBasedPerspectiveCorrectionService::getRotationY( osg::ref_ptr<osg::Node> node )
213     {
214                 return getNodeCallback(node)->getRotateYSlider();
215     }
216
217     wxCollapsiblePane* ObjectBasedPerspectiveCorrectionService::createAdvancedProperties(wxWindow* parent, wxBoxSizer* sizer)
218     {
219                 _propertiesSection = new ObjectBasedAdvancedProperties(this);
220
221                 return _propertiesSection->createAdvancedProperties(parent, sizer);
222     }
223
224
225     }}} //namespace BiLL::PerspectiveCorrection::ObjectBased
```

Abbildung B-2, Sourcecode: Servicebasiertes Plug-ins zur objekt-basierten perspektivischen Optimierung (OPO) des BildspracheLiveLabs (BiLL) an der Professur Mediengestaltung an der Technische Universität Dresden (2013, vgl. [Groh 2003])

## Anhang B: Schnittstellen und Materialien

### B1.3 KPO-Benutzeroberfläche als Plug-in für BiLL

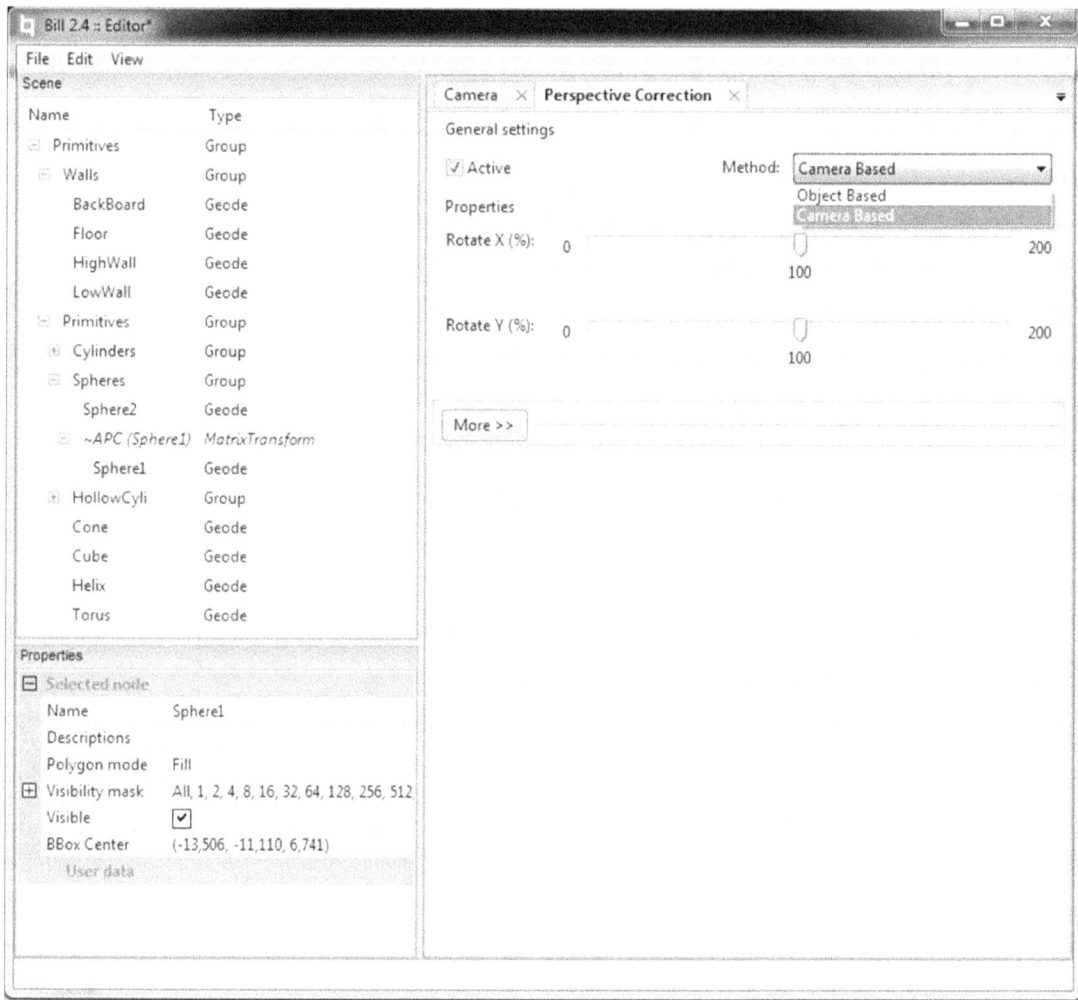

Abbildung B-3, Computergrafik: Benutzeroberfläche des servicebasierten Plug-ins zur kamera-basierten perspektivischen Optimierung (KPO) des BildspracheLiveLabs (BiLL) an der Professur Mediengestaltung an der Technische Universität Dresden (2013, vgl. [Groh 2003]).

### B1.4 KPO-Sourcecode als Plug-in für BiLL

| Zeile | CameraBasedMasterCameraCallback.cpp |
|---|---|
| 1 | // |
| 2 | //Copyright (c) 2009, 2012 |
| 3 | //Technische Universität Dresden |
| 4 | //Fakultät Informatik, Lehrstuhl für Mediengestaltung |
| 5 | //All rights reserved. |
| 6 | // |
| 7 | //The contents of this file may not be disclosed to third parties, |
| 8 | //copied or duplicated in any form, in whole or in part, |
| 9 | // |
| 10 | |
| 11 | |
| 12 | #include "CameraBasedMasterCameraCallback.h" |
| 13 | |
| 14 | |
| 15 | #define M_PI 3.14159265358979323846264338327950288419716939937510 5 |
| 16 | |
| 17 | |
| 18 | namespace BiLL { |
| 19 | namespace PerspectiveCorrection { |
| 20 | namespace CameraBased { |
| 21 | |
| 22 | |
| 23 | CameraBasedMasterCameraCallback::CameraBasedMasterCameraCallback(osg::Camera* MainViewerCamera, osg::Camera* MasterCamera, double ViewAngle) : osg::Camera::DrawCallback(), |
| 24 | _mainViewerCamera(MainViewerCamera), |
| 25 | _masterCamera(MasterCamera), |

## B1 Benutzeroberflächen und Sourcecodes

```cpp
26                          _viewAngle(ViewAngle)
27      {
28      }
29
30      void CameraBasedMasterCameraCallback::operator ()(osg::RenderInfo& renderInfo) const
31      {
32              double _aspect, _fovy, _near, _far;
33              _mainViewerCamera->getProjectionMatrixAsPerspective(_fovy, _aspect, _near, _far);
34              _mainViewerCamera->setProjectionMatrixAsPerspective(_fovy, _aspect, 1.0, 10000.0);
35      }
36
37
38      }}} //namespace Bill::PerspectiveCorrection::CameraBased
```

Zeile  CameraBasedSlaveCameraCallback.cpp

```cpp
1       //
2       //Copyright (c) 2009, 2012
3       //Technische Universität Dresden
4       //Fakultät Informatik, Professur für Mediengestaltung
5       //All rights reserved.
6       //
7       //The contents of this file may not be disclosed to third parties,
8       //copied or duplicated in any form, in whole or in part,
9       //
10
11
12      #include "CameraBasedSlaveCameraCallback.h"
13
14
15      namespace Bill {
16      namespace PerspectiveCorrection {
17      namespace CameraBased {
18
19
20      CameraBasedSlaveCameraCallback::CameraBasedSlaveCameraCallback(osg::Camera* MasterCamera, osg::Camera* CurrentCamera, osg::Node* AssignedObject) : osg::Camera::DrawCallback(),
21                      _masterCamera(MasterCamera),
22                      _currentCamera(CurrentCamera),
23                      _assignedObject(AssignedObject)
24      {
25      }
26
27      void CameraBasedSlaveCameraCallback::operator ()(osg::RenderInfo& renderInfo) const
28      {
29              osg::Vec4d _point4d, _pointInViewport;
30              osg::Vec3d     _eyeM, _centerM, _upM, _newcenterS, _neweyeS, _n, _crosspoint, _sv, _mv;
31              double _distance, _distanceEyeNewcenter, _d, _lambda, _angle, _apertureAngleH;
32              double _left, _right, _bottom, _top, _near, _far, _fovy, _aspect, _nearS;
33
34              _currentCamera->setClearColor(_masterCamera->getClearColor());
35
36              _masterCamera->getProjectionMatrixAsFrustum(_left, _right, _bottom, _top, _near, _far);
37              _masterCamera->getProjectionMatrixAsPerspective(_fovy, _aspect, _near, _far);
38              _currentCamera->setProjectionMatrixAsFrustum(_left, _right, _bottom, _top, _near, _far);
39
40              //Compute the LookAtVector
41              _masterCamera->getViewMatrixAsLookAt(_eyeM, _centerM, _upM);
42              _assignedObject->computeBound();
43              _newcenterS = _assignedObject->getBound()._center;
44
45              _sv             = _eyeM-_newcenterS;
46              _mv = _eyeM-_centerM;
47
48              _angle = osg::RadiansToDegrees(acos((_sv*_mv)/(_sv.length()*_mv.length())));
49
50              _apertureAngleH = (_fovy*_aspect);
51
52              if(_angle < _apertureAngleH/1.5)
53              {
54                      _lambda = sin(pow(osg::DegreesToRadians(_angle),4));
55                      _nearS = (((_lambda)*_near)+_near);
56
57                      _currentCamera->setViewMatrixAsLookAt(_eyeM, _newcenterS, _upM);
58                      _currentCamera->setProjectionMatrixAsFrustum(_left, _right, _bottom, _top, _nearS, _far);
59
60                      //Compute the Translation on the Screen
61                      _point4d.set(_newcenterS.x(),_newcenterS.y(),_newcenterS.z(),1);
62                      _pointInViewport = _point4d * _masterCamera->getViewMatrix() * _masterCamera->getProjectionMatrix();
63
64                      //Normalized DeviceCoordinates results from ClipCoordinates by PerspectiveDivision with w
65                      _pointInViewport.x() = _pointInViewport.x()/_pointInViewport.w();
66                      _pointInViewport.y() = _pointInViewport.y()/_pointInViewport.w();
67                      _pointInViewport.z() = _pointInViewport.z()/_pointInViewport.w();
68                      _pointInViewport.w() = _pointInViewport.w()/_pointInViewport.w();
69
70
71                      int _xb = _pointInViewport.x()*(_masterCamera->getViewport()->width()/2)+(_masterCamera->getViewport()->width()/2);
72                      int _yb = _pointInViewport.y()*(_masterCamera->getViewport()->height()/2)+(_masterCamera->getViewport()->height()/2);
73
74                      _currentCamera->setViewport(0-((_masterCamera->getViewport()->width()/2)-_xb),0-((_masterCamera->getViewport()->height()/2)-_yb),_masterCamera->getViewport()->width(),_masterCamera->getViewport()->height());
75
76              }
77              else
78              {
79                      _currentCamera->setViewport(0,0,1,1);
80              }
81
82      }
83
84
85      }}} //namespace Bill::PerspectiveCorrection::CameraBased
```

Zeile  CameraBasedPerspectiveCorrectionService.cpp

```cpp
1       //
2       //Copyright (c) 2009, 2012
3       //Technische Universität Dresden
4       //Fakultät Informatik, Professur für Mediengestaltung
5       //All rights reserved.
6       //
7       //The contents of this file may not be disclosed to third parties,
8       //copied or duplicated in any form, in whole or in part,
9       //
10
```

## Anhang B: Schnittstellen und Materialien

```cpp
#include "osg/DisplaySettings"
#include "osg/MatrixTransform"
#include "osgGA/TrackballManipulator"

#include "CameraBasedPerspectiveCorrectionService.h"
#include "CameraBasedSlaveCameraCallback.h"
#include "CameraBasedMasterCameraCallback.h"
#include "PerspectiveCorrection.h"
#include "PerspectiveCorrectionEvent.h"
#include "PerspectiveCorrectionBundle.h"
#include "CameraBasedAdvancedProperties.h"

namespace Bill {
namespace PerspectiveCorrection {
namespace CameraBased {

CameraBasedPerspectiveCorrectionService::CameraBasedPerspectiveCorrectionService()
{
    setName("Camera Based");
}

CameraBasedPerspectiveCorrectionService::~CameraBasedPerspectiveCorrectionService()
{
}

bool CameraBasedPerspectiveCorrectionService::canEnable(SceneRepository::Ptr sceneRepository, Viewer::Ptr viewer, osg::ref_ptr<osg::Node> node)
{
    bool result = false;

    //if the selected node is a geode node
    if((node != 0) && (((std::string)node->className()) == "Geode"))
    {
        result = true;
    }

    return result;
}

bool CameraBasedPerspectiveCorrectionService::canDisable(SceneRepository::Ptr sceneRepository, Viewer::Ptr viewer, osg::ref_ptr<osg::Node> node)
{
    return isEnabled(sceneRepository, viewer, node);
}

bool CameraBasedPerspectiveCorrectionService::isEnabled(SceneRepository::Ptr sceneRepository, Viewer::Ptr viewer, osg::ref_ptr<osg::Node> node)
{
    bool result = false;

    if((node != 0) && (((std::string)node->className()) == "Geode"))
    {
        std::string viewName = node->getName();
        ViewMap::const_iterator ci_viewMap = _viewMap.find(viewName);

        if(ci_viewMap != _viewMap.end()) result = true;
    }

    return result;
}

void CameraBasedPerspectiveCorrectionService::enable(SceneRepository::Ptr sceneRepository, Viewer::Ptr viewer, osg::ref_ptr<osg::Node> selectedNode)
{
    if(canEnable(sceneRepository, viewer, selectedNode))
    {
        osg::ref_ptr<osgViewer::View> newView = new osgViewer::View();
        osg::ref_ptr<osg::Camera> newCam = newView->getCamera();

        int inheritanceMask = (osg::Camera::ALL_VARIABLES & ~osg::CullSettings::CULL_MASK);

        //Camera Definitions
        newCam->setGraphicsContext(viewer->getCamera()->getGraphicsContext());
        newCam->setViewport(new osg::Viewport(0,0,viewer->getCamera()->getViewport()->width(),viewer->getCamera()->getViewport()->height()));
        newCam->setClearMask(0);
        newCam->setInheritanceMask(inheritanceMask);
        newCam->setCullingMode(osg::CullSettings::CULL_MASK);
        newCam->setCullMask(0x1);
        newCam->setComputeNearFarMode(osg::CullSettings::DO_NOT_COMPUTE_NEAR_FAR);
        newCam->setDepthSortImpostorSprites(true);
        newCam->setAllowEventFocus(false);

        osg::ref_ptr<CameraBasedSlaveCameraCallback> scc = new CameraBasedSlaveCameraCallback(viewer->getCamera(), newCam.get(), selectedNode.get());
        newCam->setInitialDrawCallback(scc.get());

        //Assign the SceneData to the SlaveCamera
        selectedNode->setNodeMask(0x1);
        newView->setSceneData(selectedNode.get());

        CameraBasedMasterCameraCallback* mcc = new CameraBasedMasterCameraCallback(viewer->getCamera(), viewer->getCamera(), 120);

        sceneRepository->getRootNode()->setNodeMask(0x2);
        viewer->getCamera()->setInitialDrawCallback(mcc);

        viewer->getCamera()->setInheritanceMask(inheritanceMask);
        viewer->getCamera()->setCullingMode(osg::CullSettings::CULL_MASK);
        viewer->getCamera()->setCullMask(0x2);
        viewer->getCamera()->setRenderOrder(osg::Camera::PRE_RENDER);
        viewer->getCamera()->setComputeNearFarMode(osg::CullSettings::DO_NOT_COMPUTE_NEAR_FAR);

        //add the View to the mpViewer
        viewer->addView(newView);

        std::string viewName = selectedNode->getName();
        ViewMap::const_iterator ci_viewMap = _viewMap.find(viewName);

        if(ci_viewMap == _viewMap.end())
        {
            _viewMap[viewName] = newView;
            _nodeMap[viewName] = selectedNode;
        }
    }
    else
    {
        throw Poco::Exception("Perspective correction (camera based) cannot be activated on an invalid node.",1);
    }
}
```

## B1 Benutzeroberflächen und Sourcecodes

```
127
128     void CameraBasedPerspectiveCorrectionService::disable(SceneRepository::Ptr sceneRepository, Viewer::Ptr viewer, osg::ref_ptr<osg::Node> selectedNode)
129     {
130         if((selectedNode != 0) &&
131             (((std::string)selectedNode->className()) == "Geode") &&
132             (canDisable(sceneRepository, viewer, selectedNode)))
133         {
134             std::string viewName(selectedNode->getName());
135
136             ViewMap::const_iterator ci_viewMap = _viewMap.find(viewName);
137             NodeMap::const_iterator ci_nodeMap = _nodeMap.find(viewName);
138
139             if(ci_viewMap != _viewMap.end())
140             {
141                 if(ci_viewMap->second.valid() && ci_nodeMap->second.valid())
142                 {
143                     osg::ref_ptr<osgViewer::View> view = ci_viewMap->second;
144
145                     view->getCamera()->setInitialDrawCallback(0);
146                     viewer->removeView(view);
147                     ci_nodeMap->second->setNodeMask(0x2);
148                     _nodeMap.erase(viewName);
149                     _viewMap.erase(viewName);
150                 }
151             }
152         }
153         }
154         else
155         {
156             throw Poco::Exception("Perspective correction (camera based) cannot be deactivated on an invalid node.",1);
157         }
158     }
159
160     void CameraBasedPerspectiveCorrectionService::setRotationX(osg::ref_ptr<osg::Node> node, int value)
161     {
162         //TODO: Set rotation on node!
163
164         //PerspectiveCorrectionEvent rotationXChanged(node, PerspectiveCorrectionEvent::EVENT_ROTATION_X_CHANGED);
165         //PerspectiveCorrection::getInstance()->events.notify(this, rotationXChanged);
166     }
167
168     void CameraBasedPerspectiveCorrectionService::setRotationY(osg::ref_ptr<osg::Node> node, int value)
169     {
170         //TODO: Set rotation on node!
171
172         //PerspectiveCorrectionEvent rotationYChanged(node, PerspectiveCorrectionEvent::EVENT_ROTATION_Y_CHANGED);
173         //PerspectiveCorrection::getInstance()->events.notify(this, rotationYChanged);
174     }
175
176     int CameraBasedPerspectiveCorrectionService::getRotationX( osg::ref_ptr<osg::Node> node )
177     {
178         //TODO: Get rotation on node!
179
180         return 100;
181     }
182
183     int CameraBasedPerspectiveCorrectionService::getRotationY( osg::ref_ptr<osg::Node> node )
184     {
185         //TODO: Get rotation on node!
186
187         return 100;
188     }
189
190     wxCollapsiblePane* CameraBasedPerspectiveCorrectionService::createAdvancedProperties(wxWindow* parent, wxBoxSizer* sizer)
191     {
192         _propertiesSection = new CameraBasedAdvancedProperties(this);
193
194         return _propertiesSection->createAdvancedProperties(parent, sizer);
195     }
196
197
198     } } } //namespace
```

Abbildung B-4, Sourcecode: Servicebasiertes Plug-ins zur kamera-basierten perspektivischen Optimierung (KPO) des BildspracheLiveLabs (BiLL) an der Professur Mediengestaltung an der Technische Universität Dresden (2013, vgl. [Groh 2003]).

Anhang B: Schnittstellen und Materialien

## B2 Verzerrungstafel

Die nachfolgende Tabelle stellt die Verzerrungswerte von Abbildern zusammen, die durch eine Zentralprojektion von Objekten unter bestimmten räumlichen Relationen vorherrschen (hierbei im Pivotpunkt).

| Kameraöffnungswinkel in Grad | Auslenkungswinkel in Grad | Auslenkungsmaß in rad | Verzerrungswert in % | Bemerkung |
|---|---|---|---|---|
| 0 | 0 | 0 | 100,0% | Keine Verzerrung |
| 5 | 2,5 | 0,04 | 100,1% | |
| 10 | 5 | 0,09 | 100,4% | |
| 15 | 7,5 | 0,13 | 100,9% | |
| 20 | 10 | 0,17 | 101,5% | |
| 25 | 12,5 | 0,22 | 102,4% | |
| 30 | 15 | 0,26 | 103,5% | |
| 35 | 17,5 | 0,31 | 104,9% | |
| 40 | 20 | 0,35 | 106,4% | |
| 45 | 22,5 | 0,39 | 108,2% | |
| 50 | 25 | 0,44 | 110,3% | |
| 55 | 27,5 | 0,48 | 112,7% | |
| 60 | 30 | 0,52 | 115,5% | |
| 65 | 32,5 | 0,57 | 118,6% | |
| 70 | 35 | 0,61 | 122,1% | |
| 71 | 35,5 | 0,62 | 122,8% | Schwelle der bewussten Verzerrung – salient |
| 75 | 37,5 | 0,65 | 126,0% | |
| 80 | 40 | 0,70 | 130,5% | |
| 85 | 42,5 | 0,74 | 135,6% | |
| 90 | 45 | 0,79 | 141,4% | |
| 95 | 47,5 | 0,83 | 148,0% | |
| 100 | 50 | 0,87 | 155,6% | |
| 105 | 52,5 | 0,92 | 164,3% | |
| 110 | 55 | 0,96 | 174,3% | |
| 114 | 57 | 0,99 | 183,6% | Schwelle der störenden Verzerrung – destruktiv |
| 115 | 57,5 | 1,00 | 186,1% | |
| 120 | 60 | 1,05 | 200,0% | |
| 125 | 62,5 | 1,09 | 216,6% | |
| 130 | 65 | 1,13 | 236,6% | |
| 135 | 67,5 | 1,18 | 261,3% | |
| 140 | 70 | 1,22 | 292,4% | |
| 145 | 72,5 | 1,27 | 332,6% | |
| 150 | 75 | 1,31 | 386,4% | |
| 155 | 77,5 | 1,35 | 462,0% | |
| 160 | 80 | 1,40 | 575,9% | |
| 165 | 82,5 | 1,44 | 766,1% | |
| 170 | 85 | 1,48 | 1147,4% | |
| 175 | 87,5 | 1,53 | 2292,6% | |
| 180 | 90 | 1,57 | nicht definiert | Bereich nicht abbildbar |

Tabelle B-1, Auflistung: Kameraöffnungswinkel, Auslenkungswinkel eines Objektes beziehungsweise dem jeweilgen Kameraöffnungswinkel sowie die dem entsprechenden Skalierungsfaktoren/Verzerrungswerte (siehe auch Tabelle 4-5, S. 169).

## B3 Fragebogen, zur Hörsaalstudie

Der nachfolgende Fragebogen ist exemplarisch für die entsprechenden Studien.

**Studie über die Wirkung von Interaktionsbildern**

**Vorbemerkung**

Alle Daten werden anonym erhoben und ausgewertet. Bitte beantworten Sie **jede Frage** durch Ankreuzen **einer** Antwortmöglichkeit! Wenn Sie unsicher sind, kreuzen Sie bitte an, was Ihrer Meinung nach **am ehesten** zutrifft. Beantworten Sie die Fragen so, wie es Ihnen richtig erscheint.

**Vielen Dank für die Teilnahme!**

| Angaben zur Person | | | | |
|---|---|---|---|---|
| A | Bitte kreuzen Sie in der Skizze an, in welchem Teil des Hörsaals Sie sitzen. | B | Geschlecht? | o männlich    o weiblich |
| | [Leinwand] / 1 2 3 / 4 5 6 / 7 8 9 | C | Bitte geben Sie Ihr Alter an. | _____ Jahre |
| | | D | In welchem Studiengang studieren Sie? | o Medieninformatik / o anderer: _____ |
| | | E | Haben Sie bereits eine andere Ausbildung abgeschlossen? | o ja    o nein |
| | | | *Wenn ja*, in welchem Bereich? (z.B. Mediengestalter) | _____ |
| F | Zeichnen oder malen Sie gerne? | | o ja | o nein |
| G | Fotografieren Sie gerne? | o ja, professionell | o ja, hobbymäßig | o nein |
| H | Wie gut kennen Sie sich mit Computergrafik (z.B. Maya, 3D Studio Max) aus? | o gar nicht | o etwas | o gut | o sehr gut |
| I | Spielen Sie gerne Computerspiele? | o ja, eher 2D-Spiele | o ja, eher 3D-Spiele | o nein |
| J | Können Sie räumlich sehen? | | o ja | o nein |
| K | Sind Sie farbenblind? | o ja (Art. _____ ) | | o nein |

| Teil 1 | | | | |
|---|---|---|---|---|
| 1 | Welches Bild würden Sie lieber in Ihre Wohnung hängen? | o links | o rechts | 1 |
| 2 | Welches Bild würden Sie lieber in Ihre Wohnung hängen? | o links | o rechts | 2 |
| 3 | Welches Bild würden Sie lieber in Ihre Wohnung hängen? | o links | o rechts | 3 |
| 4 | Welches Bild würden Sie lieber in Ihre Wohnung hängen? | o links | o rechts | 4 |
| 5 | Welches Bild würden Sie lieber in Ihre Wohnung hängen? | o links | o rechts | 5 |
| 6 | Welches Bild würden Sie lieber in Ihre Wohnung hängen? | o links | o rechts | 6 |
| 7 | Welches Bild würden Sie lieber in Ihre Wohnung hängen? | o links | o rechts | 7 |
| 8 | Welches Bild würden Sie lieber in Ihre Wohnung hängen? | o links | o rechts | 8 |
| 9 | Welches Bild würden Sie lieber in Ihre Wohnung hängen? | o links | o rechts | 9 |

Abbildung B-5, Fragebogen: Seite 1/2, mit Einzelfragen, Material zu Experiment 1 - Präferenz (siehe 7.3, S. 273).

Anhang B: Schnittstellen und Materialien

| | | | | |
|---|---|---|---|---|
| 10 | In welchem Bild wirkt die Tasse näher am Betrachter? | o links | o rechts | 10 |
| 11 | In welchem Bild wirkt die markierte Vase wichtiger? | o links | o rechts | 11 |
| 12 | Auf welchem Bild wirken die Berge näher am Betrachter? | o links | o rechts | 12 |
| 13 | Auf welchem Bild wirken die Berge näher am Betrachter? | o links | o rechts | 13 |
| 14 | Auf welchem Bild wirken die Berge näher am Betrachter? | o links | o rechts | 14 |
| 15 | Auf welchem Bild wirkt die Landschaft im Hintergrund näher am Betrachter? | o links | o rechts | 15 |
| | **Teil 2** | | | |
| 16 | Welches Bild gefällt Ihnen besser? | o links | o rechts | 16 |
| 17 | Welches Bild gefällt Ihnen besser? | o links | o rechts | 17 |
| 18 | Welches Bild gefällt Ihnen besser? | o links | o rechts | 18 |
| 19 | Welches Bild gefällt Ihnen besser? | o links | o rechts | 19 |
| 20 | Auf welchem Bild erscheint der Platz länger? | o links | o rechts | 20 |
| 21 | Auf welchem Bild wirkt die Kirche näher am Betrachter? | o links | o rechts | 21 |
| 22 | Auf welchem Bild wirkt die Kirche stärker geneigt? | o links | o rechts | 22 |
| 23 | Auf welchem Bild erscheint der Platz länger? | o links | o rechts | 23 |

| | | | | | |
|---|---|---|---|---|---|
| | **Teil 3** | | | | |
| 24 | Welche Kugel wirkt näher am Betrachter? | o linke | o mittlere | o rechte | 24 |
| 25 | Welches Bild gefällt Ihnen besser? | | o links | o rechts | 25 |
| 26 | In welchem Bild wirkt die Distanz zwischen den Objekten größer? | | o links | o rechts | 26 |
| 27 | Welche Kugel wirkt näher am Betrachter? | o linke | o mittlere | o rechte | 27 |
| 28 | Auf welchem Bild wirkt die Allee länger? | | o links | o rechts | 28 |
| 29 | In welchem Bild wirkt der Platz im Vordergrund größer? | | o links | o rechts | 29 |
| 30 | Welcher Würfel liegt im Vordergrund? | o rot | o grün | o blau | 30 |
| 31 | Welches Bild ist perspektivisch korrekt? | | o links | o rechts | 31 |
| 32 | Welches Bild gefällt Ihnen besser? | | o links | o rechts | 32 |
| 33 | Welcher Würfel liegt im Vordergrund? | o rot | o blau | o grün | 33 |
| 34 | Welches Bild gefällt Ihnen besser? | | o oben | o unten | 34 |
| 35 | Welcher Würfel liegt im Vordergrund? | o blau | o grün | o rot | 35 |
| 36 | Welches Bild ist perspektivisch korrekt? | | o links | o rechts | 36 |
| 37 | Welcher Würfel liegt im Vordergrund? | o blau | o rot | o grün | 37 |
| 38 | Welches Bild gefällt Ihnen besser? | | o oben | o unten | 38 |
| 39 | Welches Bild gefällt Ihnen besser? | | o oben | o unten | 39 |
| 40 | In welchem Bild wirkt die Kugel perspektivisch korrekt? | | o links | o rechts | 40 |
| 41 | Welcher Würfel liegt im Vordergrund? | o grün | o rot | o blau | 41 |

| | | |
|---|---|---|
| 42 | Worum ging es Ihrer Meinung nach in dieser Befragung? | 42 |
| 43 | Was hat Ihnen an der Befragung gefallen oder nicht gefallen? | 43 |

Abbildung B-6, Fragebogen: Seite 2/2, mit Einzelfragen, Material zu Experiment 1 - Präferenz (siehe 7.3, S. 273).

B4 Raumplan, zur Hörsaalstudie

B4 Raumplan, zur Hörsaalstudie

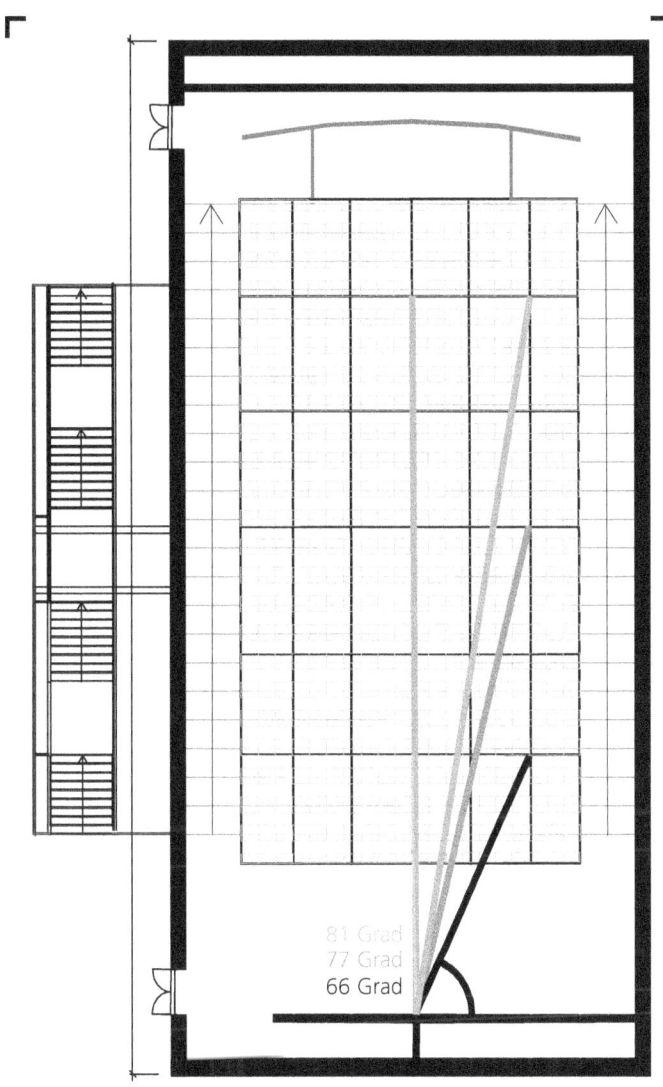

Hoersaalzentrum (HSZ)
Bergstr. 64
4. Obergeschoss (Auszug)

Datenbestand Dezernat 4
IO-Nr.: 1361 (nach [Berthold 2006])

Maße sind am Bau zu entnehmen

Abbildung B-7, Illustration: Versuchsanordnung mit Auszug des Grundrisses vom Hörsaal 4, Bergstr. 64, 4. Obergeschoss, Hörsaalzentrum (HSZ) der Technischen Universität Dresden (nach Plan IO-Nr.: 1361, mit Maßstab 1:200, Format A4, aus dem Datenbestand Dezernat 4 der Verwaltung der Technischen Universität Dresden, Bauzeichner: B. BERTHOLD vom 30.11.2006 (vgl. [Berthold 2006]), Material zu Experiment 1 - Präferenz (siehe 7.3, S. 273).

# Anhang C: Verzeichnisse

## C1 Stichwortverzeichnis

|  |  |
|---|---|
| Aggregatraum | 34 |
| Auge | 52 |
| Augpunkt | 86 |
| Ausrichtung | 166, 210 |
| Bedeutungsperspektive | 21 |
| Bild | 27 |
| Bildebenen | 104 |
| Bildeindruck | 85, 143 |
| Bildfeld | 98 |
| Bildgeometrie | 143 |
| Bildhauerei | 47 |
| Bildrahmen | 92 |
| Bild-Raum/Bildstruktur | 100 |
| Bildwinkel | 107 |
| Binnenperspektive | 19 |
| Blickfeld | 98 |
| Blickwinkel | 108, 205 |
| Bühne | 49, 93 |
| Camera obscura | 54 |
| Computerbild | 49 |
| Distanzpunkte | 103 |
| Fixation | 145, 236 |
| Fotoapparat | 55 |
| Fotografie | 43 |
| Fotorealismus | 118 |
| Gesichtsfeld | 98 |
| Handlungsrichtlinie | 199 |
| Hauptpunkt | 159 |
| Malerei | 32 |
| Mensch | 116 |
| Mensch-Kamera-Modell | 156 |
| Mensch-Kamera-Parameter | 159 |
| Mittelpunkt | 88 |
| Mono-Perspektive | 14 |
| Multi-Perspektive | 15 |
| Multi-Perspektive, diskret | 19, 115 |
| Multi-Perspektive, Klassifizierung | 74 |
| Multi-Perspektive, kontinuierlich | 19, 111 |
| -Off- | 104 |
| Optimierungsverfahren OPO, KPO, BPO | 178, 181, 187 |
| Orientierung | 89 |
| Perspektive | 143 |
| Perspektivkontrast | 163, 168 |
| Prägung | 96, 243 |
| Projekte | A-1, A-2 |
| Projektion | 52, 143 |
| Proportion | 165, 210 |
| Sakkade | 237 |
| Seh- und Distanzkreis | 105 |
| Sehen | 66, 144 |
| Sehen und Kultur | 72 |
| Studien und Experimente | 273, 278, 284 |
| Systemraum | 34 |
| Umgekehrte Perspektive | 21 |
| Visuelle Schnittstelle | 235 |
| Visuelle Wahrnehmung | 65 |
| Wahrnehmungskonformität | 153 |
| Wahrnehmungsprozess | 69 |
| Wahrnehmungsrealismus | 120, 153 |

Anhang C: Verzeichnisse

## C2 Abbildungsverzeichnis

Abbildung 1-1, Dialog: „Sophistes II zur ebenbildnerischen Kunst" von PLATON ([Platon 1990]), fette Hervorhebung entspricht dem Original. Die Unterstreichung markiert einen themenrelevanten Teil des Dialogs. links. ...................0

Abbildung 1-2, Illustration: „A non-linear street scene background for animation" von ANDREW S. GLASSNER ([Glassner 2000, S. 2]). Räumlich-verschränkt wirkende Darstellung (vgl. [Wojdziak 2013]), ‚eher' einem optischen Fluss ähnlich (vgl. [Forsyth 2012]). ...................3

Abbildung 1-3, Computergrafik: Mono-Perspektive aus einer dreidimensionalen Szenengeometrie. Die Szenengeometrie ist einem Hauptpunkt respektive einer geometrischen Mitte untergeordnet ([Franke u. a. 2007, S. 118], [Franke u. a. 2006, S. 316]). ...................5

Abbildung 1-4, Computergrafik: Multi-Perspektive aus einer dreidimensionalen Szenengeometrie, eine gesonderte Binnenperspektive respektive geometrische Mitte für die Frauenkirche, ein Hauptpunkt respektive geometrische Mitte für die restlichen Szenengeometrien ([Franke u. a. 2007, S. 118], [Fröhlich u. a. 2007, Rundumschlag]). ...................5

Abbildung 1-5, Computergrafik: Differenzbild zwischen Mono- und Multi-Perspektive, die rote Markierung stellt die konkrete Differenz der beiden Abbilder dar (vgl. [Franke 2010]). ...................5

Abbildung 1-6, Gemälde: „Ansicht von Dresden - Der Neumarkt von der Moritzstraße aus" von CANALETTO (BERNARDO BELLOTTO, 1750). Räumlich wirkendes Abbild einer Stadtansicht, ein Ausschnitt respektive eine Linearperspektive (vgl. [Groh 2005]). ...................6

Abbildung 1-7, Illustration: Eingrenzung des Forschungsfeldes in Form eines Spannungsdreieckes von Gestaltung, Informatik und Psychologie. ...................7

Abbildung 2-1, Grafik: „Shiva Ram Hanuman Night of Shiva" von SATHYA SAI BABA (2009, [Ratnakaram 2009]). ...................11

Abbildung 2-2, Gemälde: „Der Zyklop" von ODILON REDON (1914), links. ...................13

Abbildung 2-3, Fotografie: „Tin Mask" von ARCHIE LANE (1918), oben. ...................13

Abbildung 2-4, Ausschnitt des Frescos: „Dreifaltigkeit, Trinity in Santa Maria Novella, Florence" von MASACCIO (1428), links. ...................17

Abbildung 2-5, Gemälde: „Frau mit einem Beret" von PABLO PICASSO (1938), rechts. ...................17

Abbildung 2-6, Gemälde: „Un Bar aux Folies-Bergère" von ÉDOUARD MANET (1881-1882), links. ...................18

Abbildung 2-7, Fotografie: „Nicht vergessen 30. November 2013, Platz der Unabhängigkeit in Kiew" von ALEXANDER PEREVOZNYK (2013), rechts. ...................18

Abbildung 2-8, Computergrafik: ‚Mono-Perspektive', die Säulen als auch der Fußboden unterliegen ein und dem gleichen Projektionszentrum. Es liegt ein ‚reiner' Systemraum vor. Kameraöffnungswinkel: 120 ° ([Münch 2008, Teil. DVD]). ...................20

Abbildung 2-9, Computergrafik: ‚Diskrete Multi-Perspektive', die Säulen als auch der Fußboden unterliegen jeweils eigenen geometrischen Zentren. Es liegt ein multi-diskreter Systemraum vor. Kameraöffnungswinkel: 120 ° ([Münch 2008, S. 108]). ...................20

Abbildung 2-10, Computergrafik: ‚Kontinuierliche Multi-Perspektive'. Die Säulen als auch der Fußboden unterliegen keinem konkreten beziehungsweise objektzugeordneten Projektionszentrum. Die hier dargestellte Szene wurde über ‚beliebig' viele Kameras berechnet, mit kreisförmiger Anordnung. Es liegt eine gleichmäßige Abwicklung des Raumes vor. Kameraöffnungswinkel: 120 ° ([Münch 2008, S. 108]). ...................20

Abbildung 2-11, Computergrafik: Ohne Binnenperspektive ([Schreier 2007, S. 41]), links (Studie siehe 7.3). ...................21

Abbildung 2-12, Computergrafik: Mit Binnenperspektive [Schreier 2007, S. 41]), rechts (Studie siehe 7.3). ...................21

Abbildung 2-13, Miniatur: „Das Schachspiel – Markgraf Otto von Brandenburg", eine manessische in der Großen Heidelberger Liederhandschrift ([Manesse 1300 - 1340, germ. 848, Blatt 13r.]). ...................22

Abbildung 2-14, Illustration: Perspektiven am Beispiel des Abbildes eines Würfels – ‚im Auge des Betrachters'. ...................23

Abbildung 2-15, Illustration: Ordnungssystem beziehungsweise Klassifizierungsansatz bezüglich Multi-Perspektiven (nach [Franke 2005a, S. 492]). ...................25

Abbildung 2-16, Fotografie: KALQ-Layout für die englische Sprache zur Texteingabe für mobile Touchgeräte, Darstellung nachbearbeitet (nach [Wissenschafts- und Unternehmenskommunikation der Max-Planck-Gesellschaft zur Förderung der Wissenschaft e. V. 2013a]). ...................28

Abbildung 2-17, Illustration: „Die einfache Methodik des PROGRAMMING, die transparente Entwicklung der Projektinhalte und die Einbindung der Teilnehmer in einen präzise definierten, raschen Projektablauf, schaffen eine Arbeitsatmosphäre, die von Kreativität und sachlicher Projektorientierung geprägt ist. Es entsteht ein Partizipationsschub unter den Teilnehmern, der die PROGRAMMING - Projekte erfolgreich macht." ([Henn 2001, S. 13]). ...................29

Abbildung 2-18, Illustration: „Beispielkarten", „Für einige immer wiederkehrende konzeptionelle Kartentypen können Sie sich einen ‚Fundus' anlegen. Besonders geeignet sind solche Karten auch zum Üben, um sich eine gewisse Routine und Schnelligkeit beim Zeichnen von Programming-Karten anzueignen." ([Henn 2001, S. 22]). ...................30

Abbildung 2-19, Illustrationen: ‚Wissenschaftsähnliche Visualisierungen', der weiblichen Organe und Gefäße, ohne den Magen und ohne Gedärme (links) und des menschlichen Armes, ohne Knochen (rechts). ...................31

Abbildung 2-20, Illustration: „Scenographia systematis mvndani Ptolemaici (cartographic material)", Weltbild der Vergangenheit ([Cellarius 1660]), links. ...................31

Abbildung 2-21, Illustration: „Planck allsky foreground maps", ein aktuelles Teilbild der Welt.", rechts. ...................31

Abbildung 2-22, Gemälde: „Fuge in Rot" von PAUL KLEE (1921), ([Istace 2012]), links. ...................32

Abbildung 2-23, Illustration: „Mobile for Shakespeare, Sonets 53&54" von ROMAN HAUBENSTOCK-RAMATI (1958) in: „Notations", ([Cage 1969, S. 126]), r. ...................32

Abbildung 2-24, Gemälde: „Evangeliar der Äbtissin Ada – Der Evangelist Matthäus" von einem Meister der ADA-Gruppe (um 800), aggregaträumliche Bildstruktur, links. ...................34

Abbildung 2-25, Wandbild: „Bühnenbild zum Bühnenstück von Orestes" (200 n. Chr.), nach pompejischer Art, beinhaltet zentralen Fluchtpunkt (mittig) und einer fischgrätenartigen Linienführung (peripher) mit Horizontlinie ([Tyler 2000, Abb. 1]), rechts. ...................34

Abbildung 2-26, Gemälde: „Dam Square & Town Hall & Nieuwe Kerk, Amsterdam" von VAN DER HEYDEN (1667), ohne Binnenperspektive im Bereich der Kuppel, ‚reine' Projektion, links. ...................36

Abbildung 2-27, Gemälde: „Amsterdam's New Town Hall" von VAN DER HEYDEN (1652), mit Binnenperspektive im Bereich der Kuppel, Multi-Perspektive, rechts. ...................36

Abbildung 2-28, Gemälde: „Renaissance interieurs met eters" von BARTEL VAN BASSEN (1618-1620), systemräumliche Bildstruktur. ...................37

Abbildung 2-29, Gemäldeausschnitt: „Die Gesandten", unter einem Blickwinkel, der der Anamorphose entgegenwirkt bzw. die Verzerrung ‚dekodiert', bearbeitet mittels Rotations- und Scherungsoperationen, links. ...................38

Abbildung 2-30, Gemälde: „Die Gesandten" von HANS HOLBEIN DEM JÜNGEREN (1533). Doppelporträt mit einer Anamorphose, rechts. ...................38

Abbildung 2-31, Illustration: Gegenüberstellung von MultiPerspektive, Zentralprojektion und Anamorphose (nach [Franke und Zavesky 2015]). ...................39

## C2 Abbildungsverzeichnis

Abbildung 2-32, Illustration: Anwendung der Anamorphose am Beispiel der Straßenmarkierung von Richtungspfeilen, lotrechte Draufsicht (oben), aus der Perspektive eines Fahrers (unten)......40
Abbildung 2-33, Gemälde/Collage: „Noya and Bill Brandt with Self Portrait" von DAVID HOCKNEY (1982)......41
Abbildung 2-34, Gemälde/Collage: „The Desk" von DAVID HOCKNEY (1984), links oben......42
Abbildung 2-35, Gemälde/Collage: „Pearblossom Highway" von DAVID HOCKNEY (1986), links mittig......42
Abbildung 2-36, Fotografien: „Brooklyn Bridge" und Gemälde/Collage: „Brooklyn Bridge" von DAVID HOCKNEY (1992), künstlerische Auseinandersetzung, rechts......42
Abbildung 2-37, Fotografie: „Optics, Paintings, and Photography" von MAURICE HENRI PIRENNE (1955), aufgenommen mittels weitwinkliger Einlochkamera, auf dem Dach der Kirche von St. Ignatzio in Rom, klassisches Beispiel einer perspektivischen Verzerrung (vgl. [Pirenne 1970])......43
Abbildung 2-38, Fotografie: „Two Ways of Life" von OSCAR GUSTAVE REJLANDER (1857), eine Fotografie aus 30 Einzelaufnahmen, im Labor ‚komponiert'......44
Abbildung 2-39, Fotografie: „A little spinner in the Mollahan Mills/Child Laborer" von LEWIS HINE (1908), (vgl. Abbildung 5-35, S. 232)......45
Abbildung 2-40, Fotosammlung/Collage: „Fachwerkhäuser" von BERND BECHER und HILLA BECHER (2000, [Becher und Becher 2000]), links......45
Abbildung 2-41, Fotosammlung/Collage: „Gasspeicher" von BERND BECHER und HILLA BECHER (1983-1992, [Becher 1993]), rechts......45
Abbildung 2-42, Fotografie: „Relief des Pergamonaltars" von ENRIQUE VIOLA (2007), dargestellt sind Details des Pergamonaltars, Gigantomachie, Nereus, Doris, Okeanos contra Giganten, aus dem 2. Jh. v. Chr......48
Abbildung 2-43, Fotografie/Collage: „David von MICHELANGELO BUONARROTI DI LODOVICO BUONARROTI SIMONI", aufgenommen vermutlich von RALPH LIEBERMAN (2011), Darstellungen aus drei Richtungen......48
Abbildung 2-44, Illustration: Skizzenhafte Überzeichnung geometrischer Gegebenheiten. Geometrisch-korrekt (links) und wahrnehmungsorientiert (rechts) am Beispiel einer Figur (vergleiche Abbildung 2-43). Proportion und Ausrichtung der Gliedmaßen richten sich nach der ‚idealen Blickposition' (siehe auch Abbildung 5-12, S. 211)......48
Abbildung 2-45, Computergrafik bzw. Gemälde: „Farbversion einer Fotografie mittels ‚stroxel placement'". Die Originalfotografie wird in der oberen rechten Ecke der Abbildung gezeigt (2012, [Deussen u. a. 2012, S. 32])......51
Abbildung 2-46, Gemälde: „Im Café Josty, in Berlin" von PAUL HOENIGER (1890), auf Basis einer fotografischen Vorlage erstellt ([Kaufhold 1986])......56
Abbildung 2-47, Gemälde: „Die Spinnerinnen" von DIEGO RODRÍGUEZ DE SILVA Y VELÁZQUEZ (1657), Bewegungsunschärfe am Beispiel eines sich drehenden Spinnrades......58
Abbildung 2-48, Illustration: Computergrafisches Koordinatensystem mit den räumlichen Achsen: X, Y, Z (links). Die Dimensionen im Handwerk lauten: B x H x T für Breite, Höhe und Tiefe (mittig) und die in den bildenden Künsten: V x H x T für Vertikal, Horizontal und Tiefe (rechts). Alle Bezeichner dienen der Beschreibung von dreidimensionalen Objekten, Dingen oder räumlichen Relationen......60
Abbildung 2-49, Illustration: ‚View Frustum' in der Computergrafik......61
Abbildung 2-50, Illustration: ‚Klassische' Rendering-Pipeline (nach [Angel 1997])......63
Abbildung 2-51, Illustration: ‚Moderne' Grafik-Pipline (nach [Möller u. a. 2008])......64
Abbildung 2-52, Fotografie: „Pattern Box for Eye Prostheses, World War I" von MATTHIAS HIEKEL (2009). Die unterschiedlichen Orientierungen der Augenprothesen in der Schachtel ähneln Fixationen......67
Abbildung 2-53, Abwicklung eines Tonkruges: "Argos Panoptes" von den Meistermalern der Gruppe der AGRIGENTO (ca. 470 - 460 v. Chr.)......73
Abbildung 2-54, Bildkomposition: „Blüte und Verwesung", Autor ist unbekannt (vermutlich aus dem 19. Jh.), rechts......77
Abbildung 2-55, Illustration: Optische Täuschungen, Andeutung von Würfelecken illusionieren beim Betrachter einen Würfel (oben). „Nicht paralleler Geraden" (2004), nach [Gombrich 2004, S. 260]), (unten). Virtuelle, ‚dimensionierte' Objekte, die in der Natur nicht so einfach realisiert werden können, denen eigene gestalterische Gesetze innewohnen, l. ......77
Abbildung 3-1, Illustration: Ordnungsschema der Herstellungsdauer von Bildern versus der Mächtigkeit von bildgebenden Technologien. Die Illustration stellt eine Weiterentwicklung eines Schemas von WALTER BENJAMIN dar (nach [Benjamin 1936])......82
Abbildung 3-2, Auszug aus einer niederländischen Übersetzung des Buches: „Den tweeden boeck van architecturen", SEBASTIANO SERILO, Paris, 1545 ([Serlio 1606, S. 2-3])......87
Abbildung 3-3, Fotografien: „Innenraum der St. Eustache, Paris", unbekannter Fotograf ([Brünig 2011, Kap. 5, S. 3]), Innenraum mit zwei unterschiedlichen Blickrichtungen, bei ‚gleichem' Augpunkt......90
Abbildung 3-4, Fotografien: ‚Haus, das im Bezug zum Bildausschnitt schiefstehend ' (l.o.) versus ‚lotrecht stehend erscheint' (l.u.), in der Filbert Street, San Francisco, Vereinigte Staaten von Amerika, von PATRIK GRYCHTOL und MARIA WINGENS (2010, [Grychtol und Wingens 2010])......90
Abbildung 3-5, Fotografien: Ampelanlage, die vermutlich durch einen Unfall ‚schief gestellt' ist (r.o.) versus vor scheinbar ‚steil ansteigendem' Grund (r.u.), an der Kreuzung von Petscher Str. und Petscher Weg, Osterfeld, Deutschland (12. Oktober 2014)......90
Abbildung 3-6, Fotografie: „Tanzendes Haus, Prag" von FRANK O. GEHRY (1995), links......91
Abbildung 3-7, Fotografie: „Kirchturm St. Clemens" der Stadt Mayen, in der Vulkaneifel (Wiederaufbau 1970, [Schwichtenberg 2012]), rechts......91
Abbildung 3-8, Computergrafik: „Ungerichteter Blick und ungestaltetes Abbild", links ([Schreier 2007, S. 22])......93
Abbildung 3-9, Computergrafik: „Ausgerichteter Blick und komponierte Bildstrukturen", rechts ([Schreier 2007, S. 22])......93
Abbildung 3-10, Illustration: Arbeitsschritte einer Multi-Perspektive ([Schreier 2007, S. 22])......93
Abbildung 3-11, Illustration: „Pause von ‚Egozentrische Raumlineatur'" nach OSKAR SCHLEMMER (1924), mit Sezierung der Bildstrukturen......94
Abbildung 3-12, Illustration: „Pause von ‚Mensch und Kunstfigur'" nach OSKAR SCHLEMMER (1924), mit Sezierung der Bildstrukturen......94
Abbildung 3-13, Illustration: „Kontinuum zwischen Realität und Virtualität – Schnittstelle Bild" von INGMAR FRANKE und FRANZISKA HANNB (2014)......99
Abbildung 3-14, Gemälde: „Stillleben mit Schachbrett" von LUBIN BAUGIN (1630 bis 1640)......100
Abbildung 3-15, Illustration: Kameramodell und Ergebnisbild mit der computergrafisch üblichen Spezifikation eines symmetrischen Sichtkörpers (links), (nach [Franke u. a. 2006, S. 311])......101
Abbildung 3-16, Illustration: Schematische Darstellung eines Kameramodells und Ergebnisbildes mit asymmetrischer Spezifikation, das heißt, einem asymmetrischen Sichtkörper (rechts), (nach [Franke u. a. 2006, S. 312])......101
Abbildung 3-17, Illustration: Verlagerung des Hauptpunktes als „essenzielles Mittel der Bildgestaltung" (nach [Groh u. a. 2009 Tafel 8])......103
Abbildung 3-18, Illustration: Ebenenbezeichnung vom Standpunkt des Betrachters, lotrecht auf eine Bildfläche geschaut. „Perspektive als symbolische Form", hier bivalent zwischen flächiger und räumlicher Wirkung (vgl. [Panofsky 1980b])......105
Abbildung 3-19, Illustration: Projektionsstrahlen bezüglich der Grenzen des Sehkreises beziehungsweise des Distanzkreises (nach [Rehbock 1980])......106

## Anhang C: Verzeichnisse

Abbildung 3-20, Illustration: Abbildungsergebnis mit Markierung bezüglich des Sehkreises und des Distanzkreises. Entsprechend der Lage der abgebildeten Objekte ergeben sich perspektivische Verzerrungen (nach [Rehbock 1980]). ...................107

Abbildung 3-21, Illustration: Bildwinkel (Kameraöffnungswinkel) versus Gesichtsfeld (ruhendes Auge). Der wahrnehmungspsychologische Bildwinkel entspricht dem computergrafischen ‚Field of View' (siehe 2.3.5.4). ...................108

Abbildung 3-22, Illustration: Blickwinkel auf eine Bildebene, lotrecht (links), nicht-lotrecht (rechts). ...................108

Abbildung 3-23, Fotografie: Bibliothek des Celsus, einem antiken Bibliotheksgebäude, in Ephesos, in der Nähe von Selçuk, in der Türkei (16. September 2006). ...................109

Abbildung 3-24, Fotografie: Beschreibung über Besonderheiten in der Konstruktion und zur Bautechnik der Bibliothek des Celsus, einem antiken Bibliotheksgebäude, in Ephesos, in der Nähe von Selçuk, in der Türkei (16. September 2006). ...................110

Abbildung 3-25, Zeichnung: Ansicht, ‚überzeichnete' Kurvaturen, optische Korrekturen eines Tempels ([Breitling 2003], vgl. [Williams Symposium on Classical Architecture und Haselberger 1999]). ...................111

Abbildung 3-26, Illustration: Dorischer Tempel mit ‚Auszeichnung' von Kurvaturen. Es ist nur ein wesentlicher Teil aller bekannten Kurvaturen dargestellt (zweiseitige Illustration). ...................112

Abbildung 3-27, Radierung: „Petersplatz", in Rom von SIMON DITTRICH (1997). ...................114

Abbildung 3-28, Illustration: Optische Täuschung einer ‚durchhängenden' Geraden durch das Fluchten von anderen horizontalen Bildstrukturen, links oben. ...................114

Abbildung 3-29, Illustration: Kompensation der optischen Täuschung durch Verwendung von krummlinigen Gebäudekanten, rechts oben. ...................114

Abbildung 3-30, Fotografie: Orthogonal wirkender Tempelbau am Beispiel der krummlinigen Konstruktion des Parthenon, unten (alle nach [Glassman 2008]). ...................114

Abbildung 3-31, Fotografie: Akropolis mit Blick auf Parthenon aus Richtung des Berges Philopappo von ALEXANDER SAVIN (2013), nachbearbeitet, oben. ...................115

Abbildung 3-32, Illustration: Tektonische Struktur im Bereich einer Ecke eines dorischen Tempels. Darstellung der Lösung des ‚dorischen Eckkonfliktes' ([Müller 1987, S. 154]), links. ...................115

Abbildung 3-33, Illustration: Teil der ‚Steintafel vom Salamis', unbekannter Bildhauer (etwa 300 v. Chr.), mit Maßstäben der antiken griechischen Zivilisation, oben. ...................116

Abbildung 3-34, Illustration: Extrapolation der Maßstäbe nach Abbildung 3-33 in Anlehnung an andere Menschmodelle, wie dem „Vitruvianischen Menschen", rechts. (Beide Abb. nach [Glassman 2008]). ...................116

Abbildung 3-35, Illustration: „Vitruvianischer Mensch" von LEONARDO DA VINCI (um 1490, vgl. [da Vinci 1952]), links o. ...................117

Abbildung 3-36, Illustration: „Modulor" names „Gitterrost der Proportion" von LE CORBUSIER (1942-1955, vgl. [LeCorbusier 1990], [LeCorbusier 1998]), auf der Zahlenkette 2/7/9 beruhend, rechts oben. ...................117

Abbildung 3-37, Illustration: „Big Man" von ERNST NEUFERT (1936, vgl. [Neufert u. a. 2012]), aus Überlegungen zu Maßen vom Menschen bezüglich der Architektur, links. ...................117

Abbildung 3-38, Computergrafik: Eine der ersten fotorealistischen Visualisierungen von Landschaft mit Vegetation von OLIVER DEUSSEN (1999). ...................118

Abbildung 3-39, Computergrafik: Nicht-fotorealistische Visualisierung eines Baumes von OLIVER DEUSSEN (2000). ...................119

Abbildung 3-40, Illustration: Gegenüberstellung von ‚Abbild' (Zentralprojektion) und ‚Ansicht' (Parallelprojektion) und ‚Abwicklung' (Umgekehrte Perspektive). ...................121

Abbildung 3-41, Gemälde: „Ruine Eldena" von CASPER DAVID FRIEDRICH (1825). ...................122

Abbildung 3-42, Fotografie: „Klosterruine in Eldena, in Greifswald" von THOMAS GRUNDNER (2003). ...................122

Abbildung 3-43, Fotografie: „Neue Nationalgalerie" in Berlin, bei Nacht (unbekannter Fotograf, 2013), oben. ...................125

Abbildung 3-44, Fotografie: „Alte Nationalgalerie" in Berlin, bei Nacht (unbekannt Fotograf, 2013), links. ...................125

Abbildung 3-45, Fotografie: „Dresden, Pieschener Hafenbrücke, 8:40 Uhr, 5. Juni 2013" von ANDREAS STAHL (2013), links oben. ...................126

Abbildung 3-46, Fotografie: „Das krumme Häuschen (polnisch: Krzywy Domek)" von ‚SZOTYŃSKI & ZALESKI ARCHITEKTEN' nach Zeichnungen JAN MARCIN SZANCER und PER DAHLENBERG (Urheber der Fotografie unbekannt), r.o. ...................126

Abbildung 3-47, Fotografie: ‚Kirchturm in Vinschgau, im Reschensee, in Südtirol ' von ALEXANDER PICHLER (2012), links mittig. ...................126

Abbildung 3-48, Fotografie: „God's Architect: Antoni Gaudi's glorious vision/He's someone who reinvented the language of architecture." von AMAR TOOR (2013, vgl. [Toor 2013]), Innenraumdecke der Sagrada Familia, in Barcelona, rechts mittig. ...................126

Abbildung 3-49, Gemälde: „Jesus vor dem Rat/Hohen Priester/Caïf" von GIOTTO DI BONDONE (1305, links) und Illustration: ‚Fluchtlinien' von CHRISTOPHER W. TYLOR (2000, rechts, vgl. [Tyler 2000], [Tyler 2011]). ...................127

Abbildung 3-50, Illustration: „Distortion and Corrections" von WILLIAM ROBERT WARE (1878, vgl. [Ware 1878]). ...................129

Abbildung 3-51, Illustration: ‚Flexibles Kameramodell' mithilfe eines flexiblen ‚View Frustrums' (unten) von VOICU POPESCU ET AL. (2009). Es wird ein Abbild (oben links) erzeugt, wie es mit einer normalen Zentralprojektion (oben rechts) nicht möglich wäre (vgl. [Popescu u. a. 2009, S. 158:6]). ...................131

Abbildung 4-1, Illustration: ‚Spannungsfeld zwischen Computergrafik und der Malerei' ([Franke 2006, S. 37], vgl. [Franke u. a. 2005a]). ...................137

Abbildung 4-2, Illustration: Interventionsmöglichkeiten der klassischen Rendering-Pipeline (vgl. [Franke u. a. 2005a], [Franke 2006]). ...................138

Abbildung 4-3, Illustration: Experiment zur visuellen Erkennbarkeit von exzentrisch gelegenen Stimuli. ...................146

Abbildung 4-4, Fotografie: Historische Kopf-Kamera zu Studien im Bereich von „Design und Marketing" (1959), ([Shackel 1960, S. 764]), links. ...................148

Abbildung 4-5, Fotografie: „Apparatur eines Augen-Kopf-Kamerasystems" mit mehreren Kameras und Eye-Tracking (2007, vgl. [Vockeroth 2007]), Fotograf unbekannt, rechts. ...................148

Abbildung 4-6, Illustration: Technischer Aufbau eines hybriden Augen-Kopf-Kamera-systems (2007, [Vockeroth 2007, S. 25]). ...................148

Abbildung 4-7, Videoeinzelbild: Aufzeichnung eines menschlichen Blickes mittels eines Augen-Kopf-Kamerasystems. Abbild der Kopf-Kamera = Bezugssystem, Abbild der Augen-Kamera = Fokus, Blickspot mit Auszeichnung von ‚Wireframes', links (2007, [Vockeroth 2007, DVD]). ...................150

Abbildung 4-8, Videoeinzelbild: Aufzeichnung eines menschlichen Blickes mittels eines Augen-Kopf-Kamerasystems. Abbild der Kopf-Kamera = Bezugssystem, Abbild der Augen-Kamera = Fokus, Blickspot ohne Auszeichnung von ‚Wireframes', rechts oben (2007, [Vockeroth 2007, DVD]). ...................150

Abbildung 4-9, Videoeinzelbild: Aufzeichnung eines menschlichen Blickes mittels eines Augen-Kopf-Kamerasystems. Abbild der Kopf-Kamera = Bezugssystem, Abbild der Augen-Kamera = Fokusbild ohne ‚Wireframes', rechts mittig (2007, [Vockeroth 2007, DVD]). ...................150

Abbildung 4-10, Videoeinzelbild: Aufzeichnung eines menschlichen Blickes mittels eines Augen-Kopf-Kamerasystems. Abbild der Kopf-Kamera = Bezugssystem, Abbild der Augen-Kamera = Radialer Weichzeichner anstelle eines Blickspots, rechts unten (2007, [Vockeroth 2007, S. 44]). ...................150

## C2 Abbildungsverzeichnis

Abbildung 4-11, Illustration: Mensch-Kamera-Modell in verschiedenen Dimensionen betrachtet. ... 158

Abbildung 4-12, Gemälde: „Il Campo di Rialto" von CANALETTO (GIOVANNI ANTONIO CANAL, 1758-63), oben. ... 160

Abbildung 4-13, Illustration: „Sinnbild auf Basis einer Aufmerksamkeitslandschaft" (nach [Katranouschkova 2007, DVD] mit Markierung des Hauptpunktes, der Horizont- und der Sagittallinie) zum Gemälde: „Il Campo di Rialto" von CANALETTO (GIOVANNI ANTONIO CANAL, 1758-63). Bereiche der visuellen Aufmerksamkeit von Betrachtern ergeben sich um den Hauptpunkt, unten (vgl. [Franke u. a. 2008a]). ... 160

Abbildung 4-14, Illustration, Aufsicht von zwei Szenen: Formation von Kugeln (a), Formation von Würfeln, 30 ° eingedreht (b), Vergleich bezüglich der Proportion zentralprojizierter Kugeln (c) und bezüglich der Ausrichtung zentralprojizierter Würfeln (d) und deren jeweilige Optimierung (e) und (f). Die Abbilder (c bis f) ergeben sich unter Verwendung eines symmetrischen Kamera-Öffnungswinkel von 100 ° (vgl. [Franke und Zavesky 2015]). .. 164

Abbildung 4-15, Illustration: Teil des Einheitskreises, zwecks Darstellung des Betrages des Verzerrungsfaktors. ... 168

Abbildung 4-16, Illustration: Abtrag der geometrischen Verzer-rung und Wirkung auf den Menschen, als eingefärbter Graph ... 170

Abbildung 4-17, Illustration: Referenzkarte von Abbildungsergebnissen von Kugeln. Als Abbildungsvorschrift liegt eine Zentralprojektion zugrunde. In Abhängigkeit von der Position der Kugel zur räumlichen Lage der Kamera zeichnen sich die dargestellten Verzerrungen im Abbild der Kugel ab. ... 171

Abbildung 4-18, Illustration: Gegenüberstellung von Mono-Perspektive (links oben und unten) und Multi-Perspektive (r. ebenda), nebst entsprechenden Grundrissen. Die Frauenkirche weist in beiden Darstellungen einen Auslenkungswinkel in Höhe von 45 ° auf. ... 172

Abbildung 4-19, Illustration: Möglicher Arbeitsablauf einer perspektivischen Optimierung in 2D-vektorbasierter Umgebung, wie Adobe® Illustrator® für Vektorgrafiken und Illustrationen. ... 177

Abbildung 4-20, Computergrafiken: Mono- beziehungsweise Multi-Perspektive bezüglich des Abbildungsergebnisses eines Moleküls (links bzw. rechts, [Wuttig 2008, S. 38]), jeweils mit vertikalen Kameraöffnungswinkeln von 120 °. ... 180

Abbildung 4-21, Computergrafik: Mono-Perspektive, unter Verwendung eines Kameraöffnungswinkels von 100 ° abgebildet, l. ... 182

Abbildung 4-22, Computergrafik: Multi-Perspektive, unter Verwendung eines Kameraöffnungswinkels von 100 ° abgebildet, r. ... 182

Abbildung 4-23, Struktogramm: Schritte der perspektivischen Optimierung auf Basis des Objektansatzes (OPO). ... 183

Abbildung 4-24, Illustrationen: Schritte zur objekt-basierten perspektivischen Optimierung (OPO) - Ermittlung der Szenenparameter. Rotation und Scherung des abzubildenden Dialog-Objektes (nach [Franke u. a. 2007]). ... 184

Abbildung 4-25, Fotografien: Konferenzraum mit einer Rück-Projektionsvorrichtung [Schikore u. a. 2000]), bestehend aus 15 Projektoren á 1.280 x 1024 Bildpunkten, oben links und rechts. ... 187

Abbildung 4-26, Illustration: Prinzipskizze des kamera-basierten Ansatzes zur Optimierung der Perspektive (KPO). Für jedes Objekt wird eine Kamera initialisiert. Die optische Achse der jeweiligen Kamera ist dabei direkt auf das entsprechende, abzubildende Objekt gerichtet, ähnlich der Funktionsweise des menschlichen Auges, das nach einer Sakkade eine Fixation vollzieht (siehe 2.4.1.1), links. ... 187

Abbildung 4-27, Struktogramm: Schritte der perspektivischen Optimierung auf Basis des Kameraansatzes (KPO). ... 188

Abbildung 4-28, Illustration: Schritte zur kamera-basierten perspektivischen Optimierung (KPO) - Rotation der Kamera mit Blick direkt auf das Dialog-Objekt. Mit der Rotation nimmt die relative Größe des Abbildes des Objektes ab. Der optische Abstand nimmt zu. Eine Transformation der Slave-Kamera ist angezeigt. ... 190

Abbildung 4-29, Illustration: Indirekte zweidimensionale Skalierung des Abbildes des Objektes durch Translation der Slave-Kamera im dreidimensionalen, virtuellen Raum. Die Kamera wird im Raum auf das abzubildende Objekt zubewegt. Anschließend erfolgen eine Translation des Abbildes der Slave-Kamera zur korrekten Positionierung der Bildstrukturen aller Kameras und das Zusammensetzen zu einem Gesamtbild (siehe Abbildung 4-31). ... 191

Abbildung 4-30, Computergrafik: Visualisierung der Z-Werte einer computergrafischen dreidimensionalen Szene, am Beispiel der Frauenkirche zu Dresden ([Hollmann 2007, S. 73]), rechts. ... 192

Abbildung 4-31, Illustration: Prinzip der Zusammenführung von den einzelnen Abbildungsergebnissen der Slave-Kameras und der Master-Kamera zu einem Bild, unten. ... 192

Abbildung 4-32, Illustration: Differenz zwischen objekt-basierter perspektivischer Optimierung (OPO) und kamera-basierter perspektivischer Optimierung (KPO). ... 196

Abbildung 4-33, Illustration: Betrachter-basiertes Moment (BPO) in Ergänzung zu den Ansätzen objekt-basierte und kamera-basierte perspektivische Optimierung (OPO, KPO). ... 197

Abbildung 4-34, Fotografie: Inszenierung der Orientierung von Schauspielern in einem Theaterstück an der Freien Waldorfschule Dachsberg, von THOMAS BUCHTER (2014). ... 197

Abbildung 4-35, Illustration: Schritte einer möglichen Handlungsrichtlinie für die Erzeugung von wahrnehmungskonformen Bildstrukturen ... 198

Abbildung 4-36, Fotografie: ‚Historische' Bildstrukturen eines Wandbildes, am Beispiel eines Bühnenstückes von Orestes (200 n. Chr., [Tyler 2000, Abb. 1]), o. ... 200

Abbildung 4-37, Videobild: ‚Gegenwärtige' Bildstrukturen, am Beispiel eines Spezialeffektes im Film: „The Matrix" (1999, [Wachowski und Wachowski 1999]), u. ... 200

Abbildung 5-1, Gemälde: ‚ohne Titel' von MARTIN KOBE (2008/09). Gezeigt werden „perspektivische Verschiebungen und widersprüchliche Verschachtelungen, [...] es führen alogische Verschränkungen zur Verunsicherung der Wahrnehmung durch den Betrachter". Die gezeigte Perspektive steht in einer „Opposition" zur Projektion ([Wagner 2007]). ... 204

Abbildung 5-2, Illustration: Schematische Darstellung des Einzugsgebietes des Menschen. ... 205

Abbildung 5-3, Illustration: Projektionsstrahlen mit Projektionszentrum und zwei Bildebenen (nach [Hartley und Zisserman 2003, S. 203]). ... 206

Abbildung 5-4, Fotografien: Multitouch-Wand mit einer zwei-dimensional, flächig wirkenden Visualisierung (Aggregatraum) unter verschiedenen Blickwinkeln betrachtet. Originalblickwinkel in Fotografie (2 v.l.) von RAIMUND DACHSELT (2013, vgl. [Dachselt 2012]), oben. ... 207

Abbildung 5-5, Illustration: Interaktive Multitouch-Wand mit zweidimensional, flächig wirkender Visualisierung (Aggregatraum). Eine visuelle Stabilität ist durch ‚Rahmen' der Einzelbilder gegeben, links. ... 207

Abbildung 5-6, Fotografien: Multitouch-Wand mit einer dreidimensional, räumlich wirkenden Visualisierung (Systemraum) unter verschiedenen Blickwinkeln betrachtet. Originalblickwinkel in Fotografie (2 v.l.) von RAIMUND DACHSELT (2013, vgl. [Dachselt 2012]), oben. ... 207

Abbildung 5-7, Illustrationen: Interaktive Multitouch-Wand mit dreidimensional, räumlich wirkender Visualisierung (Systemraum). Eine visuelle Stabilität ist durch die systemräumliche Bildstruktur gegeben, links. ... 207

Abbildung 5-8, Illustration: Interaktionszonen und -distanzen vs. Blickfeld bezüglich des Interface (siehe 3.2.2). Relationen eines Nutzers vor einer Multitouch-fähigen Wand (nach [Vogel und Balakrishnan 2004, S. 139]). ... 208

# Anhang C: Verzeichnisse

Abbildung 5-9, Illustrationen: Kulissen als Mittel der Optimierung der Perspektive; verzerrt (links), Prinzip (mittig), optimiert (rechts). ([Zavesky 2007, S. 103]). ............................................................................................................................................................................................................. 209

Abbildung 5-10, Illustration: Strahlenverläufe bei der Projektion von Kugeln versus denen von Billboards (nach [Zavesky 2007]). Das Abbild eines Köpers nimmt mehr Fläche auf der Bildebene ein, als sein entsprechendes Billboard. ..................................................................................... 209

Abbildung 5-11, Illustration: ‚Kamera-orientierte Planarskalierung' (nach [Zavesky 2007]), das heißt, Parallelprojektion des Körpers durch ‚Kollabieren' der Tiefen, im lokalen Koordinatensystem des Körpers selbst. Der Körper ist auf eine ebene Fläche reduziert. Das zentralprojizierte Abbild einer orthogonal zur Kamera ausgerichteten Fläche ist frei von projektionsbedingten Verzerrungen. ......................................................................... 210

Abbildung 5-12, Illustration: ‚Starke Überzeichnung' einer geometrischen Manipulation an einer Skulptur/ Plastik in Abhängigkeit des Betrachterstandortes (siehe auch Abbildung 2-44, S. 48). ................................................................................................................................. 211

Abbildung 5-13, Illustration: Gegenüberstellung von Ausrichtung und Proportion. Es ergeben sich verschiedene Abbildungsergebnisse: Mono-Perspektive (oben), Multi-Perspektive von einem Augpunkt aus (mittig), Multi-Perspektive von mehreren Augpunkten aus (unten). .................... 212

Abbildung 5-14, Computergrafiken: Perspektivische Verzerrung des ‚Utah-Teapots', unter Verwendung des Dolly-Zoom-Prinzips, unter verschiedenen Kameraöffnungswinkeln, Angaben in Grad ([Steinicke u. a. 2010b]). ..................................................................................... 214

Abbildung 5-15, Grafik: „High and Low" von MAURITS CORNELIS ESCHER (1947), links. ..................................................................... 216

Abbildung 5-16, Illustration: Verengung und Verjünung durch Zentralprojektion, rechts (vgl. Abbildung 5-10). ........................................ 216

Abbildung 5-17, Computergrafik: Durchdringung durch perspektivische Optimierung. ........................................................................ 217

Abbildung 5-18, Computergrafik: Durchdringungsproblematik am Beispiel des Abbildes eines Verbandes von Kugeln (Ellipsoide) und deren Scherkörper (Parallelepiped). Die Ellipsoide illusionieren in der Perspektive (siehe Abbildung 5-17) Kugeln. In Abhängigkeit der computergrafischen Transformationen ergeben sich Änderungen der räumlichen Relationen. Die Parallelepipede zeigen Überschneidungen. Die räumliche Überlagerung wirkt sich auch auf das Abbild aus. ................................................................................................................................................................................. 218

Abbildung 5-19, Computergrafik: Detailillustration zur Durchdringungsproblematik am Beispiel des Abbildes eines Verbandes von Kugeln (Ellipsoide) und Würfeln (Quader). Die Ellipsoide illusionieren in der Perspektive (siehe Abbildung 5-17) kreisrunde Kugeln. Die Würfel zeigen den umgebenden Raum als dreidimensionales Raster an. In Abhängigkeit der computergrafischen Transformationen auf die entsprechenden Ellipsoiden als Dialog-Objekte ergeben sich Änderungen der räumlichen Relationen. Die Ellipsoide durchbrechen das räumliche Raster. Es entsteht ein ‚Durchdringungsproblem', dem mit zusätzlichen Annahmen, wie ‚Constraints', abgeholfen werden kann (vgl. [Carroll u. a. 2010]). ............................................ 218

Abbildung 5-20, Illustration: Varianten von Baluster (nach [Clason 1904, S. 807]), links. ........................................................................... 219

Abbildung 5-21, Computergrafik: Benutzeroberfläche des OPO-Plug-ins für das BildspracheLiveLab (BiLL), ([Wojdziak 2007, S. 65]) der objekt-basierten perspektivischen Optimierung (vgl. [Franke u. a. 2007]), rechts. ............................................................................................... 219

Abbildung 5-22, Computergrafiken: Bildflächenübergreifende Wechselwirkung von Bildstrukturen. Entwicklung der Wirkung zwischen jeweils linkem und rechtem Bild. ‚Auf welchem Bild ist die Kirche stärker geneigt?' (nach [Schreier 2007, S. 61]). Alle Bilder sind in der ‚inneren' Bildstruktur identisch, darüber treten diese in eine bildstrukturelle Koinzidenz. ......................................................................................................... 221

Abbildung 5-23, Fotografie: „A Royal Navy Sea King Mk4 helicopter from 845 Naval Air Squadronis pictured landing [...]" von PO(PHOT) MEZ MERRILL (Royal Navy, Nördliches Norwegen, 5. März 2013), links. ................................................................................................ 222

Abbildung 5-24, Fotografie: „[...] Two, fly their MH-60S Knighthawk helicopter in white out conditions [...]" von M. JEREMIE YODER (U.S. Navy, Sumatra, Indonesien, 7. Januar 2005), r. ................................................................................................................................. 222

Abbildung 5-25, Illustration: „Redirect Walking" ([Steinicke u. a. 2010a, S. 18]), l. o. ................................................................................. 225

Abbildung 5-26, Gemäldeausschnitt: „Miracolo di Marco Spagnolo, Quadroni di San Carlo" von GIORGIO BONOLA (1681), rechts oben. ............. 225

Abbildung 5-27, Fotografie: „Arbeiten in schwerer See" von MARCELO AREVALO (2009), Hochseegebiet: Ostpazifische Tiefseerücken, u. ........... 225

Abbildung 5-28, Straßenmalerei: „Fishing in Old Shanghai" von KURT WENNER (2007), l. ........................................................................ 226

Abbildung 5-29, Straßenmalerei: „Lava Burst" von EDGAR MÜLLER (2008), rechts. ................................................................................. 226

Abbildung 5-30, Fotografie: Die ‚Flexi-Wall' bietet ein biegsames Interface zwischen Realität und Virtualität ([Franke u. a. 2014, S. 416]), l.o. .... 227

Abbildung 5-31, Fotografie: Das ‚Flexi-Desk' bietet u .a. eine ‚Interaktion auf Zug' von Mathias Müller (2014), rechts oben. ............................. 227

Abbildung 5-32, Fotografie: Der ‚Depth-Touch' bietet u. a. die Tiefeninteraktion in Kombination mit realen Gegenständen (vgl. [Peschke u. a. 2012, S. 770]). ........................................................................................................................................................................................ 227

Abbildung 5-33, Illustration: „Fusion von Farbring und syntaktischen Feldern; qualitativ und quantitativ" ([Groh und Franke 2005, S. 60]). ..... 230

Abbildung 5-34, Illustration: „InteraktionsPotenzial flächiger und räumlicher Art durch den entsprechenden Einsatz von Farben" ([Groh und Franke 2005, S. 61]). ........................................................................................................................................................................... 230

Abbildung 5-35, Grafik: „Baumschatten" von TAMARA KOKIC (2009), langer Schatten eines Kindes, der sich zu einer baumartigen Struktur entwickelt, links (siehe auch Abbildung 2-39). .................................................................................................................................................... 232

Abbildung 5-36, Video-bild: „Nosferatu: A Symphony of Horror" von FRIEDRICH WILHELM MURNAU (1922), ein sich von einer Person gelöster Schatten, der scheinbar eine Treppe hinauf läuft (vgl. [Murnau 1922]), l. ............................................................................................ 232

Abbildung 5-37, Computergrafiken: Abgebildeter Hocker ohne Schatten (links). Der Barhocker steht scheinbar auf dem Fliesenfußboden, könnte aber auch im Raum schweben. Das Abbild ist nicht eindeutig. Versus: Hocker mit Schatten (rechts). Der Barhocker fliegt scheinbar über dem Fliesenfußboden ([Haines u. a. 2001, S. 5]). .................................................................................................................................. 233

Abbildung 5-38, Computergrafik: Schattenwurf perspektivisch optimierter Kugeln (OPO, siehe 4.4.1), Kugeln unverzerrt, Schatten verzerrt. Implikationen für computergrafische Lichtberechnung, links. .............................................................................................................. 233

Abbildung 5-39, Computergrafik: Schattenwurf nicht perspektivisch optimierter Kugeln, Kugeln sind verzerrt, Schatten der Kugeln zeigen sich unverzerrt. Keine Implikation für computergrafische Lichtberechnung, rechts (beide nach [Kammer 2007b, S. 43]). ................................... 233

Abbildung 5-40, Illustration: „A Twinkle in the Eye" von EMILY COOPER (2009), Kontaktlinse als Schnittstelle, l. (vgl. [Parviz und Lingley 2009], [Parviz 2014]). .......................................................................................................................................................................... 235

Abbildung 5-41, Fotografie: „Illumination & Displays" von BABAK PARVIZ und ANDREW LINGLEY (2009, [Parviz und Lingley 2009], vgl. [Parviz 2014]). ....... 235

Abbildung 5-42, Computergrafiken: „Two frames during gaze-contingent viewing [...]" von MURPHY HUNTER und ANDREW T. DUCHOWSKI (2001), lokale Bildauflösung abhängig vom Blick (vgl. [Murphy und Duchowski 2001]), links. .......................................................................... 236

Abbildung 5-43, Computergrafik: „Dasher" von DAVID J. C. MACKAY (vgl. [MacKay 2003a]), rechts. ..................................................... 236

Abbildung 5-44, Computergrafik: ‚Benutzeroberfläche des Sakkaden-Plug-ins des BildspracheLiveLabs' von TOBIAS GÜNTHER (2013, [Günther 2013, S. 67]). .................................................................................................................................................................................... 238

# C2 Abbildungsverzeichnis

Abbildung 5-45, Computergrafiken: Ausschnitte eines Bildschirmes einer Szene mit Objekten, dokumentationsbedingter, vertikaler Kameraöffnungswinkel: 120°, Abbild einer Szene (o.l.), perspektivisch optimiertes Abbild (o.m.), sakkaden-abhängiges, optimiertes Abbild (o.r.), entsprechende Detailvergrößerung (jeweils unten), (nach [Mosch 2010, S. 72]). ...................................................................... 239

Abbildung 5-46, Illustration: „Netzwerke der Nervenbahnen im Gehirn" von BRAM STIELTJES (2011), verfremdet. .................................. 243

Abbildung 6-1, Illustration: ‚Methodik zur Softwareentwicklung mit Forschungsbezug', am Beispiel des BildspracheLiveLabs (BiLL). ............... 253

Abbildung 6-2, Computergrafik: ‚Benutzeroberfläche des Prototyps (1.1)' (2005, [König 2005, S. 41]), zur Visualisierung perspektivischer Manipulationen an dreidimensionalen Objektgeometrien, links oben. ............................................................................... 255

Abbildung 6-3, Computergrafik: ‚Benutzeroberfläche des Prototyps (1.2)' (2005, [König 2005, S. 42]), zur Visualisierung perspektivischer Manipulationen an einfachen geometrischen Szenen, rechts oben. .................................................................................... 255

Abbildung 6-4, Computergrafik: ‚Benutzeroberfläche des Prototyps (1.3)' (2005, [König 2005, S. 42]), zur Überprüfung perspektivischer Verzerrungen an komplexeren geometrischen Szenen, links unten. ................................................................................. 255

Abbildung 6-5, Illustration: ‚Benutzeroberfläche eines Prototypen' (2006, [Franke u. a. 2006]), zur Manipulation der Lage der geometrischen Mitte, Verhältnis der Sichtkörperparameter ($x_{min}$ : $x_{max}$, $y_{min}$ : $y_{max}$) beispielsweise am Goldenen Schnitt abgetragen (a /b = Φ), rechts unten. .......... 255

Abbildung 6-6, Illustration: ‚Zusammenfügen von Teilbildern' (2005, [Schreiber 2005, S. 63]), des kamera-basierten perspektivischen Optimierungsansatzes (KPO, siehe 4.4.2). ............................................................................................................. 256

Abbildung 6-7, Computergrafik: ‚Benutzeroberfläche der EPK-Plug-in's' von MARTIN ZAVESKY (2006, [Zavesky 2006, S. 73]). .......................... 258

Abbildung 6-8, Computergrafik: ‚Benutzeroberfläche des EPK-Plug-ins' von MARTIN ZAVESKY (2007, [Zavesky 2007, S. 76]). ............................ 258

Abbildung 6-9, Computergrafik: ‚Benutzeroberfläche des Editor-Fensters des BildspracheLiveLabs' von DIETRICH KAMMER (2009, [Kammer 2009, S. 2]), links oben. ..................................................................................................................................... 260

Abbildung 6-10, Computergrafik: ‚Benutzeroberfläche des Editor-Fensters des BildspracheLiveLabs' von JAN WOJDZIAK (2007, [Wojdziak 2007, S. 30]), rechts oben. ................................................................................................................................... 260

Abbildung 6-11, Computergrafik: ‚Benutzeroberfläche des BiLL::Viewer-Fenster' von DIETRICH KAMMER (2009, [Kammer 2009, S. 3]). Es wird das Abbild einer dreidimensionalen Szene gezeigt, unten. .............................................................................................. 260

Abbildung 6-12, Illustration: ‚Ebenen-Architektur des Frameworks: BildspracheLiveLab (BiLL) als Komponentendiagramm' von JAN WOJDZIAK ET AL. (2011, nach [Wojdziak u. a. 2011a]). ........................................................................................................... 261

Abbildung 6-13, Illustration: ‚Konzeption einer Mensch-Software-Architektur', am Beispiel des Frameworks BildspracheLiveLab (BiLL). ............. 267

Abbildung 7-1, Illustration: ‚Erstellung der Testbildpaare' (2014, nach [Franke u. a. 2008a]), von mono-perspektivischen Gemälden beziehungsweise von multi-perspektivischen Computergrafiken und Fotografien. ........................................................................ 270

Abbildung 7-2, Illustration: Visualisierung einer aufgezeichneten Blickbewegung über ein Gemälde (siehe auch Abbildung 1-6, S. 6). .............. 272

Abbildung 7-3, Illustration: ‚Gültige Antworten und Verhältnisse der Probandenpräferenz von perspektivischen Bildstrukturen' (2014, nach [Franke u. a. 2008a]), wobei Stimuli Testbildpaare (T1-T14) mit Entscheidung von mono-perspektivischer Bildstruktur (Single) zu multi-perspektivischer Bildstruktur (Multi). Stimuli der Kontrollbildpaare (C1-C3) sind identisch. ............................................... 275

Abbildung 7-4, Fotografie: „EyeFollower™" von LC TECHNOLOGIES, Inc. ([LC Technologies 2009] mit Anwendung „NYAN" von INTERACTIVE MINDS DRESDEN (vgl. [Joos und Weber 2009]). ....................................................................................................... 278

Abbildung 7-5, Illustration: ‚Gültige Antworten (20 Entscheidungen)', Stimuli der Testbildpaare (T1-T14), dabei Entscheidungsverhältnis mono-perspektivische Bildstruktur (Single) zu multi-perspektivischer Bildstruktur (Multi), Stimuli der Kontrollbildpaare (C1-C3) sind identisch. ........ 280

Abbildung 7-6, Illustration: ‚Aufmerksamkeitskarte eines Bildpaares' , das (linke), multi-perspektivische Bild weist im Bereich des abgebildeten Globus höhere Aufmerksamkeitsbindung auf als der gleiche Bildbereich im (rechten) mono-perspektivischen Bild. ............................. 281

Abbildung 7-7, Illustration: Gemitteltes Antwortverhalten der Probanden (über alle 20 Bildpaare, davon 17 Testbildpaare (mono- und muti-perspektivische Bildstruktur), weiterhin 3 Kontrollbildpaare (mit identischen Bildstrukturen) und das entsprechende Blickverhalten über die gesamte Untersuchung hinweg; Angabe von absoluten Präferenzen [A], Angabe über die Fixationshäufigkeit [B], Angabe über die relative Verweildauer, Akkumulation der jeweiligen Fixationen eines Bildes in Sekunden [C], Angabe über die Fixationsdauer in ms [D], Anzeigedauer je Bildpaar: 10 Sekunden. .............................................................................................................................................. 282

Abbildung 7-8, Illustration: Aufmerksamkeitslandschaft als ‚Heatmap', Abtrag der Fixationsdauer, links. ............................................ 283

Abbildung 7-9, Illustration: Aufmerksamkeitslandschaft mittels Überlagerung von ‚Graf und Sichtbarkeit', Abtrag der Fixationsdauer, r. ............ 283

Abbildung 7-10, Computergrafik: Perspektivische Verzerrungen bei einer Zentralprojektion von Würfelfeld (2014), links. ........................... 285

Abbildung 7-11, Computergrafik: Perspektivische Verzerrungen bei einer Zentralprojektion von Kugelfeld (2014) rechts, jeweils Kameraöffnungswinkel von 148°. Beide Abb. nach [Yankova 2007, S. 32]). ............................................................................ 285

Abbildung 7-12, Computergrafik: Auswahl von Stimulivarianten von unterschiedlich projizierten Würfeln (2014), links. ............................. 285

Abbildung 7-13, Computergrafik: Auswahl von Stimulivarianten von unterschiedlich projizierten Kugeln (2014), rechts. Beide Abb. n. [Yankova 2007, S. XXIV]). ......................................................................................................................................... 285

Abbildung 7-14, Fotografie: ‚Personengruppe' mit einem Kameraöffnungswinkel 85°, Brennweite 16 mm, links. ..................................... 285

Abbildung 7-15, Illustration: Stimulusvarianten verzerrte Gesichter, rechts. (Beide Abb. [Yankova 2007, S. 37]). ..................................... 285

Abbildung 7-16, Illustration: ‚Salienz durch bestimmte Kameraöffnungswinkel' (2014, nach [Yankova 2007]), bis 71° (cyan) tolerant gegenüber perspektivischer Verzerrung, Übergangsbereich von 71° bis 114° (zwischen cyan und magenta), ab 114° intolerant gegenüber perspektivischer Verzerrung. ............................................................................................................................................... 288

Abbildung A-1, Illustration: Gegenüberstellung von Exterieurvisualisierungen im Automobildesign (2014, nach [Franke u. a. 2008b], [Groh u. a. 2009]), Zentralprojektion (links) und bezüglich der visuellen Erwartungshaltung des Menschen optimierte Zentralprojektion beziehungsweise Multi-Perspektive (rechts). ................................................................................................................................... A-3

Abbildung A-2, Illustration: ‚Gegenüberstellung von Interieur-Visualisierungen im Rahmen von wahrnehmungsrealistischen virtuellen Trainingsszenarien', mit einer Mono-Perspektive (links) und einer Multi-Perspektive (rechts), (nach [Zavesky u. a. 2010]). ........................... A-3

Abbildung A-3, Computergrafiken: ‚Abbilder von jeweils drei Utah-Teekannen', bei jeweils einem Kameraöffnungswinkel von 120° .............. A-4

Abbildung B-1, Computergrafik: Benutzeroberfläche des servicebasierten Plug-ins zur objekt-basierten perspektivischen Optimierung (OPO) des BildspracheLiveLabs (BiLL) an der Professur Mediengestaltung an der Technische Universität Dresden (2013, vgl. [Groh 2003]). ................... B-1

# Anhang C: Verzeichnisse

Abbildung B-2, Sourcecode: Servicebasiertes Plug-ins zur objekt-basierten perspektivischen Optimierung (OPO) des BildspracheLiveLabs (BiLL) an der Professur Mediengestaltung an der Technische Universität Dresden (2013, vgl. [Groh 2003]).................................................................B-9

Abbildung B-3, Computergrafik: Benutzeroberfläche des servicebasierten Plug-ins zur kamera-basierten perspektivischen Optimierung (KPO) des BildspracheLiveLabs (BiLL) an der Professur Mediengestaltung an der Technische Universität Dresden (2013, vgl. [Groh 2003]). ...................................B-10

Abbildung B-4, Sourcecode: Servicebasiertes Plug-ins zur kamera-basierten perspektivischen Optimierung (KPO) des BildspracheLiveLabs (BiLL) an der Professur Mediengestaltung an der Technische Universität Dresden (2013, vgl. [Groh 2003])...............................................................B-13

Abbildung B-5, Fragebogen: Seite 1/2, mit Einzelfragen, Material zu Experiment 1 - Präferenz (siehe 7.3, S. 273)..........................................................B-15

Abbildung B-6, Fragenbogen: Seite 2/2, mit Einzelfragen, Material zu Experiment 1 - Präferenz (siehe 7.3, S. 273)...........................................................B-16

Abbildung B-7, Illustration: Versuchsanordnung mit Auszug des Grundrisses vom Hörsaal 4, Bergstr. 64, 4. Obergeschoss, Hörsaalzentrum (HSZ) der Technischen Universität Dresden (nach Plan IO-Nr.: 1361, mit Maßstab 1:200, Format A4, aus dem Datenbestand Dezernat 4 der Verwaltung der Technischen Universität Dresden, Bauzeichner: B. BERTHOLD vom 30.11.2006 (vgl. [Berthold 2006]), Material zu Experiment 1 - Präferenz (siehe 7.3, S. 273)............................................B-17

## C3 Tabellenverzeichnis

Tabelle 2-1: Klassifikation möglicher Mono- und Multi-Perspektiven von der Zentralprojektion bis zur Parallelprojektion. .................................................26

Tabelle 2-2: Wahrnehmungsdimensionen beziehungsweise Eigenschaften der Multi-Perspektive und der Anamorphose ([Franke und Zavesky 2015])......40

Tabelle 3-1: Verzeichnis möglicher Sichtkörper mit jeweiligen Ergebnisbildern (a)symmetrischer Spezifikation ([Franke u. a. 2006, S. 313])....................102

Tabelle 4-1: ,Konditionierung' des Menschen in seinem Verhältnis zur Fläche und zum Raum. .............................................................................136

Tabelle 4-2: Legende zur vorherigen Abbildung ........................................................................138

Tabelle 4-3: Gestalterische Potenziale in der Computergrafik (vgl. [Franke u. a. 2005a], [Franke 2006], aktualisierte Fassung). .......................................142

Tabelle 4-4: Visualisierungsergebnisse hinsichtlich der Bildstruktur durch die Manipulation des Hauptpunktes – zentrisch, exzentrisch, auf dem linken Rand, über den linken Rand hinaus (von oben nach unten), ([Ebner 2007, S. 96]).........................................................162

Tabelle 4-5: Kurzfassung der Verzerrungstabelle (für eine detailliertere Fassung siehe Anhang B2, S. B-14).....................................................169

Tabelle 4-6: Illustrationen: Zwei Serien einer computergrafisch visualisierten Szene. Zentralprojektion (links) und Multi-Perspektive (rechts). Für die Multi-Perspektive wurden zwei Augpunkte respektive zwei Hauptpunkte angelegt ([Franke 2007, S. 30–31]).........................................179

Tabelle 6-1: Übersicht über die im BildspracheLiveLab realisierten Plug-ins (Stand: 1. Juli 2014).........................................................................262

Tabelle B-1, Auflistung: Kameraöffnungswinkel, Auslenkungswinkel eines Objektes beziehungsweise dem jeweiligen Kameraöffnungswinkel sowie die dem entsprechenden Skalierungsfaktoren/Verzerrungswerte (siehe auch Tabelle 4-5, S. 169). ...................................................B-14

## C4 Formelverzeichnis

Formel 2-1: Vereinfachte Formulierung der perspektivischen Größe eines abgebildeten Objektes entsprechend einer bestimmten Bildfläche unter Berücksichtigung eines bestimmten Augpunktes (vgl. [Geisler 1994, S. 14]).........................................................14

Formel 2-2: Ortsvektoren: $o_{min}$ und $o_{max}$ des Sichtkörpers des computergrafischen Kameramodells.........................................................62

Formel 2-3: 4x4-Projektionsmatrix: $Matrix_{Zentralprojektion}$ des computergrafischen Kameramodells....................................................62

Formel 3-1: Abbild < Ansicht < Abwicklung (Definition).........................................................120

Formel 4-1: Änderung der Proportion des Abbildes eines Objektes in Abhängigkeit zum Hauptpunkt beziehungsweise der geometrischen Mitte des Bildes bei der Verwendung der Zentralprojektion als Abbildungsvorschrift........................................................165

Formel 4-2: Perspektivkoeffizient in Abhängigkeit von der Proportion und der Ausrichtung eines abzubildenden Objektes.........................................166

Formel 4-3: Perspektivkontrast, die Differenz zwischen zentralprojizierten und einem wahrnehmungskonformen Abbild. .....................................167

Formel 4-4: Vorschrift zur Annäherung an ein wahrnehmungskonformes Bild. .............................167

Formel 4-5: Funktion zur Berechnung des Verzerrungswertes, der sich bei der Verwendung der Zentralprojektion als Abbildungsverfahren ergibt ≙ dem Abschnitt der Funktion des Sekans.........................................................169

Formel 4-6: Berechnung der Rotationswinkel (OPO)..................................................183

Formel 4-7: Berechnung der Scherfaktoren (OPO)....................................................183

Formel 4-8: Matrizen zur Rotation des Objektes (OPO).............................................184

Formel 4-9: Matrix zur Scherung des Objektes (OPO)...............................................184

Formel 4-10: Vorgehen zum ,Halten' der Objektposition............................................185

Formel 4-11: Vorgehen zur ,Berücksichtigung' der Objektausrichtung.........................185

Formel 4-12: Berechnungsvorschrift der objekt-basierten perspektivischen Optimierung (OPO)...186

Formel 4-13: Berechnung der Rotationswinkel (KPO)...............................................189

Formel 4-14: Berechnung des Verschiebungsvektors (KPO)......................................189

Formel 4-15: Matrizen zur Rotation der Slave-Kamera (KPO)....................................189

Formel 4-16: Matrix zur Translation der Slave-Kamera (KPO)...................................189

Formel 4-17: Berechnungsvorschrift der kamera-basierten perspektivischen Optimierung (KPO)...190

Formel 6-1: Goldener Schnitt.................................................................................256

# C5 Literaturverzeichnis

[3ds Max SDK 2013] 3ds Max SDK: Autodesk 3ds Max 2013 SDK Documentation: 3ds Max SDK Programmer's Guide. 2013.
[Accolti 1625] Accolti, P.: *Lo inganno degli occhi, prospettiva pratica.* 1625.
[ACM SIGGRAPH 1974] ACM SIGGRAPH: ACM SIGGRAPH - Webseite. *SIGGRAPH - The Association for Computing Machinery*, 1974.
[Adolphi 2005] Adolphi, C.: *Potenziale von Multilayerdarstellungen im Informationsdesign.* Professur Mediengestaltung, Institut für Software- und Multimediatechnik, Fakultät Informatik, Technische Universität Dresden (Diplomarbeit), Dresden, 2005.
[Agrawala, Zorin und Munzner 2000] Agrawala, M.; Zorin, D. und Munzner, T.: Artistic Multiprojection Rendering. In: *Proceedings of the Eurographics Workshop Rendering Techniques 2000 (26. - 28. Juni 2000, Brno)*, Eurographics Workshop Rendering Techniques 2000, Springer-Verlag, S. 125–136, 2000. (ISBN: 3-211-83535-0)
[Albers 1970] Albers, J.: *Interaction of Color.* Yale University Press, New Haven, London, 1970. (ISBN: 0-300-11595-4)
[Alberti 2002] Alberti, L. B.: *Über die Malkunst = Della pittura.* Wissenschaftliche Buchgesellschaft, Darmstadt, 2002. (ISBN: 978-3-534-15151-6)
[Alexander 1977] Alexander, C.: *A Pattern Language: Towns, Buildings, Construction.* Oxford University Press, New York, 1977. (ISBN: 0-19-501919-9)
[Alexander 1980] Alexander, C.: *The Timeless Way of Building.* Oxford University Press, New York, 1980. (ISBN: 0-19-502248-3)
[Alfano und Michel 1990] Alfano, P. L. und Michel, G. F.: Restricting the Field of View: Perceptual and Performance Effects. *Perceptual and Motor Skills*, 70(1), S. 35–45, 1990.
[Allison, Howard und Zacher 1999] Allison, R. S.; Howard, I. P. und Zacher, J. E.: Effect of Field Size, Head Motion, and Rotational Velocity on Roll Vection and Illusory Self-Tilt in a Tumbling Room. *Perception*, 28(3), S. 299–306, 1999.
[Alsleben 2001] Alsleben, J.: *Netzkunst - Wörter - Buch.* Alsleben, K. (Hrsg.): Edition Kuecocokue (book on demand), Hamburg, 2001. (ISBN: 3-8311-2259-8)
[Anders 2001] Anders, G.: *Erfassung und Verarbeitung digitaler Blickdaten im Cockpit eines Airbus-A330-Flugsimulators.* 1. Auflage, Köster, Berlin, 2001. (ISBN: 3-89574-436-0)
[Anderson 2007] Anderson, C.: *The Long Tail: How Endless Choice is Creating Unlimited Demand.* Random House Business, London, 2007. (ISBN: 978-1-8441-3851-7)
[Anderson 2009] Anderson, C.: *The Longer Long Tail: How Endless Choice is Creating Unlimited Demand.* Random House Business, London, 2009. (ISBN: 1-8479-4036-6)
[Angel 1997] Angel, E.: *Interactive Computer Graphics: a Top-Down Approach with OpenGL.* Addison-Wesley Longman Publishing Co., Boston [u. a.], 1997. (ISBN: 0-201-85571-2)
[Angel 2003] Angel, E.: *Interactive Computer Graphics: a Top-Down Approach with OpenGL.* Addison-Wesley Longman Publishing, Boston [u. a.], 2003. (ISBN: 978-0-321-19044-4)
[Angel und Shreiner 2012] Angel, E. und Shreiner, D.: *Interactive Computer Graphics: A Top-Down Approach with Shader-Based OpenGL.* 6. Auflage, Addison-Wesley, Boston, 2012. (ISBN: 978-0-132-54523-5)
[Angelidis und Singh 2006] Angelidis, A. und Singh, K.: Space Deformations and their Application to Shape Modeling. In: *Proceeding of SIGGRAPH '06 Courses*, ACM Press, New York, S. 10, 2006. (ISBN: 1-59593-364-6)
[Apple Computer, Inc 2001] Apple Computer, Inc: *Learning Cocoa.* 1. Auflage, O'Reilly, Beijing, Sebastopol, 2001. (ISBN: 0-596-00160-6)
[Architectural Science 1969] Architectural Science: Architectural Science Review *Architectural Science Review*, 12(2), S. 53–65, 1969.
[Aristoteles 1987] Aristoteles: *Aristoteles' Physik: Vorlesung über Natur: Griechisch-Deutsch.* Felix Meiner Verlag, Hamburg, 1987. (ISBN: 3-7873-0649-8)
[Aristoteles 1921] Aristoteles: *Über die Dichtkunst: Neue Übersetzung und mit Einleitung und einem erklärenden Namen- und Sachverzeichnis versehen.* Felix Meiner Verlag, 1921.
[Arnheim 1996] Arnheim, R.: *Anschauliches Denken: Zur Einheit von Bild und Begriff.* 7. Auflage, DuMont-Buchverlag, Köln, 1996. (ISBN: 3-7701-3724-8)
[Arnheim 1980] Arnheim, R.: *Die Dynamik der architektonischen Form: Gestützt auf die 1975 an der Cooper Union in New York gehaltenen „Mary Duke Biddle Lectures".* DuMont-Buchverlag, Köln, 1980. (ISBN: 3-7701-1147-8)
[Arnheim 1983] Arnheim, R.: *Die Macht der Mitte: eine Kompositionslehre für die bildenden Künste* DuMont-Buchverlag, Köln, 1983. (ISBN: 3-7701-1459-0)
[Arnheim 2000] Arnheim, R.: *Kunst und Sehen: Eine Psychologie des schöpferischen Auges.* 3. Auflage, Walter de Gruyter, Berlin, New York, 2000. (ISBN: 3-11-016892-8)
[Arnheim 1998] Arnheim, R.: *The Power Of Center: A Study of Composition in the Visual Arts.* The Regents of the University of California, Berkeley, CA., University of California Press, 1998. (ISBN: 0-520-06241-8)
[Arthur 1996] Arthur, K.. Effects of Field of View on Task Performance with Head-Mounted Displays. In: *Proceedings of the Twelfth Annual Symposium on Computational Geometry (FCRC '96, 24. - 26. Mai , 1996, Philadelphia)*, Twelfth Annual Symposium on Computational Geometry (FCRC '96), ACM Press, New York, S. 29–30, 1996. (ISBN: 0-89791-832-0)
[Ashby 1960] Ashby, W. R.: *Design for a Brain; the Origin of Adaptive Behavior.* 2. Auflage, John Wiley & Sons, New York, 1960.
[Asimov 1950] Asimov, I.: *I, Robot.* Gnome Press Publishers, New York, 1950.
[Asmus 2008] Asmus, A.: *Die Farbperspektive der bewegten virtuellen Kamera in interaktiven 3D-Szenen.* Professur Mediengestaltung, Institut für Software- und Multimediatechnik, Fakultät Informatik, Technische Universität Dresden (Diplomarbeit), Dresden, 2008.
[Assmann 2003] Assmann, U.: *Invasive Software Composition.* Springer, Berlin, Heidelber, New York [u. a.], 2003. (ISBN: 3-540-44385-1)
[Aubert 2007] Aubert, H.: *Physiologie der Netzhaut.* 1. Auflage, Krosigk, E. von (Hrsg.): VDM Verlag Dr. Müller, Saarbrücken, 2007. (ISBN: 978-3-8364-1153-0)
[Averl 1966] Averl, A.: *Filarete's Treatise on Architecture.* Spencer, J. (Hrsg.): New Haven, Conn., 1966.
[Baatz 2002] Baatz, W.: *Geschichte der Fotografie.* 3. Auflage, DuMont-Buchverlag, Köln, 2002. (ISBN: 3-8321-3616-9)
[Baddeley 2009] Baddeley, A. D.: Amnesia. In: Baddeley, A. D.; Eysenck, M. W. und Anderson, M. C. (Hrsg.): *Memory*, Psychology Press, New York, S. 245–265, 2009. (ISBN: 978-1-84872-001-5)
[Bahill, Adler und Stark 1975] Bahill, A. T.; Adler, D. und Stark, L.: Most Naturally Occurring Human Saccades have Magnitudes of 15 Degrees or Less. *Investigative Ophthalmology & Visual Science*, 14(6), S. 468–469, 1975.
[Ballendat, Marquardt und Greenberg 2010] Ballendat, T.; Marquardt, N. und Greenberg, S.: Proxemic Interaction: Designing for a Proximity and Orientation-Aware Environment. In: ACM Press, New York, S. 121, 2010. (ISBN: 978-1-450-30399-6)

## Anhang C: Verzeichnisse

[Baloh, Sills, Kumley und Honrubia 1975] Baloh, R. W.; Sills, A. W.; Kumley, W. E. und Honrubia, V.: Quantitative Measurement of Saccade Amplitude, Duration, and Velocity. *Neurology*, 25(11), S. 1065–1065, 1975.

[Baltrušaitis 1984] Baltrušaitis, J.: *Anamorphoses : Ou Thaumaturgus Opticus*. 3. Auflage, Flammarion, Paris, 1984. (ISBN: 2-08-012604-0)

[Balzer, Deussen und Lewerentz 2005] Balzer, M.; Deussen, O. und Lewerentz, C.: Voronoi Treemaps for the Visualization of Software Metrics. In: Spencer, S. N. (Hrsg.): *Proceedings of ACM Symposium on Software Visualization (SoftVis '05, 14. - 15. Mai 2005, St. Louis)*, ACM Symposium on Software Visualization (SoftVis '05), ACM Press, New York, S. 165, 2005. (ISBN: 1-59593-073-6)

[Bankel 1999] Bankel, H.: Scamilli inpares at an Early Hellenistic Ionic Propylon at Knidos: New Evidence for the Construction of a Curvature. In: Williams Symposium on Classical Architecture (Hrsg.): *Appearance and Essence: Refinements of Classical Architecture - Curvature: Proceedings of the Second Williams Symposium on Classical Architecture held at the University of Pennsylvania (2. -4. April 1993, Philadelphia)*, Museum Monograph, University of Pennsylvania, Museum of Archaeology and Anthropology, University Museum, University of Pennsylvania, Philadelphia, S. 127–138, 1999. (ISBN: 0-924171-76-6)

[Bankel 2009] Bankel, H.: Versatzmarken am Propylon des Heiligtums für Apollon Karneios in Knidos. In: Bachmann, M. (Hrsg.): *Bautechnik im antiken und vorantiken Kleinasien: Internationale Konferenz (13. - 16. Juni 2007, Istanbul)*, Byzas, Ege Yayınları, Taksim, Istanbul, Ege Yayınları, 2009. (ISBN: 978-975-807-223-1)

[Barfield, Lim und Rosenberg 1990] Barfield, W.; Lim, R. und Rosenberg, C.: Visual Enhancements and Geometric Field of View as Factors in the Design of a Three-Dimensional Perspective Display. *Proceedings of the Human Factors and Ergonomics Society Annual Meeting (HFES'90, 22. - 26. September 1990, Orlando)*, 34(19), S. 1470–1473, 1990.

[Barkowsky 2002] Barkowsky, T.: *Mental Representation and Processing of Geographic Knowledge: A Computational Approach*. Springer-Verlag, Berlin, New York [u. a.], 2002. (ISBN: 3-540-00216-2)

[Barredo, Calleja, Nieto, Hinarejos, Laurent, de Parga, Farías und Miranda 2008] Barredo, D.; Calleja, F.; Nieto, P.; Hinarejos, J. J.; Laurent, G.; de Parga, A. L. V.; Farías, D. und Miranda, R.: A Quantum-Stabilized Mirror for Atoms. *Advanced Materials*, 20(18), S. 3492–3497, 2008.

[Barth 2009] Barth, E.: *Konzeption und Realisierung einer kontextsensitiven Perspektivkorrektur auf Basis der erweiterten perspektivischen Korrektur*. Professur Mediengestaltung, Institut für Software- und Multimediatechnik, Fakultät Informatik, Technische Universität Dresden (Diplomarbeit), Dresden, 2009.

[Barthes 1990] Barthes, R.: Die Fotografie als Botschaft. In: Barthes, R. (Hrsg.): *3. Teil - Der entgegenkommende und der stumpfe Sinn (L'obvie et l'obtus)*, Suhrkamp, Frankfurt am Main, 1990. (ISBN: 978-3-518-11367-7)

[Bärtschi 1981] Bärtschi, W. A.: *Linearperspektive - Geschichte, Konstruktionsanleitung und Erscheinungsformen in Umwelt und bildender Kunst - Perspektive I*. 3. Auflage, Otto Maier Verlag, Ravensburg, 1981. (ISBN: 978-3-528-08864-4)

[Bates, Richard, Oosthuizen und Majaranta 2005] Bates, R.; Richard, H.; Oosthuizen, L. und Majaranta, P.: D2.1 Survey of De-Facto Standards in Eye Tracking. Communication by Gaze Interaction (COGAIN), IST-2003-511598. De Montfort University 2005.

[Bätzner 2008] Bätzner, N.: *Blickmaschinen: Museum für Gegenwartskunst Siegen, 23. November 2008 - 10. Mai 2009, Mücsarnok Kunsthalle Budapest, 19. Juni - 30. August 2009, Centro Andaluz de Arte Contemporáneo Sevilla, 17. September – 22. November 2009, [... anlässlich der Ausstellung "Blickmaschinen Oder Wie Bilder Entstehen. Die Zeitgenössische Kunst Schaut auf die Sammlung Werner Nekes]*. DuMont-Buchverlag, Köln, 2008. (ISBN: 978-3-8321-9186-3)

[Bau und Mackay 2008] Bau, O. und Mackay, W. E.: OctoPocus: A Dynamic Guide for Learning Gesture-Based Command Sets. In: *Proceedings of the 21st Annual ACM Symposium on User Interface Software and Technology (UIST 2008, 19. - 22. Oktober 2008, Monterey)*, 21st Annual ACM Symposium on User Interface Software and Technology (UIST 2008), ACM Press, New York, S. 37–46, 2008. (ISBN: 978-1-595-93975-3)

[Bauer 2013] Bauer, V.: Caspar David Friedrich: „Ruine Eldena" – Ein ungleiches Paar (1825). *Mahagoni - Magazin für Stil, Lebensart und Kultur*, 2013.

[Bäumer, Riehle, Siberski und Wulf 1997] Bäumer, D.; Riehle, D.; Siberski, W. und Wulf, M.: The Role Object Pattern. Washington University, Department of Computer Science 1997.

[Bautsch 2014] Bautsch, M.: Digitale bildgebende Verfahren: Allgemeine Bildeigenschaften. In: *Wikibooks, Sammlung freier Lehr-, Sach- und Fachbücher.*, Wikimedia Foundation, San Francisco, 2014.

[Bayarri 1995] Bayarri, S.: Computing Non-Planar Perspectives in Real Time. *Computers & Graphics*, 19(3), S. 431–440, 1995.

[Becher, Becher und Götz 1977] Becher, H. und Götz, A.: *Typologien industrieller Bauten: 1963 - 1975: XIV Bienal Internacional de Sao Paulo 1977*. 1. Auflage, Cantz'sche Druckerei, Stuttgart, 1977.

[Bederson, Shneiderman und Wattenberg 2002] Bederson, B. B.; Shneiderman, B. und Wattenberg, M.: Ordered and Quantum Treemaps: Making Effective Use of 2D Space to Display Hierarchies. *Journal of the ACM Transactions on Graphics (TOG)*, 21(4), S. 833–854, 2002.

[Bederson und Shneiderman 2003] Bederson, B. und Shneiderman, B.: *The Craft of Information Visualization: Readings and Reflections*. Morgan Kaufmann, Amsterdam, London, Boston, 2003. (ISBN: 1-55860-915-6)

[Behrens, MacKeben und Schröder-Preikschat 2010] Behrens, F.; MacKeben, M. und Schröder-Preikschat, W.: An Improved Algorithm for Automatic Detection of Saccades in Eye Movement Data and for Calculating Saccade Parameters. *Behavior Research Methods*, 42(3), S. 701–708, 2010.

[Bender und Brill 2003] Bender, M. und Brill, M.: *Computergrafik: Ein anwendungsorientiertes Lehrbuch*. 1. Auflage, Hanser, München, Wien, 2003. (ISBN: 3-446-40434-1)

[Bendin 2010] Bendin, E.: *Zur Farbenlehre Studien - Modelle - Texte*. Die Verlagsgesellschaft, Dresden, 2010. (ISBN: 978-3-940418-42-5)

[Berlit, Diener und Weimar 2005] Berlit, P.-D.; Diener, H.-C. und Weimar, C.: *Leitlinien für Diagnostik und Therapie in der Neurologie*. 3. Auflage, Thieme, Stuttgart, 2005. (ISBN: 3-13-132413-9)

[Bernhard 2005] Bernhard, E. M.: *Kunst als Kapitalanlage: Kunstmarktfonds als Verbindung zwischen Kunst- und Kapitalmärkten* Deutscher Universitäts-Verlag, Wiesbaden 2005.

[Berrie 2012] Berrie, B. H.: Rethinking the History of Artists' Pigments Through Chemical Analysis. *Annual Review of Analytical Chemistry*, 5(1), S. 441–459, 2012.

[Berthold 2006] Berthold, B.: Grundriss des 4. Obergeschosses des Hörsaalzentrums der Technischen Universität Dresden, in der Bergstr. 64, Dresden. Technische Universität Dresden, Dresden 2006.

[Bertin 1974] Bertin, J.: *Graphische Semiologie. Diagramme, Netze, Karten*. 2. Auflage, Walther de Gruyter, Berlin, 1974. (ISBN: 3-11-003660-6)

[Bethel, Bass, Clay, Hook, Jones, Sowizral und van Dam 1999] Bethel, W.; Bass, C.; Clay, S. R.; Hook, B.; Jones, M. T.; Sowizral, H. und van Dam, A.: Scene Graph APIs: Wired or Tired? In: *Proceedings of the 26th International Conference on Computer Graphics and Interactive Techniques (SIGGRAPH'99 , 8. -*

## C5 Literaturverzeichnis

*13. August 2008, Los Angeles)*, 26th International Conference on Computer Graphics and Interactive Techniques (SIGGRAPH'99), ACM Press, New York, S. 136–138, 1999. (ISBN: 1-58113-103-8)

[Bichlmeier, Wimmer, Heining und Navab 2007] Bichlmeier, C.; Wimmer, F.; Heining, S. M. und Navab, N.: Contextual Anatomic Mimesis Hybrid In-Situ Visualization Method for Improving Multi-Sensory Depth Perception in Medical Augmented Reality. In: *Proceedings of the 6th IEEE and ACM International Symposium on Mixed and Augmented Reality 2007 (ISMAR 2007, 13. - 16. November 2007, Nara)*, 6th IEEE and ACM International Symposium on Mixed and Augmented Reality 2007 (ISMAR 2007), IEEE, Piscataway, S. 1–10, 2007. (ISBN: 978-1-4244-1749-0)

[Biederman 1987] Biederman, I.: Recognition-By-Components: a Theory of Human Image Understanding. *Psychological Review*, 94(2), S. 115–147, 1987.

[Bimber und Raskar 2006] Bimber, O. und Raskar, R.: Modern Approaches to Augmented Reality. In: *Proceedings of the SIGGRAPH '07 ACM SIGGRAPH 2007 Courses*, ACM Special Interest Group on Computer Graphics and Interactive Techniques, ACM Press, New York, S. 1, 2006. (ISBN: 1-59593-364-6)

[Bischof und Scheerer 1970] Bischof, N. und Scheerer, E.: Systemanalyse der optisch-vestibulären Interaktion bei der Wahrnehmung der Vertikalen. *Psychologische Forschung*, 34(2), S. 99–181, 1970.

[Blanchette 2006] Blanchette, J.: *C++ GUI Programming with Qt4*. 2. Auflage, Pearson Hall in Association with Trolltech Press, Upper Saddle River, NJ: Prentice Hall, 2006. (ISBN: 0-13-187249-4)

[Blanz, Tarr, Bülthoff und Vetter 1999] Blanz, V.; Tarr, M. J.; Bülthoff, H. H. und Vetter, T.: What Object Attributes Determine Canonical Views? *Perception*, London, 28(5), S. 575–600, 1999.

[Blinn 1988] Blinn, J.: Where am I? What am I looking at? (Cinematography). *IEEE Computer Graphics and Applications*, 8(4), S. 76–81, 1988.

[Blümel, Hintze, Schulz, Schumann und Stüring 2003] Blümel, E.; Hintze, A.; Schulz, T.; Schumann, M. und Stüring, S.: Perspectives on Simulation in Education and Training: Virtual Environments for the Training of Maintenance and Service Tasks. In: *Proceedings of the 35th Conference on Winter Simulation: Driving Innovation (WSC '03, 7. - 10. Dezember 2003, New Orleans)*, WSC '03, 35th Conference on Winter Simulation: Driving Innovation (WSC '03), ACM Press, New Orleans, Louisiana, S. 2001–2007, 2003. (ISBN: 0-7803-8132-7)

[Bockholt, Vogel, Herold, Schreiber und Voth 2011] Bockholt, U.; Vogel, U.; Herold, R.; Schreiber, P. und Voth, S.: Bi-Directional OLED Microdisplay for See-Through HMD. In: *Proceedings of Mixed and Augmented Reality - Arts, Media, and Humanities (ISMAR-AMH, 26. - 29. Oktober 2011, Basel)*, Mixed and Augmented Reality - Arts, Media, and Humanities (ISMAR-AMH), IEEE, Basel, S. 1–1, 2011. (ISBN: 978-1-4673-0057-5)

[Boehm 1988] Boehm, B. W.: A Spiral Model of Software Development and Enhancement. *Computer*, 21(5), S. 61–72, 1988.

[Boehm und Rombach 2005] Boehm, B. W. und Rombach, H. D.: *Foundations of Empirical Software Engineering: The Legacy of Victor R. Basili*. Boehm, B. W. (Hrsg.): Springer-Verlag, Berlin, New York [u. a.], 2005. (ISBN: 3-540-24547-2)

[Bohnacker, Gross und Laub 2009] Bohnacker, H.; Gross, B. und Laub, J.: *Generative Gestaltung: Entwerfen, Programmieren, Visualisieren - mit Processing*. Lazzeroni, C. (Hrsg.): Schmidt, Mainz, 2009. (ISBN: 3-87439-759-9)

[Bollhoefer, Meyer und Witzsche 2009] Bollhoefer, K. W.; Meyer, K. und Witzsche, R.: Microsoft Surface und das Natural User Interface (NUI). pixelpark (White Paper) 2009.

[Bonati und Csermely 2011] Bonati, B. und Csermely, D.: Complementary Lateralisation in the Exploratory and Predatory Behaviour of the Common Wall Lizard (Podarcis muralis). *Laterality: Asymmetries of Body, Brain and Cognition*, 16(4), S. 462–470, 2011.

[Bornschein 2010] Bornschein, J.: *Visualisierung komplexer Datenstrukturen in einer CAVE am Beispiel von Graphen*. Professur Mediengestaltung, Institut für Software- und Multimediatechnik, Fakultät Informatik, Technische Universität Dresden (Diplomarbeit), Dresden, 2010.

[Borsi 1983] Borsi, F.: *Gian Lorenzo Bernini, Architekt: das Gesamtwerk*. Belser, Stuttgart, Zürich [u. a.], 1983. (ISBN: 3-7630-1758-5)

[Bowman 1968] Bowman, W. J.: *Graphic Communication*. Wiley, New York, 1968. (ISBN: 0-471-09290-8)

[Brandstätter 2004] Brandstätter, U.: *Bildende Kunst und Musik im Dialog: Ästhetische, zeichentheoretische und wahrnehmungspsychologische Überlegungen zu einem kunstspartenübergreifenden Konzept ästhetischer Bildung*. Wißner, Augsburg, 2004. (ISBN: 3-89639-431-2)

[Bredekamp 1975] Bredekamp, H.: *Kunst als Medium sozialer Konflikte: Bilderkämpfe von der Spätantike bis zur Hussitenrevolution*. 1. Auflage, Suhrkamp, Frankfurt am Main, 1975. (ISBN: 3-518-00763-7)

[Breitling 2003] Breitling, S.: Bauformen und Baustile - Bauformen in der Griechischen Antike (Veranstaltungs-Dokumentation). 2003.

[Bresnahan, Gasser, Abaravichyus, Brisson und Walterman 2003] Bresnahan, G.; Gasser, R.; Abaravichyus, A.; Brisson, E. und Walterman, M.: Building a Large Scale, High-Resolution, Tiled, Rear Projected, Passive Stereo Display System Based on Commodity Components. In: *Proceedings of Stereoscopic Displays and Virtual Reality Systems X (21. - 24. Januar 2003, Santa Clara)*, SPIE, International Society for Optical Engineering (ISSN: 0038-7355), Stereoscopic Displays and Virtual Reality Systems X (21. - 24. Januar 2003, Santa Clara), Bellingham, S. 622, 2003. (ISBN: 0-8194-4806-0)

[Breysig 1993] Breysig, J. A.: *In blauer Ferne. Von der Kulissenbühne zum Königsberger panoramischen Theater: Schriften zur Bühnenreform von Johann Adam Breysig (1766-1831)*. Krengel-Strudthoff, I. und Rudin, B. (Hrsg.): Harrassowitz, Wiesbaden, 1993. (ISBN: 3-447-03386-X)

[Breysig 1806] Breysig, J. A.: *Neue Skizzen, oder Phantasien, Gedanken, Studien, Entwürfe ... bildende Künste und Bauhandwerk betreffend* Danzig, 1806.

[Bridgeman, Hendry und Stark 1975] Bridgeman, B.; Hendry, D. und Stark, L.: Failure to Detect Displacement of the Visual World During Saccadic Eye Movements. *Vision Research, Pergamon Press*, 15(6), S. 719–722, 1975.

[Brosz, Carpendale, Samavati, Wang und Dunning 2009] Brosz, J.; Carpendale, S.; Samavati, F.; Wang, H. und Dunning, A.: Art and Nonlinear Projection. *Proceedings of Bridges 2009: Mathematical Connections in Mathematical Connections in Art, Music, and Science (26. - 29. Juli 2009, Banff).*, 86, S. 105–114, 2009.

[Browne 1927] Browne, A. D.: *Architecture, V.* 1927.

[Brügge und Dutoit 2004] Brügge, B. und Dutoit, A. H.: *Objektorientierte Softwaretechnik mit UML, Entwurfsmustern und Java*. Pearson Studium, München Boston [u. a.], 2004. (ISBN: 3-8273-7082-5)

[Brugger 1995] Brugger, R.: *Professionelle Bildgestaltung in der 3D-Computergrafik: Grundlagen und Prinzipien für eine ausdrucksstarke Computervisualisierung*. 1. Auflage, Addison-Wesley, Bonn, Paris [u. a.], 1995. (ISBN: 3-89319-706-0)

[Brünig 2011] Brünig, R.: *Das Fotografische Zeichen - Aufbereitung eines Kurses im Rahmen des Projektes: Übergang Schule - Hochschule mit Unterstützung Internet-basierter E-Learning-Tools (UnlbELT)*. Friedrich, S. (Hrsg.): Arbeitsgruppe Didaktik der Informatik / Lehrerbildung, Institut für Software- und Multimediatechnik, Fakultät Informatik, Technische Universität Dresden 2011.

[Brusatin 2003] Brusatin, M.: *Geschichte der Linien*. 1. Auflage, Diaphanes, Berlin, 2003. (ISBN: 3-935300-18-2)

[Bryson 2001] Bryson, N.: *Das Sehen und die Malerei: die Logik des Blicks*. Fink, München, 2001. (ISBN: 3-7705-3369-0)

## Anhang C: Verzeichnisse

[Burckhardt 2012] Burckhardt, L.: *Design ist unsichtbar: Entwurf, Gesellschaft & Pädagogik*. Blumenthal, S. und Schmitz, M. (Hrsg.): Martin Schmitz, Berlin, 2012. (ISBN: 978-3-927795-61-7)

[Burns und Osfield 2004] Burns, D. und Osfield, R.: Open Scene Graph: A Introduction Tutorial: Open Scene Graph B: Examples and Applications. In: *Proceedings of the Virtual Reality, 2004 (VR'04, 27.-31. März 2004, Chicago)*, Virtual Reality, 2004 (VR'04), IEEE, Chicago, Illinois, S. 265–265, 2004. (ISBN: 0-7803-8415-6)

[Buschmann 1996] Buschmann, F.: *Pattern-Oriented Software Architecture : A System of Patterns*. Wiley, Chichester, New York [u. a.], 1996. (ISBN: 0-471-95869-7)

[Büttner 2005] Büttner, F.: Der Blick auf das Bild. Betrachter und Perspektive in der Renaissance. In: Neumann, M. (Hrsg.): *Anblick, Augenblick - Ein interdisziplinäres Symposion (18.-20. Juli 2002, an der Katholischen Universität Eichstätt)*, Königshausen & Neumann, Würzburg, S. 131–163, 2005. (ISBN: 978-3-8260-2807-6)

[Büttner 2006] Büttner, F.: Rezension zu Samuel Y. Edgertons: Die Entdeckung der Perspektive (Wilhelm Fink, München, 2002. ISBN: 978-3-7705-3556-9). *sehpunkte*, (6., Nr. 7/8), 2006.

[Buxton 2012] Buxton, B.: Two-Handed Input in Human-Computer Interaction (Chapter 11) In: *Two-Handed Input - Haptic Input.*, S. 11.1–11.18, 2012.

[Cage 1969] Cage, J.: *Notations* Something Else Press, New York, 1969. (ISBN: 0-87110-000-2)

[Campbell und Wurtz 1978] Campbell, F. W. und Wurtz, R. H.: Saccadic Omission: Why We do not See a Grey-Out during a Saccadic Eye Movement. *Vision Research*, 18(10), S. 1297–1303, 1978.

[Capurro und Nagenborg 2009] Capurro, R. und Nagenborg, M.: *Ethics and Robotics*. AKA, IOS Press, Heidelberg, Amsterdam [u. a.], 2009. (ISBN: 978-3-89838-087-4)

[Carroll, Agarwala und Agrawala 2010] Carroll, R.; Agarwala, A. und Agrawala, M.: Image Warps for Artistic Perspective Manipulation. *Journal of the ACM Transactions on Graphics (TOG), Proceedings of ACM SIGGRAPH 2010*, 29(4.127), 2010.

[Carroll, Agrawal und Agarwala 2009] Carroll, R.; Agrawal, M. und Agarwala, A.: Optimizing Content-Preserving Projections for Wide-Angle Images. *Journal of the ACM Transactions on Graphics (TOG), Proceedings of ACM SIGGRAPH 2009*, 28(3.43), 2009.

[Catchpole und Moodie 1971] Catchpole, A. J. W. und Moodie, D. W.: Miltiple Reflection in Arctic Regions. *Weather*, 26(4), S. 157–163, 1971.

[Cattermole 2007] Cattermole, P.: *Gebaute Utopien: Architektur für Morgen*. Deutsche Verlags-Anstalt (DVA), München, 2007. (ISBN: 3-421-03637-3)

[Cennini 1821] Cennini, C.: *Di Cennino Cennini trattato della pittura: messo in luce la prima volta con annotazioni dal cavaliere Giuseppe Tambroni ... (15. Jahrhundert)*. Tambroni, G. (Hrsg.): Co' torchj di Paolo Salviucci, Rom, 1821.

[Chelsea 1997] Chelsea, D.: *Perspective! for Comic Book Artists: How to Achieve a Professional Look in Your Artwork*. Watson-Guptill Publications, New York, 1997. (ISBN: 0-8230-0567-4)

[Chirat und Icart 1984] Chirat, R. und Icart, R.: *Catalogue des films français de long métrage: films de fiction 1919-1929*. Chirat, R. (Hrsg.): Cinémathèque de Toulouse, Toulouse, 1984. (ISBN: 2-905295-00-7)

[Christakis, Ramirez und Ramirez 2012] Christakis, D. A.; Ramirez, J. S. B. und Ramirez, J. M.: Overstimulation of Newborn Mice Leads to Behavioral Differences and Deficits in Cognitive Performance. *Scientific Reports*, 2, 2012.

[Cole 1993] Cole, A.: *Perspektive*. Belser, Stuttgart, Zürich [u. a.], 1993. (ISBN: 3-7630-2102-7)

[Condry, Gall und Delisle 1999] Condry, M.; Gall, U. und Delisle, P.: Open Service Gateway Architecture Overview. In: *Proceedings of the 25th Annual Conference of the IEEE Industrial Electronics Society (IECON '99, 29. November - 3. Dezember 1999, San Jose)*, 25th Annual Conference of the IEEE Industrial Electronics Society (IECON '99), IEEE, S. 735–742, 1999. (ISBN: 0-7803-5735-3)

[Crary 1996] Crary, J.: *Techniken des Betrachters: Sehen und Moderne im 19. Jahrhundert*. Verlag der Kunst, Dresden [u. a.], 1996. (ISBN: 3-364-00359-9)

[Creem-Regehr, Willemsen, Gooch und Thompson 2005] Creem-Regehr, S. H.; Willemsen, P.; Gooch, A. A. und Thompson, W. B.: The Influence of Restricted Viewing Conditions on Egocentric Distance Perception: Implications for Real and Virtual Indoor Environments. *Perception*, 34(2), S. 191–204, 2005.

[Crow 1977] Crow, F. C.: Shadow Algorithms for Computer Graphics. In: *Proceedings of the 4th Annual Conference on Computer Graphics and Interactive Techniques (SIGGRAPH'77, 20. - 22. Juli 1977, San Jose)*, 4th Annual Conference on Computer Graphics and Interactive Techniques (SIGGRAPH'77, ACM Press, New York, S. 242–248, 1977.

[Crowe und Narayanan 2000] Crowe, E. C. und Narayanan, N. H.: Comparing Interfaces Based on What Users Watch and Do. In: *Proceedings of the 2000 Symposium on Eye Tracking Research & Applications (ETRA '00, 6. - 8. November 2000, Palm Beach Gardens)*, 2000 Symposium on Eye Tracking Research & Applications (ETRA '00), ACM Press, New York, S. 29–36, 2000. (ISBN: 1-58113-280-8)

[Cruz-Neira, Sandin, DeFanti, Kenyon und Hart 1992] Cruz-Neira, C.; Sandin, D. J.; DeFanti, T. A.; Kenyon, R. V. und Hart, J. C.: The CAVE: Audio Visual Experience Automatic Virtual Environment. *Magazine Communications of the ACM (CACM)*, 35(6), S. 64–72, 1992.

[Cucinotta, Kim und Chappell 2013] Cucinotta, F. A.; Kim, M.-H. Y. und Chappell, L. J.: Space Radiation Cancer Risk Projections and Uncertainties (2012). The Nasa Sti Program Office, Nasa (TP-2013-217375, Lyndon B. Johnson Space Center, Houston, Texas 77058) 2013.

[Curl 2006] Curl, J. S.: *A Dictionary of Architecture and Landscape Architecture*. 2. Auflage, Oxford University Press, Oxford, New York, 2006. (ISBN: 0-19-280630-0)

[Cutting 1987] Cutting, J. E.: Rigidity in Cinema Seen from the Front Row, Side Aisle. *Journal of Experimental Psychology, Human Perception and Performance*, 13(3), S. 323–334, 1987.

[Dachselt 2012] Dachselt, R.: Technische Universität Dresden, Fakultät Informatik, Institut für Software- und Multimedietechnik, Professur Multimedia-Technologie. *Interactive Media Lab Dresden*, 2012.

[Damisch 2009] Damisch, H.: *Der Ursprung der Perspektive*. 1. Auflage, Diaphanes, Zürich, 2009. (ISBN: 978-3-03734-087-5)

[Dege 1971] Dege, W.: *EDV. Maschinelles Rechnen. Ein Streifzug durch Rechentechnik und Datenverarbeitung*. 1. Auflage, Urania Verlag, Leipzig, Jena, Berlin, 1971.

[Deussen 2007] Deussen, O.: *Bildmanipulation: Wie Computer unsere Wirklichkeit verzerren*. Spektrum, Akademischer Verlag, Berlin, Heidelberg, 2007. (ISBN: 3-8274-1900-X)

[Deussen 2010a] Deussen, O.: Computational Aesthetics – Wissenschaft oder Kunst? Zentrum für Informationsdienste und Hochleistungsrechnen (ZIH) am der Technischen Universität Dresden (TUD), Dresden 2010.

## C5 Literaturverzeichnis

[Deussen 2010b] Deussen, O.: Statue of Liberty by e-David (Drawing Apparatus for Vivid Image Display). *e-David (Malroboter) der Arbeitsgruppe Computergrafik und Medieninformatik unter Leitung von Prof. Dr. Oliver Deussen, Fachbereich Informatik und Informationswissenschaft, Universität Konstanz*, 2010.

[Deussen, Bülthoff, Ertl, Keim, Lintermann, Reiterer und Schilling 2010] Deussen, O.; Bülthoff, H.; Ertl, T.; Keim, D.; Lintermann, B.; Reiterer, H. und Schilling, A.: Visualisierung auf Großbildschirmen: Herausforderung eines neuen Ausgabegeräts. *Informatik-Spektrum*, 33(6), S. 551–558, 2010.

[Deussen, Ebert, Fedkiw, Musgrave, Prusinkiewicz, Roble, Stam und Tessendorf 2004] Deussen, O.; Ebert, D. S.; Fedkiw, R.; Musgrave, F. K.; Prusinkiewicz, P.; Roble, D.; Stam, J. und Tessendorf, J.: The Elements of Nature: Interactive and Realistic Techniques. In: *Proceeding of the SIGGRAPH '04, ACM SIGGRAPH 2004 Course Notes, Article No. 32*, ACM Press, New York, S. 406, 2004. (ISBN: 0111456789)

[Deussen, Lindemeier, Pirk und Tautzenberger 2012] Deussen, O.; Lindemeier, T.; Pirk, S. und Tautzenberger, M.: Feedback-Guided Stroke Placement for a Painting Machine. In: *Proceedings of the Eighth Annual Symposium on Computational Aesthetics in Graphics, Visualization, and Imaging (CAe '12, 4. - 6. June 2012, Annecy)*, CAe '12, Eighth Annual Symposium on Computational Aesthetics in Graphics, Visualization, and Imaging (CAe '12), Eurographics Association, Aire-la-Ville, Switzerland, Switzerland, S. 25–33, 2012. (ISBN: 978-1-4503-1584-5)

[Dias und Ressler 2013] Dias, B. G. und Ressler, K. J.: Parental Olfactory Experience Influences Behavior and Neural Structure in Subsequent Generations. *Nature Neuroscience*, 17, S. 89–96 (2014), 2013.

[Dodge 1900] Dodge, R.: Visual Perception During Eye Movement. *Psychological Review*, 7(5), S. 454–465, 1900.

[Doesschate 1964] Doesschate, G. T.: *Perspective: Fundamentals, Controversials, History*. B. de Graaf, Nieuwkoop, 1964.

[Dolcourt 2013] Dolcourt, J.: Samsung Galaxy Round. *CNET*, 2013.

[Dolezal 1982] Dolezal, H.: *Living in a World Transformed: Perceptual and Performatory Adaptation to Visual Distortion*. Academic Press, New York, 1982. (ISBN: 0-12-219950-2)

[Dörfler 2000] Dörfler, H.-D.: Das fotografische Zeichen. In: Schmitt, J. (Hrsg.): *Fotografie und Realität: Fallstudien zu einem ungeklärten Verhältnis*, Leske Budrich, Opladen, S. 167, 2000. (ISBN: 3-8100-2672-7)

[Dornhöfer, Unema und Velichkovsky 2002] Dornhöfer, S. M.; Unema, P. J. A. und Velichkovsky, B. M.: Blinks, Blanks and Saccades: How Blind We Really are for Relevant Visual Events. *Progress in Brain Research*, 140, S. 119–131, 2002.

[Draper, Viire, Furness und Gawron 2001] Draper, M. H.; Viire, E. S.; Furness, T. A. und Gawron, V. J.: Effects of Image Scale and System Time Delay on Simulator Sickness within Head-Coupled Virtual Environments. *Human Factors: The Journal of the Human Factors and Ergonomics Society*, 43(1), S. 129–146, 2001.

[Drews 2014] Drews, R.: Workflow und Interface Design bei VW - VW stellt sich vor. Technische Universität Dresden, Andreas-Pfitzmann-Bau (Fakultät Informatik), Raum E009, Dresden 2014.

[Drobbe 2005] Drobbe, R.: *Bedeutungsperspektive in der Fotografie*. Professur Mediengestaltung, Institut für Software- und Multimediatechnik, Fakultät Informatik, Technische Universität Dresden (Große Belegarbeit), Dresden, 2005.

[Duchowski 2007] Duchowski, A. T.: *Eye Tracking Methodology: Theory and Practice*. 1. Auflage, Springer Verlag London Limited, London, 2007. (ISBN: 1-84628-608-5)

[Duchowski und Çöltekin 2007] Duchowski, A. T. und Çöltekin, A.: Foveated Gaze-Contingent Displays for Peripheral LOD Management, 3D Visualization, and Stereo Imaging. *Journal of the ACM Transactions on Multimedia Computing, Communications, and Applications (TOMCCAP)*, 3(4.6), S. 1–18, 2007.

[Durand 2002] Durand, F.: An Invitation to Discuss Computer Depiction. In: Finkelstein, A. (Hrsg.): *Publications of Conference of the 2nd International Symposium on Non-Photorealistic Animation and Rendering (NPAR '02, 3. - 5. Juni 2002, Annecy)*, 2nd International Symposium on Non-Photorealistic Animation and Rendering (NPAR '02), ACM Press, New York, S. 111, 2002. (ISBN: 1-58113-494-0)

[Dürer 1525] Dürer, A.: *Underweysung der Messung mit dem Zirkel und Richtscheyt*. Hieronymus Andreae, Nürnberg, 1525.

[Dzaack 2008] Dzaack, J.: *Analyse kognitiver Benutzermodelle für die Evaluation von Mensch-Maschine-Systemen, Analyzing Cognitive Models for the Evaluation of Human-Machine Systems*. Technische Universität Berlin, Fakultät V - Verkehrs- und Maschinensysteme, Berlin 2008.

[Ebert, Ehmer, von Criegern, Staudte, Schulz, Zeinert und Regel 1987] Ebert, W.; Ehmer, H. K.; von Criegern, A.; Staudte, A.; Schulz, W.; Zeinert, H.-P. und Regel, G.: Percepte. Reaktionen auf Gunter Otto aus Anlass seines 60. Geburtstags (Themenheft). *Kunst + Unterricht, Erhard Friedrich Verlag*, (109), S. 6–50, 1987.

[Ebner 2007] Ebner, T.: *BiLL (Bildsprache LiveLab) Konzeption und Realisierung einer interaktiven Arbeitsumgebung für die Erforschung wahrnehmungsrealistischer Projektion*. Professur Mediengestaltung, Institut für Software- und Multimediatechnik, Fakultät Informatik, Technische Universität Dresden (Diplomarbeit), Dresden, 2007.

[Eckstein 2003] Eckstein, P.: *Repetitorium Statistik: Deskriptive Statistik - Stochastik - induktive Statistik mit Klausuraufgaben und Lösungen*. 5. Auflage, Gabler, Wiesbaden, 2003. (ISBN: 978-3-322-94796-3)

[Eco 1991] Eco, U.: *Semiotik - Entwurf einer Theorie der Zeichen*. Fink, München, 1991. (ISBN: 3-7705-2323-7)

[Edelman 2008] Edelman, S.: *Computing the Mind: How the Mind Really Works*. Oxford University Press, Oxford [u. a.], 2008. (ISBN: 978-0-19-532067-1)

[Edgerton 2002] Edgerton, S. Y.: *Die Entdeckung der Perspektive (The Renaissance Rediscovery of Linear Perspective)*. Fink, München, 2002. (ISBN: 3-7705-3556-1)

[Edgerton 1975] Edgerton, S. Y.: *The Renaissance Rediscovery of Linear Perspective*. Basic Books, New York, 1975. (ISBN: 0-465-06915-0)

[Egger, Liang, Aparicio und Jones 2004] Egger, G.; Liang, G.; Aparicio, A. und Jones, P. A.: Epigenetics in Human Disease and Prospects for Epigenetic Therapy. *Nature*, 429(6990), S. 457–463, 2004.

[Egon von Vietinghoff-Stiftung 1997] Egon von Vietinghoff-Stiftung: *Die visionäre Malerei des Egon von Vietinghoff*. Egon-von-Vietinghoff-Stiftung, Zürich, 1997. (ISBN: 3-9521269-0-X)

[Van Eimeren und Frees 2012] van Eimeren, B. und Frees, B.: 76 Prozent der Deutschen online: Neue Nutzungssituationen durch mobile Endgeräte: Ergebnisse der ARD/ZDF-Onlinestudie 2012. *Fachzeitschrift Media Perspektiven*, 2012(7-8), S. 362–379 (371), 2012.

[Eisold 2011] Eisold, N.: *Kunstgewerbe- und Handwerkerschule Magdeburg (1793-1963)*. 1. Auflage, Eisold, N. und Pohlmann, N. (Hrsg.): Form Gestaltung e. V., Magdeburg, 2011. (ISBN: 978-3-9813652-3-8)

[Ellis, Kaiser und Grunwald 1993] Ellis, S. R.; Kaiser, M. K. und Grunwald, A. J.: *Pictorial Communication in Virtual and Real Environments*. 2. Auflage, Taylor & Francis, London, Washington [u. a.], 1993. (ISBN: 0-7484-0082-6)

## Anhang C: Verzeichnisse

[Ellis, Mcgreevy und Hitchcock 1987] Ellis, S. R.; Mcgreevy, M. W. und Hitchcock, R. J.: Perspective Traffic Display Format and Airline Pilot Traffic Avoidance. *Human Factors: The Journal of the Human Factors and Ergonomics Society*, 2934(4), S. 371–382, 1987.

[Encarnação 1996] Encarnação, J.: *Graphische Datenverarbeitung.* 4. Auflage, Oldenbourg, München, Wien [u. a.], 1996. (ISBN: 3-486-23223-1)

[Engelmann 1886] Engelmann, R.: Argos 2. In: Roscher, W. H. (Hrsg.): *Ausführliches Lexikon der griechischen und römischen Mythologie*, Leipzig, S. 537–539, 1886.

[Epstein und Rogers 1995] Epstein, W. und Rogers, S. J.: *Perception of Space and Motion.* 2. Auflage, Academic Press, San Diego, 1995. (ISBN: 0-12-240530-7)

[Ernst 2002] Ernst, B.: *Unmögliche Welten - 4 in 1.* EVERGREEN an imprint of TASCHEN, Köln, 2002. (ISBN: 978-3-8228-2280-7)

[ESA a Planck Collaboration 2011] ESA a Planck Collaboration: Planck All-Sky Foreground Maps. European Space Agency, 2011.

[Eschrich 2011a] Eschrich, B.: *Annäherungsversuche.* Professur Mediengestaltung, Institut für Software- und Multimediatechnik, Fakultät Informatik, Technische Universität Dresden (Große Belegarbeit), Dresden, 2011.

[Eschrich 2011b] Eschrich, B.: *Tiefgang.* Professur Mediengestaltung, Institut für Software- und Multimediatechnik, Fakultät Informatik, Technische Universität Dresden (Diplomarbeit), Dresden, 2011.

[Ethier, Johnson und Ruberti 2004] Ethier, C. R.; Johnson, M. und Ruberti, J.: Ocular Biomechanics and Biotransport. *Annual Review of Biomedical Engineering*, 6(1), S. 249–273, 2004.

[Euklid 1938] Euklid: *Euclide, L'Optique et la catoptrique.* Desclée de Brouwer, Paris, Brügge [u. a.], 1938.

[Ewald 1965] Ewald, G.: *Johann Carl Loth (1632 - 1698).* M. Hertzberger, Amsterdam, 1965.

[Farsen 2010] Farsen, P.: *Die Amarnakunst: Statuen und Reliefs aus der Zeit der ausgehenden 18. Dynastie.* AVM, München, 2010. (ISBN: 978-3-89975-393-6)

[F-A-S-T 2014] F-A-S-T: F-A-S-T Framing Art, Science and Technology | Professur Mediengestaltung | Fakultät Informatik | Technische Universität Dresden *F-A-S-T Framing Art, Science and Technology*, 2014.

[Faugeras 1993] Faugeras, O.: *Three-Dimensional Computer Vision: a Geometric Viewpoint.* MIT Press, Cambridge Mass. [u. a.], 1993. (ISBN: 0-262-06158-9)

[Feiner 1985] Feiner, S.: Apex: An Experiment in the Automated Creation of Pictorial Explanations. *Computer Graphics and Applications, IEEE*, 5(11), S. 29–37, 1985.

[Feininger 2002] Feininger, A.: *Die hohe Schule der Fotografie: das berühmte Standardwerk.* 21. Auflage, Heyne, München, 2002. (ISBN: 3-453-41219-2)

[Fidler, Ramirez, Rylek, Kos und Del Fedele 2013] Fidler, M.; Ramirez, K.; Rylek, T.; Kos, D. und Del Fedele, M.: *Ultimate++ Framework.* http://ultimatepp.org 2013.

[Findlay und Gilchrist 2003] Findlay, J. M. und Gilchrist, I. D.: *Active Vision: The Psychology of Looking and Seeing.* Oxford University Press, Oxford, 2003. (ISBN: 0-19-852480-3)

[Fischer 2009] Fischer, G.: *Vitruv NEU, oder, Was ist Architektur?* Birkhäuser Bauverlag, Gütersloh, Basel, 2009. (ISBN: 3-7643-8805-6)

[Florenski und Sikojev 1989] Florenski, P. A. und Sikojev, A.: *Die umgekehrte Perspektive, Texte zur Kunst.* Matthes & Seitz, München, 1989. (ISBN: 3-88221-244-6)

[Flores, Nacul, Silva, Netto, Pereira und Bacellar 1999] Flores, A. P.; Nacul, A.; Silva, L.; Netto, J.; Pereira, C. E. und Bacellar, L.: Quantitative Evaluation of Distributed Object-Oriented Programming Environments for Real-Time Applications. In: *Proceedings of Second International Symposium on Object-Oriented Real-Time Distributed Computing (ISORC'99, 2. - 5. Mai 1999, Saint-Malo)*, Second International Symposium on Object-Oriented Real-Time Distributed Computing (ISORC'99), IEEE Computer Society, Los Alamitos, S. 133–138, 1999. (ISBN: 0-7695-0207-5)

[Flückiger 2008] Flückiger, B.: *Visual Effects: Filmbilder aus dem Computer.* Schüren, Marburg, 2008. (ISBN: 978-3-89472-518-1)

[Flusser 1997] Flusser, V.: *Für eine Philosophie der Fotografie.* 8. Auflage, Müller-Pohle, A. (Hrsg.): European Photography, Göttingen, 1997. (ISBN: 3-923283-47-4)

[Flusser 2000] Flusser, V.: *Ins Universum der technischen Bilder.* 6. Auflage, European Photography, Göttingen, 2000. (ISBN: 3-923283-44-X)

[Flusser 1993] Flusser, V.: Vom Virtuellen. In: Rötzer, F. (Hrsg.): *Cyberspace: Zum medialen Gesamtkunstwerk*, Boer, München, S. 65–71, 1993. (ISBN: 3-924963-40-1)

[Von Foerster 1992] von Foerster, H.: *Einführung in den Konstruktivismus.* R. Oldenbourg, München, 1992. (ISBN: 3-492-11165-3)

[Foley, van Dam, Feiner und Hughes 1990] Foley, J. D.; van Dam, A.; Feiner, S. K. und Hughes, J. F.: *Computer Graphics: Principles and Practice.* 2. Auflage, Addison-Wesley Longman Publishing Co., Reading [u. a.], 1990. (ISBN: 0-201-12110-7)

[Frank und Lange 2010] Frank, G. und Lange, B.: *Einführung in die Bildwissenschaft: Bilder in der visuellen Kultur.* Wissenschaftliche Buchgesellschaft (WBG), Darmstadt, 2010. (ISBN: 3-534-20937-0)

[Franke und Helmert 2012] Franke, I. und Helmert, J. R.: Erfinderworkshops, TANGINT/FR, CogITo: 3. CogITo. Ziegler, J. (Hrsg.): *i-com Zeitschrift für interaktive und kooperative Medien*, 11(2), S. 3–4, 2012.

[Franke 2012] Franke, I. S.: *Geometrische Abbildungspraxis - von der Malerei zur Computergrafik.* Fakultät für Architektur, Technische Universität Berlin 2012.

[Franke 2007] Franke, I. S.: Malerei als Leitbild - Computergrafik von Morgen. In: Groh, R. und Koch, S. (Hrsg.): *Universum der technischen Bilder: Bilder vom Forschen, Studentenarbeiten des Studiengangs Medieninformatik, Ausstellung der Universitätssammlungen Kunst + Technik in der Altana Galerie (13. April - 21. Juli 2007, Dresden)*, Ausstellung der UNIVERSITÄTSSAMMLUNGEN.KUNST+TECHNIK in der ALTANAGalerie der Technischen Universität Dresden, TU Dresden, Dresden, S. 32, 2007. (ISBN: 978-3-86780-003-7)

[Franke 2005a] Franke, I. S.: Multiperspektive versus Ergonomie. In: *Mechanical Engineering from Macro to Nano: 50. Internationales Wissenschaftliches Kolloquium (IWK'50, 19. - 23. September 2005, Ilmenau)*, Internationales Wissenschaftliches Kolloquium (IWK'50), Technische Universität Ilmenau, Ilmenau, S. 488 ff., 2005. (ISBN: 3-932633-98-9)

[Franke 2005b] Franke, I. S.: Ordnungsbasierte Verfahren zur Generierung von hybriden Perspektiven an einem computergrafischen Beispiel. In: Paul, L.; Stanke, G. und Pochanke, M. (Hrsg.): *3D-NordOst 2005*, 8. Anwendungsbezogener Workshop zur Erfassung, Modellierung, Verarbeitung und Auswertung von 3D-Daten im Rahmen der GFaI-Workshop-Familie NordOst (2. Dezember 2005, Berlin, Gesellschaft zur Förderung Angewandter Informatik, GFaI), Gesellschaft zur Förderung angewandter Informatik e. V. - GFaI e. V., Berlin, S. 21–28, 2005. (ISBN: 3-9809212-5-5)

## C5 Literaturverzeichnis

[Franke 2006] Franke, I. S.: Reducing the Distance Between Cyber and Culture: From Pictorial Methods to Computer Graphical Images. *International Symposium of Interactive Media Design (ISIMD'06, 28. - 30. April 2006, Yeditepe University, Istanbul, Asia)*, International Symposium of Interactive Media Design (ISIMD'06, 4th), S. 36 – 43, 2006.

[Franke und Groh 2007] Franke, I. S. und Groh, R.: Colour Perspective in Context of Navigation Through Virtual Worlds an Article on Theoretical Basics of Interface Design. In: *The Virtual - Designing Digital Experience, A Conference 2006, man medium machine, NR4:2007 (ISSN: 1653-5677), (m3, 14. - 16. September 2006, Stockholm, Rosenön)*, Printon Trükikoda AS Tallinn, Extonia, Stockholm, S. 262–273, 2007.

[Franke und Groh 2014] Franke, I. S. und Groh, R.: WaRP | Professur Mediengestaltung | Fakultät Informatik | Technische Universität Dresden. 2014.

[Franke, Kammer, Groh, Happ, Steinhauf und Schönefeld 2010] Franke, I. S.; Kammer, D.; Groh, R.; Happ, S.; Steinhauf, J. und Schönefeld, F.: Developing Multi-touch Software through Creative Destruction. *Proceedings of the Entertainment Interfaces Track 2010 at Interaktive Kulturen 2010 (Entertainment Interfaces 2010, 12. - 15. September 2010, Duisburg)*, 2010.

[Franke, Müller, Gründer und Groh 2014] Franke, I. S.; Müller, M.; Gründer, T. und Groh, R.: FlexiWall: Interaction in-between 2D and 3D Interfaces. In: Stephanidis, C. (Hrsg.): *Proceedings of Human-Computer Interaction: Design and Development Approaches, 16th International Conference, HCI International 2014 (HCI' 14, 22.-27. Juni 2014, Heraklion)*, Communications in Computer and Information Science, 16th International Conference on Human-Computer Interaction: Design and Development Approaches (HCI' 14), Springer, Heidelberg, 2014. (ISBN: 978-3-319-07856-4)

[Franke und Obendorf 2007] Franke, I. S. und Obendorf, H.: menschmaschinekommunikation minimalismus - ein versuch über bedeutungen. 2007.

[Franke, Pannasch und Groh 2011] Franke, I. S.; Pannasch, S. und Groh, R.: Sakkadisches: Interfacegestaltung im Augenblick. In: Groh, R. und Zavesky, M. (Hrsg.): *Wieder mehr sehen! - Ein Sammelband zu aktuellen Themen und Fragestellungen aus dem Bereich der Technischen Visualistik*, TUDpress - Verlag der Wissenschaften, Dresden, S. 146, 2011. (ISBN: 978-3-942710-39-8)

[Franke, Pannasch, Helmert, Rieger, Groh und Velichkovsky 2008a] Franke, I. S.; Pannasch, S.; Helmert, J. R.; Rieger, R.; Groh, R. und Velichkovsky, B. M.: Towards Attention-Centered Interfaces: An Aesthetic Evaluation of Perspective with Eye Tracking. *Journal of the ACM Transactions on Multimedia Computing, Communications, and Applications (TOMCCAP), New York*, 4(3), S. 1–13, 2008.

[Franke, Ulrich und Zitzmann 2005a] Franke, I. S.; Ulrich, A. und Zitzmann, M.: An Approach Overcoming the Distance between Cyber and Culture. In: *Proceedings of the 3rd Global Conference Cybercultures - Exploring Critical Issues (Cybercultures'03, 11. - 13. August 2005, Prague)*, 3rd Global Conference Cybercultures - Exploring Critical Issues (Cybercultures'03), Inter-Disciplinary Press, Prague, 2005.

[Franke, Wojdziak und Kammer 2013] Franke, I. S.; Wojdziak, J. und Kammer, D.: Gestenbasierte Interaktion in koordinierten multiplen Sichten. Schenk, M. (Hrsg.): *Tagungsband: 16. IFF-Wissenschaftstage 18.-20. Juni 2013 und 10. Fachtagung »Digital Engineering zum Planen, Testen und Betreiben technischer Systeme«*, S. 213–220, 2013.

[Franke und Zavesky 2015] Franke, I. S. und Zavesky, M.: Perspektivkontrast Kp - Zur Relevanz von Proportion und Ausrichtung für computergrafische Visualisierungen. In: *beyond rendering 2012, aktuelle methoden der darstellung*, Berlin, S. 48–63, 2015.

[Franke, Zavesky und Dachselt 2007] Franke, I. S.; Zavesky, M. und Dachselt, R.: Learning from Painting: Perspective-Dependent Geometry Deformation for Perceptual Realism. In: Fröhlich, B.; Blach, R. und van Liere, R. J. (Hrsg.): *Proceedings of the 13th Eurographics Symposium on Virtual Environments 2007 and the 10th Immersive Projection Technology Workshop (IPT-EGVE 2007, 15. - 18. Juli 2007, Weimar)*, Eurographics Association in Cooperation with Institute of Computer Graphics & Knowledge Visualization at Graz University of Technology and Institute of Scientific Computing at Technical University at Brunswick, Weimar, S. 117–120, 2007. (ISBN: 3-905673-64-9)

[Franke, Zavesky und Groh 2005b] Franke, I. S.; Zavesky, M. und Groh, R.: *Intelligente Kamera (oder ähnlich)* Professur Mediengestaltung, Institut für Software- und Multimediatechnik, Fakultät Informatik, Technische Universität Dresden (Ergebnisse aus Übungen, Komplexpraktika, Seminare, Große Belege, etc. von: Sebastian Prasa, Christian Röpke , Ria Elliger, Dina Schulze, Mario Stäger, Deborah Schmidt, Sebastian Erler, Constanze Klaus, Robert Krahn, Marcus Krejpowicz, Song Thuy Nguyen, Brian Eschrich, Philipp Gaschler, Hannes Leitner, Martin Herrmann, Frank Harnisch, Sina Jafarzadeh, Benjamin Gnauk, Jörn Schmidt, Christian Epperlein, Maria Hoßmar, Robert Rieger, Oliver Gepp, Ines Mauermeister, Katja Seidler, Steffen Kim, Robert Tzscheutschler, Mirko de Almeida Madeira Clemente, Katrin Braunschweig, Miriam Wirth, Carsten Judick, Alexander Keck, Alexander Schmidt, Jens Bornschein, Felix Ilbring, Sabine Kunze, Maximilian Walther, Andreas Hollmann, Thomas Staudte, Duc Minh Nguyen, Felicitas Ritz, Judith Schindler), Dresden, 2005.

[Franke, Zavesky und Wojdziak 2008b] Franke, I. S.; Zavesky, M. und Wojdziak, J.: EPK Prototyp - Erweiterung des Präsentationsprogrammes „Autodesk Showcase" um eine Komponente zur Erweiterten Perspektivischen Korrektur (EPK). Ingolstadt 2008.

[Franke, Zavesky und Rieger 2006] Franke, I.; Zavesky, M. und Rieger, R.: The Power of Frustum - Die Macht der geometrischen Mitte. In: Rebensburg, K. (Hrsg.): *Film, Computer und Fernsehen - neue Medien und Technologien der Informationsgesellschaft, 2. Tagung (NMI 2006, 19. - 21. Juli 2006, Berlin-Brandenburgische Akademie der Wissenschaften)*, Technische Universität Berlin, Berlin, S. 300–317, 2006. (ISBN: 3-7983-2030-6)

[Franklin und Wolpert 2011] Franklin, D. W. und Wolpert, D. M.: Computational Mechanisms of Sensorimotor Control. *Neuron: A new Scientific Journal from Cell Press*, 72(3), S. 425–442, 2011.

[Franz 1982] Franz, M.: Zeichenklassifikation für Designgegenstände. In: Hochschule für Industrielle Formengestaltung Halle (Hrsg.): *Tagungsmaterialien des 6. Kolloquium zu Fragen der industriellen Formgestaltung (21. - 22. Oktober 1982, Halle)*, Hochschule für Industrielle Formengestaltung Halle, Burg Giebichenstein, Halle, 1982.

[Frizot 1998] Frizot, M.: *Neue Geschichte der Fotografie (Nouvelle histoire de la photographie)*. Könemann, Köln, 1998. (ISBN: 3-8290-1327-2)

[Fröhlich, Blach, Stefani, Hochstrate, 0003, Klüger und Bues 2005] Fröhlich, B.; Blach, R.; Stefani, O.; Hochstrate, J.; 0003, J. H.; Klüger, K. und Bues, M.: Implementing Multi-Viewer Stereo Displays. In: *Proceedings of the 13th International Conference in Central Europe on Computer Graphics, Visualization and Computer Vision 2005 (WSCG 2005, 31. Januar - 4. Februar 2005, University of West Bohemia, Plzeň)*, 13th International Conference in Central Europe on Computer Graphics, Visualization and Computer Vision (WSCG 2005), UNION Agency - Science Press, Plzeň, S. 139–146, 2005. (ISBN: 80-903100-7-9)

[Frutiger 2004] Frutiger, A.: *Der Mensch und seine Zeichen: Schriften, Symbole, Signets, Signale*. 9. Auflage, Marixverlag, Wiesbaden, 2004. (ISBN: 3-937715-63-0)

[Furht 2011] Furht, B.: *Handbook of Augmented Reality*. Springer, New York, 2011. (ISBN: 978-1-4614-0063-9)

[Füsslin und Hentze 1999] Füsslin, G. und Hentze, E.: *Anamorphosen: geheime Bilderwelten*. Füsslin, Stuttgart, 1999. (ISBN: 3-9803451-6-5)

[Galitz 2007] Galitz, W. O.: *The Essential Guide to User Interface Design: An Introduction to GUI Design Principles and Techniques*. 3. Auflage, John Wiley & Sons, Indianapolis, Hoboken, 2007. (ISBN: 978-0-470-05342-3)

[Galperin 1980] Galperin, P. J.: *Zu Grundfragen der Psychologie*. Volk und Wissen, Pahl-Rugenstein, Berlin, Köln, 1980. (ISBN: 3-7609-0460-2)

## Anhang C: Verzeichnisse

[Galton 1907] Galton, F.: Vox Populi. *Nature*, 75(1949), S. 450–451, 1907.

[Gamboni 1997] Gamboni, D.: *Zerstörte Kunst: Bildersturm und Vandalismus im 20. Jahrhundert*. DuMont-Buchverlag, Köln, 1997. (ISBN: 3-7701-4281-0)

[Gamma, Helm, Johnson und Vlissides 1995] Gamma, E.; Helm, R.; Johnson, R. und Vlissides, J.: *Design Patterns: Elements of Reusable Object-Oriented Software*. 5. Auflage, Addison-Wesley, Reading Mass. [u. a.], 1995. (ISBN: 0-201-63361-2)

[Geelhaar 2012] Geelhaar, J.: Be-greifbare Interaktion, Fachgruppe des Fachbereichs Mensch-Computer-Interaktion. 2012.

[Gegenfurtner 2006] Gegenfurtner, K.: *Gehirn & Wahrnehmung*. 4. Auflage, Fischer-Taschenbuch-Verlag, Frankfurt am Main, 2006. (ISBN: 3-596-15564-9)

[Gegenfurtner und Rieger 2000] Gegenfurtner, K. R. und Rieger, J.: Sensory and Cognitive Contributions of Color to the Recognition of Natural Scenes. *Current Biology*, 10(13), S. 805–808, 2000.

[Geimer 2009] Geimer, P.: *Theorien der Fotografie zur Einführung* Junius, Hamburg, 2009. (ISBN: 978-3-88506-666-8)

[Geisler 1994] Geisler, H.: *Das Konstruieren von Perspektiven*. 6. Auflage, Schiele und Schön, Berlin, 1994. (ISBN: 3-7949-0559-8)

[Geitner 2007] Geitner, C.: *Das „Wahr" der Wahrnehmung* Professur Mediengestaltung, Institut für Software- und Multimediatechnik, Fakultät Informatik, Technische Universität Dresden (Große Belegarbeit), Dresden, 2007.

[Genette 2010] Genette, G.: *Die Erzählung*. 3. Auflage, Fink, Paderborn, 2010. (ISBN: 978-3-8252-8083-3)

[Geng 2010] Geng, W.: *The Algorithms and Principles of Non-Photorealistic Graphics: Artistic Rendering and Cartoon Animation*. Springer, Berlin, Heidelberg, 2010. (ISBN: 978-3-642-04891-3)

[Gibson 1954] Gibson, J. J.: A Theory of Pictorial Perception. *Audiovisual Communication Review*, 2(1), S. 3–23, 1954.

[Gibson 1971] Gibson, J. J.: The Information Available in Pictures. *Leonardo, the International Society for the Arts, Sciences and Technology*, 4, S. 27–35, 1971.

[Gibson 1974] Gibson, J. J.: *The Perception of the Visual World*. Greenwood Press, Westport Conn., 1974. (ISBN: 0-8371-7836-3)

[Gioseffi 1957] Gioseffi, D.: *Perspectiva artificialis per la storia della prospettiva spigolature e appunti*. Università Degli Studi di Trieste, Facoltà di Lettere e Filosofia, Trieste, 1957.

[Glaeser 1999] Glaeser, G.: Extreme and Subjective Perspectives. In: *Topics in Algebra, Analysis and Geometry*. BPR Médiatanácsadó BT/Budapest, University of Applied Arts Vienna, Wien, S. 39–51, 1999.

[Glassman 2008] Glassman, G.: *Der Parthenon arte.tv Dokumentation*. PBS Airdate/ WGBH / Nova, Studio International, arte France, 2008.

[Glassner 2000] Glassner, A. S.: Cubism and Cameras: Free-Form Optics for Computer Graphics. Microsoft Research 2000.

[Gleason 1993] Gleason, J. B.: *The Development of Language*. 3. Auflage, Macmillan. Maxwell Macmillan Canada, Maxwell Macmillan International, New York, Toronto, 1993. (ISBN: 0-02-344251-4)

[Goldstein 2002] Goldstein, E. B.: *Wahrnehmungspsychologie*. Ritter, M. (Hrsg.): Spektrum, Akademischer Verlag, Heidelberg, Berlin, 2002. (ISBN: 3-8274-1083-5)

[Gombrich 1985] Gombrich, E. H.: *Die Kunst der Renaissance*. Klett-Cotta, Stuttgart, 1985. (ISBN: 3-608-76146-2)

[Gombrich 2004] Gombrich, E. H.: *Kunst und Illusion (Art and Illusion). Zur Psychologie der bildlichen Darstellung*. 2. Auflage, Phaidon, Köln, 2004. (ISBN: 0-7148-9317-X)

[Gombrich 2005] Gombrich, E. H.: The „What" and the „How": Perspective Representation and the Phenomenal World - The Gombrich Archive. *The Gombrich Archive*, 2005.

[Gooch und Willemsen 2002] Gooch, A. A. und Willemsen, P.: Evaluating Space Perception in NPR Immersive Environments. In: *Proceedings of the 2nd International Symposium on Non-Photorealistic Animation and Rendering (NPAR'02, 3. - 5. Juni 2002, Annecy)*, 2nd International Symposium on Non-Photorealistic Animation and Rendering (NPAR'02), ACM Press, New York, S. 105–110, 2002. (ISBN: 1-58113-494-0)

[Gooch und Gooch 2001] Gooch, B. und Gooch, A. A.: *Non-Photorealistic Rendering*. A K Peters, Natick, 2001. (ISBN: 1-56881-133-0)

[Goodman 1995] Goodman, N.: *Sprachen der Kunst: Entwurf einer Symboltheorie*. 1. Auflage, Suhrkamp, Frankfurt am Main, 1995. (ISBN: 3-518-58198-8)

[Goodman 1978] Goodman, N.: *Ways of Worldmaking*. Hackett Publishing Company, Indianapolis, 1978. (ISBN: 0-915144-52-2)

[Gouraud 1971] Gouraud, H.: Continuous Shading of Curved Surfaces. *IEEE Transactions on Computers*, C-20(6), S. 623–629, 1971.

[Grayson 1960] Grayson, C.: The Composition of L. B. Albertis „Decem libri de re aedificatoria". *Münchner Jahrbuch der bildenden Kunst*, 11, S. 152–161, 1960.

[Greenberg 1999] Greenberg, D. P.: A Framework for Realistic Image Synthesis. *Magazine Communications of the ACM (CACM)*, 42(8), S. 44–53, 1999.

[Greenberg u. a. 1997] Greenberg, D. P. u. a.: A Framework for Realistic Image Synthesis. In: *Proceedings of the 24th Annual Conference on Computer Graphics and Interactive Techniques (SIGGRAPH'97, 3. - 8. August 1997, Los Angeles)*, 24th Annual Conference on Computer Graphics and Interactive Techniques (SIGGRAPH'97), ACM Press, New York, S. 477–494, 1997. (ISBN: 0-89791-896-7)

[Greenwood und Nikulin 1996] Greenwood, P. E. und Nikulin, M. S.: *A Guide to Chi-Squared Testing*. Wiley, New York, 1996. (ISBN: 0-471-55779-X)

[Gregory 2001] Gregory, R.: *Auge und Gehirn: Psychologie des Sehens*. 1. Auflage, Rowohlt-Taschenbuch-Verlag, Reinbek bei Hamburg, 2001. (ISBN: 3-499-60805-7)

[Greuel 1998] Greuel, L.: *Glaubhaftigkeit der Zeugenaussage: Theorie und Praxis der forensisch-psychologischen Begutachtung*. Beltz, Weinheim, 1998. (ISBN: 3-621-27398-0)

[Grimes 1996] Grimes, J.: On the Failure to Detect Changes in Scenes Across Saccades. In: *Perception*, Vancouver Studies in Cognitive Science, Oxford University Press, 1996. (ISBN: 0-19-508462-4)

[Groh 2005] Groh, R.: *Das Interaktions-Bild: Theorie und Methodik der Interfacegestaltung*. TUDpress - Verlag der Wissenschaften, Dresden, 2005. (ISBN: 978-3-938863-05-3)

[Groh 2004a] Groh, R.: *Das Interaktions-Bild: Zu den bildnerischen und theoretischen Grundlagen der Interfacegestaltung (Habilitationsschrift)*. Universität Magdeburg, Magdeburg (Universitätsbibliothek) 2004.

[Groh 2008] Groh, R.: DFG GEPRIS. *Deutsche Forschungsgemeinschaft: Wahrnehmungsrealistische Projektion von dreidimensionalen Szenen*, 2008.

[Groh 2014] Groh, R.: *Ikonografie der Interaktion: Geschichte, Struktur und Funktion interaktiver Bilder*. TUDpress - Verlag der Wissenschaften, Dresden, 2014. (ISBN: 978-3-944331-69-0)

[Groh 2011] Groh, R.: Innovationsforum Technische Visualistik. Technische Universität Dresden, Dülfersaal, Dresden 2011.

# C5 Literaturverzeichnis

[Groh 2004b] Groh, R.: Metaphernproduktion: Am Beispiel eines Würfels. Dresden 2004.

[Groh 2003] Groh, R.: Technische Universität Dresden, Fakultät Informatik, Institut für Software- und Multimedietechnik, Professur Mediengestaltung, Arbeitsgruppe Technische Visualistik. *Arbeitsgruppe Technische Visualistik*, 2003.

[Groh 2010a] Groh, R.: Visualität und Haptik - Was sieht die Hand? Arbeitsgruppe Computergrafik und Medieninformatik (unter Leitung von Prof. Dr. Oliver Deussen), Fachbereich Informatik und Informationswissenschaft, Universität Konstanz 2010.

[Groh 2010b] Groh, R.: Zu Fragen der Perspektive, Geometrie und Raumbildung bei Vermeer. Hochschule für Bildende Künste Dresden 2010.

[Groh 1989] Groh, R.: *Zusammenhang von technisch-funktionaler Struktur und Produktgestalt (Dissertation)* Technische Universität Ilmenau, Ilmenau 1989.

[Groh und Franke 2005] Groh, R. und Franke, I. S.: Farbperspektive im Kontext von Navigation durch virtuelle Welten. In: Stanke, G. (Hrsg.): *Tagungsband zum 11. Workshop Farbbildverarbeitung (FarbBV 2005, 6. - 7. Oktober 2005, Berlin)*, Workshop Farbbildverarbeitung der GFaI e. V., Gesellschaft zur Förderung angewandter Informatik (GFaI), Berlin, S. 108, 2005. (ISBN: 3-9809212-4-7)

[Groh, Franke und Koch 2007] Groh, R.; Franke, I. S. und Koch, S.: *Universum der technischen Bilder: Bilder vom Forschen Studentenarbeiten des Studiengangs Medieninformatik Ausstellung der Universitätssammlungen Kunst + Technik in der Altana Galerie der 500.* Auflage, TUDpress - Verlag der Wissenschaften, Dresden, 2007. (ISBN: 978-3-86780-003-7)

[Groh, Franke, Zavesky und Wojdziak 2009] Groh, R.; Franke, I.; Zavesky, M. und Wojdziak, J.: Benutzerhandbuch EPK-Plug-In - Ein Werkzeug zur Erstellung wahrnehmungskonformer Abbildungen in Autodesk Showcase®. Professur Mediengestaltung, Institut für Software- und Multimediatechnik, Fakultät Informatik, Technische Universität Dresden (Projektdokument) 2009.

[Groh, Kammer und Franke 2010] Groh, R.; Kammer, D. und Franke, I.: Students as Catalyst of the Knowledge Economy: Evolution of Synergies between Companies and Universities. In: *Proceedings of the 6th Annual European Computer Science Summit (ECSS 2010, 12. - 13. Oktober 2012, Praque)*, European Computer Science Summit 2010 (ECSS 2010), ETH Zürich, Prague, S. 49–53, 2010.

[Groh und Lordick 2010] Groh, R. und Lordick, D.: Reverse Painting – Anmerkungen zur Rekonstruktion des Raumes in Vermeers Gemälde „Brieflesendes Mädchen am offenen Fenster". In: Neidhardt, U. (Hrsg.): *Der frühe Vermeer*, Katalog zur Ausstellung in der Gemäldegalerie Alte Meister, Staatliche Kunstsammlungen (Dresden, 2010), Deutscher Kunstverlag, München, S. 98–108, 2010. (ISBN: 978-3-422-07038-7)

[Groh und Zavesky 2008] Groh, R. und Zavesky, M.: Mein Avatar und ich: Zur kameravermittelten Interaktion mit anthropomorphen 3D-Repräsentanten. In: Herczeg, M. und Kindmüller, M. (Hrsg.): *Konferenzband der Mensch und Computer 2008: 8. fachübergreifende Konferenz für interaktive Medien - Viel Mehr Interaktion*, Mensch & Computer 2008, Oldenburg Verlag, München, S. 187–196, 2008. (ISBN: 978-3-486-58900-9)

[Groh und Zavesky 2011] Groh, R. und Zavesky, M.: *Wieder mehr sehen! Aktuelle Einblicke in die Technische Visualistik*. TUDpress - Verlag der Wissenschaften, Dresden, 2011. (ISBN: 978-3-942710-39-8)

[Grosam 2008] Grosam, M.: SOF - An OSGi-like modularization framework for C++. http://www.codeproject.com 2008.

[Gross, Rocha-Miranda und Bender 1972] Gross, C. G.; Rocha-Miranda, C. E. und Bender, D. B.: Visual Properties of Neurons in Inferotemporal Cortex of the Macaque. *Journal of Neurophysiology*, 35(1), S. 96–111, 1972.

[Grundmann 1997] Grundmann, S.: *Architekturführer Rom: Eine Architekturgeschichte in 400 Einzeldarstellungen*. Edition Axel Menges, Stuttgart, London, 1997. (ISBN: 3-930698-59-5)

[Gubern 1974] Gubern, R.: *Mensajes icónicos en la cultura de masas*. 1. Auflage, Editorial Lumen, Barcelona, 1974. (ISBN: 84-264-1103-7)

[Gulbins 2008] Gulbins, J.: *Multishot-Techniken in der digitalen Fotografie: Hochwertige Aufnahmen aus Bildserien: Auflösung erhöhen, Schärfentiefe erweitern, Blickwinkel vergrößern, HDRI-Bilder erstellen*. dpunkt-Verl., Heidelberg, 2008. (ISBN: 3-89864-552-5)

[Günther 2013] Günther, T.: *Echtzeiterkennung und Verarbeitung von Sakkaden*. Professur Mediengestaltung, Institut für Software- und Multimediatechnik, Fakultät Informatik, Technische Universität Dresden (Große Belegarbeit), Dresden, 2013.

[Günther, Franke und Groh 2014] Günther, T.; Franke, I. S. und Groh, R.: *Aughanded Virtuality - An augmented virtuality approach to see your hands in the virtual scene*. Labor, Dresden, 2014.

[Gur und Hilgard 1975] Gur, R. C. und Hilgard, E. R.: Visual Imagery and the Discrimination of Differences Between Altered Pictures Simultaneously and Successively Presented. *The British Journal of Psychology*, 66(3), S. 341–345, 1975.

[Habermas 1995] Habermas, J.: *Theorie des kommunikativen Handelns*. Suhrkamp, Frankfurt am Main, 1995. (ISBN: 3-518-28775-3)

[Hagen, Brunnet, Müller, Roller und Deussen 1999] O A: A Pixel-Oriented Approach for Rendering Line Drawings. In: *Dagstuhl-Seminar 1997: Effiziente Methoden der geometrischen Modellierung und der wissenschaftlichen Visualisierung*, Vieweg+Teubner Verlag, Stuttgart, S. 235–252, 1999. (ISBN: 978-3-519-02746-1)

[Hagen 1980] Hagen, M. A.: *The perception of pictures: Dürer's Devices: Beyond the Projective Model of Pictures*. Academic Press, New York [u. a.], 1980.

[Hagen, Jones und Reed 1978] Hagen, M. A.; Jones, R. K. und Reed, E. S.: On a Neglected Variable in Theories of Pictorial Perception: Truncation of the Visual Field. *Perception & Psychophysics*, 23(4), S. 326–330, 1978.

[Hamilton 1834] Hamilton, W. R.: On a General Method in Dynamics. *Philosophical Transactions of the Royal Society of London, Part II*, 1834, S. 247–308, 1834.

[Hammer 1983] Hammer, F.: *Selbstzensur für Forscher? Schwerpunkte einer Wissenschaftsethik*. Edition Interfrom, Zürich [u. a.], 1983. (ISBN: 3-7201-5162-X)

[Hammer 1992] Hammer, N.: *Möglichkeiten und Grenzen der Überprüfung von Designprodukten durch Okulometrie*. Die Blaue Eule, Essen, 1992. (ISBN: 3-89206-444-X)

[Han 2006] Han, J. Y.: Multi-Touch Interaction Wall. In: *Proceeding of the Emerging Technologies (SIGGRAPH 2006, 30. Juli - 3. August 2006, Boston)*, Emerging Technologies (SIGGRAPH 2006), ACM Press, New York, S. 25, 2006. (ISBN: 1-59593-364-6)

[Hansen 1938] Hansen, F.: *Das Jahrhundert der Photographie (Chronica der Camera obscura)*. 2. Auflage, Verlag die Linse, Berlin-Lankwitz, 1938.

[Hansen 1965] Hansen, G.: Der Rhein und die Wandeldekoration des 19. Jahrhunderts. *Maske und Kothurn*, (11.), S. 134–150, 1965.

[Hansmann 1978] Hansmann, W.: *Baukunst des Barock: Form, Funktion, Sinngehalt*. DuMont-Buchverlag, Köln, 1978. (ISBN: 3-7701-0921-X)

[Harel und Feldman 2012] Harel, D. und Feldman, Y. A.: *Algorithmics: The Spirit of Computing*. 3. Auflage, Springer, Berlin; Heidelberg [u.a.], 2012. (ISBN: 978-3-642-27265-3)

[Hartley und Zisserman 2003] Hartley, R. und Zisserman, A.: *Multiple View Geometry in Computer Vision*. 2. Auflage, Cambridge University Press, Cambridge, New York, 2003. (ISBN: 0-521-54051-8)

## Anhang C: Verzeichnisse

[Hassan, Hicks, Lei und Turano 2007] Hassan, S. E.; Hicks, J. C.; Lei, H. und Turano, K. A.: What is the Minimum Field of View Required for Efficient Navigation? *Vision Research*, 47(16.), S. 2115–2123, 2007.

[Hatze 1974] Hatze, H.: Letter: The Meaning of the Term „Biomechanics". *Journal of Biomechanics*, 7(2.), S. 189–190, 1974.

[Hecht 2005] Hecht, E.: *Optik*. Oldenbourg Wissenschaftsverlag, München, Wien, 2005. (ISBN: 3-486-27359-0)

[Heckmann 1993] Heckmann, T.: Comments on „Special Vision within Egocentric and Exocentric Frames of Reference". In: Ellis, S. R.; Kaiser, M. K. und Grunwald, A. J. (Hrsg.): *Pictorial Communication in Virtual and Real Environments.*, Taylor & Francis, London. Washington, S. 61–75, 1993. (ISBN: 0-7484-0082-6)

[Heinsen 2003] Heinsen, S.: *Usability praktisch umsetzen: Handbuch für Software, Web, Mobile Devices und andere interaktive Produkte*. Hanser, München, Wien, 2003. (ISBN: 3-446-22272-3)

[Helaihel und Olukotun 1997] Helaihel, R. und Olukotun, K.: Java as a Specification Language for Hardware-Software Systems. In: Otten, R. H. J. M. (Hrsg.): *Proceedings of the 1997 IEEE/ACM International Conference on Computer-Aided Design*, ICCAD '97, IEEE Computer Society, Washington, S. 690–697, 1997. (ISBN: 0-8186-8200-0)

[Helbing 2004] Helbing, R.: *Ein Erweitertes Kameramodell - Methoden und Werkzeuge für die dynamische Kamerasteuerung in interaktiven Systemen*. Professor Computergrafik, Institut für Simulation und Graphik, Fakultät Informatik, Otto-von-Guericke-Universität Magdeburg (Dissertation), Magdeburg, 2004.

[Helmert, Kusch und Mosch 2010] Helmert, J. R.; Kusch, K. und Mosch, M.: Mind the Gap: Towards an On-Line Correction of Perspective in Virtual Reality Scenes. In: Fourth International Conference on Cognitive Science, Tomsk, 2010.

[Hendrix und Barfield 1994] Hendrix, C. und Barfield, W.: *Perceptual Biases in Spatial Judgements as a Function of Eyepoint Elevation Angle and Geometric Field of View*. SAE International, Warrendale, PA, 1994.

[Henn 2001] Henn, G.: *Seminarhandbuch PROGRAMMING - Schulung*. Technische Universität Dresden, Fakultät Architektur, Institut für Gebäudelehre und Entwerfen, Professor Industrie- und Gewerbebauten, Dresden, 2001.

[Herndon, Zeleznik, Robbins, Conner, Snibbe und van Dam 1992] Herndon, K. P.; Zeleznik, R. C.; Robbins, D. C.; Conner, D. B.; Snibbe, S. S. und van Dam, A.: Interactive Shadows. In: *Proceedings of the ACM Symposium on User Interface Software and Technology (15. - 18. November 1992, Monterey)*, ACM Symposium on User Interface Software and Technology (UIST), ACM Press, New York, S. 1–6, 1992. (ISBN: 0-89791-549-6)

[Hickethier 1996] Hickethier, K.: *Film- und Fernsehanalyse*. 2. Auflage, J. B. Metzler, Stuttgart [u. a.], 1996. (ISBN: 3-476-12277-8)

[Von Hildebrand 1893] von Hildebrand, A.: *Das Problem der Form in der bildenden Kunst*. Heitz, Strassburg, 1893.

[Hockney 2001a] Hockney, D.: *Geheimes Wissen: verlorene Techniken der alten Meister* Knesebeck, München, 2001. (ISBN: 3-89660-092-3)

[Hockney 2001b] Hockney, D.: *Secret Knowledge - Rediscovering the Lost Techniques of the Old Masters*. Thames & Hudson, London, 2001. (ISBN: 0-500-23785-9)

[Hockney 1993] Hockney, D.: *That's the Way I see It*. Thames and Hudson, London, 1993. (ISBN: 0-500-09213-3)

[Hoffman, Girshick, Akeley und Banks 2008] Hoffman, D. M.; Girshick, A. R.; Akeley, K. und Banks, M. S.: Vergence-Accommodation Conflicts Hinder Visual Performance and Cause Visual Fatigue. *Journal of Vision*, 8(3), S. 33–33, 2008.

[Hollmann 2007] Hollmann, A.: *Farbenperspektive*. Professor Mediengestaltung, Institut für Software- und Multimediatechnik, Fakultät Informatik, Technische Universität Dresden (Große Belegarbeit), Dresden, 2007.

[Holmes 1859] Holmes, O. W.: The Age of Photography - Technology & Innovation. *The Atlantic - Ideas Tour (Atlantic Media Company, Washington)*, 3(20), S. 738–748, 1859.

[Holmqvist 2011] Holmqvist, K.: *Eye Tracking: A Comprehensive Guide to Methods and Measures*. Oxford University Press, Oxford, New York, 2011. (ISBN: 0-19-969708-6)

[Hornung 2005] Hornung, E.: *Echnaton: Fie Religion des Lichtes*. Patmos, Düsseldorf, 2005. (ISBN: 3-491-69076-5)

[Howard 1993] Howard, I. P.: Special Vision Within Egocentric and Exocentric Frames of Reference. In: Ellis, S. R.; Kaiser, M. K. und Grunwald, A. J. (Hrsg.): *Pictorial Communication in Virtual and Real Environments.*, Taylor & Francis, London; Washington, DC, S. 61–75, 1993. (ISBN: 0-7484-0082-6)

[Hsu, Ma und Correa 2011] Hsu, W.-H.; Ma, K.-L. und Correa, C.: A Rendering Framework for Multiscale Views of 3D Models. *Journal of the ACM Transactions on Graphics (TOG), Proceedings of ACM SIGGRAPH Asia 2011*, 30(6.131), 2011.

[Hubel und Wiesel 1965] Hubel, D. H. und Wiesel, T. N.: Peceptive Fields and Functional Architecture in Two Non-Striate Visual Areas (18 and 19) of the Cat. *Journal of Neurophysiology*, 28(2), S. 229–289, 1965.

[Hubel und Wiesel 1962] Hubel, D. H. und Wiesel, T. N.: Receptive Fields, Binocular Interaction and Functional Architecture in the Cat's Visual Cortex. *The Journal of Physiology by The Physiological Society*, 160(1), S. 106–154, 1962.

[Hubel und Wiesel 1974] Hubel, D. H. und Wiesel, T. N.: Uniformity of Monkey Striate Cortex: a Parallel Relationship Between Field Size, Scatter, and Magnification Factor. *The Journal of Comparative Neurology*, 158(3), S. 295–305, 1974.

[Hueber und Strocka 1975] Hueber, F. und Strocka, V. M.: Die Bibliothek des Celsus - Eine Prachtfassade in Ephesos und das Problem ihrer Wiederaufrichtung (in Folge dessen steht vor Ort ein Tafel über die: Besonderheit der Fassdengestaltung). *Antike Welt - Zeitschrift für Archäologie und Urgeschichte*, 6(4), S. 3–14, 1975.

[Hunziker 2006] Hunziker, H. W.: *Im Auge des Lesers: vom Buchstabieren zur Lesefreude: foveale und periphere Wahrnehmung*. Transmedia, Zürich, 2006. (ISBN: 3-7266-0068-X)

[Huth 2003] Huth, C.: *Menschenbilder und Menschenbild: Anthropomorphe Bildwerke der frühen Eisenzeit*. Reimer, Berlin, 2003. (ISBN: 3-496-01282-X)

[Hüther 2004] Hüther, G.: *Die Macht der inneren Bilder: wie Visionen das Gehirn, den Menschen und die Welt verändern*. Vandenhoeck & Ruprecht, Göttingen, 2004. (ISBN: 3-525-46213-1)

[Huxley 1960] Huxley, A.: *Brave New World*. 12. Auflage, Bantam Books, New York, 1960.

[Ilbring 2010] Ilbring, F.: *Argos - Entwicklung einer erweiterten Schnittstellenarchitektur zur effizienten Anbindung eines Eye-Tracking-Systems an das Bildsprache LiveLab*. Professor Mediengestaltung, Institut für Software- und Multimediatechnik, Fakultät Informatik, Technische Universität Dresden (Diplomarbeit), Dresden, 2010.

[Ilbring 2009] Ilbring, F.: *Geometrieveränderung während sakkadischer Suppression*. Professor Mediengestaltung, Institut für Software- und Multimediatechnik, Fakultät Informatik, Technische Universität Dresden (Diplomarbeit), Dresden, 2009.

[Ings 2008] Ings, S.: *Das Auge: Meisterstück der Evolution*. 1. Auflage, Hoffmann und Campe, Hamburg, 2008. (ISBN: 3-455-50072-2)

## C5 Literaturverzeichnis

[Institut für immersive Medien (ifm) 2012] Institut für immersive Medien (ifm): *Bildräume - Grenzen und Übergänge.* Schüren-Verlag, Marburg, 2012. (ISBN: 978-3-89472-779-6)

[Irwin 1996] Irwin, D. E.: Integrating Information Across Saccadic Eye Movements. *Current Directions in Psychological Science: A Journal of the Association for Psychological Science*, 5(3), S. 94–100, 1996.

[Istace 2012] Istace, E.: Paul Klee et Johann Sebastian Bach – Fuge in Rot sur le 8éme contrepoint de l'Art de la Fugue. *Résultat de recherche pour: fuge in rot*, 2012.

[Itten 1978] Itten, J.: *Gestaltungs- und Formenlehre: Mein Vorkurs am Bauhaus und später.* 2. Auflage, Maier, Ravensburg, 1978. (ISBN: 3-473-61560-9)

[Itten 2003] Itten, J.: *Kunst der Farbe: subjektives Erleben und objektives Erkennen als Wege zur Kunst.* 28. Auflage, Urania, Berlin, Stuttgart, 2003. (ISBN: 3-332-01470-6)

[Itti, Koch und Niebur 1998] Itti, L.; Koch, C. und Niebur, E.: A Model of Saliency-Based Visual Attention for Rapid Scene Analysis. *Pattern Analysis and Machine Intelligence, IEEE Transactions*, 20(11), S. 1254–1259, 1998.

[Jacob 1995] Jacob, R. J. K.: Virtual Environments and Advanced Interface Design. In: Barfield, W. und Furness,III, T. A. (Hrsg.): Oxford University Press, New York, S. 258–288, 1995. (ISBN: 0-19-507555-2)

[Jacob und Karn 2003] Jacob, R. J. K. und Karn, K. S.: Eye Tracking in Human-Computer Interaction and Usability Research: Ready to Deliver the Promises. In: Hyönä, J.; Radach, R. und Deubel, H. (Hrsg.): *The mind's eye: cognitive and applied aspects of eye movement research*, North-Holland, Amsterdam, Boston, S. 573–605, 2003. (ISBN: 0-444-51020-6)

[Jansen und Scharfe 1999] Jansen, A. und Scharfe, W.: *Handbuch der Infografik: visuelle Information in Publizistik, Werbung und Öffentlichkeitsarbeit.* Springer, Berlin [u. a.], 1999. (ISBN: 3-540-64919-0)

[Jansen, Toet und Delleman 2008] Jansen, S. E. M.; Toet, A. und Delleman, N. J.: Effects of Horizontal Field-Of-View Restriction on Manoeuvring Performance Through Complex Structured Environments. In: Sarah, C.-R. (Hrsg.): *Proceeding of the 5th Symposium on Applied Perception in Graphics and Visualization (APGV '08, 9. - 10. August 2008, Los Angeles)*, 5th Symposium on Applied Perception in Graphics and Visualization (APGV '08), ACM Press, New York, S. 189, 2008. (ISBN: 978-1-59593-981-4)

[Jenny 1996] Jenny, P.: *Bildrezepte: Die Suche des ordnungsliebenden Auges nach dem zum Widerspruch neigenden Gedanken.* vdf Hochschulverlag an der ETH Zürich, Zürich, Stuttgart, 1996. (ISBN: 3-7281-2174-6)

[Jenny 1991] Jenny, P.: *Die sensuellen Grundlagen der Gestaltung: Texte und Bilder zur Bildung von persönlichen Prozessen der Mitgestaltung.* Verlag der Fachvereine an den Schweizerischen Hochschulen und Techniken, Zürich, 1991. (ISBN: 3-7281-1839-7)

[Jenny 1997] Jenny, P.: *Notizen zur Fototechnik.* 8. Auflage, vdf Hochschulverlag AG an der ETH Zürich, Zürich, 1997. (ISBN: 3-7281-2432-X)

[Jodidio 2001] Jodidio, P.: *Architecture now! = Architektur heute = L'architecture d'aujourd'hui.* Taschen, Köln [u. a.], 2001. (ISBN: 3-8228-6065-4)

[Jokela, Iivari, Matero und Karukka 2003] Jokela, T.; Iivari, N.; Matero, J. und Karukka, M.: The Standard of User-Centered Design and the Standard Definition of Usability: Analyzing ISO 13407 Against ISO 9241-11. In: *Proceedings of the Latin American Conference on Human-Computer Interaction (CLIHC'03, 17. - 20. November 2003, Rio de Janeiro)*, Latin American Conference on Human-Computer Interaction (CLIHC'03), ACM Press, New York, Rio de Janeiro, S. 53–60, 2003.

[Jong und Klint 2003] Jong, H. und Klint, P.: ToolBus: The Next Generation. In: Boer, F. S.; Bonsangue, M. M.; Graf, S. und Roever, W.-P. (Hrsg.): *Formal Methods for Components and Objects: First International Symposium (FMCO 2002, 5. - 8. November 2002, Leiden)*, Lecture notes in computer science (ISSN: 1611-3349), Springer-Verlag, Berlin, Heidelberg, S. 220–241, 2003. (ISBN: 978-3-540-39656-7)

[Joos, Rötting und Velichkovsky 2003] Joos, M.; Rötting, M. und Velichkovsky, B. M.: Die Bewegungen des menschlichen Auges: Fakten, Methoden, innovative Anwendungen. In: Rickheit, G.; Herrmann, T. und Deutsch, W. (Hrsg.): *Psycholinguistik - Psycholinguistics: Ein internationales Handbuch - An International Handbook*, Walter de Gruyter, Berlin, S. 142–168, 2003. (ISBN: 3-11-011424-0)

[Joos und Weber 2009] Joos, M. und Weber, S.: EyeTracking-Lösungen. *Interactive Minds Dresden*, 2009.

[Jordan, Sippel und Schmoll 2007] Jordan, K.; Sippel, C. und Schmoll, H.-J.: Guidelines for Antiemetic Treatment of Chemotherapy-Induced Nausea and Vomiting: Past, Present, and Future Recommendations. *The Oncologist: The International Peer-Reviewed Journal for the Practicing Oncologist, Hematologist*, 12(9), S. 1143–1150, 2007.

[Jung, Cramer und Breitling 2008] Jung, S.; Cramer, J. und Breitling, S.: Petersplatz in Rom. *Petersplatz in Rom*, Technische Universität Berlin, Institut für Architektur, Fachgebiet Bau- und Stadtbaugeschichte, 2008.

[Kammer 2007a] Kammer, D.: *Analyse zu Einsatz und Wirkung von Schatten in medialen Bildwelten.* Professur Mediengestaltung, Institut für Software- und Multimediatechnik, Fakultät Informatik, Technische Universität Dresden (Große Belegarbeit), Dresden, 2007.

[Kammer 2009] Kammer, D.: *Bildsprache LiveLab 2.0 - Neukonzeption einer erweiterbaren Software-Architektur für ein echtzeitfähiges Visualisierungssystem.* Professur Mediengestaltung, Institut für Software- und Multimediatechnik, Fakultät Informatik, Technische Universität Dresden (Diplomarbeit), Dresden, 2009.

[Kammer 2006] Kammer, D.: Das Interaktions-Skript - Hauptstudium bei Professor Groh Vorlesungsmitschriften aus 2006. Dresden 2006.

[Kammer 2014] Kammer, D.: *Formalisierung gestischer Eingabe für Multitouch-Systeme.* TUDpress, Dresden, 2014. (ISBN: 978-3-944331-55-3)

[Kammer 2007b] Kammer, D.: Schatten in Medialen Bildwelten. Dresden 2007.

[Kammer, Wojdziak, Ebner und Franke 2011] Kammer, D.; Wojdziak, J.; Ebner, T. und Franke, I. S.: Bildsprache LiveLab: Ein komponentenorientiertes Framework im Bereich der experimentellen Computergrafik. In: Groh, R. und Zavesky, M. (Hrsg.): *Wieder mehr sehen! - Ein Sammelband zu aktuellen Themen und Fragestellungen aus dem Bereich der Technischen Visualistik*, TUDpress - Verlag der Wissenschaften GmbH, Dresden, S. 146, 2011. (ISBN: 978-3-942710-39-8)

[Kammer, Wojdziak, Ebner, Franke und Groh 2012] Kammer, D.; Wojdziak, J.; Ebner, T.; Franke, I. S. und Groh, R.: A Component-Oriented Framework for Experimental Computer Graphics. *Computer Standards & Interfaces: The International Journal on the Development and Application of Standards for Computers, Software Quality, Data Communications, Interfaces and Measurement (Elsevier Science Publ. BV, North-Holland)*, 2012.

[Kammer, Wojdziak und Groh 2013] Kammer, D.; Wojdziak, J. und Groh, R.: Interactive Color Perspective for 3D Graphics Applications: Enhancing Depth Perception and the Understanding of Object Relations. In: *Proceedings of Communications in Computer and Information Science, 15th International Conference on Human-Computer Interaction, HCI International 2013 (HCI'13, 21. - 26. Juli 2013, Las Vegas)*, 15th International Conference on Human-Computer Interaction, HCI International 2013 (HCI'13), Springer, Heidelberg, S. 483–487, 2013.

## Anhang C: Verzeichnisse

[Kammer, Wojdziak, Keck, Taranko und Groh 2010] Kammer, D.; Wojdziak, J.; Keck, M.; Taranko, S. und Groh, R.: Towards a Formalization of Multi-touch Gestures. In: *Proceedings of the International Conference on Interactive Tabletops and Surfaces (ITS '10, 7. - 10. November 2010, Saarbrücken)*, International Conference on Interactive Tabletops and Surfaces (ITS '10), ACM Press, New York, S. 49–58, 2010. (ISBN: 978-1-4503-0399-6)

[Kandinsky 1973] Kandinsky, W.: *Punkt und Linie zu Fläche: Beitrag zur Analyse der malerischen Elemente.* 7. Auflage, Bill, M. (Hrsg.): Benteli, Bern-Bümpliz, 1973. (ISBN: 3-7165-0182-4)

[Kant 1985] Kant, I.: *Kritik der reinen Vernunft.* Heidemann, I. (Hrsg.): Reclam, Stuttgart, 1985. (ISBN: 3-15-006461-9)

[Karniel 2002] Karniel, A.: Three Creatures Named 'Forward Model'. *Neural Networks: The Official Journal of the International Neural Network Society, European Neural Network Society and Japanese Neural Network Society*, 15(3), S. 305–307, 2002.

[Katranouschkova 2007] Katranouschkova, N.: *Wahrnehmung von Perspektive in Gemälden.* Professur Mediengestaltung, Institut für Software- und Multimediatechnik, Fakultät Informatik, Technische Universität Dresden (Große Belegarbeit), Dresden, 2007.

[Kaufhold 1986] Kaufhold, E.: *Bilder des Übergangs: Zur Mediengeschichte von Fotografie und Malerei in Deutschland um 1900.* Jonas-Verlag, Marburg, 1986. (ISBN: 3-922561-35-7)

[Kaufmann und Decker 2004] Kaufmann, H. und Decker, W. de: *Strabismus: 72 Tabellen.* 3. Auflage, Thieme, Stuttgart [u. a.], 2004. (ISBN: 3-13-129723-9)

[Kenneth 1972] Kenneth, R. A.: Perspective and the Viewpoint. *Leonardo: The International Society for the Arts, Sciences and Technology (The MIT Press)*, 5(3), S. 209–217, 1972.

[Kepes 2012] Kepes, G.: *Language of Vision.* Literary Licensing, LLC, Whitefish, 2012. (ISBN: 978-1-258-45406-7)

[Kersken 2003] Kersken, S.: *Kompendium der Informationstechnik: Studien- und Ausbildungsbegleiter, praxisorientiertes Lehr- und Nachschlagewerk für Schule, Studium, Weiterbildung und alle IT-Berufe, EDV-Grundlagen, Programmierung, Mediengestaltung.* Galileo Press, Bonn, 2003. (ISBN: 3-89842-355-7)

[Khalilbeigi, Lissermann, Mühlhäuser und Steimle 2011] Khalilbeigi, M.; Lissermann, R.; Mühlhäuser, M. und Steimle, J.: Xpaaand: Interaction Techniques for Rollable Displays. In: *Conference Proceedings and Extended Abstracts: The 29th Annual CHI Conference on Human Factors in Computing Systems*, Conference on Human Factors in Computing Systems (CHI 2011, 7. - 12. Mai 2011, Vancouver), ACM Press, New York, S. 2729, 2011. (ISBN: 978-1-4503-0228-9)

[Kim 2008] Kim, S.: *Erweiterung der narrativen Panelsetzung zur Strukturierung von dreidimensionalen Szenen.* Professur Mediengestaltung, Institut für Software- und Multimediatechnik, Fakultät Informatik, Technische Universität Dresden (Große Belegarbeit), Dresden, 2008.

[Kitamura, Konishi, Yamamoto und Kishino 2001] Kitamura, Y.; Konishi, T.; Yamamoto, S. und Kishino, F.: Interactive Stereoscopic Display for Three or More Users. In: *Proceedings of the 28th Annual Conference on Computer Graphics and Interactive Techniques (SIGGRAPH'01, 12. - 17. August 2001, Los Angeles)*, 28th Annual Conference on Computer Graphics and Interactive Techniques (SIGGRAPH'01), ACM Press, New York, S. 231–240, 2001. (ISBN: 1-58113-374-X)

[Kjelldahl und Prime 1995] Kjelldahl, L. und Prime, M.: A Study on How Depth Perception is Affected by Different Presentation Methods of 3D Objects on a 2D Display. *Computers & Graphics: An International Journal of Applications in Computer Graphics*, 19(2), S. 199–202, 1995.

[Klee und Klee 1990] Klee, P. und Klee, P.: *Das bildnerische Denken.* 5. Auflage, Schwabe, Basel [u. a.], 1990. (ISBN: 3-7965-0889-8)

[Kleinert, Ruppert und Stratil 2005] Kleinert, R.; Ruppert, W. und Stratil, F. X.: *Nerven, Sinne, Hormone: Grundlagen: Mit ausführlichem Lösungsteil.* Mentor, München, 2005. (ISBN: 3-580-63693-6)

[Klotz 1990] Klotz, H.: *Filippo Brunelleschi: The Early Works and the Medieval Tradition.* Rizzoli International Publications, Stuttgart, New York, 1990. (ISBN: 0-8478-1211-1)

[Knapp und Loomis 2004] Knapp, J. M. und Loomis, J. M.: Limited Field of View of Head-Mounted Displays is not the Cause of Distance Underestimation in Virtual Environments. *Presence: Teleoperators and Virtual Environments*, 13(5), S. 572–577, 2004.

[Knauer 2002] Knauer, R.: *Entwerfen und Darstellen: die Zeichnung als Mittel des architektonischen Entwurfs.* 2. Auflage, Ernst, Berlin, 2002. (ISBN: 3-433-01267-9)

[Knauer 2008] Knauer, R.: *Transformation: Grundlagen und Methodik der Gestaltung.* Birkhäuser, Basel, 2008. (ISBN: 3-7643-6760-1)

[Koenderink und van Doorn 2003] Koenderink, J. J. und van Doorn, A. J.: Pictorial Space. In: Hecht, H.; Schwartz, R. und Atherton, M. (Hrsg.): *Looking into Pictures: An Interdisciplinary Approach to Pictorial Space*, Meeting. Zentrum für Interdisziplinäre Forschung (2000, Bielefeld), MIT Press, Cambridge [u. a.], S. 239–300, 2003. (ISBN: 0-262-08310-8)

[Köller 2004] Köller, W.: *Perspektivität und Sprache: Zur Struktur von Objektivierungsformen in Bildern, im Denken und in der Sprache.* De Gruyter, Berlin, New York [u. a.], 2004. (ISBN: 3-11-018104-5)

[Komorowska 2011] Komorowska, H.: *Issues in Promoting Multilingualism: Teaching - Learning - Assessment.* Foundation for the Development of the Education System, Warsaw, 2011. (ISBN: 978-83-62634-19-4)

[König 2005] König, N.: *Gestalterisch geordnete Computergrafik - Transformationsprinzip in OpenGL.* Professur Mediengestaltung, Institut für Software- und Multimediatechnik, Fakultät Informatik, Technische Universität Dresden (Diplomarbeit), Dresden, 2005.

[Kopfermann 1930] Kopfermann, H.: Psychologische Untersuchungen über die Wirkung zweidimensionaler Darstellungen körperlicher Gebilde. *Psychologische Forschung: An International Journal of Perception, Attention, Memory, and Action.*, 13(1), S. 293–364, 1930.

[Kosara, Miksch und Hauser 2001] Kosara, R.; Miksch, S. und Hauser, H.: Semantic Depth of Field. In: *Proceedings of the IEEE Symposium on Information Visualization 2001 (INFOVIS'01, 22. - 25. Oktober 2001, San Diego)*, INFOVIS '01, IEEE Symposium on Information Visualization 2001 (INFOVIS'01), IEEE Computer Society, Washington, S. 97–104, 2001. (ISBN: 0-7695-1342-5)

[Kovalev, Lishchenko und Stepanov 2007] Kovalev, A. M.; Lishchenko, V. E. und Stepanov, M. V.: Perspective Systems for Computer Graphics. *Optoelectronics, Instrumentation and Data Processing*, 43(3), S. 232–238, 2007.

[Kracauer 1985] Kracauer, S.: *Theorie des Films: Die Errettung der äußeren Wirklichkeit.* 1. Auflage, Suhrkamp, Frankfurt am Main, 1985. (ISBN: 3-518-28146-1)

[Krauss 1983] Krauss, R. H.: *Kunst mit Photographie: die Sammlung Dr. Rolf H. Krauss.* 1. Auflage, Frölich & Kaufmann, Berlin, 1983. (ISBN: 3-88725-003-6)

[Krengel-Strudthoff 1993] Krengel-Strudthoff, I.: *In blauer Ferne: von der Kulissenbühne zum Königsberger panoramischen Theater: Schriften zur Bühnenreform von Johann Adam Breysig (1766-1831)* Harrassowitz, Wiesbaden, 1993. (ISBN: 9783447033862)

## C5 Literaturverzeichnis

[Krieg 1992] Krieg, S. W.: *Reversibilität: Das Feigenblatt in der Denkmalpflege? Eine Tagung des Deutschen Nationalkomitees von ICOMOS und des Sonderforschungsbereichs 315 der Universität Karlsruhe (24. - 26. Oktober 1991).* Lipp, München, 1992. (ISBN: 3-87490-617-5)

[Krüger und Stahl 1998] Krüger, A. und Stahl, C.: Intelligente Navigation in 3D-Welten: Zur Rolle graphischer Abstraktion. In: Lorenz, P. und Preim, B. (Hrsg.): *Proceedings of the 1998 Simulation and Visualization Conference (SimVis'98. 5. - 6. März 2008, Magdeburg),* 1998, Simulation und Visualisierung. Simulation und Visualisierung (SimVis'98), SCS Publishing House, Magdeburg, S. 80–91, 1998. (ISBN: 1-56555-134-6)

[Kubovy 1988] Kubovy, M.: *The Psychology of Perspective and Renaissance Art.* Cambridge University Press, Cambridge, New York, 1988. (ISBN: 0-521-36849-9)

[Kumar, Klingner, Puranik, Winograd und Paepcke 2008] Kumar, M.; Klingner, J.; Puranik, R.; Winograd, T. und Paepcke, A.: Improving the Accuracy of Gaze Input for Interaction. In: *Proceedings of 5th Eye Tracking Research and Applications Symposium (ETRA 2008, 26. - 28. März 2008, Savanna),* 5th Eye Tracking Research and Applications Symposium (ETRA 2008), ACM Press, New York, S. 65–68, 2008. (ISBN: 978-1-59593-982-1)

[Kunze 2008] Kunze, S.: *Analyse der menschlichen Wahrnehmung bei Umschaltung des Projektionszentrums eines Bildes gebunden an die Blickbewegung.* Professur Mediengestaltung, Institut für Software- und Multimediatechnik, Fakultät Informatik, Technische Universität Dresden (Diplomarbeit), Dresden, 2008.

[Küppers 2012] Küppers, H.: *Farbenlehre: Ein Schnellkurs.* 2. Auflage, DuMont-Buchverlag, Köln, 2012. (ISBN: 978-3-8321-9340-9)

[Kusch, Franke, Helmert, Wojdziak, Mosch, Pannasch, Groh und Velichkovsky 2010] Kusch, K.; Franke, I. S.; Helmert, J. R.; Wojdziak, J.; Mosch, M.; Pannasch, S.; Groh, R. und Velichkovsky, B. M.: Sakkadenabhängige Perspektivkorrektur in dynamischen Szenen. In: *Konferenzband der 52. Tagung experimentell arbeitender Psychologen (TeaP'10, 22. - 24. März 2010, Saarbrücken),* 52. Tagung experimentell arbeitender Psychologen (TeaP'10), Saarbrücken, 2010.

[Lambeck und Groh 2014] Lambeck, C. und Groh, R.: VALABI | Professur Mediengestaltung | Fakultät Informatik | Technische Universität Dresden 2014.

[Lange und Fuhse 1893] O A: *Dürers schriftlicher Nachlass: auf Grund der Originalhandschriften und teilweise neu entdeckter alter Abschriften.* Nachdruck von 1970. Sändig Reprint Verlag, Berlin, 1893. (ISBN: 978-3-253-02219-7)

[Lapczyna 2009] Lapczyna, E.: *Bild / Zeit - Aspekte zeitlicher Visualisierung in dynamischen Informationsströmen.* Professur Mediengestaltung, Institut für Software- und Multimediatechnik, Fakultät Informatik, Technische Universität Dresden (Diplomarbeit), Dresden, 2009.

[Lapczyna, Franke und Groh 2009] Lapczyna, E.; Franke, I. S. und Groh, R.: Eingang in die Höhle - Die Herausforderung des visuellen Wahrnehmungsrealismus auf dem Gebiet des Interfacedesigns. In: Stein, E. und Walzel, F. (Hrsg.): *Oberflächen Untersichten - Zeitschrift für Designwissenschaft,* Neuwerk, Halle an der Saale, Burg Giebichenstein, Hochschule für Kunst und Design, S. 135–141, 2009. (ISBN: 978-3-86019-074-6)

[Laplanche und Pontalis 1975] Laplanche, J. und Pontalis, J.-B.: *Das Vokabular der Psychoanalyse.* Suhrkamp, Frankfurt am Main, 1975. (ISBN: 3-518-27607-7)

[Larson und Loschky 2009] Larson, A. M. und Loschky, L. C.: The Contributions of Central versus Peripheral Vision to Scene Gist Recognition. *Journal of Vision,* 9(10.6), S. 1–16, 2009.

[LeCorbusier 1998] LeCorbusier, C.-É. J.-G.: *Der Modulor - Darstellung eines in Architektur und Technik allgemein anwendbaren harmonischen Maßes im menschlichen Maßstab.* 7. Auflage, DVA, Stuttgart, 1998. (ISBN: 3-421-02521-5)

[LeCorbusier 1990] LeCorbusier, C.-É. J.-G.: *Modulor 2: Das Wort haben die Benützer (1955): Fortsetzung von Modulor 1 (1948).* 4. Auflage, DVA, Stuttgart, 1990. (ISBN: 3-421-02509-6)

[Lenin 2001] Lenin, V. I.: *Staat und Revolution: Die Lehre des Marxismus vom Staat und die Aufgaben des Proletariats in der Revolution.* Verlag das Freie Buch, München, 2001. (ISBN: 3-922431-73-9)

[Leopold 2012] Leopold, C.: *Geometrische Grundlagen der Architekturdarstellung* 4. Auflage, Vieweg + Teubner Verlag, Wiesbaden, 2012. (ISBN: 978-3-8348-1838-6)

[Lesch 2010a] Lesch, H.: *Die Macht der Illusion - Ist die Realität ein reines Konstrukt unseres Bewusstseins? Arbeitsweise des Gehirns.* 1. Staffel: Leschs Kosmos 031 (01x31). Zweites Deutsches Fernsehen, Mainz, 2010.

[Lesch 2010b] Lesch, H.: *Leschs Kosmos – Der Horror vor dem Nichts.* 1. Staffel: Leschs Kosmos 008 (01x08). Zweites Deutsches Fernsehen, Mainz, 2010.

[Leyk 2010] Leyk, M.: *Von mir aus ... bewegter Leib - flüchtiger Raum Studie über den architektonischen Bewegungsraum.* Königshausen & Neumann, Würzburg, 2010. (ISBN: 978-3-8260-4375-8)

[Lindenmayer 1971] Lindenmayer, A.: Developmental Systems Without Cellular Interactions, Their Languages and Grammars. *Journal of Theoretical Biology,* 30(3), S. 455–484, 1971.

[Lipton 2003] Lipton, R.: *Bildsprache(n): Kommunikation durch Grafikdesign.* Stiebner, München, 2003. (ISBN: 3-8307-1279-0)

[Lischka 2002] Lischka, K.: *Spielplatz Computer: Kultur, Geschichte und Ästhetik des Computerspiels.* 1. Auflage, Heise, Hannover, 2002. (ISBN: 3-08229-193-1)

[Livingstone und Hubel 1988] Livingstone, M. und Hubel, D.: Segregation of Form, Color, Movement, and Depth: Anatomy, Physiology, and Perception. *Science: American Association for the Advancement of Science,* 240(4853), S. 740–749, 1988.

[Logothetis, Pauls, Bülthoff und Poggio 1994] Logothetis, N. K.; Pauls, J.; Bülthoff, H. H. und Poggio, T.: View-Dependent Object Recognition by Monkeys. *Current Biology,* 4(5), S. 401–414, 1994.

[Logothetis, Pauls und Poggio 1995] Logothetis, N. K.; Pauls, J. und Poggio, T.: Shape Representation in the Inferior Temporal Cortex of Monkeys. *Current Biology,* 5, S. 552–563, 1995.

[Lohse 1997] Lohse, G. L.: *Consumer Eye Movement Patterns on Yellow Pages Advertising.* 1997.

[Lordick 2013] Lordick, D.: A Visual Language for Parametric Modeling. In: Stollmann, J.; Bridger, J. und Cramer, J. (Hrsg.): *Research in Architecture Exhibition (Architecture Exhibition, 10. - 23. Januar 2013, Technische Universität Berlin),* Verlag der TU Berlin, Berlin, S. 162–165, 2013. (ISBN: 978-3-7983-2555-5)

[Lordick 2006] Lordick, D.: Schiefe Bilder - Mit Rapid Prototyping zu räumlichen Anamorphosen. In: *Proceedings - 1. Internationales Symposium „Geometrisches Modellieren, Visualisieren und Bildverarbeitung" (30. Juni - 1. Juli 2005, Stuttgart),* 1. Internationales Symposium „Geometrisches Modellieren, Visualisieren und Bildverarbeitung", Fakultät Vermessung, Informatik und Mathematik, Hochschule für Technik Stuttgart, Stuttgart, S. 61–68, 2006.

[Lüneburg 1999] Lüneburg, H.: *Die euklidische Ebene und ihre Verwandten.* Birkhäuser, Basel [u. a.], 1999. (ISBN: 3-7643-5685-5)

## Anhang C: Verzeichnisse

[Ma, Xu, Wong, Jiang und Hu 2013] Ma, L.-Q.; Xu, K.; Wong, T.-T.; Jiang, B.-Y. und Hu, S.-M.: Change Blindness Images. *IEEE Transactions on Visualization and Computer Graphics: A Publication of the IEEE Computer Society, ITVGEA*, 19(11), S. 1808–1819, 2013.

[Mach 1886] Mach, E. W. J. W.: *Beiträge zur Analyse der Empfindung: Die Analyse der Empfindungen und das Verhältnis des Physischen zum Psychischen*. G. Fischer, 1886.

[Mack und Rock 1998] Mack, A. und Rock, I.: *Inattentional Blindness*. The MIT Press, Cambridge, 1998. (ISBN: 0-262-13339-3)

[MacKay 2003a] MacKay, D.: *Information Theory, Inference, and Learning Algorithms*. Cambridge University Press, Cambridge, New York, 2003. (ISBN: 0-521-64298-1)

[MacKay 2003b] MacKay, D. M.: In Search of Basic Symbols. In: Pias, C. (Hrsg.): *Cybernetics | Kybernetik: The Macy-Conferences (1946-1953)*, Diaphanes, Zürich, Berlin, S. 511–523, 2003. (ISBN: 978-3-9353-0035-3)

[Mackinlay 1988] Mackinlay, J.: Applying a Theory of Graphical Presentation to the Graphic Design of User Interfaces. In: Mark, G. (Hrsg.): *Proceedings of the 1st Annual ACM SIGGRAPH Symposium on User Interface Software (UIST '88, 17. - 19. Oktober 1988, Alberta)*, 1st Annual ACM SIGGRAPH Symposium on User Interface Software (UIST '88), ACM Press, New York, S. 179–189, 1988. (ISBN: 0-89791-283-7)

[Makarewicz 2008] Makarewicz, S.: *Hellenistische Herrscher als Förderer von Wissenschaft und Kunst*. 1. Auflage, GRIN Verlag, München, 2008. (ISBN: 3-638-91799-1)

[Martín, García und Torres 2000] Martín, D.; García, S. S. und Torres, J. C.: Observer Dependent Deformations in Illustration. In: *Proceedings of the 1st International Symposium on Non-Photorealistic Animation and Rendering (NPAR'00, 5. - 7. Juni 2000, Annecy)*, 1st International Symposium on Non-Photorealistic Animation and Rendering (NPAR'00), ACM Press, New York, S. 75–82, 2000. (ISBN: 1-58113-277-8)

[Mashio, Yoshida, Takahashi und Okada 2010] Mashio, Y.; Yoshida, K.; Takahashi, S. und Okada, M.: Automatic Blending of Multiple Perspective Views for Aesthetic Composition. In: Taylor, R.; Boulanger, P.; Krüger, A. und Olivier, P. (Hrsg.): *Smart Graphics: 10th International Symposium on Smart Graphics (24. - 26. Juni 2010, Banff)*, Springer Berlin Heidelberg, Berlin, Heidelberg, S. 220–231, 2010. (ISBN: 978-3-642-13543-9)

[Matin 1974] Matin, E.: Saccadic Suppression: A Review and an Analysis. *Psychological Bulletin*, 81(12), S. 899–917, 1974.

[Matlin 1992] Matlin, M. W.: *Sensation and Perception*. 3. Auflage, Allyn and Bacon, Boston, 1992. (ISBN: 0-205-13313-4)

[Maupertuis 1751] Maupertuis, P. L. M. de: *Essai de cosmologie*. Max Planck Institute for the History of Science, 1751.

[May, Kennedy, Williams, Dunlap und Brannan 1990] May, J. G.; Kennedy, R. S.; Williams, M. C.; Dunlap, W. P. und Brannan, J. R.: Eye Movement Indices of Mental Workload. *Acta Psychologica: An International Journal of Psychonomics*, 75(1), S. 75–89, 1990.

[Maya API 2013] Maya API: Autodesk Maya 2013 API Documentation: API Guide. 2013.

[Mayo 2003] Mayo, E.: *The Early Sociology of Management and Organizations the Human Problems of an Industrial Civilization*. Routledge, London, 2003. (ISBN: 0-415-27988-7)

[McCarthy 1960] McCarthy, J.: Recursive Functions Symbolic Expressions and Their Computation by Machine, Part I. Lynn, S. M. (Hrsg.): *Magazine Communications of the ACM (CACM)*, 3(4), S. 184–195, 1960.

[McCloud 1994] McCloud, S.: *Understanding Comics: The Invisible Art*. 1. Auflage, HarperPerennial, New York, 1994. (ISBN: 0-06-097625-X)

[McConkie und Currie 1996] McConkie, G. W. und Currie, C. B.: Visual Stability Across Saccades While Viewing Complex Pictures. *Journal of Experimental Psychology: Human Perception and Performance*, 22, S. 563–581, 1996.

[McConkie und Rayner 1976] McConkie, G. W. und Rayner, K.: Identifying the Span of the Effective Stimulus in Reading: Literature Reviews and Theories of Reading. In: Singer, H. und Ruddell, R. B. (Hrsg.): *Theoretical Land Processes of Reading*, International Reading Association, Newark, S. 137–162, 1976.

[McCulloch und Pitts 1943] McCulloch, W. S. und Pitts, W.: A Logical Calculus of the Ideas Immanent in Nervous Activity. *The Bulletin of Mathematical Biophysics*, 5(4), S. 115–133, 1943.

[Mcgreevy, Ratzlaff und Ellis 1986] Mcgreevy, M. W.; Ratzlaff, C. R. und Ellis, S. R.: Virtual Space and Two-Dimensional Effects in Perspective Displays. *NASA Conference Publication: Twenty-First Annual Conference on Manual Control*, 2428, S. 29.1, 1986.

[Messaris 1994] Messaris, P.: *Visual „Literacy": Image, Mind, and Reality*. Westview Press, Boulder, San Francisco [u. a.], 1994. (ISBN: 0-8133-1667-7)

[Messing und Durgin 2005] Messing, R. und Durgin, F. H.: Distance Perception and the Visual Horizon in Head-Mounted Displays. *Journal of the ACM Transactions on Applied Perception (TAP)*, 2(3), S. 234–250, 2005.

[Metzger 2008] Metzger, W.: *Gesetze des Sehens*. 4. Auflage, Klotz, Eschborn, Taunus, 2008. (ISBN: 978-3-88074-492-9)

[Miall und Wolpert 1996] Miall, R. C. und Wolpert, D. M.: Forward Models for Physiological Motor Control. *Neural Networks: The Official Journal of the International Neural Network Society, European Neural Network Society and Japanese Neural Network Society*, 9(8), S. 1265–1279, 1996.

[Michaud 1998] Michaud, Y.: Formen des Schauens. Philosophie und Fotografie. In: Frizot, M. (Hrsg.): *Neue Geschichte der Fotografie*, Könemann, Köln, S. 730–739, 1998. (ISBN: 3-8290-1327-2)

[Mickasch und Haack 1986] Mickasch, H. D. und Haack, J.: Blickbewegungsforschung - Einfuehrung in die physiologischen Grundlagen, Techniken und in die Problem-und Anwendungsbereiche. In: Issing, L. J.; Mickasch, H. D. und Haack, J. (Hrsg.): *Blickbewegung und Bildverarbeitung: kognitionspsychologische Aspekte visueller Informationsverarbeitung (Arbeitstagung: Bildverarbeitung und Bildgestaltung, Juli 1984, Berlin)*, Europäische Hochschulschriften. Reihe VI, Psychologie, Publications universitaires européennes. Série VI, Psychologie ; European university studies. Series VI, Psychology, P. Lang, Frankfurt am Main, New York [u. a.], S. 11–36, 1986. (ISBN: 3-8204-8628-3)

[Mitchell und Timney 1984] Mitchell, D. E. und Timney, B.: Postnatal Development of Function in the Mammalian Visual System. In: Darian-Smith, I. (Hrsg.): *Supplement 3: Handbook of Physiology, The Nervous System, Sensory Processes*, American Physiological Society, Bethesda, S. 507–555, 1984.

[Mitchell 1995] Mitchell, W. J. T.: *Picture Theory: Essays on Verbal and Visual Representation*. University of Chicago Press, Chicago [u. a.], 1995. (ISBN: 0-226-53232-1)

[Mittelstaedt 1993] Mittelstaedt, H.: Interaction of Form and Orientation. In: Ellis, S. R.; Kaiser, M. K. und Grunwald, A. J. (Hrsg.): *Pictorial Communication in Virtual and Real Environments*, Taylor & Francis, London, Washington [u. a.], S. 61–75, 1993. (ISBN: 0-7484-0082-6)

[Möller, Haines und Hoffman 2008] Möller, T.; Haines, E. und Hoffman, N.: *Real-Time Rendering*. 3. Auflage, A. K. Peters, Wellesley, 2008. (ISBN: 978-1-56881-424-7)

[Monaco 1995] Monaco, J., Bock, Hans-Michael, Lindroth, David, Westermeier, Brigitte: *Film verstehen: Kunst, Technik, Sprache, Geschichte und Theorie des Films und der neuen Medien: Mit einer Einführung in Multimedia*. 1. Auflage, Rowohlt-Taschenbuch-Verlag, Reinbek bei Hamburg, 1995. (ISBN: 3-499-16514-7)

## C5 Literaturverzeichnis

[Mondrian 2003] Mondrian, P.: *Neue Gestaltung: Neoplastizismus = Nieuwe beeling*. 2. Auflage, Wingler, H. M. (Hrsg.): Mann (Gebr.), Berlin, 2003. (ISBN: 3-7861-1472-2)

[Mondrian 1993] Mondrian, P.: *The New Art- The New Life: The Collected Eritings of Piet Mondrian* 1. Auflage, Holtzman, H. und James, M. S. (Hrsg.): Da Capo, New York, 1993. (ISBN: 0-306-80508-1)

[Moore 2006] Moore, G. E.: Lithography and The Future of Moore's Law. *IEEE Solid-State Circuits Newsletter / Solid-Stad Circuits Society (SSCS)*, 20(3), S. 37–42, 2006.

[Mosch 2010] Mosch, M.: *Untersuchung blickbewegungsabhängiger Szenenmanipulation - am Beispiel der Erweiterten Perspektivischen Korrektur.* Professur Mediengestaltung, Institut für Software- und Multimediatechnik, Fakultät Informatik, Technische Universität Dresden (Diplomarbeit), Dresden, 2010.

[Moya, Gonzalez, Roca, Fernandez und Espasa 2005a] Moya, V.; Gonzalez, C.; Roca, J.; Fernandez, A. und Espasa, R.: Shader Performance Analysis on a Modern GPU Architecture. In: *Proceedings of the 38th annual IEEEACM International Symposium on Microarchitecture (12. - 16. November 2005, Barcelona)*, 38th annual IEEEACM International Symposium on Microarchitecture, IEEE Computer Society, Washington, S. 355–364, 2005. (ISBN: 0-7695-2440-0)

[Moya, González, Roca, Fernández und Espasa 2005b] Moya, V.; González, C.; Roca, J.; Fernández, A. und Espasa, R.: A Single (Unified) Shader GPU Microarchitecture for Embedded Systems. In: Conte, T.; Navarro, N.; Hwu, W.; Valero, M. und Ungerer, T. (Hrsg.): *High Performance Embedded Architectures and Compilers*, Lecture Notes in Computer Science, Springer Berlin Heidelberg, S. 286–301, 2005. (ISBN: 978-3-540-30317-6)

[Müller 2012] Müller, M.: *Repräsentation von Tiefeninformationen zur Unterstützung des Wahrnehmungsprozesses bei der gestenbasierten Interaktion in system- und aggregaträumlichen Bildstrukturen.* Professur Mediengestaltung, Institut für Software- und Multimediatechnik, Fakultät Informatik, Technische Universität Dresden (Diplomarbeit), Dresden, 2012.

[Müller, Gründer, Franke und Groh 2014a] Müller, M.; Gründer, T.; Franke, I. S. und Groh, R.: Visualization of Spatial Relations in Virtual Environments with Artificial Depth Cues. In: *Proceedings of the Conference on Computation, Communication, Aesthetics and X ( xCoAx 2014, 26. und 27. Juni 2014, Porto)*, Conference on Computation, Communication, Aesthetics and X (xCoAx 2014), (im Druck), 2014.

[Müller, Knöfel, Gründer, Franke und Groh 2014b] Müller, M.; Knöfel, A.; Gründer, T.; Franke, I. S. und Groh, R.: FlexiWall: Exploring Layered Data with Elastic Displays. In: *Proceedings of the ACM International Conference on Interactive Tabletops and Surfaces (ITS, 16.-19. November, 2014, Dresden)*, International Conference on Interactive Tabletops and Surfaces, ACM Press, Dresden, 2014.

[Müller, Maurer, Knöfel, Franke und Groh 2014c] Müller, M.; Maurer, K. L.; Knöfel, A.; Franke, I. S. und Groh, R.: "Form Follows Function" – Investigating Interactive Physical Objects in Virtual Environments. In: Stephanidis, C. (Hrsg.): *Proceedings of Human-Computer Interaction: Design and Development Approaches, 16th International Conference, HCI International 2011 (HCI' 14, 22.-27. Juni 2014, Heraklion)*, Communications in Computer and Information Science, 16th International Conference on Human-Computer Interaction: Design and Development Approaches (HCI' 14), Springer, Heidelberg, 2014. (ISBN: 978-3-319-07856-4)

[Müller 2004] Müller, U.: *Raum, Bewegung und Zeit im Werk von Walter Gropius und Ludwig Mies van der Rohe*. Akademie Verlag, Berlin, 2004. (ISBN: 3-05-004059-9)

[Müller 1987] Müller, W.: *DTV-Atlas zur Baukunst: Tafeln und Texte: Allgemeiner Teil, Baugeschichte von Mesopotamien bis Byzanz*. 7. Auflage, Deutscher Taschenbuch Verlag, München, 1987. (ISBN: 3-423-03020-8)

[Münch 2008] Münch, T.: *Entwicklung eines multiperspektivischen Abbildungssystems für die Arbeitsumgebung Bildsprache LiveLab*. Professur Mediengestaltung, Institut für Software- und Multimediatechnik, Fakultät Informatik, Technische Universität Dresden (Diplomarbeit), Dresden, 2008.

[Murphy und Duchowski 2001] Murphy, H. und Duchowski, A. T.: Gaze-Contingent Level of Detail Rendering. In: *Proceedings of the Eurographics 2001 - Short Presentations 6: Meshes, Re-meshing and Subdivision (EG'01, 5. - 7. September 2001, Manchester)*, Eurographics 2001 - Short Presentations 6: Meshes, Re-meshing and Subdivision (EG'01), Graz University of Technology, Graz, S. 1–10, 2001.

[Muthard 2005] Muthard, E. K.: The Contaminating Influence of Display Size on Flight Control, Risk Assessment, and Route Selection. *Proceedings of the Human Factors and Ergonomics Society (26. - 30. September 2005, Orlando)*, 49(1), S. 73–77, 2005.

[Nake 1999] Nake, F.: Bildgeschichten aus Zahlen und Zufall. Betrachtungen zur Computerkunst. In: Dress, A. und Jäger, G. (Hrsg.): *Visualisierung in Mathematik, Technik und Kunst: Grundlagen und Anwendungen*, Vieweg +Teubner Verlag, Braunschweig. Wiesbaden, S. 230, 1999. (ISBN: 978-3-663-07748-0)

[Nake 1993a] Nake, F.: *Die erträgliche Leichtigkeit der Zeichen: Ästhetik, Semiotik, Informatik*. Agis-Verlag, Baden-Baden, 1993. (ISBN: 3-87007-038-2)

[Nake 1993b] Nake, F.: Die präzisen Vergnügen: Texte und Bilder zu einer Ausstellung und Werkstattgespräch. In: Nake, F. und Stoller, D. (Hrsg.): *Algorithmus und Kunst: Interface*, 2, Sautter & Lackmann, Hamburg, S. 72, 1993. (ISBN: 3-88920-022-2)

[Neisser 1967] Neisser, U.: *Cognitive Psychology.* Appleton-Century-Crofts Educational Division Meredith, New York, 1967. (ISBN: 0-390-66509-6)

[Neisser 1996] Neisser, U.: *Kognition und Wirklichkeit Prinzipien und Implikationen der kognitiven Psychologie*. 2. Auflage, Klett-Cotta, Stuttgart, 1996. (ISBN: 3-608-91808-6)

[Neth, Souman, Engel, Kloos, Bulthoff und Mohler 2011] Neth, C. T.; Souman, J. L.; Engel, D.; Kloos, U.; Bulthoff, H. H. und Mohler, B. J.: Velocity-Dependent Dynamic Curvature Gain for Redirected Walking. In: *Proceedings of IEEE Virtual Reality Conference (VR 2011, 19. - 23. März 2011, Singapore)*, IEEE Virtual Reality Conference (VR 2011), IEEE, Piscataway, S. 151–158, 2011. (ISBN: 978-1-4577-0039-2)

[Neufert, Kister, Lohmann, Merkel und Brockhaus 2012] Neufert, E.; Kister, J.; Lohmann, M.; Merkel, P. und Brockhaus, M.: *Bauentwurfslehre: Grundlagen, Normen, Vorschriften über Anlage, Bau, Gestaltung, Raumbedarf, Raumbeziehungen, Maße für Gebäude, Räume, Einrichtungen, Geräte mit dem Menschen als Maß und Ziel, Handbuch für den Baufachmann, Bauherrn, Lehrenden und Lernenden: mit Tabellen*. 40. Auflage, Springer Vieweg, Wiesbaden, 2012. (ISBN: 978-3-8348-1825-6)

[Neutra 1980] Neutra, R.: *Bauen und die Sinneswelt*. 2. Auflage, Parey, Berlin, Hamburg [u. a.], 1980. (ISBN: 3-489-61922-6)

[Newell und Bülthoff 2002] Newell, F. N. und Bülthoff, H. H.: Categorical Perception of Familiar Objects. *Cognition: International Journal of Cognitive Science*, 85(2), S. 113–143, 2002.

[Newell, Newell und Sancha 1972] Newell, M. E.; Newell, R. G. und Sancha, T. L.: A Solution to the Hidden Surface Problem. In: *Proceedings of the ACM Annual Conference (ACM '72)*, ACM Annual Conference (ACM '72), ACM Press, Boston, New York, S. 443–450, 1972.

[Newhall 1998] Newhall, B.: *Geschichte der Photographie*. Schirmer-Mosel, München, 1998. (ISBN: 3-88814-319-5)

[Newhall 1949] Newhall, B.: *The History of Photography: From 1839 to the Present*. Completely rev. and enl. ed., 5th ed. Museum of Modern Art, New York, 1949. (ISBN: 0-87070-381-1)

## Anhang C: Verzeichnisse

[Nielsen 1993] Nielsen, J.: Noncommand User Interfaces. *Magazine Communications of the ACM (CACM)*, 36(4), S. 83–99, 1993.
[De Nó 1933] de Nó, R. L.: Vestibulo-Ocular Reflex Arc. Wolff, H. G. (Hrsg.): *Archives of Neurology And Psychiatry*, 30(2), S. 245, 1933.
[Nöth 2000] Nöth, W.: *Handbuch der Semiotik*. 2. Auflage, Metzler, Stuttgart, 2000. (ISBN: 3-476-01226-3)
[O'Regan, Deubel, Clark und Rensink 2000] O'Regan, J. K.; Deubel, H.; Clark, J. J. und Rensink, R. A.: Picture Changes During Blinks: Looking Without Seeing and Seeing Without Looking. *Visual Cognition*, 7, Nummer 1-3, S. 191–211, 2000.
[Obiltschnig 2004] Obiltschnig, G.: POCO C++ Libraries. http://pocoproject.org/ 2004.
[Obiltschnig 2007] Obiltschnig, G.: The POCO Open Service Platform. http://www.appinf.com 2007.
[Odendahl, Finn und Wenger 2009] Odendahl, M.; Finn, J. und Wenger, A.: *Arduino - Physical Computing für Bastler, Designer und Geeks: Microcontroller-Programmierung für alle, Prototype Your Life, mit kompletter Programmiersprachenreferenz*. O'Reilly, Beijing [u. a.], 2009. (ISBN: 978-3-89721-893-2)
[Olsen 1998] Olsen, D. R.: *Developing User Interfaces*. Morgan Kaufmann Publishers, San Francisco, 1998. (ISBN: 1-55860-418-9)
[OpenGL Architecture Review Board 1993] OpenGL Architecture Review Board: *OpenGL Reference Manual: The Official Reference Document for OpenGL, Release 1*. Addison-Wesley, Reading, 1993. (ISBN: 0-201-63276-4)
[OpenGL Shading Language 2002] OpenGL Shading Language: OpenGL Shading Language. 2002.
[Opic, May und Gräber 2007] Opic, M.; May, M. und Gräber, M.: Sonderausgabe von „Der Facility Manager" - Marktübersicht CAFM-Software. *Forum Zeitschriften und Spezialmedien*, (GEFMA 940), 2007.
[Oracle 2013] Oracle: JDK 6 Virtual Machine (VM)-related APIs & Developer Guides. 2013.
[Orlamünder und Mascolus 2004] Orlamünder, D. und Mascolus, W.: *Computergrafik und OpenGL: Eine systematische Einführung mit 26 Übungen*. Fachbuchverlag Leipzig im Carl-Hanser-Verlag, München, Wien, 2004. (ISBN: 3-446-22837-3)
[Ötsch 1997] Ötsch, W. O.: NLP, kulturelle Beliefs und kultureller Wandel. , S. 25–32, 1997.
[Otto 1970] Otto, G.: *Erziehungswissenschaftliches Handbuch. Kunst und Erziehung im industriellen Zeitalter (Sonderdruck)*. Rembrandt-Verlag, Berlin, 1970.
[Oulasvirta, Reichel, Li, Zhang, Bachynskyi, Vertanen und Kristensson 2013] Oulasvirta, A.; Reichel, A.; Li, W.; Zhang, Y.; Bachynskyi, M.; Vertanen, K. und Kristensson, P. O.: Improving Two-Thumb Text Entry on Touchscreen Devices. In: *Proceedings of the 2013 Annual Conference on Human Factors in Computing Systems (CHI'13, 27. April - 2. Mai .2013, Paris)*, Annual Conference on Human Factors in Computing Systems (CHI'13), ACM Press, New York, S. 2765–2774, 2013. (ISBN: 978-1-4503-1899-0)
[Owada und Fujiki 2008] Owada, S. und Fujiki, J.: DynaFusion: A Modeling System for Interactive Impossible Objects. In: Ken, A. (Hrsg.): *Proceedings of the 6th International Symposium on Non-Photorealistic Animation and Rendering (NPAR '08, 9. - 11. Juni 2008, Annecy)*, 6th International Symposium on Non-Photorealistic Animation and Rendering (NPAR '08), ACM Press, New York, S. 65, 2008. (ISBN: 978-1-60558-150-7)
[Pak Chung Wong und Thomas 2004] Pak Chung Wong und Thomas, J.: Visual Analytics. *IEEE Computer Graphics and Applications*, 24(5), S. 20–21, 2004.
[Palmer 1999] Palmer, S. E.: *Vision Science: Photons to Phenomenology*. 3. Auflage, MIT Press, Cambridge, 1999. (ISBN: 0-262-16183-4)
[Pannasch 2013] Pannasch, S.: Technischen Universität Dresden, Institut für Psychologie III, Fakultät für Mathematik und Naturwissenschaften, Fachrichtung Psychologie, Professur Ingenieurpsychologie und Kognitive Ergonomie, Arbeitsgruppe für Angewandte Kognitionsforschung. *Arbeitsgruppe für Angewandte Kognitionsforschung*, 2013.
[Panofka 1838] Panofka, T. S.: *ARGOS PANOPTES - Eine Archäologische Abhandlung*. Königliche Akademie der Wissenschaften, Berlin, 1838.
[Panofsky 1980a] Panofsky, E.: *Aufsätze zu Grundfragen der Kunstwissenschaft*. 3. Auflage, Oberer, H. und Verheyen, E. (Hrsg.): Volker Spiess, Berlin, 1980. (ISBN: 3-88435-002-6)
[Panofsky 1980b] Panofsky, E.: Die Perspektive als symbolische Form. In: Oberer, H. und Verheyen, E. (Hrsg.): *Aufsätze zu Grundfragen der Kunstwissenschaft*, Volker Spiess, Berlin, S. 99–167, 1980. (ISBN: 3-88435-002-6)
[Parche 2008] Parche, R.: *Virtuelle Kamera - Vergleichende Analyse des virtuellen und des optischen Kameramodells - Ermittlung der abbildungsrelevanten Parameter eines allgemeinen Kameramodells*. Professur Mediengestaltung, Institut für Software- und Multimediatechnik, Fakultät Informatik, Technische Universität Dresden (Diplomarbeit), Dresden, 2008.
[Parnas 1972] Parnas, D. L.: On the Criteria to be Used in Decomposing Systems into Modules. *Magazine Communications of the ACM (CACM)*, 15(12), S. 1053–1058, 1972.
[Paul 2014] Paul, H.: Mensch-Maschine-Kommunikation (MMK - In-Between). *MMK - In-Between*, 2014.
[Pellacini, Tole und Greenberg 2002] Pellacini, F.; Tole, P. und Greenberg, D. P.: A User Interface for Interactive Cinematic Shadow Design. *Journal of the ACM Transactions on Graphics (TOG), Proceedings of ACM SIGGRAPH 2002*, 21(3), S. 563–566, 2002.
[Perkins 1994] Perkins, D. N.: *The Intelligent Eye: Learning to Think by Looking at Art*. Getty Center for Education in the Arts, Los Angeles, 1994. (ISBN: 0-89236-274-X)
[Peschke, Göbel, Gründer, Keck, Kammer und Groh 2012] Peschke, J.; Göbel, F.; Gründer, T.; Keck, M.; Kammer, D. und Groh, R.: DepthTouch: An Elastic Surface for Tangible Computing. In: *Proceedings of the Conference on Advanced Visual Interfaces 2012 (AVI 12 , 22. - 25. Mai 2012, Capri Island)*, International Working Conference on Advanced Visual Interfaces: AVI 12, ACM Press, New York, 2012. (ISBN: 978-1-4503-1287-5)
[Peters 2007] Peters, U. H.: *Lexikon Psychiatrie, Psychotherapie, Medizinische Psychologie*. 6. Auflage, Elsevier, Urban & Fischer, München [u. a.], 2007. (ISBN: 3-437-15061-8)
[Petsch 1850] Petsch, A.: *Vorbilder für Fabrikanten und Handwerker. Erster Theil, mit vier und neunzig Kupfertafeln (1821 bis 1830)*. Königlich technische Deputation für Gewerbe, Berlin, 1850.
[Pfennig 1973] O A: *Probleme des Raumes in der bildenden Kunst und im Kunstunterricht*. Isensee, Oldenburg, 1973. (ISBN: 3-920557-08-5)
[Phong 1975] Phong, B. T.: Illumination for Computer Generated Pictures. Lynn, S. M. (Hrsg.): *Magazine Communications of the ACM (CACM)*, 18(6), S. 311–317, 1975.
[Piaget, Fatke und Kober 2003] Piaget, J.; Fatke, R. und Kober, H.: *Meine Theorie der geistigen Entwicklung*. Beltz, Weinheim [u. a.], 2003. (ISBN: 3-407-22142-8)
[Pirenne 1970] Pirenne, M. H.: *Optics, Painting & Photography*. Cambridge University Press, London, 1970. (ISBN: 0-521-07686-2)
[Pirenne 1952] Pirenne, M. H.: The Scientific Basis of Leonardo da Vinci's Theory of Perspective. *The British Journal for the Philosophy of Science*, Oxford University Press on behalf of The British Society for the Philosophy of Science Stable, III(10), S. 169–185, 1952.

## C5 Literaturverzeichnis

[Pirenne 1948] Pirenne, M. H.: *Vision and the Eye*. Chapman & Hall, London, 1948.
[Platon 1990] Platon: *Der Sophist* Reclam, Stuttgart, 1990. (ISBN: 3-15-006339-6)
[Platon 1991] Platon: *Platon Sophistes Politikos - Sämtliche Werke VII - Parmenides - Sophistes - Politikos*. Insel-Verlag, Frankfurt am Main [u. a.], 1991. (ISBN: 3-458-33107-7)
[Platt 2001] Platt, D. S.: *Die Microsoft-.NET-Plattform: Eine Einführung: Ein Überblick über Design, Architektur und Einsatzmöglichkeiten von .NET*. Microsoft Press, Unterschleissheim, 2001. (ISBN: 3-86063-638-3)
[Plotinus 2010] Plotinus: *Die Enneaden des Plotin*. Nabu Press. BiblioBoard (Print-on-Demand), Charlston, 2010. (ISBN: 978-1-143-59161-7)
[Poelman und Kanade 1997] Poelman, C. J. und Kanade, T.: A Paraperspective Factorization Method for Shape and Motion Recovery. *IEEE Transactions on Pattern Analysis and Machine Intelligence*, 19(3), S. 206–218, 1997.
[Pohl 2009] Pohl, C.: *Mixed-reality-Modelle im Industrial-Design-Prozess, Konzept zur Integration virtueller und realer Modelle für wahrnehmungsgerechte Präsentationen*. Shaker, Aachen, 2009. (ISBN: 978-3-8322-8362-9)
[Pohl, Johnson und Bolkart 2013] Pohl, D.; Johnson, G. S. und Bolkart, T.: Improved Pre-Warping for Wide Angle, Head Mounted Displays. In: *Proceedings of the 19th ACM Symposium on Virtual Reality Software and Technology (VRST '13, 6. -8. Oktober 2013, Nanyang)*, 19th ACM Symposium on Virtual Reality Software and Technology (VRST '13), ACM Press, New York, S. 259–262, 2013. (ISBN: 978-1-4503-2379-6)
[Pohl und Rupp 2009] Pohl, K. und Rupp, C.: *Basiswissen Requirements Engineering: Aus- und Weiterbildung zum „Certified Professional for Requirements Engineering": Foundation Level nach IREB-Standard*. 1. Auflage, dpunkt-Verlag, Heidelberg, 2009. (ISBN: 978-3-89864-613-0)
[Pollitt 1986] Pollitt, J. J.: *Art in the Hellenistic Age*. Cambridge University Press, Cambridge, New York, 1986. (ISBN: 0-521-25712-3)
[Poole und Ball 2006] Poole, A. und Ball, L. J.: Eye Tracking in Human-Computer Interaction and Usability Research: Current Status and Future Prospects. In: Chaoudi, G. (Hrsg.): *Encyclopedia of Human-Computer Interaction*, Idea Group Reference, Hershey, Pennsylvania [u. a.], 2006. (ISBN: 1-59140-562-9)
[Popescu, Rosen und Adamo-Villani 2009] Popescu, V.; Rosen, P. und Adamo-Villani, N.: The Graph Camera. *Journal of the ACM Transactions on Graphics (TOG), Proceedings of ACM SIGGRAPH Asia '09*, 28(5:158), 2009.
[Preim und Dachselt 2010] Preim, B. und Dachselt, R.: *Interaktive Systeme: Grundlagen, Graphical User Interfaces, Informationsvisualisierung*. 1. Auflage, Springer-Verlag, Berlin, Heidelberg, 2010. (ISBN: 978-3-642-05402-0)
[Priess-Crampe 1983] Priess-Crampe, S.: *Angeordnete Strukturen: Gruppen, Körper, projektive Ebenen*. Springer-Verlag, Berlin, New York, 1983. (ISBN: 3-540-11646-X)
[Ramachandran 1990] Ramachandran, V. S.: Visual Perception in People and Machines. In: Blake, A. und Troscianko, T. (Hrsg.): *AI and the Eye: Symposium Held in Honour of Richard L. Gregory: Proceedings of the 11th European Conference on Visual Perception (ECVP, 1988, Bristol)*, Wiley, Chichester, S. 21–77, 1990. (ISBN: 0-471-92194-7)
[Raskar 2000] Raskar, R.: Immersive Planar Display Using Roughly Aligned Projectors. In: *Virtual Reality Conference (22. Oktober 2000, New Brunswick)*, IEEE Comput. Soc, S. 109–115, 2000. (ISBN: 0-7695-0478-7)
[Raskar und Low 2001] Raskar, R. und Low, K.-L.: Interacting with Spatially Augmented Reality. In: Chalmers, A. (Hrsg.): *Proceedings of the 1st International Conference on Computer Graphics, Virtual Reality and Visualisation (AFRIGRAPH '01, 5. - 7. November 2001, Cape Town)*, 1st International Conference on Computer Graphics, Virtual Reality and Visualisation (AFRIGRAPH '01), ACM Press, New York, S. 101–108, 2001. (ISBN: 1-58113-446-0)
[Rau 2008] Rau, C.: *Why Do Architects Wear Black?* Ambra Verlag, Wien, New York, 2008. (ISBN: 978-3-99043-215-0)
[Rauber 1993] Rauber, T.: *Algorithmen in der Computergrafik*. Vieweg + Teubner Verlag, Stuttgart, 1993. (ISBN: 3-519-02127-7)
[Rauschenbach 1983] Rauschenbach, B. V.: On My Concept of Perceptual Perspective That Accounts for Parallel and Inverted Perspective in Pictorial Art. *Leonardo: The International Society for the Arts, Sciences and Technology (The MIT Press)*, 16(1), S. 28, 1983.
[Raw Material Software 2013] Raw Material Software: *JUCE - Complete Doxygen-Generated API Reference Guide*. Raw Material Software 2013.
[Rayner 2009] Rayner, K.: Eye Movements and Attention in Reading, Scene Perception, and Visual Search. *The Quarterly Journal of Experimental Psychology*, 62(8), S. 1457–1506, 2009.
[Rayner 1998] Rayner, K.: Eye Movements in Reading and Information Processing: 20 Years of Research. *Psychological Bulletin of American Psychological Association*, 124(3), S. 372–422, 1998.
[Rayner und Pollatsek 1983] Rayner, K. und Pollatsek, A.: Is Visual Information Integrated Across Saccades? *Perception & Psychophysics*, 34(1), S. 39–48, 1983.
[Rehbock 1980] Rehbock, F.: *Geometrische Perspektive*. 2. Auflage, Springer, Berlin, Heidelberg, New York, 1980. (ISBN: 3-642-67542-5)
[Reiners, Rettig, Knöpfle, Voss und Behr 2000] Reiners, D.; Rettig, A.; Knöpfle, C.; Voss, G. und Behr, J.: *OpenSG - An OpenSource SceneGraph, Design Document, Version 0.2 Alpha* trac: Integrated SCM & Project Management by Edgewall Software 2000.
[Reiners, Voß und Behr 2002] Reiners, D.; Voß, G. und Behr, J.: OpenSG: Basic Concepts. In: *1. OpenSG Symposium OpenSG*, 2002.
[Rensink 2002] Rensink, R. A.: Change Detection. *Annual Review of Psychology*, 53(1), S. 245–277, 2002.
[Rensink, O'Regan und Clark 1997] Rensink, R. A.; O'Regan, J. K. und Clark, J. J.: To See or Not to See: The Need for Attention to Perceive Changes in Scenes. *Psychological Science*, 8(5), S. 368–373, 1997.
[Revermann und Gerlinger 2009] Revermann, C. und Gerlinger, K.: *Chancen und Perspektiven behinderungskompensierender Technologien am Arbeitsplatz*. Büro für Technikfolgen-Abschätzung beim Deutschen Bundestag (TAB), Berlin, 2009.
[Rieger 2007] Rieger, R.: *Dynamisierte Geometrische Mitte - Adaptive Zentralprojektion mittels Kopfverfolgung*. Professur Mediengestaltung, Institut für Software- und Multimediatechnik, Fakultät Informatik, Technische Universität Dresden (Große Belegarbeit), Dresden, 2007.
[Riis 1890] Riis, J. A.: *How the Other Half Lives: Studies Among the Tenements of New York*. Corner House, 1890.
[Ritter, Sonnet, Hartmann und Strothotte 2003] Ritter, F.; Sonnet, H.; Hartmann, K. und Strothotte, T.: Illustrative Shadows: Integrating 3D and 2D Information Displays. In: *Proceedings of International Conference on Intelligent User Interfaces (IUI'03, 12. - 15. Januar 2003, Miami)*, Conference on Intelligent User Interfaces (IUI'03), ACM Press, New York, S. 166–173, 2003. (ISBN: 1-58113-586-6)
[Robertson 1969] Robertson, D. S.: *Greek and Roman Architecture*. 2. Auflage, Cambridge University Press, London, 1969. (ISBN: 0-521-09452-6)
[Roger 1934] Roger, F.: *Reflections on British Painting*. The Macmillan Company und Faber & Faber, London, 1934.
[Rogers 1985] Rogers, F. R.: *Painting and Poetry: Form, Metaphor, and the Language of Literature*. Bucknell University Press, Lewisburg, 1985. (ISBN: 0-8387-5077-X)
[Rogerson 2013] Rogerson, J.: Samsung Reveals a Folding Phone-to-Tablet Prototype - Alongside a Foldable Phone Prototype. *TechRadar*, 2013.

## Anhang C: Verzeichnisse

[Rokohl, Lampert und Goldner 2009] Rokohl; Lampert und Goldner: Untersuchungsbericht zu einem Unfall in der Antarktis, nahe der Forschungseinrichtung „Neumayer II" vom 2. März 2008 (4X003-0/08). Bundesstelle für Flugunfalluntersuchung, Braunschweig 2009.

[Rolls, Cowey und Bruce 1992] Rolls, E. T.; Cowey, A. und Bruce, V.: Neurophysiological Mechanisms Underlying Face Processing within and beyond the Temporal Cortical Visual Areas (and Discussion). *Philosophical Transactions of the Royal Society B: Biological Sciences*, 335(1273), S. 11–21, 1992.

[Roman, Garg und Levoy 2004] Roman, A.; Garg, G. und Levoy, M.: Interactive Design of Multi-Perspective Images for Visualizing Urban Landscapes. In: Rushmeier, H. (Hrsg.): *Proceedings of the Conference on IEEE Visualization 2004 (VIS '04, 10. - 15. Oktober 2004, Austin)*, Conference on IEEE Visualization 2004, IEEE Computer Society, Washington, Piscataway, S. 537–544, 2004. (ISBN: 0-7803-8788-0)

[Roorda und Williams 1999] Roorda, A. und Williams, D. R.: The Arrangement of the Three Cone Classes in the Living Human Eye. *Nature*, 397(6719), S. 520–522, 1999.

[Rosenberg und Barfield 1995] Rosenberg, C. und Barfield, W.: Estimation of Spatial Distortion as a Function of Geometric Parameters of Perspective. *IEEE Transactions on Systems, Man, and Cybernetics: Institute of Electrical and Electronics Engineers, Systems, Man, and Cybernetics Group (SMC)*, 25(9), S. 1323–1333, 1995.

[Rosenblueth, Wiener und Bigelow 1943] Rosenblueth, A.; Wiener, N. und Bigelow, J.: Behavior, Purpose and Teleology. *Philosophy of Science: Official Journal of the Philosophy of Science Association*, 10(1), S. 18–24, 1943.

[Ross, Morrone, Goldberg und Burr 2001] Ross, J.; Morrone, M. C.; Goldberg, M. E. und Burr, D. C.: Changes in Visual Perception at the Time of Saccades. *Trends in Neurosciences*, 24(2), S. 113–121, 2001.

[Rubin 1915] Rubin, E. J.: *Synoplevede Figurer*. Gyldendalske Boghandel, Kopenhagen, Denmark, 1915.

[Rucker 2009] Rucker, R.: Wolfram | Alpha: Searching for Truth. *H+ Magazine*, 2009.

[Ruigang, Gotz, Hensley, Towles und Brown 2001] Ruigang, Y.; Gotz, D.; Hensley, J.; Towles, H. und Brown, M. S.: PixelFlex: A Reconfigurable Multi-Projector Display System. In: *Proceedings of Visualization 2001: Special Issue on IEEE Visualization (VIS'01, 21. - 26. Oktober 2001, San Diego)*, Visualization 2001: Special Issue on IEEE Visualization (VIS'01), IEEE, New York, S. 167–554, 2001. (ISBN: 0-7803-7201-8)

[Russell und Cohn 2012] Russell, J. und Cohn, R.: *Windows Template Library*. Bookvika publishing, Book on Demand Ltd., 2012. (ISBN: 978-5-511-57095-2)

[Russell und Canny 2004] Russell, S. und Canny, J. F.: *Künstliche Intelligenz: Ein moderner Ansatz*. 2. Auflage, Pearson Studium, München, Boston [u. a.], 2004. (ISBN: 3-8273-7089-2)

[Russell und Norvig 2003] Russell, S. J. und Norvig, P.: *Artificial Intelligence: A Modern Approach*. 2. Auflage, Prentice Hall, Pearson Education, Upper Saddle River, 2003. (ISBN: 0-13-790395-2)

[Sachs-Hombach 2009] O A: *Bildtheorien: Anthropologische und kulturelle Grundlagen des Visualistic Turn*. 1. Auflage, Suhrkamp, Frankfurt am Main, 2009. (ISBN: 3-518-29488-1)

[Sachs-Hombach 2000] Sachs-Hombach, K.: *Vom Realismus der Bilder: Interdisziplinäre Forschungen zur Semantik bildhafter Darstellungsformen*. Rehkämper, K. (Hrsg.): Scriptum, Magdeburg, Köln, 2000. (ISBN: 3-931606-79-1)

[Saegusa, Metta und Sandini 2009] Saegusa, R.; Metta, G. und Sandini, G.: Active Learning for Sensorimotor Coordinations of Autonomous Robots. In: *Proceedings of the 2nd Conference on Human System Interactions (HSI'09, 21. - 23. Mai 2009, Catania)*, Conference on Human System Interactions (HSI'09), IEEE Press, Piscataway, S. 698–703, 2009. (ISBN: 978-1-4244-3959-1)

[Salesin 2002] Salesin, D.: Foreword. In: Strothotte, T. und Schlechtweg, S. (Hrsg.): *Non Photorealistic Computer Graphics: Modeling, Rendering and Animation*, The Morgan Kaufmann series in computer graphics, Morgan Kaufmann, San Francisco, 2002. (ISBN: 1-558-60787-0)

[Sangappa, Palaniappan und Tollerton 2002] Sangappa, S.; Palaniappan, K. und Tollerton, R.: Benchmarking Java against C/C++ for Interactive Scientific Visualization. In: *Proceedings of the Joint ACM-ISCOPE Conference on Java Grande 2002 (JGI'02, 3. - 5. November 2002, Seattle)*, Joint ACM-ISCOPE Conference on Java Grande 2002 (JGI'02), ACM Press, New York, S. 236–236, 2002. (ISBN: 1-58113-599-8)

[Saunders und Backus 2006] Saunders, J. A. und Backus, B. T.: The Accuracy and Reliability of Perceived Depth from Linear Perspective as a Function of Image Size. *Journal of Vision by Association for Research in Vision and Ophthalmology*, 6(9), S. 7–7, 2006.

[Schaible 2010] Schaible, J.: Architekten mit Bachelor – allein auf weiten Fluren? *beim wort genommen*, 2010.

[Schandry 1989] Schandry, R.: *Lehrbuch der Psychophysiologie: Körperliche Indikatoren psychischen Geschehens*. 1. Auflage, Psychologie Verlags Union, München [u. a.], 1989. (ISBN: 3-621-27048-5)

[Schattschneider 2010] Schattschneider, D.: The Mathematical Side of M. C. Escher. *Notices of the Americal Mathematical Society (AMS)*, 57(6), S. 706–718, 2010.

[Scheibe 2005] Scheibe, R.: *Projektionen mit nutzeradaptiver Perspektivkorrektur*. Professur Mediengestaltung, Institut für Software- und Multimediatechnik, Fakultät Informatik, Technische Universität Dresden (Diplomarbeit), Dresden, 2005.

[Schikore, Fischer, Frank, Gaunt, Hobson und Whitlock 2000] Schikore, D. R.; Fischer, R. A.; Frank, R.; Gaunt, R.; Hobson, J. und Whitlock, B.: High-Resolution Multiprojector Display Walls. *Journal of IEEE Computer Graphics and Applications*, 20(4), S. 38–44, 2000.

[Schirra 2005] Schirra, J. R. J.: Computervisualistik. In: Sachs-Hombach, K. (Hrsg.): *Bildwissenschaft. Disziplinen, Themen, Methoden*, Suhrkamp Taschenbücher Wissenschaft, Suhrkamp, Frankfurt am Main, S. 430, 2005. (ISBN: 3-518-29351-6)

[Schirra und Scholz 1998] Schirra, J. R. J. und Scholz, M.: Zwei Skizzen zum Begriff „Photorealismus" in der Computergraphik. In: Sachs-Hombach, K. (Hrsg.): *Bild - Bildwahrnehmung - Bildverarbeitung: interdisziplinäre Beiträge zur Bildwissenschaft*, Deutscher Universitätsverlag, Wiesbaden, S. 69–79, 1998. (ISBN: 3-8244-4571-9)

[Schlegel 2013] Schlegel, T.: *Multitouch: Interaktion durch Berührung*. Springer-Verlag, Berlin, Heidelberg, 2013. (ISBN: 978-3-642-36113-5)

[Schmidt 2009] Schmidt, A.: *Untersuchung der Darstellungsmöglichkeiten krummliniger Perspektiven - Untersuchung der Darstellungsmöglichkeiten und Eigenschaften krummliniger Perspektiven und Umsetzung einer Möglichkeit zur Erzeugung dieser in BiLL (Bildsprache LiveLab)*. Professur Mediengestaltung, Institut für Software- und Multimediatechnik, Fakultät Informatik, Technische Universität Dresden (Diplomarbeit), Dresden, 2009.

[Schmidt 1991] Schmidt, R.: *Lehre der Perspektive und ihre Anwendung*. 7. Auflage, Augustus-Verlag, Augsburg, 1991. (ISBN: 3-8043-0175-4)

[Schmitt und Vogt 2005] Schmitt, H. H. und Vogt, E.: *Lexikon des Hellenismus*. Harrassowitz, Wiesbaden, 2005. (ISBN: 3-447-04842-5)

[Schneider, Dera, Bartl, Boening, Bardins und Brandt 2005] Schneider, E.; Dera, T.; Bartl, K.; Boening, G.; Bardins, S. und Brandt, T.: Eye Movement Driven Head-Mounted Camera: It Looks Where the Eyes Look. In: *Proceedings of the International Conference on Systems, Man and Cybernetics (10. - 12. Oktober 2005, Hawaii)*, IEEE International Conference on Systems, Man and Cybernetics, IEEE, Piscataway, S. 2437–2442, 2005. (ISBN: 0-7803-9298-1)

# C5 Literaturverzeichnis

[Schreiber 2005] Schreiber, S.: *Integration der von Canaletto eingesetzten Verfahren in die Computergrafik*. Professur Mediengestaltung, Institut für Software- und Multimediatechnik, Fakultät Informatik, Technische Universität Dresden (Große Belegarbeit), Dresden, 2005.

[Schreiber 2006] Schreiber, S.: *Integration der von Canaletto eingesetzten Verfahren in die Computergrafik*. Professur Mediengestaltung, Institut für Software- und Multimediatechnik, Fakultät Informatik, Technische Universität Dresden (Diplomarbeit), Dresden, 2006.

[Schreier 2007] Schreier, J.: *Usability von Interaktionsbildern*. Professur Mediengestaltung, Institut für Software- und Multimediatechnik, Fakultät Informatik, Technische Universität Dresden (Diplomarbeit), Dresden, 2007.

[Schüling 1973] Schüling, H.: *Schriften zur Ästhetik und Kunstwissenschaft: 2. Theorien der malerischen Linear-Perspektive vor 1601*. GEB - Giessener Elektronische Bibliothek, Universitätsbibliothek, Gießen, 1973.

[Schüller und Lechtape 2000] Schüller, H. und Lechtape, A.: *Kath. Pfarrkirche St. Clemens Mayen*. Schnell & Steiner, Regensburg, 2000. (ISBN: 3-7954-6262-2)

[Schulz 2008] Schulz, A.: *Architekturfotografie Technik, Aufnahme, Bildgestaltung und Nachbearbeitung*. 1. Auflage, dpunkt-Verlag, Heidelberg, 2008. (ISBN: 978-3-89864-528-7)

[Schumann und Müller 2000] Schumann, H. und Müller, W.: *Visualisierung: Grundlagen und allgemeine Methoden*. Springer, Berlin [u. a.], 2000. (ISBN: 3-540-64944-1)

[Schwan 2005] Schwan, S.: Psychologie In: Sachs-Hombach, K. (Hrsg.): *Bildwissenschaft. Disziplinen, Themen, Methoden*, Suhrkamp-Taschenbuch Wissenschaft, Suhrkamp, Frankfurt am Main, S. 430, 2005. (ISBN: 3-518-29351-6)

[Scriba und Schreiber 2005] Scriba, C. und Schreiber, P.: *5000 Jahre Geometrie: Geschichte, Kulturen, Menschen*. 2. Auflage, Springer, Berlin, New York [u. a.], 2005. (ISBN: 3-540-22471-8)

[Seay, Krum, Hodges und Ribarsky 2002] Seay, A. F.; Krum, D. M.; Hodges, L. und Ribarsky, W.: Simulator Sickness and Presence in a High Field-of-View Virtual Environment. In: Terveen, L. (Hrsg.): *Proceedings of CHI „02: Extended Abstracts on Human Factors in Computing Systems (CHI EA"02, 20. - 25. April 2002, Minneapolis)*, CHI „02: Extended Abstracts on Human Factors in Computing Systems (CHI EA"02), ACM Press, New York, S. 784–785, 2002. (ISBN: 1-58113-454-1)

[Sedgwick 1993] Sedgwick, H. A.: The Effects of Viewpoint on the Virtual Space of Pictures. In: Ellis, S. R.; Kaiser, M. K. und Grunwald, A. J. (Hrsg.): *Pictorial Communication in Virtual and Real Environments*, Taylor & Francis, London, Washington, S. 460–479, 1993. (ISBN: 0-7484-0082-6)

[Seidel 2006] Seidel, M.: *Das multiperspektivische Stillleben - Analyse verschiedener Darstellungstechniken eines Stilllebens*. Professur Mediengestaltung, Institut für Software- und Multimediatechnik, Fakultät Informatik, Technische Universität Dresden (Diplomarbeit), Dresden, 2006.

[Seifert und Seifert-Helwig 1965] Seifert, F. und Seifert-Helwig, R.: *Bilder, Urbilder. Erscheinungsformen des Archetypus*. Ernst Reinhardt Verlag, München, Basel, 1965.

[Shepherd und Wingo 1996] Shepherd, G. und Wingo, S.: *MFC Internals: Inside the Microsoft Foundation Class Architecture*. Addison-Wesley, Reading, Mass [u. a.], 1996. (ISBN: 0-201-40721-3)

[Simons und Ambinder 2005] Simons, D. J. und Ambinder, M. S.: Change Blindness. Theory and Consequences. *Current Directions in Psychological Science: : A journal of the Association for Psychological Science*, 14(1), S. 44–48, 2005.

[Simons und Levin 1997] Simons, D. J. und Levin, D. T.: Change Blindness. *Trends in Cognitive Sciences*, 1(7), S. 261–267, 1997.

[Singh 2002] Singh, K.: A Fresh Perspective. In: *Proceedings of Graphics Interface (GI 2002, Online Papers)*, Calgary, Alberta, S. 17–24, 2002.

[Singh und Balakrishnan 2004] Singh, K. und Balakrishnan, R.: Visualizing 3D Scenes Using Non-Linear Projections and Data Mining of Previous Camera Movements. In: van Zijl, L. (Hrsg.): *Proceedings of the 3rd International Conference on Computer Graphics, Virtual Reality, Visualisation and Interaction in Africa (AFRIGRAPH'04, 3. - 5. November 2004, Stellenbosch)*, 3rd International Conference on Computer Graphics, Virtual Reality, Visualisation and Interaction in Africa (AFRIGRAPH'04), ACM Press, New York, S. 41–48, 2004. (ISBN: 1-58113-863-6)

[Slama 1999] Slama, D.: *Enterprise CORBA: Proven Design Principles for Enterprise Corba Systems, Database Integration and Transaction Processing with Corba. Messaging, Security, Fault Tolerance, and Load Balancing*. Prentice Hall PTR, Upper Saddle River, 1999. (ISBN: 0-13-083963-9)

[Smaragdakis und Batory 2002] Smaragdakis, Y. und Batory, D.: Mixin Layers: An Object-Oriented Implementation Technique for Refinements and Collaboration-Based Designs. *Journal of the ACM Transactions on Software Engineering and Methodology (TOSEM)*, 11(2), S. 215–255, 2002.

[Smart 2005] Smart, J.: *Cross-Platform GUI Programming with wxWidgets*. Prentice Hall International, Upper Saddle River, 2005. (ISBN: 0-13-147381-6)

[De Smit und Lenstra Jr. 2003] de Smit, B. und Lenstra Jr., H. W.: The Mathematical Structure of Escher's Print Gallery In: *Artful Mathematics: The Heritage of M. C. Escher - Celebrating Mathematics Awareness Month. Notices of the Americal Mathematical Society (AMS)*, 50(4), S. 446–451, 2003.

[Sonderforschungsbereich Kulturen des Performativen 2008] Sonderforschungsbereich Kulturen des Performativen: *Synästhesie-Effekte: Zur Intermodalität der ästhetischen Wahrnehmung*. Curtis, R.; Glöde, M. und Koch, G. (Hrsg.): Fink, Wilhelm, München, Paderborn [u. a.], 2008. (ISBN: 3-7705-4587-7)

[Spiteris 1966] Spiteris, T.: *Griechische und Etruskische Malerei: Weltgeschichte der Malerei*. Editions Rencontre, Lausanne, 1966.

[Spitzak 2013] Spitzak, B.: Fast Light Toolkit (FLTK Documentation). *Documentation - Fast Light Toolkit (FLTK)*, 2013.

[Stankowski und Duschek 1989] Stankowski, A. und Duschek, K.: *Visuelle Kommunikation: Ein Design-Handbuch*. D. Reimer, Berlin, 1989. (ISBN: 3-496-01061-4)

[Stanney und Kennedy 1997] Stanney, K. M. und Kennedy, R. S.: The Psychometrics of Cybersickness. Lynn, S. M. (Hrsg.): *Communications of the ACM (CACM), Symposium on Symbolic and Algebraic Manipulation: Proceedings of the Symposium on Symbolic and Algebraic Manipulation*, 40(8), S. 66–68, 1997.

[Steinberg 2008] Steinberg, L.: A Social Neuroscience Perspective on Adolescent Risk-Taking. *Developmental Review (DR), Perspectives in Behavior and Cognition*, 28(1), S. 78–106, 2008.

[Steinicke, Benko, Daiber, Keefe und de la Rivière 2011a] Steinicke, F.; Benko, H.; Daiber, F.; Keefe, D. und de la Rivière, J.-B.: Touching the 3rd dimension (T3D). In: *Proceedings of the 2011 Annual Conference Extended Abstracts on Human Factors in Computing Systems (CHI EA'11, 7. - 12. Mai 2011, Vancouver)*, Conference Extended Abstracts on Human Factors in Computing Systems (CHI EA'11), ACM Press, New York, S. 161, 2011. (ISBN: 978-1-4503-0268-5)

[Steinicke, Bruder, Hinrichs, Kuhl, Lappe und Willemsen 2009] Steinicke, F.; Bruder, G.; Hinrichs, K.; Kuhl, S.; Lappe, M. und Willemsen, P.: Judgment of Natural Perspective Projections in Head-Mounted Display Environments. In: *Proceedings of the 16th ACM Symposium on Virtual Reality Software and Technology (VRST'09, 18. - 20. November 2009, Kyoto)*, 16th ACM Symposium on Virtual Reality Software and Technology (VRST'09), ACM Press, New York, S. 35–42, 2009. (ISBN: 978-1-60558-869-8)

# Anhang C: Verzeichnisse

[Steinicke, Bruder, Jerald, Frenz und Lappe 2010a] Steinicke, F.; Bruder, G.; Jerald, J.; Frenz, H. und Lappe, M.: Estimation of Detection Thresholds for Redirected Walking Techniques. *IEEE Transactions on Visualization and Computer Graphics (ITVGEA)*, 16(1), S. 17–27, 2010.
[Steinicke, Bruder und Kuhl 2010b] Steinicke, F.; Bruder, G. und Kuhl, S.: Perception of Perspective Distortions of Man-Made Virtual Objects. In: Grimm, C. (Hrsg.): *Proceeding of the SIGGRAPH '10 Posters (SIGGRAPH '10, 7. - 11. August 2011, Vancouver)*, SIGGRAPH '10, ACM Press, New York, S. 94, 2010. (ISBN: 978-1-4503-0393-4)
[Steinicke, Bruder und Kuhl 2011b] Steinicke, F.; Bruder, G. und Kuhl, S.: Realistic Perspective Projections for Virtual Objects and Environments. *Journal of the ACM Transactions on Graphics (TOG)*, 30(5), S. 1–10, 2011.
[Stellmach 2013] Stellmach, S.: *Gaze-Supported Multimodal Interaction (Dissertation Technische Universität Dresden)*. Dissertationsverlag Dr. Hut, München, 2013. (ISBN: 978-3-8439-1235-8)
[Sternberg 2009] Sternberg, R. J.: *Cognitive Psychology*. 5. Auflage, Cengage Learning/Wadsworth, Belmont, 2009. (ISBN: 978-0-495-50629-4)
[Stoecker, Neuhäuser und Raters 2011] Stoecker, R.; Neuhäuser, C. und Raters, M.-L.: *Handbuch angewandte Ethik*. Verlag J. B. Metzler, Stuttgart, 2011. (ISBN: 3-476-02303-6)
[Stoichită 1999] Stoichită, V. I.: *A Short History of the Shadow*. Reaktion Books, London, 1999. (ISBN: 1-86189-000-1)
[Stroebel 1999] Stroebel, L. D.: *View Camera Technique*. 7. Auflage, Focal Press, Boston, 1999. (ISBN: 0-240-80345-0)
[Strothotte und Schlechtweg 2002] Strothotte, T. und Schlechtweg, S.: *Non Photorealistic Computer Graphics: Modeling, Rendering and Animation*. Morgan Kaufmann, San Francisco, 2002. (ISBN: 978-1-55860-787-3)
[Stroustrup 2007] Stroustrup, B.: Evolving a Language In and For the Real World: C++ (1991-2006). In: *Proceedings of the 3rd ACM SIGPLAN Conference on History of Programming Languages (HOPL III, 11. - 13. Juni 2007, San Diego)*, Third ACM SIGPLAN Conference on History of Programming Languages (HOPL III ), ACM Press, New York, S. 4.1–4.59, 2007. (ISBN: 978-1-59593-766-7)
[Sudarsanam, Grimm und Singh 2008] Sudarsanam, N.; Grimm, C. und Singh, K.: Non-Linear Perspective Widgets for Creating Multiple-View Images. In: *Proceedings of the 6th International Symposium on Non-Photorealistic Animation and Rendering (NPAR'08, 9. - 11. Juni 2008, Annecy)*, 6th International Symposium on Non-Photorealistic Animation and Rendering (NPAR'08), ACM Press, New York, S. 69–77, 2008. (ISBN: 978-1-60558-150-7)
[Surhone, Tennoe und Henssonow 2010] Surhone, L. M.; Tennoe, M. T. und Henssonow, S. F.: *TnFox - Fox Toolkit, Operating System Abstraction Layer, MSVC*. Betascript Publishing, 2010. (ISBN: 978-613-0-90424-1)
[Sutherland 1968] Sutherland, I. E.: A Head-Mounted Three Dimensional Display. In: *Proceedings of the Fall Joint Computer Conference, Part I (AFIPS'68, 9. - 11. Dezember 1968, Atlantic City)*, Fall Joint Computer Conference, Part I (AFIPS'68), ACM Press, New York, S. 757–764, 1968.
[Sutherland 1963] Sutherland, I. E.: Sketchpad: A Man-Machine Graphical Communication System. In: Johnson, E. C. (Hrsg.): *Proceedings of the Spring Joint Computer Conference (AFIPS'63, 21. -23. Mai 1963, New York)*, Spring Joint Computer Conference (AFIPS'63), ACM Press, New York, S. 329–346, 1963.
[Szyperski, Gruntz und Murer 2002] Szyperski, C.; Gruntz, D. und Murer, S.: *Component Software: Beyond Object-Oriented Programming*. 2. Auflage, ACM, Addison-Wesley, New York, London, 2002. (ISBN: 0-201-74572-0)
[Talbot und Harding 2011] Talbot, W. H. F. und Harding, C.: *The Pencil of Nature*. KWS Publishers, in Association with National Media Museum, Chicago, 2011. (ISBN: 978-0-9817736-6-7)
[Taranko 2007] Taranko, S.: *Blogsequencer - Eine interaktive Visualisierung der Qualität von Blogartikeln auf Basis eines blogspezifischen Bewertungsystems*. Professur Mediengestaltung, Institut für Software- und Multimediatechnik, Fakultät Informatik, Technische Universität Dresden (Diplomarbeit), Dresden, 2007.
[Tarr und Bülthoff 1998] Tarr, M. J. und Bülthoff, H. H.: *Object Recognition in Man, Monkey, and Machine*. MIT Press, Cambridge, Mass, 1998. (ISBN: 0-262-70070-0)
[The Unicode Consortium 2014] The Unicode Consortium: Unicode 6.0 Versioned Charts Index. Unicode 2014.
[Thissen 2001] Thissen, F.: *Screen-Design-Handbuch: Effektiv Informieren und Kommunizieren mit Multimedia*. 2. Auflage, Springer, Berlin [u. a.], 2001. (ISBN: 3-540-67970-7)
[Thouless 1931] Thouless, R. H.: Phenomenal Regression to the Real Object. , 21, S. 339–359, 1931.
[Thouless 1933] Thouless, R. H.: Phenomenal Regression to the Real Object. , S. 261–263, 1933.
[Timm 2010] Timm, M.: *Die Kunst der Architekturfotografie - Individualität und Innovation*. Addison Wesley, München, Boston [u. a.], 2010. (ISBN: 978-3-8273-2904-2)
[Tipper und Cranston 1985] Tipper, S. P. und Cranston, M.: Selective Attention and Priming: Inhibitory and Facilitatory Effects of Ignored Primes. *The Quarterly Journal of Experimental Psychology*, 37A(4), S. 591–611, 1985.
[Todorovic 2008] Todorovic, D.: Is Pictorial Perception Robust? The Effect of the Observer Vantage Point on the Perceived Depth Structure of Linear-Perspective Images. *Perception*, 37(1), S. 106–125, 2008.
[Torralba, Oliva, Castelhano und Henderson 2006] Torralba, A.; Oliva, A.; Castelhano, M. S. und Henderson, J. M.: Contextual Guidance of Eye Movements and Attention in Real-World Scenes: The Role of Global Features in Object Search. *Psychological Review Publications by American Psychological Association*, 113(4), S. 766–786, 2006.
[Tory 2003] Tory, M.: Mental Registration of 2D and 3D Visualizations (An Empirical Study). In: *Proceedings of the 14th IEEE Visualization 2003 (VIS'03, 19. - 24. Oktober 2003, Seattle)*, 14th IEEE Visualization 2003 (VIS'03), IEEE Service Center, Piscataway, S. 371–378, 2003. (ISBN: 0-7803-8120-3)
[Treffert 1989] Treffert, D. A.: *Extraordinary People: Understanding „Idiot Savants"*. 1. Auflage, Harper & Row, New York, 1989. (ISBN: 0-06-015945-6)
[Treisman und Gelade 1980] Treisman, A. M. und Gelade, G.: A Feature-Integration Theory of Attention. *Cognitive Psychology*, 12(1), S. 97–136, 1980.
[Trixler 2013] Trixler, F.: Quantum Tunnelling to the Origin and Evolution of Life. *Current Organic Chemistry*, 17(16), S. 1758–1770, 2013.
[Truffaut und Hitchcock 1999] Truffaut, F. und Hitchcock, A.: *Truffaut, Hitchcock*. Fischer, R. (Hrsg.): Diana-Verlag, München, Zürich, 1999. (ISBN: 3-8284-5021-0)
[Tufte 2001] Tufte, E. R.: *The Visual Display of Quantitative Information*. 2. Auflage, Graphics Press, Cheshire, 2001. (ISBN: 0-9613921-4-2)
[Turing 1937] Turing, A. M.: On Computable Numbers, with an Application to the Entscheidungsproblem. *Proceedings of the London Mathematical Society*, 2(42), S. 230–265, 1937.
[Tversky 1993] Tversky, B.: Distortions in Memory for Visual Displays. In: Ellis, S. R.; Kaiser, M. K. und Grunwald, A. J. (Hrsg.): *Pictorial Communication in Virtual and Real Environments*, Taylor & Francis, London, Washington, S. 61–75, 1993. (ISBN: 0-7484-0082-6)

## C5 Literaturverzeichnis

[Tyler 2000] Tyler, C. W.: Perspective as a Geometric Tool that Launched the Renaissance. In: Rogowitz, B. E. und Pappas, T. N. (Hrsg.): *Human Vision and Electronic Imaging V (24. - 27. Januar 2000, San Jose)*, SPIE Proceedings (ISSN: 0038-7355) 3959, Human Vision and Electronic Imaging V, SPIE Digital Library, S. 492–497, 2000. (ISBN: 0-8194-3577-5)

[Tyler 2014a] Tyler, C. W.: Smith-Kettlewell Barin Imaging Center, S-K Inst Tyler Lab. *Christopher Tyler*, 2014.

[Tyler 2014b] Tyler, C. W.: The Rules of Perspective. *The Rules of Perspective*, 2014.

[Tyler und Ione 2009] Tyler, C. W. und Ione, A.: The Concept Of Space In Twentieth Century Art. *The Concept of Space in Twentieth Century Art*, 2009.

[Tyler und Likova 2012] Tyler, C. W. und Likova, L. T.: The Role of the Visual Arts in the Enhancing the Learning Process. *Frontiers in Human Neuroscience, Lausanne, Frontiers Research Foundation*, 2008, 6, 2012.

[Vallance und Calder 2006] Vallance, S. und Calder, P.: Rendering Multi-Perspective Images with Trilinear Projection. In: Estivill-Castro, V. (Hrsg.): *Computer Science 2006: Proceedings of the Twenty-Ninth Australasian Computer Science Conference (ACSC 2006, 16. - 19. Januar 2006, Hobart)*, Twenty-Ninth Australasian Computer Science Conference (ACSC 2006), Australian Computer Society, Sydney, S. 227–235, 2006. (ISBN: 1-920682-30-9)

[Vangorp, Richardt, Cooper, Chaurasia, Banks und Drettakis 2013] Vangorp, P.; Richardt, C.; Cooper, E. A.; Chaurasia, G.; Banks, M. S. und Drettakis, G.: Perception of Perspective Distortions in Image-Based Rendering. *Journal of the ACM Transactions on Graphics (TOG), Proceedings of ACM SIGGRAPH 2013*, 32(4), S. 58–70, 2013.

[Vasari 2012] Vasari, G.: Le vite dei più eccellenti pittori, scultori e architetti. In: *Le vite dei più eccellenti pittori, scultori e architetti*, Newton Compton Editori, Rom, 2012. (ISBN: 978-88-541-2558-2)

[Velichkovsky 2007] Velichkovsky, B. M.: Technischen Universität Dresden, Institut für Psychologie III, Fakultät für Mathematik und Naturwissenschaften, Fachrichtung Psychologie, Professor Ingenieurpsychologie und Kognitive Ergonomie, Arbeitsgruppe für Angewandte Kognitionsforschung. *Arbeitsgruppe für Angewandte Kognitionsforschung*, 2007.

[Velichkovsky, Dornhoefer, Kopf, Helmert und Joos 2002] Velichkovsky, B. M.; Dornhoefer, S. M.; Kopf, M.; Helmert, J. und Joos, M.: Change Detection and Occlusion Modes in Road-Traffic Scenarios. *Transportation Research Part F: Traffic Psychology and Behaviour*, 5(2), S. 99–109, 2002.

[Velichkovsky und Hansen 1996] Velichkovsky, B. M. und Hansen, J. P.: New Technological Windows into Mind: There is More in Eyes and Brains for Human-Computer Interaction. In: *Proceedings of the SIGCHI Conference on Human Factors in Computing Systems (CHI '96, 13. - 18. April 1996, Vancouver)*, SIGCHI Conference on Human Factors in Computing Systems (CHI '96), ACM Press, New York, S. 496–503, 1996. (ISBN: 0-89791-777-4)

[Velichkovsky, Pomplum und Rieser 1996] Velichkovsky, B. M.; Pomplum, M. und Rieser, J.: Attention and Communication: Eye-Movement-Based Research Paradigms. In: Zangemeister, W. H.; Freska, C. und Stiehl, S. (Hrsg.): *Visual Attention and Cognition*, Elsevier Science, Amsterdam [u. a.], S. 125–154, 1996. (ISBN: 0-444-82291-7)

[Verganti 2009] Verganti, R.: *Design-Driven Innovation: Changing the Rules of Competition by Radically Innovating What Things Mean*. Harvard Business Press, Boston, 2009. (ISBN: 978-1-4221-2482-6)

[Vietinghoff 1983] Vietinghoff, E. von: *DuMont's Handbuch zur Technik der Malerei: Farbstoffe, Bindemittel, Lösemittel, Emulsionen, Firnisse, Mischtechniken, mehrschichtiger Farbauftrag, Lasuren, Transparenz, Simultankontraste*. DuMont-Buchverlag, Köln, 1983. (ISBN: 3-7701-1519-8)

[Da Vinci 1952] da Vinci, L.: *Leonardo da Vinci: Tagebücher und Aufzeichnungen*. 2. Auflage, Lücke, T. (Hrsg.): Paul List Verlag, Leipzig, 1952.

[Da Vinci 1925] da Vinci, L.: *Leonardo da Vinci: Traktat von der Malerei*. Herzfeld, M. (Hrsg.): Eugen Dietrichs, Jena, 1925.

[Vishwanath, Girshick und Banks 2005] Vishwanath, D.; Girshick, A. R. und Banks, M. S.: Why Pictures Look Right When Viewed From the Wrong Place. *Nature Neuroscience*, 8(10), S. 1401–1410, 2005.

[Vitruvius 1964] Vitruvius: *Zehn Bücher über Architektur: Lateinisch und Deutsch*. Fensterbusch, C. (Hrsg.): Wissenschaftliche Buchgesellschaft (WBG), Darmstadt, 1964.

[Vitruvius 1996] Vitruvius, P.: *Vitruvii de architectura libri decem = Vitruv Zehn Bücher über Architektur*. Primus-Verlag, Darmstadt, 1996. (ISBN: 3-89678-005-0)

[Vockeroth 2007] Vockeroth, J.: *Hybride Kopfkamera - Bildmontage von blickgesteuerter und kopffester Kamera*. Professur Mediengestaltung, Institut für Software- und Multimediatechnik, Fakultät Informatik, Technische Universität Dresden (Diplomarbeit), Dresden, 2007.

[Vogel und Balakrishnan 2004] Vogel, D. und Balakrishnan, R.: Interactive Public Ambient Displays: Transitioning from Implicit to Explicit, Public to Personal, Interaction with Multiple Users. In: *Proceedings of the 17th Annual ACM Symposium on User Interface Software and Technology 2004 (UIST'04, 24. - 27. Oktober, Santa Fe)*, 17th Annual ACM Symposium on User Interface Software and Technology (UIST'04), ACM Press, New York, S. 137, 2004. (ISBN: 1-58113-957-8)

[Wagner 2007] O A: *Martin Kobe, The Centre Cannot Hold (anläßlich der Ausstellung: Martin Kobe, The Centre Cannot Hold, Staatliche Kunstsammlungen Dresden, Galerie Neue Meister, 2. Juni bis 16. September 2007, Dresden, Kunsthalle im Lipsiusbau)*. Staatliche Kunstsammlungen Dresden, Dresden, 2007. (ISBN: 3-932264-35-5)

[Wallace, Greenberg, Sawinski, Rulla, Notaro und Kerr 2013] Wallace, D. J.; Greenberg, D. S.; Sawinski, J.; Rulla, S.; Notaro, G. und Kerr, J. N. D.: Rats Maintain an Overhead Binocular Field at the Expense of Constant Fusion. *Nature*, 498(7452), S. 65–69, 2013.

[Wallach 1987] Wallach, H.: Wahrgenommene Stabilität der Umgebung und Eigenbewegung. In: Ritter, M. (Hrsg.): *Wahrnehmung und visuelles System*, Spektrum der Wissenschaft: Verständliche Forschung, Spektrum der Wissenschaft, Heidelberg, S. 114–121, 1987. (ISBN: 3-922508-36-7)

[Walter 2000] Walter, P. A.: *Die neue Perspektive: Eine Kunsttheorie, von der visuellen Wahrnehmung zum Bild der Zukunft*. Die Blaue Eule, Essen, 2000. (ISBN: 3-89206-983-2)

[Walther 2012] Walther, S.: *Die umgekehrte Perspektive*. Professur Mediengestaltung, Institut für Software- und Multimediatechnik, Fakultät Informatik, Technische Universität Dresden (Diplomarbeit), Dresden, 2012.

[Ward 2001] Ward, D. J.: *Adaptive Computer Interfaces - A dissertation submitted in candidature for the degree of Doctor of Philosophy, University of Cambridge*. Churchill College, Cambridge 2001.

[Ward und MacKay 2002] Ward, D. J. und MacKay, D. J. C.: Artificial Intelligence: Fast Hands-Free Writing by Gaze Direction. *Nature*, 418(6900), S. 838, 2002.

[Wardley 2008] Wardley, S.: Innovation, the Future and Why Nothing is Ever Simple. Future of Web Apps London (FOWA 2008), London 2008.

[Ware 2004] Ware, C.: *Information Visualization: Perception for Design*. 2. Auflage, Morgan Kaufman, San Francisco, 2004. (ISBN: 1-55860-819-2)

[Ware und Osborne 1990] Ware, C. und Osborne, S.: Exploration and Virtual Camera Control in Virtual three Dimensional Environments. In: Zyda, M. J. (Hrsg.): *Proceedings of the Symposium on Interactive 3D Graphics 1990 (I3D'90, 22. - 24. März 1990, Snowbird)*, Symposium on Interactive 3D Graphics 1990 (I3D'90), ACM Press, New York, S. 175–183, 1990. (ISBN: 0-89791-351-5)

## Anhang C: Verzeichnisse

[Ware 1900] Ware, W. R.: *Modern Perspective a Treatise upon the Principles and Practice of Plane and Cylindrical Perspective*. The Macmillan Company, New York, London, 1900.

[Ware 1878] Ware, W. R.: Papers on Perspective: XII Distortions and Corrections. - Figure Painting. *New York*, IV(140), S. 71–73, 1878.

[Warren und Wertheim 1990] O A: *Perception & Control of Self-Motion*. L. Erlbaum, Hillsdale, 1990. (ISBN: 0-8058-0517-6)

[Watt 1993] Watt, A.: *3D Computer Graphics*. 2. Auflage, Addison-Wesley, Wokingham, Suffolk [u. a.], 1993. (ISBN: 0-201-63186-5)

[Weber 1978] Weber, J.: *Gestalt, Bewegung, Farbe: Kunst und anschauliches Denken*. 2. Auflage, Henschelverlag Kunst und Gesellschaft, Braunschweig, Berlin [u. a.], 1978. (ISBN: 3-14-509040-2)

[Weber, Pannasch, Helmert und Velichkovsky 2013] Weber, S.; Pannasch, S.; Helmert, J. R. und Velichkovsky, B. M.: Eye Tracking in Real World and Virtual Environments: Algorithms for Determining Gaze Position in 3D Space. In: *Proceedings of the 17th European Conference on Eye Movements (ECEM'13, 11. - 16. August 2013, Lund)*., 17th European Conference on Eye Movements (ECEM'13), Lund, Sweden, 2013.

[Weibel 2006] Weibel, P.: *Time Slot: Geschichte und Zukunft der apparativen Wahrnehmung vom Phenakistiskop bis zum Quantenkino*. 1. Auflage, Buchhandlung Walther König, Köln, 2006. (ISBN: 3-88375-971-6)

[Wertheimer 1922] Wertheimer, M.: Untersuchungen zur Lehre von der Gestalt. *Psychologische Forschung: An International Journal of Perception, Attention, Memory, and Action.*, 1(1), S. 47–58, 1922.

[Wertheimer 1923] Wertheimer, M.: Untersuchungen zur Lehre von der Gestalt. II. *Psychologische Forschung: An International Journal of Perception, Attention, Memory, and Action.*, 4(1), S. 301–350, 1923.

[Willemsen und Gooch 2002] Willemsen, P. und Gooch, A. A.: Perceived Egocentric Distances in Real, Image-Based, and Traditional Virtual Environments. In: *Proceedings of the IEEE Virtual Reality Conference 2002 (VR 2002, 24. - 28. März 2002, Orlando)*, IEEE Virtual Reality Conference 2002 (VR 2002), IEEE Computer Society, Washington, S. 275–276, 2002. (ISBN: 0-7695-1492-8)

[Williams 1992] Williams, A.: *Republic of Images: A History of French Filmmaking*. Harvard University Press, Cambridge, 1992. (ISBN: 0-674-76267-3)

[Williams 1978] Williams, L.: Casting Curved Shadows on Curved Surfaces. In: Chasen, S. H. und Phillips, R. L. (Hrsg.): *Proceedings of the 5th Annual Conference on Computer Graphics and Interactive Techniques (SIGGRAPH'78, 23. - 25. August 1978, Atlanta)*, 5th Annual Conference on Computer Graphics and Interactive Techniques (SIGGRAPH'78), ACM Press, New York, S. 270–274, 1978.

[Williams Symposium on Classical Architecture 1999] Williams Symposium on Classical Architecture: *Appearance and Essence: Refinements of Classical Architecture - Curvature: Proceedings of the Second Williams Symposium on Classical Architecture held at the University of Pennsylvania, Philadelphia, April 2-4, 1993* University Museum, University of Pennsylvania, Philadelphia, 1999. (ISBN: 0-924171-76-6)

[Winter, Schröter und Barck 2009] O A: *Das Raumbild: Bilder jenseits ihrer Flächen*. Wilhelm Fink, Paderborn, 2009. (ISBN: 978-3-7705-4741-8)

[Wiseman 2010] Wiseman, R.: *59 Seconds: Think a Little, Change a Lot*. Pan Books, London, 2010. (ISBN: 978-0-330-51160-5)

[Wissenschafts- und Unternehmenskommunikation der Max-Planck-Gesellschaft zur Förderung der Wissenschaft e. V. 2013] Wissenschafts- und Unternehmenskommunikation der Max-Planck-Gesellschaft zur Förderung der Wissenschaft e. V.: The Body - According to Leonardo - Culture & Society. *Max Planck Forschung: Das Wissenschaftsmagazin der May Planck Gesellschaft*, 2013(2), 2013.

[Witmer und Kline 1998] Witmer, B. G. und Kline, P. B.: Judging Perceived and Traversed Distance in Virtual Environments. *Presence: Teleoperators and Virtual Environments*, 7(2), S. 144–167, 1998.

[Wittmann und Pöppel 2000] Wittmann, M. und Pöppel, E.: Hirnzeit. Wie das Gehirn Zeit macht. *Kunstforum International*, 151, S. 85–90, 2000.

[Wojdziak 2007] Wojdziak, J.: *Konzeption und Realisierung einer Komponentenarchitektur für die Arbeitsumgebung Bildsprache LiveLab (BiLL)*. Professur Mediengestaltung, Institut für Software- und Multimediatechnik, Fakultät Informatik, Technische Universität Dresden (Diplomarbeit), Dresden, 2007.

[Wojdziak 2013] Wojdziak, J.: *Visualisierungsdesign für 3D-Benutzerschnittstellen unter Verwendung komponierter Darstellungsverfahren*. Professur Mediengestaltung, Institut für Software- und Multimediatechnik, Fakultät Informatik, Technische Universität Dresden (Dissertation), Dresden, 2013.

[Wojdziak, Kammer, Franke und Groh 2011a] Wojdziak, J.; Kammer, D.; Franke, I. S. und Groh, R.: BiLL: An Experimental Environment for Visual Analytics. In: *Proceedings of the 3rd ACM SIGCHI Symposium on Engineering Interactive Computing Systems (EICS '11, 13. - 16. Juni 2011, Pisa)*, 3rd ACM SIGCHI Symposium on Engineering Interactive Computing Systems (EICS '11), ACM Press, New York, S. 259, 2011.

[Wojdziak, Kammer, Stahl und Groh 2014] Wojdziak, J.; Kammer, D.; Stahl, A. und Groh, R.: ESTER- Eye-tracking Science Tool and Experiment Runtime. In: Stephanidis, C. (Hrsg.): *Proceedings of Human-Computer Interaction: Design and Development Approaches, 16th International Conference, HCI International 2014 (HCI' 16, 22.-27. Juni 2014, Heraklion)*, Communications in Computer and Information Science, 16th International Conference on Human-Computer Interaction: Design and Development Approaches (HCI' 14), Springer, Heidelberg, 2014. (ISBN: 978-3-319-07856-4)

[Wojdziak, Kammer, Zavesky, Münch, Ebner und Franke 2011b] Wojdziak, J.; Kammer, D.; Zavesky, M.; Münch, T.; Ebner, T. und Franke, I. S.: Nichtlineare Abbildungssysteme in interaktiven Echtzeitumgebungen. In: Groh, R. und Zavesky, M. (Hrsg.): *Wieder mehr sehen! - Ein Sammelband zu aktuellen Themen und Fragestellungen aus dem Bereich der Technischen Visualistik*, TUDpress - Verlag der Wissenschaften, Dresden, S. 146, 2011. (ISBN: 978-3-942710-39-8)

[Wojdziak, Zavesky, Kusch, Wuttig, Franke und Groh 2011c] Wojdziak, J.; Zavesky, M.; Kusch, K.; Wuttig, D.; Franke, I. S. und Groh, R.: Figure Out Perspectives: Perceptually Realistic Avatar Visualization. In: *Proceedings of the Eighth International Conference on Signal Processing, Pattern Recognition and Applications and Proceedings of the Twelfth International Conference on Computer Graphics and Imaging (IASTED2011, 16. - 18. Februar 2011, Innsbruck)*, Conference on Signal Processing, Pattern Recognition and Applications and Conference on Computer Graphics and Imaging (IASTED2011), ACTAPRESS, Anaheim, S. 314, 2011. (ISBN: 978-0-88986-881-6)

[Wolfe 1999] Wolfe, J. M.: Inattentional Amnesia. In: Coltheart, V. (Hrsg.): *Fleeting Memories: Cognition of Brief Visual Stimuli*, Bradford Books Series in Cognitive Psychology, MIT Press, Cambridge, S. 71–94, 1999. (ISBN: 0-262-03261-9)

[Wölfflein 1991] Wölfflein, H.: *Kunstgeschichtliche Grundbegriffe: das Problem der neueren Kunst*. 18. Auflage, Schwabe, Basel, 1991. (ISBN: 3-7965-0288-1)

[Wolfram 2003] Wolfram, S.: *The Mathematica Book: The Definitive Best-Selling Presentation of Mathematica by the Creator of the System*. 5. Auflage, Wolfram Media, Champaign, 2003. (ISBN: 1-57955-022-3)

[Woll 1984] Woll, S.: *Das Totaltheater. Ein Projekt von Walter Gropius und Erwin Piscator*. Gesellschaft für Theatergeschichte, Berlin, 1984. (ISBN: 3-924955-10-7)

[Wright 2005] Wright, R. S.: *OpenGL SuperBible*. 3. Auflage, Sams, Indianapolis, 2005. (ISBN: 0-672-32601-9)

## C5 Literaturverzeichnis

[Wuttig 2008] Wuttig, D.: *Konzeption und Realisierung von multiperspektivischen Projektionen durch mehrere Kameras in der Arbeitsumgebung Bildsprache LiveLab (BiLL)*. Professur Mediengestaltung, Institut für Software- und Multimediatechnik, Fakultät Informatik, Technische Universität Dresden (Große Belegarbeit), Dresden, 2008.

[Wyatt 1998] Wyatt, H. J.: Detecting Saccades With Jerk. *Vision Research: An International Journal for Functional Aspects of Vision.*, 38(14), S. 2147–2153, 1998.

[Yang und Kubovy 1999] Yang, T. und Kubovy, M.: Weakening the Robustness of Perspective: Evidence for a Modified Theory of Compensation in Picture Perception. *Perception & psychophysics*, 61(3), S. 456–467, 1999.

[Yankova 2008] Yankova, A.: *Wahrnehmung von Perspektive in der Computergrafik - Eine empirische Untersuchung zum Einsatz perspektivischer Techniken und ihrer Auswirkung auf den Betrachter*. Professur Mediengestaltung, Institut für Software- und Multimediatechnik, Fakultät Informatik, Technische Universität Dresden (Diplomarbeit), Dresden, 2008.

[Yankova 2007] Yankova, A.: *Winkelgrad vs. perspektivische Verzerrung*. Professur Mediengestaltung, Institut für Software- und Multimediatechnik, Fakultät Informatik, Technische Universität Dresden (Große Belegarbeit), Dresden, 2007.

[Yankova und Franke 2008] Yankova, A. und Franke, I.: Angle of View vs. Perspective Distortion: A Psychological Evaluation of Perspective Projection for Achieving Perceptual Realism in Computer Graphics. In: *Proceedings of Symposium on Applied Perception in Graphics and Visualization (APGV'08, 9. - 10. August 2008, Los Angeles)*, Symposium on Applied Perception in Graphics and Visualization (APGV'08), ACM Press, New York, S. 204–204, 2008. (ISBN: 978-1-59593-981-4)

[Yates 2001] Yates, F. A.: *Gedächtnis und Erinnern: Mnemonik von Aristoteles bis Shakespeare*. 6. Auflage, Akademie-Verlag, Berlin, 2001. (ISBN: 3-05-003530-7)

[Yu, McMillan und Sturm 2010] Yu, J.; McMillan, L. und Sturm, P.: Multi-Perspective Modelling, Rendering and Imaging. *Computer Graphics Forum: A Journal of the European Association for Computer Graphics*, 29(1), S. 227–246, 2010.

[Yuki, Maddux und Masuda 2007] Yuki, M.; Maddux, W. W. und Masuda, T.: Are the Windows to the Soul the Same in the East and West? Cultural Differences in Using the Eyes and Mouth as Cues to Recognize Emotions in Japan and the United States. *Journal of Experimental Social Psychology*, 43(2), S. 303–311, 2007.

[Zavesky 2006] Zavesky, M.: *Die erweiterte perspektivische Korrektur - Ein geometrisches Verfahren zur dialogorientierten computergrafischen Abbildung dreidimensionaler Szenen*. Professur Mediengestaltung, Institut für Software- und Multimediatechnik, Fakultät Informatik, Technische Universität Dresden (Große Belegarbeit), Dresden, 2006.

[Zavesky 2007] Zavesky, M.: *Dynamische Multiperspektive - Untersuchung der Eigenschaften von perspektivisch korrigierten Abbildungen in dynamischen Kontexten*. Professur Mediengestaltung, Institut für Software- und Multimediatechnik, Fakultät Informatik, Technische Universität Dresden (Diplomarbeit), Dresden, 2007.

[Zavesky 2011] Zavesky, M.: Human Models for Studies on Visual Perception Changes. In: Paul, L.; Stanke, G. und Pochanke, M. (Hrsg.): *3D-NordOst 2011: 14. Anwendungsbezogener Workshop zur Erfassung, Modellierung, Verarbeitung und Auswertung von 3D-Daten*, Gesellschaft zur Förderung angewandter Informatik e. V. - GFaI e. V., Berlin, S. 121–130, 2011. (ISBN: 978-3-942709-03-3)

[Zavesky, Kamusella und Groh 2010] Zavesky, M.; Kamusella, C. und Groh, R.: Erweiterung von Menschmodellen zur wahrnehmungskonformen Sichtvisualisierung. In: *Tagungsband zum 5. Multimediakongress Wismar 2010 - Netzwerk - Forschung - Innovation - (30. September 2010, Wismar)*, IFM Institut für Multimediatechnik, Wismar, 2010. (ISBN: 978-3-00-032154-2)

[Zavesky, Wojdziak, Kusch, Wuttig, Franke und Groh 2011a] Zavesky, M.; Wojdziak, J.; Kusch, K.; Wuttig, D.; Franke, I. S. und Groh, R.: An Individual Perspective - Perceptually Realistic Depiction Of Human Figures. In: Mestetskiy, L. (Hrsg.): *Proceedings of the International Conference on Computer Vision Theory and Applications 2011 (VISAPP'11, 5. - 7. März 2011, Vilamoura)*, International Conference on Computer Vision Theory and Applications (VISAPP'11), SciTePress - Science and Technology Publications, Vilamoura, S. 313–319, 2011. (ISBN: 978-989-8425-47-8)

[Zavesky, Wojdziak, Kusch, Wuttig, Franke und Groh 2011b] Zavesky, M.; Wojdziak, J.; Kusch, K.; Wuttig, D.; Franke, I. S. und Groh, R.: Wahrnehmungsrealistische Darstellung von Avataren. In: Groh, R. und Zavesky, M. (Hrsg.): *Wieder mehr sehen! - Ein Sammelband zu aktuellen Themen und Fragestellungen aus dem Bereich der Technischen Visualistik*, TUDpress - Verlag der Wissenschaften, Dresden, 2011. (ISBN: 978-3-942710-39-8)

[Van der Zijp 2013] van der Zijp, J.: fox-toolkit.org 2013.

[Zimmer 2011] Zimmer, C.: *Konzeption und Realisierung einer semi-automatischen kontextsensitiven Perspektivkorrektur*. Professur Mediengestaltung, Institut für Software- und Multimediatechnik, Fakultät Informatik, Technische Universität Dresden (Diplomarbeit), Dresden, 2011.

[Zokai, Genc, Navab und Esteve 2003] Zokai, S.; Genc, Y.; Navab, N. und Esteve, J.: Multiview Paraperspective Projection Model for Diminished Reality. In: *Proceedings of the Second IEEE and ACM International Symposium on Mixed and Augmented Reality (ISMAR '03, 7. - 10. Oktober 2003, Tokyo)*, IEEE and ACM International Symposium on Mixed and Augmented Reality (ISMAR'03), IEEE Computer Society, Los Alamitos, S. 217–226, 2003. (ISBN: 0-7695-2006-5)

[Zorin und Barr 1995] Zorin, D. und Barr, A. H.: Correction of Geometric Perceptual Distortions in Pictures. In: *Proceedings of the 22nd Annual Conference on Computer Graphics and Interactive Techniques (SIGGRAPH'95, 6. -11. August 1995, Los Angeles)*, 22nd Annual Conference on Computer Graphics and Interactive Techniques (SIGGRAPH'95), ACM Press, New York, S. 257–264, 1995. (ISBN: 0-89791-701-4)

[Zubov 1962] Zubov, V. P.: *ЛЕОНАРДО ДА ВИНЧИ. М. - Л. (Leonardo da Vinci)*. Изд. АН СССР (Akademie der Wissenschaften), Москва (Moskau), 1962.

[Zwahr 2006] Zwahr, A.: *Brockhaus Enzyklopädie: In 30 Bänden*. 21. Auflage, F. A. Brockhaus, Leipzig, Mannheim, 2006. (ISBN: 3-7653-4140-1)

## Epilog

IMMANUEL KANT formulierte einst: „Gedanken ohne Inhalt sind leer, Anschauungen ohne Begriffe sind blind." ([Kant 1985, S. 120]). Die »Natürlichkeit« in einem Bild ist ‚mehr' als Fotorealismus. Diese Tatsache zeigt die vorliegende Arbeit an vielen Beispielen, insbesondere im Ausblick. Der Mensch macht sich im Sinne der Synästhesie einen Eindruck von der Umwelt. Das Visuelle ist dabei nur ein Teil der menschlichen Wahrnehmung. Der Begriffsapparat: „Wahrnehmungsrealismus" ist demnach lediglich ein Rahmen, der sich über alle kognitiven Fähigkeiten des Menschen ausdehnen lässt. Entsprechend viele Möglichkeiten zur Optimierung wahrzunehmender Gegenstände oder Abbildungsverfahren sind vorhanden. Folgendes ist festzustellen:

Einerseits: Für den Menschen sind mit der Virtuellen Realität anders- und neuartige visuelle Erlebnisse möglich, die sich zurzeit an den Regeln der gegenwärtig gültigen Gesetze der Gestaltung orientieren müssen. Im Zeitalter der Vernetzung findet der Wissensaustausch mit einer enormen Geschwindigkeit und Bandbreite statt. Die Implikationen von Medien waren schon immer von gesellschaftlicher Bedeutung. Eine Visualisierung stellt hierbei ein nicht unwesentliches Werkzeug zur Meinungsbildung dar und dient damit Beschaffung beziehungsweise Gewinnung zu politischen Mehrheiten.

Andererseits: Vermutlich wirkte sich das Bild respektive der Text als Wissensmedium auch direkt auf die Entwicklung der Kultur aus. Der Mensch reagiert in diesen Prozessen mit höchster Flexibilität. Die entscheidenden kognitiven Fähigkeiten, beispielsweise für das Merken, werden seit der Nutzung externer Speicher weit weniger beansprucht (Bilder -> Buch -> Brodem[20]). Der Mensch hat sich somit Kapazitäten für andere Entwicklungen geschaffen. Der gegenwärtige Mensch ist beispielsweise ein Meister im »Finden und Stöbern«. Freilich ist ein wissenschaftlicher Nachweis an dieser Stelle schwer zu erbringen, weil die Menschheit mit Bild und Text wie selbstverständlich aufwächst. Es kann aber die Vermutung angestellt werden, dass sich die menschliche Entwicklung in Kultur, Handwerk, Sozialem, etc. ohne diese zusätzlichen externen Kapazitäten an Wissensspeicher und ohne Kompetenzen in der Wissensverteilung nicht so entfaltet hätte. Dazu seien an dieser Stelle einige gesammelte Zitate erlaubt:

- „Wissend ist, wer weiß, wo er findet, was er noch nicht weiß."
  (Georg Simmel, 1858-1918).
- „Wir wissen für gewiß, daß man die ‚Fehler' eher in den Werken anderer erkennt als in den eigenen. Oft tadelst du kleine ‚Fehler' anderer und übersiehst doch währenddessen deine eigenen großen. Damit du nun solchem Unverstande entgehest, so mache, daß du zuerst ein guter Perspektiviker seiest, […]."
  ([da Vinci 1925, S. 183, Nr. 420]).
- „Hinter den Bergen wohnen auch Leute. Sei bescheiden! Du hast noch nichts erfunden und gedacht, was nicht Andere vor dir schon gedacht und erfunden. Und hättest du's, so betrachte es als ein Geschenk von Oben, was du mit Anderen zu teilen hast."
  (Robert Schumann, 1810-1856).

In Anlehnung an NORMAN BRYSON, der in: „Das Sehen und die Malerei" davon spricht „[…], daß der Akt des Erkennens, den die Malerei in Gang setzt, mehr eine Produktion als eine Wahrnehmung von Bedeutung ist." ([Bryson 2001, S. 22]), ergeben sich Überlegungen:

---
[20] Brodem: Dampf, Gischt, Dunst, Nebel, Wolke, Raum, Atem, Hauch, Schleier, Warsen.

# Epilog

- Die Wahrnehmung des Menschen befähigt ihn zur Rezeption seiner Umwelt. Zum Beispiel ein Gemälde zu erblicken, ist der erste Schritt seiner Wahrnehmung.
- Das ‚Erblickte' kognitiv zu verarbeiten und damit zu sehen, das ist ein weiterer Schritt, ist ein anderer Teil der Wahrnehmung. Es ergibt sich die Bedeutung des Gesehenen.
- Die Bedeutung wird bei der Wahrnehmung durch den Menschen erarbeitet. Sie ist das Ergebnis eines Erkenntnisprozesses, der Abwägung beziehungsweise das ‚Inübereinstimmungbringen' von Reiz und Erfahrung.
- Das Sehen in Gänze ist weniger ein Teil des optischen Wahrnehmungsprozesses als mehr ein gewonnener Eindruck auf Basis der menschlichen Interpretation visueller aber auch anderer Reizinformationen in Kombination mit dem Wissen über etwaige Zusammenhänge.

Unabhängig von ‚konzeptionellen Auffassungen', der die Perspektive im Laufe der Kunstgeschichte unterworfen war (Abwicklung -> Ansicht -> Abbild[21]), kann der Standpunkt vertreten werden, „[...] dass bestimmte Perspektivzusammenstellungen eine eigene Wahrnehmungsergonomie binden" ([Franke 2005b, S. 27]). Bildstrukturen können unmittelbar der visuellen Wahrnehmung förderlich sein und damit den Nutzer-Bild-Dialog begünstigen. Die Einarbeitung dem entsprechender Gestaltungsmethoden in die Modelle der Informatik ist ‚dringend' angezeigt und bildet die Grundlage für neue Forschungsfelder in den Ingenieurwissenschaften und auch in der Psychologie. Ausgangspunkte bilden unter anderem die Werke: „Gesetze des Sehens" ([Metzger 2008]) und „Wahrnehmungspsychologie" ([Goldstein 2002]). Der Mensch entwickelt sich in und mit seiner Umgebung fort. Er ist befähigter in der Rekonstruktion als in der Konstruktion (vgl. [Lesch 2010a]), beispielsweise befähigter in der Betrachtung von Bildern, als in deren Erstellung selbiger. Von Bildern – freilich als ein Medium unter vielen – wird die Entwicklung der individuellen Persönlichkeit begleitet, damit auch das einzelne Bewusstsein und unser aller Erbe.

Die Entwicklung der menschlichen visuellen Wahrnehmung wird neben den natürlichen Rahmenbedingungen zunehmend auch von einer der möglichen technologischen Entwicklung beeinflussten Sehkultur beeinträchtigt - man denkt an ‚Head-mounted Display', die einen Nutzer von der realen Natur regelrecht abschirmen. Die Virtuelle Realität hat eine virtuelle Natur und diese ist frei von den Bedingungen der realen Umwelt, an der sich das menschliche Gehirn seither konditioniert. Insbesondere mit Mitteln der Computergrafik und dem Eye-Tracking ist es seit Kurzem möglich, im Auge des Nutzers ein ‚wohlgeformtes' Bild nach ‚allen Regeln der Kunst und Technik' zu initialisieren. Ein Bild ist ‚wohlgeformt', wenn es die ‚bewährten/guten' Regeln der Gestaltungslehre befolgt (vgl. [Franke 2005b]). Der Mensch lässt sich gar täuschen (vgl. [Ross u. a. 2001], [Simons und Ambinder 2005], [Wiseman 2010]), was für ein Potenzial aber auch welche ‚Bürde' für die Computergrafik (vgl. [Deussen 2007]).

Das visuelle Niveau des Menschen wird lebenslang und mit jedem aufmerksam wahrgenommenen Bild geprägt. Die ‚Schöpfer von Bildern' - damit sind vor dem Hintergrund der vorliegenden Arbeit insbesondere Computergrafiker angesprochen, die die entsprechenden Algorithmen zur Bildgenerierung entwickeln - tragen eine große Verantwortung.

Im Jetzt und Augenblick arbeiten wir gemeinsam an einem Bild - dem ‚Bild unserer Epoche'.

---

[21] Unter Beachtung von gestalterischen Grundsätzen kann auch eine Abbildung ein Bild generieren.

www.ingramcontent.com/pod-product-compliance
Lightning Source LLC
Chambersburg PA
CBHW081148290426
44108CB00018B/2481

# Acknowledgments

A pursuit of academic study such as the Doctoral Program of Leadership Studies at Gonzaga is seldom accomplished without assistance and guidance along the way. As I complete this research, my deep gratitude first goes to three excellent scholars on the committee: To Dr. Peter Lim, who was gracious and generous in being the external committee member as well as offering his insights into what I considered to be excellent research to follow at Gonzaga in exploring leadership studies in the intersection of Christianity and the Chinese Church; to Dr. Shann Ferch, whose breadth and depth in his lifelong pursuit of servant-leadership studies and practices has set a gold standard for his students like me to emulate; and to Dr. Chris Francovich, the chair of the committee, who offered thoughtful support, patient guidance, and exemplary mentorship not only for the research but also for my journey at Gonzaga from inception to completion, as he was the first one with whom I came into contact when I made inquiry about the program. In addition, my thanks go to the participants in the study. Without their unselfish and charitable involvement in discussing openly the experience of congregational transition as well as church leadership that formed the core of the research, my study could not have been completed.

As I reflected on my study at Gonzaga, I realized that many individuals have contributed to the completion of my journey. Specifically, I want to thank Rev. Dr. Peter Au, Dr. Wing Hung Lam, Mr. Victor Lee, Mr. Albert Wong, Rev. Johnny Wong, and Rev. Dr. Carver Yu, all of whom offered frequent encouragement and support throughout the ups and downs of the venture. In addition, I want to express my gratitude to the Board of Directors at the Canadian Association of China Graduate School of Theology, whose generous financial assistance in the form of a scholarship for three years was a great shot in the arm along the way.

In closing, I want to thank and acknowledge the contribution of my wonderful daughters Sarah and Agnes, whose journeys in life and faith have inspired me to pursue this area of research to gain better insights into how I could be a better father in support of their walk in faith. Most importantly, I want to thank my lovely wife and lifelong partner, Helen. Without her unconditional love and unyielding support, my pursuit of the PhD study, and for that matter my journey in life, would not have been possible. Finally: μόνῳ σοφῷ θεῷ, διὰ Ἰησοῦ χριστοῦ, ᾧ ἡ δόξα εἰς τοὺς αἰῶνας ἀμήν.

# Abstract

Growing up in Canada, second-generation Chinese Canadian evangelicals (SGCCE) face multiple forces that shape their growth and identity, not least of which are ethnicity and religion. This cohort undergoes a double process of socialization: first, with their parents' culture and ethnic identity through participation with the religious institutions and communities; second, with the school system and social agencies. Generational and cultural conflicts arise when this cohort attempts to deal with the religious-social-psychological doubleness. This study investigated how SGCCE transitioned in the growth process as shaped by their ethnicity and religious experience through a multi-case study. Servant-leadership espouses the idea of service as manifested in both the leader being the servant first and the followers' interests being prioritized in the leadership experience. This work selected Greenleaf's concept of foresight as the leadership lens to examine how leaders in the Chinese Canadian churches and other congregations addressed SGCCE's transitional experience.

*Keywords*: Asian, Chinese Canadian, Christianity, congregation, ethnicity, evangelical, foresight, leadership, religion, second-generation

CHAPTER 1

# Introduction

A few years ago, my older daughter, Sarah, was engaged in the process of selecting a university for higher education during her last year of high school studies. With an interest in attending a business school, she consulted with me regarding various strengths and merits of different institutions. The discussion quickly turned into a debate. She and I had very different notions of how to appraise a school. After summarizing my assessment of several universities, I recommended the University of British Columbia for her consideration. Pausing for a moment, she replied in a subdued voice: "How am I going to come home, Dad? It's so far away!" Puzzled by her remarks, I asked, "Why do you want to do that?" Sarah replied, "Well, I still want to see you and Mom once in a while and not have to wait till Christmas or the end of school in May. Besides, I want to do laundry at home!" Sensing that she was falling right into my ruse of luring her to study at my alma mater, I immediately suggested: "Well, why don't you stay at home and attend the University of Toronto?" She hollered without any hesitation, and her voice still rings in my ears to this day: "Dad, how am I going to grow up if I stay in Toronto?"

Reflecting an interest of a second-generation Chinese Canadian, Sarah's dialogue with me demonstrates how "tertiary education is highly valued in contemporary Canadian culture" as "education attainment has . . . acquired the status of a vital benchmark of integration and inclusion for immigrants."[1] More importantly to Sarah and many immigrant children like her, university selection and post-secondary education are critical parts of negotiating the life passage of growing up into adulthood from adolescence, as well as

---

1. Beyer, "Religious Identity," 178, 197.

a key part of the assimilation process.[2] In a broader context, the process of growing up has always been a challenge for immigrant children since they "are torn by conflicting social and cultural demands while they face the challenge of entry into an unfamiliar and hostile world."[3] Portes and Zhou argued that the growing-up process can oscillate "between smooth acceptance and traumatic confrontation depending on the characteristics that immigrants and their children bring along and the social context that receives them."[4] Apart from school being a critical arena in which assimilation takes place for immigrant children,[5] religious institutions, where immigrants and their children comingle and attend services, are the other major venues in which the ethnic and religious identity of the second-generation Chinese Canadian evangelicals (SGCCE) like Sarah is constructed and negotiated as a part of their assimilation into the mainstream society.[6] R. S. Warner identified generational transition in the local congregations as one of the four emerging themes of research in the area of religion, immigrants, and their children (the other three are: the role of religion in how immigrants renegotiate their identity; the nature of relationship between immigrants and host society, and; the immigrants' religious experience at local congregations).[7] This study explores how church leadership of both the first-generation immigrant church and the nonimmigrant congregations SGCCE were attending at the time of interview, mediated the transition of SGCCE from their parents' religious institutions to their current venues of worship in the context of ethnicity and religion.

---

2. Portes and MacLeod, "Educating the Second Generation," 374.

3. Portes and Zhou, "New Second Generation," 75.

4. Portes and Zhou, "New Second Generation," 75.

5. Beyer, "Religious Identity"; Li, "Expectations of Chinese Immigrant"; Portes and Hao, "Schooling of Children," 11920–27; Portes and MacLeod, "Educating the Second Generation."

6. Alumkal, *Asian American Evangelical Church*; Bramadat and Seljak, *Christianity and Ethnicity*; Bramadat, "Beyond Christian Canada"; Busto, "Gospel according to the Model?"; Carnes and Yang, *Asian American Religions*; Cha, "Ethnic Identity Formation"; Chen, *Getting Saved in America*; Chong, "What It Means"; Jeung, *Faithful Generations*; Jeung, Chen, and Park, "Introduction"; Kim, "Second-Generation Korean American"; Kim, *Faith of Our Own*; Muse, *Evangelical Church in Boston's*; Tseng, "Second-Generation Chinese"; Tseng, *Asian American Religious Leadership*; Warner and Wittner, *Gatherings in Diaspora*; Yang, *Chinese Christians in America*.

7. Warner, "Introduction," 14–27.

## Background

Canadian Immigration Policy underwent a major sea change in 1967 when it effectively shifted the admittance of immigrants formerly based upon the preference for the applicant's country of origin to one anchored upon a universal point system. The new protocol assessed applicants on the basis of, among many other things, "education and training . . . adaptability, motivation, initiative . . . occupational demand and skill, age, arranged employment, knowledge of French and English, relatives in Canada, and employment opportunities in the area of destination."[8] The new Immigration Act led to a sharp increase in Chinese emigrants in the ensuing decades, bringing in a "new class" of upwardly mobile, urban-dwelling, confident, and independent immigrants from Hong Kong, Taiwan, mainland China, and Southeast Asia, newcomers who were either skilled professionals or self-employed entrepreneurs with fluency in English and sophisticated expertise, financial capital, business acumen, and corporate experience.[9] This uptake was clearly reflected in the census data. The Chinese population in Canada was at 58,197 in 1961. With the change of Immigration Policy in 1967, the Chinese population shot up to 118,815 in 1971 and expanded to 289,245 in 1981.[10] According to the Canadian National Household Survey of 2011, over 1,324,700 identified themselves with Chinese ancestry.[11]

Many of these new immigrants were drawn to Christian churches as they discovered that faith communities provided a place for preservation of the immigrants' cultural heritage and tradition values in the midst of the metamorphosis of their social network and ethnic identity in the new home.[12] Religious institutions also function as "a concrete space in which the younger generation and the older generation are brought together in face-to-face interactions."[13] In fact, 27.7 percent of the 1996–2001 cohort of Hong Kong immigrants who came to Canada were reported to be affiliated

---

8. Marr, "Canadian Immigration Policies," 197.
9. Li, "Chinese Minority in Canada," 274.
10. Li, *Chinese in Canada*, 89.
11. Statistics Canada, *2011 National Household Survey*.
12. Connor, "Religion as Resource"; Ebaugh and Chafetz, "Dilemmas of Language"; Ebaugh and Chafetz, *Religion and the New Immigrants*; Ley, "Immigrant Church"; Warner, "Introduction."
13. Cao, "Church as a Surrogate Family," 190.

with the Christian faith, according to the 2001 Census.[14] More than 350 Chinese churches were reported to be active in Canada with more than 140 in the Greater Toronto Area, according to a survey conducted by the Chinese Coordination Centre of World Evangelism (Canada) in 2005.[15] The Canadian National Household Survey 2011 identified more than 150,000 of the Chinese Canadian population as evangelicals.[16]

Over time, many "new" second-generation, children of immigrants whose parents arrived after 1967, began to grow up on the heels of their parents in the religious setting.[17] These Canadian-born Chinese often found themselves struggling with their own identity: Are they Chinese, or are they Canadian?[18] What about their faith identity as Christians?[19] The struggle was further compounded at the religious institutions, where conflict flared up around the different needs of the first-generation and the second-generation. Apart from cultural differences in values and traditions between the two generations, the conflict manifested itself also in other areas. The most obvious one was the style and language of worship.[20] The first-generation found it easier to participate in services in their mother tongue of Cantonese or Mandarin, and felt more comfortable with a conservative style of hymns, usually championed by the pastor who himself or herself was an immigrant.[21] The younger generation, however, desired to express themselves in a freer style of worship, one that was more in line with the popular culture of the North American evangelical churches that favored, among other things, music that was modeled after the pop songs with a mix of instruments such as guitars and drums.[22] On a deeper level, the conflict lay with the spiritual messages and the understanding of

---

14. Skirbekk et al., "Religious Composition," 178.

15. Chinese Coordination Centre of World Evangelism (Canada), "*Jianada huaren jiaohui pucha yanjiu* 加拿大華人教會普查研究 (The Survey Result of the Canadian Chinese Churches)," *Jiaguo huaren jiaohui* 加國華人教會 (*Canadian Chinese Churches*) 11 (2005): 1.

16. Statistics Canada, "Household Survey Custom Tabulation."

17. Reitz and Somerville, "Institutional Change and Emerging."

18. Costigan, Su, and Hua, "Ethnic Identity among Chinese"; Lee and Hebert, "Meaning of Being Canadian"; Ooka, *Growing Up Canadian*; Tung, *Chinese Americans*.

19. Cha and Jao, "Reaching Out"; Chen, "Postmodern Principles; Jeung, Chen, and Park, "Introduction."

20. Kim, *Re-Writing the Silent Exodus*; Song, "Constructing a Local Theology"; Song, "Patterns of Religious Participation."

21. Mullins, "Life-Cycle of Ethnic Churches."

22. Lee, "Silent Exodus."

faith by the second-generation. The younger cohort often found the messages of their parent's generation spiritually uninspiring and culturally restricting. The immigrant pastors tended to talk about faith and obedience at the personal level as a way of finding assurance in the new home and to reinforce cultural values.[23] The second-generation desired to have a spirituality more germane to the day-to-day life of school, office, and family as well as a faith that linked their interests in community involvement, social concerns, and advocating justice.[24] Finally, as the children were growing up and being influenced by the ideals of democracy and equality, they wanted their voices and aspirations to be heard in their spiritual communities.[25] Though eagerly wanting to participate in church life and ministry, the second-generation constantly found themselves in conflict with the leadership style of hierarchy and control of their parents' generation, and with a governing body with power concentrated in an oligarchy of elders.[26] In an attempt to assert freedom and autonomy, and finding the immigrant church offering no creative platform to realize their aspiration, many second-generation Asian North American Christians have decided to exit their parents' church. In so doing, many either have abandoned their faith altogether, or formed congregations in line with their own identity, one that is shaped by their ethnicity, culture, and faith.[27] H. Lee characterized this phenomenon as a "silent exodus": it is silent, because the younger generation left quietly; it is an exodus, because the size of their departure was massive.[28] Yet on another level, C. Chen contended that other second-generation Asian American Christians exited their parents' churches and attempted to stretch their wings because their parents' religious institutions may have played a role in democratizing the relationship between parents and children, thus consecrating the individuality and autonomy of

---

23. Kim, *Faith of Our Own*; Ling, *"Chinese" Way of Doing*; Yang, "ABC and XYZ"; Yang, *Chinese Christians in America*.

24. Jeung, *Faithful Generations*; Tseng and Wu, "Children of Light."

25. Kim, *Faith of Our Own*.

26. Alumkal, "Preserving Patriarchy"; Cha and Jao, "Reaching Out"; Chen, "From Filial Piety"; Tseng, *Asian American Religious Leadership*.

27. Alumkal, *Asian American Evangelical Church*; Cha and Jao, "Reaching Out"; Chen, "From Filial Piety"; Chen, "Postmodern Principles"; Garces-Foley and Jeung, "Asian American Evangelicals" ; Jeung, *Faithful Generations*; Kim, *Faith of Our Own*; Tran, "Living Out the Gospel"; Tseng, *Asian American Religious Leadership*.

28. Lee, "Silent Exodus," 50.

children.²⁹ Be that as it may, research has been devoted to analyzing both the causes and the outcomes of this phenomenon, and multiple scenarios have surfaced since the mid-1990s. Although some second-generation Asian American Christians have abandoned their faith after their departure, many have creatively crafted different pathways for their transition: creating parallel congregations with the immigrant churches yet maintaining autonomy; establishing separate and independent ethnic churches with English services; forging an alliance with other Asian ethnics to form pan-ethnic congregations; joining congregations with multiethnics; or simply worshiping at the mainstream Caucasian churches.³⁰ Most studies examine the phenomenon from the perspective of assimilation and the role ethnicity and religion play in abetting the choices the second-generation make during this process.

Apart from the active role the second-generation play in the silent exodus transition, pastoral leadership from the first-generation immigrant churches as well as that of the current congregations attended by the second-generation are also key actors in facilitating the process. For example, the root cause of the silent exodus has been attributed to the failure of first-generation Chinese Canadian church leaders in recognizing the aspiration of the second-generation for growth and autonomy.³¹ In addition, cultural clashes as manifested in the intergenerational leadership conflicts are singled out as one of the major pressure points for the exit of the second-generation.³² Conversely, the second-generation are aided by the leadership of the churches they were attending at the time of interview to legitimize their move. For instance, Jeung suggested that pan-Asian ethnic church leaders purposefully alter their leadership and rhetoric in order to create meaning and identity on the part of the newcomers and thereby sanction the Asian American Christians in their transition into the new congregations.³³ As he attested: "What ministers say,

---

29. Chen, "From Filial Piety," 592–93.

30. Alumkal, *Asian American Evangelical Church*; Carlson, *Reaching the Next Generations*; Chen, *Getting Saved in America*; Garces-Foley, *Crossing the Ethnic Divide*; Garces-Foley and Jeung, "Asian American Evangelicals"; Jeung, *Faithful Generations*; Kim, *Faith of Our Own*; Muse, *Evangelical Church in Boston's*.

31. Evans, *Impending "Silent Exodus,"* 74–75.

32. Kim, *Faith of Our Own*, 30–41.

33. Jeung, *Faithful Generations*.

and do not say, about ethnicity and pan-ethnicity in front of the congregation represents their articulation of ethnic and racial meaning."[34]

In Canada, this phenomenon has received very little academic attention. Song addressed this trend by looking at how different religious participation theories may be applied in mitigating and preventing the silent exodus from happening in Korean Canadian congregations.[35] Evans, on the other hand, asserted that the silent exodus of the Canadian-born Chinese from their parents' church is inevitable, and that only through a development of "a more inclusive theology of identity and community for the second generation" can the younger cohort be prevented from being "completely lost to the Church at large."[36]

## Significance of the Study

Although many studies on how second-generation relate to their religious affiliation were conducted for Asian American Christians,[37] only a few address Chinese Canadian Christians.[38] Studies do exist in exploring religious and ethnic identities in Canadian Coptic and Calvinist churches;[39] Mennonites;[40] Muslims as a collectivity;[41] Sikh youth;[42] Sri Lankan Tamil youth;[43] and a non-Christian visible minority.[44] On the other hand, though inquiries have been made regarding the assimilation of the second-generation Chinese Canadians,[45] very few have focused on how ethnicity and religion intersect

---

34. Jeung, 5.
35. Song, "Patterns of Religious Participation."
36. Evans, *Impending "Silent Exodus,"* 1.
37. Alumkal, *Asian American Evangelical Church*; Chen, *Getting Saved in America*; Garces-Foley and Jeung, "Asian American Evangelicals"; Jeung, *Faithful Generations*; Kim, *Faith of Our Own*; Muse, *Evangelical Church in Boston's*; Yang, *Chinese Christians in America*.
38. Evans, *Impending "Silent Exodus"*; Li, *Ethnic Minority Churches*; Liao, *Role of Christian Faith*.
39. Botros, *Competing for Future*; van Dijk and Botros, "Importance of Ethnicity."
40. Driedger, *At the Forks*.
41. Ramji, "Creating a Genuine Islam."
42. Nayar, "Intersection of Religious Identity."
43. Amarasingam, "Religion and Ethnicity."
44. Beyer and Ramji, *Growing Up Canadian*; Bramadat and Seljak, *Religion and Ethnicity*.
45. Costigan, Su, and Hua, "Ethnic Identity among Chinese"; Hiller and Chow, "Ethnic Identity and Segmented"; Ooka, *Growing Up Canadian*.

with each other among the Canadian-born Chinese evangelicals in their congregational transition and how leadership mediates the process. According to Statistics Canada's 2011 *National Household Survey,* among those whose mother tongue is neither French nor English, Canada's two official languages, Chinese languages are the most common ones spoken at home.[46] SGCCE number about 35,000, thus representing a cohort that has come of age for research.[47] My study explores how, in the first-generation immigrant churches and the nonimmigrant congregations SGCCE were attending at the time of interview, the church leadership mediated the transition of SGCCE from their parents' religious institution to their current place of worship in the context of ethnicity and religion through a multi-case study.

## Personal Reasons for This Study

Two factors motivated me to pursue this study on the Canadian-born Chinese evangelicals in their congregational transition. To begin with, most of the children of the immigrant parents of the 1970s and 1980s have now come of age and reached adulthood. Collectively referred to as the "new" second generation, these young adults are capable of asserting their autonomy and negotiating their identity.[48] More than 90 percent of second-generation Chinese Canadians were born after the 1967 open-door immigration policy which favored those immigrants with skills, experience, and education that matched the demand of the rising labor market of Canada.[49] In the same manner, SGCCE follow in lockstep with their overall counterparts; more than 93 percent of SGCCE were born after 1967.[50]

Many SGCCE have begun to experience "growing pains" similar to their American counterparts, who began this process in the life cycle of their ethnic churches in the mid-1980s.[51] According to Evans, many Canadian-born Chinese Christians would eventually depart from the church because of the

---

46. Statistics Canada, *Immigration and Ethnocultural Diversity*, 5.
47. Statistics Canada, *Immigration and Ethnocultural Diversity.*
48. Reitz and Somerville, "Institutional Change and Emerging."
49. Li, *Chinese in Canada*, 91–95; Statistics Canada, *2011 National Household Survey.*
50. For details, see Table 1 and Table 2 in chapter 2.
51. Goette, "The Transformation of a First-Generation Church"; Mullins, "Life-Cycle of Ethnic Churches."

fractured relationship with their parents and the schism with the immigrant church.[52] Whether the outcome would lead to their faith abandonment or drive them to forge different pathways informed by their faith and ethnicity is largely unexamined in academic research. For that reason, this study engages with samples from a meaningful sized cohort of SGCCE to understand the phenomenon.

On a personal level, I had been an elder at a Chinese church associated with the denomination of Christian and Missionary Alliance in Canada. A good part of my church experience has been at the leadership level. I have been curious about what role leadership may play in assisting both the first-generation and the second-generation in understanding their intergenerational differences and in creating space and freedom for the second-generation to grow in autonomy.

## Purpose Statement

The purpose of this research is therefore to explore through a multi-case inquiry how the foresight of church leaders in the context of ethnic and religious social changes mediated (or failed to mediate) the SGCCE's transition from their parents' churches to the current congregations of their own choice.

## Conceptual Framework

The key concepts examined in this study are organized into two broad categories: (1) ethnicity, religion, the incorporation process, congregational pathways; and (2) leadership and foresight. Servant-leadership will be the framework adopted to determine how religion and ethnicity affect the outcome of second-generation Chinese Canadian evangelicals in their search for transition from their parents' religious institution to congregations of their own choice.

---

52. Evans, *Impending "Silent Exodus."*

## Ethnicity, Religion, Incorporation, and Congregational Transition Pathways for the "New" Second-Generation

### *Ethnicity*

Ethnicity is commonly referred to as the marker of a group of people whose members are related to each other through shared ancestry, common culture, history, and place of origin.[53] Feagin and O'Brien suggested that contemporary scholars have used the term *ethnicity* or *ethnic group* as an umbrella concept to "cover all racial ethnic and religious groups."[54] Defining ethnicity can be problematic, but the concept can be examined from two pairs of contrasting perspectives: primordial versus situational[55] and objective versus subjective.[56] Seen through the lens of the first pair, the primordial conception is rejected in favor of situational or constructional stance due to the fluid and malleable nature of ethnicity.[57] In addition, objective characterization of ethnicity in terms of physical appearance and cultural heritage is not chosen for this research because, for a study on SGCCE, it is best to construe their ethnicity as being defined subjectively by themselves as they attach meaning and significance to the membership of the group they belong to as well as to the group boundary.[58] Extending the subjective constructionist approach to problematizing ethnicity, Isajiw suggested that the second-generation of immigrants goes through a double process of socialization: one that takes place through ethnic settings in families and ethnic communities; and the other in public institutions through their interaction with the broader society.[59] Isajiw further identified five social-psychological options for the second-generation to respond to conflicts arising from this double process.[60] These options include: (a) keep the two worlds apart; (b) favor the ethnic world and

---

53. Bramadat and Seljak, *Religion and Ethnicity*, 8; Gin, "Asian American Ethnic," 184; Kim, *Faith of Our Own*, 6.

54. Feagin and O'Brien, "Studying 'Race' and Ethnicity," 53.

55. Kivisto, "Rethinking the Relationship," 492.

56. Breton, *Different Gods*, 47–48.

57. Breton, "Introduction"; Conzen et al., "Invention of Ethnicity"; Lee and Zhou, *Asian American Youth*; Min, "Introduction."

58. Barth, "Introduction"; Isajiw, "Process of Maintenance"; Isajiw, "Ethnic-Identity Retention"; Isajiw, *Understanding Diversity*; Kallen, *Ethnicity and Human Rights*; Zhou and Lee, "Introduction."

59. Isajiw, *Understanding Diversity*, 193.

60. Isajiw, 193–94.

reject broader society; (c) reject the ethnic world in favor of broader society; (d) push both worlds aside and seek alternatives; and (e) bring the two worlds together in creative ways.[61] In addition, Isajiw introduced three patterns of ethnicity retention or loss for the second-generation.[62] *Transplantation* refers to adhering to parents' traditions, practices, and values.[63] *Distancing* and *rebelling* represent rejection of the parents' traditions, practices, and values.[64] *Rediscovery* means symbolic attachments to traditional and cultural values.[65] Isajiw's framework will be used to postulate the role of ethnicity in SGCCE's choices in the context of their transition to congregations of their own.

## *Religion*

As is the case with ethnicity, defining religion is also problematic.[66] Researchers attempt to conceptualize religion along the continuum represented by substantive definitions and functional definitions at each end.[67] The substantive approach is rooted in the beliefs or ideas that religious adherents commit to and find important.[68] Conversely, the functional definition focuses not on the idea of religion but rather on how it operates in people's life in terms of offering support and comfort for those who follow a set of beliefs.[69] Influential scholars such as Durkheim, Geertz, W. Herberg, Robertson, Stark and Finke, Tylor, and Weber, offered definitions of religion of their own along the continuum.[70] Finally, C. Smith stated that religions constitute *"sets of beliefs, symbols, and practices about the reality of superempirical orders that make claims to organize and guide human life."* Smith continued, "Put more simply,

---

61. Isajiw, 193–99.
62. Isajiw, "Process of Maintenance."
63. Isajiw, *Understanding Diversity,* 193–99.
64. Isajiw, 133.
65. Isajiw, 134.
66. Bramadat, "Beyond Christian Canada," 11; Mol, *Identity and the Sacred,* 4.
67. Dawson and Thiessen, *Sociology of Religion,* 25.
68. Pals, *Eight Theories of Religion,* 13.
69. Pals, 13.
70. Durkheim, *Elementary Forms*; Geertz, *Interpretation of Cultures*; Herberg, "Religion"; Robertson, *Sociological Interpretation*; Stark and Finke, *Acts of Faith*; Tylor, *Primitive Culture*; Weber, *Sociology of Religion.*

if less precisely, what we mean by religion is an ordinarily unseen reality that tells us what truly is and how we therefore ought to live."[71]

C. Smith's definition is adopted for its straightforward characteristics and suitability for examining religious expression at the congregational level as well as for his articulation of evangelical identity that is applicable to SGCCE. According to Breton, religion in the congregational form plays a significant role in assisting immigrants and their children in their incorporation into the Canadian mainstream society.[72] However, it is R. S. Warner,[73] regarded by Kivisto as one of the most prominent sociologists of religion, who has advanced the study of new immigrants and religion.[74] Warner focused on "what the immigrant communities do religiously for themselves and not what others do or not do on their behalf."[75] Moreover, it is in religion in the congregational setting that immigrants and their children find their religious expression comes alive and is manifested.[76] Thus, for the purpose of this research, religion in the congregational form as applied to the arena in which SGCCE's religious experience and ethnicity are manifested is adopted as part of the conceptual framework.

## *Incorporation*

One of the key research areas on the second-generation Asian American Christians concentrates on the relationship between ethnicity and religion and how they intersect with one another in these believers' congregational experience.[77] Most studies have situated the intersection within the framework of immigrant incorporation. Ethnic incorporation is construed as a process "in which ethnic groups move their loyalties, expectations and political

---

71. Smith, *Moral, Believing Animals*, 98, emphasis in original.
72. Breton, *Different Gods*, 17.
73. Warner, "Introduction"; Warner, "Approaching Religious Diversity."
74. Kivisto, "Rethinking the Relationship," 497.
75. Warner, "Introduction," 9.
76. Warner, 21.
77. Alumkal, *Asian American Evangelical Church*; Bramadat and Seljak, *Christianity and Ethnicity*; Bramadat and Seljak, *Religion and Ethnicity*; Busto, "Gospel according to Model"; Carnes and Yang, *Asian American Religions*; Chen, *Getting Saved in America*; Chong, "What It Means"; Jeung, *Faithful Generations*; Jeung, Chen, and Park, "Introduction"; Kim, "Second-Generation Korean American"; Kim, *God's New Whiz Kids?*; Kim, *Faith of Our Own*; Muse, *Evangelical Church in Boston's*; Warner and Wittner, *Gatherings in Diaspora*; Yang, "ABC and XYZ."

activities toward a new center, whose institutions assume sovereignty over and responsibility for the ethnic groups."[78] In general, the process is conceptualized along the continuum between assimilation and pluralism at each end.[79] For instance, R. E. Park[80] and Park and Burgess[81] advocated assimilation as the process for incorporation by advancing a "race relation cycle" that goes through the form of "contacts, competition, accommodation and eventual assimilation."[82] Known as the "melting pot" process, assimilation understood from this perspective is irresistible, irreversible, and natural.[83] Extending R. E. Park's theory, Gordon conceptualized a modified assimilation process of seven stages: (a) cultural or behavioral assimilation; (b) structural assimilation; (c) martial assimilation; (d) identification assimilation; (e) attitude receptional assimilation; (f) behavioral receptional assimilation; and (g) civic assimilation.[84] For Gordon, the outcome of assimilation is not inexorable, and he sees three possibilities: (a) Anglo-conformity; (b) melting-pot; and (c) cultural pluralism.[85]

Glazer and Moynihan shifted the discussion of incorporation toward pluralism by arguing that incorporation is not a straight-path, zero-sum process but rather a process of combination of change and retention.[86] With the emergence of the new immigrants and their children, classic incorporation theories that are based upon early twentieth-century European North American immigrant experience are rejected in favor of more nuanced flavors.[87] New researches focus more on the adaptive, adhesive, and additive manner with which ethnicity is construed by and for the second-generation.[88] Emerging

---

78. Li, *Ethnic Minority Churches*, 23.

79. Kallen, *Ethnicity and Human Rights* (3rd ed.), 162; Li, *Ethnic Minority Churches*, 23; Ng, *Chinese in Vancouver*, 195.

80. Park, *Race and Culture*.

81. Park and Burgess, *Introduction*.

82. Park, *Race and Culture*, 150.

83. Alba and Nee, "Rethinking Assimilation," 828; Ooka, *Growing Up Canadian*, 8; Park, *Race and Culture*, 150.

84. Gordon, *Assimilation in American Life*, 71, table 5.

85. Gordon, 85–86.

86. Glazer and Moynihan, *Beyond the Melting Pot*, 292–94.

87. Alba and Nee, "Rethinking Assimilation"; Alumkal, "Preserving Patriarchy"; Zhou, "Growing Up American."

88. Bacon, "Constructing"; Kim and Hurh, "Beyond Assimilation"; Ooka, *Growing Up Canadian*; Yang, "ABC and XYZ."

from these researches is the new idea of conceptualizing assimilation in a segmented manner.[89] Segmented assimilation theory suggests three options for incorporation. The first one is the traditional path of assimilation into the dominant White society with upward mobility. The second one points to the opposite direction, yielding persistent poverty and downward mobility. The third option is for the second-generation to achieve economic advancement through social capital made available through co-ethnic communities to allow the second-generation to preserve social solidarity and ethnic identity.[90]

In the Canadian context, incorporation is distinctive because of its multicultural milieu. With the influx of immigrants after the change of the Immigration Act in 1967, Canada had evolved from the imperial British and French charter with people assuming their own monolingual/monocultural states to an increased ethnic and demographic diversity that forms a multicultural mosaic.[91] Two aspects of multiculturalism in Canada need to be differentiated. First, multiculturalism refers to the official *policy* of the Government of Canada first introduced in 1971 and later enacted by the legislature in 1988.[92] The policy was "construed as a doctrine that provides a *political framework* for the official promotion of *social equality and cultural differences* as an integral component of the social order" in Canada.[93] Second, the term *multiculturalism* also refers to a broad Canadian public tradition of pluralism with respect to culture, ethnicity, race, and religion.[94] In this regard, Driedger conceptualized an incorporation model for integrating different dynamics of assimilation and pluralism in the Canadian context.[95] Called the conformity-pluralist conceptual model, Driedger's framework takes into consideration different forces (i.e. voluntary versus nonvoluntary as well as conformity versus pluralism, or multiculturalism) that shape the ethnicity of the visible minority in Canada. I argue, along with Driedger, that in the

---

89. Portes and Zhou, "New Second Generation."
90. Portes and Zhou, 82.
91. Bibby, *Mosaic Madness*; Driedger, "Multiculturalism."
92. Bramadat and Seljak, *Christianity and Ethnicity*, 9.
93. Wilson, "Tapestry Vision," 654.
94. Bramadat and Seljak, *Christianity and Ethnicity*, 9.
95. Driedger, *Ethnic Factor*.

context of SGCCE, the concept of race has been subsumed under the notion of ethnicity and multiculturalism.[96]

## *Congregational Transition Pathways*

Building on the phenomenon of the silent exodus, this study focuses on how SGCCE depart from their parents' congregations. Originally conceptualized as a problem of how second-generation abandon their faith due to generational conflicts regarding spirituality, church mission, style of worship, leadership and hierarchy, and control and assertion of autonomy,[97] I postulate the silent exodus as a reflection of a broader process of transition through which the second-generation Asian North American Christian cohort has matured to demand their spiritual growth and autonomy and are yet met with inadequate supply for their spiritual needs by the first-generation. Recognized as such, the transition for SGCCE is presented as having a number of possible pathway models as identified in the literature review. These options can be conceptualized into two broad categories: (a) continuous evolution, and (b) discontinuous pathways. Continuous evolution looks at deploying English language ministry as well as resolution of generational conflicts as the variables through which the first-generation church leaders attempt to mitigate the crisis in order to ameliorate the departure issue.[98] Thus, English language programs together with judiciously delegated authority and autonomy to the second-generation are deployed as tactics by the leaders.[99] In this category, a number of gradually progressive modes of operations exist. They range from the paternal approach that continues to concentrate power among the first-generation, to parallel congregations with joint decision-making responsibility between generations, to partnership alternatives with a high degree of autonomy ceded to the second-generation, to a town-house arrangement

---

96. Driedger, "Multiculturalism."

97. Kim, *Re-Writing the Silent Exodus*; Kim, *Faith of Our Own*; Lee, "Silent Exodus"; Song, "Constructing a Local Theology."

98. Skelton, "Churches Offer Services."

99. Carlson, *Reaching the Next Generations*; Goette, "The Transformation of a First-Generation Church."

with complete second-generation independency but sharing facility with the first-generation.[100]

The *discontinuous pathways* category, however, suggests that other variables exist to account for the transition phenomenon. Assimilation and ethnicity are the two key variables highlighted by a number of researchers to account for why the second-generation are choosing different options.[101] Several pathways exist under this category: (a) straight-path integration into mainstream congregations;[102] (b) pan-ethnic congregations to allow for a homophilic and common solidarity with the believers of Asian heritage;[103] (c) a hybrid model whereby co-ethnics create their own congregations but forge a faith of their own that is different from the tradition of their parents;[104] and (d) multiethnic or multiracial congregations to encourage the faithful to break down ethnic and racial barriers and to embrace cultural diversity, racial reconciliation, and church unity; and to realize the biblical ideal of gathering all tribes and nations under one faith.[105] To sum up, these models in the continuous evolution and discontinuous pathways categories present themselves as viable options for SGCCE to select as places of worship of their own through the process of congregational transition.

## Leadership

The second aspect of the conceptual framework for this study is based upon the phenomenon of leadership and specific principles of servant-leadership as identified and advocated by Greenleaf.[106] Specifically, foresight as a servant-leadership characteristic is highlighted as a less-researched yet relevant variable in studying the leadership of both the first-generation immigrant

---

100. Carlson, *Reaching the Next Generations*; Chang and Chuang, "Future"; Kim, *Faith of Our Own*.

101. Alumkal, *Asian American Evangelical Church*; Chen, "From Filial Piety"; Jeung, *Faithful Generations*; Kim, *Faith of Our Own*; Kim and Kim, "Korean American Christian Communities."

102. Ley, "Immigrant Church"; Mullins, "Life-Cycle of Ethnic Churches."

103. Jeung, *Faithful Generations*; Park, "Second-Generation Asian."

104. Kim, *Faith of Our Own*; Kim and Kim, "Korean American Christian Communities"; Mak, "English Speaking Ministry."

105. De Young et al., *United by Faith*; Emerson and Smith, *Divided by Faith*; Garces-Foley, "Comparing Catholic and Evangelical"; Garces-Foley and Jeung, "Asian American Evangelicals"; Marti, "Fluid Ethnicity."

106. Greenleaf, *Servant Leadership*.

church and the current nonimmigrant congregations SGCCE are attending. Furthermore, the foresight of these leaders, in terms of its presence or absence, is examined through the lens of Ladkin's framework of two suites of phenomenological concepts of "whole" and "moment" as well as "ready-to-hand" and "present-to-hand."[107]

Although the definition of *leadership* varies,[108] researchers point to the Industrial Revolution as the starting point, and to Carlyle's Great Man theory as the origin of the modern study of leadership.[109] This classic conception of leadership speculates that certain men (*sic*) are born with natural leadership gifts that differentiate them from the followers.[110] The Great Man theory soon evolved into Trait theory in the early twentieth century. Trait theory differs from the Great Man theory in that the former does not make explicit assumption about the origins of the traits, whether they are innate or acquired, but rather implies that such characteristics are inherent in only a few select people.[111] In the 1950s, researchers shifted their attention away from traits as the salient factor to focus on leaders' behavioral styles as the key variable for analyzing leadership.[112] Thus, good leaders are those who make adjustments in adapting appropriate behavior.[113] The shift is significant, for this approach implies that leadership behaviors can be learned and therefore leadership is no longer construed as being limited to a select few but is accessible to all.[114] By the 1960s, the behavior model of leadership gave way to the contingency model that moved the focus away from the dominant role of leaders to the social and structural factors that form and shape the contexts or situations to which leaders are called to respond.[115] In this construct, leadership of the contingency approach looks at a suite of components that constitute the totality of leadership: leadership style, follower characteristics, and situational or

---

107. Ladkin, *Rethinking Leadership*, 25, 43–44.
108. Bass, *Bass & Stogdill's*; Ciulla, *Ethics of Leadership*; Kellerman, *End of Leadership*; Northouse, *Leadership*; Rost, *Leadership*.
109. Carlyle, *On Heroes*.
110. Daft, *Leadership Experience* (6th ed.).
111. Rowe, *Cases in Leadership*.
112. Antonakis, Cianciolo, and Sternberg, "Leadership."
113. Daft, *Leadership Experience* (6th ed.).
114. Daft, *Leadership Experience* (6th ed.).
115. Bryman, "Leadership"; Grint, "History of Leadership."

contextual factors.[116] These factors led Fiedler to conceptualize two major styles of leadership under the contingency approach: task-oriented style and relationship style.[117] By the 1980s, Bryman observed that a collective of "New Leadership" emerged that essentially advocated examining leadership from the context of leaders as managers of meaning rather than in terms of an influence process. Charismatic leadership,[118] visionary leadership,[119] and transformational leadership[120] are regarded as representatives of this collectivity.[121] Transformational leadership appears to differentiate itself from others based on a number of impressive findings and its strong theoretical framework.[122] However, it is criticized, among other assessments, for its lack of a sound moral and ethical foundation.[123] Thus, among various emergent issues, the importance of the moral and ethical dimensions of leadership is increasingly appreciated.[124] It is within the context of the contemporary study of leadership that scholars have identified servant-leadership as a viable candidate of ethical leadership for research.[125]

Contrary to traditional leadership theories that tend to emphasize on either the leader's personality, traits, skills, or the styles to achieve results with approaches that can be "top-down" and command-and-control in nature or via power and influence,[126] servant-leadership distinguishes itself by placing the priority of serving the needs and the development of individual constituents above the achievement of organizational objectives.[127] According to

---

116. Daft, *Leadership Experience* (6th ed.).

117. Fiedler, *Theory of Leadership Effectiveness*.

118. Bryman, *Charisma and Leadership*; Conger, *Charismatic Leader*; House, "1976 Theory."

119. Sashkin, "Visionary Leader"; Westley and Mintzberg, "Visionary Leadership."

120. Bass, *Leadership and Performance*; Tichy and Devanna, *Transformational Leader*.

121. Bryman, "Leadership."

122. Jackson and Parry, *Very Short, Fairly Interesting*.

123. Avolio and Bass, *Developing Potential*; Fernando, "Spirituality and Leadership."

124. Ladkin, *Rethinking Leadership*, 10.

125. Ciulla and Forsyth, "Leadership Ethics"; Daft, *Leadership Experience* (6th ed.); Northouse, *Leadership*; Sendjaya, "Demystifying Servant Leadership"; Yukl, *Leadership in Organizations*.

126. Bass, *Bass Handbook of Leadership*; Burns, *Leadership* (2010); Covey, *Seven Habits*; Northouse, *Leadership*; Rost, *Leadership*.

127. Andersen, "When a Servant-Leader"; Greenleaf, *Servant Leadership*; Russell and Stone, "Review of Servant Leadership."

Patterson, servant-leaders are those "who lead an organization by focusing on their followers, such that the followers are the primary concern and the organizational concerns are peripheral."[128] Yukl echoed the emphasis on the necessity to work with the followers: "Servant leaders must listen to followers, learn about their needs and aspirations, and be willing to share in their pain and frustration."[129] Sendjaya pinpointed servant-leadership's primary tenet succinctly: "Servant leaders set the following priorities in their leadership roles: followers first, organizations second, their own the last."[130]

To accomplish this set of objectives, a servant-leader is required not simply to rely on management skills or human resources tactics but to "draw out, inspire and develop the best and highest within people from the inside out," rather than being the traditional manager who "drives results and motivation from the outside in."[131] Sendjaya summed up the interior approach of servant-leader's engagement this way:

> Servant leadership is not so much a theory as an attitude of the heart which shapes the decisions and actions of corporate leaders at all levels. It is not another leadership style one can choose to use whenever she likes . . . Servant leadership is a commitment of the heart to engage with others in a relationship characterized by service orientation, holistic outlook, and moral-spiritual emphasis.[132]

Because of its focus on the interiority of the leader, servant-leadership has been characterized not merely as a leadership theory but as a way of life "in which devotion to the good of others takes priority and evokes greater integrity in individuals and in society as a whole."[133] In commenting on Greenleaf's notion of servant-leadership, Jaworski expressed the opinion that it is "much more about *being* than *doing*."[134] Spears concurred that "at its core, servant-leadership is a long-term, transformational approach to life and work – in

---

128. Patterson, *Servant Leadership*, 5.
129. Yukl, *Leadership in Organizations*, 349.
130. Sendjaya, "Leaders as Servants," 1.
131. Covey, "Foreword," 3.
132. Sendjaya, "Leaders as Servants," 1.
133. Ferch, *Forgiveness and Power*, xxiii.
134. Jaworski, "Destiny and the Leader," 264.

essence, a way of being that has the potential for creating positive change throughout our society."[135]

The concept of servant-leadership gained prominence when Greenleaf introduced it in his seminal writing *The Servant as Leader* in 1970.[136] Unlike the hierarchical system of leadership, which places a premium on the command-and-control style of leadership, Greenleaf stressed the importance of the leader's serving the needs of followers and attending to the growth of those being served.[137] The essence of servant-leadership, Greenleaf contended, is that a leader must not aspire to lead first, but to serve first.[138] He asserted: "The servant-leader is servant first . . . Becoming a servant-leader begins with the natural feeling that one wants to serve, to serve *first*. Then conscious choice brings one to aspire to lead."[139] Greenleaf differentiated servant-leaders from those who want to be leaders first. The leader-first individuals are perhaps motivated by the "need to assuage an unusual power drive or to acquire material possession."[140] Conversely, servant-leadership

> manifests itself in the care taken by the servant – first to make sure that other people's highest priority needs are being served. The best test, and difficult to administer, is this: Do those served grow as persons? Do they, *while being served,* become healthier, wiser, freer, more autonomous, more likely themselves to become servants? *And*, what is the effect on the least privileged in society; will they benefit or at least not be further deprived?[141]

Greenleaf drew inspirations for servant-leadership from Hermann Hesse's *Journey to the East*.[142] The central figure of the story, Leo, was first portrayed as a servant accompanying a group of men on a mythical journey, with his real identity actually being the head of the Order that sponsored the journey.[143]

---

135. Spears, "Understanding and Practice," 12.
136. Spears, "Introduction," 2.
137. Greenleaf, *Servant Leadership*.
138. Greenleaf, "Who Is the Servant-Leader?"
139. Greenleaf, 6, emphasis in original.
140. Greenleaf, 6.
141. Greenleaf, 6, emphasis in original.
142. Greenleaf, *Servant-Leader Within*.
143. Greenleaf, 32.

For Greenleaf, Leo played two roles that are diametrically opposed to one other: the servant, "who, by acting with integrity and spirit, builds trust and lifts people and helps them grow"; and the leader, "who is trusted and who shaped other's destinies by going out ahead to show the way."[144] The moral of the story is that these two roles can in fact co-exist and be brought together to create what Spears called "the paradoxical idea of servant-leadership."[145] A leader must first be a servant, and the true essence of leadership can only be authenticated through service to others. Such leadership action demands not so much the skills as the character and the morality of the servant-leader, as Covey echoed: "The essential quality that set servant-leaders apart from others is that they live by their conscience – the inward moral sense of what is right and what is wrong . . . [which differentiates] leadership that *works* and leadership – like servant leadership – that *endures*."[146]

Three reasons form the selection of servant-leadership as the leadership framework to mediate analysis of the process through which SGCCE exercise their choice of congregation. First, the concept of service and putting followers first has resonated well among faith-based organizations and religious institutions.[147] Wong and Davey contended that servant-leadership has been "the most influential leadership model" within the Christian community.[148] The authors cited the alignment of servant-leadership principles with the Christian tradition of Jesus Christ's practices of servanthood as the primary reason that many Christian leadership publications have focused on servant-leadership. Baldomir took a step further and argued that servant-leadership is the right model to unify the first- and second-generation Chinese American churches because of its advocacy of placing others' needs above one's own.[149] Second-generation Chinese church leaders can use the model of servant-leadership to establish an attitude of service and to better understand the needs of their congregations. Second, the concept of autonomy of the followers as espoused by Greenleaf forms a purposeful ministerial foundation in mediating the growth and the identity shaping of SGCCE. Last,

---

144. Greenleaf, 32.
145. Spears, "Understanding and Practice," 10.
146. Covey, "Foreword," 4, emphasis in original.
147. Lemler, "Holding the Mission in Trust," 77.
148. Wong and Davey, "Best Practices," 3.
149. Baldomir, "Servant Leadership," 4.

Greenleaf's articulation of servants as healers of society presents a greater appeal to SGCCE, as many may have experienced frustration and hurt under the control of the first-generation leadership.[150] Servant-leaders are healers and bring healing to the communities they serve.[151] The healing characteristic sets servant-leadership apart from the power-based and control-centric leadership approaches and will stand congregants in good stead in building caring and empowering communities, an end-goal scenario which, I argue, both generations of Chinese Canadian church leaders desire to construct.

With these three reasons supporting the choice of servant-leadership as the framework, I have selected Greenleaf's concept of foresight as the key dimension of servant-leadership characteristics to be adopted as the leadership framework in this study. For Greenleaf, a mark of leaders "is that they are better than most at pointing the direction" because they have the ability "to foresee the unforeseeable."[152] Foresight, according to Greenleaf, is the ability to make sense of the unforeseeable. For this reason, foresight is what Greenleaf wrote of as "the 'lead' that the leader has."[153] I, therefore, argue that foresight is the crucial leadership lens through which leaders of both generations can see the phenomenon of the silent exodus not merely in the light of defection of second-generation from their parents' churches but as a process of growth on the part of their children in their negotiation of their own faith and ethnicity.

However, foresight as a characteristic of servant-leadership appears to be seldom researched.[154] Part of the reluctance to explore this characteristic stems from the difficulty in gauging the parameters within which the measurement of foresight is to be operationalized. I argue that the challenge is also rooted in large part in the evasiveness of foresight's effect, in which avoidance of certain events and risk mitigation are not easily or visibly linked to the exercise of foresight. As Ladkin observed, when leadership foresight is "serving its purpose," it is difficult to detect.[155] I found Ladkin's framework of two suites of phenomenological concepts of "whole" and "moment" and of

---

150. Greenleaf, "On Being a Seeker," 25.
151. Ferch, *Forgiveness and Power*, 14–15.
152. Greenleaf, *Servant Leadership*, 29, 35.
153. Greenleaf, 40.
154. Spears, "Character and Servant Leadership."
155. Ladkin, *Rethinking Leadership*, 46.

"ready-to-hand" and "presence-to-hand" effective in probing the presence or absence of foresight on the part of leaders from both first-generation immigrant church and the current congregations SGCCE are attending.[156]

## Research Questions

In support of the purpose of study, I proposed the following research questions for my investigation:

1. What is the extent to which ethnicity and religion play a role in the way SGCCE think of themselves and in the choices they make concerning the nonimmigrant congregations they worship in while making the transition from their parents' church?
2. To what extent is ethnicity overshadowed by religious identity and vice versa in SGCCE's decision as they transition away from their parents' congregation?
3. What role does church leadership of the first-generation Chinese Canadian evangelicals play in guiding and shaping SGCCE's search for growth and autonomy as expressed in the congregational transition through exercising the servant-leadership characteristic of foresight?
4. What role does church leadership of the current nonimmigrant congregations SGCCE are attending play in legitimizing the ethnicity of the congregants and shaping the ethnic boundary of the congregations through exercising the servant-leadership characteristic of foresight?

## Overview of Research Method

This study utilizes the multi-case study methodology to gain a deeper understanding of how the foresight of church leaders in the context of ethnic and religious social change mediated (or failed to mediate) the congregational transition process for the SGCCE. I probed four cases of second-generation Chinese Canadian evangelicals (SGCCE) attending different congregations

---

156. Ladkin, 25, 43–44.

that represent the various pathways these second-generation worshipers took as a consequence of the transition process. Furthermore, I conducted post-analysis interviews with the representatives of the first-generation Chinese Canadian church leaders and the leadership with the current nonimmigrant congregations the SGCCE were attending to gain a perspective on the presence or absence of servant-leadership foresight on their part.

## Definition of Terms

The study uses the following terminology to describe different groups of people in Canada and the United States:

*First-Generation*: People who were born outside Canada. For the purpose of this study, the term can refer to people who were born outside the United States of America.[157]

*Second-Generation*: Individuals who were born in Canada and had at least one parent born outside Canada.[158]

*Third-Generation and more*: People who are Canadian-born and whose parents and grandparents were Canadian-born.[159]

*Visible minorities*: Unlike the United States of America, which categorizes its population based on the racial categories of White, Black, American Indian, Hispanic, and Asian American,[160] Canada tracks its population with three broad categories: people "Caucasian in race or white in colour," aboriginal people, and visible minorities.[161] The Employment Act of Canada further differentiates visible minorities as not belonging to the first two types and categorizes them under the following groups: South Asian, Chinese, Black, Filipino, Latin American, Arab, Southeast Asian, West Asian, Korean, and Japanese.[162]

---

157. Statistics Canada, *Generation Status*, 3.
158. Statistics Canada, 3.
159. Statistics Canada, *Canada's Ethnocultural Mosaic*, 36.
160. Jeung, Chen, and Park, "Introduction," 7; Zhou and Lee, "Introduction," 11.
161. Statistics Canada, *Immigration and Ethnocultural Diversity*, 14.
162. Statistics Canada, 14.

*Evangelicals*: David Bebbington's quadrilateral emphasis that gives evangelical faith its character is followed. The four emphases are: (a) *Conversionism*: The conviction that each person must turn from their sin, believe in the saving work of Christ, and commit themselves to a life of discipleship and service; (b) *Activism*: Cooperating in the mission of God through evangelism and charitable works; (c) *Biblicism*: Reverence and devotion to the Bible as God's word; and (d) *Crucicentrism*: The centrality of the cross of Christ in evangelical teaching and preaching.[163]

*Evangelical denominations in Canada*: When these groups are used in this study in numeric forms for reporting census or statistical findings, the term *evangelicals* refers to the denominations in Canada. Beyer's inclusion of denominations as reported in Census Canada 2001 is followed in this study:

> Apostolic Christian, Apostolic (not otherwise specified), Associated Gospel, Baptist, Brethren in Christ, Born Again Christian (not otherwise specified), Charismatic Renewal, Christian and Missionary Alliance, Christian Assembly, Christian or Plymouth Brethren, Christian Reformed Church, Church of Christ Disciples, Church of God (not otherwise specified), Church of the Nazarene, Congregational, Evangelical Free Church, Evangelical Missionary Church, Evangelical (not otherwise specified), Free Methodist, Methodist (not included elsewhere), Moravian, New Apostolic, Pentecostal, Salvation Army, Seventh-Day Adventist, Standard Church, Vineyard Christian Fellowship, Wesleyan, and Worldwide Church of God.[164]

## Overview of the Study

This study is arranged in five chapters. Chapter 1 outlines the background and the context of the study and the theoretical framework through which the study was conducted, together with the purpose statement and the research questions. Chapter 2 reviews the literatures pertinent in addressing the theoretical issues related to the following areas: the Chinese evangelical church

---

163. Bebbington, *Evangelicalism in Modern Britain*, 2–17.
164. Beyer, "Appendix," 437, note 2.

in Canada in terms of its ethnicity, religion, and incorporation; congregation transition pathways and the silent exodus of SGCCE; and servant-leadership. In chapter 3, the choice of a multi-case study as the research approach is conceptualized and discussed. Chapter 4 presents data gathered from interviews with SGCCE, the first-generation Chinese Canadian church leaders, and leaders of the congregations that SGCCE were attending at the time of interview. Last, chapter 5 discusses the findings as well as the themes emerging from the study, and concludes with implications and suggestions for further study.

CHAPTER 2

# Literature Review

As indicated in chapter 1, most of the Canadian-born children of the Chinese immigrants of the 1970s and 1980s have now come of age and reached adulthood. The Canadian National Household Survey of 2011 reported that just over 1,324,700 identified themselves with Chinese ancestry, and 27 percent, or 358,500, are local-born (i.e. non-immigrants), comprising the second and subsequent generations.[1] More than 90 percent of this cohort was born after the 1967 open-door immigration policy favoring those with skills, experience, and education that matched the demand of the rising labor market of Canada.[2] Collectively referred to as the "new" second generation, these young adults are capable of asserting their autonomy and negotiating their identity.[3] Many of these immigrant children have been growing up in the religious setting of their parents' religious institutions. Partly because of the conflicts they face with the first-generation's traditional style of worship, immigrant brand of spirituality, and hierarchical leadership approach, and partly because of their desire to exert freedom and autonomy, many SGCCE have decided to leave the religious institutions, following the silent exodus phenomenon.[4] Although some may have abandoned their faith,[5] many creative options are available to them to express their faith: creating parallel congregations with the immigrant churches yet maintaining autonomy; establishing separate and

---

1. Statistics Canada, *2011* National Household Survey.
2. Li, *Chinese in Canada*, 91–95; Statistics Canada, "Household Survey Custom Tabulation."
3. Reitz and Somerville, "Institutional Change and Emerging."
4. Lee, "Silent Exodus."
5. Penner et al., *Hemorrhaging Faith*.

independent co-ethnic churches with English service; forging an alliance with other Asian ethnics to form pan-ethnic congregations; moving into worship with multiethnic congregations; or simply joining the mainstream Caucasian churches. Researchers argue that this phenomenon has been greatly affected by the process of assimilation, and both religious affiliation and ethnicity do play a part in shaping this process.[6] The decision of which pathways SGCCE may choose is also a function of how leadership of both the first- and second-generation is exercised in shaping their identity and affiliation.[7] Toward that end, the purpose of this study was to explore how church leadership of both the first-generation immigrant church and the nonimmigrant congregations SGCCE were attending at the time of interview mediated the transition of SGCCE from their parents' religious institution to their current place of worship in the context of ethnicity and religion.

The literature review consists of four major sections. The first one provides a brief overview and the history of the Chinese evangelical church in Canada and a description of SGCCE to establish the arena and the context of the study. The next section reviews the literature on ethnicity, religion, the incorporation process, and how both religion and ethnicity intersect in the incorporation process of the "new" second generation in the context of local congregations. A brief portrayal of Canadian multiculturalism is also provided in the Canadian context to highlight the distinctiveness of the Canadian incorporation process. The third section discusses the transitory pathways available for the second-generation in making congregations of their choice when they opt out of the Chinese immigrant church. The final section focuses on servant-leadership, drawing principally from its characteristic of foresight as the framework of inquiry into the lived experience of both the first- and second-generation church leaders in their mediation of the transition process of the SGCCE in their choice of congregations.

---

6. For example, Alumkal, *Asian American Evangelical Church*; Chen, *Getting Saved in America*; Chong, "What It Means"; Jeung, *Faithful Generations*; Kim, "Second-Generation Korean American"; Kim, *Faith of Our Own*; Muse, *Evangelical Church in Boston's*.

7. Jeung, *Faithful Generations*.

# Chinese Evangelical Churches in Canada

In analyzing the formative factors by which ethnic Chinese religious institutions are shaped in the diaspora, Nagata observed that "the political and social climate and religious policies of particular states influence how churches are organized."[8] Chinese evangelical churches in Canada are not immune to such influences. A church can be construed from multiple perspectives. It can be looked at as a theological entity, hallmarked by its faith or doctrinal characteristics. Alternatively, it can be examined as an organization featuring its hierarchy, programs, and resources. R. S. Warner argued that immigrant churches are best examined from the perspective of being congregations, a group of "local, face-to-face religious assemblies – rather than on teachings, private devotions, scriptures, buildings or national umbrella organizations."[9] He further asserted that the congregational approach offers the best perspective to understand how ethnic and immigrants group "were *doing religiously . . .* and what manner of religious institutions they were developing *of, by, and for themselves.*"[10] And when it comes to congregations, Ammerman characterized them as:

> A part of a community's institutional infrastructure, a part of the structures and connections that make social life possible. Those structures and connections are not neural shells into which any given group can be placed. They are, rather, living networks of meaning and activity, constructed by the individual and collective agents who inhabit and sustain them.[11]

The objective of the first main section in this chapter is to provide an overview of the Chinese Canadian evangelical churches as congregations situated as a part of the Chinese community in Canada, which essentially has been shaped by, and located within, the development of the history of Chinese immigrants in Canada. The history of Chinese immigrants in Canada can largely be divided by a monumental event that occurred in 1967, when the Immigration Act underwent a major sea change. In that year, the former immigrant admittance system designed to privilege the applicants' country

---

8. Nagata, "Christianity among Transnational Chinese," 125.
9. Warner, "Introduction," 8.
10. Warner, 9, emphasis in original.
11. Ammerman, *Congregation & Community*, 346.

of origin was replaced with a universal point system that assessed, among many other things, the applicant's "education and training . . . adaptability . . . occupational demand and skill, age . . . knowledge of French and English, and employment opportunities in the area of destination."[12] Before this major change, a Chinese population of 58,197 was reported in Canada in 1961.[13] The shift in policy cracked the immigration entrance wide open for the Chinese both in the diaspora and from China to access and emigrate to Canada. The Chinese population skyrocketed to 118,815 by 1971. It more than doubled to 289,245 by 1981 and climbed up significantly to 633,933 by 1991.[14] By 2001, it had increased to around 1,029,400,[15] and was reported to have reached 1,216,565 by 2006.[16] According to the 2011 Census, more than 1,324,700 identified themselves with Chinese ancestry in Canada.[17]

The implication of this major adjustment in immigrant policy, as will be made clear later in this study, is that not only did the growth of the Chinese community provide the critical mass and fuel the rapid growth of the Chinese evangelical churches in Canada, it also gives credence to Nagata's observation that political policies, in this case the new Canadian Immigration policy, do affect how churches are being organized. In the following discussion, I provide a brief history of the Chinese Canadian churches and of the relationship between Protestants and Chinese immigrants before 1967.

## *A Brief History of Protestant Faith and the Chinese Canadian Immigrants (1858–1967)*

This discussion is further divided into three subsections according to the demarcation of the Chinese immigrant history in this period commonly recognized by researchers.[18]

---

12. Marr, "Canadian Immigration Policies," 197.
13. Li, *Chinese in Canada*, 89.
14. Li, 89.
15. Statistics Canada, *Canada's Ethnocultural Mosaic*.
16. Statistics Canada, *Visual census. 2006 Census, Figure 11.3*.
17. Statistics Canada, *2011 National Household Survey*.
18. Con et al., *From China to Canada*; Hardwick and Johnson, *East Meets West*; Li, "Chinese Minority in Canada"; Li, *Chinese in Canada*; Mar, *Brokering Belonging*; Ng, *Chinese in Vancouver*; Tan and Roy, *Chinese in Canada*.

**Early Contact (1858–1923)**

The first Chinese settlers began to arrive in Canada in 1858 when three Chinese came from San Francisco in search of an opportunity to mine gold in the Upper Valley of British Columbia.[19] Three hundred more prospectors followed them from California in the same year.[20] Soon after their arrival, a local Methodist missionary pioneered an outreach ministry among them in New Westminster as early as 1859 and was joined by other colleagues from the denomination shortly afterwards.[21] Despite the evangelists' zeal, the attempts to convert the Chinese to Christianity were "sporadic" at that time and did not receive much support from the denominational headquarter before the construction of the Canadian Pacific railway.[22] With more than seventeen thousand Chinese entering Canada from 1881 to 1884 and joining the railway project,[23] many more local missionaries from other denominations quickly followed their Methodist counterparts. Anglican missionaries started their ministry as early as the 1860s,[24] while the Presbyterians became active in the 1880s.[25] Individual Baptist missionaries were said to have reached out to the Chinese as early as 1878.[26]

P. S. Li estimated that "prior to 1900, close to 90% of the Chinese were concentrated in British Columbia."[27] However, thousands of Chinese began to migrate eastward after the completion of railway construction in 1885.[28] With this movement and new immigrants arriving in eastern Canada, mission work began to emerge in Toronto and Montreal.[29] For instance, Rev. David McLaren started a Chinese class at the Toronto Young Men's Christian Association as early as 1882.[30]

---

19. Yu, "Refracting Pacific Canada," 5.
20. Con et al., *From China to Canada*, 13.
21. Wang, *"His Dominion,"* 33.
22. Roy, *White Man's Province*, 27.
23. Con et al., *From China to Canada*, 22.
24. Wang, "Organised Protestant Missions," 708–9.
25. Con et al., *From China to Canada*, 96.
26. Wang, *"His Dominion,"* 45.
27. Li, "Chinese Immigrants," 530.
28. Chan, *Gold Mountain*, 67.
29. Ye, "Protestant Missionary Work."
30. Ye, 19.

The first ever Christian Sunday service offered to the Chinese immigrants exclusively in the Chinese language was held in Victoria in 1885 by John E. Gardiner, a Methodist missionary.[31] However, the First Presbyterian Chinese Church, established in Victoria in 1899 with a membership of fourteen at the time, was the first native Chinese Presbyterian congregation set up on Canadian soil.[32] The Montreal Chinese Presbyterian Church, established in the 1880s, was allegedly the second one,[33] irrespective of the discrepancy in the time of establishment between the two churches. The third Chinese church was the Chinese Presbyterian Church, established in 1905 in Toronto.[34]

Three motivations prompted early Canadian missionaries in their efforts to reach out to the Chinese. The first was related to a sense of Christian humanitarianism, which inspired the missionaries to address the immigrants' sordid social conditions by providing safety and shelter for the new arrivals and the disadvantaged among them.[35] Examples of this category include setting up dormitory for the young adults to discourage them from engaging in gambling and opium smoking.[36] The missionaries established rescue homes to assist Chinese young women who wanted to escape "the servitude of prostitution or unwilling marriage contracts."[37]

Missionaries were further encouraged by their religious zeal to reach the unsaved migrants and were quick to learn that English proficiency on the part of the Chinese was an effective channel to facilitate the immigrants' understanding of the salvation message.[38] Mission schools were soon set up with English class being offered.[39] So popular was the evening class that Ward asserted that it was by far the most welcome educational program the missionaries organized, and in the early years, it attracted thousands of Chinese students.[40] Typical with the missionary approach was to add a

---

31. Con et al., *From China to Canada*, 122; Wang, "Organised Protestant Missions," 694.
32. Wang, 705.
33. Con et al., *From China to Canada*, 237.
34. Con et al., 97; Goh, *Plan for Pastoral Ministry*, 137; Nagata, "Christianity among Transnational Chinese," 115.
35. Con et al., *From China to Canada*, 64.
36. Con et al., 96; Roy, *White Man's Province*, 16.
37. Con et al., *From China to Canada*, 122.
38. Wang, *"His Dominion,"* 111.
39. Wang, "Chinese Community's Response," 17–18.
40. Ward, "Oriental Immigrant," 44.

Bible class or a religious service at the end of the English class to preach the Christian message.[41]

The last missionaries' incentive had to do with their conviction that the best way to assimilate the newcomers was to Christianize them.[42] Viewed predominately by the mainstream White Canada as a race that was inferior and inassimilable,[43] the Chinese were discriminated against very early on in their history in Canada.[44] They were deprived of any official legal status and regarded virtually as "non-persons from 1872 until 1888 when they were exempt from registering their births, deaths, and marriages."[45] And in 1875, the Chinese settlers were disenfranchised and banned from voting and participating in the electoral process by British Columbia.[46] The ban was quickly followed by other provinces such as Saskatchewan in 1908.[47] With the anti-Chinese sentiment dominating in Caucasian Canada toward the end of the nineteenth century, the Canadian government began to levy an unprecedented punitive and oppressive head tax, starting at $50, rising to $100, and finally culminating it to $500, as an economic disincentive against Chinese immigrants from 1886 to 1903 in an attempt to thwart the influx of the unwelcome newcomers.[48]

Labeled the "Yellow Peril," the Chinese were so harshly treated that even the mainstream clergy at the time chose to side with the prevalent anti-Chinese sentiment in rejection of admission of any Chinese into Canada, arguing that "God was on the side of the white man's country and that self-preservation was the first law of nations."[49] Yet contrary to the public fervor, local missionaries saw assimilation as not only possible but in fact necessary for the Chinese, for assimilation would "remove the threat of Oriental vice and paganism," giving the Chinese the blessings of higher civilization and

---

41. Wang, "Chinese Community's Response," 694; Ye, "Protestant Missionary Work," 20.
42. Con et al., *From China to Canada*, 125.
43. Ward, "Oriental Immigrant," 42.
44. Li, *Chinese in Canada*, 5.
45. Roy, *White Man's Province*, 42.
46. Chow, *Chasing Their Dreams*, xvi; Roy, *White Man's Province*, 46.
47. Tan and Roy, *Chinese in Canada*, 10.
48. Li, "Chinese Minority in Canada," 267; Roy, *White Man's Province*, 232; Tan and Roy, *Chinese in Canada*, 8.
49. Roy, *White Man's Province*, 231.

transforming them into Canadian citizens.[50] For these missionaries, the pathway to assimilation clearly was to Christianize the Chinese, and the church was the agency for that process. Christianization and Canadianization, therefore, were inseparable processes and constituted the same objective for these missionaries.[51] Thus, as Wang pointed out, "evangelizing the Chinese . . . was, in fact, a means to defeat the 'Yellow Peril.'"[52]

Yet confined by individual efforts and without much support by their denominations, local missionaries were met with resistance and yielded less than enthusiastic results, primarily because of four factors: (a) the Chinese indifference toward the Christian message;[53] (b) virtually nonexistent support or sympathy from the general public due to the anti-Chinese sentiment;[54] (c) policy hurdles at the denomination headquarter resulting in the lack of finances and human resources support;[55] and (d) cultural and linguistic barriers as major obstacles in making the Christian message intelligible to the immigrants.[56] Consequently, evangelization efforts in the first few decades since the Chinese arrival led to less than favorable results. The first Chinese to be baptized by the Anglicans, for example, was reported in 1893 in British Columbia, almost twenty years after they started to minister to the Chinese immigrants.[57] For the Presbyterians, no more than ten Chinese were converted to Christianity in the first three decades of the mission.[58]

**The Exclusion Era (1923–1947)**
The anti-Oriental hostility reached a feverish pitch in 1923 when the Chinese Immigration Act, also known as the Chinese Exclusion Act, was passed by the Canadian government, essentially excluding any Chinese immigrants from landing in Canada in the ensuing two-and-a-half decades until the Act was

---

50. Ward, "Oriental Immigrant," 42.
51. Con et al., *From China to Canada*, 125.
52. Wang, "His Dominion," 7.
53. Ye, "Protestant Missionary Work," 23.
54. Ward, "Oriental Immigrant," 44.
55. Roy, *White Man's Province*, 27–29.
56. Wang, "His Dominion," 30.
57. Wang, 44.
58. Wang, 46.

repealed in 1947.[59] With the full force of the Act's implementation, only eight Chinese emigrants were permitted to enter Canada between 1924 and 1946.[60]

Canadian Protestants during this period underwent a structural modification by forging a new entity that merged some of the Methodist and Presbyterian congregations to form the United Church of Canada, while a few churches, such as the Chinese Presbyterian churches in Victoria, Vancouver, Toronto, and Montreal, decided to opt out of the alliance and stay with the Presbyterian Church of Canada.[61] At the same time, as Wang observed, the missionary tactics underwent a sea change, moving away from the evangelization focus to the so-called Social Gospel model by centering on establishing community-based services such as Chinese medical missions. The shift in the ministry model seems to have been effective in ameliorating the relationship with the Chinese community and the Protestants. Consequently, for example, the attendance at the Vancouver mission more than doubled in 1931 after hospitals were set up by the denominations.[62]

Wang identified another major shift in ministry direction of the Protestants at the time: the abandonment of the English night class in favor of directing educational efforts toward the younger generation due to the virtual absence of new Chinese immigrants as well as the emerging second-generation of the Chinese community.[63] Educational engagements started with kindergarten and moved to day school for the youth, matching the life cycle needs of the Canadian-born Chinese at the time.[64] Though the Chinese community was predominantly male during the Exclusion Era as the result of the "married bachelors" not being able to bring their families to join them in Canada,[65] local families began to attract the church's attention during the 1920s and 1930s. While the single Chinese males were usually not churchgoing, women and children in most families were reported to be Christians.[66] By that time, churches began to gain prominence in the Chinese

---

59. Hardwick and Johnson, *East Meets West*, 81–82.
60. Tan and Roy, *Chinese in Canada*, 13.
61. Wang, "*His Dominion*," 76.
62. Wang, 75–77.
63. Wang, 77–78.
64. Wang, 77–78.
65. Roy, *White Man's Province*, xi.
66. Con et al., *From China to Canada*, 172.

communities for several reasons. Chief among them had to do with the availability of Chinese Canadian ministers who communicated in the Chinese native tongues. Although the first independent Chinese congregation, the Christ Church of China, was established in 1911,[67] and the first Chinese clergyperson, Chan Sing Kai, was ordained in the Methodist denomination in 1891,[68] Chinese ministers were a rare breed until the 1920s and 1930s. However, many churches in the 1930s were led by Chinese ministers "who were linguistically and culturally well-equipped to help both the China-born and Canadian-born members of their congregations."[69] Some Chinese ministers and congregants functioned both as leaders at the religious institution and in the Chinese community, while the church venues became a social hub for the communities to resolve their issues and a venue for social services and networking.[70] Over time, Chinese exhibited much less resistance and warmly embraced the Christian faith. These Chinese Canadian Christians "believed in a Western God and were convinced that the Messiah and the church were integral parts of their spiritual well-being."[71] Their commitment to the newfound faith and its growth in the Chinese community were evident in the faithful's "hard work, cash donations, and service as officers in the church hierarchy."[72] Indeed, the census of 1941 reported that nearly 30 percent of the Chinese population, or 9,841, indicated themselves to be Christians, as opposed to 17 percent, or 8,354, in 1931, compared with the total Chinese population of 46,519 and 34,627 respectively.[73] The rising number of Chinese affiliated with Christianity in this period did not necessarily portray a complete picture of the overall Canadian Protestant ministry, which went through ups and downs during these decades that witnessed declining attendance and lack of financial support. Additionally, the church faced the fluidity of the Chinese immigrants, many of whom either returned to China or left their congregations in search of work elsewhere in Canada or in the United States.

---

67. Con et al., 97.
68. Wang, "Organised Protestant Missions," 695.
69. Con et al., *From China to Canada,* 172.
70. Con et al., 172.
71. Chan, *Gold Mountain,* 113.
72. Chan, 113.
73. Tan and Roy, *Chinese in Canada,* 14; Wang, *"His Dominion,"* 79–80.

The net progress was indeed a tribute to the missions' perseverance during the Exclusion Era.[74]

By the 1940s, the concept and the sentiment that the Chinese were inassimilable were still palpable, but gradually faded away.[75] White Canadians began to see the Chinese presence as less of a threat to their identity, culture, and economy than they did a few decades earlier.[76] Their sympathy was abetted by the occurrence of several events in the 1940s. First with the Sino-Japanese War and then the Second World War, China was embraced as an ally of Canada. As a result, as Roy observed, for the Chinese in Canada, "the Second World War marked a real turning point in their relationships with the larger Canadian community."[77] In addition, Chinese volunteers gained Canadian favor by serving in the Canadian army, with about five hundred Chinese Canadians enlisted to serve.[78] The valor and courage of these Chinese, mostly Canadian-born, demonstrated their willingness to sacrifice themselves for Canada. All of these events ended in the eventual restoration of the franchise and full-fledged citizenship rights for Chinese Canadians at the end of Second World War.[79]

The Protestants were not idle in the efforts of supporting the Chinese during this period. The Committee for the Repeal of the Chinese Immigrant Act, a group closely associated with the United Church of Canada, campaigned vigorously for the cause.[80] By 1947, the discriminatory Chinese Immigration Act of 1923 was finally repealed by the federal government, signifying that "every dependant applying for admission into Canada shall . . . be permitted to enter Canada" and "shall be deemed to have landed" legally in Canada.[81]

Wang observed that the effect of the White Canadian goodwill during this period also translated into rising financial support by the mainstream citizens for the missions to the Chinese, leading to more social programs being implemented, with the twin effects of loosening the racial tension between

---

74. Wang, 81–82.
75. Roy, *Triumph of Citizenship*, 8.
76. Wang, *"His Dominion,"* 82.
77. Roy, *Triumph of Citizenship*, 148.
78. Con et al., *From China to Canada*, 200; Tan and Roy, *Chinese in Canada*, 14.
79. Tan and Roy, 14–15; Wong, "Canadian Chinese Exclusion Act," 221.
80. Tan and Roy, *Chinese in Canada*, 15.
81. Hardwick and Johnson, *East Meets West*, 87, 89.

the Whites and the Chinese and at the same time enabling the Protestants to recruit more Chinese to their churches.[82] The Protestants' activities led to a rise in the number of the Chinese in their affiliation, with the number of Chinese Protestant Christians growing from 9,841 in 1941 to 16,231 in 1951, at the same time that the Chinese population dropped from 34,627 to 32,528.[83]

**The Chinese Church between 1947 and 1967**
Family reunification was now made possible by the repeal of the 1923 Immigration Act in 1947, and consequently, more than twenty-four thousand Chinese emigrated to Canada between 1947 and 1962.[84] Attendance at church activities rose considerably in the 1950s, and the Chinese missions began to become self-sufficient. Thirty Chinese congregations were reported to be in operation in the 1950s.[85] However, not all denominations were faring well consistently during this period. The United Church of Canada, for example, was said to have established "eleven Chinese congregations across the country, with nine ordained ministers and five Woman's Missionary Society workers serving about 8,500 Chinese immigrants" by the end of the 1950s.[86] As a result, the affiliation with the United Church among the Chinese was reported to have grown from 10,604 in 1951 to 22,522 in 1961, according to Statistics Canada.[87] The Presbyterians and the Anglicans, on the other hand, appeared to have headed in the opposite direction, with the former maintaining five Chinese congregations across the country by 1961 and the latter reducing its Chinese missions to only one in Vancouver throughout the 1950s and 1960s, while integrating missions in other cities with the local Anglican churches.[88] Consequently, these two denominations only experienced modest growth at best: 1,626 to 2,612 from 1951 to 1961 for the Anglicans, and 3,578 to 5,121 during the same period for the Presbyterians according to Statistics Canada.[89]

---

82. Wang, *"His Dominion."*
83. Wang, 80, table 4.2; 85, table 4.4.
84. Con et al., *From China to Canada*, 217.
85. Guenther, "Ethnicity and Evangelical Protestants," 380.
86. Wang, *"His Dominion,"* 84.
87. Wang, 85.
88. Wang, 84.
89. Wang, 85.

Prompted by the arrival of the new Chinese immigrants, Chinese churches and missions in major cities such as Vancouver, Montreal, and Toronto revived the English class for the newcomers. In addition to the usual religious programs, other social services such as Boy Scout troops and Chinese classes for native-born Chinese Canadians were started to meet the needs of the Chinese communities.[90]

Another factor affecting the direction of the Chinese missions among the mainline Protestants was the growth of the native-born Chinese. From the turn of the twentieth century, the number of local-born Chinese steadily climbed, increasing from 3 percent of the total Chinese population in 1911, to 7 percent in 1921, to 12 percent in 1931, and rising to 20 percent in 1941 after nine decades of immigration history in Canada. The growth had been fueled by the reopening of the immigrant door to allow family reunification in 1947. The local-born Chinese percentage increased to 31 in 1951, to 40 in 1961, and to 38 in 1971.[91] At the same time, the Chinese Christian population rose to 31,950 in 1961 from 16,231 in 1951.[92] Though it was a segregated ethnic enclave in the past, Chinatown was no longer the abode of choice for the second-generation.[93] Many of the younger generation, together with the new immigrants who had higher proficiency in English, chose to settle down in areas populated with the mainstream Canadians, and they joined the local Canadian mainstream churches near their residence rather than congregating in the Chinese churches in Chinatowns where the Protestant missionaries first established their evangelistic activities.[94]

In the 1960s, most of the mainline Protestant denominations began to wind up their endeavors after more than a century of mission work in the Chinese community by directing the work among the Chinese to the local mainstream parishes and congregations. The Presbyterians, for instance, no longer filled the position of the superintendent of the Chinese mission after the last officer retired in 1962, signaling an end of the era of organized Chinese mission by the denomination.[95] The eventuality came as a result of at least

---

90. Con et al., *From China to Canada*, 237.
91. Li, *Chinese in Canada*, 67, table 5.2.
92. Wang, "His Dominion," 85, table 4.4.
93. Ng, *Chinese in Vancouver*.
94. Wang, "His Dominion."
95. Wang, 84–85.

two factors. First, the new wave of Chinese immigrants, especially those who came after 1967, were more educated and fluent in English. Highly upwardly mobile, these new immigrants were able to assimilate themselves into the mainstream society with much greater ease than their earlier-arriving counterparts. In addition, the Canadian society was no longer holding on to the Protestant vision of Canada as "His Dominion" as a result of secularization influences.[96] As the immigration door opened wide to embrace educated immigrants with skills and experiences to meet the labor demands of the growing Canadian economy, the Canadian mainstream became more tolerant of immigrants of different ethnicities in their society. Consequently, specific missionary works at the mission stations for the Chinese immigrants proved to be ineffective as a strategy and the Protestant churches therefore "abandoned the [Chinese] mission."[97]

## The Era of Chinese Evangelical Church (1967–Present)

While the chapter was drawing to an end for the mainline Protestant missionary ministry in the Chinese communities across Canada in the 1960s, Con et al. observed, that a fundamentalist or evangelical version of the Christian church began to lurk behind the scenes as early as the 1950s among the Chinese and became much more noticeable in the 1960s.[98]

### *Chinese Evangelical Church: Genesis and Growth*

Echoing the observation of Con et al. almost forty years later, Guenther suggested that the emergence of Chinese evangelicals in Canada did reflect a broader trend of Canadian evangelical development.[99] He traced the development of evangelicalism in Canada back to the religious revivals in the nineteenth century known as the Second Great Awakening, started during the early nineteenth century in the United States and extending to Canada, that shaped a common "moral, theological, and social consensus" among different denominations.[100] Prior to 1961, most of the evangelical Protestants

---

96. Bramadat and Seljak, *Christianity and Ethnicity*, 11–15; Wang, *"His Dominion,"* 85.
97. Wang, 85.
98. Con et al., *From China to Canada*, 237.
99. Con et al.; Guenther, "Ethnicity and Evangelical Protestants," 365.
100. Guenther, 368.

had their ancestral roots in Europe.¹⁰¹ Significant changes in immigration policy in 1967 fundamentally shifted the landscape of the demographics and social complexion of Canada such that more ethnic immigrant churches began to emerge.¹⁰²

With this change in immigration policy, the Chinese population skyrocketed to 118,815 by 1971 compared with 58,197 in 1961.¹⁰³ Apart from family members who sought to be reunited with the Chinese in Canada,¹⁰⁴ many of the newcomers were students and brought fresh enthusiasm and initiatives, thus revitalizing the Chinese church in Canada.¹⁰⁵ Campus Bible study groups were established and tailored toward these overseas Chinese students by creating a space for ethnic affinity as well as functioning as a social hub in providing mutual support and establishing social networks.¹⁰⁶ The genesis of the campus ministry could be attributed to the evangelical student ministry workers from Hong Kong who started the movement of establishing "Chinese Christian Fellowships" on campus after their emigration to Canada, with the first one formed in Winnipeg in 1961.¹⁰⁷ As a result, many of the overseas students were befriended and converted to Christianity by Chinese Christians who were supported by campus ministry organizations such as Ambassadors for Christ.¹⁰⁸

In conjunction with the student ministry on campus, Chinese churches began to grow at a fast pace starting in the 1970s as part of the overall ethnic church movement in Canada.¹⁰⁹ The remarkable increase of the ethnic congregations did not necessarily come with forethought or strategic planning on the part of the local Canadian evangelicals. Rather, many of these churches were established by the newcomers themselves, and the religious communities became the fruit of their labor. This phenomenon emerged mainly as a result of the arrival of a group of evangelical church faithful who

---

101. Guenther, 366.
102. Marr, "Canadian Immigration Policies," 196–97; Roy, *Triumph of Citizenship*, 8–9.
103. Li, *Chinese in Canada*, 89.
104. Madokoro, "Chinatown and Monster Homes," 24.
105. Matthews, "Poised for Impact," 18; Wong, "Sociological Perspective," 8.
106. Wang and Yang, "More Than Evangelical and Ethnic," 190.
107. Matthews, "Poised for Impact," 18.
108. Matthews, 18.
109. Clements, "Segregated Church," 28.

were leaders in their home countries or ministers themselves. Once they landed in Canada and saw the needs of the local communities for ministry, they started churches of their own.[110]

Hence, although there were about thirty Chinese congregations in the 1950s,[111] most of the Chinese evangelical churches emerged largely out of the immigration trend after 1967, picking up the baton after the mainline denominations decided to terminate their Chinese mission in the 1960s.[112] The growth of the ethnic evangelical churches could only be fueled by a continuous influx of immigrants and the availability of trained native pastors. The arrival of these religious leaders from their homeland also preserves the ethnic characteristics of evangelicalism of the Chinese church in Canada.[113]

As immigrants arrived in the new land, they struggled to find safety and a sense of meaning and belonging while experiencing the metamorphosis of their social network and traditional values. Yet they discovered that religious institutions such as the evangelical immigrant churches were sites and spaces where they found constancy and continuity of their language, tradition, cultural values, and social support.[114] The role of religion in the process of adaptation of the non-European immigrants in North America has been well analyzed.[115] Religious institutions have offered an important dynamic in the lives of new immigrants both as a venue of ethnic reproduction and as a force for assimilation and change.[116] Researchers suggest that, apart from evangelization efforts, these organizations carry out at least four functions in the adaptation process for the new immigrants. First, religious institutions function as a hub where a social bond is forged, a network is established, and material and psychological support are offered.[117] Second, immigrant

---

110. Clements, 28.

111. Guenther, "Ethnicity and Evangelical Protestants," 380.

112. Wang, *"His Dominion,"* 84–85.

113. Kivisto, "Rethinking the Relationship," 500.

114. Botros, *Competing for Future*; Breton, *Different Gods*; Hirschman, "Role of Religion"; Ley, "Immigrant Church."

115. Chen, "From Filial Piety"; Ebaugh and Chafetz, *Religion and the New Immigrants*; Kim and Hurh, "Beyond Assimilation and Pluralism"; Warner and Wittner, *Gatherings in Diaspora*; Yang, *Chinese Christians in America*.

116. Botros, *Competing for Future*; Breton, *Different Gods*; Cao, "Church as a Surrogate"; Li, *Ethnic Minority Churches*; Rah, *Next Evangelicalism*.

117. Abel, "Favor Fishing," 174–77; Breton, *Different Gods*, 19; Chen, "From Filial Piety," 51–53; Ley, "Immigrant Church," 2058–60; Ng, "Seeking the Christian Tutelage," 197.

churches can be a focus for preserving ethnic culture, values, and traditions[118] and comingling with co-ethnics to create social capital.[119] Third, religious organizations provide a site and a space where tradition, cultural rituals, languages, and ethnic identity are being passed on to second and subsequent generations, who in turn negotiate and constitute identity of their own in that context.[120] Finally, for some ethnic groups such as the Koreans, immigrant congregations are institutions many male immigrants use to restore their social status with a leadership role they used to occupy in their countries of origin, mitigating the downward mobility they experienced when settling in with the mainstream of the host country.[121]

### *Evangelicalism and Chinese Evangelical Churches in Canada*

Chinese Canadian evangelicals are distributed across a suite of denominations which include, but are not limited to, Baptists, Christian and Missionary Alliance, Evangelical Free, Pentecostal, Mennonite Brethren, and other independent denominations such as Association of Chinese Evangelical Ministries.[122] Many of them started independently while some received sponsorship from their denominations either in Canada or their home countries. For example, the first Chinese Baptist congregation was established in 1969,[123] even though Baptist missionaries first made contact with the Chinese settlers as early as 1878,[124] whereas the first Chinese congregation of Christian and Missionary Alliance was started in Regina in 1961.[125] In addition, the first Mennonite Brethren Chinese congregation was formed in the early 1970s.[126]

Unlike its counterparts in the mainline Protestant denominations that tend to adopt a more liberalized stance and place much emphasis on social justice

---

118. Bankston III and Zhou, "Ethnic Church, Ethnic Identification," 19.

119. Breton, *Different Gods*, 33; Hirschman, "Role of Religion," 1229; Ley, "Immigrant Church," 2058; Portes and Zhou, "New Second Generation," 86.

120. Ebaugh and Chafetz, "Dilemmas of Language," 432; Warner, "Introduction," 25.

121. Kim, *Faith of Our Own*, 24–25; Min, "Structure and Social Functions," 1391; Rah, *Next Evangelicalism*, 167; Warner, "Introduction," 25.

122. Guenther, "Ethnicity and Evangelical Protestants," 380; Matthews, "Poised for Impact," 22; Nagata, "Christianity among Transnational Chinese," 118.

123. Chan, "Recovering a Missing Trail," 23.

124. Wang, *"His Dominion,"* 45.

125. Leung, 華人宣道會百年史 (Centenary History), 146.

126. Guenther, "Ethnicity and Evangelical Protestants," 380.

and trumpet social services,[127] evangelical Christianity differentiates itself with four key characteristics, according to Noll: an unyielding view on the inerrancy of the Bible; the life-transforming experience of being "born-again"; the supremacy of the redemptive work of Christ; and a priority of spreading the faith through active engagement in evangelism.[128] In the same vein, Guenther conceptualized evangelicals using a slightly different framework.[129] According to him, evangelicals are, first, *conversionists*, suggesting that people become Christians through a distinctive experience of conversion by confessing their wrongdoings and accepting Jesus Christ as their personal savior. In addition, evangelicals are *crucicentric*, meaning that their theological scheme is centered around the redemptive work of Christ on the cross for the atonement of their personal wrongdoings. Furthermore, evangelicals are *biblicist*, implying that they place a very high regard on the Bible as a revelation from God and the authority for their faith and morality. Finally, Guenther characterized evangelicals as *activists* in that they believe true religious conversion lies with activism in doing good and spreading the cause of faith.[130] Although the term *evangelical* in Canada tends to exclude mainline denominations such as the United Church, Presbyterian, Anglican, and Lutheran,[131] Stackhouse conceptualized Canadian evangelicalism as representing a group of faithful who share the same set of evangelical convictions but organize themselves in a largely informal network and are united in their central concerns.[132] I argue that, based on my experience in the Chinese Canadian churches, the Chinese congregations of these mainline denominations in Canada tend to identify with evangelical faith due to their pastors' background and training.[133] The Chinese Canadian evangelicals share these characteristics because the early founders of their churches were rooted in the fundamentalist version of Christianity influenced by the missionaries to the Far East.[134]

---

127. Yang, "Chinese Conversion," 252.
128. Noll, *Scandal of the Evangelical Mind*, 7–10.
129. Guenther, "Ethnicity and Evangelical Protestants," 380.
130. Guenther, 374–75.
131. Bibby, *Beyond the Gods*, 30.
132. Stackhouse Jr., *Canadian Evangelicalism*, 16.
133. Tseng, "Second-Generation Chinese," 253.
134. Chen, *Getting Saved in America*, 2; Yang, *Chinese Christians in America*, 6–7.

## Subethnic Composition of the Chinese Evangelical Church in Canada

Observed on the surface, the Chinese in diaspora can be seen merely as a homogeneous ethnic entity based on the similarity of their physical appearance and apparent congruence in customs, values, and culture.[135] However, Salaff contended that many distinctive subcultures indeed exist among the overseas Chinese that can be traced to their place of origins, dialects, and ancestral cultures, reflecting the divergent variations of regional and clannish differences among them.[136] Nagata further observed that, similar to their counterparts in South Asia, the Chinese Christian congregations across Canada organized themselves mostly along the line of the members' subethnicity.[137] I argue further that these subethnic groups can be traced to their time of arrival in Canada and thus form different cohorts within the larger Chinese Canadian evangelical community. Lam identified at least four distinctive subethnic categories that established the core of different subcultures and subethnicity within the Chinese congregations based on languages, places of origin, and time of arrival of these immigrants.[138]

Immigrants who arrived in Canada before the 1960s constitute the first category. According to Census 2011, this group of evangelical faithful amounts to only 4,900.[139] This cohort of congregants predominantly originated from the Pearl Delta area around Guangzhou, the capital of the southern province of Guangdong in China. Most of them speak the dialect of Toyshan, reflecting the Siyup (Four County) regions of southern China from whence they came. However, they are also capable of conversing in Cantonese, the dominant dialect spoken in southern China and Hong Kong.[140] Mostly lower in educational level and working in labor-intensive occupations, this group of immigrants represents a "social class of the past"[141] and is quickly disappearing due to natural attrition.

---

135. Salaff, "Subethnicity," 3.
136. Salaff, "Subethnicity," 3.
137. Nagata, "Christianity among Transnational Chinese," 100.
138. Lam, "Historical Perspective."
139. Statistics Canada, "Household Survey Custom Tabulation."
140. Lam, "Historical Perspective," 23.
141. Con et al., *From China to Canada*, 247.

The Hong Kong immigrants who came to Canada after the 1967 adjustment of the Immigration Act constitute the second category occupying the pews.[142] Principally Cantonese speaking, this group of immigrants constituted the primary actors and agents of the earlier Chinese ethnic church in Canada and accounted for the impetus for its rapid development since the 1970s,[143] pushing the number of churches from 30 in the 1950s to 230 to 1990s, and to more than 350 in the 2000s.[144] Unlike their pre-1960s counterparts who were farmers and laborers, many of the post-1970s immigrants were urban dwellers who were skilled professionals or self-employed entrepreneurs, fluent in English and possessing sophisticated expertise, financial capital, business acumen, and corporate experience.[145] They also included students seeking better higher education opportunities and eventually settling in Canada as permanent residents.[146] Dubbed as a "new class of immigrants" by P. S. Li,[147] this cohort was more confident and independent; they brought determination and self-starting spirit. They came especially for two reasons: (a) to seek a politically stabilized and democratic country which will provide a secure environment for their families as well as better educational and future prospects for their children; and (b) to flee from or avoid potential political chaos facing Hong Kong's reversion to China in 1997.[148] Not only did these immigrants come with their skills, but they also brought their wealth as well. P. S. Li argued that "there is substantial evidence to suggest that the financial position of Chinese-Canadians has been buttressed by the arrival of nouveaux riches from Hong Kong and Taiwan."[149] Together with the other middle-class professionals among this cohort, their abodes are no longer seen in the Chinatown of the old but rather are the monster homes in the affluent enclaves of the populous cities and the suburbs.[150] In fact, more than 66 percent of the Chinese population in Canada resided in the Greater Toronto and

---

142. Lam, "Historical Perspective," 24.
143. Clements, "Segregated Church"; Mak, "Shattering Myths."
144. Guenther, "Ethnicity and Evangelical Protestants," 380.
145. Li, "Chinese Minority in Canada."
146. Mak, "Shattering Myths."
147. Li, "Chinese Minority in Canada," 274.
148. Clements, "Segregated Church."
149. Li, "Chinese Minority in Canada," 139.
150. Madokoro, "Chinatown and Monster Homes."

Vancouver areas in 1991.[151] The figure rose to 71 percent according to Census 2011.[152] The concentration of the Chinese immigrants in Toronto, for instance, has fueled the growth of the Chinese congregations in the Greater Toronto Area. The number of Chinese churches more than doubled in Toronto during the decade between 1987 and 1996, from more than 50 to 114 respectively.[153]

However, the arrival of Hong Kong immigrants into Canada began to decline after 1995, partly due to the slowdown of the colony's economy at the time. The Asian financial crisis of 1997 further devastated the Hong Kong markets with dire consequences of negative growth, deflation, rising unemployment, and falling real estate prices, thus affecting the wealth and assets of the middle class.[154] These conflating factors resulted in a dwindling number of Hong Kong emigrants arriving in Canada subsequently. No more than two thousand immigrants came from the former colony annually from 2001 to 2008, and by 2009, the number of immigrants dipped to less than one thousand.[155] As the intake of Cantonese immigrants seemed to have petered out, the effect of the rapid decline of this particular group of immigrants was felt palpably among the Chinese churches as the growth in membership seemed to have been significantly thwarted.[156]

The third category of congregants surfaced by Lam is the Mandarin-speaking Chinese, mostly from mainland China, who began arriving in Canada from the 1980s.[157] As the emigration door was opened in the 1980s in China by the Communist regime, mainland Chinese began gradually arriving in North America. Apart from those who came for family reunification, many scholars who were sent by the government of China to pursue research or post-doctoral studies chose not to return to China in favor of settling in the United States and Canada. These scholars were soon followed by another group of university graduates who were incentivized to move to Canada for employment opportunities.[158] The opportunity for emigration was created

---

151. Li, "Chinese Minority in Canada," 104.
152. Statistics Canada, "Household Survey Custom Tabulation."
153. Matthews, "Poised for Impact," 21; Ye, "Protestant Missionary Work," 5.
154. Li and Li, "University-Educated Immigrants," 4–5.
155. Citizenship and Immigration Canada, *Canada Facts and Figures* (2012a), 27.
156. Statistics Canada, "Household Survey Custom Tabulation."
157. Lam, "Historical Perspective," 24.
158. Li and Li, "University-Educated Immigrants," 5

by the Canadian government's shift of immigration policy in the 1990s to place higher emphasis on human capital as the key criterion for its immigration intake by awarding more than two-thirds of the assessment points to formal education, knowledge of official languages, skilled experience, and experience in investment and entrepreneurship.[159] Many of these academics and graduates were attracted to Christianity and soon converted to the faith once they landed in Canada. Apart from the genuine social support and the warmth of belonging these scholars received and felt through interaction with the church members,[160] additional factors have emerged in accounting for their conversion.[161] Raised in a communist regime that is atheistic and based on Marxist materialism, this group of immigrants expressed dissatisfaction with the "money-seeking milieu prevailing in China" at the time.[162] They expressed the opinion that China was deeply embroiled in corruption and was facing a moral crisis at the time. By turning to Christianity, they claimed to have found the moral authority for their lives. They further discovered that Christian churches create a space in which they are allowed to re-construct their national identity by judiciously cherry-picking the cultural values that would amalgamate well with their new-found faith.[163]

By the 2000s, immigrants from China began to surge into Canada, starting with 40,365 being accepted into Canada in 2001. From 2003 to 2012, more than 325,000 mainland Chinese immigrants arrived in Canada.[164] Conversely, 67,903 came from the People's Republic of China during the period 1985–94, compared with only 22,986 from 1977 to 1984.[165] The trend line of immigration of the mainland Chinese projecting into the 2030s continues to be on par or larger than the intake of the last decade.[166] Embracing the arrival of the new cohort of Mandarin-speaking immigrants, Chinese churches in Canada began in the 1990s to establish separate worship services in Mandarin to meet their needs. Perceiving them to be the engine of growth for the Chinese

---

159. Li and Li, "University-Educated Immigrants," 5
160. Abel "Favor Fishing"; Zhang, "How Religious Organizations Influence."
161. Wang and Yang, "More Than Evangelical"; Yang, "Chinese Conversion."
162. Wang and Yang, "More Than Evangelical," 185.
163. Wang and Yang, 185–86; Yang, "Chinese Conversion," 253.
164. Citizenship and Immigration Canada, *Canada Facts and Figures* (2012b), 27.
165. Li, *Chinese in Canada*, 99.
166. Statistics Canada, *Projections of the Diversity*.

Canadian churches in the future, many church leaders have shifted their focus and resources in supporting this segment of the population.[167]

Within the Mandarin-speaking communities, Guenther further identified a subgroup of Chinese immigrants originating from Taiwan.[168] Two cohorts of this subgroup can be further identified. The first cohort of Taiwanese came mainly in the 1970s with the growing concern that the icy-cold relationship between Nationalist Taiwan and the People's Republic of China might take a turn for the worse with the possibility of a potential encroachment on the Taiwan Island by the Communist regime. Canada became a safe political and social haven of choice for the Taiwanese as they flocked to emigrate, looking for a stable environment and a better future for their families.[169] Similar to their Hong Kong counterparts in the 1980s, the second cohort of Taiwanese comprised business immigrants who came to Canada from the mid-1980s to the early 1990s as a result of the expanded Business Immigration Program of Canada in 1985, which sought to "attract entrepreneurs, self-employed persons and investors to immigrate to Canada mainly on the basis of their capacity to invest in business and to create jobs."[170] Each investor was required to have a net worth of at least $500,000 and mandated to invest at least half of that amount in order to qualify for a visa. Eager to take advantage of this policy and willing to comply with the financial commitment, business-class immigrants responded quickly: The proportion of the business class immigrants from Hong Kong, for example, rose from 5 percent in 1982 to a whopping 40 percent by 1986. The story is similar for Taiwan immigrants. Only 5,455 of Taiwanese moved to Canada from 1977 to 1984 under this category, but the intake skyrocketed almost eightfold, rising to 41,176 from 1985 to 1994 mostly due to the Business Immigration Program.[171] Many of these Taiwanese immigrants established their own Mandarin-speaking churches, for two reasons: (a) the incompatibility of language with their Cantonese-speaking Hong Kong counterparts; and (b) the desire for differentiation from the mainland Chinese due to their ideological, political, and social

---

167. Chinese Coordination Centre of World Evangelism (Canada), "Survey Result."
168. Guenther, "Ethnicity and Evangelical Protestants," 381.
169. Con et al., *From China to Canada,* 246.
170. Li, *Chinese in Canada,* 95.
171. Li, 95, 99.

distinctions.[172] Nagata identified at least eight exclusive Taiwanese congregations of different denominations in Toronto in the 1980s and 1990s.[173] Some of these congregations even conduct their services in Taiwanese dialect to preserve their distinctiveness and identity as being Taiwanese.[174]

In conjunction with Guenther's identification of the Taiwanese as a subgroup within the Mandarin-speaking congregations, Nagata highlighted another group of Mandarin speakers, one that originated from South Asian countries such as Singapore, Indonesia, and Malaysia.[175] The Canadian open-door immigration policy of the 1960s also motivated many overseas Chinese families from "South America, the Caribbean, southern Africa [and South Asia] . . . to adopt Canada as their home" in the 1970s.[176] In particular, overseas Chinese professionals from Southeast Asian countries such as Singapore, Philippines, and Malaysia were eager to explore their prospects in Canada. Similar to the sentiment in Canada of the nineteenth century, the anti-Chinese hostility rose in the 1960s and 1970s in many of these Southeast Asian countries, where racial discord and social unrest were not uncommon. These factors all converged to motivate the overseas Chinese from the Southeast Asia region to seek sanctuary in a safer place where their professional skills and occupational pursuits were welcome and valued. In addition, many sent their children to Canada to pursue higher education, as they believed that Canada would offer a better future for their next generation in terms of education and social development.[177] Consequently, for these emigrants, "Canada became increasingly attractive throughout the 1960s and into the 1970s."[178]

---

172. Nagata, "Christianity among Transnational Chinese," 117.
173. Nagata, 117.
174. Nagata, 117.
175. Guenther, "Ethnicity and Evangelical Protestants"; Nagata, "Christianity among Transnational Chinese," 104.
176. Tan and Roy, *Chinese in Canada*, 16.
177. Chow, *Chasing Their Dreams*, xx–xxi.
178. Con et al., *From China to Canada*, 246.

## Second-Generation Chinese Canadian Evangelicals (SGCCE)

The fourth and last category of congregants identified by Lam is the Canadian-born Chinese.[179] As indicated earlier, Canadian National Household Survey of 2011 reported that slightly more than 1,324,700 identified themselves as having Chinese ancestry, and 27 percent, or 358,500, were local-born (i.e. non-immigrants), comprising the second and subsequent generations.[180] More than 90 percent of this cohort was born after the 1967 open-door immigration policy.[181] Collectively referred to as the "new second generation," these young adults are capable of asserting their autonomy and negotiating their identity.[182]

Second-generation Chinese Canadian evangelicals, totaling around 35,000 according to the same survey, follow in lockstep with their overall counterparts, with more than 93 percent born after 1967. Just like their immigrant parents, most SGCCE are located in the major urban metropolitans of Toronto (14,765) and Vancouver (12,555), which are followed by Calgary (3,315), Edmonton (2,155), Ottawa (1,065), and Montreal (800) (see Table 1). Roughly 55 percent of them, or slightly more than 19,000, are between fifteen and forty-four years old (see Table 1); one can therefore argue that this cohort has now come of age and represents a sizable presence and meaningful category to problematize how faith and ethnicity intersect in their growing-up process.

---

179. Lam, "Historical Perspective," 24.
180. Statistics Canada, *2011 National Household Survey*, Table 1.
181. Statistics Canada, Table 2.
182. Portes and Zhou, "New Second Generation"; Reitz and Somerville, "Institutional Change and Emerging."

Table 1: Chinese Canadian and Chinese Canadian Evangelicals (Immigrants and Non-Immigrants) and Their Locations of Residence (Statistics Canada, 2014)

| | Total Chinese | Total Evangelical | Non-Immigrant | Non-Immigrant Evangelical | Immigrant | Immigrant Evangelical |
|---|---|---|---|---|---|---|
| Canada | 1,324,745 | 150,045 | 358,565 | 39,385 | 920,795 | 107,550 |
| Halifax | 4,620 | 390 | 1,355 | 140 | 2,170 | 230 |
| Quebec City | 2,445 | 45 | 400 | 0 | 2,015 | 40 |
| Montreal | 74,375 | 3,935 | 19,240 | 800 | 52,115 | 3,025 |
| Ottawa-Gatineau | 37,135 | 3,375 | 12,050 | 1,065 | 23,790 | 2,270 |
| Kingston | 2,005 | 215 | 610 | 65 | 1,300 | 155 |
| Toronto | 531,635 | 61,820 | 134,455 | 14,765 | 383,260 | 46,045 |
| Hamilton | 11,545 | 1,120 | 3,505 | 205 | 7,280 | 825 |
| Kitchener-Waterloo | 11,800 | 1,275 | 3,225 | 375 | 7,570 | 895 |
| London | 7,405 | 415 | 2,100 | 115 | 4,655 | 295 |
| Windsor | 6,945 | 755 | 1,790 | 245 | 4,690 | 505 |
| Winnipeg | 15,165 | 1,260 | 4,425 | 510 | 8,985 | 705 |
| Regina | 3,710 | 625 | 1,025 | 300 | 2,065 | 310 |
| Saskatoon | 5,375 | 725 | 1,875 | 310 | 2,700 | 400 |
| Calgary | 75,465 | 9,620 | 25,260 | 3,315 | 48,740 | 6,170 |
| Edmonton | 51,675 | 6,635 | 17,195 | 2,155 | 31,850 | 4,290 |
| Vancouver | 411,475 | 51,040 | 102,965 | 12,555 | 297,120 | 37,330 |
| Victoria | 12,770 | 1,055 | 5,185 | 450 | 6,845 | 585 |

**Table 2: Second- and Third-Generations of Chinese Canadian and Chinese Canadian Evangelicals (Statistics Canada, 2014)**

|       | Second-Generation |            | Third-Generation |            |
|-------|-------------------|------------|------------------|------------|
| Age   | Chinese           | Evangelical| Chinese          | Evangelical|
| Total | 316,915           | 34,945     | 37,200           | 3,995      |
| <15   | 141,615           | 13,515     | 19,710           | 2,330      |
| 15–24 | 79,285            | 9,740      | 7,900            | 775        |
| 25–34 | 50,550            | 6,425      | 2,865            | 290        |
| 35–44 | 22,055            | 2,985      | 1,930            | 120        |
| 45–54 | 15,715            | 1,695      | 2,340            | 250        |
| 55–64 | 3,850             | 300        | 1,685            | 175        |
| >65   | 3,855             | 286        | 940              | 60         |

As children of the post-1967s so-called "new immigrants,"[183] SGCCE share several key characteristics with the broader cohort of the second-generation visible minority in Canada. Researchers have suggested that second-generation immigrant children in general are less likely to find concrete, meaningful connection with the "back-home" tradition of their parents. Rather, they are prone to evaluate or be evaluated by standards of the "new home."[184] To focus on this cohort, *Canadian Diversity 2008* devoted the entire spring edition issue to the emerging research on the second-generation of the visible minorities in Canada. Kobayashi reported that many researchers have asserted that members of the second generation are keenly aware of their ethnocultural identities, and of both the potential and the limitations for those identities to change.[185] Acting as the cultural bridge between their parents' way of living and that of the wider society, the second-generation immigrant children continue to interpret and reshape the dynamics of these identities and the sense of belonging to Canada.[186] Furthermore, Ramji has observed that some second-generation refashion notions in innovative ways by reinterpreting

---

183. Breton, *Different Gods*, 3.
184. Gans, "Second-Generation Decline," 173–92; Portes and Zhou, "New Second Generation"; Zhou, "Growing Up American"; Zhou, "Coming of Age."
185. Kobayashi, "Introduction," 5.
186. Jedwab, "Rise of the Unmeltable?"; Kobayashi, "Introduction."

their faith in a multicultural context in Canada.[187] Collectively, a thumbnail composite profile of the second-generation emerges with the following selected characteristics: (a) family relationships are of paramount importance to this cohort and they tend to live at home prior to marriage;[188] (b) traditional avenues of partner selection are favored[189] and the conservative norm of sexuality is adopted;[190] and (c) while second-generation youth overachieve compared with non-visible minority and third-plus generation,[191] a growing proportion of immigrant families still struggle with poverty, which affects the second-generation relationships within the families.[192]

In addition, this cohort of immigrant children is facing a path of incorporation different from that of their counterparts of the pre-1967 era, having to deal with different forms of racism.[193] For the current second-generation Chinese Canadians, the racial discrimination issue may well be a variation of the same theme as that faced by their counterparts in the past era, when the Chinese in Canada encountered stiff racial exclusion measures, such as segregation in Chinese-only schools in the early twentieth century in British Columbia.[194] Regarding the contemporary cohort, Cui, for example, has observed that the racism Chinese Canadian youth experienced at school and the racist discourse against Chinese Canadian students found in the Canadian media indicate that Chinese Canadians as ethnic minorities have not been fully recognized and treated as equal partners in social interactions with the White dominant group.[195] In the same vein, many researchers have reported that, for the broader second-generation of the visible minorities in Canada, experiencing racial discrimination is a reality[196] and dealing with it is a "fact of life."[197] Echoing Reitz and Somerville, Kobayashi further asserted that:

---

187. Ramji, "Creating a Genuine Islam," 104.
188. Boyd and Park, "Who Lives at Home?", 44.
189. Byers and Tastsoglou, "On the Edges", 93; Lalonde and Giguere, "When Might the Two?", 60.
190. Lalonde and Giguere, 60.
191. Boyd and Park, "Who Lives at Home?"
192. Tyyska, "Parents and Teens."
193. Kobayashi, "Introduction," 3.
194. Stanley, "'By the Side,'" 110.
195. Cui, "Two Multicultural Debates," Conclusion, paras. 1–3.
196. Arthur et al., "Perceived Discrimination by Children," 73.
197. Brooks, "Imaging Canada," 77.

> The second generation may experience more racism than their parents because their linguistic fluency, educational attainment, and high expectations of the rights that come with citizenship place them in positions where they are more likely to be viewed as a challenge to the dominant group, as well as more likely to identify their experiences as racialized.[198]

Apart from the above-mentioned common characteristics, the immigrant children of visible minorities are reported to have in general fared equally well or better in terms of educational attainment,[199] especially when their parents are at a lower education level.[200] Immigrant parents who arrived with skills and education tend to support their second-generation children in attaining an extended education.[201] For many Chinese immigrants, the desire for high educational achievement for their children is deeply rooted in the Confucian values of learning and pursuit of educational excellence.[202] Closely related to the education performance is an indication of stronger mental health on the part of immigrant children who either were born in Canada or entered into the country at a young age as compared with their native-born counterparts in the wider society.[203] Beyer asserted that the higher educational achievement of the second-generation tends to translate into a better economic achievement when compared with their parents as well as with the Canadian population as a whole, though variation exists among different ethnic subgroups.[204] Other researchers echoed the observation that higher educational attainment has enabled the second-generation of visible minorities in Canada to acquire better jobs and upward social mobility, although their performance varies depending upon whether one or both parents are foreign-born.[205]

---

198. Reitz and Somerville, "Institutional Change and Emerging"; Kobayashi, "Introduction," 5.
199. Beyer, "Religious Identity," 197; Beyer and Martin, "Young Adults and Religion," 42; Connor and Koenig, "Religion and the Socio-Economic," 301.
200. Corak, "Immigration," 14.
201. Perlmann and Waldinger, "Second-Generation Decline?" 910.
202. Li, "Expectations of Chinese Immigrant," 489.
203. Beiser et al., *Growing Up Canadian*, 32.
204. Beyer, "Differential Reconstruction," 10.
205. Boyd, "Educational Attainments"; Boyd and Grieco, "Triumphant Transitions"; Corak, "Immigration"; Halli and Vedanand, "Problem of Second-Generation."

When it comes to religiosity of the second-generation visible minority in Canada, Beyer, in his research on a cohort of immigrant children with Muslim, Hindu, and Buddhist backgrounds, highlighted the following findings. First, to the extent that religion is practiced by this cohort according to their faith tradition, not only is religion embraced as a good thing, but religious pluralism is also celebrated.[206] However, as such, religion is treated as a "privatized" matter, not in the sense of being restricted to some "private sphere" but rather in the sense that its role was to give the lives of practitioners meaning, structure, and purpose, and not to impose itself on everyone else as some kind of authoritative system of belief and behavior[207] Last, religious practice for this cohort is highly personalized in the sense that they take responsibility for working out religious life for themselves, reflecting an individual choice they make in attributing significance and meaning to their own practices rather than just following their parents' faith tradition.[208]

While sharing similar characteristics with the general cohort of second-generation of visible minority in Canada, local-born Chinese Canadians face a few unique forces that have emerged over the last few decades that affect the shaping of their values and their ethnic identity. First, the perception of the ascending prominence of China as a strong nation in the international arena has aroused interest among the second- and third-generations to be "resinified," (that is, to become identified as Chinese), aligning themselves with their parents' ethnicity.[209] Their desire has found expressions in closer ties with ethnic practices or traditional values, as in the example of the rise of Chinese martial arts clubs in Vancouver that attract both young immigrants from Hong Kong and second- or third-generation Chinese Canadians.[210] Some local-born Chinese Canadians are reported to express their ethnic affinity by following their parents' practices of setting up of traditional Chinese cultic altars at home.[211] Many others follow the global trend toward the use

---

206. Beyer, "Differential Reconstruction," 55, 71.
207. Beyer, 71; Beyer, "Regional Differences," 90.
208. Beyer, "Differential Reconstruction," 56.
209. Wickberg, "Contemporary Overseas," 140.
210. Wickberg, 140.
211. Lai, Paper, and Paper, "Chinese in Canada," 107.

of Mandarin by immersing themselves in the Chinese language and following the Chinese media.[212]

Second, the rising trend of globalization has bridged both the cultural and the travel gaps between the immigrants' host country and their home country. Wiarda defined globalization as "the increasing scale, extent, variety, speed, and magnitude of international cross-border, social, economic, military, political, and cultural interrelations."[213] Robertson, on the other hand, perceived globalization "as a concept (that) refers both to the compression of the world and the intensification of consciousness of the world as a whole."[214] Steger extended this definition, referring to "the expansion and intensification of social rations and consciousness across world-time and world-space."[215] Campbell, also drawing from Robertson, theorized the concept as "increasing extensity of world interdependence and increasing world consciousness."[216] Global compression and interconnections are supported and hastened by aerospace advances that result in affordable and more frequent travel. The ease of movement and the desire to transmit cultural and ethnic values to their offspring have resulted in some first-generation Chinese immigrants and Chinese religious organizations and churches in North America sending their children to spend either a summer or up to a year in China, Hong Kong, or Taiwan, both for short-term mission engagements and to gain affinity with the culture of the home country.[217] Conversely, some Chinese parents, especially the fathers, have not completely severed their economic ties "back home" such that they settle their family in Canada but have decided to remain in Asia, traveling frequently back and forth to maintain familial contact. These parents "live aspects of their social, economic, and political lives in at least two settings."[218] As a result, these so-called "astronaut" immigrants have created a transnational space for their local-born children to explore their identity.

---

212. Nagata, "Christianity among Transnational Chinese," 125.
213. Wiarda, "Introduction," 3.
214. Robertson, *Globalization*, 8.
215. Steger, *Globalization*, 15.
216. Campbell, "Religion and Phases," 282.
217. Yang, "ABC and XYZ," 98.
218. Levitt, "You Know, Abraham Was," 850.

Transnationalism can be understood as the transcendence of national boundaries and the involvement of several nations or nationalities.[219] Basch, Schiller, and Blanc defined it as "the process by which immigrants forge and sustain multistranded relations that link together their societies of origin and settlement."[220] This process yields what Gardiner Barber described as transnational identities on the part of immigrants, with multiple connections and attachments.[221] Furthermore, transnational migration and religion has been recognized as one of the key emerging areas of study in analyzing the adaptation of new immigrants in a host society.[222] In the Canadian context, transnationalism is also regarded as a key research domain regarding the religious affiliation and practices of the Canadian second-generation who belong to the so-called six major visible minority traditions (i.e. Buddhism, Hinduism, Sikhism, Judaism, Islam, and Chinese religion) due to the intertwining relationship between their ethnicity and their native religion as well as the global nature of their religion.[223] However, I suggest that transnationalism affects SGCCE more in their ethnic affiliation than in their religious practices because the linkage between Christianity and their parents' culture is not as strong as the religious-ethnic link of their South Asian counterparts who have strong cultural ties between the diaspora and the religious heartland of their parents' origins.[224] The tendency for SGCCE to be drawn closer to the ethnic affiliation may result from the marginalization of their immigrant parents' creating a centrifugal force connecting them back to the identity of their homeland through religious participation.[225] However, to the extent that such transnational connections exist for SGCCE and their parents' congregations, they tend to pertain to providing financial and human resources support for religious maintenance and reinforcement wrapped in the Chinese ethnicity.[226] F. Yang highlighted four such transnational ties: individual to individual, individuals to organizations, the church to individuals, and the church to

---

219. Gilkinson and Sauve, *Recent Immigrants, Earlier Immigrants*, 4.
220. Basch, Schiller, and Blanc, *Nations Unbound*, 7.
221. Barber, "Citizenship and Attachment?", 45.
222. Kivisto, "Rethinking the Relationship."
223. Beyer, "Tail Wag," 60–62; Wong and Simon, "Citizenship and Belonging to Canada," 4.
224. Beyer, "Tail Wag," 62.
225. Han, "'Love Your China,'" 64.
226. Yang, "Chinese Christian Transnationalism," 133, table 7.1.

organizations.[227] As an example of the church to organizations transnational tie, a transnational linkage emerges in the diaspora Chinese church that reflects connection based on ethnicity rather than on country of origin. Unlike the Coptic church scenario in which "the Church in Egypt considers immigrant local churches an extension of its service, and therefore acts transnationally,"[228] or the local Muslim or Buddhist communities that would foster a transnational link with the worldwide Muslim and Buddhist communities through their central/core doctrines,[229] the Chinese Canadian churches latch on to the worldwide Chinese church network via a religious-ethnic connection and attempt to focus on two areas: (a) mainland Chinese evangelization and (b) diaspora Chinese evangelization. Chinese Coordination Centre of World Evangelism is a perfect example of the second area.[230]

Facilitated by the Internet and aided by the proliferation of digital mobile technology, social media, and social networks, the second-generation has created a capability for contact with far greater and wider access to the culture of their ancestral homeland. This experience has profoundly changed the way they experience their daily life such that cultural practices have become transcendent over fixed location and geographical confines.[231] Writing of the Asian American youth, Zhou and Lee commented that globalization and transnationalism have widened the cultural space in which the Asian local-born are "able to maneuver at relative ease to create new opportunities for cultural production and expression."[232] G. Yang took a step further by asserting that "Chinese cultural spaces are flourishing on the Internet."[233] Although these spaces may be based both inside and outside China, they are linked to global networks.[234]

Thirdly, as Ooka observed, one of the key determinants in shaping Chinese Canadian youth ethnic identity is the extent of the ethnic socialization in

---

227. Yang, 133.
228. Botros, *Competing for Future*, 14.
229. Beyer, "Tail Wag," 60–61; Beyer, "Growing Up Canadian," 9–10.
230. Nagata, "Christianity among Transnational Chinese," 99.
231. Steger, *Globalization*, 75.
232. Zhou and Lee, "Introduction," 20.
233. Yang, "Internet and the Rise," 484.
234. Yang, 484.

which the youth have come to engage.[235] Ooka's research showed empirically that the stronger the ethnic socialization the youth receive from parents or friends, and the deeper they are embedded in Chinese-dominated friendship networks, the higher the tendency that these youth will experience the so-called non-zero sum process of acculturation and remain bicultural. As the cohort of the present study, SSCCE engaged their socialization process in the space and place of the immigrant church where they grew up. Ooka further observed:

> When the second-generation (Chinese Canadian) youth are growing up with parents and friends who encourage ethnic retention, the shift toward complete acculturation is not as *rapid* or *extensive* as in conventional assimilation theory. Acculturation proceeds, but the ethnic socialization experiences and the network structural environment determine what *form* acculturation proceeds.[236]

Therefore, biculturalism can be a prolonged phenomenon in locations such as Toronto where second-generation youths can easily find social networks that promote Chinese cultural contacts and ethnic traditions.[237]

Ooka's findings resonate with Breton's concept of the institutional completeness of ethnic communities that refers to the extent to which an ethnic group in a particular place and time forms organizations by and for its members.[238] Established solely for the purpose of catering to the needs of the ethnic group members, these institutions become the arena for the shaping and retention of the ethnic identity in a way that is directly proportional to the institutional completeness: The higher the completeness, the higher the likelihood that members will retain their ethnic identity.[239] Institutional completeness also facilitates the intergenerational ethnic identity transfer through ethnic socialization. Drawing from Reitz, Satzewich and Liodakis pointed out that "the participation of first-generation parents in ethnic organizations

---

235. Ooka, *Growing Up Canadian*.
236. Ooka, 218–19, emphasis in original.
237. Ooka, 219.
238. Breton, "Institutional Completeness," 194.
239. Satzewich and Liodakis, "'Race' and Ethnicity," 11.

serves as a model of socialization for their offspring."[240] For SGCCE, the Chinese Canadian immigrant churches, that number more than 350, serve as crucial ethnic communities through which socialization that shapes and reinforces their ethnicity takes place.

To summarize the challenges for the second-generation growing up in the Canadian context, Rajiva noted that the second-generation:

> face the difficult task of growing up different: trying to belong to a national identity that continues to see them as not Canadian; dealing with experiences of systemic and overt racism that are based solely on perceived racial difference rather than on cultural strangeness; and finally, struggling to balance the often competing demands of peer culture with the cultural expectations of immigrant families and communities.[241]

These challenges led Potvin to conclude that members of the second-generation are feeling rootless and disenfranchised in their place of birth and subjected to forces of transition and change.[242] Beyer further postulated that this cohort is caught between a dual reality of living in a "back home" culture and tradition and "new home" values and practices.[243] Other scholars took this notion one step further and located the second-generation Asian North American Christians in the state of liminality, a space of transition between realities in terms of being Asian and being Christian.[244] I argue that it is in this state of liminality, a sense of in-betweenness, that we find SGCCE transitioning from their parents' church to the congregations of their choice.

## Summary

This section first provided a brief history of the relationship between the Protestant faith and Chinese immigrants in Canada from 1858 to 1967. It was then followed by an overview of the Chinese evangelical church in Canada

---

240. Satzewich and Liodakis, 11.
241. Reitz, *Survival of Ethnic Groups*; Rajiva, "Bridging the Generation Gap," 28.
242. Potvin, "Experience of the Second Generation," 100–103.
243. Beyer, "Growing Up Canadian," 5.
244. Guest, "Liminal Youth," 55; Hiller and Chow, "Ethnic Identity and Segmented," 79; Matsuoka, *Out of Silence*, 61; Rah, *Next Evangelicalism*, 187; Tokunaga, *Invitation to Lead*, 50; Tran, "Living Out the Gospel," 40.

in terms of its genesis, growth, faith characteristics, and subethnic composition in the context of the history of immigration of the Chinese in Canada after 1967. Last, a profile was provided for the second-generation Chinese Canadian evangelicals, the cohort of the present study. In the next section, I review the literature pertinent to the areas of ethnicity and religion and how they intersect in the process of incorporation for the second-generation.

## Ethnicity, Religion, and Incorporation

As discussed earlier, for the children of immigrants, growing up in Canada is not a straightforward experience but rather a complex and bumpy process. Canadian sociologist Isajiw characterized the growing-up experience for this cohort as a double process of socialization.[245] On the one hand, the second-generation receive socialization through their parents and ethnic institutions regarding the basic traditional culture and identity of the first-generation. On the other hand, they also socialize through the public school system and other social agencies regarding the culture and identity of the broader society.[246] This section focuses on the first process and examines how ethnicity and religion, in particular the evangelical faith tradition, of the second-generation come to be associated with each other through exposure to the first-generation parents' congregations, and how they intersect in the socialization process to affect the transition of SGCCE to the congregations of their choice.

### Ethnicity

Ethnicity as a research subject in sociology appears to have arisen to prominence only in the twentieth century.[247] Feagin and O'Brien suggested that the emergence of ethnic analysis is linked to the focus of sociologists on migration and assimilation over the last few decades rather than on racial analysis alone.[248] They cited W. L. Warner as the first to make a significant use of the term *ethnicity* referring to ethnic groups that are defined principally by

---

245. Isajiw, *Understanding Diversity*, 193.
246. Isajiw, 193.
247. Kivisto, "Rethinking the Relationship," 491.
248. Feagin and O'Brien, "Studying 'Race' and Ethnicity," 52.

cultural differences as opposed to racial groups that are distinguished chiefly by physical attributes.[249] Many contemporary scholars use the term *ethnicity* or *ethnic group* as an umbrella concept to "cover all racial ethnic and religious groups."[250] Linking the concept to "peoplehood," Gordon, for example, defined an ethnic group as one distinguished by race, religion, or national origin.[251] Denton and Deane, on the other hand, observed that although many researchers consider race to be a subset of ethnicity,[252] some still argue that race is a critical variable for research.[253]

The root of ethnicity study can be traced back to as early as the Greek philosophers of Homer and Herodotus's era.[254] Defining ethnicity can be arbitrary and problematic.[255] In the following sections, I examine two different approaches in how to problematize ethnicity: (a) primordial versus situational dimensions of ethnicity[256] and (b) objective versus subjective elements of ethnicity.[257]

### *Primordial Versus Situational Dimensions of Ethnicity*

One way to problematize ethnicity is to examine it from the perspective of two polar types: "primordial" and "situational" positions.[258] Several theoretical frameworks can be identified to hypothesize the nature of ethnicity and how it emerges along the spectrum of primordial and situational dimensions. First, McKay reasoned that in the primordial type, "men are divided due to 'deep' historical and experiential factors."[259] Primordial ethnic theorists emphasize that ethnicity is directly tied to a solidarity exhibited through similar physical

---

249. Feagin and O'Brien, 52–53, citing Warner and Srole, *Social Systems of American*.
250. Feagin and O'Brien, "Studying 'Race' and Ethnicity," 53.
251. Gordon, *Assimilation in American Life*, 23–24, 27–28.
252. For example, Alba and Nee, *Remaking the American Mainstream*; Perlmann and Waters, *New Race Question*.
253. For example, Omi and Winant, *Racial Formation*; Winant, "Race and Race Theory"; Denton and Deane, "Researching Race and Ethnicity," 69.
254. Isajiw, *Understanding Diversity*, 17; Satzewich and Liodakis, "'Race' and Ethnicity," 4.
255. Isajiw, *Definitions of Ethnicity*, 4.
256. Kivisto, "Rethinking the Relationship," 492.
257. Breton, *Different Gods*, 47.
258. Breton, 10; Kivisto, "Rethinking the Relationship," 492; McKay, "Exploratory Synthesis," 396.
259. McKay, 396.

appearance; common cultural heritage, language, religion; and shared kinship and territorial connection that one is given or acquired at birth.[260] Known also as the essentialist approach, the primordial theory argues that people have an essential need for affinity with those who share the same heritage and nationality.[261] According to Geertz, such primordial attachments are part and parcel of social existence and have "an ineffable, and at time overpowering coerciveness in and of themselves."[262] Thus primordial ethnicity is considered to be more or less fixed and long lasting.[263] S. Kim asserted that such primordial ethnic bonds continue to exert powerful influence on "the children of immigrants into the third and fourth generations."[264] To that end, Min cited primordial ties that are based on "a common language, religion, physical characteristics, and history associated with their home country" as the "major sources of their ethnicity for Asian immigrants."[265]

Conversely, drawing from Glazer and Moynihan, McKay argued that in the situational case, ethnicity is contextual and ethnic attachment emerges from specific and immediate contextual circumstances.[266] Situational theorists, also known as "circumstantialists,"[267] have opined that ethnicity becomes relevant in some situations but not in others, and that individuals can choose to highlight, conceal, or even modulate certain aspects of ethnicity to their advantage.[268] No longer defined by cultural heritage as its antecedent, ethnicity seen from this perspective is not fixed and can change for individual economic, social, and political purposes depending upon what situations warrant the change.[269] As Bell reasoned, "Ethnicity . . . is best understood not as a primordial phenomenon . . . but as a strategic choice by individuals who in other circumstances would choose other group memberships as a

---

260. Geertz, "Integrative Revolution"; Isaac, *Idols of the Tribe*; Stake, *Primordial Challenge*; Swidler, "Culture in Action."

261. Isajiw, *Understanding Diversity*, 30.

262. Geertz, "Integrative Revolution," 109–10.

263. Isajiw, *Understanding Diversity*, 30.

264. Kim, *Faith of Our Own*, 6.

265. Min, "Introduction," 7.

266. Glazer and Moynihan, "Introduction," 369.

267. Breton, *Different Gods*, 10; Kivisto, "Rethinking the Relationship," 492.

268. Isajiw, *Understanding Diversity*, 31; Lee and Bean, *Diversity Paradox*, 146–47.

269. Okamura, "Situational Ethnicity," 463; Yancey, Ericksen, and Juliani, "Emergent Ethnicity," 399.

means of gaining some power and privilege."[270] By extension, situationalists view ethnicity as an organizational strategy whereby members seek to satisfy their instrumental needs for economic, social, and political empowerment.[271] For example, Lee and Bean highlighted the way a multiracial group of Asian Whites adopts minority identity for social benefits even though they regard themselves as Whites in most other circumstances.[272] Similarly, Collins and Solomos noted that ethnic identity can be viewed from the perspective of agency and resistance depending upon whether a person is situated within structures of dominance or facing such dominance. In other words, ethnicity can be construed as a constituting factor of power in social relations.[273]

While some researchers[274] advocated that these two positions need not be polarized and can be viewed as complementary, a constructionist perspective emerged as an extension of the situational theory in connection with "postmodernist movement in contemporary thought."[275] Constructionist theory considers ethnicity not as fixed, but rather as fluid and malleable, and suggests that ethnicity is being socially negotiated and constructed in the context of people's everyday living.[276] Nagel stated that the constructionist model "emphasizes the socially 'constructed' aspects of ethnicity, i.e. the ways in which ethnic boundaries, identities, and cultures, are negotiated, defined, and produced through social interaction inside and outside ethnic communities."[277] Conzen et al. concurred and defined ethnicity not as "a 'collective fiction,' but rather a process of construction or invention which incorporates, adapts, and amplifies preexisting communal solidarities, cultural attributes, and historical memories. That is, it is grounded in real life context and social experience."[278] Invention theory suggests that ethnic people can have multiple identities and that they selectively use the identity that they consider to be appropriate at

---

270. Bell, "Ethnicity and Social Change," 171.

271. Kallen, *Ethnicity and Human Rights* (3rd ed.), 139.

272. Lee and Bean, *Diversity Paradox*, 147.

273. Collins and Solomos, "Introduction," 5.

274. For example, Bramadat and Seljak, *Christianity and Ethnicity*; Brubaker, *Ethnicity without Groups*; McKay, "Exploratory Synthesis."

275. Isajiw, *Understanding Diversity*, 33.

276. Breton, "Introduction"; Conzen et al., "Invention of Ethnicity"; Lee and Zhou, *Asian American Youth*; Min, "Introduction"; Nagel, "Constructing Ethnicity"; Yancey, Ericksen, and Juliani, "Emergent Ethnicity."

277. Nagel, "Constructing Ethnicity," 152.

278. Conzen et al., "Invention of Ethnicity," "Introduction," para. 6.

a given time in a given situation.[279] S. Kim contended that the greatest level of ethnic invention can be found during the generational transition between immigrant parents and their children, as R. Kim and Moore also attested.[280]

In extending the paradigm of process of invention, Kim and Hurh suggested that American Korean immigrants engaged in that process as part of their adaptation to the American culture by judiciously selecting different social elements of the American culture to add to their existing ethnic identity while not losing their ethnicity.[281] Kim and Hurh judged the two traditional adaptation theories, assimilation and pluralism, as inadequate in their assumptions in that they operate in a mutually exclusive manner, resulting in a zero-sum model. Assimilation holds that immigrants' children will be completely Americanized over time, whereas pluralism suggests that despite a lengthy adaptation, immigrants and their children will continue to preserve their ethnic identity while playing an integral part in the social and political fabric of the United States. These two forces in fact do co-exist in working not to cancel each other out but to shape the ethnicity of Korean Americans in a process called the "adhesive pattern of adaptation," in which "certain aspects of the new culture and social relations with members of the host society are added on to the immigrants' traditional culture and social networks, without replacing or modifying any significant part of the old."[282]

Echoing Kim and Hurh and aligning his approach with the ethnicity invention process, F. Yang arrived at a similar conclusion in his study on how the second-generation American-born Chinese (ABC) developed their identities.[283] F. Yang observed that this cohort of immigrant children has to juggle three identities at the same time, characterized by a suite of three labels which he termed *XYZ*. The younger generation acquires their Christian (X) identity as the immigrant churches act fiercely to cultivate a universal religious identity among them that transcends the boundaries of Chinese and American identities. Meanwhile, the second-generation were born Chinese, or *Zhongguoren* (Z), in the primordial ethnic sense. Finally, they are known

---

279. Kibria, *Becoming Asian American*, 102–3; Min, "Introduction," 11–12.

280. Kim, "Second-Generation Korean American"; Moore, "At Home in America?"; Kim, *Faith of Our Own*, 7–8.

281. Kim and Hurh, "Beyond Assimilation and Pluralism," 709–12.

282. Hurh and Kim, "Adhesive Sociocultural Adaptation," 188.

283. Kim and Hurh, "Beyond Assimilation and Pluralism," 709–12; Yang, "ABC and XYZ."

as part of the racial minority that is Asian, the Yellow race (Y).[284] Using this model, F. Yang argued that the second-generation Chinese engage in an "adaptive integration" process, one that adds "multiple identities together without necessarily losing any particular one."[285]

Similarly, in a study on how the second-generation American Indians address their identity construction when growing into their teenage years and emergent adulthood, Bacon concluded that this cohort judiciously appropriates the first-generation's rhetoric toward public life and merges them with American ideas to forge a generational identity of their own that "allows them to interact in the public realm both with their parents' organizations and with the organizations of other segments of the new second generation."[286]

## *Objective Versus Subjective Elements of Ethnicity*

A second approach to problematize ethnicity is to juxtapose its objective and subjective elements. Objective elements of ethnicity generally refer to a real or presumed common origin or descent, shared cultural and/or religious heritage, and identical historical experiences.[287] These objective elements find their distinct expression usually in customs, language, values, and a set of symbols.[288] Subjective dimension, on the other hand, focuses on the process by which individuals attach significance to the objective elements in differentiating themselves from others and accordingly shape their behavior in the context of in-group/out-group relationship.[289] This process of "psychological identification" of being different therefore lies with the actors' own sense of what constitutes significance so as to carve out a social boundary.[290] As an early example of objective definition, Herodotus articulated a general conception of ethnicity as a people of common descent who share a common language, gods, sacred places, sacrificial festivals, customers, mores or ways of life, as

---

284. Yang, 90.
285. Yang, 185.
286. Bacon, "Constructing," 158.
287. Breton, *Different Gods*, 47; Isajiw, *Understanding Diversity*, 17; Phinney et al., "Ethnic Identity, Immigration," 496.
288. Breton, *Different Gods*, 47.
289. Breton, 48.
290. Breton, 48; Isajiw, *Definitions of Ethnicity*, 11–12.

well as "the common character they bear."[291] Conversely, from the perspective of conceptualizing ethnicity with its subjective dimensions, Weber linked ethnicity to a collectivity and defined it, or ethnic groups, as: "Those human groups that entertain a subjective belief in their common descent because of similarities of physical type or of customs or both, or because of memories of colonization and immigration . . . (irrespective of) whether or not an objective blood relationship exists."[292]

Implicit in Weber's concept of ethnic groups is the assumption that groups are socially constructed and that their identities are determined by the group members.[293] However, apart from self-identification, group identity can also be ascribed by others external to the group. In this regard, Weber was mute about the role dominant outsiders play in imposing identities on the marginalized sectors of society.[294] Recognizing Weber's shortcoming, Christiano, Swatos, and Kivisto advanced the following definition, combining both the objective and the subjective components as well as including the ascribed identification dimension: "Ethnic groups are composed of people who are presumed, by members of the group itself and by outsiders, to have a shared collective origin and history and a common set of cultural attributes that serve to establish boundaries between the group and the larger society."[295]

In addition, other researchers recognized that while ethnic group members may share common origin and cultural attributes, the membership is not by choice.[296] Connected to the peoplehood or the *gemeinschaft* type, the involuntary characteristic of ethnic groups highlights the emotional relationship of the group members on the psychological level, articulating with feelings of sympathy and loyalty toward one another.[297] Incorporating this involuntary nature, Isajiw defined the ethnic group as "an involuntary group of people who share the same culture or . . . (who are) descendants of such

---

291. Herodotus, *Histories*.
292. Weber, *Economy and Society*, 389.
293. Weber, 389.
294. Kivisto, "Rethinking the Relationship," 491–92.
295. Christiano, Swatos, and Kivisto, *Sociology of Religion*, 155.
296. Breton and Pinard, "Group Formation,"; Francis, "Nature of the Ethnic Groups"; Isajiw, "Process of Maintenance"; Isajiw, *Understanding Diversity*.
297. Breton and Pinard, 474; Francis, "Nature of the Ethnic Groups," 395; Isajiw, *Definitions of Ethnicity*, 20; Kivisto, "Rethinking the Relationship," 492.

people who identify themselves and/or are identified by others as belonging to the same involuntary group."[298] Conceived in this manner, ethnicity or ethnic group provides a basis for the formation of one's identity and plays a key role in shaping it by determining who people are in their own eyes and in those of others.[299]

Given the broad definitions of ethnicity or ethnic group, ethnic identity can then be conceptualized as belongingness to the ethnicity's group.[300] Collins and Solomos observed that "at a basic level, identity is about belonging, about what we have in common with some people and what differentiates us from others."[301] For that reason, Phinney et al. defined ethnic identity simply as "an individual sense of self in terms of membership in a particular ethnic group."[302] Tajfel accentuated "the values and emotional significance attached to that membership."[303] Isajiw expanded the concept of ethnic identity as a "commitment to a social grouping of common ancestry, existing within a large society of different ancestral origins, and characterized by sharing of some common values, behavioral patterns or symbols different from those of the larger society."[304] Kallen further distinguished the concept of individual ethnic identity from its collective counterpart.[305] Whereas the former refers to the individuals' relationship to their own ethnic collectivity in terms of the strength and scope of the group attributes with which they associate, collective ethnic identity underscores the agreed-upon distinctive characteristics in terms of what constitutes the group and how they differentiate the group from the other groups.[306] In a later research on ethnic identity retention, Isajiw recognized the need to add a dimension in terms of internality and externality of ethnic identity to characterize and reflect the individual-community interaction.[307] Commenting on the interaction, Isajiw noted:

---

298. Isajiw, *Definitions of Ethnicity*, 21–22.
299. Breton, "Introduction," 5.
300. Greeley, *Denominational Society*.
301. Collins and Solomos, "Introduction," 5.
302. Phinney et al., "Ethnic Identity, Immigration," 496.
303. Tajfel, *Human Groups*, 255.
304. Isajiw, "Process of Maintenance," 129.
305. Kallen, *Ethnicity and Human Rights* (2nd ed.).
306. Kallen, 83–84.
307. Isajiw, "Ethnic-Identity Retention."

> Locating oneself in relation to a community and society is not only a psychological phenomenon, but also a social phenomenon in the sense that the internal psychological states express themselves objectively in external behavior patterns that come to be shared by others. Thus, individuals locate themselves in one or another community internally by states of mind and feelings . . . and externally by behavior appropriate according to these minds and feelings.[308]

Isajiw further distinguished three dimensions of the internal aspect of identity: cognitive, moral, and affective. Cognitive dimension points to an ethnic individual's self-image and images of one's group; knowledge of the ethnic group's heritage and history; and knowledge of the group's values.[309] Conversely, considered as the central dimension of subjective identity, moral dimension refers to an ethnic individual's feelings of group obligation that represent "the commitment the person has to his (or her) group and for the group solidarity that ensues."[310] Finally, the affective aspect of identity is related to the feelings of attachment to the ethnic group. Two types of attachment feelings can be further distinguished: (a) sympathy and associative preference for fellow members of the ethnic group over members of the other groups, and (b) comfort with the cultural patterns of one's own ethnic group as opposed to that of other groups or societies.[311]

External identity, on the other hand, refers to the observable cultural and social behaviors. These behaviors may include speaking of ethnic language and practice of ethnic traditions, participating in ethnic social network and ethnic activities, and being involved in ethnic institutions such as religious institutions and in voluntary associations such as benevolent associations.[312]

In a study on Chinese American immigrants, Kwan and Sodowsky demonstrated how the internal/external dimension of Isajiw's definition of ethnic identity provided a framework to relate to the salience of ethnicity regarding

---

308. Isajiw, 35–36.
309. Isajiw, 36.
310. Isajiw, 36.
311. Isajiw, 37.
312. Isajiw, 36.

the Chinese cultural attribute of shame (i.e. loss of face) and social standing.[313] Gin echoed Kwan and Sodowsky's findings and suggested that for Asians, "an understanding of ethnic identity that adds an external focus is more appropriate."[314] Zhou and Lee opined that for Asian American youths, the expression of their identities reflects a choice they make through a dialectical process that involves both an internal process in terms of socialization of Asian values and shared experience of growing up Asian, and an external process of outsiders' ascription of who they are.[315] These two processes of self-identification and identification by others are what Barth referred to as the critical feature of ethnicity: *ethnic boundary*.[316] In his seminal work, Barth reasoned that what differentiates an ethnic group is not its culture but rather the group boundary that is determined both by the members and the outsiders. The key determinants are the socially relevant factors that are deemed significant by the members, not the "objective" differences such as physical appearance of the members.[317] For Isajiw, identity definition is seen as a "process of self-inclusion or exclusion and inclusion and exclusion by others."[318] It follows that ethnicity is an exercise of what Isajiw called a double boundary definition: a boundary from within, established by the ethnic socialization process, and a boundary from without, established by external barrier and intergroup relationship.[319]

### *Generations and Ethnicity Retention*

Along the intersection of ethnicity and ethnic generations, Hansen was the first to formulate the so-called "principle of third-generation interest."[320] Characterizing it as an "almost universal phenomenon," Hansen suggested that "what the son wishes to forget" about the ethnic culture and practices, "the grandson wishes to remember."[321] Some agreed that ethnic identity con-

---

313. Kwan and Sodowsky, "Internal and External Ethnic," 51.
314. Gin, "Asian American Ethnic," 184.
315. Zhou and Lee, "Introduction," 21.
316. Barth, "Introduction."
317. Barth, 14–15.
318. Isajiw, *Understanding Diversity*, 176.
319. Isajiw, 20.
320. Hansen, "Third Generation in America," 495.
321. Hansen, 495.

struction, or the lack of, becomes a salient issue during the generational transition.[322] Diverging from Hansen, however, Isajiw suggested that each generation, be it first, second, or third, constructs its own identity in a different way and therefore its identity is different from that of the other generations.[323] He further added that the "persistence of ethnicity over generation depends not so much on the maintenance of the form of ethnicity constructed by the first generation, as on the emergence of new forms constructed by each succeeding generation."[324] In examining the ethnic maintenance process in the Canadian context, Isajiw delineated three patterns that form an explanatory framework for retention or loss of ethnicity over generations.[325] First, the pattern of transplantation is related to the attempts by the first-generation immigrants to re-establish and follow the institutional practices of their ethnic culture when they arrive in the new country.[326] Transplantation allows the immigrants to build emotional connection and social network with co-ethnics in their settlement.[327] In this regard, ethnicity retention is a function of the degree of institutional completeness in terms of the availability of ethnic organizations and participation in such institutions.[328] The second pattern, rebellion, characterizes the awareness of the cultural and social background of the second-generation.[329] This pattern may be typical of the second-generation but can be applied to any generational relationship and not limited to the ethnic communities. Rebellion emerges from the emotional confrontation of the children with their parents' culture and their interaction with the larger society.[330] Isajiw further remarked that a possible outcome of such confrontation could be:

> [either embarrassment], dissatisfaction with, or shame of one's own parental patterns and expectations. The reaction may be a

---

322. Kim, *Faith of Our Own*, 7–8; Matsuoka, *Out of Silence*, 50.
323. Isajiw, *Understanding Diversity*, 33.
324. Isajiw, 33.
325. Isajiw, "Process of Maintenance."
326. Breton, *Different Gods*, 17–18.
327. Isajiw, "Process of Maintenance," 132.
328. Breton, "Institutional Completeness," 194; Kallen, *Ethnicity and Human Rights* (2nd ed.), 86–87.
329. Isajiw, "Process of Maintenance," 133.
330. Isajiw, 133.

conscious rejection of one's past, or it may be an overidentification with the dominant society, or still another form of reaction may be a commitment to ideologies or utopias involving some ideal patterns of universal justice or love.[331]

Finally, the returning or rediscovery pattern applies to the generation that has experienced no cultural confrontation with their parents. In other words, it may apply to the second- or third- ethnic generation who have experienced no rebellion pattern but have been socialized in the culture of the dominant society. In addition to participating in the basic socialization process, the cohort who experiences the rediscovery pattern tends to be socially mobile and connects with their ancestral past in a symbolic manner with new meaning "rediscovered."[332] Isajiw's hypothesis aligns consistently with the studies that claim that ethnic identities of immigrant children may become less salient and more symbolic in nature over time.[333]

Isajiw then introduced a dimension of commitment with opposing poles over these three patterns: traditional commitment versus symbolic commitment.[334] Here Isajiw leveraged Breton's concept of *institutional completeness* as a dimension of ethnic solidarity or cohesion.[335] Institutional completeness is viewed as the extent to which an ethnic group in a particular locale possesses organizations developed by or for members of that group.[336] For Isajiw, higher institutional completeness with traditional commitment may bode well for the transplantation pattern but at the same time may evoke a pattern of rebellion. On the other hand, a degree of institutional completeness with symbolic commitment favors the rediscovered pattern but at the same time alienates those who commit to the ethnic culture in a traditional manner.[337]

Applying this explanatory framework specifically to the second-generation immigrant children in Canada, Isajiw observed that this cohort experiences a double process of socialization: The first one takes place with their parents

---

331. Isajiw, 133.
332. Isajiw, 134.
333. Gans, "Symbolic Ethnicity"; Waters, *Ethnic Options*.
334. Isajiw, "Process of Maintenance."
335. Breton, "Institutional Completeness," 194.
336. Herberg, *Ethnic Groups in Canada*, 208.
337. Herberg, 134–35.

and with ethnic organizations that shape their ethnic identity; the second one takes place at public schools and social agencies in which interactions between the second-generation and the broader society lead them to a process of incorporation into the culture and identification with the broader society. Embedded early in the second-generation's consciousness, this world of "doubleness" becomes a daily reality for them growing up in their own home country.[338]

Exploring the choices the second-generation may make in dealing with conflicts that arise from addressing the double process, Isajiw further identified five social-psychological options or strategies.[339] The first one, postulated by Isajiw as perhaps the most common strategy, suggests that the second-generation keep the "two worlds" apart when managing the inconsistencies that the two worlds present, leading to the conflicting issues being compartmentalized and unresolved.[340] The next option sees the second-generation giving primacy to ethnicity by engaging primarily through interaction with first-generation members as well as their ethnic friends at the ethnic community to resolve the double process conflicts.[341] This option draws the second-generation closer to the transplantation pattern discussed earlier without insisting that they reject the broader society.

At the opposite end lies Isajiw's third strategy, which represents the second-generation "pushing aside" their ethnicity in favor of embracing the mainstream society with which they strongly identify.[342] This "pushing aside" manifests itself in two forms: distancing and rebellion. Distancing implies that the second-generation is devoted to the pursuit of the values of the mainstream society and participate in the activities of the ethnic communities on only a limited basis. They take their rebellion a step further by not only rejecting the ethnic values and identity but also casting them in a negative light when comparing them with those of the mainstream society. Negative though its effect may be, ethnicity continues to remain in the background in both cases.[343] Extending the third option, the fourth one sees the "pushing

---

338. Isajiw, *Understanding Diversity*, 193.
339. Isajiw, 193–94.
340. Isajiw, 194.
341. Isajiw, 194.
342. Isajiw, 194.
343. Isajiw, 194–95.

aside" occurring with the mainstream society when the second-generation perceive the mainstream society as unjust, repressive, and discriminatory.[344] In other words, the second generation adopt this option voluntarily as much as they do because of being forced to by the broader society. Different variations of this option can manifest themselves, ranging from the second-generation rebelling against the mainstream but not the ethnic communities, to the second-generation distancing themselves from both their ethnic affiliation and the mainstream society. Isajiw suggested further that to the extent that this cohort rebels against its ethnicity, it is reacting against its transplantation pattern and its traditional commitment. In this scenario the "rebels" may even offer a symbolic-ideological commitment as a means to reconcile with their own ethnic background.[345]

Isajiw's last strategy represents a creative approach that the second-generation adopt to bring the two worlds together in an "innovative and meaningful manner" such that conflicts can be resolved in a way that others can identify.[346] Such an approach, Isajiw contended, usually manifests itself in writing, art, and culturally creative work by those who are engaged in the double process.[347] Isajiw stretched this option further to characterize not only the second generation but also the subsequent generations who have generally gone through not the double process of socialization but incorporation primarily by the mainstream society. For them, their ethnic identity can be characterized as "ethnic rediscovery," which represents "a process of identity construction based on selected elements of a tradition such as cultural symbols in terms of art, music, or ethnic rituals; and selective knowledge of the ethnic group history that validates their identity."[348] As Isajiw pointed out in his earlier research, ethnic rediscovery can take place in both the second- and the third- generations not through the traditional ethnic commitment but rather through symbolic commitment.[349]

For the purpose of this work, I have approached ethnicity as a fluid quality that allows for it being treated as a marker for ethnic tradition as well as

---

344. Isajiw, 195.
345. Isajiw, 195–96.
346. Isajiw, 196.
347. Isajiw, 197.
348. Isajiw, 197.
349. Isajiw, "Process of Maintenance," 133–36.

a symbolic invention. In addition, I have employed Isajiw's discourses on generation retention/creation of ethnicity as the lens to explore how ethnicity affects SGCCE in their growing up in context of ethnic religious institutions.

## *Religion*

As with ethnicity, defining religion is equally problematic. For example, Bramadat lamented that a common definition is difficult to establish,[350] and Mol regarded many existing attempts as "strategically dysfunctional."[351] However, broadly speaking, many researchers have taken various approaches to define religion along a continuum anchored by substantive definitions and functional definitions at each opposing end.[352] For example, Pals summarized substantive definitions as those that center on the beliefs or ideas that religious people commit to and find important.[353] E. B. Tylor's minimal definition of religion as "belief in spiritual beings" is a traditional representative of this category.[354] Tylor's definition is not without problems. Dawson and Thiessen categorized the problems with Tyler's definition of religion into three camps: (a) it suggests that religions are no more than a set of beliefs; (b) it also tends to exclude certain forms of religion, such as Buddhism; and (c) it employs dictions that are in and of themselves in need of further definition, such as the word "spiritual."[355] Functional definitions, on the other hand, according to Pals, are those that reject the beliefs of religion in favor of understandings of how it operates in people's life in terms of what sense of comfort it brings or what support it provides for a group of individuals who claim to follow a certain set of beliefs.[356] Pals cited Freud as an example of someone who was interested primarily not in religious beliefs but in how they operate in religious people such that these people would hold these beliefs and develop deep convictions about them.[357] Drawing from his work on psychoanalysis, Freud asserted that religious teachings are considered as neurotic relics and

---

350. Bramadat, "Beyond Christian Canada," 11.
351. Mol, *Identity and the Sacred*, 4.
352. Dawson and Thiessen, *Sociology of Religion*, 25.
353. Pals, *Eight Theories of Religion*, 13.
354. Tylor, *Primitive Culture*, vol. 1, 424.
355. Dawson and Thiessen, *Sociology of Religion*, 25–27.
356. Pals, *Eight Theories of Religion*, 13.
357. Pals, 64.

religion arises from emotions and conflicts that originate early in childhood.[358] The flaws with Freud's approach, according to Pal, is that "religion cannot be explained merely on the level of the psychology of individuals."[359]

Many sociologists have attempted to situate their own definitions between the two poles of substantivism and functionalism. As the ones responsible for "turning the focus of professional sociology in its earliest years specifically toward the sociology of religion,"[360] Durkheim and Weber offered two distinctive views of religion. Combining elements from both ends of the spectrum, Durkheim characterized religion as a "unified system of beliefs and practices relative to sacred things . . . which unite into one single moral community called a church, all those who adhere to them."[361] He further elaborated sacred things as those that "are set apart and forbidden."[362] Sacred things are that which involve large concerns: the interests and welfare of a collectivity. Conversely, profane things are little matters such as the day-to-day private business of each individual.[363] The distinguishing feature of religion resides in the very division of the world into these two opposite orders of existence.[364] The limitation of Durkheim's thesis lies in the vagueness of what constitutes things as "sacred" since "nothing intrinsically distinguishes sacred things."[365]

Weber, on the other hand, refrained altogether from offering a concrete definition of religion while hypothesizing an approach to its study.

> To define "religion" . . . is not possible at the start of a presentation . . . Definition can be attempted, if at all, only at the conclusion of the study. The essence of religion is not even our concern, as we make it our task to study the conditions and effects of a particular type of social behavior. The external courses of religious behavior are so diverse that an understanding of this behavior can only be achieved from the viewpoint of the

---

358. Pals, 71, 77.
359. Collins, "Classical Tradition in Sociology," 23.
360. Pals, *Eight Theories of Religion,* 181.
361. Durkheim, *Elementary Forms,* 44.
362. Durkheim, 44.
363. Pals, *Eight Theories of Religion,* 96.
364. Dawson and Thiessen, *Sociology of Religion,* 28; Robertson, *Sociological Interpretation,* 37.
365. Dawson and Thiessen, 28.

subjective experiences, ideas, and purposes of the individuals concerned – in short, from the viewpoint of the religious behavior's "meaning."[366]

In other words, for Weber, religion can be understood only from the perspective of the subjective feeling of the religious. The criticisms leveled against Weber's approach tend to be twofold: (a) evaluation of a subject area usually requires a criterion for its identification; and (b) it is the definition of religion, rather than the essence of religion, that enables researchers to analyze the subject matter in a rigorous and consistent manner.[367]

Influenced and guided by Durkheim's and Weber's paradigmatic work, subsequent scholars sought to expand the study of religion along the broad spectrum of substantive and function definition. Geertz, for example, described religion as:

> (1) a system of symbols which acts to (2) establish powerful, pervasive, long-lasting moods and motivations in men by (3) formulating conceptions of a general order of existence and (4) clothing these conceptions with such an aura of factuality that (5) the moods and motivations seem uniquely realistic.[368]

Stark and Finke, on the other hand, argued that religion "consists of very general explanations of existence, including the terms of exchange with a god or gods."[369] They further defined such "explanations" as "conceptual simplifications or models of reality that often provide plans designed to guide action."[370]

Furthermore, W. Herberg described religion in three dimensions. First, "conventional religion" is regarded as a "system of attitudes, beliefs, feelings, standards, and practices that, in the particular society, generally receive the name of religion."[371] Second, "operative religion" is taken to "signify that system of attitudes, beliefs, feelings, standards, and practices that actually does in fact provide the society with an ultimate context of meaning and value in

---

366. Weber, *Sociology of Religion*, 1.
367. Robertson, *Sociological Interpretation*, 34.
368. Geertz, *Interpretation of Cultures*, 90.
369. Stark and Finke, *Acts of Faith*, 91.
370. Stark and Finke, 87.
371. Herberg, "Religion in a Secularized," 145.

terms of which social life is integrated and social activities are validated."³⁷² Finally, religion is "understood existentially as the structure of one's being oriented to one's ultimate concern" that drives a "man's life insofar as it is defined by his supreme loyalty and devotion."³⁷³

Alternatively, Robertson chose to draw on the substantive and cultural content of religion and defined it from two perspectives: culture and action. He further asserted:

> Religious culture is that set of beliefs and symbols (and values deriving directly therefrom) pertaining to a distinction between an empirical and a super-empirical, transcendent reality; the affairs of the empirical being subordinated in significance to the non-empirical ... religious action (is) simply ... action shaped by an acknowledgment of the empirical/super-empirical distinction.³⁷⁴

C. Smith interpreted Robertson's definition and distilled it into the following statement:

> *Religions are sets of beliefs, symbols, and practices about the reality of superempirical orders that make claims to organize and guide human life.* Put more simply, if less precisely, what we mean by religion is an ordinarily unseen reality that tells us what truly is and how we therefore ought to live.³⁷⁵

For the purpose of the present study, I have adopted C. Smith's characterization of religion to determine how religion in the form of evangelical beliefs, symbols, and practices collectively intersects with SGCCE's ethnicity and how the two shape and guide their own choice of congregations of affiliation. Although Foner and Alba noted that in the earlier studies, religion has "generally taken a backseat to other topics in the immigration field,"³⁷⁶ researchers since have garnered support and generated momentum both in the United States and Canada in focusing on how both new immigrants

---

372. Herberg, 146.
373. Herberg, 146.
374. Robertson, *Sociological Interpretation*, 47.
375. Smith, *Moral, Believing Animals*, 98, emphasis in original.
376. Foner and Alba, "Immigrant Religion," 360.

and their children related to their assimilation experience through the lens of religion in the congregational context.[377] According to Breton, religion in the form of congregation assists in three ways the immigrants' process of adapting to the new world.[378] First, a religious affiliation provides a beachhead for immigrants to deal with cultural disorientation and helps redefine their social identity. Second, churches assist immigrants in coping with the loss of former social networks and in establishing new ones. Finally, religious institutions help immigrants to deal with social marginality.[379]

The concept of studying religion in the congregational form was brought to the fore by R. S. Warner,[380] "one of the most prominent sociologists of religion to have advanced the study of . . ." the new immigrants and religion.[381] Demerath and Farnsely conceptualized congregations from two perspectives: top-down and bottom-up.[382] Viewed from the top-down, congregations are a formal organizational structure with connection to a larger religious identity, such as a denomination or a synagogue, that touches and enfolds individual congregants. Seen from the bottom-up, congregations are the voluntary religious communities that provide the congregants with the "most intimate and potentially influential contact with religious organization."[383] Ammerman noted that congregations are local, voluntary in nature, and necessarily diverse in their characteristics.[384] They are a part of a community's institutional infrastructure and a part of the structures and connections that make social life possible. As such, congregations are "living networks of meaning and activity, constructed by the individual and collective agents who

---

377. Alumkal, *Asian American Evangelical Church*; Beyer and Ramji, *Growing Up Canadian*; Botros, *Competing for Future*; Bramadat and Seljak, *Christianity and Ethnicity*; Bramadat and Seljak, *Religion and Ethnicity*; Busto, "Gospel according to Model"; Carnes and Yang, *Asian American Religions*; Chen, *Getting Saved in America*; Chong, "What It Means"; Jeung, *Faithful Generations*; Jeung, Chen, and Park, "Introduction"; Kim, "Second-Generation Korean American"; Kim, *Faith of Our Own*; Li, *Ethnic Minority Churches*; Muse, *Evangelical Church in Boston's*; Warner and Wittner, *Gatherings in Diaspora*; Yang, *Chinese Christians in America*.

378. Breton, *Different Gods*.

379. Breton, 17.

380. Warner, "Introduction"; Warner, "Approaching Religious Diversity."

381. Kivisto, "Rethinking the Relationship," 497.

382. Demerath III and Farnsley, "Congregations Resurgent."

383. Demerath and Farnsley, 193.

384. Ammerman, *Congregation & Community*, 1.

inhabit and sustain them."³⁸⁵ Extending this characterization, R. S. Warner built his framework on three propositions. First, he argued that the process through which religion manifests its expression specific to one community, be it enculturation or contextualization, is not a static one. For immigrants and their children, the process can be "dramatic and visible."³⁸⁶ Consequently, no single experience with this process can be considered as the gold standard. Second, focusing on congregations implies, for R. S. Warner, examining what the communities do "religiously" for themselves, not what others do or do not do on their behalf.³⁸⁷ This perception implies that the meaning emerging from the process of religious manifestation is constructed locally in the community of the congregation. This is not to discount the common beliefs these communities may share with others via umbrella organizations, such as Christian denominations. But the actors and the arenas for social construction of religion are inherently local.³⁸⁸ Consequently, the last presupposition R. S. Warner made in framing his approach is this: religion exists in the form not of texts but of living communities.³⁸⁹ Warner refuted the claim that "true religion is found only in the Bible and stands outside the world."³⁹⁰ For the purpose of this study, I argue, as pointed out in the analysis of transition of the second-generation Asian North American evangelicals,³⁹¹ that religious teachings and sacred texts do play a role in shaping and giving primacy to their religious identity over their ethnic identity. At the same time, however, I recognize that religious expression becomes vivid only at the local congregational level, partly through the leadership of the pastors/leaders in how they interpret the text, postulate the meaning, and negotiate identity, both religious and ethnic, with the congregants.³⁹² To summarize, R. S. Warner argued that religion in its congregational form, local and voluntary, is the environment

---

385. Ammerman, 346.
386. Warner, "Introduction," 9.
387. Warner, 9.
388. Warner, 9–10.
389. Warner, 9.
390. Warner, 9.
391. Alumkal, *Asian American Evangelical Church*; Alumkal, "American Evangelicalism"; Busto, "Gospel according to Model."
392. Jeung, "Evangelical and Mainline Teachings," 212; Jeung, *Faithful Generations*, 159.

that new immigrants and their children contact in which religious expression comes alive through their inherent actors and arenas.[393]

In the context of the present study that examines how religion may intersect with ethnicity and how the two play a role in the incorporation process through the transitory experience through different churches, I have followed the framework of R. S. Warner[394] in terms of his articulation of the congregation as the arena in which religious experience is manifested and therefore in which both religious and ethnic identities are negotiated.

## Ethnicity, Religion, and the Incorporation Process

Although religion has received little attention in earlier studies as a variable for analysis of assimilation of the second-generation in Canada,[395] recent research has begun reversing this trend.[396] Many researchers[397] pointed to Niebuhr as well as W. Herberg as the earlier voices in problematizing religion as an influencing factor in shaping the ethnicity of immigrants and their children and in the context of assimilation. Niebuhr contended that two forces are evident in shaping the immigrants and their relationship with religion. The first one moves the immigrants "toward conformity with the prevalent religious attitudes and practices which have been established by the churches previously acclimatized in America."[398] The second force, however, compels the immigrants "toward the differentiation of the immigrant church from the prevailing type, toward the preservation or development of its distinct character."[399] These two forces collide to give "rise of new denominations as well as the merging of immigrant churches."[400]

Despite the push and pull of different forces of assimilation such as the public school system and intermarriage influencing immigrants and their

---

393. Warner, "Introduction," 21.
394. Warner, "Approaching Religious Diversity."
395. van Dijk and Botros, "Importance of Ethnicity."
396. Beyer and Ramji, *Growing Up Canadian*; Bramadat and Seljak, *Christianity and Ethnicity*; Bramadat and Seljak, *Religion and Ethnicity*; Ramji, "Creating a Genuine Islam"; Wong and Simon, "Citizenship and Belonging to Canada."
397. For example, Jeung, Chen, and Park, "Introduction"; Mullins, "Life-Cycle of Ethnic Churches"; Yang, *Chinese Christians in America*.
398. Niebuhr, *Social Sources of Denominationalism*, 203.
399. Niebuhr, 203.
400. Niebuhr, 203.

offspring,[401] W. Herberg argued that in the context of the United States of America the Eurocentric immigrants and their children would decline over time in terms of their affiliation with their home country and ethnic heritage, and that religion would become the only marker that differentiates the social identity of later generations. He asserted:

> The newcomer is expected to change many things about him as he becomes American – nationality, language, culture. One thing, however, he is not expected to change – and that is his religion. And so it is religion that with the third generation has become the differentiating element and the context of self-identification and social location.[402]

W. Herberg posited that ethnicity revolved around answering the questions "Who am I?" and "To which group do I belong?"[403] Extending Hansen's principle of the third-generation,[404] Herberg surmised that religion becomes "an acceptable, even desirable, way" for the third-generation to locate and incorporate themselves into American life, given that they want to "remember what their parents wanted to forget."[405] However, ethnic groups who resisted cultural assimilation and persisted in self-perpetuation, such as Blacks and Orientals, were considered part of an "alien race."[406] The only kind of diversity Americans recognized was the "separateness of religious community."[407] This narrow-minded approach led Herberg to conclude that the religious community would displace the ethnic group "as a primary form of self-identification and belonging in contemporary America."[408] So convinced of this process was Herberg that he proclaimed that "America is indeed . . . the land of the 'triple melting pot,' for it is within these three religious communities (i.e. Protestant,

---

401. Horn, "'Identities are Not,'" 37.
402. Herberg, *Protestant, Catholic, Jew*, 23.
403. Herberg, 12–13.
404. Hansen, "Third Generation in America."
405. O'Brien, "Will Herberg," 44.
406. Herberg, "Integration of the Jew."
407. Herberg, 37–38.
408. Herberg, 29.

Catholic, and Jewish) that the process of ethnic and cultural integration so characteristic of American life takes place."[409]

Though W. Herberg's articulation of American immigrant ethnicity transformation through the three religions[410] was hailed as "seminal"[411] and "monumental,"[412] its conclusion was based upon an examination of European immigrants and their offspring, and it has been criticized for ignoring a number of key factors. For example, Stein identified a few "oversights" in Herberg's thesis: (a) an exclusion of immigrants whose race was non-white (e.g. Blacks and Latin American immigrants); (b) the existence of a variety of marginal Protestant groups (e.g. the Church of Jesus Christ of Latter-Day Saints); (c) the emergence of the evangelical revival in the postwar period; and (d) the account of religious diversity that includes, for example, Hinduism or Buddhism, which are usually associated with Asian immigrants.[413] In addition, Herberg did not anticipate the influx of non-European immigrants, post-1965 in the United States and post-1967 in Canada, who encountered a more different, and perhaps more difficult, assimilation process than their Caucasian counterparts.[414]

As a result of shifting demographics, scholars such as Jeung and Schwarz[415] have concluded that Herberg's "triple melting pot" theory is no longer applicable in understanding how non Caucasian immigrants' children are assimilated into the host country. In particular, the assimilation journey has been seen to be diverse for Asian Americans in terms of its intersection with religion. Some researchers[416] have concluded that, for example, second-generation Korean Americans embrace and practice religion not after the tradition of their parents' faith but rather following the model of mainstream evangelicalism. Others[417] found that religion, or its institutions such as congregations,

---

409. Herberg, 37.
410. Herberg, *Protestant, Catholic, Jew*.
411. Kim, *Faith of Our Own*, 100.
412. Nordstrom, "Stirring the Melting Pot," 66.
413. Stein, "Some Reflections," 16–21.
414. Jeung, Chen, and Park, "Introduction," 2.
415. Jeung, *Faithful Generations*; Schwarz, "Protestant, Catholic, Jew."
416. For example, Chai, "Competing for the Second Generation"; Kim, *God's New Whiz Kids?*; Min and Kim, "Intergenerational Transmission of Religion."
417. For example, Alumkal, *Asian American Evangelical Church*; Beyer and Ramji, *Growing Up Canadian*; Botros, *Competing for Future*; Bramadat and Seljak, *Christianity and Ethnicity*;

plays a pivotal role for the first- and second-generation of Asian Americans to mediate their ethnic culture, preserve the home country's traditions, and reinforce the ethnic identity. The reliance on the religious institution for ethnic preservation is more pronounced for the Koreans[418] than for the Chinese[419] in the United States since the church is the dominant site more so for ethnic gatherings for the Koreans, whereas for the Chinese Americans, churches may well be competing against other ethnic associations (such as hometown associations or benevolent societies) and schools that exist in the community[420] for institutional completeness.[421] In fact, Jeung, Chen, and Park suggested that when it comes to understanding the new immigrants and especially their children in terms of their identities and religious association, there can be multiple pathways for conceptualizing how the intersection of religion and ethnicity manifests itself.[422]

Since the appearance of W. Herberg's seminal thesis, others have contributed in conceptualizing the interrelationship between religion and ethnicity in the immigrants' setting, and how the intersection of the two may interrelate to the assimilation process. Church historian T. Smith characterized immigration as a "theologizing experience" whereby immigrants become more religious as they acculturate in the new country of settlement.[423] According to T. Smith's hypothesis, religion is the variable that shapes the migration experience, which in turn generates three key changes in the relationship of faith and ethnic identity: (a) a redefinition of the boundaries of ethnicity in religious terms; (b) an intensification of theological reflection and ethnoreligious commitment as a result of resettlement; and (c) a revitalization of the conviction that the goal of history is the creation of a common brotherhood of

---

Bramadat and Seljak, *Religion and Ethnicity*; Busto, "Gospel according to Model"; Carnes and Yang, *Asian American Religions*; Chen, *Getting Saved in America*; Chong, "What It Means"; Jeung, *Faithful Generations*; Jeung, Chen, and Park, "Introduction"; Kim, "Second-Generation Korean American"; Kim, *Faith of Our Own*; Li, *Ethnic Minority Churches*; Muse, *Evangelical Church in Boston's*; Warner and Wittner, *Gatherings in Diaspora*; Yang, "ABC and XYZ."

418. Chong, "What It Means."
419. Yang, "ABC and XYZ."
420. Abel, *"It's the People Here"*; Yang, "ABC and XYZ."
421. Breton, "Institutional Completeness," 194; Satzewich and Liodakis, "'Race' and Ethnicity," 11.
422. Jeung, Chen, and Park, "Introduction," 3.
423. Smith, "Religion and Ethnicity"; van Dijk and Botros, "Importance of Ethnicity," 192.

faith.[424] Smith further suggested that ethnic association is largely determined by the immigrant's identification with a particular religion more than by other factors such as language, national feeling, and a common descent.[425] To sum up, traditional loyalty to the customs and beliefs of the immigrant's faith has been one of "the decisive determinants of ethnic affiliation in America."[426]

Greeley, on the other hand, advanced a view that characterizes the relationship between religion and ethnicity as intimate and inseparable: "A more fruitful way of viewing the [relationship] . . . is to acknowledge that religion and ethnicity are intertwined, that religion plays an ethnic function in American society and ethnicity has powerful religious overtones."[427] He further viewed this relationship as a variable for self-definition for various people in the United States. Some regard religion as their principal marker; others look to ethnicity, and "still others choose some sort of subtle combination of both."[428] The variation of how religion and ethnicity intertwined can also be found not only between but also within religious collectivities.

Loewen, on the other hand, identified six discourses to interrogate ethnoreligious relationship among Canadian Mennonites. The first discourse sees ethnicity being given precedence in terms of which religious tradition is degraded or rejected. The next one regards Mennonite ethnicity as worthy of being celebrated but expresses little interest in traditional Mennonite religiousness. The third approach is adopted by those Mennonites who call themselves "neo-Anabaptists" but they "are guarded on . . . [their] ethnicity."[429] Then there is the fourth view that links both ethnicity and Mennonite faith directly and intentionally to one another. The fifth discourse, Mennonite ethnicity is regarded as "symbolic" without religious significance but exists alongside Mennonite religious faith.[430] With the final discourse, identification as Mennonite carries no religious or ethnic value but is retained only for socialization and integration purposes.[431]

---

424. Smith, 1161.
425. Smith, 1169.
426. Smith, 1174.
427. Greeley, *Why Can't They Be?*, 82.
428. Greeley, 86.
429. Loewen, "Poetics of Peoplehood," 351.
430. Loewen, 354.
431. Loewen, 346–56.

Recognizing that connection to the immigrant forefathers' religion "remains one of the ways by which ethnic group identity is expressed and maintained in America,"[432] Hammond and Warner suggested three patterns to help religion and ethnic intersection to emerge, all three of them shaped by forces of assimilation and secularization.[433] The first one, referred to as "ethnic fusion," regards religion as the major foundation of ethnicity, as in the examples of the Amish, Hutterites, Jews, and Mormons. Ethnicity under this scenario can be conceptualized as equivalent to religion, and if the religious identity is denied, so is the ethnic identity. In the second pattern, called "ethnic religion," religion is only one of several foundations of ethnicity, while others such as language and territorial origin also serve as markers for ethnic identification. Ethnicity in this pattern extends beyond religion in the sense that a person can claim ethnic identification without claiming the religious identification, but the reverse is rare, as in the examples of the Greek or Russian Orthodox and the Dutch Reformed. The last pattern, dubbed "religious ethnicity," is the opposite of the second one in that a religion can be associated with multiple ethnic groups. Religion in this pattern therefore extends beyond ethnicity, and religious identification can be claimed without claiming the ethnic identification. Examples of this pattern include Irish, Italian, and Polish Catholics and Danish, Norwegian, and Swedish Lutherans.[434]

One of the gaps in Hammond and Warner's patterns of intersection is that it ignored the non-European immigrants and their descendants. Specifically, the authors did not take into account ethnic groups that adopt a nontraditional religion such as Chinese evangelicals in North America.[435] Regarding the second-generation faithful, Jeung el at. argued that they do not merely look to religion to define their identity. Rather, they negotiate their identity in the intersection of race, ethnicity, and religion.[436] Four pathways emerged from the authors' research that reflect the identity negotiation process. The first one is called "religious primacy," in which adherents of religions place a premium on their religious identity over all other identities, as in the example of Asian

---

432. Hammond and Warner, "Religion and Ethnicity," 55.
433. Hammond and Warner, 56–57.
434. Hammond and Warner, 58–59.
435. Yang and Ebaugh, "Religion and Ethnicity," 369.
436. Jeung, Chen, and Park, "Introduction," 3.

American evangelicals attending multiethnic congregations and Muslims.[437] The second pathway is the practice of racialized religion in that "religion does not transcend race and ethnicity but rather affirms racial boundaries that are a product of racialized experiences in the United States."[438] The Asians and Latinos who have been racialized and forced to affiliate with a religion of their own race in the United States are illustrations of this pathways. Likewise, Black Christianity appears to be ethnicized in the United Kingdom under similar circumstances.[439] The third pathway, ethnoreligious hybridization, reflects processes by which second-generations employ multicultural discourse to redefine religious experience and merge their religious and ethnic identities. Examples of this pathway are the Korean American evangelicals and Filipino American Catholics. The last pathway includes those non-congregational religious and spiritual traditions that are "domestic and kin centered" and identified with an "ethnic" family.[440] Examples include American Indians and American Hindus and Chinese who practice the traditional popular religion.

## Incorporation Process

Ethnic incorporation can be seen as a social process by which the immigrants are integrated into the main society. As such, it can be problematized from the perspective of the relationship between the dominant majority of the society and the ethnic minority. Kallen postulated that two options exist in the incorporation exercise: (a) cultural integration or acculturation and (b) structural integration or assimilation.[441] Cultural integration implies that objects, ideas, customers, behavior patterns, and values from the majority are selectively acquired and absorbed by the minority groups.[442] Assimilation, according to Kallen, refers to the social process whereby the ethnic minorities socialize with, and fully participate in, the mainstream cultural institutions rather than in ethnic communities of their own.[443] Q. Li, on the other hand, suggested that ethnic incorporation is generally divided into three types: assimilation,

---

437. Jeung, Chen, and Park, 3.
438. Jeung, Chen, and Park, 3.
439. Kalilombe, "Black Christianity in Britain," 310–12.
440. Jeung, Chen, and Park, "Introduction," 3.
441. Kallen, *Ethnicity and Human Rights* (3rd ed.), 161.
442. Kallen, 162.
443. Kallen, 162.

accommodation, and pluralism. Assimilation refers to the situation in which the members of minority groups have absorbed the features of the dominant majority to the exclusion of their own and become indistinguishable from the members of the mainstream society. Accommodation, however, sees minority groups accepting selected features from the majority group, such as language or the style of clothing, while still maintaining many elements of their traditional cultures and different degrees of ethnic identity. Finally, pluralism implies that minority groups retain their distinct features, presumably with the full approval of the majority group.[444]

Researchers traced the contemporary discussions of assimilation to the Chicago school of sociology at the turn of the twentieth century. In 1921, Park and Burgess conceptualized assimilation as "a process of interpenetration and fusion in which persons and groups acquire the memories, sentiments, and attitudes of other persons and groups and, by sharing their experience and history, are incorporated with them in a common cultural life."[445] R. E. Park contended that at the heart of incorporation there exists a "race relations cycle."[446] This cycle of events characterizes the process through which an alien culture is being "taken over and incorporated" into the host society.[447] The assimilation process takes the form of "contacts, competition, accommodation and eventual assimilation" and is "progressive and irreversible."[448] The only variation exists not in the eventual outcome of assimilation, but rather in how competition may lead to a further step of conflict, which would eventually yield fusion of the cultures.[449] In that scenario, the process takes the form of "competition, conflict, accommodation and assimilation."[450] Regarded by R. E. Park as a "melting pot" process, the race relation cycle and its fusion of both alien and host cultures allows "new cultures" to emerge.[451] Conceptualized

---

444. Li, *Ethnic Minority Churches*, 23.
445. Park and Burgess, *Introduction*, 73.
446. Park, *Race and Culture*, 150.
447. Park, 204.
448. Park, 150.
449. Park and Burgess, *Introduction*, 746–50.
450. Hughes, "Preface," xi.
451. Park, *Race and Culture*, 192; Park and Burgess, *Introduction*, 734.

in this context, assimilation is irresistible, irreversible, and natural.[452] In spite of this assertion, R. E. Park acknowledged that Orientals and Blacks of his era were unable to achieve the last step of the cycle, a phenomenon he attributed to the persistence of race consciousness of the Whites and not to the theoretical validity of the assimilation cycle.[453] Although R. E. Park's theory of assimilation looks straightforward, critics counter that it is perhaps too deterministic[454] and restricted only to describing early European immigrants' experience in the United States, with such an inevitable outcome of assimilation not necessarily being applied in multiethnic societies.[455]

Expanding on R. E. Park's work, Gordon conceptualized a modified assimilation process into seven stages: (a) cultural or behavioral assimilation (acculturation into the cultural patterns of the host society); (b) structural assimilation (large-scale entrance into primary group institutions of the host society); (c) marital assimilation (large-scale intermarriage); (d) identification assimilation (development of a sense of people-hood based exclusively on the host society); (e) attitude receptional assimilation (absence of prejudice); (f) behavioral receptional assimilation (absence of discrimination); and (g) civic assimilation (absence of value and power conflict).[456] A multidimensional/multivariable model, Gordon's theory of assimilation differs from R. E. Park's in that the complete outcome of incorporation as in civic assimilation is neither inevitable nor linear.[457] Some groups might undergo the early stage and stay there indefinitely (e.g. cultural assimilation without full assimilation).[458] But the critical catalyst in the assimilation process is structural assimilation. Gordon asserted that "*once structural assimilation has occurred . . . all of the other types of assimilation will naturally follow.*"[459] While Gordon was primarily concerned with assimilation, he did acknowledge that three outcomes have been evident in the American incorporation

---

452. Alba and Nee, "Rethinking Assimilation," 828; Ooka, *Growing Up Canadian*, 8; Park, *Race and Culture*, 150.

453. Park, 100–107; Yu, *Thinking Orientals*, 41.

454. See Driedger, *Ethnic Factor*, 38.

455. Alba and Nee, "Rethinking Assimilation," 828; Satzewich and Liodakis, "'Race' and Ethnicity," 39.

456. Gordon, *Assimilation in American Life*, 71, table 5.

457. Gordon, 76, table 6.

458. Gordon, 77–78.

459. Gordon, 81, emphasis in original.

process: (a) Anglo-conformity; (b) melting-pot; and (c) cultural pluralism.[460] Though lauded for its multidimensional complexity,[461] Gordon's model is found to be too simplistic for understanding stage two of the process: structural assimilation.[462] Many may become assimilated into the "secondary level" of society without much interaction with the primary group life of the dominant society.[463] Another criticism of Gordon's theory lies in its lack of clarity regarding whether it is to be applied to individuals or groups. For example, individuals may be structurally assimilated but broad prejudice may persist at the group level.[464]

Both R. E. Park and Gordon fundamentally conceptualized assimilation as a zero-sum process in which immigrants would be absorbed into the host country with its new culture and at once renounce their ethnic identity and traditions along the way. Whereas R. E. Park regarded the process as an irresistible engagement with the dominant culture, Gordon never considered the process inexorable. He made a distinction between acculturation and assimilation and allowed for consideration of cultural assimilation rather than complete assimilation.[465] Glazer and Moynihan, on the other hand, took a different path from R. E. Park and Gordon in problematizing immigrant incorporation not from the zero-sum assimilation perspective but rather as a process of a combination of change and retention. The outcome of this process can be characterized as modified pluralism.[466] Pluralism means that minority groups retain their distinct features, in some cases with the full approval of the majority group and in others as a reactional outcome due to the discriminatory stance of the majority group.[467] Drawing from four worldwide examples in recent history, Glazer and Moynihan focused more on the dynamics of change that affect the development of group identities rather than on the prediction of the specific end result of the melting pot.[468]

---

460. Gordon, 85–86.
461. Driedger, *Ethnic Factor*, 43.
462. Satzewich and Liodakis, "'Race' and Ethnicity," 39.
463. Satzewich and Liodakis, 39.
464. Alba and Nee, "Rethinking Assimilation," 830.
465. Alba and Nee, "Rethinking Assimilation"; Gans, "Second-Generation Decline."
466. Driedger, *Ethnic Factor*, 44.
467. Li, *Ethnic Minority Churches*, 23.
468. Driedger, *Ethnic Factor*, 45.

These examples of "exception" to the straight-path process are: (a) the shaping of the Jewish community under the blunt of Nazi persecution and the formation of the state of Israel;[469] (b) the shaping of a Catholic community by the re-emergence of the Catholic school controversy;[470] (c) the migration of Blacks to New York in different waves;[471] and (d) the influx of Puerto Ricans into the United States following World War II.[472] These illustrations have one thing in common: Not every group completed the assimilation process and reached the ideological target of Anglo-conformity, yet all remained distinct ethnic entities. Referring to these experiences as either voluntary or involuntary pluralism, Glazer and Moynihan observed that although all groups do undergo changes, they are able to retain their distinctive identities in the midst of shifting their cultural traditions to attachment to the new society.[473]

With the emergence of the North American-born second-generation of the post 1970s, "the new immigrants," the linear, straight-path, zero-sum assimilation models have been under criticism for their inability to account for the persistent refusal of visible minorities to be fully incorporated into the dominant culture of the host society.[474] Glazer, for example, attributed the failure of assimilation to induce its effects on Blacks and others to the strength of the discrimination and prejudices that still exist in the mainstream society.[475] Alba and Nee, on the other hand, explained that immigrants do not necessarily begin their incorporation from an *ethnic ground-zero* and proceed in a linear fashion toward assimilation due to the different cultures of the immigrant group.[476] They concluded that classic assimilationists formulated their theories based on the experience of the late nineteenth and early twentieth century European North American immigrants and their offspring and failed to take into account the experience of non-European immigrants.[477] Scholars such as Bacon, Kim and Hurh, Ooka, and F. Yang asserted that not only is the

---

469. Glazer and Moynihan, *Beyond the Melting Pot*, 292–94.
470. Glazer and Moynihan, 294–99.
471. Glazer and Moynihan, 299–301.
472. Glazer and Moynihan, 299–301.
473. Glazer and Moynihan, 310–15.
474. Alba and Nee, "Rethinking Assimilation"; Zhou, "Growing Up American."
475. Glazer, "Is Assimilation Dead?", 122.
476. Alba and Nee, "Rethinking Assimilation," 832.
477. Alumkal, "Preserving Patriarchy," 127.

process of assimilation nonlinear and non-zero-sum based, but the ethnic second-generation could also take their identities in an adaptive, adhesive, and additive manner with a selective and complementary orientation.[478] On the other hand, some contested that ethnicity persists over generations before complete assimilation takes place.[479]

In an attempt to understand and explain why the new second-generation do not assimilate in the same way as their European counterparts of the first half of the twentieth century, and how retention of ethnicity in the new second-generation affects their process of adaptation, Portes and Zhou hypothesized that assimilation takes place in a selective and segmented manner.[480] Three possible outcomes are predicted for the immigrant children through the segmented process. The first outcome sees them following the traditional path of assimilation into the white middle class with upward mobility based on economic success. Conversely, the second outcome points in the opposite direction of the first, leading the local-born into persistent poverty and downward mobility in the lower social classes. The third possibility is for the second-generation to achieve their economic advancement by deliberate preservation of the immigrant community, social solidarity, and ethnic identity.[481]

Furthermore, Portes and Zhou identified a suite of determinants that adjudicates the process that leads to the possible outcomes of segmented assimilation. The first one is related to the modes of incorporation as defined by the policies of the host government that reflect receptivity, indifference, or hostility toward the new generation.[482] The second variant has to do with the values and prejudices of the host society. This is reflected in the vulnerability the youth face in potential downward mobility experiences such as racial discrimination; location of their settlement; and absence of mobility ladders.[483]

---

478. Bacon, "Constructing," 158; Kim and Hurh, "Beyond Assimilation and Pluralism"; Ooka, *Growing Up Canadian*; Yang, "ABC and XYZ."

479. Gans, "Second-Generation Decline"; Glazer and Moynihan, *Beyond the Melting Pot*; Hurh and Kim, "Adhesive Sociocultural Adaptation"; Kibria, *Becoming Asian American*; Tuan, *Forever Foreigners?*; Tuan, "Neither *Real* American?"

480. Portes and Zhou, "New Second Generation."

481. Portes, "Children of Immigrants," 251; Portes and Zhou, "New Second Generation," 82.

482. Portes and Rumbaut, *Immigrant in America*, 85–86; Portes and Zhou, "New Second Generation," 83–84.

483. Portes, "Children of Immigrants," 252–56; Portes and Rumbaut, *Immigrant in America*, 86–87; Portes and Zhou, "New Second Generation," 83–85.

The last one is concerned with the availability of the social capital of the co-ethnic community in terms of moral and material resources being made accessible through their network to aid the younger generation throughout the incorporation process.[484]

Portes and Zhou did not see the new second-generation following the first path because of their color and declining opportunities in an "hour-glass" economy in which a bottleneck hinders their upward mobility.[485] Conversely, because the new immigrants tend to settle in the central-city area, their children are prone to be absorbed into the urban underclass identity and stay downwardly mobile at the bottom of the hour-glass where, in response to racism, they choose to reject the mainstream values and norms.[486] An option for avoiding the path of downward mobility becomes viable for the second-generation when they stay involved with the immigrant community of their parents, which provides the younger generation with resources necessary to attain economic achievement of their own.[487]

Subsequent to Portes and Zhou's advancement of the segmented assimilation model, many researchers followed their lead to pursue analysis of incorporation of the new second-generation and found consistent and supporting results,[488] with some research focusing on religious institutions as the site of study.[489]

## Canadian Multiculturalism and Incorporation

Ethnic incorporation does not take place in a political, economic, or social vacuum.[490] In the Canadian context, ethnic and immigrant communities operate in the framework of multiculturalism, which was originally construed

---

484. Portes, "Children of Immigrants," 256–62; Portes and Rumbaut, *Immigrant in America*, 87–89; Portes and Zhou, "New Second Generation," 86.
485. Portes and Zhou, 83–85.
486. Portes and Zhou, 85.
487. Portes and Zhou, 86–87.
488. Haller, Portes, and Lynch, "Dreams Fulfilled, Dreams Shattered"; Hiller and Chow, "Ethnic Identity and Segmented"; Ooka, *Growing Up Canadian*; Portes, "Migration, Development"; Portes, Fernandez-Kelly, and Haller, "Segmented Assimilation"; Portes and Rivas, "Adaptation of Migrant Children"; Rumbaut, "Crucible Within"; Zhou, "Segmented Assimilation"; Zhou and Xiong, "Multifaceted American Experiences."
489. Alumkal, "Preserving Patriarchy"; Alumkal, *Asian American Evangelical Church*; Bankston and Zhou, "Ethnic"; Cao, "Church as a Surrogate."
490. Satzewich and Liodakis, "'Race' and Ethnicity," 28–29.

as a "doctrine that provides a political framework for the official promotion of social equality and cultural differences as an integral component of the social order" by the federal government.[491] The policy was first established in 1971 and later on enshrined as the national Multiculturalism Act in 1988.[492] Canada remains to be the only country, according to Kymlicka, that has multiculturalism enshrined in its constitution.[493] The policy framework is designed to "shape, redefine and manage Canada's racial and ethnic diversity – a purposeful attempt to address the historical and contemporary exclusion of ethnocultural and racial minorities.[494] As such, the policy was established with the following objectives to forge a Canadian solution to the dilemma between assimilation and pluralism when incorporating its immigrants: (a) the promotion of intergroup contact and sharing; (b) the promotion of the maintenance and development of cultural heritage; (c) the promotion of other-group acceptance and tolerance; (d) the promotion of acquisition of at least one official language (English or French) on the part of the immigrants in order to allow them to become full participants in Canadian society.[495] Located within a bilingual framework of the English- and French-speaking elements of Canada in the 1960s and early 1970s, the policy was established when only 3 percent of the Canadian population was non-European.[496] Over the years, the policy has evolved to meet the changing needs of the Canadian social and political landscape in light of the rising recruitment of immigrants from nontraditional regions, with the visible minority population reaching above 19 percent, according to Census 2011.[497] As a result, Leung cautioned that "multiculturalism [today] is neither a static concept nor a simplistic idea. It is not only a moving target, but it is also a multidimensional entity."[498]

---

491. Wilson, "Tapestry Vision," 654, emphasis in original.
492. Kallen, *Ethnicity and Human Rights* (3rd ed.), 180–83.
493. Kymlicka, *Multiculturalism*, 10.
494. Wilson, "Tapestry Vision," 654.
495. Beyer, "Regional Differences," 70; Isajiw, *Understanding Diversity*, 245; Kallen, *Ethnicity and Human Rights* (3rd ed.), 180; Wilson, "Tapestry Vision," 655.
496. Leung, "Canadian Multiculturalism," "Historical Context," para. 2.
497. Statistics Canada, *Immigration and Ethnocultural Diversity*, 4.
498. Leung, "Canadian Multiculturalism," "Historical Context," para. 1.

To that end, Satzewich and Liodakis identified four "interrelated meanings" that multiculturalism in Canada has come to represent.[499] First, Canadian multiculturalism reflects a demographically diverse population comprising members of more than two hundred groups of ethnic origin, according to National Household Survey 2011.[500] Second, Canadian multiculturalism represents an ideology that carries normative narratives about how Canadian society ought to relate to ethnic groups in the spirit of pluralism with characteristics of tolerance and cultural diversity that are congruent with the goals, unity, and social economic progress of Canada.[501] Next, multiculturalism also implies a process of competition among and between ethnocultural organizations for economic, social, and political resources, generally made available by the government and the broader society.[502] Finally, multiculturalism in the context of government programs refers to initiatives that aim to implement multiculturalism as ideology and transform it into a "concrete form of social intervention and organization."[503]

Bramadat observed that there is a widespread assumption that Canadian multicultural traditions are "preferable to what is perceived as the less generous American assimilationist model" because the Canadian practice of multiculturalism tends to undermine "the notion that any ethnic or national group . . . can claim supremacy in this country,"[504] thus affirming social equality and cultural differences among Canadians as intended by the policy. One implication that flows from this understanding is the affirmation of the choice some Canadians make in embracing both their ethnic and their national identities as well as celebrating their heritage.[505] For example, in a 2007 report on a survey conducted by Canadian pollster Ipsos Reid, 38 percent of second-generation Canadians are reported to identify themselves with a "hyphenated" Canadian identity (e.g. Chinese-Canadian), and only 17 percent view themselves as Canadian only, affirming the legitimacy of

---

499. Satzewich and Liodakis, "'Race' and Ethnicity," 160.
500. Statistics Canada, *Immigration and Ethnocultural Diversity*, 4.
501. Satzewich and Liodakis, "'Race' and Ethnicity," 161.
502. Satzewich and Liodakis, 161–62.
503. Satzewich and Liodakis, 162.
504. Bramadat, "Beyond Christian Canada," 10.
505. Jedwab, "Coming to Our Census," 38–40; Leung, "Canadian Multiculturalism," "Conclusion," para. 2.

holding both the Canadian national identity and the ethnic identity simultaneously.[506] Leung concluded that "multiculturalism that celebrates, protects, and nurtures diversity can be a Canadian ideology that leads to a unified, but not uniform, nation."[507]

Canadian multiculturalism has garnered international recognition and appears to be successful in attracting immigrants to settle in Canada.[508] Leung went further by asserting that "multiculturalism has given Canada a reputation and an international image that we are in the vanguard of acknowledging and managing a national and global reality where cultural diversity is flourishing."[509]

However, negativity has surfaced against the policy of multiculturalism and its practice over the years. Wilson, for example, highlighted a few earlier criticisms: Multiculturalism may breed double consciousness; it would turn ethnic enclaves into ghettos; it would exacerbate jealousies and envy among minorities and make no demands on immigrants and their children to adapt to the Canadian mainstream.[510] However, recent findings as indicated by Kymlicka suggest that immigrants in Canada are more likely to become citizens[511] and to indicate a high level of pride in Canada.[512] The immigrants and their children tend to be able to integrate into all social, economic, and political aspects of Canadian society compared with other countries and to have better upward social mobility.[513] In addition, Biles countered that ample evidence suggests that ethnic people living in close proximity may not necessarily be harmful to inter-ethnic group relationships, and their residential choice may well be a reflection of other factors such as cost of housing, quality of schools, nearness of places of worship, access to public transit, and quality of life, factors that are commonly shared by other Canadians.[514] Kymlicka

---

506. Reid, *Becoming Canadian*, figure 2.
507. Leung, "Canadian Multiculturalism," "Multiculturalism," para. 2.
508. Cui, "Two Multicultural Debates," Introduction, para. 2; Kymlicka, *Multiculturalism*, 10.
509. Leung, "Canadian Multiculturalism," "Conclusion," para. 2.
510. Wilson, "Tapestry Vision," 656, 659.
511. Kymlicka, *Multiculturalism*, 10.
512. Kymlicka, *Current State of Multiculturalism*.
513. Kymlicka, 7–9; Kymlicka, *Multiculturalism*, 11.
514. Biles, "Everyone's a Critic," 36.

further asserted that "there is an almost complete absence of immigrant or visible or religious minority ghettos in Canada."[515]

Biles, on the other hand, identified four flaws that exist in Canadian multiculturalism: (a) it is divisive, pitting one group against another; (b) it is established for political expedience, allowing the governing political party to attract ethnic votes; (c) it represents a threat to the status quo; and (d) it leads to cultural relativism, leading to an absence of normative boundary.[516] Regarding the divisive nature argument, Bramadat, citing Kymlica's research, indicated that compared with findings in the United States, promotion of Canadian multiculturalism does not impede ethnic integration.[517] As for the ethnic vote-buying argument, Bramadat countered that there was very little evidence to indicate the government's shaping of the policy toward that end.[518] The challenge to the status quo can be perceived as a symbolic threat to the majority cultural hegemony in Canada.[519] Bramadat, on the other hand, argued that "multiculturalism is part of a critical discourse that seeks to shed light on and to dismantle the often hidden structures of inequality in our society."[520] Last, when it comes to cultural relativism, Biles argued that the government does continue to make changes in laws that reflect progressive views and values of democracy and modernity, and openness to negotiate legal and political boundaries is central to a democracy.[521]

Recognizing the need to incorporate different dynamics of assimilation and pluralism in the Canadian context, Driedger proposed an integrated model (Figure 1) that is built along the intersection between two continua, each with opposite polarities: (a) a conformity-pluralism continuum and (b) a voluntary-involuntary continuum.[522] Under this model, theories of assimilation and amalgamation are situated at one end of the polarity of the conformity-pluralism continuum, where immigrant groups lose their ethnic identity and become part of the melting pot by conforming to the host society.

---

515. Kymlicka, *Current State of Multiculturalism*, 8.
516. Biles, "Everyone's a Critic," 38.
517. Bramadat, "Beyond Christian Canada," 10.
518. Bramadat, 11.
519. Kallen, *Ethnicity and Human Rights* (3rd ed.), 184.
520. Bramadat, "Beyond Christian Canada," 11.
521. Biles, "Everyone's a Critic," 38.
522. Driedger, *Ethnic Factor*, 50.

The pluralist theory, on the other hand, is found at the other end of the continuum, where ethnic groups either voluntarily retain their unique identity or are forced to remain segregated.[523] Modified assimilation and modified pluralism theories are found in the middle. The addition of the second voluntary-involuntary continuum highlights different pattern variables when contrasted with the conformity-pluralism continuum.[524] Six components exist for this model: assimilation, Anglo-conformity, modified assimilation, voluntary pluralism, involuntary conflict, and conflict.

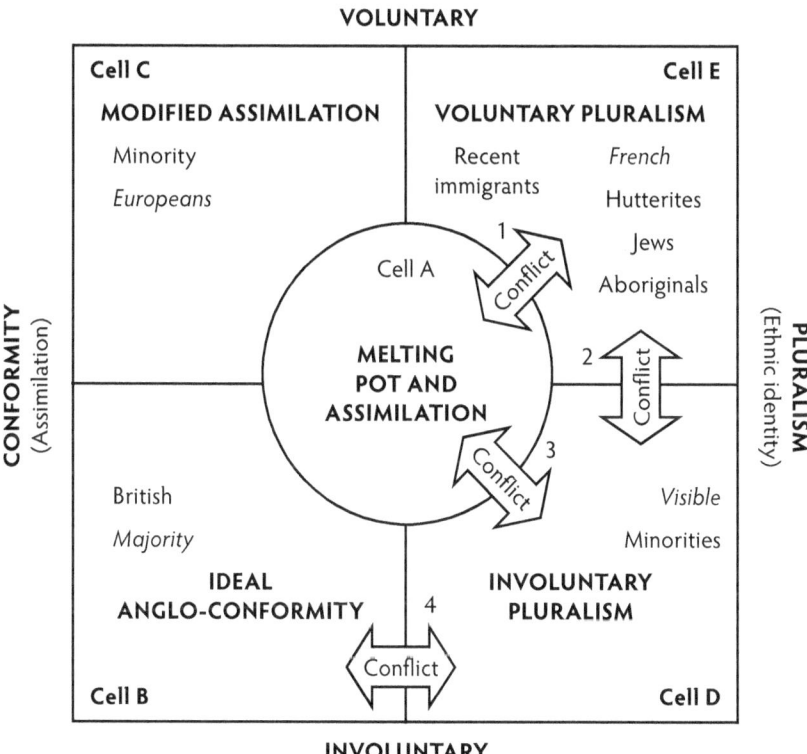

Figure 1: A conformity-pluralist conceptual model (adapted from: Driedger, *Ethnic Factor*, 51, figure 2.2).

---

523. Driedger, 50.
524. Driedger, 50.

Signifying the locale of melting pot and assimilation, the center of the model, or Cell A, exemplifies the marketplace where labor forces and ethnic groups meet and where the process of assimilation takes place.[525] Cell B represents the largest or most powerful group that attempts to shape society by leaving Cell A, such that its own "language, culture, morality, and institutions are dominant and often may force such conformity upon other minorities."[526] This dominant group, the British majority in Canada, employs a process of Anglo-conformity through which minorities completely relinquish their ethnic identity and amalgamate with the dominant group.[527] Cell C represents groups that give up some ethnic and structural characteristics through voluntary conformity to the assimilation process. Some minority Europeans fit into this characterization. Groups in Cell E represent those who wish to remain distinct and separate on a voluntary basis, such as new immigrants or groups with strong religious and/or ethnic identities, such as Jews and French Canadians, who either enjoy high levels of institutional completeness of ethnic retention of identity and tradition or choose to promote residential segregation to maintain identity.[528] Cell D, however, portrays a process closer to the pluralism pole. In this cell, ethnic groups and individuals remain pluralist on an involuntary basis because they are forced to remain segregated.[529] Examples in this cell are members of visible minorities such as Asians and Blacks who are not totally accepted in the workplace and are forced to remain separate due to different value systems or racial discrimination that lead to the three conflict points. The conflict with the marketplace in Cell A arises out of discrimination and competition; the one with the dominant group in Cell B occurs when the blunt force of assimilation is felt and resistance to incorporation is exercised; and finally, conflict emerges when the other Caucasian groups in Cell E refuse to socialize further with the marketplace in Cell A.[530] Driedger postulated further that the refusal is attributed to the

---

525. Driedger, 52.

526. Driedger, 52.

527. Driedger, 39.

528. Balakrishnan and Kraft, "Segregation," 139–40; Breton, "Institutional Completeness," 204; van Dijk and Botros, "Importance of Ethnicity," 195.

529. Driedger, *Ethnic Factor*, 54.

530. Balakrishnan and Kraft, "Segregation," 140; Driedger, *Ethnic Factor*, 57–58; van Dijk and Botros, "Importance of Ethnicity," 195.

ideal pluralists in Cell E attempting to preserve their ethnic identity and institutions and yet out of necessity participate in the marketplace due to economic factors, therefore causing the conflict.[531]

## Summary

This section examined key concepts of ethnicity and religion. It then followed with a discussion on how ethnicity and religion intersect in the process of incorporation. A review of the literature on the incorporation process was followed. In closing, this section addressed the Canadian distinctiveness of incorporation in the policy and practice of multiculturalism. In the next major section, I review the literature on the phenomenon of the silent exodus and what it broadly represents, as well as different models that exist as pathways for congregational transition for SGCCE.

# Congregational Transition of Second-Generation Asian American Evangelicals in the Ethnic Churches

## Silent Exodus: The Emergent Phenomenon of Departure and Transition of the Asian North American Second-Generation from Their Parents' Church

Drawing from Greeley and McGuire, Griel and Davidman asserted that "the provision of meaning and belonging are two of the most important functions of religion."[532] For the immigrants and their children, religion and local congregations are compelled to provide not only meaning with a social location but also a social identity for the ethnic congregants.[533] By extension, local congregations in the form of the immigrant ethnic church need to be the kind of space and place for the second-generation to find their meaning and belongingness and to forge their identity as aided by religious socialization.[534] As R. S. Warner articulated well: "The second generation needs a place too if

---

531. Driedger, 56.
532. McGuire, *Religion*; Greil and Davidman, "Religion and Identity," 549.
533. Kotre, *Best of Times*, 113.
534. Matsuoka, *Out of Silence*, 39.

the church is to maintain their loyalty."[535] Yet he also observed a phenomenon emerging in the Korean American immigrant church in which the second-generation began to depart from their parents' church.[536] This phenomenon reflects a broader trend that has been present in North America in which an escaping from, or rejection of, the first-generational religion, culture, values, and ethnic identification has been taking place across ethnicities.[537]

Although the leakage of the second-generation Asian American Christians from their immigrant parents' church may have been taking place for decades, the phenomenon was only characterized in the 1990s as a movement, dubbed "Silent Exodus," and brought to the fore by Carvajal in a front page article, "Trying to Halt 'the Silent Exodus,'" in the *Los Angeles Times*.[538] Subsequently, H. Lee and Song followed with their articles to further problematize the phenomenon and trace what they perceived to be its root causes. H. Lee articulated the simultaneously prosperous and perilous reality of the Asian American Christian ministry: While the Asian ethnic immigrant churches were undergoing spectacular growth with the rising infusion of recent immigrants, their offspring were exiting the congregations of their parents at an alarming rate.[539] At the core of the phenomenon is the astonishing manner in which the departure of the second-generation of Asian American Christians transpired. The exit is "silent" because it has been happening almost unnoticed; an "exodus" because the size of the departure was massive and the number staggering.[540]

In analyzing the causes contributing to the phenomenon, H. Lee maintained that the church-raised second-generation left their parents' congregations because they found the "immigrant churches irrelevant, culturally stifling, and ill equipped to develop them spiritually."[541] S. Kim, on the other hand, singled out the following contributing factors for the second-generation's departure: (a) immigrant churches' being viewed as dysfunctional

---

535. Warner, "Korean Immigrant Church," 37.
536. Warner, "Introduction," 25.
537. Ammerman, "Religious Identity," 208; Dawson and Thiessen, *Sociology of Religion*, 193; Isajiw, *Understanding Diversity*, 192–97.
538. Carvajal, "Trying to Halt."
539. Lee, "Silent Exodus," 50.
540. Kim, "Second-Generation Korean American," 237–38.
541. Lee, "Silent Exodus," 50.

and hypocritical religious institutions that foster a negative expression of Christian spirituality for the younger generation; (b) ongoing clashes over cultural differences in the styles and philosophies of church leadership; and (c) the second-generation being treated as second-class citizens and their needs being unmet and regarded as inferior to those of the first generation.[542] Song further posited five factors that may have led to the massive exit: (a) the immigrant church's overemphasis on parental ethnicity and tradition; (b) a lack of clarity about the mission and direction of the church; (c) conflict with the first-generation leadership; (d) broken relationships and church schism; and (e) influences from secularism and postmodernism.[543] Finally, J. Kim attributed the silent exodus in the Korean American Christian community to generational contrast in terms of the language barrier, generational discrimination, ministry and worship style differences, and cultural differences.[544] At a deeper level, factors such as race dynamics in the United States, the normative discourse of society in terms of assimilation process, and identity construction in the intersection of the religion and ethnicity of the new immigrants' children collectively play a vital role in contributing to the phenomenon.[545]

Though the silent exodus phenomenon may be more "noticeable" in the Korean American churches than in their Chinese American counterparts,[546] and not necessarily due to the same contributing factors,[547] the brunt of the phenomenon nonetheless extends to and is observed and experienced by the Asian Canadian churches.[548] Ethnic diversity studies in Canada supported this observation in that 8 percent of first-generation immigrants claimed to be affiliated with religious institutions, but only 7 percent of the second-generation did so.[549] It can be argued that the phenomenon is situated in a broader context in which the trend of Canadian youth defecting from their church and abandoning their religious affiliation with the Christian faith was found

---

542. Kim, *Faith of Our Own*, 26–46.
543. Song, "Patterns of Religious Participation," 48.
544. Kim, *Re-Writing the Silent Exodus*, 7.
545. Kim, 213–22.
546. Lien and Carnes, "Religious Demography," 43.
547. Yang, "ABC and XYZ," 110, note 11.
548. Chang and Chuang, "Future"; Evans, *Impending "Silent Exodus"*; Song, "Patterns of Religious Participation."
549. Statistics Canada, *Ethnic Diversity Survey*, 14, Figure 5.

to be severe.[550] Commenting on the second-generation Chinese Canadian Christians, Evans suggested that the leakage issue in Canada resembled that in the United States and extended itself to immigrant churches of other ethnic origins, such as German and Scandinavian Lutherans, in Canada.[551] Yet regarding the Chinese Canadian Christian exodus, Evans attributed the root cause to the resistance of the immigrant churches to be assimilated and the identity crisis that the second-generation experience through the process of ethnic identity construction in their growing up as Canadians.[552]

## Congregational Transition at the North American Ethnic Churches

Although there is little dispute about the occurrence of the silent exodus phenomenon in North America in the last few decades, some have argued that the drop in religious participation by the second-generation cohort may not be as dramatic as originally asserted.[553] The leakage does not necessarily always point to the second-generation cohort abandoning their faith altogether. Cha observed that some chose to form independent congregations of their own,[554] and Ly made the same observation.[555] Chong, on the other hand, suggested a high retention or participation rate on the part of the second-generation Korean Americans up to the age of seventeen (65 to 70 percent), with the rate declining in the college years.[556] Min and Kim, however, asserted that:

> Korean Protestant immigrants are highly successful in transmitting their church-oriented style of Protestantism to the second generation. Approximately two-thirds of 1.5 and second-generation Korean American adults who attended a Protestant church during their childhood were found to participate in a Protestant

---

550. Penner et al., *Hemorrhaging Faith*.
551. Evans, *Impending "Silent Exodus*," 6.
552. Evans, 8–10.
553. Chai, "Beyond 'Strictness,'" 158; Kim, *Faith of Our Own*, 54; Min, *Preserving Ethnicity*, 138.
554. Cha, "Constructing New Intergenerational Ties," 261.
555. Ly, "'It's Our Church.'"
556. Chong, "What It Means," 261, note 3.

congregation regularly, with more than two-thirds of them going to a Korean congregation.[557]

Apart from spotlighting the faith abandonment of the second-generation, the silent exodus phenomenon can be problematized as a reflection of a broader process of transition through which the second-generation Asian North American Christian cohort has matured to desire for spiritual growth and autonomy and yet has been met with insufficient or inappropriate supply for their spiritual needs.[558] Understood as such a transition process, the phenomenon can be broadened to cover the following three groups of second-generation Asian North American Christians: (a) those who have moved away from the immigrant congregational control and now attend an autonomous congregation of their own but still are under the same umbrella of the church structure; (b) those who have left their parents' church and now attend a separate congregation of their own choice, be they congregations of their own formation or established non-immigrant churches; and (c) those who have left their parents' church and now no longer practice religious faith. Tran problematized the outcomes of the transition and dubbed the phenomenon a "rousing success" from the perspective of the nonimmigrant churches Asian North American have chosen to attend, for they have succeeded in meeting the demands of the SGCCE's spiritual growth and autonomy.[559] Given these scenarios as the backdrop, this study examined the transition of the first two groups to determine how ethnicity and religion play a role in affecting the SGCCE in this transition process.

When it comes to understanding such transition, many models have emerged to address the process. I have organized them into two broad categories: (a) continuous evolution, and (b) discontinuous pathways.

## *Continuous Evolution*

The continuous evolution category consists of a set of models attempting to match up the demands of the second-generation in their life cycle with the creation of a separate English-speaking ministry under the same structure

---

557. Min and Kim, "Intergenerational Transmission of Religion," 263.
558. Kim, *Re-Writing the Silent Exodus*, 61–69.
559. Tran, "Living Out the Gospel," 26.

and administration of a local church.[560] Carlson, for example, espoused a five-stage model that starts with a new immigrant church in a new country employing monolingual language and resources (i.e. using the mother tongue of the immigrants) to conduct services.[561] It then moves to the establishment of English children's ministry to satisfy the needs of the arrival of the immigrant's children. The third stage sees the creation of the English youth ministry to nurture the younger generation as they have grown into the pre-teen and teenage years. Once the critical mass has come of age, a separate and independent English worship service is inaugurated. The last stage sees the emergence of a separate English congregation, apart from the existing Chinese congregation.[562] Anchoring his ideas on a similar framework, Goette, on the other hand, offered two exceptions: (a) creation of the English Ministry department, still under the structure of the local church, before the creation of the English service to contextualize the English ministry for the second-generation; and (b) an addition of stage 6, in which a role reversal occurs when the English ministry becomes the dominant one and the parents' congregation becomes marginalized.[563] English ministry in these models can be operated at least under four different arrangements: (a) the paternal approach means that the decision-making of the English ministry is in the hands of the first-generational leaders; (b) the parallel option implies that decisions are jointly made; (c) the partnership alternative allows a high degree of autonomy on the part of the second-generation to conduct their ministry; and (d) the town-house model sees the operation of the English congregation in a same facility as the first-generation with complete independence and autonomy on the part of the second-generation.[564] I contend that SGCCE who are attending congregations that are being operated under the partnership and town-house arrangements are the key actors in the transition process.

The major characteristic of the models in the continuous evolution category is its regard for the immigrant church as the site of faith transmission, cultural continuity, ethnic retention, co-ethnic networking, and group

---

560. Skelton, "Churches Offer Services."
561. Carlson, *Reaching the Next Generations*.
562. Carlson, 65–70.
563. Carlson, 128–35; Goette, "The Transformation of a First-Generation Church."
564. Carlson, 71–73; Chang and Chuang, "Future"; Kim, *Faith of Our Own*, 35.

solidarity.[565] The church essentially treats generational differentiation and the English language as key variables for making changes to accommodate the demands of the second-generation, mostly under the same structure and authority as the immigrant church.[566] The deployment of the English language represents a survival containment and retention strategy necessary to meet the need for faith transmission and mediation of religious and cultural values with the second-generation while attempting to keep the children of the immigrant faithful under the same structure of the church with retention of ethnicity.[567] However, deployment of the English ministry alone does not always appear to be sufficient to ameliorate the second-generation's concerns. Ebaugh and Chafetz surmised that unless the immigrant church removes the "ethnic ambience" of the home country, it would likely alienate the local-born.[568] The alienation may force the second-generation either to create their own congregations whose ambience, culture, and language reflect the host country, or to defect from their parents' congregations and join the mainstream churches.[569]

Apart from being considered as a tool for retention, usage of English language in congregational services could be seen as "one of the classic paths by which America transmutes ethnicity into religion"[570] and thus representing a measure of the assimilation process.[571] The limitation of the continuous evolution model, however, lies with its inability to fully recognize the forces of assimilation and how ethnic retention options as espoused by Isajiw[572] relate to different generations that shape the growth of the local-born and thus

---

565. Abel, "Favor Fishing"; Alumkal, *Asian American Evangelical Church*; Bankston and Zhou, "Ethnic"; Cao, "Church as a Surrogate"; Chen, *Getting Saved in America*; Chong, "What It Means"; Jeung, *Faithful Generations*; Kim and Kim, "Korean American Christian Communities"; Muse, *Evangelical Church in Boston's*; Yang, "ABC and XYZ"; Yang, *Chinese Christians in America*.

566. Cha, Kim, and Lee, "Multigenerational Households"; Chai, "Competing for the Second Generation"; Kim, *Re-Writing the Silent Exodus*.

567. Carlson, *Reaching the Next Generations*; Goette, "The Transformation of a First-Generation Church"; Kim and Kim, "Korean American Christian Communities."

568. Ebaugh and Chafetz, "Dilemmas of Language," 447.

569. Ebaugh and Chafetz, 447–48.

570. Warner, "Work in Progress," 1063.

571. Ebaugh and Chafetz, "Dilemmas of Language"; Ebaugh and Chafetz, *Religion and the New Immigrants*; Millett, "Typology of Religious Organizations"; Ooka, *Growing Up Canadian*; Portes, "Language and the Second"; Zhou, "Growing Up American."

572. Isajiw, *Understanding Diversity*.

influence the pathways of their transition from their parents' churches to the congregations of their choice.

### *Discontinuous Pathways*

The consideration of assimilation and ethnic retention and the identity-shaping process in the transition of second-generation Asian North Americans opens up the door for the conceptualization of a second category: discontinuous pathways. Situated at the opposite end of the ethnicity retention spectrum is the assimilated or accommodation model of the ethnic church life cycle.[573] Mullins, for instance, surmised that a straight-path assimilation process for children of new immigrants exists to incorporate the younger generation into the mainstream culture with ease. Building on the work of classic assimilationists such as Niebuhr and Gordon, Mullins argued that for the ethnic churches, "the tendency toward conformity is ultimately the dominant force shaping their character."[574] Mullins's "ideal-typical model of ethnic church development" consists of three stages, with each stage corresponding to "the nature and extent of the assimilation process."[575] The first stage of the ethnic church centers on servicing the first-generation immigrants in their native language by "clergy from the old country."[576] Spurred by the cultural assimilation and the language adaptation of the subsequent generations, the ethnic church enters into the second stage that sees the adoption of English as the anchor for organizational changes ranging from recruitment of bilingual religious leaders to the addition of English service and making available religious and social resources in English.[577] The final stage of the life cycle arrives when structural assimilation takes place on a large scale, reflecting upward mobility, intermarriage, and the erosion of ethnic community and the disappearance of the original immigrant members.[578] At this stage, the ethnic church faces a major survival decision: to face extinction

---

573. Kim and Kim, "Korean American Christian Communities," 177.

574. Mullins, "Life-Cycle of Ethnic Churches," 323; Niebuhr, *Social Sources*; Gordon, *Assimilation in American Life*.

575. Mullins, 323.

576. Mullins, 323.

577. Mullins, 325.

578. Mullins, 326.

or to adapt.[579] For Mullins, the life cycle of the ethnic church is near its completion when it decides to "de-ethnicize" and adapts to the needs of the subsequent generations by evolving into an ethnically nondescript religious setting.[580] Mullins, however, identified two forces that may deter the path of the life cycle advancement: (1) new infusion of immigrants fueling the need for the ethnic church to survive; and (2) persistence of racial discrimination such that acculturated children of immigrants are forced to retreat to ethnic institutions such as the church.[581]

Ley shared a similar three-stage framework but conceptualized his model from the perspective of social capital as a major agency in assimilation.[582] Putnam defined social capital as "connections among individuals – social networks and the norms of reciprocity and trustworthiness that arise from them."[583] He further identified two types of social capital with different benefits and consequences: bonding and bridging. *Bonding* social capital is linkages that are "good for undergirding specific reciprocity and mobilizing solidarity."[584] These ties create relationships internal to groups, thereby allowing "immigrants to develop a strong sense of identity and to enforce norms and sanctions within tight-knit communities."[585] In contrast, *bridging* social capital are ties that are "better for linkage to external assets and for information diffusion."[586] These are ties that exist among external groups, allowing immigrants to connect with the "mainstream society and [to have] access to various information and services unavailable in ethnic communities."[587]

For Ley, the first stage of the ethnic church life cycle exists primarily for the purpose of creating and enforcing *bonding* social capital among homogeneous, monoculture, and co-ethnic social groups, of which the first-generation immigrant congregations are an example.[588] Internal conformity and

---

579. Mullins, 327.
580. Mullins, 328.
581. Mullins, 328.
582. Ley, "Immigrant Church."
583. Putnam, *Bowling Alone*, 19.
584. Putnam, 22.
585. Pearce, "Bridging, Bonding, and Trusting," 4.
586. Putnam, *Bowling Alone*, 22.
587. Pearce, "Bridging, Bonding, and Trusting," 4.
588. Ley, "Immigrant Church," 2061–67.

exclusion of outsiders are key characteristics of this stage.[589] With the arrival of the second-generation, the immigrant church begins a process of transition into the second stage in which "internal bonding (transitioning) to external bridging of social capital" takes place.[590] Bridging social capital in the context of the immigrant church implies an engagement of the institution with other ethnics and crosses cultural and social boundaries, "connecting diverse collectivity and extending the fields of resources and responsibilities."[591] Ley argued that the impetus of transitioning into this stage originates from the generational conflicts and acculturation experienced by the local-born generation.[592] Consequently, intergenerational bridging is a necessary containment strategy in creating an autonomous, English-speaking congregation. With forces such as changing immigrant influx, assimilation, and social capital integration affecting the ethnic church, the institution enters into the third stage and is confronted with either facing extinction or opting for a "'cultural funeral'" and transitioning into a "Canadian congregational identity."[593] This congregation of stage three is multicultural in outlook and multiethnic in composition; it is based less on ethnicity and more on the affinity that arises from sharing a common faith.[594]

The major criticism leveled against Mullins's model, and by extension Ley's, is that the reality of ethnic church development does not always reflect a "straight-path" evolution.[595] The flaw in Mullins' model lies in its reliance on the classic assimilation theories that were built upon the European immigrants' experience and therefore completely ignores the ethnic salience of the subsequent generation of the new immigrants, the non-European ones who came to North America after the 1970s,[596] as well as the possibility of other assimilation processes, such as the one espoused by the segmented assimilation theory, that provide a better framework for the children of these new

---

589. Ley, 2058.
590. Ley, 2067.
591. Ley, 2058.
592. Ley, 2068, 2071.
593. Ley, 2068.
594. Ley, 2071–72.
595. Li, *Ethnic Minority Churches*, 230; Wong and Simon, "Citizenship and Belonging to Canada," 7–8.
596. Kim, *Faith of Our Own*; Kim and Kim, "Korean American Christian Communities."

immigrants.[597] In addition, the current Asian North American ethnic church roster has grown to more than seven thousand and that number is unlikely to decrease.[598] Focusing on the Canadian context, Beyer observed that in the period between the late twentieth and early twenty-first centuries, Canada has taken in "as many or as more transnational migrants than any country in the world" on a per capita basis.[599] In particular, immigrants who fall into the visible minorities category, such as Chinese and South Asians, have dominated the intake of foreign-born first generations during this period (e.g. with an average of around thirty thousand annually from China).[600] The population of these two categories of visible minority in Canada is projected to be on the rise: up to 3.2–4.1 million for the South Asians by 2031, compared with 1.3 million in 2006; and 2.4–3 million for the Chinese by 2031, compared with 1.3 million in 2006.[601] The presence of these new arrivals will continue to fuel the vibrant operation of the Canadian ethnic church, rendering the prediction of its extinction by Mullins's and Ley's models to be at best effectively unrealized and at worst outright inappropriate.

A second discontinuous pathways model along the retention-assimilation spectrum points to the independent Asian American *pan-ethnic congregations* as a viable option for the second-generation's transition away from their parents' churches.[602] Jeung suggested that as a relatively new concept emerging from the 1960s movements for Black power, Brown power, Red power and Yellow power, pan-ethnicity is referred to as a collectivity "made up of people of previously distinct tribal, ethnic, or national origins" who share a symbolic narrative of their perceived common roots, despite their dissimilarity in language or religion.[603] Lopez and Espiritu, on the other hand, conceptualized pan-ethnicity as the formation of "bridging organizations and solidarities among sub-groups of ethnic collectivities that are often seen

---

597. Hiller and Chow, "Ethnic Identity and Segmented"; Portes et al., "Segmented Assimilation on the Ground"; Portes and Zhou, "New Second Generation"; Zhou and Xiong, "Multifaceted American Experiences."
598. Chang and Chuang, "Future."
599. Beyer, "Growing Up Canadian," 4.
600. Citizenship and Immigration Canada, *Canada Facts and Figures* (2012b), 27.
601. Statistics Canada, *Projections of the Diversity*, 1.
602. Kim and Kim, "Korean American Christian Communities," 179.
603. Jeung, *Faithful Generations,* 10, 12.

as homogeneous by the outsiders."[604] Furthermore, Min observed that Asian American pan-ethnic identity and solidarity are more established among local-born Asians who subscribe to primordial common cultural characteristics and physical traits.[605] On the other hand, other researchers, such as Espiritu and Kibria, suggested that pan-ethnic consciousness arose out of the success of political efforts such as revisions of census designations and campaigns against anti-Asian violence in the United States.[606] Jeung, however, argued that in the pan-ethnic congregational model, acculturated second-generation of Asian descent abandon their cultural differences in favor of creating a symbolic boundary that is based upon Asian heritage and values as well as similar family upbringing.[607] Forging a hybrid configuration along the line of the third stage of Ley's model, the Asian American pan-ethnic congregations choose to lay aside ethnic homogeneity in favor of racial homogeneity. More importantly, this cohort shares the solidarity that arises from the common experience of being treated differently by others chiefly because of their uniform racial orientation.[608] Jeung asserted that in coming together as pan-ethnic Asian congregations, Asian Americans such as Chinese and Japanese forge and embrace a racialized Asian American identity that allows them to thrive in their communities without having to be fully incorporated into the mainstream denominations.[609] J. Park suggested that pan-ethnic Asian congregations may have stemmed from the persistent pursuit of Protestant evangelicals in recruiting Asian Americans both at the congregational level and on university campuses.[610] This pursuit has generated an identification of pan-ethnicity with Asian American evangelicalism such that a cohort identity for the second-generation is formed and shaped in a way that de-emphasizes the interethnic cultural diversity among them.[611] Jeung, on the other hand, singled out four impetuses for the genesis of

---

604. Lopez and Espiritu, "Panethnicity in the United States," 198.
605. Min, "Literature Review."
606. Espiritu, *Asian American Panethnicity*; Kibria, "Not Asian, Black or White?"
607. Jeung, "Evangelical and Mainline Teachings," 211; Jeung, *Faithful Generations*, 15.
608. Kim and Kim, "Korean American Christian Communities," 179; Matsouka, *Out of Silence*, 10; Tuan, *Forever Foreigners?*, 39.
609. Jeung, *Faithful Generations*, 2.
610. Park, "Second-Generation Asian," 544.
611. Park, 542.

congregations with pan-ethnic identity: (a) the limitations of the ethnic church to meet the needs and demands of the English-speaking members; (b) the increasing multicultural proclivity of the second-generation in their social networks and sensibility, and thus their discomfort with ethnic-specific institutions; (c) the leaders' adoption of multicultural policy and practices that value inclusivity and affirmation of diverse ethnic collectivity; and (d) the differentiated core values with emphases on hospitality, community engagement, and social justice as opposed to those that accentuate church growth.[612] Jeung summed up the emergence of pan-Asian congregations as a story of "generational change, . . . religious entrepreneurs, and . . . the construction and significance of race in the United States," as many of these congregations prize a journey in crossing the racial divide that has separated Whites and other races in the United States.[613] Although Jeung's characterization of the pan-ethnic congregations is a legitimate one, many pan-ethnic congregations have reportedly either expressed the desire or have taken actions to move into a multiethnic and multiracial orientation, according to Garces-Foley,[614] thus rendering the pan-ethnic model as much as a pass-through stage in the transition of the second-generation as the destination of their journey.

A third alternative model emerges from the discontinuous pathways category that contradicts the prediction of Mullins's and Ley's models of total assimilation but varies from the pan-ethnic congregation model. This model essentially speaks to the pathway Asian Americans and Canadians have followed to establish *a hybrid church* of their own by maintaining not only their own unique ethnic and cultural religious space but also modeling their faith after mainstream evangelicalism.[615] In this model, a critical mass in social, cultural, and financial capital exists such that the second-generation congregation can thrive on its own terms. A recent study revealed that fifty-six second-generation Korean congregations in Los Angeles area fit into the characterization of this model.[616] While following the continuous evolution models with their earlier stages of development, Mak's model departs from them as he

---

612. Jeung, *Faithful Generations,* 148.
613. Jeung, 158.
614. Garces-Foley, *Crossing the Ethnic Divide,* 158.
615. Kim, *Faith of Our Own.*
616. Kim, 16.

characterized the experience of the Canadian Chinese evangelicals as having a crucial distinction: a complete self-determination of the English ministry, moving it away from the "de facto congregation" arrangement to become an independent congregational institution with a separate venue and complete autonomy.[617] Kim and Kim buttressed this notion with their research on the second-generation Korean American Christians in Los Angeles.[618] Unlike the immigrant churches of Ley's model that tend to exclude outsiders, these churches in the examples given by Mak and the Kims express the desire to open the door to other ethnics and yet maintain the salience of their own ethnicity.[619] Different forces, however, appear to shape the genesis of these congregations. In Mak's case, SGCCE were found to be discontented with the constant intergenerational conflicts with the first-generation and desired to be the masters of their own destiny in shaping their identity and autonomy. The Korean Americans in the case of the Kims shared the same "push" factors but experienced slightly different "pull" factors. S. Kim singled out the comfort the congregants share in worshiping with the co-ethnics as their principal motivation.[620] This phenomenon, according to Edwards,[621] reflects the assertion of homophily theory[622] that hypothesizes that people prefer to be associated with those who are like-minded. As a result, social groups tend to be homogeneous because members are recruited through homogeneous social networks. Building on this theory, church growth strategists such as Wagner and McGavran advocated founding churches with members of homogeneous background for a higher growth rate.[623] Garces-Foley observed that it was Wagner who popularized the "homogenous unit principle" and applied it to the evangelization focus on the new immigrants in the United States for effective growth.[624] For the Korean second-generation, the homophilic force that forges their bonding rests on a set of shared lived experiences in the collective upbringing in which they partake in the common predicaments of

---

617. Mak, "English Speaking Ministry," 1066–67.
618. Kim and Kim, "Korean American Christian Communities," 179.
619. Kim and Kim, 179.
620. Kim, *Faith of Our Own*, 55.
621. Edwards, "Bring Race to the Center."
622. Blau, *Inequality and Heterogeneity*; Blau, *Crosscutting Social Circle*.
623. McGavran, *Understanding Church Growth*; Wagner, *Our Kind of People*.
624. Garces-Foley, "Comparing Catholic and Evangelical," 20.

dealing with their parents' expectations and having their identity shaped by Korean cultural values.[625] Furthermore, some of the congregants experienced racial marginalization by the mainstream society that compelled them to seek comfort and safety with co-ethnics.[626] Others in the congregations chose the second-generation ethnic church due to the negative experience they had in attending the White church. Although they experienced no blatant forms of discrimination, they expressed feelings as though they were "not quite fitting in" with the White church no matter how hard they tried.[627]

Another force that may shape the formation of the hybrid ethnic church comes from what Matsuoka described as *ethnic assertiveness*.[628] Facing the pressure to assimilate toward the American ideal of cultural homogeneity, *e pluribus unum* (i.e. "from many, one"),[629] Asian Americans chose to claim visibility and demonstrate ethnic assertiveness.[630] Three functions of such assertiveness are: (a) the defense of Asian ethnicity against the pressures of cultural naturalization;[631] (b) the celebration of Asian collective identity;[632] and (c) the building and sustaining of a reborn, empowering community.[633] As far as the third function is concerned, Matsuoka contended that "religion is a powerful cohering force . . . and churches are particularly well suited for this expression of ethnic assertiveness."[634] The ethnic church as organized by the second-generation is the primary locus where Asian American Christians can find their own world to defend their ethnicity and to determine a creative way to relate to the broader society.[635]

The final model of transition for the second-generation Asian North American Christians under the discontinuous pathway option, other than

---

625. Alumkal, "Being Korean, Being Christian," 184–86; Chai, "Competing for the Second Generation," 311; Kim, "Second-Generation Korean American," 27; Kim, *Faith of Our Own*, 55–64; Min, *Preserving Ethnicity*, 151–52.
626. Kim, *Faith of Our Own*, 64.
627. Kim, 68.
628. Matsuoka, *Out of Silence*.
629. Matsuoka, 23.
630. Matsuoka, 34.
631. Matsuoka, 34.
632. Matsuoka, 37.
633. Matsuoka, 39.
634. Matsuoka, 39.
635. Matsuoka, 50–51.

a straight-path enrollment with the mainstream White church, is a natural extension of the pan-ethnic/multiethnic congregations: *multiracial congregations*. Garces-Foley and Jeung noted that the terms *multiethnic* and *multiracial* are used interchangeably by researchers.[636] However, I agree with Garces-Foley and Jeung that for the purpose of studying Asian North American evangelicals, as in this study, it makes sense to adopt the term *multiracial* in discussing this model to reflect the key distinction between pan-Asian churches and the multiracial congregations that include both Asians and non-Asians.[637] De Young, Emerson, Yancey, and Kim defined a multiracial congregation (MRC) as a congregation in which "no one racial group accounts for 80 percent or more of the membership."[638] However, Garces-Foley countered with the argument that the 80 percent demarcation is artificially stringent and does not necessarily capture the demographic diversity and racial/ethnic integration of the congregations.[639] She opted for the concept of inclusion that manifests itself in both the community bonding that reflects and values diverse cultures as well as in the institutional structure where leadership, programs, and rituals are all directed to breaking down the barriers inherent in "culture, class and circumstance."[640] Garces-Foley thus defined an ideal multiracial church as "an inclusive, ethnically diverse community."[641]

De Young et al. traced the genesis of MRCs in the United States to the 1940s and Howard Thurman's leadership in tackling race relations.[642] The civil rights movement in the 1960s and afterward provided a key impetus in the further development of MRCs.[643] However, American evangelicals appeared to disregard this development at the time in favor of evangelistic efforts that focused on the "homogeneous unit principle."[644] A sea change took place in the 1990s and beyond when American evangelists expanded their efforts to establish MRCs as White evangelicals began engaging in anti-racism efforts

---

636. Garces-Foley and Jeung, "Asian American Evangelicals," 195, note 4.
637. Garces-Foley and Jeung, 195, note 4.
638. De Young et al., *United by Faith*, 3.
639. Garces-Foley, *Crossing the Ethnic Divide*, 81–83.
640. Garces-Foley, 85–89.
641. Garces-Foley, 83.
642. De Young et al., *United by Faith*, 62–68.
643. De Young et al., 68–70.
644. Garces-Foley, "Comparing Catholic and Evangelical," 20.

that focused on the spiritual attitudes of individuals rather than on changing institutional structures.[645] Asian American evangelicals have been playing a bigger role in either founding new MRCs or transitioning congregations from pan-Asian to multiracial identity since the 2000s.[646] These changes may have resulted from the Asian American second-generation's openness in embracing other cultures, races, and ethnicity as a result of their assimilation into the host society.[647] Rah hypothesized: "The second generation (Asian Americans), with their unique ethos and strength, along with those in our churches who have cross-cultural, liminal experiences, will be the ones best equipped to face the next stage of the church."[648] Others may look at MRCs as part of their growth strategy.[649] However, there also appears to be an emerging trend that reflects concerns for social justice among the second-generation Asian American evangelicals who, more so than their older counterpart, see MRCs as the legitimate pathway to pursue racial reconciliation and church unity.[650] Chuang reported no fewer than 260 MRC Asian churches in North America, with 8 listed in Canada.[651] Garces-Foley and Jeung postulated that Asian American evangelical ministers are better and able connectors with other racial/ethnic groups than their White counterparts for the following three reasons: (a) Asian American evangelical leaders are more attuned to the reality of racialization due to their own experience;[652] (b) as a result, the leaders can better relate sympathetically with other minorities;[653] and (c) like Latinos, Asian Americans stand outside of the historical division between Blacks and Whites in the United States and therefore are more likely to be accepted as leaders by the latter two groups.[654]

Garces-Foley and Garces-Foley and Jeung advanced two ideal types of MRCs: a color-blind approach that ignores racial ethnic differences and

---

645. Emerson and Smith, *Divided by Faith*, 51–68; Garces-Foley, "Comparing Catholic and Evangelical," 21; Garces-Foley and Jeung, "Asian American Evangelicals," 193.

646. Garces-Foley and Jeung, 192.

647. Ley, "Immigrant Church," 2069; Shigematsu, "Ethnic Must Become Multi-Ethnic," 7.

648. Rah, *Next Evangelicalism*, 181.

649. Dhingra, "'We're Not," 369.

650. Jeung, *Faithful Generations*, 153–54.

651. Chuang, "Next Generation Multi-Asian," 1.

652. Garces-Foley and Jeung, "Asian American Evangelicals," 202.

653. Garces-Foley and Jeung, 203.

654. Garces-Foley and Jeung, 204.

a color-conscious approach that recognizes racial and ethnic diversity.[655] Garces-Foley and Jeung's research shows that Asian American evangelical leaders opt for the color-conscious approach by not only recognizing but also affirming the racial and ethnic differences and how they matter in the lives of the church community and in broader society.[656] This finding diverges from the approach of the White American evangelical MRCs, which are commonly criticized for their color-blindness and their conflation of Christian faith with the dominant White American culture.[657]

On a different level, color-blind and color-conscious approaches speak to the ways in which race, ethnicity, and religion socially interact with one another in the congregational arena, providing a vital context for ethnic identity to be affirmed, obscured, or reformulated.[658] In this regard, recognizing the fluidity of ethnicity, one lens to problematize the MRC formation is the contrasting framework of ethnic transcendence versus ethnic inclusion.[659] Marti observed:

> Ethnic transcendence occurs when individuals claim a new shared identity on the basis of a uniquely congregational understanding of what it means to be a properly religious person . . . that satisfies claims of legitimacy as to the credibility of that particular identity and the ability of each person to stake a claim to it.[660]

Not to be confused with the color-blind approach that purposely overlooks ethnic diversity, the ethnic transcendence process is one that emphasizes formulating an alternative identity rooted in the religious community. As a result, individuals relate to diverse congregations primarily on the basis of a shared religious identity as opposed to their differences in ancestral heritage.[661] Busto supported this framework by noting that Asian American college

---

655. Garces-Foley, *Crossing the Ethnic Divide*, 95–102; Garces-Foley and Jeung, "Asian American Evangelicals," 199.

656. Garces-Foley, 95–102; Garces-Foley and Jeung, 200.

657. Emerson and Smith, *Divided by Faith*, 69; Garces-Foley, "Comparing Catholic and Evangelical," 21.

658. Marti, "Fluid Ethnicity"; Warner, *Church of Our Own*.

659. Garces-Foley, *Crossing the Ethnic Divide*, 96–102; Marti, "Fluid Ethnicity," 13–15.

660. Marti, 14.

661. Marti, 14.

students underwent a process of ethnic dis-identification in favor of an evangelical Christian identity with the hope that by so doing, they had a greater likelihood of gaining acceptance by the mainstream society.[662] However, this interaction between the evangelical teachings about upholding the primacy of religious identity over ethnic identity and the ethnic church has generated a creative tension and cultural dilemma among many second-generation Asian American evangelicals in the process of their transition to congregations of their choice.[663] The emergence of evangelical Christian identity does not necessarily originate from a stance of refuting ethnicity; rather, it reflects the appeal of fundamentalism in providing a firmer anchor for identity due to the encapsulated nature of evangelical organizations against the "fluid, tentative, differentiated identity of late modernity."[664] Contrary to Berger's assertion that pluralism associated with modernity inevitably threatens religious identity,[665] C. Smith contended that awareness of the threat of modernity coupled with having a sense of being in a battle with the forces of pluralism and secularization serves to reinforce evangelical identity.[666] Griel and Davidman suggested that the forging of such identity is not merely a combination of a staunch insistence on preserving the traditional faith identity and a resistance to succumbing to the threats modernity poses to identity, but rather it represents the "creative adaptation of traditional identities to new circumstances."[667] In the case of the second-generation Asian North American evangelicals, I suggest that a part of the new circumstances they need to wrestle with is how they relate to the broader society in the context of incorporation.

Ethnic inclusivity, on the other hand, speaks to the embracement of ethnic diversity in a congregational context where the value of ethnicity and heritage is affirmed and celebrated.[668] In this context, ethnic identity and religious identity are not juxtaposed as competing entities; rather, ethnic differences

---

662. Busto, "Gospel according to Model," 141–42.

663. Alumkal, *Asian American Evangelical Church,* 121; Alumkal, "American Evangelicalism," 207–8.

664. Greil and Davidman, "Religion and Identity," 558.

665. Berger, *Sacred Canopy.*

666. Smith, *American Evangelicalism,* 218–20.

667. Greil and Davidman, "Religion and Identity," 559.

668. Garces-Foley, *Crossing the Ethnic Divide,* 99–100.

are recognized together with the religious identity.[669] Similar to the color-conscious approach, ethnic inclusion acknowledges and affirms that not only are the ethnic differences among the congregants real, but they matter a great deal in the congregants' ecclesiastical and social lives.[670]

The contrast of these two conceptualizations may not necessarily imply that they are opposite to one another. Marti contended that, antithetically to Graces-Foley's assertion, ethnic transcendence may still take place within the process of ethnic inclusion when the primary focus is on shaping a new shared religious identity.[671] As a result, it may not be necessary to make a distinction between the two conceptions.[672] For the Asian American evangelicals, Garces-Foley and Jeung argued that a form of color-conscious ethnic inclusion is more appropriate.[673] Branded as *racialized multiculturalism*, this approach recognizes the sensitivity of racialization and appreciates the ethnic diversity of the congregations. The authors explained:

> Distinct from the colorblind approach that typifies most White churches, and the political activism of many Black churches, racialized multiculturalism enables Asian American ministers to bring together the mission of evangelism to all the nations, with an affirmation of cultural diversity, and a commitment to racial justice.[674]

Taking the above discussions forward De Young et al. identified three ideal types of congregations based on the overall congregational culture and the degree of racial/ethnic integration. The term *assimilated multiracial congregation* suggests one dominant racial/ethnic group and culture as reflected in the worship service, programs, and leadership. Members who are not part of the dominant groups are expected to assimilate into the existing culture.[675] A *pluralist multiracial congregation*, on the other hand, chooses to incorporate different salient features of different racial/ethnic cultures into the practice

---

669. Garces-Foley, 100.
670. Garces-Foley and Jeung, "Asian American Evangelicals," 200.0
671. Marti, "Fluid Ethnicity,"14.
672. Marti, *Mosaic of Believers*, xiv.
673. Garces-Foley and Jeung, "Asian American Evangelicals."
674. Garces-Foley and Jeung, 206.
675. De Young et al., *United by Faith*, 165.

of the congregation. Integration, however, may not penetrate into the daily life of the members who, under this type of operation, maintain a status of co-existence.[676] The *integrated multiracial congregation* implies a necessary transformation of existing congregational culture(s) into something new. No longer the old culture of the dominate group nor the mosaic with different distinct cultures, the transformed culture is a hybrid formation that creates an egalitarian status among members with the "us" and "them" divide abolished. New members are not expected to orient themselves to a particular racial "way" of ministry nor continue with their own racial/ethnic approach. Rather, they are expected to "do things in a new way, truly integrating the diverse membership."[677]

With the above pathways available for the second-generation, one question arises as to the criteria by which a church is recognized as either panethnic or multiracial aside from the visible appearance of the congregation. Drawing from the work of Ammerman et al. on congregations, Alumkal offered a theoretical framework with four lenses for analyzing the multiple variables that contribute to a congregational ethnic and racial profile. The first lens is related to the ecology of the congregation as it speaks to: (a) the demography and the characteristics of the congregants and (b) the organization of the congregation in terms of the systems of roles and relationships that structure the interactions of congregants.[678] The culture lens, on the other hand, looks for everyday patterns of life that reflects values, practices, and the congregational identity. This perspective involves looking at the congregation's history, stories, symbols, rituals, and worldview. It also involves assessing the congregation's sense of boundary: who they see themselves as being, who they see themselves as not being, and how they relate to the world outside the boundary of the congregation. It is the cultural frame that dictates whether and how to pursue racial diversity.[679] Next is the process lens that exposes the interactions that link behavior with beliefs and values with action. This is the frame that speaks to the decision-making and exercise of power in the congregation. This frame affects the way in which new members

---

676. De Young et al., 167.
677. De Young et al., 168–69.
678. Alumkal, "Analyzing Race," 155–57.
679. Alumkal, 157–60.

are socialized into the culture of the congregation, what racial projects the congregation may choose to undertake, and whether in fact the actions of the congregation match the goal of the projects.[680] Finally, there is the resource lens that speaks more to the social networks of members that shape the future ethnic composition, given that these networks are vital in converting friends and contacts into members. A congregation is likely to remain ethnically or racially homogeneous if these friends and contacts are primarily from the same ethnic and racial background.[681] For the purposes of this research, Alumkal's framework will serve as an analytical tool for investigating the ethnic or racial nature of the congregations SGCCE have transitioned into.

The models identified in both the continuous evolution and the discontinuous pathways categories in this section of the literature review represent different avenues through which SGCCE can transition from their parents' church to the congregations of their choice. For this study, I am interested in exploring those models that best represent SGCCE's aspiration for growth and autonomy and in discerning the roles ethnicity and religion might play in the SGCCE's transition. The pathway models I investigate in this study are: (a) an independent second-generation Chinese ethnic church; (b) a second-generation pan-Asian church; (c) a multiethnic church; and (d) a mainstream Canadian Caucasian church.

The transitory trajectories represent methods by which SGCCE engage themselves in the social construction of their own religious experience, caught as they are in the web of intergenerational conflicts and the incorporation process.[682] As such, the determination of the pathways is greatly influenced by the choices SGCCE make in the context of their perception of ethnicity and religious experience. However, I suggest that the transitory process is also abetted by the church leadership of the first-generation immigrant church as well as that of the current nonimmigrant congregations SGCCE are attending. Leaders from both constituency play a key but subtle role in shaping SGCCE's beliefs and assumptions about how they see themselves and what experience and identity in terms of ethnicity and religion may prevail. In this context, the presence or absence of the foresight of the first-generation leadership

---

680. Alumkal, 160–62.
681. Alumkal, 162–63.
682. Beyer, "Growing Up Canadian," 9.

in shaping the religious and ethnic identity and the aspiration of SGCCE is vital in facilitating or retarding the transitory process of SGCCE.[683] Along the same lines, the foresight of the leadership of the current nonimmigrant congregations the SGCCE are worshiping with also plays a critical role in creating a renewed religious meaning for members' identity and forming the boundaries of the ethnic membership of the congregants, thus welcoming and making a home for the SGCCE.[684]

While presence or absence of foresight as a leadership phenomenon is difficult to detect, Ladkin exhorted researchers to be more sensitive to the seeds of actions that contribute to such presence or absence of foresight and its ensuing effects.[685] To that extent, for example, Botros characterized one of the major missions of church leadership in the Coptic Christian community in Toronto as "competition" for the second-generation against other "sources in the new society," forces that draw these second-generation Coptics away from their religiosity and ethnicity.[686] Van Dijk and Botros suggested that this sense of urgency is legitimized by the vision of the Coptic Pope, who declared that competing for the youth is essential, for "a church without youth is a church without a future."[687] Ammerman et al. construed congregational leadership as being embodied in three key roles: (a) helping the congregant to gain a realistic current-state assessment in terms of its particular situation and circumstances; (b) assisting members to develop a future-state vision of their corporate life that is faithful to their best understanding of God and God's purposes for the congregation in this time and place; and (c) helping congregants execute that vision in the congregations' corporation life.[688] Faced with the silent exodus phenomenon, Asian North American church leaders are compelled to exercise foresight and stay in front of the issue, ascertain the root causes, mitigate the problems, and offer creative solutions to mediate the process. Failure to do so may lead to further aggravation of the

---

683. Alumkal, *Asian American Evangelical Church*; Branson and Martinez, *Churches, Cultures & Leadership*; Carlson, *Reaching the Next Generations*; Evans, *Impending "Silent Exodus"*; Jeung, *Faithful Generations*; Kim, *Faith of Our Own*.

684. Jeung, *Faithful Generations*; Kim, *Faith of Our Own*.

685. Ladkin, *Rethinking Leadership*, 39, 50.

686. Botros, *Competing for Future*, 12.

687. van Dijk and Botros, "Importance of Ethnicity," 199.

688. Ammerman et al., *Studying Congregations*, 17.

phenomenon. For example, Evans attributed the silent exodus in Canadian Chinese Christian churches in no small measure to the failure of the first-generation church leadership to recognize the second-generation's search for spiritual growth and autonomy.[689] S. Kim too identified dysfunctional first-generation leadership in Korean American churches as one of the critical flash points for the second-generation's exit from their parents' church.[690] H. Lee pointed specifically to a need for transition of power and authority between the generational church leaders as a mediating factor in this process.[691] She further cautioned that "unless the first-generation leaders are able to give second-generation pastors the freedom to lead, their young people will not go to these churches. First-generation pastors need to be aware of this dynamic."[692]

Conversely, as creative religious entrepreneurs, pan-ethnic church leaders are described as having established and executed a vision of organizing their congregations in ways that "accommodate a rejection of the hierarchical and authoritarian structure of Asian ethnic" churches.[693] In addition, these leaders make purposeful efforts to legitimize their congregants' ethnic composition through effective rhetoric in their teachings and communications.[694] Furthermore, these leaders create and maintain boundaries; they intentionally mobilize their congregations "around symbolic group boundaries and strategically construct who belongs to the group."[695]

## Summary

This section discussed the phenomenon of the silent exodus and how it can be postulated as a broad transitional process that includes not only those second-generation Asian North American Christians who left their parents' church and abandoned their faith, but also those who either transitioned to either autonomous congregations within their parents' church or left to join completely independent, separate nonimmigrant congregations of their own choosing. Several models were discussed under two broad categories:

---

689. Evans, *Impending "Silent Exodus,"* 74–79.
690. Kim, *Faith of Our Own*.
691. Lee, "Silent Exodus."
692. Lee, 52.
693. Jeung, "Creating an Asian American," 288, 295.
694. Jeung, 300–301.
695. Jeung, *Faithful Generations*, 14.

continuous evolution and discontinuous pathways. In the former category, immigrant church leaders used English language as the variable to deploy a retention/containment strategy to keep their children under the same structure, which can be employed at least under four different styles: patriarchic, parallel, partnership, or town-house. In the discontinuous pathways category, four broad models were discussed: a straight-path ethnic church life cycle model, a pan-ethnicity model, a hybrid ethnic model, and a multiethnic or multiracial model. Then a brief discussion was provided on how to determine whether a church is pan-ethnic or multiethnic. This section closed with identifying those models for examination in this study and surfacing the role leadership foresight plays, on the part of both the first-generation immigrant church and of the current nonimmigrant congregations SGCCE are attending, in mediating the transition process of SGCCE. In the next section, I review servant-leadership's characteristics and explain why foresight was selected as the dimension of leadership for examination in the context of the congregational transition process of SGCCE.

# Leadership

## Evolution of Modern Leadership Studies

The objective of this section is not to offer an exhaustive treatment of either the definition of leadership or the historical development of leadership studies. Rather, I provide a thumbnail sketch of different prominent schools of thought on leadership since the nineteenth century in order to provide a context in which servant-leadership is situated. In so doing, I acknowledge the risk of oversimplifying the characterization and not paying enough attention to the overlapping and complementary characteristics of each school, as well as the indeterminate time markers for their alleged dominance or extinction in the history of their development.[696]

The definition of leadership varies and can be problematic.[697] Northouse observed that in the last few decades, more than 65 classifications were

---

696. Rost, *Leadership*, 26–29.
697. Ciulla, *Ethics of Leadership*, xii.

developed.[698] Rost, on the other hand, counted 221 definitions in leadership writings from 1900 to 1990,[699] whereas Kellerman claimed that there were at least "some fifteen hundred" definitions based on her estimation.[700] Bass documented no less than nine various interpretations:

> Leadership has been conceived as the focus of group processes, as a matter of personality, as a matter of inducing compliance, as the exercise of influence, as a power relation, as an instrument to achieve goals, as an effect of interaction, as a differentiated role, as initiation of structure, and as many combinations of these definitions.[701]

After identifying twenty-six thousand published articles through the search of the Expanded Academic Database using the term *leadership* in 2003, Winston and Patterson lamented that attempts to articulate an accurate description of leadership are analogous to "a lot of blind men describing a moving elephant."[702] The lack of consensus points to the fundamental complexity that underpins the study of leadership. So wide open is the research on the phenomenon called leadership and so divergent is its study that Burns bemoaned: "Leadership is one of the most observed and least understood phenomena on earth."[703]

Although the studies of leadership and the search for its definition do not appear to converge in a single construct or frame of reference, there seems to be an agreement that the origin of the modern study of leadership is often traced to the Industrial Revolution that took place in the Western world in the nineteenth century.[704] It is well recognized that the first salvo of the modern conceptualization of leadership was fired by Thomas Carlyle in 1840, when he wrote: "The history of what man has accomplished in this world, is at bottom the History of the Great Men (*sic*) who have worked here."[705] Carlyle's treatise

---

698. Northouse, *Leadership*, 2.
699. Rost, *Leadership*, 44.
700. Kellerman, *End of Leadership*, xxi.
701. Bass, *Bass & Stogdill's*, 11.
702. Winston and Patterson, "Integrative Definition of Leadership," 6.
703. Burns, *Leadership* (1978), 2.
704. Grint, "History of Leadership," 8.
705. Grint, 3.

was accompanied by William James's writing on the great men of history and Galton's study on the role of heredity to form what were recognized as the forerunners of the Great Man theory.[706] The core of this theory is the central idea that certain men are born with traits that make them natural leaders. Thus, the Great Man approach attempts to pinpoint the traits leaders possess that set them apart from people who are not leaders.[707]

Consequently, early in the twentieth century, the Great Man theory evolved naturally into trait theory.[708] Traits are regarded as "the distinguishing personal characteristics of a leader, such as intelligence, honesty, self-confidence, and appearance."[709] Hence trait approach, according to Yukl, emphasizes "leaders' attributes such as personality, motives, values, and skills . . . [with] the assumption that some people are natural leaders, endowed with certain traits not possessed by other people."[710] Trait theory does not make explicit assumptions about whether leadership traits are inherited or acquired, but implied in the theory is that leadership is inherent only in a few, selected people who possess the relevant traits.[711]

In the mid-twentieth century, trait theory was investigated by Stogdill, who examined more than one hundred studies based on this approach and unearthed several traits that appeared consistent with effective leadership: "general intelligence, initiative, interpersonal skills, self-confidence, drive for responsibility, and personal integrity."[712] Yet Stogdill further argued that the importance of a particular trait was relative to the situation in that one trait may prove to be a key contributor to a leader's success in one situation but not necessarily in another one. Stogdill concluded:

> Leadership is not a matter of passive status, or of the mere possession of some combination of traits. It appears rather to be a working relationship among members of a group, in which the leader acquires status through active participation and

---

706. James, "Great Men, Great Thoughts"; Galton, *Hereditary Genius* in Nahavandi, *Art and Science*, 28.
707. Daft, *Leadership Experience* (6th ed.), 36.
708. Kirkpatrick and Locke, "Leadership: Do Traits Matter?", 48.
709. Daft, *Leadership Experience* (6th ed.), 36.
710. Yukl, *Leadership in Organizations*, 12.
711. Rowe, *Cases in Leadership*, 2.
712. Stogdill, "Personal Factors," cited in Daft, *Leadership Experience* (6th ed.), 36.

demonstration of his capacity for carrying cooperative tasks through to completion.[713]

Given the negative reviews in the literature of the trait theory, the trait movement gave way in the 1950s to a leadership theory that is based upon the leaders' behavioral styles.[714] The behavior approach suggests that "anyone who adopts the appropriate behavior can be a good leader."[715] Behaviors can be learned more readily than traits, implying that leadership can be accessible to all.[716] Among the key variables identified, for example, by an early study at Ohio State University in 1957 that determined effective leadership behaviors are two leadership styles referred to as "consideration and initiating structure."[717] Consideration structure signifies "a leadership style in which leaders are concerned about their subordinates as people . . . [whereas] initiating structure refers to a style in which the leader defines closely and clearly what subordinates are supposed to do and how."[718]

Bryman observed that the behavior style approach soon yielded to contingency models of leadership in the 1960s when other studies using the research design employed by Ohio State University could not sustain the interpretations inferred from the Ohio findings.[719] Contingency theories mark a radical departure from focusing on the dominant role of the individual leader, shifting the attention to "the social or structural accounts [that] tended to assume that the contexts or situation should determine how leaders respond."[720] Exemplified by Fiedler's model of leadership effectiveness, contingency approaches concentrate on how the components of leadership style, follower characteristics, and situational factors interact with and affect each another.[721] The thesis of the model is that leadership effectiveness is contingent

---

713. Stogdill, 66.
714. Antonakis, Cianciolo, and Sternberg, "Leadership," 7.
715. Daft, *Leadership Experience* (3rd ed.), 54.
716. Daft, *Leadership Experience* (6th ed.), 50.
717. Antonakis, Cianciolo, and Sternberg, "Leadership," 7.
718. Bryman, "Leadership," 278.
719. Bryman, 278–79.
720. Grint, "History of Leadership," 9.
721. Fiedler, *Theory of Leadership*, in Daft, *Leadership Experience* (6th ed.), 66.

upon the organizational situation and requires a good match between the leader's style and favorable situational factors.[722]

The cornerstone of Fiedler's model is the postulation of two major styles of leadership: task-oriented style, "which satisfies the leader's need to gain satisfaction from performing the task," and relationship style, "which is oriented toward attaining a position of prominence and toward achieving good interpersonal relations."[723] These styles are then matched with three situational variables: position of power, task structure, and the leader-member relationship.[724] The effectiveness of a leader is contingent upon: "(1) the leader's typical way of interacting with members of the group (i.e. the leadership style); and (2) the degree to which the leader has control over the situation."[725] Although the contingency model was well received, disagreement was widespread over whether research results are really consistent with the model.[726] In the end, Bryman suggested that the acceptance of contingency approaches began to wane because of the "inconsistent results that were often generated by research conducted within their frameworks and problems with the measurement of key variables."[727]

Following the above-mentioned schools of leadership (i.e. traits, behavior, and contingent approaches), Grint problematized the development of leadership studies by incorporating such new factors as emotional intelligence, leadership identity, inspiring visions, distributed leadership, followership, and culture.[728] Bryman, on the other hand, observed that a collective of "New Leadership" approaches emerged in the 1980s as the fourth stage of modern leadership development (the others being the trait, behavior, and contingency stages) that "seemed to exhibit common or at least similar themes."[729] These approaches represent a new way of conceptualizing and researching leadership. Bryman further cited the following works as typical descriptions of leadership among this collective group of New Leadership: charismatic

---

722. Daft, 66–67; Northouse, *Leadership*, 113.
723. Fiedler, *Theory of Leadership*, 13.
724. Fiedler, 22.
725. Fiedler and Chemers, *Improving Leadership*, 5.
726. Bryman, "Leadership," 280.
727. Bryman, 280.
728. Grint, "History of Leadership," 9–14.
729. Bryman, "Leadership," 280.

leadership as represented by Bryman, Conger, and House; visionary leadership as typified by Sashkin and Westley and Mintzberg; and transformational leadership as conceptualized by Bass and Tichy and Devanna.[730] Central to the research of this collective study of leadership is a:

> Conception of the leader as someone who defines organizational reality through the articulation of a vision which is a reflection of how he or she defines an organization's mission and the values which will support it. Thus the New Leadership approach is underpinned by a depiction of leaders as managers of meaning rather than in terms of an influence process.[731]

Jackson and Parry opined that of the new leadership studies, the most popular one is transformational leadership.[732] At times linked with charismatic leadership due to the same focus on the personal characteristic of the leader to inspire,[733] transformational leadership was first espoused by Burns.[734] Originally calling it "transforming leadership" in a study on political leadership, Burns advanced the idea that political leaders could be framed in terms of a dichotomy between transactional and transforming leadership.[735] As the foil for transforming leadership, transactional leadership is characterized by the exchange between a leader and his/her followers in which the former offers rewards, perhaps in the form of prestige or money, for compliance with the leader's wishes. The effectiveness of transactional leadership is restricted by the implicit contract between the leaders and the followers.[736] Transforming leaders, on the other hand, elevate the aspiration of the followers such that the aspiration of both followers and leaders are forged together.[737] Bass took Burns's conceptualization of transforming leadership

---

730. Bryman, *Charisma and Leadership*, 280; Conger, *Charismatic Leader*; House, "1976 Theory"; Sashkin, "Visionary Leader"; Westley and Mintzberg, "Visionary Leadership"; Bass, *Leadership and Performance*; Tichy and Devanna, *Transformational Leader*.

731. Bryman, 280.

732. Jackson and Parry, *Very Short, Fairly Interesting*, 31.

733. Avolio, Walumbwa, and Weber, "Leadership," 428–30; Bass, "Future of Leadership," 22; Jackson and Parry, *Very Short, Fairly Interesting*, 36.

734. Burns, *Leadership* (1978).

735. Burns, 4.

736. Burns, 19.

737. Burns, 20.

one step further. Referring to transforming leadership as transformational, Bass advocated that transactional and transformational leadership are not two exclusively separate dimensions but can rather be viewed along the continuum of leadership effectiveness.[738]

According to Avolio and Bass, transformational leaders spur followers to extend themselves in doing "more than they originally intended and often even more than they thought possible."[739] Conceptualized from this perspective, "transformational leadership is an expansion of transactional leadership."[740] Avolio and Bass further characterized transformational leadership with the following four distinctive components. The first component is *idealized leadership,* through which followers seek to identify with the leaders and emulate them. The next one is *inspirational motivation,* through which the followers are challenged with meaning and sense making. Following inspirational motivation is *intellectual stimulation,* which provokes the followers to seek innovation and creativity. The last component is *individual consideration,* which gives personal attention to each follower for achievement and growth.[741] Conversely, transactional leadership is conceptualized in terms of three components. The first component is *contingent reward,* which the leaders exchange with the followers for their satisfactory accomplishment of what the leaders want done. The next component is *management by exception,* which can manifest in an active or a passive form. When active, the leader monitors deviations of performance of the followers from the standards of agreed-upon outcomes and takes corrective steps to rectify the performance if necessary. When passive, the leaders wait for the deviation to occur and then take corrective action. The last component is regarded as *laissez-faire leadership,* which is simply the avoidance or absence of leadership.[742] By itself, transactional leadership is necessary but not sufficient for generating leadership effectiveness.[743] It is transformational leadership in extending itself

---

738. Bass, *Leadership and Performance*, 22.
739. Avolio and Bass, *Developing Potential*, 1.
740. Avolio and Bass, 1.
741. Avolio and Bass, 2–3.
742. Avolio and Bass, 3–4.
743. Jackson and Parry, *Very Short, Fairly Interesting*, 33.

to transactional leadership that enables followers to achieve performance beyond expectations.[744]

Transformation leadership research has resulted in a set of impressive findings because of its strong theoretical framework.[745] Bryman, however, observed that, with the exception of transformational leadership, New Leadership as a collection of emergent leadership studies has been criticized for: (a) concentrating the research exclusively on top leaders, (b) paying insufficient attention to informal leadership processes, (c) providing little situational analysis, (d) suffering from technical analysis problems, and (e) placing too much emphasis on the exploits of successful leaders.[746] These criticisms notwithstanding, New Leadership theory does point to a conceptualization of improved leadership effectiveness through vision, charisma, and transformation, which binds the relationship between leaders and followers.[747] One major caveat, however, is that although results from the New Leadership theory may have been dramatic, ethical considerations and morality may not have been the central part of the leadership framework in the pursuit of these outcomes.[748] Indeed, as popular as transformational leadership has been, morality was not factored into Bass's original construct until later at a leadership summit where Burns and Bass came to the agreement that leadership must be reserved for the forces of good; and Bass acknowledged the need to differentiate authentic leadership from pseudotransformational leadership.[749] Pseudotransformational leaders are "self-oriented, self-aggrandizing, exploitative, and narcissistic individuals" who "openly preach distorted utilitarian and crooked moral principles."[750] Fernando echoed that transformational leadership is criticized for lacking a sound ethical and moral foundation.[751] Thus, among various emergent issues (e.g. contextual factors in which leadership is embedded) that contemporary leadership studies attempt to address,

---

744. Jackson and Parry, 33.
745. Jackson and Parry, 35.
746. Bryman, "Leadership," 282–83.
747. Avolio, Walumbwa, and Weber, "Leadership," 428; Jackson and Parry, *Very Short, Fairly Interesting*, 44.
748. Jackson and Parry, 44.
749. Burns and Sorenson, "Foreword," viii.
750. Avolio and Bass, *Developing Potential*, 9.
751. Fernando, "Spirituality and Leadership," 486.

ethical consideration has come to occupy an essential arena in leadership research.[752] It is within this context of contemporary leadership studies that researchers deem servant-leadership a viable candidate for ethical leadership.[753]

## Greenleaf's Servant-Leadership

Servant-leadership has been portrayed with multiple hues and characterized with various emphases by leadership researchers. Prosser, for instance, identified "seven different and yet complementary emphases of servant leadership."[754] Sometimes linked to the discussion with leader-member exchange theory[755] or spiritual leadership,[756] servant-leadership has been compared and contrasted the most with transformational leadership approaches,[757] mainly with the purpose of surfacing the "distinct characteristics of servant leadership" to differentiate servant-leadership from transformational leadership.[758] For instance, Beazley and Beggs claimed that servant-leadership is just "a form of transformational leadership that is consonant with other leadership concepts such as stewardship, system thinking and the learning organization."[759] Farling, Stone, and Winston agreed and proclaimed that "servant leaders are indeed transformational leaders."[760] Bass extended this line of thinking and suggested that, whereas transformational leaders "strive to align their own and others' interests with the good of the group, organization or society," servant-leadership "goes beyond transformational leadership in selecting the needs of others as the highest priority."[761] Farling, Stone, and Winston echoed the

---

752. Antonakis, Cianciolo, and Sternberg, "Leadership," 10; Ciulla, "Ethics, Chaos," 188.
753. Ciulla and Forsyth, "Leadership Ethics," 238; Daft, *Leadership Experience* (6th ed.), 175–79; Northouse, *Leadership*, 348; Sendjaya, "Demystifying Servant Leadership," 40; Yukl, *Leadership in Organizations*, 347–50.
754. Prosser, "Opportunities and Tensions," 27.
755. Anand et al., "Leader-Member Exchange"; Ndoris, "Servant Leadership."
756. Bekker, "Modest History"; Fernando, "Spirituality and Leadership"; Fry et al., "Spiritual Leadership"; Sendjaya, "Demystifying Servant Leadership"; Sendjaya and Sarros, "Servant Leadership."
757. Bass, "Future of Leadership"; Farling, Stone, and Winston, "Servant Leadership"; Humphreys, "Contextual Implications"; Parolini, Patterson, and Winston, "Distinguishing"; Smith, Montagno, and Kuzmenko, "Transformational and Servant Leadership"; Stone, Russell, and Patterson, *Transformational Versus Servant Leadership*.
758. Sendjaya and Sarros, "Servant Leadership," 63.
759. Beazley and Beggs, "Teaching Servant Leadership," 58–59.
760. Farling, Stone, and Winston, "Servant Leadership," 66.
761. Bass, "Future of Leadership," 33.

same theme by asserting that "transformational leaders tend to focus more on organizational objectives while servant leaders focus more on the people who are their followers."[762] Alternatively, Smith, Montagno, and Kuzmenko asserted that servant-leadership leads to a "spiritually generative" organizational culture whereas transformational leadership results in an "empowered dynamic" organizational culture.[763] Parolini, Patterson, and Winston took it further by identifying five areas of distinctions that set servant-leadership apart from transformational leadership: moral, focus, motive and mission, development, and influence.[764]

Of these distinctions, Covey singled out in particular the moral authority a servant leader needs to exercise as opposed to positional authority as the core of servant-leadership. He further asserted: "Any one of us can take initiative ourself; it doesn't require that we be appointed a leader, but it does require that we operate from moral authority . . . the spirit of servant-leadership is the spirit of moral authority."[765]

Graham extended Covey's thought and observed that although transformation and servant-leadership are both "inspirational and moral," servant-leadership takes one step further than transformational leadership in not only "holding a mandate in developing intellectual capacity and skills of the followers" but also in "enhancing [the followers'] 'moral capacity' . . . [such that] followers are encouraged to become autonomous moral agents . . . not bound with the context of the leader's goals."[766] Echoing Graham's analysis, Sendjaya declared that morality-ethics is indeed one of the *sine qua non* of servant-leadership, with spirituality being the other.[767]

Irrespective of where researchers place their emphasis on characterizations, Prosser suggested that the most commonly recognized, fundamental, "crucial and non-negotiable" tenet of servant-leadership is its commitment to service and the leader's "commitment to being a servant."[768] Specially, servant-

---

762. Stone, Russell, and Patterson, *Transformational Versus Servant Leadership*, 2.

763. Smith, Montagno, and Kuzmenko, "Transformational and Servant Leadership," 86–88.

764. Parolini, Patterson, and Winston, "Distinguishing."

765. Covey, "Servant-Leadership and Community," 31.

766. Graham, "Servant-Leadership in Organizations," 116.

767. Sendjaya, "Demystifying Servant Leadership," 40.

768. Prosser, "Opportunities and Tensions," 40.

leadership is concerned with servants who lead rather than with leaders who serve.[769] In particular, these are the leaders who are "genuinely concerned with serving followers."[770] Consequently, the primary desire of servant-leaders is "to serve the followers."[771] The explicit and unequivocal focus on serving and meeting the followers' needs above all else is what "separates servant leadership from . . . [other] related forms of leadership."[772]

In expounding the cornerstone notion of service in servant-leadership, Yukl conceptualized service as the act of "nurturing, defending, and empowering followers."[773] To enact service, servant-leaders need to work with the followers through listening and learning about their "needs and aspirations, and be willing to share in their pain and frustration."[774] Block, on the other hand, focused more on the attributes of servant-leaders rather than their actions. He conceptualized service as the leaders' commitment to create something they care about in such a way that they can endure the sacrifice, risk, and adventure that come as part of the creative process.[775] Understood in the context of a community or an organization, servant-leadership requires that: (a) the leader's power be granted from the followers; (b) the leaders' contribution be focused to build up the humanity of themselves and the followers, a humanity, or "humanness," defined more by the leaders' vulnerability than by their strengths; and (c) truth in terms of knowledge and answer be pursued on the assumption that it is known to both the leaders and the followers such that leaders do not need to spell it out for the followers.[776]

In the same vein, Patterson described servant-leaders as those "who lead an organization by focusing on their followers, such that the followers are the primary concern and the organizational concerns are peripheral."[777] Sendjaya summarized the servant leader's core essence succinctly: "Servant leaders set

---

769. Greenleaf, "Who Is the Servant-Leader?", 6; Prosser, "Opportunities and Tensions," 37.
770. van Dierendonck and Patterson, "Servant Leadership," 8.
771. Savage-Austin and Honeycutt, "Servant-Leadership," 49.
772. Mayer, "Servant Leadership and Follower," 148.
773. Yukl, *Leadership in Organizations*, 349.
774. Yukl, 349.
775. Block, *Stewardship*, 10.
776. Block, 42–43.
777. Patterson, *Servant Leadership*, 5.

the following priorities in their leadership roles: followers first, organizations second, their own last."[778]

To fulfil this set of priorities, servant-leaders are required not simply to rely on management skills or human resources tactics, but rather to "draw out, inspire and develop the best and highest within people from the inside out," unlike traditional managers who drive "results and motivation from the outside in."[779] For, as Gill asserted, servant-leadership is "not a matter of leadership style but of character and motivation . . . [as well as of] strong values."[780] Sendjaya highlighted the interior emphasis of servant-leader's engagement:

> Servant leadership is not so much a theory as an attitude of the heart which shapes the decisions and actions of corporate leaders at all levels. It is not another leadership style one can choose to use whenever she likes . . . Servant leadership is a commitment of the heart to engage with others in a relationship characterized by service orientation, holistic outlook, and moral-spiritual emphasis.[781]

Because of its focus on the interiority of the leader, servant-leadership has also been touted not merely as a leadership theory but as a way of life "in which devotion to the good of others takes priority and evokes greater integrity in individuals and in society as a whole."[782] Jaworski echoed that sentiment, asserting that servant-leadership is "much more about *being* than *doing*."[783] Senge, as quoted by Carver, shared the same observation on servant-leadership as espoused by Greenleaf in that "Greenleaf invites people to consider a domain of leadership grounded in a state of being, not doing."[784] Spears concurred, suggesting that "at its core, servant-leadership is a long-term, transformational approach to life and work – in essence, a way of

---

778. Sendjaya, "Leaders as Servants," 1.
779. Covey, "Foreword," 3.
780. Gill, *Theory and Practice*, 69.
781. Sendjaya, "Leaders as Servants," 1.
782. Ferch, *Forgiveness and Power*, xxiii.
783. Jaworski, "Destiny and the Leader," 264.
784. Senge (n.d.), as quoted by Carver, "Unique Double Servant-Leadership," 191.

being – that has the potential for creating positive change throughout our society."[785]

Although the ideology of service is timeless[786] and can be traced in major religious traditions,[787] the genesis of the contemporary servant-leadership concept is widely recognized by scholars to be attributable to Robert L. Greenleaf's seminal work *The Servant as Leader*.[788] Regarded as the "grandfather of servant leadership,"[789] Greenleaf articulated the servant-leadership concept as one that places emphasis on the servant-leader as "servant first": to be a servant-leader, one "begins with the natural feeling that one wants to serve, to serve *first*."[790] Only when a servant-leader grows out of the deep desire to effect change and growth in the followers can she develop a "conscious choice . . . to aspire to lead."[791] Greenleaf further distinguished servant-leaders from those who want to be leaders first. The leader-first individuals are perhaps motivated by the "need to assuage an unusual power drive or to acquire material possession."[792] Servant-leadership, on the other hand,

> manifests itself in the care taken by the servant first to make sure that other people's highest priority needs are being served. The best test, and difficult to administer, is this: Do those served grow as persons? Do they, *while being served,* become healthier, wiser, freer, more autonomous, more likely themselves to become servants? *And,* what is the effect on the least privileged in society; will they benefit or at least not be further deprived?[793]

---

785. Spears, "Understanding and Practice," 12.

786. van Dierendonck and Patterson, "Servant Leadership."

787. Bekker, "Modest History"; Sendjaya, "Demystifying Servant Leadership"; Sendjaya and Sarros, "Servant Leadership."

788. Avolio, Walumbwa, and Weber, "Leadership"; Bass, "Future of Leadership"; Daft, *Leadership Experience* (6th ed.); Dubrin, *Leadership: Research Findings*; Greenleaf, *Servant Leadership*; Laub, *Assessing the Servant Organization*; Northouse, *Leadership*; Spears, "Understanding and Practice"; Yukl, *Leadership in Organizations*.

789. Page and Wong, "Conceptual Framework," 83; Sendjaya, "Demystifying Servant Leadership," 44.

790. Greenleaf, *Servant Leadership*, 27, emphasis in original.

791. Greenleaf, 27.

792. Greenleaf, 27.

793. Greenleaf, 27, emphasis in original.

Greenleaf attributed the inspiration of his ideas about servant-leadership to the reading of Hermann Hesse's *Journey to the East*. The central figure of the story, Leo, was a servant who performed menial chores as he accompanied a group of men on a mythical journey. But Leo's real identity was actually the head of the Order that sponsored the journey.[794] For Greenleaf, Leo embodied at once two roles that are opposite to one other: the servant, "who, by acting with integrity and spirit, builds trust and lifts people and helps them grow"; and the leader, "who is trusted and who shapes other's destinies by going out ahead to show the way."[795] The irony of the story is that these two roles can in fact co-exist and be brought together to create what Spears called "the paradoxical idea of servant-leadership."[796] A servant-leader must first be a servant, and the true essence of leadership can be authenticated only through service to others. Such leadership action demands not so much the skills as the interior character of the servant-leader.[797] To further describe the nature of the servant-first leadership concept, Greenleaf identified listening and understanding, acceptance and empathy, foresight, awareness and perception, persuasion, conceptualization, self-healing, and community as some of the key dimensions for the servant-leadership construct.[798]

## Limitations and Challenges of Servant-Leadership

Greenleaf's concept of servant-leadership has been misunderstood and criticized in various ways. For example, Komives and Dugan observed that as part of the "Contemporary Leadership theories," servant-leadership was overshadowed by the emerging community service movement and as a result was misunderstood as being a theory focusing merely on service or civic outcomes rather than on the "changing imperative for the positional leader in corporate organizational and other settings."[799] One of the earliest criticisms leveled against the servant-leadership concept, as identified by Sendjaya,

---

794. Greenleaf, *Servant-Leader Within*, 32.
795. Greenleaf, 32.
796. Spears, "Understanding and Practice," 10.
797. Greenleaf, *Servant-Leader Within*, 68.
798. Greenleaf, 45–58.
799. Komives and Dugan, "Contemporary Leadership Theories," 115.

Sendjaya and Sarros, Wong and Davey, and Wong and Page,[800] is the characterization of the concept of servants as leaders as being oxymoronic, for it conjures up an image of slaves in bondage being subservient to autocratic masters;[801] or of the leaders giving up power altogether.[802] Kincaid, however, countered that the deliberate choice of nomenclature by Greenleaf is rooted in his belief that no better word or combination of words than the paradoxical linkage of *servant* and *leadership* can adequately reflect Greenleaf's deep desire to fundamentally alter the inherent focus of leadership from being on the traditional authoritarian positional power to centering on serving the wellbeing of the followers.[803] Far from being an oxymoronic concept to be rejected, servant-leadership can be viewed as a paradoxical leadership practice to be embraced for the two seemingly opposite ideas and yet presenting a single feasible reality.[804]

Another common critique of servant-leadership, as identified by Showkeir, is that the concept is "too soft and touchy-feely; it does not have enough business focus . . . it is not for companies under financial strain; or it is good when times are good, but under stress, 'business as usual' prevails."[805] Yukl echoed this concern, noting that "it is very difficult for a servant leader to balance the competing preferences of owners and employees," especially when times are tough or when hard choices have to be made between financial results and staff reduction.[806] Extending from this argument is the notion, advanced by Smith, Montagno, and Kuzmenko that servant-leadership is viable only for organizations in a more stable and static external environment with a spiritually generative culture that favors evolutional change processes.[807] For this reason, Smith, Montagno, and Kuzmenko suggested that servant-leadership works better in "not-for profit and community

---

800. Sendjaya, "Leaders as Servants"; Sendjaya and Sarros, "Servant Leadership"; Wong and Davey, "Best Practices"; Wong and Page, "Servant-Leadership."

801. Sendjaya, "Leaders as Servants," 2.

802. Wong and Page, "Servant-Leadership," 2.

803. Kincaid, *Essence of Corporate Social*, 103.

804. Graham, "Servant-Leadership in Organizations"; Lad and Luechauer, "On the Path"; Spears, "Understanding and Practice."

805. Showkeir, "Business Case for Servant-Leadership," 155.

806. Yukl, *Leadership in Organizations*, 350.

807. Smith, Montagno, and Kuzmenko, "Transformational and Servant Leadership," 86–89.

leadership organizations,"[808] a limitation also cited by Yukl[809] and acknowledged by McCrimmon.[810] Andersen elevated this line of criticism to a higher level, arguing that servant-leadership would not work in private or public organizations because "the ultimate goal of a company is profitability" and managers are hired to attain the organizational goal, a mandate inconsistent with that of servant-leadership to serve first the interests of the followers.[811]

Daft, however, suggested otherwise, buttressing his counter argument with examples showing that servant-leadership principles have proved successful "even in the business world."[812] Dubrin built on the same thesis and asserted that servant-leadership has been gaining momentum in the commercial organizations and is being practiced by "[leaders on the] higher levels" at Walmart, for instance.[813] Perhaps most significantly of all, Laub reported that "a positive relationship between the servant organization and key organizational health factors" such as employee satisfaction and team effectiveness has been established empirically via more than forty studies in a wide range of institutions, from higher education to health care to business and manufacturing companies.[814] As a result, McClellan contended that a truly servant-led institution would unlikely suffer from an organizational culture that is static.[815] In fact, contradicting Smith, Montagno, and Kuzmenko's conclusion, Ogbonna and Harris pointed out that performance in the innovative and competitive forms of culture can be directly associated with supportive and participative leadership styles such as servant-leadership.[816] Although organizational tough times or financial crisis may call for the use of a leadership style such as charismatic,[817] this does not necessarily imply that servant-leaders are not tough-minded.[818] When difficult decisions are called for, servant-leaders are likely to face them

---

808. Smith, Montagno, and Kuzmenko, 87.
809. Yukl, *Leadership in Organizations*, 350.
810. McCrimmon, "Why Servant Leadership," 3.
811. Andersen, "When a Servant-Leader," 11, 13.
812. Daft, *Leadership Experience* (3rd ed.), 230.
813. Dubrin, *Leadership: Research Findings*, 106.
814. Laub, "Servant Organization," 111, 113, 117.
815. McClellan, *Correlational Analysis*, 48–49.
816. Ogbonna and Harris, "Leadership Style, Organization Culture," 782–83.
817. Grint, *Leadership*, 93–97; Ladkin, *Rethinking Leadership*, 77.
818. Tarr, "Strategic Toughness of Servant-Leadership," 82–83.

with unyielding character and moral fortitude, the *sine qua non* of servant-leadership,[819] to act with the interests of the employees in mind rather than regarding them merely as a cost item on the company's balance sheet.

Another critical examination of servant-leadership was put forward by Eicher-Catt. Examining the concept from a feministic perspective, Eicher-Catt proffered a deconstruction of servant-leadership with the objective of exposing its "pragmatic function within organizational life as a cultural artifact" rather than as a natural leadership construct; and its penetrating form as the "theology of leadership that upholds androcentric patriarchal norms."[820] Characterizing Greenleaf's language of servant-leadership as "deceptively ambiguous," Eicher-Catt argued that the ambiguity allows politically motivated managers in the organizations to "advance their own agendas."[821] She problematized the servant-leadership concept as gender-biased, claiming that its rhetorical language and structure may at first seem to favor feministic leadership with commonly recognized female characteristics such as empathy. But she claimed that servant-leadership privileges an androcentric choice of leadership because its "masculine connotations of the concept" stems from the "religious, patriarchal ideology" behind Greenleaf's conceptualization.[822] Finally, advocating a leadership that articulates a "rhetorical ethic," Eicher-Catt concluded that servant-leadership does not meet that ethical criterion because it "does not begin to highlight the creative potential inherent within organizational discourse that aims to capture a genuine ethical stance . . . (and fails to) articulate a leadership ethic that might be spontaneously produced through on-going communicative deliberations with others."[823]

Eicher-Catt's examination of servant-leadership from the perspective of feminism does provide insights into how post-modernist researchers view disciplines such as leadership and is much welcome. For instance, K. Reynolds argued that Eicher-Catt's deconstruction serves as a viable framework for problematizing servant-leadership constructs in terms of genders.[824] Reynolds

---

819. Graham, "Servant-Leadership in Organizations," 117; Page and Wong, "Conceptual Framework," 73; Sendjaya, Sarros, and Santora, "Defining and Measuring Servant Leadership," 41.
820. Eicher-Catt, "Myth of Servant-Leadership," 17.
821. Eicher-Catt, 18–19.
822. Eicher-Catt, 23.
823. Eicher-Catt, 23.
824. Reynolds, *Gender Differences in Messages*, 43.

extended Eicher-Catt's stance by characterizing servant-leadership as "a driving force for generating discourse on gender-integrative approaches to organizational leadership."[825] However, contrary to Eicher-Catt's gender-based characterization of servant-leadership as a juxtaposition of subjugation (i.e. servant) and domination (i.e. leader) at both extremes, Oner argued that though servant-leadership is a gendered concept with both feminine and male characteristics, it can be postulated as a gender-integrative leadership approach in offering "the potential to promote gender equality in terms of increased participation, empowerment, and relationship building in a caring humane business environment."[826]

When it comes to Eicher-Catt's dissatisfaction with servant-leadership's failure to articulate a leadership ethic, researchers such as Sendjaya and Patterson have clearly established morality-ethics as well as virtue as the core tenets of servant-leadership through empirical studies.[827] In addition, with research on servant-leadership ever increasing as attested to by Eicher-Catt's own account of more than twenty-one thousand citations in social science indices,[828] many theoreticians and practitioners of leadership may well have come to view servant-leadership as more than a mere artifact.[829] Finally, although research on gender and leadership is an important subject area to pursue, Jackson and Parry asserted that the focus of future gender research in the leadership studies would tend to favor "context, power, leadership style, social construction and identity rather than biological gender."[830]

A more recent suite of criticisms leveled against servant-leadership was ignited by McCrimmon. Arguing that the concept offers no appreciably distinguishable features when compared with the "post-heroic models of leadership," McCrimmon accused servant-leadership of carrying a "paternalistic overtone" in that serving employees conjures up the image of parent-child relationship.[831] Framed in this fashion, servant-leaders may simply be understood

---

825. Reynolds, 51.
826. Oner, *Is Servant Leadership Gender?* 18.
827. Sendjaya, "Demystifying Servant Leadership"; Patterson, "Servant Leadership and Love."
828. Eicher-Catt, "Myth of Servant-Leadership," 17.
829. Kincaid, *Essence of Corporate Social,* 103.
830. Jackson and Parry, *Very Short, Fairly Interesting.*
831. McCrimmon, "Why Servant Leadership," 2.

as switching from the role of critical parents to that of nurturing parents. In addition, in constituting leaders as servants to the employees, it follows that the employees then have become the leaders' master and under the spirit of servant-leadership "no servants can fire their masters" when the employees are not performing.[832] Although servant-leadership may function well in political or religious organizations whose leaders are elected to serve the interests of the members, if leaders are to survive in the business environment, they must serve the interests of the owner and the customers as well.[833] In conclusion, McCrimmon regarded servant-leaders as no different from the "know-it-all" leaders with the emphasis on the leader themselves being in charge.

Part of McCrimmon's argument is simply an extension of a previous objection raised by others, such as Smith, Montagno, and Kuzmenko. In addition, Gill neutralized McCrimmon's contention by pointing out that the latter simply "overlooks the possibility that servant-leadership may entail serving the nation . . . shareholders, or even an inanimate but compelling cause."[834] Other criticisms, such as that servant-leadership has paternalistic overtones or a servant-master relationship between the leader and the employees, represent a misunderstanding of Greenleaf's core commitment to humility and integrity,[835] as they ignore the interplay between accountability and service in the relationship between servant-leaders and their followers, a relationship that would be best captured by the phrase "I am your servant, but you are not my master."[836]

## Servant-Leadership Characteristics

Finally, some of the most severe criticisms leveled against Greenleaf's servant-leadership since its inception are that the concept is idealistic, and Greenleaf did not offer any empirically grounded definition for the concept,[837] nor did he suggest any ways to measure it.[838] In addition, the servant-leadership frame-

---

832. McCrimmon, 1.
833. McCrimmon, 3.
834. Gill, *Theory and Practice,* 70–71.
835. Page and Wong, "Conceptual Framework," 71.
836. Sendjaya, "Demystifying Servant Leadership," 44.
837. Reinke, "Service before Self," 32.
838. Page and Wong, "Conceptual Framework," 84.

work was accused of largely being based upon anecdotal evidence;[839] being untested;[840] and lacking a consistent, robust definition.[841] However, McClellan observed that Greenleaf never intended to establish a research model for servant-leadership, "but rather to advocate for a new conceptualization of leadership grounded in the intent of the leader to serve rather than to wield power or authority."[842] Building upon Greenleaf's foundational concept of servant-leadership, researchers such as Parolini, Rennaker,[843] and those listed in Table 3 have advanced over the last two decades various models of servant-leadership. Table 3 summarizes various themes, characteristics, attributes, or constructs that were hypothesized in the models as these researchers described, defined, and measured servant-leadership with the objective of making it a robust theory and a discipline sustainable for ongoing research and practice.

Although Table 3 captures most of the characteristics identified by researchers since the turn of the millennium, it is worth noting that many have built upon the initial works of Laub, Page and Wong, Patterson, Sendjaya, and Spears.[844] A summary of these characteristics/attributes/dimensions appears to lead to one conclusion: There is not a consistent singular framework/model/instrument with clearly validated characteristics for the emergent servant-leadership research. In a recent attempt to synthesize the differing characteristics identified through the extant literature on servant-leadership, van Dierendonck observed that there are at least forty-four overlapping servant-leadership characteristics and a number of standalone attributes.[845] He further noted that these characteristics can be distilled into "six key characteristics of servant-leader behavior that bring order to the conceptual plurality":[846] Empowering and Developing People; Humility; Authenticity; Interpersonal Acceptance; Providing Direction; and Stewardship.[847]

---

839. Bowman, "Popular Approaches to Leadership," 245.
840. Bass, "Future of Leadership," 33.
841. Andersen, "When a Servant-Leader," 12–13; Laub, "Defining Servant Leadership," 2–3.
842. McClellan, "Research-Based Models," 163.
843. Parolini, *Effective Servant Leadership*; Rennaker, "Servant-Leadership."
844. Laub, *Assessing the Servant Organization*; Page and Wong, "Conceptual Framework"; Patterson, *Servant Leadership*; Sendjaya, "Development and Validation"; Spears, "Introduction: Servant-Leadership."
845. van Dierendonck, "Servant Leadership," 1232.
846. van Dierendonck, 1232.
847. van Dierendonck, 1232–34.

## Table 3: Servant-Leadership Characteristics and Attributes

| Author(s) | Characteristics, Themes, Attributes, or Constructs |
|---|---|
| Barbuto and Wheeler (2006)[848] | Calling; Listening; Empathy; Healing; Awareness; Persuasion; Conceptualization; Foresight; Stewardship; Growth; Community Building |
| Farling, Stone, and Winston (1999)[849] | Vision; Influence; Credibility; Trust; Service |
| Laub (1999, 2010)[850] | Value People; Develop People; Build Community; Display Authenticity; Provide Leadership; Share Leadership |
| Liden, Wayne, Zhao, and Henderson (2008)[851] | Emotional Healing; Creating Value for the Community; Conceptual Skills; Empowering; Helping Subordinates Grow and Succeed; Putting Subordinates First; Behaving Ethically; Relationship; Servanthood |
| Page and Wong (2000)[852] | *Character-Orientation*: Integrity; Humility; Servanthood *People-Orientation*: Caring for Others; Empowering Others; Developing Others *Task-Orientation*: Visioning; Goal Setting; Leading *Process-Orientation*: Modeling; Team Building; Shared Decision-Making |
| Patterson (2003)[853] | Agape Love; Humility: Altruism; Vision; Trust; Empowerment; Service |
| Russell and Stone (2002)[854] | *Functional Attributes*: Vision; Honesty; Integrity; Trust; Service; Modeling; Pioneering; Appreciation of Others; Empowerment *Accompanying Attributes*: Communication; Credibility; Competence; Stewardship; Visibility; Influence; Persuasion: Listening; Encouragement; Teaching; Delegation |

---

848. Barbuto and Wheeler, "Scale Development," 300–326.
849. Farling, Stone, and Winston, "Servant Leadership."
850. Laub, *Assessing the Servant Organization*; Laub, "Servant Organization."
851. Liden et al., "Servant Leadership," 161–77.
852. Page and Wong, "Conceptual Framework."
853. Patterson, *Servant Leaders*.
854. Russell and Stone, "Review of Servant Leadership," 145–57.

| | |
|---|---|
| Sendjaya (2003, 2005, 2010)[855]; Sendjaya, Sarros, and Santora (2008)[856] | Voluntary Subordination; Authentic Self; Covenantal Relationship; Responsible Morality; Transcendental Spirituality; Transforming Influence |
| Spears (1995, 2004, 2010)[857] | Listening; Empathy; Healing; Awareness; Persuasion; Conceptualization; Foresight; Stewardship; Commitment to the Growth of People; Building Community |
| van Dierendonck & Heeren (2006)[858] | *Personal Strength Level*: Integrity; Authenticity; Courage; Objectivity; Humility<br>*Interpersonal Level*: Empowerment; Emotional Intelligence<br>*Organizational Level*: Stewardship; Conviction |
| van Dierendonck & Nuijten (2011)[859] | Empowerment; Accountability; Standing Back; Humility; Authenticity; Courage; Interpersonal Acceptance; Stewardship |
| van Dierendonck & Rook (2010)[860] | Empowerment; Accountability; Standing Back; Humility; Authenticity; Forgiveness; Courage; Stewardship |
| Wong & Page (2003)[861] | Developing and Empowering Others; Vulnerability and Humility; Visionary Leadership; Servanthood; Responsible Leadership; Integrity (Honesty); Integrity (Authenticity); Courageous Leadership |

Of the characteristics listed in Table 3, foresight appears to be the one that is least researched,[862] and when it is studied, it is often linked with intu-

---

855. Sendjaya, "Development and Validation"; "Leaders as Servants"; "Demystifying Servant Leadership."
856. Sendjaya, Sarros, and Santora, "Defining and Measuring Servant Leadership."
857. Spears, "Introduction: Servant-Leadership"; "Understanding and Practice"; "Character and Servant Leadership."
858. van Dierendonck and Heeren, "Toward a Research Model," 141–64.
859. van Dierendonck and Nuijten, "Servant Leadership Survey," 249–67.
860. van Dierendonck and Rook, "Enhancing Innovation and Creativity," 155–65.
861. Wong and Page, "Servant-Leadership."
862. Spears, "Character and Servant Leadership," 19.

ition, vision, and insight.[863] A large measure of reluctance is perhaps due to researchers' biased interest in analyzing leadership traits, characteristics, and competencies with the positivistic paradigm of knowing.[864] Thus, many researchers devise instruments to quantitatively gauge the presence and validity of servant-leadership characteristics as reflected in the previous section.[865] The positivistic approach tends to favor those characteristics whose variables can be defined and measured. Foresight, however, is not a leadership attribute that can be easily evaluated, partly because of the difficulty of operationalizing the parameters that are necessary for any measure to be valid and meaningful.[866] However, I suggest that the challenge also lies with the difficulty of pinpointing the exercising of foresight that may lead specifically to avoidance of certain events, trends, and decisions. In such contexts of absence of certain consequences, linkage to the causes can be virtually impossible to ascertain. Unlike other servant-leadership characteristics such as listening or courage, exercising of foresight may not yield any specific immediate outcomes for measurement at all, especially when it comes to outcome prevention. For example, implementation of a talent management practice may lead a company to be able to continuously maintain the status quo of talent retention and avoid the flight of top-tier performers. Although it may be possible to gauge why employees maintain their loyalty to an organization, tying loyalty to foresight in the implementation of such talent management practice may prove to be elusive. Yet, as Ladkin advocated, when it comes to exploring a phenomenon such as leadership, "what one does not see may be as important as what one does see."[867] When leadership, particularly leadership foresight, "is serving its purpose, it is difficult to 'see.'"[868] I suggest that an examination of how foresight operates in servant-leadership is an important aspect of servant-leadership's contribution, and it was drawn on as the leadership framework for this study. Consistent with the purpose of this research, we can gain insights into how SGCCE were affected in the mediation of their transitory process by analyzing the presence and absence of servant-leadership

---

863. Laub, *Assessing the Servant Organization*, 32, table 1.
864. Ladkin, *Rethinking Leadership*, 4.
865. Winston, "Place for Qualitative Research," 180.
866. Spears, "Introduction: Servant-Leadership," 6.
867. Ladkin, *Rethinking Leadership*, 6.
868. Ladkin, 46.

foresight in the first-generation Chinese Canadian immigrant churches and the nonimmigrant congregations SGCCE were attending at the time of interview. Before a further discussion of Greenleaf's foresight, a survey of this concept in relation to servant-leadership is presented.

## Foresight and Servant-Leadership

Researchers offer divergent opinions with a wide range of definitions when it comes to foresight and its accompanying research. For example, in linking foresight to a corporation's strategy, Courtney argued that the concept does not originate from thorough studies of the current environment, nor does it emerge from any state-of-the art forecasting techniques. Rather, the capacity for foresight is derived from having a complete understanding of the uncertainty the organization is facing.[869] Courtney asserted that 20/20 foresight, an acuity of mind about what future could look like, can be arrived at only by embracing uncertainty, exploring it, investigating it from a variety of different perspectives, and getting to know it.[870] For Courtney, having 20/20 foresight does not mean a person can make "flawless future predictions."[871] Instead, this kind of foresight can provide as much clarity as possible about the future. Rejecting what he considered to be a binary definition of uncertainty (i.e. either uncertainty exists or does not), Courtney suggested that four levels of *residual uncertainty* exist; residual uncertainty is the kind of "uncertainty left after [conducting] the best possible analysis to separate the unknown from the unknowable."[872] Level One of uncertainty, the lowest of all four, is equivalent to a point or concrete forecast with an identifiable outcome. Level Two presents a set of distinct possible outcomes, with one of them being the actual occurrence. Level Three specifies only a range of possible outcomes with no particular forecast of the actual occurrence. Finally, Level Four indicates that no definitive range of outcomes is possible. An organizational strategy can be obtained only by first identifying the level of uncertainty the organization is facing and then addressing the following five issues relative to strategic choices: (a) "shape or adapt"; (b) "now or later"; (c) "focus or

---

869. Courtney, *20/20 Foresight*, 3.
870. Courtney, 3.
871. Courtney, 3.
872. Courtney, 4.

diversify"; (d) "new tools and frameworks"; and (e) "new strategic-planning and decision-making processes."[873]

As opposed to locating the study of foresight in an organizational context as Courtney did, Slaughter examined the concept in a broader framework of futures study. He argued that the future could not be predicted precisely, nor did any "iron laws" or "blue print" exist for governing "the process of human or cultural development" that might contribute to shaping the future.[874] Though the future could not be viewed clearly and precisely in all realms, Slaughter hypothesized that there exist models and constructs by which researchers could come to arrive at a "broad-brush overview of our context in time: past, present and near-term future."[875] For Slaughter, study of foresight is the discipline that "captures the key quality of all successful futures work" by enhancing "our ability to understand and then to act with awareness."[876] With this definition in mind, Slaughter characterized foresight as a "deliberate process of expanding awareness and understanding through futures scanning and the clarification of emerging situations."[877] He further suggested that such a process could help expand the boundaries of perception for the future in at least four dimensions: (a) "by assessing possible consequences of actions (and) decisions"; (b) "by anticipating problems before they occur"; (c) "by considering the present implications of possible future events"; and (d) "by envisioning desired aspects of future societies."[878] In addition, exercising foresight in this manner is in perfect alignment with the leadership mandate to execute the "twin themes of prudence and responsibility."[879]

Slaughter further postulated that rather than being an ability to view the future precisely for what it precisely is, foresight is a "human attribute that allows us to weigh up pros and cons, to evaluate different courses of action and to invest possible futures on every level with enough reality and meaning to use them as decision-making aids."[880] As such a human attribute, foresight

---

873. Courtney, 5–10.
874. Slaughter, *Foresight Principle*, xv.
875. Slaughter, xvi.
876. Slaughter, xvii.
877. Slaughter, xvii.
878. Slaughter, xvii.
879. Slaughter, *Futures Concepts*, 44.
880. Slaughter, *Foresight Principle*, 1.

can be characterized as the human capacity to be open to the future, and to develop options for the future and for making choices among them.[881] With this characterization, Slaughter placed special emphasis on both the necessity to choose and the calling for actions to define "what it is we really want, and then putting in place the means to achieve it."[882] At the same time, he was careful in insisting on what foresight is not: "the ability to predict the future."[883] Rather, he argued that the entire purpose of future scanning, something he stated to be fundamental in developing foresight, is to seek to understand what options might be available. For Slaughter, then, foresight is not so much about prediction as about understanding what options are available so that well-informed choices can be made.[884]

To make well-informed decisions, Cornish echoed, people need to detect the contemporary currents of change that may become trends in the future.[885] Similar to Cornish, Hammett referenced the role of trends and argued that based on trends, scenarios can be generated to anticipate what futures may look like.[886] The study of scenarios requires, according to Funk, an interpretative approach rather than a predictive approach.[887] Funk explained that the predictive approach is better used in scientific or technical systems, which can be measured and quantified. Social systems, on the other hand, are far too complex to be approached with the predictive approach since they are based on qualitative variables such as "values, beliefs, ideologies (and) presuppositions."[888] By focusing on examining "structures and processes," the interpretative approach "looks back to derive insights, data, and knowledge about the past as a basis for understanding the present and looking forward to create provisional knowledge about futures."[889]

---

881. Slaughter, 1.
882. Slaughter, 2.
883. Slaughter, 1.
884. Slaughter, 33.
885. Cornish, *Futuring*, 23.
886. Hammett, "Strategic Foresight."
887. Funk, *Future of Servant-Leadership*, 42.
888. Funk, 42.
889. Funk, 42.

Similar to Funk, Slaughter advocated a three-part approach of "looking backward,"[890] "looking around,"[891] and "looking ahead"[892] to derive foresight about the future. First, he looked backward into history to gain insights into the worldviews of the past so that "we can more clearly see the world we live in and those that potentially emerge from it."[893] Slaughter argued that by looking back into the past, people can identify the defects of what he called the "Western Industrial worldview."[894] This worldview manifested itself as a metaproblem that gave rise to phenomena such as the dominance of instrumental rationality; reductionism and loss of the transcendent; science and technology used for irrational ends; and the de-sacralization of nature.[895] In engaging in the second part of the approach of "looking around," Slaughter detected that the same defects of the past reveal themselves and affect the major institutions of the contemporary world, institutions that include politics, governance, economics, commerce, and media.[896] Slaughter concluded that our past-oriented culture forces us "to move into the future without futures perspective – that is without sustaining and viable notions of how they might be constituted."[897] If the impact is not addressed, Slaughter warned, the future will become "an empty space," void of existence and meaning.[898] To buck the trend, Slaughter suggested, people should take steps to tap into the human capacity to create foresight, to anticipate issues and events, and to understand their potential impacts and significance before the events occur.[899] The World Future Society made a similar point when it claimed that "foresight may reveal potential threats that we can prepare to deal with before they become crises."[900] The Society argued that foresight "gives us increased power to shape our future," because "people who can think ahead will be prepared

---

890. Slaughter, *Foresight Principle*, 5.
891. Slaughter, 21.
892. Slaughter, 29.
893. Slaughter, 5.
894. Slaughter, 9.
895. Slaughter, 15–20.
896. Slaughter, 21–27.
897. Slaughter, 28.
898. Slaughter, 28.
899. Slaughter, 48–49.
900. World Future Society, *Art of Foresight*, 2.

to take advantage of new opportunities that rapid social and technological progress are creating."⁹⁰¹ In summary, Slaughter and others argued that there is a need to examine events on a time continuum to detect whether there are trends that are shaped by devastating events. If such events are detected, viable options need to be developed in advance to allow leaders to choose and implement plans so that crises can be averted or mitigated on the one hand, and growth and prosperity can be fostered on the other.

Extending Greenleaf's thought on foresight in the context of exploring Native American leadership,⁹⁰² Baldwin characterized the relationship between servant-leadership and foresight this way: "Servant-leaders cultivate *foresight* in order to apply the lessons of history to the realities of the present and to a compelling vision of the future in such a way as to recognize the probable outcome of the actions about to be taken."⁹⁰³

Sipe and Frick, on the other hand, as inspired by the biblical imagery of wisdom building a house with seven pillars, expanded Greenleaf's idea of servant-leadership with the following definition: "A Servant-Leader is a *person of character* who *puts people first*. He or she is a *skilled communicator*, a *compassionate collaborator* who has *foresight*, is a *systems thinker*, and *leads with moral authority*."⁹⁰⁴ Building on Greenleaf's characterization of foresight as "*a sense for the unknowable* "and as an ability to "*foresee the unforeseeable*,"⁹⁰⁵ Sipe and Frick averred that "*foresight is a practical strategy* for making decisions and leading."⁹⁰⁶ Unlike the traditional forecasting of pointing to a particular future occurrence, similar to Courtney's Level One, or mapping out alternative scenarios, similar to Courtney's Level Two,⁹⁰⁷ Sipe and Frick surmised that foresight is derived from our intuition that originates from our heart and our gut. They advocated a five-step approach in harnessing the power of foresight: (a) analyzing the past; (b) learning thoroughly "about the issue at hand";

---

901. World Future Society, 1.
902. Greenleaf, *Servant Leadership*.
903. Baldwin, "Learning Servant-Leadership," 143, emphasis in original.
904. Sipe and Frick, *Seven Pillars*, 4, emphasis in original.
905. Greenleaf, *Servant Leadership*, 35.
906. Sipe and Frick, *Seven Pillars*, 106, emphasis in original.
907. Courtney, *20/20*.

(c) allowing the information you gather to incubate; (d) being open and ready for discovery; and (e) sharing "your insights with trusted colleagues."[908]

Young alternatively suggested that foresight in Greenleaf's conception is "an art, not a science."[909] Foresight helps facilitate the process of drawing together the strands of contributing factors we face in any environment and enable the leaders to "act in that critical moment when we have the ability to do so, and then to move in some direction with a plan."[910] For Young, discernment plays a vital role in shaping foresight.[911] Discernment starts with an "ability to step back, to listen, and to nurture wider awareness."[912] With this in mind, Young linked another key characteristic of Greenleaf's servant-leadership to foresight: listening. He argued that "to discern is to be able to withdraw and listen to a wider voice, a more overarching purpose."[913] For the first-generation Chinese Canadian Christian leaders, the exercise of discernment implies a practice of listening to the flock in terms of the various strands of their needs and their individual and collective aspirations. Indeed, Greenleaf's servant-leadership urges the leaders to get closer to the ground with a full environmental scan, as he suggested: "Servants, by definition, are fully human. Servant-leaders are functionally superior because they are closer to the ground – they hear things, see things, know things, and their intuitive insight is exceptional. Because of this they are dependable and trusted."[914]

Servant leaders are not the power-wielders who bark order and demand subservience. Rather, they work among followers, listening first to their followers. Yukl summarized: "Servant leaders must listen to followers, learn about their needs and aspirations, and be willing to share in their pain and frustration."[915] The practice of listening can favorably frame the leaders to be regarded as servants and build trust, care, and strength between the leaders and the followers.[916] I argue that the art of active listening includes the hear-

---

908. Sipe and Frick, *Seven Pillars*, 113–15.
909. Young, "Foresight," 245.
910. Young, 246.
911. Young, 248.
912. Young, 248.
913. Young, 249.
914. Greenleaf, *Servant Leadership*, 56.
915. Yukl, *Leadership in Organizations*, 349.
916. Bogle, "On the Right Side," 174–77; Young, "Foresight," 252.

ing, seeing, and knowledge of the environmental factors that contribute to a person's capacity to see the bigger picture.

Young further suggested that the exercise of discernment would then allow us to detect trends and patterns that help us to see "how things are moving either in the direction of our core values and vision, or away from them."[917] Thus, the exercise of discernment in terms of stepping back and listening allows foresight to emerge and enables leaders to "foresee the unforeseeable" and moves them "into vision and into seeing things whole."[918]

## Greenleaf's Servant-Leadership and Foresight

In discussing the idea of the servant as leader, Greenleaf pinpointed the core of a servant-leader by placing an emphasis on the *servant* part of the equation.[919] However, he also explained what constitutes the *leader* part of the equation. In addressing servant-leadership as a general principle and how it is linked to fields such as education, foundations, churches, bureaucracies, and so forth, Greenleaf constantly used a simple phrase to describe leadership: To lead is to show the way.[920] Greenleaf further framed the concept of "lead" in contrast to the ideas of "guide, direct, manage, or administer."[921] Unlike the latter group of concepts, which conjure up the image of "maintenance . . . coercion . . . or manipulation," the word "lead" implies creative venture and risk taking.[922] Those who are led, therefore, are not forced to follow, but rather are shown how to do so out of their own volition.[923] In addition, to show the way implies knowing the way, and in this regard, Greenleaf was more interested in intuitive knowledge than empirical knowledge when it came to "having a sense for the unknowable" as a key attribute possessed by a leader.[924] According to Greenleaf, intuitive knowledge, or insight, is the ability to penetrate beyond what empirical information may present in any given situation and see the patterns and the generalized trends that can be

---

917. Young, 249.
918. Young, 249.
919. Greenleaf, "Who Is the Servant Leader?"
920. Greenleaf, *Servant Leadership*, 28–29.
921. Greenleaf, *Studies in Formative Spirituality*, 4.
922. Greenleaf, 4.
923. Greenleaf, 4.
924. Greenleaf, *Servant Leadership*, 35.

used to make decisions.⁹²⁵ In the decision-making process, Greenleaf asserted, a leader is usually confronted with a gap between the information that is available at hand and what is really needed to make a solid decision, and the "art of leadership rests, in part, on the ability to bridge that gap by intuition."⁹²⁶ To exercise intuition means to "have a sense for the unknowable," a sense that is tied inextricably with seeing the way.⁹²⁷ Making leadership decisions based on intuition is what leaders are called to exercise.⁹²⁸ Indeed, a mark of leaders "is that they are better than most at pointing the direction" because they have the ability "to foresee the unforeseeable."⁹²⁹ Foresight, then, according to Greenleaf, is the ability to make sense of the unforeseeable. Thus, foresight is what Greenleaf equated with "the 'lead' that the leader has."⁹³⁰ He further explained, as quoted by Bogle, that:

> The lead that the leader has is his ability to foresee an event that must be dealt with before others see it so that he can act on it in his way, the right way, while the initiative is his. If he waits, he cannot be a leader – at best, he is a mediator.⁹³¹

So paramount is foresight in relation to leadership that Greenleaf further declared: "Once leaders lose this lead (i.e. foresight) and events start to force their hand, they are leaders in name only."⁹³² Indeed, timing and courage to act are so crucial that if a leader waits when he needs to act, he no longer is a leader but functions only as a mediator of events and variables that force his hand.⁹³³ And a leader in name only is no longer leading because "he is only reacting to events, and he probably will not long be a leader if he does not recover his 'lead.'"⁹³⁴

Spears regarded the concept of foresight as a "characteristic that enables the servant-leader to understand the lessons from the past, the realities of

---

925. Greenleaf, 37.
926. Greenleaf, 36.
927. Greenleaf, 35.
928. Greenleaf, "Leadership and Foresight," 319.
929. Greenleaf, *Servant Leadership*, 29, 35.
930. Greenleaf, 40.
931. Bogle, "On the Right Side," 175.
932. Greenleaf, *Servant Leadership*, 40.
933. Bogle, "On the Right Side," 175.
934. Greenleaf, "Leadership and Foresight," 319.

the present, and the likely consequences of a decision for the future."[935] To examine how this characteristic is related to Greenleaf's servant-leadership theory, I look at Greenleaf's conception of foresight in four different dimensions: foresight and the time continuum; foresight and awareness; foresight and consciousness; and the ethical dimension of foresight, giving special emphasis to the ethical dimension.

### *Foresight and the Time Continuum*

In characterizing foresight, Greenleaf differentiated the concept from "the prevailing popular view of prescience."[936] To explain foresight, Greenleaf started first with an exposition of the concept of *now*.[937] He observed that people tend to be fixated on events that are happening *now* and neglect that there is a broader concept of the time continuum. The time continuum is analogous to the spread of light from a narrowly focused beam. The light has a "bright intense center . . . and a diminishing intensity, theoretically out to infinity on either side."[938] By applying the statistical concept of the "moving average" to the explanation, Greenleaf proposed that *now* is not limited by clock time such that when the clock ticks, *now* moves along.[939] Rather, *now* is situated in a continuum that includes the past and the future. In other words, the concept of *now* includes all that is in the past and all that will be in the future. This characterization of the time continuum provides Greenleaf with a framework to differentiate foresight from the popular concept of prescience, something he called "a sort of mystical gift that a seer calls into play now and then when he chooses to look at his crystal ball."[940] By extension, for Greenleaf, foresight is the ability to see things in the future from the present moment with a connection to the past.[941] Cast in the context of the time continuum, foresight means: "Regarding the events of the instant moment and constantly comparing them with a series of projections made in the past

---

935. Spears, "Understanding and Practice," 15.
936. Greenleaf, "Leadership and Foresight," 318.
937. Greenleaf, *Servant Leadership*, 38.
938. Greenleaf, "Leadership and Foresight," 317.
939. Greenleaf, 317.
940. Greenleaf, 318.
941. Greenleaf, *Servant Leadership*, 37–38.

and at the same time projecting future events – with diminishing certainty as projected time runs out into the indefinite future."[942]

In identifying the source of inspiration, Greenleaf freely attributed it to Machiavelli in his formulation of foresight.[943] According to him, Machiavelli provided a fitting approach to harness foresight:

> For knowing afar off (which it is only given a prudent man to do) the evils that are brewing, they are easily cured. But when, for want of such knowledge, they are allowed to grow so that everyone can recognize them, there is no longer any remedy to be found.[944]

Thus as a prudent man, a leader needs to be the "one who constantly thinks of *now* as the moving concept in which past, present moment and future are one organic entity."[945] In other words, someone who is a practicing leader is "at once, in every moment of time, historian, contemporary analyst, and prophet – not three separate roles."[946] The dimension of the time continuum in Greenleaf's concept of foresight facilitates understanding of the next dimension: foresight and awareness.

### *Foresight and Awareness*

Spears summarized awareness as the "general awareness, and especially self-awareness, (that) strengthens the servant-leader."[947] He further suggested that awareness speaks to the ability to elevate oneself to see the unusual and discern that what is there is more than what meets the eye. Spotting the unusual is not necessarily about looking at the big picture all the time. For awareness also implies having the ability to look into the "grandeur that is in the minutest thing, the smallest experience."[948] To Greenleaf, having the ability to spot the unusual in the minutest thing is critical to leaders, as otherwise they might overlook the "smallest things" in stressful circumstances. To enhance their

---

942. Greenleaf, 39.
943. Greenleaf, "Leadership and Foresight," 318.
944. Greenleaf, 318.
945. Greenleaf, *Servant Leadership*, 38.
946. Greenleaf, 39.
947. Spears, "Understanding and Practice," 14.
948. Greenleaf, *Servant Leadership*, 41.

sensitivity, leaders need to engage in a process to expand their awareness, a process Greenleaf likened to opening the door of perception wider to take in more sensory experience than "people usually take in."[949] In so doing, leaders can avoid "miss[ing] great leadership opportunities" that the minutest thing may present.[950] By extension, Greenleaf suggested that awareness, especially awareness of danger or harm, could come from examining what would normally be unnoticed details or events.[951] Potential dangers are best examined when dangers are seemingly absent, in times of peace and prosperity, according to the Chinese history book 春秋左傳 (*Chun Qiu Zuo Zhuan*). The book spoke of preparedness for crisis "有備無患" (*you bei wu huan*) this way: "Where there is preparedness, there is not crisis."[952] The story behind this Chinese proverb speaks of someone in authority who would be engaged in investigating a potentially lurking crisis 危機 (*wei ji*) (crisis in Chinese characters: danger plus opportunity) in times of peace, when no apparent ills are present. If and when such a potential crisis has been detected and conceptualized, precautionary steps can then be taken in advance. By application, part of a servant-leader's moral responsibility is to temper unbridled optimism in times of stability by being on the prowl to detect possible risks and to take preparatory actions appropriately, to either prevent the risks from happening or make plans that will mitigate the impact if and when the risks should materialize. In addition, when Greenleaf wrote about awareness, he was referring to another critical aspect in which awareness is considered as "value building and value clarifying."[953] Not only did Greenleaf focus on what actions need to be taken in advance in order to avert crisis, he also asserted that awareness acts as a sensor for moral and value alignment. The sensory capability of moral and value alignment starts first with what Spears described as "self-awareness."[954] DeGraaf, Tilley, and Neal extended the concept further to include the development of self-awareness by advocating the adoption of reflection as part of our daily routine. Reflection would allow servant-leaders

---

949. Greenleaf, "Leadership and Foresight," 319.
950. Greenleaf, 323.
951. Greenleaf, 323.
952. Zuo Zhuan, *XiangKong*, 11.
953. Greenleaf, *Servant Leadership*, 41.
954. Spears, "Understanding and Practice," 14.

to be purposeful, to renew passion and align values, and to adjust priorities.[955] The exercise of daily reflection will generate two outcomes, according to Greenleaf.[956] First, the exercise will facilitate the opening of awareness to stock "both the conscious and unconscious areas of the mind with a richness of resources for any need one faces."[957] But more importantly, the exercise will build and clarify values for leaders that will in turn guide them to "act rightly."[958] It is in this context of understanding awareness as a value-regulating sensor that we come to a greater understanding of Greenleaf's characterization of awareness as "*not* a giver of solace," but rather "a disturber and an awakener."[959] This understanding of Greenleaf's awareness is critical in explaining the ethical dimension of foresight that is to be examined later in detail. If leaders are to act on foresight from the perspective of the ethical imperative, Greenleaf argued, they must have the capacity of awareness fully functional.[960] Greenleaf further pointed out that awareness regulates values that would guide leaders to see their own "peculiar assortment of obligations and responsibilities" that facilitate their making the right choices as they sort out what is urgent and what is important.[961] If awareness is not being put to its proper use, leaders may miss "leadership opportunities" to detect impending danger and luring crises that are less noticeable and to question implications from a long-term perspective.[962] The absence of awareness is best illustrated by Handy in the story of a frog in cold water.

> A frog if put in cold water will not bestir itself if that water is heated up slowly and gradually and will in the end let itself be boiled alive, too comfortable with continuity to realize that continuous change at some point becomes discontinuous and demands a change in behavior.[963]

---

955. DeGraaf, Tilley, and Neal, "Servant-Leadership Characteristics," 143–44.
956. Greenleaf, "Leadership and Foresight," 323.
957. Greenleaf, 323.
958. Greenleaf, 323.
959. Greenleaf, *Servant Leadership*, 41.
960. Greenleaf, "Leadership and Foresight," 323.
961. Greenleaf, 323.
962. Greenleaf, *Servant Leadership*, 41.
963. Handy, *Age of Unreason*, 7–8.

However, having the capacity of awareness to function properly in detecting dangers and opportunities requires foresight to see the now and here as well as the far and there, something Greenleaf related to the two levels of consciousness that a leader must exercise to capitalize on the insights derived from awareness.[964]

## *Foresight and Two Levels of Consciousness*

In characterizing religious leadership, Greenleaf described these leaders as having the role of a prophet, someone who brings "vision and penetrating insights" to their community.[965] Greenleaf suggested that as a prerequisite for establishing a vision, a leader needs to exercise foresight and see the unforeseeable.[966] The exercise of foresight requires the leader to operate simultaneously on what Greenleaf called the "two levels of consciousness."[967] Greenleaf explained that on one level, consciousness resides in the physical world: it is "concerned, responsible, effective, value oriented."[968] On the other level, consciousness is detached and rises above the physical world, seeing beyond current events and looking into "the perspective of a long sweep of history . . . [and projecting] into the indefinite future."[969] Leaders would truly function as prophets only when they operate on the second level, in foreseeing the "unforeseeable" and shaping and modifying the vision for their community.[970]

Greenleaf, however, was not interested simply in explaining how a leader needs to foresee the unforeseeable. More importantly, he was interested in how a leader needs to *act* and *show* the way that the unforeseeable points to.[971] For Greenleaf, what makes these two key leadership characteristics, acting and showing, interconnected is the leader's ability to move between these two levels of consciousness, an ability characterized by what he described as a "schizoid life."[972] Conjuring up an image that an invisible ladder exists

---

964. Greenleaf, Fraker, and Spears, *Seeker and Servant*, 22.
965. Greenleaf, Fraker, and Spears, 14.
966. Greenleaf, Fraker, and Spears, 21.
967. Greenleaf, Fraker, and Spears, 22.
968. Greenleaf, Fraker, and Spears, 22.
969. Greenleaf, Fraker, and Spears, 22.
970. Greenleaf, Fraker, and Spears, 22.
971. Greenleaf, *Servant Leadership*, 40.
972. Greenleaf, 40.

that allows the leader to traverse between these two levels of consciousness, Greenleaf explained:

> From one level of consciousness, each of us acts resolutely from moment to moment on a set of assumptions that then govern our life. Simultaneously, from another level, the adequacy of these assumptions is examined, in action, with the aim of future revision and improvement. Such a view gives one the perspective that makes it possible for one to live and act in the real world with a clearer conscience.[973]

To act with a clearer conscience means being able to execute the responsibilities of a leader freely and, as Greenleaf suggested elsewhere, ethically.[974]

### *The Ethical Dimension of Foresight*

Northouse asserted that "ethics is central to leadership" and as such is at the crux of any decision leaders make given that "the choices leaders make and how they respond in a given circumstance are informed and directed by their ethics."[975] He further singled out Greenleaf's servant-leadership as one of the few leadership approaches that carries strong altruistic ethical overtones in caring for the followers and the less fortunate.[976] And if there is any specific reference by Greenleaf about ethics and leadership, it is found in his discussion of foresight.[977] Inspired perhaps by a speech delivered by Howard W. Johnson in 1972, the chairman of the Massachusetts Institute of Technology, Greenleaf, as suggested by Bogle, pointed out that there is an ethical dimension to the characteristic of foresight when leaders fail to exercise foresight.[978] Greenleaf explained:

> The failure (or refusal) of a leader to foresee may be viewed as an ethical failure, because a serious ethical compromise today (when the usual judgment on ethical inadequacy is made) is sometimes the result of a failure to make the effort at an earlier

---

973. Greenleaf, 40.
974. Greenleaf, 39.
975. Northouse, *Leadership*, 342, 346.
976. Northouse, 348–49.
977. Greenleaf, *Servant Leadership*, 39.
978. Bogle, "On the Right Side," 175–76.

date to foresee today's events and take the right actions when there was freedom for initiative to act.[979]

Greenleaf further contended that what is regarded as an unethical action by society is not really an action of making an unethical or a wrong choice, but rather an action of "no choice."[980] By an action of "no choice," Greenleaf meant that leaders could have foreseen the failure of inaction and could have chosen to act constructively when there was freedom to do so earlier. Though they might have foreseen the dire consequence earlier, unethical leaders chose not to act at the time. When the situation has deteriorated to the extent that such constructive choices no longer exist, the unethical leaders are then left with no alternative but to accept the eventual damage.[981]

The indictment of a leader for not acting with foresight as an ethical failure is shared by Bazerman and Watkins. They advanced the notion that there is arguably a distinction between what is a predictable event and what is an unpredictable event, though both may well be situated on a continuum of predictability.[982] A leader's responsibility is to foresee and identify a potential crisis and take action to prevent it.[983] Bazerman and Watkins pointed out that a predictable surprise "arises when leaders unquestionably had all the data and insight they need to recognize the potential for, even the inevitability of, a crisis, but failed to respond with effective preventative action."[984] The lack of action, according to Bazerman and Watkins, carries an ethical implication that stretches from committing a conflict of interest to the tacit "accepting [of] aggressive accounting practices of clients."[985] The consequences of these unethical actions go beyond the mere loss of profit or the demise of corporations. The collateral impact would affect other individual investors and retired employees whose livelihoods may depend upon the institutions, as evidenced in the scandal of Enron and their pensioners.[986]

---

979. Greenleaf, *Servant Leadership*, 39.
980. Greenleaf, 39.
981. Greenleaf, 40.
982. Bazerman and Watkins, *Predictable Surprises*, 4–5.
983. Bazerman and Watkins, 1, 4.
984. Bazerman and Watkins, 4.
985. Bazerman and Watkins, 49–50.
986. Bazerman and Watkins, 44.

Yet the impact of the ethical failure to act based on foresight in the case cited would go beyond the loss of profit for the corporation and of income for investors and pensioners. The moral infraction manifests at times in the inability of leaders to prepare the future generation for unseen challenges down the road. Greenleaf addressed the ethical dimension of foresight by referencing Thomas Jefferson, the third President of the United States (1801–1809) and one of America's founding father, someone whom Greenleaf considered to offer "as good an example as one could want of foresight in action."[987] Yet as much as Greenleaf admired Jefferson, he gave much credit to Jefferson's contemporary, George Wythe, with whom Jefferson studied law. According to Greenleaf, George Wythe the legislator was instrumental in guiding the young Jefferson through his maturation process and in providing "timely" and "incalculable" influence on him when Jefferson was the lawmaker of Virginia.[988] The example of George Wythe prompted Greenleaf to claim that "the greatest foresight, the most difficult and most exciting, is the influence one wields on the future by helping the growth of people who will be in commanding positions in the next generation."[989] Greenleaf further argued that neither personal wisdom and character nor institutions of society can be used to alter or "bind the future" because by the time personal wisdom is crystallized, the future is already here, and wisdom that was bound to the future would be out of date.[990] On the other hand, Greenleaf contended that "the future can be radically altered by the kinds of people now being prepared for the future."[991] In the case of Chinese Canadian immigrant churches, I argue that the first-generation leaders are in such a position to wield influence over the second-generation in their growth and maturation in such a way that future church leaders may emerge from the SGCCE.

D. Kim agreed with Greenleaf that servant-leaders are often entrusted with building the future generations in terms of their capacity, and that action taken now or otherwise would often decide the world the next generation will inherit from us.[992] D. Kim argued that "in the end, foresight is about

---

987. Greenleaf, "Future Is Now," 78.
988. Greenleaf, 79–80.
989. Greenleaf, 79.
990. Greenleaf, 79.
991. Greenleaf, 79.
992. Kim, "Foresight as the Central," 222.

being able to see all things that are important to our future."[993] But the most important target in the future that foresight needs to be able to see and induce leaders to act upon, and the target that would suffer the most if foresight is not exercised by leaders, is "our children's future."[994] In this regard, D. Kim agreed that the failure to act when foresight has shown a clear path of action is indeed to be considered an ethical failure.[995] Understood in this context, Greenleaf's concept of foresight in terms of its ethical dimension stands out from other leadership approaches, which hold foresight either as a skill[996] or as a role-based capacity[997] rather than as an interior quality of leadership that has an implicit moral dimension.

In summary, the four dimensions of foresight do not stand in isolation from one another in Greenleaf's writings. Collectively, these dimensions are interconnected to support the assertion that Greenleaf framed about foresight being "the 'lead' that the leader has."[998]

## Absence of Leadership Foresight

To appreciate the full force of foresight, I suggest that one needs to look into scenarios where it is absent and has not been exercised. And to facilitate the understanding of foresight and its relationship to leadership, I draw on Ladkin's framework of two suites of phenomenological concepts. The first suite has to do with the phenomenological concepts of a "whole" and a "moment."[999] Extending the study from Sokolowski's work,[1000] Ladkin explained that "wholes" are concrete observable objects that are clearly distinguishable and independent in existence. Conversely, not to be understood as a time-related concept, "moment" is used in phenomenology to characterize the inter-dependence between parts of the whole and the expression of that interdependence.[1001] Rather than seeing leadership as a "whole," to be

---

993. Kim, 222.
994. Kim, 222.
995. Kim, 222.
996. Day and Schoemaker, "Are You a 'Vigilant Leader'?"
997. Jaques, "In Praise of Hierarchy."
998. Greenleaf, *Servant Leadership*, 40.
999. Ladkin, *Rethinking Leadership*, 25.
1000. Sokolowski, *Introduction to Phenomenology*.
1001. Ladkin, *Rethinking Leadership*, 25

studied outside of reference to the particular context in which leadership emerges, leadership is better conceptualized as a "moment" of social relations.[1002] As such, leadership is entirely "dependent on the historical, social and psychological context from which it arises."[1003] Hence its expression can be found only through "particular localized conditions and the individuals who take part in both creating it and making sense of it."[1004] Ladkin further argued that the leadership "moment" functions to identify the "'pieces' of leadership which interact in order for leadership to be experienced."[1005] With this pair of concepts, leaders are required to relate to followers in such a way that "together they interact within a particular context and work towards an explicit or implicit purpose."[1006] I suggest that this expression of leadership fits well in the exploration of the transition of SGCCE conducted in this study. Understood in the context of the leadership "moment," the transition process does not take place in a vacuum but reflects a great deal of how the first-generational church leaders frame their relationship with their flock (i.e. patriarchal power-wielders or servant-leaders) and for what purpose (i.e. demanding total obedience and allegiance from the second-generation offspring or valuing the autonomy and growth of their followers, who one day may turn out to be servant-leaders themselves).

The second suite of Ladkin's framework has to do with the phenomenological concepts of "ready-to-hand" and "presence-at-hand."[1007] These phenomenological concepts were first espoused in Heidegger's *Being and Time*, in which the philosopher distinguished three modes of experiencing the world: (a) ready-to-hand; (b) unready-to-hand; and (c) present-at-hand.[1008] Dotov, Nie, and Chemero explained these three modes in the following ways. Ready-to-hand means experiencing an entity without involving an explicit awareness of its property,[1009] for its existence is governed by its function of

---

1002. Ladkin, 26.
1003. Ladkin, 27.
1004. Ladkin, 27.
1005. Ladkin, 27.
1006. Ladkin, 27.
1007. Ladkin, 43–44.
1008. Heidegger, *Being and Time*.
1009. Dotov, Nie, and Chemero, "Demonstration of the Transition," 1.

"doing something" else.[1010] In other words, the existence of the entity together with its properties is seen through in the task the entity is engaged with, and our experience of the entity is overshadowed by our experience of the end result. Dotov, Nie, and Chemero observed that according to Heidegger, this mode of experiencing the entity is our primary way to engage with the world.[1011] However, when that entity fails to serve its function entirely according to its property in such a way that the end result is still attainable, our experience of that entity becomes conscious and explicit. We no longer focus only on the end result but also on the way the entity operates in the process of its engagement. This experience of the entity in this mode is now unready-to-hand.[1012] Present-at-hand, Heidegger's third mode of experiencing the world, occurs when the process with which the entity has been engaged is halted in such a way that our attention is shifted from the end result the process intends to generate to the entity itself. Experienced with this mode, the entity is considered "no longer useful" but "merely an object with various properties."[1013] An example of ready-to-hand experience can be a screwdriver as a piece of equipment when it is being used to drive in screws. However, when a problem arises in driving in the screws, our consciousness is shifted to unready-to-hand in experiencing the screwdriver, the screws, and the board into which the screws are driven. Present-at-hand is experienced when the screwdriving process is stopped and the screwdriver is examined as an entity.

Leveraging these concepts and applying them to the studies of leadership, Ladkin asserted that examining the present-at-hand mode of leadership experience allows us to look at the nature of leadership in terms of how leadership fails and what has gone badly wrong and what has been missing. She reasoned that when leadership goes wrong, "it is easier to identify what it is that has failed."[1014] A person who examines the leadership's present-at-hand mode, therefore, "may glean new insights into . . . [the leadership's] 'ready-to-hand' mode" and can allow leadership to "reveal itself more explicitly . . . [in terms of] the purpose it serves when it is there."[1015] Ladkin's characteriza-

---

1010. Heidegger, *Being and Time*, 305.
1011. Dotov, Nie, and Chemero, "Demonstration of the Transition," 1.
1012. Dotov, Nie, and Chemero, 1–2.
1013. Dotov, Nie, and Chemero, 2.
1014. Ladkin, *Rethinking Leadership*, 46.
1015. Ladkin, 46.

tion of leadership's ready-to-hand and present-at-hand modes can equally be applied to foresight. In fact, a good example of this application is the analysis of Hurricane Katrina, which struck the city of New Orleans in August, 2005. In commenting on the lack of preparedness for the onslaught of Katrina, Ladkin suggested that the failure of leadership began long before the disaster occurred. She argued that "in order to understand the nature of leadership failure 'in the moment,' one also has to understand its history."[1016] Ladkin further remarked that if disasters such as Katrina are to be prevented from happening in advance, a comprehensive perspective of the entire situation is required. This perspective is more than a vision; it is

> a way of "seeing" the entire scenario and its attendant intricacies and complexities. Rather than the skill of looking forward, this situation called for the capacity to deeply perceive what was going on in the here and now . . . this perspective (ought to be) large enough to encompass the entire context with its critical interdependencies and from that perspective to create a plan for effective action.[1017]

I suggest that Ladkin's inclusive characterization of the need for seeing the entire scenario is congruent with Greenleaf's articulation of foresight's characteristics: Foresight is not merely a concept of looking forward, but rather involves analyzing the here and now and the history and trends of the situation, as in moving on a time continuum looking at the past, present, and future.[1018]

I further suggest that Ladkin's analysis offers a useful framework for understanding the absence of leadership. Leveraging this framework, I, in part, have analyzed the absence of foresight of the first-generation religious leaders who fail to detect the trends behind the phenomenon of the silent exodus and neglect to recognize the aspirations of the SGCCE. In analyzing the transition of SGCCE from their parents' congregations to ones of their own, I have postulated that the leadership of the first-generational pastor leaders and elders plays a critical role in the facilitation and mediation of

---

1016. Ladkin, 49.
1017. Ladkin, 50–51.
1018. Greenleaf, "Leadership and Foresight," 317–18; Greenleaf, *Servant Leadership*, 38.

the transition process. Use of foresight on the part of these spiritual leaders would allow the religious institutions and their leadership to see afar, to detect patterns and trends, to gauge the uncertainty, to devise a plan, and to act at the right time.[1019] In examining the phenomenon of the silent exodus from Chinese Canadian churches, one may wonder with Ladkin's astute observation whether exercise of better foresight to detect the dynamic would allow the church leaders to act accordingly in advance to stem the tide.[1020]

## Summary

This section examined briefly the evolution of modern leadership studies. Various theories such as the Great Man, traits, contingency and "New Leadership" were highlighted. A discussion of transformational leadership was presented, followed by Greenleaf's servant-leadership. Limitations, challenges, and characteristics of servant-leadership were introduced. The selection of foresight espoused by Greenleaf as a key characteristic in the examination of leadership in the Chinese Canadian churches in relation to the SGCCE's transition was explained. It was followed by an analysis of Greenleaf's foresight in its four dimensions. The section concluded with a discussion of the absence of foresight and how that absence is related to how the silent exodus phenomenon was framed using Ladkin's phenomenological concepts.

---

1019. Bogle, "On the Right Side," 175.
1020. Evans, *Impending "Silent Exodus"*; Song, "Patterns of Religious Participation."

CHAPTER 3

# Methods

As mentioned previously, the purpose of this study is to explore through a multi-case inquiry how the foresight, a characteristic of servant-leadership, of church leaders in the context of ethnic and religious social change mediated (or failed to mediate) the SGCCE's transition from their first-generation churches to the current nonimmigrant congregations of their choice. This chapter on methodology starts with a review of research methodology, identifying the epistemological assumptions and theoretical perspectives that underpin qualitative methodology. The review is followed by a description of case study research and an explanation of the reason for adopting this method in the study. The research participants and sampling consideration is then discussed, followed by an articulation of the twin processes of data collection and data analysis used in this research. The researcher's personal bias and bracketing is described next. Last, the limitations of the study are presented and some key ethical considerations are identified in conclusion.

## Research Methodology

### Epistemology and Theoretical Perspectives for Social Research

Creswell pointed out that in the field of social studies, researchers always bring certain beliefs and philosophical assumptions to their investigations.[1] Crotty too noted that researchers inject into their inquiry a "host of assumptions . . . about human knowledge . . . (and) about realities encountered in

---

1. Creswell, *Qualitative Inquiry*, 15.

our human world."² These beliefs and assumptions invariably affect the way researchers approach the inquiry, the problems they intend to tackle, the questions they seek to answer, and finally, the methodology and methods they select to conduct their research.³ To justify the methodology and the method used to conduct the investigation of interest, researchers are required to address the epistemological assumptions and theoretical perspective that underpin the methodology, which in turn "have implications for the methods, and the techniques they are most likely to use in conducting any research project."⁴ For this reason, Crotty maintained that every research study must tackle the following four foundational questions, whose answers inform and interact with each other in the construction of the research framework: (a) what method should be used? (b) what methodology governs the choice of method? (c) what theoretical perspective lies behind the methodology? and (d) what epistemology informs the theoretical perspective?⁵

For Crotty, at the root of the research process is the foundational question about where knowledge comes from and "how we know what we know."⁶ Epistemology is "the science of knowing."⁷ Quoting Maynard, Crotty defined epistemology as the discipline "concerned with providing a philosophical grounding for deciding what kinds of knowledge are possible, and how we can ensure that they are both adequate and legitimate."⁸ Crotty further identified three schools of thought pertaining to epistemology. First, *objectivist epistemology* asserts that "meaning, and therefore reality, exists as such apart from the operation of any consciousness."⁹ Consequently, the objective reality can be measured and described accurately by adopting particular methods.¹⁰ Next is the school of *constructionism*, which sees truth not as existing objectively, waiting to be discovered, but as coming "into existence

---

2. Crotty, *Foundations of Social Research*, 17.
3. Creswell, *Qualitative Inquiry*, 15; Crotty, *Foundations of Social Research*, 17.
4. Bakker, "Interpretivism," 487.
5. Crotty, *Foundations of Social Research*, 2.
6. Crotty, 8.
7. Babbie, *Practice of Social Research*, 4.
8. Maynard, "Methods, Practice and Epistemology."
9. Crotty, *Foundations of Social Research*, 8.
10. King and Horrocks, *Interviews in Qualitative Research*, 18–19.

in and out of our engagement with the realities of the world."[11] Meaning is a construction of our consciousness in its interaction with the world.[12] As a result, different people constitute meaning differently, even in relation to the same phenomenon.[13] Finally, the epistemological stance of *subjectivism* asserts that "meaning does not come out of an interplay between subject and object but is imposed on the object by the subject."[14] In other words, "meaning comes from anything *but* an interaction between the subject and the object to which it is ascribed."[15] In addition to Crotty's three types of epistemology, King and Horrocks identified *contextualism* as yet another viable epistemological stance. Contextualism states that "all knowledge produced is dependent upon the context, including the perspective or standpoint taken" to produce it. All knowledge is therefore "local, provisional, and situation dependent."[16] However, for Creswell, the characterization of contextualism by King and Horrocks appears to be more in line with constructionism as researchers of this stripe tend to derive meaning by focusing on "the specific contexts in which people live and work in order to understand the historical and cultural settings of the participants."[17] To sum up, a variety of epistemologies exist, and the epistemological stance researchers adopt in executing their investigation will underpin the theoretical perspective they use in framing the studies. For this study, I have followed the constructionist stance that meaning is socially constructed as it relates to the SGCCE experience of their transition through their faith journey.

Theoretical perspectives are the "philosophical stance that lies behind our chosen methodology."[18] Drawing from Guba, Denzin and Lincoln framed theoretical perspectives as paradigms, or interpretive frameworks, that are formed with a "basic set of beliefs that guides action" in conducting research.[19]

---

11. Crotty, *Foundations of Social Research*, 8.
12. King and Horrocks, *Interviews in Qualitative Research*, 22.
13. Crotty, *Foundations of Social Research*, 9.
14. Crotty, 9.
15. Crotty, 9.
16. King and Horrocks, *Interviews in Qualitative Research*, 20.
17. Creswell, *Qualitative Inquiry*, 25.
18. Crotty, *Foundations of Social Research*, 7.
19. Guba, "Alternative Paradigm Dialog"; Denzin and Lincoln, "Introduction" (2011), 13.

Interpretive in nature, social science research is guided by paradigms that reflect "a set of beliefs and feeling about the world and how it should be understood and studied."[20] Equally inspired by Guba's characterization of these perspectives, Creswell rejects referring to the characterization of interpretive frameworks as paradigms in favor of conceptualizing them as worldviews; he defined a worldview as "a general philosophical orientation about the world and the nature of research that a researcher brings to a study."[21]

Rooted in different nuances of epistemology, a variety of perspectives (i.e. paradigms, worldviews) emerges to inform researchers in the selection of appropriate methodology for their research. Creswell categorized the worldviews into four sets. First he merged positivism and post-positivism and designated the combined worldview as *postpositivist*, which represents "a deterministic philosophy in which causes (probably) determine effects or outcomes" in an empirically scientific reductionistic manner.[22] The *constructivist* worldview, on the other hand, suggests that "individuals seek understanding of the world in which they live and work" by constituting "subjective meanings of their own experience" through interactions with the world.[23] Drawing insights from Mertens, Creswell named the third worldview *transformative*, advocating that "research inquiry needs to be intertwined with politics and a political change agenda to confront social oppression at whatever levels [on which] it occurs."[24] Mertens's transformative paradigm focuses on "(1) the tensions that arise when unequal power relationships surround the investigation of what seem to be intransigent social problems; and (2) the strength found in communities when their rights are respected and honored."[25] Finally Creswell described the last perspective as *pragmatic*, a set of worldviews that "arises out of actions, situations, and consequences rather than antecedent conditions (as in postpositivism)" and favor instead "applications – what works – and solutions to problems."[26]

---

20. Denzin and Lincoln, 13.
21. Creswell, *Research Design*, 6.
22. Creswell, 7.
23. Creswell, 8.
24. Creswell, 14.
25. Mertens, *Transformative Research and Evaluation*, 10.
26. Creswell, *Research Design*, 10.

Lincoln, Lynham, and Guba, on the other hand, identified five alternative groups of inquiry paradigms in social research: (a) *positivism*, (b) *post-positivism*, (c) *critical theory*, (d) *constructivism*, and (e) *participatory*.[27] While the authors aligned with Creswell in the common identification of the paradigms of positivism, post-positivism, and constructivism, they offered two other paradigms for consideration. Bearing characteristics similar to those of the transformative paradigm, *critical theory* maintains that "research is driven by the study of social structures, freedom and oppression, and power and control," with knowledge produced by research having the ability "to change existing oppressive structures and remove oppression through empowerment."[28] The *participatory* paradigm, conversely, suggests that social reality is co-created by the mind through "critical subjectivity in participatory transaction with cosmos."[29] *Critical subjectivity*, as delineated by Heron and Reason, represents the awareness of (a) four ways of knowing: experiential, presentational, propositional, and practical; (b) of how they are currently interacting; and (c) of ways of changing the relations between them so that they "articulate a reality that is unclouded by a restrictive and ill-disciplined subjectivity."[30]

In a nutshell, social science researchers differentiate the positivistic (including post-positivism) theoretical perspectives from interpretivistic perspectives.[31] Rooted in objectivistic epistemology, positivism insists on the "measurability of an objective reality,"[32] whereas interpretivism builds on "the constructivist theory that all knowledge is personally constructed."[33]

This research explores how the collective case of a group of SGCCE experienced the silent exodus phenomenon from their parents' church and why it happened. The central focus of the case was on arriving at an in-depth understanding of the meanings of this phenomenon from the participants' perspectives in terms of how they perceived their own experience in relation to this phenomenon and how they constructed the meaning of that phenomenon. Bakker stated that "case study research is often associated with

---

27. Lincoln, Lynham, and Guba, "Paradigmatic Controversies."
28. Lincoln, Lynham, and Guba, 103.
29. Lincoln, Lynham, and Guba, 100.
30. Heron and Reason, "Participatory Inquiry Paradigm," 280.
31. Snape and Spencer, "Foundations of Qualitative Research," 16–17.
32. Mabry, "Case Study," 215.
33. Mabry, 216.

an emphasis on the importance of interpretation of human meaning. The assumptions concerning human meaning characteristic of the interpretive paradigm in social science are central to case study research."[34] Mabry further opined that "personal experience, including the vicarious experience promoted in interpretivist case studies, provides the building blocks for the knowledge base constructed by each individual."[35] This description falls into what Crotty characterized as the interpretivist approach, which "looks for culturally derived and historically situated interpretation of the social life-world."[36] Thus the approach I take in this study is one of interpretivism that undergirds the constructivist theory of knowledge construction.[37] The interpretivist paradigm differs from positivism and postpositivism in the way it affects methodology and methods to be used in conducting social science research, as will be discussed in the next section.

## Qualitative Research

Social scientists such as Creswell and Babbie are in general agreement that three options are commonly identified as the methodologies researchers use to conduct investigations in social science studies: quantitative research; qualitative research; and a mixed method approach that uses both. Quantitative research, explained Creswell, is used "for testing objective theories by examining the relationship among variables," which then "can be analyzed using statistical procedures."[38] To that end, quantitative data are numeric in nature.[39] Qualitative research, on the other hand, distinguishes itself by studying "things in their natural settings, attempting to make sense of, or interpret, phenomena in terms of the meanings people bring to them."[40] As a result, qualitative data tend to be detailed descriptions of people in terms of their thoughts, actions, emotions, and attitudes as well as of the environment the

---

34. Bakker, "Interpretivism," 486.
35. Mabry, "Case Study," 216.
36. Crotty, *Foundations of Social Research*, 67.
37. Mabry, "Case Study," 216.
38. Creswell, *Research Design*.
39. Babbie, *Practice of Social Research*, 25.
40. Denzin and Lincoln, "Introduction" (2005), 3.

people are situated in.⁴¹ Finally, mixed-methods research is the approach to inquiry involving collecting both quantitative and qualitative data.⁴²

Denzin and Lincoln indicated that the distinction between qualitative and quantitative research lies not merely in the style of the approach, the nature of the data, and how the analysis is conducted and presented, but rather fundamentally in the different epistemology the researchers uphold in their scholarly investigation.⁴³ The fundamental divergence reflects the deviation in the researchers' chosen stance regarding the "uses of positivism and postpositivism."⁴⁴ Positivism upholds that there is a reality "out there to be studied, captured, and understood," whereas postpositivism contends that "reality can never be fully apprehended, only approximated."⁴⁵ Although both qualitative and quantitative research approaches have been shaped by both perspectives historically, the former has departed from the historical root and influences of positivism and postpositivism due to the emergent need to address "new social contexts and perspectives" in reflection of the "rapid social change and the resulting diversification of life worlds" that the researchers are confronted with.⁴⁶

Based on their epistemological stance, quantitative researchers view their investigation as "good science, free of individual bias and subjectivity," and as the only way to tell the story of the social world.⁴⁷ Under the influence of positivism and postpositivism, these researchers tend to use impersonal and inferential methods and instruments and render the person under scrutiny as only one of the samples or an impersonal object. In their attempts to develop generalized findings, the quantitative researchers are in favor of examining statistics, trends, and probabilistic outcomes, rather than looking at the rich description of the participants and their social context.⁴⁸

Qualitative researchers, on the other hand, underscore: "The socially constructed nature of reality, the intimate relationship between the researcher

---

41. Patton, *Qualitative Evaluation Methods*, 22.
42. Creswell, *Research Design*, 4.
43. Denzin and Lincoln, "Introduction" (2005), 13.
44. Denzin and Lincoln, 11.
45. Denzin and Lincoln, 11.
46. Denzin and Lincoln, 11.
47. Denzin and Lincoln, 12.
48. Denzin and Lincoln, 12.

and what is studied, and the situational constraints that shape inquiry. Such researchers emphasize the value-laden nature of inquiry . . . (and) seek answers to questions that stress how social experience is created and given meaning."[49]

In evaluating their work, qualitative scholars tend to use alternative techniques or approaches such as "verisimilitude, emotionality, personal responsibility, an ethic of caring, political praxis, multivoiced texts, and dialogues with subjects."[50] In so doing, the researchers place a greater degree of emphasis on rich descriptions of the data because these descriptions are valuable to their understanding of the subjects and the social world they are situated in.[51]

Creswell suggested that qualitative research is favored if the following motivations are behind the investigation: (a) an exploration of issues whose variables of the idea cannot be easily measured or voices of participants easily heard; (b) the need to allow the participants to share their views without being encumbered by the presuppositions of the researchers' view of theoretical framework; (c) an illumination of the context in which participants address the issue or problem when the stories of the participants are inextricably linked to the context within which the view is expressed; (d) the need to develop or enhance theories that may have existed in some areas of the population but are insufficient for capturing the complexity of the problem in the context of other areas of the population.[52] Klenke further argued that it is the "extensive, thick description of a phenomenon" offered by qualitative studies that adds value to leadership studies by allowing multiple voices and perspectives to emerge.[53]

I submit that my research investigation meets the criteria for adopting a qualitative approach as identified by both Creswell and Klenke because the study focuses on examining the meanings the participants constituted through interaction with their surroundings and situation.[54] Hence, while both qualitative and quantitative methods carry their own merits, a qualitative approach was more appropriate for my research to help me better understand

---

49. Denzin and Lincoln, "Introduction" (2011), 8.
50. Denzin and Lincoln, "Introduction" (2005), 12.
51. Denzin and Lincoln, 12.
52. Creswell, *Qualitative Inquiry*, 47–48.
53. Klenke, *Qualitative Research*, 12.
54. Payne and Payne, *Key Concepts*, 34.

the specificity of the deep experience of SGCCE in their congregational transition process. The decision to adopt this approach is in line with Winston's observation that although many studies have focused on servant-leadership theories using a quantitative method, there remains the need for a deeper understanding of servant-leadership, better insights for which can be generated by a qualitative method.[55]

## Research Approach

Researchers can choose among many approaches of inquiry to conduct their social science research within the qualitative research methodology. Crotty identified the following options as viable approaches for undertaking qualitative investigation: ethnography, phenomenological research, grounded theory, heuristic inquiry, action research, discourse analysis, and feminist standpoint research.[56] Characterizing them as qualitative research genres, Rossman and Rallis organized the approaches into three broad areas: ethnographics, phenomenological studies, and sociocommunication studies.[57] Creswell, on the other hand, offered five alternatives to researchers to design their social science study of social behaviors and interactions: narrative research, phenomenology, grounded theory, ethnography, and case study.[58] Wolcott, however, suggested different categories: ethnography (e.g. ethnology, community study, anthropological life history); field study (i.e. phenomenology, symbolic interactionalism, conversational analysis); non-participant strategies (e.g. observer study, human ethology); and archival strategies.[59] Each of the approaches carries its merits and for reasons to be discussed later, I have chosen to deploy a qualitative case study to answer the research questions posed by this investigation.

---

55. Winston, "Place for Qualitative Research," 180–81.
56. Crotty, *Foundations of Social Research*, 5.
57. Rossman and Rallis, *Learning in the Field*, 90.
58. Creswell, *Qualitative Inquiry*, 70.
59. Wolcott, *Writing Up Qualitative Research*, 84.

## Research Design

### Case Study Research

Even though case study approach has been prominent in different academic fields in the history of social science research,[60] Yin observed that this research approach has gained popularity and credibility as the research method of choice only over the last three decades.[61] Patton suggested that "a case can be a person, an event, a program, a time period, a critical incident, or a community."[62] Along the same lines, Yin reiterated that a case can be "a person, organization, behavioral condition, event, or other social phenomenon" but cautioned that the case must be directly related to the unit of analysis of the investigation.[63] R. Stake, on the other hand, defined a case for study as a "bounded system" whose key activities are patterned, with coherence and sequences to be observed, and a context to be specified.[64] Although scholars such as Creswell and R. Stake generally agree that case study research involves "the study of a case within a real-life, contemporary context or setting,"[65] researchers do not agree on how to classify case study from the research methodology standpoint. Chadderton and Torrance framed it as an "approach" to research on the social activity and the meanings "social actors . . . bring to the setting and manufactured in them."[66] R. Stake regarded it not as a research methodology but just as a choice of what is to be studied. Thus case study is defined by the "interest in the individual case, not by the methods of inquiry used."[67] Cousin, on the other hand, claimed that there is no consensus concerning the parameters of case study research but that broadly speaking, "case study research aims to explore and depict a setting with a view to advancing understanding of it."[68] Eisenhardt referred to case study as a "research strategy which focuses on understanding

---

60. Creswell, *Qualitative Inquiry*, 97.
61. Yin, *Case Study Research*, xix–xxi.
62. Patton, *How to Use Qualitative Methods*, 19.
63. Yin, *Application of Case Study*, 5–6.
64. Stake, "Qualitative Case Studies," 444.
65. Creswell, *Qualitative Inquiry*, 97.
66. Chadderton and Torrance, "Case Study," 53.
67. Stake, "Qualitative Case Studies," 443.
68. Cousin, "Case Study Research," 421–22.

the dynamics present within single settings."[69] Yin echoed this notion and identified case study as one of the five research strategies of investigation in social science (the others being experiment, survey, archival analysis, and history).[70] Because of divergent views about how to position case study within social science research, it is important that researchers make it very clear about the specific fieldwork techniques they use and highlight them in the study so as to make the research an explicit case study, rather than relying on the label of the study to convey the nature of the investigation.[71] For the purpose of this study, I have followed Creswell's characterization of case study as a qualitative methodological approach:

> In which the investigator explores a real-life, contemporary bounded system (a *case*) or multiple bounded systems (cases) over time, through detailed, in-depth data collection involving *multiple sources of information* (e.g. observations, interviews, audiovisual material, and documents and reports), and reports a *case description* and *case themes*.[72]

Patton recommended that in considering which qualitative option to take as a research approach, researchers choose case study when the objective of the research is "to capture individual differences or unique variations from one program setting to another, or from one program experience to another."[73] One of the strengths of case study, according to Chadderton and Torrance, is that "it can take an example of an activity . . . and use multiple methods and data sources to explore it and interrogate it" and come up with a "thick description" of the case.[74] Through the thick description of the case, both the common and the unusual as well as visible and invisible detail can be unearthed together with their meanings and implications for the case.[75] In other words, case study allows researchers to focus on complex situations while taking the context of the situations into account, thereby capturing the

---

69. Eisenhardt, "Building Theories," 534.
70. Yin, *Case Study Research*, 9.
71. Wolcott, *Writing Up Qualitative Research*, 85.
72. Creswell, *Qualitative Inquiry*, 97, emphases in original.
73. Patton, *How to Use Qualitative Methods*, 19.
74. Chadderton and Torrance, "Case Study," 54.
75. Mabry, "Case Study," 218; Stake, "Qualitative Case Studies," 453.

holistic and meaningful characteristics of the case.[76] Another strength of case study research lies in its contribution to theory development and theory testing, depending upon the variables, constructs, and framework of the investigation and the rigor with which the study is undertaken.[77] However, criticisms leveled against this research approach include the limitation that findings from one or a small number of cases cannot be generalized to a broader level.[78] R. Stake countered this criticism by appealing to the "naturalistic generalization" process, arguing that readers of the case have the capacity to adapt through their personal or vicarious experience such that "enduring meanings" can be formulated and shaped through encounters with case study.[79] Another criticism of case study concerns the lack of trust in the credibility of the procedures used by a researcher in the case study.[80] Being open to changing data collection, analysis, and interpretation as new insights are gleaned during the research process, case researchers are accused of not always following pre-established procedures and analytical techniques and thus of showing bias toward verification and bringing the integrity of the study into question.[81] To meet this challenge, case study scholars such as Yin and Flyvbjerg called for the deployment of more systematic and rigorous data collection and analysis procedures. Another remedy suggested by Houghton, Casey, Shaw, and Murphy is for researchers to make explicit their reflexivity by documenting the research process via a reflective diary that "should provide the rationale for decisions made, instincts and personal challenges that the researcher experienced during research."[82]

In classifying case study research, Yin distinguished three types of investigations from the perspective of their functions. Explorative case study is typically used in identifying the research questions or procedures for future research usage.[83] Descriptive case study is employed to describe a phenomenon in a real-world context, whereas explanatory case study is best used to

---

76. Casey and Houghton, "Clarifying Case Study Research," 41.
77. Klenke, *Qualitative Research*, 61; Yin, *Case Study Research*, 37–39.
78. Chadderton and Torrance, "Case Study," 55; Flyvbjerg, "Five Misunderstandings," 423.
79. Stake, "Qualitative Case Studies," 454.
80. Yin, *Application of Case Study*, 6.
81. Flyvbjerg, "Case Study," 85.
82. Houghton et al., "Rigour in Qualitative Case-Study," 15.
83. Yin, *Case Study Research*, 238.

explain how or why some condition came to be.[84] Examining the case in terms of its characteristics, R. Stake identified three categories of the qualitative case study. First, the study of the case is *intrinsic* when it is undertaken "first and last . . . (to facilitate) better understanding of this particular case."[85] The purpose of intrinsic case study is not primarily theory building; nor is it to come to understand abstract construct or generic phenomena. The purpose is simply to come to understand the case at hand in terms of all of its "particularity and ordinariness."[86] Cousins suggested that the findings of the intrinsic case, however, can be extended for evaluation research because the insights of the case "can be about assigning worth to a particular set of activities and experiences."[87]

*Instrumental* case study, on the other hand, refers to the scenario in which the purpose of the study is mainly to "provide insight into an issue or to redraw a generalization."[88] The case itself is not of primary interest; it is undertaken to facilitate the understanding of something else. The same rigor and depth of study apply equally to the instrumental case study as to the intrinsic study, but the key distinction is that the instrumental case investigation is conducted primarily to pursue an interest external to the case itself.[89] To sum up, unlike the intrinsic case study, the case in the instrumental study is a means to an end.[90] Klenke referenced the case of evaluating the merits of different leadership development programs as a good means to understand how leadership effectiveness is enhanced as an example of an instrumental case study.[91] Although the classification of these two types of cases is clearly defined, R. Stake cautioned that differentiation between the two is not always explicitly evident because researchers tend to have overlapping interests simultaneously.[92]

---

84. Yin, 6–9, 238.
85. Stake, "Qualitative Case Studies," 445.
86. Stake, 445.
87. Cousin, "Case Study Research," 422.
88. Stake, "Qualitative Case Studies," 445.
89. Stake, 445.
90. Casey and Houghton, "Clarifying Case Study Research," 42.
91. Klenke, *Qualitative Research*, 59–60.
92. Stake, "Qualitative Case Studies," 445.

Finally, R. Stake suggested that a *multiple* or *collective* case study is warranted when the interest in one particular case is less and a number of cases can be joined together to examine a "phenomenon, population, or general condition."[93] This approach is an extension of an instrumental study to multiple cases when the researcher has no preconceived notion regarding whether the cases share common characteristics, similarities, redundancy, or variety. The cases are selected based on the rationale that understanding them collectively would lead to an understanding and theorizing about something broader than each case itself.[94]

Yin suggested that case studies are the research strategy of choice if researchers seek to answer the "how" or "why" when they have "little control over events, and when the focus is on a contemporary phenomenon within a real-life context."[95] I argue that my study meets these conditions since the purpose of the research is to explore why SGCCE exited from their parents' church and how ethnicity and religion have come to influence their decision to opt for different ethnic and religious composition of their new congregation of choice. In addition, I suggest that the silent exodus phenomenon is contemporary; it was reported first by Carvajal and H. Lee as it emerged from Asian American Christians[96] and soon was recognized in Canada by Evans as being related to Canadian-born Chinese Christians.[97] Finally, this study does not seek to control the behaviors or events of the participants and this phenomenon. Thus, this study meets the requirements of selection for case study research. As will be made clear in the next section, I propose using an instrumental multi-case design to study this phenomenon, with different cohorts of SGCCE as individual cases bounded by the ethnicity marker of the targeted church of transition for each of these cohorts.

## *Multi-Case Design*

As discussed in chapter 2, the silent exodus phenomenon accounted for half of the experience the second-generation and the subsequent generations of

---

93. Stake, 445.
94. Stake, 446.
95. Yin, *Case Study Research*, 14.
96. Carvajal, "Trying to Halt"; Lee, "Silent Exodus."
97. Evans, *Impending "Silent Exodus."*

Asian American Christians encountered in their transition from their parents' church (the other half is related to the jettisoning of their faith). The literature has identified that many of those who left did not abandon their faith, as was first reported.[98] Different pathways (congregations) exist whereby this collective cohort of Asian American Christians can exercise their desire for transition; a decision, according to the literature, is often shaped by the cohorts' view of ethnicity and religion. My study explores the same phenomenon as it unfolded in Canada and as the second-generation Canadian Chinese Christians experienced it. I have used the targeted congregations' ethnicity mix (i.e. options in both continuous evolution and discontinuous pathways as explained in chapter 2) as the boundary to group different types of participants for a multi-case analysis of their experience of the phenomenon and the transition.

In recommending the use of a case study design, Yin advocated using a multi-case design rather than a single-case design, arguing that a multi-case design offers more substantial analytical benefits in that "analytical conclusions independently arising from (multi-cases) will be more powerful than those coming from a single case alone."[99] In multi-case scenarios, researchers have the option of selecting cases that are either replicative or contradictory in terms of their hypothesis or propositions, with effects that may lead to stronger arguments for or against the hypothesis, a luxury a single-case design does not have. On the contrary, conclusions from single-case design require an "extremely strong argument in justifying (the) choice for the case" due to the unique constraints of the findings.[100]

Apart from stronger methodological coherences and the advantage of more robust findings, R. Stake highlighted another significant reason for selecting multi-case design. Although each case has its own story to tell, R. Stake suggested that a multi-case study highlights not only the intra-case problems and issues but also the inter-case collective relationship exhibited in these cases.[101] The individual cases chosen for the multi-case study share a common characteristic or condition, and these cases are bounded together

---

98. Carvajal, "Trying to Halt"; Lee, "Silent Exodus."
99. Yin, *Case Study Research*, 64.
100. Yin, 64.
101. Stake, *Multiple Case Study*, vi.

by a "quintain."[102] A quintain, as R. Stake explained, is "an object, or phenomenon or condition to be studied – a target, but not a bull's eye."[103] It is the target collection in the multi-case study that researchers seek to understand more thoroughly by studying each case in terms of its similarities and differences in their individual relationship to the quintain. Thus, multi-case investigation starts with identifying the quintain of interest for study.[104]

In designing a multi-case study, R. Stake urged, researchers should take heed of the case-quintain dilemma. Two options exist in crafting a case study research, and the choice is guided by the researcher's epistemological preference to know more about either the collective quintain or the individual cases. The epistemological choice will direct the researcher to frame the connection between the quintain and the cases differently, either examining the quintain as having loose ties to the cases or the quintain as having vital ties to the cases.[105] For R. Stake, the demarcation is clear: a multi-case study of a program, a phenomenon, or an object "is not so much a study of the quintain as it is a study of cases for what they tell us about the quintain."[106]

To further facilitate the multi-case research, R. Stake identified three main criteria for selecting cases: (a) Is the case relevant to the quintain? (b) Do the cases provide diversity across contexts? and (c) Do the cases provide good opportunities to learn about complexity and contexts?[107]

I argue that my multi-case study meets R. Stake's definition of quintain and that the selected cases meet the criteria. The quintain in my study is the silent exodus phenomenon that emerged first among the Asian American Christians as recognized and reported by Carvajal and H. Lee, after which the phenomenon was detected as having been occurring in Korean Canadian churches by Song and in the Chinese Canadian congregations by Evans.[108] The investigation aims to explore through a multi-case inquiry how church leaders, in the context of ethnic and religious social change, used foresight to mediate (or failed to mediate) the transition of SGCCE from their

---

102. Stake, 5–6.
103. Stake, 6.
104. Stake, 6.
105. Stake, 7.
106. Stake, 7.
107. Stake, 23.
108. Song, "Patterns of Religious Participation"; Evans, *Impending "Silent Exodus."*

first-generation churches to their current congregations. Although these participants may have experienced the same phenomenon, each may have perceived and experienced it differently, and therefore the meanings and impact of that lived experience are constructed differently and individually by each participant. This multi-case study consists of an investigation of four cases. The first case is a group of SGCCE who opted for attending an independent second-generation ethnic Chinese English-speaking church. The second case is a group of SGCCE who decided to worship at Pan-Asian congregations. The third case is a group of SGCCE who chose to become members of multiethnic churches. Finally, the fourth case is a group of SGCCE who congregated with mainstream Caucasian churches. The boundary of each case is defined less by the physical church entity than by the ethnicity the congregations represent. In other words, the first case may have participants from more than one church or congregation, for example, so long as these participants attend churches of the same ethnicity.

## Research Participants

All research participants had to meet the criteria of: (a) being SGCCE and (b) sharing the common experience of the silent exodus, a transition from their parents' congregations. Due to the smaller sample size in case studies, purposeful sampling will be employed for data collection in which the researcher is required to intentionally sample data that can best inform the research problem and the central phenomenon under investigation.[109] Although purposeful sampling can operate at different levels, such as site, event, or process, this case study research has focused purposeful sampling at the participant level.[110] Purposeful sampling means that the participants are selected "for their representativeness of a larger population but are more likely to be chosen for their informativeness."[111] Participants for each case in this study are differentiated by the decision they made in choosing their targeted congregation of ethnicity they transitioned to attend. I secured three participants for each of the first three cases and four participants for the

---

109. Stake, *Multiple Case Study*, 24.
110. Creswell, *Qualitative Inquiry*, 156.
111. Mabry, "Case Study," 223.

fourth case, maintaining gender balance where possible. In order to find these participants, I engaged gatekeepers in the persons of church leaders of these congregations for referral, recommendation, or introduction. Many of these gatekeepers were approached through my personal network. Although consideration was given to geographical representation of regions of Canada, priority was given to the availability of participants representing each case.

## Data Collection

Creswell advised that a robust data collection process involves not just focusing on the actual types of data and how to collect them but also planning and consideration regarding "gaining permissions, conducting a good qualitative sampling strategy, developing means for recording information both digitally and on paper, storing the data, and anticipating ethical issues that may arise."[112] In this section, I follow Creswell's lead in discussing the data collection process but defer the elaboration of ethical issues until the last section of this chapter.

To study a case in an in-depth manner and to construct a thick description of it, researchers are required to seek out the common and the particular as well as the usual and the unusual aspects of the case. To that end, R. Stake identified the following areas about which researchers must gather data in order to build a composite understanding of the case:

> (a) the nature of the case, particularly its activity and its functioning; (b) its historical background; (c) its physical setting; (d) other contexts such as economic, political, legal, religious and aesthetic that are relevant; (e) other cases through which this case is recognized; and (f) those informants through whom the case can be known.[113]

In suggesting the forms of data to be collected for qualitative research that are germane to case studies, Creswell listed four categories. They are: (a) observations (from participant to non-participant), (b) interviews (from open-ended to close-ended), (c) documents (from public to private), and

---

112. Creswell, *Qualitative Inquiry*, 145.
113. Stake, "Qualitative Case Studies," 447.

(d) audiovisual materials (from photographs to compact discs to videotapes).[114] Yin, on the other hand, identified "six sources of evidence" specifically for case studies. They are: (a) documentation, (b) archival records, (c) interviews, (d) direct observations, (e) participant-observation, and (f) physical artifacts.[115]

Among the data-collection approaches discussed here by Creswell and Yin, Klenke observed that interviews are being treated as one of the most important data sources by case researchers.[116] R. Stake explained the reason: "What details of life the researchers are unable to see for themselves is [sic] obtained by interviewing people who did see them and by finding documents recording them."[117] However, R. Stake also placed emphasis on direct observation to understand the activities and functions of the case; and on examination of artifacts and documentation that describe the phenomenon under study.[118] Mabry echoed that direct observation and semistructured interviews allow "probative follow-up questions and exploration of topics unanticipated by the interviewer" and "facilitate development of subtle understandings of what happens in the case and why."[119] Irrespective of the data collection approach, Yin advocated adherence to four principles of data collection to maximize the benefits of case study research and to improve the validity and reliability of the studies: (a) using multiple sources of evidence, (b) creating a case study database, (c) maintaining a chain of evidence, and (d) exercising care when using data from electronic sources.[120]

Because the unit of analysis of this study is individual participants, I have used a three-pronged approach in collecting data, employing (a) semistructured interviews, (b) direct observation, and (c) artifacts and documentation examination. My goal in using this approach was to arrive at an understanding of the participants' experience of the silent exodus phenomenon and to obtain the answers to the research questions through corroboration of the data collected.

---

114. Creswell, *Qualitative Inquiry*, 158.
115. Yin, *Case Study Research*, 105–118.
116. Klenke, *Qualitative Research*, 66.
117. Stake, "Qualitative Case Studies," 453.
118. Stake, *Multiple case study analysis*, 27.
119. Mabry, "Case Study," 218.
120. Yin, *Case Study Research*, 118–30.

Warren explained that the purpose of the qualitative interview is to "derive interpretations, not facts or laws" from the interview participants, who are viewed as "meaning makers, not passive conduits for retrieving information from an existing vessel of answers."[121] Agreeing with Warren, Seidman suggested that "at the root of in-depth interviewing is an interest in understanding the lived experience of other people and the meaning they make of that experience."[122] Interviews in case study resemble a guided dialogue rather than "structured queries."[123] However, as with any other aspect of qualitative studies, challenges exist in the interview approach to data collection. Creswell, in referencing Weis and Fine, raised the following questions for planning consideration: "Are your interviewees able to articulate the forces that interrupt, suppress, or oppress them? Do they erase their history, approaches, and cultural identity? Do they choose not to expose their history or go on record about the difficult aspects of their lives?"[124]

To address these concerns, interview questions need to be designed in such a way that the participants' sensitivities are respected and anticipated, and that a dialogical environment is established. To that end, I have used a semistructured format for conducting the interview, with an interview guide prepared in advance (see Appendix A). The guide was designed with two parallel sections, listing research questions on the left and interview questions linking to each research question on the right.[125] Key to the operation of the semistructured interview process is the flexibility the interviewer has in not necessarily having to follow the questions in the order in which they are listed in the guide. Rather it is the "flow of interview . . . (that) determines when and how a question is raised."[126] In addition, the semistructured interview setup allows the interviewer to be aware of the participant's emotion and the interviewer may engage in a "dialogue with the interviewee, rather than simply ask questions."[127]

---

121. Warren, "Qualitative Interview," 83.
122. Seidman, *Interviewing as Qualitative Research*, 9.
123. Yin, *Case Study Research*, 110.
124. Creswell, *Qualitative Inquiry*, 173, referencing Weis and Fine, *Speed Bumps*.
125. Kvale and Brinkmann, *InterViews*, 132.
126. Bailey, *Guide to Qualitative Field*, 100.
127. Bailey, 100.

Drawing from Kvale and Brinkmann's seven stages of interview and Crewell's suggested steps, I used a three-phase approach in completing the semistructured interviews. The planning phase started with the design of the interview guide: The guide listed the interview questions and linked them to each of the research questions. In addition, I obtained Institution Review Board approval and prepared the consent form. Then I contacted participants and arranged for a place and time for a face-to-face interview. The location for the interviews was considered carefully in efforts to avoid distraction, maintain comfort and ease of conversation, and respect the privacy of the participants. The next phase was the execution. Two digital recorders were used to ensure that a complete interview was recorded, and simultaneous backup was maintained. At the outset of the interview, I introduced the overview of the study and the purpose of the interview, along with the number of questions being identified. I asked participants to agree to the length of the interview and to sign the consent form. I tested the recording equipment and then proceeded with the interview, using the interview guide as the lead for conversation. Before ending the interview, I thanked interviewees for participating and invited them to comment on any items that might be germane to the purpose of the study and of interest to them that had not been covered by the interview. In addition, I asked participants to reflect on the experience of the interview to shed light on the process and on their interaction with the research. The final phase was the post-interview review. Immediately after the interview, I spent time writing down thoughts, learning, and first impressions of the interview process to capture my own emotions and reflection.

Additional data were gathered through direct observation. According to Creswell, observation is "the act of noting a phenomenon in the field setting through the five senses of the observer, often with an instrument, and recording it for scientific purposes."[128] R. Stake further suggested that in case studies, "the most meaningful data-gathering methods are often observational."[129] Observation allows the researcher to gain a deeper understanding of the activities and the functions as well as the context of the case.[130] To that end, I followed a direct participant-observation approach in attending one

---

128. Creswell, *Qualitative Inquiry*, 166.
129. Stake, *Multiple Case Study*, 4.
130. Stake, 27.

to two church activities with the participants to take note of how the participants interacted with the targeted church to which they transitioned after their departure from their parents' congregations. Drawing from Yin and Creswell, I followed a three-phase approach to complete the observation. In the planning phase, I devised observation protocol intended to capture both descriptive and reflective field notes. I sought, and was granted, permission to participate in church activities from the leaders of the congregations I intended to visit with the participants. These leaders were the gatekeepers from whom I received the introduction or referral to the participants. In this phase, I made appointments with participants to schedule the observation. The next phase was the execution. I sought an introduction to the congregation once I arrived at the site, and this function was performed by the participant or the gatekeeper. Observational data were then collected following the protocol, identifying the place, date, and time of the observation. At the end of the observation, I "slowly [withdrew] from the site," thanking both the participants and the gatekeepers.[131] During the post-observation phase, I followed Creswell's advice to prepare "full notes immediately after the observation" by providing "thick and rich narrative description of the people and the events under observation."[132]

Finally, to augment the data collection approaches of interviews and direct observation, I collected documents and artifacts that could help shed the light on the experience of the participants in their encounter with the silent exodus phenomenon. R. Stake suggested that in addition to interviews and observation, studying "the records of what has happened" and "artifacts of those happenings"[133] can aid a researcher in arriving at a broader perspective on the central findings of the multi-case study. To that end, I asked the participants and the gatekeepers whether there were relevant documents, records, or artifacts I could gather to strengthen the description of the phenomenon under study, and to deepen the understanding of the decisions these participants made in transitioning to the targeted church of their choice.

---

131. Creswell, *Qualitative Inquiry*, 168.
132. Creswell, 168.
133. Stake, *Multiple Case Study*, 27.

## Data Analysis

Unlike quantitative research, data analysis in qualitative studies does not follow a formulaic construct of rules and procedures.[134] Creswell characterized qualitative data analysis as the process of "preparing and organizing the data for analysis, then reducing the data into themes through a process of coding and condensing the codes, and finally representing the data in figures, tables, or a discussion."[135] R. Stake, on the other hand, offered a less rigid view on data analysis by asserting that in case study, the process can begin any time during the data collection process, because analysis "is a matter of giving meaning to first impressions as well as to final compilation."[136] Rossman and Rallis offered similar reasoning, suggesting that analysis starts when research questions are framed.[137] Yin added an extra layer of complexity by declaring that "the analysis of case study is one of the least developed aspects of doing case studies."[138]

Data analysis in qualitative studies tends to consist of the central steps of getting intimate with the data through reading and memoing; organizing and interpreting the data through coding techniques; developing meaning from the data and surfacing themes; describing and displaying data through tables or charts; and writing up the report.[139] Marshall and Rossman summarized data analysis procedures as consisting of the following steps: (a) organizing the data; (b) generating categories, themes, and patterns; (c) testing emergent hypotheses; (d) searching for alternative explanations; and (e) writing the report.[140] Miles and Huberman, on the other hand, described qualitative data analysis as "three concurrent flows of activity": (a) data reduction through "selecting, focusing, simplifying, abstracting, and transforming the data"; (b) data display through organizing, compressing and assembling the information "that permits conclusion drawing and action"; and (c) drawing

---

134. Spencer, Ritchie, and O'Connor, "Analysis: Practices, Principles," 200.
135. Creswell, *Qualitative Inquiry*, 180.
136. Stake, *Art of Case Study*, 71.
137. Rossman and Rallis, *Learning in the Field*, 264.
138. Yin, *Case Study Research*, 133.
139. Bailey, *Guide to Qualitative Field*; Creswell, *Qualitative Inquiry*; Rossman and Rallis, *Learning in the Field*.
140. Marshall and Rossman, *Designing Qualitative Research*, 114–20.

conclusions and verifying them through validation and tests of plausibility.[141] Miles and Huberman suggested further that these three activities are not necessarily sequentially followed. They are "interwoven before, during, and after data collection in parallel form."[142]

R. Stake highlighted four approaches of data analysis in conducting case study research. First, he suggested that new meanings can be reached through *direct interpretation* of a single individual instance of an event or occurrence without resorting to multiple instances. Analysis and synthesis of the instance in terms of pulling it apart and putting it back together "more meaningfully" is what characterizes direct interpretation.[143] Second, issue-relevant meanings can also be unearthed through *categorical aggregation* of instances, either from corroborating instances or disconfirming them.[144] Third, researchers can search for *patterns* or correspondence of aggregations, because "the important meanings will come for reappearance over and over."[145] Finally, researchers can derive meanings from the findings of the study via a type of generalization called *naturalistic generalizations*, conclusions that are arrived at, according to R. Stake, "through personal engagement in life's affair or by vicarious experience so well constructed that the persons feels as if it happened to themselves."[146] Mabry suggested a variant and called it a *petite generalization*.[147] To these four approaches, Creswell added a fifth, *description of the case*, which is a "detailed view of aspects about the case."[148]

R. Stake asserted that data analysis in multi-case studies demands an extra layer of examination in the exercise of cross-case analysis.[149] Since the purpose of multi-case study is to surface a deeper understanding of the quintain by drawing findings from each case of the study, insights about the quintain, referred to as "assertion" by R. Stake, must be unearthed.[150] R. Stake cautioned

---

141. Miles and Huberman, *Expanded Source Book*, 10–12.
142. Miles and Huberman, 11–12.
143. Stake, *Art of Case Study*, 75.
144. Stake, 76.
145. Stake, 78.
146. Stake, 85.
147. Mabry, "Case Study," 223.
148. Creswell, *Qualitative Inquiry*, 200.
149. Stake, *Multiple Case Study*, 39.
150. Stake, 40–41.

here that attention must be paid to the importance of the situationality of each individual case, for it is from the situationality of the member cases that assertions about the quintain arise. To support the analysis, R. Stake proposed, researchers do well to employ a set of cross-case procedures that repeat the analysis steps in single-case analysis but add the assertion analysis based on an examination of the utility of each of the member cases in order to derive a decision regarding the assertions based on a weighing of the prominence of the cases.[151]

The intention of this study is to employ R. Stake's multi-case analysis together with the single case steps as well as Miles and Huberman's data analysis schema to uncover a deep understanding of the silent exodus phenomenon taking place in Chinese Canadian evangelical communities.

## Triangulation

Triangulation, according to R. Stake, is "a process of using multiple perceptions to clarify meaning, verifying the repeatability of an observation or interpretation."[152] For Houghton, Casey, Shaw, and Murphy, credibility of the data collected and the findings generated can be enhanced by using the method of triangulation to serve two purposes: (a) data confirmation, a "process of comparing data gathered from multiple sources to explore the extent to which findings can be verified," and (b) data completeness, dealing with "gathering multiple perspectives form a variety of sources so that as complete a picture as possible of phenomena can be portrayed."[153] This process of triangulation can take place anywhere throughout the fieldwork and analysis.[154] Mabry echoed that triangulation in case study needs to be operationalized at different stages of the research process to enhance confidence in the credibility of the data collected and the research findings. For instance, data can be triangulated by collecting it from different participants. Methodological triangulation involves verifying data obtained from one method against data collected using another (e.g. data obtained from interviews versus data obtained from direct observation). Triangulation by time implies multiple

---

151. Stake, 50–58.
152. Stake, "Qualitative Case Studies," 454.
153. Houghton et al., "Rigour in Qualitative Case-Study," 13.
154. Stake, *Multiple Case Study*, 77.

visits to the site to look for patterns of events or trends. Finally, theoretical triangulation in data analysis requires different abstractions to explain the data where possible.[155] For a multi-case study, R. Stake encouraged researchers to validate the quintain by "checking with people who know of the quintain or related activity."[156] I argue that the requirements for triangulation of my study are satisfied by virtue of the multiple participants selected for each case and the multiple forms of data collected. At the same time, I have heeded Yin's warning that in order to achieve the objective of triangulation, all sources of data pertinent to a particular finding are to be analyzed together, lest the conclusion drawn resemble "the comparison of conclusions from separate studies (each based on a different source)."[157] Finally, to cross-check against the understanding of the quintain, I conducted a post-analysis interview with two senior Chinese Church leaders in Canada who had first-hand experience of either observing or being actors in the silent exodus phenomenon to corroborate the findings. In addition, I interviewed three leaders of the congregations that SGCCE participants chose to see how they saw the silent exodus in terms of the transition of SGCCE to their congregations.

## Bias and Bracketing

One of the most common criticisms leveled against qualitative research is that it lacks objectivity.[158] However, Klenke asserted that case researchers are required to "interpret the world through some sort of conceptual lenses formed by our beliefs, previous experience, existing knowledge, assumptions about the world, and theories about knowledge and how it is accrued."[159] Although the researcher has no privileged voice in the interpretations of qualitative research,[160] "bracketing personal experiences may be difficult for the researcher to implement."[161] As a result, bias cannot be completely elimi-

---

155. Mabry, "Case Study," 222.
156. Stake, *Multiple Case Study*, 77.
157. Yin, *Case Study Research*, 121.
158. Payne and Payne, *Key Concepts*, 30.
159. Klenke, *Qualitative Research*, 61.
160. Denzin and Lincoln, "Introduction" (2005), 17.
161. Creswell, *Qualitative Inquiry*, 83.

nated and researchers cannot be totally disinterested.[162] However, to make the investigation reliable and valid, the case researcher must acknowledge personal assumptions and experiences and make explicit their potential influence on the investigation.[163] Furthermore, the researcher must take steps to set aside personal bias in order to bring fresh curiosity to the investigation.[164]

Three personal biases that may have influenced this study are related to my personal experience with the Chinese Canadian church as well as my cultural bias and traditional values as a Chinese Canadian immigrant. First, I have been involved in Toronto Chinese Alliance Church either as a deacon or an elder for almost thirty-five years. My view of how the second-generation Chinese Canadian evangelicals should shape their religious identity is affected by my own religiosity and the evangelical tradition that I am associated with. Furthermore, I am influenced by the broader community of Chinese Canadian evangelicals in terms of their concept and discourses regarding how the Chinese Canadian immigrant church should be extended to the next generation as I participate in the leadership roles of some of the organizations that typify their faith and culture (e.g. Association of Canadian Chinese Theological Education; Canadian Association of China Graduate School of Theology; Advisory Council of Chinese Ministry Program at Tyndale University & Seminary; Alliance Bible Center in Canada; Christian and Missionary Alliance in Canada). My leadership experience at the local church level and with the para-church organizations and at the denominational level has generated and shaped certain religious perspectives and assumptions about how the second-generation Chinese Canadian evangelicals should behave and grow.

Second, even though I have lived in Canada for almost forty years and have been "Canadianized," there remain in me traditional Chinese cultural values such as respect for elders, filial piety, and priority of family, some of which I may not even explicitly acknowledge or be aware of in my consciousness. These values, nonetheless, affect the way I think and act, and most pertinently to this study, the way I relate to the experience of the participants as a

---

162. Rossman and Rallis, *Learning in the Field*, 48.
163. Rossman and Rallis, 48.
164. LeVasseur, "Problem with Bracketing," 419.

Canadian with Chinese ethnicity. My own view of ethnicity may affect the way I examine the congregational transition process of participants in this study.

Finally, as a first-generation immigrant father of two second-generation daughters, I bring into the study a personal bias regarding how they ought to behave and what choices they might need to make in their own journey of faith. My own personal expectation may skew the objectivity that is necessary in analyzing the participants' transitional experience in this study.

I acknowledge these three areas of bias that may have influenced the study.

## Limitations of the Study

As mentioned previously in this chapter, case study is one of the methods scholars recognize as valid for conducting qualitative research. Although this case study yields an in-depth understanding of the rich experience of the case of the second-generation Chinese Canadian evangelicals who departed from their parents' church to forge their own spiritual destiny, it is limited by the methodology, design, data collection, and analysis that are bounded by the qualitative practices in social research that govern case study research. As such, this case study is not a quantitative study and therefore does not include statistical measurements or a dataset to compare or contrast with other survey or experimental research because the research process cannot be in principle replicated in an identical fashion as is done in quantitative studies.[165] Although the findings of case study cannot be generalized to a large population the way quantitative research can be, case study can contribute to both theory development and theory testing.[166]

## Ethical Considerations

One of the key considerations in planning, designing, and executing a qualitative study is the ethical issues the researcher may face during the study and how to mitigate them. The common mistake, Creswell cautioned, is the belief that these issues will surface only during data collection, when in reality

---

165. Payne and Payne, *Key Concepts*, 30.
166. Klenke, *Qualitative Research*, 61.

they arise in many phases of the inquiry.[167] Although there may not be any "international agreement or regulations of ethical standards in search,"[168] the following common ethical issues are discussed in this section to ensure that all data and participants in this research are treated properly and ethically.

## Right of Privacy and Confidentiality

In addressing the insurance of right to privacy and confidentiality for participants, Creswell recommended the following precautions: (a) replace the real names of participants with aliases or assigned numbers; (b) avoid compromising the site or leakages of insider information by using general information or composite stories instead of drawing information from individual participants; (c) respect cultural, religious, gender, and other differences; and (d) disclose at the outset of the engagement with the participants the purpose, the scope of the study, and the data collection method and the interpretive approach to ensure that they understand their role in the research.[169] In this study, each participant was assigned a random number during the data collection process which was then substituted with a pseudonym that bore no affiliation with their subethnicity because among Chinese participants, their last names could be used to identify the region of their ancestral origin.

## Do No Harm

Many of the participants might have experienced psychological trauma when leaving their parents' church to forge their own destiny. They may be sensitive to how this research may arouse their feelings and affect their relationships with their family, friends, and fellow faith adherents. Investigative case study research with the objective of deriving thick description of the participants such as the present study may lead to different effects experienced by the participants as a result of the research. P. Reynolds identified the following effects: (a) temporary or direct effects that are readily reversed or modified by the research and can disappear once the participants return to pre-research state; (b) permanent, direct effects that cannot be eliminated and may persist after the research; (c) socially mediated effects that may be experienced indirectly

---

167. Creswell, *Qualitative Inquiry*, 56.
168. Ryen, "Ethical Issues," 231.
169. Creswell, *Qualitative Inquiry*, 56–60.

by the participants by virtue of the impact of the study; and (d) societal right effects that may affect various concepts of individual rights, but not necessarily be experienced directly by the participants.[170] Although not all effects are negative, the researcher has an obligation to ensure that the participants are not placed in harm's way. Babbie, citing the *Belmont Report*, subscribed to the following three principles to avoid harm to the participants:

1. Respect for persons – Participation must be completely voluntary and based on full understanding of what is involved. Moreover, special caution must be taken to protect minors and those lacking complete autonomy (e.g. prisoners).
2. Beneficence – Subjects must not be harmed by the research and, ideally, should benefit from it.
3. Justice – The burdens and benefits of research should be shared fairly within the society.[171]

As each participant in this study was engaged and his or her current congregation was identified, Babbie's recommended steps were followed to ensure that the participants would not suffer any negative effects from the research.

## Informed Consent

Broadly speaking, informed consent refers to the right of the participants: (a) to know the nature of the research; (b) to know that they are being researched; and (c) to withdraw from the research any time they wish to do so.[172] To ensure that they understand, maintain, and reserve these rights, at the outset of their engagement with the research all participants were asked to sign an informed consent form (see Appendix B) specifying the purpose, scope, and research methodology of the inquiry and the potential audiences who might access the study.

## The Right to Access the Results of the Study

The participants are privileged with the right to access the summary of the results of the study as per the Institutional Review Board consent form. A

---

170. Reynolds, *Ethical Dilemmas*, 48–49.
171. Babbie, *Practice of Social Research*, 63–64.
172. Ryen, "Ethical Issues," 231.

copy of the study will remain on file with the researcher as well as with the library at Gonzaga University. All participants can access the information by directly contacting either the researcher or the university. Creswell reminded researchers that, should they want to publish the results of the study, authorship for individuals who contribute to the study is to be made clear before the research begins.[173] As the sole researcher for this study, I reserve the right to publish on my own, other than what is bounded by the contractual agreement with Gonzaga University.

In the next two chapters, I present data gathered from interviews with SGCCE, the first-generation Chinese Canadian church leaders, and leaders of the congregations that the participants were attending at the time of interview. In addition, I will also discuss themes that emerge from analysis of the data of each case (chapter 4) as well as the findings, implications, and suggestions for further study (chapter 5).

---

173. Creswell, *Research Design*, 96.

CHAPTER 4

# Data Collection and Analysis

The purpose of this study, as mentioned in chapter 1, is to explore through a multi-case inquiry how the foresight of church leaders in the context of ethnic and religious social change mediated (or failed to mediate) the transition of SGCCE from their first-generation churches to the current congregations of their choice. The present chapter first highlights the research questions and the methodology deployed for conducting the research. It then presents a summary of the profile of the data collected mainly through an interview process guided by a semistructured interview questionnaire (see Appendix A). Data collection was further augmented by (a) examining pertinent documents such as church bulletins and information on websites; (b) direct observation at the services of some of the church sites; and (c) probing physical artifacts of the churches. The summary is then followed by a synopsis of the interviews divided into two categories, primary participants (thirteen in total) and church leaders (five in total), the latter for triangulation purposes. The themes that emerged from participants of each case are identified within the section relevant to that case, whereas triangulation analysis is included within the section of each leader's group.

## Research Questions and Methodology

In support of the purpose of study, the following research questions were designed to guide the investigation:

1. What is the extent to which ethnicity and religion play a role in the way SGCCE think of themselves and in the choices they make

concerning the nonimmigrant congregation where they worship, in the transition from their parents' church?
2. To what extent is ethnicity overshadowed by religious identity and vice versa in SGCCE's decisions as they transition away from their parents' congregation?
3. What role does church leadership of the first-generation Chinese Canadian evangelicals play in guiding and shaping SGCCE's search for growth and autonomy as expressed in the congregational transition through exercising the servant-leadership characteristic of foresight?
4. What role does church leadership of the current congregations of the churches that SGCCE are attending play in legitimizing the ethnicity of the congregants and shaping the ethnic boundary of the congregations through exercising the servant-leadership characteristic of foresight?

The investigation was conducted using a multi-case methodology with participants bounded by the choices they made in terms of the targeted nonimmigrant congregations they transitioned to. Although these participants may have collectively experienced the same phenomenon, each may have perceived and experienced it differently, and therefore the meanings and impact of that experience might have been constructed uniquely and individually by each participant in his or her respective congregational context. To reflect the targeted nonimmigrant congregations for SGCCE's transition, I investigated four cases for this study. The first case was a group of SGCCE who opted to attend independent second-generation ethnic Chinese English-speaking churches. The second case was a group of SGCCE who decided to worship with Pan-Asian congregations. The third case was a group of SGCCE who chose to become members of multiethnic churches. The fourth case was a group of SGCCE who congregated at mainstream Caucasian churches. The boundary of each case was defined not so much by the physical church entity as by the ethnicity the congregations represented. All participants' real identities were disguised with pseudonyms to protect participants' privacy and honor the consent agreement stipulated by Gonzaga University.

## Data Collection Summary

To gather augmentative data for this study and to gain a deeper understanding of the cases from the perspective of church ethos and culture, I visited four different churches, each one representing the type of congregation with whom participants from each case were worshiping at the time of the interview. I collected and examined church information such as bulletins and communications materials, as well as signs and posters. In addition, I surveyed the church ambience to obtain a deeper experience of the sites. Finally, I visited their corresponding websites, from which I gleaned insights into the composition of their staff, their vision and mission as religious communities, and programs and activities from which I could determine and validate each congregation's ethnicity based on Alumkal's framework of determining culture and ethnicity as mentioned in chapter 2.[1]

The primary source of data for this multi-case study came from the participants, who were purposefully selected based on referral either by gatekeepers or through my own personal network. In order to probe their transition lived experience, I conducted semistructured interviews with each participant by using the pre-designed, semistructured interview guide (see Question 1, Appendix A) and by following a modified approach of Seidman's three-interview structure.[2] The first introductory interview was about thirty minutes long to allow the participants to understand the research objective and questions, as well as to allow me to obtain the background information and profile of the participants. The second, main interview was conducted to obtain responses to the research questions and lasted up to ninety to one hundred minutes. The third and last follow-up interview suggested by Seidman was deemed to be largely unnecessary. To the extent that follow-up questions were required, e-mail exchanges were used to obtain the answers. In addition, the interviews were accomplished in accordance with the procedures and protocol discussed in chapter 3. Specifically, though the interview was conducted by using the pre-designed, semistructured interview guide, the conversation was also guided by the "flow" of the interviewees.[3] Finally, the interviews were carried out with a deep sense of awareness of my own

---

1. Alumkal, "Analyzing Race."
2. Seidman, *Interviewing as Qualitative Research.*
3. Bailey, *Guide to Qualitative Field.*

personal ethnic and religious biases and, to the extent possible, I did attempt to reflexively bracket myself so as not to steer the interviews through the lens of my own views and biases.

Table 4: Participant Profile

| Case | No. of Participants | Age Range | Gender | Marital Status |
|---|---|---|---|---|
| #1. 2nd Generation Chinese Independent Congregation | 3 | 20–30 | 1 Female & 2 Male | All Singles |
| #2. Pan-ethnic Asian Congregation | 3 | 30–45 | All Female | 2 Married &1 Single |
| #3. Multiethnic Congregation | 3 | 20–45 | 1 Female & 2 Male | 1 Married & 2 Single |
| #4. Mainstream Caucasian Congregation | 4 | 20–35 | All Male | 2 Married & 2 Single |

I interviewed thirteen participants and Table 4 documents their profile. Probing gender differences was not part of this study, but I will mention that, five interviewees were women. In addition, among the participants, five were parents, of which three of them were parents of young adults or teenagers. The rest of the interviewees were single. The participants' ages ranged from early twenties to mid-forties; ten of them were in their twenties and early thirties. Participants from Case 4 were on average younger than their counterparts in other cases. Most of the participants were born in Canada with the exception of two who came to Canada at a young age of two and five respectively. Technically referred to as the 1.5 generation, these two participants were treated as part of the second-generation cohort by scholars such as S. Kim.[4] Every participant had already entered the work force, with only two exceptions. At the time of the interviews, a majority of the participants resided in western Canada, with four in eastern Canada; they represented five major English-speaking cities in Canada (i.e. Calgary, Richmond, Ottawa, Vancouver, and Toronto) with a high population of immigrant and Canadian-born Chinese (see Table 1).

---

4. Kim, *Faith of Our Own*, 16.

By virtue of their willingness to be interviewed, all participants agreed that the research mattered to them in that it allowed them to revisit their own journey of faith transition and to reflect upon the ups and downs of the process. The significance of the interview was evinced by the common passion they displayed when interviewed. All participants were eager to speak and shared their thoughts in a way that was transparent and genuine. All were candid in exposing their feelings; some were emotional (e.g. gave enthusiastic answers and quick responses); and a few were in tears when painful moments or flash points were touched upon. Many were deferential when commenting on their past Chinese leaders of the faith communities they were associated with. However, most spoke with agony and sadness when recalling their past experiences with the immigrant churches; yet all expressed joy or relief when addressing their experience with the nonimmigrant churches they were attending at the time of the interview.

To achieve the purpose of data validation and completeness, especially validation against the understanding of the overall phenomenon of the silent exodus (i.e. the quintain), I also undertook a process of triangulation by "checking with people who know of the quintain."[5] To that end, I interviewed two groups of church leaders using the pre-designed semistructured interview guide (see Questions 2 & 3, Appendix A). The first group consisted of two first-generation Chinese Canadian pastors in their early fifties, each with twenty years of experience in shepherding Chinese immigrant flocks, including their English-speaking local-born children. The second group of three pastors, one Chinese Canadian, one Japanese Canadian, and one Caucasian Canadian, represented leaders for the cases being studied. All three pastors were the shepherds of some of the participants in their respective case (i.e. Case One, Case Three, and Case Four). When it came time for selection of these pastors, I encountered a challenge of scarcity. In particular, I was only able to locate a pastor for each case except for Case Two. Pan-ethnic Asian pastors were not available for this study in spite of solicitation through my personal and gatekeeper networks.

Furthermore, I interviewed two additional primary participants whom I had to disqualify because their transitional experience was chiefly motivated

---

5. Stake encouraged researchers to undertake this process of triangulation. Stake, *Multiple Case Study*, 77.

by relocation to other cities due to either schooling or occupational changes rather than because of factors related to religion and ethnicity, which are the key variables for the purpose of this inquiry into the transitional experience of SGCCE. Last, I interviewed another pastor in the second group who worked at the same church as another interviewee who happened to be the senior pastor of that congregation. Not wanting to have data saturation, or in this scenario duplication, I discounted his interview.

## Case One – Participants Attending Worship in a Second-Generation Chinese Canadian Church Setting

Case One involves participants who were attending churches in an independent second-generation ethnic Chinese Canadian congregational setting. Based on the information provided by the participants and my personal investigation of the information available on the church website, I am satisfied that the churches these participants were attending at the time of the interviews qualified for this case. In this case, three participants were interviewed with two of them attending the same church, which I visited for the purpose of understanding the congregational context of their transition experience. The visit and the information I gleaned from the church and its website guided me in analyzing the data. In the following sections, the synopses of the interviews are presented in a sequential manner, followed by the themes that surfaced within this case.

### Synopsis of Interview with First Participant: Martha Yeung

The first participant I interviewed in this case was Martha Yeung, a single, twenty-to- thirty-year-old with a bachelor's degree in nutrition science, who worked as a sales representative at a popular electronic appliance chain in a major city in western Canada. After leaving her parents' church two and a half years ago and visiting two other churches for about six months, Martha decided to attend Salem. She was introduced to me by her pastor and we conducted the interview at a quiet midtown office.

I started the interview by asking Martha why she left her parents' church. Her response was surprising: The decision was not as much her own as that of her entire family. She pinpointed an incident of hiring a replacement for the lead pastor at the church as the ground-zero for her family's exodus and, for that matter, for many other congregants' departure as well. She recalled:

> The actual process was not done in a very open church way, because from what I know, usually you get a committee to look into the candidates and then you go through this process of selecting who will become the main pastor. But somehow, the deacon board decided not to go through that process; they just put someone into that spot.

The rule-changing incident was but a reflection of deeper concerns that Martha had about the immigrant church leadership. I summarize the leadership issues as follows. First, the leadership governance of the immigrant church was very paternalistic. Consisting of Chinese and English congregations, the church Martha and her parents used to attend was organized and ministered along the line of language and cultural differences. However, Martha observed: "The [overall] style of the culture and practices [with the top leaders] are [sic] a little bit different from the [English] side I was used to." For her, the construct appeared to be stacked against the English in favor of the Chinese, especially in critical areas such as the decision-making process: "The Chinese side will decide what's going on and then we'll just follow along. . . . They didn't include us." The concentration of power among the Chinese created a deeper divide between the two congregations than simply along the line of culture and language. Martha remarked: "There's a separation between the Chinese ministry and the English ministry. And that might have an undertone of [the] reality of separation."

Second, the paternalistic model created a culture of command and control with authority concentrated in the hands of the Chinese immigrant leaders such that permission to conduct ministry on the English side had to be sought first with these leaders. Martha added: "We had to go [and] ask the Chinese side first to get permission on any kind of [action], there was no empowerment . . . it felt like control somewhere." In such a command and control culture, passivity and reluctance to engage in ministries was likely to be cultivated in the followers, as no attempts appeared to be made by the leaders to instill a sense of autonomy or empowerment in SGCCE. Martha recalled: "I felt like it was more passive because a lot of times, they're [i.e. the English congregants] just sitting there in the sense that the Chinese side will decide what's going on and then we'll just follow along." In reflecting on the departure, Martha was very clear that "passivity is one part of [the reason]" for her exit.

The third issue had to do with lack of communication between the leadership and the congregants, especially when it affected the local-born. Martha lamented, "A lot of times, the English side doesn't really know what's happening with the Chinese side." When it came to the latest updates on the church, Martha had to get the information mostly from her parents: "As a church member, there was nothing [communicated]. I heard everything from my parents." The lack of communication engendered rumors and gossip which allowed misinformation to fester: "When there's no official announcement, then that leads to more chances of the rumors, the gossips." These rumors in turn led to loss of trust in the leadership as pointed out by Martha: "You lose a lot of trust." She concluded, "I couldn't feel that foundation of relationship with the leaders."

A corollary to the void of communication was the absence of legitimate channels to voice out concerns. When it came to conveying her thoughts about the church ministry to the leadership, Martha explained, "There's never really that chance to actually talk about . . . how is church life, or what do you see is going on within." She pointed out that the barrier was inherent in the intergenerational setting: "Growing up in the church, it felt like there are always going to be uncle or aunties," and she was treated as the "underling, the kid." In a culture that values respecting elders, Martha did not feel empowered to speak out.

Finally, the absence of communication pointed to a deeper sense of an absence of direction and purpose in the ministry of the church. When asked if the church articulated any vision or purpose for its ministries, Martha responded succinctly: "They didn't have any." In reflecting on the rule-changing incident and the subsequent disarray it created, Martha said, "I want a church that has a direction and a purpose that is aligned with of what I'm looking for." Martha went on to say: "When I feel there's no central goal or kind of theme, I don't know what to do. I don't know what to go toward. I don't know how to start that conversation. And I don't know what I am doing even though I'm serving."

In such a rudderless environment, Martha felt the support for her Christian foundation was being eroded: "I left the church because I felt there was no solid foundation to support me . . . there wasn't a support to teach me how to really build on my foundation."

As we turned our discussion to the requirements for a new spiritual home for worship, Martha was explicit about her desire: an aspiration for growth. She commented: "I need a church where my brother and sister [and I] can continue to grow and build relationships." Martha identified additional considerations for such a new spiritual home: "Number one is [that] I know I need to be at a church where I can serve . . . I need to be at a church where I can build relationships and I can be encouraging to other people as well."

At Salem, Martha felt right at home, attributing her participation there to divine providence: "We were at Salem and . . . I think a big part of it was . . . I don't want to use the word faith, but at the same time it almost felt like there's a path that was . . . built in." Such providence was further confirmed by a renewed connection with her peers at Salem, many of whom Martha met at the Chinese Christian Winter Conference on the West Coast when she was younger. She explained, "The connection I have with the people at Salem right now is something that's really unplanned. And I actually first met a lot of my peers when I was thirteen or fourteen . . . at the Chinese Winter Conference."

As we discussed whether Martha or her family ever considered how ethnicity might have influenced the selection of the targeted church, she replied that the discussion of ethnicity as a selection criterion "never came about," adding, "We never specifically said: 'Let's go find a Chinese church.' We never specifically said: 'Let's try out non-Chinese churches [either].'" However, implicit in the decision was the fact that the family was very Chinese and therefore preferred to congregate with ethnic Chinese: "But I think it was more of an untold realization that we were more comfortable in Chinese churches because even though we were brought up in more of a Western practice or culture, we still had a lot of our Chinese practices at home."

In fact, Martha preferred a church with "a Chinese-base but with a multiethnic group." She further explained that the "Chinese base is in the leadership" in spite of her disappointment with immigrant Chinese leadership at her previous church. Multiethnic, on the other hand, meant an environment wherein friends with different background would feel comfortable in congregating: "Multiethnic meaning [feeling comfortable] . . . if I bring friends of other ethnicity . . . How comfortable do they feel?" Martha asserted that "multiethnic is a good key . . . to know of how accepting and how welcoming a church is." This criterion is intimately tied with a vested interest Martha had at the time of interview: though her "close friends are mainly Chinese," her "boyfriend is actually Indian [i.e. South Asian]." Consequently, for Martha, "being able to bring him to church is a big part as well." At Salem, Martha's boyfriend "was able to bond with some of the guys in the peer group as well as in the fellowship so that made it a lot easier for him to transition."

The conversation about her boyfriend was extended to a discussion about her feeling of exogamy. Martha insisted that race or ethnicity was never as important a factor as faith, maintaining that her boyfriend or future husband "must be a Christian," for "if he's not Christian, there's no point in me continuing on a relationship."

As we discussed her cultural identity, Martha remarked that she was brought up completely immersed in Chinese cultural values and practices: "I still feel like we're very [Chinese]; we celebrate [and] acknowledge we're Chinese." These practices included celebration of Chinese New Year, watching Chinese TV shows, and speaking in Cantonese regularly to her relatives in Hong Kong via long-distance calls. The experience of Chinese ethnicity was something that, as a local-born, Martha completely embraced, saying, "I love it. It makes us special." In these cultural practices, she saw something that not only did her parents or ancestors celebrate, but also she and her siblings had made it their own: "We make it – not necessarily our tradition, but we make it our own celebration, our own party, our own thing." With these practices and an unconditional embrace of Chinese culture, it was not surprising that Martha completely accepted her identity to be Chinese while embracing her faith identity as a Canadian. This dual and yet interchangeable identity surfaced itself on occasions contingent upon the circumstances and the context she was in. She was Chinese "because that's the thing that people would see right away." However, "they look at me and I don't really have a Chinese accent in my English, right? It's pretty smooth," and in that context she was a Canadian. Yet both ethnic and national identity as either Chinese or Canadian paled when compared with her religious identity. Martha vehemently insisted that the comparison was "not even [in] the same category." For her, being "Canadian and Chinese has to do [with] more of my culture," whereas "Christianity is my values, my beliefs and my religion." Indeed, Martha stressed that the "number one [identity is that] I have to be Christian." The whole issue of faith identity and ethnic identity was not necessarily a subject Salem would discuss intentionally with the congregation or openly from the pulpit. The absence of discussion reflected an unwritten strategy to make the church more welcoming: "We want to be welcoming" at the church, Martha said, and "we want to be able to come to a point where we can invite any of our friends [of different cultural background]." She further added: "Because we have a couple of ethnic groups here already . . . we don't need to dive in to that topic of having to be welcoming to all . . . ethnic groups because we just have to be welcoming."

The whole idea of creating a welcoming environment to anticipate multi-ethnic attendees as the purpose and direction of the church aligned well with Martha's values and requirements for an ideal church: "So their purpose and direction right now is focusing on your role in church and your role outside as [a] dispersed church. And that's where it all ties in for me and where I really relate to it strongly."

When asked if she ever experienced conflict between her faith and ethnic identities or values growing up, Martha cited the Chinese cultural practice of ancestral worship in which offspring were instructed to bow three times at the shrine of the deceased ancestors to express respect and "worship" the dead. Martha recalled: "[The non-Christian relatives] would openly ask us to bow three times. But that's when it gets to a decision. And I don't bow three times . . . And my relatives don't share the faith. I just have to stay strong in what I know and what I believe in."

Martha further attributed this attitude to her parents' faith values and how they shaped hers: "They are the ones who taught me . . . When they [i.e. non-Christian relatives] bow three times, my parents would say: 'Let's just pray.'" However, this stance did not mean Martha and her parents rejected their Chinese roots: "I won't say they reject Chinese values . . . [but] they put their faith first."

With that in mind, I asked Martha whether she was under duress from her parents to pick a certain career to reflect the Asian culture of success and achievement when growing up. She was quick to respond: "They're not the [kind of] parents [who] need you to be successful. They don't need you to have a doctorate degree. No, they're very special!" Rather, her parents upheld the value of family: "For them, you have to understand their number one value is family . . . And that's my upbringing, that's how it goes; so that's why family always comes first." To sum it up, education and being able to be self-sufficient were important, but Martha's parents did not inject a strong set of achievement-centric values in Martha but advocated a balance between pragmatism and freedom to choose:

> Education is important, and being able to sustain yourself and being responsible is [also] important. [But] they never outwardly would say [that] you need to get a master's degree or you need to get to [earn] a certain amount. They're very understanding and letting me decide where I want to go. And they're very supportive.

In closing, Martha remarked that the experience of settling in at Salem had created a refreshing space that allowed her to reexamine her cosmos in a new perspective with her family, new and old friendship, and her faith: "It's given me the environment [and] the place to step out, not necessarily blossom but really open up to take in what is being taught. It's given me a new perspective, a new place to stand." Martha chose not to stay in the agony and hurt that could easily be the story of her transition. Rather, she elected to make meaning of the experience from the perspective of faith and found a divine purpose in service.

> I think God has a plan for me at a different church. And when I was going to different churches, my mindset was: *How can I be a benefit to this church?* [italics mine] A big part for me is finding a sense of [how] I can be a tool for God. I want to be able to be there for God because I think at [her former church], I felt stagnant.

The sense of being directionless and drifting or being stagnant was now replaced by a feeling of freshness in her faith journey.

> I feel rejuvenation [with] a new understanding, a new way to look at my faith. And over the last year at Salem, I've been able to dive into looking in my definition of my faith, my definition of my purpose, and just really looking into how I play a role in my purpose.

The new-found conceptualization of faith allowed Martha to overcome what she perceived to be obstacles in her journey of transition. She said, "There's always going to be something going on. But it's how you deal with it or how you grow with it or how you handle it" that matters. With these remarks, we ended the interview and I thanked her for her participation

## Synopsis of Interview with Second Participant: Peter Fai

The second participant I interviewed in this case was Peter Fai, a single, thirty-to-forty-year-old IT professional holding a management position at a web-hosting firm in a major city in western Canada. He joined Salem about eight to nine years ago when it was just a congregation associated with another Chinese Canadian evangelical church. Peter then joined a core group of Canadian-born leaders to launch Salem, a second-generation Chinese independent church plant, and continued his involvement as a lay leader. I was referred to him by his pastor, and we conducted the interview at a midtown office.

I first asked Peter why he left his parents' church. He pointed out that his departure was not triggered by a specific single event but rather was an outcome of an accumulative process of several contributing factors. As a starting point, Peter mentioned the departure of the English pastor at his former church about ten years previously that resulted in a ministerial vacuum. Soon a void of spiritual guidance and spiritual lethargy seeped into the congregation. In such a minister-less environment, Peter bemoaned that the church "was not growing . . . and [was] being stagnant" and that he himself "was not growing spiritually either." To compound the issue, the English congregants appeared to be "complacent in where they were at," with no fresh leadership emerging to take the ownership of the ministry: "No one was really willing to step up," and "a lot less people started serving at the church." Furthermore, Peter was frustrated by the lack of commitment shown by the overall church leadership since even lay leaders from the English congregation on the board quit their duties. The lack of leadership fitted into a broader phenomenon within the English congregation: "not enough people stepping up to spread out the load."

At the same time, Peter suffered from being overburdened by his ministry involvement. As a passionate musician and a devoted worship leader who sought innovation in the worship service delivery, Peter wanted to delegate his work to other team members to balance the load. With no one stepping in to lighten his duty, he experienced deep frustration and a feeling of "dread," of being "not motivated," and "burnt-out." The spiritual dryness led to a strong sense of emotional exhaustion. Being so committed to the cause that he was unwilling to take a sabbatical leave, Peter saw himself caught in a rut of routine: "The week-in, week-out of having to lead worship, it burdened me and that's when I started thinking maybe I should try another different church." This dim and somewhat hopeless view arose from Peter's desperate observation that he did not "see anybody that could step into that role to provide me or the leadership in the church the [relief] that I was seeking." Toiling in ministry without respite, Peter found that exodus was a legitimate way to deal with his physical, emotional, and spiritual fatigue. As he exclaimed: "I'm not getting it [i.e. relief], so I'm going to go elsewhere."

Experiencing "burn-out" in his ministry, Peter increasingly felt lonely at the church because "the people in my age range kind of dispersed into their other things." His "core group of friends" had already left the church, with some teaching English overseas and others having already moved on to different churches due to the departure of the previous English pastor. With the sense of loneliness looming large in Peter's spirit, his exit was but a result of the process of attrition.

As we discussed the emotion he experienced in the process of transition, Peter spoke of a strong sense of disappointment that manifested at two levels: "I can say I was disappointed in the church and in myself." First, he observed, as a "well established church" with its "own church building, an expansion wing" and a long history, the religious organization ought to have been able to anticipate the need in filling the English pastor vacancy. Yet the church did not act decisively to stem the tide. Thus "it was a little disappointing to leave because of the situation that had developed there, like the lack of leadership on the English side." Peter took the blame for the second disappointment himself. Growing up at the immigrant church, Peter admitted, he was expected by his parents to stay put irrespective of the circumstances as their sentiment was: "This is the church that you grew up with; this is where you should continue serving and worshiping God!" In leaving the church, Peter found himself falling short of that expectation: "The disappointment came [from not meeting the expectation]: "This is your family church, [and] you should stay at this church," which is the view that I had when other people left. I was disappointed in myself for doing the same thing."

What aggravated his disappointment further was the reality that there was "no channel where you can be able to communicate . . . [your] thoughts and disappointment" with the church leaders because the decision-makers did not appear to be willing to listen. In fact, he came to characterize the decision-making process at his parents' church as opaque, especially in dealing with major decisions such as pastor-hiring. "I don't think the transparency was there," Peter explained. In addition, he felt that since the English ministry at his parents' church did not have a strong presence at the church, the decision-makers were all "Chinese adults." To the extent that the opinion of the local-born was sought, deference was always made to the first-generation. The oligarchy and the lack of transparency, for Peter, were two sides of the same coin: "With no English [representative] presence, what else would you have expected transparency to be there?"

As we moved on to discuss what motivated him to stay at Salem, Peter identified three pull factors. The first one was related to a sense of comfort in worshiping with co-ethnics. Before he went to Salem, Peter visited several congregations of primarily Chinese immigrant churches. For Peter, church affiliation had much to do with connection with friends. He went to those congregations because they were "the churches that I [have] friends [attending]" and "therefore, a lot of the churches that I visited were Chinese." When asked if he ever wanted to congregate at a Caucasian or multiethnic church, Peter responded: "I think back then, even now personally, I don't like stepping out of my comfort zone too far. So a Caucasian or multiethnic church . . . wouldn't have been my number one choice to go to." For Peter, the reason for not stepping out of his "comfort zone" was relational: "So why did I not visit a Caucasian church? Because I did not know any of my Caucasian friends were Christian. So my comfort zone is if I know someone in that church, I would be more comfortable going into that church."

Expanding further on his thought on the comfort zone, Peter offered an explanation of how that sense of rationality was framed and situated in ethnicity or race:

> I mean I would definitely not have problems visiting [a Caucasian church]. But say if that church was primarily all Caucasians, I guess that sense of going back into my comfort zone would kick in. Because in all Caucasian church, I would kind of stand out. I'm Asian and I'm like the minority Asian in a White church.

In such a circumstance, Peter raised doubts about whether Caucasian churches would be "friendly, welcoming, [and] hospitable" in embracing an Asian like him. Part of the reason, Peter theorized, was that church members tended to congregate with people of their own ethnic background: "So they're already so formed in their groups like cliques . . . It's almost impossible to get in because they're so close-knit together that for them to insert a new person in, it's harder for them to accept than for me to try and work my way in."

Second, Peter experienced a sense of freshness and renewal in coming to worship at Salem. While in transition, he was inspired by various approaches to worship at different Chinese churches he attended: "Inspiration was one thing that . . . I got from visiting other churches because every church has a different way of doing things." No longer being burdened by a designated role in leading worship, Peter uncovered a sense of freedom that motivated him to fully engage in the worship, not as a leader, but as a regular congregant. He stated, "So I'm free to just sit there and just focus on whatever is being taught; and enjoy the worship." With the new-found freedom and being unencumbered from any emotional attachment to the churches he visited, Peter re-established a passionate connection with his faith. As he put it, "So the inspiration was there . . . when I visited other churches, because I had no . . . obligation to serve in that church, I felt free and burdenless [because] I . . . am there to experience and engage with the congregation."

With this fresh perspective, Peter went to visit Salem and immediately was drawn by its worship and music. He declared, "I love the music . . . so music was definitely [important] . . . [and] worship team was actually one of the things that attracted me." Peter was also inspired by the pastors at Salem and in particular, cited the pastor of the English congregation, Pastor Howard, as a pull factor. Though Pastor Howard was no longer at Salem at the time of the interview, Peter remembered him with fondness: "He was an amazing pastor." Furthermore, he credited the "the openness and . . . hospitality" at Salem as the tipping point in its favor. The comfort he had in interacting with the "cell group" came from the welcoming gesture of people who shared a similar background with Peter in terms of ethnicity, age, education, and career.

When we discussed how he saw himself from the perspective of ethnic and faith identity, Peter proclaimed: "I just call myself Canadian." But his understanding of the term *Canadian* was derived from a process of social construction. He theorized that "the term *Canadian* itself holds [a] multiethnicity [connotation]," unlike Americans who "are all Caucasian." Canadians were different and especially in cities with a high mix of ethnic immigrants, "Caucasians are the minority." The term *Chinese*, on the other hand, conjured a stereotype of students who were "completely good at math and science," subjects that formed a major element of stereotypes concerning Chinese ethnicity. Peter protested that he did not "fit into the stereotype" because he was never good at math or science and thus did not "like being put into a stereotype" or "being labeled." However, regarding the dynamic between his ethnic origin and the national identity, Peter suggested that it depended upon which group he was associated with and how the question came up. For example, when looking for a job, he would identify himself as a Canadian since it "means I'm legal to work here, [and] whether I'm Chinese or not should not make a difference." In general, he saw himself as a Canadian, but identified himself as a Chinese if and when questions arose about the specifics about his ethnic background.

The interview then segued into a discussion of the ethnic composition of Salem. Peter acknowledged that although the church had "a multiculturalism ideal," the reality was that the congregational ethnic mix was a function of the Chinese congregants' social network and circles of influence. As a result, Peter said, "It's hard for [other ethnics or Caucasian Canadians to come to worship at Salem] unless they already have their friends here." Even though at the time of the interview a very small group of "different ethnicities" were attending Salem, Peter noted, the ideal of becoming a multiethnic church "is not happening as we want it to be." Peter recognized that a creative tension existed at Salem, a church aspiring to be community-centric, serving and reaching out to the neighborhood where the church was situated. And yet the church was predominantly "a Chinese church." Salem's leadership, Peter argued, never explicitly labeled the church as an ethnic church and did make serious attempts to design its programs in an ethnic-neutral manner with the purpose of "engaging the community that is around" the church. On the other hand, the church shied away from labeling itself as multiethnic "because people may have a wrong impression" that "multiethnic may mean Caucasian and then everybody else." Community-centredness was ethnic-neutral to the extent that the church served the community around it irrespective of the neighbors' ethnicity. Peter explained: "If you are around us, you're welcome to join us."

When it came to how his ethnic identity and his religious identity was being adjudicated and navigated, Peter saw himself as a "Chinese Canadian Christian." However, when asked about his ethnicity in the light of his Christian faith, Peter said that he did not "believe being Chinese is all that important." After all, for Peter, his Christian identity always trumped his ethnic identity: "All that matters is Christianity."

In reflecting on his upbringing, Peter identified an expectation on the part of his parents that he would excel academically because they believed that educational achievement was the route to upward mobility. Peter said that the litany was as follows: "Getting good grades at school gets you a better placement in terms of getting into university . . . and getting good grades in the university [means] getting your degree and [getting] a better job, [which in turn means getting] a better life." Peter further explained that the stereotypical emphasis on performance-centric values meant pursuing academic studies that were centered on "certain subjects, for instance, math and science" and that people expected "the Chinese person to be always getting As in math, As in science." Peter, however, defended his parents' aspirations for him, noting that upward mobility was an ideal not just of Chinese parents, but of all parents. He explained: "I believe in every society; you always want better for your kids . . . you always want them to excel in what they're doing . . . because you want your kids to succeed." That said, Peter never felt overt parental pressure to get into certain professional arenas that typify upward mobility. He vehemently insisted: "My parents never said: "Oh, you should be a doctor or you should be a lawyer" . . . they left that up to me on deciding what I would like to do, but they always expected me to do good [sic] in school."

However, Peter's parents did inculcate in him Chinese values such as honoring parents, respecting elders, and maintaining a strong work ethic. Yet when asked whether he ever experienced any conflict of priority on his parents' part in transmitting Christian versus Chinese values to him, Peter was quick to answer that Christian values always prevailed "because my parents are also Christian." He reasoned that his parents had "already overcome . . . that cultural struggle versus religion." Consequently, Peter did not "have that experience of [the struggle] . . . because my parents never really pushed too much of, say, the Asian values" into his upbringing.

In closing, Peter took caution not to criticize his parents' church, reiterating that although his departure could be construed as negative, "every church has good points and every church had bad points." Yet his own transition process reflected "which church style and which stuff works for the individual." In other words, people like Peter who moved away from their parents' immigrant church to congregations of their own choosing were "looking for what works better for [them] so that [they] can continue to worship God and to continue to grow in [their] own spirituality." I thanked Peter as we ended our interview.

## Synopsis of Interview with Third Participant: James Chiu

The third participant I interviewed for this case was James Chiu, a married, thirty-to-forty- year-old with a degree in computer engineering, working as a software project manager at a large corporation in a major city in eastern Canada. James was referred to me by his pastor and I interviewed him via Skype.

James joined Bethany, a local-born independent ethnic Chinese Canadian church, about six years prior to the interview, and his transitory odyssey was different from that of the first two participants; it all started with how and why Bethany was created. According to James, the congregation was "planted as part of the dual church partnership with the Chinese Church" that his parents were still attending at the time of interview. The vision for Bethany had been that the local-born English ministry at the parents' church would grow into an "independent, autonomous church" of its own, and any existing English ministry associated with the former church was to cease and desist, and transferred over to the new congregation. Given that Bethany was established out of a collective church vision, I asked James whether it was a decision he embraced and whether he had a choice not to attend this new congregation. He replied: "I don't know if there's a choice. I mean there's never supposed to be an English ministry [at the former church] as the result of the autonomy; we [only] had a choice to leave [for Bethany]."

During the time when the English congregational transition to Bethany was being finalized, James was working in San Francisco and decided to try out a church that was a "very young, urban professional church that is still Asian in culture with a second-generation Asian pastor . . . [with] almost a thousand people [and] a thriving college university ministry, a thriving small-groups ministry, [and] very community based." Having experienced an exciting encounter with this American church, James was determined to transport some key learnings to Bethany, which he characterized as "a traditional, conservative church." Although the changes he wanted to introduce were not anything "outrageous," his effort was met with "resistance." Reflecting on this experience, James came to a new-found awareness of the reserved nature of the church culture that existed at Bethany, which he attributed to two factors: basic human nature to seek comfort in the status quo; and the Chinese culture of resistance to change. When asked about how this culture played out between first-generation immigrants and their children at the former church, James remarked:

> First-generation [congregants] would never question and would just do what's been done in the past. [But local-born] generational people would start questioning: "Is it effective? Is it something that works for us [and] helps us worship corporally? Or is it just out of tradition that we do these things? What's the background behind this tradition? Is it just because we've done it this way or is it something biblical about it that we have to do it this way?"

With such setbacks fresh in his mind, James contemplated exploring churches with other models. When asked what tipped the scale for him to continue to stay committed to Bethany, James attributed it to his having sought divine guidance: "I was just praying and asking God, you know, if you've called me to be here, show me [and] open up doors for me to connect. But if you call me to leave, then open doors for me to connect outside."

Yet he felt no compelling reasons to leave as "the Lord has never really opened the door" for his departure. However, once he decided to stay, loneliness and a sense of disconnectedness set in: "When I came back, I felt alone . . . some [of my friends] were still not finishing school but some had just left the church and left the faith completely. So I felt very alone and disconnected." But over time, James was able to create new relationships and to reconnect with Bethany, whereupon he began to get involved in ministry.

> I also connected back, joined [a] small group and started [being a] student ministry counselor. So I guess at some point . . . like [God said]: "I've opened the doors for you here, you're deeply rooted. I don't think it's time for you to go. I think this is time for you to plant and grow and nurture people here."

When asked about how he would characterize Bethany in terms of ethnic composition, James assessed the congregation as consisting of 40 percent second-generation Chinese; 20 percent 1.5 generation, "who grew up in Hong Kong, and moved here [when they were young]"; and the rest was first-generation immigrants. As much as the church aspired "to be multiethnic," the "ethnic makeup is primarily Chinese ... [and] holding on to [its] Chinese roots." James elaborated, suggesting that "the style of worship, the style of preaching, the culture of the way we operate as a church in terms of ministries, [are] still very Chinese-centric." As to what might be holding the church back to becoming a bona fide multiethnic religious institution, James identified a few barriers. First, in his mind, a church ought to be community-based in the sense that congregants' ethnicity should reflect the neighborhood's different ethnic groups. However, Bethany was, at the time of interview, a commuter-church in which only "ten to fifteen percent of the members lives in the [neighborhood of the church location]. The rest of the congregants live [away from church]. So there is no sense of local community." A low level of congregants from the neighborhood led to a second challenge: an inability to establish a meaningful connection with the neighborhood. James added: "If you don't have a sense of local community, no one is going to be connected to the makeup of the people there, right?" Third, the church's desire to become multiethnic ran counter to the demographic makeup of the local neighborhood. James explained: "We try to outreach to the people in the area, [but] the people in the area ... are Chinese. So you're going [to be] bound to be a very Chinese-oriented church." This created a vicious spiral effect in that since the church was Chinese-centric, it proved to be difficult to invite non-Chinese attendees, the kind of ethnic mixes necessary for Bethany to become multiethnic. And when these non-Chinese friends didn't live close by, which was the case because of the current demographic of the neighborhood, realizing the goal of being community-centric and multiethnic was doubly challenging. James lamented:

> It's a very tough sell to ask [non-Asian friends] to come to this borough, to drive 25–30 minutes to go to a church ... So if I would invite a friend, would I invite them to go to drive 30 minutes [to the church]? Maybe! Maybe not! They might not see the point of driving all the way [here].

The only way to accomplish this ideal, James surmised, was for the church to move away from "an area where it's Chinese-centric . . . [and] plant a new church somewhere else." The rude awakening led to the final barrier, which was at once philosophical and practical: Bethany was still "using the same resources in the [separate] church [building] provided to us by the Chinese immigrant church." The sharing of the resources reflected a mindset that was still dominant at Bethany: that the congregants were "still holding on to our roots . . . [and therefore not drawn to] planting out or reaching outside the [current church] area."

All of these forces colluded to force Bethany to re-purpose itself into "switching [the] focus to be more [local]-centric. So we try to outreach to people in the area, and they're mostly Chinese. So, it's, you know . . . We can't be multiethnic you know." At this point, James seemed to have resigned himself to the reality and conceded that:

> There's nothing wrong with that . . . we just need to be realistic and say we are a [local-born] Chinese English speaking church and not call ourselves multiethnic. I mean [although] our goal is to be multiethnic, our tendency is to congregate [with] the Chinese people. We are always going to be bound to be reaching out to Chinese. I think that's still in our heart, anyway. So I don't think we'll ever lose that.

We then turned our discussion to how James viewed his own identity. He answered without much hesitation: "I see myself as a Chinese. I think by the color of my skin and by my hair and the language that I try to speak, I have a Chinese heritage and I'm proud of that as well as proud of being born in Canada."

In the same breath, James constructed a hybrid identity that blended his ethnic origin with his place of birth: "So I think I'm Chinese Canadian. When people ask me what's my background, I tell them I'm Canadian. But I'm also Canadian Chinese." Yet in his religious identity, James was adamant that he placed his Christian identity above the ethnic and cultural identity: "I consider myself Christian first, for sure." However, depending upon the context, James would judiciously select what he believed to be the appropriate identity to fit the circumstance: "If the question ever pops up, yes I am a Christian. But if people was [sic] asking me what's my ethnicity or what's my background, I would say that I'm Chinese Canadian, right? But I consider myself Christian first."

But when James was questioned about how much his ethnic identity affected his religious affiliation and the choice he might exercise in selecting churches to attend, he was swift to point out that he did not "consider my ethnicity as a driving factor unless I'm someone as a visible minority in the church, that might be something, that might be a deterrent." To illustrate his point, he cited a predominantly Black Pentecostal church in the neighborhood as an example: James said that if he were to worship there, "I might feel out of place for sure because I'm Chinese."

In examining how his parents might have been an influence on him, James responded enthusiastically: "[I am] very – very influenced. I am – I think like the way that I was raised has shaped me to be who I am today." He recalled how his parents modeled faith values by practicing Christian teachings:

> [They were] being so devoted at the church or to people, learning how to be hospitable, very caring . . . ministering [to] the church, taking on ministry . . . I think seeing my parents take on a lot of the leadership roles has encouraged me to obey and to serve the Lord . . . [They are] examples like a Hall of Fame type of thing that I would look up to . . . and follow [in] their footsteps.

As to whether his parents might have imposed Chinese values on him, James was ambivalent, for though he was raised in a Chinese family, he was not certain whether the behaviors that he adopted based on his parents' modeling were related to Chinese values: "I can't tell if it's Chinese." Though he did not speak Cantonese often or observe many Chinese cultural practices, James adhered to what he believed to be "Chinese virtues." For example, James claimed that he enjoyed Chinese popular music and was "very studious" and "very hard working." At work, he maintained a level of respect for authority and tended to follow instructions first rather than questioning them when he was younger, though that "is something that I'm changing now." At home, he tried to "connect with my parents and my relatives to the best of my ability," in a way that reflected a deference to, and respect for, elders.

As for how his parents ranked Christian values versus Chinese virtues, James reasoned that they were an exception in that they did not overly emphasize academic achievement over religious involvement as was the case for many of his peers. His parents advocated a priority of developing a good set of habits that led to a good "balance between church [participation] and . . . academics." They believed that "honoring God through outside of academics is just as important as or even more important than my academics." It did not follow, however, that his parents did not care for academic achievement. They instilled in James a strong sense of the importance of exerting his capabilities to the fullest. For them, academic achievement was defined not so much by the grades on the report card but by striving for excellence, a goal that his parents "demanded" of him in his studies. His parents' mantra was always: "You should strive for excellence." However, an unintended consequence of this demand developed in James: a sense of "fear" of his parents and fear of not meeting their expectation. James recounted the way he felt while growing up:

> There's always that expectation. But maybe it was just because I feared my parents and I never really understood what they were trying to accomplish. [It is] not necessarily demoralizing . . . part of it is just because of the whole respecting elder thing. I did fear my parents. It's not fear like I'm afraid, but I respect them. I love them[and] I don't want to let them down.

Implied within the emphasis on academic excellence was a sense of restriction in selecting fields of study or careers. Though his parents never pressured him to get into any specific area of study, they did encourage James "to find something that was a profession . . . [like] an accountant, or finance." The underlying ethos of academic excellence was about achieving stability and certainty in life and career. James explained:

> I think it's the fact that there's stability and there's certainty that comes out of a degree. So in theory, if you study accounting, you're going to be an accountant. So it's a defined occupation. [But] if you study political science or you study humanities, it's not a defined, concrete career or occupation.

James perceived this yearning for stability and predictability as "a Chinese thing" or a "Chinese value." In short, although it was not explicitly specified by his parents, for James, the tacit understanding was that he was expected to pursue those well-defined fields so that he could learn enough skills to have a stable life and career. Under this influence, James elected to pursue computer engineering. He reasoned: "Being raised as very Chinese at the time when the computer boom was so big, I chose computer[s] out [of] the fact that I felt I can secure a job more so [than for] the academic[s] and the learning."

In closing, James offered his hypothesis on the entire transition experience of his cohort, and I summarize it as follows. First, the prevalent reason for the local-born's departure from their parents' church might not necessarily be due to apostasy or to a simple desire to stay away from their "parents' umbrella for all these years." Rather, for many who left, "the [parents'] church just isn't the right fit." James explained further that the exit might reflect more of a desire for these folks to break away from their own "personal baggage" than the forces of pull factors such as ethnicity to join other churches of the multiethnic variety. These personal issues were mostly reflected in the life misfortunes some went through in a close-knit community such as the church. There were bound to be personality conflicts or relationship breakups. James reasoned:

> A lot of people are leaving the church because they grew up, for all these years, from a baby until thirty-something. You spent thirty years in this church and there's so much baggage. Let's say you dated some person, dated multiple people in the church, you have broken friendships, which caused people to leave.

What was poignant about the silent exodus phenomenon occurring at the SGCCC was that it could be attributed to the "whole idea of reconciliation and forgiveness" being absent from "the Chinese culture." James added, "I think it's very difficult for Chinese people to forgive one another" when conflict arises because "it's a pride thing . . . [and] we don't reconcile enough." One way to mitigate the departure was to do away with the "Chinese [shame] culture" of face saving and practice the biblical teaching of forgiveness: "I think that as a Chinese church, we need to ask and seek for forgiveness on a continual basis for [sic] people who [we] have been a hinder [hindrance] to or a hurt to." After James offered that suggestion, I thanked him for the interview as we ended our discussion.

## Themes for Case One

As a result of examining the data through analysis and coding, multiple themes emerged for the participants of this collective case and I identify them in the following sections.

### Theme #1: Quandary of Ethnic-Dominated SGCCE Congregation

The participants in this case came to their current congregations of choice for worship via different pathways. Martha was referred by a family contact. James followed a movement that reflected an explicit vision and decision to establish an independent SGCCE church out of his parent's immigrant congregation, not recognizing "if there's a choice" to go anywhere else. Peter shared the same experience as James, but his church was not necessarily a deliberate church plant for SGCCE initially, though it evolved into one subsequently. All participants expressed the same irrefutable desire to have their churches to be neighborhood churches that were community-centric and multiethnic. James put it succinctly: "Ideally, our church is aiming to be missional. It's aiming to be outreach-centric church. And if we [want] our outreaching and to be missional, [then it is] to the people around us."

In the same vein, Peter's church designed its programs in an ethnic-neutral manner with a purpose of "engaging the community that is around" the church. In so doing, all participants aspired to achieve the same endgame: to see their church become multiethnic in membership. Peter, for example, spoke of "a multiculturalism ideal" at Salem, wanting it to be "welcoming to all ethnicities that come and visit us." Martha's interest in welcoming multiethnicity, on the other hand, was driven by a desire to see her South Asian boyfriend embraced by the church she attended. And James shared the same ideal: "I mean I think our goal is to be multiethnic."

Yet they all faced identical conundrum: Their churches continued to be ethnic Chinese-dominated congregations, albeit second-generation focused. For Peter, the pursuit of multiethnicity for his congregation was "not happening as we want it to be" because Salem remained predominantly "a Chinese church," reflecting the congregants' social network and circle of influence. The same exasperation was expressed by James, who said that the "ethnic makeup [of the church] is primarily Chinese . . . [and] holding on to [the] Chinese roots." Martha came to the same conclusion: that her church's leadership was "Chinese-based."

The irony of pursuing multiethnic attendees in a predominantly Chinese social and demographic context was not lost on the participants. They all shared common contributing/paradigmatic factors that shaped the ethnocentric composition of their church memberships as well as their own transitory experience. First among them is related to the socialization process of their own and the congregants. For Peter, his transitory experience had always been centered on ethnic Chinese churches. The key driver for his experience had much to do with connection with friends. Peter explained that he went to those Chinese churches because of the friends he was acquainted with and "therefore, a lot of the churches that I visited were Chinese." A sense of homophily existed for Peter and his Chinese friends whose connection network formed what Peter conceptualized as a "comfort zone." To stay in the comfort zone meant going to a church where Peter had an acquaintance. Yet, the same comfort zone modulated his resistance to worship with non-Chinese. Peter explained: "I would definitely not have problems visiting [a Caucasian church] but my sense of going back into my comfort zone would kick in. Because in [a] Caucasian church, I would stand out. I'm the minority Asian."

The connection with friends as a theme sprang from a life experience that was molded out of a context that conflated religion and ethnicity. Peter cited a key experience as participating in an annual event when he was young: The Western Chinese Christian Winter Conference, an annual event Chinese Canadian Christians of all stripes would attend, predominantly coming from provinces in western Canada. Peter remarked that "it's through that conference that I attended regularly back then that I met my other friends that are also Christians [who are Chinese]."

Martha identified the same socialization experience growing up in the church setting. She recalled, "The connection I have with the people at Salem right now is something that's really unplanned. And I actually met a lot of my peers right now in Salem when I was thirteen or fourteen . . . at the Chinese Winter Conference." Combining this experience with her social circle, which consisted mostly of people with Chinese ancestry, Martha unsurprisingly admitted, "My close friends are mainly Chinese."

As for James, although he did not explicitly weigh in on the socialization process, the process did play a role in shaping his decision to stay on at his church. He was motivated to leave at one point because "a lot of my friends left the church." However, when he chose to stay, loneliness did set in: "I felt alone . . . some [of my friends] were still not finishing school but some had just left the church [and] the faith completely."

The second factor contributing to the church's being dominated by Chinese ethnicity was related to where the church was located. James lamented that as much as his church desired to achieve the goal of being both a multiethnic attending congregation and a neighborhood-centric community church, its ideal was hamstrung by the demographics of where the church was located. He explained, "The people in the area . . . are Chinese. So you're going [to be] bound to have a very Chinese-oriented church." Peter shared the same frustration: "The ideal of becoming a multiethnic church is not happening" because the church was located in a predominantly Chinese ethnic location.

This situation led to the third contributing/paradigmatic factor: The Chinese congregational composition was an exclusionary barrier to the church becoming multiethnic. James protested that because Chinese households dominated the population of the neighborhood, non-Chinese felt uncomfortable attending his church as many non-Asian friends of the congregants did not reside in the neighborhood. Many Chinese congregants who were commuters themselves felt that "it's a very tough sell to ask [non-Asian friends] to drive twenty to thirty minutes to go to a church." The same sentiment resonated with Peter, though his narrative was based more on the friendship connection. He observed that "it's hard for them [i.e. other ethnic or Caucasian Canadians to come to worship at Salem] unless they already have their friends here." Thus, Peter came to the unpleasant conclusion that "the ideal of becoming a multiethnic church is not happening."

## *Theme #2: Inept Leadership*

A second theme emerging from the interview with the participants in this case centers on the leadership at the immigrant church that was visionless in its direction and murky in its practices. With sadness and frustration, Martha spoke about how immigrant church leaders changed the rules for selection of a new senior pastor, without clear communication or consultation with the congregants. Rather than putting a candidate through a set of predefined, agreed-upon steps involving a selection committee and interview process, the deacon board of the church "just put someone into that spot [the senior pastor role]," which, for Martha and her co-worshipers, "was done in a not-very-open to the church way." This arbitrary decision reflected a lack of fair play that was supposed to be undergirded by the democratic, open process of decision-making. This absence of transparency reflected a "control and command" culture in the immigrant church in which the English congregants needed to "ask . . . first to get permission" before doing anything significant. In such a stifling environment, Martha felt that trust for leadership was quickly replaced by a sense of "betrayal."

Peter shared a similar experience; when the English pastor of his former church left, the leadership was "dragging their feet" in hiring a replacement. No attempts were made by the leadership to articulate the replacement process and the expectations in a translucent manner such that congregants might have a better appreciation of the lengthy and somewhat convoluted hiring process. Without regular updates and open dialogue, speculation and rumors festered, invalid assumptions were made, and incorrect conclusions drawn. As for James, although he did not level explicit criticism against the leadership of churches he and his parents originally attended, he hinted at a lack of freedom to choose to attend the new church plant: "I don't know if there's a choice [not to]."

In articulating their purposes for the adherents, religious organizations usually craft a vision that delineates the direction for the community to pursue as its collective goal. Martha longed for clarity about such a purpose and direction. She was animated in expressing that insatiable yearning: "I want a church that has a direction and a purpose that is aligned with what I'm looking for and what I need." Without a direction or a "theme," which was a recurring topic in our discussion, Martha experienced a sense of drifting, which represented her state of mind when she left the former church: "When I feel like there's no central goal or kind of theme, then . . . I don't know what to go toward." Without clarity on direction, the immigrant church appeared to be rudderless.

Yet a subtler subplot appeared to manifest itself in the dysfunctional or ineffective immigrant church leadership that had something to do with the lack of willingness to listen to the younger generation, which led the latter to believe that they were powerless to effect any meaningful change and be a contributor to their own destiny. For example, Martha complained that appropriate channels to voice her concerns were virtually non-existent. She lamented: "There's never really that chance to actually talk about . . . church life, or what you see going on." She framed this issue in the context of an absence of space and right to speak on the part of the younger generation in the presence of the older one. Martha referred to herself as the "underling, the kid" and said she never felt empowered to voice her thoughts or aspirations. Peter shared the same frustration: "I didn't voice [my overload] out because there was no one [to listen] . . . no channel to communicate . . . [my] thoughts and disappointment," because the decision-makers did not appear to listen.

For James, the incompetent leadership revealed itself in an ethos of resistance to change. When he introduced change in the worship setting, he was confronted with an attitude of maintaining the status quo that advocated preservation of traditional practices, an attitude that he attributed to the fact that "people have been at the church for all these years and never experienced a church outside of the Chinese church." James further pinned this ethos directly to the Chinese culture: "I think it is in the Chinese culture to be very traditional. Once you have your way set, you stick with what you've known and what you've been doing."

### *Theme #3: Stagnation*

Flowing from the theme of inept leadership is the theme of stagnation commonly experienced by the participants. Without a clear direction and purpose at her former church, Martha experienced a sense of loss of direction and a feeling of being stagnant: "I think that a big part for me is finding a sense of [how] I can be a tool for God . . . [and] at [my former church], I felt stagnant." That same centrality of having a clarity on direction applied to her search for a new church home. "If the direction doesn't fit for me," Martha ruminated, "then it's more [to do with] me than it is [to do with the] church."

For Peter, the spiritual dryness he endured came from two different but related sources. The first was related to feeling "dread" and "burnt-out" from his own leadership role in directing worship service. Peter further pointed to the absence of solid spiritual teachings that he felt could have come only from a properly trained clergyperson. In the absence of an English pastor, congregants began to self-teach, which was inadequate, and soon Peter experienced a hunger that the pastorless church could not fulfill. He reasoned: "There wasn't someone higher up that would teach the more advanced biblical practices. When you are all in the same level, you tend to just teach at the same level so I was not growing spiritually at the church." In conclusion, Peter felt that "stagnation is one of the causes of their non-growth at their church."

Rather than explicitly pointing to the issue of stagnation as a barrier to growth that individual congregants would have to confront, James problematized it as a broader cultural and theological problem within the Chinese immigrant church. There existed a cultural entrapment at the immigrant church that eventually led to ethnocentricity when a person was constructing religious affiliation based on ethnicity. James reasoned: "[Although] we are blessed to be in such a strong Chinese Christian community, we don't venture outside. If we don't open our eyes to other things, we're stuck and bound to the way that we've always done things." The restriction in the practices of immigrant churches could blind the churches from seeing "other perspectives in theology and practices" in other Christian communities that could spark innovation and preclude stagnation at the community level. In other words, stagnation as an issue is ascribed not so much to the individual congregants as to the corporate level as a church.

## *Theme #4: Relationship*

The participants in this case exhibited a deep desire for personal connection as a part of their religious experience. Highly relational, they valued connectivity with their peers – so much so that absence of such relationship and not being able to connect became a significant flash point for all participants in their decision to leave their former church. When he returned to Bethany after a brief hiatus in the United States, James lamented that "a lot of [his] friends left the church." Thus, he experienced loneliness and not being connected: "I felt alone and disconnected . . . some [of my friends] were still not finishing school, but some had just left the church and left the faith completely." Though he contemplated opting for another church, James managed, over time, to establish new relationships and reconnect with his church.

The theme of relationality resonated equally strongly with Peter. At the time of his departure from his former church, Peter felt exasperated because "the people in my age range kind of dispersed into their other things." His "core group of friends" had already left the church, with some teaching English overseas and others having already moved on to different churches. In Peter's mind, his exit was a result of the process of attrition. In seeking connection elsewhere, he found that friendship became a central criterion in his search for a church to attend. In particular, friendship with co-ethnics created a "comfort zone" that became the drawing factor for him to stay at Salem.

For Martha, her yearning for relationship extended beyond her circle of friends to the leadership of the church she attended. Having experienced the dysfunctional leadership at her former church in terms of "loss of trust," she admitted that she no longer experienced a "foundation of relationship with the leaders." Thus, when Martha decided to stay at Salem, not only was she seeking "an environment wherein friends . . . would feel comfortable" worshiping together but she also sought connection with leaders, particularly those of Chinese ethnicity. Martha added that she preferred a church with "a Chinese base but with a multiethnic group." She further explained that the "Chinese base is in the leadership." This may have something to do with her deep desire to see the intersection between ethnicity and those she trusted for guidance and spiritual sustenance.

### *Theme #5: Social Construction of Identity*

Although identity emerges as a theme, as it does for participants in other cases, the participants in this case interrogated it more from the social constructive stance (see Table 5). For instance, Peter at first claimed himself to be "Canadian" but cautioned that the term was socially constructed. He theorized that "the term *Canadian* itself holds [a] multiethnicity (connotation)" unlike for Americans who "are all Caucasian." The fluidity of the term *Canadian* was what enabled Peter to judiciously select his identity depending upon the context and to his advantage. For instance, in looking for a job, he would identify himself as a Canadian since being a Canadian "means I'm legal to work here."

In terms of ethnic identity, Peter somewhat rejected the term *Chinese* because he noted that it carried a stigma as it conjured up images of students who were "completely good at math and science" that form a main part of stereotypical Chinese ethnicity. He protested that he did not "fit into the stereotype" since he was not good at math or science and did not "like being put into a stereotype" or "being labeled." Peter exercised similar caution when introducing faith identity into the mix. He reasoned: "When you [ask] which [identity] would you use to introduce yourself more, my answer would be based on who I'm talking to. If I have to describe myself pretty accurately in a few words, I'm a Chinese Canadian Christian."

Conversely, Martha saw herself first in terms of her ethnic identity: "I am Chinese," she stated, although she added quickly: "I'm also a Canadian." However, her penchant for ethnic identification was front and center when discussing her socialization process. Given her experience of how she was treated, she identified herself as a Chinese "because that's the thing that people would see right away." But this experience was not replicated with her Caucasian counterparts since it was not likely for a Caucasian to be asked: "Are you White?" Thus, for Martha, as a Canadian, ethnic markers appeared to act as an invitation for others to ask about the origin of her ancestry. Yet, both Martha's ethnic and her national identity as either Chinese or Canadian paled when in comparison with her religious identity. She vehemently insisted that the comparison was "not even [in] the same category." For her, being "Canadian and Chinese has to do more of [*sic*] my culture," whereas "Christianity is my values, my beliefs, and my religion." Martha stressed that "number one, I have to be Christian."

Finally, James was sanguine in expressing his identity as a Chinese: "I see myself as a Chinese. By the color of my skin and the language that I try to speak, I have a Chinese heritage and I'm proud of that and proud of being born in Canada." In the same breath, he constructed a hybrid identity that blended his ethnic origin with his place of birth: "When people ask me what my background is, I tell them I'm Canadian. But I'm also a Canadian Chinese." Yet he valued his Christian identity above the ethnic identity: "I consider myself Christian first, for sure." However, James appeared to differentiate various identities and selected judiciously what he believed to be the appropriate one depending on the context: "If people were asking me what my ethnicity is, I would say that I'm Chinese Canadian. But I consider myself Christian first."

Table 5: Ethnic Identity: Case One Participants

|  | Christian | Canadian | Chinese | Hybrid identity |
|---|---|---|---|---|
| Martha | "Number one I have to be Christian." | "Canadian and Christian would be tied." | "I would identify myself as a Chinese first." | "Chinese Canadian." |
| Peter | "I'm a Chinese Canadian Christian." | "I just call myself Canadian." | "Being Chinese has stigmatism [sic]" and admitted to being "Chinese only when asked." | "Some people are sensitive of these things: 'why do you call yourself a Chinese Canadian?'" |
| James | "I consider myself Christian first, for sure." | "Proud of being born in Canada"; "I'm Canadian." | "I see myself as a Chinese." | "I'm Chinese Canadian." |

## Summary

To summarize, analysis of data collected via interviews with the participants, visits to church sites, collection of church bulletins and other materials as well as information from the church websites yielded the following five themes: (a) the quandary of ethnic-dominated SGCCE congregations, (b) inept leadership, (c) stagnation, (d) relationships, and (e) social construction of identity. In the next section, I present data collected from Case Two participants and the themes that emerged from the data analysis.

# Case Two – Participants Attending Worship in a Pan-Ethnic Asian Church Setting

Case Two involves participants who were attending churches in a pan-ethnic Asian setting during the time of interviews. The case was bounded by the parameters for churches whose ethnic category was determined by Alumkal's theoretical framework of four lenses for analyzing the multiple variables that contribute to a congregation's ethnic and racial profile as discussed in chapter 2.[6] Based on the information provided by the participants and my personal research into the information available on the website, I am satisfied that the churches the participants were attending at the time of interview qualified for this case. In this roster, three participants were interviewed, two of whom attended the same church. However, I did visit the church of the third participant and gained a perspective on what constituted a Pan-Asian congregational context, which in turn informed my analysis of the data for this case. In the following sections, synopses of the interviews are presented in a sequential manner, followed by a discussion of the themes that surfaced within this case.

## Synopsis of Interview with First Participant: Eunice Chu

The first participant I interviewed in this case was Eunice Chu, a single, thirty-to-forty- year-old with a master's degree in cross-cultural studies, who was working in marketing and communications for a local coffee roaster in a major city in western Canada at the time of interview. Eunice attended her parents' church for almost twenty-seven years and was once the interim youth pastor. After leaving her home church in the summer of 2007, Eunice decided in 2008 to settle in at Upper Room, a church that was attended by local-born Chinese Canadians, Korean Canadians, and other ethnic worshipers. Eunice came to me via a referral by her pastor, and I interviewed her at a quiet office in midtown of the city.

When I asked her why she left her home church of twenty-seven years, Eunice offered a terse answer: "I was burnt out . . . [and] wasn't growing." She recalled experiencing a sense of loss and disorientation after stepping down from the role of interim youth pastor:

> I was out of place, because if I wasn't involved in doing ministry, I didn't really know where I fit in. I didn't know where I belonged. But I didn't want to belong [just] to serve. Or I didn't want to serve to find my belonging. I wanted to not serve and feel like, "I still belong." But I didn't feel like I did.

Eunice further ascribed the sense of non-belongingness to the absence of meaningful connections to her peers. She elaborated:

---

6. Alumkal, "Analyzing Race."

You need your own friends, people your age, people you can connect with. I was single and unmarried. And a lot of people older than me were married and had kids. So life stage was different as well. So it was difficult to connect with people because our life stages were completely different.

However, at the time, Eunice "was the only one in my generation" who was still there when "everyone from that youth group [I grew up with] already left . . . There was no one left (behind)." The absence of a meaningful relationship with her peers, together with not having a role in ministry, led her to develop a strong feeling of "non-belonging" at the church.

As to why her peers left the church, Eunice attributed it to the lack of a support system to assist the youth in transitioning into university. These students were overwhelmed by the workload in their studies and as a result, many abandoned their religious engagements and affiliation. Eunice offered this observation: "We didn't have a solid university program at my church. There were university programs at other churches, and that's why some people left [for] the other churches. But then after university, you kind of faded away as well if you don't get planted in the university."

As a remedy, many older leaders refocused their efforts and "invested in youth ministry . . . they felt a heart for youth ministry because they saw all friends leave." Eunice went on to lament, "It affects the pastor to see . . . the great exodus. And it's hard to continue [to] do ministry when you see people walk. I know it hurts the pastor."

In Eunice's opinion, there were two antidotes to "stem the tide." First, it was relationship, not just the one existing between the leadership and the youth, but also the one developed among the youth themselves. Eunice further characterized this kind of relationship as a "deep accountability with each other." Second, a solid discipleship or "relationship with Christ . . . is paramount important [sic]." According to Eunice, her church had exerted efforts in running programs such as "camps" to help youth experience a connection with God in a way that was highly emotional: "They experience a high." But absent from the experience were effective teachings on how to relate to God in adversity. Eunice elaborated: "As a church, I think we failed . . . to help kids go through the ups and downs of life. Instead of just seeing church as a great experience . . . [the church needed] to help young people walk through difficulties and walk through ups and flows of life."

Eunice and I then turned to a discussion of what the criteria were when she selected a church to attend. She highlighted a few factors for consideration. First, the church had to be in the neighborhood community where she resided and had to reflect the fabric of that very community. Eunice explained, "I'm affecting the people that I know, the people who live around me because this is my life, this is my community, [and] this is where I live." Upper Room met that criterion because it was located in a community that reflected a good mix of Asians who were "second-generation with same or similar background."

The second criterion had to do with Eunice's loathing of exclusivity. Eunice was dead set against attending a traditional Chinese church, even though it might have a viable English ministry. Her reason appeared to be simple and straightforward: "I just left a Chinese church . . . I don't want to attend another Chinese church with the same Chinese problems. I wanted to attend a more dynamic church." By "Chinese problems," she referred to the lack of progressiveness as well as the control exercised by the first-generational leadership at the Chinese immigrant churches. Based on her previous experience, Eunice asserted, "I understand how Chinese mentality is. And being in a predominantly Chinese church with a Chinese board, it will affect how the English ministry is run. It's just how things are." Even though some church boards might have "a sprinkling of second-generations," most of the time, she argued, "they would make decisions based on their first-generation values."

To illustrate the control of the first-generation, Eunice discussed the issue of name change at the immigrant churches. When these churches were originally founded, they invariably carried the ethnic term "Chinese" in the church brand. The congregants insisted the "Chinese church" label to be necessary to express who they were and to attract co-ethnics. However, raised in the multicultural milieu of Canada, the local-born argued that religious institutions should remove their ethnic marker in favor of a more community-centric posture to embrace the neighbors or friends irrespective of their ethnic origins, arguing that the term *Chinese* carried "exclusivity." Yet, Eunice observed, the reality of these immigrant churches was that "you can't see a lot of Caucasians or other ethnicities wanting to walk [into] a church that says 'Chinese church.'" One way to accomplish the objective of being inclusive was to remove the term *Chinese* from the nomenclature of the church. Thus, Eunice elucidated, the local-born were interested in "changing that Chinese name because they want other ethnics to come in or to feel comfortable."

However, any initiative to change the name was usually met with fierce opposition, especially from the church board, which had been predominantly controlled by the first-generation leaders. "Name changes are very difficult in a Chinese church" because, Eunice theorized, many of these leaders were intransigent and put their ethnic values above their faith values. The resistance to name change was but one example of the red tape that Eunice characterized as a part of a stifling leadership culture that "exist[s] in a lot of Chinese churches." Eunice went on to identify the rejection of a culture that was controlling or a "seeking permission first" culture as the third factor in her consideration for a church to attend.

When contrasting Upper Room and her former church, Eunice cited three noticeable differences that constituted strong motivation for her to stay at Upper Room. First, Upper Room promoted a culture of flexibility and creativity in which having freedom to try new ideas and not being afraid to fail were exhibited in the leadership practices. Eunice recalled that her lead pastor was putting a "chalkboard paint on the wall" for people to "write their prayers" on it. Flabbergasted by such a move, Eunice asked if he needed approval to do so. The pastor replied, "No . . . it is a creative [effort] . . . and if it doesn't work, we'll repaint it." This culture of flexibility also extended to the worship setting and content. Eunice pointed out that even the sermon was not a must-have item: "We don't need a sermon every week," unlike "my old church." Second, Eunice repeatedly praised the lead pastor at Upper Room as a "good communicator . . . [and] quick to the point." For that reason, she loved "the sermons," for she "could understand them and [the pastor] made a point and I can take the point home." Third, the worship experience was unique in the sense that her former charismatic church tended to have a longer musical worship section "maybe 45 minutes", including "lot of breaks between songs or repetition . . . with the band playing and people praising and praying." The praise portion of the service at Upper Room, however, tended to be shorter at about "twenty minutes."

As we turned to a discussion of Eunice's identity, she called herself a Chinese-Canadian. Eunice explained that before she turned twenty-one, she was comfortable acknowledging herself "as a Canadian." An event took place when she was around "twenty-one, twenty-two" that made her go "through an identity crisis." At that time, Eunice was pursuing graduate studies at a university in a small town and "had roommates who never spoke to a Chinese person in their life, never really interacted with Chinese people in their life." Coming as they did from small White communities across Canada, these students were aghast to find out that as a person with a Chinese appearance, Eunice spoke perfect English. So foreign was such a discovery that no matter what Eunice did, these students would label it as: "That's so Chinese," not because it was an actual Chinese cultural practice, but because of their prejudices in seeing things through the racial lens. Eunice recounted her protest: "No, no, no, that's what we do in the city. It's not that I'm Chinese." This extraordinary experience was then exacerbated by a mission trip to China where her White missionary friends introduced her to their local Chinese acquaintance as "their Canadian friend." The locals were "so confused because they didn't understand that I could be – the Canadian friend and I spoke perfect English, but I look Chinese."

These two episodes created an identity crisis in Eunice. She recalled: "I didn't know who I was because I was really Chinese [to her roommates from small towns]. And when I went to China, I was very White. And then I was like, *I don't know what I am.*" The crisis forced Eunice to rethink who she really was and triggered her to start a process of sorting out her values. In the end, she forged a hybrid identity by gaining an "appreciation for my Chinese culture and taking some good things from it." At the same time, Eunice also decided to take "what is good in Canadian culture [and] make it mine and make it second-generation Chinese." In the end, she felt that she was completely at ease with the outcome because she was able to "take the best of each culture . . . [and be] in an advantageous position to be able to have this ethnic background yet be born in the luxury of North America." Reflecting further upon this personal process of social construction of identity, Eunice remarked: "Growing up, most second-generation would have the experience [of living] in two worlds. You speak Chinese at home, and then you go out and you speak English with your friends . . . you [are] constantly juggling between two worlds that you live in."

The way out of the conundrum, for Eunice, was to be discretionary in taking "the best of both worlds. And I like to think I create my own culture. Or our second-generation, we've created our own culture that we can navigate between the two worlds, how we see it fit."

As to how her parents viewed ethnicity and how much influence they attempted to exert on her in that regard during her growing-up process,

Eunice recalled an instance of her father's frustration at her younger brother's desire to enter seminary. She recalled her father saying: "'I worked so hard to put you guys through school, but you guys are choosing to do church work . . . You guys are both educated. Why don't you go and get a good job and earn lots of money?'" A better or successful life, according to Eunice's father, would be defined "in terms of good job, good career." Eunice argued that these were common outcomes derived from Asian values, such as attainment of wealth, status, and education. She explained: "These are values that Asian parents want their kids to have; or Asian parents put on their children that they, you know, they worked so hard to give them a good life and so that their kids would have an even better life."

Yet, in Eunice's opinion, by imposing these vocational choices over his children's higher "calling," her father definitely placed cultural values above his faith. She singled out the Chinese values of "having face, honor and status" that were clearly in her father's mind: "I think in Chinese culture, you want face. Face [and honor] means you want your kids to have education, you want your kids to be successful, and you want your kids to have money."

Eunice went on to offer her personal observations on the overall transitional experience. She attested that many of her second-generation friends who grew up in a Chinese church were no longer attending Chinese church. Yet this shift did not necessarily imply that they stayed at a particular church for a long time afterward: "It seems like not a lot of us can get settled in one church for a very long time." Eunice offered a few observations for this phenomenon. First, the second-generation Chinese Canadian Christians are highly relational. Relationship is the linchpin of belongingness, and if relationship changes in a local church context, belongingness to that church changes. Eunice explained:

> Because you're still longing for relationships [and] longing to belong; and if you don't have that or if you're lacking a little bit of that then you kind of feel it's time to go. It's such a sticking point. Once you lose a certain relationship, you kind of feel like, "Why should I attend [that church]?"

Although faith was a key element in this cohort's journey, Eunice argued that faith was portable and affiliation with a particular religious institution was not as important: "I could take my faith to another church, why do I have to stick with this particular 'body' [i.e. church]?" An example of relational changes could be seen as reflected through changes in our life stages. This shift was clear for Eunice's friends who began to have children of their own. They switched their church affiliation because: "[As] your kids grow up, and maybe they [i.e. the church] don't have a good kids' program and you want your kids to be able to have a good foundation. And you attend a church or you look for a church that has a good kids' program."

Life changes influenced not only one's immediate family but also one's friends in terms of their church affiliation. Eunice suggested that when "your friends leave because of life changes, and they are looking for something else," then "you lose some relationships there." The sudden loss of connection forced those who were left behind to wonder: "Should I continue to come" to the same church? Eunice summed up the observation succinctly: "Life changes sort of in some way dictate the pathway."

A second observation was that the local-born attended a church based more on the pastor's reputation or their relationship with the pastor and less on the ethnic mixes of the congregation. Sometimes the "pastor changed, and you went to that church because of that pastor." In fact, Eunice further hypothesized, "My theory is that a lot of churches take on the pastor." In other words, the ethnicity of the pastoral leadership and its attitude toward multiethnicity determined how open the church was in embracing other ethnics. Eunice opined that "the ethnicity of the pastor or the familiarity of the pastor to other ethnic groups [is critical in attracting other ethnics], so multicultural leadership is very important in a multicultural church that is driving to multiculturalism."

Asked why her friends tended to be Asian or Chinese, Eunice admitted: "In my world, I just connected better with Asians." For her, there appeared to be a sense of comfort and safety or even homophily in being with Asians: "When I grew up – elementary school, all of us, all the second-generation Asian kids just hang out together."

Finally, Eunice offered her observations on the differences between the first-generation Chinese Canadian immigrants and their local-born children from the perspective of ethnicity and religious affiliation. When the first-generation immigrants came to Canada, they needed:

> A place that was familiar to them. And so they started a Chinese church [that] they're familiar [with]. And that created a sense of belonging. . . . Because they had to go work and they worked with another culture. And that was hard for them because they operated in a language that they didn't quite understand. Yet, they can go back and feel some sort of security back on Sunday mornings or Sunday afternoons, like they can meet other people who have the same background as them. Like my parents who bused to church so that they can feel a sense of connectedness with their fellow Chinese friends. And they could share it together and share their experiences and struggles from the week.

SGCCE have an entirely different set of needs, and Eunice cautioned the first-generation to pay attention to these needs so as not to risk losing the local-born:

> But our generation, we don't have that same need because we grew up here. And that's why the Chinese church has to change, because they're going to lose this generation; because they we don't have that same need. We don't have a sense of needing to belong with our same ethnicity. I could communicate with Chinese people or my friends over social media or e-mail. I don't need to go on Sunday. Or we have the luxury of – everyone drives a car now. Second-generation are just blessed with cars because their parents worked so hard to create this lifestyle for them that they are just handed vehicles so we can drive to go anyplace. . . . But we don't have – our generation, we don't need that as much in that Chinese context.

On that note, we ended the interview.

## Synopsis of Interview with Second Participant: Phoebe Lee

The second participant I interviewed in this case was Phoebe Lee, a forty-to-fifty-year-old married mother with a commerce degree working as a human resources manager at a firm in a major city in western Canada. I came to know Phoebe through another participant, John Yang, and interviewed her at a quiet office in the downtown area.

I started the interview by asking Phoebe why she left her parents' church. She was quick to answer: "I got married and we left the church." Because her husband was a relatively new believer at the time, Phoebe "wanted him to step up to be the head of the household" and they decided to move to another church to create the necessary space for him to do so. Thus they switched to "a [local Chinese] Baptist [church]" and stayed there for "five years." Afterward the Lees were on the move again, and this time they decided to attend Uptown, a Chinese church plant with a large English congregation and a much smaller Chinese-speaking one. The move was also motivated by life changes: They wanted to start a family and "wanted to go to [a] church with a solid children's ministry." The Lees stayed at Uptown for about ten years. Three and half years before the interview they began to attend Summit, a Pan-Asian church with a Mandarin ministry but started by a Korean pastor and "a small group of Korean" second-generation congregants. In describing her reason for leaving Uptown, Phoebe pointed to the staleness of her children's faith as a concern. She explained: "The reason I left was because my kids were starting to say: "It's okay, we don't have to go to church." They were starting to say that because they had a lot of head knowledge, but there wasn't the relationship among even the kids."

Her concern was further compounded by the fact that her husband had become an irregular church-goer and her children at times followed their father's example and said: "Let's stay home with daddy." Phoebe felt the need to make a pre-emptive move when the children were "around ten" to avoid the potential that they might "drop off [for] good."

Phoebe observed that other people were also leaving Uptown at the time. Central to the reason for their departure appeared to be related to a "lack of connection . . . with peers" and "with pastors," and "between the kids and God, and among themselves." To Phoebe, the "lack of connection" feeling was also very palpable and resonated with her. She explained: "I didn't have any connection with any of the leadership." She cited a personal incident of a serious illness in 2010 to illustrate the point. At that time, she received only scant attention from her lead pastor despite her attempts to plead for support. She protested: "I sent him an e-mail with my whole testimony with my heart pouring, [but received] not even a response." Phoebe further suggested that this incident underlined a much deeper relational problem at Uptown: "It is symptomatic of everything that I'm hearing. You know, [from] the other pastor to the teenagers; and what I see, from the kid's pastor to my kids; there's a lack of relationship all around."

Our discussion then turned to how ethnic or cultural factors affected the choice of congregation in her transition experience. Phoebe was candid, admitting that the churches of her choice had been ethnically Chinese: "Every church that I chose [to attend] was Chinese . . . because it's important to me." However, Phoebe was also drawn to a broader Asian heritage. Though Summit was not entirely Chinese, the pastor was "Asian himself but speaking perfect English, ministering in English, you know, it's very similar, so I'm looking for that type of church." When asked why it was important to worship with co-ethnics in an English-speaking context, Phoebe singled out three reasons:

> [First] I'm more comfortable with a group that is Chinese. I can understand the background that they come from. That's one reason. [Second], every church that I choose is a church where the pastor is speaking English almost perfectly because I can't speak Chinese very well. So that is the type of culture that I'm going into. I don't think I did it consciously, but if you look at everything, it's exactly like that.

Third, she offered that she wanted her "kids not to lose the identity with their Chinese blood," or at least with "the Asian at this point . . . since their friends are a mix of Chinese and Koreans at this point . . . at church."

The discussion of her children's cultural heritage led to a discussion of how she saw her own identity. Although she did not "feel very Canadian," Phoebe characterized herself as "100 percent Chinese [and] 100 percent Canadian." She further distinguished herself from the immigrant generation by identifying with those Chinese who had "grown up here" in Canada. However, when juxtaposing her faith identity with her cultural identity, she was adamant that "I'm more than 100 percent Christian before I'm 100 percent Chinese."

Part of the comfort in socializing and worshiping with people of "likeness of background" arose from the fact that they all "shared [Asian] values," such as holding a high regard for "education." Phoebe added that "all Asians know school is very important . . . [unlike] the White culture." The bias toward, or the preference for, education was deeply rooted in what Phoebe described as an Asian "performance culture" that treasured high achievement in academic standing above all else. Yet this Asian focus could deceive children into incorrect thinking that achievement alone could "earn the parent's love." She admitted her own folly with an anecdote about her children: Once they brought "back a test that's 25/27. I don't look at the 25. I look at the 2 that are wrong . . . [and] that's just an automatic thing." Phoebe further attributed the origin of such values to her parents. At a young age, she was inculcated with the "Asian" ideals of being "a doctor, a lawyer, or an accountant" so that by being "a professional," she could lead "a better life." This notion of a better life arose from the immigrant generation, whose narrative had always been: "I work really hard, I'm emigrating, and I'm trying to give you a better life in Canada." She further added that such a narrative may not have been spoken out loud or directly to her but that the presence of such values was deeply felt. Phoebe asserted that she could see them "through what [the parents] admire" and even though "they've never said to me, but you know it from everything that you hear." This expectation influenced Phoebe and her brother's choices of career; he became "a dentist," while Phoebe became a human resources professional.

The Asian success-driven, performance-based culture also spilled over to the spiritual realm of her life. Phoebe confessed that she would carry an image of God modeled after her "earthly parents." She admitted: "We equate in some way God to be like that, so we become performance-based Christians." And through testimony of others, Phoebe learned that many Asians "don't consciously realize it, but then they start thinking, 'Oh, God is, you know, the punishing kind so I have to be like this, I have to be like that' [to meet his expectations]." The disciplinarian image of God then prevented them from truly coming to know God as a loving father because "it's hard . . . to bridge that gap" between the affection for, and fear of, God.

In addition to the performance-centric culture, Phoebe further asserted that Asian values such as honoring duties and being hardworking also affected her in many ways and that they could in fact be a force of negative influence in the spirituality of Asian believers. It was one thing to be hardworking, but it was another to work hard for the sake of pursuing the fulfillment of the success-driven expectations as opposed to pursuing God's glory.

As to how such Asian values were being relayed to her children, Phoebe acknowledged a strong desire to mold the children's cultural identity as Chinese with Asian values. But she cautioned that the negative aspects of these values must be mitigated by faith values to foster a healthy spiritual development. As a result, rather than being preoccupied with her children's academic achievements such as grades, Phoebe started asking the question: "What does God want me to teach [them]?" She acknowledged that she had now abandoned instilling the cultural expectation into her children in favor of focusing on developing them to follow their own "passion." Phoebe said of her son, "I want him to be passionate about what he is because I do think that God gave us a passion . . . [and] we're supposed to be somewhere in this world to make an impact."

Phoebe credited the shift in her awareness directly to participation at Summit: "This type of thinking, I didn't get as much before I joined [Summit]," a church she praised for "intentionally" addressing the negative impact of cultural values from the pulpit. This was not to say the church did not value or "embrace . . . cultural diversity" but at the same time, pastors took pain to point out the biased and subversive behavior when they "see where it's not godly." At the same time, the church leadership tackled or "reframed" these issues "explicitly . . . [and] purposefully" by not denying or "putting down" the Asian "cultural identity" or directly attacking the value of pursuit of success, but by clearly explicating where the desire to pursue excellence must come from. The ethos underneath such teachings was the reflection of Summit's attempt to shift the ethnic culture to a "kingdom culture" in which adherents were encouraged to excel in everything they did and in whatever career they pursued: "You could be in the movie industry. It's not doctors, lawyers, and accountants. You could be in ministry, in media, in government." The key lesson was about scaling "whatever mountain that you think God gave you the passion and the ability . . . [to] go as high as you can" because with performance and excellence in the right context and with the proper spiritual motivation, the faithful could exert positive influences upon those around them.

We then moved on to a discussion of the key differences Phoebe came to observe between Summit and "traditional" churches. First, she suggested that Summit appeared to be "anti-religious" or traditional and was dead set against the institutionalization of the church, citing the worship experience as an illustration. Summit's worship was an "at least two and half hour" experience, with the praise portion extending for over an hour in a free-flowing format. The worship leader could be "singing the same song . . . three or four times, [sometimes for] fifteen minutes" depending on "where the spirit is leading," whereas traditional churches would be very "formulaic," following a set flow of singing "four songs" with "all the verses." Phoebe postulated that the adherence to a fixed-flow approach might partly be due to the traditional Chinese churches' being bounded by a "structure" of having to schedule worship services in a sequential order to meet different congregational needs. As a result, the English service started at "9:15 a.m. (and) you had to leave there by 10:30 a.m." to make room for another service, and the church as a whole was "very conscious of lunchtime." Conversely, the service at Summit took place in the afternoon and despite its length, attendees were "free to leave" at any time.

Another example that came to her mind was the distinctive flavor of the religious narratives at Summit. The Korean pastor loved to eat and integrated food into his sermon from time to time. At the same time, the church promoted a holistic gospel message that addressed not just the spiritual needs but also the physical and mental wellbeing of the congregants. Programs such as a "forty-day challenge [of] physical fitness" or "forty-day fasting" were promoted in the congregation.

Third, Phoebe characterized Summit as "non-traditional" because the leaders adhered to values of openness, vulnerability, authenticity, and transparency. She commented:

> The pastor talks about his marriage. He talks about his mistakes. All the leadership talks about that, talk about very intimate issues of their marriage and how it wasn't as strong. They will talk [about] pornography. They will talk about all of these things about themselves. They're saying, "This is my struggle. This is how it affected my marriage." So there's a huge transparency in leadership.

Conversely, at traditional Chinese churches, leaders and congregants would outwardly be "putting up a façade" and saying, "everything is fine" when their "marriage [could be] breaking up." For her, such a behavior was motivated by a fear of "certain judgment that people make" because the critical spirit in traditional churches was "very real." This spirit of judgment discouraged adherents from being open and truthful about the life challenges they may be facing.

The culture and values of openness and transparency were also apparent in how conflict was tackled at Summit. Phoebe recalled how people's departures were addressed:

> Some people have left but the transparency of the leadership [is evident] . . . and the leadership [would say]: "They have left for certain reasons, but if you're friends with them, please, continue friendship." And they were very transparent in kind of saying what some of the issues were without [necessarily] going into the detail.

Such was not the case with Uptown. Not only were leaders not open but they were also distant in response to congregants' needs, as Phoebe illustrated by citing her personal incident of disappointment with leadership when she was ill and received no support from them. This impression was reinforced by another negative experience. No contact was made by the church leadership to find out the reason for her departure. Phoebe further remarked that she was not alone in having such an experience. She discovered from her circle of ex-attendees of Uptown that "there was a same pattern, same concerns" about the dysfunction of pastoral staff. Yet Phoebe's friends discouraged her from communicating her thoughts with these pastors, cautioning her that the leadership did "not take criticism well" and might "shut down" and "ostracize" those whom the leadership perceived to be a threat to their authority.

The last example of differences between Summit and traditional Chinese churches that Phoebe discussed pointed to a differing approach to ministry that was pinned on religious rigidity versus relationality. Phoebe recalled her experience as a volunteer with children ministry at both Uptown and Summit. The criteria for volunteer service at Uptown and other traditional churches Phoebe attended in the past were based on formal qualifications: "The first question is: 'Are you a Christian?' Or to ask them a little bit about their faith, and if the answer was satisfactory, then 'Great, come and help me.'" With nontraditional churches, ministry was relationship-driven but not at the expense of teaching the biblical faith. Ministry was so relationship-centric that recruiters "cared more about relationship with the child[ren] and introducing them to Jesus rather than teaching them the Bible" because they believed that "once you have the relationship, you will hunger for the Bible." Thus, the focus at Summit was not so much on any formal qualifications of the volunteers as on the values of the volunteers and their ability to create a relational culture in the ministry. After Phoebe made that remark, I thanked her for her participation in the interview.

## Synopsis of Interview with Last Participant: Lois Yung

The last participant I interviewed for this case was Lois Yung, a forty-to-fifty-year-old married mother who was working as a peer grief counselor at a post-abortion service center in a major city in western Canada. Lois and her parents attended the Evangelical Chinese Grace (ECG) church in the city she grew up in but she left about ten years before the interview in favor of attending Anchor, a Caucasian church with multiethnic attendance near her residence, a church considered to be the largest in Canada in its denomination. Three years before the interview she started worshiping at Summit. I came to know Lois through Phoebe, and I interviewed her via Skype.

I started the interview by asking Lois the reason for her departure from her parents' church. Lois was concise and precise in her reply: "I didn't leave because of the church; it was more because of my parents." She then proceeded to tell a story of her journey filled with bitterness, rejection, betrayal, and with "growing and healing." Lois's decision to leave was cemented on the pivotal occasion of her younger brother's wedding banquet. Typical of a Chinese wedding, particularly for the family of the bridegroom, a "very large, prominent wedding dinner" was arranged. According to Chinese customs, close family members and relatives were to be seated at tables next or close to the head table. Yet Lois was not: "All the families including my daughter were sitting at the very front of the wedding banquet but then they placed me and my husband at the very back. We were in at a table with neighbors that I haven't seen in twenty years."

Lois attributed the seating arrangement to the Asian value of parental favor of sons over daughters, or male over female. This discriminatory incident aroused in her a very deep sense of rejection that had built up for decades: "So you know, that brought up my rejection wound [caused by] my parents. It made me realize that I had to get healing." To Lois, "to get healing" meant for her "to leave my parents' church . . . [and] to basically disentangle from my family . . . [and] then grow and heal from my family." The theme "to grow and to heal" recurred repeatedly in the earlier part of our discussion and was central in her story, which I summarize in the following section.

Lois's parents were overseas-born Chinese immigrants who were married at ECG. Their marriage, however, deteriorated over time and the couple contemplated getting a divorce. Lois remarked that during that time: "They found out they were pregnant with me and they felt they had no choice but to continue on with the marriage." As a result, Lois became the lightning rod for her parents' subsequent dysfunctional behaviors. She recalled vividly how they "blamed me for their marriage," and openly accused her: "If it wasn't for you, we wouldn't be together. It's your fault that we are [still] married . . . if you weren't here, we would be much better off." The parents' resentment soon turned into abusive conduct. Lois recollected that "it was definitely abusive, physically and emotionally abusive. . . . My dad used to beat me." The abuse stopped after Lois moved away from her parents after getting married. Only then was Lois able to begin to "heal from the abuse that took place at home."

Another impetus for Lois to seek to "grow and heal" was her parents' controlling presence; they hovered constantly in the background, expressing direct or indirect approval or disapproval for her demeanors as a young child. Lois cited two examples to illustrate the impact on her life. First, at worship service Lois's mother would make eye contact with her as if saying "What are you doing?" When Lois displayed emotion at church, such as crying during the communion service, her mother would chide her afterward: "'Why are you crying for? . . . That's so wrong.'" Another example of her parents' control was related to Lois's choice of universities. Lois remembered: "My parents are very controlling. . . . I didn't have a choice, I was only allowed to go to School A, I wasn't allowed to go to School B . . . My parents thought that School A is a better school than B . . . [because] A was more prestigious."

After severing the relationship with her parents, Lois and her husband transitioned to worshiping at Anchor. At the same time, she sought professional therapy from a "counselor" and engaged in a process of "inner healing" wherein she was able to "break off a lot of bitter roots [and] judgments toward [her] parents." Additionally, she felt a sense of "relief" in that she could now "freely worship [at Anchor]. I could be myself. . . . I don't have to worry" about being watched or judged by her mother. Lois and her family spent seven years at Anchor, and then three years before the interview they moved to worship at Summit.

Regarding her motivation to shift the place of worship to Summit, Lois singled out her daughter as the main driving force: "My daughter is twenty.

Three years ago . . . I could see that her faith was not growing" at Anchor. As her daughter was "becoming a young adult," Lois's desire was for "her to grab on to her own faith [and not be] hanging on to my coattails." The family decided to give Summit a try, knowing that "their population, their demographics were younger." In reminiscing about the last three years of experience at Summit, Lois clearly felt very much at ease and comfortable with this venue of worship, so much so that she declared: "Summit is the first [one] after I've left my parents' church that [has become] my home church." When I dug deeper into their separate experience at Summit, Lois related that her husband "feels more comfortable at Summit because there is a large Asian population," whereas "for my daughter and I, we wish it wasn't so many Asians, we wish it was more multicultural."

Lois and I transitioned then into a discussion of her past experience with the Canadian culture. Her desire for her faith community was motivated by the reflection of the broader Canadian society, which was more multicultural. To illustrate her point, Lois recalled her own school experience: "We [Lois and her brother] grew up in a multiculturally diverse school and we didn't grow up in a school with all Asians." The school at that time was "very White [and] there's only five or four Asians in the entire school [of] a few hundred [students]." The socialization experience in a predominantly White school environment appeared to have shaped Lois's view about whether it was important to worship with co-ethnics: "not that important." This sentiment did not necessarily imply that worshiping with people of other ethnicities was important either because ethnicity was not the number one priority for her to attend Summit, an Asian congregation.

As to her view of ethnic identity, Lois was rather sanguine: "I would see myself [as] Canadian first and then Chinese second," or as she called it, "Canadian Chinese." Yet when I asked her about her religious identity compared with her cultural identity, she placed supremacy on her Christian identity. Lois declared, "My faith is my identity." She went on: "I am a daughter of God . . . [and] that's first and foremost, that's my whole identity and self-worth." When asked about whether she was influenced by her parents' cultural values in becoming who she was, Lois expressed ambivalence in her reply, "because I married my husband at a young age and he has influenced me more culturally than, I feel, . . . my parents." But if there was one set of cultural values Lois felt her parents passed on to her, it was the Asian emphasis on collectivity as opposed to the Western ideal of individualism. Lois explained, "We Chinese tend to think of us as a group more than an individual mentality." She recalled that her White peers could not understand "why I always had to think about my parents, think about my family," when her peers would counter with an individualistic perspective: "You are your own person."

As for teachings on faith and ethnicity at ECG, her former church, Lois remembered distinctively that "ECG was very good at not mixing up their [Chinese] cultural values with Christianity. They were able to put those two distinctly." That is not to say that ECG did not promulgate cultural values, especially those that intersected with the Christian faith, such as excelling in "education [and] honoring our parents . . . [having] a prestigious job and having family." Yet Lois recalled instances when, faced with conflicts between the two sets of values, church leadership always favored the Chinese values. She was quick to conclude that the leadership was "hypocritical [because] the Christian faith and its values should reign over cultural Chinese values."

Toward the end of the interview, Lois remarked, "It makes me think back how much I realized [how] Chinese values and cultural values were being pushed versus Christian values. As a child, you really can't tell the difference until you get older." However, she recognized that her parents did exert a considerable amount of pressure on her to follow the Asian values of academic achievement and the performance culture to "go to university, [and] that was like the minimum requirement . . . [and to] have good grades and go to School A." Her Chinese peers experienced the same expectation that they would "get straight As in the school and . . . to become a doctor or a dentist or a lawyer," whereas the parents of her Caucasian peers would encourage them "to do what they had a passion for." But Lois was steadfast in maintaining that: "Christian faith values are more important to me than cultural values. So with my children, I'm not saying to them: 'You have to get straight As' or 'You have to be a doctor, lawyer, or dentist,' but [instead] 'You need to be who God is calling you to be.'"

For Lois, her Christian faith was expressed through her motherhood: "I need my children to become who God has created them to be and not what I want them to be!"

Looking back to her parents' cultural ethos, Lois was convinced that for them, "Everything was [centred] around shame" and how to avoid it. Thus, her parents' highest value was "saving face, looking good in front of other people." Lois postulated that her parents' sense of self-worth and identity was something that was ascribed to them by others through judgment of how they behaved. Lois was adamant that this shame-and-honor practice was not the core value she wanted to transmit to her children. She explained: "I don't want to raise my children up on thinking about [how] other people are thinking of me. Because [based on] kingdom values, it doesn't matter what man is saying about you. What matters is what God is saying to you."

Lois admitted that her view of kingdom values was greatly shaped by the teachings of the lead pastor at Summit, who insisted that "as Christians, we [need to] know [that] kingdom values come first, not cultural values." According to Lois, Summit did intentionally engage in pulpit teaching on the priority of kingdom values:

> [The pastor] does talk about it quite a bit. He talks about how a lot of the Asian values are contrary to kingdom values. He talks about how it [the emphasis on Asian values] interferes . . . with one's identity. And how it can keep one from discovering who they are because they're too busy . . . to subscribe to always wanting to save face or to look good in front of other people, you may miss out what God is calling you to be.

After Lois made this comment, I ended the interview and thanked her for her participation.

## Themes for Case Two

Analysis of the data in this case resulted in the surfacing of several emerging themes, and they are identified in the following sections.

### *Theme #1: Life Stage Changes*

In analyzing the reasons for their departure from their former churches, I detected a common trigger among all the participants in this case that can best be described as life stage changes that serve as the fault line for the transitory trend. For instance, Phoebe spoke passionately about how her departure from her parents' church was important for creating the necessary space for her husband, who at the time was a new believer, to "step up to be the head of the household." Later on the Lees moved again due to their growing family and their need to find a church "with a solid children's ministry." When their children entered puberty, the Lees moved again. This time Phoebe was alarmed by the staleness of her children's faith and concerned that they might abandon their belief altogether, as her children began to say: "It's okay, we don't have to go to church." She behaved proactively in an effort to avoid her children "dropping off for good" from faith.

For Lois, her life stage change took on a different angle than just being an expected phase of an organic lifecycle. She moved to another church because of her need "to grow and heal" from years of mental and physical abuse and the inexorable control she experienced under her parents. Her desire to leave her parents' watch reflected a yearning for unbridled freedom, growth, and independence. The motivation for her next move to Summit was similar to Phoebe's: spiritual growth of her daughter. Lois spoke desperately of her child's spiritual condition: "Three years ago . . . I could see that (my daughter's) faith was not growing." Lois's desire was for "her to grab on to her own faith" and not be "hanging on to my coattails."

For Eunice, her departure from her parents' church added yet a different dimension to this theme. She viewed herself as a collateral victim of a movement of transition partly justified by life changes. At the time of her departure from her parents' church, she observed that "everyone from that youth group [I grew up with] already left [the church]." As a result, she experienced a sense of loss and reported feeling "out of place." Though single at the time, Eunice offered an observation about her friends who were parents and how the focus of their spiritual engagement and church affiliation was dictated by the children's needs: "[As] your kids grow up, maybe [the church] doesn't have a good kids' program and you want your kids to be able to have a good foundation. Then you look for a church that has a good kids' program."

Life changes and the resulting church affiliation can affect not just one's immediate family but also one's friends. Eunice suggested that "your friends leave [due to] life changes. They are looking for something else. And you lose some relationships there." The loss of connection forced those who were left behind to ponder: "Should I continue to come" to the same church? Eunice came to the realization that while couples might have moved on to another church, friends of theirs who did not share the desire to move at first might be affected. As a result, she concluded: "Life changes sort of in some way dictate the pathway."

## Theme #2: Relationality and Adhesiveness of Congregational Community

Underneath Eunice's observation about those who were in lockstep with friends who had children in terms of church attendance lay a theme of yearning for meaningful relationship and how it is affected by the adhesiveness of the congregational community. For Eunice, the loneliness she felt at her parents' church was related not simply to life stage changes but also to a deeper loss of friendship and connectedness. She remarked:

> You need your own friends, people your age, people you can connect with (because) I was single and unmarried. And [yet] people older than me were married and had kids. So life stage was different as well. So it was difficult to connect with people because our life stages were completely different.

Eunice recognized that her experience reflected a trend shared by many of her SGCCE friends who had grown up in a Chinese church but no longer attended it. This cohort did not necessarily stay at a particular church for a long time: "It seems like not a lot of us can get settled in one church for a very long time." Eunice theorized that SGCCE were highly relational and relationship was the underpinning of belongingness. If the relationship changed at a local church, belongingness to that church changed. Eunice explained: "Because you're still longing for relationships, you're still longing to belong; and if you don't have that then it's time to go. It's such a sticking point. Once you lose a certain relationship, you kind of feel like, 'Why should I attend [that church]?'"

Though faith was a key element in the SGCCE's journey, Eunice argued that faith was portable and that affiliation with a particular religious institution was not as important: "I could take my faith to another church, why do I have to stick with this [church]?"

Connection was also a dominant term used by Phoebe, a term she used more than ten times to characterize her transitional experience. Apart from her concern about her children's spiritual stagnation, Phoebe spoke about the "lack of connectivity" that was widespread at Uptown. She recalled that "I talk to other people, and they are leaving for the lack of connection as well." Phoebe explained further: "One of the friends . . . said, 'You know, I got to tell you I'm considering leaving.' And [then she] told me why: 'There's a lack of connection with peers, there's a lack of connection with the pastor.'" However, it was a personal experience of lack of connection that hit home the hardest. Phoebe lamented, "I didn't have any connection with any of the leadership. I mean I came for so many years [yet] nobody [in the leadership] knew me." Her negative experience about the lead pastor not responding to her e-mail when she sought pastoral care while being ill in 2010 illustrates the point. For Phoebe, this incident underlined a deeper relational problem at Uptown: "It is symptomatic of everything that I'm hearing [as well as] what I see, from the kid's pastor to my kids; there's a lack of relationship all around."

As for Lois, she might not have discussed relationship and connectedness as deeply and widely as Eunice and Phoebe, but the topic of the church as a home for nurturing relationship did surface in the discussion of her transitional experience. Lois attended Anchor, a Caucasian church, for seven years after exiting her parents' church and contemplated enrolling for membership. Yet at the very last minute she withdrew the application. She explained that even though she had been attending "a small group [at the church] faithfully, the relationships at that small group really didn't deepen." Though Lois could not pinpoint exactly what the reason might have been, she reasoned that "[the church] didn't really feel like home" despite her family's effort to make connections. As a result, Lois and her family moved to Summit, a spiritual community she had adopted as her new "home church."

### Theme #3: Chinese Values and Their Adjudication with Faith Values

Another theme uncovered through data analysis of this case was related to how Chinese cultural values were adjudicated by faith values as suggested by the teachings of the pastors of the congregations they attended at the time of interview. All participants in this case described a similar set of values their parents advocated and imposed on them. Eunice, for instance, argued that the pursuit of a "better or successful life" was measured "in terms of good job, good career." These were common aspirations derived from Asian values, such as attainment of wealth, status, and education. For that reason, Chinese had been typecast as those who maintained a disciplined work ethic in pursuit of material safety and comfort. Eunice explained, "These are values that Asian parents put on their children, that they worked so hard to give them a good life and so that their kids would have an even better life."

Phoebe shared the same experience as she recalled that from her young age, her parents inculcated in her the "Asian" ideals to be "a doctor, a lawyer, or an accountant" in order to lead "a better life." For Lois, having "a prestigious job" or becoming "a doctor or a dentist or a lawyer" reflected a strong Asian value in the performance culture. A fundamental anchor for a pursuit of these values was academic achievement. The minimum requirement for many of the local-born was not only to "go to university" but to "go to [a prestigious] school" and "get straight As."

Behind the emphasis on such pursuits lay a key to understand how Asian parents constructed self-identity. For them, success and social status brought honor and face to the parents and the family. Conversely, a less stellar attainment of social status as defined by what the parents believed to be inferior careers or occupations attached shame to the family. Eunice recalled how her father opposed his children's desire to enter into ministry. She singled out the Chinese values of "having face, honor, and status" as those that were clearly in her father's mind: "I think in Chinese culture, you want face. Face means you want your kids to have education, you want your kids to be successful [and] to have money."

Lois's narrative described a similar experience. As for her parents' cultural ethos, Lois was convinced that "everything was [centered] around shame" and how to avoid it. Thus, her parents' highest value was "saving face, looking good in front of other people." Consequently, Lois's parents' sense of self-worth and identity were ascribed to them by others through judgment of how they behaved.

With these experiences under their belts, participants in this case unequivocally felt that their parents' generation placed cultural values above faith. For Eunice, by insisting on valuing what he saw as advantageous career choices for his children over their "calling," her father definitely put an imbalanced emphasis on cultural values. In the same vein, Lois felt strongly that her parents' generation was "hypocritical [because] the Christian faith and its values should reign over cultural Chinese values."

Phoebe experienced a complete turn-around to that emphasis on traditional achievements when she underwent a sea-change in her attitudes toward Asian values. She credited the pastors at Summit, who unequivocally placed a premium on the "kingdom values" in the context of Christian faith. Rather than denigrating the Asian "cultural identity" and its associated values, the pastors at Summit "reframed" these issues "explicitly and purposely" to redefine cultural values such as success and pursuit of excellence. The faithful were encouraged to excel in everything they did and in whatever career they pursued. Phoebe recounted: "You could be in the movie industry . . . you could be in ministry. You could be in media. You could be in government . . . [Scale] whatever mountain that you think God gave you the passion and the ability [for] . . . [and] go as high as you can."

Through excellent performance and high standards, the pastors reasoned, Christians could exert positive influences upon those around them.

Lois shared a similar experience at Summit. She recalled how her pastor spoke purposefully and explicitly about Asian values and how he saw them as subject to faith values:

> He talks about a lot of the Asian values and how they are contrary to kingdom values. He talks about how they interfere with one's identity and how it can keep one from discovering who they are. Because they subscribe to wanting to save face or to look good in front of other people, they may miss out what God is calling them to be.

Finally, for Eunice, there was hardly any explicit conversation at Upper Room about ethnicity in the context of their ministry, as it never received much emphasis in the church's teachings.

### *Theme #4: Identity and How It Relates to Their Choice of Congregation*

When it came to identity, all three participants placed their faith identity over their ethnic identity. In addition, all showed openness toward a hybrid identity. Yet not all shared the same degree of attachment to Chinese identity. Each of them came to a hybrid identity through a unique individual experience. For Lois, her identity was shaped by an experience with mainstream Canadians when she attended a school with fewer than five Asians amid "a few hundred students." This socialization experience in a predominantly White school environment appeared to have shaped her view about the unimportance of worshiping with co-ethnics.

For Eunice, her hybrid identity was born out of an identity crisis that began with her encounter with small-town White classmates during graduate studies that subjected her cultural identity to the racial prejudices of these classmates. What she believed to be her identity as a "Canadian" was refuted by the White Canadian classmates. To compound the problem, her Chineseness was questioned by native Chinese in China, where she could only speak English to them. These experiences forced Eunice to adopt a social construction of an identity that was malleable; she judiciously selected cultural elements from each side that would be advantageous in whatever context she found herself.

As for Phoebe, she juxtaposed her hybrid identity not with a racial prospective as in the spectrum of Chinese versus Canadian, but rather with a generational prospective. She reasoned: "I do see myself as quite different as someone [who] just came from Hong Kong . . . or even my parents' generation who've lived here as long as I have." Table 6 exhibits how the participants characterized themselves across the identity spectrum.

All participants demonstrated that their ethnic identity did play a role in their ability to relate to the congregations they attended at the time of interview. However, each one came at it differently. The participants' choice of identity did not necessarily dictate with whom they socialized and worshiped. In the example of Eunice, her friends tended to be Asian or Chinese because, as she admitted, "I just connected better with Asians." For her, there was a sense of comfort and safety or even homophily in being with Asians: "When I grew up, all of us, all the second-generation Asian kids just hang out together." However, her choice of a congregation to worship with was clear: "I don't want to attend another traditional Chinese immigrant church," she said, adding that she preferred to "attend a church in my [neighborhood] community" that would reflect the demographics of the neighborhood. Eunice's decision was not necessarily motivated by a repulsion of her ethnicity. She simply wanted to avoid the problem of confronting the first-generational cultural practice of decision-making because "they would make decisions based on their first-generation values."

Table 6: Ethnic Identity: Case Two Participants

|        | Christian | Canadian | Chinese | Hybrid identity |
|--------|-----------|----------|---------|-----------------|
| Eunice | "I am a good Christian girl." | "I'm Canadian" before 21. | "Maybe I am Chinese" after encountering prejudices against her. | "Chinese Canadian." |
| Phoebe | "I'm more than 100% Christian before I'm 100% Chinese"; "My loyalty is, of course, with faith." | "I don't feel very Canadian." | "I am Chinese" for both herself and her children. | "100% Chinese, 100% Canadian." |
| Lois   | "My faith is my identity … I am a daughter of God … (and) that's first and foremost, that's my whole identity and self-worth." | "Canadian first." | "Chinese second." | "Canadian Chinese." |

Phoebe exhibited a different disposition by admitting that "Every church that I chose [to attend] was Chinese" because "I'm more comfortable with a group that is Chinese." Furthermore, she specifically wanted her children "not to lose the identity with their Chinese blood." That said, the churches Phoebe was referring to had English-speaking congregations with ethnic Chinese congregants whose background was similar to her own.

Of the three, Lois seemed to be most mainstream-oriented even though she was attending a pan-ethnic Asian church. She did express her desire regarding what the church ought to be: "We wish it wasn't so many Asians, we wish it was more multicultural" and thereby reflective of the larger Canadian society.

Table 7: Congregation Selection: Case Two Participants

|  | Church of Their Choice |
|---|---|
| Eunice | "I want to attend a church in my community"; "I'm affecting the people that I know, the people who live around me because this is my life, this is my community, this is where I live." |
| Phoebe | A church that is "ministering in English, it's very similar, so I'm looking for that type of church"; "Every church that I choose is a church where the pastor is speaking English almost perfectly." |
| Lois | "I enjoy meeting, talking and being with people from different ethnic background"; "For my daughter and I, we wish it [i.e. the church] wasn't so many Asians, we wish it was more multicultural." |

## Summary

To sum up, the analysis of the data collected via interviews with the participants, visits to church sites, collection of church bulletins and other materials, as well as gathering information from the church websites yielded the following four themes: (a) life stage changes, (b) relationality and adhesiveness of the congregational community, (c) Chinese values and their adjudication with faith values, and (d) identity and how it relates to choice of congregation. In the next section, I discuss data collected from Case Three participants and the themes that arose out of the analysis of the data.

# Case Three – Participants Attending Worship in a Multiethnic Setting

Case Three involves three participants who attended the same church in a multiethnic setting at the time of the interview. In addition, they all attended the same immigrant church for a long period at one point in their experience as a Christian before attending the same multiethnic religious institution. The case is bounded by the parameters for churches whose ethnic category is determined by Alumkal's theoretical framework of four lenses for analyzing the multiple variables that contribute to a congregational ethnic and racial profile as discussed in chapter 2.[7] Based on the information provided by the participants and my personal research gathered either by having attended the church or through analyzing the information available on the website, I am satisfied that the church the participants were attending at the time of interview qualified for the multiethnicity of this case. The synopses of the interviews with the participants are provided in the following sections in a sequential order, followed by the themes that were identified as having emerged within this case.

## Synopsis of Interview with First Participant: John Yang

The first participant I interviewed for this case was John Yang, a forty-to-fifty-year-old married family physician in a major city in western Canada. John grew up in the city and attended an immigrant church with his parents. He left his parents' immigrant church when he studied in a medical school elsewhere in Canada, where he also attended a Chinese immigrant church. His internship led him and his wife to California, where the family worshiped at an Asian church. Upon their return to Canada, they attended Anchor for a short while and then shifted to Uptown and stayed for nine years. Three years before the interview, John and his family again switched churches, this time to Temple, and found a home with this multiethnic congregation. I interviewed John at a quiet midtown office.

As we started the interview by discussing his experience at Anchor after he moved back to Canada from the United States, John began to express a feeling of unease. Despite the presence of an excellent children's program at the church, which was the drawing factor for the family since John and his wife had begun to have kids, John realized: "I wasn't comfortable. I can't really connect as well with people there." He further explained that the lack of connection was related not to "personality" but was "more of a cultural thing." As the only Chinese couple involved in the small group, John and his wife felt that they had difficulty relating to the experience, background, and values of the Caucasian members. John explained:

> I thought initially it would be okay because we [returned] from the States and we went to a fairly Westernized church. But

---

7. Alumkal, "Analyzing Race."

once we start talking and sharing, their view of parenting, and background of the world, the cultural view, it's just different. It was hard to really share common experiences. It was different enough that ... I found it hard to have friendships in that way.

The dichotomy lay mainly in the different values they held. John and his wife valued "academics and discipline ... and which school is best for them [the kids]," whereas his group members were more "concerned about socialization, how to make friends, how to encourage parties and getting together with kids." Under these circumstances, John concluded, "I really didn't understand [them] and they didn't really understand me where I was coming from ... So it's hard to create friendship that way."

John attributed the inability to connect with his group members not to differences in social and economic background but to a "clash" of values. Despite "growing up in the Western culture," John recognized that "at the heart of it, I'm still fairly Asian." With this conflict of values fresh in his experience and wanting to make his kids' spiritual growth a priority, John and his wife started to attend Uptown, which was more Asian-centric in its outlook and ethos. Immediately, John found synergy with his co-ethnic worshipers, who shared John's values and background. John added:

> At Uptown, they understood where I was coming from [with] the same values I can relate to. I can share easier without having to explain so much. Some of my best friends are from that first small group. Because all our backgrounds are so similar, we made automatic connections in a higher [and] deeper level.

After nine years at Uptown, John and his family were on the move again. He offered three reasons for their departure. The first one, which was the paramount concern, was related to the children's spiritual journey. As they grew into their teenage years, John observed that due to a change of youth pastor at the church, his children "just couldn't connect, with the other kids or with the [new] pastor." Worried that his children might "fall away" from faith and yet desiring that they be able to "make their own decisions ... [and] to own their faith," John "wanted to find a church where they could connect, not just with other people but also the pastors ... [so that] they feel like they can serve [and] be really engaged." He explicitly stated: "I hate to see my kids fall away."

John then surfaced a "secondary issue" for their departure: he and his wife were "getting a little stale spiritually" and they "weren't getting much [out] of the pulpit." At the same time, John was quick to point out that he could have remedied the situation by "self-study" since "it's not their [i.e. the church's] responsibility100 percent for my spiritual growth. It's not fair to expect that from them."

Finally, as much as he enjoyed worshiping with those who shared a common set of Asian values, John was repelled by the way in which the dark side of these values manifested themselves under the Uptown leadership. He cited the hiring of the new youth pastor as a pivotal example. John opined that the hiring was pursued not on the merits of competency but in accordance with the Asian concept of connection or "who knew whom" in advance that privileged the candidate. John's assessment of the candidate was that he was "very young . . . not very experienced . . . and did not really seem to connect well or handle that position well." "How did they choose him?" he questioned openly. Rather than looking for "the best pastor we can get," the leadership hired the young pastor because the candidate's father-in-law "was a well-known Chinese pastor in the community." In John's words, "The choice of the teen pastor was sort of influenced by connections. . . . I see a lot of that in nepotism. A lot of 'Oh, you know, I help you, you help me, we got connections,'" which John saw as a prevalent practice "in [the] Chinese community in general and in church." This type of privileged decision-making practice appeared to "lack transparency" and rejected feedback or input. John observed that no one could voice an opinion unless he or she had "some kind of connections" or worked themselves into a certain position to earn a place to speak that was based on seniority or connections. John concluded, "The Asian church is kind of like that. They choose people to do things not because they're competent or best to do it but because of some other reason. And it may be just because of connections."

A second issue with the leadership at Uptown was that they showed no concern for why people like John left the church. No attempt was made to contact John, for instance, to find out the reason for his departure. There was "nothing [contact or inquiry] from the pastor," nor was there an "exit interview," lamented John. He recalled feeling "frustrated . . . and trapped because I thought it [i.e. his reason for exit] needed to be said, but I had no one to say it to." He further reasoned that in such an Asian setting, people like him "didn't feel the freedom to be able to say exactly what [was in their mind]." He attributed the reticence to the Asian cultural practice of deferring to the elders or leaders in positions of power and authority. And to speak out could be interpreted as being "disrespectful." John added: "It's cultural [that] you're not supposed to say anything to your elders and people that you're supposed to respect. The pastors are in the positions of respect so you will respect them. You're not supposed to, just like your parents, . . . criticize them."

As for his transitional experience that in the end led him to Temple, John highlighted two episodes in the process. The first one had to do with a Caucasian church John tried out after they left Uptown. The family was confronted with a daunting reality immediately on their first visit – that they were treated with bias. This church offered a Caucasian service and a separate worship for Mandarin-speaking Chinese attendees. Without any prompting or attempt to find out which worship service they wished to attend, the usher greeted John and his family by saying: "Oh, the Chinese service is over there." This experience made him feel "very uncomfortable" because he and his family were welcomed not based on who they were as Christians, but on their ethnicity even though they were local-born.

The second encounter was a positive one that occurred at Temple. John was delighted that he was valued for who he was, not what he did. He reminisced: "When I walked in, I was welcomed for who I was. They didn't ask me: 'What do you do?' They didn't care about the color of my skin, because everybody there is different. You know this kind of welcoming without any questions."

As a physician, John juxtaposed this experience with other social encounters, especially in the Asian context. He observed:

> If you go to a Chinese church, [the] first thing they would ask you is: "What do you do?" And as soon as you say that [your occupation], they look at you differently, or I feel that way anyway. If you tell them you are a physician, they're like "Whoa" – their view of you goes up and they treat you as not the same.

John further commented on a motif in the Chinese church that related to how Chinese values would favor certain occupations, accomplishments, and social status – so much so that the church congregants would place these values above their Christian identity. John argued that such a practice might be "subtle [and] tempered, but in a Chinese ethnic church, I think it's almost unavoidable."

As John settled in at Temple, his desire for homophily did not diminish. He recalled: "When we go to Uptown, we were hanging out with almost [all] Asians." Though he found a wider acceptance by non-Chinese worshipers at Temple, John continued to congregate with Chinese. In an apologetic tone, John said that he realized that for him, "It's easier to have close friends and people who just have similar backgrounds [and] ethnicity."

The desire for co-ethnic socialization did not fully reflect the normal practice at Temple. John observed that the attitude that everyone should be welcomed and embraced stemmed from the vision of the Japanese Canadian senior pastor, who intentionally shaped the church to be one that was open not only to ethnically diverse attendees but also to those who reflected the neighborhood community with a wide spectrum of socioeconomic backgrounds. Simply put, the pastor "wanted [it] to be a community church." Thus, the church welcomed "homeless" worshipers and at the same time had members who were in various professional careers. In addition, the church building was open for community programs such as day care, youth activities, and a homeless shelter.

This was not the case at Uptown. John recollected that his former church was homogeneous in ethnicity as well as in socioeconomic status: The members were "all educated and Chinese." Furthermore, Uptown carried no community programs during the week: "Once Sunday is over, the compound is fenced off and locked up." When John and other like-minded peers recommended opening up the building for social activities during the week, they were met with opposition by the church leaders, who cited concerns about potential liability and "wear and tear" of the building due to such engagements. John attributed this attitude of playing it safe to the Asian mindset of "selfishness" as opposed to the Caucasian value of generosity. He exclaimed, "It's very selfish . . . 'I'm going to do well for myself and I'm going to keep my little kingdom intact. And I don't want anybody to disturb it.'" He argued that this selfish attitude was so ingrained not only in the mindset of leadership but also in the congregants that when the senior pastor at Uptown advocated deploying a community-centric model of ministry, it was opposed because it was at odds with the model embraced by the rest of the congregation. John concluded that it was this attitude of exclusivity that prevented Uptown from integrating with non-Chinese attendees: "If you're a Caucasian, you walk into Uptown, you're singled out, 'Oh you're new, you're new,' right off the bat."

Our conversation led to a further discussion of Asian values. John was frank in admitting that not all of them were negative so long as they intersected with Christian values. "One of [the] Asian values" he judiciously adopted was the primacy of "education," which had guided his decision to enroll his children in Christian school because the kids could "make connections, have friends, [and] their parents were like-minded, have Christian values." On the other hand, certain Asian values as espoused by his parents were definitely not viewed favorably by John. He cited an example of how his parents maintained certain Asian values in their social behaviors and attempted to inculcate them in John's children. For example, they attempted to teach the grandchildren "to make a judgment about people based on their race, their occupation, or their [social] status." John found himself calling his parents out:

> There were family situations that would arise, and my parents would think of a certain way. It's very Asian; it's definitely not a Christian viewpoint of how they want to respond. And that remind[s] me of 'How is it that you're a Chinese, you're a Christian, but your response to it is more Chinese than Christian?' You know, it's a lot of bitterness and backbiting and judgment and being judgmental, right? And so we have some discussions about that.

While John believed strongly that his Chinese heritage needed to be moderated by Christian values, he also pointed to the Canadian milieu of multiculturalism as another mechanism that served the same function. Unlike the "melting pot" ethos of Americans in which one had to lose one's cultural roots to be American as he experienced while being an intern in the United States, multiculturalism as espoused by Canada was "healthier" because it facilitated the choice regarding identity and values. John explained that choice:

> I can choose how Canadian I want to be or how Chinese I want to be. I can because I know it's a continuum. I don't think you're just Chinese [or] you're just Canadian. There's kind of gray in between that you can move along. Sometimes, your decisions are influenced more by your Asian culture, sometimes more

> by Western values that you grew up with; and Judeo-Christian Western values, you know. So I think there's a bit of a continuum [and] I think that's healthy.

For John, it was important to understand "where you're coming from" and that understanding of the heritage allowed him to "pick and choose how much of that [values] do I want to embrace and continue." He further admitted:

> Despite everything I've said about Asian culture, I think there are some things of value that you can take from there . . . There are lots of good things in this Chinese culture so you want to sift through that a little bit. But in order to do that, you have to understand it a little bit.

As we moved into a discussion of identity and values and how they related to his faith and ethnicity, John was quick to offer his view. He saw himself as a "Chinese Canadian" who was able to "straddle between the two." He clarified, "I'm not purely Canadian but I'm not actually Asian either. I'm kind of [a] Chinese-Canadian." He acknowledged that growing up in Canada, he socialized both at home and at church predominantly in the context of Chinese culture, which shaped his cultural identity: "I grew up in the Chinese [culture and] it had a huge influence when I was growing up [at home and] in church." However, when pondering his faith identity, John offered an insight that saw a cross-influence between faith and culture: "My faith trumps my culture and my nationality. But I also realized that my ethnicity affects my faith as well." As we ended the interview, I thanked John for his participation in the study.

## Synopsis of Interview with Second Participant: Nathaniel Lam

The second participant I interviewed for this case was Nathaniel Lam, a twenty-plus fourth-year student at a major university in a large city in western Canada. Nathaniel went to church with his parents when he was young but left it three years ago for Temple at the time of interview. He was referred to me through his pastor, and I interviewed him at a quiet midtown office.

After I asked Nathaniel what caused him to leave his parents' church, he offered an answer filled with a dark experience: He was bullied. Nathaniel recalled how his peers began "getting into trouble in a lot of things [he] didn't participate in" during high school. They started bullying Nathaniel when he refused to join them. Yet the appalling factor was that his peers were also his Sunday school classmates, and acts of bullying occurred mostly in class. Speaking with despair, Nathaniel related how "every Sunday I would try going to Sunday school, I would get picked on. I hated it!" Encouraged by his parents "to walk away," Nathaniel left the church. When asked why he chose this route of avoidance, Nathaniel opined that "conflict is always bad," not just from the "Chinese or Christian perspective" but from the Canadian viewpoint as well: "It is actually a very Canadian thing." As a result, the way to resolve conflict was not necessarily to engage in any situation that might give rise to it. "To walk away . . . [and] to avoid my peers completely" was a good "exit strategy" for Nathaniel.

Once he had determined to leave the church, Nathaniel felt "relieved" and "fantastic." I asked him if he ever thought of giving up his faith because of this hurtful experience, Nathaniel replied emphatically, "No!" He attributed his strong commitment to faith to his parents, who he said "raised me as a Christian" and "helped me make faith my own." Nathaniel told me about his parents' influence on his faith:

> They taught me that [faith] isn't [just] going [to church] on Sunday . . . It's a daily thing. They taught me to pray every night before I go to bed, to read my Bible, do devotions, and they taught me why my faith is important, like Jesus came and died for me and my sins and God is in everything I do, that He's here all the time. He's with me. He loves me and that made me not want to get out of my faith.

When asked if any leaders from his former church expressed any concern regarding his departure, Nathaniel was crisp in his answer: "No." He went on to postulate that "if there's a genuine care . . . if they actually cared about me as a person, about my faith, about where or what happened to me, I think they would have contacted me."

Nathaniel further characterized the leadership of his former church as follows. First, he postulated that an inherent conflict in culture and values existed in the Chinese church, which tended to house and categorize congregations with diverse languages. Nathaniel reasoned: "With every Chinese church I've heard of, it's almost the same thing: there's a White pastor or a pastor speaks [at] English services, and [the] Chinese congregation or someone in the Chinese community there isn't happy with what they're saying, or their values or whatever."

The outcome of the conflict always favored the Chinese congregation because "the leadership was very Chinese." As a result, "there's a big emphasis on the Cantonese and the Mandarin services. There's [a] little less with English services." Nathaniel cited the example of an attempt to switch the worship schedule to accommodate the English service to illustrate the point:

> We [the English-speaking congregation] want to change the time for this. They [the Chinese] want a change of time for that. Then someone gets mad about this or that; some people who don't like change, and some people want more emphasis on [the] Chinese side because some of the people who spoke Mandarin Chinese . . . saw it as more valuable. But then, you have this increasing population of Chinese kids in Vancouver who are like me who speak English as their primary language who are more comfortable listening to [a] sermon that is in English.

Nathaniel hypothesized that the imbalance of favor toward the Chinese congregations could be an explanation for "partially why [the English speaking] people left" the church because it could no longer "cater to (their) needs." He elaborated: "One of the reasons why people are leaving is because they [i.e. the leaders] are not flexible and . . . not willing to accommodate Chinese Canadians who are English speaking. And I think [for] a leader, [it] can create real holes in anything."

A second problem with the leadership was that the Chinese cultural value of deferring to elders had morphed into a significant barrier that precluded the creation of a frank and open dialogue between the younger generation and the Chinese leaders. Nathaniel bemoaned the fact that: "We [i.e. the immigrant children] are taught that with Chinese elders, they are supposed to be recognized as important [and to be respected]. [Consequently], somebody can't go out to them and tell them: 'You are wrong. You're doing this incorrectly. This isn't a good idea!'"

With this observation in mind, Nathaniel suggested that "a lot of [the English-speaking] people left because of . . . the conflict [and the lack of an open space for dialogue]."

Third, Nathaniel took steps to make a distinction among leaders, mentors, and staff in the discussion of leadership at the immigrant church he grew up in. Spiritual mentors, for Nathaniel, were those "who can actually sit down with you and help your faith grow." Mentors' emphasis was "on forging [a] community and [building] authentic relationship." To them, "titles are very secondary." Staff, on the other hand, focused on tasks rather than relationship. Were he a staff member at the church, Nathaniel surmised:

> I would show up. I would sit in my office. I would reply to e-mails that I had to. I would set up meetings that I had to. I would sit with a sermon if I had to. I maybe step outside and have some lunch, talk to some people, get back in my office and leave at 5:00.

With this as a backdrop, Nathaniel commented that pastors at Temple, the church he had settled in, "seem less like staff and pastors and more like mentors." However, when characterizing pastors at his parents' church, Nathaniel was first circumspect about his evaluation, claiming that he "didn't know them very well." Yet Nathaniel came close to labeling them "staff," as he described the pastors at his former church this way: "People were just kind of sitting in the office, and not do anything."

Finally, Nathaniel went on to postulate that church culture, values, and practices had much to do with the top leader and how he led. Just as "Steve Jobs" had a large impact on the culture of Apple, Nathaniel hypothesized, so did "Conrad," the senior pastor at Temple, who left an imprint of his "values and community" through the "people he hires who obviously then continue to reflect onto how the church is run and how it affects the congregation." The same praise was not sung for the former church's senior pastor. Again, Nathaniel was cautious, claiming, "Once again, I didn't know the staff very well." Yet he conveyed the belief that his former church was "kind of dead" because "there wasn't much going on." He concluded by saying, "If it's a reflection on the senior pastor, then I got bad news for him."

Before he settled in at Temple, Nathaniel did attend another Chinese church because of a growing relationship with a female friend. At that time, Nathaniel found it "very comfortable to be around other Chinese Christians [with] similar background [and] similar upbringing" and said he "liked the community there." However, after about one year, Nathaniel broke off with his friend and found himself being "hurt a lot" again. Fresh on the heels of this emotional trauma, Nathaniel quit attending church but insisted he did not give up on God. He underscored his point: "[Though] I'm really sick of this church thing . . . I'm sick of the people in it; God is still very important to me!"

Nathaniel's experience of being bullied and hurt, together with his exposure to the leadership and culture at the immigrant church, made him somewhat sardonic about ethnic Chinese churches. He recalled the anguish: "I've been burned . . . In some ways, after a while, Chinese churches kind of scared me a little, to be honest. I guess it's just that I've been burned twice by Chinese churches." Consequently, Nathaniel looked suspiciously at anything related to the Chinese church, especially the one he grew up in. He went on to relate that "when I walk into that church, the hairs on my back, the hairs stood up." So haunting was the hurt that Nathaniel remarked: "If I have to go to drop something for my mom, I'm in and out of the shortest route. I would take any door. I would take any window." He further recalled previous experiences that:

> When I see Chinese worship leaders on stage, it does kind of make me tense up a little bit . . . makes me a little distrusting because every other time I've seen it at Tabernacle, and I knew a lot of people standing on stage were full of it.

Conversely, Nathaniel's journey at Temple could be described as therapeutic. His spirit seemed to have been buoyed by a sense of renewal. Nathaniel summarized his feeling this way: "Between Tabernacle and Temple, I changed a lot as a person." He delineated the change:

> I was more social, I was funnier, and I made friends from scratch. I didn't know any of these people prior to this [but] I made relationships. I was very comfortable with these people. I felt like they genuinely cared about me. I'm not sure if it's because they're White or they're Chinese, but I just liked it better there.

Nathaniel went on to explain that he had found a genuine feeling of connection, acceptance, and care among the congregants: "These people are Christian, and they like me. This is so different. [And] they enjoyed hanging out with me." These congregants were those "people who value my friendship, and people who thought I was important to have around, or I was someone that they wanted around, [even though] I wasn't perfect." The feeling was mutual: "These people were friends that I held dear, that these people were close, they're valued and important to me." It was important to note that Nathaniel's worshiping experience at Temple shifted from co-mingling with Chinese, with whom he said he was more comfortable in the past congregational experience at immigrant churches, to socializing with a mix of White, Chinese, and multiethnic congregants. He declared: "I like that there's a very different congregation of White people. There were people of other colors as well."

Our discussion then led to a conversation about how much Temple celebrated ethnicity with the congregants. Here the idea of "acknowledgment" was frequently invoked by Nathaniel to characterize the stance Temple and its pastors took to approach ethnicity and the diversity of the congregation. The "acknowledgement" lay not simply with ethnicity and "culture" but with "different walks of life." To begin with, Temple "acknowledged" a variety of ethnicities in their midst. Not only were there "a lot of Asian people [and] a lot of White people," but there were also "a lot of people who are Muslim at one point and people from other countries." The diversity traversed the socioeconomic spectrum. For instance, Nathaniel said that Temple was keen to "acknowledge" congregants who were "doctors and lawyers [and also] homeless people." However, as much as the church "acknowledges" diversity, it maintained a strong sense of oneness in the community. Nathaniel stressed that "they acknowledge that there are always different cultures there, [but] there's a big emphasis on [the] community [as a whole]."

Our interview then moved into a discussion of ethnic and faith values and identity. Nathaniel portrayed himself as having a dual identity: "I see myself as a Canadian. I do see myself as Chinese." Yet when prodded further, he did not completely embrace the idea of a hybrid identity, of being labeled as a "Chinese-Canadian"; he said that he was "very whitewashed." To the extent that he saw himself as a Chinese, his heritage was most strongly manifested in his love for "Chinese food" including delicacies such as "chicken feet," for example. Yet he insisted that there were certain Chinese values he upheld that differentiated him from his "White friends." These values included an emphasis on education, the practice of frugality, a belief in working in a hard and disciplined manner, pursuit of a professional occupation, and striving for a better and comfortable life. Under the influence of these values, Nathaniel conceded that his definition of success at one point was defined by material possessions, such as owning "a Lamborghini and a big house," which could be achieved through better jobs and contribute to a comfortable lifestyle. However, as he matured in his faith, he came to realize that success was "better gauged by how happy you are." Happiness and success, Nathaniel further contended, could be found only in God's calling: "The ultimate measure of success for a Christian [is] doing what God calls me to do." As a result, Nathaniel stated very clearly, "My goal in life is to do what God wants me to do." He further reasoned that if he did that, two results would emerge: "One, he [God] won't leave me, broke and hungry . . . and second, I'll be most satisfied with my life." With this narrative of faith values, Nathaniel indicated that he felt called to be a teacher.

In closing, Nathaniel gave credit to his parents, whom he believed to be very different from other Chinese parents, for shaping his faith, character, and values. He pointed out that they "straight up said that the most important thing, more important than your school, is relationship with God." In addition, when it came to marriage, his parents rejected the traditional Chinese mentality of preferring endogamy in favor of faith identity. Nathaniel remarked: "More important [for his parents] than the ethnicity of the girl you marry is her relationship with God." Nathaniel further attributed his parents' strong stance of faith over cultural practices to the fact that they too grew up in Christian homes and were able to navigate "cultural conflict" with their faith values. With the interview drawing to an end, I thanked Nathaniel for his participation.

## Synopsis of Interview with Third Participant: Mariam Yeung

The third participant I interviewed for this case was Mariam Yeung, a twenty-to-thirty-year-old counselor with a master's degree who was working in a major city in western Canada. Mariam had worshiped at a Chinese immigrant church for about two decades with her parents. Born to a Hong Kong Chinese father and a Filipino Chinese mother, Mariam exuded a gregarious personality. She was referred to me by her gatekeeper at Temple, and I interviewed her at a cafe on a summer morning.

Mariam left Uptown in the fall of 2013 and visited a few churches. Specifically, she was drawn to two vibrant Asian churches with local-born congregations during the time of transition: Upper Room and Summit. With respect to Upper Room, Mariam loved the "family feel" and the dynamics of the church, but it was located in an adjacent city and didn't have the scale of congregants and services that was offered at Temple. Furthermore, Mariam felt that Upper Room was "too close to Uptown" in terms of ethnicity.

As for Summit, Mariam loved "the worship" and could see that she could "fit in great" with the congregation. However, she took issue with the preaching of the head pastor as well as with the hierarchical culture of the church. Mariam observed that the head pastor carried himself with a mentality that suggested, "The top dog is the top dog and you need to respect me." In addition, she "got that feel" that the church was "being [too] cultural" and was concerned such a model might carry "less accountability [as typical immigrant churches would behave]."

As to why she left Uptown in the first place, Mariam appeared not to carry any rancor, but rather suggested that she had outgrown its nurture. Upon reflection, she offered the following reasons. The first one had to do with the misalignment of vision. As a child of a Filipino Chinese mother, Mariam described herself as "expressive and open" compared to her peers. Her personality enticed her to experience a variety of different ministerial and worship models and practices outside of Uptown, including a pursuit of deeper experience with the Holy Spirit in the charismatic movement and seeking better discipleship development with Power to Change, a parachurch organization that focused primarily on campus ministry. The novelty of the experience whetted Mariam's spiritual appetite and opened up imaginative and creative avenues for constructing her social and religious experience. She prided herself on being a "visionary" when it came to matters such as worship, teaching about the Holy Spirit, discipleship, and mentorship, and she wanted to introduce these experiences to her co-worshipers at Uptown, because "if you don't know the taste of something, you don't know that it exists." Yet in so doing she found herself at odds with the vision of the leadership of the church, especially in areas that were "never talked about" at Uptown, even though she had maintained a very cordial relationship with them, especially the lead English pastor. The discipleship program for millennials that focused on "mentoring relationally" was one such area. Mariam remarked: "I think they didn't really understand the importance of [a discipleship program] or the importance of how it gets . . . the importance of like this day and age or millennials or the culture. And how we appreciate that mentorship at this time."

In promoting this vintage of discipleship program for millennials, Mariam faced the challenge of dealing with leaders who "at that time, did not know of that need, or did not think about it as a need." She found the whole experience frustrating not because "they didn't really listen or understand," but rather because the leadership saw this ministerial program through the lens of their own values: "It was a little bit about not understanding, not really knowing in their own lives. Like what they valued was back then . . . so therefore not seeing that there is a value now." Mariam said she felt she was finally vindicated because the same program that was rejected before was now being implemented "Five years later [at Uptown]."

Closely related to the vision issue was the idea of being stifled in a traditional cultural ethos at Uptown. As a creative and artistic person deeply involved in music and painting, Mariam was able to extend her creativity into ministry. For example, she started an initiative called "Praise Chapel" that promoted the concept of free style worship that was not structured according to traditional programs but rather nested in "many creative ways, not just with singing, and realizing that worship is like a lifestyle." Yet in a reserved and conservative environment such as Uptown, where new ideas were always put under close scrutiny and any change was implemented at a cautionary pace, her creativity could not fully blossom, be utilized, and appreciated. In the end, Mariam recognized that her desire was for her spirituality to grow in the direction of creativity but "the culture of the church held me back." Consequently, she expressed a feeling of staleness and not able to "progress further in ministry or spiritually" and that she "was stuck" or "trapped in this culture [at Uptown]." Mariam soon came to the realization: "I felt not free." She described the stagnation of her growth as follows:

> I was stuck in the sense [that] all these different things that I was doing; or different things where you would hope that the congregation would get to eventually. It was just such a slow process that it was really hard to see that happening. I felt like there were just so many parts of myself that were being held back, and there were different dimensions, that it was hard to really stay there.

Another factor that contributed to her departure was the limitation of Uptown's leadership. Mariam reasoned that in principle and practice, leaders were not able to elevate followers to a level that they had not been to or attained themselves. She described the limitation of Uptown this way: "I believe it's hard to move past the understanding of your leadership if they're not at a certain level. And if they have not gone there, it's hard for the people in the congregation to go there." Conversely, "If the pastoral staff are visionary, and they see things happening in a certain way, and they're looking in that direction, then it gives the congregation space to move in that direction." However, when the leaders and congregants were at odds in terms of the vision, then conflict arose: "If there are people in the congregation who are visionary and see certain things, like moving forward, but then the leadership is not the same type of visionary, then that is hard. You can't really surpass the leadership. Because it's like dishonoring the leadership."

Mariam went on to explain the concept of "dishonor." Rather than postulating it through a cultural lens, Mariam expressed the belief that as spiritual leaders, pastors were appointed by God. Consequently, "we [the congregants] don't want to surpass our [own] goal, pass the boundaries if they're not really ready for it," for to do so is to "dishonor" the spiritual leaders. Mariam's desire to not "dishonor" the leaders stemmed from her respect for their office and who they were. She explained: "I really do respect the pastors and I think it is their flock and this is their church; then I'm not going to step over boundaries, and this is not my call."

Looking back at Uptown, Mariam went on to hypothesize that having a vision was necessary yet not sufficient to move the church forward. Progress would require someone who could operationalize the vision and translate it into reality. She explained:

> Even if that person is visionary, but they don't have someone who can define the steps in order to get to where you want to be, then there's always going to be a gap . . . if there isn't yet someone who is gifted in that, being able to implement the steps, then you're not going to be able to get anywhere.

In this context Mariam could not see anyone from the leadership at Uptown qualified to lead such an implementation.

A final aspect of the leadership challenge Mariam observed at Uptown rested with a church polity structure that saw tension arising between this church and the one that gave birth to it. Although these two congregations worshiped on two separate "campuses," they were led by one centralized board of elders. With responsibilities of overseeing these two campuses as well as different congregations within them, the board members were bound to have conflicts and tension among them. As a result, "rivalry," "imbalance" of representation, and favoritism were common accusations directed to the board by the congregations.

In closing our discussion on her departure from Uptown, Mariam pointed to what she believed to be a fundamental issue at the immigrant church. The issue was related to how the Chinese culture and ethnicity affected the way congregants constructed their religious experience. First, Mariam asserted that culture adjudicated our conception of God. She reasoned: "You see culture and you see God through that lens; you might project your own view of say honor or say cultural relationships with your dad or your mom, it's easy to like project them onto God." Second, culture and ethnicity affected the way the congregants socialized with their own norms and values. As a result, many immigrant Chinese congregants with middle-class socioeconomic backgrounds tended to co-mingle with people of similar background in terms of ethnicity and social status. Mariam observed: "I think this is like due to socioeconomic status as well too. If you're all the same type of people, you will attract the same type of people."

The forces of culture and ethnicity had an impact on the local-born who did not necessarily share such an intimate connection with the traditional Chinese cultural values. The penchant for socializing with mainstream Canadians led them to a desire "to reach out [to] the broken-hearted" and yet they faced a barrier because the Chinese church consisted of "upper middle-class and working professionals [with families with] one or two kids." This ethnic and socioeconomic boundary made it "really hard for people from different cultures to come in [because] they [would] feel uncomfortable."

Mariam further narrated a mode of existence or life journey for the local-born that had been framed within this cultural milieu that tended to "box [them] in" at Uptown: "There is this model of . . . this is what life is: 'I will grow up, I will be a working professional. I'll get like a degree. I will get married. I will have children. I will have a house.'" With everyone being from the same "demographic," this model of existence was promoted by both the families and the church, though not in an explicit manner: "And it's not intentional, but everyone is attracted to the same thing." Viewed as a collectivistic approach by Mariam, this model of existence was underpinned by the Chinese values of pursuit of stability and social status as manifested in professional careers in such fields as "lawyer, doctor, and dentist." Being "boxed in" by their parents' culture and not being able to extend themselves to embrace other ethnicities in the religious setting, many local-born at Uptown, as Mariam observed, "were kind of shut down."

Along the lines of cultural and ethnic restriction, Mariam further expanded her thought on the limitations of Uptown. First, the fact that it was a Chinese immigrant church ("everyone is Chinese") had unnecessarily created an invisible, though unintentional, boundary for membership that seemed to be unwelcoming to "White people." This boundary, or "bubble" as Mariam characterized it, created an inclusivity for the Chinese congregants that inevitably led to a "lack of awareness of how [to accommodate] different cultures . . . in this bubble," which made non-Chinese "feel uncomfortable." The ethnic exclusivity was so pervasive and the underpinning so strong that despite valiant attempts made by the head pastor at Uptown to turn it into a "multiethnic church," many in the congregation rejected the initiative.

The interview then turned to a discussion of religious and cultural identity. Mariam characterized herself this way:

> I see myself as a Chinese Canadian. But *Canadian* is packed [with different meanings] as well too, like that, you know. Like that's a packed statement as well. I see myself as a Westernized Chinese person who is born in Canada and has different – has different parts of culture from different sides of family.

Yet when comparing her ethnic identity with her faith identity, Mariam was quick to respond: "I do feel myself as a Christian first before thinking of myself as a Chinese. I think the fact that I see myself as Christian first is the fact that [regarding] the decisions that I make, I know that I'm accountable to God first."

When Mariam left Uptown in search of another spiritual home, she was "feeling [a sense of] freedom" for her personal growth. So cathartic was the experience that she described the decision to leave as "one of the best [choices] that I've [ever] made." After having visited a number of Asian and multiethnic churches, Mariam decided to settle in at Temple. In so doing, she named a few collective factors that drew her to that church. First, to fulfill her yearning for being in assembly with multigenerational faithful, a desire she did not elaborate for her experience at Uptown, Mariam expressed interest in "looking for a church that was multigenerational but also had people that were my age as well too because I think, yeah, that's important." Mariam then identified the leadership characteristic of vision and ethos as the next factor: "vision – like vision of what the lead pastor has; but also kind of like what the vision of the church is, what the ethos of the church is." Finally, Mariam pointed to the desire to worship in a multiethnic setting so that she could invite her non-Chinese friends to attend, a mission she felt was impossible to accomplish at Uptown because of the ethnic exclusivity. "I really wanted to [worship at] a multiethnic type church. Because I felt in the past, like I have a lot of friends that are not Chinese, and it was hard for me to even think at all of bringing these friends to Uptown."

Mariam further commented on the characteristics of Temple and singled out two more reasons for her continued attendance there. First, the community-centric model of ministering to its neighborhood of multicultural and socioeconomic diversity at Temple was in alignment with the multicultural milieu of the city she lived in, and she felt God "had created [and called her] to serve [that] community." The factor of multiculturalism weighed heavily on Mariam's mind because it was the context in which she saw herself expressing her faith identity. She explained:

> In such a multicultural city, if you're not really being aware of different cultures around you, then it's easy to like to be in a bubble. And you just flock with the people that you like as well. And I think in order to engage in the public spheres of life and work and Christianity and art and culture, for me, at least, it's important to be aware and know that there are differences, that there are different thoughts, and different biases in different culture but also being aware and tolerant and also understanding of where people are at.

Second, with the multicultural ministerial ethos at Temple, the church was able to "attract different people [with diverse socioeconomic backgrounds and ethnicity to congregate together]." The ethos reflects an inherent culture of a church of "vulnerability and openness." In contrasting this ethos with that at Uptown, Mariam was quick to conclude that because of the way congregants were shaped by their own "cultural values" in "how they live [their] lives," Uptown could not have been able to attract those diverse congregants, not "in a hundred years."

To further compare Temple with Uptown, Mariam noted an extensive phenomenon of exodus and transition: "A lot of people from Uptown have moved to Temple," so much so that, to Mariam, "it almost feels like there's a second Uptown emerging in Temple." Mariam further observed that these ex-Uptowners came to Temple with a variety of motivations. Some genuinely desired growth and felt the call to exit Uptown and come to Temple. Others came because they just followed suit, exhibiting a herd mentality without reflecting much on how the transition experience might address their needs and salve their wounds of discontent with Uptown. Yet others came because of other reasons, such as life stage needs of family and the development of children. No matter what the motivation was, the transition greatly affected their involvement at Temple and their socialization process. Those who desired to address their families' needs, Mariam observed, quickly found themselves associating with others in similar life stage circumstances regardless of ethnicity. For example, a woman with children was able "to be connected with the mothers at Temple, whether it would be Caucasian or Asian." Others might just keep to themselves and not interact actively with fellow congregants. For instance, there was a couple Mariam noticed at Temple of whom she said, "They're kind of just [keep to] themselves, mostly probably because they have each other." In addition, there were "people who have come as a movement and group from Uptown and they still stick with each other." In this regard, Mariam viewed herself as an exception: "I like to meet people and I like to get to know my situation in the surroundings. So, I'm connected with a lot of people [at Temple], even if they're not in my demographic."

Central to the socialization in the new context at Temple was the extent to which one had dealt with one's reason for departure from Uptown. For Mariam, she came because she "wanted the multiethnic feel" of Temple. However, regarding those who came with a lot of "resentment" and were not "satisfied [with Uptown]," Mariam noticed that they "have [not fully] processed that [hurt or wounds]" and had not addressed those issues appropriately. As a result, these issues continued to hold them back in starting afresh at Temple.

Mariam went on to offer a unique insight into why people might be staying in the immigrant church, and the reason was not because of their being enamored with the congregation. She observed that many "really want to leave, but they don't, or they'll just stay there." Mariam attributed the reluctance to leave to the force of the cultural values that bound them to the community, saying, "culture really prevents people from leaving." According to Mariam, many of the local-born were conditioned by the cultural context in which they grew up. In this context, they were bound by an ineluctable combination of guilt, betrayal, honor for elders, duty to the family, and therefore responsibilities for the church. These cultural forces colluded to keep them from switching congregations in spite of their desire to leave. Caught in the liminality between duties and desires, these local-born built up frustration and resentment regarding "the leadership and structure" of the church and complained that "the preaching is not good enough, the direction is not good enough." With the struggle simmering in the background, Mariam argued, those who stayed exhibited "jealousy and resentment [and projected them] against" those who left them, usually with the narrative of: "You're leaving and then I need to stay here to put this together." One of the unintended consequences of this experience was the manifestation of the Asian value of favoring rationality over emotion as the best approach with which to address the transitional experience. Mariam suggested that in dealing with this type of struggle:

> There is a separation between head and heart. And it's very traditional Chinese [to] see the world through the head and you put extra importance on knowledge or intellectual thinking [such] that it's hard sometimes to come into a place where someone really acknowledges the importance of both the emotions and the heart.

Those who stayed would rationalize their stance without figuring in emotion, thereby neglecting the need to integrate thought and feeling. Mariam further spoke of "how people feel in emotions but how Jesus speaks to both of those things, and how they're actually integrated. But I think it's very separate in a Chinese culture and within the Chinese church." As our interview drew to an end, I thanked Mariam for her candor and participation.

## Themes for Case Three

In analyzing the data collected for this case, the following themes emerged.

### *Theme #1: Ethnic Culture and Values Are a Double-Edged Sword*

The first theme that emerged from the discussions with the participants was related to the ethnic culture and values as manifested in the Chinese immigrant church setting and how salient they became in affecting their religious socialization experience. Fresh from clashes with non-Chinese congregants at Anchor regarding why they placed a premium on the Chinese value of excellence in education, John and his wife discovered synergy with congregants at Uptown who shared the same ethnic values and cultural background. Explaining his penchant for such homophily, John remarked: "At Uptown, they understood where I was coming from. They had the same values I can relate to and identify more with. I can share easier without having to explain so much. Some of my best friends are from the first small group at Uptown."

This sentiment was extended to his worship experience at Temple. In spite of the diversity and the multiethnic and socioeconomic mix of the congregants, John continued to co-mingle with Chinese Canadians at that church: "I realized that about myself, that it's easier to have close friends and people who just have similar [ethnic] backgrounds."

The idea of constructing friendships along the line of shared cultural values was not lost on Nathaniel. Though he now attended Temple and became more open to embracing multiethnic friends, his experience in his younger years spoke volumes about how ethnicity affected his choice of which church to attend after his departure from Uptown. Nathaniel talked about being "very comfortable to be around other Chinese Christians [with] similar background [and] similar upbringing."

For Mariam, culture, in particular ethnic Chinese culture, was also a key theme in her spiritual journey. In our interview, Mariam mentioned the term "culture" nearly fifty times and argued passionately that it was the lens through which she and others like her constructed their congregational experience. For Mariam, "culture really influences religion and the way that we live and how we view the world." She explained: "You see culture and you see God through that lens; you might project your own view of say honor or cultural relationships with your dad or your mom, it's easy to like project them onto God." She also suggested that culture and ethnicity affected how the congregants socialized with their own norms and values. Thus, many immigrant Chinese congregants from middle-class socioeconomic background tended to co-mingle with people with similar background in terms of ethnicity and social status. Mariam observed: "I think this is like due to socioeconomic status as well too. If you're all the same type of people, you will attract the same type of people."

Although Chinese culture might very well be the tie that bound the immigrant congregations through the bonding capital with those who shared the same membership, at the same time it carried several negative connotations as far as SGCCE were concerned. Chief among them was the exclusivity against non-Chinese attendees. Reserved and conservative in nature, immigrant Chinese congregants tended to be protective and less open to other ethnics. Although the participants did not observe that such an exclusive stance was struck intentionally, nor were restrictions regarding membership accepted openly, the ethos was palpable at the immigrant church. John, for instance, highlighted this effect when discussing the idea of opening up Uptown's facility for community service during the weekdays. The church leadership, mainly first-generation immigrants, opposed the suggestion on the pretext of liability. John detected an Asian mindset of "selfishness" being at play. He exclaimed: "It's very selfish. So Asian I think is a little bit selfish by nature, right? 'I'm going to do well for myself and I'm going to keep my little kingdom intact. And I don't want anybody to disturb it.'"

Such observations resonated in Mariam's mind. She suggested that as a Chinese immigrant church, Uptown had unnecessarily created an invisible, though unintentional, boundary for membership that seemed to be unwelcoming to "White people." This boundary, or "bubble" as Mariam characterized it, created an inclusivity for the Chinese church goers that inevitably led to a "lack of awareness of how [to accommodate] different cultures . . . in this bubble," which would make non-Chinese "feel uncomfortable." The ethnic exclusivity had become such a bulwark for protecting the community that even when the English pastor at Uptown did make valiant attempts to turn it into a "multiethnic church," the immigrant congregation rejected the initiative.

Not only did the exclusivity affect the territory across ethnicities but its negative effect spilled over the generational boundary. Though raised at home and church with the traditional Chinese culture, SGCCE were educated in a multicultural milieu at school. Mariam argued that this cohort did not necessarily share an intimate connection with the traditional Chinese cultural values. In fact, they wanted "to reach out [to] the broken-hearted" and longed to embrace their community and neighborhood. For Nathaniel, this implied accepting people with different "ethnicity" in "different walks of life." To Mariam, ministering to the neighborhood of multicultural and socioeconomical diversity was in alignment with the multicultural milieu of the city she lived in.

This leads to the third negative impact ethnic culture had created among SGCCE. Being "boxed in" by their parents' culture and not being able to extend themselves to embrace other ethnicities in the religious setting, many SGCCE, Mariam observed, "were kind of shut down." For instance, the ethnic culture had "held her back" in terms of her spiritual growth at Uptown. For this reason, Mariam could not "progress further in ministry or spiritually" and bemoaned that she "was stuck" or "trapped in this culture."

Nathaniel, on the other hand, problematized this issue through the frame of cultural conflict that arose among the congregants, which primarily reflected generational differences. Given their culturally reserved nature, Chinese people tend to be averse to risk and to react to change slowly, if at all. SGCCE such as Nathaniel were frustrated by this mindset. The proposal to change the worship schedule to accommodate the English-speaking congregation at Uptown was a flash point for Nathaniel. As typical in the Chinese immigrant churches in Canada, Nathaniel's church offered three different Sunday services in three languages: Cantonese, Mandarin and English-speaking. And the schedule is set up to favor the Chinese-speaking congregations with the English service being held earlier on Sunday morning. When Nathaniel and his peer proposed a switch with Mandarin service to allow the English service to be held later in the morning to attract the "increasing population of Chinese kids who are like [Nathaniel] who speak English as their primary language", it was met with resistance as the church valued the Mandarin-speaking congregants more.

Such cultural conflicts explained "partially why [the English-speaking] people left" the immigrant church, according to Nathaniel.

In the case of John, one of the reasons he did not stay at the immigrant church was the archaic practice of decision-making that was often marked by a "lack [of] transparency" and by rejecting feedback or an absence of the practice of listening. In this context, views were evaluated based not on their own merits but on who expressed them. To earn the right to speak, John argued, one had to have "some kind of connection" or have worked himself/herself into a certain position based on seniority or connections. The hiring of the youth pastor was an illustration of how the Asian practice of connection privileged the candidate as his father-in-law "was a well-known Chinese pastor within the community." Vexed by the decision, John attributed it to a prevalent Chinese cultural practice of reliance on connections and "nepotism." Here John referred to the practice of the Chinese value of *quan-xi* (關係) or connection, an idea defined by Tsui and Farh as "the existence of direct particularistic ties between two or three individuals" that favor "reciprocal bonds."[8] John concluded: "The Asian church is like that. They choose people to do things not because they're competent or best to do it but because of other reasons that are not of worth. And it may be just because of connections."

Another double-edged value of ethnic culture the local-born found repugnant was the concept of being deferential to elders. According to this cultural practice, the younger generation was to defer to the older one to honor their status, age, and position. However, if carried too far, the value became a stifling and overbearing presence that prohibited a genuine, frank, and transparent communication between the generations. In the case of John, he recalled his disappointment when he was not able to speak with the Chinese leaders about leaving Uptown. John reasoned that in such an Asian setting, people like him "didn't feel the freedom to be able to say exactly what [was in their mind]." He attributed this reticence to the Asian practice of deferring to the elders or leaders in position of power and authority. And if he were to speak forthrightly, he might be considered "disrespectful." John explained: "I think it's cultural because you're not supposed to say anything to your elders and people that you're supposed to respect. The pastors are in the positions of respect so you will respect them. You're not supposed to criticize them."

Nathaniel shared a similar view. He argued that the Chinese cultural value of deferring to elders had unintentionally morphed into a significant barrier that prevented a frank and open dialogue from taking place between the younger generation and the Chinese leaders. Nathaniel explained: "[The immigrant children] are taught that with Chinese elders, they are supposed

---

8. Tsui and Farh, "Where Guanxi Matters," 57, 59.

to be recognized as important. [Consequently], somebody can't go out to them and tell them: 'You are wrong. You're doing this incorrectly. This isn't a good idea!'" With this observation in mind, Nathaniel theorized that "a lot of [the English-speaking] people left because of . . . the conflict [and lack of an open space for dialogue]."

Mariam took a slightly different interpretative lens and cast it on spiritual leadership. In portraying the conflict regarding the vision at Uptown, Mariam commented: "If there are people in the congregation who are visionary and see certain things, like moving forward, but then the leadership is not the same type of visionary, then that is hard. You can't really surpass the leadership because it's like dishonoring to the leadership."

Mariam took a step further in explaining the concept of "dishonor." Rather than postulating it through a cultural lens, she expressed the belief that as spiritual leaders, the first-generation leaders were appointed by God. Consequently, congregants were not to press for changes or advocating for a new vision "if [the leaders were] not really ready for it," for to do so was to "dishonor" the spiritual leaders. And out of respect for them and their office Mariam refrained from dishonoring them by choosing not "to step over boundaries."

In all three participants, the Chinese cultural value of deference functioned as a restrictive force that curbed a genuine exchange of views that could be based on the inherent validity of ideas and point of view. SGCCE perceived themselves as the ones who were suppressed and unable to speak out under the invisible presence of such a force.

Finally, as an outlier singling out a unique characteristic of cultural values in the Chinese immigrant church, Mariam argued that those local-born who stayed put at the church did so not because of their love for the congregation. She observed that many "really want to leave but they don't or they'll just stay there." Mariam attributed the reluctance to leave to the force of the cultural values that bound them to the community: "Culture really prevents people from leaving." According to Mariam, many of the local-born were all conditioned by the cultural context in which they grew up. In this context, they were bound by an ineluctable combination of guilt, betrayal, honor for elders, duty to the family and therefore responsibilities for the church. These cultural forces colluded to keep them from switching congregations despite their desire to leave. Caught in the liminality between duties and desires, these

SGCCE had built up frustration and resentment toward "the leadership and structure" of the church. With the struggle simmering in the background, Mariam argued, those who stayed exhibited "jealousy and resentment [and projected them] against" those who left them, usually with the narrative that "you're leaving and then I need to stay here to put this together."

### *Theme #2: In Search of Autonomy: Freedom and Its Many Faces*

Given that ethnic culture has played a vital role in the SGCCE's decision to stay with or exit their parents' congregation, another theme related to their desire to be set free from that cultural ambience of the immigrant church emerged from the analysis of this case. When ruminating on the reasons why she left Uptown, Mariam exclaimed: "I felt not free." Her idea of "being free" has nothing to do with her physical movement or verbal expression. Rather, it had something to do with her spiritual growth. Feeling that she had reached a "cap," Mariam acknowledged that any pursuit to better her "own personal relationship with Jesus . . . was hard . . . in a community where it feels like almost – not stagnant but just like really, really slow." For her, Uptown was a community where the congregants were "complacent" and "comfortable" where they were. Mariam singled out the major reason for this state of mind in this community, saying, "There's not someone who is visionary in front [to lead]." She remarked:

> It's frustrating because you feel like you're [stuck]. There's always this entire set of high expectations. And then when it doesn't happen, your hopes are dashed, right, because it's like, you think that you hope you'd be here. Everyone is hoping that we'd be here but it's not going to get there.

Caught in the stagnation in a visionless ministerial culture and not being able to progress further in ministry, Mariam decided to leave the church for greener pastures. In reflecting upon her decision to leave, Mariam said that it was one of the best decisions she had ever made: "After I left [and] looked back at it, on leaving, I feel like for me that was one of the best [choices] that I've made for myself [and] my personal growth, but also in the sense of feeling freedom."

Contrasting this experience with her participation at Temple, the idea of "freedom" re-emerged for Mariam. She commented: "But with Temple, the culture is very affirming and very freeing and very empowering." Mariam discovered a newfound sense of freedom to pursue her spiritual growth and her vision of ministry engagement without being pulled back in her journey of faith.

The sense of freedom took a different shape for Nathaniel. Hurt by the experience of being bullied by his peers at his parents' church, he was eager to be freed from the trauma he suffered, and the yearning for that freedom was strong. The desire grew when leaders at the church who were supposed to be the guardians of the physical and spiritual welfare of the flocks exhibited no concern for his wounds. Nathaniel lamented that if there were a "genuine care about me, if they actually cared about me as a person, about my faith, about where or what happened to me, they would have contacted me directly." Under the circumstances, Nathaniel decided "to walk away . . . [and] avoid my peers completely." In making that decision, he said he felt a sense of freedom, a sense of being "relieved" and described feeling "fantastic . . . it was great."

Nathaniel's experience of being abused, together with his exposure to uncaring leadership at the immigrant church, resulted in his becoming somewhat derisive about the ethnic Chinese church, a place and space that he attempted to stay away from as much as he could. He remarked: "I've been burned . . . In some ways, Chinese churches kind of scared me a little, to be honest. I guess it's just that I've been burned twice by Chinese churches." His hurt was so deep that he began to look with suspicion any matter related to the Chinese church and he would find his way "out of the shortest route" if he had to drop in there for any work. Free from the entanglement of hurt and disappointment, Nathaniel transformed himself into a much more sociable individual at Temple. He portrayed himself this way: "I was more social, I was funnier, and I made friends from scratch. I didn't know any of these people prior to this, and I made relationships. I was very comfortable with these people." For Nathaniel, the overarching panacea for such transformation was care, acceptance, and genuine relationship. One of the examples he cited in support of this thought was the discovery at Temple of "people who value my friendship, and people who thought I was important to have around, or I was someone that they wanted around." Another example that highlighted his newfound freedom at Temple was the ability to engage with the pastoral staff, whom he described as "mentors" and "friends," not simply "pastors" or "staff." For Nathaniel, these were the "friends" whom he "would go out and do things with." The sense of being free to connect at a deeper level without having the fear of being harmed underpinned Nathaniel's newfound experience at Temple.

For John, the reasons for leaving Uptown had more to do with the stagnation of his children's spiritual life, as well as his and his wife's. Yet the theme of freedom was subtly evident in his narrative about his transition experience and displayed itself in the juxtaposition of his congregational experiences at Temple and at Uptown. John embraced a sense of freedom after having been straightjacketed by the Chinese cultural value of attainment of social status and occupation as the criteria by which people were defined. Longing for authenticity of faith and not being stereotyped by such a Chinese value, John, as a physician, compared his experience at his new church with social encounters he had had in the Asian context. He explained:

> If you go to a Chinese church, [the] first thing they would ask you is: "What do you do?" And as soon as you say [your occupation] they kind of look at you differently. If you tell them you are a physician, they're like "Whoa" – their view of you kind of goes up and treat you as not the same [as] if you said you were [something else].

John further pointed out that ethnic Chinese values favor certain occupations, accomplishments, and social status to the extent that these are placed above their Christian identity. He argued that this attitude, though "subtle (and) tempered," is "almost unavoidable" in ethnic Chinese churches. Yet the experience at Temple was dramatically different and refreshing. John was delighted that he was valued for who he was and not what his profession was. He remembered walking in to the church and being welcomed and accepted without any questions."

With this in mind, John did not have to be concerned about warding off the cultural façade and became free and genuine in his worship and socialization with his fellow congregants at Temple. He said of this experience: "It's more free," implying he was "more accepted" for who he was.

### *Theme #3: Leadership Matters*

A third theme that emerged from the analysis of the interviews with the participants in this case has to do with leadership and how it affects the comings and goings of these participants. All participants viewed leadership effectiveness as a central factor in their decision to leave Uptown and to stay at Temple. For Mariam, the essence of leadership was embodied in the "vision" of a leader. She was adamant that leaders could not elevate followers to a level that the leaders themselves had not been to or attained. In other words, as she argued, "If you don't know the taste of something, then you don't know that it exists." As a result, the congregants could not move "past the understanding of the leadership if they [leaders] are not at a certain level. And if they have not gone there, it's hard for the people in the congregation to go there." Conversely, "if the pastoral staff are visionary, and they see things happening in a certain way, and they're looking in that direction; then it gives the congregation space to move in that direction." The barrier at Uptown was that leaders were not "visionary" and it created a misalignment with Mariam's vision in terms of the direction for certain programs (such as the discipleship program for millennials) that she believed to be vital but for which she could not secure endorsement from the leadership. She lamented that she felt caught in a rut since people like her do not share the same vision with the leadership and "can't really surpass the leadership."

The issue of leadership continued to roil in Mariam's mind as she searched for a new spiritual home for worship. As she was aligning her goal and interests with Summit, a predominantly Asian church, Mariam decided not to engage further after a few visits since she took issue with the preaching of the head pastor as well as with the hierarchical culture of the church. Mariam related that the head pastor carried himself with a mentality that seemed to say: "The top dog is the top dog and you need to respect me." She argued that such a culture models "less accountability."

The situation was completely turned around at Temple. Mariam was quick to identify the leadership characteristics in terms of vision and ethos as the drawing factor for her to stay: "visions – like vision of what the lead pastor has; but also kind of like what the vision of the church is, what . . . the ethos of the church is." The ethos she identified had to do with Temple's inherent culture of "vulnerability and openness" as exemplified by the lead pastor. Such a leadership ethos and culture, according to Mariam, was "very affirming, very freeing, and very empowering." Indeed, the whole idea of visionary leadership had to do not only with direction but also with empowerment for followers to realize their own growth and autonomy. Mariam concluded: "If the church leaders empower people who are really passionate and knowledgeable about a certain field, to go forward and just like [to give] birth [to] those certain ministries, then it becomes a very organic place of life and breath."

As for Nathaniel, leadership was a critical "staying" factor as he decided to adopt Temple as his church of choice. He likened the impact of Conrad, the senior pastor at Temple, on his congregation to that of the impact CEO Steve Jobs had on Apple Inc. Conrad left an imprint of his "values and community" by hiring people who reflect the same values in church administration and congregational relationships. Nathaniel did not find the same environment in his former church. Though he claimed that "I didn't know the staff very well," he expressed that Uptown as a church was "kind of dead" since "there wasn't much going on." He concluded his observation by saying that the existing state of affairs did not reflect very well on the senior pastor there.

In contrast to Mariam, Nathaniel viewed leadership more from the lens of relationality as opposed to the process of influence. He valued leaders based not on the position they occupied or the title they carried – "Titles are very secondary," he asserted – but on the way they nurtured relationships. Leaders were "friends" or "mentors" who expressed their care and concerns for him. They were the ones "who can actually sit down with you and help your faith grow." They were the "people who value my friendship." In addition, leadership was about authenticity, and leaders at Temple "were very real" and they focused on "how they would build authentic relationships." As a result, the value Nathaniel placed on the relationship was based not on what position the pastor occupied but on the enduring friendship that bonded him and the leaders together. Nathaniel added, "If these people were not pastors, if they did other jobs, I would still want to, you know, go get a coffee with them."

In contrast, while describing the leadership landscape at Uptown, Nathaniel observed that "the leadership was very Chinese" in the sense that leaders were to be respected rather than befriended, for this is the ethnic practice: "[The fact that] you respect your elders was very Chinese." Construed in this ethnic context, relationship existed in the order of hierarchy. Reflecting on what he believed to be practices of leadership at Uptown, Nathaniel suggested that the leaders, whom Nathaniel believed were on the top rung of the ladder, simply failed to understand his need for protection: "You know, if you have a CEO who doesn't understand some of the lower level's needs, then there's gonna be problems." No one from the Uptown leadership contacted Nathaniel when he left to show their concern: "I'm sure you'd hope your friends will contact you or try to see who you're associated with."

John spoke of a similar experience when he left Uptown. It was as if a shroud of silence existed between the leaders and his family, making it clear to John as if the leadership did not care too much about why people like him left the church. Nobody made contact with John to find out the reason for his departure. There was "nothing [contact or inquiry] from the pastor," nor was there an "exit interview," lamented John. And he felt that he was culture-bound to refrain from speaking out against the leaders at Uptown, whom he saw through the lens of position of power.

The leadership experience at Temple, on the other hand, was dramatically different. Unlike leaders at Uptown who were to be revered and respected, leaders at Temple were to be befriended. John spoke of an experience of having a meal with the pastors; it was just like having dinner with friends. The added advantage of such a hospitable environment was that John and his family "[could] really try to get to know the pastors," and "they get to know our kids. . . . And that's one of the reasons why we bring our kids [to the dinner], we want them to be connected to the pastors." The motivation of creating connection between his children and the pastors was not to be underestimated, for this was the main reason John and his family had left Uptown in the first place. For John, pastoral leaders were to be connected with his children as role models and mentors. If leadership was diminished or no longer functional, John would not hesitate to take action to create connections in a new setting, as was shown by his departure from Uptown.

### *Theme #4: Identity and Values: An Exercise of Social Construction*

When it comes to positioning their faith and ethnic identity, the theme of social construction prevailed for the participants. All three upheld the supremacy of their Christian identity over other identities, ethnic identity included, as Table 8 attests. In addition, they all agreed that they saw themselves as having a hybrid identity: "Chinese-Canadian." The similarity, however, stopped when the participants were asked about the implications of these identities.

For John, he admitted that even though he had grown up "in the Western culture," he recognized that "at the heart of it, I'm still fairly Asian." Part of the motivation of leaning toward Asian identity for John was that it was important to understand "where you're coming from," and that understanding of the heritage allowed him to "pick and choose how much of that [values] do I want to embrace and continue." He further suggested that in Canada, the multicultural milieu facilitated choices regarding identity and values, choices that John valued immensely: "I can choose how Canadian I want to be or how Chinese I want to be." Central to the whole exercise was the flexibility in picking the identity he believed to be advantageous for him in a particular context. John observed that Asian values, Western values and Judeo-Christian values all conflated in influencing his decisions in different situations and different points of time. He noted that "there's a bit of a continuum [and] I think that's healthy."

However, for Nathaniel, as much as he labeled himself as a Chinese-Canadian, he admitted that he was "very white-washed." To the extent that he associated himself with being Chinese, he singled out his appreciation for "Chinese food," including delicacies such as "chicken feet." Yet the force of social constructivism was much more salient in the way he adjudicated his cultural values by way of his faith values. When pondering the overarching concept of success that was underpinned by such traditional Chinese values as the importance of education, frugality, hard work, discipline, a professional occupation, and the pursuit of a better life, Nathaniel was quick to reinforce his faith values. Happiness and success, Nathaniel contended, could only be found in God's calling: "The ultimate measure of success for a Christian [is] doing what God calls me to do." As a result, Nathaniel stated very clearly: "My goal in life is to do what God wants me to do." He reasoned that if he did that, two results would emerge: "One, [God] won't leave me broke and hungry . . . and second, I'll be most satisfied with my life."

As for Mariam, her view on identity was unique. In constructing an identity that could be true to both her ethnic background and the place she was born, Mariam defined it from the perspective of diaspora Chinese. Influenced by her mother who was a Chinese descendent born in the Philippines, Mariam viewed herself as "a Westernized Chinese person who is born in Canada and has different parts of culture from different sides of family." Mariam's desire to construct her own faith identity, rather than simply incorporating one that was mediated by her parents, was very evident. Mariam commented: "[Though] they [i.e. my parents] did instill a lot of values into me, I think I had to find my own way of thinking about Jesus and God. Because I think that my understanding was also melded with the church's understanding of it."

Table 8: Ethnic Identity: Case Three Participants

|  | Christian | Canadian | Chinese | Hybrid identity |
|---|---|---|---|---|
| John | "Christian first"; "my faith trumps my culture and my nationality." | "I'm not purely Canadian." | "I'm not actually Asian (i.e. Chinese)." | "Chinese–Canadian." |
| Nathaniel | "Always Christian." | "I see myself as a Canadian." | "I do see myself as Chinese" | "Chinese–Canadian" but "mostly whitewashed." |
| Mariam | "A Christian first." | "*Canadian* is a packed statement." | "A Westernized Chinese person who is born in Canada." | "A Chinese Canadian." |

## Summary

In short, an analysis of the data collected via interviews with the participants, visits to church sites, collection of church bulletins and other materials as well as gathering information from the church websites yielded the following four themes: (a) ethnic culture and values is a double-edged sword; (b) in search of autonomy: freedom and its many faces; (c) leadership matters; and (d) identity and values: an exercise in social construction. In the next section, I present data collected from Case Four participants and the themes that emerged from the data analysis.

# Case Four – Participants Attending Worship in a Mainstream Caucasian Church Setting

Case Four involves participants who were attending churches in a mainstream Caucasian setting at the time of interview. The case is also bounded by the parameters for churches whose ethnic category is determined by Alumkal's theoretical framework of four lenses for analyzing the multiple variables that contribute to a congregational ethnic and racial profile as discussed in chapter 2.[9] Based on the information provided by the participants and acquired through my personal research conducted by attending one setting and analyzing the information available on the website, I am satisfied that the churches the participants were attending at the time of interviews qualified for this case. To gain better insight into the congregational setting of the mainstream Caucasian church, I visited a church where one of the participants worshiped and the experience aided in my analysis of the data. In this case, four participants were interviewed, and the synopses of the interviews are listed in the following sections in a sequential order, followed by the themes that surfaced within this case.

## Synopsis of Interview with First Participant: Mark Luk

The first participant I interviewed for the case was Mark Luk, a twenty-to-thirty-year-old married father with a six-month-old son, working as an independent wedding photographer in a suburb of a major city in eastern Canada. Mark left his parents' church, which was part of the Seventh Day Adventist (SDA) tradition, in 2008 and visited a number of churches with different models and ethnicity afterwards, including Chinese immigrant churches with English ministry and mainstream Canadian churches with Caucasian or multiethnic congregations. Shortly after church-hopping, Mark and his wife decided to settle in at a multiethnic-attending mainstream evangelical church with a predominantly White staff. Mark came to my attention through my personal network of SGCCE and agreed to be interviewed at his home.

The first question I posed to Mark was why he left his parents' church. His reply was very succinct: The SDA doctrines were not robust enough, and sometimes even incorrect, which meant they could not create robust adhesiveness for the second-generation to stay. Mark emphatically stated: "It's God's word that lasts for generations." He elaborated that his struggle with doctrines as espoused by the SDA started during his university years spent away from his home:

---

9. Alumkal, "Analyzing Race."

> It really caused me to think about: Is it faith yours or is it the faith of your parents? In other words, make it your own. So diving into the questions such as: Is the Bible trustworthy? Is Jesus who he says he is? Is Jesus really believable? Is six days of literal creation true?

These questions prompted Mark to dig deeper, examining his beliefs in detail and conducting research of his own. As a result of this process, he concluded: "A lot of the things that I grew up with and had in my parents' church doctrinally didn't seem to line up to everything that I was looking up when I was researching. So I say that one of the biggest factors is [whether SDA is] doctrinally sound."

Armed with his own findings, Mark became very sensitive to the teachings of the leadership at his parents' church. Upon his return from university, for instance, he was confronted on one occasion with a leader from the "upper echelon level" advocating the superiority of the SDA's teachings and immediately came to the conclusion that "wow, that is so wrong . . . let's get out of here."

In addition to his disagreement with SDA's denominational teachings, Mark identified the second factor for his departure as the "dispassionate" worship experience at his parents' church. Mark's complaint took him back to SDA's teachings again, which he believed to be focused too much on a religious lifestyle that pivoted on "legalistic living" as opposed to a life that was rested "in the covenant of grace and liberty and freedom to live in a very non-legalistic way." Mark argued that one's life perspective would change "if we truly understand what Jesus Christ has done for us and then our lives look different." His bone of contention with the first-generation was: "How can you possibly just sit [with] your hands and be dispassionate about singing to the God that created you?" The passionless worship was not simply exhibited by his parents' generation; it was evident among the local-born as well. The discontented sentiment against "non passionate worship" gave rise to a strong sense of alienation on Mark's part. He concluded that he was "not really feeling that [he was] part of the community."

Finally, Mark cited a very personal factor that was unique to his life experience which had to do with his then girlfriend, whom he had since married. Mark met and courted his girlfriend at university, where they both attended the "Asian Christian Fellowship" on campus. In the context of the newfound romance, Mark had to contend with a few dilemmas along the lines of faith and cultural identities. On the one hand, his girlfriend was "a regular Christian, an evangelical Sunday church-going Christian." Mark, on the other hand, was "a Saturday church-going Adventist." Furthermore, Mark's mother's insistence that his girlfriend must conform to SDA if the relationship was to continue compounded the problem. Mark recalled that his mother would urge him to make sure that his girlfriend "goes to church on Saturday," and that she needed to be made aware of all the "legalistic things" in SDA doctrines. Desperate to maintain the romance, Mark needed a way out of the quagmire with his mother over the choice of faith identity. The option of leaving his parents' church seemed attractive given the way Mark and his wife saw themselves culturally and ethnically. In reflecting on how much ethnic values informed and shaped his decision to leave, Mark spoke about his own journey of intersecting ethnicity and church affiliation:

> I started with my parents' Chinese church, and then in university was [attending the] Asian Chinese fellowship. And while I was there, [I attended a] multiethnic Seventh-Day Adventist Church. And then it was primarily White Sunday evangelical church [after graduation]. And after that, it was Covenant [the current church I attend], so multiethnic.

Since his wife and Mark "grew up in Chinese churches," they naturally wanted to stay with the ethnic church. The process of sorting out which one to attend started when they were dating: "When we were looking for a church together, when we were still dating, looking ahead to have a family, we got to find something to call home. When we were looking around, I think we even gave Chinese churches a second chance."

However, "what really annoyed" them was the ethnocentric practices of the Chinese church in which ethnic values overshadowed faith values, or "'Chineseness' trumped your 'Christianness,'" as he put it. This juxtaposition of "Chineseness" and "Christianness" was a recurring theme of discussion throughout the interview and appeared to have framed Mark's rationale and guided his actions when it came to adjudicating his values and navigating his identities. Mark cited two examples that, in his opinion, showed that Chinese cultural practices were placed above faith. The first was related to his parents' paying respect to the deceased ancestors by "bowing" to the grave. For Mark this practice was analogous to worshiping the dead, together with the practice of "lighting the incense and . . . taking [the] food out . . . [and] burning your [fake] money as donation to the dead for their purported life after death." Another had to do with not attending a wedding when someone experienced a death in the family because superstition suggested that doing so might bring bad fortune to the celebration. Mark was adamant that it was another instance of "'Chineseness' [trumping] 'Christianness' [because] there's no such [thing] as bad luck." So excessive was the "emphasis" his parents' generation put "on traditional Chinese values" that, Mark argued that in his observation, when it came to choosing faith or culture to follow, tradition always prevailed. Mark declared: "When in doubt, go Chinese." The repugnant choice of his parents' generation reinforced Mark's need to navigate his decision through the lens of faith values. Not being willing to subordinate his faith to cultural values, Mark and his wife opted for a church they said was more "reflective of the demographic of their community."

This discussion led to Mark's description of how he saw himself from a cultural and ethnic perspective. Mark spoke about his ethnic identity through the lens of his faith:

> I've always been annoyed by the fact that most Chinese Christians identify themselves as more Chinese than Christian. What I mean by that is there are Chinese traditions, acts and attitudes, and traditions for the lack of a better term [that] . . . trump what should be [Christian values]. Christian should be our number one priority . . . it should be our number one citizenship. I have always felt that I'm more Christian than Chinese. I mean I'm a Canadian-born Chinese but my identity, I feel like if I have to call myself Chinese [it] is so far removed from that [since] I'm born and raised here in Toronto.

When I asked him to address his ethnic identity without looking at it from any other perspective such as faith, Mark admitted that he was a Canadian Chinese but he further clarified: "I don't really think it's a fifty-fifty split. If I have to say, it would be probably more like 80 percent Canadian, 20 percent Chinese." Mark's formulation of his ethnic identity appeared not to be cast in stone, as he said later in the interview that his view changed somewhat because of his son. He added:

> I think having a kid, just thinking about legacy and you know, legacy previously and legacy future. I think that's what's made the 10 percent [incremental] push. Who knows? As time goes, who knows, maybe we all get close to fifty-fifty. But it's just one of those things. I think having a kid actually has changed it.

As to how ethnicity became a factor in determining with whom he would worship in the context of socialization, Mark started his explanation with his university experience:

> At university, I was in an Asian Christian fellowship. And I think worshiping with those people at that time, actually, was very important [because] I think [I was] just being lost and having that feeling of [being overwhelmed] in a massive school, and being able to find people that you're like, "Hey, you're Asian." At least we have one connection point that I really can say hi to . . . [So] in my university [days], [with] the Asian Christian fellowship, I think worshiping [with Asians] was very important just because I was just so lost.

However, the social context shifted once Mark returned home after school, and ethnicity began to yield to religion when it came to choosing a place to worship:

> I think that now I'm little older and I'm more comfortable with interacting with people as a whole [community]. [And] thinking about what God's words say: [that] if we're really all brothers and sisters, we'll all be a family anyway. And so the ethnic side, I guess [it] is important but not as important. If anything, I'd say that's when my wife and I were looking for a church, she was thinking of all the Scriptures where in heaven, you're with every nation, tribe, and tongue, we're like, "Dude, where is that happening here now?" Right? We're always praying: "Let your kingdom come, let it be like it is here on earth." We should all be looking for something like that. And so almost, we made a flip

to the opposite side [and] multiethnic was more of a priority, as opposed to finding more people like us.

As to how leadership of his former SDA church reacted to his departure, the conversation appeared to unleash much emotion in Mark. First, he spoke about how some of the leaders were elected not on the basis of "biblical" criteria or spiritual qualities but rather because of their material wealth, social status, and achievement in society. Mark referred to them as "the old rich guys in Chinese churches . . . the rich business owner, CEO guy . . . [those were the ones who] were on the board." It was little wonder he received no spiritual support from them because they did not share anything in common. With that in mind, Mark asked rhetorically: "How did they influence you at all?" That said, Mark did credit the leadership for spotting "the trend [that] younger people [have been] leaving the church [and the leadership warned themselves, saying]: "Hey, we've got to make sure these young people stay and like because we all die." But Mark observed that their desperation was "purely reactionary" and lacking in "foresight"; no attempt was made to understand the "root cause" of the departure. To illustrate his point, he related the story of how the English service at this church arose out of complaint about the local-born not understanding the service conducted in Chinese while being forced to co-worship with their parents. The situation deteriorated to such a grave extent that Mark, together with his peers, protested when they were still teenagers: "We just had to tell them, 'We're not getting anything. You know, we might as well just sleep'" during the service. Only then was a separate "young adult service" conducted in English was established.

As to how the leadership at Covenant saw ethnicity, Mark responded that although the senior pastor would acknowledge the diversity in the attendance, no specific program or attempt was tailored to address the needs of, or to attract more, ethnic believers. Mark admitted that the leaders recognized that Asian adherents began to join the church in recent years. However, the influx was not necessarily an outcome of the leaders at Covenant having the "foresight of targeting of a specific group." The church attempted to carve out "a position of 'Let's bring in the community.'" As a result, the "goal is to reach the community around" the neighborhood of the church. If there was any foresight about this objective, it was in the context of the "desire to reflect the demographics of the community." And since the city Mark resided in has "some huge percentage of Chinese," the corresponding composition of the congregants needed to reflect the demographics. "The number [i.e. the congregants' composition] should be the equivalent [of the neighborhood]," Mark added.

In addition to the community-based model to pursue ministry, Mark argued that faith development was always given top priority at Covenant. The proof lay with the clearly articulated four-fold mission that made an indelible impression on Mark. He recited without hesitation: "The first is proclaiming the authority of God's words without apology; . . . the second is a lifting the name of Jesus Christ high in worship; . . . the third is believing firmly in the power of prayer; [and] . . . the last is sharing the good news of Jesus Christ with boldness."

In closing the interview, Mark wanted to highlight the quality of the leadership at Covenant to contrast it with that of his former church. In summary, the elders at Covenant were "biblically qualified" and "vetted by a heavy process." These leaders led "by example" with a "strong modeling approach." In addition, they were authentic and "very real [and] approachable, passion[ate] in worship and bold in evangelism." And finally, these leaders focused on prayer. Mark said in an admiring tone: "You hear them pray and like as if God actually hears them." With this portrayal of church leadership by Mark, we ended the interview.

## Synopsis of Interview with Second Participant: Matthew Ly

The second participant I interviewed in this case was Matthew Ly, a twenty-plus-year-old recent graduate with an undergraduate degree in sociology working at a government agency in a midsize city in eastern Canada. Matthew attended an independent Chinese immigrant church with his father (his mother was a Buddhist) while growing up in the city but left when he was in second/third year of university. He had been attending Zion Fellowship, an independent evangelical church in the downtown area, since May 2013. Matthew came to my attention as the result of a snowball process of soliciting participants from gatekeepers of local Chinese churches. I interviewed him at a local hotel after his office hours.

The first question we explored was the reason he left his parents' church in favor of Zion Fellowship. Matthew identified three triggers for his exit. The first one was attributed to a sense of stagnation and a loss of connectedness he experienced at his parents' church. While attending university, he began to feel disconnected in the "adult group" and experienced the loss of the close-knit relationships he once was accustomed to from his youth. This, in turn, led to a strong sentiment of being "confused," feeling the "frustration," "anger," and "restlessness." Matthew traced the root cause of the disruptive orientation to an experience of stagnation. He explained that it "was this spiritual stagnation that . . . [prevented the local-born generation from] not necessarily growing numerically but even just as a community."

Matthew went on to identify the second reason for his departure: bureaucratic leadership at the local church and lack of support for the local-born ministry. He argued that over the years, the church was run "with the [bureaucratic] business model" that regarded the religious community as a secular organization. Decision-making under this model tended to take a long time due to the complex composition of the congregants. Matthew was appalled by the impact of this foot-dragging mentality of the leadership: "I saw that sometimes, when there's opportunity to take action, whether it would be to initiate a bible study, to hold a community potluck, to do this or that or to have prayer meeting or whatever, sometimes there's quite a bit of delay."

He lamented that "the church [has become an] organization . . . [and the] church just becomes one big bureaucracy, and nothing gets done."

The leadership behavior of indecisiveness revealed a deeper issue regarding who held the power to make decisions and how authority was exercised. The church was established more than twenty years before the interview by the Cantonese-speaking immigrants from Hong Kong. Because of the first-comer privilege, these Cantonese-speaking leaders, according to Matthew, "have the most power in the church . . . [Consequently] they are the people who have the last say." This power dynamic was illustrated in an example of allocation of church facilities for worship. Matthew was upset that no attention was paid to the growing need of the English congregation for a bigger facility. He commented: "I started to see like, why can't we switch it [the venue for service] up [to the sanctuary] because the English congregation is growing numerically? It's like we could use some more room." When the call to capitalize on the growth trend by expanding the facility was ignored, Matthew was frustrated and complained: "There was always like a bureaucracy that nothing happened . . . Or they just bounced us out."

The final factor Matthew identified for his departure came from an encounter with Islamic teachings. While in university and experiencing "stagnation" and a sense of being "lost" at church, Matthew was intrigued by other "Abrahamic religions," particularly Islam in terms of "the arguments that they presented against Christian theology." His faith in God was further shaken by news on "any level of persecution or suffering" around the globe. Matthew admitted that this collective experience "makes me doubt" the authenticity of the Christian faith. The episode of wrestling with his doubt motivated him to seek out a place of worship where he hoped to satisfy his yearnings not only for connection but also for a deeper understanding of his faith.

Turning our discussion to ethnicity and how it was related to his former church, Matthew spoke about two opposing sentiments. The first was about how the local-born viewed the ethnic identity of the immigrant church. Central to their sentiment was the term "Chinese" in the moniker of the church. Although the local-born generation recognized that the church was "started in [this city] . . . by a group of immigrants [who] had trouble with English [and] . . . there's a linguistic need to communicate with them so you need to speak Chinese . . . [So it was named] the Chinese Diaspora Church of [the city]." For the English-speaking second-generation, however, "the Chinese part in the name almost was kind of a barrier" for two reasons. First, the term "Chinese" conjured up the image that the church continued to conduct its business in "the Chinese way of doing things," which was not in line with the local-born who grew up with the "Canadian way of doing things." More importantly, the term "Chinese" implied that the church had drawn a boundary that would welcome only ethnic Chinese. Matthew reasoned, "Having the [term] Chinese there, it kind of makes [the church] as an exclusionary community" and as such, it would make newcomers feel "uncomfortable" no matter whether they were "Chinese friends [and] second-generation" or non-Chinese friends. The second sentiment was the one advocated by the immigrants who valued ethnic traditions at times above the faith values. Matthew cited the "lion dancing [or dragon dancing]," a traditional ceremony to celebrate the arrival of the Lunar New Year, as an example of how mindless the immigrant generation was in carrying out these activities without thinking through the faith implications, given that the image of the dragon could be conceived to be the antichrist portrayed in the Bible.

As Matthew and I moved on to discuss his motivation for choosing Zion Fellowship as his new church home, Matthew highlighted three factors. The first was about his personal view of cultural and faith identity. He was clear about how he saw himself: as a "Canadian" but at the same time one who was not "ashamed that I am Chinese at all." And he welcomed the label "Canadian Chinese." But because he favored the Canadian values of multiculturalism, Matthew felt it necessary to worship at a church with a diversity of ethnic and socioeconomic backgrounds, and Zion Fellowship met all the criteria. Matthew described the congregants at Zion:

> They are mostly White but still multiethnic. Filipinos, not Blacks but actually Africans . . . They're studying in Canada. There are people from different educational backgrounds; there are people that work in government; there are homeless people. Where they're coming from takes more precedence than their ethnicity.

Matthew said that he was also motivated "one hundred percent" by the persuasion that the church should reflect the community it was situated in. He reasoned that "because of the country that I've grown up in, of the province, and of the city that I've grown up in . . . it's important [to reflect] the demographics." That said, this desire did not overtake the value of being a "Christian" since "being Canadian and Chinese only pertains to this life being, and Canadian Chinese as an identity does not come close to giving me any fulfillment in my life."

Matthew then articulated the second factor for embracing this church: "the enormous sense of community at Zion." With the word *community*, Matthew referred to people of his own cohort regarding background and age. He went on to state: "So number one, almost as much as I hate to admit it to myself . . . age and life experience, they're together and so they matter." For that reason, Matthew felt strongly that he truly "belonged," as he spent "time with them a lot."

The last factor Matthew identified was the pastor's teaching at Zion. Unlike the monolithic technique deployed at immigrant churches of "portraying one interpretation of a chapter, verse or whatever," the head pastor at Zion always provided "an overarching focus" on the Bible and took time to expound the text "verse by verse and chapter by chapter . . . from Genesis." Contemporary issues such as creationism versus evolution were clearly addressed, with different views being presented and analyzed and an appropriate stance highlighted at the end.

When the interview turned to a discussion of how he viewed Chinese cultural values, Matthew admitted that he would "pick and choose" them based on whether they "align with Christian practice . . . within biblical bounds." He affirmed the values of "family" and "respecting elders" because the "Bible exhibits relationship with God is like family." However, honoring elders did not mean a Chinese Christian should go as far as to endorse the "Confucian [teaching of] filial piety" or the traditional hierarchical social order of favoring "man over woman; father over son" or being obsequious to the elders to the extent that "if someone older is wrong, you don't dare even correct them on that."

Finally, we discussed how often leaders at his parents' church engaged in discussions about traditions, culture, customs, and Chinese identity with Matthew and his peers. He gave a succinct answer: "There was none." Yet it appeared that the leaders spoke louder with their actions than with words. Matthew went on to characterize a chasm between the first-generation and the local-born with the metaphor of a building. The Chinese congregation and their leaders worshiped in the main sanctuary of the church whereas the English-speaking group congregated in the basement. These two groups seldom interacted with one another, and as a result, Matthew referred to the Chinese leaders as being "upstairs" whereas he and his peers "grew up in the basement." The divide certainly reflected the physical partition of the building; but more significantly, it revealed the great separation of two completely different worldviews and cultures at the church. "Upstairs" or "the upper generation" was the "Chinese-speaking" congregants who sang "hymns" with a "middle-age choir." The "stories" they told were traditional, and "upstairs" represented the center of the powers. "Basement," on the other hand, referred to the "English congregation that I grew up in," said Matthew, where "the worship style is different." He further explained: "English congregation is drums, guitars, [and worship] in English." But more importantly, "basement" belonged to a world that was oblivious to most of what was going on in the other congregations and unaware of "the clashes between the English pastor and the Chinese pastor." In closing I asked Matthew if he ever felt being treated as less important and even as a second-class member at his parents' church. Matthew was quick to respond: "Well I guess just, where I am right now, just give that away. I'm not even conscious of it but I did feel [that way]." I thanked him for the interview as he left the hotel.

## Synopsis of Interview with Third Participant: Paul Ling

The third participant I interviewed for this case was Paul Ling, a twenty-plus-year-old with an undergraduate degree in social work who was working at a government agency in a midsize city in eastern Canada. Paul attended an independent Chinese immigrant church with his parents when he was growing up in the city but he left the church in 2011. After having attended a "nondenominational generic White church" for a year and a half, Paul went to St. Jude, a downtown Caucasian mainline Anglican Church, a "high church" with an evangelical pastor and some Blacks and Portuguese in the congregation. Paul was referred to me by his former youth pastor and I interviewed him at a hotel.

I began by asking Paul what motivated him to leave his parents' church and transition to his current venue of worship. Paul came up with a set of push and pull factors. The main push factor was related to the shift in his theological thinking toward mainline Anglicanism. While attending university, Paul began to be drawn to studying "the Patristic era" and "the liturgical traditions" of the early church fathers . . . [in terms of] their theology and practices." This interest then led him to an appreciation of a "higher view of sacraments and . . . Episcopalian ecclesiology," one in which the church was structured with leadership by bishops, hierarchical governance, and emphasis on obedience to ecclesiastical authority. He explained that there were three "churches" or traditions that fitted into the framework of the Episcopalian ecclesiology: Roman Catholicism, the Orthodox Church, and the Anglican Church. Paul rejected Roman Catholicism for the reason that "there are too many doctrines that are medieval innovations." The Orthodox Church was eliminated because "it's too far removed from the Western culture, as well as it was too ethnically based." Paul further explained that the contemporary Orthodox Church always expressed itself through an association with a race or an ethnicity: "Like you always had the Russian Orthodox, the Greek Orthodox, [and] the Bulgarian Orthodox." The Anglican tradition, however, appeared to have met all of Paul's criteria because "the church is evangelical, and it's preaching in a faith that's catholic in its doctrine and still orthodox in its faith." Therefore, the Anglican Church became "the best option" because of its theology and absence of specific ethnic association. The idea of distancing himself from any specific ethnic association reflected another dimension of Paul's thinking about the church: The church must be contextualized to reflect the demographics of the community. Paul reasoned, "Whatever the society is, the church should be representative of that [demographic and culture]." Consequently, since the city Paul lived in was "predominantly White," the church he attended would also "be predominantly White." I then asked Paul why he did not join the Chinese Anglican Church in the city, since one existed in the city. He explained:

> One of my disgruntle[d] things is that I can't go to a church that [is entirely ethnic]. Say it is a Russian church, [or] . . . a Chinese church, [or a] . . . Korean church, because the gospel supersedes ethnicity . . . What I wanted to avoid [was] churches that were specifically ethnic. Because if I wanted to bring someone [who] is White or Black to a Chinese Anglican Church, I don't think they would feel 100 percent comfortable.

Paul found the solution to both his theological and his ethnic conundrums at St. Jude, an Anglican Church that conducted its worship in a communicable, "meaningful [and] vernacular" language, English, and at the same time celebrated the congregants' diversity, recognizing such things as "Black history month" without favoring one specific ethnicity.

The nub of the push factor for Paul's "leaving [the] Chinese church and seeking something different" corresponded with the church's ethnocentricity. First, Paul argued that the older immigrant generation often carried "a judgmental attitude toward people who are outsiders." The mindset of exclusivity ran against Paul's own ideal of ecclesiology. In his mind, "a true church, a true congregation needs to be able to [allow] the young person that just came off the street . . . to be able to talk with an elderly person." Conversely, his observation of the immigrant generation suggested that they adopted a practice of "compartmentalization" in the church in which "the old people sit on this side, the young people sit on that side, and the middle–aged sit here and they don't ever mingle." Second, Paul repeated the opinion that the church had to reflect the dominant culture of the neighborhood where it was located in. He recalled how his growing-up experience mirrored the Canadian view of a cultural "mosaic": "I grew up with White people . . . with Blacks . . . with people from other ethnicities or other cultures." He admitted that he "wasn't very Chinese growing up" because his friends were predominantly "White people." This reality of cultural diversity, however, was a stark contrast to his church experience because "when [he] went to church, it would always just . . . there are these Chinese persons . . . Not even Koreans or [Asians], [but] it was just Chinese." Paul concluded that the problem with "being in that kind of culture is that [it] wasn't fully satisfying." Thus, ethnic exclusiveness furnished the push factor that motivated Paul to leave his parents' church.

When discussing how ethnicity was expressed at his parents' church, Paul expressed frustration that even though the church was a Christian institution, his parents' generation collectively advocated for the Chinese values of career success and performance-oriented academic pursuit over faith values. Paul recalled, "Growing up in a Chinese [church], even though it's Christian, there is still always a pressure to want to go [into] engineering, law, business, science, medicine, even from a Christian standpoint." He narrated his experience vividly:

> [Many] uncles and aunties, they [said to] their sons . . . "No Bible study, you have to stay at home to study because I want you to get into a top university, because you're going to be a doctor or you're going to be a lawyer, you're going to make a lot of money."

Paul further attributed the parental desire for success to the Asian ethics of placing a biased importance of "hardworking" and suggested that the definition of success was driven by "social standards as well as monetary standards." It was these types of Asian values that were being transmitted generationally at the immigrant church. Paul postulated, "And clearly, if you [the parents] keep pushing your kids toward success, [it] is because you want success as well." Paul cited two examples to prove his point. The first one referred to how a local-born who chose to get into "industrial design" but was not "in business" or "in science" majors was chided by his father for not being able to obtain "successful big-money, big-status jobs [down the road]." The second example was about a young adult who wanted to go to Bible college but whose parents "weren't very happy with her choice." In telling these two stories, Paul exclaimed that "it really got me pissed off when parents would push academics over the gospel." Paul went so far as to accuse the first-generation parents of being hypocritical:

> They would come and they would worship God, sing songs and say: "We give God everything." [But] you're lying, you clearly put academics over God, you get angry at your son because he wants to be a pastor. But then you have another son and he wants to go to law school and you praise him. You should be praising your [other] son because he wants to be a pastor.

Clearly, to Paul, the practice of overemphasizing cultural values in pursuit of academic excellence at the expense of seeking spiritual growth was intrinsically not aligned with Christian values: "It's very much academics and not so much of a pursuit of living a life of holiness or life of submitting to God's law or Christ's commandments."

The conflict between cultural values and Christian teachings did spill over from the arena of family to the church practices. Paul explained that the immigrant church structure could be characterized as having "three churches in one," consisting of "Cantonese, Mandarin, [and] English-speaking" congregations, and the structure led inevitably to "cultural clashes." The first trigger for conflicts among the groups lay in the collective inability to communicate effectively because of the language barrier. Paul expressed his frustration this way:

> I can't speak Mandarin . . . but yet I'm in a church building with Mandarin [speaking] people. And [they] could barely speak English . . . I couldn't communicate with them and yet we worship God in the same building. I just saw so much chaos and . . . I didn't see this church growing in terms of making disciples out of everyone.

In addition, from Paul's perspective, the immigrant church's lack of commitment to "making disciples of all nations and bringing people in the community – from the local community or from [the city to]the church" had put the "English congregation . . . on life support."

Different approaches to ministry with contrasting focuses also underlay the clashes between the congregations and their pastors. The immigrant church conducted services with "different messages; one in Mandarin, one in Cantonese, one in English. Trying to reconcile all the congregations in different places and their walk with Christ or culturally" had proven to be futile. Paul cited an example of cultural and generational conflict to make his point. On one occasion, the English pastor preached "a message on giving money and sacrificing [to Christ]" to the local-born children of the Mandarin-speaking parents. However, the parents got "angry at the English pastor ([and said], 'Why are you telling my kids these things?'" even though the English minister maintained that "I'm [just] trying to preach the gospel. And I'm going to teach the Bible." Paul deduced that these kinds of clashes created a "disharmony in the church" and they collectively left "a bad taste in his mouth" about the immigrant church. What exacerbated the situation was that the immigrants were not "necessarily critical of their culture first." Paul cited the example of having a dragon dance at church to celebrate the Chinese New Year with no one critically assessing what the dragon represented biblically. The immigrant generation would "compartmentalize" their identity and pursue Chinese cultural practice in "its fullness" without doing any cross-referencing with their Christian identity. More importantly, it appeared to Paul that when there was a conflict between faith and culture, Chinese cultural values were always placed above Christian teaching. Paul attested: "The Chinese side [of tradition or culture] supersedes because that's what they [i.e. the immigrants] have been taught when they're raised." This type of cultural practice extended to how leaders exercised power and authority in the decision-making process. Paul recalled a few instances in which there was tremendous "resistance to change" on the part of the leadership when opportunities arose for becoming more "relaxed [and] more open in terms of a free flowing [style of interaction and decision-making]." This sense of not wanting to rock the boat might have come from the Chinese tradition of being "reserved," but it could also mean that the leadership was merely exercising "control," knowing change might bring unknown consequences.

When it came to the assimilation process, Paul favored the American model of a melting pot over the Canadian model of multiculturalism. He argued that the "melting pot" represented a "uniting factor" that tied everyone together. To Paul, the uniting factor was twofold: "English" language and "Western values." Paul suggested that although citizens "can keep [their own] cultural values," each person "needs to be able to carry those two things." Without the "unified agent [or] unifying characteristics," Paul contended, the situation is "just going to be chaos, especially when you're talking about a [Canadian] society of thirty million people. From a government [standpoint] trying to create institutions . . . [to meet the needs of such diversity], it's just chaos." Paul went on to identify the following as Western values: "choice" or "freedom to choose," "individualism," and "nuclear family."

The interview then moved to a discussion of Paul's ethnic and faith identity. First, Paul was adamant that "I'm a Canadian first." However, when he pondered his ethnic roots, Paul acknowledged a hybrid identity of being both Canadian and Chinese: "I would say if you're going to say Chinese Canadian or Canadian Chinese, I would say I am a Canadian first . . . and then Chinese. They're not mutually exclusive, they do intersect."

At the same time, Paul was very insistent upon the supremacy of his faith identity: "I would say first and foremost I'm a Christian . . . whenever I do something, it has to be Christian . . . period." He further expressed the view that in a secular and liberal society such as Canada, it was his faith identity that helped him navigate a pathway out of different popular societal norms and lax moral behavior such as drunkenness.

When it came to the transition experience, I asked Paul whether the leadership of his parents' church ever engaged in helping him through the process. His answer was curt: "There was not like a pastor or a leader who tried to transition me out of the church." That said, Paul admitted that the pastoral staff did spend time talking with him to figure out "why [he's] leaving." In particular, Paul spoke fondly of his youth pastor in empowering him to leave. Paul recalled:

> [The youth pastor did] see how much I was growing in God. And although there was a conflict [in] wanting me to come back, he saw that I was loving God in being in a different community. So, he kind of let me [go]. He wanted my relationship with God first over coming back to our church.

This exit experience was in stark contrast to the welcome he experienced when coming to the Anglican Church. Paul detailed his experience this way:

> The rector was very good at introducing me into the church and bringing me in. How I found the church was . . . I just Googled up "evangelical," "Anglican," and "church" in [the city], and found them, called the receptionist; they sent me [to] the pastor, pastor met with me like within the same week.

According to Paul, the church leadership continued to "put in effort to try" to integrate him into this newfound faith community. Paul continued:

> [And] there were a lot of young adults that invited me to come to the young adults group . . . And then an associate priest who runs the youth ministry . . . also invited me, like "Hey, if you want to like volunteer and help with our youth ministry, you're welcome to [join us]."

As we completed the interview, I thanked Paul for his participation.

## Synopsis of Interview with Fourth Participant: Luke Lau

The fourth and last participant I interviewed for this case was Luke Lau, a twenty-to-thirty-year-old married father of a six-month-old son and a part owner of a software business with Caucasian partners. Luke was referred to me through a network of gatekeepers in the Prairie provinces of Canada. Having grown up in the city in which he was born, and attended a Chinese evangelical church with his parents, Luke left the immigrant church with his wife two and a half years before the interview. Without sampling other options, they came to attend the Rock, "the biggest . . . mainstream Canadian . . . church" in the city. And they decided to stay and settle in because the church "hit all the points that [they] felt [they] were missing."

I interviewed Luke over Skype and first asked him why he and his wife left his parents' church. Luke's reply was succinct: "We just weren't feeling like we were being fed." Luke expanded further on this point: "We personally weren't being fed [either] through the pulpit ministry or through small groups and . . . if we're just staying there because of our social group [then] that's not good sufficient reason, so we decided that we had to make a change."

As for the root cause of why he was not being fed, Luke traced the answer back to the departure of the former senior pastor that occurred more than a decade before. This event had become the fault line for several moving forces that motivated Luke to eventually exit the church. Without a senior pastor at the rudder, Luke observed, the guidance of the church fell into the hands of the elders. As a result, the church was confronted with many challenges. First, "without [top] leadership, everything was kind of in sustenance mode [and] everyone tried to maintain the status quo," Luke lamented. Second, the "not rocking the boat" mentality led to stagnation and consequently "there was a lack of spirituality of developing [the younger] generation." Third, without a top shepherd "to steer the flock," Luke felt that "there was a void of direction . . . a lack of vision" and that people were "unable to move forward." The concept of vision and its corresponding idea of the mission of the church reemerged several times throughout our conversation. Finally, the absence of a lead voice to inspire a vision gave way to "politics" in dealing with ministries at this three-congregational church. Luke recalled:

> Being a three-congregational church, it's tough to make decisions and to move forward, and so a lot of the times, you go to general meetings . . . and you get bogged down in a lot of politics . . . in terms of where the church is going and there's a lot of decisions that need to be made.

By "politics," Luke meant specifically the conflicts related to how decision-making was clogged up at the church. He cited the need to deal with the lack of facility capacity as a prime example. Erected by the immigrant generation many years ago, the church building was "older" and in need of renovation "for years." Facing the options of "whether to renovate the existing building [or to] move to a new building," the church experienced "politics" in three dimensions. First, there was a lack of willingness to make a decision. Luke remarked:

> They always were continually going in cycles [of] two, three years. A new project (proposal) was defeated for whatever reason and then somebody else came up with [a] new idea. So it just felt the church didn't move [forward] because it didn't have [a vision] of where it was going.

Yet underneath the senseless delay lay a second challenge: the first-generation's unwillingness to fund the project. Luke pointed out that while his parents' generation "took a lot of risk" in faith and established the church in their "college" years decades before, they were now approaching "retirement age." As such, these leaders did not want to be burdened with debts again and thus failed to see the value of investing financially in a facility project in support of the younger generation. Luke explained:

> The younger generation, which is predominantly the English congregation, will say: "We want a future in this church. We

need a new building, or at least renovate this one." This one was an older [building] . . . and the roof was leaking [but] they're trying to stall. They've been trying to stall that project for a long time. I think it's the mismatch in vision really. The Chinese are in a more of a sustaining mode . . . whereas [the] younger English congregation is [in] more of a growth stage. But [they] aren't able to see eye to eye.

Finally, Luke observed that there were opposing cliques in the church whose members carried a "lot of baggage" in having a vendetta against one another. He commented:

There definitely was baggage. There were people [who kept] fighting against each other for the sake of fighting. So, say a group had their project defeated in the past, then another group had a project going, and so for the sake of defeating the project, [the first group] would just try to be obstacles at every turn.

The political wrangling became so severe that at one meeting to determine whether to move forward with a fresh proposal for building renovation, Luke decided to leave the church. The new project proposal, for Luke and his peers, was supposed to represent a centripetal force that would pull the congregations together. He explained:

We're all looking for a vision . . . that will unite us as a church because with three congregations, it's still hard to find a common purpose. And we were looking for building projects, the kind that finally decided "This is where we're going to go. We're going to do this together as a church to unite the congregations," and so there was the one last building project that [the] younger guys were really excited about.

But "one group which in the past was hurt" was there to cause "disruptions . . . for the sake of disruption." They insisted on changing the rules of the decision-making process, and as a result the motion was defeated based on a technicality. Luke explained how this event became the reason for him to leave:

I guess that was the tipping point. I decided that there is too much baggage here and I just want to start fresh . . . I didn't want to wait another cycle . . . I didn't want to be wrapped up in this politics and be brought down with it. And for me, I thought it was just a fresh start.

As we moved to a discussion of Rock, Luke offered the following salient points of its attraction: "The preaching there is excellent. But it's the purpose and the vision of the church and how everything ties into it . . . The church basically has one mandate: to spread the gospel . . . regardless of ethnicity . . . And everything is done with [that] purpose."

In commenting on the key differences between Rock and the immigrant church, Luke first cited the example of how finances were being managed. He explained that contrary to "the [conservative] Chinese culture [in which] finance is always a big issue . . . [and the ethnic church would) scrutinize every single purchase," Rock operated with a "different culture [and] spent [money] purposely." Thus, the Chinese church wanted to "meet the budget" and it was "always about the numbers," whereas the Caucasian church treated finance with a purposeful "forward looking" perspective and planned it "by faith."

Luke further noted that he was able to "interact with other cultures" at Rock and socialized with a diversity of people who were "Caucasian . . . Mexican . . . South American and Malaysian." I then asked him how he saw himself in terms of identity, Luke replied at first: "I am Chinese." However, since he was born in Canada, he was "every bit a Canadian." Luke went on to say that while he was not that attached to the Chinese culture, he acknowledged that his values came "from [a] Chinese background" because he was at the same time "raised as Chinese." With that in mind, he reasoned that he would judiciously instill in his son what he believed to be the appropriate Chinese values such as "honoring your parents and grandparents . . . having good decorum and decency." Yet Luke recognized that his efforts would be tempered by the limitation of his Chinese language skill and the degree to which these values were inculcated in him. He commented: "I only know so much Chinese; I know that he will only have as much as I have and less, maybe 50 percent of what I have."

Reflecting on his socialization process, Luke admitted that growing up in the city he was born in, he was "much more comfortable to be with the people that are similar looking, and so that's why we always go to the Chinese church, and knowing that we're there because we're comfortable with our [ethnic] friends." On the other hand, Luke recalled that he didn't get along "well with the Canadian classmates because of the values that didn't go with them." His cohort of Canadian-born Chinese (CBC) shared the same Asian values that were "instilled" in them as "expectation . . . from the young age and on" by their parents. Luke expanded on what those values were: "To save money, to buy [a] house or a car, to have children, to save up for the future . . . and a lot of our friends were professionals and such . . . Get into [university], finish it with a PhD, get a job, get married."

I then asked him if his parents ever explained to him why these values were important. Surprisingly, Luke was able to articulate it well:

> I understand why they're important. Coming [from the] Chinese culture where there's a lot more competition, from a poor background with not much education, I see why those things were stressed. Get to the top; get educated. Because that's the way they earned [money] and that's how you will support a family. That's how you'll support your parents when they're older. [Because] in Asian societies there isn't much social assistance and your family is your social assistance.

On the contrary, it was different in Canada, Luke reasoned: "Raised in a community culture, the parents are better educated [here], and there's more social assistance . . . [but they] weren't there before like my grandparents. And there's a lot more opportunities here because there's a lot less competition."

As for his view on multiculturalism, Luke indicated that he favored "more of the American view of the melting pot than the Canadian view." Luke felt strongly that when you emigrated to another country "on your own will, it's somewhat of a responsibility to adopt their culture" through "a process of convergence." Therefore, in the United States, "people embrace the American culture [and identify with] the American first and then Chinese and African or whatever [second]. It's more of assimilation." Luke's concept of assimilation was not so much about advocating an American approach of conformity to the dominant White culture as converging with what was recognized to be the mainstream culture against the backdrop of immigrants preserving their own ethnic culture. So, for him, the mainstream Canadian culture was indeed the multicultural mosaic that prevailed in the country. It was through this lens of assimilation through convergence that he came to characterize

Rock's history. Starting as a small Germanic congregation, the church grew to welcome "all kinds of people there, but they are converging toward Canadian culture." Luke observed that the church embraced multiculturalism by hosting ethnic celebrations, such as Mexican and Spanish festivals. In addition, a young Indian pastor was given free rein to preach for two months at Rock even though he was from India and spoke with a "thick accent." With this in mind, I asked whether Chinese culture or traditions were celebrated or discussed at his parents' church. Luke answered in a concise statement: "Not that much." The reason was that for a long while, the English congregational pastor at the immigrant church was a Caucasian. This exchange instigated a conversation about why Chinese churches would retain Caucasian pastors, and Luke wondered aloud, "how the Caucasian pastors fit in to [Chinese church purpose of serving ethnic Chinese]? Because they're not really holding those Chinese values that we're all together for." However, in the same breath, Luke refuted the practice of having a Cantonese pastor preaching in English as a substitute because he reasoned that the local-born's " thought process occurs in English, and so when I'm in an English environment, reason [in] English, and I personally think in English, I can connect better to someone whose thought process is English." For the Cantonese pastors, on the other hand, "the thought process occurs in Cantonese and then it's translated," which was not desirable because of differences in cultural paradigms. This discussion then brought us to Luke's final thought, which was related to "the purpose of a trilingual church." While he recognized the value of having an ethnic Chinese church to "minister to Chinese-speaking individuals," especially those who "don't speak much English" like his in-laws, Luke strongly questioned the validity of the existence of the English congregation at the immigrant church. Conceding that it might have existed for the purpose of "the children of the Chinese people," Luke observed that the separation of these congregations "was creating cultural divides between generations from parents to children." But if the purpose of the English congregation was just to serve in support of "a certain ethnic group which is being the Canadian-born Chinese [CBC] group, then it is fine because there are cultural similarities [among] CBCs . . . [and there are] individuals not fully Canadian." If that was the purpose, Luke argued, the church should not retain Caucasian pastors because they could not "harness . . . the specialness of that congregation and the cultural difference" through "preaching . . . everything as Caucasian." Luke suggested that having Caucasian ministers preach and pastor at a Chinese church would hasten the departure of the local-born because they would say to themselves: "I can go find a church that can do it better" than this Caucasian pastor. Luke drew an analogy to make his point:

> Like [buying] apples in the Wal-Mart and the convenience store, right? If I have to travel to the convenience store [to] get it ... so the specialness of a convenience store is that it's located close to you, right? [But] if I have to get in my car and travel to the convenience store, why not I just go to Wal-Mart where the prices are cheaper anyways, right?

With that analogy, I thanked him for his participation and ended the interview.

## Themes for Case Four

In analyzing the data collected, I detected the following emerging themes.

### *Theme #1: Yearning for Meaningful Religious Teachings*

In analyzing the emerging reasons for the participants' departures, I noticed that all participants in this case attributed their departure to a high degree of dissatisfaction with the teachings at the immigrant church. This was evident in the disapproval of Luke and Matthew regarding the "peer-teaching" arrangement; and Mark's reaction to the imposition of the Adventists' "28 Fundamental Beliefs." The dearth of meaningful teachings fueled these participants' desire to take a deeper dive into the reservoirs of historical and contemporary Christian teachings to satisfy their quest. Three of the participants, Paul, Matthew, and Mark, spoke of their separate journeys of seeking a theology that would meet their desire to find an intersection between their ethnicity and their faith. For Paul, that need was met through Episcopalian ecclesiology and Anglicanism. In making a decision to convert to Anglicanism, Paul explained that theologically, he wanted "to be a small 'c' catholic but not Roman Catholic, but still having a strong expression of an evangelical expression of the faith." Anglicanism as an expression of a religious practice known as "high church," for Paul, was the best form of expression of faith in that critical elements such as "the teachings of Jesus [about] living a righteous life" were "something that you practice every single day."

For Matthew, his encounter with Islam forced him to deal with his doubts about Christianity by coming to grips with what he believed to be the core of Christian teachings: the cross. He concluded that "despite Islam being a very moral and good religion, I can say there's no hope in it because . . . it's like meritocracy, like you worked your way to please Allah." The Christian faith, on the other hand, was centered on the concept of grace whereby "Christ died on the cross for us and he died on the cross for our sins . . . [for which] we cannot pay him back." Matthew continued to opine that "the cross is like an aberration in Islamic theology. It's a big no-no, like God can't die and like God can't be in the trinity." Matthew's experience at Zion further validated his desire for orthodox and sound teaching as he found the pastor's expository preaching in edifying the Christian faith in a "holistic" manner a breath of fresh air in comparison to the preaching at the immigrant church.

For Mark, though he did not specifically name the brand of theology that might satisfy his quest for meaningful teachings, he recognized that the teachings he received at his parents' church was "kind of doctrinally just not in line with truly God's words." And this constituted the key reason for his leaving the church. To him, a doctrinally sound faith must be based on "God's word." In fact, the phrase "God's word" was mentioned no less than ten times during our discussion. Phrases such as: "living their lives with God's word"; "understanding God's words"; "the exaltation of God's word"; "thinking about what God's word says"; "spend their time in God's word"; "passion in God's word"; and "proclaiming the authority of God's word" were so central to Mark that they defined his faith: Teachings that were doctrinally sound must be "God's word."

Finally, without talking about how he might have been attracted by a specific type of teaching at the Rock, Luke was quick to point out the key salient feature of the church he was then attending: preaching. He spoke enthusiastically about how his response to the preaching was drastically different from a state of not being fed at his parents' church: "Most people go there because the preaching is excellent . . . what we realized was that over the years that we've been there . . . that the preaching is good."

The experience of all four participants seemed to confirm one of the key hallmarks of evangelicalism as referenced in chapter 2: a high regard for the Bible as the revelation from God and the authority for their faith and morality.

## Theme #2: Identity and Its Influence over the Choice of Congregation

When it came to identity, three of four participants (Mark, Paul, and Matthew) attributed supremacy of their faith identity as a Christian over their cultural and ethnic identity. However, all participants showed a propensity to lean toward the identity of being a Canadian over being a Chinese, though all of them found a hybrid identity of Chinese Canadian or Canadian Chinese acceptable for acknowledging their ethnic roots. Table 9 exhibits how they characterized themselves across the identity spectrum.

Table 9: Ethnic Identity: Case Four Participants

|  | Christian | Canadian | Chinese | Hybrid identity |
|---|---|---|---|---|
| Mark | "Christian should be our number one priority." | "I am Canadian-born." | "Far removed" as a Chinese. | 80% Canadian; 20% Chinese |
| Matthew | "A follower of Christ" since "being Canadian and Chinese only pertains to this life." | "More and more Canadian." | "Neither ashamed that I am Chinese at all." | "Canadian Chinese." "I align more with Canadian values than Chinese values." |
| Paul | "First and foremost I'm a Christian." | "I'm a Canadian first." | "I would say (I am) partly Chinese." | "If you're going to say Chinese Canadian or Canadian Chinese, I would say I am a, I am a Canadian first . . . and then Chinese." |
| Luke | "If I were introducing myself . . . I would say I'm Canadian or Chinese before I was a Christian." | "I'm every bit a Canadian." | "I am Chinese, but I live in Canada." | "I know my values and such are from Chinese background." |

The strength of their identity as a Canadian corresponds to their view of their church of choice from the perspective of ethnicity versus the mainstream culture. Each participant opined strongly that the church he attended must reflect the Canadian community setting where the church was located as opposed to sticking with the ethnic setting of the immigrant church. Table 10 exhibits their views.

Table 10: Congregation Selection: Case Four Participants

|  | **Church of Their Choice** |
|---|---|
| Mark | The church needs to be "reflective of the demographic of their community"; "to reach the community around us"; "let's bring in the community." |
| Matthew | "I don't care for like the nicest building ever or like the worst building ever, as long as we are a community, it's what the church is. So having the Chinese there [in the name of the church], it kind of makes it as an exclusionary community"; "because of the country that I've grown up in, of the province, and of the city that I've grown up in, it's important [for the church to reflect] the demographic"; "So, honestly what drew me – it was like the enormous sense of community at Zion." |
| Paul | "Bringing people in the community – from the local community or from greater area [of the city] into the church"; "wherever the culture is, or whatever the society is, the church should be representative of that society . . . but in this city, it's predominantly White. So your congregation would be predominantly White." |
| Luke | The church "started small [but now] you have all kinds of people there, [and] they are converging toward a Canadian culture"; "the origin of the church used to be a German church . . . but it is [now] mainstream Canadian." |

The ideal of being community-centric was driven by the deep desire to see the church as a reflection of the demographics of the locale. The concept of community, however, could be a fluid one, as in the example of Matthew, who mentioned the term "community" eleven times and it was mostly applied to the immigrant church as a community as opposed to the neighborhood.

What lay underneath the fluidity was the ethnic-centric boundary perceived to be drawn by church leadership as well as the complexity set up to meet the needs of the three co-mingled congregations (i.e. Cantonese, Mandarin, and English-speaking) at the immigrant church, a theme that is discussed in the next section.

## *Theme #3: Distaste for Cultural Divide in a Tri-Congregational Milieu*

As was explained in chapter 2, the Chinese Canadian immigrant churches were founded to meet the needs of Chinese immigrants from mainland China, Hong Kong, Taiwan, South Asia, and other parts of the world over the last several decades. Because of the subethnic nature of these immigrants as well as their diverse language requirements, the congregational setup at these churches were established along the linguistic boundary to facilitate worship and church ministry. The unintended consequence was the creation of an internal divide not only among different subcultures and subethnicities within the immigrant generation but also between the local-born and their parents' cohort. For all the participants, a Christian church's identity and purpose were supposed to be defined by the church's religious teachings and faith values and to be united by a vision and mandate that would create a tie that bound all congregations. Yet the experience of the participants compelled them to conclude that the reality was otherwise. It led Luke, for example, to openly question "the purpose of a trilingual church" when he observed that the separation of these congregations "was creating cultural divides between generations from parents to children." In addition, decision-making was foot-dragging and challenging because of the inherent competing interests of the three congregations. Luke went on to delineate the challenges of the church. First, there was the issue of facility allocation to meet programming demands of three congregations. Then trying to meet the diverse needs of all three congregations put an extra burden on framing a vision that was supposed to tie the congregants together at his former church: Luke had hoped to see the implementation of "a vision . . . that will unite us as a church." However, when Luke discovered that there was "the mismatch in vision" since different generations envisioned different directions for the church, he left the community for good.

In addressing the tri-congregational setting, Paul went one step further to characterize his parents' church as "compartmentalized" in that congregants of different backgrounds and ages worshiped separately and did not mingle. With three separate congregational setups for churchgoers who spoke different languages, "you have three different pastors, preaching different messages." This concept of compartmentalization was exemplified not just in terms of language differences but also in terms of a church-wide bias favoring ethnic exclusivity. Paul explained that older immigrant congregants did not get along with non-Chinese newcomers and "there was little bit of a judgmental attitude toward people who are outsiders." Furthermore, "compartmentalization" was extended to adjudication of values when conflicts between faith and culture arose in the church. Rather than allowing Christian faith to illuminate meanings of cultural practices, the older generation "would try to keep the Chinese side intact and they keep the Christianity side intact [separate from each other]." Paul explained: "It was compartmentalized like we're Chinese, but we're Chinese Christians. And so we're going to do our Chinese thing in its fullness, whereas we're going to do Chinese things or Christian things too. And there wasn't necessarily a mingling." However, to the extent that they did mingle "the Chinese side supersedes because that's what they've been taught when you're raised."

Matthew shared Paul's observation about the immigrant church erecting a boundary based on ethnic values and identity at his former church and noted that it resulted in disconnection: "There's like a disconnect between the different congregations as well." The disconnect was best portrayed by the distinction between where the different cultural groups congregated within the building. The English congregation worshiped in the basement, whereas the Cantonese congregants were in the sanctuary. Drawing from the metaphor of height differences and physical partitioning of a building in terms of "upper" and "basement," Matthew spoke about the cultures being a world apart in terms of diversity of language and style of worship. "Upstairs" was older "Chinese speaking" congregants who sang "hymns" with a "middle-age choir." "Basement" was the "English congregation [who uses] drums, guitars [in worship] . . . [and sing] in English."

But more importantly for Matthew, the compartmentalization of the congregations represented not simply a cultural divide based on language, ethos, ethnicity, and values; it also signified a strong power differential favoring the

Chinese congregants who held power at the church. For Matthew, the "upper generation" were the ones who "have the most power in the church." For those who "grew up in the basement," there appeared to be a prevailing sense of being powerless and not being able to navigate their fate with autonomy.

Finally, for Matthew, the tri-congregational church represented an active agency in maintaining a divide between itself and the nonethnic outside world. This separation was exemplified by the deployment of the word "Chinese" in the name of the immigrant church, an ethnic marker the foreign-born generation were not willing to delete. The term "Chinese" represented "the Chinese way of doing things," which was not in line with culture of the local-born, who grew up being familiar with the "Canadian way of doing things." In addition, the term "Chinese" represented a barrier to welcoming non-Chinese to attend the church. Matthew reasoned: "Having the [term] Chinese there, it makes [the church] as an exclusionary community."

As for Mark, although he did not speak specifically to the tri-congregational setup at SDA, he did express that one strong reason for his departure from the SDA church was that he was "not really feeling that you're part of the community." Unlike the other participants in this case, the alienation Mark reported feeling was due not so much to ethnicity as to a religious factor: the "dispassionate" worship style of the first-generation. In turn, Mark attributed this lack of exuberance to SDA teachings that were too focused on a religious lifestyle centered on "the sense of legalistic living" as opposed to a life that was centered "in the covenant of grace and liberty and freedom to live in a very non-legalistic way."

### *Theme #4: Dysfunctional Leadership at the Immigrant Church*

The last theme that surfaced from the interviews of participants in this case was directly related to their collective indictment of the immigrant-generation for incompetent leadership. To the participants, immigrant church leadership was deeply mired in confrontation, obfuscation, and dysfunction. For example, Mark offered the criticism that at the SDA church, leaders were elected not on the basis of "biblical" criteria or spiritual quality but rather because of their "material wealth, social status, and achievement in society." He recalled that leaders were "the old rich guys in Chinese churches . . . the rich business owner, CEO guy . . . [those were the ones who) were on the board." Matthew, on the other hand, was irked by "the bureaucratic business model that [had turned the] church [into an] organization [and the] church just becomes one big bureaucracy, and nothing gets done." In such a model, leaders appeared to be dragging their feet when it came time to make decisions or to appoint mentors or facilitators to lead the adult group, Matthew complained, "It will take months before you can get a reply." It was this "lack of organization[al] [effectiveness]" that drove him away. The indecisive leadership behavior revealed a deeper leadership issue at his former church that had to do with who held the power and authority to make decisions. Matthew argued that since the power was concentrated among the Cantonese-speaking immigrant church founders, it often led to "clashes in the leadership" with other cohorts at the church and subsequently created "a disconnect between the different congregations." In such an environment, the second-generation cohort had very little say in the affairs of the church. Matthew felt that the Chinese leaders "bounced us out ," for instance, when the second-generation requested a larger facility to accommodate the growth of the English ministry.

From Paul's perspective, his former church's indecisiveness and slowness in making decisions reflected cultural "traditions that were reserved [in nature]." In addition, the church leadership might not have wanted to challenge the status quo because they merely wanted to exercise power and authority to maintain "control," fearing that change could bring unknown consequences.

But for Luke, the senseless delay in decision-making on the renovation project signified a different level of incompetent leadership behavior. It underlined a lack of unifying vision and the absence of a clear mandate at his former church. Without a senior pastor to steer the congregation in a concrete "direction," leadership was hesitant to make critical decisions and wanted "to maintain [the] status quo" or as Luke characterized it, a "sustenance mode." An unintended consequence emerged under this "don't-rock-the-boat" mentality, and it pointed to the rising conflicts among the congregants. Knowing that there was no top leader, and sensing that existing leadership "was unable to move forward," congregants began to exhibit dysfunctional and toxic behavior and "politics" emerged in the church as a whole: schisms, infighting, uninspired quick fixes, and holding back on investing when doing so might benefit the local-born. These types of behavior led to a sense of chaos that eventually gave rise to collateral damages in the spiritual aspect of the ministry: "a lack of spirituality of developing [the younger] generation."

Leadership support for the participants' transition to another church was equally wanting. Although immigrant leaders might have witnessed the trend, there was no foresight in either proactively stemming the tide or providing support for their journey outward. In Mark's scenario, he described the leadership's action as "purely reactionary" and lacking "foresight" and not involving any attempt to understand the "root cause" of his departure. Matthew's assessment of the response of leaders of his former church to his exit was that "they understood it, but they didn't empathize with it!" The only exception was Paul, who had maintained a fruitful relationship with his former youth pastor. Yet that experience was not broadly reflected with the rest of the leadership.

## Summary

In summary, an analysis of data collected via interviews with the participants, visits to church sites, collection of church bulletins and other materials as well as information gathered from the church websites yielded the following four themes: (a) yearning for meaningful religious teaching, (b) identity and its influence over choice of congregation, (c) distaste for cultural divide in a tri-congregational milieu, and (d) dysfunctional leadership at the immigrant church. In the next section, I report on the data collected and their analysis for Triangulation Group One.

# Church Leaders From the Chinese Immigrant Church (Triangulation Group One)

As a part of the data collection strategy, perspectives from the first-generation Chinese immigrant leaders were gathered in order to establish a triangulation of the data collected from the cases this study examined. To that end, two leaders were solicited, and their interview synopsis is documented in the following sections. The synopsis is followed by an analysis of the interviews for triangulation purposes.

## Synopsis of Interview with First Chinese Immigrant Pastor: Silas Wong

Silas Wong was a senior pastor of an evangelical immigrant Chinese church in a major city in Canada, and I came to know him through my ecclesiastical network of friends and pastors. He agreed to be interviewed on a fall day at a local café.

I started the interview by asking whether he had noticed the exit of SGCCE from their parents' congregations and if so, how serious he thought it was. In his twenty years of ministries in a variety of capacities, Silas noticed that a significant leakage did occur in the cohort of SGCCE. He also observed that leadership in the Chinese immigrant church by and large had been aware of the problem and subsequently "some [first-generation] pastors" did "try to do something" with the "intention to stop the leaking." Silas cited two examples to support this observation. First, he noticed that SGCCE are "more sensitive to [issues such as] social concerns." Thus activities such as a "sandwich run . . . [in the] downtown area" by the second-generation were fully supported by the first-generation leaders because they firmly believed that "in order to keep the second-generation in their church they need to do [i.e. support] that." The second example was the local-born's desire to pursue "spiritual formation" practices, an exercise that the first-generation might not fully "understand what it is." Nonetheless, the leaders endorsed this type of pursuit because they believed "it is the right thing to do."

Yet at the same time, Silas observed that many other leaders did "hold back" their support. He cited an example that illustrated the complexity and dynamics of the interrelationship between the first-generation and the local-born cohort, and it had to do with a different conviction regarding what constitutes authentic worship. Growing up in the secular and multicultural milieu in Canada, many local-born were influenced by contemporary music in terms of its style and ethos and desired to worship in a similar manner, favoring using musical instruments such as guitars and drums rather than relying on pianos and organs. In particular, Silas singled out one particular contemporary Christian musical movement led by a ministry called Hillsong that fashioned a new paradigm of worship making use of multimedia channels such as slides and videos. This style of worship tended to be very animated, with a band-like atmosphere and a pop music ambience. Silas explained: "That's why they need to use the Hillsong [music], you know, when you watch all those videos or the worship from Hillsong. The whole congregation or the whole church is worshiping with a more explicit way to express their worship."

Conversely, the older Chinese generation was raised in a completely different tradition that favored hymnody with the piano as the primary instrument.

Rooted in a more conservative ethos, the immigrants preferred worshiping in a more solemn style, one that discouraged displays of visual expression and body movement. Rather than a band-based style favored by SGCCE, the first-generation preferred a choir-based model, which they believed was supposed to lead to a "deeper" ritualistic worship experience. Silas commented: "For the first-generation, they like to see their choir . . . sing the worship songs. They would like to go back to the hymnody, which, to them, has more depth, more in-depth [experience]."

Silas further problematized this flash point as a conflict of theological conviction, asserting that "[the first-generation] theology, their spirituality, all play a part [in contributing to the discord]." Though many churches permitted and even encouraged the second-generation to pursue and adopt a contemporary worship style, some still believed that this style was not "the official worship," implying that it was not genuine or authentic. Thus, these churches canceled the contemporary worship "according to (their) own values." Silas observed: "There are some [who] 'hold back.' I heard that there are some churches, they even cancel the new worship setup several years after they started. They took away the contemporary worship . . . and went back to the traditional worship."

On a deeper level, Silas hypothesized, the rejection of "performance-oriented" worship had its root in the immigrants' desire to stay connected with a spirituality that reflected the culture of the "old home." Given the turmoil immigrants had to face in Canada, there had already been "too many changes for them" in the assimilation process. Yet the religious institution was the arena that could "reproduce traditions and maintain [a] certain pattern of life" for these immigrants.[10] Many of them found solace in maintaining a style or tradition that reflected "their own spirituality," something that they felt comfortable with and that could mimic a "back home" experience. The idea of change fatigue or resistance to change showed up in another context. Silas recalled a conversation with an older "senior" pastor at a Chinese church about his mentality in dealing with the new ecclesiastical context in Canada. According to Silas, the minister stated:

---

10. Breton, 100.

> In my first twenty years in ministry, I built up the team. We have a good team. We don't even need to do much communication, and we've grown up together from our teenage years, and [we] served in our twenties, in thirties, and in forties, and [we] came to Canada, and now we're in our sixties.

Silas added, "The second twenty years in ministry, they have a hard time to work with different people from different denominations, and now they need to work with the second-generation. [There were] too much changes to them."

Another seed of discontent could be postulated from the perspective of values and investment. The contemporary style of music required a new set of equipment to create and sustain a different type of ambience of worship. Thus, demands began to emerge from the local-born for a "better projector, better sound system, and better sermon." Not sharing the same values, the immigrant leaders wanted to "limit the expense[s] on all those material things."

Silas theorized that conflict such as this had contributed to the exodus to happen. He further hypothesized that the second-generation's exit was indeed silent. Silas added: "They leave with respect, saying: "You guys are doing your own thing. That's good for you, but I have my own spiritual desires to go forth." And so, they don't stand up to criticize [but] rather to move on to find another church."

The discussion then turned to an examination of such leadership issues as decision-making and leadership development at the immigrant church. In reflecting on the issue of "who is in charge," Silas offered his perspective: "I think this is one of the problems that the first-generation immigrant Chinese church has struggled [with]," and he traced the root of the problem to a fundamental structural issue. Situated in a bicultural milieu (i.e. Canadian and Chinese) and operating in three different languages (i.e. Cantonese, Mandarin, and English), most of "the [Chinese] churches in North America [have] stem[med] off from the Cantonese congregation as their [founders]." Silas observed that the first-generation "have been the leaders for all these years" and therefore were the *de facto* decision-makers. These leaders "have their own values which have been cultivated in Hong Kong back to thirty, forty years ago . . . [and] their values have [not] been changed much." Consequently, many of these pastors exhibited resistance to adopting new ideas or models of ministry. Silas commented further on the mentality of the first-generation pastors: "They don't see [the need to change]. It's hard for the first-generation to listen to their children's leadership [when they] want to try to follow the Canadian churches. They just don't see the values of those changes." Facing such a reluctance to change on the part of the immigrant leaders and realizing they were not in the position to make further progress, SGCCE chose to back off and "to leave the church rather than change their mother church."

The next leadership issue was related to second-generation leadership development at the immigrant church. Silas contrasted the way this issue was addressed in the Chinese Canadian immigrant church and the way it was handled in the church of Hong Kong, which he believed to be less "conservative" than their counterpart in Canada. Unlike the Hong Kong church, which allowed "more thirty-to-forty-year-old younger generation to pick up the leadership position," the Chinese Canadian immigrant church did not turn over the reins to younger pastors. Silas commented: "In Canada, they do not let the thirty-or-forty-year-olds [local-born] . . . pick up the leadership [position on] the Board." Silas observed that even though this group had "been having certain status from their career or from the society," the local-born of this age group "do not have much to say . . . they would kind of respect and submit to their uncles and aunties, their parents, and their leadership."

When I asked how far in advance he thought the immigrant church leadership in general saw the leakage trend coming, Silas offered his opinion:

> I think they see it but don't recognize it is there. The problem from the first-generation leaders . . . [is that some] see that there will be a problem in advance. I heard some first-generation leaders, they see that eventually, the church will hand [leadership] over to the second-generation, and they would like to train the new leaders. Some of them do, but mostly don't. I would say [the] majority didn't see it or take [any] actions.

Silas further hypothesized that the reactive nature of the Chinese immigrant church leadership might be attributable to the traditional Chinese agricultural background. In such a tradition, farmers, as a metaphor for leaders, "try to keep it safe so that they have the harvest next season. So, the agricultural culture is kind of more reactive . . . than proactive [when] compared with the business culture of [the West]." Thus, to Silas, this reserved and reactive culture was linked to the mentality of resistance or of anticipating the need to support such ideas. Because of this reactive nature, many leaders were resigned to the notion that they were powerless in stemming the tide of the leakage and appeared to feel that the outcome was perhaps inevitable: "I think they . . . kind of accept this," Silas remarked. He further recalled conversations with these leaders: "Some first-generation leaders said that it is like that. Let us accept that. Our Chinese churches have a long way to go to change, okay." Although other leaders did not want to give up the struggle after having nurtured SGCCE for "fifteen or twenty years," Silas observed, they still could not see the root cause of the exodus. He added: "They want to do something about it, but what they need [to] know [is] that they need to change, to [change] their customs and worship style, [and] they need to pay the price [for the change]." To effect any change to address the leakage issue, Silas concluded, these older church leaders would "need to change their paradigm."

The interview then turned to his role as a senior pastor at a Chinese immigrant church. Silas reiterated that when he came to the current church he was serving at the time of the interview, he set a goal that he would develop the English ministry further, because "it is the future of this church." Under his leadership, he started restructuring the church ministry in such a way that it would grant a "high level of autonomy" to each congregation within his church. To that end, Silas talked about assigning authority and creating flexibility for the English elders together with the English ministry team so that they would be fully responsible for developing the direction of the English ministry.

I then asked how, under this new model, the church board viewed the budgeting process in terms of who had the authority to plan, submit, and approve the budget for the English ministry. Silas replied that it was the collective responsibility of the English elders, deacons, and staff of the English congregation to plan and submit the budget, which was then approved by the board. If the budget was put together according to the pre-published guidelines of iteming and accounting for the ministry activities, the board would just "rubber-stamp" it. Silas wanted to be a servant-leader rather than a command-and-control head of the board in facilitating the discussion and mobilization of ministry at this church, even though he carried the title of senior pastor.

When I asked whether there was anything else he wanted to comment on regarding second-generational leakage, Silas offered two more observations. First, he said he believed that the whole notion of "respecting elders" might be a disguise for the second-generation's disdain for the first-generation. Silas spoke about the local-born's mindset in terms of how they "looked down" on the first-generation because the latter offered no "creative ideas" in addressing their needs. As a result, some SGCCE left, without wanting to discuss the discontent with their leadership, resigning to the notion that there was no possibility of achieving an innovative breakthrough. The second observation Silas made concerned the mentality of the SGCCE who left: the mainstay of the parents' congregation. Silas suggested that the local-born felt free to leave because "the mother church would [always] stay." Silas elaborated that this observation extended from the first. The second-generation believed that not only was there no creativity at the immigrant church but also that there would be no acceptable way out at all proffered by the first-generation. Since the immigrant church's existence could continue to be justified by the influx of immigrants and the availability of the church to meet their needs, the only way to break the impasse, as far as the local-born were concerned, was to "leave and search for a better congregational environment." Silas further postulated that "the second-generation had the concept that the immigrant church would not change, could not change, does not want to change and is resistant to change."

Finally, Pastor Silas identified one more motivation for the SGCCE's departure: "They left for content [in teachings]." He cited teaching about sexual orientation as an example. Silas lamented that preaching at an immigrant church on issues of sexuality was not encouraged because the Chinese culture tended to be conservative when it came to discussing this issue, treating it as a taboo. Yet "mainstream Canadian churches have been talking about homosexuality for a long time." Confronted with issues such as sexuality on a day-to-day basis at school, for instance, the younger generation longed for relevant teachings that addressed their curiosity but found it wanting at the Chinese church. In this context, Silas further identified a group of younger-generation Chinese Canadian Christians who would attend services at a Canadian church on Sunday just to listen to the sermon but would continue to fellowship at the ethnic church. He further hypothesized that although the second-generation were drawn by "the content-rich teachings" of the Canadian churches, they still preferred to socialize with their friends at the immigrant church because of the long-lasting relationships they had built up with people at that church. He further opined that this preference was due to the "individualistic mentality of Canadians" as opposed to the mindset of the Chinese, who valued "communities" where relationships had been fostered and maintained.

## Synopsis of Interview with Second Chinese Immigrant Pastor: Adam Wang

Adam Wang was a full-time church minister who had just transitioned from his former church in the city to an evangelical Chinese immigrant church as a senior pastor in a suburb of a major city in Canada. I came to know him through my ecclesiastical network of friends and pastors. He agreed to be interviewed on a winter morning in a quiet corner at a shopping mall.

We started the conversation by talking about his experience in supporting the second-generation Chinese Canadian ministry. Adam first spoke about the attempts he and his church made to learn from the blunders committed by the earlier Chinese immigrant pastors in this regard. The first mistake they tended to make was in the area of exercising power and authority. Mostly raised in the traditional Chinese culture that favored hierarchy and a "centralized power base and structure," these earlier leaders were perceived as being "authoritative" and as such, decision-making authority was only held by the "senior pastor" or the "church board," many of whom didn't "speak English very well" or seldom "attended the English congregation." In such a cultural milieu, SGCCE were often treated as just "children" or "Sunday school students." Adam said that "to rectify the mistake," he started an English-speaking ministry at his former church with one key principle in mind: "Position it as an equal kind of congregation within a church." He insisted on establishing a "partnership between [the] Mandarin and the English, even though the English congregation is much smaller." This leadership posture and practice of partnership created an "atmosphere" that "the English-speaking [congregation] is an equal partner in the gospel [ministry]." Consequently, the second-generation attendees "were really happy, they felt that they're at home. They had that feeling of 'Oh, we are one family.'"

Equal partnership in this case implied a high degree of self-determination for ministry. Adam suggested that a church could set up a separate and independent board to facilitate such autonomy for the English ministry. Alternatively, local-born ministry could continue to be subjected to one overall church board with adequate representation of both Chinese-speaking and English-speaking leaders so as to facilitate better communication and common understanding. Adam pointed out that his church adopted this second model whereas many other churches favored the first. No matter which model was adopted, he asserted, the key was to "give some sense of empowerment" to the English-speaking congregants, enabling them to deploy their own ministry as an "equal partner."

As the interview transitioned into a discussion of the leakage of the second-generation Chinese Canadian Christians from their parents' church, I asked Adam whether he had heard or been aware of the silent exodus phenomenon. Adam answered with bemusement: "In most Chinese churches, we do know that there's a silent exodus or [even] a loud exodus." He further pinpointed three possible causes for the leakage. Chief among them was related to "church conflicts" or "disputes," ecclesiastical squabbles that he characterized as the churches' "inner fights [with] a lot of power struggle: power struggle between the pastors, power struggle between their leaders." Two outcomes typically ensued. First, internecine discord resulted in a blockage of communication among the leaders: "The leadership is fighting each other all the time and it's very difficult for them to sit down and you don't talk to each other – 'Okay, what's the problem here?'" In such an environment, leadership behavior degenerated to such an extent that leaders had become oblivious to other critical issues such as the exodus phenomenon. Because the leaders were preoccupied with in-fighting, Adam argued, they "don't want to face the truth. They don't want to know, like this is the reality that they have to understand and face. They don't sit down enough to talk about these things." Second, regarding the local-born, Adam noted that they valued "authentic relationship, authenticity in their belief and credibility, and want people to treat each other with respect." Yet in an environment that was fraught with conflicts, respect tended to vaporize quickly, if it ever existed in the first place. Adam concluded that "once the respect is gone, it's very difficult to talk about the leadership issues in church because you have lost certain credibility with the congregation." With that in mind, the local-born cohort could easily become frustrated by the rancor and wanted to disassociate themselves from the church. The typical reaction was: "Enough is enough. I think I don't want to be here." Adam observed, "Some did choose to leave. And some choose to leave to go on to other churches, new church. Some choose to leave for good."

The second cause that led to the exodus of SGCCE was the cultural differences between SGCCE and the first-generation believers. For many of the local-born, some areas of the differences had become so irreconcilable that they had no choice but to leave. Adam did elaborate on the cultural difference between the groups later in the interview.

The third cause Adam mentioned was rooted in theological differences between the two generations. He contended that the theology the first-generation immigrant faithful came to subscribe to was more "conservative, traditional, and classical." With that mindset, they did not want to explore "too much" any "new dimensions of faith." Conversely, being raised in a "postmodern" culture, the local-born were "much more open to different ideas." And as far as faith was concerned, they wanted to "explore and experience for themselves [rather than just through instructions]." This attitude reflected a way of attempting to assert knowledge or truth not by way of cerebral comprehension but via experiential attestation. Therefore, the local-born suggested: "We want to make sure that what you told us, you know, what you parents told us is true" by exploring different approaches to authenticate the claim of truth. One example Adam cited was how his English pastor adopted an "open table" theological stance when administering the rite of holy communion by inviting all believers to take part in the sacrament, rather than adhering to the more traditional stance of restricting participation to the baptized faithful. To the first-generation Chinese leaders, the open stance was appalling and they "just pulled their hair out and screamed and [were] really angry." Regarding the second-generation, however, "a lot of them just said, 'What's the big deal?'" Such acrimony over theological differences could in fact cause the exit to occur, as Adam attested: "Theological issue, it can also cause, you know, exodus."

I then asked Adam how proactive the Chinese immigrant church leadership had been in taking action to address these issues. His answer was swift: "Not enough." He further expanded his perspective by suggesting that the best most church leadership could do would be to take token actions such as to "throw in a workshop or two to the leaders and also perhaps to ministry council people and say: 'Okay, let's think about this issue today.'" No real meaningful actions would be taken unless the leadership sensed that crisis was looming that might "rift the church" or "tear it apart." Wrapped in such a reserved and reactive mentality, Adam concluded, "most Chinese churches would kind of like sweep the dust under the carpet and say 'Well, we can wait. We can – it's not that bad.'"

Adam commented further that most Chinese church leaders did not understand the second-generation's aspirations mainly because "they don't communicate. They're probably not willing to put their feet in the shoe of the younger generation." The lack of communication sprang from the fact that the two generations had been "living in a different – very different [cultural] context." Being immigrants to Canada, most of the older leaders were not "schooled" in Western culture. When it came to comprehending the cultural nuances and subtleties of SGCCE, immigrant church leaders simply admitted: "Sometimes, we just don't understand." The situation was further compounded by "a refusal to dialogue" between the two groups. Adam firmly believed that the exercise of dialogue and communication was fundamental to enhancing mutual understanding between the generations. Through this exercise, he commented, both sides could "kind of loosen up a little bit to try to understand each other's position. It's very important."

As for his approach at the new church he had just engaged with, Adam indicated that he was making an attempt to proactively address SGCCE's needs by adding capacity to the pastoral leadership. In so doing, he attempted to change the pastoral philosophy and approach. Adam asserted that very often, Chinese church leaders would merely "hire [an] English-speaking pastor," instructing him/her by saying, "Okay, here, you take care of them [i.e. the English-speaking congregants]," and then concluding that "we have done our duties." To buck the trend, Adam wanted to undertake a holistic "one-church approach" on "how we can approach it differently." His vision was to recruit "bilingual and bicultural leaders who have a little bit of sense of, you know, 'Oh, okay. I may not understand fully but at least you know, I'm willing to try.'" These "dynamic leaders" should be "able to shepherd the Chinese but also, when required, shepherd the English and vice versa."

In closing, Adam cited a personal example that illustrated the subtlety of the different cultural perspectives of the two generations. He first talked about how he as a parent faced a dilemma in relating to his children regarding the things that he did for them. These actions were sometimes perceived by the younger generation as "manipulative." Adam commented further: "You know, from the parents' perspective, we want to shower our children with love, and we try to do everything for their good and for their benefit. That's our thinking." But he observed that this mentality of parental care and oversight had crept into the ministry philosophy of Chinese immigrant churches, where many of the parents took up leadership positions. A vivid example came to his mind when he recalled a decision made by one of the Chinese churches he used to attend before he entered into ministry. The leadership at one point was pondering how best to address the growth of the immigrant population as well as the rising attendance of the SGCCE congregation. A decision was made to erect a new building nearby to facilitate the growth of the immigrant attendance and at the same time, a decision was also made by the leaders to "give the old church building to the English congregation." Yet to their astonishment, the first-generation leaders discovered that "the English-speaking congregation doesn't want that church building." This episode demonstrated the different perspectives of these two groups regarding church ministry. The younger ones approached this decision with much suspicion of a hidden agenda, asking openly: "Oh, so you're building a new building. Okay. And you tell me that there's nothing wrong with the old building?" With this decision, SGCCE believed that they were not being treated as equal partners but were relegated to using a building the first generation did not want. The Chinese-speaking leaders, on the other hand, were appalled with this reaction. To the immigrant leaders, their mindset about the church building was:

> Wow, this is like your ancestral home. You should treasure it you know. You should be grateful for it. Your parents sacrificed so much to build up this church. You know how much this church building cost? . . . And now you can have this house, right? We give it to you as a gift.

Yet the English congregation's response was curt and simple: "Yeah, but this is not what I want." They further explained:

> I'd rather have a basement or a bungalow or something, but you give me a 5,000 square feet monster house. And I don't have money to maintain it. I don't even know how to drill a hole, let alone repair some of the damages. So, what am I going to do with the building?

As he reflected deeper on this example, Adam recognized that the immigrant leaders truly believed that they had the best interests of the younger generation in mind. But their good intention backfired on them: "We are deciding the future of our children to a point that sometimes we think that you know, what we do is for their good but perhaps not."

Adam noticed that this type of situation of missing each other's perspective and therefore misunderstanding each other's intention at the Chinese church very often festered first as a result of something small and then "snowballed" into a "huge rift." But the misunderstanding worked both ways. Adam also noticed that there was a sense of "entitlement" seeping through the mindset of the younger generation. For example, both Chinese and English congregations might have a similar line-item for a particular office supply in their budgets, but the amount on the two budges could be very different. Whereas the Chinese congregation valued frugality and wished to purchase the supply in the cheapest way, SGCCE had a very different idea and argued, "We want the best. We love to have this. We don't want the other one. We don't want the cheaper version." Incidents such as this have often become the flash points for the "potential conflicts and struggles between the two groups."

With this in mind, we ended the interview and I thanked Adam for his participation.

## Triangulation Analysis: Group One

The intention of conducting the triangulation interviews with the first-generation Christian leaders from the Chinese Canadian church was to provide completeness and validation of data gathered through the interviews of the primary participants in all cases. Therefore, the analysis of the triangulation interview aimed not to surface any themes of their own similar to those of the primary participants but rather to examine the salient data and topics from this group that validated, corroborated, or refuted the themes or data of any one of the cases or all cases. The following sections provide synopses of such data and themes.

### *On the Silent Exodus Phenomenon and How the Chinese Canadian Church Has Viewed It*

Both pastors interviewed in this group acknowledged that the silent exodus phenomenon had been palpably observed in the context of the Chinese immigrant church. Silas observed that significant numbers of SGCCE had left their parents' congregation and that some church leaders were aware of the phenomenon on the surface. However, most did not seem to grasp the gravity of the situation and therefore were either unable to respond to it or took no proactive actions to stem the tide. Silas explained: "I think [the first-generation leaders] see it but don't [quite] recognize it is there. The problem [is that some] see that there will be a problem in advance. Some of them do, but mostly don't. I would say [the] majority didn't see it or take actions."

For those immigrant church leaders who recognized the phenomenon, many resigned themselves to the notion that they were powerless in stemming the tide of the leakage and admitted that the outcome was perhaps inevitable. Silas noted, "Some first-generation leaders said that it is like that. Let us accept that. Our Chinese church has a long way to go to change." Yet for those who were not willing to give up the struggle just yet, they could still not see the root causes and therefore were not prepared to pay the price to make the changes necessary to address the issue.

Adam suggested that the phenomenon was not so silent because it was highly noticeable: "In most Chinese churches, we do know that there's a silent exodus or a loud exodus." Analogous to Silas's observation, Adam asserted that foot-dragging and reactivity was the prevalent stance adopted by immigrant church leaders in addressing the leakage. No real meaningful actions were taken unless the crisis loomed large such that it might "rift the church" or "tear it apart." Wrapped in a more reserved and reactive mentality, he concluded, "most Chinese churches would kind of like sweep the dust under the carpet and say: 'Well, we can wait. We can – it's not that bad.'"

### *On the Root Causes of the Silent Exodus Phenomenon*

Adam offered three reasons for SGCCE's departure. The first had to do with avoidance of conflict at the immigrant church. SGCCE valued "authentic relationship, authenticity in their belief and credibility, and [a desire] to treat each other with respect." Yet the Chinese Canadian churches were rife with the internecine conflicts among the leaders that inevitably led to an absence of trust and respect. Thus, the SGCCE became frustrated by the rancor and wanted to disassociate themselves from it. Adam observed: "Some did choose to leave. And some choose to leave to go on to other churches. Some choose to leave for good."

The second reason was related to the cultural misunderstandings between SGCCE and the first-generation immigrant leaders. Adam noted that the two generations had been "living in a very different [cultural] context." As immigrants to Canada, most of the first-generation were not "schooled" in the Western culture and could not comprehend the cultural nuances and subtleties of SGCCE. Well-intended actions by the first-generation could be interpreted as deceptive moves by their children. Adam cited the gifting of the church building by the first-generation to the SGCCE as an example. SGCCE approached the decision with much suspicion, postulating that something must have been wrong with the building. The suspicion reflected an underlying issue that SGCCE were not treated as equal partners and their input was never sought in terms of what they really wanted: respect and equal partnership, not parental care or a "gift" like a run-down building.

The third reason Adam offered was rooted in theological differences of the two generations. The theology the first-generation immigrant faithful subscribed to was more "conservative, traditional and classical." With that mindset, they did not want to explore "too much" any "new dimensions of faith." Conversely, being raised in a "postmodern" culture, SGCCE were "much more open to different ideas" and wanted to "explore and experience for ourselves" when it came to faith. This line of thinking indicated an attempt to assert knowledge or truth not through cerebral comprehension but through experiential attestation. In other words, SGCCE argued: "We want to make sure that what you told us, what you parents told us are [*sic*] true" by exploring different approaches to authenticate the claim of truth. Disagreement over theological stances could in fact cause the exit to occur, as Adam observed: "theological issue can also cause exodus."

Silas also problematized one of the reasons of departure for SGCCE along the lines of differences in theology or spirituality. He cited the example of the two generations' different worship service orientation. On the surface, these differences may appear to be merely a matter of style and preference. Brought up in the secular and multicultural milieu of Canada, many SGCCE favored the style and ethos of contemporary music and preferred the use of musical instruments such as guitars and drums rather than pianos and organs. Conversely, rooted in a more conservative ethos, the immigrants were inclined to worship in a solemn style, discouraging displays of visual expression and body movement. Disapproving of the band-based style adopted by the local-born, the first-generation favored a choir-based model, arguing that it led to a "deeper" worship experience.

Yet on a deeper level, Silas hypothesized that the aversion of the older generation to a "performance-oriented" worship style had its root in the immigrants' desire to stay connected with a spirituality that reflected the culture of the "old home." After facing so much turmoil in the immigration process and in adjusting to their new lives in Canada, the first-generation were simply tired of all the change. For them, church represented the arena that "can reproduce traditions and maintain a certain pattern of life,"[11] so the first-generation found solace in adhering to a style that reflected "their own spirituality," something that mimicked a "back home" experience that they felt comfortable with. Such a rift in the mindset of the generations had no doubt caused SGCCE to leave their parents' church to seek a better experience.

Silas identified resistance to change on the part of the immigrant church leaders as another cause of friction between the generations. The reluctance first stemmed from a fundamental structural issue. He observed that the first-generation "have been the leaders for all these years" in founding and leading the church as the *de facto* decision makers. Many of the older leaders "have their own values, which have been cultivated in Hong Kong back to thirty, forty years ago . . . and their values have (not) been changed much." Consequently, many of these pastors resisted any new ideas or models of ministry. Silas commented further on the reluctant mentality of the first-generation pastors: "It's hard for the first-generation to listen to their children's leadership [when they] want to try something [new] and to follow the Canadian churches. They just don't see the values of those changes." Silas identified the root cause of such resistance to change – the reactive nature of traditional Chinese agricultural background. In such a tradition, farmers, as a metaphor for church leaders, "try to keep it safe so that they have the harvest next season. So the agricultural culture is kind of more reactive." For Silas, the mentality of resistance or slowness to adopt new ideas was deeply rooted in such a tradition. With this backdrop in mind, some SGCCE did not believe there could be any solution at all to the conflicts with the first-generation, and the only way to break the impasse between the two generations was for the SGCCE "to leave" and seek a better congregational environment that

---

11. Breton, *Different God*, 100.

fostered transformation and creativity. To sum up: "The second-generation had the concept that the immigrant church would not change, could not change, do[es] not want to change and is resistant to change."

Finally, Silas suggested that the departure of SGCCE had to do with a desire for more relevant teachings and preaching. Topics such as sexual orientation were seldom discussed at the Chinese immigrant churches, whose reserved culture tended to treat such topics as taboo. Yet "the Canadian churches have been talking about homosexuality for a long time." Confronted with such issues on a day-to-day basis at school, SGCCE longed for relevant preaching that would address their curiosity but found it wanting at the Chinese church. Seeking for "content-rich teachings" and not getting it at the immigrant church, the younger generation left for good to attend venues that provided relevant and contextual teaching that would guide their faith journeys in the broader Canadian society.

## *On the Cultural Value of Respect for Elders*

Both Silas and Adam discussed the Asian value of respect for elders. Silas argued that such a value was a double-edged sword. In his mind, the value could be a good norm for practicing honor in the ethnic community; but at the same time, it could curb truthful and open dialogue. As a deferential value, respect for elders was saliently at work in the Chinese Canadian context in a way that might circumvent conflicts and confrontation. Silas spoke about the local-born refraining from discussion of their deep-seated desire to be equal partners with the first-generation leaders despite their own accomplishments of "having certain status from their career or from the society." He attributed this stance to the concept of submission to elders: "They would kind of respect and . . . submit to their uncles and aunties, their parents and their leadership." When such a desire to be treated as equal was not addressed, exodus occurred, and the exit was indeed silent with no complaint being raised. Silas added that the local-born make their exit respectfully, with the intention to address their spiritual needs and without standing up to criticize the leadership.

The value of respecting the elders could also be a disguise for the SGCCE's disdain for the first-generation. SGCCE "looked down" on the first-generation because the latter offered no "creative ideas" in addressing their needs. As a result, some left without wanting to discuss their discontent with their leadership, resigning themselves to the idea that there was no possibility for innovative breakthrough. On this note, Adam chimed in with his own assessment. In an environment that was fraught with conflict, respect tended to vaporize quickly. Adam concluded that "once the respect is gone, it's very difficult to talk about the leadership issues in church because you have lost certain credibility with [SGCCE]."

### On Finding the Way Out: Attempts to Stem the Tide

Both pastors made spirited attempts to address the leakage issue in their ministries. Yet neither saw the solution as being a total separation of the congregations into independent, self-reliant entities. Each pastor attempted to create space within the pathway of continuous evolution as discussed in chapter 2 to facilitate dialogue, partnership, and autonomy with the SGCCE under the umbrella of an overall church board that would invite SGCCE's participation in the decision-making process. Adam theorized that the key to stopping the leakage of SGCCE was to treat them as equal partners with a high degree of self-determination for ministry. This stance was critical to SGCCE as they had come of age and grown up under a regime of centralized leadership of the first-generation. He reasoned that the key blunder earlier immigrant church leaders committed was in the area of exercising power and authority. Raised in the traditional Chinese culture that favored hierarchy and a "centralized power base and structure," these leaders were perceived as "authoritative," and decision-making authority tended to be limited to the "senior pastor" or the "church board." To allay the SGCCE's concerns, Adam suggested that a church could set up a separate and independent board to facilitate autonomy. Alternatively, the local-born's ministry could continue to be subjected to one overall church board with adequate representation of both Chinese-speaking and English-speaking leaders to facilitate communication and understanding. Irrespective of which solution the church might adopt, the key was to "give some sense of empowerment" to SGCCE to pursue their own ministry as equal partners.

Adam commented further that most Chinese church leaders did not understand the second-generation's aspiration mainly because "they don't communicate, [and are] not willing to put their feet in the shoes of the younger generation." The ability to understand the aspiration and perspective of both sides was what the necessary communication was all about. Fundamental to achieving such an objective was the recruitment of bilingual and bicultural pastoral leaders who could facilitate such communication between the two generations. Adam added that these "dynamic leaders" should be "able to shepherd the Chinese but also, when required, shepherd the English."

In his role as a senior pastor at a Chinese immigrant church, Silas established a goal of further developing the English ministry in a way that granted a "high level of autonomy" to the congregation. To that end, authority was assigned to the English elders together with the English ministry team so that they were fully accountable for developing the direction of the English ministry, empowering them to plan and implement programs directed toward that goal. It was the collective responsibility of the English elders and the ministry team to recommend the budget, which would then be approved by the board. Silas believed that by so doing, and by rejecting the command-and-control leadership style in favor of being a servant-leader, the facilitation of dialogue and mobilization of ministry at this church with SGCCE could be achieved.

## Summary

In short, the triangulation analysis of the interviews with Silas and Adam surfaced the following key points: (a) awareness of the silent exodus phenomenon and how the Canadian Chinese church views it, (b) root causes of the silent exodus, (c) the cultural value of respect for elders, and (d) finding the way out. In the next section, I report on the collected data and their analysis for Triangulation Group Two.

# Church Leaders From the Congregations (Triangulation Group Two)

To triangulate the data collected in the cases, I also examined interview data from three church leaders from congregations the participants were attending at the time of interview. Specifically, Charles Ho was the senior pastor of the church that two of the participants from Case One attended. Tim Conrad was the senior pastor of the congregations of all three participants from Case Three. Finally, Isaac Gregorcic was a minister from a church that one of the participants from Case Four attended. The interview synopses are documented in the following sections.

## Synopsis of Interview with First Pastor: Tim Conrad

Tim Conrad was the senior pastor of a multiethnic church in the Christian and Missionary Alliance denomination in a major city in western Canada. His church was the one at which all Case 3 participants worshiped at the time of the interview. I came to know Tim through my denominational contact, and he agreed to be interviewed on a July morning at a conference venue.

I first asked him to comment on an article he wrote in the 1990s about the motivation for establishing multiethnic churches. Tim replied by tracing his spiritual journey as a start-up church planter in Orange County in California. He reminisced about his original aspiration:

> I had been involved in planting a primarily Asian church in Orange County California. And our hope was to be pan-Asian, multiethnic. It was primarily Asian. But I felt that God was calling me not [necessarily to establish] a larger church [but] to be engaged in a community of faith that would be truly welcoming of people, of all races, of all cultures, all sorts of economic backgrounds and all faiths or lack thereof.

What had "profoundly shaped [his] thinking" was Tim's understanding of the biblical principle of acceptance and forgiveness. He claimed that: "Whether we're Jews or Gentiles, slave or free, we have been brought together in Christ. [If we separate ourselves based on ethnicity, then] the gospel's power in Christ, death on the cross isn't sufficient to bring us to God as equals."

Tim acknowledged that this vision was diametrically opposed to the homogeneous unit principle espoused by McGavran, who asserted that "a homogeneous unit is simply a section of society in which all the members have some characteristic in common . . . [and with that in mind] people like to become [and socialize with] Christians without crossing racial, linguistic, or class barrier."[12] However, he was convinced that this was not what the gospel called the followers of Jesus Christ to do. Tim reasoned that "if you show how the gospel brings us together across the different cultural and ethnic divides, the church may grow more slowly, but it would be more reflective of the multicultural multi-socioeconomic kingdom of Jesus." This line of theological thinking had guided him when he took up the pastoral leadership at

---

12. McGavran, *Understanding Church Growth*, 81, 46, 163.

the church attended by the three participants of this study. With that in mind, Tim started to carve out a vision and mission for Temple:

> Our vision is really simple: It's to be a place where people of different backgrounds, racially, ethnically, culturally, socio-economically, spiritually, can come and discover or rediscover Jesus . . . a place of healing for the broken. And a mission-sending base back into our city and wherever in the world God leads us.

Tim reiterated that "it's been the mission all along . . . informed by texts like Galatians 2 and the belief that, whether we're slave or free, we are all equal at the foot of the cross."

However, this vision of his did not compel Tim to discredit his own ethnic heritage. As a visible minority himself, Tim felt that he was more "aware of the different influences of race, culture, and economic background" than his Caucasian counterparts. In addition, he purposefully and openly discussed in his ministries "my cultural inheritance as a Japanese person and how it shifts my thinking and how the gospel transforms that part of who I am." In fact, he observed that when he "referenced his cultural heritage" and values such as his disciplined work ethic, Asian congregants felt "a sense of resonance" and connection that "a pastor from a cultural[ly] dominant group who perhaps has never had a cross-cultural immersion experience" would not have been able to establish.

With this as a backdrop, we then discussed the duality of ethnic culture through the lens of faith in a manner that both engaged and critiqued culture. First, Tim acknowledged that "every culture in some ways resembles the image of God." The other side of the coin was that "there's also sinful fallenness manifesting in the culture." As a Christian and a pastor, Tim would "encourage people to embrace those parts of their culture that are congruent with the kingdom of God." For example, this practice necessitated opting for collectivism over individualism, embracing "values not just about your own personal flourishing or self-interest, but what is good for the group." Furthermore, Christians were to practice any "Confucius value that happens to cohere well with Christianity [such as] honoring people with age and experience, which [is also evident] in Hebrew culture." On the other hand, "there are parts of Asian culture that can be antithetical [to] and undermining" of faith practice. To bolster his argument Tim cited an example: "too much of consciousness of what other people think of ourselves and desperately trying to validate our existence through achievement in the eyes of others, through education, professional advancement, accumulation of wealth, and so forth." As a pastoral leader, Tim took pride in addressing these values with a prophetic voice:

> I address those [values] with the gospel, trying to affirm the beauty of culture, whether it's Asian or other [ethnic groups]. Then [I] also seek to be a prophetic voice to speak against the values of our society, whether Asian or not, that undermine the values and the ethos of the kingdom of Jesus.

Tim judiciously spoke against some of the salient Asian values that resonated well with Asian congregants at his church through the lens of faith: "I think that for many people, Asians in particular, but not just exclusively Asians, we have this feeling that we need to achieve something significant outside ourselves. And so, we become so driven that we neglect the cultivation of our own inner life and our life with God."
Another critique centered on the individualistic propensity of the Western culture that might undermine the communality of the Christian community. Tim explained:

> As someone coming from Asia, originally from Japan, I would from time to time name the individualism that is sort of a part of Western culture and is part of the air we breathe, and I would re-interpret text in light of the more communal mindset of the first-century world of Palestine.

Fully recognizing that culture deeply influences the way we come to perceive any narrative about the world around us, Tim took on the role not only of a cultural entrepreneur but also of a contextual expositor of the sacred text, translating the teachings of Jesus into lessons relevant to a contemporary setting that were acceptable to his multiethnic congregants. He went on to discuss the values of Temple that could best be symbolized as the five Rs: (a) Relating to God and other people; (b) Relying on the spirit; (c) Raising disciples; (d) Reconciling; and (e) Reaching out. Of these five values, Tim singled out reconciliation as the one that undergirded the ethos of Temple that reflected a "visible demonstration of the gospel's power to bring us together across cultural, ethnic, racial, and economic lines."

Another key teaching Tim championed at Temple was the concept of loving "people who are different from us." Tim explained in details why this concept was essential. He observed that attendees at Temple could find it "possible to be technically multiethnic but [still] to stay [in contact with] very much people within [their] own cohort," reflecting a deep sense of homophily. Yet Tim argued that of all the distinctive elements that set Christianity apart from, for example, Hinduism and Islam, it was not so much the ability to perform "miracles" in terms of speaking in tongues or performing healing but rather "the miracle of Black and White and Brown, people of different classes coming together. And only the gospel of Jesus Christ and the power of the spirit can do that." In other words, Tim asserted: "The definitive sign that you belong to Jesus and that you're filled with his Spirit is not the capacity to speak in tongues or do a spectacular miracle, though God may grant those abilities, but it is love for people who are different from us."

Reflecting upon his theological stance, Tim acknowledged being greatly influenced by reading Martin Luther King Jr.'s "Letter from Birmingham Jail." He further pointed to religious and human rights leaders such as Nelson Mandela, Desmond Tutu, and Gandhi as his "heroes . . . who have reached across ethnic lines." Their life examples inspired Tim to adopt a principle of ministry designed to "appeal to people to cross [The] lines of race and ethnicities to [focus on]our gift and passion and calling." That said, it was decidedly not the purpose of Tim's ministry to denigrate ethnicity because "ethnicity is always going to be part of any kind of human enterprise" and therefore the concept was unavoidable in conducting ministry in a human context. As a leader, Tim had to be "very self-aware [of] my own biases as a Japanese Canadian" as well as the "strengths and the dysfunctions of my inherited culture." By extension, the implication was that in a "[non] monolithic culture [such as] in Canada," Tim recognized that he was "called to shape [his congregants] so as to be able to most aptly apply the gospel to their lives."

With this as the backdrop, Tim attempted to, as a "cultural architect," create "a place of welcome" at Temple that was "largely Asian, multiethnic, and multi-socioeconomic." And Temple was a church that had members ranging from "CEOs, university professors, medical doctors, professional athletes, celebrities" to homeless people, underemployed people and people living below poverty margins."

The realization of the described ministry philosophy was not completely natural to Tim because he was raised with an elitist mentality and therefore naturally "gravitated toward the elite kind of (companion)." However, he acknowledged that "the gospel calls me to do the exact opposite." Rooted in a biblical understanding of how God openly accepted human beings of all tribes, people, and languages, Tim's practice of hospitality, or "welcome" as he called it, sprang from his personal experience of always sojourning when younger and not having settled in at one place that he would call home. Having been born and raised in Tokyo, Tim moved to New York City at a young age, and then to London and then Vancouver. He returned to work in Tokyo in his twenties before pursuing theological studies and ministry in Boston, Oxford, and Los Angeles. Though he was Japanese by descent, he felt that he was not fully embraced as a bona fide Japanese while working in Tokyo. Conversely, he was never completely accepted as an equal while living in North America. Tim admitted, "I've never really felt at home anywhere." This experience of unsettledness drove him to practice "a table of welcome" wherever he had been, accepting people as they were, irrespective of their race, ethnicity, or social or economic status. He recounted that no matter where he was, he would: "Set a table of welcome, a table where everyone will be welcome . . . whether a person is very successful in a worldly sense or pretty much in the margins, I've started to create a place of welcome through the gospel, through the spirit."

Tim's personal conviction had transformed him into someone who saw his reality not from a vantage point of value-judgment but through the lens of God's love, forgiveness, and unconditional acceptance. This personal conviction led to a ministry philosophy at Temple, where Tim became lead pastor and transformed what had been a White Anglo-Saxon Protestant culture into one that was now attracting multiethnic congregants who came from a wide spectrum of social and economic standings.

Central to the promotion and the realization of such a vision and practice of hospitality in Tim's mind was the cultivation of "a healthy leadership." Tim saw this as the key differentiator between Temple and an immigrant church where leadership was problematic. He elaborated further:

> We've got a very engaged board; we've got a great staff. And that's not perfect by any means but if my intuition and observation is [correct], there are many people who leave the so-called ethnic churches, the Chinese churches, because there is unnecessary conflict, perhaps inevitable conflict between the first and second-generation over cultural matters or the secondary matters in some ways. And so, they feel like it's not just about the gospel or about Jesus but it's about these power plays or about insecure leaders or leaders with big egos or a combination of both.

Healthy leadership meant an "engaged board" that was "centered in Christ" with "godly and humble" attributes. In addition, it also implied a team of pastoral staff that genuinely "like each other and get along so there are not a lot of unnecessary conflicts." Tim even put his reputation on the line when it came to establishing such a "healthy leadership" by promising any newcomers to Temple that they were: "Not going to have to spend political energy maneuvering behind the scenes because [Temple's] arrows are pointed in the direction of the gospel moving through our lives and through this community and through this city [and] everywhere in the world God leads us."

As the interview drew to an end, I asked Tim whether there was anything he wanted to add to our discussion. He offered two additional reasons for Temple's being attractive to SGCCE. First, he ruminated: "Part of the attraction of a church like Temple is that people who want to reach out to their colleagues at work or their fellow students who are not Asian can invite them easily to Temple." In other words, Temple was somewhat ethnically neutral and yet still celebrated its diversity. Tim added:

> If you're Chinese and you have a White friend, Caucasian friend that you want to invite to church, you can do it to a place like Temple because it's multiethnic. Conversely, if you're a Caucasian and you've got an Asian friend, it's also easier to invite your friend I think to a multiethnic church than [to] an all-White church because people feel like that they would be more comfortable.

Second, Tim added that "because [Temple] is multiethnic and because of the culture of welcome and trying to lower unnecessary barriers, it's the easiest place to bring people who don't believe but who maybe (are) spiritually curious." Such an ethos of a community was "an attractive place for people, for people who are on the borderlines of faith." Tim cited the positive experience of many of his attendees: "And so, people say that this is one of the few churches that they've ever been to where people actually invite their friends who don't believe, you know. So, it's encouraging and that's part of the reason Temple is the way it is."

These attractive features of Temple were no accident, for they reflected Tim's purposeful commitment to creating a safe haven where people could feel completely at ease and free of judgment. He added:

> My vision is to always have that kind of church that people who otherwise don't go to church would be welcomed. And that meant people who aren't believers, but it also came to be a place of welcome for people who had been in disillusion, maybe by an ethnic church.

Tim expanded further on the last point regarding disillusion about the ethnic churches and contrasted it with his own style. He suggested that: "I think partly because of my style and my genuine love for people outside of faith and my comfort with them that there's a kind of atmosphere. At certain times, it's very hard [for the SGCCE at the ethnic church] to invite [friends], right? Because [the ambience is] embarrassing."

To further illustrate Temple's ethos, Tim pointed to its rising attendance, especially on special occasions such as Christmas or Easter; at such times the church's regular attendance doubled.

Tim stated that the core of Temple's multiethnic diversity appeal lay with its strategic choice of being "outward" oriented, which meant that Temple was able to "connect with people and to reach with people who otherwise wouldn't be in church." This orientation resonated well with the multicultural ethos and policy of Canada: acknowledging individual heritage but at the same time celebrating the diversity in a multiethnic, multiracial society that was Canada. Tim concluded:

> We tend to be more honoring of the individual cultural inheritance that people have and to honor the beauty of that [heritage] which is true of Canada. I think that there's lots of room for diversity, not just racially and ethnically but ideologically too. And in that sense, I think we're shaped by that. There isn't this

sense that everyone needs to fit into this one culture. And even the gospel is going to look different depending on the verses, there's Matthew, Mark, Luke, and John [who] have slightly different emphases because of their different backgrounds.

On that thought, I thanked Tim for the interview.

## Synopsis of Interview with Second Pastor: Charles Ho

Charles Ho was a senior pastor of Salem in a major city in western Canada. Born in Hong Kong and having moved to Canada with his family when he was twelve years old, Charles was bi-vocational in the sense that he was running an ad agency as well as shepherding his flock. He came to me through my contact with the denomination of Christian and Missionary Alliance Canada and agreed to be interviewed on a summer afternoon at his office.

I started the interview by asking Charles to characterize Salem and describe how it had come into existence. He was concise in offering his opinion: Salem was "very much a second-generation Chinese church because that's really who we are with the people who started it." The impetus to start a new but unique church stemmed from having "much more aspiration in the things that we want to do and how we do it." Despite an aspiration to establish Salem as a multiethnic congregation, the "Chineseness" of the church revealed the reality that the "people who came were also pretty much of the same demographics [i.e. Chinese] in the five to seven years of church planting," with half of the congregants being "bilingual or trilingual [i.e. Cantonese, Mandarin, and English]." In reflecting upon this reality, Charles admitted that the thinking regarding establishing a multiethnic congregation was "a little bit more naïve" because the church was bounded by its demographics and "what ends up happening is [that] it just became an English-speaking Chinese church of [the] younger generation." As a result, despite their lofty aspirations, the congregants at Salem were "ultimately Chinese" and "that Chinese identity is still (at the) very core to who we are as much as many people are born in Canada." In addition, the ethnic composition of the congregants was inseparably bounded by the socialization process, which was pursued largely within their own Chinese ethnic circle. To illustrate the point, when Charles asked his parishioners, "How many of your friends are not Chinese?" their response was that "the percentage is extremely, extremely low [and] some of them don't even have any [non-Chinese friends]." Thus, the designation of Salem as a Chinese congregation is perhaps inevitable and predictable. Charles added: "Because they're going to be bringing their own friends, right? And if their friends are more multiethnic like in their own social network, of course, then they would bring that, but then the people who are at our church so happened that all their friends are probably Chinese, right?"

Charles further asserted that his congregants' socialization was heavily affected by the demographics of where they resided as well, as this major city on the West Coast celebrated a large Chinese Canadian population.

Another aspect of the earlier aspiration had to do with the desire to search for an innovative approach to spur numeric growth for the local-born ministry at the immigrant church. Charles recalled the observation at the time that the local-born ministry exhibited "rarely any growth." To the extent that there was "growth," it would be an organic extension of "kids graduating from children's service or they came through Awana [i.e. an organized children's program]." In a sentiment that reflected the lifecycle hypothesis of immigrant churches,[13] Charles at the time of the interview recognized that this pattern of growth, or lack thereof, was a natural part of the life cycle of the immigrant church. He concluded: "So I think part of it is true that for the Chinese church, the first-generation immigrants, that the core of who they are is in their ethnicity." That said, he also attributed the lack of growth to the Chinese culture, lamenting, "I think the culture is the bigger part of it." The ethnic Chinese culture tended to erect boundaries that excluded other ethnics in such a way that the ethnic Chinese church tended to welcome only Chinese adherents. To perpetuate the exclusive ethnic identity within the Chinese immigrant church community, the first-generation immigrants attempted to "reinforce their own" practices and traditions. Although no explicit behavior or norms suggested that the local-born were second-class congregants, the mindset of ethnic exclusivity was so obvious that the local-born just "knew that they [church leaders] continue to reinforce their ethnicity and their identity as first-generation Christians . . . It's not really going to speak into the second generation about perpetuating what it means to be a church."

---

13. Goette, "The Transformation of a First-Generation Church"; Mullins, "Life-Cycle of Ethnic Churches."

Charles proceeded to cite two examples to illustrate his point. The first was related to the venue of the church. For a long time, the immigrant church rented a building owned by a Caucasian church in the southern part of the city. Yet, according to Charles, the local-born believed that it was the northern part of the city that "there was much more opportunity, and this is kind of where the heartbeat of the city is." Despite the local-born clamoring to move, the first-generation leaders, who were the decision makers, "felt a very, a high level of comfort where they're at so they were resistant to move."

The second example involved funding the new church plant. The first-generation immigrant churchgoers were building-adhesive in that they found their comfort in the confines of the rental space and viewed it as their material and spiritual investment. The local-born, on the other hand, placed less of a premium on the church building since, according to Charles, "much of our church's ministry is run out of homes and so much of our community life doesn't have to be within the church building. So, the sense of a church building to us is actually not that important."

Indeed, the second-generation had a vision bigger than merely owning a building. Charles explained: "Vision-wise I think [we have] a lot bigger aspiration, bigger dreams. I mean for us, like we were in our twenties or thirties, and I think we have much bigger dreams for [the church]." The broader aspiration focused more on "evangelism . . . [and] how we [can] participate in social work." This type of aspiration represented a marked difference from that of the first-generation immigrant believers. Charles went on to recount a story of a summer event to illustrate the disparity. Contrary to a program at a traditional Chinese church that designed a Vacation Bible School that focused on the kids of the church community and typically lasted for a couple of weeks, Salem ran a summer-long program for children in the neighborhood community. Charles asserted that this program would fulfill the "dreams or aspirations . . . to make a church that isn't about us" but was rather for the community around the church. Reflecting on this key difference, Charles agreed that the gap was not only cultural but also theological or ecclesiological. In "reinforcing" the cultural and ethnic practices and traditions, the first-generation tended to seek conformity. Charles explained further: "I think the Christians of the first-generation like my parents, they all kind of feel the same because they are first-generation Christians [whose] vision of the church being a shadow or a projection of kind of the church that they had in Hong Kong."

Salem, according to Charles, was "an extension" of that immigrant church. Yet Salem had not been able to reflect what he and other founders had envisioned it to be: a multiethnic congregation. And the discrepancy had to do with how ethnicity and culture shaped and influenced their faith identity and community. Charles explained: "It has to do with our own ethnicity culture, how we perceive faith and how community life is defined. I think that has a lot to do with people's ethnicity and what they expect out of community, how they interact socially with other people."

Charles went on to spell out three dissimilarities between the local-born and the first-generation churchgoers. The first had to do with the socialization process. Charles said of the second-generation, "The network connection, the chemistry and how that takes place, how they socialize [is] very different from how Chinese people socialize." Second, "the level of trust" and "the way it works is very different." Third, "permission is very different."

Lacking a prior understanding of what these dissimilarities were and how ingrained ethnic culture and socializational influences had been "within [the] social networks," Charles recognized again that "we're naive." In elaborating on what the naivete entailed, he admitted:

> We never really had a very solid understanding of all those factors, that they come and play in some very significant ways and [were] influencing where the church goes. But now to sort of looking back then, I realized those factors do have a very important part in shaping who we are today.

Charles further acknowledged that his vision at the time of church planting of a multiethnic congregation was heavily influenced by the US church planting research: "I think back then, we read too much of what's going on out there." Specifically, Charles was inspired by the "successful examples" of people such as Francis Chan and Ken Fong in the United States regarding "the multiethnic church" planting. With many years of Salem's experience under his belt, Charles realized that he had "no idea that everything [was] just different in the United States with the whole pan-Asian culture but that's not directly translated into Canada." In other words, he recognized that saliency of ethnicity was much more visible and at work on a deeper level in the city where he resided, which boasted a large and diverse Chinese population. With that in mind, Charles concluded that "our ethnicity and our culture have [a] really heavy bearing in shaping who we are." In projecting into the future, he did not see such ethnic saliency waning in the community at Salem:

> When I think about where Salem [is] going to be in ten years from now, I think we're going to be a second-generation Chinese church, and we have to be at peace with that. That's because of who we are. We may lose that Chineseness maybe one more generation from now, but we will not be a typical Chinese church as seen with the [traditional] Chinese church we know.

Central to the prediction was the fact that the SGCCE at Salem "are very Chinese" and "all their friends are Chinese." Yet the irony of this phenomenon, which explained Charles's and Salem's conundrum, was that the "[Chineseness] has no bearing on their faith." In other words, SGCCE at Salem continued to be in the awkward position of adhering to a faith that transcended ethnicity but at the same time they were being restricted by the church's ethnic boundary. The inexorability of being bounded by such a dilemma was very palpable in Charles's mind irrespective of his original intent to shape Salem to be multiethnic. He admitted, "No matter how hard I try to steer it, I don't think it's actually steerable because . . . when people bring their friends, right, the church is going to be a function of people's own social networks."

Although Salem might continue to be a "Chinese" church, Charles acknowledged, diversity within the Chinese ethnicity did exist, involving subethnicities that consisted of "Chinese like Taiwanese, mainland Chinese, [and] Cantonese Hong Kongers." So much of Charles's view was shaped now by the presence of such diversity that included, for example, mainland Chinese students who were comfortable with the Canadian culture and conversant in English but bicultural in their outlook, he framed his vision for Salem to be a "Pan-Chinese" church. Yet Charles acknowledged that he had never "highlighted the ethnicity card" in conducting or the promotion of ministry at Salem. However, his preference for keeping the ethnic factor low-key did not prevent him from tackling the problematic Asian or Chinese "hard work ethics" and pursuit of "money" with the congregants, many of whom were "professionals, lawyers, [and] accountants" and thus were well-off financially. Charles believed that wealth-amassing was a reflection of "our cultural upbringing [in which] work [and material success] is such a huge part of that." However, a pursuit of wealth must be tempered by a commitment to deploy such wealth for God's ministry. He exhorted: "If God has put you in that position of influence and, and as a result of that, you also financially are quite capable, then you should not shy away from what God has given you but instead use that."

When I asked where these values might have originated, Charles attributed them to "an inferiority complex for the Asian" and a sense of "insecurity" that might have subconsciously been "ingrained in [the] ethics" among the Chinese. Because they weren't the "dominant culture" in Canada, Asians believed that they needed to "keep working harder and harder" to pursue upward mobility in a mainstream society dominated by the "White culture." Another reason for the practice of "hard-working" had to do with the ethics of the first-generation immigrant parents who were "very hard working" in their own efforts to provide for the family as they settled into a new country. To Charles, "it was always their work ethic that inspired" their children in their own pursuit of life goals and careers. Such was the case with his parents, though they never dictated career choices for Charles and his siblings. He recalled his parents saying to him: "We would love you for whatever you want to do in life."

From this point, our interview shifted to a further discussion of the key issues that shaped church planting among Chinese ethnic communities in Canada. Charles asserted that at "the core of the issue, a lot of it has to do with sociology, [and] a lot of it is culturally driven." Specifically, he singled out the ethnic identity of the founding core group as the overriding factor that shaped, enabled, and for that matter restricted, the subsequent ethnic DNA of the resulting congregation. In other words, if the core group was entirely Chinese, then the congregation would most likely be Chinese. The church was unlikely to become a pan-Asian or multiethnic church because its members were limited by their own socialization process. Conversely, a multiethnic core group stood a better chance of creating a multiethnic church due to the absence of the ethnic boundary the monoethnic church might unintentionally have erected. Charles explained:

> The second-generation Chinese church planters that I know of are much less Chinese than I am because they're born here. They probably can't speak Chinese. They planted churches with

their friends [who] were not Chinese, be it Pan Asian or even some White people. And [by so doing they] basically reset or re-establish who they are as their identity; they already started it as a pan-ethnic church.

The weightiness of the ethnicity factor could not be reversed, according to Charles, even with the attempt to cede the church leadership to a "White pastor." Charles recalled Salem's own experience in such an attempt:

> How naively we thought about: "Let's hire a White pastor and he will help make us multiethnic, right?" People always tell me [that] when you look at the church leaders [and] the pastoral team, right? There is a direct projection. People will look at that and say okay, that's basically a projection of the church, right. You have a White pastor. You have a Chinese pastor. You have a Filipino pastor, but that was not the case. But the reality was his presence as the only Caucasian didn't really draw, didn't alter, it didn't steer us into becoming multiethnic.

What mattered the most was the ethnicity of the core group. Charles reiterated:

> The pastoral team has less of an influence ... whereas the core group, and this is not just core leadership, this would be the core group of the church [which] has a much bigger weighting on [the] kind of ... ethnicity and aspirations of the church, and what ... [and] where ... they end up.

Thus Salem was "just very much still Chinese" because "we kind of didn't ever really think much of that [factor]."

Finally, Charles and I discussed how much of his own personal ethnic experience had affected the way he shaped Salem in his capacity as the lead pastor. As a 1.5-generation Chinese Canadian, born in Hong Kong and emigrating to Canada when he was twelve, and married to a Taiwanese Chinese, Charles admitted that his understanding and grasp of the culture and language certainly had been "a factor in affecting [his] thinking in terms of how [he] construed Salem and its Pan Chinese characteristics." With language skills and understanding of the cultural nuances as an asset, Charles believed that Salem could "break [intra-ethnic] cultural barriers if we want to reach a different [subethnic Chinese] people." Consequently, Charles was confident that he was able to reach "the immigrants [from] mainland China" and others as part of Salem's mission in constructing the Pan-Chinese composition because "I bridged the gaps. I've bridged a lot [of the Chinese subethnic] cultures." With the interviewing coming to an end, I thanked Charles for sharing his thoughts with me.

## Synopsis of the Interview with the Third Pastor: Isaac Gregorcic

Isaac Gregoric was a full-time minister at Covenant, a Caucasian mainstream church with multiethnic attendees located in a suburb of a major city in eastern Canada. He is the pastor of one participant in Case 4 who referred Isaac and he agreed to be interviewed on a summer morning at a coffee shop near his church.

I started the interview by asking Isaac whether he was aware of the silent exodus phenomenon that had been occurring for the last few decades at Asian North American churches. Isaac's answer was affirmative and derived from his own personal experience of "seeing the influx of second- or third-generation Asian folks arriving at [Covenant]." In other words, the phenomenon was not restricted to describing SGCCE abandoning their faith when they left their parents' church; it was enlarged to include those whose samples were studied in my research: the cohort who transitioned to worship at other churches. Isaac then went on to identify a few factors that he believed have facilitated such a transition. The first factor was the desire to "assimilate" into a "broader kingdom community" on the part of the local-born cohort when they entered young adulthood and began to exercise independence from their parents. Many of the second-generation had completed their university and were focused "on their own life." Additionally, "some of them are married" and collectively they came to recognize that they wanted to be part of a "Canadian" church by joining a "broader [church] community" that reflected the Canadian multiethnic and multicultural societal mix-up. This aspiration, Isaac attested, had been "a prevalent theme that comes up over and over again: 'We want to just be a broader community. We want to be part of what God is doing in our community.'"

The second cause Isaac singled out was related to a desire among the second-generation to seek an authentic faith expression as disciples of Jesus Christ. His experience informed him that at the ethnic churches, "there is a reluctance for, or a lack of, making disciples." Isaac recognized that disciple-making as a theme had been a mainstay in most of the churches irrespective of their ethnic affiliation. However, he argued that such a ministry was being pursued differently because "in the ethnic church, it's [pursued] through the eyes of ethnicity." As a result, churches "do discipleship through the filter of specific ethnic cultures." Though discipleship at its core consisted of universal "parameters and boundaries" that any churches "should not cross" regardless of ethnicity, the culture that the churches associated with themselves "adds in a filtering layer that sometimes hinders or restricts the practice." The barriers, as Isaac would often hear about them from his second-generation Chinese congregants, included a set of behavior that was culturally enforced and reinforced, such as "things you say and do not say and things you do and things that you just do not do." These cultural practices in turn repressed the growth of SGCCE at the ethnic church in such a way that their desire to be authentic disciples was thwarted. Yet once they transitioned into churches such as Covenant, a genuine transformation appeared to take place. Isaac observed:

"As they arrive, and it's not long after that, they just seem to flourish and there's been this almost a latent, almost a repressed kind of sense of what it means to be a disciple or make disciple and a sense of freedom that comes with that."

Third, Isaac cited "another thing that comes up frequently, and this is not necessarily a phenomenon to an ethnic church, we hear this regardless of Chinese church or whatever church, [that there is] a lack of preaching God's word." He argued enthusiastically that the mysterious divine message in God's word and therefore its preaching was the fundamental element that drew people to a certain church. Isaac was convinced that "people are hungry [and] starved for God's word. And where God's word is being proclaimed, clearly and with authority, God will draw his people there."

Isaac went on to offer some specific examples of Chinese cultural values that were perceived to be barriers. The first one he cited was the value of honoring parents or authority. The issue came from not having a clear faith-adjudicated boundary for the SGCCE to recognize what was appropriate from the faith's perspective. Isaac commented: "One of the things I've heard, sometimes even subliminally, is that where does that [i.e. honoring] begin, where does that end?" And since "there's a specific hierarchy and the things that you do and you do not do and you don't cross that line," the local-born at times were found to be stymied in their desire to communicate and even share their faith conviction with their parents. Immediately questions arose, such as: "Am I honoring those in authority over me by reaching out, by coming out of my "comfort zone," quote and unquote, by even sharing my desire with my parents for instance, sharing my zest and zeal for God with my parents?"

The second example Isaac highlighted was the biblical concept of grace and how it was such a challenge for SGCCE to comprehend following a growth process that was laden with emphasis on pursuit of success and academic and career achievement. He first hypothesized what the definition of grace ought to be. It is "God's unmerited favor," he contended. As a result, no one can "do anything to earn it!" Yet with a high-achievement oriented culture, the Asian church had seemingly produced "high achievers" who were "hard working" with much "success." There appeared to be a belief or ethos in the Asian church that these high achievers could "do all those tangible [and] good things" all on their own. The challenge, as Isaac saw it, was that "the achievement and the success and the things I do can become almost regimental" such that humans were claiming all the credit for their success. In such an ethos, grace became a "foreign" concept, for "this concept of grace means that it is not something I can do, is not something that I can somehow apportion by the things that I do. It's unmerited; it's God's favor. I can't do anything to earn it."

In this context, the Chinese value of success "can become stifling" to the SGCCE because the self-centric pursuit of success stood diametrically opposed to the God-centric concept of grace. Isaac further offered his insights by postulating a series of questions: "Who determines what is successful and what isn't? Who is the one who says that this is good enough or this isn't good enough?" He further commented:

> From a young person's point of view, you obviously want to honor your mother and father and they have high aspirations for their children, but is [honor your parents] enough? Have I achieved enough? I have heard over and over again that As are not good enough; it has to be A plus. So, there can be an almost unwritten or unspoken sense of this is good and not good enough.

The sense of not being good enough also crept into how SGCCE practiced their faith, for they often questioned, according to Isaac, "even in the walk with the Lord. Is this – am I doing enough?" If unbridled, this mentality would slide into what Isaac called "work-based theologies," something that was convenient to pursue because it was "the easiest thing to preach; it's [an] easy thing to ascribe to because there's a cause and effect." Yet grace transcended human efforts because "God is so broad" as to be able to cover their not being "good enough."

Yet "caught between two cultures," SGCCE were found to be in the mode of seeking "affirmation or confirmation." This search led them to question their own identity and belongingness: "Am I this or am I that? Do I belong here? Do I belong there?" Isaac expressed the firm belief that in the quest for meaning, purpose, belongingness, and identity, faith identity trumped ethnic or cultural identity, and that faith could lift SGCCE out of the liminality "between two worlds" because "Jesus transcends all of that." Yet in the same breath, he was postulating faith in the context of assimilation with respect to SGCCE. Putting himself in the shoes of SGCCE in the faith context, he added: "I find myself living as a second-generation ethnic person Asian [or] Chinese. I embrace that, praise God for that and my rich traditions. But I live here. I live in this country called Canada which is diverse and celebrates all of its diversity."

For Isaac, not only did faith transcend the ethnic values, it also functioned as a bridge that could close the gap in the struggle in identity that many local-born had been experiencing.

When I asked him where he saw this struggling evidenced, Isaac singled out the family with a newborn child as the arena in which this conflict was brought to the forefront. The new SGCCE parents had been raised in their own ethnic tradition but in terms of how they planned to raise their own children, they asserted: "I don't want to become the carbon copy of that." However, they were caught in a quandary in that their immigrant parents insisted that they raise the grandchildren in a traditional Chinese manner. So "domineering" were the grandparents that they left "very little room for a dialogue or suggestion. [They would say]: 'Oh this is the way it will be . . . And you will do this and you will do that.'" These grandparents' behavior had unwittingly caused a "bit of pain" for the parents such that there seemed at the time to be no apparent way to break through the impasse. Yet the discouraging aspect of this conflict was that, caught between not wanting to dishonor their parents and yet not wanting to follow their practice of children-rearing, these new SGCCE parents often found themselves abandoning any hope of a dialogue with their parents. There appeared to be a cultural assumption that parents did not listen to children and, on the part of the children, that dialogue was futile because it was not acceptable conduct. Isaac recalled that the usual reply to his nudging the SGCCE to talk to their parents was: "Oh, they won't listen. There's no use."

Isaac and I then discussed whether church leadership at Covenant did devise any specific ministry program or direction to support this cohort of SGCCE. His reply was concise: "There is nothing specific." That said, he relayed that his church did have a set of clearly articulated vision and values to support every congregant irrespective of his or her ethnic background. Isaac opined that the clarity of values and direction was the foremost centripetal force to attract and sustain congregants as an integral part of the faith community. Isaac recalled having a conversation with a young Asian congregant who had just recently come to join Covenant. Something she said to him had completely surprised him. "You know what I like about this church, Pastor Isaac?" she said, "You know where you're going!" Sensing that her statement "was a validation that the church leadership was "succeeding in communicating," Isaac took pride in providing a vision and purpose to his flock. But what the young woman said about the ethnic churches afterwards was illuminating. When it came to figuring out a collective direction at the Chinese church, this newcomer observed, the pattern of behavior had been that "we were constantly changing. It was the theme this year and 'Well, let's just scrap that and try this.'" When that did not work, she added, the ethnic church tried to emulate someone else: "When it was not working and the guy down the street's having success doing that, so 'Let's do what he's doing.' Well that doesn't seem to be working and then on and on it went." The lesson to Isaac was simply that persistence in the pursuit of the vision was as important as the clarity of the vision and that was what the Chinese ethnic church might be wanting.

When I asked him about the demographics of his church, Isaac replied that there were "Asian folks, Chinese folks, Black folks, [and] Indian folks" worshiping in his midst, with Chinese constituting at least 25 percent "and growing." Many of these Chinese congregants were young adults with an age range of eighteen to thirty. When I inquired whether the church had any special program that taught these congregants to embrace the Chinese ethnic identity, his answer again was again crisp: "nothing specific." The church, however, acknowledged key cultural festivals such as Chinese New Year. Reflecting on the multicultural composition at Covenant, Isaac was fond of saying that "we celebrate the diversity." But at the same time, he recognized that the major reason SGCCE congregated at his church was because "they do want to celebrate their Christian identity, maybe in a more expressive way, or maybe with a little bit more freedom." Constrained by their parents' tradition, they wanted to be free in their celebration of their faith identity. Yet not wanting to "forsake where I've come from," SGCCE felt that their time had come to forge a new path, avowing that "it is my time . . . [so I will be] stepping out and growing up and starting my own traditions."

I then asked Isaac for his perspective on how the ethnic church leadership could come to terms with this phenomenon of exodus or transition. Isaac named three scenarios. In the first one, the ethnic church leaders "are embracing it, certain folks see the kingdom, embrace God." The second scenario shows the leadership seeing an opportunity to better serve SGCCE in their midst by "rallying the troops." In the last scenario, by far the worst one according to Isaac, the leaders would "circle the wagons," declaring, "We have to stop this. This has to end." He said that based on his interactions with those SGCCE who had left the ethnic church after experiencing the last scenario, they were hurt by the leadership's attempts to instill guilt in them by protesting: "This is your church, this is your culture." Under the circumstances, people who left might feel guilty as they had betrayed the culture that they had been brought up in.

Another interesting anecdote Isaac recalled was an exchange he had with a Chinese immigrant pastor who came to inquire about the status of one of his former congregants. To the surprise of this pastor, the young adult was totally accepted and immersed in the ministry at Covenant and was doing something that the pastor would not have thought he was capable of doing. The crux of the matter, as it turned out, was that at the Chinese church, there was a cultural assumption that age conferred maturity, and that youth signified immaturity. Consequently, as a teenager, this young SGCCE was not taken seriously when he wanted to serve in a particular capacity; the judgment was made based not on his precocity, gifting, or skills, but on his age. Upon finding out this young adult's situation at Covenant, the Chinese pastor's reply was straightforward: "See, I told them [the leadership at the immigrant church], we're going to lose our people. We're going to lose our young people if we don't begin to encourage them."

In closing, Isaac summarized his thoughts about the "underlying factors" that would cause people to leave a church irrespective of whether it was an ethnic church or not. He first came back to the centrality of God's word. Isaac argued: "If God's word is being preached, and people are being encouraged to serve and become disciples, for the most part, they're not going to leave." So, the first reason that people left the church had to do with either "they don't like the preaching, so the word is not being preached or they don't like the preacher." The second reason Isaac cited was that "they don't like the worship, or the music, or the style, or the worship leader." He argued that music was "hugely important, because music is the language of the soul (and) it transcends language . . . music speaks to the soul." Specifically situating music in the context of the Chinese ethnic church, Isaac observed that "more contemporary style of music is not as accepted." Although there was not necessarily a doctrinal argument about whether the contemporary music style was acceptable to the faith community, SGCCE in general tended to embrace it much more openly than their parents' generation. Thus, many simply exercised their freedom in opting to attend a church that met their "preference" for a more contemporary worship style. Isaac concluded that "a person often times leaves the church because of preference. 'I prefer this music over that, and I prefer this preaching over that, and I prefer this preacher over that.'" The key for Isaac was that no matter where the faithful landed, it had to be for God's kingdom:

> But we're about the kingdom. And if you're here about the kingdom, then if you find yourself more suited to another place, here's what I say, wherever it is, Jesus Christ exalted and that his word be preached. And the third thing, will you be challenged to become a disciple of Christ? Then go. Thrive. Be blessed.

On that high note, I thanked Isaac for his perspectives and ended the interview.

## Triangulation Analysis: Group Two

As in the case of Group One, triangulation analysis for Group Two is pursued to enhance completeness and validation of data gathered through interviews of the primary participants in all the cases. The analysis of the triangulation interview aims not to surface any themes separate from those of the primary participants but rather examines the salient data and topics that validate, corroborate, or refute the themes or data of all cases. However, because each church leader was selected to reflect his congregational context in which the experiences of participants in each case is rooted, the analysis results may at times speak to a particular case rather than to all cases. The following sections provide synopses of such data and themes.

## *On the Salience of Ethnicity and How It Affects Church Ministry*

In an examination of how ethnicity shapes church ministry, church leaders in this group expressed views that were predictably in line with their congregation's ethnicity. Simply put, Charles, the pastor of two participants in Case One, observed that ethnic saliency was strongly embedded in his congregation; whereas Tim, the pastor of all three participants in Case Three, argued that although ethnicity was a factor in his congregation, the diversity at his multiethnic congregation could be construed along the diverse social-economic spectrum rather than along the line of ethnicity. Finally, Isaac, the pastor of one participant in Case Four, ascribed much less weight to ethnicity when it came to his church ministry, believing that adherents wanted to be assimilated into the mainstream culture and religion trumped or transcended ethnicity when it came to ministering to his congregants.

For Charles, ethnicity weighed heavily in congregational ministry and had been an unsteerable force in moderating his church's vision. In reflecting on how formidable this force had been at Salem, Charles, time and again, spoke of his naivete in not having recognized this factor sooner. Ethnicity worked on two levels. On the first level, ethnicity was the determinant of the composition and the ministry focus of the first-generation Chinese immigrant church. In a sentiment that reflected the lifecycle hypothesis of immigrant churches,[14] Charles stated that his parents' church was a mirror image of that sort of life cycle. He concluded: "It is true that for the Chinese church, the first-generation immigrants, that is the core of who they are as in their ethnicity." Charles lamented, "I think the culture is the bigger part of it [in determining the ministry focus of the immigrant church]." The ethnic

---

14. Goette, "The Transformation of a First-Generation Church"; Mullins, "Life-Cycle of Ethnic Churches."

Chinese culture formed a boundary that excluded those whose ethnicity was not Chinese, making them feel that they were not welcome. Charles realized his own naivete when he assumed that by establishing a church plant that was divorced from his parents' congregation, he and the church planning core group could establish a multiethnic congregation. Yet on the level of church planting, ethnicity was an equally weighty variable affecting how the church plant shaped and influenced the second-generation's faith identity and community. Charles explained: "It has to do with our own ethnic culture, how we perceive faith and how community life is defined. I think that has a lot to do with people's ethnicity and what they expect out of community, how they interact socially with other people."

In other words, Charles recognized that the impact of ethnicity was much more palpable and at work on a deeper level in the city he resided in that reflected a large number of diverse Chinese populations. With that in mind, Charles concluded that "our ethnicity and our culture have [a] really heavy bearing in shaping who we are."

The ethnic factor was not lost on Tim when he started his ministry journey in California. Tracing his spiritual journey as a start-up church planter in Orange County in California, Tim reminisced about his original aspiration to set up a Pan-Asian multiethnic congregation that "would be truly welcoming of people, of all races, of all cultures, all sorts of economic backgrounds and all faiths or lack thereof." What "profoundly shaped [his] thinking" was Tim's understanding of the biblical principles of acceptance and forgiveness. He claimed that all kinds of people "have been brought together in Christ," and any separation based on ethnicity would mean "the gospel's power in Christ, death on the cross, is not sufficient to bring us to God as equals."

The key difference between Salem and Temple, according to Charles, lay with the ethnicity of the very founding core group with whom the church was started. In Tim's case, he took over a Caucasian church twenty years previously, privileging him with an existing mainstream racial framework to start with. In Charles's case, he singled out the Chinese ethnic identity of the founding core group as the overarching factor that shaped and at once restricted the subsequent ethnic DNA of the resulting congregation. In other words, if the core group was entirely Chinese, the congregation would most likely be Chinese and would be unlikely to become a Pan-Asian or multiethnic church because it was limited by its own congregants' socialization process.

Conversely, a multiethnic core group stood a better chance of creating a multiethnic church due to the absence of ethnic boundaries such as those the mono-ethnic church might have unintentionally erected. Thus, SGCCE at Salem continued to be in the awkward position of adhering to a faith that transcended ethnicity and yet at the same time, they were restricted by the church's ethnic boundary. The inexorability of being bounded by such a dilemma was very strong in Charles's mind irrespective of his original intention to shape Salem to be multiethnic. He admitted, "No matter how hard I try to steer it, I don't think it's actually steerable because . . . when people bring their friends, the church is going to be a function of people's own social networks."

From Isaac's perspective, one of the main reasons SGCCE transitioned to Covenant was a desire to "assimilate" into a "broader kingdom community" when they entered young adulthood and began to exercise autonomy from their parents. In so doing, they wanted to be part of a church that was "Canadian," that reflected the ideal of multiethnic and multicultural societal diversity. This aspiration had been "a prevalent theme that comes up over and over again: 'We want to just be a broader community. We want to be part of what God is doing in our community.'" Constructing faith in the context of assimilation, Isaac attempted to put himself in the shoes of SGCCE: "I find myself living as a second-generation ethnic person . . . Asian [or] Chinese. I embrace that, praise God for that and my rich traditions. But I live here. I live in this country called Canada which is diverse and celebrates all of its diversity."

In other words, ethnicity, for Isaac, was not a particularly potent factor in the broad process of assimilation into the Canadian mainstream society of which his church was a part.

### *On How Socialization Enables and Limits Church Affiliation*

In many respects, a church was bounded by its congregants' demographic, and the congregational composition was in turn a function of the congregants' socialization process. In the case of Salem, the chief reason for it being a Chinese church was that "all [i.e. the congregants'] friends are Chinese." To elaborate the point, when Charles asked his parishioners, "How many of your friends are not Chinese?" he reported that they responded by telling him that "the percentage is extremely low [and] some of them don't even have any." Thus, Salem's continuance as a Chinese congregation was inevitable and predictable. Charles further asserted that socialization of his congregants was heavily affected by the demographic of where they resided, as this city on the West Coast contained a high number of Chinese Canadians.

At Temple, Tim confirmed the effect of socialization on its congregants. The key difference was that since Temple was multiethnic, an ethnic Chinese could bring his or her ethnic Chinese friends to worship and could still manage "to stay very much in contact with people within your own cohort," which reflected a deep sense of homophily. Yet at the same time, Temple's multiethnic orientation presented an environment that enabled non-Chinese to attend, something that was not likely to happen if the congregation was Chinese in the first place. In that regard Temple was somewhat ethnically neutral and yet still celebrated the diversity of its congregants. Tim added:

> If you're Chinese and you have a White friend that you want to invite to church, you can do it in a place like Temple because it's multiethnic. Conversely, if you're a Caucasian and you've got an Asian friend, it's also easier to invite your friend I think to a multiethnic church than an all-White church because people feel like that they would be more comfortable.

As a mainstream Caucasian congregation, Covenant did not weigh in on ethnic socialization since it had taken an assimilation stance that did not pay specific attention to each ethnicity. Reflecting on the mainstream and yet multicultural composition at Covenant, Isaac was fond of saying: "We celebrate the diversity."

### *On How Ethnic or Cultural Values Must Be Subjugated to Faith Values*

When it came to Chinese cultural or ethnic values, church leaders in this group took a position of subjecting them to the lens of faith, evaluating and criticizing when necessary to ensure the supremacy of faith values. As a Japanese Canadian, Tim asserted that he "referenced his cultural heritage" and values such as a strong work ethic. But he felt it necessary to view the duality of ethnic culture through the lens of faith in a manner that both engaged and critiqued culture. Tim acknowledged that "every culture in some ways resembles the image of God." The other side of the coin was that "there's also sinful fallenness manifesting in the culture." According to Tim, Christians are called to "embrace those parts of their culture that are congruent with the kingdom of God." He went on to single out the values that needed to be critiqued: the emphasis on hard work; collectivism versus individualism; the need for validating one's existence through achievement in the eyes of others, through education, professional advancement, and accumulation of wealth. Thus, Tim appeared to take pride in assessing these values with a prophetic voice:

> I address those [values] with the gospel, trying to affirm the beauty of culture, whether it's Asian or other. Then [I] also seek to be a prophetic voice to speak against the values of our society, whether Asian or not, that undermine the values and the ethos of the kingdom of Jesus.

The need to address Asian values through faith's adjudication process also resonated in Charles's mind. He discussed how he tackled the problematic Chinese values of "hard work ethics" and pursuit of "money" with the "professionals, lawyers, [and] accountants" in his congregation. Charles expressed the belief that an emphasis on amassing wealth was a reflection of "our cultural upbringing [because] work [and material success] is such a huge part of that." However, Charles asserted that such a pursuit of wealth must be balanced with using wealth for God's ministry. He stated that if God has put one in an influential position and is also financially able, one must accept God's providence and use it for God's glory. Charles further attributed the origin of wealth-amassment to "an inferiority complex for the Asians" and a sense of "insecurity" that might have subconsciously been "ingrained in [the] ethics" among the Chinese. Not being the "dominant culture" in Canada, Asians needed to "keep working harder and harder" to pursue upward mobility in a mainstream society dominated by "White culture." The pressure to be "hardworking" also was reflected in the immigrant parents who were "very hard working" in their own efforts to provide for the family as they settled in the new country. To Charles, "it was always their work ethic that inspired" their children in their own pursuit of life goals and careers.

For Isaac, Asian values were an active agent in shaping the life of SGCCE in their parents' congregations, so much so that he heard from his congregants about a set of behavior that was culturally enforced and reinforced, behavior such as "things you say and do not say and things you do and things that you just do not do." These cultural practices repressed the growth of SGCCE at the ethnic church in such a way that their efforts to be authentic disciples were curbed. Once the second-generation transitioned into churches such as Covenant, a genuine transformation took place. Isaac remarked this way: "As they arrive, and it's not long after that, they just seem to flourish and there's been this almost a latent, almost a repressed kind of sense of what it means to be a disciple . . . and a sense of freedom that comes with that."

In explicating this phenomenon, Isaac cited the pursuit of success and the achievement orientation of Asians as examples of issues that he had helped address with SGCCE now at Covenant by examining them through the biblical concept of grace. In a high achievement-oriented culture, the Asian church had seemingly produced "high achievers" who were "hard working" and attaining much "success." The challenge was that "the achievement and the success and the things [SGCCE] do can become almost regimental," such that humans were claiming all the credit instead of giving thanks and credit to God. Yet questions emerged: "Who determines what is successful and what isn't? Who is the one who says that this is good enough or this isn't good enough?" It was this sense of not being good enough that crept into how SGCCE practiced their faith. They often wondered, as Isaac observed, "even in the walk with the Lord. 'Is this – am I doing enough?'" If unbridled, this mentality would slide into what Isaac labeled to be "work-based theologies," something that was convenient to pursue because it was "the easiest thing to preach, it's [an] easy thing to ascribe to because there's a cause and effect." Yet grace transcended human efforts because "God is so broad" as to be able to cover their not being "good enough."

The local-born, "caught between two cultures," were often found to be in the mode of seeking "affirmation or confirmation." This search led them to question their own identity and belongingness: "Am I this or am I that? Do I belong here? Do I belong there?" Isaac expressed the firm belief that in the quest for meaning, purpose, and belongingness, faith identity trumped ethnic or cultural identity, and that faith could lift SGCCE out of the liminality "between two worlds" because "Jesus transcends all of that."

### *On the Dysfunctional Leadership at the Chinese Immigrant Church*

All pastors spoke about the inertia of the leadership at the immigrant church, though not all were aware of it through firsthand experience. Charles commented on the reserved nature of first-generation leadership in their reluctance to change or be receptive to new ideas. He gave the example of conflicts surrounding the church location and building. For a long time, his parents' church had rented a church building owned by a Caucasian church in the southern part of the city. Yet the local-born believed that in the northern part, "there was much more opportunity, and this is kind of where the heartbeat of the city is." In spite of the local-born clamoring to move, the first-generation leaders who were the decision makers did not want to relocate. They were building-adhesive in that they found their comfort in the confines of the rental space and viewed it as their material and spiritual investment. Yet the local-born placed a lower premium on the church building, since "much of the church is run out of homes, small groups, and cell groups. And so much of the community life doesn't have to be within the church building." Indeed, the second-generation had a vision bigger than merely owning a building. Their broader aspiration focused more on "evangelism . . . [and] how we [can] participate in social work." Yet Charles lamented that the first-generation leadership lent very little support to that sort of initiative because of a lack of vision.

In discussing his cultivation of a "healthy leadership" at Temple, Tim compared and contrasted it with leadership at typical Chinese Canadian churches based on his own observations and conversations with SGCCE who had shifted their attendance to Temple. Tim expressed the belief that "healthy leadership" was the key differentiator between Temple and an immigrant church where leadership was problematic. He elaborated:

> If my observation is [correct], there are people who leave the Chinese churches because there is unnecessary conflict, perhaps inevitable conflict between the first and second-generation over cultural matters. And so, they feel like it's not just about the gospel or about Jesus, but it's about these power plays or about insecure leaders or leaders with big egos or a combination of both.

Healthy leadership, on the other hand, meant an "engaged board" that was "centered in Christ" with "godly and humble" attributes. In addition, it implied a team of pastors that genuinely "like each other and get along so there are not a lot of unnecessary conflicts." Tim practiced "healthy leadership" by going even to the extent of promising newcomers to Temple that their energy would be solely directed toward "the gospel moving through our lives and through this community and through this city (and) everywhere in the world God leads us."

In discussing leadership at the Chinese church, Isaac placed it in the context of how Chinese leaders reacted to the silent exodus phenomenon. His comments revealed how defensive and short-sighted leadership had become and their inability to frame the problem in the context of the SGCCE desiring to pursue a better environment in which to grow their faith. Isaac identified three scenarios. In the first one, the ethnic church leaders "are embracing it [the silent exodus]." In the second scenario, the first-generation leaders saw an opportunity to better themselves by serving SGCCE in their midst by "rallying the troops." In the last scenario, by far the worst one according to Isaac, the leaders would "circle the wagons," declaring "We have to stop this. This has to end." He said that based on his interaction with those who had left the ethnic church after experiencing the last scenario, his understanding was that they were hurt by the leadership's attempts to instill guilt in the SGCCE by protesting: "This is your church, this is your culture." Under the circumstances, people who left might feel guilty and as if they had betrayed the culture that they had been brought up in.

Another example of the inept leadership at the ethnic church had to do with the cultural assumptions of what qualified a leader. Isaac relayed a story of a Chinese pastor who visited him to inquire about a youth who had left his church to attend Covenant. He told the pastor that the young man was fully accepted and integrated with ministry at his church. The Chinese pastor was incredulous. The crux of the matter was that there was a cultural assumption at the Chinese church that determined maturity or the lack of it. As a teenager, this young SGCCE was not considered as a candidate for service based not on his precocity, gifting, or skills, but on his age. Upon finding out this young man's situation at Covenant, the pastor's reaction was: "See, I told them (the leadership at the immigrant church). We're going to lose our young people if we don't begin to encourage them." This episode revealed the cultural assumption of valuing age more than skills and how it limited leadership development at the immigrant church.

## *On the Centrality of Relevant Teachings and Authentic Practices*

All three church leaders recognized the power of relevant teachings supported by consistent and authentic practices. Charles, for instance, took steps to address values that were problematic, such as the Chinese emphasis on strong "work ethics" and pursuit of "money" and judged these values from a faith perspective. In addition, he made it very clear through preaching to his congregants that his vision involved shaping Salem into a Pan-Chinese church. Tim, on the other hand, took on the role not only of a cultural entrepreneur but also of a contextual expositor of the sacred text who translated the teachings of Jesus into lessons relevant to a contemporary setting that was germane to his multiethnic congregants. Furthermore, Tim was a very effective communicator of Temple's values and vision, which he had purposefully constructed to guide the congregation forward. He summarized the vision of Temple as a place where people from diverse backgrounds get together "and discover or rediscover Jesus," where people find healing, and gain a clear missional outlook.

As for the values of Temple, Tim said they can be best symbolized as the five Rs: (a) Relating to God and other people; (b) Relying on the spirit; (c) Raising disciples; (d) Reconciling; and (e) Reaching out. Of these five values, Tim singled out reconciliation as the value undergirding the ethos of Temple and reflected a "visible demonstration of the gospel's power to bring us together across cultural, ethnic, racial, and economic lines." Another key teaching of Tim at Temple was the concept of embracing diverse groups. He pointed out that "the definitive sign that you belong to Jesus and that you're filled with his spirit is our "love for people who are different from us." In putting his teaching of the vision statement into practice, Tim did make valiant and successful attempts to create "a place of welcome" at Temple that was now "largely Asian, multiethnic and multi-socioeconomic," including members who were "CEOs, university professors, medical doctors, professional athletes, celebrities . . . homeless, people that are underemployed and people who are under margins of poverty." Rooted in a biblical understanding of how God openly accepted human beings of all tribes, people and languages, Tim's practice of hospitality, or "welcome" as he called it, originated from his personal experience of always sojourning and not having settled in one place that he could call home. This experience of unsettledness drove him to practice "a table of welcome" wherever he was, accepting people as they were, irrespective of their race, ethnicity, or social or economic status. Tim's personal conviction transformed him into someone who saw his reality not from a vantage point of value-judgment but through the lens of God's love, forgiveness, and unconditional acceptance.

As far as Isaac was concerned, clarity of values and direction was the foremost centripetal force that attracted congregants and made them want to be an integral part of a faith community. Through his own exchanges with SGCCE now attending Covenant, he concluded that the primary attribute that the Chinese church lacked was the clarity of vision and persistence in pursuing that vision. Isaac recalled that the need for relevant preaching "comes up frequently . . . we hear this regardless of Chinese church or whatever church, [that there is] a lack of preaching God's word." He argued enthusiastically that the mysterious divine message in God's word and its preaching was the fundamental element that drew people to a certain church. Isaac was convinced that "people are hungry (and) starved for God's word. And where God's word is being proclaimed, clearly and with authority, God will draw his people there." At the same time, vision and mission also needed to be communicated through the ministry of preaching. Isaac proclaimed, "If God's word is being preached, and people are being encouraged to serve, and become disciples, for the most part, they're not going to leave."

Isaac also singled out the desire of the SGCCE to seek an authentic faith expression as a disciple of Jesus Christ. His interaction with SGCCE informed him that at the ethnic churches, "there is reluctance or a lack of making disciples." Isaac recognized that churches "do discipleship through the filter of specific ethnic cultures." He explained that though discipleship at its core consisted of universal "parameters and boundaries" that any churches "should not cross" regardless of ethnicity, the culture that the churches attach themselves to "adds in a filtering layer that sometimes hinders or restricts the practice." The barriers included a set of behaviors that was culturally enforced and reinforced, such as "things you say and do not say and things you do and things that you just do not do." These cultural practices in turn inhibited the growth of SGCCE at the ethnic church in such a way that their desire to be authentic disciples was repressed.

## On Exercising Autonomy

Although all church leaders did not discuss the topic, there was some conversation on the shifting of SGCCE from their parents' church to a new one in search of maturity and autonomy. Isaac gave three examples. The first was about SGCCE exercising freedom to be assimilated into a mainstream religious institution. In characterizing such a move, Isaac ruminated that such a desire to "assimilate" into a "broader kingdom community" on the part of the local-born cohort occurred when they went through different life stages, such as marriage. The SGCCE might have come to recognize that they wanted to exercise their autonomy to be part of a "broader [Canadian church] community."

The second illustration had to do with freedom for the SGCCE to exert their Christian identity. Isaac asserted that one of the reasons that SGCCE congregated at Covenant was because "they do want to celebrate their Christian identity, maybe in a more expressive way, or maybe with a little bit more freedom." Not wanting to "forsake where [they've] come from," SGCCE felt that their time had come to forge a new path, avowing that "it is [our] time . . . [for] stepping out and growing up and starting [our] own traditions."

The final example was related to the freedom to choose the form of expression for the worship experience. Isaac attributed the silent exodus to the fact that "[SGCCE] don't like the worship, or the music, or the style" at the immigrant church. He argued that music was "hugely important, because music is the language of the soul [and] it transcends language [and] speaks to the soul." Regarding music in the context of the Chinese church, Isaac observed that a "more contemporary style of music is not as accepted." Although there was no doctrinal argument about whether a contemporary music style was acceptable to a faith community, SGCCE in general tended to embrace the modern style much more openly than did members of their parents' generation. Thus, many switched churches simply to exercise their freedom in opting to attend a church that met their "preference" for a more culturally accepted contemporary worship style.

## Summary

In sum, a triangulation analysis of this group surfaced the following key points: (a) the salience of ethnicity and how it affects church ministry, (b) how socialization enables and limits church affiliation, (c) how ethnic or cultural values must be subjugated to faith values, (d) the dysfunctional leadership at the Chinese immigrant church, (e) the centrality of relevant teaching and authentic practices, and (6) the desire to exercise autonomy.

In this chapter, data analysis for all four cases and their respective thirteen participants was done, and the emerging themes from each case analysis were identified. In addition, two groups of data based on the interviews with five pastors that were pertinent for purposes of triangulation were presented and their topics of discussion highlighted. In chapter 5, I discuss the cross-case analysis and findings and conclude with implications and suggestions for further study.

CHAPTER 5

# Findings and Conclusion

Chapter 1 provided an introduction to this study by establishing the rationale, significance, research questions, and structure for the multi-case inquiry. Chapter 2 established the theoretical frameworks for the historical background of the Chinese Canadian evangelical church; ethnicity, religion, incorporation, and congregational transition pathways for second-generation Chinese Canadian evangelicals (SGCCE); and leadership as it was applied to the congregational setting of Chinese immigrant churches and the churches SGCCE were attending in Canada. Chapter 3 delineated the research methodology for the qualitative multi-case inquiry and described how data were to be collected and analyzed. Chapter 4 reported on the data collected on a case-by-case basis and the themes that emerged within each case together with data gathered and their corresponding themes for triangulation purposes. This chapter reports on the cross-case analysis, findings, and conclusions that emerged from the analysis of data collected in chapter 4; and identifies the limitations of this study as well as future research opportunities that may build on the findings of this study.

As stated in chapter 1, the purpose of this work was to explore through a multi-case inquiry how the foresight of church leaders in the context of ethnic and religious social change mediated (or failed to mediate) the SGCCE's transition from their first-generation churches to the current congregations of their choice. In support of the purpose of study, the following research questions were established to support the investigation:

1. What is the extent to which ethnicity and religion play a role in the way SGCCE think of themselves and in the choices they make

concerning the church where they worship in the transition from their parents' church?
2. To what extent is ethnicity overshadowed by religious identity and vice versa in SGCCE's decisions as they transition themselves from their parent's congregation?
3. What role does church leadership of the first-generation Chinese Canadian evangelicals play in guiding and shaping SGCCE's search for growth and autonomy as expressed in the congregational transition, through exercising the servant-leadership characteristic of foresight?
4. What role does church leadership of the churches that SGCCE are attending play in legitimizing the ethnicity of the congregants and shaping the ethnic boundary of the congregations through exercising the servant-leadership characteristic of foresight?

In response to these questions, three overarching arbitrating factors have been identified as key agents in mediating the overall transitional experience of SGCCE. First, ethnicity and socialization of SGCCE played a key role in affecting how they viewed themselves and the choices of congregations in the transition process. This factor represents broadly the response to Research Question 1. Second, the supremacy of religious identity held by SGCCE helped shape and negotiate their pathway in fostering an intimate relationship with co-worshipers. This factor contributes to a large degree to the response to Research Question 2. Third, the presence or the absence of compelling vision and clear foresight of church leaders from both the Chinese immigrant churches and the newly chosen congregations was another key factor that affected the SGCCE's transition from their parents' church to their new congregations. This factor represents the answer to Research Questions 3 and 4.

## Cross-Case Analysis

As discussed in chapter 3, a multi-case study demands that the researcher undertakes an extra layer of examination in the exercise of a cross-case analysis.¹ In following R. E. Stake's suggested guidelines for gaining deeper insights into the characteristics of the quintain of the overall study from the findings of each case, I started cross-referencing each theme and its content and data against those of other themes across all cases. In addition, I triangulated these themes with topics of common interests that emerged through interviews of two groups of pastors as reported in chapter 4. Table 11 summarizes the cross-references of these themes. Table 12 shows the common topics of the interviews with pastors for triangulation analysis. In Table 11, themes are arranged by each case and listed in alphabetical order. For example, Theme #3b represents the second theme of Case 3. In analyzing the "common relationships across cases"² or the correlation utility among the themes, a rating of "H" (high), "M" (medium), or "L" (low) was assigned to each theme's correlation across other cases.³ For example, for theme #1a (Quandary of ethnic-dominated SGCCE congregation), which is the first theme of Case 1, cross-case analysis shows that the degree of correlation with theme #2b (Relationality and adhesiveness of congregational community), which is the second theme of Case 2, is "M" (medium). However, the same theme (i.e. #2b) is designated as "H" (high) for theme #1d (Relationship) because the correlation of relationality being the key variable for congregational adhesiveness between the two cases is direct and high. Similarly, the correlation between theme #2a (Life stage changes) and theme #1a (Quandary of ethnic-dominated SGCCE congregation) is assigned an "L" (low) because when it comes to leaving the parents' church, only Eunice of Case 2 shared an experience that was similar to that of Peter in Case 1: Both of their departures were necessitated by decreasing number of friends and peers in their age cohort at the parents' church due to these friends' life stage changes. Other participants in both cases did not mention this factor when they described their transitory experience.

Table 11 summarizes the "similarities and differences,"⁴ or the "uniformity or disparity" of the themes of the cross-cases.⁵ Through analyzing the

---

1. Stake, *Multiple Case Study*, 39.
2. Stake, 39.
3. Stake, 48.
4. Creswell, *Qualitative Inquiry*, 209.
5. Stake, *Multiple Case Study*, 40.

data and individual case themes identified in Table 11, six highly correlated themes as well as two outliers emerged that are listed in Table 13, with each cross-case theme and outlier being discussed in the following section.

## Cross-Case Theme #1: Dysfunctional and Inept Immigrant Church Leadership

Leadership is referred to as the process that leaders engage in to influence the followers to achieve a mutual goal.[6] As such, leadership is a lived experience[7] and can be characterized not only by the leaders and their behaviors, but also by the led. In this multi-case research study, leadership referred to the lived experience of the participants. Yet leadership experience was multifaceted, and each participant's lived experience was unique when it came to how each was led by the leaders at the Chinese immigrant church. Although the dimensions of leadership experience at the participant's former churches as surfaced in each case analysis (such as Mentorship in Case 3) were worthy components to stitch onto the overall understanding of the lived experience, the following aspects of such experience were found to be highly correlated under a cross-case analysis. These experiences were not unique and independent in their own right but at times could be observed overlapping with one or the other. Described in more details in the following sections, these aspects of lived experiences include (a) vision; (b) decision-making, and (c) exercise of power and authority.

### *Vision*

According to Greenleaf, foresight is "the 'lead' that the leader has."[8] In particular, religious leaders playing the role of a prophet are those who bring "vision and penetrating insights" to the community.[9] From the perspective of the participants, church leaders were expected to be visionary in formulating a direction and constructing meaning for that direction for them to follow. In so doing, leaders' vision reflects the foresight, or its absence, in tackling emerging issues such as the spiritual well-being of SGCCE. In other

---

6. Northouse, *Leadership*.
7. Ladkin, *Rethinking Leadership*.
8. Greenleaf, *Servant Leadership*, 40.
9. Greenleaf, Fraker, and Spears, *Seeker and Servant*, 14.

words, a unifying vision and a clear mandate were required to elucidate the endgame and the immediate goals the church ought to pursue and how the congregants were to be led in pursuit of that direction. Yet, the cross-case analysis revealed that a high correlation among the participants viewed the Chinese immigrant church leadership as visionless and rudderless when it came to providing clarity of direction for SGCCE, reflecting an absence of the foresight in anticipating the needs of the younger generation. For many participants, vision, or the lack of it, was a flash point for their departure from their parents' church. Frustration flared up in the case of Martha (Case 1), for instance, when direction and purpose were not evident at her former church and therefore, she experienced a sense of loss and drifting from her bearings. Martha lamented that "when I feel like there's no central goal or kind of [a] theme, then I don't know what to do. I don't know what to go toward." Under such circumstances, Martha left and went on to search for "a church that has a direction and a purpose that is aligned with what I'm looking for."

Table 11: Summary of the Analysis of Cross-Case Themes

| Case | # | Themes | Correlation/Common Relationship |
|---|---|---|---|
| 1 | a | Quandary of ethnic-dominated SGCCE congregation | 2b (M), 2d (H), 4b (H) |
| 1 | b | Inept leadership | 3c (H), 4d (H) |
| 1 | c | Stagnation | 2a (M), 3b (H), 4a (H) |
| 1 | d | Relationship | 2b (H) |
| 1 | e | Social construction of identity | 2d (H), 3d (H), 4b(H) |
| 2 | a | Life stage changes | 1a (L) |
| 2 | b | Relationality and adhesiveness of congregational community | 1d (H) |
| 2 | c | Chinese values and their juxtaposition with faith values | 1c (M), 3a (H), 4c (M) |
| 2 | d | Identity and how it relates to their choice of congregation | 1a (H), 3d (M), 4b (H) |
| 3 | a | Ethnic culture and values as a double-edged sword | 2c (H), 4c (M) |
| 3 | b | In search of autonomy: Freedom and its many faces | 1c (M) |
| 3 | c | Leadership matters | 1c (H), 4d (H) |
| 3 | d | Identity and values: An exercise of social construction | 1e (H), 4b (H) |
| 4 | a | Yearning for meaningful religious teaching | 1c (H), 2a (M), 3b (H) |
| 4 | b | Identity and its influence over choice of congregation | 1a (H), 2d (H), 3d (H) |
| 4 | c | Distaste for cultural divide in a tri-congregational milieu | 2c (M), 3a (H) |
| 4 | d | Dysfunctional leadership at the immigrant church | 1b (H), 3c (H) |

Table 12: Triangulation Analysis

| Group | # | Common Topics |
|---|---|---|
| T1 | a | On the silent exodus and how the Chinese Canadian church has viewed it |
| T1 | b | On the root causes of the silent exodus |
| T1 | c | On the cultural value of respect for the elders |
| T1 | d | On finding the way out: Attempts to stem the tide |
| T2 | a | On the salience of ethnicity and how it affects church ministry |
| T2 | b | On how socialization enables and limits church affiliation |
| T2 | c | On how ethnic or cultural values must be subjugated to faith values |
| T2 | d | On the dysfunctional leadership at the Chinese immigrant church |
| T2 | e | On the centrality of relevant teaching and authentic practices |
| T2 | f | On exercising autonomy |

Table 13: Cross-Case Themes and Outliers

| # | Cross-Case Theme |
|---|---|
| 1 | Dysfunctional and inept immigrant church leadership |
| 2 | Mutuality between ethnic salience and boundary of congregation |
| 3 | Relationship |
| 4 | Stagnation, solid teachings, and growth |
| 5 | Indictment of ethnic culture and values |
| 6 | Social construction of identity |
| | **Outlier** |
| 1 | Abuse as a trigger to move |
| 2 | Spiritual needs of children as paramount |

For Luke (Case 4), having no senior pastor at the helm for a long time meant that the church was operating in a "sustenance mode," offering no clear pathway "to steer the flock." Experiencing a "void of direction . . . a lack of vision" at the immigrant church, SGCCE such as Luke were "unable to move forward." Yet the issue of vision took on a different dimension in Luke's case. For him, vision was not merely a direction or what needed to be achieved in the future, but a unifying and inspiring ideal that was needed in a trilingual congregational setting with competing demands and priorities in the context of the Chinese church. To address the diverse and sometimes conflicting aspirations of the three congregations, a vision that could bind them together with unity was critically required. Simply put, Luke yearned for a "vision . . . that will unite us as a church because of the three congregations." However, when faced with the stark reality of a "mismatch of vision" given that different congregations at his church favored divergent directions, Luke left for good.

Perhaps no participant was as elegant and eloquent in articulating the centrality of vision as Mariam (Case 3). For her, the essence of leadership was embodied in the "vision" of a leader. Without vision, and foresight to anticipate and address the needs of the congregation, leaders forfeited their ability to elevate followers to new heights. Conversely, Mariam argued, if pastoral leaders are "visionary," they "see things happening in a certain way and they're looking in that direction; it gives the congregation space to move in that direction." In other words, vision and foresight inspired actions to realize the future reality. Conversely, misalignment of objectives inevitably occurred and conflict flared up when vision was lacking. Mariam explained that difficult situations developed when congregants and the leadership did not share the same vision since one "can't really surpass the leadership."

Because of the lack of such a uniting vision, Mariam left Uptown. And yet it was the well-articulated vision and mission of the senior pastor at Temple that Mariam was attracted to and that convinced her to stay at that church. Corroborating Mariam's experience, Tim (T2), the senior pastor at Temple, explained his vision this way:

> It's to be a place of where people of different backgrounds . . . can come discover or rediscover Jesus . . . a place of healing for the broken . . . a mission-sending base back into our city and wherever in the world God leads us.

## Decision-Making

According to Patterson, servant-leaders are those "who lead an organization by focusing on their followers, such that the followers are the primary concern."[10] However, almost all the participants viewed church leadership and its practices at the immigrant churches as murky, opaque, hierarchical, and kryptocratic, especially in the area of decision-making. In a few instances, leadership and decision-making could in fact be characterized as Machiavellian in the sense that manipulative tactics were favored over fairness and moral or biblical principles. For instance, Martha (Case 1) leveled a complaint against her former church leadership of not following the predefined and pre-publicized due process of pastor recruitment but rather of making the decision in a "not very open to the church way" by appointing a candidate arbitrarily. Martha viewed this practice as diametrically opposed to the fair-play and openness that were highly valued in the Western democratic process of decision-making. In the case of Mark (Case 4), the prevalent practice of appointing church leaders at his parents' church privileged those who had "social status and achievement in society with material wealth." Leaders on the board at his former church were portrayed by Mark as the "old rich guys . . . the rich business owner, the CEO guy." Disdain for such a bias in favoring cultural values in decision-making also resonated with Eunice (Case 2), who loathed the cultural practices at the immigrant church at which the first-generation leaders would "make decisions based on their first-generation values." Finally, John's (Case 3) experience in dealing with the method his former church used to hire a pastor echoed that of Martha. The appointment of the youth pastor at John's former church was prejudiced by the Chinese value of *guan-xi* (i.e. privileged relationship) that privileged on "who knows whom" instead of a process that reflected a meritocracy. John concluded that in the Chinese church, people were chosen not on the basis of their competence but because of connections.

Another aspect of decision-making that was spotted by most participants through the cross-case analysis was related not only with the opaque nature of how decisions were made but also the unbearably slow pace with which decision were made. SGCCE expected decision-making to be decisive, open, and collaborative. However, from Peter's (Case 1) perspective, immigrant church

---

10. Patterson, *Servant Leadership*, 5.

leaders were "dragging their feet" when it came to the replacement of the English pastor, which in turn created a big void in the ministry and precipitated Peter's exit from the church. No explanation or update was given about whether the replacement process had progressed; nor was the process fully explained by the leadership. Peter postulated that without regular updates and open dialogues, his cohort was left to speculate and draw premature and perhaps incorrect conclusions based on invalid assumptions. On the other hand, Matthew (Case 4) attributed this snail-paced process to a bureaucratic business model his father's church adopted that eventually turned ministry into an unwieldy administration. In such a model, leadership took long hours in weighing every piece of information, and decision-making appeared to be foot-dragging. When Matthew made a request for establishing a mentorship practice, for example, it took "months before (he) can get a reply." Simply put, "lack of organizational effectiveness" drove him away. Luke (Case 4) shared the same frustration. When faced with the stark reality that the church building was "older" and had been in need of renovation for years, church leaders were reluctant to make a decision and kept deferring it from one Annual General Meeting to another. Luke grumbled, "They always were continually going in cycles [of] two, three years. A new project was defeated for whatever reason and then somebody else came up with (a) new idea. So, it just felt the church didn't move (forward)."

Participants offered a few common explanations for this ineffectual behavior on the part of leadership. For Matthew, leadership indecisiveness represented an attempt to avoid conflicts and reflected an inherent "disconnect between the different congregations" that underscored the inevitable competing values and directions of three congregations at his church. Mariam (Case 3) pinpointed the mismatch of cultural values between the leaders and SGCCE as the key factor in the Chinese leadership's resistance to change at Uptown. Paul (Case 4) echoed their sentiments but proffered a different viewpoint. He argued that vacillation in decision-making had to do with the Chinese "traditions that were reserved [in nature], because [the Chinese immigrant leaders] don't want to change things." Such a mindset might merely be a reflection of the first-generation leaders' desire to maintain the grip of power and authority to exercise "control," fearing that change might result in unknown consequences.

Nathaniel (Case 3) shared a similar experience regarding the risk-adverse mindset of the immigrant church leadership. He cited an example of appealing for a change in worship schedule to illustrate how this mindset triggered the exit of his fellow SGCCE from Uptown:

> We [the English congregation] want a change [of] the [worship] time [to accommodate the English-speaking new comers]. They [Chinese] want a change of time for [their own purpose]. Some people want more emphasis on Chinese side because [those] Mandarin Chinese . . . saw it as more valuable. But you have this increasing population of Chinese kids in this city who are like me who speak English as their primary language who are more comfortable listening to [a] sermon in English.

Such a mindset explained "partially why [the English speaking] people left" the immigrant church, according to Nathaniel. Finally, James (Case 1) attributed the reserved nature of traditional Chinese culture to a desire to maintain the status quo. He concluded that "it is in the Chinese culture to be very traditional. Once you have your way set, you stick with what you've known and what you've been doing."

Corroborating this sentiment, Pastor Silas (T1) ascribed resistance to change on the part of the Chinese immigrant leaders to the reactive nature that stemmed from the traditional agricultural background of the Chinese, in which farmers, as a metaphor for church leaders, "try to keep it safe so that they have the harvest next season. So, the agricultural culture is kind of more reactive." In closing, Pastor Adam (T1) was sanguine in speaking about how resistance to change was manifested in the attitudes of immigrant church leaders in addressing the silent exodus of SGCCE: "Most Chinese churches would kind of like sweep the dust under the carpet and say 'Well, we can wait. We can – it's not that bad.'"

### *Exercise of Power and Authority*

According to Tseng, "Asian immigrant church leadership is often plagued with power struggles. Conflicts persist among leaders and between clergy and laity."[11] The final highly correlated dimension of leadership as experienced

---

11. Tseng, *Asian American Religious Leadership*, 22.

by SGCCE in this study pointed to how participants perceived power and authority being exercised at the Chinese church. Adam (T1) observed that, perceived to be paternalistic, hierarchical, and oligarchic, Chinese church immigrant leadership tended to be concentrated in the positional power of the "senior pastor" and the "church board." Implicit in this leadership construct was that the Chinese congregation of the church held the power, as these congregants, many of whom were parents of the English congregants, tended to be the first comers and founders of the church. As Martha (Case 1) attested, "The Chinese side will decide what's going on and then we'll just follow along." Yet this ethos at times created not merely intergenerational conflicts between the English and the Chinese cohorts but also intramural discord among the Chinese, between the Cantonese and the Mandarin speaking congregants. Such conflicts led to the impetus for local-born to leave the ethnic church, according to Pastor Tim (T2). Matthew (Case 4) explained that most of the church founders were immigrants from Hong Kong and had funded the church building construction in the early days. Because of the first-comer privilege, these Cantonese-speaking leaders "have [wielded] the most power in the church . . . they are the people who have the last say." Yet while these Chinese congregants had the wherewithal to finance any renovation project to meet the needs of SGCCE as in the case of Luke (Case 4), they refused to do so. Thus, when it came to exercising power, position and finance were two pillars of its visible manifestation. In such an environment, as Matthew attested, SGCCE had very little say in shaping and deciding the church affairs.

Yet another manifestation of power, as far as Matthew was concerned, was symbolized in the way the Cantonese congregation was situated physically in the church building when they conducted their worship service at his church. Failing to exercise any foresight regarding the rising influx of Mandarin immigrants and the growing demands of the SGCCE, Matthew's church leadership was forced to partition the building as a reactive measure to accommodate three different services in three different languages (i.e. Mandarin, Cantonese, and English). Because of its power and influence, the Cantonese faction monopolized the usage of the sanctuary and SGCCE were left in the basement. Drawing from the metaphor of height or level differences in terms of "upper" and "basement," Matthew came to characterize the divide between the two congregations in terms of liturgical practices, cultural ethos, and most important of all, power modulation. "Upstairs" were the older Cantonese generation who favored "hymns" with a "middle-aged choir." "Basement," on the other hand, was the SGCCE who used "drums, guitar [in worship] . . . [and sang] in English." Yet above all else, "upper" was the generation that had wielded "the most power in the church." But for those who "grew up in the basement," there was a prevailing sense of being powerless and of not being able to navigate their growth and autonomy. Thus, to no one's surprise, as pastor Adam (T1) went on to explain, this was one area of immigrant church leadership that wreaked the most havoc in the intergenerational conflict. Mostly imbued in the traditional Chinese culture that favored hierarchy with a "centralized power base and structure," immigrant church leaders, according to Adam, were perceived as "authoritative" or autocratic by SGCCE.

For Martha (Case 1), such a perception implied an inflexible and bureaucratic church governance and a set of practices that were paternalistic and based on a culture of command and control when it came to ministry development for the SGCCE. Any time the local-born wished to pursue an initiative, they had to "ask the Chinese side first for permission." So stifling was the power structure that it eliminated any possibility for genuine and transparent intergenerational dialogues because SGCCE never felt empowered to have a voice regarding their thoughts or aspirations. Martha complained that "there's never really [a] chance to actually talk about what do you see as going on within." When it came down to who held the power at the church, Martha bemoaned that she, and for that matter her generation, was just an "underling and a kid." Peter (Case 1) shared the same feeling about his inability to speak out: "There was no one [to listen] . . . no channel where you can . . . communicate . . . thoughts and disappointment." Finally, Phoebe (Case 2) offered a different perspective on the communication gap. When she attempted to share her reasons for departure with Uptown's pastoral staff, she was cautioned by ex-Uptowners that the leadership did "not take criticism well" and might "shut down" complainers and "ostracize" those whom the leadership perceived as a threat to their authority. This type of defensive behavior at the immigrant church was also noted by Pastor Isaac (T2) in his discussion with those SGCCE who shifted their attendance to Covenant. Rather than openly and honestly addressing the leakage phenomenon, some immigrant church leaders showed resistance and attempted to instill guilt in the SGCCE by protesting: "This is your church, this is your culture." Under the circumstances, anyone who attempted to leave the church might feel guilty about betraying the culture he or she was reared in.

## Cross-Case Theme #2: Mutuality between Ethnic Salience and Boundary of Congregation

A second highly correlated phenomenon that surfaced in the cross-case analysis is the degree to which ethnicity and its saliency affected the participants' choice of churches in their transition from their parents' congregations. Although factors such as stagnation, hunger for growth, and search for autonomy had colluded to contribute to the participants' decisions in selecting their new churches, this section addresses how the influence of ethnicity, or the absence of it, played a critical part in determining the pathways or models of churches the participants chose to participate. Given that no participant was under any duress to choose any one of the four models of churches as their designated congregation, with the exception of James who professed that he was not given a choice to opt out and felt he had to join his parents' church in establishing a church plant for its own SGCCE, ethnic saliency was detected as a key factor in Case 1, with its effect waning across the rest of the cases. Simply put, if ethnic saliency was the strongest for the participants in Case 1 and considered "high," it was "medium" for Case 2, "medium to neutral" for Case 3, and "neutral" for Case 4. Although all participants were ultimately their own agency of self-determination, seven out of nine participants in the first three cases revealed that they had a high level of desire to congregate with co-ethnics and that their decision to select the eventual congregation was highly predicated by that desire. Martha (Case 1), for example, revealed the "untold" expectation that she was looking for a church that had a "Chinese-base" in leadership because she and her sibling were "more comfortable in Chinese churches." For Peter (Case 1), there was a "comfort zone" that was conceptually defined by his strong sense of homophily with the ethnic Chinese that influenced his choice of venue of worship. Many of the churches he went to before settling in at Salem were "Chinese" because he knew "friends there." The same comfort zone helped form his resistance to worshiping with non-Chinese:

> I would definitely not have problems visiting [a Caucasian church]. But say if that church was primarily all Caucasians, I

guess that sense of going back into my comfort zone would kick in. Because in [an] all-Caucasian church, I would stand out, I'm the minority Asian in a White church.

Phoebe (Case 2) shared the same feeling when she declared: "Every church that I chose [to attend] was Chinese . . . because it's important to me." In part, the choice reflected her sense of homophily: "I'm more comfortable with a group that is Chinese." But more importantly, the decision was also for the benefit of her children, since she wanted them "not to lose the identity with their Chinese blood."

The saliency begins to wane with Eunice (Case 2). As in the scenario with many other participants, relationship with her fellow SGCCE continued to be a factor in affecting where she congregated: "In my world, I just connected better with Asians." So critical was relationship that she was prepared to relinquish her loyalty to a given congregation for worshiping at venues where her friends congregated. Simply put, faith was portable and so was relationship. However, without relationship at a certain congregation, there was no sense of attending. She explained:

> Because you're still longing for relationships, you're still longing to belong; and if you don't have that or if you're lacking a little bit of that then you kind of feel it's time to go. If you don't have – it's such a sticking point. Once you lose a certain relationship, you kind of feel like, "Why should I attend [that church]?"

Yet in Eunice's framework of church affiliation, one key exception was conspicuous: her desire for friendship with Asians did not necessarily mean that she would want to attend the English congregation of Chinese churches after her departure from her parents' church. The reason was twofold. First, Eunice was repelled by the tendency of the Chinese immigrant church to favor cultural values over faith values. More importantly, Eunice desired to "attend a church in my community that reflected the demographic of the neighborhood," and ethnicity took a back seat in this equation.

Moving across to Cases 3 and 4, the ideal of attending a church that was community-centric that reflected the multiethnicity of Canada's multicultural milieu began to overshadow ethnic saliency. For instance, whereas John (Case 3) continued to co-mingle with Chinese at Temple "who just have similar backgrounds (in similar) ethnicity," Mariam and Nathaniel, his counterparts in Case 3, were enamored with the Temple's ministry in regard to the way it reached out to Christians and non-Christians alike who were not only multiethnic but also across a diverse social and economic spectrum. To Mariam, this community-centric model of ministering was better aligned with the multicultural milieu of the city she lived in, and she felt God "had created [and called her] to serve [that] community [of congregants]." The factor of multiculturalism weighed heavily in Mariam's thoughts because it matched the context of how she saw herself expressing her faith identity. She explained:

> In such a multicultural city, if you're not really being aware of different cultures around you, you just flock with the people that you like. And I think in order to engage in the public spheres of life and work and Christianity and art and culture, for me, at least, it's important to be aware and know that there are differences, that there are different thoughts and different biases in different cultures but also being aware and tolerant and also understanding of where people are at.

For Nathaniel, his worshiping experience at Temple shifted from co-mingling with Chinese, with whom he once said was more comfortable in his past congregational experience at immigrant churches, to socializing with a mix of White, Chinese, and multiethnic congregants at Temple. He declared: "I like that there's a very different congregation of White people [and] people of other colors." Nathaniel also stressed that Temple "acknowledges that there are always different cultures there, [but] there's a big emphasis on community [as a whole]."

The theme of community centricity continued to be prominent among participants in Case 4. Mark, for instance, advocated that his church needed to be "reflective of the demographics of the community," and therefore it needed to orient itself "to reach the community" around the church. Matthew shared the same sentiment and argued that "because of the country, of the province, and of the city that I've grown up in, it's important [for the church to reflect] the demographics [which is predominately White]." Paul was even more explicit about his desire for the mainstream Caucasian composition in his church when he said: "Wherever the culture is, or whatever the society is, the church should be representative of that society . . . but in this city, it's predominantly White, so your congregation would be predominantly White."

Similarly, for Luke, the multicultural mosaic that existed in the country was indeed the mainstream Canadian culture. It was through this lens of assimilation or convergence that Luke came to characterize the history of Rock, which started off as a small Germanic congregation. Rock had grown to embrace "all kinds of people there, but they are converging toward Canadian culture." It was this kind of cultural milieu that Luke favored in his religious identification.

While one can argue that a proclivity for community orientation that reflected the mainstream Caucasian composition in Case 4 was somewhat predictable due to the very nature of the case itself, the underlying factor for such a proclivity could be traced to the participants' lack of strong socialization with ethnic Chinese. For example, Paul spoke about having a socialization experience that was much more inclusive than that of his counterparts in Cases 1 and 2 given that his upbringing did mirror the Canadian view of a cultural "mosaic." He explained: "I grew up with White people . . . with Blacks . . . with people from other ethnicities or other cultures." Paul admitted that he "wasn't very Chinese growing up" because his friends were predominantly "White people." Socialization as a critical factor was clearly articulated by Case 1 participants as well. Contrary to Paul's experience, Martha and Peter cultivated and continued their social contacts via, among other things, a Chinese Christian event with entirely Chinese attendees that they attended when they were "thirteen or fourteen" years old.

The socialization process of SGCCE was not only a determinant for which pathways the participants chose when selecting a congregation, but it also inadvertently enforced and reinforced the ethnic saliency of those congregations. All of the participants in Case 1, for instance, expressed a strong desire to see their churches become neighborhood oriented and multiethnic, consistent with the viewpoint of the participants in Case 4. This desire was also confirmed by Charles (T2), the senior pastor of Martha and Peter. Yet despite such a noble ideal, all participants in Case 1 together with Charles fully recognized that the existing Chinese ethnicity in their congregations prohibited them from moving toward such a goal due to the members' social networks and circles of influence. The stark irony was that ethnic saliency had become an exclusionary and restrictive force that bound the congregants within an ethnic boundary. Thus, for Charles, Chinese "ethnicity and culture really have a heavy bearing in shaping who we are" as a second-generation Chinese Canadian congregation at Salem.

The importance of the role ethnicity plays in shaping a congregation was not lost on Tim (T2). Both Charles and Tim aspired to lead their respective congregation toward multiethnicity; Tim succeeded because, according to Charles, his church had already had a core group of Caucasians with a multiethnic presence when Tim assumed his role as the senior leader, which shaped the subsequent multiethnic DNA of the resulting congregation. In other words, if the core group were entirely Chinese, Charles contested, the subsequent congregation would most likely be Chinese.

Finally, reinforcing the emphasis on Chinese exclusivity in Case 1, James cited the demographics of the neighborhood as another key variable that determined the subsequent ethnic mix of the congregation. He expressed frustration that no matter how strongly he desired his church to become multiethnic, efforts toward that goal were hamstrung by the demographics of the area where the church was located. He explained: "The people in the area . . . are Chinese. So, you're going (to be) bound to have a very Chinese-oriented church."

## Cross-Case Theme #3: Relationship

Closely related to the desire to socialize with people of one's own ethnic group as a factor in determining the religious pathway participants chose was the third highly correlated theme of relationship. Although being with co-ethnics was important for participants in Cases 1, 2, and to some degree 3, equally critical in staying at a certain church, and for that matter leaving their parents' church, was the relationship participants struck up with their fellow congregants in a way that in some instances transcended the ethnic boundary. As previously mentioned, Peter (Case 1) mentally constructed a "comfort zone" that was clearly framed by both friendship and ethnic affiliation. For Peter, staying in the "comfort zone" meant going to a church where he knew people. As he put it: "If I know someone in that church, I would be more comfortable going into that church." The friendship factor helped explain why he did not attend a Caucasian church: "So why did I not visit a Caucasian church? Because I did not know [if] any of my Caucasian friends were Christian." Similarly, for Martha (Case 1), relationship ranked high on her list when shopping for a church home. She remarked, "I need to be at a church where I can build relationships." And that was exactly what she found, connecting, or in many ways reconnecting, with "peers" whom she had first met when she was "thirteen or fourteen . . . at the Chinese Winter Conference." Combining this experience with her experience of socializing mainly in her ethnic circle, Martha candidly admitted: "My close friends are mainly Chinese."

The strong longing for relationship was equally evident in Case 2. Eunice singled out the loss of connection at her parents' church as one of the key reasons for her departure. She recalled:

> You need your own friends, people your age, people you can connect with because at the same time, I was single and unmarried. And a lot of people older than me were married and had kids. So [the] life stage was different as well. So, it was difficult to connect with people because our life stages were completely different.

Friendship, connection, and relationship continued to be a dominant factor in guiding Eunice forward in her decisions about where to congregate and when to leave. She confessed that not having relationships or a sense of belonging could propel people to move on to another church.

Lois (Case 2) used a different lens to characterize relationship. For her, a church should be a spiritual home that espouses and sustains close relationship among the congregants. From this perspective, she explained why she abandoned the pursuit of membership with Anchor, a church she attended for a while, because "the relationships at [the] small group really didn't deepen" and the church "didn't really feel like home." Yet at Summit, her experience reminded her that for "the first time after I've left my parents' church that is my home church."

For Phoebe (Case 2), connection or relationship was such a dominant factor that she mentioned it no less than ten times in her transitory experience. Lack of connection was the most critical defection factor for her and her co-worshipers who left Uptown. She stated, "I talk to other people, and they are leaving for the lack of connection as well." She explained further that the overall phenomenon of lack of connection was prevalent in that "there's a lack of connection with peer[s], there's a lack of connection with pastor, and there is a lack of connection and relationship between the kids and God."

Connection between children and the pastors was an equally important aspect of the drawing factors for John (Case 3) in his decision to attend Temple. For him, pastoral leaders were to be connected with his children as models and mentors. The characterization of pastoral leaders as "friends" or "mentors" resonated a great deal with Nathaniel (Case 3). Having been abandoned by the leaders at Tabernacle, Nathaniel longed for spiritual leaders "who can actually sit down with you and help your faith grow . . . [and focus on] how to build authentic relationship." However, friendship or relationship goes beyond merely with leaders. Having suffered from a bullying experience and hurt from broken relationship with a female friend, Nathaniel explained that he had found a genuine feeling of connection, acceptance, and care among the congregants at Temple. These congregants were "people who value my friendship, and people who thought I was important to have around, or I was someone that they wanted around." The feeling appeared to be mutual as Nathaniel described the relationship: "These people were friends that I held dear, that these people were close, they're valued and important to me."

Matthew (Case 4) recounted a similar departure experience. In transitioning into college studies, he began to feel disconnected at the "adult group" and experienced a loss of the close-knit relationship he was so accustomed to when he was young with a stable of friends growing up together at the ethnic church. Yet at Zion, the church he chose to attend afterward, he experienced a fresh connection that he yearned for. Matthew felt that he "belonged [to this group of friends] . . . and hanged [sic] out with them a lot. [And got to] spend time with them a lot."

## Cross-Case Theme #4: Stagnation, Solid Teachings, and Growth

The fourth highly-correlated factor for SGCCE's journey of transition that emerged in the cross-case analysis was related to the stagnation the participants experienced when they were at the immigrant church. So prevalent was this factor that ten of the thirteen participants, most of whom were in the first three cases with two being in Case 4, complained openly and explicitly about this unsatisfying and inhibitive experience that harmed their spiritual wellbeing. For example, Martha (Case 1) lamented that without a clear vision at her former church, she felt a sense of a loss of the raison d'être for being a member. Central to her faith was "finding a sense of [how I can be a tool for God]. I want to be there for God because . . . I think a part of it, at [my former church was that] I felt stagnant." Peter (Case 1) shared a similar plight. When the English pastor of his parents' church left, a big void was opened in the congregants' life. In such a minister-less environment, Peter bemoaned that the church "was not growing . . . and [was] being stagnant" and that he himself "was not growing spiritually either." When Eunice (Case 2) was asked why she left her parents' church, she offered a terse answer: "I was burnt out . . . [and] wasn't growing." Mariam (Case 3) expressed similar frustration when recounting her departure experience: "I think the real reason why I left was I didn't really feel like I could progress further in ministry or like spiritually . . . I felt like I was stuck." Again, the jingle of being "caught in the spiritual rut" was clearly reverberated in Matthew and Luke (Case 4). For Matthew, it was a "spiritual stagnation . . . [resulting from SGCCE] not necessarily growing numerically but even just as a community" that caused him to feel "confused," experiencing "frustration," "anger," and "restlessness." Under such circumstances, Matthew opted to leave. Finally, for Luke, the absence of the senior pastor caused the church leadership to maintain the status quo and get stuck in neutral. The "not rocking the boat" mentality led to stagnation and consequently "there was a lack of spirituality of developing [the younger] generation."

Upon further analysis, stagnation was not merely a concern for the participants individually. For those who were parents with teenage or young adult children, it was the ostensible spiritual stagnation the children experienced that triggered the move to another congregation. For instance, Lois (Case 2) noticed that the faith of her twenty-year-old daughter was not growing at Anchor, and Lois's desire was for "her to grab on to her own faith [and not] hanging on to my coattails." So, they moved to Summit where Lois's daughter experienced a fresh renewal in her spiritual journey. Phoebe (Case 2) was equally concerned for her children when she spoke about the staleness of their faith: "The reason I left was because my kids were starting to say: 'It's okay, we don't have to go to church.' They were starting to say that because they had a lot of head knowledge." To make sure that her children didn't "drop off [for] good," she decided to make a pre-emptive move to Summit.

For John (Case 3), the paramount reason for him to leave Uptown was also the stagnation of his children, who "just couldn't connect. They couldn't connect with the other kids or with the [youth] pastor." Worried that his children might "fall away" from faith, John "wanted to find a church where they could connect . . . they can serve [and] can be really engaged." He explicitly stated: "I hate to see my kids fall away."

Finally, James (Case 1) offered a unique outlying perspective on the issue of stagnation by problematizing it as a cultural entrapment at the Chinese immigrant church where religious affiliation was constructed partly based upon ethnicity. James acknowledged: "We are blessed to be in such a strong Chinese Christian community, but sometimes, we don't venture outside. [And] if we don't open our eyes to other things, we're stuck and bound to the way that we've always done things."

The restriction in the practices of immigrant churches could blind their members to "other perspectives in theology and practices" in other Christian communities that could spark ideas for innovation and prevent stagnation at the community level.

If stagnation was a push factor of departure for these participants, a pull factor, among others, was the desire for solid teachings, delivered at the new churches, that was found to be missing in many of the participants' former congregations that eventually contributed to their stagnation in faith. Considering their traditions to be a normative prescription of Christian faith, as Silas and Adam (T1) attested, immigrant church leaders tended to operate in a comfort zone of teachings that reflected the culture and practices of "back home" religious affiliation. SGCCE found teachings of this variety too stifling and not germane to their context. Thus, along the lines of wanting to examine "other perspectives in theology and practices," participants searched elsewhere for teachings that were relevant to their lives, sound in theology, and fulfilling in exhortation. Phoebe and Lois (Case 2) were delighted that the pastors at Summit spoke about how "kingdom values" transformed the ethnic "cultural identity" so as to reinterpret ethnic values such as pursuit of excellence in the context of the Christian faith. For Mariam (Case 3), the teachings of Pastor Tim at Temple were "affirming, freeing, and very empowering."

Nowhere was the deep longing for solid teachings expressed as strongly as by the participants in Case 4. Luke singled out "the teachings" of his new church to be its key salient strength. He spoke energetically about how the experience at Rock was drastically different from his previous one at the immigrant church: "The preaching there is excellent, and most people go there because the preaching is excellent." For Mark, the key reason behind his leaving his parents' church for the mainstream Caucasian church was his quest for meaningful exposition of "God's word," a phrase he mentioned no less than ten times. Phrases such as "living their lives with God's word"; "understanding God's words"; "spend their time in God's word"; "passion in God's word"; and "proclaiming the authority of God's word" were so central to Mark that they defined his faith this way: Teachings that were doctrinally sound must be "God's word." Similar to Mark, Matthew embraced preaching at Zion wholeheartedly. Unlike the monolithic technique employed by the preachers at immigrant churches of "portraying one interpretation of a chapter, verse or whatever," the head pastor at Zion always provided "an overarching focus" on the Bible and took time to expound the text "verse by verse and chapter by chapter." Contemporary issues such as creationism versus evolution were always addressed, with different views being presented and analyzed, with an appropriate stance highlighted at the end. Matthew found this analytical and systematic approach most appropriate in exposing the text. Finally, for Paul, his search for solid teaching was not so much related to proper preaching *per se* but rather to proper theology and its expression in the intersection between ethnicity and his faith. His investigation led him to adopt an Episcopalian ecclesiology and move to the evangelical brand of Anglicanism in rejection of Roman Catholicism and Orthodox tradition because it reflected the right theology, governance, and diversity of adherents.

In corroborating the participants' desire for solid teachings, all three pastors in Triangulation Group 2 recognized the power of relevant teachings backed by consistent and authentic practices. For example, Charles took steps to address the damaging implications of such Asian values as "hard work ethics" and pursuit of "money." Tim, on the other hand, took on the role of not merely a cultural entrepreneur but a contextual expositor of the sacred text that translated the teachings of Jesus to lessons relevant to his multiethnic congregation. Isaac commented that, in his interactions with SGCCE who had switched to Covenant, "[the need for relevant preaching] comes up frequently, and this is not necessarily a phenomenon specific to an ethnic church; we hear this regardless of Chinese church or whatever church, [that there is] a lack of preaching God's word."

## Cross-Case Theme #5: Indictment of Ethnic Culture and Values

As children of immigrants, SGCCE went through a double process of socialization.[12] On the one hand, they were being incorporated into the broader society through the school system and other societal agencies. At the same time, they also received socialization in the culture and identity of the first-generation at home or in the ethnic organizations they were associated with. Very often clashes of these two cultures and values arose, and the conflicts forced SGCCE to regroup and attempt to make meaning out of the whole experience through the lens of faith. In the cross-case analysis, a fifth theme related to these clashes manifested in three specific expressions.

### *Double Faces of Honoring Your Elders*

Raised religiously in a traditional Chinese cultural milieu, most participants recognized and adhered to the virtue of respecting and honoring their parents or elders in their communities. Yet many appraised and critiqued this practice through the lens of faith. Matthew (Case 4) affirmed the values of "family" and "respecting elders" but only because the "Bible exhibits relationship with God is like family." But honoring elders did not imply that a Chinese Christian should go as far as to endorse the "Confucian [teaching of] filial piety" or the traditional hierarchical social order of favoring "man over woman; father over son"; or of being obsequious to the elders to the extent that "if someone older is wrong, you don't dare even correct them on that." Other participants did express a certain degree of cognitive dissonance regarding this issue but did not take any actions to counter the Asian value. Many participants attributed their inaction to the abiding strength of this value, which engendered an ethos that would mute the dissenting voice of the younger generation should they disagree with their elders. Under the guise of respect, honor, or deference to the elders for their status, age, and position, first-generational leaders intentionally or otherwise disempowered SGCCE from communicating their thoughts and aspirations openly and freely, let alone encouraging them to convey differences of opinion. For instance, in an attempt to provide feedback to Uptown's leadership, John (Case 3) recalled feeling "frustrated . . . and trapped because I thought it needed to be said but I had no one to say it to"

---

12. Isajiw, *Understanding Diversity*, 193.

because he "didn't feel the freedom to be able to say exactly what [was in his mind]." Martha (Case 1) shared the same quandary. She highlighted an inherent barrier that existed in an immigrant church that was intergenerational in setting: "Growing up in the church, it felt like there are always going to be uncles or aunties," and she was treated as the "underling, the kid." In such a culture, Martha did not feel empowered to speak out about her complaints with the leaders regarding the rule they had violated in hiring the pastor. Along the same lines regarding codes of conduct, Mariam (Case 3) said she would be "dishonoring" the elders if she were to "step over the boundaries" of the pastors by speaking out. Similarly, Nathaniel (Case 3) bemoaned the restrictive ethos that prevented SGCCE from pointing out the folly of their elders. He complained: "[SGCCE] are taught that with Chinese elders, they are supposed to be recognized as important [and respected]. [Consequently], somebody can't go out to them and tell them: 'You are wrong. You're doing this incorrectly. This isn't a good idea!'" With this in mind, Nathaniel lamented that "a lot of [the English-speaking] people left because of . . . the conflicts [and lack of an open space for dialogue]."

To sum up, the Chinese cultural value of deference functioned as a restrictive force that curbed a genuine exchange of views based on the inherent validity of ideas and points of view. For these participants, the local-born perceived themselves as the ones who were suppressed and unable to speak out under the invisible presence of such a force.

### *Exclusionary Boundary of Ethnic Identity*

As indicated in chapter 2, one way to conceptualize ethnicity is through the concept of boundary. In his seminal work, Barth reasoned that what differentiates an ethnic group is not its culture but rather the group boundary that is determined both by the members and the outsiders.[13] For SGCCE, no ethnic boundary was more palpable than the one that was drawn by the first-generation. Raised in a much more tolerant and inclusive multicultural setting in Canada, many participants found such a boundary distasteful, if not abhorrent. Paul (Case 4) cited this boundary as a flash point for internecine conflict within the Chinese church as well as the "judgmental attitude toward people who are outsiders." The mindset of exclusivity ran against his

---

13. Barth, "Introduction," 14–15.

ideal of ecclesiology. In Paul's mind, "a true church, a true congregation needs to be able to [allow] the young person that just came off the street . . . to be able to talk with an elderly person." He concluded that "being in that kind of culture . . . wasn't fully satisfying." Thus, ethnic exclusiveness furnished the push factor that motivated Paul to leave his parents' church. Irked by a similar instance at his previous immigrant church, John (Case 3) called the church leaders for being "selfish" in not opening up the ministry to include non-Chinese. Such an attitude of exclusivity that prevented Uptown from integrating with non-Chinese attendees became a vicious circle: The less welcoming the church had become in terms of embracing multiethnic attenders, the less non-Chinese were likely to socialize religiously with the church: "If you're a Caucasian, you walk in into Uptown, you're single[d] out: 'Oh you're new,' right off the bat."

Along the same lines, Mariam (Case 3) characterized the boundary as a "bubble" that was created unintentionally by virtue of the Chinese ethnic composition of the immigrant church. Such a "bubble" shielded those inside from having an "awareness of how [to accommodate] difference [in] culture" and of how to make non-Chinese comfortable. Yet the ethnic exclusivity at Uptown had become such a bulwark for protecting the boundary that no possibility could be entertained that might move the church further toward multiethnicity.

The dispute between the two generations regarding the exclusivity created by the ethnic boundary was perhaps most poignantly expressed in the argument about a potential name change at the Chinese immigrant churches. Eunice (Case 2) spoke of a controversial debate at her former church about dropping the term "Chinese" from the church brand. When immigrant churches were originally founded, they invariably inserted the word "Chinese" in the church moniker to express their ethnic identity and to attract co-ethnics as part of an effort to establish "bonding social capital."[14] Raised in the Canadian multicultural milieu, SGCCE argued that these religious institutions should remove the ethnic marker in favor of adopting an inclusive posture to embrace neighbors or friends irrespective of their ethnic origins, arguing that the term "Chinese" carried "exclusivity." However, a proposal to change the name was typically met with fierce opposition, especially from the

---

14. Putnam, *Bowling Alone*, 22.

board, which was predominantly controlled by the first-generation leaders. "Name changes are very difficult in a Chinese church," predominantly because many of these leaders, Eunice attested, were intransigent and put their ethnic values above their faith values.

Matthew (Case 4) shared the same sentiment about the exclusiveness of the ethnic marker that the name "Chinese" conjured. The SGCCE at his former church were somewhat sympathetic to the history and the need for such a marker as it clearly pointed to the goodwill and sacrifice of the early immigrants who founded the church. This cohort of congregants might have had "trouble with English so . . . there's a linguistic need to communicate with them so you need to speak Chinese." Yet for SGCCE, "the Chinese part in the name almost was kind of a barrier" for two reasons. First, the term "Chinese" connoted that the church continued to conduct its business in "the Chinese way of doing things," which was not in line with the local-born who grew up with the "Canadian way of doing things." More importantly, the word "Chinese" implied that the church had drawn its boundary to be welcoming only of ethnic Chinese. Matthew reasoned: "Having the [word] 'Chinese' there, it kind of makes [the church appear] as an exclusionary community" and as such, it would make newcomers feel "uncomfortable" no matter what ethnicity they represented.

## *What Constitutes Success?*

The most problematic ethnic value expression had to do with the Chinese value of pursuing success. So ubiquitous was this value that ten of the participants spoke about it passionately. To address this concern, pastors at the churches these participants had switched to found it necessary to confront it head-on by reframing it from a religious perspective. For example, Pastor Isaac (T2) constructed his narrative in a way that challenged the ethnic judgment about success: "Who is the one who determines what is successful and what isn't? Who is the one who says that this is good enough or this isn't good enough?"

Given that first-generation immigrants were likely to experience "discrimination, social exclusion, and social aggression [verbal or physical]"[15] in the new home, they wanted to safeguard their children from such an experience

---

15. Breton, *Different Gods*, 27.

of social marginality. Although the desire of parents to have their children engage in upward mobility was widespread, as Peter (Case 1) asserted, the Chinese immigrant parents were particularly biased in framing the engagement process in the name of the Chinese value of pursuing success with a focus on the merit of hard work. For instance, Eunice (Case 2) recalled her father's diatribe when she and her brother chose to follow their calling to be pastors at one point: "I worked so hard to put you guys through school. You guys are both educated. Why don't you go and get a good job and earn lots of money?" A better or successful life, according to Eunice's father, was defined "in terms of a good job (and a) good career." Eunice argued further that the outcomes as derived from the Chinese value of achieving success were always related to attainment of wealth, status, and education. These achievements would, in turn, bring to the family "face" or "honor" that most of the traditional immigrants sought after in the battle against social marginality. Eunice explained: "I think in the Chinese culture, you want face. Face means you want your kids to have education, you want your kids to be successful, and you want your kids to have money." Likewise Luke (Case 4) recalled a similar material expectation on the part of his parents while he was growing up: "to save money, to buy [a] house or a car, to have children, to save up for the future . . . and a lot of our friends were professionals and such . . . Get into [university], finish it with a PhD, get a job, get married."

While some participants (e.g. James [Case 4] and Martha [Case 1]) recollected no specific overt pressures being exerted on them by their parents when it came to choices of specific academic fields or careers to pursue, all spoke about the invisible presence of the unspoken expectations that they must excel academically as well as engage in certain professions. These expectations were manifested in different forms. For James (Case 1), academic excellence was not necessarily measured by the school he attended or the grades or standing he achieved. He spoke of how his parents instilled in him a strong sense of exerting his capabilities to the fullest. In fact, their mantra had always been: "You should strive for excellence." Yet an unintended consequence of this demand developed in James's psyche: a "fear" of his parents and of not meeting their expectations. James recounted how he felt as a youth:

> There's always that expectation. But I never really understood what they were trying to accomplish. [It is] not necessarily

demoralizing . . . part of it is just because of the whole respecting elder thing. I did fear my parents. It's not fear like I'm afraid, but I respect them. I love them. I don't want to let them down.

Conversely, other participants spoke of specific goals in terms of grades and schools that came to characterize what constituted success. Peter (Case 1) recounted his parents' pressure to conform to an achievement-oriented mindset: "Getting good grades at school gets you a better placement in terms of getting into university . . . and getting good grades in the university (means) getting your degree and [getting] a better job, [which in turn means having] a better life." For a few participants, explicit choices of schools or specific programs were targeted or even imposed (e.g. Lois [Case 2] and John [Case 3]) by their parents as legitimate pathways for academic achievement. And when it came to career path selection, professional fields such as medicine, finance, engineering, accounting, and law were openly touted as the areas for SGCCE to pursue. In John's words, "these are the four, five you know, occupations" that were sanctioned. Paul (Case 4) spoke about the pressure to excel as a broad phenomenon at the immigrant church he used to attend: "Growing up in a Chinese [church], even though it's Christian, there is still always a pressure to want to go [into] engineering, law, business, science, medicine, even from a Christian standpoint." These professions, as conceived by James (Case 1), exhibited concrete pathways to achieving stability and certainty in life and career. On the other hand, fields such as "political science or . . . humanities" were "not a defined, concrete career or occupation" to achieve stability. Consequently, Chinese parents looked askance at these career choices and in so doing, they unintentionally squelched the SGCCE's freedom to pursue their own aspirations and at the same time cast aspersions on their children when their expectations were unmet. Paul relayed a story to illustrate this point. A local-born at his former church chose to get into "industrial design" and not work "in business" or "in science" and as a result, was chided openly by his father for not being able to obtain "successful big-money, big-status jobs."

Some of the participants who were parents themselves admitted that they had unintentionally put similar pressures on their own children to achieve academic excellence and pursue prestigious career choices. John (Case 3), a family physician, talked about how he valued "academics and discipline" and wanted to know "which school is best for them [the children]." Thus, "because one of [the] Asian values is education," John's children were placed in private school. Phoebe (Case 2) also talked passionately about how she was affected by the Chinese value of educational success. For her, the bias for such a success was deeply rooted in an Asian "performance culture" that treasured achievement of academic standing above all else. Influenced by such a value, she admitted her own folly, describing how, in an instance when her children "bring back a test that's 25/27, I don't look at the 25. I look at the 2 that are wrong . . . [and] that's just an automatic thing."

For most of the participants, the pressure to pursue success was one of the deadliest flash points in the intergenerational conflicts. Many participants expressed the belief that, by overemphasizing the importance of success in terms of academic achievement, status, and material wealth, not only did Christian parents stifle the growth of their children and eliminate their freedom to shape their own path, but they also in fact placed Chinese cultural values about faith values. Eunice (Case 2), for example, spoke of her own and her brother's calling to be a pastor, and yet the divine initiative was totally eclipsed by her Christian father's imposition of career choices upon them. In such an instance, Eunice was convinced that her father definitely put the cultural values above those of his faith.

Paul (Case 4) took the displeasure to a higher level, indicting those parents who frowned on their children going into Bible schools or seminaries as hypocrites. In commenting on how a church friend of his wanted to attend a Bible college and how his parents reacted unfavorably, Paul complained, "It really got me pissed off when parents would push academics over the gospel." He continued to rant against the parents:

> They would come and they would worship God, sing songs and say: "We give God everything." [But] you're lying, you clearly put academics over God, you get angry at your son because he wants to [be] a pastor. But then you have another son and he wants to go to law school and you praise him. You should be praising your [other] son because he wants to be a pastor.

No one, however, spoke as lengthily and as passionately as Mariam (Case 3) on this subject. Problematizing the value of success not just as in the context of an individual pursuit, Mariam asserted that it spilled over onto the collectivity as a church. The pursuit of success, stability, and social status had become so pervasive at the immigrant church that it had come to define the socioeconomic fabric of the congregants, which in turn created a comfort zone and at the same time a boundary in the church setting to facilitate socialization with only people from a similar background and social stratum. As Mariam pointed out, this phenomenon is "due to socioeconomic status. If you're all the same type of people, you will attract the same type of people."

Many of the SGCCE at Uptown were immersed in such an ethos and therefore took on an identical mode of existence or life journey: "There is this model of . . . what life is: 'I will grow up, I will be a working professional. I'll get like a degree. I will get married. I will have children. I will have a house.'" But other, more broad-minded SGCCE did not necessarily embrace traditional Chinese values so fervently. The preference for socializing with mainstream Canadians led them to want "to reach out [to] the broken-hearted [in the broader society]," and yet they faced a barrier because the Chinese church consisted of "upper middle-class and working professionals [with] one or two kids." The ethnic and socioeconomic boundaries made it "really hard for people from different culture[s] [and social status] to come in [because] they [would] feel uncomfortable." Many of these local-born who found such a boundary too repugnant sought refuge in other churches that were more aligned with their aspirations of inclusivity.

With the transitory experience in a fresh church setting, many of the participants reported a newfound appreciation for reframing the virtue of success from the perspective of faith. Nathaniel's (Case 3) account exemplified this stance. At one point, Nathaniel ceded that his definition of success was defined by material possessions: to "own a Lamborghini and a big house" that could be possible through better jobs and represent a comfortable lifestyle. However, as he matured in his faith after switching to worshiping at Temple, he came to realize that success was "better gauged by how happy you are." Happiness and success, Nathaniel further contended, could be found only in God's calling: "The ultimate measure of success for a Christian [is] doing what God calls me to do."

Similarly, Lois (Case 2) spoke about her personal progression as she recalled her painful experience of being physically and mentally abused by her parents. Under the circumstances, she was never given a choice in selecting a higher educational institution. Lois recounted: "My parents are very controlling . . . I didn't have a choice; I was only allowed to go to School A, I wasn't allowed to go to School B . . . My parents thought that School A is a better school than B . . . [because] A was more prestigious."

Moreover, she was under the same expectation as other participants to "get straight As in the school . . . [and] to become a doctor or a dentist or a lawyer." But having been influenced by the teachings at Summit, Lois reported that the core values she wanted to keep and to transmit to her children became drastically different from those her parents attempted to inculcate in her, because they were built upon her faith. She explained: "I don't want to raise my children up on thinking (how) other people are looking at me, [how] they're thinking of me. Because [with] kingdom value[s], it doesn't matter what man is saying about you. What matters is what God is saying to you."

Phoebe (Case 2) shared the same outlook. Congregating at Summit with her family and being influenced in the same way like Lois by its teachings, Phoebe came to recast her definition of success. To her, success was no longer defined by the professions that Chinese parents valued. A successful person could be "in ministry, [or] in media, [or] in government." The key to success, as reframed through the lens of faith, was about scaling "whatever mountain that you think God gave you the passion and the ability . . . [to] go as high as you can" because with performance and excellence, the faithful could exert a positive influence upon those around them.

### Cross-Case Theme #6: Social Construction of Identity

Similar to children of visible minority immigrants in Canada, SGCCE at times found themselves struggling with their own identity: Are they Chinese, or are they Canadian?[16] This uncertainty was further compounded by their need to negotiate their faith identity as Christians[17] in the religious context, as most of them had grown up in their parents' churches. Socially constructed and negotiated identity surfaced as the sixth and final highly correlated theme under the cross-case analysis, with the emergence of the following four salient features.

---

16. Costigan, Su, and Hua, "Ethnic Identity among Chinese"; Lee and Hebert, "Meaning of Being Canadian"; Ooka, *Growing Up Canadian*; Tung, *Chinese Americans*.

17. Cha and Jao, "Reaching Out"; Chen, "Postmodern Principles"; Jeung, Chen, and Park, "Introduction," 3.

***Religious identity reigns supreme.***

All of the participants in this multi-case study took their faith seriously. When they were asked about their faith identity in terms of its relationship to their ethnic identity, twelve out of thirteen answered without hesitation that they had a "Christian-first" identity, with only one participant showing ambivalence about the supremacy of his Christian identity. The strong attachment to their faith also explained another aspect of the participants' transitory experience: No one contemplated giving up their faith when they decided to leave their parents' church despite the pain and agony they might have experienced in that religious context.

When it came to their national or ethnic identity, all participants from the first three cases conceptualized themselves as having a vibrant hybrid identity: "Chinese Christians." However, such an ascription of identity was not shared by the participants in Case 4. Choosing the pathway of mainstream Caucasian congregational experience to express their faith, most participants in Case 4 showed a strong proclivity for registering themselves as Canadian first, with only one participant viewing himself as a part-Chinese and the others being ambivalent about the Chinese identity. In total, eight out of thirteen considered themselves Canadian first when juxtaposing their national identity with their ethnic Chinese identity. Of the five who looked upon themselves as Chinese first, one was not entirely on board, with another one conceptualizing herself as a Westernized Chinese. Table 14 further explains the participants' identity affiliations.

Table 14: Identity Comparison

| Case | Participants | Christian first | Canadian first | Chinese first | Hybrid identity |
|---|---|---|---|---|---|
| 1 | Martha | √ | X | √ | √ |
| 1 | Peter | √ | √ | X | √ |
| 1 | James | √ | √ | X | √ |
| 2 | Eunice | √ | X | X | √ |
| 2 | Phoebe | √ | X | √ | √ |
| 2 | Lois | √ | √ | X | √ |
| 3 | John | √ | X | √ | √ |
| 3 | Nathaniel | √ | √ | √ | √ |
| 3 | Mariam | √ | √ | √ | √ |
| 4 | Mark | √ | √ | X | X |
| 4 | Matthew | √ | √ | X | X |
| 4 | Paul | √ | √ | X | X |
| 4 | Luke | ? | √ | X | X |

***The socialization experience determines the propensity for ethnic identification.***

Upon further analysis, a common dimension emerged that helped account for participants' propensity to identify with their ethnicity, and was directly related to their childhood socialization experience in Canada. Simply put, the higher the participant's interaction with the mainstream Caucasian or multiethnic demographics, the higher the likelihood that he or she would self-identify as Canadian first, regardless of the ethnic socialization experienced at home. Lois (Case 2) spoke about her socialization experience at a high school that was multiculturally diverse. She explained that the school was "very White [and] there's only five or four Asians in the entire school [of a] few hundred [students]." In the same vein, Nathaniel (Case 3) portrayed himself as having a dual identity: "I see myself as a Canadian. I do see myself as Chinese"; yet he admitted to being "very whitewashed" in his upbringing. Paul (Case 4) shared the same experience as Lois in his socialization experience. He recalled that his upbringing mirrored the Canadian view of a cultural "mosaic," explaining, "I grew up with White people . . . with Blacks . . . with people from other ethnicities or other cultures." He admitted that he "wasn't very Chinese growing up" because his friends were predominantly "White people." Finally, this socialization experience with other ethnics was replicated in James's (Case 1) school year as well. He explained: "In school I hung out with my Caucasian friends. I never even grew up in a Chinese community, I grew up in a Jewish community; and I was the only Chinese person and Christian at the school."

A reverse identical socialization influence as a factor could be pinpointed for those participants who identified themselves as Chinese first. For Martha (Case 1), the process was very much a familial experience. She recounted that she was brought up completely immersed in Chinese cultural values and practices: "I still feel like we're very [Chinese]; we celebrate (the Chinese festivals), we acknowledge we're Chinese." These practices included celebrating Chinese New Year and festivals and watching Chinese TV shows. This experience of ethnicity was something that as a local-born, Martha completely embraced: "I love it. It makes us special." The influence of his ethnic upbringing was also evident in John's (Case 3) case: "I was growing up in the Western culture but at the heart of it, I'm still fairly Asian." Mariam's (Case 3) experience added a vignette effect to the socialization factor. With a Chinese father from Hong Kong and a Chinese mother from the Philippines, she talked about drawing formative influences from all sides of the family and their associated culture and heritage to shape who she was: "a Westernized Chinese." She explained: "I see myself as a Westernized Chinese person who is born in Canada and has different parts of culture from different sides of family."

### *Identity is malleable and can be either self-subscribed or ascribed by others.*

In negotiating ethnic identity versus national identity, participants demonstrated that cultural identity could be malleable, situational, and ascribed to them by outsiders. John (Case 3) argued that the Canadian multicultural milieu did facilitate choices regarding identity and values, which John treasured: "I can choose how Canadian I want to be or how Chinese I want to be." Central to the whole exercise was the flexibility he had in picking the identity that he believed to be advantageous in a specific context. John remarked: "Sometimes, your decisions are influenced more by your Asian culture, sometimes more by Western values that you grew up with; and Judeo-Christian Western values. So, I think there's a bit of a continuum [and] I think that's healthy."

Peter (Case 1) shared the same sentiment and reasoned that negotiating which identity to associate with was a function of who raised the question: "When you say who, which [identity] would you use to introduce yourself more. I mean, my answer again would be based on who I'm talking to."

Eunice (Case 2), on the other hand, had a different set of experiences in terms of an identity crisis. She was subjected to racial prejudices when her small-town White graduate school classmates saw her as being more Chinese than Canadian, a perception that was not in alignment with her own. Yet her Chineseness was challenged by native Chinese in China when she could converse with them only in English. The combination of these unique encounters forced Eunice to construct a social identity that was malleable, judiciously picking from each side cultural elements that she believed would be advantageous to her within any given context. Thus she was the only participant who did not choose one identity as the primary marker as she negotiated her cultural identity (see Table 14). The way out of the conundrum, for Eunice, was to "take the best of both worlds. And I like to think I create my own culture [and identity]. Or our second-generation, we've created our own culture [and identity] that we can navigate between the two worlds, how we see it fit."

Finally, Martha's (Case 1) experience of racial prejudice was similar to that of Eunice in that at times her identity was socially ascribed by those with whom she interacted. Based on the context and how she was related to, she normally identified herself as a Chinese "because that's the thing that people would see right away." However, she noticed that this experience did not seem to be replicated among her Caucasian counterparts since it was not likely for a Caucasian to be asked: "Are you White?" Martha argued that mainstream Canadians would not accept a visible minority's claim of being Canadian as his or her default identity.

## Outlier #1: Abuse as the Trigger to Find a New Church

As discussed previously, most participants embarked on the journey of transition motivated by painful experiences with first-generational leadership; stifling cultural and ethnic confines; stagnation; and yearning for solid teachings, growth, and freedom. However, cross-case analysis identified an outlying exit factor that applied to two participants, Lois (Case 2) and Nathaniel (Case 3): abuse. Lois candidly narrated a story filled with bitterness, rejection, and betrayal, and about how it was necessary to leave her parents, and by extension, the church where they used to collectively congregate, "to grow and heal" after years of experiencing emotional and physical abuse. Nathaniel, on the other hand, spoke about his painful experience of being bullied by his peers at church. Speaking with despair, Nathaniel related how "every Sunday I would try going to Sunday school, I would get picked on. I hated it!" As a result, Nathaniel concluded that "to walk away . . . to avoid my peers completely" was a good "exit strategy."

## Outlier #2: Meeting Spiritual Needs of Children Is Paramount

Another outlying factor focused on the spiritual growth of the teenage and young adult children of the participants as a variable. In contemplating the transition to other churches, these parents placed a premium on the growth of their children that was equal to that placed on their own growth. For instance, in explaining the shift to worship at Summit, Lois (Case 2) singled out the needs of her daughter as the main reason: "My daughter is twenty. Three years ago . . . I could see that her faith was not growing" at Anchor. Lois's desire was for "her to grab on to her own faith (and not be) hanging on to my coattails." Phoebe (Case 2) was equally sensitive to her children's spiritual wellbeing. In explaining the reason for leaving Uptown, Phoebe pointed to the staleness of her children's faith as a concern. She stated: "The reason I left was because my kids were starting to say: "It's okay, we don't have to go to church." They were starting to say that because they had a lot of head knowledge, but there wasn't the relationship among even the kids."

As a result, Phoebe felt the need to make a pre-emptive move when the children were "around ten" to avoid the possibility that they might "drop off [for] good."

Finally, John (Case 3) moved twice, the last time from Uptown despite attending worship there for nine years, mainly because of the needs of his children. As they were growing into their teenage years at Uptown, John observed that due to a change of youth pastor at the church, his children "just couldn't connect. They couldn't connect with the other kids or with the [new] pastor." Worried that his children might abandon their faith and also motivated by his desire to have them be able to "make their own decisions . . . to own their own faith," John decided to seek out a church where his children could find connection "not just with other people but also the pastors . . . [so that] they feel like they can serve [and] be really engaged." He explicitly stated: "I hate to see my kids fall away."

# Findings

This multi-case inquiry explored how the foresight of church leaders in the context of ethnic and religious social change mediated (or failed to mediate) the SGCCE's transition from their first-generation churches to congregations of their choice through four research questions introduced in chapter 1. Eight findings were identified as responses to these research questions. In addition, these findings can be characterized as converging toward three overarching arbitrating factors that mediated the transitional experience of the SGCCE: ethnicity and socialization, supremacy of religious identity, and presence or absence of leadership vision and foresight. Table 15 lists the findings in their relationship to these overarching factors and as responses to the research questions.

### Finding #1: Ethnicity retention and congregational affiliation: A function of cultural incorporation (Ethnicity and Socialization; RQ #1).

Isajiw suggested that second-generation Canadians go through a double process of socialization: one that takes place through ethnic settings in families and ethnic communities, and the other that takes place in public institutions in their interaction with broader society.[18] The SGCCE whom I studied corroborated Isajiw's assertion. For example, Eunice (Case 2) remarked: "Growing up, most second-generation would have the experience [of living] in two worlds. You speak Chinese at home, and then you go out and you speak English with your friends . . . you [are] constantly juggling between two worlds that you live in."

---

18. Isajiw, *Understanding Diversity*, 193.

**Table 15: Findings, Arbitrating Factors, and Research Questions**

| Overarching Factor | Finding | # | Research Question |
|---|---|---|---|
| Ethnicity & Socialization | Ethnicity retention and congregational affiliation: a function of cultural incorporation. | 1 | 1 |
| Ethnicity & Socialization | Ethnic identity for SGCCE is a social construction experiment and a function of socialization process. | 2 | 2 |
| Ethnicity & Socialization | All things being equal, SGCCE placed a high premium on relationship and ethnicity plays a significant role in it. | 3 | 1 |
| Ethnicity & Socialization | Ethnic exclusivity and internecine conflicts contributed to the silent exodus. | 4 | 3 |
| Religious Identity | Stagnation and yearning for growth and freedom motivated the SGCCE to engage in the transition. | 5 | 1 |
| Religious Identity | Religious identity reigns supreme. | 6 | 2 |
| Presence/ Absence of Leadership | Dysfunctional leadership and lack of vision and foresight at the Chinese immigrant church thwarted the SGCCE's growth and search for autonomy. | 7 | 3 |
| Presence/ Absence of Leadership | Compelling vision, explicit foresight, and narratives of inclusivity over ethnicity are a big draw for SGCCE. | 8 | 4 |

Isajiw further identified five social-psychological options available to the second-generation to address conflicts arising from this double process.[19] These options are: (a) keeping the two worlds apart, (b) favoring the ethnic world and rejecting the broader society, (c) rejecting the ethnic world in favor of the broader society, (d) pushing both worlds aside and seeking alternatives, and (e) bringing the two worlds together in creative ways.[20] In

---
19. Isajiw, 193–94.
20. Isajiw, 193–99.

addition, Isajiw further introduced three patterns of ethnicity retention or loss for the second-generation. Transplantation means adhering to parents' traditions, practices, and values.[21] Distancing and rebelling represent rejection of the parents' traditions, practices, and values.[22] Discovery means symbolic attachments to traditional and cultural values.[23]

As SGCCE considered which churches to attend, ethnicity clearly dominated their thoughts and affected their actions. However, they did not necessarily conform as an overall collectivity specifically to any of the five options in addressing ethnic conflicts during this experience of religious socialization. Conversely, a high correlation was detected between some of the options and the propensity of the participants, on the case level, to worship with people of similar ethnicity; therefore, the issue needs to be reflected upon on a case-by-case basis. For instance, all participants in Case 4 and most in Case 3 seemed to have exhibited a strong identification with Option 3 in rejecting the ethnic world in favor of the broader society when participating in the religious socialization process.[24] In this fashion, these SGCCE exhibited what Isajiw characterized as a "distancing" more than they did a "rebelling" stance since no visible uniformity of "negative ethnocentrism" was discerned.[25]

Conversely, participants in Case 1 exhibited a high correlation with Option 2, which saw the SGCCE and their churches primarily engaged with the second-generation Chinese ethnic congregants. Their socialization experience reflected Isajiw's claim that their doing so "did not mean that . . . they reject their socialization into the mainstream society altogether."[26] Evidence suggested that participants in Case 1 had a high desire to help the congregation "to adjust better to the broader society" by organizing children's program for the neighborhood to orchestrate a deeper integration with the mainstream society, as in the example of Salem.[27]

As can be seen from the discussion of cross-case analysis in Themes #2 and #6 regarding the way SGCCE associated themselves with the congregations as

---

21. Isajiw, "Process of Maintenance," 132.
22. Isajiw, 133.
23. Isajiw, 134.
24. Isajiw, *Understanding Diversity*.
25. Isajiw, 194.
26. Isajiw, 194.
27. Isajiw, 194.

well as the way they negotiated their cultural identity versus the national one, participants from Cases 1–3 accepted a hybrid identity of Chinese Canadian that was subjectively constructed and socially malleable, depending upon whom they interacted with and what benefits they could acquire in a given context.[28] I argue that for the participants from Cases 2 and 3, the way they addressed their socialization experience tended to align with Option 5 in "bringing the two worlds together in creative ways."[29] In other words, no cases and their corresponding participants seemed to comply with Option 1 (i.e. keeping the two worlds apart), Option 2 (i.e. favoring the ethnic world and rejecting the broader society), and Option 4 (i.e. pushing both worlds aside and seeking alternatives).

In addition, no participant followed the Isajiw's "transplantation" path in completely adhering to parents' traditions, practices, and values;[30] nor did anyone totally rebel against them. The ethnic retention behavior of the SGCCE I studied tended to follow the pattern of "rediscovery" in attaching symbolic meanings to traditional and cultural values or altering their content based on faith teachings.

No overall collective correlation with any one of Isajiw's options of dealing with socialization was discernible. However, a case-by-case examination showed that ethnic salience and proclivity toward incorporation of a multicultural society was a key determinant of the choice of congregation in each case. As the cross-case themes #2 and #6 shed light on Cases 1–4, ethnicity salience can be seen as waning: it is strongest in Case 1 and absent from Case 4. Though all participants expressed their endorsement of multiculturalism as an ideal and strived to practice it, the strength of multicultural practices at the religious institutions and among the congregants I studied, as pointed out in cross-case theme #2, rose from Case 1 to 4: it was weakest in Case 1 and strongest in Cases 3 and 4.

When compared with the transitional models of the discontinuous pathway discussed in chapter 2, ethnicity as a factor that affected SGCCE's choice of congregations was by and large consistent with the findings for all cases. For instance, Case 1 participants exhibited ethnic salience and homophilic

---

28. Breton, *Different Gods*, 48; Isajiw, *Definitions of Ethnicity*, 11–12.
29. Isajiw, *Understanding Diversity*, 196.
30. Isajiw, "Process of Maintenance."

influences similar to those found in the research of Blau, Chai, Edwards, S. Kim, R. Kim, and Mak.[31] Yet the experience of participants in Case 1 was only in partial alignment with S. Kim's and Matsuoka's research in asserting ethnicity,[32] as SGCCE in this case did not find themselves not fitting in to the broader society and therefore suggested that they saw no necessity for defending their ethnicity, which appeared to be accepted by the broader Canadian society. Conversely, the study agreed with Matsuoka's argument in that this cohort was determined to creatively engage in ways to relate to the broader society.[33]

Similar to Case 1, the SGCCE's experience in Case 2 was consistent with findings by Jeung, Kim and Kim, Matsouka, and J. Park.[34] However, although these participants were motivated to attend the pan-ethnic church based on a strong Asian ethnic affiliation, they did not experience a "racial uniform orientation" similar to that of their Asian American counterparts as surfaced by Matsouka.[35] This could partly be due to that, collectively, Canada views its populace in a way different from the United States of America. Unlike the United States, which categorizes its population based on the racial categories of White, Black, American Indian, Hispanic, and Asian American,[36] Canada tracks its population using three broad categories: people Caucasian in race or white in color, aboriginal people, and visible minorities.[37] Consequently, the SGCCE cohort in Case 2 had no strong experience of the so-called "racial uniform orientation" because of an absence of a clear category similar to that of Asian American.

For Case 3, SGCCE's affiliation with multiethnic experience appeared to be in alignment with the research by De Young et al., Garces-Foley, Ley,

---

31. Blau, *Inequality and Heterogeneity*; Blau, *Crosscutting Social Circle*; Chai, "Competing for the Second Generation"; Edwards, "Bring Race to the Center"; Kim, *Faith of Our Own*; Kim, "Second-Generation Korean; Mak, "English Speaking Ministry."

32. Kim, *Faith of Our Own*; Matsuoka, *Out of Silence*.

33. Matsuoka, 50–51.

34. Jeung, *Faithful Generations*; Kim and Kim, "Korean American Christian Communities"; Matsuoka, *Out of Silence*; Park, "Second-Generation Asian."

35. Matsuoka, *Out of Silence*, 49; Tuan, *Forever Foreigners?*, 39.

36. Jeung, Chen, and Park, "Introduction," 7; Zhou and Lee, "Introduction," 11.

37. Statistics Canada, *Immigration and Ethnocultural Diversity*, 14.

and Shigematsu.[38] However, the desire to congregate in a multiethnic setting was not necessarily motivated by the same desire of their counterparts in the United States to engage in a racial reconciliation project.[39] When engaging with multiethnic congregations, these participants tended to subscribe to the framework of ethnic transcendence as opposed to that of ethnic inclusion as articulated by Marti.[40] This tendency was clearly demonstrated by Nathaniel and by Mariam (Case 3) in their open embrace of a "new shared identity on the basis of a uniquely congregational understanding of what it means to be a properly religious person."[41] This embrace was also affirmed by their pastor Tim in how he purposefully framed a redacted meaning of a multiethnic religious identity for his congregants by judiciously affirming those Asian values that were consistent with biblical teachings and refuting those that were not. When he did so, an integration of values and practices that transcended ethnicity took place in a ministry that was consistent with the "integrated multiracial/multiethnic model" that De Young et al. advocated in that the congregants were expected "to do things in a new way, truly integrating the diverse membership."[42]

Regarding Case 4, the experiences of SGCCE were consistent with the hypothesis of Ley and of Mullins.[43] Building on a strong proclivity for assimilation into the broader society, participants in this case exhibited a desire to be "de-ethnicized,"[44] as in the case of Paul and Matthew. Yet, while SGCCE in this case demonstrated a strong desire to create "bridging social capital" by attending mainstream Caucasian churches, the finding of my study is not in agreement with Mullin's prediction of an extinction of ethnic church[45] nor with Ley's prognostication of a "cultural funeral"[46] for these churches. Rather, the participants in this case, as in other cases, exhibited a strong alignment

---

38. De Young et al., *United by Faith*; Garces-Foley, *Crossing the Ethnic Divide*; Garces-Foley and Jeung, "Asian American Evangelicals"; Ley, "Immigrant Church"; Shigematsu, "Ethnic Must Become Multi-Ethnic."

39. De Young et al., *United by Faith*, 68–70; Emerson and Smith, *Divided by Faith*, 51–68.

40. Marti, *Mosaic of Believers*, 13–15.

41. Marti, 14.

42. De Young et al., *United by Faith*, 168–69.

43. Ley, "Immigrant Church"; Mullins, "Life-Cycle of Ethnic Churches."

44. Mullins, 328.

45. Mullins, 327.

46. Ley, "Immigrant Church," 2068.

with multiculturalism as part of the broader process of incorporation in such a way that ethnicity was not completely denigrated by most of the participants, a stance that is encouraged by the Canadian policy of multiculturalism.[47]

Finally, looking at how ethnicity and multiculturalism affected SGCCE in their affiliation with congregations from the assimilation/incorporation framework of Driedger, I argue that participants from Case 1 belonged to Cell E of Dreidger's model in the sense that they remained distinct and separate from the mainstream society on a voluntary basis when it came to the congregational boundary of being an ethnic church.[48] Traversing across from Case 1 to Case 4, a movement can be detected in that participants crossed from Cell E to Cell C, which implies that such participants gave up some ethnic and structural characteristics through voluntary conformity to the assimilation process. Thus, this finding indicates that the incorporation process as it took place in the congregational setting for the collective cohort of participants was not a straight-path, zero-sum process as advanced by Gordon or W. Herberg.[49] If anything, the process exhibited similarity to the segmented assimilation advocated by Portes and Zhou in that Canada as the host country was receptive as opposed to being indifferent and hostile toward SGCCE, evidenced by their relating few discriminatory experiences in the course of this study.[50] In addition, the SGCCE in this study were highly upward mobile and therefore did not suffer from an absence of "mobility ladders."[51] Finally, sufficient social capital was available to the SGCCE from the co-ethnic community to aid them in their incorporation process.[52] The outcome of this process was not necessarily a uniform pattern of segmented incorporation but varied based on the degree of the ethnic retention of these participants (e.g. Case 1 still showed a high degree of ethnic affiliation in the religious setting while individually each participant incorporated well with the broader society in a way that reflected upward mobility).

---

47. Bramadat, "Beyond Christian Canada," 11; Kallen, *Ethnicity and Human Rights* (3rd ed.); Kymlicka, *Multiculturalism*; Leung, "Canadian Multiculturalism"; Satzewich and Liodakis, "'Race' and Ethnicity"; Wilson, "Tapestry Vision."

48. Driedger, *Ethnic Factor*, 51.

49. Gordon, *Assimilation in American Life*; Herberg, *Protestant, Catholic, Jew*.

50. Portes and Zhou, "New Second Generation," 83–84.

51. Portes and Zhou, 83–85.

52. Portes and Zhou, 86.

To summarize, ethnicity did play a role in how SGCCE in different cases assimilated themselves into the mainstream society via the religious institution, that is, the church. Consistent with their choice of congregations after exiting their parents' Chinese immigrant churches, these SGCCE exhibited a degree of ethnicity retention based on its corresponding salience.

## Finding #2: Ethnic identity for SGCCE is an experiment in social construction and a function of the socialization process (Ethnicity and Socialization; RQ #2).

Isajiw asserted that ethnic identity definition is a "process of self-inclusion or exclusion and inclusion by others."[53] In addition, Bell suggested that "ethnicity . . . is best understood not as a primordial phenomenon . . . but as a strategic choice by individuals who in other circumstances would choose other group memberships as a means of gaining some power or privilege."[54] Collins and Solomos problematized ethnic identity either as agency and resistance depending upon whether the person is situated in the context of power dominance or facing such a dominance and how that identity could be employed to exercise the power or to deal with the power in social relations.[55] Finally, Zhou and Lee opined that for Asian American youth, identity expression is a choice made through a dialectical exercise that involves an internal process of socialization of Asian values and shared experiences of growing up Asian, and an external process of outsiders' ascription of who they are.[56]

The finding regarding the experiences of the SGCCE in this study through the cross-case analysis in Theme #6 was by and large consistent with the research of Isajiw, Bell, and Collins and Solomos.[57] Most of the participants in this study appeared to see their Chinese ethnic identity not so much from the "primordial" perspective[58] but rather as a social construction of a hybrid entity when juxtaposing it with the national identity (Table 14). For instance, all participants from Cases 1–3 embraced this hybrid identity of

---

53. Isajiw, *Understanding Diversity*, 176.
54. Bell, "Ethnicity and Social Change," 171.
55. Collins and Solomos, "Introduction," 5.
56. Zhou and Lee, "Introduction," 21.
57. Isajiw, *Understanding Diversity*; Bell, "Ethnicity and Social Change"; Collins and Solomos, "Introduction."
58. McKay, "Exploratory Synthesis."

being Chinese-Canadian whereas participants in Case 4 saw themselves as primarily Canadian. Yet when asked whether they saw themselves first as Chinese or as Canadian, four from Cases 1–3 agreed that they were Chinese first, whereas four identified themselves as Canadian first, with one not choosing either description.

When examined further, the salience of identity appeared to be a matter of social construction and negotiation. Eunice (Case 2) represented a vivid example of the negotiation process. She was ethnicized by her Caucasian graduate school classmates as Chinese even though she viewed herself as Canadian first. On the flip side, Eunice's Chineseness was challenged by native Chinese while in China, where she could converse with them only in English. This paradoxical and confounding experience forced Eunice not to take one identity over the other but to view her identity as malleable and to negotiate it deftly by cherry picking from each side what might be the cultural elements that would be advantageous in any given context. The way out of the identity quagmire, for Eunice, was to: "Take the best of both worlds. And I like to think I create my own culture (and identity). Or our second-generation, we've created our own culture (and identity) that we can navigate between the two worlds, how we see it fit."

Martha (Case 1) echoed a similar experience in that her ethnic identity was ascribed to her by Caucasians with whom she interacted in the broader society, an experience she argued her Caucasian counterparts would never have encountered because it was unlikely for a Caucasian to be asked: "Are you White?" Thus, based on the context and how she was related to, she normally identified herself as a Chinese before she called herself Canadian "because that's the thing that people would see right away." John (Case 3), for example, argued that the multicultural milieu in Canada did facilitate choices regarding identity and values, choices that John cherished, as he put it, "I can choose how Canadian I want to be or how Chinese I want to be." He too was subjected to an experience of being ethnicized by a church greeter when he and his family attended a Caucasian church. Without being inquired of their preference for worship options, they were immediately treated as ethnic Chinese and were pointed to a separate Mandarin service even though they were born in Canada. Collectively, the participants' experience was very much in line with what Bell and Collins and Solomos asserted: ethnic identity is a strategic choice to exercise.[59] And who they were in terms of ethnicity was due as much to who they claimed themselves to be as to how others saw them, an experience consistent with Isajiw's definition of ethnic identity[60] as well as Zhou and Lee's research[61] into the dialectic process of identity expression.

The social construction of ethnic identity was an exercise not limited just to the national context. For Mariam (Case 3), the experience was problematized in a transnational context. With a Filipino Chinese mother and a Hong Kong Chinese father, Mariam grew up under the influences of different subethnic cultures that were inherent in the Chinese diaspora. Some influences were more Westernized than the others. Thus, Mariam constructed her ethnic identity in a way that reflected the incorporation of these subcultures that were transnational: It was at once Chinese, Filipino, and Canadian. She explained: "I see myself as a Westernized Chinese person who is born in Canada and has different parts of culture from different sides of family."

For those participants who saw themselves as Chinese first, clear evidence was present in terms of ethnic saliency in the socialization process of their upbringing. John (Case 3) articulated it well: "I was growing up in the Western culture but at the heart of it, I'm still fairly Asian" because of the language and cultural ethos at home. Martha (Case 1) shared the same familial experience; she was brought up completely immersed in the Chinese cultural values and practices. As she said, "I still feel like we're very [Chinese], we celebrate Chinese New Year; and watching Chinese TV shows, we acknowledge we're Chinese."

Shaping ethnic identity through the socialization process resonated in those who claimed to be Canadian first, except in the opposite fashion. Lois (Case 2) related that she was one of very few Chinese in her school growing up and that her school was "very White." Similarly, Nathaniel (Case 3) admitted that he was "very whitewashed" in his upbringing. Paul (Case 4) recalled how his growing-up experience mirrored the Canadian view of a cultural "mosaic": "I grew up with Whites ... with Blacks ... with people from other ethnicities." He admitted that he "wasn't very Chinese growing up" because his friends were predominantly "White people." This process of socialization

---

59. Bell, "Ethnicity and Social Change"; Collins and Solomos, "Introduction."
60. Isajiw, *Understanding Diversity.*
61. Zhou and Lee, "Introduction."

with other ethnics was echoed in James's (Case 1) school year. He explained, "In school I hang out with my Caucasian friends. I never even grew up in a Chinese community, I grew up in a Jewish community; and I was the only Chinese person and Christian at the school." Finally, for SGCCE in Case 4 who saw themselves as Canadian first, all did so at the expense of their ethnic identity. In this fashion, their experience was contradictory to the "adhesive pattern of adaptation" of identity as posited by Kim and Hurh, and to Yang's suggestion of "adaptive integration" of "multiple identities together without necessarily losing any particular one."[62]

In conclusion, all participants spoke of their penchant for ethnic or national identity. Although many adapted a hybrid identity, how SGCCE saw themselves was a combination of how they constructed that identity and how others saw it; as well as a function of the socialization process growing up in Canada.

## Finding #3: All things being equal, SGCCE placed a high premium on relationship, and ethnicity played a significant role in it (Ethnicity and Socialization; RQ #1).

One of the major functions of religion is the provision of belongingness.[63] According to R. S. Warner, congregations as the expression of religion are the "worlds . . . where new relations among the members of the community . . . are forged."[64] Ammerman further asserted that "congregations are places of belonging . . . and among the most effective generators of 'social capital,' those connections of communication and trust that make the organization of a complex society possible."[65] Of the main concerns of SGCCE in their transition to different congregations, the questions of identity and belongingness remained the core requirements in their journey, consistent with the assertion of Ammerman. Pastor Isaac (T2) summed it up this way: "Caught between two cultures, (SGCCE asked): 'Am I this or am I that? Do I belong here? Do I belong there?'" Based on the cross-case analysis in Theme #3, I found that the experience of belongingness of SGCCE in this study was

---

62. Kim and Hurh, "Beyond Assimilation and Pluralism," 188; Yang, "ABC and XYZ," 185.

63. Greil and Davidman, "Religion and Identity," 549; Herberg, *Protestant, Catholic, Jew*, 12–13; Matsuoka, *Out of Silence*, 39.

64. Warner, "Introduction," 3.

65. Ammerman, *Congregation & Community*, 362–63.

encapsulated within the same notion found in the context of congregation these scholars have collectively advanced. For the participants of this study, relationship was a key driver in congregation selection. Yet belongingness, to these SGCCE, was not necessarily related to the congregation as an institution. The participants sought belongingness through personal intimacy in the form of close-knit relationships with fellow Christians, and they valued such relationships above congregational affiliation. So long as their religious allegiance to the evangelical faith was not compromised, the expression of such relational loyalty was not necessarily tied to a specific congregation such as their parents' church. In these circumstances, relationship was the underpinning of belongingness, and if relationship changed in a local church context, the sense of belongingness to that church changed. When SGCCE did not find such an intimate relationship, especially with the cohort of their own age and background, they left the immigrant church for good. Eunice (Case 2) explained that they would depart:

> Because you're still longing for relationships (and) longing to belong; and if you don't have that or if you're lacking a little bit of that then you kind of feel it's time to go. It's such a sticking point. Once you lose a certain relationship, you kind of feel like, "Why should I attend (that church)?"

Although faith was a key element in this cohort's journey, Eunice argued that it was portable and affiliation with a particular religious institution was not as important: "I could take my faith to another church, why do I have to stick with this particular body [i.e. church]?"

On the other hand, a hurtful or abusive relationship can be a key motivation for leaving a congregation. In the case of Nathaniel (Case 3), who was bullied by his peers at his parents' church, the congregation as an entity was severely criticized. So disenchanted was he about the church that not only did he want to distance himself from a place that symbolized an abusive relationship but he also carried a sense of animosity: "When I walk into that church, the hairs on my back, the hairs stood up." Haunted by the hurt and snakebitten by the bullying experience, Nathaniel wanted to disassociate from the congregation as much as possible. Along the theme of emotional and physical abuse, Lois (Case 2) shared a similar experience of a fractured relationship with her parents. When she left her parents and the church, Lois retraced a very deep sense of rejection that had been built up for decades: "So you know, that brought up my rejection wound [caused by] my parents. It made me realize that I had to get healing." Getting healed, for Lois, meant she had to sever the relationship and "to leave my parents' church . . . [and] to basically disentangle from my family . . . then grow and heal." Finally, James (Case 1) summed up broken relationships at the immigrant church this way:

> A lot of people are leaving the church because they grew up from as a baby until 30-something. You spent thirty years in this church and there's so much baggage. Let's say you dated some person, dated multiple people in the church, you have broken friendships, which caused people to leave.

Conversely, in appraising a church to attend, a church they could call "home" (e.g. Lois), relationship, or connection, or friendship, was of paramount importance for the participants. For instance, Peter (Case 1) mentally constructed a "comfort zone" that was clearly framed by both friendship and ethnic affiliation during his transitory process. To stay in the "comfort zone" meant going to a church where he had established acquaintance, as he explained further: "If I know someone in that church, I would be more comfortable going into that church." The friendship factor helped explain why he did not attend a Caucasian church: "So why did I not visit a Caucasian church? Because I did not know [if] any of my Caucasian friends were Christian."

Peter's experience pointed to a different level of understanding of belongingness from the perspective of ethnic homophily as suggested by Blau, Edwards, and Kim and Kim.[66] Not all participants expressed the same desire for ethnic fellowship as was evident in Alumkal's research into Korean American Christians.[67] In this study, the tendency of all participants in Case 1, and some in Case 2 (e.g. Phoebe and Eunice), to worship with co-ethnics was strongly evident both in the individual case and in the cross-case analysis. This preference waned in Case 3 and diminished in Case 4. Consequently, belongingness as expressed in ethnic homophily for all of the Case 1 participants and Phoebe and Eunice in Case 2 was a key determinant in their choices of congregations, in line with Phoebe's report that the churches of her

---

66. Blau, *Inequality and Heterogeneity*; Blau, *Crosscutting Social Circle*; Edwards, "Bring Race to the Center"; Kim and Kim, "Korean American Christian Communities."
67. Alumkal, *Asian American Evangelical Church*, 184.

selection had been ethnically Chinese: "Every church that I chose [to attend] was Chinese . . . because it's important to me . . . I'm more comfortable with a group that is Chinese." Conversely, while not rejecting socialization with their ethnic friends, participants in Cases 3 and 4 exhibited a greater acceptance of multiethnicity when choosing a church to attend, a stance that reflected their stronger desire to be incorporated into the mainstream society. For them, the multiethnic milieu of the community or the city in which they resided and the church that was situated in that milieu must be a mirror image of one another. As such, friendship and relationship continued to reign supreme, but they were forged with ethnicities that were no longer just Chinese, which was more in line with the multiracial/multiethnic church model as articulated by De Young, Emerson, Yancey, and Kim; Emerson and Smith; Garces-Foley; Garces-Foley and Jeung; Marti; and Shigematsu.[68] Nathaniel's (Case 3) experience at Temple, for instance, served as an illustration. To him, his religious socialization can be encapsulated by the term "acknowledgement," a concept he evoked several times when he described his experience in recognizing, respecting, and socializing with multiethnic congregants at Temple.

Finally, for Paul (Case 4), the desire to be incorporated into the mainstream Caucasian culture in a religious context reflected not only his sense of belongingness acquired from his national identity as a Canadian but also his rejection of his ethnic identity; one of the reasons for his leaving his parents' church in the first place was its ethnocentricity. Paul lamented that "one of my disgruntle[d] things is that I can't go to a church that [is entirely ethnic because] . . . being in that [ethnocentric] kind of culture wasn't fully satisfying." The experience of Paul and his fellow participants in Case 4 appeared to contradict Evans's assertion that "there is no correlation that points to culture or ethnicity as being the catalyst that is driving away the second-generation."[69]

To sum up, for the SGCCE I studied, belongingness as expressed in relationality, though more with co-ethnics in some cases and with multiethnic in others, trumped church affiliation as long as their faith expression and religious loyalty continues to thrive.

---

68. De Young et al., *United by Faith*; Emerson and Smith, *Divided by Faith*; Garces-Foley, "Comparing Catholic and Evangelical"; Garces-Foley and Jeung, "Asian American Evangelicals"; Marti, "Fluid Ethnicity"; Shigematsu, "Ethnic Must Become Multi-Ethnic."

69. Evans, *Impending "Silent Exodus,"* 69.

## Finding #4: Ethnic exclusivity and internecine conflicts contributed to the silent exodus (Ethnicity and Socialization; RQ #3).

As indicated in cross-case analysis in Themes #1, 2, and 5, the SGCCE I studied observed that the Chinese immigrant church leadership was mired in confrontation, obfuscation, and dysfunction and for that reason contributed to the leakage of SGCCE from their parents' congregations. This experience of the participants was consistent with the assertion of Tseng that Asian North American churches were fraught with "conflicts among leaders and between the clergy and laity."[70] In addition, this finding of internecine conflict in this study was in alignment with the findings of studies by Jeung, J. Kim, S. Kim, H. Lee, and Song.[71]

Situated in an intersection of different dialects, languages, and subethnicities, the typical Chinese immigrant churches found themselves having to address the different and at times competing demands of three different congregations with Cantonese-speaking Hong Kong immigrants, Mandarin-speaking mainland China immigrants, and English-speaking SGCCE. Nested in such a social framework, internecine conflicts in terms of the cultures and values of the congregations and of the generations inevitably emerged. Cliques began to form and grow with a power structure that privileged the Hong Kong immigrant church leaders who, by and large, were the first arrivals and the founders of the Chinese Canadian churches as they came into existence. Nathaniel (Case 3) recalled that the outcome of conflicts always favored the Chinese congregation because "the leadership was very Chinese." As a result, he explained, "there's a big emphasis on the Cantonese and the Mandarin services. There's [a] little less with English services . . . [and leadership was] not willing to accommodate Chinese Canadians who are English speaking."

Paul (Case 4) reiterated the same concern: that within an institutional setting of "three churches in one," the inherent language differences and "cultural clash" made it very difficult for the entire church to communicate effectively and march in unison toward the same goal. As a result, attempts

---

70. Tseng, *Asian American Religious Leadership*, 22.

71. Jeung, *Faithless Generation;* Kim, *Re-Writing the Silent Exodus*; Kim, *Faith of Our Own*; Lee, "Silent Exodus"; Song, "Constructing a Local Theology"; Song, "Patterns of Religious Participation."

to reconcile all the congregations in different places and in their walk with Christ proved futile.

In such a trilingual context, Matthew (Case 4) suggested that his parents' church engaged in a vicious circle of a decision-making process that devalued the English-speaking ministry. The efforts to evaluate every bit of information and assess risks and benefits often led to a protracted process that was unsuccessful in arriving at a meaningful conclusion. He bemoaned that the institution had become an unwieldy "organization . . . [and the] church just becomes one big bureaucracy, and nothing gets done."

Finally, Luke (Case 4) lamented that without an overall vision to bind the three congregations together, his parents' church was drifting apart with each group advocating divergent influences and approaches in ministry. Yet an attempt to unite them via a proposed building project revealed political baggage and a vendetta at the church. Friction in priority and interests emerged as older Hong Kong "Chinese are in a more of a sustaining mode . . . whereas [the] younger English congregation is [in] more of a growth stage. But [they] aren't able to see eye to eye." Given a lack of financial wherewithal and support, SGCCE found themselves in a stalemate at the church.

From the perspective of many SGCCE in this study, the internecine conflicts were tied to ethnic exclusivity that was exhibited in the behavior of first-generational congregants and leaders at the Chinese immigrant churches. This perception is consistent with Chen's finding that for the ethnic immigrant church, "its most valuable resource for outreach, its members, is simultaneously an obstacle that hinders it from outreach beyond" its community; the first-generation often erected both a visible and an invisible wall to differentiate themselves from the nonethnic world.[72] Paul (Case 4) argued that these congregants often carried "a judgmental attitude toward people who are outsiders" and adopted a practice of "compartmentalization" whereby different groups worshiped on different schedules and "they don't ever mingle." Because of this exclusive mindset, Paul's church was incapable of honoring the biblical commitment of "making disciples of all nations and bringing people from the local community or from [a] greater area of the city into the church," besides which the church put the "English congregation . . . on life support."

---

72. Chen, *Getting Saved in America*, 226.

In the same vein, both Mariam and John (Case 3) experienced frustration when they advocated a community-centric model with a "day-care center operating during the weekday at the church." Their proposal was met with resistance, mostly from the immigrant congregants and their lay leaders. John concluded that ethnic exclusivity was largely at work in their mindset: a "selfish" attitude that focuses on doing well for oneself and keeping one's "little kingdom intact."

Nowhere was the issue of ethnic exclusivity as pronounced and poignant as it was in the confrontation regarding the name change of the Chinese immigrant church. Eunice (Case 2) spoke of a controversial and divisive debate at her former church concerning dropping the term "Chinese" from the church name. The ethnic term "Chinese" in the church name was included by the earlier immigrants to express their identity and to attract co-ethnics, as part of an effort to establish "bonding social capital."[73] Yet the local-born argued vehemently that such an ethnic marker should be dropped in favor of a more community-centric name that would feel welcoming to neighbors or friends irrespective of their ethnic origins. However, a proposal to change the name was met with fierce opposition, especially from the board, which had been predominantly controlled by the first-generation leaders. As Eunice noted, "Name changes are very difficult in a Chinese church"; she theorized that this was the case chiefly because many of these leaders were intransigent in putting their ethnic values above their faith values.

Matthew (Case 4) attested to the same frustration. He and his peers at the immigrant church argued that "the Chinese part in the name almost was kind of a barrier" for two reasons. First, the term "Chinese" conjured up the image that the church continued to conduct its business using "the Chinese way of doing things," which did not sit well with SGCCE, who grew up with the "Canadian way of doing things." More importantly, the term "Chinese" implied that the church had drawn its boundaries in such a way that only ethnic Chinese were welcome. Matthew reasoned, "Having the [term] 'Chinese' makes [the church] an exclusionary community."

The inherent conflicts of the Chinese immigrant church were not lost on Pastor Adam and Pastor Silas (T1). As a first-generation leader, Adam recognized that an immense cultural gap existed between the generations.

---

73. Putnam, *Bowling Alone*, 22.

He recognized that the two generations had been "living in a very different [cultural] context." As immigrants to Canada, most of the first-generation were not "schooled" in Western culture. When it came to comprehending the cultural nuances and subtleties of SGCCE, Adam just confessed: "Sometimes we just don't understand." Silas echoed that sentiment. Drawing an example from how the two generations approached worship with different styles and instruments, Silas suggested that it was not so much a difference of preference or taste, as that the first-generation continued to find comfort and safety in religious practices that mimicked the "back-home" culture, whereas SGCCE were thoroughly immersed in the "new-home" milieu. Such normative prescriptions of church leadership styles and practices, according to the participants, contributed in no small way to the strife and conflicts between the generations that they had often encountered at the immigrant church. With an experience of cultural dissonance, the local-born cohort became frustrated by the rancor and wanted to disassociate themselves from the immigrant church.

## Finding #5: Stagnation and a yearning for growth and freedom motivated SGCCE to engage in the transition (Religious Identity; RQ #1).

Consistent with the findings of Alumkal, Ebaugh and Chafetz, Jeung, H. Lee, J. Kim, S. Kim, and Song,[74] the SGCCE I interviewed cited spiritual stagnation as one of the key factors that spurred their transitioning to other non-immigrant churches. All the SGCCE in this research followed a multi-faceted narrative of being spiritually underfed, stagnant in their growth, and stuck in the traditional Chinese cultural milieu. Cross-case analysis in Theme #4 revealed that ten out of the thirteen participants spoke openly and explicitly about the unsatisfying and inhibitive experience of being "stagnant," getting "stuck," and not "growing." Many factors appeared to have contributed to the spiritual dryness the participants experienced.

The first one pointed to the traditional teachings at the immigrant church being irrelevant and culturally too restricting and the yearning for deeper

---

74. Alumkal, *Asian American Evangelical Church*; Ebaugh and Chafetz, *Religion and the New Immigrants*; Jeung, *Faithless Generations*; Lee, "Silent Exodus"; Kim, *Re-Writing the Silent Exodus*; Kim, *Faith of Our Own*; Song, "Constructing a Local Theology"; Song, "Patterns of Religious Participation."

and theologically sound teaching. For example, all participants in Case 4 spoke about their deep desire for spiritual richness in teaching. For Mark, this desire was reflected in his focused narrative on the critical importance of "God's word" in his congregational experience. Matthew, on the other hand, spoke of being refreshed by the expository, holistic teaching at Zion as compared with the teachings at the immigrant church. Luke summed up his experience at Rock this way: "The preaching there is excellent, and most people go there because the preaching is excellent." Lois and Phoebe in Case 2, on the other hand, enthused about how effective the Korean pastor in the pan-Asian church was in mitigating the prohibitive forces of Asian values by sagaciously reframing them in the light of biblical teachings. Their experience was consistent with the study of J. Kim, which demonstrated the Korean American Christians' desire for biblical teachings over cultural instructions with the cry: "'Teach me about Jesus, not about Korean culture.'"[75]

As Pastors Silas and Adam (T1) corroborated, immigrant church leaders tended to operate in their comfort zone of teachings that reflected the culture and practices of the "back home" religious affiliation. SGCCE found teachings of this sort too stifling and not germane to their context. Many immigrant churches attempted to ameliorate these shortcomings by hiring an English pastor who was either a Caucasian or a local-born Asian Canadian to minister to the SGCCE. However, consistent with J. Kim's finding, such pastors are not always available, leaving the position frequently vacant, as in Peter's (Case 1) and Luke's (Case 4) experience.[76]

The second source of stagnation had to do with the ethnic boundary and its inherent culture at the immigrant church. James (Case 1) shed light on the cultural entrapment of the immigrant church that limited imagination and possibilities of "other perspective[s] in theology and practices." He problematized the issue this way: "We don't venture outside. [And] if we don't open our eyes to other things, we're stuck and bound to the way that we've always done things." Mariam (Case 3) echoed the same concern but framed her narrative from the perspective of aspiration and freedom. Reserved and restricted in its inherent nature, ethnic culture at the Chinese immigrant church functioned in a manner that was diametrically opposed to that of the more open and

---

75. Kim, *Re-Writing the Silent Exodus*, 63.
76. Kim, 63–69.

egalitarian ethos in the mainstream Canadian society. Mariam desired for her spirituality to grow in that direction, but "the culture of the church held [her] back." In these circumstances, she felt that she could not "progress further in ministry or spiritually" and that she "was stuck," "trapped in this culture," and "not free." This sentiment was widely shared by her cohort. "Boxed in" by their parents' culture and unable to extend themselves to embrace other ethnics in the religious setting, these SGCCE "were kind of shut down."

Yet Mariam's outlook was completely changed at Temple. Contrasting the experience with that at Uptown, she explained that the idea of "freedom" re-emerged. She commented: "But with Temple, the culture is very affirming and very freeing and very empowering." Finally, John (Case 3) expressed a similar desire to be freed from the straitjacket of the Chinese cultural values on social status and occupations that came to define and shape congregants at the Chinese immigrant church at the expense of authenticity of faith.

The last catalyst for stagnation was the lack of vision and purpose often found at the Chinese immigrant church. For instance, Martha (Case 1) was disillusioned by the lack of an enduring vision and purpose at her parents' church and subsequently found herself at a loss for an anchor for her growth. She acknowledged that at her former church, "I felt stagnant." Luke (Case 4) wrestled with the same plight. In the absence of a unifying vision and a clear mandate, church leaders operated in a mode of maintaining the "status quo," not wanting to "rock the boat" and initiate transformative change. In Luke's words, "There was a void of direction . . . a lack of vision" and "people were unable to move forward."

In short, stagnation resulting from traditional and inadequate teaching, a stifling and restrictive church culture, and visionless and purposeless congregational ministry triggered the SGCCE to leave their parents' churches in search of growth, freedom, and spiritual nourishment elsewhere.

## Finding #6: Religious identity reigns supreme (Religious Identity; RQ #2).

Collins and Solomos asserted that "at a basic level, identity is about belonging, about what we have in common with some people and what differentiates us from others."[77] Jeung, Chen, and Park argued that second-generation Asian

---

77. Collins and Solomos, "Introduction," 5.

Americans had to negotiate their identity and belonging in the intersection of religion, race, and ethnicity.[78] As the cross-case analysis in Themes #2 and #6 demonstrated, SGCCE in this study shared an experience of identity negotiation similar to the one described by these researchers. Four pathways emerged from the research of Jeung, Chen, and Park in speaking to the identity negotiation process: (a) "religious primacy," (b) racialized religion," (c) "ethnoreligious hybridization," and (d) "kin centered ethnic faith tradition."[79] Cross-case analysis of discourses and narratives of the participants in Theme #6 showed that as a collective cohort, SGCCE in this research exhibited a strong proclivity toward upholding a "Christian first" identity when religious and ethnic identities were juxtaposed with one another. This group's propensity was aligned with the first pathway Jeung, Chen, and Park advocated, namely, "religious primacy," in which adherents of religions placed their religious identity over all other identities. In addition, this study's finding was also consistent with that of Alumkal's research, which concluded that "religion has supplanted ethnicity as the primary focus for identity and sense of self" for Asian American Christians.[80] For instance, Martha (Case 1) argued that being "Canadian and Chinese has to do more with my culture," whereas "Christianity is my values, my beliefs, and my religion." Indeed, Martha vehemently insisted that the "number one [identity is that] I have to be Christian." Peter (Case 1) echoed the same view. For him, his Christian identity always trumped his ethnic identity because "all that matters is Christianity." James (Case 1) too was adamant about placing his Christian identity above his ethnic and cultural identity, stating: "I consider myself Christian first, for sure." Phoebe (Case 2) was in complete agreement: "I'm more than 100 percent Christian before I'm 100 percent Chinese." As for Lois (Case 2), she simply declared: "My faith is my identity." She went on to proclaim: "I am a daughter of God . . . (and) that's first and foremost, that's my whole identity and self-worth." Mark (Case 4) agreed: "Christian should be our number one priority . . . our number one identity; it should be our number one citizenship." Matthew (Case 4) summed it up this way: "Being Canadian and Chinese only pertains to this life being, and Canadian Chinese

---

78. Jeung, Chen, and Park, "Introduction," 2–3.
79. Jeung, Chen, and Park, 3.
80. Alumkal, *Asian American Evangelical Church*, 183.

as an identity does not come close to giving me any fulfillment in my life." Of all participants, John (Case 3) was perhaps most succinct in his narrative: "My faith trumps my culture and my nationality."

The upholding of religious identity above all else by SGCCE in this research was in alignment with one of the core tenets that came to define evangelicalism: the belief in the life-transforming experience of being "born-again."[81] The tone of Matthew's narrative (Case 4), for instance, in which he described ethnic identity as pertaining to "this life," implying that the faith identity is born out of a transformative experience that is transcendental in nature, was perhaps the best illustration of the religious construction of identity and meaning for SGCCE. In addition, while not explicitly surfaced as a variable, the desire of SGCCE in this research for sound teachings as discussed in the cross-case analysis of stagnation in Theme #4 indicates an alignment with another key evangelical feature in having a high regard for the Bible as the authority for their faith and morality.[82] The respectful view of the Bible as a key element of evangelicalism was not lost on the pastors at the churches the participants attended. These religious leaders constructed discourses and narratives that spoke directly to the supremacy of religious identity when compared with ethnic and national identity. For example, Pastor Isaac (T2) proclaimed succinctly: "Christianity and the church and Jesus transcends all of that." In this regard, the SGCCE's desire was in line with the finding of J. Kim, who concluded in his study of Korean American Christians that there was a rallying cry among them, as mentioned earlier in Finding #5: "Teach me about Jesus, not about Korean culture."[83]

However, I did not find the religious identity stance of SGCCE to be completely consistent with the findings of Busto, who reported that Asian American college students underwent a process of ethnic dis-identification in favor of an evangelical Christian identity as a greater likelihood of gaining acceptance by the mainstream society.[84] SGCCE in this research upheld their religious identity without necessarily compromising their ethnic identity; it was not hard for them to maintain both given that they demonstrated little

---

81. Noll, *Scandal of the Evangelical*, 7–10.
82. Guenther, "Ethnicity and Evangelical Protestants," 375.
83. Kim, *Re-Writing the Silent Exodus*, 63.
84. Busto, "Gospel according to Model," 141–42.

frustration with their process of being incorporated into the multicultural society of Canada. Most participants reported no instances of suffering from blatant discrimination or open rejection by the broader society. To the extent that they were subjected to prejudicial behaviors, it was centered around a subjective ethnic ascription by Caucasian Canadians based on physical characteristics such as skin color, as in the cases of Eunice (Case 2) and Martha (Case 1).[85] Conversely, I found that the SGCCE's choice of religious primacy was more in line with the assertion of C. Smith and of Griel and Davidman in that the emergence of evangelical Christian identity reflected the appeal of fundamentalism in providing a firmer anchor for identity due to the encapsulated nature of evangelical churches[86] as opposed to the "fluid, tentative, differentiated identity of late modernity."[87] Such an anchor of identity was best illustrated by Paul (Case 4), who argued that in a secular and liberal society such as Canada, it was his faith identity that helped him navigate a pathway out of different popular societal practices or norms as well as lax moral standards "like for drunkenness . . . or [taking] drugs."

Although this research found a high degree of uniformity in asserting the supremacy of religious identity by the collectivity, as in the first pathway in the research by Jeung, Chen, and Park (i.e. religious primacy), individual cases exhibited different degrees of variance when religious identity intersected with ethnicity.[88] For instance, participants in Cases 3 and 4 (e.g. Matthew and Mark) showed strong alignment with this pathway with very little or virtually no influence by ethnicity, though John (Case 3) admitted that "my ethnicity affects my faith as well." Yet by virtue of the ethnic composition of congregations for participants in Cases 1 and 2, SGCCE in these two cases showed an additional tendency to see themselves in alignment with the third pathway of Jeung, Chen, and Park: ethnoreligious hybridization. This tendency appeared to be the strongest among participants in Case 1. Though as inspired by the ideal of a multiethnic congregation as their counterparts in Case 4, Peter and James (Case 1), who resided in two different cities, resigned themselves to the reality that their churches were Chinese and their religious pursuits

---

85. Min, "Introduction," 7; Zhou and Lee, "Introduction," 21.
86. Smith, *American Evangelicalism*; Greil and Davidman, "Religion and Identity."
87. Griel and Davidman, 558.
88. Jeung, Chen, and Park, "Introduction."

continued to be influenced by their Chinese ethnicity. Pastor Charles, Peter's spiritual shepherd, echoed the same predicament, though the "Chineseness" the congregation now embodied was not that of the first-generation but that of the second-generation. Charles explained: "It has to do with our own ethnicity culture, how we perceive faith and how community life is defined. I think that has a lot to do with people's ethnicity and what they expect out of community, how they interact socially with other people."

To summarize, participants in this research saw themselves as "Christian first" above their national and ethnic identities, and exhibited a very strong alignment with the first pathway of religious primacy of Jeung, Chen, and Park when they negotiated their identity and belonging in the intersection of religion and ethnicity, although participants of Case 1 also showed an additional tendency to be affiliated with the third pathway of Jeung, Chen, and Park: ethnoreligious hybridization.[89]

## Finding #7: Dysfunctional leadership and lack of vision and foresight at the Chinese immigrant church thwarted the SGCCE's growth and search for autonomy (Presence/Absence of Leadership; RQ #3).

According to Ammerman et al., congregational leadership is construed to embody three key roles: (a) helping the congregant to gain a realistic current-state assessment in terms of its particular situation and circumstances; (b) assisting members to develop a future-state vision of their corporate life that is faithful to their best understanding of God and God's purposes for the congregation in this time and place; and (c) helping congregants execute that vision in the congregations' corporation life.[90] Yet Asian North American immigrant church leadership is fraught with "conflicts among leaders and between the clergy and laity" due to cultural, religious and intergenerational differences.[91] Embroiled in a culture that condoned "coercive expression of power," Asian North American church leaders were steeped in an ethos that celebrated hierarchical order and reinforced the concentration of power and authority of an oligarchy that privileges a few senior leaders at a local church

---

89. Jeung, Chen, and Park.
90. Ammerman et al., *Studying Congregations*, 17.
91. Tseng, *Asian American Religious Leadership*, 22.

setting.[92] The cross-case analysis in Theme #1 found that the SGCCE's experiences of immigrant church leadership was consistent with Tseng's assertion. As Pastor Adam (T1) corroborated, Chinese church immigrant leadership tended to be concentrated in the positional power of the "senior pastor" and the "church board."

From the perspective of many of the participants, the older first-generation leaders, who were often the earlier Cantonese immigrants from Hong Kong, tended to look after their interests at the expense of that of other congregants when it came to collective church affairs. The bias was clearly evident in the way leadership deployed resources at the immigrant church. Many of the SGCCE's complaints were raised in the context of the growth of the local-born ministry. For instance, Luke (Case 4) bemoaned that leadership chose not to fund the new building project to support the second-generation's expansion but to focus instead on their retirement needs. The observation of reluctance was shared by Nathaniel (Case 3) as in the intransigency of the Chinese leaders regarding switching the worship schedule to accommodate the increasing needs of the English congregation. Paul (Case 4) spoke about a similar experience of encountering tremendous "resistance to change" when he proposed a worship approach that was more in line with the SGCCE's preference for being more "relaxed (and) more open in terms of a free flowing (style)." Matthew (Case 4) added to the same complaint about the Cantonese leaders being either slow or noncommittal in the context of appointing mentors or trading worship spaces when the English-speaking congregation was growing noticeably.

The foot-dragging mentality or resistance to change that was precipitated by a desire to refrain from "rocking the boat" or to remain in "maintenance mode" in ministry management reflected at least three characteristics of Chinese church leadership. First, the collective mindset of being slow to act was attributed to the reserved nature of Chinese culture, as was corroborated by Pastor Silas (T1). Hofstede and Bond too found that due to the influence of Confucian dynamism, Chinese culture placed a premium on a long-term orientation with a pragmatic acceptance of change and an emphasis on the

---

92. Tseng, 22.

value of perseverance, thrift and saving for the future.[93] Second, this leadership characteristic reflected how power and authority were exercised in a way that fostered and enforced a normativity of permissioning that disempowered SGCCE from exercising their creativity and autonomy. To participants such as Martha (Case 1) and John and Mariam (Case 3), this permissioning culture was disguised as the Chinese virtue of honoring elders. Third, as a result of placing the concentrated power with a selected few, the decision-making process tended to be opaque, murky, and kryptocratic, favoring cultural norms and values over biblical or faith principles. This was clear from the examples given by Martha (Case 1) and John (Case 3), in which the recruitment process of ministers at their previous immigrant churches was not followed or selection criteria were overlooked in favor of *guan-xi* (privileged relationship), or connection with well-known persons in the Chinese church community, when a new pastor was hired. Fourth, Mark (Case 4) echoed this observation in his description of how the board of elders were elected based not upon biblical principles but on the Chinese "tradition of the elders" [94] that favored social status, achievement in society, and material wealth.

Criticism of the immigrant leadership was perhaps most severe when levelled against the lack of vision for SGCCE as a cohort. The participants in this study expected that church leaders would be visionary in formulating a direction and constructing meaning for that direction for their followers, as explicated by Ammerman et al.[95] Therefore explicit foresight, a unifying vision, and a clear mandate were required to elucidate the endgame and the immediate goals of the religious institution and how the congregants were to be led in pursuit of these objectives. Yet with only one exception, the case of James's former church leadership who collectively applied forethought to the possibility of establishing a separate independent English congregational entity for the SGCCE, many participants (e.g. Martha, Eunice, Matthew, Mariam, Luke, and John) felt that their leaders lacked such foresight and failed in providing clarity in terms of a future vision regarding what the pathway for SGCCE development and growth ought to look like. For many, the absence of

---

93. Hofstede and Bond, "Confucius Connection" as cited by Jackson and Parry, *Very Short, Fairly Interesting*, 81.

94. Mark 7:3.

95. Ammerman et al., *Studying Congregations*.

a vision and foresight was nested within even a broader context: the need for a collective vision or ideal that was supposed to bind the three congregations (i.e. Cantonese, Mandarin, and English) together so that they could maintain unity and still celebrate the diversity among them. Yet when these participants found the vision to be lacking, the only viable pathway out of the quagmire was for them to leave and seek a new home. For instance, Martha (Case 1) bemoaned the loss of purpose and direction and stated that as a result, "I don't know what to go toward." She left to search for "a church that has a direction and a purpose that is aligned with what I'm looking for." Likewise, Luke (Case 4) expressed the same frustration when the immigrant church was operating in a "sustenance [subsistence] mode," offering no clear approach "to steer the flock" due to the absence of a senior pastor for a lengthy period. With the immigrant church being "void of direction" and demonstrating "a lack of vision," SGCCE such as Luke were "unable to move forward." Of all the participants, Mariam (Case 3) was the most passionate and elegant in articulating the centrality of vision. For her, the essence of leadership was embodied in the "vision" of a leader. Without vision, leaders forfeited their ability to elevate followers to new heights. Conversely, Mariam argued, if the pastoral leaders were "visionary," they could "see things happening in a certain way and they're looking in that direction, [this] . . . gives the congregation space to move in that direction."

The participants' criticism was not at all a surprise to the pastors at the Chinese immigrant church I interviewed. Both Pastor Silas and Pastor Adam (T1) recognized the silent exodus phenomenon, and both were eager to learn from the failed efforts of the previous immigrant church leaders to stem the tide. However, in their observation, a majority of the Chinese church leaders were caught in the difficulty of having either power without knowledge or knowledge without power. Immigrant church leaders were vested with positional power and authority to exert change for the good of the congregants in alignment with the divine purpose for the church. Yet most did not seem to grasp the gravity of the leakage and therefore they either were unable to respond to the silent exodus, or took no proactive actions to stem the tide. Pastor Silas commented on the lack of awareness on the part of these leaders:

> I think they see it, but they don't recognize it is there. The problem from the first-generation leaders . . . [is that some] see that

there will be a problem in advance . . . I heard some of them do, but mostly don't. I would say [the] majority didn't see it or take action.

On the other hand, as both pastors attested, although some realized that the silent exodus phenomenon was highly palpable (Pastor Adam called the phenomenon a "loud exodus"), at the same time they found themselves somewhat powerless in facilitating any meaningful dialogue or change amid SGCCE, an obstacle due in part to the language barrier but mainly to a restriction of their mindset of normativity that reflected the "back home" culture. To the extent that attempts were made to address the issue, actions were token in nature at best with no real meaningful steps being taken unless these leaders sensed that crisis was looming that might "rift the church" or "tear it apart." Wrapped in a more reserved and reactive mentality, Pastor Adam concluded, "Most Chinese churches would kind of like sweep the dust under the carpet and say 'Well, we can wait. We can – it's not that bad.'" Thus, for these leaders who had been addressing church issues by and large with "back home" cultural practices for many years, the knot of the SGCCE exodus proved to be intractable.

The absence of meaningful vision from the leadership to stem the tide was to a significant extent consistent with Ladkin's framework of the leadership concepts of "moment" and "whole" in the sense that leaders and followers were required to "interact within a particular context and work towards an explicit or implicit purpose."[96] Leadership "moments" of social relationship were required to enable the Chinese immigrant church leaders to understand the SGCCE's aspiration and to nurture their growth. In addition, such an absence of vision was also consistent with what Ladkin advocated in examining the present-at-hand mode of leadership experience. The participants' criticism of the first-generation's lack of vision can be seen as being in alignment with Ladkin's absence of a call for vision, a perspective that she defined as: "a way of 'seeing' the entire scenario and its attendant intricacies and complexities. Rather than the skill of looking forward, this situation called for the capacity to deeply perceive what was going on in the here and now."[97]

---

96. Ladkin, *Rethinking Leadership*, 27.
97. Ladkin, 50.

For Greenleaf, a hallmark of leaders is that "they are better than most at pointing the direction" because they have the ability to "foresee the unforeseeable."[98] Foresight, according to him, is the ability to make sense of the unforeseeable. Thus foresight is what Greenleaf equated with "the 'lead' that the leader has."[99] So paramount is foresight in leadership that he further declared: "Once leaders lose this lead [i.e. foresight] and events start to force their hand, they are leaders in name only."[100] My analysis of Greenleaf's conceptualization of foresight in chapter 2 identified four interrelated dimensions within this notion. They are foresight and time continuum, foresight and awareness, foresight and consciousness, and ethical dimension of foresight. Sifting the analysis of this research through these four dimensions, I argue that the first-generation leaders by and large did not measure up to the foresight requirements as articulated by Greenleaf, especially the ethical dimension of foresight, including taking meaningful actions early enough to address the silent exodus phenomenon. I argue, based on cross-case analysis as well as the triangulation data, that many of these leaders as observed by the participants either did not take meaningful actions to address the leakage or resigned themselves to a stance of powerlessness regarding their ability to effect any meaningful change, as Pastor Adam attested.

## Finding #8: Compelling vision, explicit foresight, and a narrative of inclusivity over ethnicity were big draws for the SGCCE (Presence/Absence of Leadership; RQ #4).

Griel and Davidman asserted that "the provision of meaning and belonging are two of the most important functions of religion."[101] Ladkin further suggested that "meaning-making enables organizational members to work together towards a common interpretation of reality."[102] As congregational leaders, one of the key functions church pastors need to accomplish, according to Ammerman et al., is to create a vision for the future state that reflects a foresight of the upcoming needs of the congregants as well as a believable plan

---

98. Greenleaf, *Servant Leadership*, 29, 35.
99. Greenleaf, 40.
100. Greenleaf, 40.
101. Greil and Davidman, "Religion and Identity," 549.
102. Ladkin, *Rethinking Leadership*, 103.

for them to follow in order to realize that vision.[103] The participants' experience, as corroborated by the pastors I interviewed for Triangulation Group 2, affirmed that the roles of the leaders at the non-immigrant churches SGCCE attended in this study were well regarded as meaning-makers and vision casters, a finding that was consistent with the assertions made by Ammerman et al., Griel and Davidman, Jeung, and Ladkin.[104]

As many participants in this study attested, it was because in part of the lack of a clear vision at their parents' church and the presence of a clear vision at their new churches that many left the former and came to worship at the latter. Martha (Case 1) summarized her state of mind when she left the immigrant church this way: "When I feel like there's no central goal or kind of theme (that reflects a vision), I don't know what to go toward." Similarly, Mariam (Case 3) identified the leadership characteristics of vision and ethos as key criteria for selecting a church to attend, citing the importance of "visions – like vision of what the lead pastor has; but also kind of like what the vision of the church is, what the ethos of the church is."

Upon closer examination, leaders at these non-immigrant congregations all subscribed to a vision in which the church embraces a composition that reflects the multicultural demographic of most major cities of Canada, a stance consistent with the assertion by Ammerman et al.[105] With clear foresight in creating a multiethnic model, these pastors exhibited a common characteristic as religious entrepreneurs who strung together a narrative that transcended ethnicity, one that simultaneously engaged purposefully and criticized judiciously Asian values through the lens of faith. For instance, Luke (Case 4) assessed the vision at Rock in the context of preaching this way:

> The preaching there is excellent. But it's the purpose and the vision of the church and how everything ties into it . . . The church basically has one mandate: to spread the gospel . . . regardless of ethnicity . . . And everything is done with [that] purpose.

---

103. Ammerman et al., *Studying Congregations,* 17.

104. Ammerman et al., 17; Greil and Davidman, "Religion and Identity"; Jeung, *Faithless Generations*; Ladkin, *Rethinking Leadership.*

105. Ammerman et al., 17.

Phoebe's and Lois's (Case 2) experience of narrative at Summit as a pan-ethnic church, on the other hand, appeared to focus more on the adjudication of Asian values. For example, Phoebe argued that the church leadership tackled or "reframed" the values "explicitly" and "purposefully" not by denying the Asian "cultural identity" or directly attacking the value traditionally placed on the pursuit of success but rather by clearly explicating where the desire to pursue excellence should come from.

The narrative of these pastors at times was constructed as much along the line of multiethnicity as across the socioeconomic spectrum to be an ideal to appeal to the SGCCE's needs to be incorporated within the broader society. All participants expressed a desire to see their church as a reflection of the community the institution was situated in. For Mariam (Case 3), the implication was that Temple ought to be as multiethnic as the neighboring community and the city as represented by its multicultural demographics with different socioeconomic dynamics. John (Case 3) attributed his church's attitude of embracing people of all ethnicities to the vision of the Japanese Canadian senior pastor, who intentionally shaped the church to be one that was open not only to ethnically diverse attendees but also to those who reflected the socioeconomic demographic of the neighborhood community. Simply put, the pastor "wanted [it] to be a community church.

Paul (Case 4) shared the same multiethnic ideal but from the perspective of theological pervasion. For him, the church must be contextualized to reflect the demographics of the community. Paul reasoned, "Whatever the society is, the church should be representative of that [demographic]." Consequently, since the city Paul lived in was "predominantly White," in turn the "congregation would be predominantly White."

Corroborating the lived experiences of the participants regarding how the leadership of these pastors shaped or broadened their ethnic identity, pastors in Triangulation Group 2 whom I interviewed offered similar insights. Mobilizing their congregations through worship, discourses, and narratives, pastors in this group attempted with foresight to address the ethnicity of SGCCE in their individual case contexts along the same lines as the multiethnic ideal, a finding consistent with Jeung's finding that leaders in the pan-ethnic and multiethnic church openly adopted multicultural policy and practices that valued inclusivity and affirmed diverse ethnic collectivity.[106]

Pastor Isaac (T2), for instance, spoke about how SGCCE he came to be acquainted with at his church desired to "assimilate" into a "broader kingdom community" and welcome the nonethnic vision of his church. In a manner typical of evangelical teachings, Isaac and his colleagues purposefully framed their value of the supremacy of religious identity over that of any salient ethnicity that might creep into his church fabric. In his words, SGCCE at this church might not have wanted to "forsake where I've come from," but felt that their time had come to forge a new path, avowing that "it is my time . . . [for] stepping out and growing up and starting my own traditions." In other words, ethnicity, for Isaac, was not much of a factor in the broad process of assimilation into the Canadian mainstream society of which his church was a part.

As for Pastor Tim, he acknowledged that this vision was diametrically opposed to the homogeneous unit principle as espoused by McGavran, who asserted Christians preferred to socialize with their own kind without crossing racial, linguistic, or class barrier.[107] Rooted in the gospel mandate to bring people across the different cultural and ethnic divides, Tim carved out a vision and mission for Temple to embrace people with "different background racially, ethnically, culturally, socio-economically, spiritually, can come and discover or rediscover Jesus" and build the church as "a place of healing for the broken [and] a sending base for city mission."

With this in mind, Tim was able, as a "cultural architect," to create "a place of welcome" that was "largely Asian, multiethnic, and multi-socioeconomic." Thus, Temple had become a church with thousands of attendees from all walks of life ranging from "CEOs, university professors, medical doctors, professional athletes, celebrities" to the "homeless, people that are underemployed, and . . . under margins of poverty."

For Pastor Charles, having a vision of a multiethnic congregation alone was necessary but not sufficient to bring it to fruition. In his experience, the pursuit of the multiethnic ideal was thwarted by the Chinese ethnic composition of the congregation as well as the social network of the congregants. As indicated by the cross-case analysis in Theme #2, a mutuality between

---

106. Jeung, *Faithless Generations*, 148.
107. McGavran, H *Understanding Church Growth*, 81, 46, 163.

the ethnic boundary of the congregation and the social network of the congregants existed in that the more ethnic the congregants' social circles had become, the more unlikely it was that they could attract non-Chinese attendees. In addition, as James and Peter (Case 1) echoed, the demographics of the neighboring community did play a role in shaping the ethnicity of the church. Located in a predominantly ethnic Chinese neighborhood, Salem in the case of Peter and Bethany in the case of James both found that their power to attract and retain non-Chinese worshipers from the neighborhood was weakened. The neighborhood no longer resembled the ethnic enclave of the past, as in the case of the Chinatown of major cities. However, the degree of institutional completeness as advanced by Breton remained high for the purpose of religious socialization at the second-generation ethnic Chinese churches such as Salem.[108] This phenomenon was also consistent with the findings of Ooka in that the stronger the ethnic socialization the participants received from parents or friends and the deeper they were embedded in Chinese-dominated friendship networks, the higher the tendency of these participants to experience the so-called non-zero sum process of acculturation and remain bicultural as opposed to being wholly incorporated into the mainstream societal and religious culture.[109] Thus the conclusion of Salem as a Chinese congregation was perhaps inevitable and predictable due to the social network of the congregants and the neighborhood demographics. With that in mind, Charles declared that "our ethnicity and our culture have [a] really heavy bearing in shaping who we are."

Recognizing this restriction, Charles began to show adaptability and foresight in creating a different narrative to shape Salem's vision, helping the church to shift from a multiethnic to pan-Chinese identity by embracing SGCCE as well as Chinese from other regions of the world who shared the same desire to celebrate the new Chineseness that was second-generation. This vision was found appealing by Martha and Paul, two of the participants in Case 1, as well as by others attending Salem.

In this context, perhaps Charles's insight was worth noting: The higher the ethnic composition in terms of the visible minority of the start-up core group, the less likely it was that the church could become multiethnic. This

---

108. Breton, "Institutional Completeness."
109. Ooka, *Growing Up Canadian*.

appeared to hold true with the pan-Asian congregation in Case 2 with the founding group being predominantly Korean. As for Temple of Case 3, it was predominantly a Caucasian church when Tim was hired. With the presence of Caucasians and located in a place where homeless and hopeless constituted part of the neighborhood, Temple, according to Charles's hypothesis, stood a better chance of shaping the congregation into a multiethnic reality that is also across the socioeconomic spectrum, irrespective of Tim's vision and leadership. Such a hypothesis did not apply, however, to the mainstream churches of Case 4 since there was never any intention for such congregations to uphold any ethnicity as part of their mandate for being mainstream Caucasian churches.

When it came to examining the servant-leadership characteristic of foresight of these pastors and how they attempted to reinforce the ethnicity of SGCCE and the ethnic boundary of the congregation, I found them to be highly aware of the silent exodus phenomenon, conscious in shaping their vision, and proactively mobilizing programs, worship services, and narratives and discourses to embrace ethnicity and multiethnicity in their various contexts where possible for Cases 1–3. In this regard, they exhibited the servant-leadership of foresight. As for the leaders for Case 4, I found their narratives and concerns more focused in shaping a superior religious identity that completely overshadowed the ethnicity of their congregants, regardless of how salient it might be.

## Conclusion

As indicated in chapters 1 and 2, second-generation Chinese Canadian evangelicals as a cohort had grown up and come of age. As such, they were capable of exercising self-determination in terms of how they constructed and negotiated their faith and their ethnic identity in their own journey in the "new-home" that is Canada. In so doing, SGCCE asserted their individuality, autonomy, and desire to be incorporated into the broader multicultural milieu of Canada through a congregational context of their own choice. This study examined the catalysts that spurred them to leave their parents' churches and the ways in which religion and ethnicity affected the pathway of transition. The findings of the research clearly show that as a collectivity, SGCCE in this study expressed a longing for a deeper and richer meaning and intimate relationship in their pursuit of belongingness in the context of new congregations. Being held back by, and trapped in, the traditional Chinese immigrant culture, SGCCE found themselves experiencing stagnation and spiritual dryness, complaining that the ethnic church fostered command and control leadership practices that were both disempowering and encouraging of a "permissioning" culture. In addition, they observed that the first-generation leaders tended to embroil themselves in internecine feuds between congregations and between generations, so much so that the needs resulting from the SGCCE's growth and expansion had typically been put on the back burner. Never treated as equals and not content to play second fiddle at the immigrant church, SGCCE wanted to distance themselves from an environment that was ethnic-centric in creating a boundary against non-Chinese, one that SGCCE believed to be fraught with unacceptable ethnic values and stifling practices. Furthermore, triggered by experiences with either life misfortune or broken relationships, SGCCE were motivated to seek freedom and autonomy in crafting a faith of their own in a religious context that they believed to be more in line with the multicultural ethos of Canada.

However, the endeavor did not necessarily follow a straight path. This study identified three factors that mediated the second-generation's choices of new congregations. The first factor was related to ethnicity in terms of how their history of socialization with ethnic Chinese and their current social networks played a pivotal role in how they viewed themselves and in how they participated in the congregational transition process. In short, ethnicity was a prominent factor affecting how they chose a church to affiliate with. The greater the role their ethnicity played in their identity; the more ethnicized they had been in their upbringing; and the more confined they were at the time of the transition in socializing with ethnic Chinese, the higher the likelihood that they would choose to attend either an ethnic second-generation English-speaking church or a pan-Asian church. Conversely, the more they viewed their national identity as predominant; the more assimilated they had been growing up in a multicultural milieu; and the broader their social acquaintance in terms of ethnicity at the time of the transition, the more likely they were to choose multiethnic and mainstream Caucasian churches.

The second factor was related to how SGCCE negotiated their identity out of the liminality that existed in the intersection of religion and ethnicity. As much as they might have had challenges in constructing their ethnic identity, their religious identity had always been head and shoulder above their ethnic identity for this cohort. For that reason, ethnicity as a variable notwithstanding, SGCCE sought a place that bolstered their faith commitment; fostered intimate personal relationship with co-worshipers; and allowed them to grow and to be free to engage actively in ministry that was no longer constrained by an ethnic boundary.

Finally, as SGCCE searched for new congregations in which to grow their faith, they were enamored with the clarity of vision and the distinctive foresight of the pastoral leadership at the congregations they chose in terms of how faith and congregational practices needed to embrace a community-centric approach, accepting congregants from more diverse multiethnic or socioeconomic backgrounds. In addition, SGCCE were captivated by the preaching and teachings of their new pastors, who purposefully took on the role of a "cultural architect" or "religious entrepreneur" in clearly articulating how faith values must transform ethnic values by engaging and critiquing ethnic and broader mainstream culture at the same time. In so doing, the leadership of these congregations demonstrated clear servant-leadership foresight in taking appropriate actions necessary to assist SGCCE in forging a new path of religious expression of their own.

In examining the lived experience of SGCCE regarding the Chinese immigrant church leadership as corroborated by the pastors interviewed in this study, it is apparent that SGCCE saw the leadership as dysfunctional and inept, as being often mired in their own normativity of "back-home" culture and practices. SGCCE did not believe that these leaders exhibited any foresight or were visionary and broadminded enough to embrace a wider stance regarding the multiethnic community. Furthermore, SGCCE were frustrated with first-generation leaders' insensitivity to the broader multicultural milieu and their outdated teachings and lifestyles that often dominated the teachings at the immigrant church. Entrapped in a homogenous ethnic model of a faith community, these first-generation leaders often found themselves lacking an understanding of the multicultural nuances of the mainstream society such that the aspirations of SGCCE were either not addressed properly or at times completely ignored. In this regard, I find that Breton's observation strikes a resonant chord:

If the loss of relevance and the resulting weakening or even disappearance of the church is to be prevented, new organizational forms may be needed and new patterns of relationship and communication between the clergy and the laity may be required. Modifications in rituals and religious practices may also be necessary.[110]

One of the areas primed for transformative changes may well be figuring out how intergenerational leadership at the immigrant church needs to be construed and negotiated if SGCCE leakage is to be plugged. Tseng's alarm bell as reported in the interview by H. Lee needs to be heeded: "Unless the first-generation leaders are able to give second-generation pastors (and leaders) the freedom to lead, their young people will not go to these churches. First-generation pastors need to be aware of this dynamic."[111]

Finally, servant-leadership as advocated by Greenleaf exhorts the Chinese immigrant church to bless and release SGCCE to shape their path, forge their own identity, and fashion their own faith. This is what Greenleaf has defined the quintessence of servant-leadership to be: followers would become freer and wiser and become servant-leaders themselves.[112] Otherwise, my daughter Sarah's exclamation: "How am I going to grow up?" will continue to ring in the ears of Chinese Canadian immigrant church leaders for years to come.

## Limitations of This Study and Future Research

As stated in chapter 4, participants in this study were purposefully selected from the major cities of Canada and therefore included a broad representation of Chinese Canadian immigrants and the local-born population (Table 1). Rural areas were not represented, and findings cannot be automatically extrapolated to cover those areas that have a lower degree of ethnic socialization and less institutional completeness for ethnic organizations such as Chinese schools.[113] In addition, although the participants offered a good balance in terms of gender, this study did not intentionally examine how

---

110. Breton, *Different Gods*, 105.
111.
112. Greenleaf, "Who Is the Servant-Leader?," 6.
113. Breton, "Institutional Completeness"; Ooka, *Growing Up Canadian*.

gender might have been a variable in affecting the transitory experience of SGCCE. Gender could have a significant implication for such findings as #3 in determining how relationship may play out in the SGCCE's choice of congregation. Finally, this study focused on the transition experience of second-generation Chinese Canadian evangelicals and therefore did not investigate the experience of the third and following generations regarding how religion and ethnicity may influence their congregational affiliation; nor did this study examine the experience of the foreign-born Chinese Canadian evangelicals who emigrated to Canada at a young age and were fully acculturated in the multicultural milieu of the country.

Future studies can inquire how the three areas – rural demographics, gender, and third-generation and foreign-born Chinese Canadian evangelicals – may add to the overall knowledge of the transition experience of young Canadians with Chinese ancestry from their parents' congregations to churches of their choice. In addition, comparative studies can be pursued in investigating how other Asian visible minorities in Canada, in particular Koreans, shaped their transition experience, since the Korean Canadian Christian community is a vibrant faith community worthy of further exploration.

## Personal Reflection

As a lay leader in the Chinese Canadian Christian community, I was deeply moved by the openness and the genuine emotion expressed by the participants during the interviews. The stories of their transition experience from their parents' churches to non-immigrant congregations of their choice were filled with pain and agony over the departure, and yet with relief and joy in experiencing growth and a newfound sense of freedom at the churches they were attending at the time of interview. Their journey has shown me the necessity of raising my own awareness of their aspirations and of taking necessary leadership actions to help SGCCE shape their path, forge their own identity, and fashion their own faith. In that context, I am reminded of the words in the song "Details in Fabrics" by Jason Mraz, a popular singer many SGCCE follow: "Hold your own, know your name, and go your own way, and everything will be fine." These words speak to the upbringing experience of any young adult irrespective of nationality, ethnicity, and religion. But as far as SGCCE are concerned, their name is not simply one that suggests their ethnicity. It is one that carries their religious identity as they negotiate themselves out of the liminality that exists in the intersection of religion and ethnicity. They are, in the end, Christians in their own right. I cannot help but be reminded of a Christian song that is followed by SGCCE like Agnes, my younger daughter: "Who Am I?" by Casting Crowns in which the songwriter asks a question about faith identity: "Who am I?" The answer, as the songwriter asserts what Christians have always found in the abiding presence of God, is: "You've told me who I am. I'm yours." As much as the SGCCE in this study may shape a new path in their faith journeys by "going their own way" and "holding their own" identity, they have told me that, irrespective of where they congregate, their religious identity reigns supreme. They know their name. They are Christians, for God has told them, they are his.

# Appendix

# Semistructured Interview Guide

This semistructured interview guide consists of three components: (a) a set of questions designed to interview SGCCE in response to Research Questions 1 and 2; (b) a set of questions designed to interview first-generation Chinese Canadian evangelical leaders in response to Research Question 3; and (c) a set of questions designed to interview representatives of leaders from the different models of the churches SGCCE were attending at the time of interview.

1. For the SGCCE, in response to Research Questions 1 and 2:
    a. What has caused you to leave your parents' church?
    b. In choosing to come and stay at your current church for worship:
        i. What were the factors that affected your decision?
        ii. How much did faith or religious values influence your decision to join this congregation?
        iii. To what extent did your ethnic values inform and shape your choice when you thought about different congregations that you could choose to attend, such as second-generation Chinese Canadian church; pan-Asian Church; multiethnic church; or mainstream Canadian church?
        iv. How important is it to be worshiping with co-ethnics? How important is it to be with people of other ethnic origins?

c. How do you characterize your identity? Canadian or Chinese or Chinese-Canadian?
d. In thinking through your affiliation and identity, do you feel you are a Christian first before you think of yourself as a Canadian or an ethnic identity? Or vice-versa? Why? How significantly does this thinking affect your decision to continue to stay at the current congregation?
e. While growing up in your parents' church:
   i. How much were you influenced by your parents' culture, tradition, and practices? How did you feel about the experience? Do you think you embraced it? If not, why not?
   ii. Did you ever find yourself in a bind in choosing between your religious values and your parents' cultural and traditional values? If yes, can you tell me how you felt about it and what attempts you made to resolve it?
   iii. To what extent did your parents' generation mix up faith and tradition in their teaching, rhetoric, and practice of rituals and custom? What priority do you think they placed on their values, religious values, or traditional Chinese values?
f. To what extent did the leadership from your parents' church discuss tradition, culture, custom, and Chinese identity with you and try to influence your decision with cultural considerations? How do you compare and contrast their efforts in mediating religious values?
g. Is there anything else related to your transition experience that you think I have not covered but you want to talk about?

2. For the first-generation Chinese Canadian evangelical leaders, in response to Research Question 3:
   a. Can you describe how you support the SGCCE in your church in terms of ministry focus and direction?
   b. Have you noticed any departures of SGCCE from your church? How significant is the leakage?
   c. What actions has the leadership taken to stem the tide?
   d. In looking at this leakage:

      i. Are you aware of a broader phenomenon called the silent exodus or something similar to this that describes the leakage that has been happening in Asian North American churches over the last few decades?
      ii. How much attention did the leadership devote to analyzing the situation, and to what extent do you think it could have been either prevented or "managed" better?
      iii. What do you think the root causes of this leakage are?
      iv. Did you see that coming and if so, what steps did you take to attempt to alter either the course of the phenomenon or its outcome?

e. In terms of your church mission and direction, how much attention has been given to, or what priority has the leadership given to, staying in front of the problem and leading the SGCCE in your church in facing the challenge and working in partnership with them to address the issue?

f. Looking back at the leakage,
      i. How would you describe your role in the whole process? Would you see yourself as an active or passive "actor"/"participant" in the process or not even playing a part in the process at all?
      ii. If you think that you have played a role in the process, what leadership style would you characterize yourself as having used in this whole process? (i.e. command and control; facilitative; servant leadership).
      iii. How many of the aspirations of the SGCCE who eventually left your church have you come to recognize? What were they? And how much did these aspirations play into your leadership styles and the way the leadership shaped your decision and effort in addressing the leakage phenomenon?

g. Is there anything else related to your experience about this interview that you think I have not covered but you want to talk about?

3. For the representatives of leaders of the models of current congregations SGCCE are attending, in response to Research Question 4:
    a. Are you aware of a broader phenomenon called "silent exodus," or something similar to this, that describes the leakage that has been happening in Asian North American churches over the last few decades? And how does the phenomenon affect the SGCCE's decision to attend your church?
    b. Can you describe how you support the SGCCE in your church in terms of ministry focus and direction?
    c. Can you describe your church from the ethnicity perspective? Do you see it as a second-generation Chinese Canadian evangelical church, or a pan-Asian ethnic church, or a multiethnic church, or just simply a mainstream Canadian church?
    d. What specific intention have you placed through your teaching and preaching on:
        i. Embracing and celebrating the SGCCE's ethnic identity? Or,
        ii. Discouraging their ethnic values and encouraging them to blend into the ethnic milieu of your church?
    e. What other programs, plans, or events have your church leaders designed specifically for welcoming the SGCCE's continued participation in your church?

# Bibliography

Abel, A. "Favor Fishing and Punch-Bowl Christians: Ritual and Conversion in a Chinese Protestant Church." *Sociology of Religion* 67, no. 2 (2006): 161–78.

———. " It's the People Here': A Study of Ritual, Conversion, and Congregational Life among Chinese Christians." PhD diss., University of Massachusetts, 2008.

Alba, R., and V. Nee. *Remaking the American Mainstream: Assimilation and Contemporary Immigration.* Cambridge: Harvard University Press, 2005.

———. "Rethinking Assimilation Theory for a New Era of Immigration." *International Migration Review* 31, no. 4 (1997): 826–74.

Alumkal, A. W. "American Evangelicalism in the Post-Civil Rights Era: A Racial Formation Theory." *Sociology of Religion* 65, no. 3 (2004): 195–213.

———. "Analyzing Race in Asian American Congregations." *Sociology of Religion* 69, no. 2 (2008): 151–67.

———. *Asian American Evangelical Church: Race, Ethnicity, and Assimilation in the Second Generation.* New York: LFB, 2003.

———. "Being Korean, Being Christian: Particularism and Universalism in a Second-Generation Congregation." In *Korean Americans and Their Religions: Pilgrims and Missionaries from a Different Shore*, edited by H. Kwon, K. C. Kim, and R. S. Warner, 181–91. University Park: Pennsylvania State University Press, 2001.

———. "Preserving Patriarchy: Assimilation, Gender, Norms and Second-Generation Korean American Evangelicals." *Qualitative Sociology* 22, no. 2 (1999): 127–40.

Amarasingam, A. "Religion and Ethnicity among Sri Lankan Tamil Youth in Ontario." *Canadian Ethnic Studies* 40, no. 2 (2010): 149–69.

Ammerman, N. T. *Congregation & Community.* New Brunswick: Rutgers University Press, 1997.

———. "Religious Identity and Religious Institution." In *A Handbook of the Sociology of Religion*, edited by M. Dillon, 207–24. Cambridge: Cambridge University Press, 2003.

Ammerman, N. T., J. W. Carroll, C. S. Dudley, and W. McKinney. *Studying Congregations: A New Handbook.* Nashville: Abingdon, 1998.

Anand, S., J. Hu, R. C. Liden, and P. R. Vidyarthi. "Leader-Member Exchange: Recent Research Findings and Prospects for the Future." In *The SAGE Handbook of Leadership*, edited by A. Bryman, D. Collison, K. Grint, B. Jackson, and M. Uhl-Bien, 311–25. London: SAGE, 2011.

Andersen, J. A. "When a Servant-Leader Comes Knocking . . ." *Leadership & Organization Development Journal* 30, no. 1 (2008): 4–15.

Antonakis, J., A. T. Cianciolo, and R. J. Sternberg. "Leadership: Past, Present, and Future." In *The Nature of Leadership,* edited by J. Antonakis, A. T. Cianciolo, and R. J. Sternberg, 3–15. Thousand Oaks: SAGE, 2004.

Arthur, N., A. Chaves, D. Este, J. Frideres, and N. Hrycak. "Perceived Discrimination by Children of Immigrant Parents: Responses and Resiliency." *Canadian Diversity* 6, no. 2 (2008): 69–74.

Avolio, B. J., and B. M. Bass, eds. *Developing Potential across a Full Range of Leadership: Cases on Transactional and Transformation Leadership*. Mahwah: Lawrence Erlbaum, 2002.

Avolio, B. J., F. O. Walumbwa, and T. J. Weber. "Leadership: Current Theories, Research, and Future Directions. *Annual Review of Psychology* 60, no. 1 (2009): 421–49.

Babbie, E. *The Practice of Social Research*. 13th ed. Belmont: Wadsworth, 2013.

Bacon, J. "Constructing Collective Ethnic Identities: The Case of Second Generation Asian Indians." *Qualitative Sociology* 22, no. 2 (1999): 141–60.

Bailey, C. A. *A Guide to Qualitative Field Research*. 2nd ed. Thousand Oaks: Pine Forge Press, 2007.

Bakker, J. J. "Interpretivism." In *Encyclopedia of Case Study Research Vol. 1,* edited by A. J. Mills, G. Durepos, and E. Wiebe, 486–92. Los Angeles: SAGE, 2010.

Balakrishnan, T. R., and J. Kraft. "Segregation of Visible Minorities in Montreal, Toronto, and Vancouver." In *Ethnic Canada: Identities and Inequalities,* edited by L. Driedger, 138–69. Toronto: Copp Clark Pitman, 1987.

Baldomir, J. "Servant Leadership as a Model for Unifying First and Second Generation Chinese American Churches." *Servant Leadership Research Roundtable* (May, 2008): 1–5.

Baldwin, L. "Learning Servant-Leadership from Native America – Again." In *The Spirit of Servant-Leadership*, edited by S. R. Ferch and L. C. Spears, 139–51. New York: Paulist Press, 2011.

Bankston III, C. L., and M. Zhou. "The Ethnic Church, Ethnic Identification, and the Social Adjustment of Vietnamese Adolescents." *Review of Religious Research* 38, no. 1 (1996): 18–37.

Barbuto, J. E., and D. W. Wheeler. "Scale Development and Construct Clarification of Servant Leadership." *Group & Organization Management* 31, no. 3 (2006): 300–326.

Barth, F. "Introduction." In *Ethnic Groups and Boundaries,* edited by F. Barth, 9–38. London: George Allen and Unwin, 1969.

Basch, L., N. G. Schiller, and C. S. Blanc. *Nations Unbound: Transnational Projects, Postcolonial Predicaments, and Deterritorialized Nation-States.* Basel: Gordon and Breach, 1994.

Bass, B. M. *The Bass Handbook of Leadership: Theory, Research, and Managerial Applications.* 4th ed. New York: Free Press, 2008.

———. *Bass & Stogdill's Handbook of Leadership: Theory, Research, Managerial Applications.* 3rd ed. New York: The Free Press, 1990.

———. "The Future of Leadership in Learning Organizations." *Journal of Leadership & Organizational Studies* 7, no. 3 (2000): 18–40.

———. *Leadership and Performance beyond Expectations.* New York: Free Press, 1985.

Bazerman, M. H., and M. D. Watkins. *Predictable Surprises: The Disasters You Should Have Seen Coming, and How to Prevent Them.* Boston: Harvard Business School, 2004.

Beazley, H., and J. Beggs. "Teaching Servant Leadership." In *Focus on Leadership: Servant Leadership for the 21st Century,* edited by L. C. Spears and M. Lawrence, 53–63. New York: John Wiley, 2002.

Bebbington, D. W. *Evangelicalism in Modern Britain: A History from the 1730s to the 1980s.* London: Unwin Hyman, 1989.

Beiser, M., F. Hou, I. Hyman, and M. Tousignant. *Growing Up Canadian: A Study of New Immigrant Children.* Ottawa: Human Resources Development Canada, 1998.

Bekker, C. J. "A Modest History of the Concept of Service as Leadership in Four Religious Traditions." In *Servant Leadership: Developments in Theory and Research,* edited by D. van Dierendonck and K. Patterson, 55–66. Hampshire: Palgrave Macmillan, 2010.

Bell, D. "Ethnicity and Social Change." In *Ethnicity: Theory and Experience*, edited by N. Glazer and D. P. Moynihan, 141–74. Cambridge: Harvard University Press, 1975.

Berger, P. L. *The Sacred Canopy: Elements of a Sociological Theory of Religion.* Garden City: Doubledays, 1967.

Beyer, P. "Appendix: The Demographics of Christianity in Canada." In *Christianity and Ethnicity in Canada,* edited by P. Bramadat and D. Seljak, 437–40. Toronto: University of Toronto Press, 2008.

———. "Can the Tail Wag the Dog?" *Nordic Journal of Religion and Society* 20, no. 1 (2007): 41–63.

———. "Differential Reconstruction of Religions among Second Generation Immigrant Youth in Canada." *Annual Review of the Sociology of Religion* 1 (2010): 1–18.

———. "Growing Up Canadian: Systemic and Lived Religion." In *Growing Up Canadian: Muslims, Hindus, Buddhists,* edited by P. Beyer and R. Ramji, 3–20. Montreal: McGill–Queen's University Press, 2013.

———. "Regional Differences and Continuities at the Intersection of Culture and Religion: A Case Study of Immigrant and Second-Generation Young Adults in Canada." In *Religion in the Public Sphere: Canadian Case Studies,* edited by S. Lefebvre and L. G. Beaman, 66–94. Toronto: University of Toronto Press, 2014.

———."Religious Identity and Educational Attainment among Recent Immigrants to Canada: Gender, Age, and 2nd Generation." *Journal of International Migration and Integration* 6, no. 2 (2005): 177–99.

Beyer, P., and R. Ramji, eds. *Growing Up Canadian: Muslims, Hindus, Buddhists.* Montreal: McGrill-Queen's University Press, 2013.

Beyer, P., and W. K. Martin. "Young Adults and Religion in Canada: A Statistical Overview." In *Growing Up Canadian: Muslims, Hindus, Buddhists,* edited by P. Beyer and R. Ramji, 35–52. Montreal: McGill-Queen's University Press, 2013.

Bibby, R. W. *Beyond the Gods & Back: Religion's Demise and Rise and Why It Matters.* Lethbridge: Project Canada Books, 2011.

———. *Mosaic Madness: Pluralism without a Cause.* Toronto: Stoddart, 1990.

Biles, J. "Everyone's a Critic." *Canadian Issues,* February (2002): 35–38.

Blau, P. M. *Crosscutting Social Circle.* Orlando: Academic Press, 1984.

———. *Inequality and Heterogeneity: A Primitive Theory of Social Structure.* New York: Free Press, 1997.

Block, P. *Stewardship: Choosing Service over Self-Interest.* San Francisco: Berrett-Koehler, 1993.

Bogle, J. C. "On the Right Side of History." In *Focus on Leadership: Servant-Leadership for the Twenty-First Century,* edited by L. C. Spears and M. Lawrence, 167–85. New York: John Wiley, 2002.

Botros, G. B. *Competing for Future: Adaptation and Accommodation of Difference in Coptic Immigrant Churches.* PhD diss., University of Toronto, 2005.

Bowman, M.A. "Popular Approaches to Leadership." In *Leadership: Theory and Practice,* edited by P. G. Northouse, 239–60. 2nd ed. Thousand Oaks: SAGE, 1997.

Boyd, M. "Educational Attainments of Immigrant Offspring: Success or Segmented Assimilation?" *International Migration Review* 36, no. 4 (2002): 1037–60.

Boyd, M., and E. M. Grieco. "Triumphant Transitions: Socioeconomic Achievements of the Second Generation in Canada." *International Migration Review* 32, no. 4 (1998): 853–76.

Boyd, M., and S. Y. Park. "Who Lives at Home? Ethnic Variations among Second Generation Young Adults." *Canadian Diversity* 6, no. 2 (2008): 42–46.
Bramadat, P. "Beyond Christian Canada: Religion and Ethnicity in a Multicultural Society." In *Religion and Ethnicity in Canada,* edited by P. Bramadat and D. Seljak, 1–29. Toronto: University of Toronto Press, 2009.
Bramadat, P., and D. Seljak, eds. *Christianity and Ethnicity in Canada.* Toronto: University of Toronto Press, 2008.
Bramadat, P., and D. Seljak, eds. *Religion and Ethnicity in Canada.* Toronto: University of Toronto Press, 2009.
Branson, M. L., and J. F. Martinez. *Churches, Cultures & Leadership: A Practical Theology of Congregations and Ethnicities.* Downers Grove: IVP Academic, 2011.
Breton, R. "Institutional Completeness of Ethnic Communities and the Personal Relations of Immigrants." *American Journal of Sociology* 70, no. 2 (1964): 193–205.
Breton, R. *Different Gods: Integrating Non-Christian Minorities into a Primarily Christian Society.* Montreal: McGill-Queen's University Press, 2012.
———. "Introduction." In *Ethnic Identity and Equality: Variety of Experience in a Canadian City,* edited by R. Breton, W. W. Isajiw, W. E. Kalbach, and J. G. Reitz, 3–33. Toronto: University of Toronto Press, 1990.
Breton, R., and M. Pinard. "Group Formation among Immigrants: Criteria and Processes." *Canadian Journal of Economic and Political Science* 26, no. 3 (1960): 465–77.
Brooks, M. "Imaging Canada, Negotiating Belonging." *Canadian Diversity* 6, no. 2 (2008): 75–78.
Brubaker, R. *Ethnicity without Groups.* Cambridge: Harvard University Press, 2004.
Bryman, A. *Charisma and Leadership in Organization.* London: SAGE, 1992.
———. "Leadership in Organizations." In *Handbook of Organization Studies,* edited by S. R. Clegg, C. Hardy, and W. R. Nord, 276–92. London: SAGE, 1996.
Burns, J. M. *Leadership.* New York: Harper Collins, 1978.
———. *Leadership.* New York: Harperperennial, 2010.
Burns, J. M., and G. Sorenson. "Foreword" In *Transformational Leadership,* edited by B. M. Bass and R. E. Riggio. 2nd ed. New York: Psychology Press, 2006.
Busto, R. "The Gospel according to the Model Minority?: Hazarding an Interpretation of Asian American Evangelical College Students." *Amerasia Journal* 22, no. 1 (1996): 133–47.
Byers, M., and E. Tastsoglou "On the Edges of the Mosaic." *Canadian Diversity* 6, no. 2 (2008): 90–93.
Campbell, G. V. "Religion and Phases of Globalization." In *Religion, Globalization and Culture,* edited by P. Beyer and L. Beaman, 281–302. Leiden: Brill, 2007.

Cao, N. "The Church as a Surrogate Family for Working Class Immigrant Chinese Youth: An Ethnography of Segmented Assimilation." *Sociology of Religion* 66, no. 2 (2005): 183–200.

Carlson, K. *Reaching the Next Generations in North American Chinese Churches*. DMin diss., Western Seminary, 2002.

Carlyle, T. *On Heroes, Heroic Worship, and the Heroic in History*. London: Chapman and Hall, 1984.

Carnes, T., and F. Yang, eds. *Asian American Religions: The Making and Remaking of Borders and Boundaries*. New York: New York University Press, 2004.

Carvajal, D. "Trying to Halt the 'Silent Exodus.'" *Los Angeles Times*. 9 May, 1994.

Carver, J. "The Unique Double Servant-Leadership Role of the Board Chair." In *Focus on Leadership: Servant-Leadership for the Twenty-First Century*, edited by L. Spears and M. Lawrence, 189–209. New York: John Wiley, 2002.

Casey, D., and C. Houghton. "Clarifying Case Study Research: Examples from Practice." *Nurse Researcher* 17, no. 3 (2010): 41–51.

Cha, P. T. "Constructing New Intergenerational Ties, Cultures, and Identities among Korean American Christians: A Congregational Case Study." In *This Side of Heaven: Race, Ethnicity, and Christian Faith*, edited by R. J. Priest and A. L. Nieves, 259–73. New York: Oxford University Press, 2007.

———. "Ethnic Identity Formation and Participation in Immigrant Church." In *Korean Americans and Their Religion*, edited by H. Kwon, K. C. Kim, and R. S. Warner, 141–56. University Park: Pennsylvania State University Press, 2001.

Cha, P. T., and G. Jao. "Reaching Out to Postmodern Asian-Americans." In *Telling the Truth: Evangelizing Postmoderns*, edited by D. A. Carson, 224–41. Grand Rapids: Zondervan, 2000.

Cha, P. T., P. Kim, and D. Lee. "Multigenerational Households." In *Growing Healthy Asian American Churches*, edited by P. Cha, S. S. Kang, and H. Lee, 145–63. Downers Grove: IVP Books, 2006.

Chadderton, C., and H. Torrance. "Case Study." In *Theory and Methods in Social Research*, edited by B. Somekh and C. Lewin, 53–60. 2nd ed. Los Angeles: SAGE, 2011.

Chai, K. "Beyond 'Strictness' to Distinctiveness: Generational Transition in Korean Protestant Church." In *Korean Americans and Their Religion*, edited by H. Kwon, K. C. Kim, and R. S. Warner, 157–80. University Park: Pennsylvania State University Press, 2001.

———. "Competing for the Second Generation: English-Language Ministry at a Korean Protestant Church." In *Gatherings in Diaspora: Religious Communities and the New Immigration*, edited by R. S. Warner and J. G. Wittner, 295–331. Philadelphia: Temple University Press, 1998.

Chan, A. B. *Gold Mountain: The Chinese in the New World*. Vancouver: New Star Books, 1983.

Chan, J. C. "Recovering a Missing Trail in Canadian Baptist Footprints in the Northwest: Stories of Chinese Baptists in Western Canada." *Baptist History & Heritage* 39, no. 3 (2004): 20–35.

Chang, R., and D. J. Chuang. "Future for the Asian American Church." 2014 Retrieved from https://www.slideshare.net/djchuang/future-of-the-asian-american-church.

Chen, C. "From Filial Piety to Religious Piety: Evangelical Christianity Reconstructing Taiwanese Immigrant Families in the United States." *International Migration Review* 40, no. 3 (2006): 573–602.

———. *Getting Saved in America: Taiwanese Immigration and Religious Experience*. Princeton: Princeton University Press, 2008.

Chen, J. "Postmodern Principles for Asian American Youth Ministries." In *Asian American Youth Ministry*, edited by D. J. Chuang, 121–36. Washington, DC: L² Foundation, 2006.

Chinese Coordination Centre of World Evangelism (Canada). "*Jianada huaren jiaohui pucha yanjiu*加拿大華人教會普查研究 (The Survey Result of the Canadian Chinese Churches)." *Jiaguo huaren jiaohui* 加國華人教會 (*Canadian Chinese Churches*) 11 (2005): 1–4.

Chong, K. H. "What It Means to Be Christian: The Role of Religion in the Construction of Ethnic Identity and Boundary among Second-Generation Korean Americans." *Sociology of Religion* 59, no. 3 (1998): 259–86.

Chow, L. *Chasing Their Dreams: Chinese Settlement in the Northwest Region of British Columbia*. Prince George: Caitlin Press, 2000.

Christiano, K. J., W. H. Swatos, and P. Kivisto. *Sociology of Religion: Contemporary Developments*. Walnut Creek: AltaMira Press, 2002.

Chuang, D. J. "Next Generation Multi-Asian Churches." Retrieved from http://djchuang.com/church-directory/next-gen-multi-asian-churches/, 2014.

Citizenship and Immigration Canada. *Canada Facts and Figures: Immigration Overview Permanent and Temporary Residents 2011*. Ottawa: Government of Canada, 2012.

———. *Canada Facts and Figures: Immigration Overview Permanent and Temporary Residents 2012*. Ottawa: Government of Canada, 2012.

Ciulla, J. B. "Ethics, Chaos, and the Demand for Good Leaders." In *Teaching Leadership: Essays in Theory and Practice*, edited by P. S. Temes, 181–201. New York: Peter Lang, 1996.

———. *The Ethics of Leadership*. Belmont: Thompson Wadsworth, 2003.

Ciulla, J. B., and D. R. Forsyth. "Leadership Ethics." In *The SAGE Handbook of Leadership*, edited by A. Bryman, D. Collison, K. Grint, B. Jackson, and M. Uhl-Bien, 229–41. Los Angeles: SAGE, 2011.

Clements, R. "The Segregated Church." *Faith Today* (July–August 1997): 28–32.

Collins, P. H., and J. Solomos. "Introduction: Situating Race and Ethnic Studies." In *The SAGE Handbook of Race and Ethnic Studies*, edited by P. H. Collins and J. Solomos, 1–16. London: SAGE, 2010.

Collins, R. "The Classical Tradition in Sociology of Religion." In *The SAGE Handbook of the Sociology of Religion*, edited by J. A. Beckford and N. J. Demerath III, 19–38. Los Angeles: SAGE, 2007.

Con, H., R. J. Con, G. Johnson, E. Wickberg, and W. E. Willmott. *From China to Canada: A History of the Chinese Communities in Canada*, edited by E. Wickberg. Toronto: McClelland and Stewart, 1982.

Conger, J. A. *The Charismatic Leader: Behind the Mystique of Exceptional Leadership*. San Francisco: Jossey-Bass, 1989.

Connor, P. "Religion as Resource: Religion and Immigrant Economic Incorporation." *Social Science Research* 40 (2011): 1350–61.

Connor, P., and M. Koenig. "Religion and the Socio-Economic Integration of Immigrants across Canada." In *Religion in the Public Sphere: Canadian Case Studies*, edited by S. Lefebvre and L. G. Beaman, 293–312. Toronto: University of Toronto Press, 2014.

Conzen, K. N., D. A. Gerber, E. Morawska, G. E. Pozzetta, and R. J. Vecoli. "The Invention of Ethnicity: A Perspective from the U.S.A." *Journal of American Ethnic History* 12, no. 1 (1992): 3–42.

Corak, M. "Immigration in the Long Run: The Education and Earnings Mobility of Second-Generation Canadians." *IRPP Choices* 14, no. 13 (2008): 1–30.

Cornish, E. *Futuring: The Exploration of the Future*. Bethesda: World Future Society, 2004.

Costigan, C., T. F. Su, and J. M. Hua. "Ethnic Identity among Chinese Canadian Youth: A Review of the Canadian Literature." *Canadian Psychology* 50, no. 4 (2009): 261–72.

Courtney, H. *20/20 Foresight*. Boston: Harvard Business School Press, 2001.

Cousin, G. "Case Study Research." *Journal of Geography in Higher Education* 29, no. 3 (2005): 421–27.

Covey, S. R. "Foreword." In *Servant Leadership: A Journey into the Nature of Legitimate Power and Greatness*, edited by R. K. Greenleaf, 1–20. 25th anniversary ed. New York: Paulist, 2002.

———. "Servant-Leadership and Community Leadership in the Twenty-First Century." In *Focus on Leadership: Servant-Leadership for the Twenty-First Century*, edited by M. Lawrence, 27–34. New York: John Wiley, 2002.

———. *The Seven Habits of Highly Effective People*. New York: Simon and Schuster, 1989.

Creswell, J. W. *Research Design: Qualitative, Quantitative, and Mixed Methods Approaches*. 4th ed. Thousand Oaks: SAGE, 2014.

———. *Qualitative Inquiry & Research Design: Choosing among Five Approaches.* 3rd ed. Thousand Oaks: SAGE, 2013.
Crotty, M. *The Foundations of Social Research: Meaning and Perspective in the Research Process.* London: SAGE, 1998.
Cui, D. "Two Multicultural Debates and the Lived Experiences of Chinese Canadian Youth." *Canadian Ethnic Studies* 43/44, no. 3–1 (2011): 123–43.
Daft, R. L. *The Leadership Experience.* 3rd ed. Mason: Thomson South-Western, 2005.
———. *The Leadership Experience.* 6th ed. Stamford: Cengage Learning, 2015.
Dawson, L. L., and J. Thiessen. *The Sociology of Religion: A Canadian Perspective.* Toronto: Oxford University Press, 2014.
Day, G. S., and P. J. H. Schoemaker. "Are You a 'Vigilant Leader'?" *MIT Sloan Management Review* 49, no. 3 (2008): 41–51.
De Young, C. P., M. O. Emerson, G. Yancey, and K. C. Kim. *United by Faith: The Multiracial Congregation as an Answer to the Problem of Race.* New York: Oxford University Press, 2003.
DeGraaf, D., C. Tilley, and L. Neal. "Servant-Leadership Characteristics in Organizational Life." In *Practicing Servant Leadership: Succeeding through Trust, Bravery, and Forgiveness*, edited by L. C. Spears and M. Lawrence, 133–65. San Francisco: Jossey-Bass, 2004.
Demerath III, N. J., and A. E. Farnsley II. "Congregations Resurgent." In *The SAGE Handbook of the Sociology of Religion,* edited by J. A. Beckford and N. J. Demerath III, 193–204. Los Angeles: SAGE, 2007.
Denton, N. A., and G. D. Deane. "Researching Race and Ethnicity: Methodological Issues." In *The SAGE Handbook of Race and Ethnic Studies*, edited by P. H. Collins and J. Solomos, 67–90. London: SAGE, 2010.
Denzin, N. K., and Y. S. Lincoln. "Introduction: The Discipline and Practice of Qualitative Research." In *The Sage Handbook of Qualitative Research*, edited by N. K. Denzin and Y. S. Lincoln, 1–32. 3rd ed. Thousand Oaks: SAGE, 2005.
———. "Introduction: The Discipline and Practice of Qualitative Research." In *The SAGE Handbook of Qualitative Research*, edited by N. K. Denzin and Y. S. Lincoln, 1–19. 4th ed. Los Angeles: SAGE, 2011.
Dhingra, P. "'We're Not a Korean American Church Any More:' Dilemmas in Constructing a Multi-Racial Church Identity." *Social Compass* 51, no. 3 (2004): 367–79.
Dotov, D. G., L. Nie, and A. Chemero. "A Demonstration of the Transition from Ready-to-Hand to Unready-to-Hand." *PLoS ONE* 3, no. 3 (2010): 1–9.
Driedger, L. *At the Forks: Mennonites in Winnipeg.* Kitchener: Pandora Press, 2010.
———. *The Ethnic Factor: Identity in Diversity.* Toronto: McGraw-Hill Ryerson, 1989.

———. "Multiculturalism: Bridging Ethnicity, Culture, Religion and Race." *Forum on Public Policy* (Spring 2008): 1–44.

———. "Multiculturalism: Sorting Identities, Rights, and Conflicts." *Canadian Ethnic Studies* 43, no. 1 (2011): 221–36.

Dubrin, A. J. *Leadership: Research Findings, Practice, and Skills*. 4th ed. New York: Houghton Mifflin, 2011.

Durkheim, E. *The Elementary Forms of Religious Life*. Translated by K. E. Fields. New York: The Free Press, 1995.

Ebaugh, H. R., and J. S. Chafetz. "Dilemmas of Language in Immigrant Congregations: The Tie That Bonds or the Tower of Babel." *Review of Religious Research* 41, no. 4 (2000): 432–52.

———. *Religion and the New Immigrants: Continuities and Adaptations in Immigrant Congregations*. Walnut Creek: Altamira Press, 2000.

Edwards, K. L. "Bring Race to the Center: The Importance of Race in Racially Diverse Religious Organizations." *Journal for the Scientific Study of Religion* 47, no. 1 (2008): 5–9.

Eicher-Catt, D. "The Myth of Servant-Leadership: A Feminist Perspective." *Women and Language* 28, no. 1 (2005):17–25.

Eisenhardt, K. M. "Building Theories from Case Study Research." *The Academy of Management Review* 14, no. 4 (1989): 532–50.

Emerson, M. D., and C. Smith. *Divided by Faith: Evangelical Religion and the Problem of Race in America*. New York: Oxford University Press, 2000.

Espiritu, Y. L. *Asian American Panethnicity*. Philadelphia: Temple University Press, 1992.

Evans, J. A. *The Impending "Silent Exodus" of Canadian-Born Chinese Christians from the Canadian Chinese Church*. DMin diss., Fuller Theological Seminary, 2008.

Farling, M., A. G. Stone, and B. E. Winston. "Servant Leadership: Setting the Stage for Empirical Research." *Journal of Leadership Studies* 6, no. 1 and 2 (1999): 49–72.

Feagin, J. R., and E. O'Brien. "Studying 'Race' and Ethnicity: Dominant and Marginalized Discourses in the Critical North American Case." In *The SAGE Handbook of Race and Ethnic Studies*, edited by H. Collins and J. Solomos, 43–66. London: SAGE, 2010.

Ferch, S. R. *Forgiveness and Power in the Age of Atrocity: Servant Leadership as a Way of Life*. Lanham: Lexington Books, 2012.

Fernando, M. "Spirituality and Leadership." In *The SAGE Handbook of Race and Ethnic Studies*, edited by A. Bryman, D. Collison, K. Grint, B. Jackson, and M. Uhl-Bien, 483–94. London: SAGE, 2011.

Fiedler, F. E., and M. M. Chemers. *Improving Leadership: The Leader Match Concept*. 2nd ed. New York: John Wiley, 1984.

Fiedler, F. E. *A Theory of Leadership Effectiveness.* New York: McGraw-Hill Book, 1967.
Flyvbjerg, B. "Case Study." In *The Sage Handbook of Qualitative Research*, edited by N. K. Denzin and Y. S. Lincoln, 301–16. 4th ed. Thousand Oaks: SAGE, 2011.
———. "Five Misunderstandings about Case-Study Research." In *Qualitative Research Practice,* edited by C. Seale, G. Gobo, J. F. Gubrium, and D. Silverman, 420–34. London: SAGE, 2004.
Foner, N., and R. Alba. "Immigrant Religion in the U.S. and Western Europe: Bridge or Barrier to Inclusion?" *International Migration Review* 42, no. 2 (2008): 360–92.
Francis, E. K. "The Nature of the Ethnic Groups." *American Journal of Sociology* 52, no. 5 (1947): 393–400.
Fry, L. W., L. L. Matherly, L. L. Whittington, and J. L. Winston. "Spiritual Leadership as an Integrating Paradigm for Servant Leadership." In *Integrating Spirituality and Organizational Leadership*, edited by S. Singh-Sengupta and D. Fields, 70–85. Gurgaon: Macmillan India, 2007.
Funk, D. D. *The Future of Servant-Leadership and Foresight in Evangelical Theological Higher Education.* PhD diss., Gonzaga University, 2008.
Galton, F. *Hereditary Genius.* New York: Appleton, 1869.
Gans, H. J. "Second-Generation Decline: Scenarios for the Economic and Ethnic Futures of the Post-1965 American Immigrants." *Ethnic and Racial Studies* 15, no. 2 (1992): 173–92.
———. "Symbolic Ethnicity: The Future of Ethnic Groups and Cultures in America." *Ethnic and Racial Studies* 2, no. 1 (1979): 1–20.
Garces-Foley, K. "Comparing Catholic and Evangelical Integration Efforts." *Journal for the Scientific Study of Religion* 47, no. 1 (2008): 17–22.
———. *Crossing the Ethnic Divide: The Multiethnic Church on a Mission.* New York: Oxford University Press, 2007.
Garces-Foley, K., and R. Jeung. "Asian American Evangelicals in Multiracial Church Ministry." *Religious* 4 (2013): 190–208.
Gardiner Barber, P. "Citizenship and Attachment across Borders? A Transnational and Anthropological Research Agenda." *Canadian Diversity* 2, no. 1 (2003): 45–46.
Geertz, C. "The Integrative Revolution: Primordial Sentiments and Civil Politics in the New States." In *Old Societies and New States*, edited by C. Geertz, 105–57. New York: The Free Press, 1963.
———. *The Interpretation of Cultures: Selected Essays.* New York: Basic Books, 1973.
Gilkinson, T., and G. Sauve. *Recent Immigrants, Earlier Immigrants and the Canadian-Born: Association with Collective Identities.* Ottawa: Government of Canada, Citizenship and Immigration Canada, 2010.

Gill, R. *Theory and Practice of Leadership*. 2nd ed. London: SAGE, 2011.
Gin, D. H. "Asian American Ethnic/Racial Identity Development." In *Asian American Christianity Reader,* edited by V. Nakka-Cammauf and T. Tseng, 177–95. Castro Valley: Institute for the Study of Asian American Christianity, 2009.
Glazer, N. "Is Assimilation Dead?" *The Annals of the American Academy of Political and Social Science* 530 (1993): 122–36.
Glazer, N., and D. P. Moynihan. *Beyond the Melting Pot: The Negroes, Puerto Ricans, Jews, Italians, and Irish of New York City*. Cambridge: MIT Press, 1963.
Glazer, N., and D. P. Moynihan. "Introduction." In *Ethnicity: Theory and Experience,* edited by N. Glazer and D. Moynihan, 1–26. Cambridge: Harvard University Press, 1975.
Goette, R. D. The Transformation of a First-Generation Church into a Bilingual Second-Generation Church." In *Korean Americans and Their Religion*, edited by H. Kwon, K. C. Kim, and R. S. Warner, 125–40. University Park: Pennsylvania State University Press, 2001.
Goh, K. C. *A Plan for Pastoral Ministry to the New Hong Kong Immigrants in Toronto*. DMin diss., Knox College and University of Toronto, 1991.
Gordon, M. M. *Assimilation in American Life: The Role of Race, Religion and National Origins*. New York: Oxford University Press, 1964.
Graham, J. W. "Servant-Leadership in Organizations: Inspirational and Moral." *Leadership Quarterly* 2, no. 2 (1991): 105–19.
Greeley, A. *The Denominational Society.* Glenville: Aldine de Gruyter, 1972.
———. *Why Can't They Be Like Us?: America's White Ethnic Groups.* New York: E. P. Dutton, 1971.
Greenleaf, R. K. "The Future is Now." In *On Becoming a Servant-Leader*, edited by D. M. Frick and L. C. Spears, 73–80. San Francisco: Jossey-Bass, 1996.
———. "Leadership and Foresight." In *On Becoming a Servant-Leader*, edited by D. M. Frick and L. C. Spears, 317–25. San Francisco: Jossey-Bass, 1996.
———. "On Being a Seeker in the Late Twentieth Century." *Friends Journal: Quaker Thought and Life Today* 25 (15 September 1975).
———. *Servant Leadership: A Journey into the Nature of Legitimate Power and Greatness* 25th anniversary ed. New York: Paulist, 2002.
———. *The Servant-Leader Within: A Transformative Path*. Edited by H. Beazley, J. Beggs, and L. C. Spears. New York: Paulist Press, 2003.
———. *Studies in Formative Spirituality: Journey of Ongoing Formation*. Indianapolis: The Robert K. Greenleaf Center, 1988.
———. "Who Is the Servant-Leader?" In *Practicing Servant Leadership: Succeeding through Trust, Bravery and Forgiveness*, edited by L. C. Spears and M. Lawrence, 1–7. San Francisco: Jossey-Bass, 2004.

Greenleaf, R. K., A. T. Fraker, and L. C. Spears. *Seeker and Servant: Reflections on Religious Leadership*. San Francisco: Jossey-Bass, 1996.

Greil, A. L., and Davidman, L. "Religion and Identity." In *The SAGE Handbook of the Sociology of Religion*, edited by J. A. Beckford and N. J. Demerath III, 549–65. Los Angeles: SAGE, 2007.

Grint, K. "A History of Leadership." In *The SAGE Handbook of Leadership*, edited by A. Bryman, D. Collinson, K. Grint, B. Jackson, and M. Uhl-Bien, 3–14. London: SAGE, 2011.

———. *Leadership: A Very Short Introduction*. Oxford: Oxford University Press, 2010.

Guba, E. G. "The Alternative Paradigm Dialog." In *The Paradigm Dialog*, edited by E. G. Guba, 17–30. Newbury Park: SAGE, 1990.

Guenther, B. L. "Ethnicity and Evangelical Protestants in Canada." In *Christianity and Ethnicity in Canada*, edited by P. Bramadat and D. Seljak, 365–414. Toronto: University of Toronto Press, 2008.

Guest, K. J. "Liminal Youth among Fuzhou Chinese Undocumented Workers." In *Asian American Religions: The Making and Remaking of Borders and Boundaries*, edited by T. Carnes and F. Yang, 55–75. New York: New York University Press, 2004.

Haller, W., A. Portes, and S. Lynch. "Dreams Fulfilled, Dreams Shattered: Determinants of Segmented Assimilation in the Second Generation." *Social Forces* 89, no. 3 (2011): 733–62.

Halli, S. S., and Vedanand. "The Problem of Second-Generation Decline: Perspectives on Integration in Canada." *International Migration & Integration* 8 (2007): 277–87.

Hammett, P. "Strategic Foresight: A Critical Leadership Competency." *Leadership Advance Online* 4 (Winter 2005). Retrieved from https://www.regent.edu/acad/global/publications/lao/current_issue/strategic_foresight_hammett.htm

Hammond, P., and K. Warner. "Religion and Ethnicity in Late-Twentieth Century America." *Annals of the American Academy of Political and Social Science* 527 (1993): 55–66.

Han, H. "'Love Your China' and Evangelise: Religion, Nationalism, Racism and Immigrant Settlement in Canada." *Ethnography and Education* 6, no. 1 (2011): 61–79.

Handy, C. *The Age of Unreason*. London: Arrow Books, 1989.

Hansen, M. L. "The Third Generation in America." *Commentary (pre-1986)*, 14 (Nov. 1952): 492–500.

Hardwick, F. C., and H. Johnson. *East Meets West: A Source Book for the Study of Chinese Immigrants and Their Descendants in Canada*. Vancouver: Tantalus Research, 1975.

Heidegger, M. *Being and Time*. Translated by J. Macquarrie and E. Robinson. New York: Harper & Row, 1962.

Herberg, E. *Ethnic Groups in Canada: Adaptations and Transitions*. Toronto: Nelson Canada, 1989.

Herberg, W. "The Integration of the Jew into America's Three-Religion." *Journal of Church and State* 5, no. 1 (1963): 27–40.

———. *Protestant, Catholic, Jew: An Essay in American Religious Sociology*. Rev. ed. Chicago: University of Chicago Press, 1983.

———. "Religion in a Secularized Society: The New Shape of Religion in America (Lecture I)." *Review of Religious Research* 3, no. 4 (1962): 145–58.

Herodotus. *Histories: Book VIII*. Edited by A. M. Bowie. Cambridge: Cambridge University Press, 2008.

Heron, J., and P. Reason. "A Participatory Inquiry Paradigm." *Qualitative Inquiry* 3 (1997): 274–94.

Hiller, H. H., and V. Chow. "Ethnic Identity and Segmented Assimilation among Second-Generation Chinese Youth." *Sociological Studies of Children and Youth* 10, no. 4 (2005): 75–99.

Hirschman, C. "The Role of Religion in the Origins and Adaptation of Immigrant Groups in the United States." *International Migration Review* 38, no. 3 (2004): 1206–33.

Hofstede, G., and M. H. Bond. "The Confucius Connection: From Cultural Roots to Economic Growth." *Organizational Dynamics* 16, no. 4 (1988): 4–21.

Horn, M. "'Identities are Not Like Hats:' Reflections on Identity Change, Dutch to Canadian." *Canadian Journal of Netherlandic Studies* 26, no. 1 (2005): 33–39.

Houghton, C., D. Casey, D. Shaw, and K. Murphy, "Rigour in Qualitative Case-Study Research." *Nurse Researcher* 20, no. 4 (2013): 12–17.

House, R. J. "A 1976 Theory of Charismatic Leadership." In *Leadership: The Cutting Edge*, edited by J. G. Hunt and L. L. Larson, 189–207. Carbondale: Southern Illinois University Press, 1977.

Hughes, E. C. "Preface." In *Race and Culture*, edited by R. E. Park, xi–xiv. Glencoe: The Free Press, 1950.

Humphreys, J. H. "Contextual Implications for Transformational and Servant Leadership: A Historical Investigation." *Management Decision* 43, no. 10 (2005): 1410–31.

Hurh, W. M., and K. C. Kim. "Adhesive Sociocultural Adaptation of Korean Immigrants in the U.S.: An Alternative Strategy of Minority Adaptation." *International Migration Review* 18, no. 2 (1984): 188–216.

Ipsos Reid. *Becoming Canadian: Social Engagement and Attachment to Canada among First and Second Generation Canadians*. Toronto: The Dominion Institute, 2007. Retrieved https://www.ipsos.com/sites/default/files/publication/2007-03/mr070302-1.pdf.

Isajiw, W. W. *Definitions of Ethnicity*. Toronto: The Multicultural History Society of Ontario, 1979.

———. "Ethnic-Identity Retention." In *Ethnic Identity and Equality: Variety of Experience in a Canadian City,* edited by R. Breton, W. W. Isajiw, W. E. Kalbach, and J. G. Reitz, 34–91. Toronto: University of Toronto Press, 1990.

———. "The Process of Maintenance of Ethnic Identity: The Canadian Context." In *Sounds Canadian: Languages and Cultures in Multi-Ethnic Society*, edited by P. M. Migus, 129–38. Toronto: P. Martin, 1975.

———. *Understanding Diversity: Ethnicity and Race in the Canadian Context*. Toronto: Thompson Educational, 1999.

Isaac, H. *Idols of the Tribe: Group Identity and Political Change*. Cambridge: Harvard University Press, 1989.

Jackson, B., and K. Parry. *A Very Short, Fairly Interesting and Reasonably Cheap Book about Studying Leadership*. Los Angeles: SAGE, 2011.

James, W. "Great Men, Great Thoughts and Their Environment." *Atlantic Monthly* 46 (1880): 441–59.

Jaques, E. "In Praise of Hierarchy." *Harvard Business Review* (January–February, 1990): 127–33.

Jaworski, J. "Destiny and the Leader." In *Insights on Leadership: Service, Stewardship, Spirit and Servant-Leadership*, edited by L. C. Spears, 258–67. New York: John Wiley, 1998.

Jedwab, J. "Coming to Our Census: The Need for Continued Inquiry into Canadians' Ethnic Origins." *Canadian Ethnic Studies* 35, no. 1 (2003): 33–50.

———. "The Rise of the Unmeltable Canadians? Ethnic and National Belonging in Canada's Second Generation," *Canadian Diversity* 6, no. 2 (2008): 25–34.

Jeung, R. "Creating an Asian American Christian Subculture: Grace Community Covenant Church." In *Asian American Religions: The Making and Remaking of Borders and Boundaries,* edited by T. Carnes and F. Yang, 287–312. New York: New York University Press, 2004.

———. "Evangelical and Mainline Teachings on Asian American Identity." *Semeia* 90 (2002): 211–36.

———. *Faithful Generations: Race and New Asian American Churches*. New Brunswick: Rutgers University Press, 2005.

Jeung, R., C. Chen, and J. Z. Park. "Introduction: Religion, Racial, and Ethnic Identities of the New Second Generation." In *Sustaining Faith Traditions,* edited by C. Chen and R. Jeung, 1–22. New York: New York University Press, 2012.

Kalilombe, P. "Black Christianity in Britain." *Ethnic and Racial Studies* 25 (1997): 306–24.

Kallen, E. *Ethnicity and Human Rights in Canada*. 2nd ed. Toronto: Oxford University Press, 1995.

———. *Ethnicity and Human Rights in Canada*. 3rd ed. Toronto: Oxford University Press, 2010.

Kellerman, B. *The End of Leadership*. New York: HarperCollins, 2012.

Kibria, N. *Becoming Asian American: Second-Generation Chinese and Korean American Identities*. Baltimore: The Johns Hopkins University Press, 2002.

———. "Not Asian, Black or White? Reflections on South Asian American Racial Identity." *Amerasia Journal* 22, no. 2 (1996): 77–88.

Kim, D. "Foresight as the Central Ethic of Leadership." In *Practicing Servant Leadership: Succeeding through Trust, Bravery, and Forgiveness,* edited by L. C. Spears and M. Lawrence, 201–24. San Francisco: Jossey-Bass, 2004.

Kim, J. C. *Re-Writing the Silent Exodus: Reconciliation and Identity for Koreans in Diaspora Space*. PhD diss., Temple University, 2003.

Kim, K. C., and W. M. Hurh. "Beyond Assimilation and Pluralism: Syncretic Sociocultural Adaptation of Korean Immigrants in the United States." *Ethnic & Racial Studies* 16, no. 4 (1993): 696–712.

Kim, R. *God's New Whiz Kids?: Korean American Evangelicals on Campus*. New York: New York University Press, 2006.

———. "Second-Generation Korean American Evangelicals: Ethnic, Multiethnic, or White Campus Ministries." *Sociology of Religion* 65, no. 1 (2004): 19–34.

Kim, S. *A Faith of Our Own: Second-Generation Spirituality in Korean American Church*. New Brunswick: Rutgers University Press, 2010.

Kim, S., and R. Kim. "Second-Generation Korean American Christian Communities." In *Sustaining Faith Traditions: Race, Ethnicity, and Religion among the Latino and Asian American Second Generation*, edited by C. Chen and R. Jeung, 176–93. New York: New York University Press, 2012.

Kincaid, M. *The Essence of Corporate Social Responsibility from a Servant-Leadership Perspective*. PhD diss., Gonzaga University, 2011.

King, N., and C. Horrocks. *Interviews in Qualitative Research*. Los Angeles: SAGE, 2010.

Kirkpatrick, S. A., and E. A. Locke. "Leadership: Do Traits Matter?" *The Executive* 5, no. 2 (1991): 48–60.

Kivisto, P. "Rethinking the Relationship between Ethnicity and Religion." In *The SAGE Handbook of the Sociology of Religion,* edited by J. A. Beckford and N. J. Demerath III, 490–510. Los Angeles, CA: SAGE, 2007.

Klenke, K. *Qualitative Research in the Study of Leadership*. Bingley: Emerald, 2008.

Kobayashi, A. "Introduction: A Research and Policy Agenda for Second Generation Canadians." *Canadian Diversity* 6, no. 2 (2008): 3–6.

Komives, S. R., and J. P. Dugan. "Contemporary Leadership Theories." In *Political and Civic Leadership*, edited by R. A. Couto, 111–20. Thousand Oaks: SAGE, 2010.

Kotre, J. N. *The Best of Times, the Worst of Times: Andrew Greeley and American Catholicism, 1950–1975*. Chicago: Nelson-Hall, 1978.

Kvale, S., and S. Brinkmann. *InterViews: Learning the Craft of Qualitative Research Interviewing*. 2nd ed. Los Angeles: SAGE, 2009.

Kwan, K. L. K., and G. R. Sodowsky. "Internal and External Ethnic Identity and Their Correlates: A Study of Chinese American Immigrants." *Journal of Multicultural Counseling & Development* 25, no. 1 (1997): 51–67.

Kymlicka, W. *The Current State of Multiculturalism in Canada and Research Themes on Canadian Multiculturalism 2008–2010*. Ottawa: Citizenship and Immigration Canada, 2010. Retrieved from https://publications.gc.ca/collections/collection_2011/cic/Ci96-112-2010-eng.pdf.

———. *Multiculturalism: Success, Failure, and the Future*. Washington: Migration Policy Institute, 2012. Retrieved from http://www.migrationpolicy.org/research/TCM-multiculturalism-success-failure.

Lad, L. J., and D. Luechauer. "On the Path to Servant-Leadership." In *Insight on Leadership: Service, Stewardship, Spirit, and Servant-Leadership*, edited by L. C. Spears, 54–67. New York: John Wiley, 1998.

Ladkin, D. *Rethinking Leadership: A New Look at Old Leadership Questions*. Cheltenham: Edward Elgar, 2010.

Lai, D. C., J. P. Paper, and L. C. Paper. "The Chinese in Canada: Their Unrecognized Religion." In *Religion and Ethnicity in Canada*, edited by P. Bramadat and D. Seljak, 89–110. Toronto: University of Toronto Press, 2009.

Lalonde, R. N., and B. Giguere, "When Might the Two Cultural Worlds of Second Generation Biculturals Collide?" *Canadian Diversity* 6, no. 2 (2008): 104–9.

Lam, W. H. "The Historical Perspective of the C.C.C." In *A Canadian Chinese Church for the New Millennium: The 2nd Consultation on English Speaking Ministry in the Canadian Chinese Churches*, chaired by H. H. Chan, 21–28. Toronto: CCCOWE Canada (2000, June).

Laub, J. A. *Assessing the Servant Organization Development of the Servant Organizational Leadership Assessment (SOLA) Instrument*. EdD diss., Florida Atlantic University, 1999.

———. "Defining Servant Leadership: A Recommended Typology for Servant Leadership Studies." Paper presented at Servant Leadership Roundtable, Regent University, Virginia Beach, VA, August, 2004.

———. "The Servant Organization." In *Servant Leadership: Developments in Theory and Research*, edited by D. van Dierendonck and K. Patterson, 105–17. Hampshire: Palgrave MacMillan, 2010.

Lee, H. "Silent Exodus: Can the East Asian Church in America Reverse the Flight of Its Next Generation?" *Christianity Today* (12 August 1996): 50–53.

Lee, J., and Bean, F. D. *The Diversity Paradox: Immigration and the Color Line in Twenty-First Century America*. New York: Russell Sage Foundation, 2010.

Lee, J., and M. Zhou, eds. *Asian American Youth: Culture, Identity, and Ethnicity.* New York: Routledge, 2004.

Lee, J. W., and Y. M. Hebert. "The Meaning of Being Canadian: A Comparison between Youth of Immigrant and Non-Immigrant Origins." *Canadian Journal of Education* 29, no. 2 (2006): 497–520.

Lemler, J. B. "Holding the Mission in Trust: Effective Board Leadership." In *Serving Those in Need: A Handbook for Managing Faith-Based Human Services Organizations*, edited by E. L. Queen II, 65–83. San Francisco: Jossey-Bass, 2000.

Leung, H. H. "Canadian Multiculturalism in the 21st Century: Emerging Challenges and Debates." *Canadian Ethnic Studies* 43/44, no.3–1 (2011/2012): 9–33.

Leung, K. L. 華人宣道會百年史 *(A Centenary History of the Chinese C&MA)*. Hong Kong: Alliance Bible Seminary, 1998.

LeVasseur, J. J. "The Problem with Bracketing in Phenomenology." *Qualitative Health Research* 31, no. 2 (2003): 408–20.

Levitt, P. "You Know, Abraham Was Really the First Immigrant: Religion and Transnational Migration." *International Migration Review* 37, no. 3 (2003): 847–73.

Ley, D. "The Immigrant Church as an Urban Service Hub." *Urban Studies* 45, no.10 (2008): 2057–74.

Li, J. "Expectations of Chinese Immigrant Parents for Their Children's Education: The Interplay of Chinese Tradition and the Canadian Context." *Canadian Journal of Education* 26, no. 4 (2001): 477–94.

Li, P. S. "Chinese Immigrants on the Canadian Prairie, 1910–47." *Canadian Review of Sociology and Anthropology* 19, no. 4 (1982): 527–40.

———. *The Chinese in Canada.* 2nd ed. Toronto: Oxford University Press, 1998.

———. "The Chinese Minority in Canada, 1858–1992: A Quest for Equality." In *Chinese Canadians: Voices from a Community*, edited by E. Huang and L. Jeffery, 264–73. Vancouver: Douglas & McIntyre, 1992.

Li, P. S., and E. X. Li. "University-Educated Immigrants from China to Canada: Rising Number and Discounted Value." *Canadian Ethnic Studies* 40, no. 3 (2008): 1–16. Retrieved from https://muse.jhu.edu/article/423482/pdf

Li, Q. *Ethnic Minority Churches: The Case of Canadian Chinese Churches in Ottawa.* PhD diss., University of Ottawa, 2000.

Liao, L. *The Role of Christian Faith in the Acculturation and Identity Development of Chinese Immigrant Youth.* Master's thesis, Wilfrid Laurier University, 2007.

Liden, R. C., S. J. Wayne, H. Zhao, and D. Henderson, "Servant Leadership Development of a Multidimensional Measure and Multi-Level Assessment." *Leadership Quarterly* 19 (2008): 161–77.

Lien, P., and T. Carnes. "The Religious Demography of Asian American Boundary Crossing." In *Asian American Religions: The Making and Remaking of Borders and Boundaries,* edited by T. Carnes and F. Yang, 38–51. New York: New York University Press, 2004.

Lincoln, T. S., S. A. Lynham, and E. G. Guba. "Paradigmatic Controversies, Contradictions, and Emerging Confluences, Revisited." In *The SAGE Handbook of Qualitative Research,* edited by N. K. Denzin and Y. S. Lincoln, 97–128. 4th ed. Los Angeles: SAGE, 2011.

Ling, S. *The "Chinese" Way of Doing Things: Perspectives on American-Born Chinese and the Chinese Church in North America.* Phillipsburg: P&R, 1999.

Loewen, R. "The Poetics of Peoplehood: Ethnicity and Religion among Canadian Mennonites." In *Christianity and Ethnicity in Canada,* edited by P. Bramadat and D. Seljak, 330–64. Toronto: University of Toronto Press, 2008.

Lopez, D., and Y. Espiritu. "Panethnicity in the United States: A Theoretical Framework." *Ethnic and Racial Studies* 13, no. 2 (1999): 198–224.

Ly, P. "'It's Our Church': Young Korean Americans Seek Spiritual Freedom." *The Washington Post* (20 February, 2000).

Mabry, L. "Case Study in Social Research." In *The Sage Handbook of Social Research Methods,* edited by P. Alasuutari, L. Bickman, and J. Brannen, 214–27. Los Angeles: SAGE, 2009.

Madokoro, L. "Chinatown and Monster Homes: The Splintered Chinese Diaspora in Vancouver." *Urban History Review* 39, no. 2 (2011): 17–24.

Mak, C. "The Development of the English Speaking Ministry in Canadian Chinese Churches." In *Consultation for English Ministry in the Canadian Chinese Churches Compendium,* 4–10. Toronto: CCCOWE-Canada, 1995.

———. "Shattering Myths." *Faith Today* (July–August 1997): 25–27.

Mar, L. R. *Brokering Belonging: Chinese in Canada's Exclusion Era, 1885–1945.* Toronto: University of Toronto Press, 2010.

Marr, W. L. "Canadian Immigration Policies since 1962." *Canadian Public Policy* 1, no. 2 (1975): 196–203.

Marshall, C., and G. B. Rossman. *Designing Qualitative Research.* Newbury Park: SAGE, 1989.

Marti, G. "Fluid Ethnicity and Ethnic Transcendence in Multiracial Churches." *Journal for the Scientific Study of Religion* 47, no. 1 (2008): 11–16.

———. *A Mosaic of Believers: Diversity and Innovation in a Multiethnic Church.* Bloomington: Indiana University Press, 2009.

Matsuoka, F. *Out of Silence: Emerging Themes in Asian American Churches.* Cleveland: United Church Press, 1995.

Matthews, L. "Poised for Impact." *Faith Today* (July–August, 1997): 14–24.

Mayer, D. M. "Servant Leadership and Follower Need Satisfaction: Where Do We Go from Here?" In *Servant Leadership: Developments in Theory and Research,* edited by D. van Dierendonck and K. Patterson, 147–54. Hampshire: Palgrave Macmillan, 2010.

Maynard, M. "Methods, Practice and Epistemology: The Debate about Feminism and Research." In *Researching Women's Lives from a Feminist Perspective*, edited by M. Maynard and J. Purvis, 10–26. London: Taylor & Francis, 1994.

McClellan, J. L. *A Correlational Analysis of the Relationship between Psychological Hardiness and Servant Leadership among Leaders in Higher Education*. PhD diss., Gonzaga University, 2008.

———. "Research-Based Models of Servant-Leadership: A Review of the Literature." *International Journal of Servant-Leadership* 5, no. 1 (2009): 163–84.

McCrimmon, M. "Why Servant Leadership Is a Bad Idea." *Management-Issues* (16 August 2010). Retrieved from http:www.management-issues.com/opinion/6015/why-servant-leadership-is-a-bad-idea.asp/?.

McGavran, D. *Understanding Church Growth*. 3rd ed. Revised and Edited by Peter Wagner Grand Rapids: Eerdmans, 1990.

McGuire, M. *Religion: The Social Context*. 3rd ed. Belmont: Wadsworth, 1992.

McKay, J. "An Exploratory Synthesis of Primordial and Mobilizationist Approaches to Ethnic Phenomena." *Ethnic and Racial Studies* 5, no. 4 (1982): 395–420.

Mertens, D. M. *Transformative Research and Evaluation*. New York: The Guilford Press, 2010.

Miles, M. B., and A. M. Huberman. *An Expanded Source Book: Qualitative Data Analysis*. 2nd ed. Thousand Oaks: SAGE, 1994.

Millett, D. "A Typology of Religious Organizations Suggested by the Canadian Census." *Sociological Analysis* 30, no. 2 (1969): 108–19.

Min, P. G. "Introduction." In *Second Generation: Ethnicity Identity among Asian Americans*, edited by P. G. Min, 1–17. Walnut Creek: Altamira Press, 2002.

———. "Introduction: A Literature Review with a Focus on Major Themes." In *Religions in Asian America: Building Faith Communities*, edited by P. G. Min and J. H. Kim, 1–36. Walnut Creek: AltaMira Press, 2002.

———. *Preserving Ethnicity through Religion in America: Korean Protestants and Indian Hindus across Generations*. New York: New York University Press, 2010.

———. "The Structure and Social Functions of Korean Immigrant Churches in the U.S." *International Migration Review* 26, no. 4 (1992): 1370–94.

Min, P. G., and D. Y. Kim. "Intergenerational Transmission of Religion and Culture: Korean Protestants in the U.S." *Sociology of Religion* 66, no. 3 (2005): 263–82.

Mol, H. *Identity and the Sacred: A Sketch for a New Social-Scientific Theory of Religion*. Agincourt: The Book Society of Canada, 1976.

Moore, D. D. "At Home in America? Revisiting the Second Generation." *Journal of American Ethnic History* 25, no. 2/3 (2006): 156–68.
Mullins, M. "The Life-Cycle of Ethnic Churches in Sociological Perspective." *Japanese Journal of Religious Studies* 14, no. 4 (1987): 321–34.
Muse, E. A. *The Evangelical Church in Boston's Chinatown: A Discourse of Language, Gender, and Identity*. New York: Routledge, 2005.
Nagata, J. "Christianity among Transnational Chinese: Religious Versus (Sub) Ethnic Affiliation." *International Migration* 43, no. 3 (2005): 99–128.
Nagel, J. "Constructing Ethnicity: Creating and Recreating Ethnic Identity and Culture." *Social Problems* 41, no. 1 (1994): 152–71.
Nahavandi, A. *The Art and Science of Leadership*. 2nd ed. Upper Saddle River: Prentice Hall, 2000.
Nayar, K. E. "The Intersection of Religious Identity and Visible Minority Status: The Case of Sikh Youth in British Columbia." In *Religion in the Public Sphere: Canadian Case Studies*, edited by S. Lefebvre and L. G. Beaman, 218–36. Toronto: University of Toronto Press, 2014.
Ndoris, J. "Servant Leadership: Is It an Academic Jargon or Lifestyle?" Paper presented at Servant Leadership Roundtable, Regent University, Virginia Beach, VA, 2004.
Niebuhr, H. R. *The Social Sources of Denominationalism*. New York: Meridian Books, 1957.
Ng, K. H. "Seeking the Christian Tutelage: Agency and Culture in Chinese Immigrants' Conversion to Christianity." *Sociology of Religion* 63, no. 2 (2002): 195–214.
Ng, W. C. *The Chinese in Vancouver, 1945–80: The Pursuit of Identity and Power*. Vancouver: UBC Press, 1999.
Noll, M. A. *The Scandal of the Evangelical Mind*. Grand Rapids: Eerdmans, 1994.
Nordstrom, J. "Stirring the Melting Pot: Will Herberg, Paul Blanshard, and American's Cold War Nativism." *U.S. Catholic Historian* 23, no. 1 (2005): 65–77.
Northouse, P. G. *Leadership: Theory and Practice*. 4th ed. Thousand Oaks: Sage, 2007.
O'Brien, D. J. "Will Herberg: The Religions, or Religion, of America." *U.S. Catholic Historian* 23, no. 1 (2005): 41–49.
Ogbonna, E., and L. C. Harris. "Leadership Style, Organization Culture and Performance: Empirical Evidence from UK Companies." *International Journal of Human Resource Management* 11, no. 4 (2000): 766–88.
Okamura, J. "Situational Ethnicity." *Ethnic and Racial Studies* 4, no. 4 (1981): 452–65.
Omi, M., and H. Winant. *Racial Formation in the United States: From the 1960s to the 1980s*. New York: Routledge, 1986.

Oner, H. *Is Servant Leadership Gender Bound in the Political Arena?* Paper presented at the annual meeting of the Midwest Political Science Association 67th Annual National Conference, Chicago, IL, April 2009. Retrieved from http://www.allacademic.com/meta/p364186_index.htm.

Ooka, E. *Growing Up Canadian: Language, Culture and Identity among Second-Generation Chinese Youth in Canada.* PhD diss., University of Toronto, 2002.

Page, D., and P. T. P. Wong. "A Conceptual Framework for Measuring Servant Leadership." In *The Human Factor in Shaping the Course of History and Development,* edited by S. Adjibolosoo, 69–109. Boston: University Press of America, 2000.

Pals, D. L. *Eight Theories of Religion.* 2nd ed. New York: Oxford University Press, 2006.

Park, J. Z. "Second-Generation Asian American Pan-Ethnic Identity: Pluralized Meanings of a Racial Label." *Sociological Perspectives* 51, no. 3 (2008): 541–61.

Park, R. E. *Race and Culture.* Glencoe: The Free Press, 1950.

Park, R. E., and E. W. Burgess. *Introduction to the Science of Sociology.* 3rd ed. Chicago: University of Chicago Press, 1969 (Original work published in 1921).

Parolini, J. L. *Effective Servant Leadership: A Model Incorporating Servant Leadership and the Competing Values Framework.* Paper presented at Servant Leadership Roundtable, Regent University, Virginia Beach, VA, August 2004.

Parolini, J., K. Patterson, and B. Winston. "Distinguishing between Transformational and Servant Leadership." *Leadership & Organization Development Journal* 30, no. 3 (2009): 274–91.

Patterson, K. *Servant Leadership: A Theoretical Model.* PhD diss., Regent University, 2003.

———. "Servant Leadership and Love." In *Servant Leadership: Developments in Theory and Research,* edited by D. van Dierendonck and K. Patterson, 67–76. Hampshire: Palgrave Macmillan, 2010.

Patton, M. Q. *How to Use Qualitative Methods in Evaluation.* Newbury Park: SAGE, 1987.

———. *Qualitative Evaluation Methods.* Beverly Hills: SAGE, 1980.

Payne, G., and J. Payne. *Key Concepts in Social Research.* London: SAGE, 2004.

Pearce, P. W. J. "Bridging, Bonding, and Trusting: The Influence of Social Capital and Trust on Immigrants' Sense of Belonging to Canada." *Atlantic Metropolis Centre – Working Paper Series No. 18.* Halifax: The Atlantic Metropolis Centre, 2008.

Penner. J., R. Harder, E. Anderson, B. Desorcy, and R. Hiemstra. *Hemorrhaging Faith: Why & When Canadian Youth Adults Are Leaving, Staying & Returning to the Church.* Ottawa: Evangelical Fellowship of Canada, 2012.

Perlmann, J., and R. Waldinger. "Second-Generation Decline? Children of Immigrants, Past and Present – A Reconsideration." *International Migration Review* 31, no. 4 (1997): 893–922.

Perlmann, J., and M. C. Waters, eds. *The New Race Question: How the Census Counts Multiracial Individuals.* New York: Russell Sage Foundation, 2002.

Phinney, J. S., G. Horenczyk, K. Liebkind, and P. Vedder. "Ethnic Identity, Immigration, and Well-Being: An Interactional Perspective." *Journal of Social Issues* 57, no. 3 (2001): 493–510.

Portes, A. "Children of Immigrants: Segmented Assimilation and Its Determinants." In *The Economic Sociology of Immigration,* edited by A. Portes, 248–80. New York: Russell Sage Foundation, 1995.

———. "Language and the Second Generation: Bilingualism Yesterday and Today." *International Migration Review* 28, no. 4 (1994): 640–61.

———. "Migration, Development, and Segmented Assimilation: A Conceptual Review of the Evidence." *Annals of the American Academy of Political and Social Science,* 610 (2007): 73–97.

Portes, A., P. Fernandez-Kelly, and W. Haller. "Segmented Assimilation on the Ground: The New Second Generation in Early Adulthood." *Ethnic and Racial Studies* 28, no. 6 (2005): 1000–1040.

Portes, A., and L. Hao. "The Schooling of Children of Immigrants: Contextual Effects on the Educational Attainment of the Second Generation." *National Academy of Sciences of the United States of America* 101, no. 33 (2004):11920–27.

Portes, A., and D. MacLeod. "Educating the Second Generation: Determinants of Academic Achievement among Children of Immigrants in the United States." *Journal of Ethics and Migration Studies* 25, no. 3 (1999): 373–96.

Portes, A., and A. Rivas. "The Adaptation of Migrant Children." *The Future of Children* 21, no. 1 (2011): 219–46.

Portes, A., and R. G. Rumbaut. *Immigrant in America: A Portrait.* Berkeley: University of California Press, 1990.

Portes, A., and M. Zhou. "The New Second Generation: Segmented Assimilation and Its Variants." *Annals of the American Academy of Political and Social Science* 530 (1993): 74–96.

Potvin, M. "The Experience of the Second Generation of Haitian Origin in Quebec." *Canadian Diversity* 6, no. 2 (2008): 99–103.

Prosser, S. "Opportunities and Tensions of Servant Leadership." In *Servant Leadership: Developments in Theory and Research*, edited by D. van Dierendonck and K. Patterson, 25–38. Hampshire: Palgrave Macmillan, 2010.

Putnam, R. D. *Bowling Alone: The Collapse and Revival of American Community.* New York: Simon and Schuster, 2000.

Rah, S. *The Next Evangelicalism: Freeing the Church from Western Cultural Captivity.* Downers Grove: IVP Books, 2009.

Ramji, M. "Creating a Genuine Islam: Second Generation Muslims Growing Up in Canada." *Canadian Diversity* 6, no. 2 (2008): 104–9.

Rajiva, M. "Bridging the Generation Gap: Exploring the Difference between Immigrant Parents and Their Canadian-Born Children." *Canadian Issues*, Spring (2005): 25–28.

Reinke, S. J. "Service before Self: Towards a Theory of Servant-Leadership." *Global Virtue Ethics Review* 5, no. 3 (2004): 30–57.

Reitz, J. G. *The Survival of Ethnic Groups.* Toronto: McGraw-Hill Ryerson, 1980.

Reitz, J. G., and K. Somerville. "Institutional Change and Emerging Cohorts of the 'New' Immigrant Second Generation: Implications for the Integration of Racial Minorities in Canada." *Journal of International Migration & Integration* 5, no. 4 (2004): 385–415.

Rennaker, M. "Servant-Leadership: A Model Aligned with Chaos Theory." *The International Journal of Servant-Leadership* 2, no. 1 (2006): 427–53.

Reynolds, K. M. *Gender Differences in Messages of Commencement Addresses Delivered by Fortune 1000 Business Leaders: A Content Analysis Informed by Servant-Leadership and the Feminist Ethic of Care.* PhD diss., Gonzaga University, 2013.

Reynolds, P. D. *Ethical Dilemmas and Social Science Research.* San Francisco: Jossey-Bass, 1979.

Robertson, R. *Globalization: Social Theory and Global Culture.* London: SAGE, 1992.

———. *The Sociological Interpretation of Religion.* Oxford: Basil Blackwell, 1970.

Rossman, G. B., and S. F. Rallis. *Learning in the Field: An Introduction to Qualitative Research.* 3rd ed. Los Angeles: SAGE, 2012.

Rost, J. C. *Leadership for the Twenty-First Century.* Westport: Praeger, 1993.

Rowe, W. *Cases in Leadership.* Los Angeles: SAGE, 2007.

Roy, P. E. *The Triumph of Citizenship: The Japanese and Chinese in Canada, 1941–67.* Vancouver: UBC Press, 2007.

———. *A White Man's Province: British Columbia Politicians and Chinese and Japanese Immigrants, 1858–1914.* Vancouver: University of British Colombia Press, 1989.

Rumbaut, R. G. "The Crucible Within: Ethnic Identity, Self-Esteem, and Segmented Assimilation among Children of Immigrants. *International Migration Review* 28, no. 4 (1994): 748–94.

Russell, R. F., and A. G. Stone. "A Review of Servant Leadership: Developing a Practical Model." *Leadership and Organization Development Journal* 23, no. 3 (2002): 145–57.

Ryen, A. "Ethical Issues." In *Qualitative Research Practice*, edited by C. Seale, G. Gobo, J. F. Gubrium, and D. Silverman, 230–47. London: SAGE, 2004.

Salaff, J. "Subethnicity in Chinese Diaspora." *International Migration* 43, no. 3 (2005): 3–7.

Sashkin, M. "The Visionary Leader." In *Charismatic Leadership: The Elusive Factor in Organizational Effectiveness*, edited by J. A. Conger and R. N. Kanungo, 122–60. San Francisco: Jossey-Bass, 1988.

Satzewich, V., and N. Liodakis. "'Race' and Ethnicity in Canada: A Critical Introduction. 3rd ed. Toronto: Oxford University Press, 2013.

Savage-Austin, A. R., and A. Honeycutt. "Servant-Leadership: A Phenomenological Study of Practices, Experiences, Organizational Effectiveness, and Barriers." *Journal of Business & Economics Research* 9, no. 1 (2011): 49–54.

Schwarz, J. "Protestant, Catholic, Jew . . ." *Public Interest* 155, Spring (2004): 106–25.

Seidman, I. *Interviewing as Qualitative Research: A Guide for Researchers in Education and the Social Sciences*. 4th ed. New York: Teachers College Press, 2013.

Sendjaya, S. "Demystifying Servant Leadership." In *Servant Leadership: Developments in Theory and Research*, edited by D. van Dierendonck and K. Patterson, 39–51. Hampshire: Palgrave Macmillan, 2010.

———. "Development and Validation of Servant Leadership Behavior Scale." Paper presented at Servant Leadership Roundtable, Regent University, Virginia Beach, VA, 2003.

———. "Leaders as Servants." *Monash Business Review* 1, no. 2 (2005): 1–7.

Sendjaya, S., and J. C. Sarros. "Servant Leadership: Its Origin, Development, and Application in Organizations." *Journal of Leadership and Organization Studies* 9, no. 2 (2002): 57–64.

Sendjaya, S., J. C. Sarros, and J. C. Santora. "Defining and Measuring Servant Leadership Behaviour in Organizations." *Journal of Management Studies* 45, no. 2 (2008): 402–24.

Shigematsu, K. "Ethnic Must Become Multi-Ethnic." *Christian Info News* 16, no. 4 (1996): 7.

Showkeir, J. D. "The Business Case for Servant-Leadership." In *Focus on Leadership: Servant Leadership for the Twenty-First Century*, edited by L. C. Spears and M. Lawrence, 153–65. New York: John Wiley, 2002.

Sipe, J. W., and D. M. Frick. "*Seven Pillars of Servant Leadership: Practicing the Wisdom of Leading by Serving*. New York: Paulist Press, 2009.

Skelton, C. "Churches Offer Services in English to Attract Second, Third Generations: Family Members Often Attend Same Institution, but at Different Times." *Vancouver Sun*, 22 November 2003.

Skirbekk, V., E. C. Malenfant, S. Basten, and M. Stonawski. "The Religious Composition of the Chinese Diaspora, Focusing on Canada." *Journal for the Scientific Study of Religion* 51, no. 1 (2012): 173–83.

Slaughter, R. A. *The Foresight Principle: Cultural Recovery in the 21st Century.* London: Adamantine, 1995.

———. *Futures Concepts and Powerful Ideas.* Kew, Australia: Futures Study Center, 1991.

Smith, B. N., R. V. Montagno, and T. N. Kuzmenko. "Transformational and Servant Leadership: Content and Contextual Comparisons." *Journal of Leadership & Organizational Studies* 10, no. 4 (2004): 80–92.

Smith, C. *American Evangelicalism: Embattled and Thriving.* Chicago: University of Chicago Press, 1998.

———. *Moral, Believing Animals: Human Personhood and Culture.* New York: Oxford University Press, 2003.

Smith, T. L. "Religion and Ethnicity in America." *American Historical Review* 83, no. 5 (1978): 1155–85.

Snape, D., and L. Spencer. "The Foundations of Qualitative Research." In *Qualitative Research Practice: A Guide for Social Science Students and Researchers,* edited by J. Ritchie and J. Lewis, 1–23. London: SAGE, 2003.

Sokolowski, R. *Introduction to Phenomenology.* Cambridge: Cambridge University Press, 2000.

Song, M. "Constructing a Local Theology for the Second Generation Korean Ministry." *Urban Mission* 15, no 2 (1997): 23–34.

———. "Patterns of Religious Participation among the Second Generation Koreans in Toronto: Toward the Analysis and Prevention of 'The Silent Exodus.'" PhD diss., Trinity Evangelical Divinity School, 1999.

Spears, L. C. "Character and Servant Leadership: Ten Characteristics of Effective, Caring Leaders." *Journal of Virtues and Leadership* 1, no. 1 (2010): 25–30.

———."Introduction: Servant-Leadership and the Greenleaf Legacy." In *Reflection on Leadership: How Robert K. Greenleaf's Theory of Servant-Leadership Influenced Today's Top Management Thinkers,* edited by L. C. Spears, 1–14. New York: John Wiley, 1995.

———. "Introduction." In *Insights on Leadership: Service, Stewardship, Spirit and Servant-Leadership,* edited by L. C. Spears, 1–12. New York: John Wiley, 1998.

———. "The Understanding and Practice of Servant-Leadership." In *Practicing Servant Leadership: Succeeding through Trust, Bravery, and Forgiveness,* edited by L. C. Spears and M. Lawrence, 9–24. San Francisco: Jossey-Bass, 2004.

Spencer, L., J. Ritchie, and W. O'Connor, "Analysis: Practices, Principles and Processes." In *Qualitative Research Practice: A Guide for Social Science Students and Researchers,* edited by J. Ritchie and J. Lewis, 199–218. London: SAGE, 2003.

Stackhouse, J. G., Jr. *Canadian Evangelicalism in the Twentieth Century: An Introduction to Its Character*. Vancouver: Regent College, 1999.
Stake, J. F., ed. *The Primordial Challenge*. Westport: Greenwood Press, 1986.
Stake, R. E. *The Art of Case Study Research*. Thousand Oaks: SAGE, 1995.
———. *Multiple Case Study Analysis*. New York: The Guilford Press, 2006.
———. "Qualitative Case Studies." In *The Sage Handbook of Qualitative Research*, edited by N. K. Denzin and Y. S. Lincoln, 443–66. 3rd ed. Thousand Oaks: SAGE, 2005.
Stanley, T. J. "'By the Side of Other Canadians:' The Locally Born and the Invention of Chinese Canadians." *BC Studies* 56, Winter (2007): 109–39.
Stark, R., and R. Finke. *Acts of Faith: Explaining the Human Side of Religion*. Berkeley: University of California Press, 2000.
Statistics Canada. *2011 National Household Survey: Data Tables*. Ottawa: Government of Canada, 2011. Retrieved from http://www12.statcan.gc.ca/nhs-enm/2011/dp-pd/dt-td/Index-eng.cfm.
———. "2011 National Household Survey Custom Tabulation: EO2062 – Visible Minority/Immigrant Status and Period of Immigration/Generation Status and Age Groups (97), Country of Birth (5), Selected Religions (15), and Sex (3), for Persons in Private Households of Canada, Provinces, Territories, and Selected Census Metropolitan Areas, 2011 National Household Survey" (Excel File). Ottawa: Government of Canada, 2014.
———. *Canada's Ethnocultural Mosaic, 2006 Census*. Ottawa: Government of Canada, 2008.
———. *Ethnic Diversity Survey: Portrait of a Multicultural Society*. Ottawa: Government of Canada, 2003.
———. *Generation Status: Canadian-Born Children of Immigrants (National Household Survey, 2011)*. Ottawa: Government of Canada, 2013.
———. *Immigration and Ethnocultural Diversity in Canada: National Household Survey 2011*. Ottawa: Government of Canada, 2013.
———. *Projections of the Diversity of the Canadian Population: 2006–2031*. Ottawa: Government of Canada, 2010.
———. *Visual census. 2006 Census*. Ottawa. Government of Canada, Released December 7, 2010. Retrieved from http://www12.statcan.gc.ca/census-recensement/2006/dp-pd/fs-fi/index.cfm?Lang=ENG&TOPIC_ID=11&PRCODE=01.
Steger, M. B. *Globalization: A Very Short Introduction*. Oxford: Oxford University Press, 2013.
Stein, S. J. "Some Reflections on Will Herberg's Insights and Oversights." *U.S. Catholic Historian* 23, no. 1 (2005): 13–23.
Stogdill, R. M. "Personal Factors Associated with Leadership: A Survey of Literature." *Journal of Psychology* 25 (1948): 35–71.

Stone, A. G., R. F. Russell, and K. Patterson. *Transformational Versus Servant Leadership: A Difference in Leader Focus.* Paper presented at Servant Leadership Roundtable, Regent University, Virginia Beach, VA, 2003.

Swidler, A. "Culture in Action: Symbols and Strategies." *American Sociological Review* 51, no. 2 (1986): 273–86.

Tajfel, H. *Human Groups and Social Categories.* Cambridge: Cambridge University Press, 1981.

Tan, J., and P. E. Roy. *The Chinese in Canada.* Saint John: Keystone, 1985.

Tarr, D. L. "The Strategic Toughness of Servant-Leadership." In *Reflections on Leadership: How Robert K. Greenleaf's Theory of Servant-Leadership Influenced Today's Top Management Thinkers*, edited by L. C. Spears, 79–83. New York: John Wiley, 1995.

Tichy, N. M., and M. A. Devanna. *The Transformational Leader.* New York: Wiley, 1986.

Tokunaga, P. *Invitation to Lead: Guidance for Emerging Asian American Leaders.* Downers Grove: InterVarsity Press, 2003.

Tran, J. "Living Out the Gospel: Asian American Perspectives and Contributions." *Annual of the Society of Asian North American Christian Studies* 2 (2010): 13–56, 69–73.

Tseng, T. *Asian American Religious Leadership Today: A Preliminary Inquiry.* Durham: Duke Divinity School, 2005.

———. "Second-Generation Chinese Evangelical Use of the Bible in Identity Discourse in North America." In *Semeia: The Bible in Asian America*, edited by T. B. Liew, 251–67. Atlanta: Society of Biblical Literature, 2002.

Tseng, T., and J. Wu. "Children of Light: Following Jesus in Public Life." In *Honoring the Generations: Learning with Asian North American Congregations*, edited by M. S. Park, S. Rah, and A. Tizon, 148–68. Valley Forge: Judson Press, 2012.

Tsui, A. S., and J. L. Farh. "Where Guanxi Matters: Relational Demography and Guanxi in the Chinese Context." *Work and Occupations* 24, no, 1 (1997): 56–79.

Tuan, M. *Forever Foreigners or Honorary Whites?* New Brunswick: Rutgers University Press, 1998.

———. "Neither *Real* American Nor *Real* Asians? Multigeneration Asian Ethnics Navigating the Terrain of Authenticity." *Qualitative Sociology* 22, no. 2 (1999): 105–25.

Tung, M. P. *Chinese Americans and Their Immigrant Parents: Conflict, Identity, and Values.* New York: The Haworth Clinical Practical Press, 2000.

Tylor, E. B. *Primitive Culture: Researches into the Development of Mythology, Philosophy, Religion, Art, and Customer.* Two Volumes. London: J. Murray, 1871.

Tyyska, V. "Parents and Teens in Immigrant Families: Cultural Influences and Material Pressures." *Canadian Diversity* 6, no. 2 (2008): 79–83.

van Dierendonck, D. "Servant Leadership: A Review and Synthesis." *Journal of Management,* 37, no. 4 (2011): 1228–61.

van Dierendonck, D., and I. Heeren. "Toward a Research Model of Servant-Leadership." *International Journal of Human Resource Management* 2, no. 1 (2006): 141–64.

van Dierendonck, D., and I. Nuijten. "The Servant Leadership Survey: Development and Validation of a Multidimensional Measure." *Journal of Business Psychology,* 26 (2011): 249–67.

van Dierendonck, D., and K. Patterson. "Servant Leadership: An Introduction." In *Servant Leadership: Developments in Theory and Research,* edited by D. van Dierendonck and K. Patterson, 3–10. Hampshire: Palgrave Macmillan, 2010.

van Dierendonck, D., and L. Rook. "Enhancing Innovation and Creativity through Servant Leadership." In *Servant Leadership: Developments in Theory and Research,* edited by D. van Dierendonck and K. Patterson, 155–65. Hampshire: Palgrave Macmillan, 2010.

van Dijk, J., and Botros G. "The Importance of Ethnicity and Religion in the Life Cycle of Churches: A Comparison of Coptic and Calvinist Churches." *Canadian Ethnic Studies,* 41, no. 1 (2009): 191–214.

Wagner, P. *Our Kind of People: The Ethical Dimensions of Church Growth in America.* Atlanta: John Knox Press, 1979.

Wang, J. "The Chinese Community's Response to Protestant Missions Prior to the 1940s." *Canadian Ethnic Studies* 33, no. 2 (2001): 16–30.

———. *"His Dominion" and the "Yellow Peril:" Protestant Missions to Chinese Immigrants in Canada 1859–1967.* Waterloo: Wilfrid Laurier University Press, 2006.

———. "Organised Protestant Missions to Chinese Immigrants in Canada, 1885–1923." *Journal of Ecclesiastical History* 54, no. 4 (2003): 691–713.

Wang, Y., and F. Yang. "More Than Evangelical and Ethnic: The Ecological Factor in Chinese Conversion to Christianity in the United States." *Sociology of Religion* 67, no. 2 (2006): 179–92.

Ward, P. "The Oriental Immigrant and Canada's Protestant Clergy, 1855–1925." *BC Studies* 2, (Summer 1974): 40–55.

Warner, R. S. "Approaching Religious Diversity: Barriers, Byways, and Beginnings." *Sociology of Religion* 59, no. 3 (1998): 193–215.

———. *A Church of Our Own: Disestablishment and Diversity in American Religion.* Trenton: Rutgers University Press, 2005.

———. "Introduction: Immigration and Religious Communities in the United States." In *Gatherings in Diaspora: Religious Communities and the New*

*Immigration*, edited by R. S. Warner and J. Wittner, 3–34. Philadelphia: Temple University Press, 1998.

———. "The Korean Immigrant Church as Case and Model." In *Korean Americans and their Religions: Pilgrims and Missionaries from a Different Shore,* edited by H. Kwon, K. C. Kim, and R. S. Warner, 23–52. University Park: Pennsylvania State University Press, 2001.

———. "Work in Progress toward a New Paradigm for the Sociological Study of Religion in the United States." *American Journal of Sociology* 98, no. 5 (1993): 1044–93.

Warner, R. S., and J. G. Wittner. *Gatherings in Diaspora: Religious Communities and the New Immigration*. Philadelphia: Temple University Press, 1998.

Warner, W. L., and L. Srole. *The Social Systems of American Ethnic Groups.* New Haven: Yale University Press, 1945.

Warren, C. A. B. "Qualitative Interview." In *Handbook of Interview Research: Context & Method,* edited by J. F. Gubrium and J. A. Holstein, 83–101. Thousand Oaks: SAGE, 2002.

Waters, M. C. *Ethnic Options: Choosing Identities in America*. Berkeley: University of California Press, 1990.

Weber, M. *Economy and Society,* Vol. 1. Edited by G. Roth and C. Wittich. Berkeley: University of California Press, 1978.

———. *The Sociology of Religion*. 4th ed. Translated by E. Fischoff. Boston: Beacon Press, 1991.

Westley, F. R., and H. Mintzberg. "Visionary Leadership and Strategic Management." *Strategic Management Journal* 10, Suppl 1 (1989): 17–32.

Weis, L., and M. Fine. *Speed Bumps: A Student-Friendly Guide to Qualitative Research.* New York: Teachers College Press, 2000.

Wiarda, H. J. "Introduction: Globalization in Its Universal and Regional Dimensions." In *Globalization: Universal Trends, Regional Implications,* edited by H. J. Wiarda, 3–17. Boston: Northeastern University Press, 2007.

Wickberg, E. "Contemporary Overseas Chinese Ethnicity in the Pacific Region." *Chinese America: History & Perspectives* (2010): 133–41.

Wilson, V. S. "The Tapestry Vision of Canadian Multiculturalism." *Canadian Journal of Political Science* 26, no. 4 (1993): 645–69.

Winant, H. "Race and Race Theory." *Annual Review of Sociology* 26 (2000): 169–85.

Winston, B. E. "The Place for Qualitative Research Methods in the Study of Servant Leadership." In *Servant Leadership: Developments in Theory and Research,* edited by D. van Dierendonck and K. Patterson, 180-91. Hampshire: Palgrave Macmillan, 2010.

Winston, B. E., and K. Patterson. "An Integrative Definition of Leadership. *International Journal of Leadership Studies* 1, no. 2 (2006): 6–66.

Wolcott, H. E. *Writing Up Qualitative Research.* 3rd ed. Thousand Oaks, CA: SAGE, 2009.
Wong, L. "The Canadian Chinese Exclusion Act and the Veterans Who Overcame It." *Chinese America: History & Perspectives* (2007): 219–21.
Wong, L. L., and R. Simon. "Citizenship and Belonging to Canada: Religious and Generational Differentiation." *Canadian Journal for Social Research* 3, no. 1 (2010): 3–14.
Wong, P. T. P., and D. Davey. "Best Practices in Servant Leadership." Paper presented at Servant Leadership Roundtable, Regent University, Virginia Beach, VA, 2007.
Wong, P. T. P., and D. Page. "Servant-Leadership: An Opponent Process Model and the Revised Servant Leadership Profile." Paper presented at Servant Leadership Roundtable, Regent University, Virginia Beach, VA, 2003.
Wong, W. "Sociological Perspective of English Ministry." In *A Canadian Chinese Church for the New Millennium: The 2nd Consultation on English Speaking Ministry in the Canadian Chinese Churches,* chaired by H. H. Chan, 8–17. Toronto: CCCOWE Canada, June 2000.
World Future Society. *The Art of Foresight: Preparing for a Changing World.* Bethesda: World Future Society, 2009.
Yancey, W. L., E. P. Ericksen, and R. N. Juliani. "Emergent Ethnicity: A Review and Reformulation." *American Sociological Review* 41, no. 3 (1976): 391–403.
Yang, F. "ABC and XYZ: Religion, Ethnic and Racial Identities of the New Second Generation Chinese in Christian Churches." *Amerasia Journal* 25, no. 1 (1999): 89–114.
———. *Chinese Christians in America: Conversion, Assimilation, and Adhesive Identities.* University Park: Pennsylvania State University Press, 1999.
———. "Chinese Christian Transnationalism: Diverse Networks of a Houston Church." In *Religion across Borders: Transnational Immigrant Networks,* edited by H. R. Ebaugh and J. S. Chafetz, 129–47. Walnut Creek: AltaMira Press, 2002.
———. "Chinese Conversion to Evangelical Christianity: The Importance of Social and Cultural Contexts." *Sociology of Religion* 59, no. 3 (1998): 237–57.
Yang, F., and H. R. Ebaugh. "Religion and Ethnicity among New Immigrants: The Impact of Majority/Minority Status in Home and Host Countries." *Journal for the Scientific Study of Religion* 40, no. 3 (2001): 367–78.
Yang, G. "The Internet and the Rise of a Transnational Chinese Cultural Sphere." *Media, Culture & Society* 25 (2003): 469–90.
Ye, J. "Protestant Missionary Work among the Chinese in Canada 1880s–1930s: With a Focus on the Toronto Area." *Journal of the Canadian Church Historical Society* 48 (2006): 5–54.
Yin, R. K. *Application of Case Study Research.* 3rd ed. Los Angeles: SAGE, 2012.

———. *Case Study Research: Design and Methods*. 5th ed. Los Angeles: SAGE, 2014.
Young, D. S. "Foresight: The Lead that the Leader Has." In *Focus on Leadership: Servant-Leadership for the Twenty-First Century*, edited by L. C. Spears and M. Lawrence, 245–55. New York: John Wiley, 2002.
Yu, H. "Refracting Pacific Canada: Seeing Our Uncommon Past." *BC Studies* 156 (Winter 2007): 5–10.
———. *Thinking Orientals: Migration, Contact, and Exoticism in Modern America*. New York: Oxford University Press, 2001.
Yukl, G. *Leadership in Organizations*. 8th ed. Upper Saddle River: Pearson, 2013.
Zhang, X. "How Religious Organizations Influence Chinese Conversion to Evangelical Protestantism in the United States." *Sociology of Religion* 67, no. 2 (2006): 149–59.
Zhou, M. "Coming of Age at the Turn of the Twenty-First Century: A Demographic Profile of Asian American Youth." In *Asian American Youth: Culture, Identity, and Ethnicity*, edited by J. Lee and M. Zhou, 33–50. New York: Routledge, 2004.
———. "Growing Up American: The Challenge Confronting Immigrant Children and Children of Immigrants." *Annual Review of Sociology* 23 (1997): 63–95.
———. "Segmented Assimilation: Issues, Controversies, and Recent Research on the New Second Generation." *International Migration Review* 31, no. 4 (1997): 975–1008.
Zhou, M., and J. Lee. "Introduction: The Making of Culture, Identity, and Ethnicity among Asian American Youth." In *Asian American Youth: Culture, Identity, and Ethnicity*, J. Lee and M. Zhou, 10–30. New York: Routledge, 2004.
Zhou, M., and Y. S. Xiong. "The Multifaceted American Experiences of the Children of Asian Immigrants: Lessons for Segmented Assimilation." *Ethnic and Racial Studies* 28, no. 6 (2005): 1119–52.
Zuo Zhuan 左傳 (Chronicle of Zuo). *XiangKong 11* 襄公十一年 *(Due Xiang 11th year)*, (n.d.). Retrieved from http://ctext.org/chun-qiu-zuo-zhuan/xiang-gong.

Langham Literature, with its publishing work, is a ministry of Langham Partnership.

Langham Partnership is a global fellowship working in pursuit of the vision God entrusted to its founder John Stott –

> *to facilitate the growth of the church in maturity and Christ-likeness through raising the standards of biblical preaching and teaching.*

**Our vision** is to see churches in the Majority World equipped for mission and growing to maturity in Christ through the ministry of pastors and leaders who believe, teach and live by the word of God.

**Our mission** is to strengthen the ministry of the word of God through:
- nurturing national movements for biblical preaching
- fostering the creation and distribution of evangelical literature
- enhancing evangelical theological education

especially in countries where churches are under-resourced.

**Our ministry**

*Langham Preaching* partners with national leaders to nurture indigenous biblical preaching movements for pastors and lay preachers all around the world. With the support of a team of trainers from many countries, a multi-level programme of seminars provides practical training, and is followed by a programme for training local facilitators. Local preachers' groups and national and regional networks ensure continuity and ongoing development, seeking to build vigorous movements committed to Bible exposition.

*Langham Literature* provides Majority World preachers, scholars and seminary libraries with evangelical books and electronic resources through publishing and distribution, grants and discounts. The programme also fosters the creation of indigenous evangelical books in many languages, through writer's grants, strengthening local evangelical publishing houses, and investment in major regional literature projects, such as one volume Bible commentaries like the *Africa Bible Commentary* and the *South Asia Bible Commentary*.

*Langham Scholars* provides financial support for evangelical doctoral students from the Majority World so that, when they return home, they may train pastors and other Christian leaders with sound, biblical and theological teaching. This programme equips those who equip others. Langham Scholars also works in partnership with Majority World seminaries in strengthening evangelical theological education. A growing number of Langham Scholars study in high quality doctoral programmes in the Majority World itself. As well as teaching the next generation of pastors, graduated Langham Scholars exercise significant influence through their writing and leadership.

To learn more about Langham Partnership and the work we do visit **langham.org**

www.ingramcontent.com/pod-product-compliance
Lightning Source LLC
Chambersburg PA
CBHW050300010526
44108CB00040B/1907